검찰|법원|교정|경찰 시험대비

박문각 공무원
기출문제

기출로 합격까지!

2025년까지 시행된 국가고시·자격시험 기출문제 총정리

풍부한 문제와 사례문제를 통한 학습효과 제고

중복 기출 지문 제거, 4지선다형 효율적 재구성

최정훈 편저

최정훈 형사소송법
단원별 기출문제집

PREFACE 이 책의 머리말

본서는 기존의 기출문제집을 공무원 수험서에 맞게 개편 작업을 하였다. 막상 마음먹은 개정 작업을 하려다 보니 상당한 시간과 정성을 가지고 작업을 하지 않으면 안 될 것 같았고, 기왕 개정을 할 바에는 기존 기출문제집의 단점이었던 것을 보완하여 공무원 수험서의 틀에 맞추어 수험생들이 효과적으로 대응할 수 있도록 군더더기 없이 전면적인 개정을 하기로 하였다.

공무원 시험에 있어서 형사소송법은 분명 수험생들에게 부담이 되는 과목일 것이다.
그것은 그 양의 방대함과 지난한 이론들, 또한 절차법의 특성상 휘발성이 강한 과목임에 연유한다.

그러나 기출문제를 통하여 중요한 부분을 파악하고, 기본서를 읽으면서 강약을 조절한다면 재미를 느낄 수 있고 또한 고득점을 담보하는 과목임을 부인할 수 없다.

각종 국가고시, 자격시험의 기출문제를 정리함으로써 장래에 출제될 문제를 예상하고, 집중적으로 공부해야 할 포인트를 파악하는 것은 고득점의 비결이고 첩경이라고 저자는 믿는다.

기출지문 하나하나의 내용을 분석하고 이해하여 기본기를 착실하게 닦아 나가는 것은 고득점에 접근하는 최선의 방법이다. 기본이 탄탄할 때 신경향 문제의 적응력도 높아지기 때문이다.

본서는 2025년까지의 각종 국가고시(변호사 시험, 7급·9급 국가직, 법원직, 경찰간부, 경찰승진, 일반순경 채용시험)의 기출문제를 가급적 총망라하여 정리하였다.

본서는 다음과 같은 점에 유의하여 구성하였다.
첫째 – 수험생들에게 익숙한 기본서 편제에 따라 문제를 편성하여 전체적인 체계가 낯설지 않도록 배려하였다.

둘째 – 2025년까지의 각종 국가고시 문제와 자격시험의 기출문제를 자세한 해설과 정확한 정답을 명쾌히 정리하였다.

셋째 – 기본서 순서대로 문제를 배열하였고 함정에 빠지기 쉬운 비교 문제를 순차적으로 나열함으로써 한 페이지에서 이를 비교·정리할 수 있도록 하였다.

넷째 – 기존 기출문제집의 단점이었던 중복된 기출지문을 공무원 수험서의 틀에 맞게 중복되지 않게 4지 선다로 편집·응용하여 효율적이고 알차게 정리하였다.

본서가 생명을 얻기까지 많은 분들의 도움이 있었다.
바쁘신 와중에도 본서의 출간에 힘이 되어 주신 박문각 편집부 김미리님, 춥거나 덥거나 연구실 골방에서 물심양면으로 애써준 도규민, 최수현 조교에게 지면을 통해 진심으로 감사드린다.

아울러 본서를 믿고 아껴주시고 자신과의 외로운 싸움을 하고 있는 수험생 여러분들의 격려와 질책에 감사드리고 조속히 수험생 여러분 앞날에 승전보가 전해지기를 간절히 기원한다.

최정훈 드림

CONTENTS 이 책의 차례

Part 01 서론

Chapter 01 형사소송법의 기초 ··· 08
Chapter 02 형사소송법의 이념과 구조 ··· 14

Part 02 소송주체와 소송행위

Chapter 01 소송의 주체와 당사자 ··· 28
Chapter 02 소송조건·소송행위 ··· 75

Part 03 수사

Chapter 01 수사총론 ··· 92
Chapter 02 강제처분과 강제수사 ··· 165

Part 04 수사의 종결과 공소제기

Chapter 01 수사의 종결 ··· 282
Chapter 02 공소의 제기 ··· 294

Part 05 공판

Chapter 01	공소의 제기와 법원의 심판대상	··· 320
Chapter 02	공판절차	··· 359
Chapter 03	증거	··· 420
Chapter 04	재판	··· 558

Part 06 상소 및 기타절차

Chapter 01	상소	··· 582
Chapter 02	비상구제절차	··· 631
Chapter 03	특별형사절차	··· 649
Chapter 04	재판의 집행 및 형사보상제도	··· 670

최정훈 형사소송법
단원별 기출문제집

PART 01

서론

Chapter 01 형사소송법의 기초
Chapter 02 형사소송법의 이념과 구조

Chapter 01 형사소송법의 기초

01 헌법 제12조에서 형사절차와 관련하여 명시적으로 규정한 것을 모두 고른 것은? 18. 경찰채용 1차

> ㉠ 누구든지 체포 또는 구속을 당한 때에는 적부의 심사를 법원에 청구할 권리를 가진다.
> ㉡ 체포·구속·압수 또는 수색을 할 때에는 적법한 절차에 따라 검사의 신청에 의하여 법관이 발부한 영장을 제시하여야 한다. 다만, 현행범인인 경우와 장기 3년 이상의 형에 해당하는 죄를 범하고 도피 또는 증거인멸의 염려가 있을 때에는 사후에 영장을 청구할 수 있다.
> ㉢ 적법한 절차에 따르지 아니하고 수집한 증거는 증거로 할 수 없다.
> ㉣ 재판장은 검사의 의견을 들은 후 피고인과 변호인에게 최종의 의견을 진술할 기회를 주어야 한다.
> ㉤ 모든 국민은 고문을 받지 아니하며, 형사상 자기에게 불리한 진술을 강요당하지 아니한다.

① ㉠, ㉡, ㉣   ② ㉠, ㉡, ㉤   ③ ㉡, ㉣, ㉤   ④ ㉢, ㉣, ㉤

[해설]
㉠【 O 】헌법 제12조 제6항
㉡【 O 】헌법 제12조 제3항
㉢【 X 】형사소송법 제308조의2
㉣【 X 】형사소송법 제303조
㉤【 O 】헌법 제12조 제2항

정답 ②

02 헌법에서 형사절차와 관련하여 명시적으로 규정하지 않은 것은? 16. 경찰승진

① 신속한 공개재판을 받을 권리
② 피구속자의 가족 등이 구속 사유를 통지받을 권리
③ 불이익변경금지원칙
④ 체포·구속적부심사청구권

[해설]
①【 O 】헌법 제27조 제3항
②【 O 】헌법 제12조 제5항
③【 X 】형사소송법 제368조
④【 O 】헌법 제12조 제6항

정답 ③

03 헌법 제12조에서 형사절차와 관련하여 명시적으로 규정한 것으로 옳은 것은 모두 몇 개인가? 16. 경찰채용 2차

㉠ 모든 국민은 고문을 받지 아니하며, 형사상 자기에게 불리한 진술을 강요당하지 아니한다.
㉡ 체포·구속·압수 또는 수색을 할 때에는 적법한 절차에 따라 검사의 신청에 의하여 법관이 발부한 영장을 제시하여야 한다. 다만, 현행범인인 경우와 장기 3년 이상의 형에 해당하는 죄를 범하고 도피 또는 증거인멸의 염려가 있을 때에는 사후에 영장을 청구할 수 있다.
㉢ 누구든지 체포 또는 구속을 당한 때에는 즉시 변호인의 조력을 받을 권리를 가진다. 다만, 형사피고인이 스스로 변호인을 구할 수 없을 때에는 법률이 정하는 바에 의하여 국가가 변호인을 붙인다.
㉣ 누구든지 체포 또는 구속을 당한 때에는 적부의 심사를 법원에 청구할 권리를 가진다.
㉤ 피고인의 자백이 고문·폭행·협박·구속의 부당한 장기화 또는 기망 기타의 방법에 의하여 자의로 진술된 것이 아니라고 인정될 때 또는 정식재판에 있어서 피고인의 자백이 그에게 불리한 유일한 증거일 때에는 이를 유죄의 증거로 삼거나 이를 이유로 처벌할 수 없다.

① 1개 ② 3개 ③ 4개 ④ 5개

[해설]
모두 옳은 내용이다.
㉠ 【 O 】 헌법 제12조 제2항 ㉡ 【 O 】 헌법 제12조 제3항 ㉢ 【 O 】 헌법 제12조 제4항
㉣ 【 O 】 헌법 제12조 제6항 ㉤ 【 O 】 헌법 제12조 제7항

정답 ④

04 대한민국 헌법에서 형사절차와 관련하여 명시적으로 규정하고 있는 것만을 모두 고르면? 21. 국가직

㉠ 누구든지 체포 또는 구속을 당한 때에는 적부의 심사를 법원에 청구할 권리를 가진다.
㉡ 적법한 절차에 따르지 아니하고 수집한 증거는 증거로 할 수 없다.
㉢ 형사피의자 또는 형사피고인으로서 구금되었던 자가 법률이 정하는 불기소처분을 받거나 무죄판결을 받은 때에는 법률이 정하는 바에 의하여 국가에 정당한 보상을 청구할 수 있다.
㉣ 피고인의 자백이 고문·폭행·협박·구속의 부당한 장기화 또는 기망 기타의 방법에 의하여 자의로 진술된 것이 아니라고 인정될 때 또는 정식재판에 있어서 피고인의 자백이 그에게 불리한 유일한 증거일 때에는 이를 유죄의 증거로 삼거나 이를 이유로 처벌할 수 없다.
㉤ 영장에 의한 체포, 긴급체포 또는 현행범인의 체포에 따라 체포된 피의자에 대하여 구속영장을 청구받은 판사는 지체 없이 피의자를 심문하여야 한다.

① ㉠, ㉢ ② ㉠, ㉢, ㉣ ③ ㉡, ㉢, ㉣ ④ ㉡, ㉣, ㉤

[해설]
㉠ 【 O 】 헌법 제12조 제6항 ㉡ 【 X 】 형사소송법 제308조의2 ㉢ 【 O 】 헌법 제28조
㉣ 【 O 】 헌법 제12조 제7항 ㉤ 【 X 】 형사소송법 제201조의2 제1항

정답 ②

05 형사소송법의 법원(法源)에 대한 설명으로 가장 적절한 것은? (다툼이 있는 경우 판례에 의함) 19. 경찰채용 2차

① 헌법은 최상위법으로 형사소송법의 법원이며, 검사의 영장 신청과 사법경찰관에 대한 검사의 수사지휘는 헌법에 명시적으로 규정되어 있다.
② 실질적 의미의 형사소송법이란 내용과 명칭이 모두 형사소송법인 법률을 말하며 형사절차의 가장 중요한 법원이 된다.
③ 대법원규칙은 헌법상 명시적 근거 없이 대법원이 법원의 내부규율과 사무처리의 통일을 위해 제정한 준칙에 불과하므로 형사절차의 법원이 될 수 없다.
④ 재기수사의 명령이 있는 사건에 관하여 지방검찰청 검사가 다시 불기소처분을 하고자 하는 경우에는 미리 그 명령청의 장의 승인을 얻도록 한 「검찰사건사무규칙」의 규정은 법규적 효력을 가진 것이 아니다.

[해설]

① 【X】 검사의 영장신청에 대해서는 헌법 제12조 제3항에 명시적으로 규정되어 있지만, 사법경찰관에 대한 검사의 수사지휘는 헌법에 규정되어 있지 않으며, 헌법재판소 판례는 "우리 헌법에는 수사기관의 조직과 운영, 특히 수사주체 및 기타 수사에 관여하는 공무원의 권한범위 등에 대해 구체적으로 규정을 두고 있지 않다. 따라서, 입법자는 비교적 넓은 범위의 재량을 가지고 수사절차에서의 인권보장, 수사인력의 수요 및 공급에 관한 제반 여건, 수사조직의 합리적 구성과 효율적 운영 등 여러 측면을 종합적으로 고려하여 그 구체적 내용을 정하는 입법을 할 수 있다(헌재결 2001.10.25. 2001헌바9)."라고 하여 법률의 개정만으로도 경찰에게 수사권을 부여할 수 있다는 입장을 취하고 있다.
② 【X】 실질적 의미의 형사소송법은 명칭을 불문하고 형벌권 행사의 절차에 관한 내용을 지닌 모든 법률을 말한다.
③ 【X】 대법원은 법률에 저촉되지 아니하는 범위 내에서 소송에 관한 절차, 법원의 내부규율과 사무처리에 관한 규칙을 제정할 수 있다고 함으로써(헌법 제108조), 형사절차법정주의의 유일한 예외를 정하고 있다. 이에 의하여 제정된 대법원규칙도 형사소송법의 법원이 된다.
④ 【O】 대판 1989.6.20. 89도648

정답 ④

06 형사소송법의 법원과 적용범위에 관한 설명으로 가장 적절하지 않은 것은? (다툼이 있는 경우 판례에 의함) 25. 경찰승진

① 헌법은 기본적 인권을 보장하기 위하여 형사절차에 관한 여러 규정을 두고 있는데, 헌법에 포함된 형사절차에 관한 규정은 형사절차를 지배하는 최고법으로서, 「형사소송법」의 법원이 된다.
② 항소심이 신법 시행을 이유로 구법이 정한 바에 따라 적법하게 진행된 제1심의 증거조사절차 등을 위법하다고 보아 그 효력을 부정하고 다시 절차를 진행하는 것은 허용되지 않으나, 이미 적법하게 이루어진 소송행위의 효력을 부정하지 않는 범위 내에서 신법의 취지에 따라 절차를 진행하는 것은 허용된다.
③ 국회의원 甲이 구 국가안전기획부 내 정보수집팀이 대기업 고위관계자와 중앙일간지 사주 간의 사적 대화를 불법 녹음한 자료를 입수한 후, 그 대화 내용과 전직 검찰간부인 A가 위 대기업으로부터 금품을 수수하였다는 내용이 게재된 보도자료를 작성하여 국회 법제사법위원회 개의 당일 국회 의원회관에서 기자들에게 배포한 행위는 국회의원 면책특권의 대상이 되는 직무부수행위에 해당한다.
④ 「형사소송법」은 대한민국의 법원에서 심판되는 사건에 대해서만 적용되므로 대한민국 영역 외에 대한민국의 영사재판권이 미치는 지역에는 적용되지 않는다.

> 해설

① 【 O 】 헌법은 피고인과 피의자의 기본적 인권의 보장을 위하여 형사절차에 관한 규정을 두고 있으며, 이러한 헌법의 규정은 형사소송법의 법원이 된다.
② 【 O 】 형사소송법 부칙(2007.6.1.) 제2조는 형사절차가 개시된 후 종결되기 전에 형사소송법이 개정된 경우 신법과 구법 중 어느 법을 적용할 것인지에 관한 입법례 중 이른바 혼합주의를 채택하여 구법 당시 진행된 소송행위의 효력은 그대로 인정하되 신법 시행 후의 소송절차에 대하여는 신법을 적용한다는 취지에서 규정된 것이다. 따라서 항소심이 신법 시행을 이유로 구법이 정한 바에 따라 적법하게 진행된 제1심의 증거조사절차 등을 위법하다고 보아 그 효력을 부정하고 다시 절차를 진행하는 것은 허용되지 아니하며, 다만 이미 적법하게 이루어진 소송행위의 효력을 부정하지 않는 범위 내에서 신법의 취지에 따라 절차를 진행하는 것은 허용된다(대판 2008.10.23. 2008도2826).
③ 【 O 】 국회의원인 피고인이, 구 국가안전기획부 내 정보수집팀이 대기업 고위관계자와 중앙일간지 사주 간의 사적 대화를 불법 녹음한 자료를 입수한 후 그 대화 내용과, 전직 검찰간부인 피해자가 위 대기업으로부터 이른바 떡값 명목의 금품을 수수하였다는 내용이 게재된 보도자료를 작성하여 국회 법제사법위원회 개의 당일 국회 의원회관에서 기자들에게 배포한 사안에서, 피고인이 국회법제사법위원회에서 발언할 내용이 담긴 위 보도자료를 사전에 배포한 행위는 국회의원 면책특권의 대상이 되는 직무부수행위에 해당하므로, 피고인에 대한 허위사실적시 명예훼손 및 통신비밀보호법 위반의 점에 대한 공소를 기각하여야 한다(대판 2011.5.13. 2009도14442).
④ 【 X 】 「형사소송법」은 대한민국 영역 내의 사건뿐만 아니라 대한민국 영역 외에 대한민국의 영사재판권이 미치는 지역에서의 사건에도 적용된다.

> 정답 ④

07 형사소송법의 적용범위에 대한 설명으로 가장 적절하지 않은 것은? (다툼이 있는 경우 판례에 의함)

20. 경찰채용 2차

① 국회의원의 면책특권에 속하는 행위에 대하여 공소를 제기한 경우, 법원은 공소기각판결을 선고하여야 한다.
② 형사소송법 부칙(법률 제8496호, 2007.6.1.) 제2조는 형사절차가 개시된 후 종결되기 전에 형사소송법이 개정된 경우 신법과 구법 중 어느 법을 적용할 것인지에 관한 입법례 중 이른바 혼합주의를 채택하여 구법 당시 진행된 소송행위의 효력은 그대로 인정하되 신법 시행 후의 소송절차에 대하여는 신법을 적용한다는 취지에서 규정된 것이다.
③ 일반 국민이 범한 특정 군사범죄와 그 밖의 일반 범죄가 형법 제37조 전단의 경합범 관계에 있다고 보아 하나의 사건으로 기소된 경우, 특정 군사범죄에 대하여 전속적인 재판권을 가지는 군사법원은 그 밖의 일반 범죄에 대하여도 재판권을 행사할 수 있다.
④ 근로기준법 개정(법률 제7465호, 2005.3.31.)으로 종전에는 피해자의 의사에 상관없이 처벌할 수 있었던 동법 제112조 위반죄가 반의사불벌죄로 개정된 경우에 비록 부칙에 이에 대한 경과규정이 없을지라도 개정법률이 피고인에게 더 유리할 수 있기에 형법 제1조 제2항에 의하여 개정법률이 적용되어야 한다.

> 해설

① 【 O 】 대판 1992.9.22. 91도3317
② 【 O 】 대판 2008.10.23. 2008도2826
③ 【 X 】 일반 국민이 범한 수 개의 죄 가운데 특정 군사범죄와 그 밖의 일반 범죄가 형법 제37조 전단의 경합범 관계에 있다고 보아 하나의 사건으로 기소된 경우, 특정 군사범죄에 대하여는 군사법원이 전속적인 재판권을 가지므로 일반 법원은 이에 대하여 재판권을 행사할 수 없다. 반대로 그 밖의 일반 범죄에 대하여 군사법원이 재판권을 행사하는 것도 허용될 수 없다. 이 경우 어느 한 법원에서 기소된 모든 범죄에 대해 재판권을 행사한다면 재판권이 없는 법원이 아무런 법적 근거 없이 임의로 재판권을 창설하여 재판권이 없는 범죄에 대한 재판을 하는 것이 되므로, 결국 기소된 사건 전부에 대하여 재판권을 가지지 아니한 일반 법원이나 군사법원은 사건 전부를 심판할 수 없다(대결 2016.6.16. 2016초기318 전합).
④ 【 O 】 대판 2005.10.28. 2005도4462

> 정답 ③

08 형사소송법의 적용범위에 대한 설명으로 옳지 않은 것은? (다툼이 있는 경우 판례에 의함) 17. 검찰 7급

① 국회의원의 면책특권에 속하는 행위에 대하여 공소가 제기된 경우 법원은 공소기각판결을 선고하여야 한다.
② 중국 북경시에 소재한 대한민국 영사관 내부에서 중국인이 사문서를 위조한 경우 우리나라 법원은 그 중국인에 대하여 재판권이 없다.
③ 내국 법인의 대표자인 외국인이 외국에서 그 법인에 대한 횡령죄를 범한 경우 행위지의 법률에 따르면 범죄를 구성하지 아니하거나 소추 또는 형의 집행을 면제할 경우가 아니라면 그 외국인에 대하여 우리나라 법원에 재판권이 있다.
④ 일반 국민이 범한 특정 군사범죄와 그 밖의 일반 범죄가 형법 제37조 전단의 경합범 관계에 있다고 보아 하나의 사건으로 기소된 경우라면, 특정 군사범죄에 대하여 전속적인 재판권을 가지는 군사법원은 그 밖의 일반 범죄에 대하여도 재판권을 행사할 수 있다.

해설

① 【O】 대판 2011.5.13. 2009도14442
② 【O】 대판 2006.9.22. 2006도5010
③ 【O】 대판 2017.3.22. 2016도17465
④ 【X】 일반 국민이 범한 수 개의 죄 가운데 특정 군사범죄와 그 밖의 일반 범죄가 형법 제37조 전단의 경합범 관계에 있다고 보아 하나의 사건으로 기소된 경우, 특정 군사범죄에 대하여는 군사법원이 전속적인 재판권을 가지므로 일반 법원은 이에 대하여 재판권을 행사할 수 없다. 반대로 그 밖의 일반 범죄에 대하여 군사법원이 재판권을 행사하는 것도 허용될 수 없다. 이 경우 어느 한 법원에서 기소된 모든 범죄에 대해 재판권을 행사한다면 재판권이 없는 법원이 아무런 법적 근거 없이 임의로 재판권을 창설하여 재판권이 없는 범죄에 대한 재판을 하는 것이 되므로, 결국 기소된 사건 전부에 대하여 재판권을 가지지 아니한 일반 법원이나 군사법원은 사건 전부를 심판할 수 없다(대결 2016.6.16. 2016초기318 전합).

정답 ④

09 형사소송법의 적용범위에 관한 다음 설명 중 가장 적절하지 않은 것은? (다툼이 있으면 판례에 의함)

16. 경찰채용 1차

① 미합중국 국적을 가진 미합중국 군대의 군속인 피고인이 범행 당시 10년 넘게 대한민국에 머물면서 한국인 아내와 결혼하여 가정을 마련하고 직장 생활을 하는 등 생활근거지를 대한민국에 두고 있었던 경우에도 미합중국 군대의 군속에 관한 형사재판권 관련 조항이 적용될 수 있다.
② 캐나다 시민권자인 피고인이 캐나다에서 위조사문서를 행사하였다는 내용으로 기소된 사안에서, 피고인의 행위에 대하여는 우리나라에 재판권이 없다.
③ 국회의원의 면책특권 대상이 되는 행위는 국회의 직무수행에 필수적인 국회의원의 국회 내에서의 직무상 발언과 표결이라는 의사표현행위 자체에만 국한되지 아니하고 이에 통상적으로 부수하여 행하여지는 행위까지 포함하며, 그와 같은 부수행위인지 여부는 구체적인 행위의 목적·장소·태양 등을 종합하여 개별적으로 판단하여야 한다.
④ 항소심이 신법 시행을 이유로 구법이 정한 바에 따라 적법하게 진행된 제1심의 증거조사절차 등을 위법하다고 보아 그 효력을 부정하고 다시 절차를 진행하는 것은 허용되지 아니하며, 다만 이미 적법하게 이루어진 소송행위의 효력을 부정하지 않는 범위 내에서 신법의 취지에 따라 절차를 진행하는 것은 허용된다.

해설

① 【 X 】 미합중국 국적을 가진 미합중국 군대의 군속인 피고인이 범행 당시 10년 넘게 대한민국에 머물면서 한국인 아내와 결혼하여 가정을 마련하고 직장 생활을 하는 등 생활근거지를 대한민국에 두고 있었던 경우, 피고인은 대한민국과 아메리카합중국 간의 상호방위조약 제4조에 의한 시설과 구역 및 대한민국에서의 합중국 군대의 지위에 관한 협정(1967.2.9. 조약 제232호로 발효되고, 2001.3.29. 조약 제553호로 최종 개정된 것)에서 말하는 '통상적으로 대한민국에 거주하는 자'에 해당하므로, 피고인에게는 위 협정에서 정한 미합중국 군대의 군속에 관한 형사재판권 관련 조항이 적용될 수 없다(대판 2006.5.11. 2005도798).
② 【 O 】 대판 2011.8.25. 2011도6507
③ 【 O 】 대판 2011.5.13. 2009도14442
④ 【 O 】 대판 2008.10.23. 2008도2826

정답 ①

Chapter 02 형사소송법의 이념과 구조

01 형사소송법의 지도이념에 관한 설명 중 가장 적절하지 않은 것은? (다툼이 있는 경우 판례에 의함)

20. 경찰승진

① 실체진실주의는 적법절차의 원칙과 신속한 재판의 원칙에 의하여 제약을 받는다.
② 기소편의주의와 자백보강법칙은 실체적 진실주의의 제도적 표현이다.
③ 형사재판의 증거법칙과 관련하여서는 소극적 진실주의가 헌법적으로 보장되어 있다.
④ 적법절차주의는 절차의 적법성뿐만 아니라 절차의 적정성까지 보장되어야 한다는 뜻으로 이해된다.

해설

① 【O】 형사소송법의 목적원리인 실체진실주의, 적정절차와 신속한 재판의 원칙은 규범의 충돌을 일으킬 수 있는 긴장관계에 있는 이념이라 할 수 있다. 왜냐하면 실체진실주의를 추구하면 적정절차와 신속한 재판의 이념은 후퇴하게 되고, 반대로 적정절차와 신속한 재판을 강조하면 실체진실의 발견이 제한되지 않을 수 없기 때문이다.
② 【X】 자백보강법칙은 실체적 진실주의의 제도적 표현이지만, 기소편의주의는 공소제기절차에서 신속한 재판을 위한 제도로 볼 수 있다.
③ 【O】 우리 헌법은 소극적 실체진실주의를 헌법적 차원에서 인정하여 특히 무죄추정의 권리를 형사피고인의 기본권으로 명시하고 있다(헌법 제27조 제4항).
④ 【O】 헌법 제12조 제3항 본문은 동조 제1항과 함께 적법절차원리의 일반조항에 해당하는 것으로서, 형사절차상의 영역에 한정되지 않고 입법, 행정 등 국가의 모든 공권력의 작용에는 절차상의 적법성뿐만 아니라 법률의 구체적 내용도 합리성과 정당성을 갖춘 실체적인 적정성이 있어야 하는 적법절차의 원칙을 헌법의 기본원리로 명시하고 있는 것이다(헌재결 1992.12.24. 92헌가8).

정답 ②

02 형사소송의 이념에 대한 설명 중 가장 적절하지 않은 것은? (다툼이 있는 경우 판례에 의함) 20. 경찰채용 1차

① 형사소송의 목적은 적정절차에 의한 신속한 실체진실의 발견이다.
② 실체진실주의란 소송의 실체에 관하여 객관적 진실을 발견하여 사안의 진상을 명백히 하자는 원칙으로 적극적 실체진실주의와 소극적 실체진실주의로 구별할 수 있다.
③ 헌법 제12조 제1항 후문이 규정하고 있는 적법절차란 법률이 정한 실체적 내용이 아니라 절차가 적정하여야 함을 말하는 것으로서 적정하다고 함은 공정하고 합리적이며 상당성이 있어 정의관념에 합치되는 것을 뜻한다.
④ 구속사건에 대해서는 법원이 구속기간 내에 재판을 하면 되는 것이고 구속만기 25일을 앞두고 제1회 공판이 있었다 하여 헌법에 정한 신속한 재판을 받을 권리를 침해하였다 할 수 없다.

해설

① 【O】 형사소송법은 실체진실주의, 적정절차, 신속한 재판의 원칙을 형사소송절차가 추구하는 기본이념으로 삼는다.
② 【O】 실체진실주의는 적극적 실체진실주의와 소극적 실체진실주의로 구별할 수 있는데, 적극적 실체진실주의란 범죄사실을 명백히 하여 죄 있는 자를 빠짐없이 벌해야 한다는 이론으로서, 열 사람의 범죄인이 있으면 열 사람 모두 유죄로 하지 않으면 안 된다는 점을 강조한다. 이에 대해 소극적 실체진실주의는 죄 없는 자를 유죄로 인정하여서는 안 된다는 원리로서 열 사람의 범인을 놓치는 한이 있더라도 한 사람의 죄 없는 사람을 벌하여서는 안 되다는 무죄추정의 원리를 강조한다.

③ 【 X 】 헌법 제12조 제1항 후문이 규정하고 있는 적법절차란 법률이 정한 절차 및 그 실체적 내용이 모두 적정하여야 함을 말하는 것으로서 적정하다고 함은 공정하고 합리적이며 상당성이 있어 정의관념에 합치되는 것을 뜻한다(대판 1988.11.16. 88초60).
④ 【 O 】 대판 1990.6.12. 90도672

정답 ③

03 형사소송의 이념과 목적에 대한 설명으로 옳지 않은 것은? (다툼이 있는 경우 판례에 의함) 23. 국가직 7급

① 적법절차의 원칙은 공권력에 의한 국민의 생명·자유·재산의 침해는 반드시 합리적이고 정당한 법률에 의거해서 정당한 절차를 밟은 경우에만 유효하다는 원리이다.
② 「형사소송법」이 증인의 법정출석을 강제할 수 있는 권한을 법원에 부여한 취지는, 특별한 사정이 없는 한 사건의 실체를 규명하는 데 가장 직접적이고 핵심적인 증인으로 하여금 공개된 법정에 출석하여 선서 후 증언하도록 하고, 법원은 출석한 증인의 진술을 토대로 형성된 유·무죄의 심증에 따라 사건의 실체를 규명하도록 하기 위함이다.
③ 공소장일본주의의 위배 여부는 공소장에 첨부 또는 인용된 서류 기타 물건의 내용, 그리고 법령이 요구하는 사항 이외에 공소장에 기재된 사실이 법관 또는 배심원에게 예단을 생기게 하여 법관 또는 배심원이 범죄사실의 실체를 파악하는 데 장애가 될 수 있는지 여부를 기준으로 당해 사건에서 구체적으로 판단하여야 한다.
④ 법원이 법에서 정한 공개금지사유가 없음에도 불구하고 재판의 심리에 관한 공개를 금지하기로 결정한 경우, 그 공개금지결정은 피고인의 공개재판을 받을 권리를 침해한 것이지만 변호인의 반대신문권이 보장되었다면 그 절차에 의하여 이루어진 증인의 증언은 증거능력이 인정된다.

해설

① 【 O 】 적법절차의 원칙(due process of law)은 공권력에 의한 국민의 생명·자유·재산의 침해는 반드시 합리적이고 정당한 법률에 의거해서 정당한 절차를 밟은 경우에만 유효하다는 원리로서, 그 의미는 누구든지 합리적이고 정당한 법률의 근거가 있고 적법한 절차에 의하지 아니하고는 체포·구속·압수·수색을 당하지 아니함은 물론, 형사처벌 및 행정벌과 보안처분, 강제노역 등을 받지 아니한다고 이해되는바, 이는 형사절차상의 제한된 범위 내에서만 적용되는 것이 아니라 국가작용으로서 기본권 제한과 관련되든 아니든 모든 입법작용 및 행정작용에도 광범위하게 적용된다고 해석하여야 한다(헌재 2018.4.26. 2016헌바454).
② 【 O 】 형사소송법이 증인의 법정 출석을 강제할 수 있는 권한을 법원에 부여한 취지는, 다른 증거나 증인의 진술에 비추어 굳이 추가 증인신문을 할 필요가 없다는 등 특별한 사정이 없는 한 사건의 실체를 규명하는 데 가장 직접적이고 핵심적인 증인으로 하여금 공개된 법정에 출석하여 선서 후 증언하도록 하고, 법원은 출석한 증인의 진술을 토대로 형성된 유죄·무죄의 심증에 따라 사건의 실체를 규명하도록 하기 위함이다. 따라서 다른 증거나 증인의 진술에 비추어 굳이 추가 증거조사를 할 필요가 없다는 등 특별한 사정이 없고, 소재탐지나 구인장 발부가 불가능한 것이 아님에도 불구하고, 불출석한 핵심 증인에 대하여 소재탐지나 구인장 발부 없이 증인채택 결정을 취소하는 것은 법원의 재량을 벗어나는 것으로서 위법하다(대판 2020.12.10. 2020도2623).
③ 【 O 】 공소장일본주의는 검사가 공소를 제기할 때에는 원칙적으로 공소장 하나만을 제출하여야 하고 그 밖에 사건에 관하여 법원에 예단을 생기게 할 수 있는 서류 기타 물건을 첨부하거나 그 내용을 인용하여서는 아니 된다는 원칙이다(형사소송규칙 제118조 제2항). 공소장에 법령이 요구하는 사항 외의 사실로서 법원에 예단이 생기게 할 수 있는 사유를 나열하는 것이 허용되지 않는다는 것도 이른바 '기타 사실의 기재 금지'로서 공소장일본주의의 내용에 포함된다. 공소장일본주의의 위배 여부는 공소사실로 기재된 범죄의 유형과 내용 등에 비추어 볼 때에 공소장에 첨부 또는 인용된 서류 기타 물건의 내용, 그리고 법령이 요구하는 사항 외에 공소장에 기재된 사실이 법관 또는 배심원에게 예단을 생기게 하여 법관 또는 배심원이 범죄사실의 실체를 파악하는 데 장애가 될 수 있는지 여부를 기준으로 당해 사건에서 구체적으로 판단하여야 한다(대판 2015.1.29. 2012도2957).
④ 【 X 】 헌법 제27조 제3항 후문, 제109조와 법원조직법 제57조 제1항, 제2항의 취지에 비추어 보면, 헌법 제109조, 법원조직법 제57조 제1항에서 정한 공개금지사유가 없음에도 불구하고 재판의 심리에 관한 공개를 금지하기로 결정하였다면 그러한 공개금지결정은 피고인의 공개재판을 받을 권리를 침해한 것으로서 그 절차에 의하여 이루어진 증인의 증언은 증거능력이 없고, 변호인의 반대신문권이 보장되었더라도 달리 볼 수 없으며, 이러한 법리는 공개금지결정의 선고가 없는 등으로 공개금지결정의 사유를 알 수 없는 경우에도 마찬가지이다(대판 2013.7.26. 2013도2511).

정답 ④

04 적법절차 원칙에 대한 설명으로 가장 적절하지 않은 것은? (다툼이 있는 경우 판례에 의함) 21. 경찰승진

① 법관이 아닌 사회보호위원회가 치료감호의 종료여부를 결정하도록 한 구 「사회보호법」(1996.12.12. 법률 제5179호로 개정된 것) 제9조 제2항은 본 위원회의 결정에 대해 행정소송을 제기하여 법관에 의한 재판이 가능하다는 점 등을 고려할 때 재판청구권을 침해하거나 적법절차에 위배된다고 할 수 없다.
② 피고인의 구속기간은 법원이 피고인을 구속한 상태에서 재판할 수 있는 기간을 의미하는 것이지, 법원의 재판기간 내지 심리기간 자체를 제한하려는 규정이라고 할 수는 없으며, 구속기간을 엄격히 제한하고 있다 하더라도 공정한 재판을 받을 권리가 침해된다고 볼 수는 없다.
③ 「형사소송법」상 법원은 법률에 다른 규정이 없으면 누구든지 증인으로 신문할 수 있기 때문에 경찰 공무원의 증인적격을 인정하더라도 이를 적법절차의 원칙에 반한다고 할 수 없다.
④ 위법하게 수집한 증거는 위법수집의 영향이 차단되거나 소멸되었더라도 적법절차의 원칙에 따라 그 증거능력을 인정할 수 없다.

[해설]
① 【O】 헌재결 2009.3.26. 2007헌바50
② 【O】 헌재결 2001.6.28. 99헌가14
③ 【O】 헌재결 2001.11.29. 2001헌바41
④ 【X】 헌법 제12조 제1항, 제5항, 형사소송법 제200조의5, 제213조의2, 제308조의2를 종합하면, 적법한 절차에 따르지 아니한 위법행위를 기초로 하여 증거가 수집된 경우에는 당해 증거뿐 아니라 그에 터 잡아 획득한 2차적 증거에 대해서도 증거능력은 부정되어야 한다. 다만 위와 같은 위법수집증거 배제의 원칙은 수사과정의 위법행위를 억지함으로써 국민의 기본적 인권을 보장하기 위한 것이므로 적법절차에 위배되는 행위의 영향이 차단되거나 소멸되었다고 볼 수 있는 상태에서 수집한 증거는 그 증거능력을 인정하더라도 적법절차의 실질적 내용에 대한 침해가 일어나지는 않는다 할 것이니 그 증거능력을 부정할 이유는 없다. 따라서 증거수집 과정에서 이루어진 적법절차 위반행위의 내용과 경위 및 그 관련 사정을 종합하여 볼 때 당초의 적법절차 위반행위와 증거수집 행위의 중간에 그 행위의 위법 요소가 제거 내지 배제되었다고 볼 만한 다른 사정이 개입됨으로써 인과관계가 단절된 것으로 평가할 수 있는 예외적인 경우에는 이를 유죄 인정의 증거로 사용할 수 있다(대판 2013.3.14. 2010도2094).

정답 ④

05 적정절차의 원칙에 관한 설명 중 가장 적절하지 않은 것은? (다툼이 있으면 판례에 의함) 16. 경찰승진

① 헌법 제12조 제1항 후문에 규정되어 있는 적법절차란 법률이 정한 절차 및 그 실체적 내용이 모두 적정하여야 함을 말하는 것이다.
② 범죄의 피의자로 입건된 사람들로 하여금 수사기관의 신문을 받으면서 자신의 신원을 밝히지 아니하고 지문채취에 불응하는 경우 벌금, 과료, 구류 등의 형사처벌을 받도록 하고 있는 구 경범죄처벌법 조항은 적법절차의 원칙에 위배되지 않는다.
③ 헌법과 형사소송법이 정한 절차에 따르지 아니하고 수집한 증거는 물론 이를 기초로 하여 획득한 2차 증거 역시 원칙적으로 유죄인정의 증거로 삼을 수 없다.
④ 경찰관에게 등을 보인 채 상의를 속옷과 함께 겨드랑이까지 올리고 하의를 속옷과 함께 무릎까지 내린 상태에서 3회에 걸쳐 앉았다 일어서게 하는 방법으로 실시한 정밀신체 수색은 위법하지 아니하다.

해설

① 【O】 헌재결 1992.12.24. 92헌가8
② 【O】 헌재결 2004.9.23. 2002헌가17
③ 【O】 대판 2007.11.15. 2007도3061 전합
④ 【X】 피청구인이 청구인들로 하여금 경찰관에게 등을 보인 채 상의를 속옷과 함께 겨드랑이까지 올리고 하의를 속옷과 함께 무릎까지 내린 상태에서 3회에 걸쳐 앉았다 일어서게 하는 방법으로 실시한 정밀 신체수색으로 인하여 청구인들의 인격권과 신체의 자유가 침해되었다(헌재결 2007.7.18. 2000헌마327).

정답 ④

06 형사소송의 이념과 목적에 대한 설명으로 옳지 않은 것은? (다툼이 있는 경우 판례에 의함)

16. 국가직

① 헌법이 보장하는 공정한 재판을 받을 권리 속에는 원칙적으로 당사자주의와 구두변론주의가 보장되어 당사자가 공소사실에 대한 답변과 입증 및 반증하는 등 공격·방어권이 충분히 보장되는 재판을 받을 권리가 포함되어 있다.
② 형사소송에 관한 절차법에서 소극적 진실주의의 요구를 외면한 채 범인필벌의 요구만을 앞세워 합리성과 정당성을 갖추지 못한 방법이나 절차에 의한 증거수집과 증거조사를 허용하는 것은 적법절차의 원칙 및 공정한 재판을 받을 권리에 위배된다.
③ 헌법상 보장되는 '변호인의 조력을 받을 권리'는 변호인의 '충분한 조력'을 받을 권리를 의미하므로, 일정한 경우 피고인에게 국선변호인의 조력을 받을 권리를 보장하여야 할 국가의 의무에는 형사소송절차에서 단순히 국선변호인을 선정하여 주는 데 그치지 않고 한 걸음 더 나아가 피고인이 국선변호인의 실질적인 조력을 받을 수 있도록 필요한 업무 감독과 절차적 조치를 취할 책무까지 포함된다.
④ 공소장일본주의를 위반하는 것은 소송절차의 생명이라 할 수 있는 공정한 재판의 원칙에 치명적인 손상을 가하는 것이고, 이를 위반한 공소제기는 법률의 규정에 위배된 것으로 치유될 수 없는 것이므로 소송절차의 시기 및 위반의 정도와 무관하게 항상 공소기각의 판결을 해야 한다.

해설

①② 【O】 헌재결 1996.12.26. 94헌바1(형사소송법 제221조의2 위헌소원)
③ 【O】 대결 2012.2.16. 2009모1044 전합
④ 【X】 공소장일본주의에 위배된 공소제기라고 인정되는 때에는 그 절차가 법률의 규정을 위반하여 무효인 때에 해당하는 것으로 보아 공소기각의 판결을 선고하는 것이 원칙이다. 그러나 공소장 기재의 방식에 관하여 피고인 측으로부터 아무런 이의가 제기되지 아니하였고 법원 역시 범죄사실의 실체를 파악하는 데 지장이 없다고 판단하여 그대로 공판절차를 진행한 결과 증거조사절차가 마무리되어 법관의 심증형성이 이루어진 단계에서는 소송절차의 동적 안정성 및 소송경제의 이념 등에 비추어 볼 때 이제는 더 이상 공소장일본주의 위배를 주장하여 이미 진행된 소송절차의 효력을 다툴 수는 없다고 보아야 한다(대판 2009.10.22. 2009도7436 전합). 설문은 본 판례의 반대의견이다.

정답 ④

07 형사소송법의 이념인 적정절차의 원칙에 대한 설명으로 가장 적절하지 않은 것은? (다툼이 있는 경우 판례에 의함)

17. 경찰채용 2차

① 경찰관에게 등을 보인 채 상의를 속옷과 함께 겨드랑이까지 올리고 하의를 속옷과 함께 무릎까지 내린 상태에서 3회에 걸쳐 앉았다 일어서게 하는 방법으로 실시한 신체수색은 「헌법」 제10조 및 제12조에 의하여 보장되는 청구인들의 인격권 및 신체의 자유를 침해한 것이다.
② 음주운전과 관련한 「도로교통법」 위반죄의 범죄수사를 위하여 미성년자인 피의자의 혈액채취가 필요한 경우, 피의자에게 의사능력이 있다면 피의자 본인만이 혈액채취에 관한 유효한 동의를 할 수 있고, 피의자에게 의사능력이 없는 경우에도 명문의 규정이 없는 이상 법정대리인이 피의자를 대리하여 동의할 수는 없다.
③ 선거관리위원회 위원·직원이 선거범죄와 관련하여 조사시 관계인에게 진술이 녹음된다는 사실을 미리 알려 주지 아니한 채 진술을 녹음한 경우, 그와 같은 조사절차에 의하여 수집한 녹음파일 내지 그에 터 잡아 작성된 녹취록은 증거능력이 없다.
④ 범죄의 피의자로 입건된 사람들로 하여금 수사기관의 신문을 받으면서 자신의 신원을 밝히지 아니하고 지문채취에 불응하는 경우 벌금, 과료, 구류의 형사처벌을 받도록 하고 있는 구(舊)「경범죄처벌법」 제1조 제42호 조항은 적법절차의 원칙에 위반된다.

[해설]
① 【 O 】 헌재결 2007.7.18. 2000헌마327
② 【 O 】 대판 2014.11.13. 2013도1228
③ 【 O 】 대판 2014.10.15. 2011도3509
④ 【 X 】 범죄의 피의자로 입건된 사람들로 하여금 경찰공무원이나 검사의 신문을 받으면서 자신의 신원을 밝히지 않고 지문채취에 불응하는 경우 벌금, 과료, 구류의 형사처벌을 받도록 하고 있는 구 경범죄처벌법 조항은 적법절차의 원칙에 위배되지 않는다(헌재결 2004.9.23. 2002헌가17·18).

정답 ④

08 형사소송법의 이념에 대한 설명으로 가장 적절하지 않은 것은? (다툼이 있는 경우 판례에 의함) 18. 경찰채용 1차

① 검사와 피고인 쌍방이 항소한 경우에 1심 선고형기 경과 후 2심 공판이 개정되었다면 이를 위법이라 할 수 있고 신속한 재판을 받을 권리를 박탈한 것이라고 할 수 있다.
② 심리에 2일 이상이 필요한 경우에는 부득이한 사정이 없는 한 매일 계속 개정하여야 한다. 재판장은 부득이한 사정으로 매일 계속 개정하지 못하는 경우에도 특별한 사정이 없는 한 전회의 공판기일부터 14일 이내로 다음 공판기일을 지정하여야 한다.
③ 소송의 지연을 목적으로 함이 명백한 경우에 기피신청을 받은 법원 또는 법관이 이를 기각할 수 있도록 규정한 「형사소송법」 제20조 제1항은 헌법상 보장되는 공정한 재판을 받을 권리를 침해하였다고 할 수 없다.
④ 구속사건에 대해서는 법원이 구속기간 내에 재판을 하면 되는 것이고 구속만기 25일을 앞두고 제1회 공판이 있었다 하여 헌법에 정한 신속한 재판을 받을 권리를 침해하였다고 할 수 없다.

[해설]
① 【 X 】 검사와 피고인 쌍방이 항소한 경우에 1심 선고형기 경과 후 2심 공판이 개정되었다고 하여 이를 위법이라 할 수 없고 신속한 재판을 받을 권리를 박탈한 것이라고 할 수 없다(대판 1972.5.23. 72도840).
② 【 O 】 제267조의2 제2항, 제4항
③ 【 O 】 헌재결 2006.7.27. 2005헌바58
④ 【 O 】 대판 1967.1.24. 66도672

정답 ①

09 신속한 재판의 원칙에 대한 설명 중 가장 적절하지 않은 것은? (다툼이 있는 경우 판례에 의함) 17. 여경

① 구속사건에 대해서는 법원이 구속기간 내에 재판을 하면 되는 것이고 구속만기 25일을 앞두고 제1회 공판이 있었다 하여 헌법에 정한 신속한 재판을 받을 권리를 침해하였다고 할 수 없다.
② 검사와 피고인 쌍방이 항소한 경우에 제1심 선고 형기 경과 후 제2심 공판이 개정되었을 경우, 이는 위법으로서 신속한 재판을 받을 권리를 박탈한 것이다.
③ 「형사소송법」은 신속한 재판을 위해 집중심리주의를 명문으로 규정하고 있다.
④ 신속한 재판을 받을 권리는 주로 피고인의 이익을 보호하기 위하여 인정된 기본권이지만 동시에 실체적 진실 발견, 소송경제, 재판에 대한 국민의 신뢰와 형벌목적의 달성과 같은 공공의 이익에도 근거가 있다.

[해설]
① 【 O 】 대판 1990.6.12. 90도672
② 【 X 】 검사와 피고인 쌍방이 항소한 경우에 제1심 선고 형기 경과 후 2심 공판이 개정되었다고 해서 이를 위법이라 할 수 없고 신속한 재판을 받을 권리를 박탈한 것이라고 할 수 없다(대판 1972.5.23. 72도840).
③ 【 O 】 제267조의2
④ 【 O 】 헌재결 1995.11.30. 92헌마44

정답 ②

10 신속한 재판의 원칙에 대한 설명으로 가장 적절하지 않은 것은? (다툼이 있는 경우 판례에 의함) 20. 경찰채용 2차

① 형사소송법의 규정에 따르면 검사는 수사의 신속한 종결을 위해 피의자가 체포 또는 구속된 날부터 30일 이내에 공소장을 제출하여야 한다.
② 형사피고인은 헌법에 의해 신속한 재판을 받을 권리를 보장받고 있다.
③ 구속사건에 대해서는 법원이 구속기간 내에 재판을 하면 되는 것이고 구속 만기 25일을 앞두고 제1회 공판이 있었다 하여 헌법이 정한 신속한 재판을 받을 권리를 침해하였다고 할 수 없다.
④ 신속한 재판은 피고인의 이익뿐만 아니라 재판에 대한 국민의 신뢰와 형벌 목적의 달성과 같은 공공의 이익에도 그 근거를 두고 있다.

[해설]
① 【 X 】 형사소송법에는 공소장의 제출기한에 대하여 규정이 없다.
② 【 O 】 헌법 제27조 제3항
③ 【 O 】 대판 1990.6.12. 90도672
④ 【 O 】 헌재결 1995.11.30. 92헌마44

정답 ①

11. 신속한 재판의 원칙에 대한 설명으로 가장 적절하지 않은 것은? (다툼이 있는 경우 판례에 의함) 21. 경찰승진

① 「형사소송법」은 집중심리주의를 채택하여 심리에 2일 이상이 필요한 경우에는 부득이한 사정이 없는 한 매일 계속 개정하고, 매일 개정하지 못하는 경우에도 특별한 사정이 없는 한 전회의 공판기일부터 14일 이내로 다음 공판기일을 지정해야 한다고 규정하고 있다.
② 형사피고인은 헌법에 의해 신속한 재판을 받을 권리를 보장받고 있다.
③ 구속사건에 대해서는 법원이 구속기간 내에 재판을 하면 되는 것이고 구속 만기 25일을 앞두고 제1회 공판이 있었다면 헌법이 정한 신속한 재판을 받을 권리를 침해하였다고 할 수 없다.
④ 「형사소송법」에 따르면 검사는 수사의 신속한 종결을 위해 피의자가 체포 또는 구속된 날부터 30일 이내에 공소장을 제출하여야 한다.

[해설]
① 【 O 】 제267조의2 제2항, 제4항
② 【 O 】 헌법 제27조 제3항 제1문
③ 【 O 】 대판 1990.6.12. 90도672
④ 【 X 】 형사소송법에는 공소장의 제출기한에 대하여 규정이 없다.

정답 ④

12. 적정절차의 원칙에 대한 설명으로 가장 적절하지 않은 것은? (다툼이 있는 경우 판례에 의함) 19. 경찰승진

① 경찰관이 간호사로부터 진료 목적으로 이미 채혈되어 있던 피고인의 혈액 중 일부를 주취운전 여부에 대한 감정을 목적으로 임의로 제출받아 이를 압수한 경우, 당시 간호사가 혈액의 소지자 겸 보관자인 병원 또는 담당의사를 대리하여 혈액을 경찰관에게 임의로 제출할 수 있는 권한이 없었다고 볼 특별한 사정이 없는 이상, 그 압수절차가 피고인 또는 피고인 가족의 동의 및 영장 없이 행하여졌다고 하더라도 적법절차를 위반하였다고 볼 수 없다.
② 검사가 법원의 증인으로 채택된 수감자를 그 증언에 이르기까지 거의 매일 검사실로 하루 종일 소환하여 피고인측 변호인이 접근하는 것을 차단하고, 검찰에서의 진술을 번복하는 증언을 하지 않도록 회유·협박하는 한편, 때로는 검사실에서 그에게 편의를 제공하기도 한 행위는 피고인의 공정한 재판을 받을 권리를 침해한다.
③ 헌법 제12조 제1항 후문이 규정하고 있는 적법절차란 법률이 정한 절차 및 그 실체적 내용이 모두 적정하여야 함을 말하는 것이다.
④ 범죄의 피의자로 입건된 사람들로 하여금 경찰공무원이나 검사의 신문을 받으면서 자신의 신원을 밝히지 않고 지문채취에 불응하는 경우 벌금, 과료, 구류의 형사처벌을 받도록 하고 있는 구 「경범죄처벌법」 제1조 제42호 조항은 적법절차의 원칙에 위배된다.

[해설]
① 【 O 】 대판 1999.9.3. 98도968
② 【 O 】 헌재결 2001.8.30. 99헌마496
③ 【 O 】 헌재결 1992.12.24. 92헌가8
④ 【 X 】 범죄의 피의자로 입건된 사람들로 하여금 경찰공무원이나 검사의 신문을 받으면서 자신의 신원을 밝히지 않고 지문채취에 불응하는 경우 벌금, 과료, 구류의 형사처벌을 받도록 하고 있는 구 「경범죄처벌법」 제1조 제42호 조항은 적법절차의 원칙에 위배되지 않는다(헌재결 2004.9.23. 2002헌가17).

정답 ④

13 형사소송의 이념에 대한 설명으로 가장 적절하지 않은 것은? (다툼이 있는 경우 판례에 의함) 19. 경찰채용 1차

① 실체진실주의는 적법절차의 원칙과 신속한 재판의 원칙에 의하여 제약을 받는다.
② 적법절차란 법률이 정한 절차 및 그 실체적 내용이 모두 적정하여야 함을 말하는 것으로서 적정하다는 것은 공정하고 합리적이며 상당성이 있어 정의관념에 합치됨을 뜻한다.
③ 형사소송에 있어서 경찰 공무원은 당해 피고인에 대한 수사를 담당하였는지의 여부에 관계없이 그 피고인의 공판과정에서는 제3자라고 할 수 있으므로 수사담당 경찰 공무원의 증인적격을 인정하더라도 적법절차의 원칙에 반한다고 할 수 없다.
④ 신속한 재판의 원칙은 피고인의 이익을 보호하기 위하여 인정된 원칙이므로 실체적 진실발견, 소송경제, 재판에 대한 국민의 신뢰를 위하여 작동하여서는 안 된다.

해설

① 【O】 형사소송법의 목적원리인 실체진실주의, 적정절차와 신속한 재판의 원칙은 규범의 충돌을 일으킬 수 있는 긴장관계에 있는 이념이라 할 수 있다. 왜냐하면 실체진실주의를 추구하면 적정절차와 신속한 재판의 이념은 후퇴하게 되고, 반대로 적정절차와 신속한 재판을 강조하면 실체진실의 발견이 제한되지 않을 수 없기 때문이다.
② 【O】 헌법 제12조 제3항 본문은 동조 제1항과 함께 적법절차원리의 일반조항에 해당하는 것으로서, 형사절차상의 영역에 한정되지 않고 입법, 행정 등 국가의 모든 공권력의 작용에는 절차상의 적법성뿐만 아니라 법률의 구체적 내용도 합리성과 정당성을 갖춘 실체적인 적법성이 있어야 하는 적법절차의 원칙을 헌법의 기본원리로 명시하고 있는 것이다(헌재결 1992.12.24. 92헌가8).
③ 【O】 수사기관으로서의 검사와 소추기관으로서의 검사는 그 법률상의 지위가 다르므로 공판에 관여하는 소송당사자로서의 검사와 사법경찰관리를 지휘, 감독하는 수사 주재자로서의 검사를 동일하게 볼 수 없고, 실체 판단의 자료가 되는 경찰 공무원의 증언내용은 공소사실과 관련된 주관적 '의견'이 아닌 경험에 의한 객관적 '사실'에 그치는 것이며, 또한 형사소송구조상 경찰 공무원은 당사자가 아닌 제3자의 지위에 있을 뿐만 아니라, 나아가 경찰 공무원의 증언에 대하여 피고인 또는 변호인은 반대신문권을 보장받고 있다는 점에서, 이 사건 법률조항에 의하여 경찰 공무원의 증인적격을 인정한다 하더라도 적법절차의 원칙에 반한다거나 그 근거조항인 위 법 조항이 합리적이고 정당한 법률이 아니라고 말할 수는 없다(헌재결 2001.11.29. 2001헌바41).
④ 【X】 신속한 재판의 원칙은 주로 피고인의 이익을 보호하기 위한 것이지만 동시에 실체진실의 발견, 소송경제, 재판에 대한 국민의 신뢰와 형벌 목적의 달성과 같은 공공의 이익에도 그 근거를 두고 있다(헌재결 1995.11.30. 92헌마44).

정답 ④

14 형사소송의 이념과 구조에 대한 설명으로 옳지 않은 것은? (다툼이 있는 경우 판례에 의함) 18. 검찰 7급

① 국민참여재판을 받을 권리는 헌법상 기본권으로서 보호될 수는 없지만, 국민의 형사재판 참여에 관한 법률에서 정하는 대상사건에 해당하는 한 피고인은 원칙적으로 국민참여재판으로 재판을 받을 법률상 권리를 가진다고 할 것이고, 이러한 형사소송절차상의 권리를 배제함에 있어서는 헌법에서 정한 적법절차의 원칙을 따라야 한다.
② 헌법 제109조, 법원조직법 제57조 제1항에서 정한 공개금지 사유가 없음에도 불구하고 재판의 심리에 관한 공개를 금지하기로 결정한 경우, 그러한 공개금지결정은 공개재판을 받을 권리를 침해한 것이지만, 변호인의 반대신문권이 보장되었다면 그 절차에 의하여 이루어진 증인의 증언은 증거능력이 인정된다.
③ 규문주의 하에서는 재판기관이 소추기관의 소추 없이 직권으로 재판절차를 개시하여 심리·판단하므로 피고인은 단지 조사의 대상일 뿐 방어권의 주체가 되기 어렵다.
④ 직권주의 하에서는 법원이 소송에서 주도적으로 활동하여 심리의 능률과 신속을 도모할 수 있고, 당사자주의 하에서는 당사자가 소송에서 주도적으로 활동하여 많은 증거의 수집과 제출이 이루어질 경우 실체적 진실발견에 도움이 될 수 있다.

해설

① 【O】 헌재결 2014.1.28. 2012헌바298
② 【X】 헌법 제27조 제3항 후문, 제109조와 법원조직법 제57조 제1항, 제2항의 취지에 비추어 보면, 헌법 제109조, 법원조직법 제57조 제1항에서 정한 공개금지사유가 없음에도 불구하고 재판의 심리에 관한 공개를 금지하기로 결정하였다면 그러한 공개금지결정은 피고인의 공개재판을 받을 권리를 침해한 것으로서 그 절차에 의하여 이루어진 증인의 증언은 증거능력이 없고, 변호인의 반대신문권이 보장되었더라도 달리 볼 수 없으며, 이러한 법리는 공개금지결정의 선고가 없는 등으로 공개금지결정의 사유를 알 수 없는 경우에도 마찬가지이다(대판 2013.7.26. 2013도2511).
③ 【O】 규문주의란 법원이 스스로 절차를 개시하여 심리·재판하는 구조를 말한다. 규문주의는 피고인을 조사와 심리의 객체로 취급함으로써 피고인이 충분한 방어를 할 수 없다는 결함을 지니고 있어 프랑스 혁명을 계기로 형사소송의 구조에서 자취를 감추었다.
④ 【O】 직권주의에서는 법원이 주도적으로 활동하여 심리의 능률과 신속을 도모할 수 있게 된다. 당사자주의에서는 당사자가 소송에서 주도적으로 활동하여 많은 증거의 수집과 제출이 이루어질 경우 실체적 진실발견에 도움이 될 수 있다.

정답 ②

15 다음 중 형사소송의 이념과 구조에 대한 설명으로 가장 적절한 것은? (다툼이 있는 경우 판례에 의함) 21. 경찰승진

① 「형사소송법」은 형사사법의 정의를 지향하고 있으며 「형법」에 비하여 도덕적·윤리적 성격이 강하다.
② "열 사람의 범인을 놓치는 한이 있더라도 한 사람의 죄 없는 사람을 벌하여서는 안 된다"라는 격언은 적극적 실체적 진실주의의 표현이다.
③ 현행 「형사소송법」에는 직권주의와 당사자주의 요소가 혼재되어 있다.
④ 「형사소송법」은 절차법으로서 실체법인 「형법」과는 목적·수단의 관계에 놓여 있는 순수한 합목적적 규범이다.

해설

① 【 X 】 형사소송법은 형법을 실현하는 절차를 규정하는 절차법이다. 따라서 형사소송법은 공법 특히 사법법에 속하는 형사법이라는 점에 있어서 형법과 그 성격을 같이한다. 다만 형법은 실체법임에 반하여, 형사소송법은 절차법이라는 점에서 차이를 보인다. 절차법이라는 특성에 비추어 형법과 같은 실체법상의 윤리적 색채는 희석되는 반면 기술적 성격은 뚜렷이 드러난다.
② 【 X 】 "열 사람의 범인을 놓치는 한이 있더라도 한 사람의 죄 없는 사람을 벌하여서는 안 된다"라는 격언은 소극적 실체적 진실주의의 표현이다.
③ 【 O 】 형사소송법에 직권주의 요소가 존재하는 이상 완전한 당사자주의 구조로 이해하기는 어렵고, 당사자주의와 직권주의가 혼재된 구조로 보아야 한다.
④ 【 X 】 사법법인 형사소송법의 해석에 있어서는 법적 안정성의 요청이 우선적으로 고려되어야 한다. 특히 공판절차에 있어서는 법적 안정성의 이념이 전면에 부각된다. 그러나 형사소송법은 실체진실의 발견을 위한 과정으로서 동적·발전적 성격을 가지고 있으므로 일정부분 합목적성이 강조되지 않을 수 없다. 수사절차와 형집행절차에서는 그 합목적성이 중요하게 부각된다.

정답 ③

16 형사소송의 이념과 구조에 대한 설명으로 가장 적절하지 않은 것은? (다툼이 있는 경우 판례에 의함)

21. 경찰간부

① 적법절차의 원칙은 단순히 형사절차상의 제한된 범위 내에서만 적용되는 것이 아니라, 기본권 제한과 관련되든 아니든 모든 입법작용 및 행정작용에도 광범위하게 적용된다.
② 무죄추정의 원칙은 수사를 하는 단계뿐만 아니라, 판결이 확정될 때까지 형사절차와 형사재판 전반을 이끄는 대원칙이다.
③ 형사소송에 있어서 수사를 담당하였던 경찰공무원은 증인의 지위에 있을 수 없으므로, 그 수사담당 경찰공무원에 대한 증인적격을 인정하게 되면, 피고인에 대한 무죄추정의 원칙에 반한다.
④ 형사소송의 직권주의는 재판지연을 방지하여 능률적이고 신속한 재판을 진행할 수 있다는 장점이 있다.

해설

① 【 O 】 헌법 제12조 제3항은 동조 제1항과 함께 적법절차 원리의 일반조항에 해당하는 것으로서, 형사절차상의 영역에 한정되지 않고 입법, 행정 등 국가의 모든 공권력의 작용에는 절차상의 적법성뿐만 아니라 법률의 구체적 내용도 합리성과 정당성을 갖춘 실체적인 적법성이 있어야 하는 적법절차의 원칙을 헌법의 기본원리로 명시하고 있는 것이다(헌재결 1992.12.24. 92헌가8).
② 【 O 】 헌법 제27조 제4항은 "형사피고인은 유죄의 판결이 확정될 때까지 무죄로 추정된다."라고 하여 이른바 무죄추정의 원칙을 선언하였는데 공소가 제기된 형사피고인에게 무죄추정의 원칙이 적용되는 이상, 아직 공소제기조차 되지 아니한 형사피의자에게 무죄추정의 원칙이 적용되는 것은 너무도 당연한 일이다(헌재결 1992.1.28. 91헌마111).
③ 【 X 】 형사소송에 있어서 경찰공무원은 당해 피고인에 대한 수사를 담당하였는지의 여부에 관계없이 그 피고인에 대한 공판과정에서는 제3자라고 할 수 있어 수사 담당 경찰공무원이라 하더라도 증인의 지위에 있을 수 있음을 부정할 수 없고, 이러한 증인신문 역시 공소사실과 관련된 실체적 진실을 발견하기 위한 것이지 피고인을 유죄로 추정하기 때문이라고 인정할 만한 아무런 근거도 없다는 점에서, 이 사건 법률조항은 무죄추정의 원칙에 반하지 아니한다(헌재결 2001.11.29. 2001헌바41).
④ 【 O 】 직권주의는 법원에게 소송의 주도적 지위를 인정하여 법원의 직권에 의하여 심리를 진행하는 구조를 말한다. 따라서 법원의 주도적 지위에 따라 심리의 능률과 신속을 도모할 수 있다는 장점이 있다.

정답 ③

17 형사소송의 구조에 대한 설명으로 옳지 않은 것은?   18. 국가직

① 소추기관과 재판기관이 분리되었는지 여부에 따라 규문주의와 탄핵주의로 구별된다.
② 소송의 스포츠화 또는 합법적 도박이 야기될 수 있다는 점은 당사자주의에 대한 비판이고, 사건의 심리가 국가기관의 자의적 판단이나 독단으로 흐를 수 있다는 점은 직권주의에 대한 비판이다.
③ 증인에 대한 교호신문절차, 증거동의제도는 당사자주의적 요소이다.
④ 피고인신문제도, 법원의 공소장변경 요구의무, 공소장일본주의는 직권주의적 요소이다.

[해설]
④ 【 X 】 피고인신문제도나 법원의 공소장변경 요구는 직권주의 요소에 해당한다. 하지만 공소장일본주의는 당사자주의적 요소이다.

정답 ④

18 소송구조에 관한 설명 중 가장 적절한 것은?   20. 경찰승진

① 규문주의란 소추기관과 재판기관이 분리되지 않고 재판기관이 스스로 절차를 개시하여 심리 재판하는 구조를 말하며, 이러한 구조하에서는 소추기관이 없으므로 피고인은 재판기관과 대등한 소송의 주체로서의 지위를 갖게 된다.
② 형사소송법 제298조 제2항이 규정하고 있는 법원의 공소장 변경요구제도는 당사자주의적 요소이다.
③ 피고인신문제도, 증인에 대한 교호신문절차, 공소장일본주의는 직권주의적 요소이다.
④ 우리 형사소송법은 검사의 공소제기를 명문으로 규정함으로써 국가소추주의에 의한 탄핵주의 소송구조를 채택하고 있다.

[해설]
① 【 X 】 규문주의는 피고인을 조사와 심리의 객체로 취급함으로써 피고인이 충분한 방어를 할 수 없다는 결함을 지니고 있다. 즉, 소송주체로서의 지위를 갖는 것이 아니라 심리의 객체가 된다.
② 【 X 】 형사소송법 제298조 제2항이 규정하고 있는 법원의 공소장 변경요구제도는 직권주의적 요소이다.
③ 【 X 】 피고인신문제도는 직권주의적 요소이지만, 증인에 대한 교호신문절차 및 공소장일본주의는 당사자주의적 요소이다.
④ 【 O 】 제246조에 대한 설명으로 타당한 내용이다.

정답 ④

19 형사소송의 이념과 구조에 대한 설명으로 옳지 않은 것은? (다툼이 있는 경우 판례에 의함)   20. 검찰 7급

① 공소장의 공소사실 첫머리에 피고인이 전에 받은 소년부송치처분과 직업 없음을 기재한 것은 피고인을 특정할 수 있는 사항에 속하는 것이어서 헌법상의 형사피고인에 대한 무죄추정조항이나 평등조항에 위배되는 것은 아니다.
② 형사소송구조상 경찰공무원은 당사자가 아닌 제3자의 지위에 있고, 경찰공무원의 증언에 대하여 피고인 또는 변호인은 반대신문권을 보장받고 있으므로 수사담당 경찰공무원의 증인적격을 인정하더라도 적법절차의 원칙에 반하지 않는다.
③ 신속한 재판을 받을 권리는 주로 피고인의 이익을 보호하기 위하여 인정된 기본권이지만 실체적 진실발견, 소송경제, 재판에 대한 국민의 신뢰와 형벌목적의 달성과 같은 공공의 이익에도 근거가 있다.
④ 형사소송법은 그 해석상 소송절차의 전반에 걸쳐 기본적으로 직권주의구조를 취하고 있고 당사자주의를 가미한 것으로 이해된다.

해설
① 【 O 】 대판 1990.10.16. 90도1813
② 【 O 】 헌재결 2001.11.29. 2001헌바41
③ 【 O 】 헌재결 1995.11.30. 92헌마44
④ 【 X 】 형사소송의 구조를 당사자주의와 직권주의 중 어느 것으로 할 것인가의 문제는 입법정책의 문제로서 우리나라 형사소송법은 그 해석상 소송절차의 전반에 걸쳐 기본적으로 당사자주의 소송구조를 취하고 있는 것으로 이해된다(헌재결 1995.11.30. 92헌마44).

정답 ④

20 형사절차에 대한 설명으로 가장 적절하지 않은 것은?

18. 경찰채용 3차

① 「국민의 형사재판 참여에 관한 법률」에 따르면 법원은 대상사건의 피고인에 대하여 국민참여재판을 원하는지 여부에 관한 의사를 서면 등의 방법으로 반드시 확인하여야 한다.
② 「국민의 형사재판 참여에 관한 법률」에 따르면 변호인은 배심원후보자에 대하여 이유를 제시하지 아니하는 기피신청을 할 수 있으나, 검사는 이를 할 수 없다.
③ 「형사소송법」은 특정 범죄에 대하여 공소시효의 적용을 배제하는 규정을 두고 있다.
④ 「형사소송법」은 공판절차의 신속한 진행을 위하여 집중심리제도를 도입하고 있다.

해설
① 【 O 】 국민의 형사재판 참여에 관한 법률 제8조 제1항
② 【 X 】 검사와 변호인은 각자 배심원후보자에 대하여 이유를 제시하지 아니하는 기피신청(무이유부기피신청)을 할 수 있다(국민의 형사재판 참여에 관한 법률 제30조 제1항).
③ 【 O 】 사람을 살해한 범죄(종범은 제외한다)로 사형에 해당하는 범죄에 대하여는 제249조부터 제253조까지에 규정된 공소시효를 적용하지 아니한다(제253조의2).
④ 【 O 】 제267조의2

정답 ②

21 형사절차에 대한 설명으로 옳지 않은 것은?

23. 국가직

① 항소심에서는 검사의 공소취소가 허용되지 않는다.
② 종국재판이 외부적으로 성립할 경우 종국재판을 한 법원은 그 재판을 철회하거나 변경할 수 없다.
③ 재판장의 재판에 대한 준항고의 청구는 재판의 고지있는 날로부터 7일 이내에 하여야 한다.
④ 피고인과 공범관계에 있는 다른 피의자에 대한 사법경찰관 작성 피의자신문조서는 형사소송법 제312조 제4항의 요건을 갖추면 피고인이 공판기일에 그 조서의 내용을 부인하더라도 이를 유죄인정의 증거로 사용할 수 있다.

해설
① 【 O 】 형사소송법 제255조 제1항 참고
② 【 O 】 종국재판이 외부적으로 성립한 때에는 재판을 한 법원도 스스로 구속되어 철회, 변경이 불가능하다.
③ 【 O 】 형사소송법 제416조 참고
④ 【 X 】 형사소송법 제312조 제3항은 검사 이외의 수사기관이 작성한 해당 피고인에 대한 피의자신문조서를 유죄의 증거로 하는 경우뿐만 아니라 검사 이외의 수사기관이 작성한 해당 피고인과 공범관계에 있는 다른 피고인이나 피의자에 대한 피의자신문조서를 해당 피고인에 대한 유죄의 증거로 채택할 경우에도 적용된다. 따라서 해당 피고인과 공범관계가 있는 다른 피의자에 대하여 검사 이외의 수사기관이 작성한 피의자신문조서는 그 피의자의 법정진술에 의하여 성립의 진정이 인정되는 등 형사소송법 제312조 제4항의 요건을 갖춘 경우라도 해당 피고인이 공판기일에서 그 조서의 내용을 부인한 이상 이를 유죄 인정의 증거로 사용할 수 없다(대판 2020.6.11. 2016도9367).

정답 ④

최정훈 형사소송법
단원별 기출문제집

PART 02

소송주체와 소송행위

Chapter 01 소송의 주체와 당사자

Chapter 02 소송조건·소송행위

Chapter 01 소송의 주체와 당사자

01 당사자능력과 소송능력에 대한 설명으로 옳은 것은? (다툼이 있는 경우 판례에 의함) 19. 검찰 7급

① 「형법」상 책임무능력자도 「형사소송법」상 당사자능력을 가질 수 있다.
② 법인에 대한 형사처벌이 양벌규정을 통하여 인정되는 경우에도 법인의 당사자능력은 인정되지 않는다.
③ 소송능력은 소송조건이므로 소송능력이 없는 사람에 대하여 공소를 제기한 경우 공소기각의 결정을 하여야 한다.
④ 반의사불벌죄에 있어서 피해자는 의사능력이 있더라도 피의자에 대한 처벌을 희망하지 않는다는 의사표시를 단독으로 할 수 없다.

[해설]

① 【O】 당사자능력이란 피고인이 될 수 있는 자격을 말한다. 자연인과 법인은 당사자능력이 있다. 따라서 형사미성년자 등 형법상 책임무능력자도 자연인인 이상 당사자능력을 갖는다.
② 【X】 법인에 대한 형사처벌이 양벌규정을 통하여 인정되는 경우에는 법인은 당사자능력을 갖는다(통설).
③ 【X】 소송능력은 소송조건으로 볼 수 없다. 형법 제9조 내지 제11조가 적용되지 않는 사건에서 피의자, 피고인에게 소송능력이 없으면 법정대리인이 대리한다. 법정대리인이 대리하는 이상 심리결과에 따라 실체판결을 하게 된다. 가령, 조세범처벌법위반죄에 관하여 만13세의 피고인에게 공소가 제기되면 법정대리인이 소송행위를 대리하고 심리결과 범죄가 인정되면 형사처벌을 받을 수 있다.
④ 【X】 반의사불벌죄라고 하더라도, 피해자인 청소년에게 의사능력이 있는 이상, 단독으로 피고인 또는 피의자의 처벌을 희망하지 않는다는 의사표시 또는 처벌희망 의사표시의 철회를 할 수 있고, 거기에 법정대리인의 동의가 있어야 하는 것으로 볼 것은 아니다(대판 2009.11.19. 2009도6058 전합).

정답 ①

02 피고인의 특정에 대한 설명으로 옳지 않은 것은? (다툼이 있는 경우 판례에 의함) 18. 국가직

① 피의자가 다른 사람의 성명을 모용하였기 때문에 공소장에 피모용자가 피고인으로 표시되었다고 하면, 검사는 모용자에 대하여 공소를 제기한 것이므로 모용자가 피고인이 된다.
② 성명을 모용한 사실이 재판 중에 밝혀진 경우 검사는 공소장변경절차를 거쳐 피고인의 인적사항을 변경하여야 한다.
③ 피모용자가 약식명령에 대하여 정식재판을 청구함으로써 정식재판절차에서 성명모용사실이 판명된 경우와 같이 피모용자에게 사실상의 소송계속이 발생하고 형식상 또는 외관상 피고인의 지위를 갖게 된 경우 법원은 그에게 공소기각의 판결을 선고하여야 한다.
④ 검사가 공소장의 피고인 성명모용을 바로잡지 아니한 경우에는 공소제기의 방식이 「형사소송법」의 규정에 위반하여 무효이므로 법원은 공소기각의 판결을 선고하여야 한다.

해설

① 【 O 】 대판 1997.11.28. 97도2215
② 【 X 】 피의자가 다른 사람의 성명을 모용한 탓으로 공소장에 피모용자가 피고인으로 표시되었다 하더라도 이는 당사자의 표시상의 착오일 뿐이고 검사는 모용자에 대하여 공소를 제기한 것이므로 모용자가 피고인이 되고 피모용자에게 공소의 효력이 미친다고 할 수 없고, 이와 같은 경우 검사는 공소장의 인적 사항의 기재를 정정하여 피고인의 표시를 바로잡아야 하는 것인바, 이는 피고인의 표시상의 착오를 정정하는 것이지 공소장을 변경하는 것이 아니므로 형사소송법 제298조에 따른 공소장변경의 절차를 밟을 필요가 없고 법원의 허가도 필요로 하지 아니한다(대판 1993.1.19. 92도2554).
③④ 【 O 】 대판 1993.1.19. 92도2554

정답 ②

---

03 (가), (나)에 들어갈 말을 바르게 연결한 것은? (다툼이 있는 경우 판례에 의함)   21. 국가직 7급

- 甲이 乙의 성명을 모용하여 乙의 이름으로 공소가 제기된 경우, 공소제기의 효력은 명의를 사칭한 甲에게만 미치므로 甲만이 피고인이 되고 명의를 모용당한 乙에게는 공소의 효력이 미치지 않는다. 이 경우 검사는 [(가)] 절차에 의하여 피고인의 표시를 바로잡아야 한다.
- 甲이 乙의 성명을 모용하여 乙이 약식명령을 송달받고 정식재판을 청구하여 乙을 상대로 심리를 하는 과정에서 성명모용사실이 발각되어 검사가 표시를 바로잡는 등 사실상의 소송계속이 발생하고 乙이 형식상 또는 외관상 피고인의 지위를 갖게 되면, 이 경우 법원은 乙에게 [(나)] 을 하여야 한다.

	(가)	(나)
①	공소장변경	공소기각결정
②	공소장변경	공소기각판결
③	공소장정정	공소기각결정
④	공소장정정	공소기각판결

해설

▶ 진술거부권을 고려힐 때 피고인의 표시상의 착오는 사소한 오류에 불과하여 공소장표시정정의 대상이 된다. 피고인 표시상의 착오는 공소사실이나 적용법조의 변경에 해당하지 않아 공소장변경의 대상이 아니므로(제298조 제1항), 검사는 직권으로 공소장의 표시를 정정하면 족하고 법원의 허가를 받아야 하는 것도 아니다(97도2215).
▶ 판례는 "검사가 공소장의 피고인 표시를 정정하여 모용관계를 바로잡지 아니한 경우에는 외형상 피모용자 명의로 공소가 제기된 것으로 되어 있어 공소제기의 방식이 형사소송법 제254조의 규정에 위반하여 무효라 할 것이므로 법원은 공소기각의 판결을 선고하여야 한다"고 판시하여(92도2554) 공소기각판결설의 입장이다.

정답 ④

04 형사소송법상 피의자에게 인정되는 권리가 아닌 것은?

16. 경찰승진

① 수사상의 증인신문청구권
② 체포·구속적부심사청구권
③ 진술거부권
④ 증거보전청구권

해설

① 【 X 】 증인신문의 청구권자는 검사에 한한다(제221조의2 제1항).
② 【 O 】 제214조의2 제1항
③ 【 O 】 제244조의3 제1항
④ 【 O 】 제184조 제1항

정답 ①

05 피고인이 형사절차에서 갖는 권리를 모두 고른 것은 몇 개인가?

21. 경찰승진

㉠ 공소장 부본을 송달받을 권리	㉡ 재정(裁定)신청권
㉢ 진술거부권	㉣ 공판조서 열람·등사권
㉤ 증거신청권	㉥ 감정유치청구권

① 1개   ② 2개   ③ 3개   ④ 4개

해설

㉠ 【 O 】 제266조
㉡ 【 X 】 재정신청권자는 고소인과 고발인이다(제260조 제1항).
㉢ 【 O 】 진술거부권의 주체에는 제한이 없다(헌법 제12조 제2항).
㉣ 【 O 】 제55조 제1항
㉤ 【 O 】 제294조 제1항
㉥ 【 X 】 피고인에 대한 감정유치는 법원이 직권으로 감정유치장을 발부한다(제172조 제3항).

정답 ④

06 피고인에 관한 설명으로 가장 적절하지 않은 것은? (다툼이 있는 경우 판례에 의함)

25. 경찰승진

① 피고인은 형사사건으로 국가기관에 의하여 형사소추를 당한 자 또는 형사소추를 당한 자로 취급되고 있는 자로서 공소가 제기된 자이면 족하므로 진범 여부, 당사자 능력과 소송능력의 유무, 공소제기의 유효성 여부는 불문한다.
② 피고인의 당사자 능력은 피고인이 사망하거나, 피고인인 법인이 존속하지 않게 되었을 때 소멸하므로 합병으로 인하여 소멸한 법인이 그 종업원 등의 위법행위에 대해 양벌규정에 따라 부담하던 형사책임은 합병으로 인하여 존속하는 법인에 승계된다.
③ 법인의 해산 또는 청산종결 등기 이전에 업무나 재산에 관한 위반행위가 있는 경우에는 청산종결 등기가 된 이후 위반행위에 대한 수사가 개시되거나 공소가 제기되더라도 그에 따른 수사나 재판을 받는 일은 법인의 청산사무에 포함되므로, 그 사건이 종결될 때까지 법인의 청산사무는 종료되지 않고 「형사소송법」상 당사자능력도 그대로 존속한다.
④ 피고인 또는 피의자가 법인인 때에는 그 대표자가 소송행위를 대표하며, 수인이 공동하여 법인을 대표하는 경우에도 소송행위에 관하여는 각자가 대표한다.

[해설]
① 【 O 】 피고인이란 검사에 의하여 공소제기된 자를 말한다. 피고인은 공소가 제기된 자이면 충분하고 공소제기가 유효한가, 진범인가, 당사자능력이나 소송능력을 가지고 있는가의 여부는 문제되지 않는다.
② 【 X 】 회사합병이 있는 경우 피합병회사의 권리·의무는 사법상의 관계나 공법상의 관계를 불문하고 모두 합병으로 인하여 존속하는 회사에 승계되는 것이 원칙이지만, 그 성질상 이전을 허용하지 않는 것은 승계의 대상에서 제외되어야 할 것인바, 양벌규정에 의한 법인의 처벌은 어디까지나 형벌의 일종으로서 행정적 제재처분이나 민사상 불법행위책임과는 성격을 달리하는 점, 형사소송법 제328조가 '피고인인 법인이 존속하지 아니하게 되었을 때'를 공소기각결정의 사유로 규정하고 있는 것은 형사책임이 승계되지 않음을 전제로 한 것이라고 볼 수 있는 점 등에 비추어 보면, 합병으로 인하여 소멸한 법인이 그 종업원 등의 위법행위에 대해 양벌 규정에 따라 부담하던 형사책임은 그 성질상 이전을 허용하지 않는 것으로서 합병으로 인하여 존속하는 법인에 승계되지 않는다(대판 2007.8.23. 2005도4471).
③ 【 O 】 법인에 대한 청산종결 등기가 되었더라도 청산사무가 종결되지 않는 한 그 범위 내에서는 청산법인으로 존속한다. 법인의 해산 또는 청산종결 등기 이전에 업무나 재산에 관한 위반행위가 있는 경우에는 청산종결 등기가 된 이후 위반행위에 대한 수사가 개시되거나 공소가 제기되더라도 그에 따른 수사나 재판을 받는 일은 법인의 청산사무에 포함되므로, 그 사건이 종결될 때까지 법인의 청산사무는 종료되지 않고 형사소송법상 당사자능력도 그대로 존속한다(대판 2021.6.30. 2018도14261).
④ 【 O 】 피고인 또는 피의자가 법인인 때에는 그 대표자가 소송행위를 대표한다(형사소송법 제27조 제1항). 수인이 공동하여 법인을 대표하는 경우에도 소송행위에 관하여는 각자가 대표한다(형사소송법 제27조 제2항).

[정답] ②

07 무죄추정의 원칙에 관한 설명 중 가장 적절하지 않은 것은? (다툼이 있으면 판례에 의함)   16. 경찰승진

① 피고인은 유죄의 판결이 확정될 때까지는 무죄로 추정된다.
② 공소장의 공소사실 첫머리에 피고인이 전에 받은 소년부송치 처분을 기재하였다면 이는 무죄추정의 원칙에 반한다.
③ 구 사립학교법이 형사사건으로 기소된 교원에 대하여 필요적으로 직위해제처분을 하도록 규정한 것은 무죄추정의 원칙 등에 반하여 위헌이다.
④ 파기환송을 받은 법원이 피고인 구속을 계속할 사유가 있어 결정으로 구속기간을 갱신하여 피고인을 계속 구속하는 것은 무죄추정의 원칙에 반하지 않는다.

[해설]
① 【 O 】 헌법 제27조 제4항
② 【 X 】 공소장의 공소사실 첫머리에 피고인이 전에 받은 소년부송치처분과 직업 없음을 기재하였다 하더라도 이는 형사소송법 제254조 제3항 제1호에서 말하는 피고인을 특정할 수 있는 사항에 속하는 것이어서 그와 같은 내용의 기재가 있다 하여 공소제기의 절차가 법률의 규정에 위반된 것이라고 할 수 없고 또 헌법상의 형사피고인에 대한 무죄추정조항이나 평등조항에 위배되는 것도 아니다(대판 1990.10.16. 90도1813).
③ 【 O 】 헌재결 1998.5.28. 96헌가12
④ 【 O 】 대판 2001.11.30. 2001도5225

[정답] ②

08 무죄추정의 원칙에 대한 설명으로 가장 적절하지 않은 것은? (다툼이 있는 경우 판례에 의함) `21. 경찰승진`

① 무죄추정을 통해 금지되는 불이익한 처분에는 형사절차상의 처분뿐만 아니라 그 밖의 기본권 제한과 같은 처분에 의한 불이익도 포함된다.
② 파기환송사건에 있어서 구속기간 갱신 및 구속으로 인하여 신체의 자유가 제한되는 것은 무죄추정의 원칙에 위배되지 아니한다.
③ 형사재판절차에서 유죄의 확정판결을 받기 전에 처분청이 징계혐의사실을 인정하는 것은 무죄추정의 원칙에 위배되지 아니한다.
④ 공소장의 공소사실 첫머리에 피고인 특정에 필요한 사항으로서 피고인이 전에 받은 소년부송치 처분을 기재하였다면 이는 무죄추정의 원칙에 반한다.

[해설]
① 【 O 】 헌재결 1990.11.19. 90헌가48
② 【 O 】 대판 2001.11.30. 2001도2525
③ 【 O 】 대판 1986.6.10. 85누407
④ 【 X 】 공소장의 공소사실 첫머리에 피고인이 전에 받은 소년부송치처분과 직업 없음을 기재하였다 하더라도 이는 형사소송법 제254조 제3항 제1호에서 말하는 피고인을 특정할 수 있는 사항에 속하는 것이어서 그와 같은 내용의 기재가 있다 하여 공소제기의 절차가 법률의 규정에 위반된 것이라고 할 수 없고 또 헌법상의 형사피고인에 대한 무죄추정 조항이나 평등조항에 위배되는 것도 아니다(대판 1990.10.16. 90도1813).

정답 ④

09 무죄추정의 원칙에 대한 설명으로 옳지 않은 것은? (다툼이 있는 경우 판례에 의함) `21. 국가직 7급`

① 무죄추정의 원칙은 수사를 하는 단계뿐만 아니라 판결이 확정될 때까지 형사절차와 형사재판 전반을 이끄는 대원칙이고, '의심스러우면 피고인의 이익으로'라는 오래된 법언에 내포된 이러한 원칙은 우리 형사법의 기초를 이루고 있다.
② 무죄추정의 원칙에 따라 형사재판에서 유죄의 인정은 법관으로 하여금 합리적인 의심을 할 여지가 없을 정도로 공소사실이 진실한 것이라는 확신을 가지게 하는 증명력을 가진 증거에 의하여야 한다.
③ 무죄추정의 원칙으로 인하여 불구속수사와 불구속재판을 원칙으로 하고 예외적으로 피의자 또는 피고인이 도망할 우려가 있거나 증거를 인멸할 우려가 있는 때에만 구속수사 또는 구속재판이 인정될 뿐이다.
④ 형사재판 절차에서 유죄의 확정판결을 받기 전이라면 징계혐의사실은 인정될 수 없으며, 징계혐의사실을 인정하는 것은 무죄추정에 관한 「대한민국 헌법」 제27조 제4항과 「형사소송법」 제275조의2에 저촉된다.

[해설]
① 【 O 】 헌재결 1992.1.28. 91헌마111
② 【 O 】 대판 2017.10.31. 2016도21231 외 다수
③ 【 O 】 대결 2019.3.21. 2015모2229 외 다수의 판례. 형사소송법 제198조 제1항(불구속수사의 원칙), 제209조·제70조, 제70조
④ 【 X 】 유죄의 확정판결 전이라도 공소제기의 기초를 이루는 공무원의 비위사실이 인정되는 이상 그에 대해 징계처분을 내리는 것이 무죄추정의 권리를 침해하는 것이라 할 수 없다(대판 1984.9.11. 84누110).

정답 ④

10 무죄추정의 원칙에 관한 설명으로 가장 적절하지 않은 것은? (다툼이 있는 경우 판례에 의함) _{25. 경찰승진}

① 무죄추정의 원칙은 형사절차에서 피의자·피고인은 유죄판결이 확정될 때까지는 무죄로 추정된다는 것으로 유죄판결이 아닌 면소판결, 공소기각판결, 관할위반판결 등 형식재판이 확정되더라도 무죄추정은 계속 유지된다.

② 공정거래위원회의 고발조치 등으로 장차 형사절차 내에서 진술을 해야 할 행위자에게 사전에 이와 같은 법위반사실의 공표를 하게 하는 것은 공소제기조차 되지 아니하고 단지 고발만 이루어진 수사의 초기단계에서 아직 법원의 유무죄에 대한 판단이 가려지지 아니하였는데도 관련 행위자를 유죄로 추정하는 불이익한 처분이 된다.

③ 수사절차 및 구치소의 수용절차에서 청구인이 혐의를 받고 있는 죄명을 기록상 표시하거나, 청구인의 동일성을 확인하기 위한 질문에서 '객관적 혐의를 받고 있는 죄명'을 의미하는 "죄명"이라는 용어를 사용하는 것은 무죄추정의 원칙에 반하지 않는다.

④ 기소된 범죄가 합의부 관할사건인 경우에만 피고인에게 국민참여재판 신청권을 부여한 「국민의 형사재판 참여에 관한 법률」 제5조 제1항 제1호의 법률조항은 피고인에 대한 범죄사실 인정이나 유죄판결을 전제로 하여 불이익을 과하는 것이므로 무죄추정의 원칙에 반한다.

해설

① 【O】 유죄판결이란 형선고판결뿐만 아니라 형면제판결과 선고유예판결을 포함한다. 그러므로 면소·공소기각 또는 관할위반판결이 확정되어도 무죄의 추정은 유지된다.

② 【O】 공정거래위원회의 고발조치 등으로 장차 형사절차 내에서 진술을 해야 할 행위자에게 사전에 이와 같은 법위반사실의 공표를 하게 하는 것은 공소제기조차 되지 아니하고 단지 고발만 이루어진 수사의 초기단계에서 아직 법원의 유무죄에 대한 판단이 가려지지 아니하였는데도 관련 행위자를 유죄로 추정하는 불이익한 처분이 된다(헌재결 2002.1.31. 2001헌바43).

③ 【O】 헌재결 2005.3.8. 2005헌마169

④ 【X】 기소된 범죄가 합의부 관할사건인 경우에만 피고인에게 국민참여재판 신청권을 부여한 이 사건 법률조항은 피고인에 대한 범죄사실 인정이나 유죄판결을 전제로 하여 불이익을 과하는 것이 아니므로 무죄추정의 원칙과 무관하다. 헌법과 법률이 정한 법관에 의한 재판을 받을 권리는 직업법관에 의한 재판을 주된 내용으로 하는 것이므로, 국민참여재판을 받을 권리가 헌법 제27조 제1항에서 규정한 재판을 받을 권리의 보호범위에 속한다고 볼 수 없다. 형사사건의 다수를 차지하는 단독판사 관할사건까지 국민참여재판의 대상사건으로 할 경우, 한정된 인적·물적자원만으로는 현실적으로 제도 운영에 어려움이 있는 점, 합의부 관할사건이 일반적으로 단독판사 관할사건보다 사회적 파급력이 큰 점 등에 비추어 보면, 이 사건 법률조항이 단독판사 관할사건으로 재판받는 피고인과 합의부 관할사건으로 재판받는 피고인을 다르게 취급하고 있는 것은 합리적인 이유가 있으므로 이 사건 법률조항은 평등권을 침해하지 않는다(헌재결 2015.7.30. 2014헌바447).

정답 ④

11 진술거부권에 관한 설명 중 가장 적절하지 않은 것은? (다툼이 있으면 판례에 의함)   16. 경찰승진

① 수사기관이 피의자가 아닌 참고인으로 조사를 하면서 진술거부권을 고지하지 아니하고 작성한 진술조서는 증거능력이 부정된다.
② 진술거부권은 피고인 또는 피의자의 인권을 보장하고 무기평등의 원칙을 실질적으로 실현하기 위해 인정된 것이다.
③ 진술거부권이 고지되지 않은 상태에서 얻은 피의자의 진술은 그 증거능력이 없다.
④ 피고인인 법인의 대표자도 진술거부권의 주체가 된다.

해설

① 【X】 피의자에 대한 진술거부권 고지는 피의자의 진술거부권을 실효적으로 보장하여 진술이 강요되는 것을 막기 위해 인정되는 것인데, 이러한 진술거부권 고지에 관한 형사소송법 규정내용 및 진술거부권 고지가 갖는 실질적인 의미를 고려하면 수사기관에 의한 진술거부권 고지 대상이 되는 피의자 지위는 수사기관이 조사대상자에 대한 범죄혐의를 인정하여 수사를 개시하는 행위를 한 때 인정되는 것으로 보아야 한다. 따라서 이러한 피의자 지위에 있지 아니한 자에 대하여는 진술거부권이 고지되지 아니하였더라도 진술의 증거능력을 부정할 것은 아니다(대판 2011.11.10. 2011도8125).
② 【O】 헌재결 1997.3.27. 96헌가11
③ 【O】 대판 2009.8.20. 2008도8213
④ 【O】 헌법 제12조 제2항은 모든 국민에게 진술거부권을 보장하고 있으므로 진술거부권의 주체에는 제한이 없다. 따라서 피의자·피고인은 물론이고 의사무능력자의 대리인, 법인의 대표자도 진술거부권을 가지며 외국인에게도 인정된다.

정답 ①

12 진술거부권에 대한 설명으로 옳지 않은 것은? (다툼이 있는 경우 판례에 의함)   16. 국가직

① 수사기관에 의한 진술거부권 고지의 대상이 되는 피의자의 지위는 수사기관이 범죄인지서를 작성하는 등의 형식적인 사건수리 절차를 거치기 전이라도 조사대상자에 대하여 범죄의 혐의가 있다고 보아 실질적으로 수사를 개시하는 행위를 한 때에 인정된다.
② 헌법 제12조 제2항은 진술거부권을 국민의 기본적 권리로 보장하고 있으며, 이는 형사책임과 관련하여 비인간적인 자백의 강요와 고문을 근절하고 인간의 존엄성과 가치를 보장하려는 데에 있으므로, 진술거부권이 보장되는 절차에서 진술거부권을 고지받을 권리는 헌법 제12조 제2항에 의하여 바로 도출된다.
③ 사법경찰관이 피의자에게 진술거부권을 행사할 수 있음을 알려 주고 그 행사 여부를 질문하였다 하더라도, 형사소송법 제244조의3 제2항에 규정한 방식에 위반하여 진술거부권 행사 여부에 대한 피의자의 답변이 자필로 기재되어 있지 아니하거나 그 답변 부분에 피의자의 기명날인 또는 서명이 되어 있지 아니한 사법경찰관 작성의 피의자신문조서는 특별한 사정이 없는 한 증거능력이 없다.
④ 수사기관이 피의자를 신문함에 있어서 피의자에게 미리 진술거부권을 고지하지 않은 때에는 그 피의자의 진술은 위법하게 수집된 증거로서 진술의 임의성이 인정되는 경우라도 증거능력이 부인되어야 한다.

해설
① 【 O 】 대판 2015.10.29. 2014도5939
② 【 X 】 헌법 제12조는 제1항에서 적법절차의 원칙을 선언하고, 제2항에서 "모든 국민은 고문을 받지 아니하며, 형사상 자기에게 불리한 진술을 강요당하지 아니한다."고 규정하여 진술거부권을 국민의 기본적 권리로 보장하고 있다. 이는 형사책임과 관련하여 비인간적인 자백의 강요와 고문을 근절하고 인간의 존엄성과 가치를 보장하려는 데에 그 취지가 있다. 그러나 진술거부권이 보장되는 절차에서 진술거부권을 고지받을 권리가 헌법 제12조 제2항에 의하여 바로 도출된다고 할 수는 없고, 이를 인정하기 위해서는 입법적 뒷받침이 필요하다(대판 2014.1.16. 2013도5441).
③ 【 O 】 대판 2013.3.28. 2010도3359
④ 【 O 】 대판 2011.11.10. 2010도8294

정답 ②

13 진술거부권에 대한 설명으로 가장 적절하지 않은 것은? (다툼이 있으면 판례에 의함)
16. 경찰채용 2차

① 수사기관에 의한 진술거부권 고지 대상이 되는 피의자 지위는 수사기관이 조사대상자에 대한 범죄혐의를 인정하여 수사를 개시하는 행위를 한 때 인정되는 것으로 보아야 한다. 따라서 이러한 피의자 지위에 있지 아니한 자에 대하여는 진술거부권이 고지되지 아니하였더라도 진술의 증거능력을 부정할 것은 아니다.
② 진술거부권은 현재 피의자나 피고인으로서 수사 또는 공판절차에 계속 중인 자뿐만 아니라 장차 피의자나 피고인이 될 가능성이 있는 자에게도 보장되지만 행정절차나 국회에서의 조사 절차에 있어서는 보장되지 아니한다.
③ 재판장은 공판절차를 갱신하는 경우 피고인에게 진술거부권 등을 고지한 후 인정신문을 하여 피고인임에 틀림없음을 확인하여야 한다.
④ 조사대상자의 진술 내용이 단순히 제3자의 범죄에 관한 경우가 아니라 자신과 제3자에게 공동으로 관련된 범죄에 관한 것이거나 제3자의 피의사실뿐만 아니라 자신의 피의사실에 관한 것이기도 하여 실질이 피의자 신문조서의 성격을 가지는 경우라면 수사기관은 진술을 듣기 전에 미리 진술거부권을 고지하여야 한다.

해설
① 【 O 】 대판 2011.11.10. 2011도8125
② 【 X 】 진술거부권은 현재 피의자나 피고인으로서 수사 또는 공판절차에 계속 중인 자뿐만 아니라 장차 피의자나 피고인이 될 가능성이 있는 자에게도 보장되며, 형사절차에서만 보장되는 것은 아니고 행정절차이거나 국회에서의 질문 등에서도 보장된다(헌재결 1990.8.27. 89헌가118).
③ 【 O 】 규칙 제144조 제1항 제1호
④ 【 O 】 대판 2015.10.29. 2014도5939

정답 ②

14 진술거부권에 대한 설명 중 옳고 그름의 표시(○, ×)가 바르게 된 것은? (다툼이 있는 경우 판례에 의함)

17. 경찰채용 2차

㉠ 주취운전의 혐의자에게 호흡측정기에 의한 주취여부의 측정에 응할 것을 요구하고 이에 불응할 경우 처벌한다고 하여도 이는 형사상 불리한 '진술'을 강요하는 것에 해당한다고 할 수 없어 「헌법」 제12조 제2항의 진술거부권조항에 위배되지 않는다.

㉡ 법률이 범법자에게 자기의 범죄사실을 반드시 신고하도록 명시하고 그 미신고를 이유로 처벌하는 벌칙을 규정하는 것은 「헌법」상 보장된 국민의 기본권인 진술거부권을 침해하는 것이 된다.

㉢ 피고인의 진술거부권 행사가 방어권 행사의 범위를 넘어 객관적이고 명백한 증거가 있음에도 진실의 발견을 적극적으로 숨기거나 법원을 오도하려는 시도에 기인한 경우라 하더라도, 이러한 경우의 진술거부권 행사를 가중적 양형의 조건으로 삼는 것은 허용될 수 없다.

㉣ 「도로교통법」에서 운전자에게 교통사고의 신고의무를 규정하여 벌칙으로 강제하더라도, 피해자의 구호 및 교통질서의 회복을 위한 조치가 필요한 범위 내에서 교통사고의 객관적 내용만을 신고하도록 한 것으로 해석하고, 형사책임과 관련되는 사항에는 적용되지 아니하는 것으로 해석하는 한 진술거부권을 침해하는 것은 아니다.

㉤ 진술거부권은 현재 피의자나 피고인으로서 수사 또는 공판절차에 계속 중인 자 뿐만 아니라 장차 피의자나 피고인이 될 자에게도 보장되며, 형사절차에서만 보장되는 것은 아니고 행정절차나 국회에서의 조사절차에서도 보장된다.

① ㉠ ○ ㉡ ○ ㉢ × ㉣ ○ ㉤ ○
② ㉠ × ㉡ ○ ㉢ ○ ㉣ × ㉤ ○
③ ㉠ ○ ㉡ ○ ㉢ × ㉣ ○ ㉤ ×
④ ㉠ ○ ㉡ × ㉢ × ㉣ ○ ㉤ ○

해설

㉠ 【 O 】 대판 2009.9.24. 2009도7924
㉡㉣㉤ 【 O 】 헌재결 1990.8.27. 89헌가118
㉢ 【 X 】 범죄사실을 단순히 부인하고 있는 것이 죄를 반성하거나 후회하고 있지 않다는 인격적 비난요소로 보아 가중적 양형의 조건으로 삼는 것은 결과적으로 피고인에게 자백을 강요하는 것이 되어 허용될 수 없다고 할 것이나, 그러한 태도나 행위가 피고인에게 보장된 방어권 행사의 범위를 넘어 객관적이고 명백한 증거가 있음에도 진실의 발견을 적극적으로 숨기거나 법원을 오도하려는 시도에 기인한 경우에는 가중적 양형의 조건으로 참작될 수 있다(대판 2001.3.9. 2001도192).

정답 ①

15 진술거부권에 대한 설명 중 가장 적절하지 않은 것은? (다툼이 있는 경우 판례에 의함)   18. 경찰승진

① 수사기관에 의한 진술거부권 고지 대상이 되는 피의자의 지위는 수사기관이 조사대상자에 대한 범죄혐의를 인정하여 수사를 개시하는 행위를 한 때 인정되는 것으로 보아야 한다. 따라서 이러한 피의자 지위에 있지 아니한 자에 대하여는 진술거부권이 고지되지 아니하였더라도 진술의 증거능력을 부정할 것은 아니다.
② 변호인이 적극적으로 피고인 또는 피의자로 하여금 허위진술을 하도록 하는 것이 아니라 단순히 헌법상 권리인 진술거부권이 있음을 알려 주고 그 행사를 권고하는 것을 가리켜 변호사로서의 진실의무에 위배되는 것이라고는 할 수 없다.
③ 수사기관이 피의자를 신문함에 있어서 피의자에게 미리 진술거부권을 고지하지 않은 때에는 그 피의자의 진술은 위법하게 수집된 증거로서 진술의 임의성이 인정되는 경우라도 증거능력이 부인되어야 한다.
④ 「형사소송법」 제301조(공판절차의 갱신)에 따라 공판절차를 갱신하는 경우 원칙적으로 피고인에게 진술거부권을 다시 고지하지 아니한다.

[해설]

① 【 O 】 대판 2011.11.10. 2011도8125
② 【 O 】 대결 2007.1.31. 2006모657
③ 【 O 】 대판 1992.6.23. 92도682
④ 【 X 】 「형사소송법」 제301조(공판절차의 갱신)에 따라 공판절차를 갱신하는 경우 원칙적으로 피고인에게 진술거부권을 다시 고지한다(규칙 제144조 제1항 제1호).

정답 ④

16 진술거부권에 관한 다음 설명 중 가장 옳지 않은 것은? (다툼이 있으면 판례에 의함)   18. 법원직

① 재판장은 공판준비기일에 출석한 피고인에게 진술을 거부할 수 있음을 알려주어야 한다.
② 수사기관이 피의자에게 미리 진술거부권을 고지하지 아니한 경우에는 그 피의자의 진술은 임의성이 인정되더라도 증거능력이 없다.
③ 공판절차를 갱신하는 경우에는 피고인에게 진술거부권을 다시 고지할 필요가 없다.
④ 진술거부권 행사도 진실발견을 적극적으로 숨기거나 법원을 오도하려는 시도에 기인한 경우 등 일정한 경우에는 양형의 가중요건으로 참작할 수 있다.

[해설]

① 【 O 】 제266조의8 제6항
② 【 O 】 대판 1992.6.23. 92도682
③ 【 X 】 공판절차를 갱신하는 경우에는 피고인에게 진술거부권을 고지하여야 한다(규칙 제144조 제1항 제1호).
④ 【 O 】 대판 2001.3.9. 2001도192

정답 ③

17 진술거부권에 대한 설명으로 가장 적절하지 않은 것은? (다툼이 있는 경우 판례에 의함) 18. 경찰채용 2차

① 수사기관에 의한 진술거부권 고지의 대상이 되는 피의자의 지위는 수사기관이 범죄인지서를 작성하는 등의 형식적인 사건수리 절차를 거치기 전이라도 조사대상자에 대하여 범죄의 혐의가 있다고 보아 실질적으로 수사를 개시하는 행위를 한 때에 인정된다.
② 만일 법률이 범법자에게 자기의 범죄사실을 반드시 신고하도록 명시하고 그 미신고를 처벌하는 벌칙을 규정하였다면 이는 헌법상 보장된 국민의 기본권인 진술거부권을 침해하는 것이 된다.
③ 조사대상자의 진술 내용이 제3자의 피의사실뿐만 아니라 자신의 피의사실에 관한 것이기도 하여 실질이 피의자신문조서의 성격을 가지는 경우에 수사기관은 진술을 듣기 전에 미리 진술거부권을 고지하여야 한다.
④ 진술거부권의 행사가 피고인에게 보장된 방어권 행사의 범위를 넘어 객관적이고 명백한 증거가 있음에도 진실의 발견을 적극적으로 숨기거나 법원을 오도하려는 시도에 기인한 경우, 법원이 이를 가중적 양형의 조건으로 참작하는 것은 자백을 강요하는 것이 되므로 허용되지 않는다.

[해설]
① 【 O 】 대판 2011.11.10. 2011도8125
② 【 O 】 헌재결 1990.8.27. 89헌가118
③ 【 O 】 대판 2015.10.29. 2014도5939
④ 【 X 】 범죄사실을 단순히 부인하고 있는 것이 죄를 반성하거나 후회하고 있지 않다는 인격적 비난요소로 보아 가중적 양형의 조건으로 삼는 것은 결과적으로 피고인에게 자백을 강요하는 것이 되어 허용될 수 없다고 할 것이나, 그러한 태도나 행위가 피고인에게 보장된 방어권 행사의 범위를 넘어 객관적이고 명백한 증거가 있음에도 진실의 발견을 적극적으로 숨기거나 법원을 오도하려는 시도에 기인한 경우에는 가중적 양형의 조건으로 참작될 수 있다(대판 2001.3.9. 2001도192).

정답 ④

18 진술거부권에 대한 설명으로 가장 적절하지 않은 것은? (다툼이 있는 경우 판례에 의함) 19. 경찰승진

① 조사대상자의 진술 내용이 단순히 제3자의 범죄에 관한 경우가 아니라 자신과 제3자에게 공동으로 관련된 범죄에 관한 것이거나 제3자의 피의사실뿐만 아니라 자신의 피의사실에 관한 것이기도 하여 실질이 피의자신문조서의 성격을 가지는 경우라면 수사기관은 진술을 듣기 전에 미리 진술거부권을 고지하여야 한다.
② 진술거부권은 현재 피의자나 피고인으로서 수사 또는 공판절차에 계속 중인 자뿐만 아니라 장차 피의자나 피고인이 될 가능성이 있는 자에게도 보장되지만 행정절차나 국회에서의 조사 절차에 있어서는 보장되지 아니한다.
③ 법률이 범법자에게 자기의 범죄사실을 반드시 신고하도록 명시하고 그 미신고를 이유로 처벌하는 벌칙을 규정하는 것은 헌법상 보장된 국민의 기본권인 진술거부권을 침해하는 것이다.
④ 진술거부권의 행사가 피고인에게 보장된 방어권 행사의 범위를 넘어 객관적이고 명백한 증거가 있음에도 진실의 발견을 적극적으로 숨기거나 법원을 오도하려는 시도에 기인한 경우에는 가중적 양형의 조건으로 참작될 수 있다.

해설

① 【 O 】 대판 2015.10.29. 2014도5939
② 【 X 】 진술거부권은 현재 피의자나 피고인으로서 수사 또는 공판절차에 계속 중인 자뿐만 아니라 장차 피의자나 피고인이 될 가능성이 있는 자에게도 보장되며, 형사절차에서만 보장되는 것은 아니고 행정절차나 국회에서의 질문 등에서도 보장된다(헌재결 1990.8.27. 89헌가118).
③ 【 O 】 헌재결 1990.8.27. 89헌가118
④ 【 O 】 대판 2001.3.9. 2001도192

정답 ②

19 진술거부권에 관한 다음 설명 중 가장 옳지 않은 것은? (다툼이 있으면 판례에 의함) 19. 법원직

① 수사기관이 피의자를 신문함에 있어서 피의자에게 미리 진술거부권을 고지하지 않은 때에는 그 피의자의 진술은 진술의 임의성이 인정되는 경우라도 증거능력이 없다.
② 수사기관에 의한 진술거부권 고지 대상이 되는 피의자 지위는 수사기관이 조사대상자에 대한 범죄혐의를 인정하여 수사를 개시하는 행위를 한 때 인정되는 것으로 보아야 한다. 따라서 이러한 피의자 지위에 있지 아니한 자에 대하여는 진술거부권이 고지되지 아니하였더라도 진술의 증거능력을 부정할 것은 아니다.
③ 사법경찰관이 피의자에게 진술거부권을 행사할 수 있음을 알려 주고 그 행사 여부를 질문하였다 하더라도, 진술거부권 행사 여부에 대한 피의자의 답변이 자필로 기재되어 있지 아니하거나 그 답변 부분에 피의자의 기명날인 또는 서명이 되어 있지 아니한 사법경찰관 작성의 피의자신문조서는 그 증거능력을 인정할 수 없다.
④ 피고인은 방어권에 기하여 범죄사실에 대하여 진술을 거부하거나 거짓 진술을 할 수 있으므로 그러한 태도나 행위가 피고인에게 보장된 방어권행사의 범위를 넘어 객관적이고 명백한 증거가 있음에도 진실의 발견을 적극적으로 숨기거나 법원을 오도하려는 시도에 기인한 경우라도 가중적 양형의 조건으로 참작될 수는 없다.

해설

① 【 O 】 대판 1992.6.23. 92도682
② 【 O 】 대판 2011.11.10. 2011도8125
③ 【 O 】 대판 2013.3.28. 2010도3359
④ 【 X 】 형사소송절차에서 피고인은 방어권에 기하여 범죄사실에 대하여 진술을 거부하거나 거짓 진술을 할 수 있고, 이 경우 범죄사실을 단순히 부인하고 있는 것이 죄를 반성하거나 후회하고 있지 않다는 인격적 비난요소로 보아 가중적 양형의 조건으로 삼는 것은 결과적으로 피고인에게 자백을 강요하는 것이 되어 허용될 수 없다고 할 것이나, 그러한 태도나 행위가 피고인에게 보장된 방어권 행사의 범위를 넘어 객관적이고 명백한 증거가 있음에도 진실의 발견을 적극적으로 숨기거나 법원을 오도하려는 시도에 기인한 경우에는 가중적 양형의 조건으로 참작될 수 있다(대판 2001.3.9. 2001도192).

정답 ④

20 진술거부권에 대한 설명으로 옳지 않은 것은? (다툼이 있는 경우 판례에 의함)

19. 국가직

① 피고인이 증거서류의 진정성립을 묻는 검사의 질문에 대하여 진술거부권을 행사하여 진술을 거부한 경우는 「형사소송법」 제314조의 '그 밖에 이에 준하는 사유로 인하여 진술할 수 없는 때'에 해당하지 아니한다.
② 헌법상 진술거부권이 보장되므로, 진술거부권이 보장되는 절차에서 진술거부권을 고지받을 권리를 인정하기 위하여 별도의 입법적 뒷받침이 필요한 것은 아니다.
③ 헌법상 보장된 진술거부권에 비추어 볼 때, 교통사고를 낸 차의 운전자 등의 신고의무는 사고의 규모나 당시의 구체적인 상황에 따라 피해자의 구호 및 교통질서의 회복을 위하여 당사자의 개인적인 조치를 넘어 경찰관의 조직적 조치가 필요하다고 인정되는 경우에만 있는 것이다.
④ 조사대상자의 진술내용이 자신과 제3자에게 공동으로 관련된 범죄에 관한 것이거나 제3자의 피의사실뿐만 아니라 자신의 피의사실에 관한 것이기도 하여 그 실질이 피의자신문조서의 성격을 가지는 경우에 수사기관은 그 진술을 듣기 전에 미리 진술거부권을 고지하여야 한다.

해설

① 【 O 】 대판 2013.6.13. 2012도16001
② 【 X 】 진술거부권이 보장되는 절차에서 진술거부권을 고지받을 권리가 헌법 제12조 제2항에 의하여 바로 도출된다고 할 수는 없고, 이를 인정하기 위해서는 입법적 뒷받침이 필요하다(대판 2014.1.16. 2013도5441).
③ 【 O 】 도로교통법 제54조 제2항 본문에 규정된 신고의무는, 교통사고가 발생한 때에 이를 지체 없이 경찰공무원 또는 경찰관서에 알려서 피해자의 구호, 교통질서의 회복 등에 관한 적절한 조치를 취하게 함으로써 도로상의 소통장해를 제거하고 피해의 확대를 방지하여 교통질서의 유지 및 안전을 도모하는 데 입법취지가 있다. 이와 같은 도로교통법상 신고의무 규정의 입법취지와 헌법상 보장된 진술거부권 및 평등원칙에 비추어 볼 때, 교통사고를 낸 차의 운전자 등의 신고의무는 사고의 규모나 당시의 구체적인 상황에 따라 피해자의 구호 및 교통질서의 회복을 위하여 당사자의 개인적인 조치를 넘어 경찰관의 조직적 조치가 필요하다고 인정되는 경우에만 있는 것이라고 해석하여야 한다. 그리고 이는 도로교통법 제54조 제2항 단서에서 '운행 중인 차만 손괴된 것이 분명하고 도로에서의 위험방지와 원활한 소통을 위하여 필요한 조치를 한 경우에는 그러하지 아니하다'고 규정하고 있어도 마찬가지이다(대판 2014.2.27. 2013도15500).
④ 【 O 】 대판 2015.10.29. 2014도5939

정답 ②

21 다음 설명 중 가장 적절하지 않은 것은? (다툼이 있는 경우 판례에 의함)
19. 경찰채용 1차

① 수사기관에 의한 진술거부권 고지의 대상이 되는 피의자의 지위는 수사기관이 범죄인지서를 작성하는 등의 형식적인 사건수리 절차를 거치기 전이라도 조사대상자에 대하여 범죄의 혐의가 있다고 보아 실질적으로 수사를 개시하는 행위를 한 때에 인정된다.

② 피고인은 방어권에 기하여 범죄사실에 대하여 진술을 거부할 수 있지만, 그러한 진술거부권의 행사가 피고인에게 보장된 방어권 행사의 범위를 넘어 객관적이고 명백한 증거가 있음에도 진실의 발견을 적극적으로 숨기거나 법원을 오도하려는 시도에 기인한 경우에는 가중적 양형의 조건으로 참작될 수 있다.

③ 체포의 이유와 변호인 선임권의 고지 등 적법한 절차를 무시한 채 이루어진 강제연행은 전형적인 위법한 체포에 해당하고, 위법한 체포 상태에서 이루어진 음주측정요구는 주취운전의 범죄행위에 대한 증거수집을 목적으로 한 일련의 과정에서 이루어진 것이므로, 그 측정 결과는 「형사소송법」제308조의2에 의하여 원칙적으로 증거능력을 인정할 수 없다.

④ 검사가 작성한 피의자신문조서는 적법한 절차와 방식에 따라 작성된 것으로서 공판준비 또는 공판기일에 그 피의자였던 피고인 또는 변호인이 그 내용을 인정할 때에 한하여 증거로 할 수 있다.

[해설]

① 【O】 대판 2011.11.10. 2011도8125
② 【O】 대판 2001.3.9. 2001도192
③ 【O】 대판 2013.3.14. 2012도13611
④ 【X】 검사가 피고인이 된 피의자의 진술을 기재한 조서는 적법한 절차와 방식에 따라 작성된 것으로서 피고인이 진술한 내용과 동일하게 기재되어 있음이 공판준비 또는 공판기일에서의 피고인의 진술에 의하여 인정되고, 그 조서에 기재된 진술이 특히 신빙할 수 있는 상태하에서 행하여졌음이 증명된 때에 한하여 증거로 할 수 있다(제312조 제1항).

정답 ④

---

22 진술거부권에 대한 설명으로 가장 적절하지 않은 것은? (다툼이 있는 경우 판례에 의함)
21. 경찰승진

① 수사기관이 피의자를 신문함에 있어서 피의자에게 미리 진술거부권을 고지하지 않은 때에는 그 피의자의 진술은 위법하게 수집된 증거로서 진술의 임의성이 인정되는 경우라도 증거능력이 부인되어야 한다.

② 피의자 또는 피고인은 개개의 질문에 대해서만 진술을 거부할 수 있으나, 일체의 진술을 거부할 수 없다.

③ 공판절차를 갱신한 경우, 재판장은 피고인에게 진술거부권을 다시 고지하여야 한다.

④ 의사무능력자인 피고인, 피의자의 법정대리인 그리고 외국인도 진술거부권의 주체가 된다.

[해설]

① 【O】 대판 1992.6.23. 92도682
② 【X】 일체의 진술을 하지 아니하거나 개개의 질문에 대하여 진술을 하지 아니할 수 있다(제244조의3 제1항).
③ 【O】 규칙 제144조 제1항 제3호
④ 【O】 진술거부권의 주체에는 제한이 없다. 따라서 피의자·피고인은 물론이고 의사무능력자의 대리인, 법인의 대표자도 진술거부권을 가지며 외국인에게도 인정된다.

정답 ②

23 진술거부권에 대한 설명으로 적절한 것만을 모두 고른 것은? (다툼이 있는 경우 판례에 의함) 21. 경찰채용 1차

㉠ 헌법에 규정된 진술거부권은 형사상 자기에게 불리한 내용의 진술을 강요당하지 아니하는 것이므로, 고문 등 폭행에 의한 강요는 물론 법률로써도 진술을 강제할 수 없다.
㉡ 「형사소송법」상 진술거부권의 고지 대상에는 피의자·피고인은 물론 피해자 및 피해자의 대리인, 피고인인 법인의 대표자도 포함된다.
㉢ 검사가 당해 재판의 피고인에게 사법경찰관이 작성한 피고인에 대한 피의자신문조서의 진정성립 여부를 묻는 경우, 피고인은 진술거부권을 행사할 수 없다.
㉣ 피의자에게는 진술거부권과 자기에게 유리한 진술을 할 권리와 유리한 증거를 제출할 권리가 있지만, 수사기관에 대하여 진실만을 진술하여야 할 의무가 있는 것은 아니다.

① ㉠, ㉡   ② ㉠, ㉢   ③ ㉠, ㉣   ④ ㉡, ㉣

[해설]
㉠ 【 O 】 헌재결 1997.3.27. 96헌가11
㉡ 【 X 】 진술거부권의 고지 대상에는 피의자·피고인은 물론이고 의사무능력자의 대리인(제26조), 법인의 대표자도 진술거부권을 가지며 외국인에게도 적용된다. 하지만 피해자 및 피해자의 대리인에게는 고지할 필요가 없다.
㉢ 【 X 】 헌법은 모든 국민은 형사상 자기에게 불리한 진술을 강요당하지 아니한다고 선언하고(제12조 제2항), 형사소송법은 피고인은 진술하지 아니하거나 개개의 질문에 대하여 진술을 거부할 수 있다고 규정하여(제283조의2 제1항), 진술거부권을 피고인의 권리로서 보장하고 있다(대판 2013.6.13. 2012도16001). 따라서 검사가 당해 재판의 피고인에게 사법경찰관이 작성한 피고인에 대한 피의자신문조서의 진정성립 여부를 묻는 경우, 피고인은 진술거부권을 행사할 수 있다.
㉣ 【 O 】 대판 2019.3.14. 2018도18646

정답 ③

24 피의자와 피고인에 대한 설명으로 가장 적절하지 않은 것은? (다툼이 있는 경우 판례에 의함) 18. 경찰채용 3차

① 검사뿐만 아니라 피의자, 피고인 또는 변호인도 미리 증거를 보전하지 아니하면 그 증거를 사용하기 곤란한 사정이 있는 때에는 제1회 공판기일 전이라도 판사에게 압수, 수색, 검증, 증인신문 또는 감정을 청구할 수 있다.
② 검사는 공판정에서의 심리의 전부 또는 일부를 속기사로 하여금 속기하게 하거나 녹음장치 또는 영상녹화장치를 사용하여 녹음 또는 영상녹화할 것을 신청할 수는 있고, 법원도 이를 직권으로 명할 수 있지만, 피고인은 이를 신청할 수 없다.
③ 불구속 피의자의 경우 변호인의 조력을 받을 권리는 우리 헌법에 나타난 법치국가원리, 적법절차원칙에서 인정되는 당연한 내용이다.
④ 회사가 회사해산 및 청산등기 전에 업무 또는 재산에 관한 위반행위로 인하여 재산형에 해당하는 사건으로 공소제기된 것은 청산인의 현존사무 중에 포함되는 것이므로 비록 피고인 회사의 청산종료의 등기가 경료되었다 하더라도 그 피고사건이 종결되기까지는 피고인회사의 청산사무는 종료되지 아니하고, 「형사소송법」상 당사자능력도 그대로 존속한다.

해설
① 【 O 】 제184조 제1항
② 【 X 】 법원은 검사, 피고인 또는 변호인의 신청이 있는 때에는 특별한 사정이 없는 한 공판정에서의 심리의 전부 또는 일부를 속기사로 하여금 속기하게 하거나 녹음장치 또는 영상녹화장치를 사용하여 녹음 또는 영상녹화(녹음이 포함된 것을 말한다. 이하 같다)하여야 하며, 필요하다고 인정하는 때에는 직권으로 이를 명할 수 있다(제56조의2 제1항). 즉, 검사뿐 아니라 피고인도 속기, 녹음, 영상녹화를 신청할 수 있다.
③ 【 O 】 헌재결 2004.9.23. 2000헌마138
④ 【 O 】 대판 1982.3.23. 81도1450

정답 ②

25 재판권 또는 관할에 대한 설명으로 가장 적절한 것은? (다툼이 있는 경우 판례에 의함)   19. 경찰채용 2차

① 내국 법인의 대표자인 외국인이 내국 법인이 외국에 설립한 특수목적법인에 위탁해 둔 자금을 정해진 목적과 용도 외에 임의로 사용한 경우, 그 피해자는 외국에 설립된 특수목적법인이므로 그 외국인에 대해서는 우리나라 법원에 재판권이 없다.
② 지방법원 본원과 지방법원 지원 사이의 관할의 분배는 지방법원 내부의 사법행정사무로서 행해진 지방법원 본원과 지원 사이의 단순한 사무분배에 그치고 소송법상 토지관할의 분배에 해당한다고 할 수 없다.
③ 관련사건의 관할은 고유관할사건 및 그 관련사건이 병합기소되거나 병합되어 심리될 것을 전제요건으로 하므로, 고유관할사건 계속 중 고유관할 법원에 관련사건이 계속된 후 양 사건이 병합되어 심리되지 아니한 채 고유사건에 대한 심리가 먼저 종결되었다면 관련사건에 대한 관할권은 더 이상 유지되지 않는다.
④ 일반 국민이 범한 수 개의 죄 가운데 특정 군사범죄와 그 밖의 일반 범죄가 동시적 경합범 관계에 있다고 보아 하나의 사건으로 군사법원에 기소된 경우, 특정 군사범죄에 대하여는 군사법원이 전속적 재판권을 가지나 그 밖의 일반 범죄에 대하여는 군사법원이 재판권을 행사할 수 없다.

해설
① 【 X 】 내국 법인의 대표자인 외국인이 내국 법인이 외국에 설립한 특수목적법인에 위탁해 둔 자금을 정해진 목적과 용도 외에 임의로 사용한 데 따른 횡령죄의 피해자는 당해 금전을 위탁한 내국 법인이다. 따라서 그 행위가 외국에서 이루어진 경우에도 행위지의 법률에 의하여 범죄를 구성하지 아니하거나 소추 또는 형의 집행을 면제할 경우가 아니라면 그 외국인에 대해서도 우리 형법이 적용되어(형법 제6조), 우리 법원에 재판권이 있다(대판 2017.3.22. 2016도17465).
② 【 X 】 형사소송법 제4조에 의하여 지방법원 본원에 제1심 토지관할이 인정된다고 볼 특별한 사정이 없는 한, 지방법원 지원에 제1심 토지관할이 인정된다는 사정만으로 당연히 지방법원 본원에도 제1심 토지관할이 인정된다고 볼 수는 없다(대판 2015.10.15. 2015도1803).
③ 【 X 】 형사소송법 제5조에 정한 관련 사건의 관할은, 이른바 고유관할사건 및 그 관련 사건이 반드시 병합기소되거나 병합되어 심리될 것을 전제요건으로 하는 것은 아니고, 고유관할사건 계속 중 고유관할 법원에 관련 사건이 계속된 이상 그 후 양 사건이 병합되어 심리되지 아니한 채 고유사건에 대한 심리가 먼저 종결되었다 하더라도 관련 사건에 대한 관할권은 여전히 유지된다(대판 2008.6.12. 2006도8568).
④ 【 O 】 대결 2016.6.16. 2016초기318 전합

정답 ④

26. 관할에 관한 다음 설명 중 가장 옳지 않은 것은? (다툼이 있는 경우 판례에 의함)

① 사물관할을 달리하는 수 개의 관련 항소사건이 각각 고등법원과 지방법원본원합의부에 계속된 때에는 고등법원은 결정으로 지방법원본원합의부에 계속한 사건을 병합하여 심리할 수 있다.
② 법원은 직권으로 관할을 조사하여야 한다.
③ 국민참여재판 대상이었던 합의부 관할사건이 공소사실의 변경 등으로 인하여 대상사건에 해당하지 아니하게 된 경우에는, 법원은 그 사건을 단독재판부로 이송하여야 한다.
④ 단독판사 관할사건이 항소심 계속 중 공소장변경에 의하여 합의부 관할사건으로 된 경우에 법원은 사건을 관할권이 있는 법원에 이송하여야 하고, 그 경우 관할권이 있는 법원은 고등법원이다.

해설

① 【O】 사물관할을 달리 하는 수 개의 관련 항소사건이 각각 고등법원과 지방법원본원합의부에 계속된 때에는 고등법원은 결정으로 지방법원본원합의부에 계속한 사건을 병합하여 심리할 수 있다(규칙 제4조의2 제1항).
② 【O】 제1조
③ 【X】 법원은 공소사실의 일부 철회 또는 변경으로 인하여 대상사건에 해당하지 아니하게 된 경우에도 국민참여재판을 계속 진행하는 것이 원칙이다(국민의 형사재판 참여에 관한 법률 제6조 제1항 본문).
④ 【O】 항소심에서 공소장변경에 의하여 단독판사의 관할사건이 합의부 관할사건으로 된 경우에도 법원은 사건을 관할권이 있는 법원에 이송하여야 하고, 항소심에서 변경된 위 합의부 관할사건에 대한 관할권이 있는 법원은 고등법원이라고 봄이 상당하다(대판 1997.12.12. 97도2463 전합).

정답 ③

27. 법원의 관할에 대한 설명으로 옳지 않은 것은? (다툼이 있는 경우 판례에 의함)

① 동일사건이 사물관할을 달리하는 수 개의 법원에 계속된 때에는 법원합의부가 심판하고, 심판하지 않게 된 법원은 판결로 공소를 기각하여야 한다.
② 사물관할을 달리하는 수 개의 관련사건이 각각 법원합의부와 단독판사에 계속된 때에는 합의부는 결정으로 단독판사에 속한 사건을 병합하여 심리할 수 있다.
③ 토지관할을 달리하는 수 개의 제1심 법원들에 관련사건이 계속된 경우에 그 소속 고등법원이 같은 때에는 그 고등법원이, 그 소속 고등법원이 다른 때에는 대법원이 제1심 법원들의 공통되는 직근상급법원으로서 토지관할 병합심리 신청사건의 관할법원이 된다.
④ 단독판사의 관할사건이 공소장변경에 의하여 합의부 관할사건으로 변경된 경우에 법원은 결정으로 관할권이 있는 법원에 이송한다.

해설

① 【X】 동일사건이 사물관할을 달리하는 수 개의 법원에 계속된 때에는 법원합의부가 심판하고(제12조), 심판하지 않게 된 법원은 결정으로 공소를 기각하여야 한다(제328조 제1항 제3호).
② 【O】 제10조
③ 【O】 대결 2006.12.5. 2006초기335 전합
④ 【O】 제8조 제2항

정답 ①

28 법원의 관할에 대한 설명 중 가장 적절하지 않은 것은? (다툼이 있는 경우 판례에 의함)   17. 여경

① 단독판사 관할사건이 항소심 계속 중 공소장변경에 의하여 합의부 관할사건으로 된 경우에 법원은 사건을 관할권이 있는 법원에 이송하여야 하고, 그 경우 관할권이 있는 법원은 고등법원이다.
② 토지관할을 달리하는 수 개의 관련사건이 각각 다른 법원에 계속된 때에는 공통되는 직근 상급법원은 검사 또는 피고인의 신청에 의하여 결정으로 1개 법원으로 하여금 병합심리하게 할 수 있다.
③ 사물관할을 달리하는 수 개의 관련 항소사건이 각각 고등법원과 지방법원 본원합의부에 계속된 때에는 고등법원은 결정으로 지방법원 본원합의부에 계속한 사건을 병합하여 심리할 수 있다.
④ 국민참여재판 대상이었던 합의부 관할사건이 공소사실의 변경 등으로 인하여 대상사건에 해당하지 아니하게 된 경우에는 법원은 그 사건을 단독재판부로 이송하여야 한다.

[해설]
① 【O】 대판 1997.12.12. 97도2463 전합
② 【O】 제6조
③ 【O】 규칙 제4조의2 제1항
④ 【X】 법원은 공소사실의 일부 철회 또는 변경으로 인하여 대상사건에 해당하지 아니하게 된 경우에도 국민참여재판을 계속 진행한다. 다만, 법원은 심리의 상황이나 그 밖의 사정을 고려하여 국민참여재판으로 진행하는 것이 적당하지 아니하다고 인정하는 때에는 결정으로 당해 사건을 지방법원 본원 합의부가 국민참여재판에 의하지 아니하고 심판하게 할 수 있다(국민의 형사재판 참여에 관한 법률 제6조 제1항).

정답 ④

---

29 관할에 대한 설명 중 가장 적절하지 않은 것은? (다툼이 있는 경우 판례에 의함)   18. 경찰승진

① 법원의 관할이 명확하지 아니한 때 검사는 관계있는 제1심 법원에 공통되는 직근 상급법원에 관할지정을 신청할 수 있다.
② 사물관할을 달리하는 수 개의 관련사건이 각각 법원합의부와 단독판사에 계속된 때에는 합의부는 결정으로 단독판사에 속한 사건을 병합하여 심리할 수 있다.
③ 토지관할을 달리하는 수 개의 관련사건이 동일법원에 계속된 경우에 병합심리의 필요가 없는 때에는 법원은 결정으로 이를 분리하여 관할권 있는 다른 법원에 이송할 수 있다.
④ 항소심에서 공소장변경에 의하여 단독판사의 관할사건이 합의부 관할사건으로 된 경우에 법원은 사건을 관할권이 있는 법원에 이송한다.

[해설]
① 【X】 법원의 관할이 명확하지 아니한 때 검사는 관계있는 제1심 법원에 공통되는 직근 상급법원에 관할지정을 신청하여야 한다(제14조).
② 【O】 제10조
③ 【O】 제7조
④ 【O】 대판 1997.12.12. 97도2463

정답 ①

30 관할에 관한 다음 설명 중 가장 옳지 않은 것은? (다툼이 있으면 판례에 의함)
19. 법원직

① 제1심 형사사건에 관하여 지방법원 본원과 지방법원 지원은 소송법상 별개의 법원이자 각각 일정한 토지관할 구역을 나누어 가지는 대등한 관계에 있으므로, 지방법원 본원과 지방법원 지원 사이의 관할의 분배도 지방법원 내부의 사법행정사무로서 행해진 지방법원 본원과 지원 사이의 단순한 사무분배에 그치는 것이 아니라 소송법상 토지관할의 분배에 해당한다. 그러므로 형사소송법 제4조에 의하여 지방법원 본원에 제1심 토지관할이 인정된다고 볼 특별한 사정이 없는 한, 지방법원 지원에 제1심 토지관할이 인정된다는 사정만으로 당연히 지방법원 본원에도 제1심 토지관할이 인정된다고 볼 수는 없다.
② 형사소송법 제4조 제1항은 "토지관할은 범죄지, 피고인의 주소, 거소 또는 현재지로 한다."라고 정하고, 여기서 '현재지'라고 함은 공소제기 당시 피고인이 현재한 장소로서 임의에 의한 현재지뿐만 아니라 적법한 강제에 의한 현재지도 이에 해당한다.
③ 토지관할을 달리하는 수 개의 제1심 법원들에 관련 사건이 계속된 경우 그 소속 고등법원이 같은 경우에도 대법원이 위 제1심 법원들의 공통되는 직근상급법원으로서 형사소송법 제6조에 의한 토지관할 병합심리 신청사건의 관할법원이 된다.
④ 형사소송법 제5조에 정한 관련 사건의 관할은, 이른바 고유관할사건 및 그 관련 사건이 반드시 병합기소되거나 병합되어 심리될 것을 전제요건으로 하는 것은 아니고, 고유관할사건 계속 중 고유관할 법원에 관련 사건이 계속된 이상, 그 후 양 사건이 병합되어 심리되지 아니한 채 고유사건에 대한 심리가 먼저 종결되었다 하더라도 관련 사건에 대한 관할권은 여전히 유지된다.

[해설]
① 【O】 대판 2015.10.15. 2015도1803
② 【O】 대판 2011.12.22. 2011도12927
③ 【X】 토지관할을 달리하는 수 개의 제1심 법원들에 관련 사건이 계속된 경우에 그 소속 고등법원이 같은 경우에는 그 고등법원이, 그 소속 고등법원이 다른 경우에는 대법원이 위 제1심 법원들의 공통되는 직근상급법원으로서 위 조항에 의한 토지관할 병합심리 신청사건의 관할법원이 된다(대결 2006.12.5. 2006초기335 전합).
④ 【O】 대판 2008.6.12. 2006도8568

정답 ③

31 법원의 관할에 대한 설명으로 옳지 않은 것은? (다툼이 있는 경우 판례에 의함)
20. 국가직

① 동일 사건이 사물관할을 달리하는 수 개의 제1심 법원에 계속된 때에는 법원 합의부가 심판하게 되는데, 이 경우 단독판사는 즉시 공소기각의 결정을 하여야 하지만 만일 단독판사의 판결이 먼저 확정되었다면 합의부는 면소판결을 하여야 한다.
② 토지관할의 기준으로서 피고인의 현재지는 공소제기 당시 피고인이 현재한 장소를 의미하며, 여기에는 임의에 의한 현재지뿐만 아니라 적법한 강제에 의한 현재지도 포함된다.
③ 지방법원 본원에 제1심 토지관할이 인정된다고 볼 특별한 사정이 없다면, 지방법원 지원에 제1심 토지관할이 인정된다는 사정만으로 지방법원 본원에도 제1심 토지관할이 당연히 인정된다고 볼 수 없다.
④ 일반 국민이 범한 수 개의 죄 가운데 특정 군사범죄와 그 밖의 일반 범죄가 「형법」 제37조 전단의 경합범 관계에 있다고 보아 하나의 사건으로 일반법원에 기소된 경우, 그 일반법원은 재판권이 없는 군사범죄를 포함하여 기소된 사건 전부를 심판할 수 있다.

해설

① 【 O 】 제12조, 제328조 제1항 제3호, 제326조 제1호
② 【 O 】 대판 2011.12.22. 2011도12927
③ 【 O 】 대판 2015.10.15. 2015도1803
④ 【 X 】 군사법원이 군사법원법 제2조 제1항 제1호에 의하여 특정 군사범죄를 범한 일반 국민에 대하여 신분적 재판권을 가지더라도 이는 어디까지나 해당 특정 군사범죄에 한하는 것이지 이전 또는 이후에 범한 다른 일반 범죄에 대해서까지 재판권을 가지는 것은 아니다. 따라서 일반 국민이 범한 수 개의 죄 가운데 특정 군사범죄와 그 밖의 일반 범죄가 형법 제37조 전단의 경합범 관계에 있다고 보아 하나의 사건으로 기소된 경우, 특정 군사범죄에 대하여는 군사법원이 전속적인 재판권을 가지므로 일반 법원은 이에 대하여 재판권을 행사할 수 없다. 반대로 그 밖의 일반 범죄에 대하여 군사법원이 재판권을 행사하는 것도 허용될 수 없다. 이 경우 어느 한 법원에서 기소된 모든 범죄에 대해 재판권을 행사한다면 재판권이 없는 법원이 아무런 법적 근거 없이 임의로 재판권을 창설하여 재판권이 없는 범죄에 대한 재판을 하는 것이 되므로, 결국 기소된 사건 전부에 대하여 재판권을 가지지 아니한 일반 법원이나 군사법원은 사건 전부를 심판할 수 없다(대결 2016.6.16. 2016초기318).

정답 ④

32. 다음 법원의 관할에 대한 설명 중 적절한 것만을 모두 고른 것은? (다툼이 있는 경우 판례에 의함)

20. 경찰채용 2차

㉠ 특정범죄 가중처벌 등에 관한 법률 제5조의3 제1항(교통사고 후 도주)에 해당하는 사건은 단독판사 관할 사건이다.
㉡ 항소심이 제1심의 공소기각 판결이 잘못이라고 하여 파기하면서도 사건을 제1심 법원에 환송하지 아니하고 본안에 들어가 심리한 후 피고인에게 유죄를 선고한 것은 형사소송법 제366조를 위반한 것이다.
㉢ 형사소송법 제5조(토지관할의 병합)에 정한 관련 사건의 관할은 고유관할사건 및 그 관련 사건이 반드시 병합기소되거나 병합되어 심리될 것을 전제로 하므로 고유관할사건 계속 중 고유관할 법원에 관련 사건이 계속된 이상 그 후 양 사건이 병합되어 심리되지 아니한 채 고유사건에 대한 심리가 먼저 종결되었다면 관련 사건에 대한 관할권은 종결된다.
㉣ 토지관할의 기준 사이에는 우열이 없으므로 하나의 피고사건에 관하여 수 개의 법원이 동시에 토지관할을 가질 수 있고, 검사는 그 중 어느 곳에서든지 공소제기를 할 수 있다.
㉤ 토지관할의 기준 중 하나인 현재지는 공소제기 당시 피고인이 현재한 장소로서 임의에 의한 현재지뿐만 아니라 적법한 강제에 의한 현재지도 포함한다.

① ㉠, ㉡, ㉢, ㉣   ② ㉡, ㉢, ㉤   ③ ㉢, ㉣, ㉤   ④ ㉠, ㉡, ㉣, ㉤

해설

㉠ 【 O 】 법원조직법 제32조 제1항 제3호 라목
㉡ 【 O 】 대판 1998.5.8. 98도631
㉢ 【 X 】 형사소송법 제5조에 정한 관련 사건의 관할은, 이른바 고유관할사건 및 그 관련 사건이 반드시 병합기소되거나 병합되어 심리될 것을 전제요건으로 하는 것은 아니고, 고유관할사건 계속 중 고유관할 법원에 관련 사건이 계속된 이상 그 후 양 사건이 병합되어 심리되지 아니한 채 고유사건에 대한 심리가 먼저 종결되었다 하더라도 관련 사건에 대한 관할권은 여전히 유지된다(대판 2008.6.12. 2006도8568).
㉣ 【 O 】 제4조
㉤ 【 O 】 대판 2011.12.22. 2011도12927

정답 ④

33 법원의 관할에 대한 설명으로 옳은 것은? (다툼이 있는 경우 판례에 의함) 20. 검찰 7급

① 고유관할사건 계속 중 고유관할 법원에 관련사건이 계속되었지만 그 후 양 사건이 병합심리되지 아니한 채 고유사건에 대한 심리가 먼저 종결되었다면 관련사건에 대한 관할권은 유지되지 않는다.
② 「형사소송법」 제6조(토지관할을 달리하는 수 개의 관련사건이 각각 다른 법원에 계속된 때에는 공통되는 직근상급법원은 검사 또는 피고인의 신청에 의하여 결정으로 1개 법원으로 하여금 병합심리하게 할 수 있다)의 '각각 다른 법원'은 사물관할은 같으나 토지관할을 달리하는 동종, 동등의 법원을 말한다.
③ 법원의 관할이 명확하지 않은 경우 검사, 피고인 또는 변호인은 관계있는 제1심 법원에 공통되는 직근상급법원에 관할지정을 신청하여야 한다.
④ 동일사건이 사물관할을 달리하는 수 개의 법원에 계속된 때에는 먼저 공소를 받은 법원이 심판한다.

해설

① 【X】 형사소송법 제5조에 정한 관련 사건의 관할은, 이른바 고유관할사건 및 그 관련 사건이 반드시 병합기소되거나 병합되어 심리될 것을 전제요건으로 하는 것은 아니고, 고유관할사건 계속 중 고유관할 법원에 관련 사건이 계속된 이상 그 후 양 사건이 병합되어 심리되지 아니한 채 고유사건에 대한 심리가 먼저 종결되었다 하더라도 관련 사건에 대한 관할권은 여전히 유지된다(대판 2008.6.12. 2006도8568).
② 【O】 형사소송법 제6조는 토지관할을 달리하는 수 개의 관련사건이 각각 다른 법원에 계속된 때에는 공통되는 직근 상급법원은 검사 또는 피고인의 신청에 의하여 결정으로 1개 법원으로 하여금 병합심리하게 할 수 있다고 규정하고 있는데 여기서 말하는 "각각 다른 법원"이란 사물관할은 같으나 토지관할을 달리하는 동종, 동등의 법원을 말하는 것이므로 사건이 각각 계속된 마산지방법원 항소부와 부산고등법원은 심급은 같을지언정 사물관할을 같이하지 아니하여 여기에 해당하지 아니한다(대결 1990.5.23. 90초56).
③ 【X】 법원의 관할이 명확하지 않은 경우 또는 관할위반을 선고한 재판이 확정된 사건에 관하여 다른 관할법원이 없는 경우 검사는 관계있는 제1심 법원에 공통되는 직근상급법원에 관할지정을 신청하여야 한다(제14조).
④ 【X】 동일사건이 사물관할을 달리하는 수 개의 법원에 계속된 때에는 법원합의부가 심판한다(제12조).

정답 ②

34 관할에 관한 다음 설명 중 가장 옳지 않은 것은? (다툼이 있는 경우 판례에 의함) 21. 법원직

① 사물관할을 달리하는 수 개의 관련 항소사건이 각각 고등법원과 지방법원본원합의부에 계속된 때에는 고등법원은 결정으로 지방법원본원합의부에 계속한 사건을 병합하여 심리할 수 있다. 수 개의 관련 항소사건이 토지관할을 달리하는 경우에도 같다.
② 법원은 피고인이 그 관할구역 내에 현재하지 아니하는 경우에 특별한 사정이 있으면 결정으로 사건을 피고인의 현재지를 관할하는 동급 법원에 이송할 수 있고, 단독판사의 관할사건이 공소장변경에 의하여 합의부 관할사건으로 변경된 경우에 법원은 결정으로 관할권이 있는 법원에 이송한다.
③ 토지관할을 달리하는 수 개의 관련사건이 각각 다른 법원에 계속된 때에는 공통되는 직근 상급법원은 검사 또는 피고인의 신청에 의하여 결정으로 1개 법원으로 하여금 병합심리하게 할 수 있다.
④ 사물관할을 달리하는 수 개의 관련사건이 각각 법원합의부와 단독판사에 계속된 때에는 합의부는 검사 또는 피고인의 신청에 의하여 결정으로 단독판사에 속한 사건을 병합하여 심리할 수 있다.

해설
① 【 O 】 규칙 제4조의2 제1항
② 【 O 】 제8조 제1항, 제2항
③ 【 O 】 제6조
④ 【 X 】 사물관할을 달리하는 수 개의 관련사건이 각각 법원합의부와 단독판사에 계속된 때에는 합의부는 결정으로 단독판사에 속한 사건을 병합하여 심리할 수 있다(제10조).

정답 ④

35 법원의 관할에 대한 설명으로 옳지 않은 것은? (다툼이 있는 경우 판례에 의함)

16. 검찰 7급

① 토지관할의 기준으로서 '현재지'는 공소제기 당시 피고인이 현재한 장소로서 임의에 의한 현재지뿐만 아니라 적법한 강제에 의한 현재지도 포함한다.
② 보증금몰수사건의 관할법원은 당해 형사본안 사건의 기록이 존재하는 법원 또는 그 기록을 보관하는 검찰청에 대응하는 법원이 아니라 소송절차 계속 중에 보석허가결정 또는 그 취소결정 등을 한 본안 관할법원이다.
③ 사실발견을 위하여 필요하거나 긴급을 요하는 경우 법원은 관할구역 외에서 직무를 행하거나 사실조사에 필요한 처분을 할 수 있다.
④ 사물관할은 동일하지만 토지관할을 달리하는 수 개의 제1심 법원들에 관련 사건이 계속된 경우 그 소속 고등법원이 다른 때에는 대법원이 직근 상급법원으로서 토지관할 병합심리 신청 사건의 관할법원이 된다.

해설
① 【 O 】 대판 2011.12.22. 2011도12927
② 【 X 】 형사소송법 제103조는 "보석된 자가 형의 선고를 받고 그 판결이 확정된 후 집행하기 위한 소환을 받고 정당한 이유 없이 출석하지 아니하거나 도망한 때에는 직권 또는 검사의 청구에 의하여 결정으로 보증금의 전부 또는 일부를 몰수하여야 한다."고 규정하고 있는바, 이 규정에 의한 보증금몰수사건은 그 성질상 당해 형사본안 사건의 기록이 존재하는 법원 또는 그 기록을 보관하는 검찰청에 대응하는 법원의 토지관할에 속하고, 그 법원이 지방법원인 경우에 있어서 사물관할은 법원조직법 제7조 제4항의 규정에 따라 지방법원 단독판사에게 속하는 것이지 소송절차 계속 중에 보석허가결정 또는 그 취소결정 등을 본안 관할법원인 제1심 합의부 또는 항소심인 합의부에서 한 바 있었다고 하여 그러한 법원이 사물관할을 갖게 되는 것은 아니다(대결 2002.5.17. 2001모53).
③ 【 O 】 제3조 제1항
④ 【 O 】 대결 2006.12.5. 2006초기335 전합

정답 ②

36 법원의 관할에 관한 설명으로 가장 적절한 것은? (다툼이 있는 경우 판례에 의함)

25. 경찰승진

① 관할은 각 법원에 대한 재판권의 분배로 특정법원이 특정사건을 재판할 수 있는 권한이며, 관할권은 재판권과 구별되는 개념으로 재판권이 없을 때에는 공소기각의 판결을 해야 하지만 관할권이 없는 경우에는 공소기각의 결정을 해야 한다.
② 제1심에서 합의부 관할사건에 관하여 단독판사 관할사건으로 공소장변경허가신청서가 제출된 경우, 사건을 배당받은 합의부는 사건의 실체에 들어가 심판해야 하고, 사건을 단독판사에게 재배당할 수 없다.
③ 형사사건의 관할은 심리의 편의와 사건의 능률적 처리라는 절차적 요구뿐만 아니라 피고인의 출석과 방어권 행사의 편의라는 방어상의 이익도 충분히 고려하여 결정하여야 하고, 특히 자의적 사건처리를 방지하기 위하여 법률에 규정된 구체적 기준에 따라 개별적으로 결정하여야 한다.
④ 제1심 형사사건에 관하여 지방법원 본원과 지방법원 지원 사이의 관할의 분배는 소송법상 토지관할의 분배에 해당하지 않는다.

[해설]

① 【 X 】 피고사건이 법원의 관할에 속하지 아니한 때에는 판결로써 관할위반의 선고를 하여야 한다(형사소송법 제319조). 관할권이 없는 경우에는 관할위반의 판결을 선고하게 된다.
② 【 O 】 제1심에서 합의부 관할사건에 관하여 단독판사 관할사건으로 죄명, 적용법조를 변경하는 공소장변경허가신청서가 제출되자, 합의부가 공소장변경을 허가하는 결정을 하지 않은 채 착오배당을 이유로 사건을 단독판사에게 재배당한 사안에서, 형사소송법은 제8조 제2항에서 단독판사의 관할사건이 공소장변경에 의하여 합의부 관할사건으로 변경된 경우 합의부로 이송하도록 규정하고 있을 뿐 그 반대의 경우에 관하여는 규정하고 있지 아니하며, '법관 등의 사무분담 및 사건배당에 관한 예규'에서도 이러한 경우를 재배당사유로 규정하고 있지 아니하므로, 사건을 배당받은 합의부는 공소장변경허가결정을 하였는지에 관계없이 사건의 실체에 들어가 심판하였어야 하고 사건을 단독판사에게 재배당할 수 없는데도, 사건을 재배당받은 제1심 및 원심이 사건에 관한 실체 심리를 거쳐 심판한 조치는 관할권이 없는데도 이를 간과하고 실체판결을 한 것으로서 소송절차에 관한 법령을 위반한 잘못이 있고, 이러한 잘못은 판결에 영향을 미쳤다는 이유로, 원심판결 및 제1심판결을 모두 파기하고 사건을 관할권이 있는 법원 제1심 합의부에 이송한 사례(대판 2013.4.25. 2013도1658).
③ 【 X 】 형사사건의 관할은 심리의 편의와 사건의 능률적 처리라는 절차적 요구뿐만 아니라 피고인의 출석과 방어권 행사의 편의라는 방어상의 이익도 충분히 고려하여 결정하여야 하고, 특히 자의적 사건처리를 방지하기 위하여 법률에 규정된 추상적 기준에 따라 획일적으로 결정하여야 한다(대판 2015.10.15. 2015도1803).
④ 【 X 】 제1심 형사사건에 관하여 지방법원 본원과 지방법원 지원은 소송법상 별개의 법원이자 각각 일정한 토지관할 구역을 나누어 가지는 대등한 관계에 있으므로, 지방법원 본원과 지방법원 지원 사이의 관할의 분배도 지방법원 내부의 사법행정사무로서 행해진 지방법원 본원과 지원 사이의 단순한 사무분배에 그치는 것이 아니라 소송법상 토지관할의 분배에 해당한다(대판 2015.10.15. 2015도1803).

정답 ②

37. 제척에 대한 설명으로 옳지 않은 것은? (다툼이 있는 경우 판례에 의함)

17. 국가직

① 제1심 공판기일에서 증거조사를 하고 그 증거들이 제1심 판결에서 유죄의 증거로 사용되었으나 판결은 그 이후 경질된 판사가 하였다면, 제1심에서 증거조사를 한 판사가 항소심 재판을 하는 것은 제척사유에 해당하지 않는다.
② 선거관리위원장으로서 공직선거법위반 혐의사실에 대하여 수사기관에 수사의뢰를 한 법관이 당해 형사피고사건의 재판을 하는 것은 제척사유에 해당하지 않는다.
③ 통역인이 사건에 관하여 증인으로 증언한 때에는 직무집행에서 제척되나, 통역인이 피해자의 사실혼 배우자인 경우에는 통역인에게 제척사유가 있다고 할 수 없다.
④ 약식명령을 발부한 법관이 정식재판절차의 제1심 판결에 관여하는 경우는 제척사유에 해당하지 않으나, 약식명령을 한 판사가 그에 대한 정식재판 절차의 항소심판결에 관여하는 경우는 제척사유에 해당한다.

[해설]

① 【 X 】 제1심판결에서 피고인에 대한 유죄의 증거로 사용된 증거를 조사한 판사는 형사소송법 제17조 제7호 소정의 전심재판의 기초가 되는 조사, 심리에 관여하였다 할 것이고, 그와 같이 전심재판의 기초가 되는 조사, 심리에 관여한 판사는 직무집행에서 제척되어 항소심 재판에 관여할 수 없다(대판 1999.10.22. 99도3534).
② 【 O 】 대판 1999.4.13. 99도155
③ 【 O 】 대판 2011.4.14. 2010도13583
④ 【 O 】 대판 2002.4.12. 2002도944, 대판 1955.10.18. 4288형상242

정답 ①

38. 형사소송법상 제척사유에 해당하는 것만을 모두 고르면? (다툼이 있는 경우 판례에 의함)

21. 국가직 7급

㉠ 수사단계에서 구속영장을 발부한 법관이 제1심 재판에 관여하는 경우
㉡ 약식명령을 발부한 판사가 그 정식재판의 제1심 재판에 관여하는 경우
㉢ 파기환송 전의 원심재판에 관여한 법관이 환송 후의 재판에 관여하는 경우
㉣ 제1심 판결에서 유죄의 증거로 사용된 증거를 조사한 판사가 항소심 재판에 관여하는 경우

① ㉣   ② ㉠, ㉡   ③ ㉡, ㉢   ④ ㉢, ㉣

[해설]

㉠ 제척사유에 아님(대판 1989.09.12. 89도612)
㉡ 제척사유에 아님(대판 2002.4.12. 2002도944)
㉢ 제척사유에 아님(대판 1968.12.6. 67도1112)
㉣ 제척사유에 해당대판 1999.10.22. 99도3534)

정답 ①

39 법관의 제척·기피에 대한 설명으로 옳지 않은 것은? (다툼이 있는 경우 판례에 의함) 21. 국가직

① 제척원인은 「형사소송법」 제17조에 예시적으로 열거되어 있는 것으로서, 열거되어 있는 원인 이외의 경우에도 불공평한 재판을 할 염려가 있다면 제척원인이 된다.
② 법관이 수사단계에서 피고인에 대하여 구속영장을 발부한 경우는 「형사소송법」 제17조 제7호 소정의 '법관이 사건에 관하여 전심재판 또는 그 기초되는 조사, 심리에 관여한 때'에 해당한다고 볼 수 없다.
③ 「형사소송법」 제18조의 '법관이 불공평한 재판을 할 염려가 있는 때'라 함은 통상인의 판단으로서 법관과 사건의 관계상 불공평한 재판을 할 것이라는 의혹을 갖는 것이 합리적이라고 인정할 만한 객관적인 사정이 있는 때를 말한다.
④ 변론종결 후 재판부에 대한 기피신청을 하였다 하더라도 소송진행을 정지하지 아니하고 판결을 선고할 수 있다.

[해설]
① 【X】 제척원인은 「형사소송법」 제17조에 예시적으로 열거되어 있는 것으로서, 열거되어 있는 원인 이외의 경우에도 불공평한 재판을 할 염려가 있다면 제척원인이 아닌 기피원인이 된다.
② 【O】 대판 1989.9.12. 89도612
③ 【O】 대판 1966.7.28. 66도37
④ 【O】 대판 2002.11.13. 2002도4893

정답 ①

40 법관의 제척·기피에 대한 설명으로 가장 적절하지 않은 것은? (다툼이 있는 경우 판례에 의함) 17. 경찰채용 2차

① 환송판결 전의 원심에 관여한 재판관이 환송 후의 원심재판관으로 관여하였더라도 제척의 원인이 되지 않는다.
② 기피신청이 소송의 지연을 목적으로 함이 명백한 때에는 신청을 받은 법원 또는 법관은 결정으로 이를 기각한다. 위 기각결정에 대한 즉시항고는 재판의 집행을 정지하는 효력이 없다.
③ 기피사유는 신청한 날로부터 3일 이내에 서면으로 소명하여야 하고, 기피신청을 함에 있어서는 기피의 원인 되는 사실을 구체적으로 명시하여야 한다.
④ 공소제기 전에 검사의 청구에 의하여 증거보전절차상의 증인신문을 한 법관은 전심재판 또는 그 기초되는 조사·심리에 관여한 법관으로 보아야 하며, 이는 제척사유에 해당한다.

[해설]
① 【O】 대판 1968.12.6. 67도1112
② 【O】 제23조 제1항, 제2항
③ 【O】 법 제19조 제2항, 규칙 제9조 제1항
④ 【X】 공소제기 전에 검사의 증거보전 청구에 의하여 증인신문을 한 법관은 형사소송법 제17조 제7호에 이른바 전심재판 또는 기초되는 조사, 심리에 관여한 법관이라고 할 수 없다(대판 1971.7.6. 71도974).

정답 ④

41 다음 중 법관의 제척사유에 해당하는 경우는? (다툼이 있으면 판례에 의함) 18. 법원직

① 환송판결 전의 원심에 관여한 법관이 환송 후 원심에 관여하는 경우
② 제1심판결에서 유죄의 증거로 사용된 증거를 조사하였으나, 경질되어 판결 선고에는 관여하지 않은 법관이 항소심에 관여하는 경우
③ 선거관리위원장으로서 공직선거법 위반 혐의 사실에 대하여 수사기관에 수사 의뢰를 한 법관이 당해 피고인에 대한 항소심에 관여하는 경우
④ 수사단계에서 피고인에 대하여 구속영장을 발부한 법관이 항소심에 관여하는 경우

[해설]

① 【 X 】 대판 1968.12.6. 67도1112
② 【 O 】 제척사유에 해당한다(대판 1999.10.22. 99도3534)
③ 【 X 】 대판 1999.4.13. 99도155
④ 【 X 】 대판 1989.9.12. 89도612

정답 ②

42 제척, 기피제도에 대한 설명으로 옳지 않은 것은? (다툼이 있는 경우 판례에 의함) 18. 국가직

① 법원사무관등과 통역인에 대한 기피재판은, 소송지연의 목적이 명백하거나 관할위반의 경우를 제외하고, 그 소속법원이 결정으로 하여야 한다.
② 약식명령을 발령한 법관이 정식재판절차의 제1심 판결에 관여하였다고 하여 제척의 원인이 된다고 볼 수는 없다.
③ 기피신청을 인용한 결정 및 기각한 결정에 대하여는 즉시항고가 허용된다.
④ 기피당한 법관은 기피에 관한 결정에 관여하지 못하며, 기피당한 법관의 소속법원이 합의부를 구성하지 못하는 때에는 직근 상급법원이 결정하여야 한다.

[해설]

① 【 O 】 제25조 제2항
② 【 O 】 대판 2002.4.12. 2002도944
③ 【 X 】 기각결정에 대해서는 즉시항고할 수 있지만(제23조 제1항), 인용결정에 대해서는 즉시항고할 수 없다.
④ 【 O 】 제21조 제2항, 제3항

정답 ③

43 다음 설명 중 옳은 것을 모두 고른 것은? (다툼이 있는 경우 판례에 의함)   20. 변호사시험

㉠ 사물관할이 같고 토지관할을 달리하는 수 개의 제1심 법원들에 관련사건이 계속된 경우에 그 소속 고등법원이 같은 경우에는 그 고등법원이, 그 소속 고등법원이 다른 경우에는 대법원이, 위 제1심 법원들의 '공통되는 직근상급법원'에 해당한다.
㉡ 약식명령을 한 판사가 그 정식재판 절차의 항소심 판결에 관여함은 제척의 원인이 된다.
㉢ 친고죄에 대한 수사가 장차 고소가 있을 가능성이 없는 상태하에서 행하여졌다는 등의 특단의 사정이 없는 한, 고소가 있기 전에 수사를 하였다는 이유만으로 그 수사가 위법한 것은 아니다.
㉣ 범의를 유발케 하여 범죄인을 검거하는 함정수사에 기하여 공소를 제기한 경우 법원은 무죄판결을 하여야 한다.
㉤ 모든 국민은 형사상 자기에게 불리한 진술을 강요당하지 아니할 권리가 보장되어 있으므로, 법원이 피고인의 진술거부권 행사를 가중적 양형의 조건으로 삼는 것은 어떠한 경우에도 허용될 수 없다.

① ㉠, ㉢
② ㉣, ㉤
③ ㉠, ㉡, ㉢
④ ㉠, ㉢, ㉤
⑤ ㉡, ㉣, ㉤

해 설

㉠ 【 O 】 토지관할을 달리하는 수 개의 제1심 법원들에 관련 사건이 계속된 경우에 그 소속 고등법원이 같은 경우에는 그 고등법원이, 그 소속 고등법원이 다른 경우에는 대법원이 위 제1심 법원들의 공통되는 직근상급법원으로서 위 조항에 의한 토지관할 병합심리 신청사건의 관할법원이 된다(대결[전합] 2006.12.5. 2006초기335).
㉡ 【 O 】 대판 1955.10.18. 4288형상242
㉢ 【 O 】 대판 1995.2.24. 94도252
㉣ 【 X 】 공소기각판결의 대상이라는 것이 판례의 입장이다(대판 2005.10.28. 2005도1247).
㉤ 【 X 】 범죄사실을 단순히 부인하고 있는 것이 죄를 반성하거나 후회하고 있지 않다는 인격적 비난요소로 보아 가중적 양형의 조건으로 삼는 것은 결과적으로 피고인에게 자백을 강요하는 것이 되어 허용될 수 없다고 할 것이나, 그러한 태도나 행위가 피고인에게 보장된 방어권 행사의 범위를 넘어 객관적이고 명백한 증거가 있음에도 진실의 발견을 적극적으로 숨기거나 법원을 오도하려는 시도에 기인한 경우에는 가중적 양형의 조건으로 참작될 수 있다(대판 2001.3.9. 2001도192).

정답 ③

44 법관의 제척·기피제도에 대한 설명으로 가장 적절하지 않은 것은? (다툼이 있는 경우 판례에 의함) 18. 경찰채용 2차

① 약식명령을 발부한 법관이 그 정식재판 절차의 항소심 공판에 관여한 바 있어도 후에 경질되어 그 판결에는 관여하지 아니한 경우에는 전심재판에 관여한 법관이 불복이 신청된 당해 사건의 재판에 관여하였다고 할 수 없다.
② 고발사실의 일부에 대한 재정신청 사건에 관여하여 그 신청을 기각한 법관이 공소가 제기된 그 나머지 부분에 대한 항소심 재판에서 주심판사로 관여한 경우 「형사소송법」상의 제척 원인인 '법관이 사건에 관하여 전심재판에 관여한 때'에 해당한다.
③ 소송지연만을 목적으로 한 기피신청은 그 신청 자체가 부적법한 것이므로 그러한 신청에 대하여는 기피당한 법관에 의하여 구성된 재판부가 스스로 이를 각하할 수 있다.
④ 기피신청을 받은 법관이 「형사소송법」 제22조에 위반하여 본안의 소송절차를 정지하지 않은 채 그대로 소송을 진행하여서 한 소송행위는 효력이 없고, 이는 이후 그 기피신청에 대한 기각결정이 확정되었다고 하더라도 마찬가지이다.

해설

① 【 O 】 대판 1985.4.23. 85도281
② 【 X 】 고발인 갑의 피고인에 대한 고발사실 중 검사가 불기소한 부분에 관하여 한 재정신청사건에 관여하여 이를 기각한 법관들이, 갑의 위 고발사실 중 공소가 제기된 사건의 항소심에서 재판장과 주심판사로 관여한 사안에서, 고발사실의 일부에 대한 재정신청사건에 관여하여 그 신청을 기각한 것이 그 나머지 부분에 대한 사건에 있어 형사소송법 제17조 제7호에 정한 '법관이 사건에 관하여 전심재판 또는 그 기초되는 조사, 심리에 관여한 때'에 해당하지 않는다(대판 2014.1.16. 2013도10316).
③ 【 O 】 대판 1987.3.30. 87모20
④ 【 O 】 대판 2012.10.11. 2012도8544

정답 ②

45. 기피신청에 대한 설명으로 옳지 않은 것은? (다툼이 있는 경우 판례에 의함)   16. 국가직

① 검사, 피고인, 변호인은 기피신청을 할 수 있지만, 변호인은 피고인의 명시한 의사에 반하는 경우에는 법관에 대한 기피신청을 할 수 없다.
② 기피원인에 관한 형사소송법 제18조 제1항 제2호 소정의 '법관이 불공평한 재판을 할 염려가 있는 때'라고 함은 당사자가 불공평한 재판이 될지도 모른다고 추측할 만한 주관적인 사정이 있는 때를 의미한다.
③ 소송지연을 목적으로 함이 명백한 기피신청인지의 여부는 기피신청인이 제출한 소명 방법만으로 판단할 것은 아니고 당해 법원에 현저한 사실이거나 당해 사건기록에 나타나 있는 제반 사정들을 종합하여 판단할 수 있다.
④ 기피신청을 받은 법관이 형사소송법 제22조에 위반하여 본안의 소송절차를 정지하지 않은 채 그대로 소송을 진행하여서 한 소송행위는 그 효력이 없고, 이는 그 후 기피신청에 대한 기각결정이 확정되었다고 하더라도 마찬가지이다.

해설

① 【 O 】 제18조 제1항, 제2항
② 【 X 】 기피원인에 관한 형사소송법 제18조 제1항 제2호 소정의 "불공평한 재판을 할 염려가 있는 때"라 함은, 당사자가 불공평한 재판이 될지도 모른다고 추측할 만한 주관적인 사정이 있는 때를 말하는 것이 아니라, 통상인의 판단으로써 법관과 사건과의 관계상 불공평한 재판을 할 것이라는 의혹을 갖는 것이 합리적이라고 인정할 만한 객관적인 사정이 있는 때를 말한다(대결 1995.4.3. 95모10).
③ 【 O 】 대결 2001.3.21. 2001모2
④ 【 O 】 대판 2012.10.11. 2012도8544

정답 ②

46 법관의 기피에 관한 다음 설명 중 가장 옳지 않은 것은? (다툼이 있으면 판례에 의함) 〔19. 법원직〕

① 법관에게 제척사유가 있는 때에는 검사 또는 피고인은 법관의 기피를 신청할 수 있고, 기피사유는 신청한 날로부터 3일 이내에 서면으로 소명하여야 한다.
② 기피신청이 소송의 지연을 목적으로 함이 명백한 경우에는 형사소송법 제20조 제1항에 의하여 법원 또는 법관은 결정으로 이를 기각할 수 있고, 이 경우 소송진행을 정지하여야 한다.
③ 기피신청을 받은 법관이 형사소송법 제22조 본문에 위반하여 본안의 소송절차를 정지하지 않은 채 그대로 소송을 진행하여서 한 소송행위는 그 효력이 없고, 이는 그 후 그 기피신청에 대한 기각결정이 확정되었다고 하더라도 마찬가지이다.
④ 기피신청에 대한 재판은 기피당한 법관의 소속법원합의부에서 결정으로 하여야 하지만, 소송지연만을 목적으로 한 기피신청은 기피당한 법관에 의하여 구성된 재판부가 스스로 이를 각하할 수 있다.

[해설]
① 【 O 】 제18조 제1항 제1호, 제19조 제2항
② 【 X 】 간이기각결정에 대한 즉시항고는 통상적인 즉시항고의 경우와는 달리 재판의 집행을 정지하는 효력이 없다(제23조 제2항).
③ 【 O 】 대판 2012.10.11. 2012도8544
④ 【 O 】 대판 1987.3.30. 87모20

[정답] ②

47 법관에 대한 기피신청의 설명으로 옳은 것은? (다툼이 있는 경우 판례에 의함) 〔19. 국가직〕

① 기피신청을 받은 법관이 소송진행 정지에 대한 예외 사유가 없음에도 불구하고 본안의 소송절차를 정지하지 않은 채 그대로 진행한 소송행위는 효력이 없지만, 그 후 기피신청에 대한 기각결정이 확정되었다면 유효하다.
② 원심 합의부원인 법관이 원심 재판장에 대한 기피신청 사건의 심리와 기각결정에 관여한 사실이 있다면, 이는 「형사소송법」 제17조 제7호 소정의 '법관이 사건에 관하여 그 기초되는 조사, 심리에 관여한 때'에 해당하여 기피사유가 인정된다.
③ 법관이 피고인의 증거신청을 채택하지 아니하거나 이미 한 증거결정을 취소한 사정만으로도 기피사유에 해당한다.
④ 법관에 대한 기피신청이 있는 경우 「형사소송법」 제22조에 따라 정지되는 소송진행에 판결의 선고는 포함되지 아니한다.

[해설]
① 【 X 】 기피신청을 받은 법관이 형사소송법 제22조에 위반하여 본안의 소송절차를 정지하지 않은 채 그대로 소송을 진행하여서 한 소송행위는 그 효력이 없고, 이는 그 후 그 기피신청에 대한 기각결정이 확정되었다고 하더라도 마찬가지이다(대판 2012.10.11. 2012도8544).
② 【 X 】 법관이 사건에 관하여 그 기초되는 조사, 심리에 관여한 경우는 전심재판 그 자체에 관여하지는 않았지만 전심재판의 내용 형성에 영향을 미친 경우를 말한다. 원심 합의부원인 법관이 원심 재판장에 대한 기피신청 사건의 심리와 기각결정에 관여한 사실은 「형사소송법」 제17조 제7호 소정의 '법관이 사건에 관하여 그 기초되는 조사, 심리에 관여한 때'에 해당하지 않기 때문에 기피사유가 인정되지 않는다.
③ 【 X 】 재판부가 당사자의 증거신청을 채택하지 아니하거나 이미 한 증거결정을 취소하였다 하더라도 그러한 사유만으로는 재판의 공평을 기대하기 어려운 객관적인 사정이 있다고 할 수 없다(대판 1995.4.3. 95모10).
④ 【 O 】 대결 1987.2.3. 86모57

[정답] ④

48 법관의 기피에 대한 설명으로 옳은 것은?

23. 국가직

① 기피원인으로서의 '불공평한 재판을 할 염려가 있는 때'란 당사자가 불공평한 재판이 될지도 모른다고 추측할 만한 주관적인 사정이 있는 때를 말한다.
② 재판부가 당사자의 증거신청을 채택하지 않았다는 것만으로는 기피사유가 되지 않지만, 이미 행한 증거결정을 취소하였다는 것은 그 자체로서 기피사유가 된다.
③ 재판장이 피고인의 증인신문권의 본질적인 부분을 침해하였다고 볼 만한 소명자료가 없더라도, 재판장이 증인에 대한 피고인의 신문을 제지한 사실이 있다는 것은 그 자체로서 기피사유가 된다.
④ 재판부가 형사소송법에 정한 기간 내에 재정신청사건의 결정을 하지 아니하였다는 사유만으로는 기피사유가 되지 않는다.

해설

① 【 X 】 기피원인에 관한 형사소송법 제18조 제1항 제2호 소정의 '불공평한 재판을 할 염려가 있는 때'라 함은 당사자가 불공평한 재판이 될지도 모른다고 추측할 만한 주관적인 사정이 있는 때를 말하는 것이 아니라, 통상인의 판단으로서 법관과 사건과의 관계상 불공평한 재판을 할 것이라는 의혹을 갖는 것이 합리적이라고 인정할 만한 객관적인 사정이 있는 때를 말하는 것이다(대결 1996.2.9. 95모93).
② 【 X 】 재판부가 당사자의 증거신청을 채택하지 아니하거나 이미 한 증거결정을 취소하였다 하더라도 그러한 사유만으로는 재판의 공평을 기대하기 어려운 객관적인 사정이 있다고 할 수 없다(대결 1995.4.3. 95모10).
③ 【 X 】 형사소송법 제299조 규정상 재판장이 피고인의 증인신문권의 본질적인 부분을 침해하였다고 볼 만한 아무런 소명자료가 없다면, 재판장이 피고인의 증인에 대한 신문을 제지한 사실이 있다는 것만으로는 법관과 사건과의 관계상 불공평한 재판을 할 것이라는 의혹을 갖는 것이 합리적이라고 인정할 만한 객관적인 사정이 있는 경우에 해당한다고 볼 수 없다(대결 1995.4.3. 95모10).
④ 【 O 】 대판 1990.11.2. 90모44

정답 ④

49 제척과 기피에 대한 설명으로 옳지 않은 것은?

23. 국가직 7급

① 법관에 대하여 기피신청이 있는 경우 「형사소송법」 제22조에 따라 정지될 소송진행은 그 피고사건의 실체적 재판에의 도달을 목적으로 하는 본안의 소송절차를 말하고, 판결의 선고는 이에 해당하지 않는다.
② 통역인이 피해자의 사실혼 배우자인 경우에는 '피해자의 친족'이 아니므로 「형사소송법」 제17조 제2호의 제척사유에 해당하지 않는다.
③ 재심청구사건의 담당 법관이 재심대상판결의 제1심에 관여한 경우, 그 법관은 제척 또는 기피의 원인인 전심재판에 관여한 것에 해당한다.
④ 법관이 선거관리위원장으로서 공직선거법위반 혐의사실에 대하여 수사기관에 수사의뢰를 하고 그 후 당해 형사피고사건의 항소심재판을 하는 경우, 「형사소송법」 제17조 제7호에서 말하는 '법관이 사건에 관하여 그 기초되는 조사에 관여한 때'에 해당하지 않는다.

해설

① 【 O 】 법관에게 불공평한 재판을 할 염려가 있다고 하여 기피신청이 있는 경우에 형사소송법 제22조에 의하여 정지될 소송진행은 그 피고사건의 실체적 재판에의 도달을 목적으로 하는 본안의 소송절차를 말하고 판결의 선고는 이에 해당되지 않는다(대법원 1987.5.28. 87모10 결정).

② 【 O 】 형사소송법 제17조 제2호는 '법관이 피고인 또는 피해자의 친족 또는 친족관계가 있었던 자인 때에는 직무집행에서 제척된다'고 규정하고 있고, 위 규정은 형사소송법 제25조 제1항에 의하여 통역인에게 준용되나, 사실혼관계에 있는 사람은 민법에서 정한 친족이라고 할 수 없어 형사소송법 제17조 제2호에서 말하는 친족에 해당하지 않으므로, 통역인이 피해자의 사실혼 배우자라고 하여도 통역인에게 형사소송법 제25조 제1항, 제17조 제2호에서 정한 제척사유가 있다고 할 수 없다(대법원 2011.4.14. 2010도13583).

③ 【 X 】 형사소송법 제18조 제1항 제1호 및 동법 제17조 제7호의 규정에 의하여 법관이 기피 또는 제척의 원인이 되는 '법관이 사건에 관하여 전심재판 또는 그 기초되는 조사심리에 관여한 때'의 사건에 관한 전심이라 함은 불복신청을 한 당해 사건의 전심을 말하는 것으로서 재심청구사건에 있어서 재심대상이 되는 사건은 이에 해당하지 않으므로 원심재판장 판사 (갑)이 재심대상판결의 제1심에 관여했다 하더라도 이 사건 재심청구사건에서 제척 또는 기피의 원인이 되는 것이 아니다(대법원 1982.11.15. 82모11 결정).

④ 【 O 】 형사소송법 제17조 제7호의 제척원인인 '법관이 사건에 관하여 그 기초되는 조사에 관여한 때'라 함은 전심재판의 내용 형성에 사용될 자료의 수집·조사에 관여하여 그 결과가 전심재판의 사실인정 자료로 쓰여진 경우를 말하므로, 법관이 선거관리위원장으로서 공직선거 및 선거부정 방지법 위반 혐의사실에 대하여 수사기관에 수사의뢰를 하고, 그 후 당해 형사피고사건의 항소심 재판을 하는 경우, 형사소송법 제17조 제7호 소정의 '법관이 사건에 관하여 그 기초되는 조사에 관여한 때'에 해당한다고 볼 수는 없다(대법원 1999.4.13. 99도155).

정답 ③

50. 제척·기피·회피에 관한 설명으로 가장 적절하지 않은 것은? (다툼이 있는 경우 판례에 의함) 25. 경찰승진

① 피고인이 변론 종결 뒤 재판부에 대한 기피신청을 하였지만, 원심이 소송진행을 정지하지 아니하고 판결을 선고한 것은 정당하지 않다.
② 약식절차와 피고인 또는 검사의 정식재판청구에 의하여 개시된 제1심공판절차는 동일한 심급 내에서 서로 절차만 달리할 뿐이므로, 약식명령을 발부한 법관이 정식재판절차의 제1심판결에 관여하였다고 하여 제척의 원인이 된다고 볼수 없다.
③ 검사 또는 피고인은 법관이 제척의 원인이 된 사유에 해당되는 때, 법관이 불공평한 재판을 할 염려가 있는 때에는 기피를 신청할 수 있다.
④ 기피신청에 대한 재판은 기피당한 법관의 소속법원합의부에서 결정으로 하여야 하며, 기피당한 판사의 소속법원이 합의부를 구성하지 못하는 때에는 직근 상급법원이 결정하여야 한다.

해설

① 【 X 】 법관에 대한 기피신청이 있는 경우 형사소송법 제22조에 따라 정지되는 소송진행에 판결의 선고는 포함되지 아니하므로, 피고인이 변론 종결 뒤 재판부에 대한 기피신청을 하였지만, 원심이 소송진행을 정지하지 아니하고 판결을 선고한 것은 정당하다(대판 2002.11.13. 2002도4893).

② 【 O 】 약식절차와 피고인 또는 검사의 정식재판청구에 의하여 개시된 제1심공판절차는 동일한 심급 내에서 서로 절차만 달리할 뿐이므로, 약식명령이 제1심공판절차의 전심재판에 해당하는 것은 아니고, 따라서 약식명령을 발부한 법관이 정식재판절차의 제1심 판결에 관여하였다고 하여 형사소송법 제17조 제7호에 정한 '법관이 사건에 관하여 전심재판 또는 그 기초되는 조사, 심리에 관여한 때'에 해당하여 제척의 원인이 된다고 볼 수는 없다(대판 2002.4.12. 2002도944).

③ 【 O 】 검사 또는 피고인은 다음 경우에 법관의 기피를 신청할 수 있다(형사소송법 제18조 제1항).
1. 법관이 전조 각 호의 사유(제척사유)에 해당되는 때
2. 법관이 불공평한 재판을 할 염려가 있는 때

④ 【 O 】 기피신청에 대한 재판은 기피당한 법관의 소속법원합의부에서 결정으로 하여야 한다(형사소송법 제21조 제1항). 기피당한 판사의 소속법원이 합의부를 구성하지 못하는 때에는 직근 상급법원이 결정하여야 한다(형사소송법 제21조 제3항).

정답 ①

51 제1심 공판절차에서 피고인 甲의 변호인이 단독판사 A에 대한 기피신청을 A에게 하였다. 이에 대한 설명으로 옳은 것은? (다툼이 있는 경우 판례에 의함)

19. 국가직

① 기피신청은 피고인을 위한 소송행위이므로 변호인은 甲의 명시적 의사에 반해 A에 대한 기피신청을 할 수 있다.
② 단독판사에 대한 기피신청은 해당 법관이 소속된 법원 합의부에 하여야 하므로 A는 결정으로 신청을 기각할 수 있다.
③ 변호인의 기피신청이 소송의 지연을 목적으로 함이 명백한 경우 A는 소송 진행을 정지하고 결정으로 신청을 기각하여야 한다.
④ 소송진행 정지에 대한 예외 사유가 없음에도 불구하고 A가 소송진행을 정지하지 않고 증거조사를 한 경우 그 증거조사는 무효이다.

해설

① 【X】 변호인은 피고인의 명시한 의사에 반하지 아니하는 때에 한하여 법관에 대한 기피를 신청할 수 있다(제18조 제2항). 따라서 변호인은 甲의 명시한 의사에 반하여 A에 대한 기피신청을 할 수 없다.
② 【X】 합의법원의 법관에 대한 기피는 그 법관의 소속법원에 신청하고 수명법관, 수탁판사 또는 단독판사에 대한 기피는 당해법관에게 신청하여야 한다(제19조 제1항). 따라서 단독판사에 대한 기피신청이므로 소속법원이 아닌 당해법관에게 신청하여야 한다.
③ 【X】 기피신청이 소송의 지연을 목적으로 함이 명백하거나 제19조의 규정에 위배된 때에는 신청을 받은 법원 또는 법관은 결정으로 이를 기각한다(제20조 제1항, 간이기각결정). 기피신청이 있는 때에는 제20조 제1항(간이기각결정)의 경우를 제한 외에는 소송진행을 정지하여야 한다. 단, 급속을 요하는 경우에는 그러하지 아니하다(제22조, 기피신청과 소송의 정지). 따라서 변호인의 기피신청이 소송의 지연을 목적으로 함이 명백한 경우 A는 소송진행을 정지하지 않고 결정으로 신청을 기각하여야 한다.
④ 【O】 기피신청을 받은 법관이 형사소송법 제22조에 위반하여 본안의 소송절차를 정지하지 않은 채 그대로 소송을 진행하여서 한 소송행위는 그 효력이 없고, 이는 그 후 그 기피신청에 대한 기각결정이 확정되었다고 하더라도 마찬가지이다(대판 2012.10.11. 2012도8544).

정답 ④

52 국선변호인에 관한 설명 중 가장 적절하지 않은 것은?

16. 경찰승진

① 피고인이 70세 이상인 때에 변호인이 없으면 국선변호인을 선정하여야 한다.
② 피고인이 사형, 무기 또는 장기 3년 이상의 징역이나 금고에 해당하는 사건으로 기소된 때에는 법원은 직권으로 변호인을 선정하여야 한다.
③ 법원은 피고인이 빈곤 그 밖의 사유로 변호인을 선임할 수 없는 경우에 피고인의 청구가 있는 때에는 변호인을 선정하여야 한다.
④ 법원은 공판준비기일이 지정된 사건에 관하여 변호인이 없는 때에는 직권으로 변호인을 선정하여야 한다.

해설

① 【O】 제33조 제1항 제3호
② 【X】 피고인이 사형, 무기 또는 단기 3년 이상의 징역이나 금고에 해당하는 사건으로 기소된 때에는 법원은 직권으로 변호인을 선정하여야 한다(제33조 제1항 제6호).
③ 【O】 제33조 제2항
④ 【O】 제266조의8 제4항

정답 ②

53. 국선변호인에 대한 설명으로 옳지 않은 것은? (다툼이 있는 경우 판례에 의함)

16. 검찰 7급

① 피고인에게 국선변호인의 조력을 받을 권리를 보장하여야 할 국가의 의무에는 피고인이 국선변호인의 실질적 조력을 받을 수 있도록 할 의무가 포함된다.
② 항소심에서 국선변호인이 선정된 이후 변호인이 없는 다른 사건이 병합된 경우, 항소법원은 지체 없이 국선변호인에게 병합된 사건에 관한 소송기록 접수통지를 함으로써 국선변호인으로 하여금 피고인을 위하여 병합된 다른 사건에도 항소 이유서를 작성·제출할 수 있도록 하여야 한다.
③ 국선변호인이 법정기간 내에 항소이유서를 제출하지 아니한 때에는 그에 대한 피고인의 귀책사유의 유무를 불문하고 피고인 본인이 적법한 항소이유서를 제출하지 아니한 이상 항소기각의 결정을 하여야 한다.
④ 법원은 시각장애인인 피고인의 연령·지능·교육 정도를 비롯한 시각장애의 정도 등을 확인한 다음 권리보호를 위하여 필요하다고 인정하는 때에는 피고인의 명시적 의사에 반하지 아니하는 범위 안에서 국선변호인을 선정하는 절차를 취하여야 한다.

[해설]

① 【 O 】 대결 2012.2.16. 2009모1044 전합
② 【 O 】 대판 2015.4.23. 2015도2046
③ 【 X 】 피고인과 국선변호인이 모두 법정기간 내에 항소이유서를 제출하지 아니하였더라도, 국선변호인이 항소이유서를 제출하지 아니한 데 대하여 피고인에게 귀책사유가 있음이 특별히 밝혀지지 않는 한, 항소법원은 종전 국선변호인의 선정을 취소하고 새로운 국선변호인을 선정하여 다시 소송기록접수통지를 함으로써 새로운 국선변호인으로 하여금 그 통지를 받은 때로부터 형사소송법 제361조의3 제1항의 기간 내에 피고인을 위하여 항소이유서를 제출하도록 하여야 한다(대결 2012.2.16. 2009모1044 전합).
④ 【 O 】 대판 2010.4.29. 2010도881

정답 ③

54. 변호인에 대한 설명 중 가장 적절하지 않은 것은? (다툼이 있는 경우 판례에 의함)

17. 여경

① 피고인 또는 피의자의 법정대리인, 배우자, 직계친족과 형제자매는 독립하여 변호인을 선임할 수 있다.
② 국민참여재판에 관하여 변호인이 없는 때에는 법원은 직권으로 변호인을 선정하여야 한다.
③ 필요적 변호사건에서 판결만을 선고하는 경우에는 변호인 없이 개정할 수 있다.
④ 피고인과 국선변호인이 법정기간 내에 항소이유서를 제출하지 않은 경우, 국선변호인이 항소이유서를 제출하지 아니한 것에 대하여 피고인의 귀책사유의 존부를 불문하고 법원은 항소를 기각하여야 한다.

[해설]

① 【 O 】 제30조 제2항
② 【 O 】 국민의 형사재판 참여에 관한 법률 제7조
③ 【 O 】 제282조
④ 【 X 】 피고인과 국선변호인이 모두 법정기간 내에 항소이유서를 제출하지 아니하였더라도, 국선변호인이 항소이유서를 제출하지 아니한 데 대하여 피고인에게 귀책사유가 있음이 특별히 밝혀지지 않는 한, 항소법원은 종전 국선변호인의 선정을 취소하고 새로운 국선변호인을 선정하여 다시 소송기록접수통지를 함으로써 새로운 국선변호인으로 하여금 그 통지를 받은 때로부터 형사소송법 제361조의3 제1항의 기간 내에 피고인을 위하여 항소이유서를 제출하도록 하여야 한다(대결 2012.2.16. 2009모1044 전합).

정답 ④

55 형사소송법상 국선변호인의 선정에 대한 설명 중 가장 적절하지 않은 것은? (다툼이 있는 경우 판례에 의함)

18. 경찰승진

① 지방법원판사는 구속영장실질심사에서 심문할 피의자에게 변호인이 없는 때에는 직권으로 변호인을 선정하여야 하며, 이 경우 변호인의 선정은 피의자에 대한 구속영장 청구가 기각되어 효력이 소멸한 경우를 제외하고는 제1심까지 효력이 있다.
② 법원은 공판준비기일이 지정된 사건에 관하여 변호인이 없는 때에는 직권으로 변호인을 선정하여야 한다.
③ 법원은 피고인이 빈곤 그 밖의 사유로 변호인을 선임할 수 없는 경우에 직권으로 국선변호인을 선정하여야 한다.
④ 법원은 피고인의 연령·지능 및 교육 정도 등을 참작하여 권리보호를 위하여 필요하다고 인정하는 때에는 피고인의 명시적 의사에 반하지 아니하는 범위 안에서 변호인을 선정하여야 한다.

[해 설]

① 【 O 】 제201조의2 제8항
② 【 O 】 제266조의8 제4항
③ 【 X 】 법원은 피고인이 빈곤 그 밖의 사유로 변호인을 선임할 수 없는 경우에 피고인의 청구가 있는 때에는 변호인을 선정하여야 한다.
④ 【 O 】 제33조 제3항

정답 ③

56 변호인에 대한 다음 설명 중 가장 적절하지 않은 것은? (다툼이 있는 경우 판례에 의함)

18. 경찰승진

① 피고인 또는 피의자 수인 간에 이해가 상반되지 아니할 때에는 그 수인의 피고인 또는 피의자를 위하여 동일한 국선변호인을 선정할 수 있다.
② 필요적 변호사건에서 법원이 정당한 이유 없이 국선변호인을 선정하지 않고 있는 사이에 피고인 스스로 변호인을 선임하였으나 그때는 이미 피고인에 대한 항소이유서 제출기간이 도과해버린 경우에 법원은 사선변호인에게도 소송기록접수통지를 함으로써 그 사선변호인이 통지받은 날로부터 기산하여 소정의 기간 내에 피고인을 위하여 항소이유서를 제출할 수 있는 기회를 주어야 한다.
③ 변호인의 구속된 피고인 또는 피의자와의 접견교통권은 신체구속을 당한 피고인 또는 피의자의 인권보장과 방어준비를 위하여 필수불가결한 권리이므로, 국가정보원 사법경찰관이 경찰서 유치장에 구금되어 있던 피의자에 대하여 의사의 진료를 받게 할 것을 신청한 변호인에게 국가정보원이 추천하는 의사의 참여를 요구한 것은 변호인의 수진권을 침해하는 위법한 처분이다.
④ 피의자신문에 참여한 변호인은 신문 후 의견을 진술할 수 있다. 다만, 신문 중이라도 부당한 신문방법에 대하여 이의를 제기할 수 있고, 검사 또는 사법경찰관의 승인을 얻어 의견을 진술할 수 있다.

[해 설]

① 【 O 】 규칙 제15조 제2항
② 【 O 】 대판 2000.12.22. 2000도4694
③ 【 X 】 국가정보원 사법경찰관이 경찰서 유치장에 구금되어 있던 피의자에 대하여 의사의 진료를 받게 할 것을 신청한 변호인에게 국가정보원이 추천하는 의사의 참여를 요구한 것은 행형법 시행령 제176조의 규정에 근거한 것으로서 적법하고, 이를 가리켜 변호인의 수진권을 침해하는 위법한 처분이라고 할 수는 없다(대결 2002.5.6. 2000모112).
④ 【 O 】 제243조의2 제3항

정답 ③

57 국선변호인의 선정 등에 관한 다음 설명 중 가장 옳지 않은 것은? (다툼이 있으면 판례에 의함)   18. 법원직

① 별건으로 구속되어 있거나 다른 형사사건에서 유죄로 확정되어 수형 중인 피고인에 대하여 국선변호인을 선정하지 아니하였다 하더라도 법원이 직권으로 변호인을 선정하여야 하는 형사소송법 제33조 제1항 제1호를 위반한 것이 아니다.
② 필요적 변호사건의 항소심에서, 항소심 법원이 피고인 본인의 항소이유서 제출기간 경과 후 국선변호인을 선정하고 그에게 소송기록접수통지를 하였으나 국선변호인이 법정기간 내에 항소이유서를 제출하지 아니하였다면 종전 국선변호인의 선정을 취소하고 새로운 국선변호인을 선정하는 조치를 할 필요는 없다.
③ 변호인 없는 불구속 피고인에 대하여 국선변호인을 선정하지 않은 채 판결을 선고한 다음 법정구속을 하더라도 법원이 직권으로 변호인을 선정하여야 하는 형사소송법 제33조 제1항 제1호를 위반한 것이 아니다.
④ 이해가 상반된 피고인들 중 어느 피고인이 법무법인을 변호인으로 선임하고, 법무법인이 담당변호사를 지정하였을 때, 법원이 담당변호사 중 1인 또는 수인을 다른 피고인을 위한 국선변호인으로 선정하는 것은 국선변호인의 조력을 받을 피고인의 권리를 침해하는 것이다.

해설

① 【 X 】 형사소송법 제33조 제1항 제1호의 문언, 위 법률조항의 입법 과정에서 고려된 '신체의 자유', '변호인의 조력을 받을 권리', '공정한 재판을 받을 권리' 등 헌법상 기본권 규정의 취지와 정신 및 입법 목적 그리고 피고인이 처한 입장 등을 종합하여 보면, 형사소송법 제33조 제1항 제1호의 '피고인이 구속된 때'라고 함은 피고인이 해당 형사 사건에서 구속되어 재판을 받고 있는 경우에 한정된다고 볼 수 없고, 피고인이 별건으로 구속영장이 발부되어 집행되거나 다른 형사사건에서 유죄판결이 확정되어 그 판결의 집행으로 구금 상태에 있는 경우 또한 포괄하고 있다고 보아야 한다(대판 2024.5.23. 2021도6357 전원합의체).
② 【 X 】 필요적 변호사건의 항소심에서, 원심법원이 피고인 본인의 항소이유서 제출기간 경과 후 국선변호인을 선정하고 그에게 소송기록접수통지를 하였으나 국선변호인이 법정기간 내에 항소이유서를 제출하지 아니한 사안에서, 국선변호인이 항소이유서를 제출하지 아니한 데 대하여 피고인에게 책임을 돌릴 만한 사유가 특별히 밝혀지지 아니한 이상, 국선변호인의 선정을 취소하고 새로운 국선변호인을 선정하여 그에게 소송기록접수통지를 함으로써 새로운 국선변호인이 항소이유서를 제출하도록 하는 조치를 취했어야 하는데도, 위와 같은 조치를 취하지 아니한 채 피고인과 국선변호인이 모두 제출기간 내에 항소이유서를 제출하지 아니하였고 제1심판결에 직권조사사유가 없다는 등의 이유로 곧바로 항소를 기각한 원심결정에는 국선변호인의 조력을 받을 피고인의 권리에 관한 헌법 및 형사소송법상의 법리를 오해한 위법이 있다고 한 사례(대결 2012.2.16. 2009모1044 전합).
③ 【 O 】 대판 2011.3.10. 2010도17353
④ 【 O 】 대판 2015.12.23. 2015도9951

정답 ①, ②

58 변호인에 대한 설명으로 옳지 않은 것은? (다툼이 있는 경우 판례에 의함)   18. 국가직

① 피고인 및 피의자와 「형사소송법」 제30조 제2항에 규정된 자뿐만 아니라 피고인 및 피의자로부터 그 선임권을 위임받은 자도 피고인이나 피의자를 대리하여 변호인을 선임할 수 있다.
② 국선변호인 선정을 청구한 피고인이 빈곤으로 인하여 변호인을 선임할 수 없다고 인정할 여지가 충분한 경우, 법원은 특별한 사정이 없는 한 국선변호인 선정결정을 하여야 한다.
③ 공범관계에 있지 않은 공동피고인들 사이에서 공소사실로 보아 어느 피고인에 대하여는 유리한 변론이 다른 피고인에 대하여는 불리한 결과를 초래하는 사건의 경우, 그 공동피고인들에 대하여 선정된 동일한 국선변호인이 공동피고인들을 함께 변론하였다면 위법하다.
④ 구속 전 피의자심문에서 심문할 피의자에게 변호인이 없는 때에는 지방법원판사는 직권으로 변호인을 선정하여야 하며, 이 경우 변호인의 선정은 피의자에 대한 구속영장 청구가 기각된 경우를 제외하고, 제1심까지 효력이 있다.

해설

① 【 X 】 형사소송에 있어서 변호인을 선임할 수 있는 자는 피고인 및 피의자와 형사소송법 제30조 제2항에 규정된 자에 한정되는 것이고, 피고인 및 피의자로부터 그 선임권을 위임받은 자가 피고인이나 피의자를 대리하여 변호인을 선임할 수는 없는 것이다(대결 1994.10.28. 94모25).
② 【 O 】 대판 2013.7.11. 2012도16334
③ 【 O 】 대판 2015.1.2. 2014도13797
④ 【 O 】 제201조의2 제8항

정답 ①

59. 국선변호인에 대한 설명으로 가장 적절하지 않은 것은? (다툼이 있는 경우 판례에 의함)

19. 경찰승진

① 「형사소송법」 제33조 제1항 제1호의 '피고인이 구속된 때'라고 함은 피고인이 별건으로 구속되어 있거나 다른 형사사건에서 유죄로 확정되어 수형중인 경우는 이에 해당하지 아니한다.
② 공판절차가 아닌 재심개시결정 전의 절차에서 재심청구인의 국선변호인선임청구를 기각한 것은 적법하다.
③ 피고인이 70세 이상인 때에 변호인이 없으면 법원은 직권으로 국선변호인을 선정하여야 한다.
④ 시각장애인인 피고인의 경우, 법원으로서는 피고인의 연령·지능·교육 정도를 비롯한 시각장애의 정도 등을 확인한 다음 권리보호를 위하여 필요하다고 인정하는 때에는 그 피고인의 명시적 의사에 반하더라도 국선변호인을 선정하여 방어권을 보장해 줄 필요가 있다.

해설

① 【 X 】 형사소송법 제33조 제1항 제1호의 문언, 위 법률조항의 입법 과정에서 고려된 '신체의 자유', '변호인의 조력을 받을 권리', '공정한 재판을 받을 권리' 등 헌법상 기본권 규정의 취지와 정신 및 입법 목적 그리고 피고인이 처한 입장 등을 종합하여 보면, 형사소송법 제33조 제1항 제1호의 '피고인이 구속된 때'라고 함은 피고인이 해당 형사 사건에서 구속되어 재판을 받고 있는 경우에 한정된다고 볼 수 없고, 피고인이 별건으로 구속영장이 발부되어 집행되거나 다른 형사사건에서 유죄판결이 확정되어 그 판결의 집행으로 구금 상태에 있는 경우 또한 포괄하고 있다고 보아야 한다(대판 2024.5.23. 2021도6357 전원합의체).
② 【 O 】 대결 1993.12.3. 92모49
③ 【 O 】 제33조 제1항 제3호
④ 【 X 】 헌법상 변호인의 조력을 받을 권리 및 형사소송법상 국선변호인 제도의 취지와 점자자료로 작성된 소송계속 중의 관계 서류 등의 제공이 이루어지지 아니하는 현행 형사소송실무 등에 비추어, 법원으로서는 형사소송법 제33조 제3항의 규정을 준용하여 피고인의 연령·지능·교육 정도를 비롯한 시각장애의 정도 등을 확인한 다음 권리보호를 위하여 필요하다고 인정하는 때에는 시각장애인인 피고인의 명시적 의사에 반하지 아니하는 범위 안에서 국선변호인을 선정하여 방어권을 보장해 줄 필요가 있다(대판 2010.4.29. 2010도881).

정답 ①, ④

60 국선변호인에 대한 다음 설명 중 가장 옳지 않은 것은? (다툼이 있으면 판례에 의함)

19. 법원직

① 피고인이 2급 시각장애인으로서 점자자료가 아닌 경우에는 인쇄물 정보접근에 상당한 곤란을 겪는 수준임에도 국선변호인 선정절차를 취하지 아니한 채 공판심리를 진행하였다면 위법하다.
② 항소심에서 국선변호인을 선정하고 그에게 소송기록접수통지를 한 이후에 변호인이 없는 다른 사건이 병합된 경우, 국선변호인 선정의 효력은 선정 이후 병합된 다른 사건에도 미치므로, 항소법원은 국선변호인에게 그 병합된 사건에 관하여도 소송기록 접수통지를 할 필요는 없다.
③ 제1심에서 국선변호인 선정청구가 인용되고 불구속 상태로 실형을 선고받은 피고인이 그 후 별건 구속된 상태에서 항소를 제기하여 다시 국선변호인 선정청구를 하였는데, 원심이 이에 대해 아무런 결정도 하지 않고 공판기일을 진행하여 실질적 변론과 심리를 모두 마치고 난 뒤에 국선변호인 선정청구를 기각하고 판결을 선고하였다면 위법하다.
④ 형사소송법 제33조 제1항 각 호에 해당하는 경우가 아닌 한 법원으로서는 권리보호를 위하여 필요하다고 인정하지 않으면 국선변호인을 선정하지 않아도 위법이 아니다.

[해설]

① 【 O 】 대판 2010.4.29. 2010도881
② 【 X 】 국선변호인 선정의 효력은 선정 이후 병합된 다른 사건에도 미치는 것이므로, 항소심에서 국선변호인이 선정된 이후 변호인이 없는 다른 사건이 병합된 경우에는 형사소송법 제361조의2, 형사소송규칙 제156조의2의 규정에 따라 항소법원은 지체 없이 국선변호인에게 병합된 사건에 관한 소송기록 접수통지를 함으로써 병합된 다른 사건에도 마찬가지로 국선변호인으로 하여금 피고인을 위하여 항소이유서를 작성·제출할 수 있도록 하여야 한다(대판 2015.4.23. 2015도2046).
③ 【 O 】 대판 2013.7.11. 2012도16334
④ 【 O 】 대판 2013.5.9. 2013도1886

정답 ②

61 국선변호인에 대한 설명으로 옳은 것(○)과 옳지 않은 것(×)을 바르게 연결한 것은? (다툼이 있는 경우 판례에 의함)

19. 검찰 7급

> ㉠ 「형사소송법」 제33조 제1항의 국선변호인 선정 사유 중 제1호에서 정한 '피고인이 구속된 때'라고 함은, 피고인이 당해 형사사건에서 구속되어 재판을 받고 있는 경우를 의미하고, 피고인이 별건으로 구속되어 있는 경우는 이에 해당하지 않는다.
> ㉡ 피고인에게 국선변호인의 조력을 받을 권리를 보장해야 할 국가의 의무에는 피고인이 국선변호인의 실질적 조력을 받을 수 있도록 할 의무가 포함된다.
> ㉢ 국선변호인 선정의 효력은 선정 이후 병합된 다른 사건에는 미치지 않으므로, 항소심에서 법원이 국선변호인을 선정한 이후 변호인이 없는 다른 사건이 병합된 경우에는 항소법원은 국선변호인에게 병합된 사건에 관한 소송기록 접수통지를 하지 않아도 된다.
> ㉣ 피고인이 시각장애인인 경우, 법원은 장애의 정도를 비롯하여 연령·지능·교육 정도 등을 확인한 다음, 권리보호를 위하여 필요하다고 인정하는 때에는, 피고인의 명시적 의사에 반하지 않는 범위 내에서 국선변호인을 선정하여야 한다.

① ㉠ × ㉡ ○ ㉢ × ㉣ ○
② ㉠ ○ ㉡ × ㉢ ○ ㉣ ○
③ ㉠ × ㉡ ○ ㉢ ○ ㉣ ○
④ ㉠ ○ ㉡ ○ ㉢ ○ ㉣ ×

해설

㉠ 【 X 】 형사소송법 제33조 제1항 제1호의 문언, 위 법률조항의 입법 과정에서 고려된 '신체의 자유', '변호인의 조력을 받을 권리', '공정한 재판을 받을 권리' 등 헌법상 기본권 규정의 취지와 정신 및 입법 목적 그리고 피고인이 처한 입장 등을 종합하여 보면, 형사소송법 제33조 제1항 제1호의 '피고인이 구속된 때'라고 함은 피고인이 해당 형사 사건에서 구속되어 재판을 받고 있는 경우에 한정된다고 볼 수 없고, 피고인이 별건으로 구속영장이 발부되어 집행되거나 다른 형사사건에서 유죄판결이 확정되어 그 판결의 집행으로 구금 상태에 있는 경우 또한 포괄하고 있다고 보아야 한다(대판 2024.5.23. 2021도6357 전원합의체).
㉡ 【 O 】 대결 2012.2.16. 2009모1044 전합
㉢ 【 X 】 국선변호인에게 소송기록 접수통지를 하지 아니함으로써 항소이유서 제출기회를 주지 아니한 채 판결을 선고하는 것은 위법하다. 한편, 국선변호인 선정의 효력은 선정 이후 병합된 다른 사건에도 미치는 것이므로, 항소심에서 국선변호인이 선정된 이후 변호인이 없는 다른 사건이 병합된 경우에는 형사소송법 제361조의2, 형사소송규칙 제156조의2의 규정에 따라 항소법원은 지체 없이 국선변호인에게 병합된 사건에 관한 소송기록 접수통지를 함으로써 국선변호인이 통지를 받은 날로부터 기산한 소정의 기간 내에 피고인을 위하여 항소이유서를 작성·제출할 수 있도록 하여 변호인의 조력을 받을 피고인의 권리를 보호하여야 한다(대판 2010.5.27. 2010도3377).
㉣ 【 O 】 대판 2010.4.29. 2010도881; 대판 2014.8.28. 2014도4496

정답 ①

62 변호인에 대한 설명으로 옳지 않은 것은? (다툼이 있는 경우 판례에 의함)

19. 검찰 7급

① 약식명령 후 선임된 변호인이 변호인선임신고서를 제출하지 않고 자신의 명의로 정식재판청구서만 제출하고, 정식재판청구기간 경과 후에 변호인선임신고서가 제출된 경우, 그 정식재판청구서는 적법·유효한 정식재판청구로서의 효력이 없다.
② 사망자를 위하여 재심을 청구한 자가 재심심판절차에서 변호인을 선임하지 않은 때에는 재판장은 직권으로 변호인을 선임하여야 한다.
③ 신체구속을 당한 사람이 그 변호인을 자신의 범죄행위에 공범으로 가담시키려고 하였다는 사정만으로, 신체구속을 당한 사람과 그 변호인의 접견교통을 금지하는 것은 정당화될 수 없다.
④ 필요적 변호사건에서 항소법원이 국선변호인을 선정하고, 피고인과 그 변호인에게 소송기록접수통지를 한 후, 피고인이 사선변호인을 선임함에 따라 항소법원이 국선변호인의 선정을 취소한 경우, 항소이유서 제출기간은 사선변호인이 소송기록접수통지를 받은 날부터 계산하여야 한다.

해설

① 【 O 】 변호인선임신고서를 제출하지 아니한 변호인이 변호인 명의로 정식재판청구서만 제출하고, 형사소송법 제453조 제1항이 정하는 정식재판청구기간 경과 후에 비로소 변호인선임신고서를 제출한 경우, 변호인 명의로 제출한 위 정식재판청구서는 적법·유효한 정식재판청구로서의 효력이 없다(대결 2005.1.20. 2003모429).
② 【 O 】 제438조 제4항
③ 【 O 】 신체구속을 당한 피의자 또는 피고인이 범한 것으로 의심받고 있는 범죄행위에 해당 변호인이 관련되어 있다는 등의 사유에 기하여 그 변호인의 변호활동을 광범위하게 규제하는 변호인의 제척과 같은 제도를 두고 있지 아니한 우리 법제 아래에서는, 변호인의 접견교통의 상대방인 신체구속을 당한 사람이 그 변호인을 자신의 범죄행위에 공범으로 가담시키려고 하였다는 등의 사정만으로 그 변호인의 신체구속을 당한 사람과의 접견교통을 금지하는 것이 정당화될 수는 없다(대결 2007.1.31. 2006모657).
④ 【 X 】 형사소송법은 항소법원이 항소인인 피고인에게 소송기록접수통지를 하기 전에 변호인의 선임이 있는 때에는 변호인에게도 소송기록접수통지를 하도록 정하고 있으므로(제361조의2 제2항), 피고인에게 소송기록접수통지를 한 다음에 변호인이 선임된 경우에는 변호인에게 다시 같은 통지를 할 필요가 없다. 이는 필요적 변호사건에서 항소법원이 국선변호인을 선정하고 피고인과 그 변호인에게 소송기록접수통지를 한 다음 피고인이 사선변호인을 선임함에 따라 항소법원이 국선변호인의 선정을 취소한 경우에도 마찬가지이다. 이러한 경우 항소이유서 제출기간은 국선변호인 또는 피고인이 소송기록접수통지를 받은 날부터 계산하여야 한다(대결 대판 2018.11.22. 2015도10651 전합).

정답 ④

63 변호인의 조력을 받을 권리에 대한 설명으로 가장 적절하지 않은 것은? (다툼이 있는 경우 판례에 의함)

19. 경찰채용 2차

① 「형사소송법」 제34조에 의한 변호인의 접견교통권은 법령에 의한 제한이 없는 한 수사기관의 처분은 물론 법원의 결정으로도 이를 제한할 수 없다.
② 변호인이 피의자에 대한 접견신청을 하였을 때 피의자가 변호인의 조력을 받을 권리의 의미와 범위를 정확히 이해하면서 이성적 판단에 따라 자발적으로 그 권리를 포기한 경우라도 수사기관이 접견을 허용하지 않는다면 변호인의 접견교통권을 침해하는 것이다.
③ 피의자에게 수인의 변호인이 있는 경우 검사는 피의자 또는 변호인의 신청이 없더라도 직권으로 대표변호인을 지정할 수 있다.
④ 판결내용 자체가 아니고 다만 구속 등 소송절차가 법령에 위반된 경우에는, 그로 인하여 피고인의 방어권이나 변호인의 조력을 받을 권리가 본질적으로 침해되고 판결의 정당성마저 인정하기 어렵다고 보이는 정도에 이르지 않는 한, 그것 자체만으로는 판결에 영향을 미친 위법이라고 할 수 없다.

해설

① 【 O 】 대결 1996.6.3. 96모18
② 【 X 】 변호인의 접견교통권은 피의자 등이 변호인의 조력을 받을 권리를 실현하기 위한 것으로서, 피의자 등이 헌법 제12조 제4항에서 보장한 기본권의 의미와 범위를 정확히 이해하면서도 이성적 판단에 따라 자발적으로 그 권리를 포기한 경우까지 피의자 등의 의사에 반하여 변호인의 접견이 강제될 수 있는 것은 아니다. 그러나 변호인이 피의자 등에 대한 접견신청을 하였을 때 위와 같은 요건이 갖추어지지 않았는데도 수사기관이 접견을 허용하지 않는 것은 변호인의 접견교통권을 침해하는 것이고, 이 경우 국가는 변호인이 입은 정신적 고통을 배상할 책임이 있다. 이때 변호인의 조력을 받을 권리의 중요성, 수사기관에 이러한 권리를 침해할 동기와 유인이 있는 점, 피의자 등이 접견교통을 거부하는 것은 이례적이라는 점을 고려하면, 피의자 등이 헌법 제12조 제4항에서 보장한 기본권의 의미와 범위를 정확히 이해하면서도 이성적 판단에 따라 자발적으로 그 권리를 포기하였다는 것에 대해서는 이를 주장하는 사람이 증명할 책임이 있다(대판 2018.12.27. 2016다266736).
③ 【 O 】 제32조의2 제2항
④ 【 O 】 대판 2019.2.28. 2018도19034

정답 ②

64 변호인에 관한 설명 중 가장 적절하지 않은 것은? (다툼이 있는 경우 판례에 의함)

20. 경찰승진

① 피고인 또는 피의자는 변호인을 선임할 수 있고 피고인 또는 피의자의 법정대리인, 배우자, 직계친족과 형제자매는 독립하여 변호인을 선임할 수 있다.
② 어느 피고인에 대한 유리한 변론이 다른 피고인에게는 불리한 결과를 초래하는 경우 공동피고인들 사이에 이해가 상반되므로 법원이 공동피고인들 중 어느 피고인이 선임한 법무법인의 담당 변호사를 다른 피고인을 위한 국선변호인으로 선정하는 것은 국선변호인의 조력을 받을 다른 피고인의 권리를 침해하는 것이다.
③ 피의자신문에 참여한 변호인은 신문 후 의견을 진술할 수 있고 신문 중이라도 부당한 신문방법에 대한 이의제기나 검사 또는 사법경찰관의 승인을 얻은 경우는 의견을 진술할 수 있다.
④ 필요적 변호사건에서 변호인 없이 개정하여 심리를 진행하고 판결한 것은 소송절차의 법령위반에 해당하므로 피고인이 무죄판결을 받은 경우라 하더라도 그와 같은 법령위반은 무죄판결에 영향을 미친다.

해설

① 【 O 】 제30조 제1항, 제2항
② 【 O 】 대판 2015.12.23. 2015도9951
③ 【 O 】 제243조의2 제3항
④ 【 X 】 필요적 변호사건에서 변호인 없이 개정하여 심리를 진행하고 판결한 것은 소송절차의 법령위반에 해당하지만 피고인의 이익을 위하여 만들어진 필요적 변호의 규정때문에 피고인에게 불리한 결과를 가져오게 할 수는 없으므로 그와 같은 법령위반은 무죄판결에 영향을 미친 것으로는 되지 아니한다(대판 2003.3.25. 2002도5748).

정답 ④

65 국선변호인에 관한 다음 설명 중 가장 옳지 않은 것은? (다툼이 있으면 판례에 의함)

20. 법원직

① 구속영장이 청구되어 심문할 피의자에게 변호인이 없어 판사가 직권으로 국선변호인을 선정한 경우에 구속영장의 청구가 기각되어 효력이 소멸한 경우를 제외하고는 제1심까지 국선변호인선정의 효력이 있다.
② 법원이 국선변호인을 반드시 선정해야 하는 사유로 형사소송법 제33조 제1항 제5호에서 정한 '피고인이 심신장애의 의심이 있는 때'란 진단서나 정신감정 등 객관적인 자료에 의하여 피고인의 심신장애 상태를 확신할 수 있는 경우만을 의미한다.
③ 이해가 상반된 피고인들 중 어느 피고인이 법무법인을 변호인으로 선임하고, 법무법인이 담당변호사를 지정하였을 때, 법원이 담당변호사 중 1인 또는 수인을 다른 피고인을 위한 국선변호인으로 선정한다면, 이는 국선변호인의 조력을 받을 피고인의 권리를 침해하는 것이다.
④ 피고인이 별건으로 구속되어 있거나 다른 형사사건에서 유죄로 확정되어 수형 중인 경우는 형사소송법 제33조 제1항 제1호의 "피고인이 구속된 때"에 해당하지 않는다.

해설

① 【 O 】 제201조의2 제8항
② 【 X 】 헌법상 변호인의 조력을 받을 권리와 형사소송법에 국선변호인 제도를 마련한 취지 등에 비추어 보면, 법원이 국선변호인을 반드시 선정해야 하는 사유로 형사소송법 제33조 제1항 제5호에서 정한 '피고인이 심신장애의 의심이 있는 때'란 진단서나 정신감정 등 객관적인 자료에 의하여 피고인의 심신장애 상태를 확신할 수 있거나 그러한 상태로 추단할 수 있는 근거가 있는 경우는 물론, 범행의 경위, 범행의 내용과 방법, 범행 전후 과정에서 보인 행동 등과 아울러 피고인의 연령·지능·교육 정도 등 소송기록과 소명자료에 드러난 제반 사정에 비추어 피고인의 의식상태나 사물에 대한 변별능력, 행위통제능력이 결여되거나 저하된 상태로 의심되어 피고인이 공판심리단계에서 효과적으로 방어권을 행사하지 못할 우려가 있다고 인정되는 경우를 포함한다(대판 2019.9.26. 2019도8531).
③ 【 O 】 대판 2015.12.23. 2015도9951
④ 【 X 】 형사소송법 제33조 제1항 제1호의 문언, 위 법률조항의 입법 과정에서 고려된 '신체의 자유', '변호인의 조력을 받을 권리', '공정한 재판을 받을 권리' 등 헌법상 기본권 규정의 취지와 정신 및 입법 목적 그리고 피고인이 처한 입장 등을 종합하여 보면, 형사소송법 제33조 제1항 제1호의 '피고인이 구속된 때'라고 함은 피고인이 해당 형사 사건에서 구속되어 재판을 받고 있는 경우에 한정된다고 볼 수 없고, 피고인이 별건으로 구속영장이 발부되어 집행되거나 다른 형사사건에서 유죄판결이 확정되어 그 판결의 집행으로 구금 상태에 있는 경우 또한 포괄하고 있다고 보아야 한다(대판 2024.5.23. 2021도6357 전원합의체).

정답 ②, ④

66 형사절차상 변호인제도에 대한 설명 중 가장 적절하지 않은 것은? (다툼이 있는 경우 판례에 의함)

20. 경찰채용 1차

① 「형사소송법」 제282조에 규정된 필요적 변호사건에 해당하는 사건에서 제1심의 공판절차가 변호인 없이 이루어진 경우 그와 같은 위법한 공판절차에서 이루어진 소송행위는 무효이므로 이러한 경우에는 항소심으로서는 변호인이 있는 상태에서 소송행위를 새로이 한 후 위법한 제1심 판결을 파기하고, 항소심에서의 진술 및 증거조사 등 심리결과에 기하여 다시 판결하여야 한다.

② 원심법원이 피고인 본인의 항소이유서 제출기간 경과 후 국선변호인을 선정하고 그에게 소송기록접수통지를 하였으나 국선변호인이 법정기간 내에 항소이유서를 제출하지 아니한 경우 항소법원은 피고인의 귀책사유를 불문하고 종전 국선변호인의 선정을 취소하고 새로운 국선변호인을 선정하는 조치를 취할 필요까지는 없다.

③ 「형사소송법」 제282조의 필요적 변호사건에 있어서 선임된 사선변호인에 대한 기일통지를 하지 아니함으로써 사선변호인의 출석 없이 제1회 공판기일을 진행하였더라도 그 공판기일에 국선변호인이 출석하였다면 변호인 없이 재판한 잘못이 있다 할 수 없고, 또한 사선변호인이 제2회 공판기일부터는 계속 출석하여 변호권을 행사하였다면 사선변호인으로부터의 변호를 받을 기회를 박탈하였다거나 사선변호인의 변호권을 제한하였다 할 수 없다.

④ 법원으로서는 피고인이 시각장애인인 경우 장애의 정도를 비롯하여 연령·지능·교육 정도 등을 확인한 다음 권리보호를 위하여 필요하다고 인정하는 때에는 「형사소송법」 제33조 제3항의 규정에 의하여 피고인의 명시적 의사에 반하지 아니하는 범위 안에서 국선변호인을 선정하여 방어권을 보장해 줄 필요가 있다.

해설

① 【 O 】 대판 2011.9.8. 2011도6325
② 【 X 】 필요적 변호사건의 항소심에서, 원심법원이 피고인 본인의 항소이유서 제출기간 경과 후 국선변호인을 선정하고 그에게 소송기록접수통지를 하였으나 국선변호인이 법정기간 내에 항소이유서를 제출하지 아니한 사안에서, 국선변호인이 항소이유서를 제출하지 아니한 데 대하여 피고인에게 책임을 돌릴 만한 사유가 특별히 밝혀지지 아니한 이상, 국선변호인의 선정을 취소하고 새로운 국선변호인을 선정하여 그에게 소송기록접수통지를 함으로써 새로운 국선변호인이 항소이유서를 제출하도록 하는 조치를 취했어야 하는데도, 위와 같은 조치를 취하지 아니한 채 피고인과 국선변호인이 모두 제출기간 내에 항소이유서를 제출하지 아니하였고 제1심판결에 직권조사사유가 없다는 등의 이유로 곧바로 항소를 기각한 원심결정에는 국선변호인의 조력을 받을 피고인의 권리에 관한 헌법 및 형사소송법상의 법리를 오해한 위법이 있다고 한 사례(대결 2012.2.16. 2009모1044 전합).
③ 【 O 】 대판 1990.9.25. 90도1571
④ 【 O 】 대판 2010.4.29. 2010도881

정답 ②

67 변호인에 대한 설명으로 가장 적절한 것은? (다툼이 있는 경우 판례에 의함) 20. 경찰채용 2차

① 피고인들의 제1심 변호인에게 변호사법 제31조 제1호의 수임제한 규정을 위반한 위법이 있다면 피고인들 스스로 그 변호인을 선임한 경우라도 소송절차가 무효가 된다.
② 재항고인이 제1심에서만 변호인선임신고서를 제출하고 항고심과 재항고심에서는 별도의 변호인선임신고서를 제출하지 않은 상태에서 재항고인의 제1심 변호인이 법정기간 내에 자신의 명의로 재항고장을 제출하였다면 재항고는 효력이 있다.
③ 필요적 변호사건에서 항소법원이 국선변호인을 선정하고 피고인과 그 변호인에게 소송기록접수통지를 한 다음 피고인이 사선변호인을 선임함에 따라 항소법원이 국선변호인의 선정을 취소한 경우, 항소이유서 제출기간은 국선변호인의 선정 취소를 한 날부터 계산하여야 한다.
④ 피의자신문에 참여한 변호인은 신문 중이라도 부당한 신문방법에 대하여 이의를 제기할 수 있고, 검사 또는 사법경찰관의 부당한 신문방법에 대한 이의제기는 고성, 폭언 등 그 방식이 부적절하거나 또는 합리적 근거 없이 반복적으로 이루어지는 등의 특별한 사정이 없는 한, 원칙적으로 변호인에게 인정된 권리의 행사에 해당하며, 신문을 방해하는 행위로는 볼 수 없다.

해설

① 【 X 】 피고인들의 제1심 변호인에게 변호사법 제31조 제1호의 수임제한 규정을 위반한 위법이 있다 하여도, 피고인들 스스로 위 변호사를 변호인으로 선임한 이 사건에 있어서 다른 특별한 사정이 없는 한 위와 같은 위법으로 인하여 변호인의 조력을 받을 피고인들의 권리가 침해되었다거나 그 소송절차가 무효로 된다고 볼 수는 없다(대판 2009.2.26. 2008도9812).
② 【 X 】 재항고인이 제1심에서만 변호인선임신고서를 제출하고 원심과 재항고심에는 별도의 변호인선임신고서를 제출하지 않았는데, 재항고인의 제1심 변호인이 그 명의로 재항고장을 제출한 사안에서, 법정기간 내에 변호인선임신고서의 제출 없이 변호인 명의로 제출된 재항고장은 재항고의 효력이 없다고 한 사례(대결 2017.7.27. 2017모1377).
③ 【 X 】 [다수의견] 형사소송법은 항소법원이 항소인인 피고인에게 소송기록접수통지를 하기 전에 변호인의 선임이 있는 때에는 변호인에게도 소송기록접수통지를 하도록 정하고 있으므로(제361조의2 제2항), 피고인에게 소송기록접수통지를 한 다음에 변호인이 선임된 경우에는 변호인에게 다시 같은 통지를 할 필요가 없다. 이는 필요적 변호사건에서 항소법원이 국선변호인을 선정하고 피고인과 그 변호인에게 소송기록접수통지를 한 다음 피고인이 사선변호인을 선임함에 따라 항소법원이 국선변호인의 선정을 취소한 경우에도 마찬가지이다. 이러한 경우 항소이유서제출기간은 국선변호인 또는 피고인이 소송기록접수통지를 받은 날부터 계산하여야 한다.
한편 형사소송규칙 제156조의2 제3항은 항소이유서 제출기간 내에 피고인이 책임질 수 없는 사유로 국선변호인이 변경되면 그 국선변호인에게도 소송기록접수통지를 하여야 한다고 정하고 있는데, 이 규정을 새로 선임된 사선변호인의 경우까지 확대해서 적용하거나 유추적용할 수는 없다.
결국, 형사소송법이나 그 규칙을 개정하여 명시적인 근거규정을 두지 않는 이상 현행 법규의 해석론으로는 필요적 변호사건에서 항소법원이 국선변호인을 선정하고 피고인과 국선변호인에게 소송기록접수통지를 한 다음 피고인이 사선변호인을 선임함에 따라 국선변호인의 선정을 취소한 경우 항소법원은 사선변호인에게 다시 소송기록접수통지를 할 의무가 없다고 보아야 한다(대결 2018.11.22. 2015도10651 전합).
④ 【 O 】 형사소송법 제243조의2 제1항은 검사 또는 사법경찰관은 피의자 또는 변호인 등이 신청할 경우 정당한 사유가 없는 한 변호인을 피의자신문에 참여하게 하여야 한다고 규정하고 있다. 여기에서 '정당한 사유'란 변호인이 피의자신문을 방해하거나 수사기밀을 누설할 염려가 있음이 객관적으로 명백한 경우 등을 말한다.
형사소송법 제243조의2 제3항단서는 피의자신문에 참여한 변호인은 신문 중이라도 부당한 신문방법에 대하여 이의를 제기할 수 있다고 규정하고 있으므로, 검사 또는 사법경찰관의 부당한 신문방법에 대한 이의제기는 고성, 폭언등 그 방식이 부적절하거나 또는 합리적 근거 없이 반복적으로 이루어지는 등의 특별한 사정이 없는 한, 원칙적으로 변호인에게 인정된 권리의 행사에 해당하며, 신문을 방해하는 행위로는 볼 수 없다. 따라서 검사 또는 사법경찰관이 그러한 특별한 사정 없이, 단지 변호인이 피의자신문중에 부당한 신문방법에 대한 이의제기를 하였다는 이유만으로 변호인을 조사실에서 퇴거시키는 조치는 정당한 사유 없이 변호인의 피의자신문참여권을 제한하는 것으로서 허용될 수 없다(대결 2020.3.17. 2015모2357).

정답 ④

68 변호인에 대한 설명으로 가장 적절하지 않은 것은? (다툼이 있는 경우 판례에 의함)

21. 경찰승진

① 대법원 이외의 법원은 특별한 사정이 있으면 변호사가 아닌 자를 변호인으로 선임함을 허가할 수 있다.
② 변호인의 선임은 심급마다 변호인과 연명날인한 서면으로 제출하여야 하므로 변호인 선임서를 제출하지 아니한 채 상고이유서만을 제출하고 상고이유서 제출기간이 경과한 후에 변호인 선임서를 제출하였다면, 그 상고이유서는 적법·유효한 상고이유서가 될 수 없다.
③ 필요적 변호사건에서 판결만을 선고할 경우 변호인 없이 개정할 수 있다.
④ 변호인만이 가지고 있는 고유권으로는 접견교통권, 피의자신문참여권, 피고인신문권, 서류·증거물의 열람·복사권 등이 있다.

【해설】

① 【 O 】 제31조 단서
② 【 O 】 대결 2005.1.20. 2003모429
③ 【 O 】 제282조
④ 【 X 】 서류·증거물의 열람·복사권(제35조)는 피고인과 중복하여 가지는 권리에 해당한다.

정답 ④

69 변호인에 대한 설명으로 가장 적절하지 않은 것은? (다툼이 있는 경우 판례에 의함)

21. 경찰채용 1차

① '변호인이 되려는 자'의 접견교통권은 피의자 등이 가지는 '변호인이 되려는 자'의 조력을 받을 권리가 실질적으로 확보되기 위하여 헌법상 기본권으로서 보장되어야 한다.
② 원심법원에서의 변호인 선임은 관할위반의 재판이 법률에 위반됨을 이유로 원심판결을 파기하여 판결로써 사건을 원심법원에 환송한 후에도 효력이 있다.
③ 국선변호인의 선정사유를 규정하고 있는 「형사소송법」 제33조 제1항 제1호의 '피고인이 구속된 때'라고 함은, 피고인이 별건으로 구속되어 있거나 다른 형사사건에서 유죄로 확정되어 수형 중인 경우를 포함한다.
④ 공판절차가 아닌 재심개시결정 전의 절차에서 재심청구인이 국선변호인 선임 청구를 할 수는 없다.

【해설】

① 【 O 】 헌재결 2019.2.28. 2015헌마1204
② 【 O 】 규칙 제158조
③ 【 O 】 형사소송법 제33조 제1항 제1호의 문언, 위 법률조항의 입법 과정에서 고려된 '신체의 자유', '변호인의 조력을 받을 권리', '공정한 재판을 받을 권리' 등 헌법상 기본권 규정의 취지와 정신 및 입법 목적 그리고 피고인이 처한 입장 등을 종합하여 보면, 형사소송법 제33조 제1항 제1호의 '피고인이 구속된 때'라고 함은 피고인이 해당 형사 사건에서 구속되어 재판을 받고 있는 경우에 한정된다고 볼 수 없고, 피고인이 별건으로 구속영장이 발부되어 집행되거나 다른 형사사건에서 유죄판결이 확정되어 그 판결의 집행으로 구금 상태에 있는 경우 또한 포괄하고 있다고 보아야 한다(대판 2024.5.23. 2021도6357 전원합의체).
④ 【 O 】 대결 1993.12.3. 92모49

정답 없음

70 변호인에 관한 설명으로 가장 적절한 것은? (다툼이 있는 경우 판례에 의함)

21. 경찰채용 2차

① 피고인 또는 피의자는 변호인을 선임할 수 있으며, 이 경우 피고인 또는 피의자는 제3자에게 선임권을 위임하여 그로 하여금 변호인을 선임하게 할 수 있다.
② 피고인이 구속된 때에 변호인이 없으면 법원은 직권으로 변호인을 선정하여야 하며, 여기서 '피고인이 구속된 때'에는 피고인이 당해 형사사건에서 구속되어 재판을 받고 있는 경우뿐만 아니라 피고인이 별건으로 구속되어 있거나 다른 형사사건에서 유죄로 확정되어 수형 중인 경우도 포함된다.
③ 법원은 피고인이 빈곤을 이유로 변호인을 선임할 수 없는 경우에는 피고인의 명시적 의사에 반하지 아니하는 범위에서 변호인을 선정하여야 하며, 피고인의 나이·지능 및 교육 정도 등을 참작하여 권리보호를 위하여 필요하다고 인정하는 경우에는 피고인의 의사에 반하여도 변호인을 선정할 수 있다.
④ 피고인이 필요적 변호사건인 폭력행위 등 처벌에 관한 법률 위반죄로 기소된 후 사기죄의 약식명령에 대한 정식재판을 청구하여 제1심에서 모두 유죄판결을 받고 항소하였는데, 항소심이 국선변호인을 선정하지 아니한 채 두 사건을 병합심리하여 항소기각판결을 선고하였다면 변호인의 관여 없이 공판절차를 진행한 위법은 필요적 변호사건이 아닌 사기죄 부분에도 미친다.

해설

① 【X】 형사소송에 있어서 변호인을 선임할 수 있는 자는 피고인 및 피의자와 형사소송법 제30조 제2항에 규정된 자에 한정되는 것이고, 피고인 및 피의자로부터 그 선임권을 위임받은 자가 피고인이나 피의자를 대리하여 변호인을 선임할 수는 없는 것이다(대결 1994.10.28. 94모25).
② 【O】 형사소송법 제33조 제1항 제1호의 문언, 위 법률조항의 입법 과정에서 고려된 '신체의 자유', '변호인의 조력을 받을 권리', '공정한 재판을 받을 권리' 등 헌법상 기본권 규정의 취지와 정신 및 입법 목적 그리고 피고인이 처한 입장 등을 종합하여 보면, 형사소송법 제33조 제1항 제1호의 '피고인이 구속된 때'라고 함은 피고인이 해당 형사 사건에서 구속되어 재판을 받고 있는 경우에 한정된다고 볼 수 없고, 피고인이 별건으로 구속영장이 발부되어 집행되거나 다른 형사사건에서 유죄판결이 확정되어 그 판결의 집행으로 구금 상태에 있는 경우 또한 포괄하고 있다고 보아야 한다(대판 2024.5.23. 2021도6357 전원합의체).
③ 【X】 법원으로서는 피고인이 시각장애인인 경우 장애의 정도를 비롯하여 연령·지능·교육 정도 등을 확인한 다음 권리보호를 위하여 필요하다고 인정하는 때에는 법 제33조 제3항의 규정에 의하여 피고인의 명시적 의사에 반하지 아니하는 범위 안에서 국선변호인을 선정하여 방어권을 보장해 줄 필요가 있다(대판 2014.8.28. 2014도4496).
④ 【O】 대판 2011.4.28. 2011도2279

정답 ②, ④

71 변호인에 대한 설명으로 옳은 것은?

① 피고인이 법인일 때는 법인의 대표자가 제3자에게 변호인 선임을 위임하여 그로 하여금 법인을 위한 변호인을 선임하도록 할 수 있다.
② 변호인이 되려는 자가 변호인선임서를 제출하지 않은 채 상고이유서만을 제출하고 상고이유서 제출기간이 지난 후에 변호인선임서를 제출하였더라도 그 상고이유서는 적법·유효하다.
③ 필요적 변호사건에서 변호인 없이 개정하여 심리를 진행한 다음 무죄판결을 한 경우, 이는 소송절차의 법령위반에 해당하므로 당해 판결은 무효이다.
④ 구속된 피고인에 대한 변호인이 여러 명인 경우, 변호인의 접견교통권 행사가 그 한계를 일탈한 것인지의 여부는 해당 변호인을 기준으로 하여 개별적으로 판단하여야 한다.

[해설]

① 【 X 】 피고인이 법인인 경우에는 형사소송법 제27조 제1항 소정의 대표자가 피고인인 당해 법인을 대표하여 피고인을 위한 변호인을 선임하여야 하며, 대표자가 제3자에게 변호인 선임을 위임하여 제3자로 하여금 변호인을 선임하도록 할 수는 없다(대판 1994.10.28. 94모25).
② 【 X 】 변호인의 선임은 심급마다 변호인과 연명날인한 서면으로 제출하여야 한다(형사소송법 제32조 제1항). 따라서 변호인 선임서를 제출하지 않은 채 상고이유서만을 제출하고 상고이유서 제출기간이 지난 후에 변호인 선임서를 제출하였다면 그 상고이유서는 적법·유효한 변호인의 상고이유서가 될 수 없다(대판 2015.2.26. 2014도12737).
③ 【 X 】 필요적 변호사건에서 변호인 없이 개정하여 심리를 진행하고 판결한 것은 소송절차의 법령위반에 해당하지만 피고인의 이익을 위하여 만들어진 필요적 변호의 규정 때문에 피고인에게 불리한 결과를 가져오게 할 수는 없으므로 그와 같은 법령위반은 무죄판결에 영향을 미친 것으로는 되지 아니한다(대판 2003.3.25. 2002도5748).
④ 【 O 】 대판 2007.1.31. 2006모656

[정답] ④

72 변호인에 대한 설명으로 옳은 것만을 모두 고르면?

㉠ 국선변호인제도는 집행유예의 취소청구사건의 심리절차에서는 인정되지 않는다.
㉡ 국선변호인에 관한 「형사소송법」 제33조 제1항 제5호에서 정한 '피고인이 심신장애가 있는 것으로 의심되는 때'란 진단서나 정신감정 등 객관적인 자료에 의하여 피고인의 심신장애 상태를 확신할 수 있거나 그러한 상태로 추단할 수 있는 근거가 있는 경우만을 의미한다.
㉢ 피의자인 피압수자가 수사기관에 압수·수색영장의 집행에 참여하지 않는다는 의사를 명시하였다고 하더라도, 특별한 사정이 없는 한 그 변호인에게는 미리 집행의 일시와 장소를 통지하는 등으로 압수·수색영장의 집행에 참여할 기회를 별도로 보장하여야 한다.
㉣ 「형사소송법」 제282조에 규정된 필요적 변호사건에 해당하는 사건에서 제1심의 공판절차가 변호인 없이 이루어진 경우, 그와 같은 위법한 공판절차에서 이루어진 소송행위는 무효이므로 항소심은 소송행위를 새로이 함이 없이 위법한 제1심판결을 파기하고 사건을 제1심법원으로 환송하여야 한다.

① ㉠, ㉢ ② ㉠, ㉣ ③ ㉡, ㉢ ④ ㉡, ㉣

해설

㉠ 【 O 】 국선변호인 제도는 구속영장실질심사, 체포·구속 적부심사의 경우를 제외하고는 공판절차에서 피고인의 지위에 있는 자에게만 인정되고 이 사건과 같이 집행유예의 취소청구 사건의 심리절차에서는 인정되지 않는다(대법원 2013.2.13. 2013모281 결정).

㉡ 【 X 】 헌법상 변호인의 조력을 받을 권리와 형사소송법에 국선변호인 제도를 마련한 취지 등에 비추어 보면, 법원이 국선변호인을 반드시 선정해야 하는 사유로 형사소송법 제33조 제1항 제5호에서 정한 '피고인이 심신장애의 의심이 있는 때'란 진단서나 정신감정 등 객관적인 자료에 의하여 피고인의 심신장애 상태를 확인할 수 있거나 그러한 상태로 추단할 수 있는 근거가 있는 경우는 물론, 범행의 경위, 범행의 내용과 방법, 범행 전후 과정에서 보인 행동 등과 아울러 피고인의 연령·지능·교육 정도 등 소송기록과 소명자료에 드러난 제반 사정에 비추어 피고인의 의식상태나 사물에 대한 변별능력, 행위통제능력이 결여되거나 저하된 상태로 의심되어 피고인이 공판심리단계에서 효과적으로 방어권을 행사하지 못할 우려가 있다고 인정되는 경우를 포함한다(대법원 2019.9.26. 2019도8531).

㉢ 【 O 】 형사소송법 제219조, 제121조가 규정한 변호인의 참여권은 피압수자의 보호를 위하여 변호인에게 주어진 고유권이다. 따라서 설령 피압수자가 수사기관에 압수·수색영장의 집행에 참여하지 않는다는 의사를 명시하였다고 하더라도, 특별한 사정이 없는 한 그 변호인에게는 형사소송법 제219조, 제122조에 따라 미리 집행의 일시와 장소를 통지하는 등으로 압수·수색영장의 집행에 참여할 기회를 별도로 보장하여야 한다(대법원 2020.11.26. 2020도10729).

㉣ 【 X 】 형사소송법 제282조에 규정된 필요적 변호사건에 해당하는 사건에서 제1심의 공판절차가 변호인 없이 이루어진 경우, 그와 같은 위법한 공판절차에서 이루어진 소송행위는 무효이므로, 이러한 경우에는 항소심으로서는 변호인이 있는 상태에서 소송행위를 새로이 한 후 위법한 제1심판결을 파기하고, 항소심에서의 진술 및 증거조사 등 심리결과에 기하여 다시 판결하여야 한다(대법원 1995.4.25. 94도2347).

정답 ①

73 변호인에 관한 설명으로 가장 적절하지 않은 것은? (다툼이 있는 경우 판례에 의함) 25. 경찰승진

① 구속영장을 청구받은 판사가 피의자를 심문하는 경우에 피의자에게 변호인이 없는 때에는 지방법원판사는 직권으로 변호인을 선정하여야 하며, 이 경우 변호인의 선정은 피의자에 대한 구속영장 청구가 기각되어 효력이 소멸한 경우를 제외하고는 제1심까지 효력이 있다.

② 변호인은 변호사 중에서 선임하여야 하나 대법원 이외의 법원의 경우 특별한 사정이 있으면 변호사 아닌 자를 변호인으로 선임함을 허가할 수 있다.

③ 미결수용자와 변호인과의 접견에는 교도관이 참여하지 못하며 그 내용을 청취 또는 녹화하지 못하나 보이는 거리에서 미결수용자를 관찰할 수 있고, 미결수용자와 변호인 간의 접견은 시간과 횟수가 제한된다.

④ 국선변호인 제도는 공판절차에서 피고인의 지위에 있는 자에게만 인정되고, 집행유예 취소청구 사건의 심리절차에서는 인정되지 않는다.

해설

① 【 O 】 심문할 피의자에게 변호인이 없는 때에는 지방법원판사는 직권으로 변호인을 선정하여야 한다. 이 경우 변호인의 선정은 피의자에 대한 구속영장 청구가 기각되어 효력이 소멸한 경우를 제외하고는 제1심까지 효력이 있다(형사소송법 제201조의2 제8항).

② 【 O 】 변호인은 변호사 중에서 선임하여야 한다. 단, 대법원 이외의 법원은 특별한 사정이 있으면 변호사 아닌 자를 변호인으로 선임함을 허가할 수 있다(형사소송법 제31조, 특별변호인).

③ 【 X 】 미결수용자와 변호인과의 접견에는 교도관이 참여하지 못하며 그 내용을 청취 또는 녹취하지 못한다. 다만, 보이는 거리에서 미결수용자를 관찰할 수 있다(형집행법 제84조 제1항). 그러나 미결수용자와 변호인 간의 접견은 시간과 횟수를 제한하지 아니한다(형집행법 제84조 제2항).

④ 【 O 】 국선변호인제도는 구속영장실질심사, 체포·구속 적부심사의 경우를 제외하고는 공판절차에서 피고인의 지위에 있는 자에게만 인정되고 이 사건과 같이 집행유예의 취소청구사건의 심리절차에서는 인정되지 않는다(대결 2019.1.4. 2018모3621).

정답 ③

74 소송주체에 대한 설명으로 옳지 않은 것은? (다툼이 있는 경우 판례에 의함) 21. 국가직

① 단독판사의 관할사건이 공소장변경에 의하여 합의부 관할사건으로 변경된 경우에 법원은 결정으로 사건을 관할권이 있는 법원에 이송하여야 한다.
② 변호인의 선임은 심급마다 변호인과 연명날인한 서면으로 제출하여야 하며, 공소제기 전의 변호인 선임은 제1심에도 그 효력이 있다.
③ 검사는 부패범죄, 경제범죄, 공직자범죄, 선거범죄, 방위사업범죄, 대형참사 등 「검사의 수사개시 범죄 범위에 관한 규정」이 정하는 중요범죄, 경찰공무원이 범한 범죄에 대하여 수사를 개시할 수 있다.
④ 반의사불벌죄의 피해자는 피의자나 피고인 및 그들의 변호인에게 자신을 대리하여 수사기관이나 법원에 자신의 처벌불원의사를 표시할 수 있는 권한을 수여할 수 없다.

[해설]

① 【O】 제8조 제2항
② 【O】 제32조 제1항, 제2항
③ 【O】 검찰청법 제4조 제1항 제1호
④ 【X】 성폭력범죄의 처벌 등에 관한 특례법 제27조는 성폭력범죄 피해자에 대한 변호사 선임의 특례를 정하고 있다. 성폭력범죄의 피해자는 형사절차상 법률적 조력을 받기 위해 스스로 변호사를 선임할 수 있고(제1항), 검사는 피해자에게 변호사가 없는 경우 국선변호사를 선정하여 형사절차에서 피해자의 권익을 보호할 수 있으며(제6항), 피해자의 변호사는 형사절차에서 피해자 등의 대리가 허용될 수 있는 모든 소송행위에 대한 포괄적인 대리권을 가진다(제5항). 따라서 피해자의 변호사는 피해자를 대리하여 피고인에 대한 처벌을 희망하는 의사표시를 철회하거나 처벌을 희망하지 않는 의사표시를 할 수 있다(대판 2019.12.13. 2019도10678).

정답 ④

75 형사소송법이 명시적으로 규정하고 있는 검사의 권한에 속하지 않는 것은? 23. 국가직

① 피고인의 구속취소 청구
② 피고인의 구속집행정지 신청
③ 피의자의 감정유치 청구
④ 재심의 청구

[해설]

① 【O】 구속의 사유가 없거나 소멸된 때에는 법원은 직권 또는 검사, 피고인, 변호인과 제30조 제2항에 규정한 자의 청구에 의하여 결정으로 구속을 취소하여야 한다(제93조).
② 【X】 법원은 상당한 이유가 있는 때에는 결정으로 구속된 피고인을 친족·보호단체 기타 적당한 자에게 부탁하거나 피고인의 주거를 제한하여 구속을 집행을 정지할 수 있다(제101조 제1항).
③ 【O】 검사는 제221조의 규정에 의하여 감정을 위촉하는 경우에 제172조 제3항의 유치처분이 필요할 때에는 판사에게 이를 청구하여야 한다(제221조의3 제1항).
④ 【O】 검사, 유죄의 선고를 받은 자, 유죄의 선고를 받은 자의 법정대리인, 유죄의 선고를 받은 자가 사망하거나 심신장애가 있는 경우에는 그 배우자·직계친족 또는 형제자매는 재심의 청구를 할 수 있다(제424조).

정답 ②

Chapter 02 소송조건 · 소송행위

01 소송조건에 대한 설명 중 가장 적절하지 않은 것은? (다툼이 있는 경우 판례에 의함)   19. 법학경채

① 공소제기 당시 비친고죄였으나 공소제기 후 공소장변경에 의하여 친고죄로 변경된 경우 변경된 친고죄를 기준으로 공소장변경시에 고소가 있었는지 여부를 판단하여야 한다.
② 현행법상 소송조건이 구비되지 않은 때에는 유·무죄의 실체판결을 할 수 없고, 형식재판으로 소송을 종결하는 것이 원칙이다.
③ 법원은 피고인의 신청이 없으면 토지관할에 관하여 관할위반의 선고를 하지 못한다.
④ 공소시효의 완성, 사면 또는 공소제기의 적법과 같은 소송조건의 존재에 대한 증명책임은 검사에게 있다.

[해설]

① 【 X 】 공소장변경이 있는 경우에 공소시효 완성 여부는 당초의 공소제기가 있었던 시점을 기준으로 판단할 것이고 공소장변경시를 기준으로 삼을 것은 아니다. 공소장변경절차에 의하여 공소사실이 변경됨에 따라 그 법정형에 차이가 있는 경우에는 변경된 공소사실에 대한 법정형이 공소시효기간의 기준이 된다(대판 2001.8.24. 2001도2902).
② 【 O 】 대판 1994.10.14. 94도1818
③ 【 O 】 제320조 제1항
④ 【 O 】 소송조건에 대한 거증책임 역시 거증책임 분배의 원칙에 따라 검사에게 있다.

[정답] ①

02 소송조건에 관한 설명으로 가장 적절하지 않은 것은? (다툼이 있는 경우 판례에 의함)   25. 경찰승진

① 고소권자가 비친고죄로 고소한 사건이라도 검사가 사건을 친고죄로 구성하여 공소를 제기하였다면 공소장변경절차를 거쳐 공소사실이 비친고죄로 변경되지 아니하는 한, 법원으로서는 친고죄에서 소송조건이 되는 고소가 유효하게 존재하는지를 직권으로 조사·심리하여야 한다.
② 소송조건이란 사건의 실체에 대하여 심판할 수 있는 실체심판의 전제조건, 즉 형벌권의 존부를 심판하는 데 구비되어야 할 전체로서의 소송에 공통된 조건을 말한다.
③ 공소장변경절차에 의하여 공소사실이 변경됨에 따라 그 법정형에 차이가 있는 경우에는 변경된 공소사실에 대한 법정형이 공소시효기간의 기준이 된다.
④ 반의사불벌죄에서 처벌을 희망하지 않는 의사표시의 부존재는 소극적 소송조건으로서 직권조사사항에 해당하나 당사자가 항소이유로 주장하지 않았다면 원심은 이를 직권으로 조사·판단해야 할 필요가 없다.

해설

① 【O】 법원은 검사가 공소를 제기한 범죄사실을 심판하는 것이지 고소권자가 고소한 내용을 심판하는 것이 아니므로, 고소권자가 비친고죄로 고소한 사건이더라도 검사가 사건을 친고죄로 구성하여 공소를 제기하였다면 공소장 변경절차를 거쳐 공소사실이 비친고죄로 변경되지 아니하는 한, 법원으로서는 친고죄에서 소송조건이 되는 고소가 유효하게 존재하는지를 직권으로 조사·심리하여야 한다. 그리고 이 경우 친고죄에서 고소와 고소취소의 불가분 원칙을 규정한 형사소송법 제233조는 당연히 적용되므로, 만일 공소사실에 대하여 피고인과 공범관계에 있는 사람에 대한 적법한 고소취소가 있다면 고소취소의 효력은 피고인에 대하여 미친다(대판 2015.11.17. 2013도7987).
② 【O】 소송조건이란 사건의 실체에 대하여 심판할 수 있는 실체심판의 전제조건, 즉 형벌권의 존부를 심판하는 데 구비되어야 할 전체로서의 소송에 공통된 조건을 말한다.
③ 【O】 공소장변경절차에 의하여 공소사실이 변경됨에 따라 그 법정형에 차이가 있는 경우에는 변경된 공소사실에 대한 법정형이 공소시효기간의 기준이 된다(대판 2001.8.24. 2001도2902).
④ 【X】 이른바 반의사불벌죄에 있어서 처벌불원의 의사표시의 부존재는 소극적 소송조건으로서 직권조사사항이라 할 것이므로 당사자가 항소이유로 주장하지 아니하였다고 하더라도 원심은 이를 직권으로 조사·판단하여야 한다(대판 2002.3.15. 2002도158).

정답 ④

03 소송행위의 대리 중 형사소송법상 허용되는 것만을 모두 고른 것은?

16. 국가직

㉠ 다액 500만원 이하의 벌금에 해당하는 사건에 관한 피고인의 출석 대리
㉡ 의사무능력자인 피고인의 법정대리인에 의한 소송행위의 대리
㉢ 증언의 대리
㉣ 고소취소의 대리

① ㉠, ㉡　　② ㉢, ㉣　　③ ㉠, ㉡, ㉣　　④ ㉡, ㉢, ㉣

해설

㉠ 【O】 다액 500만원 이하의 벌금 또는 과료에 해당하는 사건에 관하여는 피고인의 출석을 요하지 아니한다. 이 경우 피고인은 대리인을 출석하게 할 수 있다(제277조 제1호).
㉡ 【O】 형법 제9조 내지 제11조의 규정의 적용을 받지 아니하는 범죄사건에 관하여 피고인 또는 피의자가 의사능력이 없는 때에는 그 법정대리인이 소송행위를 대리한다(제26조).
㉢ 【X】 증언에 대하여는 대리를 허용하는 규정이 없다. 이에 대해 대리가 인정될 것인가에 대하여는 학설상 견해의 대립이 있지만, 판례는 명문규정이 없는 경우에는 대리가 허용되지 않는다는 입장을 취하고 있다(대결 1953.6.9. 4286형항3).
㉣ 【O】 고소 또는 그 취소는 대리인으로 하여금 하게 할 수 있다(제236조).

정답 ③

04 기록 등의 열람·복사 등에 관한 다음 설명 중 가장 옳지 않은 것은?

18. 법원직

① 누구든지 판결이 확정된 사건의 판결서를 보관하는 법원에서 이를 열람 및 복사할 수 있다. 다만, 사건관계인의 사생활의 비밀을 현저히 해할 우려가 있는 경우에는 소송관계인의 신청이 있는 경우에 한하여 판결서의 열람 및 복사를 제한할 수 있다.
② 법원공무원은 위 ①에 따른 열람 및 복사에 앞서 판결서에 기재된 성명 등 개인정보가 공개되지 아니하도록 대법원규칙으로 정하는 보호조치를 하여야 한다.
③ 위 ②에 따른 개인정보 보호조치를 한 법원공무원은 고의 또는 과실로 인한 것이 아니면 위 ①에 따른 열람 및 복사와 관련하여 민사상·형사상 책임을 지지 아니한다.
④ 누구든지 권리구제·학술연구 또는 공익적 목적으로 재판이 확정된 사건의 소송기록을 보관하고 있는 검찰청에 그 소송기록의 열람 또는 등사를 신청할 수 있는데, 검사는 소송관계인이 동의하지 않는 경우에는 소송기록의 전부 또는 일부의 열람 또는 등사를 제한할 수 있다.

[해설]

① 【 O 】 제59조의3 제1항 제5호
② 【 O 】 제59조의3 제2항
③ 【 X 】 제2항에 따른 개인정보 보호조치를 한 법원사무관등이나 그 밖의 법원공무원은 고의 또는 중대한 과실로 인한 것이 아니면 제1항에 따른 열람 및 복사와 관련하여 민사상·형사상 책임을 지지 아니한다.
④ 【 O 】 제59조의2 제1항, 제2항 제7호

정답 ③

05 소송행위에 대한 설명으로 옳지 않은 것은?

23. 국가직

① 항소포기와 같은 절차형성적 소송행위가 착오로 인하여 행하여진 경우 그 행위가 무효로 되기 위하여는 그 착오가 행위자 또는 대리인이 책임질 수 없는 사유로 발생하였을 것이 요구된다.
② 검사에 의한 공소장제출은 공소제기라는 소송행위가 성립하기 위한 본질적 요소이므로 공소장제출이 없는 경우에는 공소제기가 성립되었다고 할 수 없다.
③ 형사소송규칙에 따르면 법원은 공시송달의 사유가 있다고 인정한 때에는 직권 또는 검사의 청구에 따라 결정으로 공시송달을 명한다.
④ 검사가 고소 취소된 사건을 반의사불벌죄인 협박죄로 기소하였다가 반의사불벌죄가 아닌 공갈미수로 공소장변경을 신청하여 허가된 경우 공소제기의 하자는 치유된다.

[해설]

① 【 O 】 대판 1995.8.17. 95모49
② 【 O 】 대판 2003.11.14. 2003도2735
③ 【 X 】 법원은 공시송달의 사유가 있다고 인정한 때에는 직권으로 결정에 의하여 공시송달을 명한다(형사소송규칙 제43조).
④ 【 O 】 대판 1996.9.24. 96도2151

정답 ③

06 형법의 강도죄를 범한 자와 관련하여 형사소송법의 기간의 적용에 대한 설명으로 옳지 않은 것은? (기간 연장은 고려하지 않음)

20. 국가직

① 2020년 6월 1일(월) 23시에 피의자를 구속한 경찰관은 2020년 6월 10일(수) 24시까지 피의자를 검사에게 인치하여야 한다.
② 2020년 6월 2일(화) 17시에 공소가 제기된 피고인에 대한 제1심의 구속기간은 2020년 8월 1일(토) 24시까지이다.
③ 2020년 6월 2일(화) 14시에 제1심 공판정에 출석하여 유죄판결을 선고받은 피고인은 2020년 6월 8일(월) 24시까지 항소를 제기할 수 있다.
④ 2020년 6월 1일(월) 14시에 항소장을 받은 원심법원은 항소를 기각하는 경우가 아닌 한 2020년 6월 15일(월) 24시까지 소송기록과 증거물을 항소법원에 송부하여야 한다.

[해설]

① 【 O 】 사법경찰관의 구속기간은 10일이다. 구속기간의 기산점은 구속한 날부터 진행하며, 초일을 산입한다. 따라서 구속기간의 만료일은 6월 10일 24시가 된다.
② 【 O 】 피고인의 구속기간은 2개월이다. 또한 초일을 산입하기 때문에 8월 1일 24시가 제1심의 구속기간이 된다.
③ 【 X 】 항소제기기간은 7일이다. 항소제기기간의 기산점은 선고한 날부터 진행하며, 이 경우에는 초일을 산입하지 않는다. 따라서 항소제기기간은 6월 9일 24시가 된다.
④ 【 O 】 송부기간은 14일이다. 송부기간의 기산점은 항소장을 받은 날부터 진행하며, 이 경우에는 초일을 산입하지 않는다. 따라서 6월15일 24시까지 항소법원에 송부하여야 한다.

정답 ③

07 송달에 관한 다음 설명 중 가장 옳지 않은 것은? (다툼이 있는 경우 판례에 의함)

16. 법원직

① 교도소 또는 구치소에 구속된 자에 대한 송달은 그 소장에게 송달하면 구속된 자에게 전달된 여부와 관계없이 효력이 생긴다.
② 주거, 사무소 또는 송달영수인의 선임을 신고하여야 할 자가 그 신고를 하지 아니하는 때에는 법원사무관등은 서류를 우체에 부치거나 기타 적당한 방법에 의하여 송달할 수 있고, 서류를 우체에 부친 경우에는 도달된 때에 송달된 것으로 간주한다.
③ 피고인 주소지에 피고인이 거주하지 아니한다는 이유로 구속영장이 여러 차례에 걸쳐 집행불능되어 반환된 바 있었다면 이를 소송촉진 등에 관한 특례법이 정한 '송달불능보고서의 접수'로 볼 수 있다.
④ 송달 자체가 부적법하다면 당사자가 약식명령이 고지된 사실을 다른 방법으로 알았다고 하더라도 송달의 효력은 발생하지 아니한다.

해설

① 【 O 】 교도소 또는 구치소에 구속된 자에 대한 송달은 그 소장에게 송달하면 구속된 자에게 전달된 여부와 관계없이 효력이 생기는 것이다(대판 1995.1.12. 94도2687).
② 【 O 】 제61조
③ 【 X 】 소송촉진 등에 관한 특례법 제23조와 같은 법 시행규칙 제19조 제1항에 의하면, 피고인의 소재를 확인하기 위하여 필요한 조치를 취하였음에도 불구하고 피고인에 대한 송달불능보고서가 접수된 때로부터 6월이 경과하도록 피고인의 소재가 확인되지 아니한 때에 비로소 공시송달의 방법에 의하도록 하고 있는데, 피고인 주소지에 피고인이 거주하지 아니한다는 이유로 구속영장이 여러 차례에 걸쳐 집행불능되어 반환된 바 있었다고 하더라도 이를 소송촉진 등에 관한 특례법이 정한 '송달불능보고서의 접수'로 볼 수는 없다(대결 2014.10.16. 2014모1557).
④ 【 O 】 재감자에 대한 약식명령의 송달을 당사자 또는 소송관계인의 수감사실을 모르고 교도소 등의 소장에게 하지 아니하고 수감되기 전의 종전 주·거소에다 한 경우에는 설령 다른 방법에 의해 재감자가 송달내용을 알게 되었다 하더라도 위법하다(대결 1995.6.14. 95모14).

정답 ③

08 공시송달에 대한 설명으로 옳지 않은 것은? (다툼이 있는 경우 판례에 의함)
17. 검찰 7급

① 소송촉진 등에 관한 특례법 제23조에 따라 법원이 피고인의 출정 없이 증거조사를 하는 경우에는 형사소송법 제318조 제2항에 따른 피고인의 증거동의가 있는 것으로 간주할 수 없다.
② 법원이 수감 중인 피고인에 대하여 공소장부본과 피고인 소환장 등을 종전 주소지 등으로 송달한 경우는 물론 공시송달의 방법으로 송달하였더라도 이는 위법하다.
③ 공시송달은 법원사무관등이 송달할 서류를 보관하고 그 사유를 법원게시장에 공시하는 방법으로 시행하며, 법원은 그 사유를 관보나 신문지상에 공고할 것을 명할 수 있다.
④ 피고인이 소송계속 중인 사실을 알면서도 법원에 거주지변경 신고를 하지 않았다고 하더라도 잘못된 공시송달에 터 잡아 피고인의 진술 없이 공판이 진행되고 피고인이 출석하지 않은 기일에 판결이 선고되었다면, 피고인은 자기 또는 대리인이 책임질 수 없는 사유로 상소제기기간 내에 상소를 하지 못한 것으로 볼 수 있다.

해설

① 【 X 】 소송촉진 등에 관한 특례법(이하 '소촉법'이라 한다) 제23조는 "제1심 공판절차에서 피고인에 대한 송달불능보고서가 접수된 때부터 6개월이 지나도록 피고인의 소재를 확인할 수 없는 경우에는 대법원규칙으로 정하는 바에 따라 피고인의 진술 없이 재판할 수 있다. 다만, 사형, 무기 또는 장기 10년이 넘는 징역이나 금고에 해당하는 사건의 경우에는 그러하지 아니하다."라고 규정하고 있고, 형사소송법 제318조 제2항은 "피고인의 출정 없이 증거조사를 할 수 있는 경우에 피고인이 출정하지 아니한 때에는 피고인의 동의가 있는 것으로 간주한다. 단, 대리인 또는 변호인이 출정한 때에는 예외로 한다."고 규정하고 있는바, 소촉법 제23조의 경우 피고인의 출정 없이도 심리·판결할 수 있고 공판심리의 일환으로 증거조사가 행해지게 마련이어서 피고인이 출석하지 아니한 상태에서 증거조사를 할 수밖에 없는 경우에는 형사소송법 제318조 제2항의 규정상 피고인의 진의와는 관계없이 형사소송법 제318조 제1항의 동의가 있는 것으로 간주하게 되어 있는 점, 형사소송법 제318조 제2항의 입법 취지가 재판의 필요성 및 신속성, 즉 피고인의 불출정으로 인한 소송행위의 지연 방지 내지 피고인 불출정의 경우 전문증거의 증거능력을 결정하지 못함에 따른 소송지연 방지에 있는 점 등에 비추어, 피고인이 공시송달의 방법에 의한 공판기일의 소환을 2회 이상 받고도 출석하지 아니하여 법원이 피고인의 출정 없이 증거조사를 하는 경우에는 형사소송법 제318조 제2항에 따른 피고인의 증거동의가 있는 것으로 간주된다고 할 것이다(대판 2011.3.10. 2010도15977).
② 【 O 】 대판 2013.6.27. 2013도2714
③ 【 O 】 제64조 제2항, 제3항
④ 【 O 】 대결 2014.10.16. 2014모1557

정답 ①

09 송달에 대한 설명으로 옳지 않은 것은? (다툼이 있는 경우 판례에 의함)

19. 검찰 7급

① 법원의 구내에 있는 피고인에 대하여 공판기일을 통지한 때에는 소환장송달의 효력이 있다.
② 피고인, 대리인, 대표자, 변호인 또는 보조인이 법원 소재지에 서류의 송달을 받을 수 있는 주거 또는 사무소를 두지 아니한 때에는 법원 소재지에 주거 또는 사무소가 있는 자를 송달영수인으로 선임하여 연명한 서면으로 신고하여야 한다.
③ 제1심 공판절차에서, 법정형이 3년 이하의 징역인 A죄로 공소제기된 피고인에 대한 송달불능보고서가 접수된 때로부터 6개월이 지나도록 검사에게 주소보정을 요구하거나 기타 필요한 조치를 취하였음에도 피고인의 소재를 확인할 수 없는 경우, 피고인에 대한 송달은 공시송달의 방법에 의한다.
④ 약식명령은 그 재판서를 피고인에게 송달함으로써 피고인에 대한 고지의 효력이 발생하나, 변호인이 있는 경우에는 변호인에게도 약식명령 등본을 송달해야 피고인에 대한 고지의 효력이 발생한다.

해설

① 【 O 】 제268조
② 【 O 】 제60조 제1항
③ 【 O 】 소송촉진 등에 관한 특례법 제23조
④ 【 X 】 형사소송법 제452조에서 약식명령의 고지는 검사와 피고인에 대한 재판서의 송달에 의하도록 규정하고 있으므로, 약식명령은 그 재판서를 피고인에게 송달함으로써 효력이 발생하고 변호인이 있는 경우라도 반드시 변호인에게 약식명령 등본을 송달해야 하는 것은 아니다(대결 2017.7.27. 2017모1557).

정답 ④

10 피고인에 대한 공소장 부본, 피고인소환장 등의 송달에 관한 다음 설명 중 가장 옳지 않은 것은? (다툼이 있으면 판례에 의함)

20. 법원직

① 피고인이 구치소나 교도소 등에 수감 중에 있는 경우는 법원이 수감 중인 피고인에 대하여 공소장 부본과 피고인소환장 등을 종전 주소지 등으로 송달한 경우는 물론 공시송달의 방법으로 송달하였더라도 이는 위법하다.
② 피고인에 대한 공판기일 소환은 형사소송법이 정한 소환장의 송달 또는 이와 동일한 효력이 있는 방법에 의하여야 하고, 그 밖의 방법에 의한 사실상의 기일의 고지 또는 통지 등은 적법한 피고인 소환이라고 할 수 없다.
③ 피고인 주소지에 피고인이 거주하지 아니한다는 이유로 여러 차례에 걸쳐 집행불능되어 반환된 구속영장이나 경찰관이 작성한 소재탐지불능보고서를 소송촉진 등에 관한 특례법이 정한 '송달불능보고서의 접수'로 볼 수는 없다.
④ 제1심이 공소장 부본을 피고인 또는 변호인에게 송달하지 아니한 채 공시송달의 방법으로 피고인을 소환하여 피고인이 공판기일에 출석하지 아니한 가운데 제1심 공판절차가 진행된 경우 항소심은 피고인 또는 변호인에게 공소장 부본을 송달하고 적법한 절차에 의하여 소송행위를 새로이 한 후 항소심에서의 진술과 증거조사 등 심리결과에 기초하여 다시 판결하여야 한다.

해설

① 【 O 】 대판 2013.6.27. 2013도2714
② 【 O 】 형사소송법은 피고인을 소환함에 있어서는 법률이 정한 방식에 따라 작성된 소환장을 송달하여야 한다고 정하면서(제73조, 제74조, 제76조 제1항), 다만 피고인이 기일에 출석한다는 서면을 제출하거나 출석한 피고인에 대하여 차회기일을 정하여 출석을 명한 때, 구금된 피고인에 대하여 교도관을 통하여 소환통지를 한 때, 법원의 구내에 있는 피고인에 대하여 공판기일을 통지한 때 등에는 소환장의 송달과 동일한 효력을 인정하고 있다(제76조 제2항 내지 제5항, 제268조). 위와 같은 관련 규정의 문언과 취지, 그리고 피고인과 달리 공판기일 출석의무가 없는 검사·변호인 등의 소송관계인에 대해서는 소환을 하는 대신 공판기일을 통지하도록 하고 있는 점(형사소송법 제267조 제3항) 등을 종합하면, 피고인에 대한 공판기일소환은 형사소송법이 정한 소환장의 송달 또는 이와 동일한 효력이 있는 방법에 의하여야 하고, 그 밖의 방법에 의한 사실상의 기일의 고지 또는 통지 등은 적법한 피고인 소환이라고 할 수 없다(대판 2018.11.29. 2018도13377).
③ 【 X 】 소송촉진 등에 관한 특례법 제23조와 같은 법 시행규칙 제19조 제1항에 의하면, 피고인의 소재를 확인하기 위하여 필요한 조치를 취하였음에도 불구하고 피고인에 대한 송달불능보고서가 접수된 때로부터 6월이 경과하도록 피고인의 소재가 확인되지 아니한 때에 비로소 공시송달의 방법에 의하도록 하고 있는데, 피고인 주소지에 피고인이 거주하지 아니한다는 이유로 구속영장이 여러 차례에 걸쳐 집행불능되어 반환된 바 있었다고 하더라도 이를 소송촉진 등에 관한 특례법이 정한 '송달불능보고서의 접수'로 볼 수는 없다. 반면에 소재탐지불능보고서의 경우는 경찰관이 직접 송달 주소를 방문하여 거주자나 인근 주민 등에 대한 탐문 등의 방법으로 피고인의 소재 여부를 확인하므로 송달불능보고서보다 더 정확하게 피고인의 소재 여부를 확인할 수 있기 때문에 송달불능보고서와 동일한 기능을 한다고 볼 수 있으므로 소재탐지불능보고서의 접수는 소송촉진 등에 관한 특례법이 정한 '송달불능보고서의 접수'로 볼 수 있다(대결 2014.10.16. 2014모1557).
④ 【 O 】 대판 2014.4.24. 2013도9498

정답 ③

11 송달에 관한 다음 설명 중 가장 옳지 않은 것은? (다툼이 있는 경우 판례에 의함)
21. 법원직

① 피고인이 원심 공판기일에 불출석하자, 검사가 피고인과 통화하여 피고인이 변호인으로 선임한 갑 변호사의 사무소로 송달을 원하고 있음을 확인하고 피고인의 주소를 갑 변호사 사무소로 기재한 주소보정서를 원심에 제출하였는데, 그 후 갑 변호사가 사임하고 새로이 을 변호사가 변호인으로 선임된 사안에서, 원심이 피고인에 대한 공판기일소환장 등을 갑 변호사 사무소로 발송하여 그 사무소 직원이 수령하였더라도 적법한 방법으로 피고인의 소환이 이루어졌다고 볼 수 없다.
② 송달영수인은 송달에 관하여 본인으로 간주하고 그 주거 또는 사무소는 본인의 주거 또는 사무소로 간주한다.
③ 재감자에 대한 약식명령의 송달을 교도소 등의 소장에게 하지 아니하고 수감되기 전의 종전 주·거소에다 한 경우에 수소법원이 당사자의 수감사실을 모르고 종전의 주·거소에 하였고, 당사자가 약식명령이 고지된 사실을 다른 방법으로 알았다면 송달의 효력이 발생한다.
④ 교도소 또는 구치소에 구속된 자에 대한 송달은 그 소장에게 송달하면 구속된 자에게 전달된 여부와 관계없이 효력이 생기는 것이다.

해설

① 【 O 】 대판 2018.11.29. 2018도13377
② 【 O 】 제60조 제2항
③ 【 X 】 재감자에 대한 약식명령의 송달을 교도소 등의 소장에게 하지 아니하고 수감되기 전의 종전 주·거소에다 하였다면 부적법하여 무효이고, 수소법원이 송달을 실시함에 있어 당사자 또는 소송관계인의 수감사실을 모르고 종전의 주·거소에 하였다고 하여도 마찬가지로 송달의 효력은 발생하지 않고, 송달 자체가 부적법한 이상 당사자가 약식명령이 고지된 사실을 다른 방법으로 알았다고 하더라도 송달의 효력은 여전히 발생하지 않는다(대결 1995.6.14. 95모14).
④ 【 O 】 대판 1995.1.12. 94도2687

정답 ③

12 소송서류의 송달에 대한 설명으로 옳은 것만을 모두 고르면?

23. 국가직 7급

㉠ 「소송촉진 등에 관한 특례규칙」에 따르면 제1심 공판절차에서 공시송달의 방법으로 소환한 피고인이 불출석하는 경우, 사형·무기 또는 장기 10년이 넘는 징역이나 금고에 해당하는 사건이 아니라면, 다시 공판기일을 지정하고 공시송달의 방법으로 피고인을 재소환한 후 그 기일에도 피고인이 불출석하여야 비로소 피고인의 불출석상태에서 재판절차를 진행할 수 있다.
㉡ 형사소송절차에서도 보충송달이 허용되나, 이 경우 피고인의 동거가족에게 서류가 교부되고 그 동거가족이 사리를 변별할 지능이 있더라도 피고인이 그 서류의 내용을 알지 못한 경우에는 송달의 효력이 없다.
㉢ 소재탐지불능보고서의 경우는 경찰관이 직접 송달주소를 방문하여 거주자나 인근 주민 등에 대한 탐문 등의 방법으로 피고인의 소재 여부를 확인하므로 송달불능보고서보다 더 정확하게 피고인의 소재 여부를 확인할 수 있기 때문에 송달불능보고서와 동일한 기능을 한다고 볼 수 있으므로, 소재탐지불능보고서의 접수는 「소송촉진 등에 관한 특례법」이 정한 '송달불능보고서의 접수'로 볼 수 있다.
㉣ 송달명의인이 체포 또는 구속된 날 소송기록접수통지서 등의 송달서류가 송달명의인의 종전 주·거소에 송달되었다면 송달의 효력 발생 여부는 체포 또는 구속된 시각과 송달된 시각의 선·후에 의하여 결정하되, 선·후관계가 명백하지 않다면 송달의 효력은 발생하지 않는다.

① ㉠, ㉣   ② ㉡, ㉣   ③ ㉠, ㉡, ㉢   ④ ㉠, ㉢, ㉣

해설

㉠【O】소송촉진 등에 관한 특례규칙 제19조 제2항의 규정에 의하면, 제1심 공판절차에서 피고인에 대한 소환이 공시송달로 행하여지는 경우에도 법원이 피고인의 진술 없이 재판을 하기 위하여는 공시송달의 방법으로 소환받은 피고인이 2회 이상 불출석할 것이 요구된다. 그러므로 공시송달의 방법으로 소환한 피고인이 불출석하는 경우 다시 공판기일을 지정하고 공시송달의 방법으로 피고인을 재소환한 후 그 기일에도 피고인이 불출석하여야 비로소 피고인의 불출석 상태에서 재판절차를 진행할 수 있다(대판 2011.5.13. 2011도1094).

㉡【X】형사소송절차에서도 형사소송법 제65조에 의하여 보충송달에 관한 민사소송법 제172조 제1항이 준용되므로, 피고인의 동거 가족에게 서류가 교부되고 그 동거 가족이 사리를 변식할 지능이 있는 이상 피고인이 그 서류의 내용을 알지 못한 경우에도 송달의 효력이 있고, 사리를 변식할 지능이 있다고 하기 위하여는 사법제도 일반이나 소송행위의 효력까지 이해할 필요는 없더라도 송달의 취지를 이해하고 영수한 서류를 수송달자에게 교부하는 것을 기대할 수 있는 정도의 능력이 있으면 족하다(대결 2000.2.14. 99모225).

㉢【O】소송촉진 등에 관한 특례법 제23조와 같은 법 시행규칙 제19조 제1항에 의하면, 피고인의 소재를 확인하기 위하여 필요한 조치를 취하였음에도 불구하고 피고인에 대한 송달불능보고서가 접수된 때로부터 6월이 경과하도록 피고인의 소재가 확인되지 아니한 때에 비로소 공시송달의 방법에 의하도록 하고 있는데, 피고인 주소지에 피고인이 거주하지 아니한다는 이유로 구속영장이 여러 차례에 걸쳐 집행불능되어 반환된 바 있었다고 하더라도 이를 소송촉진 등에 관한 특례법이 정한 '송달불능보고서의 접수'로 볼 수는 없다. 반면에 소재탐지불능보고서의 경우는 경찰관이 직접 송달 주소를 방문하여 거주자나 인근 주민 등에 대한 탐문 등의 방법으로 피고인의 소재 여부를 확인하므로 송달불능보고서보다 더 정확하게 피고인의 소재 여부를 확인할 수 있기 때문에 송달불능보고서와 동일한 기능을 한다고 볼 수 있으므로 소재탐지불능보고서의 접수는 소송촉진 등에 관한 특례법이 정한 '송달불능보고서의 접수'로 볼 수 있다(대결 2014.10.16. 2014모1557).

㉣【O】형사소송법 제65조, 민사소송법 제182조에 의하면 교도소·구치소 또는 국가경찰관서의 유치장에 수감된 사람에게 할 송달을 교도소·구치소 또는 국가경찰관서의 장에게 하지 아니하고 수감되기 전의 종전 주·거소에 하였다면 부적법하여 무효이고, 법원이 피고인의 수감 사실을 모른 채 종전 주·거소에 송달하였다고 하여도 마찬가지로 송달의 효력은 발생하지 않는다. 그리고 송달명의인이 체포 또는 구속된 날 소송기록접수통지서 등의 송달서류가 송달명의인의 종전 주·거소에 송달되었다면 송달의 효력 발생 여부는 체포 또는 구속된 시각과 송달된 시각의 선후에 의하여 결정하되, 선후관계가 명백하지 않다면 송달의 효력은 발생하지 않는 것으로 보아야 한다(대결 2017.11.7. 2017모2162).

정답 ④

13 소송행위에 대한 설명으로 옳지 않은 것은? (다툼이 있는 경우 판례에 의함)

16. 검찰 7급

① 기피신청을 받은 경우에는 기피신청에 대한 재판이 있을 때까지 소송절차를 정지해야 하므로, 피고인이 변론종결 뒤 재판부에 대한 기피신청을 하였으나 법원이 소송진행을 정지하지 아니하고 판결을 선고한 것은 위법하다.
② 제1심법원이 국민참여재판 대상이 되는 사건임을 간과하여 피고인의 의사를 확인하지 아니한 채 통상의 공판절차로 재판을 진행하였더라도, 피고인이 항소심에서 국민참여재판을 원하지 아니한다고 하면서 제1심의 절차적 위법을 문제삼지 아니할 의사를 명백히 표시한 경우에는 하자가 치유된다.
③ 필요적 변호사건에서 제1심 법원이 변호인 없이 소송행위를 하여 피고인에게 유죄판결을 선고하고 이에 대하여 피고인이 항소한 경우, 항소심법원은 변호인이 있는 상태에서 소송행위를 새로이 한 후 위법한 제1심 판결을 파기하고 항소심에서의 심리 결과에 기하여 다시 판결하여야 한다.
④ 증거로 함에 대한 동의의 주체는 소송주체인 당사자이지만, 변호인은 피고인이 증거로 함에 동의하지 아니한다고 명시적인 의사표시를 한 경우 이외에는 서류나 물건에 대하여 증거로 함에 동의할 수 있다.

[해설]
① 【 X 】 법관에 대한 기피신청이 있는 경우 형사소송법 제22조에 따라 정지되는 소송진행에 판결의 선고는 포함되지 아니하므로, 피고인이 변론 종결 뒤 재판부에 대한 기피신청을 하였지만, 원심이 소송진행을 정지하지 아니하고 판결을 선고한 것은 정당하고, 거기에 상고이유의 주장과 같이 판결에 영향을 미친 절차위반 등의 위법이 없다(대판 2002.11.13. 2002도4893).
② 【 O 】 대판 2012.6.14. 2011도15484
③ 【 O 】 대판 2011.9.8. 2011도6325
④ 【 O 】 대판 1988.11.8. 88도1628

정답 ①

14 소송행위에 대한 설명으로 가장 적절하지 않은 것은? (다툼이 있는 경우 판례에 의함)

18. 경찰채용 3차

① 재정신청은 대리인에 의하여 할 수 있으며 공동신청권자 중 1인의 신청은 그 전원을 위하여 효력을 발생한다.
② 항소심에서 법원 직권에 의하여 친고죄가 아닌 범죄를 친고죄로 인정하자 비로소 고소인이 고소를 취소한 경우 이에 대해서는 친고죄에 대한 고소취소로서의 효력이 인정된다.
③ 검사에 의한 공소장의 제출은 공소제기라는 소송행위가 성립하기 위한 본질적 요소이므로 이러한 공소장의 제출이 없는 경우에는 소송행위로서의 공소제기가 성립되었다고 할 수 없다.
④ 변호인선임신고서를 제출하지 아니한 변호인이 변호인 명의로 정식재판청구서만 제출하고, 변호인선임신고서는 정식재판청구기간 경과 후에 비로소 제출한 경우, 변호인 명의로 제출한 그 정식재판청구서는 적법·유효한 정식재판청구로서의 효력이 없다.

[해설]
① 【 O 】 제264조 제1항
② 【 X 】 항소심에서 공소장의 변경에 의하여 또는 공소장변경절차를 거치지 아니하고 법원 직권에 의하여 친고죄가 아닌 범죄를 친고죄로 인정하였더라도 항소심을 제1심이라 할 수는 없는 것이므로, 항소심에 이르러 비로소 고소인이 고소를 취소하였다면 이는 친고죄에 대한 고소취소로서의 효력은 없다(대판 1999.4.15. 96도1922 전합).
③ 【 O 】 대판 2003.11.14. 2003도2735
④ 【 O 】 대결 2005.1.20. 2003모429

정답 ②

15 소송행위의 무효 및 추완에 대한 설명으로 옳은 것만을 모두 고른 것은? (다툼이 있는 경우 판례에 의함)

18. 국가직

> ㉠ 제1심법원이 공소장 부본을 피고인 또는 변호인에게 송달하지 않은 채 공판절차가 진행되었다면, 그 공판절차에서 이루어진 소송행위는 효력이 없으며, 피고인 또는 변호인의 이의가 없더라도 추완도 인정되지 않는다.
> ㉡ 변호인 선임신고 이전에 변호인으로서 한 소송행위라고 하더라도 소송절차의 동적·발전적 성격을 고려하여 변호인 선임신고에 의해서 추완이 인정된다.
> ㉢ 당사자에게 참여의 기회를 주지 않고 행한 증인신문은 참여권을 침해한 것으로서 무효이지만, 피고인이 그 증인신문조서에 대하여 증거동의를 하면 그 하자는 치유된다.
> ㉣ 세무공무원의 고발 없이 「조세범처벌법」 위반사건의 공소가 제기된 이후에 세무공무원이 고발한 경우에는 공소제기의 흠결이 치유될 수 없다.

① ㉠, ㉡   ② ㉢, ㉣   ③ ㉠, ㉢   ④ ㉡, ㉣

해설

㉠【X】제1심이 공소장 부본을 피고인 또는 변호인에게 송달하지 아니한 채 공판절차를 진행하였다면 이는 소송절차에 관한 법령을 위반한 경우에 해당한다. 이러한 경우에도 피고인이 제1심 법정에서 이의함이 없이 공소사실에 관하여 충분히 진술할 기회를 부여받았다면 판결에 영향을 미친 위법이 있다고 할 수 없다(대판 2014.4.24. 2013도9498).

㉡【X】판례는 상소이유서 제출기간 후에 변호사선임계가 제출된 때에는 그 기간 전에 상소이유서를 제출하였다고 하더라도 변호인의 상소이유서로서의 효력이 없다고 하여 변호인선임의 추완을 부정하고 있다(대판 1961.6.7. 4293형상923).

㉢【O】대판 1988.11.8. 86도1646

㉣【O】대판 1970.7.28. 70도942

정답 ②

16 소송행위에 있어서 절차에 하자가 있으나 사후적으로 하자의 치유가 인정되지 않는 것은? (다툼이 있는 경우 판례에 의함)

18. 검찰 7급

① 변호인이 없는 피고인을 일시 퇴정하게 하고 증인신문을 한 후 피고인에게 실질적인 반대신문의 기회를 부여하지 아니한 채, 그 다음 공판기일에서 재판장이 피고인에게 증인신문 결과 등을 공판조서에 의하여 고지하였는데 피고인이 '변경할 점과 이의할 점이 없다'고 진술한 경우

② 항소심이 피고인에게 검사의 항소이유서 부본을 송달하지 아니하였는데, 검사의 항소이유서의 요지는 제1심의 피고인에 대한 형량은 너무 가벼워 부당하다는 것이고, 피고인 역시 항소이유로서 사실오인과 양형과중의 사유를 들고 있는 경우, 항소심이 쌍방의 항소를 변론 없이 기록에 나타난 양형의 조건이 되는 제반사항을 참작하여 한 제1심의 형의 양정이 적절하고 무겁거나 가볍다고 볼 수 없다고 하여 쌍방의 항소를 기각한 경우

③ 증인신문 과정에서 검사가 주신문을 하면서 유도신문을 하였으나 그 다음 공판기일에서 재판장이 피고인에게 증인신문 결과 등을 공판조서에 의하여 고지하였는데 피고인과 변호인이 '변경할 점과 이의할 점이 없다'고 진술한 경우

④ 검사가 새로운 범죄사실을 추가하기 위하여 공소장변경신청을 하였으나 법원이 이를 받아들이지 않자 공소장부본 송달 등의 절차 없이 공판기일에서 당해 공소장변경신청서로 공소장을 갈음한다는 구두진술을 하였고, 피고인의 성명 기타 피고인을 특정할 수 있는 사항, 적용법조 등을 당해 공소장변경신청서에 기재하지 않는 등 공소의 제기에 현저한 방식 위반이 있었지만, 이에 대하여 피고인과 변호인이 이의를 제기하지 아니하고 변론에 응한 경우

[해설]
① 【O】 대판 2010.1.14. 2009도9344
② 【O】 대판 1981.9.8. 81도2040
③ 【O】 대판 2012.7.26. 2012도2937
④ 【X】 형사소송법이 공소의 제기에 관하여 서면주의와 엄격한 요식행위를 채용한 것은 공소의 제기에 의해서 법원의 심판이 개시되므로 심판을 구하는 대상을 명확하게 하고 피고인의 방어권을 보장하기 위한 것이다. 따라서 위와 같은 엄격한 형식과 절차에 따른 공소장의 제출은 공소제기라는 소송행위가 성립하기 위한 본질적 요소라고 할 것이므로, 공소의 제기에 현저한 방식 위반이 있는 경우에는 공소제기의 절차가 법률의 규정에 위반하여 무효인 경우에 해당하고, 위와 같은 절차위배의 공소제기에 대하여 피고인과 변호인이 이의를 제기하지 아니하고 변론에 응하였다고 하여 그 하자가 치유되지는 않는다(대판 2009.2.26. 2008도11813).

[정답] ④

17 소송행위의 하자의 치유와 소송조건의 추완에 대한 설명으로 옳지 않은 것은? (다툼이 있는 경우 판례에 의함)

23. 국가직 7급

① 공소장일본주의에 위배된 공소제기라고 인정되는 때에는 공소기각의 판결을 선고하는 것이 원칙이나, 공소장기재의 방식에 관하여 피고인측으로부터 아무런 이의가 제기되지 아니하였고 법원 역시 범죄사실의 실체를 파악하는 데 지장이 없다고 판단하여 그대로 공판절차를 진행한 결과 증거조사절차가 마무리되어 법관의 심증형성이 이루어진 단계에서는 더 이상 공소장일본주의 위배를 주장하여 이미 진행된 소송절차의 효력을 다툴 수 없다.
② 변호인선임신고서를 제출하지 아니한 변호인이 약식명령의 정식재판청구기간 내에 변호인 명의로 정식재판청구서를 제출하였다면, 그 기간 경과 후에 변호인선임신고서를 제출하였더라도 정식재판청구는 유효하다.
③ 법원은 공소사실의 기재가 오해를 불러일으키거나 명료하지 못한 경우에는 먼저 검사에게 석명을 구하고, 검사가 이를 명확하게 하지 않은 때에 공소사실의 불특정을 이유로 공소를 기각함이 상당하므로 이에 이르지 않고 바로 공소기각의 판결을 하는 것은 위법이다.
④ 상소권자가 자기 또는 대리인이 책임질 수 없는 사유로 상소 제기기간 내에 상소를 하지 못한 경우에는 상소권회복의 청구를 할 수 있다.

[해설]
① 【O】 공소장일본주의에 위배된 공소제기라고 인정되는 때에는, 그 절차가 법률의 규정에 위반하여 무효인 때에 해당하는 것으로 보아 공소기각의 판결을 선고하는 것이 원칙이다(형사소송법 제327조 제2호). 다만 공소장 기재의 방식에 관하여 피고인 측으로부터 아무런 이의가 제기되지 아니하였고 법원 역시 범죄사실의 실체를 파악하는 데 지장이 없다고 판단하여 그대로 공판절차를 진행한 결과 증거조사절차가 마무리되어 법관의 심증형성이 이루어진 단계에 이른 경우에는 소송절차의 동적 안정성 및 소송경제의 이념 등에 비추어 볼 때 더 이상 공소장일본주의 위배를 주장하여 이미 진행된 소송절차의 효력을 다툴 수 없다고 보아야 하나, 피고인 측으로부터 이의가 유효하게 제기되어 있는 이상 공판절차가 진행되어 법관의 심증형성의 단계에 이르렀다고 하여 공소장일본주의 위배의 하자가 치유된다고 볼 수 없다(대판 2015.1.29. 2012도2957).
② 【X】 변호인선임신고서를 제출하지 아니한 변호인이 변호인 명의로 정식재판청구서만 제출하고, 형사소송법 제453조 제1항이 정하는 정식재판청구기간 경과 후에 비로소 변호인선임신고서를 제출한 경우, 변호인 명의로 제출한 위 정식재판청구서는 적법·유효한 정식재판청구로서의 효력이 없다(대결 2005.1.20. 2003모429).
③ 【O】 법원은 검사에게 석명을 구하여 만약 이를 명확하게 하지 아니한 경우에 공소사실의 불특정을 이유로 공소기각을 할 것이고 이에 이르지 않고 바로 공소기각의 판결을 하였음은 심리미진의 위법이 있다(대판 1983.6.14. 83도293).
④ 【O】 상소권회복청구는 상소권자가 자기 또는 대리인이 책임질 수 없는 사유로 인하여 상소의 제기기간 내에 상소를 하지 못한 때에 한하여 이를 할 수 있는 것이고 법원이나 검찰은 판결의 확정이나 또는 그로 인한 집행등을 사전에 피고인이었던 사람에게 통지하여야 할 아무런 책임도 없는 것이므로 이와 같은 통지를 받지 못하였다는 사유가 상소의 제기기간 내에 상소를 하지 못한 상소권자 또는 대리인의 책임질 수 없는 사유에 해당된다고 할 수 없으므로 재항고는 그 이유가 없다(대결 1985.12.30. 85모43).

[정답] ②

18 소송행위에 대한 설명으로 가장 적절하지 않은 것은? (다툼이 있는 경우 판례에 의함) 19. 경찰승진

① 세무공무원의 고발 없이 조세범칙사건의 공소가 제기된 후에 세무공무원이 고발한 경우에는 그 공소절차의 무효가 치유된다.
② 기피신청을 받은 법관이 본안의 소송절차를 정지해야 함에도 그대로 소송을 진행해서 이루어진 소송행위는 그 후 기피신청에 대한 기각결정이 확정되었더라도 무효이다.
③ 변호인선임신고서를 제출하지 아니한 변호인이 변호인 명의로 정식재판청구서만 제출하고, 「형사소송법」 제453조 제1항이 정하는 정식재판청구기간 경과 후에 비로소 변호인선임신고서를 제출한 경우, 변호인 명의로 제출한 정식재판청구서는 적법·유효한 정식재판청구로서의 효력이 없다.
④ 친고죄는 피해자의 고소가 있어야 공소를 제기할 수 있고 공소제기 이후 고소의 추완은 허용되지 아니하고, 이는 비친고죄로 기소되었다가 제1심 공판진행 중 친고죄로 공소장이 변경된 경우에도 동일하며, 어느 경우이든 법원은 검사의 공소제기절차가 법률의 규정에 위반하여 무효임을 이유로 공소기각 판결을 선고하여야 한다.

해설

① 【 X 】 세무공무원의 고발 없이 조세범칙사건의 공소가 제기된 후에 세무공무원이 고발을 하여도 그 공소절차의 무효가 치유된다고 할 수 없다(대판 1970.7.28. 70도942).
② 【 O 】 대판 2012.10.11. 2012도8544
③ 【 O 】 대결 2005.1.20. 2003모429
④ 【 O 】 대판 1982.9.14. 82도1504

정답 ①

---

19 소송행위에 관한 다음 설명 중 가장 옳지 않은 것은? (다툼이 있으면 판례에 의함) 19. 법원직

① 음주운전과 관련한 도로교통법 위반죄의 범죄수사를 위하여 피의자의 혈액채취가 필요한 상황에서 만 17세인 피의자가 사고로 인한 의식불명의 상태에 있어 의사능력이 없는 때에는 모친이 법정대리인으로서 피의자를 대리하여 유효하게 혈액채취에 동의할 수 있다.
② 반의사불벌죄에 있어서 피해자의 피고인 또는 피의자에 대한 처벌을 희망하지 않는다는 의사표시는 의사능력이 있는 한 미성년자인 피해자 자신이 단독으로 유효하게 이를 할 수 있고 거기에 법정대리인의 동의가 있을 필요는 없다.
③ 피고인이 법인인 경우에는 그 대표자가 당해 법인을 대표하여 피고인을 위한 변호인을 선임하여야 하고 대표자가 제3자에게 변호인 선임을 위임하여 제3자로 하여금 유효하게 변호인을 선임하도록 할 수는 없다.
④ 피고인 또는 피의자의 법정대리인, 배우자, 직계친족과 형제자매는 보조인이 될 수 있는데, 보조인이 되고자 하는 자는 심급별로 그 취지를 법원에 신고하여야 한다.

해설

① 【 X 】 음주운전과 관련한 도로교통법 위반죄의 범죄수사를 위하여 미성년자인 피의자의 혈액채취가 필요한 경우에도 피의자에게 의사능력이 있다면 피의자 본인만이 혈액채취에 관한 유효한 동의를 할 수 있고, 피의자에게 의사능력이 없는 경우에도 명문의 규정이 없는 이상 법정대리인이 피의자를 대리하여 동의할 수는 없다(대판 2014.11.13. 2013도1228).
② 【 O 】 대판 2009.11.19. 2009도6058
③ 【 O 】 대결 1994.10.28. 94모25
④ 【 O 】 제29조 제1항, 제3항

정답 ①

20 소송행위에 대한 설명으로 옳은 것은? (다툼이 있는 경우 판례에 의함) 19. 국가직

① 송달 당시 영수인이 10세 정도라면 송달로 인하여 생기는 형사소송절차에 있어서의 효력까지 이해하였다고 볼 수는 없으나 그 송달 자체의 취지를 이해하고 이를 아버지인 피고인에게 교부하는 것을 기대할 수 있으므로 피고인에 대한 소송기록접수통지서의 송달은 적법하다.
② 피고인이 공판정에 재정하지 않더라도 피고인에게 이익이 되는 경우라면 구술에 의한 공소장변경을 허가할 수 있다.
③ 경찰서장의 청구에 의해 즉결심판을 받은 피고인으로부터 적법한 정식재판의 청구가 있는 경우, 경찰서장의 즉결심판청구는 공소제기와 동일한 소송행위라고 할 수 없고 검사의 공소제기에 의하여 심판하여야 한다.
④ 검사가 공소사실의 일부가 되는 범죄일람표를 컴퓨터 프로그램을 통하여 열어보거나 출력할 수 있는 전자적 형태의 문서로 작성한 후, 종이문서로 출력하여 제출하지 아니하고 위 전자적 형태의 문서가 저장된 저장매체 자체를 서면인 공소장에 첨부하여 제출한 경우, 그 저장매체나 전자적 형태의 문서를 공소장의 일부로서의 '서면'으로 볼 수 있다.

[해설]

① 【 O 】 대결 1996.6.3. 96모32
② 【 X 】 법원은 피고인이 재정하는 공판정에서는 피고인에게 이익이 되거나 피고인이 동의하는 경우 구술에 의한 공소장변경을 허가할 수 있다(규칙 제142조 제5항).
③ 【 X 】 즉결심판에관한절차법 제14조 제4항은 형사소송법 제455조의 규정은 정식재판의 청구에 이를 준용한다고 규정하고 있고, 형사소송법 제455조 제3항은 "정식재판의 청구가 적법한 때에는 공판절차에 의하여 심판하여야 한다."고 규정하고 있다(대판 1997.2.14. 96도3059). 즉, 검사의 공소제기에 의하지 않고 공판절차에 의하여 심판하여야 한다.
④ 【 X 】 검사가 공소사실의 일부가 되는 범죄일람표를 컴퓨터 프로그램을 통하여 열어보거나 출력할 수 있는 전자적 형태의 문서로 작성한 후, 종이문서로 출력하여 제출하지 아니하고 전자적 형태의 문서가 저장된 저장매체 자체를 서면인 공소장에 첨부하여 제출한 경우에는, 서면인 공소장에 기재된 부분에 한하여 공소가 제기된 것으로 볼 수 있을 뿐이고, 저장매체에 저장된 전자적 형태의 문서 부분까지 공소가 제기된 것이라고 할 수는 없다. 이러한 형태의 공소제기를 허용하는 별도의 규정이 없을 뿐만 아니라, 저장매체나 전자적 형태의 문서를 공소장의 일부로서의 '서면'으로 볼 수도 없기 때문이다. 이는 전자적 형태의 문서의 양이 방대하여 그와 같은 방식의 공소제기를 허용해야 할 현실적인 필요가 있다거나 피고인과 변호인이 이의를 제기하지 않고 변론에 응하였다고 하여 달리 볼 것도 아니다(대판 2016.12.15. 2015도3682).

정답 ①

21 소송주체 및 소송행위에 대한 설명으로 옳은 것은? (다툼이 있는 경우 판례에 의함) 19. 국가직

① 항소심에서 공소장변경에 의하여 단독판사의 관할사건이 합의부 관할사건으로 변경된 경우에는 단독판사가 소속된 지방법원 본원 합의부가 관할한다.
② 피고인에 대하여 제1심법원이 집행유예를 선고하였으나 검사만이 양형부당을 이유로 항소한 사안에서, 항소심이 검사의 항소를 받아들여 변호인이 선임되어 있지 않은 피고인에게 징역형을 선고하는 경우 피고인의 권리보호를 위해 판결 선고 전 공판심리 단계에서부터 「형사소송법」 제33조 제3항에 따라 국선변호인을 선정해 주는 것이 바람직하다.
③ 「가정폭력범죄의 처벌 등에 관한 특례법」에 따른 보호처분의 결정이 확정된 경우 당해 보호처분은 확정판결과 동일하고 기판력도 있으므로, 보호처분을 받은 사건과 동일한 사건에 대하여 다시 공소제기가 되었다면 이는 면소사유에 해당하며 공소제기의 절차가 법률의 규정에 위배하여 무효인 때에 해당하지 않는다.
④ 법관이 당사자의 증거신청을 채택하지 아니하거나 이미 한 증거결정을 취소한 사정만으로도 법관이 불공평한 재판을 할 염려가 있는 때에 해당한다.

> 해 설

① 【 X 】 항소심에서 공소장변경에 의하여 단독판사의 관할사건이 합의부 관할사건으로 된 경우에도 법원은 사건을 관할권이 있는 법원에 이송하여야 하고, 항소심에서 변경된 위 합의부 관할사건에 대한 관할권이 있는 법원은 고등법원이라고 봄이 상당하다(대판 1997.12.12. 97도2463).
② 【 O 】 대판 2016.11.10. 2016도7622
③ 【 X 】 가정폭력처벌법에 따른 보호처분의 결정이 확정된 경우에는 원칙적으로 가정폭력행위자에 대하여 같은 범죄사실로 다시 공소를 제기할 수 없으나(가정폭력처벌법 제16조), 보호처분은 확정판결이 아니고 따라서 기판력도 없으므로, 보호처분을 받은 사건과 동일한 사건에 대하여 다시 공소제기가 되었다면 이에 대해서는 면소판결을 할 것이 아니라 공소제기의 절차가 법률의 규정에 위배하여 무효인 때에 해당한 경우이므로 형사소송법 제327조 제2호의 규정에 의하여 공소기각의 판결을 하여야 한다(대판 2017.8.23. 2016도5423).
④ 【 X 】 재판부가 당사자의 증거신청을 채택하지 아니하거나 이미 한 증거결정을 취소하였다 하더라도 그러한 사유만으로는 재판의 공평을 기대하기 어려운 객관적인 사정이 있다고 할 수 없다(대결 1995.4.3. 95모10).

정답 ②

22 소송행위에 대한 설명으로 옳지 않은 것은? (다툼이 있는 경우 판례에 의함) 19. 검찰 7급

① 기피신청을 받은 법관이 소송진행을 정지해야 함에도 정지하지 않고 한 소송행위의 경우 그 후 기피신청에 대한 기각결정이 확정되면 그 하자가 치유된다.
② 필요적 변호사건의 제1심 공판절차에서 변호인이 없는 피고인에 대하여 법원이 국선변호인을 선정하지 않은 채 개정함으로써 이루어진 증거조사와 피고인신문 등의 소송행위는 무효이다.
③ 피고인이 스스로 선임한 사선변호인에게 「변호사법」상 수임제한 규정을 위반한 위법이 있다고 하더라도 다른 특별한 사정이 없는 한, 그 소송절차가 무효로 된다고 볼 수 없다.
④ 공소장 기재의 방식에 관하여 피고인이 이의를 제기하지 않았고, 법원도 실체를 파악하는 데 지장이 없다고 판단하여 공판절차를 진행하고 증거조사절차가 마무리되어 법관의 심증형성이 이루어진 단계에서는 공소장일본주의 위배를 주장하여 이미 진행된 소송절차의 효력을 다툴 수 없다.

해설

① 【 X 】 기피신청을 받은 법관이 소송진행을 정지하지 않고 한 소송행위는 무효이고, 그 후 기피신청에 대한 기각결정이 확정된 경우에도 마찬가지이다(대판 2012.10.11. 2012도8544).
② 【 O 】 대판 2011.9.8. 2011도6325
③ 【 O 】 동일한 변호사가 민사사건에서 형사사건의 피해자에 해당하는 상대방 당사자를 위한 소송대리인으로서 소송행위를 하는 등 직무를 수행하였다가 나중에 실질적으로 동일한 쟁점을 포함하고 있는 형사사건에서 피고인을 위한 변호인으로 선임되어 변호활동을 하는 등 직무를 수행하는 것 역시 금지된다고 봄이 상당하다. 그런데 피고인들의 제1심 변호인에게 변호사법 제31조 제1호의 수임제한 규정을 위반한 위법이 있다 하여도, 피고인들 스스로 위 변호사를 변호인으로 선임한 이 사건에 있어서 다른 특별한 사정이 없는 한 위와 같은 위법으로 인하여 변호인의 조력을 받을 피고인들의 권리가 침해되었다거나 그 소송절차가 무효로 된다고 볼 수는 없다(대판 2009.2.26. 2008도9812).
④ 【 O 】 대판 2009.10.22. 2009도7436 전합

정답 ①

23. 소송행위에 대한 설명으로 옳지 않은 것은? (다툼이 있는 경우 판례에 의함) 20. 검찰 7급

① 제1심법원이 「국민의 형사재판 참여에 관한 법률」상 국민참여재판 대상인 사건의 피고인에게 국민참여재판을 원하는지 확인하지 아니한 채 통상의 공판절차에 따라 재판을 진행하여 유죄를 인정하였더라도, 항소심에서 피고인에게 국민참여재판에 관하여 충분히 안내하고 그 희망 여부에 관하여 숙고할 수 있는 상당한 시간을 부여하였으며, 피고인도 그에 따라 숙고한 후 제1심의 절차적 위법을 문제 삼지 않겠다는 의사를 명백히 밝혔다면 제1심의 공판절차상 하자는 치유된다.
② 법원이 피고인에 대한 공소장 부본이 송달되지 않아서 공시송달의 방법으로 피고인을 소환하였고 피고인이 출석하지 않은 상태에서 피고인의 진술 없이 공판절차를 진행하고 판결을 선고한 경우, 판결을 선고하기까지 공소장 부본을 송달하지 않았다면 이는 소송절차에 관한 법령위반으로 무효이다.
③ 검사가 제1심결정에 대해 항고하면서 상세한 항고이유서를 첨부하여 제출하였는데, 검사가 「형사소송법」 제412조(검사는 항고사건에 대하여 의견을 진술할 수 있다)에 따라 별도로 의견을 진술하지 아니한 상태에서 항고심이 소송기록접수통지서를 송달한 다음날 항고를 기각한 것은 위법이다.
④ 검사가 공소장을 변경하고자 하는 때에는 그 취지를 기재한 공소장변경허가신청서를 법원에 제출하여야 하지만, 피고인이 재정하는 공판정에서 피고인에게 이익이 되거나 피고인이 동의하는 예외적인 경우에는 법원은 구술에 의한 공소장변경을 허가할 수 있다.

해설

① 【 O 】 대판 2012.6.14. 2011도15484
② 【 O 】 대판 2014.4.24. 2013도9498
③ 【 X 】 검사가 제1심결정에 대해 항고하면서 항고이유서를 첨부하였는데 항고심인 원심법원이 검사에게 소송기록접수통지서를 송달한 다음날 항고를 기각한 사안에서, 검사가 항고장에 상세한 항고이유서를 첨부하여 제출함으로써 의견진술을 하였으므로 형사소송법 제412조에 따라 별도로 의견을 진술하지 아니한 상태에서 원심이 항고를 기각하였더라도 그 결정에 위법이 없다(대결 2012.4.20. 2012모459).
④ 【 O 】 규칙 제142조 제5항

정답 ③

최정훈 형사소송법
단원별 기출문제집

PART 03

수사

Chapter 01 수사총론

Chapter 02 강제처분과 강제수사

Chapter 01 수사총론

01 수사기관에 대한 설명으로 옳지 않은 것은?

21. 국가직 7급

① 특별사법경찰관은 모든 수사에 관하여 검사의 지휘를 받는다.
② 검사는 경찰청 소속 사법경찰관과 동일한 범죄사실을 수사하게 된 때에는 사법경찰관에게 사건을 송치할 것을 요구할 수 있다.
③ 경찰청 소속 사법경찰관이 고소·고발 사건을 포함하여 범죄를 수사한 때에 범죄혐의가 인정되지 않을 경우에는 그 이유를 명시한 서면만을 검사에게 송부하면 된다.
④ 검사가 경찰청 소속 사법경찰관이 신청한 영장을 정당한 이유 없이 판사에게 청구하지 아니한 경우 경찰청 소속 사법경찰관은 그 검사 소속의 지방검찰청 소재지를 관할하는 고등검찰청에 영장 청구 여부에 대한 심의를 신청할 수 있다.

해설

① 【O】 특별사법경찰관리는 일반사법경찰관리와는 달리 모든 수사에 관하여 검사의 지휘·감독을 받는다(제245조의10 제2항).
② 【O】 검사는 사법경찰관과 동일한 범죄사실을 수사하게 된 때에는 사법경찰관에게 사건을 송치할 것을 요구할 수 있다(제197조의4 제1항). 다만, 검사가 영장을 청구하기 전에 동일한 범죄사실에 관하여 사법경찰관이 영장을 신청한 경우에는 해당 영장에 기재된 범죄사실을 계속 수사할 수 있다(제197조의4 제2항).
③ 【X】 그 밖의 경우(범죄혐의가 있다고 인정되지 않는 경우)에는 그 이유를 명시한 서면(불송치결정서)과 함께 관계 서류(압수물 총목록, 기록목록 등)와 증거물을 지체 없이 검사에게 송부하여야 한다(제245조의5 제2호 1문, 수사준칙규정 제62조 제1항). 이 경우 검사는 송부받은 날로부터 90일 이내에 사법경찰관에게 반환하여야 한다(제245조의5 제2호 2문).
④ 【O】 제221조의5 제1항

정답 ③

02 검사와 사법경찰관의 상호협력과 일반적 수사준칙에 관한 규정에 대한 설명으로 가장 적절하지 않은 것은?

21. 경찰채용 1차

① 검사 또는 사법경찰관은 특별한 사정이 없으면 총조사시간 중 식사시간, 휴식시간 및 조서의 열람시간 등을 제외한 실제 조사시간이 12시간을 초과하지 않도록 해야 한다.
② 검사 또는 사법경찰관은 조사에 상당한 시간이 소요되는 경우에는 특별한 사정이 없으면 피의자 또는 사건관계인에게 조사 도중에 최소한 2시간마다 10분 이상의 휴식시간을 주어야 한다.
③ 검사 또는 사법경찰관은 피의자에게 출석요구를 하려는 경우 피의자와 조사의 일시·장소에 관하여 협의해야 하고, 이 경우 변호인이 있는 경우에는 변호인과도 협의해야 한다.
④ 검사 또는 사법경찰관은 임의동행을 요구하는 경우 상대방에게 동행을 거부할 수 있다는 것과 동행하는 경우에도 언제든지 자유롭게 동행 과정에서 이탈하거나 동행 장소에서 퇴거할 수 있다는 것을 알려야 한다.

[해설]
① 【 X 】 검사 또는 사법경찰관은 특별한 사정이 없으면 총조사시간 중 식사시간, 휴식시간 및 조서의 열람시간 등을 제외한 실제 조사시간이 8시간을 초과하지 않도록 해야 한다(수사준칙 제22조 제2항).
② 【 O 】 수사준칙규정 제23조 제1항
③ 【 O 】 수사준칙규정 제19조 제2항
④ 【 O 】 수사준칙규정 제20조

정답 ①

03 검사와 사법경찰관의 관계에 관한 설명으로 옳지 않은 것을 모두 고른 것은?

21. 경찰채용 2차

㉠ 검사는 사법경찰관과 동일한 범죄사실을 수사하게 된 때에는 사법경찰관에게 사건을 송치할 것을 요구할 수 있고 그 요구를 받은 사법경찰관은 지체 없이 검사에게 사건을 송치하여야 하나, 검사가 영장을 청구하기 전에 범죄사실에 관하여 사법경찰관이 영장을 신청한 경우에는 해당 영장에 기재된 범죄사실을 계속 수사할 수 있다.

㉡ 사법경찰관이 범죄를 수사하여 범죄의 혐의가 있다고 인정되는 경우에는 지체 없이 검사에게 사건을 송치하고 관계서류와 증거물을 검사에게 송부하여야 하고, 그 밖의 경우에는 그 이유를 명시한 서면과 함께 관계 서류와 증거물을 지체 없이 검사에게 송부하여야 한다. 후자의 경우 검사는 관계서류와 증거물을 사법경찰관에게 반환할 필요가 없다.

㉢ 위 ㉡의 밑줄 친 경우 사법경찰관이 사건을 검사에게 송치하지 아니한 것이 위법 또는 부당한 때에는 검사는 그 이유를 문서로 명시하여 사법경찰관에게 재수사를 요청할 수 있고, 검사가 재수사를 요청한 경우 사법경찰관은 사건을 재수사하여야 한다.

㉣ 검사는 사법경찰관리의 수사과정에서 법령위반, 인권침해 또는 현저한 수사권 남용이 의심되는 사실의 신고가 있거나 그러한 사실을 인식하게 된 경우에는 즉시 사법경찰관에게 사건의 송치를 요구할 수 있고, 검사의 송치요구를 받은 사법경찰관은 검사에게 사건을 송치하여야 한다.

① ㉠, ㉡ ② ㉠, ㉢ ③ ㉡, ㉣ ④ ㉢, ㉣

[해설]
㉠ 【 O 】 제197조의4 제1항, 제2항
㉡ 【 X 】 사법경찰관이 범죄를 수사하여 범죄의 혐의가 있다고 인정되는 경우에는 지체 없이 검사에게 사건을 송치하고 관계서류와 증거물을 검사에게 송부하여야 하고, 그 밖의 경우에는 그 이유를 명시한 서면과 함께 관계 서류와 증거물을 지체 없이 검사에게 송부하여야 한다. 이 경우 검사는 송부받은 날부터 90일 이내에 사법경찰관에게 반환하여야 한다(제245조의5).
㉢ 【 O 】 제245조의8 제1항, 제2항
㉣ 【 X 】 검사는 사법경찰관리의 수사과정에서 법령위반, 인권침해 또는 현저한 수사권 남용이 의심되는 사실의 신고가 있거나 그러한 사실을 인식하게 된 경우에는 사법경찰관에게 사건기록 등본의 송부를 요구할 수 있다. 송부요구를 받은 사법경찰관은 지체 없이 검사에게 사건기록 등본을 송부하여야 한다(제197조의3 제1항, 제2항).

정답 ③

04 검사와 사법경찰의 상호협력과 일반적 수사준칙에 관한 규정의 내용으로 가장 적절한 것은? 21. 경찰채용 2차

① 검사 또는 사법경찰관은 피의자신문에 참여한 변호인이 피의자의 옆자리 등 실질적인 조력을 할 수 있는 위치에 앉도록 해야 하고, 정당한 사유가 없으면 피의자에 대한 법적인 조언 상담을 보장해야 하며, 피의자에 대한 신문이 아닌 단순 면담 등이라는 이유로 변호인의 참여 조력을 제한해서는 안 된다.
② 피의자신문에 참여한 변호인은 검사 또는 사법경찰관의 신문 후 조서를 열람하고 의견을 진술할 수 있으며, 신문 중이라도 부당한 신문방법에 대해서는 검사 또는 사법경찰관의 승인을 받아 이의를 제기할 수 있다.
③ 검사 또는 사법경찰관은 피의자의 범죄수법, 범행 동기, 피해자와의 관계, 언동 및 그 밖의 상황으로 보아 피해자가 피의자 또는 그 밖의 사람으로부터 생명·신체에 위해를 입거나 입을 염려가 있다고 인정되는 경우에는 피해자의 신청이 있는 때에 한하여 신변보호에 필요한 조치를 강구할 수 있다.
④ 검사 또는 사법경찰관은 피의자에게 출석요구를 하려는 경우에는 피의자와 조사의 일시·장소에 관하여 협의해야 하고 변호인이 있는 때에는 변호인과도 협의해야 하나, 피의자 외의 사람에 대한 출석요구의 경우에는 협의를 요하지 아니한다.

[해설]
① 【 O 】 수사준칙 제13조 제1항, 제2항
② 【 X 】 피의자신문에 참여한 변호인은 부당한 신문방법에 대해서는 검사 또는 사법경찰관의 승인 없이 이의를 제기할 수 있다(수사준칙 제14조 제3항).
③ 【 X 】 검사 또는 사법경찰관은 피의자의 범죄수법, 범행 동기, 피해자와의 관계, 언동 및 그 밖의 상황으로 보아 피해자가 피의자 또는 그 밖의 사람으로부터 생명·신체에 위해를 입거나 입을 염려가 있다고 인정되는 경우에는 직권 또는 피해자의 신청에 따라 신변보호에 필요한 조치를 강구하여야 한다(수사준칙 제15조 제2항).
④ 【 X 】 검사 또는 사법경찰관은 피의자에게 출석요구를 하려는 경우에는 피의자와 조사의 일시·장소에 관하여 협의해야 하고 변호인이 있는 때에는 변호인과도 협의해야 한다. 피의자 외의 사람에 대한 출석요구의 경우에도 마찬가지이다(수사준칙 제19조 제2항, 제6항).

[정답] ①

05 검사와 사법경찰의 상호협력과 일반적 수사준칙에 관한 규정상 사법경찰관이 그 행위에 착수한 때에는 수사를 개시한 것으로 보고 해당 사건을 즉시 입건해야 하는 경우가 아닌 것은? 21. 경찰채용 2차

① 피혐의자의 수사기관 출석조사
② 피의자신문조서의 작성
③ 현행범인 체포
④ 체포·구속영장의 청구 또는 신청

[해설]
③ 【 X 】 검사 또는 사법경찰관이 피혐의자의 수사기관 출석조사, 피의자신문조서의 작성, 긴급체포, 체포·구속영장의 청구 또는 신청, 사람의 신체, 주거, 관리하는 건조물, 자동차, 선박, 항공기 또는 점유하는 방실에 대한 압수·수색 또는 검증영장(부검을 위한 검증영장은 제외한다)의 청구 또는 신청하는 행위에 착수한 때에는 수사를 개시한 것으로 본다. 이 경우 검사 또는 사법경찰관은 해당 사건을 즉시 입건해야 한다(수사준칙 제16조 제1항). 현행범인의 체포는 본 규정에 포함되어 있지 않다.

[정답] ③

06 검사와 사법경찰관의 관계에 관한 설명으로 가장 적절하지 않은 것은?

25. 경찰승진

① 검사가 사법경찰관이 신청한 영장을 정당한 이유 없이 판사에게 청구하지 아니한 경우 「형사소송법」상 사법경찰관에게 영장의 청구 여부에 대한 심의 신청권은 인정되나, 영장심의위원회에서의 의견 개진권은 인정되지 않는다.
② 검사는 사법경찰관리의 수사과정에서 법령위반, 인권침해 또는 현저한 수사권 남용이 의심되는 사실의 신고가 있거나 그러한 사실을 인식하게 된 경우에는 사법경찰관에게 사건기록 등본의 송부를 요구할 수 있고, 송부를 받은 검사는 필요하다고 인정되는 경우에는 시정조치를 요구할 수 있다.
③ 검사는 사법경찰관에 대한 시정조치 요구가 정당한 이유 없이 이행되지 않았다고 인정되는 경우에는 사법경찰관에게 사건을 송치할 것을 요구할 수 있고, 송치 요구를 받은 사법경찰관은 검사에게 사건을 송치하여야 한다.
④ 검찰총장 또는 각급 검찰청 검사장은 사법경찰관리의 수사과정에서 법령위반, 인권침해 또는 현저한 수사권 남용이 있었던 때에는 권한 있는 사람에게 해당 사법경찰관리의 징계를 요구할 수 있다.

해설

① 【 X 】 사법경찰관은 심의위원회에 출석하여 의견을 개진할 수 있다(형사소송법 제221조의5 제4항).
② 【 O 】 검사는 사법경찰관리의 수사과정에서 법령위반, 인권침해 또는 현저한 수사권 남용이 의심되는 사실의 신고가 있거나 그러한 사실을 인식하게 된 경우에는 사법경찰관에게 사건기록 등본의 송부를 요구할 수 있다(형사소송법 제197조의3 제1항). 송부를 받은 검사는 필요하다고 인정되는 경우에는 사법경찰관에게 시정조치를 요구할 수 있다(형사소송법 제197조의3 제3항).
③ 【 O 】 제4항의 통보를 받은 검사는 제3항에 따른 시정조치 요구가 정당한 이유 없이 이행되지 않았다고 인정되는 경우에는 사법경찰관에게 사건을 송치할 것을 요구할 수 있다(형사소송법 제197조의3 제5항).
④ 【 O 】 검찰총장 또는 각급 검찰청 검사장은 사법경찰관리의 수사과정에서 법령위반, 인권침해 또는 현저한 수사권 남용이 있었던 때에는 권한 있는 사람에게 해당 사법경찰관리의 징계를 요구할 수 있고, 그 징계 절차는 「공무원 징계령」 또는 「경찰공무원 징계령」에 따른다(형사소송법 제197조의3 제7항).

정답 ①

07 형사소송법 및 검사와 사법경찰관의 상호협력과 일반적 수사준칙에 관한 규정에 따른 피의자신문에 관한 설명으로 가장 적절하지 않은 것은? (다툼이 있는 경우 판례에 의함)

25. 경찰승진

① 검사 또는 사법경찰관은 피의자신문을 위한 출석요구를 하려는 경우 피의자와 조사의 일시·장소에 관하여 협의해야 하고, 변호인이 있는 경우에는 변호인과도 협의해야 한다.
② 구속영장 발부에 의하여 적법하게 구금된 피의자가 피의자 신문을 위한 출석요구에 응하지 아니하면서 수사기관 조사실에 출석을 거부할 경우, 수사기관은 그 구속영장의 효력에 의하여 피의자를 조사실로 구인할 수 있다.
③ 구금된 피의자를 신문할 때 변호인의 보호장비 해제 요구를 거부하고 신문하는 것이 부당한 신문방법이라 할지라도 변호인이 인정신문을 시작하기 전 피의자의 수갑을 해제해 달라고 계속 요구한다면 이는 신문을 방해하는 행위로 보아 변호인을 퇴실시킬 수 있다.
④ 사법경찰관이 10시부터 22시까지 피의자신문을 진행하면서, 조사시간 2시간마다 20분씩 휴식시간을 주어 총 6시간의 실제 조사시간에 대해 합계 1시간의 휴식시간을 주고, 4시간의 식사시간을 보장하는 한편, 21시부터 1시간 동안 조서열람을 진행하였다면 이러한 사법경찰관의 조치는 적법하다.

해설

① 【O】 검사 또는 사법경찰관은 피의자에게 출석요구를 하려는 경우 피의자와 조사의 일시·장소에 관하여 협의해야 한다. 이 경우 변호인이 있는 경우에는 변호인과도 협의해야 한다(수사준칙 제19조 제2항).
② 【O】 형사소송법(이하 '법'이라고 한다) 제70조 제1항 제1호, 제2호, 제3호, 제199조 제1항, 제200조, 제200조의2 제1항, 제201조 제1항의 취지와 내용에 비추어 보면, 수사기관이 관할 지방법원판사가 발부한 구속영장에 의하여 피의자를 구속하는 경우, 그 구속영장은 기본적으로 장차 공판정에의 출석이나 형의 집행을 담보하기 위한 것이지만, 이와 함께 법 제202조, 제203조에서 정하는 구속기간의 범위 내에서 수사기관이 법 제200조, 제241조 내지 제244조의5에 규정된 피의자신문의 방식으로 구속된 피의자를 조사하는 등 적정한 방법으로 범죄를 수사하는 것도 예정하고 있다고 할 것이다. 따라서 구속영장 발부에 의하여 적법하게 구금된 피의자가 피의자신문을 위한 출석요구에 응하지 아니하면서 수사기관 조사실에 출석을 거부한다면 수사기관은 그 구속영장의 효력에 의하여 피의자를 조사실로 구인할 수 있다고 보아야 한다. 다만 이러한 경우에도 그 피의자신문 절차는 어디까지나 법 제199조 제1항 본문, 제200조의 규정에 따른 임의수사의 한 방법으로 진행되어야 하므로, 피의자는 헌법 제12조 제2항과 법 제244조의3에 따라 일체의 진술을 하지 아니하거나 개개의 질문에 대하여 진술을 거부할 수 있고, 수사기관은 피의자를 신문하기 전에 그와 같은 권리를 알려주어야 한다(대결 2013.7.1. 2013모160).
③ 【X】 형사소송법 제417조는 검사 또는 사법경찰관의 '구금에 관한 처분'에 불복이 있으면 법원에 그 처분의 취소 또는 변경을 청구할 수 있다고 규정하고 있다. 검사 또는 사법경찰관이 보호장비 사용을 정당화할 예외적 사정이 존재하지 않음에도 구금된 피의자에 대한 교도관의 보호장비 사용을 용인한 채 그 해제를 요청하지 않는 경우에, 검사 및 사법경찰관의 이러한 조치를 형사소송법 제417조에서 정한 '구금에 관한 처분'으로 보지 않는다면 구금된 피의자로서는 이에 대하여 불복하여 침해된 권리를 구제받을 방법이 없게 된다. 따라서 검사 또는 사법경찰관이 구금된 피의자를 신문할 때 피의자 또는 변호인으로부터 보호장비를 해제해 달라는 요구를 받고도 거부한 조치는 형사소송법 제417조에서 정한 '구금에 관한 처분'에 해당한다고 보아야 한다(대결 2020.3.17. 2015모2357). ⇒ 원심은, 준항고인 1의 변호인인 준항고인 2가 인정신문을 시작하기 전 검사에게 준항고인 1의 수갑을 해제하여 달라고 계속 요구하자, 검사가 수사에 현저한 지장을 초래한다는 이유로 준항고인 2를 퇴실시킨 것이 변호인의 피의자신문 참여권을 침해하여 위법하다고 판단하였다. 준항고인 2의 수갑 해제 요구가 정당하며, 이 요구를 거부한 검사의 조치가 위법하다는 점은 앞서 살펴본 바와 같다. 따라서 검사가 준항고인 2의 수갑 해제 요구가 부당하다는 전제에서 피의자신문 방해에 해당한다고 보아 준항고인 2를 퇴거시킨 조치도 마찬가지로 위법하다. 따라서 원심판단은 정당하며, 거기에 재판에 영향을 미친 헌법·법률·명령 또는 규칙의 위반이 없다.
④ 【O】 검사 또는 사법경찰관은 조사, 신문, 면담 등 그 명칭을 불문하고 피의자나 사건관계인에 대해 오후 9시부터 오전 6시까지 사이에 조사(이하 "심야조사"라 한다)를 해서는 안 된다. 다만, 이미 작성된 조서의 열람을 위한 절차는 자정 이전까지 진행할 수 있다(수사준칙 제21조 제1항). 검사 또는 사법경찰관은 조사, 신문, 면담 등 그 명칭을 불문하고 피의자나 사건관계인을 조사하는 경우에는 대기시간, 휴식시간, 식사시간 등 모든 시간을 합산한 조사시간(이하 "총조사시간"이라 한다)이 12시간을 초과하지 않도록 해야 한다(수사준칙 제22조 제1항). 검사 또는 사법경찰관은 조사에 상당한 시간이 소요되는 경우에는 특별한 사정이 없으면 피의자 또는 사건관계인에게 조사 도중에 최소한 2시간마다 10분 이상의 휴식시간을 주어야 한다(수사준칙 제23조 제1항). 위의 규정을 종합해 보면, 이러한 사법경찰관의 조치는 적법하다.

정답 ③

08 수사의 종결에 대한 설명으로 가장 적절하지 않은 것은? (다툼이 있는 경우 판례에 의함) 21. 경찰간부

① 검사는 사법경찰관이 사건을 송치하지 아니한 것이 위법 또는 부당한 때에는 그 이유를 명시한 서면과 함께 관계서류와 증거물을 송부받은 날부터 원칙적으로 90일 이내에 사법경찰관에게 재수사를 요청할 수 있다.
② 사법경찰관의 불송치결정 통지를 받은 고소인·고발인·피해자 또는 그 법정대리인은 해당 사법경찰관의 소속 관서의 장에게 이의를 신청할 수 있다.
③ 검사의 재수사 요청에도 사법경찰관이 불송치결정을 유지하는 경우, 검사가 사법경찰관의 재차 불송치결정이 위법·부당하다고 판단되면 1회에 한하여 다시 재수사요청을 할 수 있다.
④ 검사의 불기소처분에는 확정력과 같은 효력이 없어 일단 불기소처분을 한 후에도 공소시효가 완성되기 전이면 공소를 제기할 수 있다.

해설

① 【 O 】 수사준칙 제63조 제1항
② 【 O 】 제245조의7 제1항
③ 【 X 】 검사는 사법경찰관이 제1항 제2호(기존의 불송치결정을 유지하는 경우)에 따라 재수사 결과를 통보한 사건에 대해서 다시 재수사를 요청을 하거나 송치 요구를 할 수 없다. 다만, 사법경찰관의 재수사에도 불구하고 관련 법리에 위반되거나 송부받은 관계 서류 및 증거물과 재수사결과만으로도 공소제기를 할 수 있을 정도로 명백히 채증법칙에 위반되거나 공소시효 또는 형사소추의 요건을 판단하는 데 오류가 있어 사건을 송치하지 않은 위법 또는 부당이 시정되지 않은 경우에는 재수사 결과를 통보받은 날부터 30일 이내에 법 제197조의3에 따라 사건송치를 요구할 수 있다(수사준칙 제64조 제1항).
④ 【 O 】 대판 1966.12.29. 66도1416

정답 ③

09 수사절차에 대한 설명으로 가장 적절하지 않은 것은? 21. 경찰채용 1차

① 사법경찰관이 검찰송치 결정을 한 경우에는 그 내용을 고소인·고발인·피해자 또는 그 법정대리인(피해자가 사망한 경우에는 그 배우자·직계친족·형제자매를 포함한다)과 피의자에게 통지해야 한다.
② 사법경찰관이 범죄를 수사한 후 범죄의 혐의가 있다고 인정되는 경우에는 지체 없이 검사에게 사건을 송치하고, 검사는 송치사건의 공소제기 여부 결정 또는 공소의 유지에 관하여 필요한 경우 사법경찰관에게 보완수사를 요구할 수 있으며, 특별히 직접 보완수사를 할 필요성이 인정되는 경우에는 예외적으로 직접 보완수사를 할 수 있다.
③ 사법경찰관리의 수사과정에서 현저한 수사권 남용이 의심되는 사실에 대하여, 「형사소송법」 제197조의3의 절차에 따라 사법경찰관으로부터 사건기록 등본을 송부받은 검사는 필요하다고 인정되는 경우 사법경찰관에게 시정조치를 요구할 수 있고, 그 이행 결과를 통보받은 후 시정조치 요구가 정당한 이유 없이 이행되지 않았다고 인정되는 경우에는 사법경찰관에게 사건을 송치할 것을 요구할 수 있다.
④ 사법경찰관이 범죄를 수사한 후 범죄의 혐의가 인정되지 않아 불송치 결정을 하는 경우, 사법경찰관은 그 이유를 명시한 서면과 함께 관계 서류와 증거물을 지체 없이 검사에게 송부해야 하며, 검사는 송부받은 날로부터 60일 이내에 사법경찰관에게 그 서류 등을 반환하여야 한다.

해설

① 【 O 】 수사준칙규정 제53조 제1항
② 【 O 】 제245조의5 제1호, 제197조의2 제1항 제1호, 수사준칙규정 제59조 제1항
③ 【 O 】 제197조의3 제3항, 제5항
④ 【 X 】 사법경찰관이 범죄를 수사한 후 범죄의 혐의가 인정되지 않아 불송치 결정을 하는 경우, 사법경찰관은 그 이유를 명시한 서면과 함께 관계 서류와 증거물을 지체 없이 검사에게 송부해야 하며, 검사는 송부받은 날로부터 90일 이내에 사법경찰관에게 그 서류 등을 반환하여야 한다(제245조의5 제2호).

정답 ④

10 수사의 일반원칙에 관한 설명 중 가장 적절하지 않은 것은? 16. 경찰승진

① 수사에 관하여는 공무소 기타 공사단체에 조회하여 필요한 사항의 보고를 요구할 수 있다.
② 수사기관은 변사자의 검시로 범죄의 혐의를 인정하고 긴급을 요할 때에도 영장이 있어야만 검증을 할 수 있다.
③ 수사는 원칙적으로 임의수사에 의하고 강제수사는 법률에 규정된 경우에 한하여 허용된다.
④ 피의자에 대한 수사는 불구속 상태에서 함을 원칙으로 한다.

해설

① 【 O 】 제199조 제2항
② 【 X 】 변사자의 검시로 범죄의 혐의를 인정하고 긴급을 요할 때에는 영장 없이 검증을 할 수 있다(제222조 제2항).
③ 【 O 】 제199조 제1항
④ 【 O 】 제198조 제1항

정답 ②

11 피내사자와 피의자에 관한 설명 중 가장 적절한 것은? (다툼이 있는 경우 판례에 의함) 20. 경찰승진

① 수사 이전의 단계를 내사라 하며, 형사소송법은 피의자의 권리에 관한 규정 중 일부를 피내사자에게 준용하는 규정을 두는 방법으로 피내사자의 권리를 보호한다.
② 변호인과의 접견교통권은 피의자에게 인정되는 권리이므로, 임의동행 형식으로 연행된 피내사자에게는 그 지위가 피의자로 전환된 이후부터 변호인과의 접견교통권이 인정된다.
③ 검사가 검찰사건사무규칙에 따른 범죄인지 절차를 밟지 않은 상태에서 행한 피의자신문은 피내사자에 대한 신문이므로 그 이유만으로도 이미 위법한 수사에 해당하며, 따라서 당해 피의자 신문조서는 형사소송법이 정한 절차에 따라 작성되었다 하더라도 증거능력이 인정될 수 없다.
④ 미체포된 피의자에 대하여 구속영장을 청구받은 판사는 피의자가 죄를 범하였다고 의심할 만한 이유가 있는 경우에 구인을 위한 구속영장을 발부하여 피의자를 구인한 후 심문하여야 한다. 다만, 피의자가 도망하는 등의 사유로 심문할 수 없는 경우에는 그러하지 아니하다.

> 해설

① 【 X 】 형사소송법은 내사에 관해서는 규정을 두고 있지 않다.
② 【 X 】 변호인의 조력을 받을 권리를 실질적으로 보장하기 위하여는 변호인과의 접견교통권의 인정이 당연한 전제가 되므로, 임의동행의 형식으로 수사기관에 연행된 피의자에게도 변호인 또는 변호인이 되려는 자와의 접견교통권은 당연히 인정된다고 보아야 하고, 임의동행의 형식으로 연행된 피내사자의 경우에도 이는 마찬가지이다(대결 1996.6.3. 96모18).
③ 【 X 】 범죄의 인지는 실질적인 개념이고, 검찰사건사무 규칙의 규정은 검찰행정의 편의를 위한 사무처리절차 규정이므로, 검사가 그와 같은 절차를 거치기 전에 범죄의 혐의가 있다고 보아 수사를 개시하는 행위를 한 때에는 이때에 범죄를 인지한 것으로 보아야 하고, 그 뒤 범죄인지서를 작성하여 사건수리 절차를 밟은 때에 비로소 범죄를 인지하였다고 볼 것이 아니며, 이러한 인지절차를 밟기 전에 수사를 하였다고 하더라도, 그 수사가 장차 인지의 가능성이 전혀 없는 상태하에서 행해졌다는 등의 특별한 사정이 없는 한, 인지절차가 이루어지기 전에 수사를 하였다는 이유만으로 그 수사가 위법하다고 볼 수는 없고, 따라서 그 수사과정에서 작성된 피의자신문조서나 진술조서 등의 증거능력도 이를 부인할 수 없다(대판 2001.10.26. 2000도2968).
④ 【 O 】 제201조의2 제2항

정답 ④

12 수사에 대한 설명으로 가장 적절하지 않은 것은? (다툼이 있는 경우 판례에 의함) 21. 경찰승진

① 수사란 범죄의 혐의유무를 명백히 하여 공소의 제기와 유지 여부를 결정하기 위하여 범인을 발견·확보하고 증거를 수집·보전하는 수사기관의 활동을 말한다.
② 「형사소송법」은 범죄의 혐의가 있다고 사료하는 때에는 수사를 개시하여 사실을 밝혀야 할 수사기관의 직무상 의무를 규정하고 있다.
③ 수사절차는 공판절차와 같이 획일적인 절차에 따라 진행되므로, 수사기관의 수사활동은 탄력성, 기동성, 임기응변성, 광역성 등 합목적인 활동이 필요하다.
④ 수사절차는 수사기관의 주관적 혐의가 객관화·구체화되어 나가는 과정이라고 할 수 있다.

> 해설

① 【 O 】 수사의 개념에 대한 설명으로 타당한 내용이다.
② 【 O 】 제196조, 제197조 제1항
③ 【 X 】 수사는 ㉠ 탄력성, 임기응변성, 기동성, ㉡ 합목적성의 요청, ㉢ 법률적인 색채 미약, ㉣ 당사자주의 관념의 희박, ㉤ 대상의 다양성과 불예측성 등 재판절차와 비교하면 다른 성격을 가지고 있다.
④ 【 O 】 수사과정에 대한 설명으로 타당한 내용이다.

정답 ③

13 피의자에 대한 설명으로 가장 적절하지 않은 것은? (다툼이 있는 경우 판례에 의함)

21. 경찰승진

① 피의자는 수사의 개시부터 공소제기 전까지의 개념으로서 진범인가의 여부를 불문한다.
② 수사기관에 의한 진술거부권 고지대상이 되는 피의자의 지위는 수사기관이 조사대상자에 대한 범죄혐의가 있다고 보아 실질적으로 '수사를 개시하는 행위를 한 때'에 인정된다.
③ 「형사소송법」상 피의자의 권리와 피고인의 권리는 동일하다.
④ 「형사소송법」은 피의자의 지위를 강화하기 위해 진술거부권, 변호인의 조력을 받을 권리, 구속적부심사청구권, 압수·수색·검증에의 참여권 등을 보장하고 있다.

해설

① 【 O 】 범죄혐의가 있어 수사대상인 자를 피의자라고 한다. 피의자는 범죄혐의가 있어 수사의 대상이 된 자를 말하는데, 진범인지는 불문한다. 수사결과 진범이 아님이 드러나면 사법경찰관의 불송치결정이나 검사의 불기소처분에 의해 피의자의 지위가 소멸된다.
② 【 O 】 대판 2015.10.29. 2014도5939
③ 【 X 】 형사소송법에서 피의자와 피고인을 구별하고 있다. 따라서 피의자와 피고인의 권리는 동일하지 않다.
④ 【 O 】 타당한 설명이다. 제244조의3 제1항, 제243조의2, 제34조, 제214조의2, 제219조·제121조 등이 지문에 열거한 권리를 모두 규정하고 있다.

정답 ③

14 변사자에 대한 설명으로 가장 적절한 것은? (다툼이 있는 경우 판례에 의함)

20. 경찰채용 2차

① 변사자란 부자연한 사망으로서 그 사인이 분명하지 않은 자뿐만 아니라 범죄로 사망한 것이 명백한 자도 포함된다.
② 변사자는 수사의 단서로서 발견 즉시 수사가 개시된다.
③ 검사의 사법경찰관리에 대한 수사지휘 및 사법경찰관리의 수사준칙에 관한 규정 제51조 제1항에 의하면 사법경찰관리는 변사자 또는 변사의 의심이 있는 사체가 있으면 관할 지방검찰청 또는 지청의 검사에게 보고하고 지휘를 받아야 한다. 단, 긴급을 요하는 경우 그러하지 아니하다.
④ 형사소송법 제222조 제1항의 검시로 범죄의 혐의를 인정하고 긴급을 요할 때에는 영장 없이 검증할 수 있다.

해설

① 【 X 】 변사자라 함은 부자연한 사망으로서 그 사인이 분명하지 않은 자를 의미하고 그 사인이 명백한 경우는 변사자라 할 수 없다(대판 2003.6.27. 2003도1331).
② 【 X 】 변사자는 수사의 단서로서 즉시 수사가 개시되는 것이 아니라, 내사를 거친 이후 범죄혐의가 있다고 판단할 경우 비로소 수사가 개시된다.
③ 【 X 】 사법경찰관리는 변사자 또는 변사한 것으로 의심되는 사체가 있으면 별지 제51호서식의 변사사건 발생 보고 및 지휘 건의서 또는 별지 제52호서식의 교통사고 변사사건 발생 보고 및 지휘 건의서를 작성하여 즉시 관할 지방검찰청 또는 지청의 검사에게 보고하고 지휘를 받아야 한다. 이 경우 검사는 신속하게 지휘하여야 한다(검사의 사법경찰관리에 대한 수사지휘 및 사법경찰관리의 수사준칙 제51조 제1항).
④ 【 O 】 제222조 제2항

정답 ④

15 수사의 단서에 관한 설명으로 가장 적절하지 않은 것은? (다툼이 있는 경우 판례에 의함)　25. 경찰승진

① 고발이란 범인을 지적할 필요가 없는 것이고 고발에서 지정한 범인이 진범인이 아니더라도 고발의 효력에는 영향이 없다.
② 변사자 검시는 수사의 단서에 불과하므로 영장을 요하지 아니하며, 변사자 검시로 범죄의 혐의를 인정하고 긴급을 요할 때에는 영장 없이 검증할 수 있다.
③ 뇌물수수의 범죄사실을 자발적으로 신고하였다면, 그 수뢰액을 실제보다 적게 신고함으로써 적용법조와 법정형이 달라지게 되었다 할지라도 자수의 성립이 인정된다.
④ 「경찰관 직무집행법」은 불심검문 대상자에게 질문을 할 때 흉기의 소지검사에 관해서는 명문의 규정을 두고 있으나, 일반소지품 검사에 관해서는 규정하고 있지 않다.

해설

① 【O】 고발이란 범죄사실을 수사기관에 고하여 그 소추를 촉구하는 것으로서 범인을 지적할 필요가 없는 것이고 또한 고발에서 지정한 범인이 진범인이 아니더라도 고발의 효력에는 영향이 없는 것이므로, 고발인이 농지전용행위를 한 사람을 갑으로 잘못 알고 갑을 피고발인으로 하여 고발하였다고 하더라도 을이 농지전용행위를 한 이상 을에 대하여도 고발의 효력이 미친다(대판1994.5.13. 94도458).
② 【O】 변사자 검시는 수사의 단서에 불과하므로 영장을 요하지 아니하며, 변사자 검시로 범죄의 혐의를 인정하고 긴급을 요할 때에는 영장 없이 검증할 수 있다(형사소송법 제222조 제2항).
③ 【X】 피고인이 2003.6.3. 검찰에 자수서를 제출하고 제1회 피의자신문을 받으면서 5,000만 원이 아닌 3,000만 원만을 받았다고 신고하고 이를 초과하는 금원의 수수사실을 부인한 이 사건의 경우, 비록 당시의 신고가 자발적이라고 하더라도 이는 그 신고된 내용에 해당하는 특정범죄 가중처벌 등에 관한 법률 제2조 제1항 제2호, 형법 제129조 위반죄에 비하여 뇌물죄의 보호법익에 대한 침해 또는 침해 위험의 정도 및 그 위법성이 상대적으로 높기 때문에 적용법조와 법정형을 달리하는 이 사건 특정범죄 가중처벌 등에 관한 법률 제2조 제1항 제1호, 형법 제129조 위반죄의 범죄성립요건에 관하여 신고한 것이라고 할 수 없으므로 이 사건 죄에 관한 자수가 성립하였다고 할 수 없다(대판 2004.6.24. 2004도2003).
④ 【O】 「경찰관 직무집행법」은 불심검문 대상자에게 질문을 할 때 흉기의 소지검사에 관해서는 명문의 규정을 두고 있으나, 일반소지품 검사에 관해서는 규정하고 있지 않다.

정답 ③

16 경찰관직무집행법상 불심검문에 대한 설명으로 가장 적절하지 않은 것은?　16. 경찰채용 2차

① 경찰관은 이미 행하여진 범죄나 행하여지려고 하는 범죄행위에 관한 사실을 안다고 인정되는 사람을 정지시켜 질문할 수 있다.
② 경찰관은 정지시킨 장소에서 질문을 하는 것이 그 사람에게 불리하거나 교통에 방해된다고 인정될 때에는 질문을 하기 위하여 가까운 경찰서・지구대・파출소 또는 출장소로 동행할 것을 요구할 수 있다.
③ 경찰관은 질문을 하거나 동행을 요구할 경우 자신의 신분을 표시하는 증표를 제시하면서 소속과 성명을 밝히고 질문이나 동행의 목적과 이유를 설명하여야 하며, 동행을 요구하는 경우에는 동행 장소를 밝혀야 한다.
④ 경찰관은 동행한 사람의 가족이나 친지 등에게 동행한 경찰관의 신분, 동행장소, 동행목적과 이유를 알리거나 본인으로 하여금 즉시 연락할 수 있는 기회를 주어야 하나, 변호인의 도움을 받을 권리가 있음을 알려야 할 필요는 없다.

[해설]
① 【 O 】 경찰관직무집행법 제3조 제1항
② 【 O 】 경찰관직무집행법 제3조 제2항
③ 【 O 】 경찰관직무집행법 제3조 제4항
④ 【 X 】 경찰관은 동행한 사람의 가족이나 친지 등에게 동행한 경찰관의 신분, 동행장소, 동행목적과 이유를 알리거나 본인으로 하여금 즉시 연락할 수 있는 기회를 주어야 하며, 변호인의 조력을 받을 권리가 있음을 고지하여야 한다(경찰관직무집행법 제3조 제5항).

정답 ④

17 경찰관직무집행법상 불심검문에 관한 설명 중 가장 적절하지 않은 것은? (다툼이 있는 경우 판례에 의함)

18. 경찰승진

① 경찰관은 수상한 행동이나 그 밖의 주위 사정을 합리적으로 판단하여 볼 때 어떠한 죄를 범하였거나 범하려 하고 있다고 의심할 만한 상당한 이유가 있는 자를 정지시켜 질문할 수 있다.
② 경찰관이 불심검문 시 질문을 하거나 동행을 요구할 경우 자신의 신분을 표시하는 증표를 제시하면서 소속과 성명을 밝히고 질문이나 동행의 목적과 이유를 설명하여야 하며, 동행을 요구하는 경우에는 동행 장소를 밝혀야 한다.
③ 경찰관은 동행한 사람의 가족이나 친지 등에게 동행한 경찰관의 신분, 동행 장소, 동행 목적과 이유를 알리거나 본인으로 하여금 즉시 연락할 수 있는 기회를 주어야 하며, 변호인의 도움을 받을 권리가 있음을 알려야 한다.
④ 검문하는 사람이 경찰관이고 검문하는 이유가 범죄행위에 관한 것임을 피검문자가 충분히 알고 있었다고 보이는 경우라도 검문 시 경찰관이 신분증을 제시하지 않았다면 그 불심검문은 위법한 공무집행에 해당한다.

[해설]
① 【 O 】 경찰관직무집행법 제3조 제1항 제1호
② 【 O 】 경찰관직무집행법 제3조 제4항
③ 【 O 】 경찰관직무집행법 제3조 제5항
④ 【 X 】 경찰관직무집행법(이하 '법'이라 한다) 제3조 제4항은 경찰관이 불심검문을 하고자 할 때에는 자신의 신분을 표시하는 증표를 제시하여야 한다고 규정하고, 경찰관직무집행법 시행령 제5조는 위 법에서 규정한 신분을 표시하는 증표는 경찰관의 공무원증이라고 규정하고 있는데, 불심검문을 하게 된 경우, 불심검문 당시의 현장상황과 검문을 하는 경찰관들의 복장, 피고인이 공무원증 제시나 신분 확인을 요구하였는지 여부 등을 종합적으로 고려하여, 검문하는 사람이 경찰관이고 검문하는 이유가 범죄행위에 관한 것임을 피고인이 충분히 알고 있었다고 보이는 경우에는 신분증을 제시하지 않았다고 하여 그 불심검문이 위법한 공무집행이라고 할 수 없다(대판 2014.12.11. 2014도7976).

정답 ④

18 불심검문에 대한 설명이다. 아래 ㉠부터 ㉣까지의 설명 중 옳고 그름의 표시(○, ×)가 바르게 된 것은? (다툼이 있는 경우 판례에 의함)

19. 경찰채용 1차

> ㉠ 행정경찰 목적의 경찰활동으로 행하여지는 「경찰관직무집행법」 제3조 제2항 소정의 질문을 위한 동행요구도 「형사소송법」의 규율을 받는 수사로 이어지는 경우에는 수사관이 동행에 앞서 피의자에게 동행을 거부할 수 있음을 알려 주었거나 동행한 피의자가 언제든지 자유로이 동행과정에서 이탈 또는 동행장소로부터 퇴거할 수 있었음이 인정되는 등 오로지 피의자의 자발적인 의사에 의하여 수사관서 등에의 동행이 이루어졌음이 객관적인 사정에 의하여 명백하게 입증된 경우에 한하여 적법하다.
> ㉡ 경찰관이 불심검문 대상자에의 해당 여부를 판단할 때에는 불심검문 당시의 구체적 상황은 물론 사전에 얻은 정보나 전문적 지식 등에 기초하여 불심검문 대상자인지를 객관적·합리적인 기준에 따라 판단하여, 반드시 불심검문 대상자에게 「형사소송법」상 체포나 구속에 이를 정도의 혐의가 있을 것을 요한다.
> ㉢ 검문 중이던 경찰관들이, 자전거를 이용한 날치기 사건의 범인과 흡사한 인상착의의 피고인이 자전거를 타고 다가오는 것을 발견하고 정지를 요구하였으나 멈추지 않아, 앞을 가로막고 검문에 협조해 달라고 하였음에도 불응하고 그대로 전진하자 따라가서 재차 앞을 막고 검문에 응하라고 요구하였다면, 그러한 경찰관들의 행위는 적법한 불심검문에 해당하지 않는다.
> ㉣ 불심검문을 하게 된 경위, 불심검문 당시의 현장상황과 검문을 하는 경찰관들의 복장, 피고인이 공무원증 제시나 신분 확인을 요구하였는지 여부 등을 종합적으로 고려하여, 검문하는 사람이 경찰관이고 검문하는 이유가 범죄행위에 관한 것임을 피고인이 충분히 알고 있었다고 보이는 경우에는 신분증을 제시하지 않았다고 하여 그 불심검문이 위법한 공무집행이라고 할 수 없다.

① ㉠ ○ ㉡ × ㉢ ○ ㉣ ×
② ㉠ ○ ㉡ × ㉢ × ㉣ ○
③ ㉠ × ㉡ ○ ㉢ × ㉣ ○
④ ㉠ × ㉡ ○ ㉢ ○ ㉣ ×

해설

㉠ 【 ○ 】 대판 2006.7.6. 2005도6810
㉡ 【 × 】 경찰관직무집행법의 목적, 법 제1조 제1항, 제2항, 제3조 제1항, 제2항, 제3항, 제7항의 내용 및 체계 등을 종합하면, 경찰관이 법 제3조 제1항에 규정된 대상자해당 여부를 판단할 때에는 불심검문 당시의 구체적 상황은 물론 사전에 얻은 정보나 전문적 지식 등에 기초하여 불심검문 대상자인지를 객관적·합리적인 기준에 따라 판단하여야 하나, 반드시 불심검문 대상자에게 형사소송법상 체포나 구속에 이를 정도의 혐의가 있을 것을 요한다고 할 수는 없다(대판 2014.2.27. 2011도13999).
㉢ 【 × 】 검문 중이던 경찰관들이, 자전거를 이용한 날치기 사건 범인과 흡사한 인상착의의 피고인이 자전거를 타고 다가오는 것을 발견하고 정지를 요구하였으나 멈추지 않아, 앞을 가로막고 소속과 성명을 고지한 후 검문에 협조해 달라는 취지로 말하였음에도 불응하고 그대로 전진하자, 따라가서 재차 앞을 막고 검문에 응하라고 요구하였는데, 이에 피고인이 경찰관들의 멱살을 잡아 밀치거나 욕설을 하는 등 항의하여 공무집행방해 등으로 기소된 사안에서, 범행의 경중, 범행과의 관련성, 상황의 긴박성, 혐의의 정도, 질문의 필요성 등에 비추어 경찰관들은 목적 달성에 필요한 최소한의 범위 내에서 사회통념상 용인될 수 있는 상당한 방법을 통하여 경찰관직무집행법 제3조 제1항에 규정된 자에 대해 의심되는 사항을 질문하기 위하여 정지시킨 것으로 보아야 하는데도, 이와 달리 경찰관들의 불심검문이 위법하다고 보아 피고인에게 무죄를 선고한 원심판결에 불심검문의 내용과 한계에 관한 법리오해의 위법이 있다고 한 사례(대판 2012.9.13. 2010도6203).
㉣ 【 ○ 】 대판 2014.12.11. 2014도7976

정답 ②

19 경찰관직무집행법상 불심검문에 대한 설명 중 가장 적절하지 않은 것은? (다툼이 있는 경우 판례에 의함)

19. 법학경채

① 불심검문시 경찰관이 정복을 착용하고 있고 검문하는 이유가 범죄행위에 관한 것임을 상대방이 충분히 알고 있었다고 보이는 경우라고 하더라도 신분증을 제시하지 않았다면 그 불심검문은 위법한 공무집행에 해당한다.
② 경찰관의 동행요구에 의하여 동행한 사람을 6시간을 초과하여 경찰관서에 머물게 할 수 없다.
③ 「경찰관직무집행법」에는 경찰관이 질문할 때 흉기소지 여부를 조사할 수 있다는 규정을 두고 있으나, 흉기 이외의 소지품에 대해서는 명문규정을 두고 있지 않다.
④ 「경찰관직무집행법」에는 동행한 사람에게 변호인의 조력을 받을 권리가 있음을 알려야 한다는 규정은 있으나, 경찰관이 동행한 사람에게 진술을 거부할 수 있음을 고지해야 한다는 명문규정은 없다.

> **해설**
> ① 【 X 】 경찰관직무집행법(이하 '법'이라 한다) 제3조 제4항은 경찰관이 불심검문을 하고자 할 때에는 자신의 신분을 표시하는 증표를 제시하여야 한다고 규정하고, 경찰관직무집행법 시행령 제5조는 위 법에서 규정한 신분을 표시하는 증표는 경찰관의 공무원증이라고 규정하고 있는데, 불심검문을 하게 된 경위, 불심검문 당시의 현장상황과 검문을 하는 경찰들의 복장, 피고인이 공무원증 제시나 신분 확인을 요구하였는지 여부 등을 종합적으로 고려하여, 검문하는 사람이 경찰관이고 검문하는 이유가 범죄행위에 관한 것임을 피고인이 충분히 알고 있었다고 보이는 경우에는 신분증을 제시하지 않았다고 하여 그 불심검문이 위법한 공무집행이라고 할 수 없다(대판 2014.12.11. 2014도7976).
> ② 【 O 】 경찰관직무집행법 제3조 제6항
> ③ 【 O 】 경찰관직무집행법 제3조 제3항
> ④ 【 O 】 경찰관직무집행법 제3조 제5항

정답 ①

20 경찰관 직무집행법상 불심검문에 대한 설명으로 적절하지 않은 것은 모두 몇 개인가? (다툼이 있는 경우 판례에 의함)

21. 경찰승진

> ㉠ 불심검문 대상자에게 「형사소송법」상 체포나 구속에 이를 정도의 혐의가 없을지라도, 경찰관은 당시의 구체적 상황과 사전에 얻은 정보나 전문적 지식 등에 기초하여 객관적·합리적인 기준에 따라 불심검문 대상 여부를 판단한다.
> ㉡ 불심검문에 따른 동행요구는 「형사소송법」상 임의수사로서 임의동행의 한 종류로 취급하여야 한다.
> ㉢ 검문하는 사람이 경찰관이고 검문하는 이유가 범죄행위에 관한 것임을 검문받는 사람이 충분히 알고 있었다고 보이는 경우에는 경찰관이 신분증을 제시하지 않았다고 하여 그 불심검문이 위법한 공무집행이라고 할 수 없다.
> ㉣ 검문 중이던 경찰관들이, 자전거를 이용한 날치기 사건 범인과 흡사한 인상착의의 사람이 자전거를 타고 다가오는 것을 발견하고 정지를 요구하였으나 멈추지 않아, 앞을 가로막고 소속과 성명을 고지한 후 검문에 협조해 달라고 하였음에도 불응하고 그대로 전진하자, 따라가서 재차 앞을 막고 검문에 응하라고 요구한 경우, 이는 적법한 불심검문에 해당한다.
> ㉤ 경찰관은 임의동행에 앞서 당해인에 대해 진술거부권과 변호인의 조력을 받을 권리를 고지해야 한다.

① 2개 ② 3개 ③ 4개 ④ 5개

해설

㉠ 【 O 】 대판 2014.2.27. 2011도13999
㉡ 【 X 】 불심검문에 따른 동행요구는 본격적인 수사 개시 이전의 처분이라는 점에서 수사로 취급할 수는 없다.
㉢ 【 O 】 대판 2014.12.11. 2014도7976
㉣ 【 O 】 대판 2012.9.13. 2010도6203
㉤ 【 X 】 경찰관은 동행한 사람의 가족이나 친지 등에게 동행한 경찰관의 신분, 동행 장소, 동행 목적과 이유를 알리거나 본인으로 하여금 즉시 연락할 수 있는 기회를 주어야 하며, 변호인의 도움을 받을 권리가 있음을 알려야 한다(경찰관직무집행법 제3조 제5항). 그러나 진술거부권 고지규정은 없다.

정답 ①

21 아래 사례에 관한 설명으로 가장 적절한 것은? (다툼이 있는 경우 판례에 의함)

25. 경찰승진

2025.1.19. 09:40경 자동차 사고를 낸 차량이 있다는 112신고를 받고 현장에 출동한 경찰관 P는 피의자 甲으로부터 심한 술냄새가 나고 서 있기가 곤란할 정도로 비틀거리며 얼굴에 홍조를 띠는 등 음주 운전 혐의가 상당하다고 판단하여 같은 날 10:00경 甲의 동의를 받아 경찰서로 임의동행하였다(甲에게 자발적인 의사로 임의동행에 동의할 의사능력이 있었다고 전제함).

① P가 출동한 현장에서 질문하는 것이 甲에게 불리하거나 교통에 방해된다는 사정은 없었더라도 P가 경찰서로의 동행에 앞서 甲에게 동행을 거부할 수 있음을 알려 주었거나 동행한 甲이 언제든지 자유로이 동행과정에서 이탈 또는 동행장소에서 퇴거할 수 있었음이 인정되는 등 오로지 甲의 자발적인 의사에 의하여 이루어진 경우 임의동행은 적법하다.
② 임의동행한 사람을 6시간을 초과하여 경찰관서에 머물게 할 수 없으므로, 만약 甲이 같은 날 18:00경까지 경찰서에서 조사를 받았다면 이는 불법적인 구금에 해당한다.
③ 같은 날 17:30경 甲으로부터 휴대전화를 임의제출 받아 혐의 관련 전자정보를 압수하였다면, 이는 그 제출의 임의성 여부를 불문하고 불법 구금 상태에서 위법하게 수집된 증거로서 증거능력을 인정할 수 없다.
④ 甲이 주취 상태라 할지라도 자신 또는 다른 사람의 생명·신체·재산에 위해를 끼칠 우려 및 응급구호 필요성이 없다면 보호실 유치는 위법하지만, 甲의 명시적인 동의가 있을 경우에는 그러하지 아니하다.

해설

① 【 O 】 임의동행은 경찰관 직무집행법 제3조 제2항에 따른 행정경찰 목적의 경찰활동으로 행하여지는 것 외에도 형사소송법 제199조 제1항에 따라 범죄 수사를 위하여 수사관이 동행에 앞서 피의자에게 동행을 거부할 수 있음을 알려 주었거나 동행한 피의자가 언제든지 자유로이 동행과정에서 이탈 또는 동행장소로부터 퇴거할 수 있었음이 인정되는 등 오로지 피의자의 자발적인 의사에 의하여 이루어진 경우에도 가능하다(대판 2020.5.14. 2020도398).
② 【 X 】 이 사건 임의동행은 음주운전 혐의에 대한 수사를 위한 것이어서 형사소송법 제199조 제1항에 따른 임의동행에 해당한다. 따라서 6시간을 초과하여 경찰관서에 머물게 할 수 없다는 경찰관직무집행법 제3조 제6항은 적용되지 않는다. 그러므로 만약 甲이 같은 날 18:00경까지 경찰서에서 조사를 받았다 하더라도 불법구금에 해당하지 않는다.
③ 【 X 】 같은 날 17:30경 甲으로부터 휴대전화를 임의제출 받아 혐의 관련 전자정보를 압수하였다면, 그 제출의 임의성이 있다면 증거로 사용할 수 있다.
④ 【 X 】 승낙유치는 영장주의를 잠탈할 우려가 있으므로 허용되지 않는다.

정답 ①

22 수사의 개시에 관한 설명 중 가장 적절한 것은? (다툼이 있는 경우 판례에 의함)　　20. 경찰승진

① 고발이란 범죄사실을 수사기관에 고하여 그 소추를 촉구하는 것으로서 범인을 지적하여야 하므로 고발에서 지정한 범인이 진범인이 아니라면 고발의 효력은 진범인에게 미치지 않는다.
② 변사자 검시를 통하여 범죄의 혐의를 인정한 때에는 이미 수사가 개시된 것으로 볼 수 있으므로 긴급을 요하는 경우라 하더라도 반드시 영장을 발부받은 후에 검증하여야 한다.
③ 불심검문 대상자 해당 여부를 판단할 때에는 불심검문 당시의 구체적 상황은 물론 사전에 얻은 정보나 전문적 지식 등에 기초하여 불심검문 대상자인지를 객관적 합리적인 기준에 따라 판단하여야 하나, 반드시 불심검문 대상자에게 형사소송법상 체포나 구속에 이를 정도의 혐의가 있을 것을 요한다고 할 수는 없다.
④ 경찰관 직무집행법 제3조 제4항은 경찰관이 불심검문을 하고자 할 때에는 자신의 신분을 표시하는 증표를 제시하여야 한다고 규정하고, 법 시행령 제5조는 위 법 소정의 신분을 표시하는 증표는 경찰관의 공무원증이라고 규정하고 있는바, 검문하는 사람이 경찰관이고 검문하는 이유가 범죄행위에 관한 것임을 피고인이 충분히 알고 있었다고 보이는 경우에도 경찰관의 공무원증을 제시하지 않았다면 그 불심검문은 위법한 공무집행이 된다.

해설

① 【 X 】 고발이란 범죄사실을 수사기관에 고하여 그 소추를 촉구하는 것으로서 범인을 지적할 필요가 없는 것이고 또한 고발에서 지정한 범인이 진범인이 아니더라도 고발의 효력에는 영향이 없는 것이다(대판 1994.5.13. 94도458).
② 【 X 】 변사자 검시를 통하여 범죄의 혐의를 인정하고 긴급을 요할 때에는 영장 없이 검증할 수 있다(제222조 제2항).
③ 【 O 】 대판 2014.2.27. 2011도13999
④ 【 X 】 경찰관직무집행법(이하 '법'이라 한다) 제3조 제4항은 경찰관이 불심검문을 하고자 할 때에는 자신의 신분을 표시하는 증표를 제시하여야 한다고 규정하고, 경찰관직무집행법 시행령 제5조는 위 법에서 규정한 신분을 표시하는 증표는 경찰관의 공무원증이라고 규정하고 있는데, 불심검문을 하게 된 경우, 불심검문 당시의 현장상황과 검문을 하는 경찰관들의 복장, 피고인이 공무원증 제시나 신분 확인을 요구하였는지 여부 등을 종합적으로 고려하여, 검문하는 사람이 경찰관이고 검문하는 이유가 범죄행위에 관한 것임을 피고인이 충분히 알고 있었다고 보이는 경우에는 신분증을 제시하지 않았다고 하여 그 불심검문이 위법한 공무집행이라고 할 수 없다(대판 2014.12.11. 2014도7976).

정답 ③

23 수사의 조건에 대한 설명 중 가장 적절하지 않은 것은? (다툼이 있는 경우 판례에 의함)　　20. 경찰채용 1차

① 수사기관은 범죄혐의가 있다고 사료하는 때에 수사를 개시하여야 하며 여기서의 범죄혐의는 수사기관의 주관적 혐의일 뿐만 아니라 구체적 범죄혐의이다.
② 필요성과 상당성이라는 수사의 조건은 임의수사에는 적용되지 않고 강제수사에만 적용된다.
③ 친고죄나 세무공무원 등의 고발이 있어야 논할 수 있는 죄에 있어서 고소 또는 고발은 이른바 소추조건에 불과하고 당해 범죄의 성립 요건이나 수사의 조건은 아니므로 위와 같은 범죄에 관하여 고소나 고발이 있기 전에 수사를 하였다고 하더라도 그 수사가 장차 고소나 고발이 있을 가능성이 없는 상태 하에서 행해졌다는 등의 특단의 사정이 없는 한 고소나 고발이 있기 전에 수사를 하였다는 이유만으로 그 수사가 위법하다고 볼 수는 없다.
④ 위법한 함정수사에 해당하는지 여부는 해당 범죄의 종류와 성질, 유인자의 지위와 역할, 유인의 경위와 방법, 유인에 따른 피유인자의 반응, 피유인자의 처벌 전력 및 유인행위 자체의 위법성 등을 종합하여 판단하여야 한다.

해설

① 【 O 】 수사개시를 위한 범죄혐의는 수사기관의 주관적 혐의를 의미하며, 아직 객관적 혐의로 발전함을 요하지 않는다. 그러나 주관적 혐의라고 해서 수사기관의 자의를 허용한다는 의미는 아니다. 따라서 범죄의 혐의는 주위의 사정을 합리적으로 판단하여 그 유무를 결정해야 하는 것으로서, 구체적 사실을 근거로 한 혐의일 것을 요한다.
② 【 X 】 필요성과 상당성이라는 수사의 조건은 임의수사 뿐만 아니라 강제수사에도 적용된다.
③ 【 O 】 대판 1995.2.24. 94도252
④ 【 O 】 대판 2007.7.12. 2006도2339

정답 ②

24 함정수사에 관한 설명 중 가장 적절한 것은? (다툼이 있으면 판례에 의함) 16. 경찰승진

① 경찰관이 노래방 도우미 알선 영업 단속 실적을 올리기 위하여 그에 대한 첩보가 없는데도 손님을 가장하고 잠입해 도우미를 불러낸 경우 피고인의 범의를 유발케 한 것으로 위법하다.
② 위법한 함정수사에 기하여 공소를 제기한 경우 그 수사에 기하여 수집한 증거는 증거능력이 없다고 보아야 하므로 법원은 무죄판결을 하여야 한다.
③ 유인자가 수사기관과 직접적인 관련을 맺지 않은 상태에서 피유인자를 상대로 단순히 수차례 반복적으로 범행을 부탁하였을 뿐, 수사기관이 사술이나 계략 등을 사용하였다고 볼 수 없는 경우라 할지라도 그로 인하여 피유인자의 범의가 유발되었다면 위법한 함정수사에 해당한다.
④ 뇌물공여자들이 새롭게 당선된 군수인 피고인을 함정에 빠뜨리겠다는 의사로 뇌물을 공여한 것이었다면, 뇌물공여자들의 함정교사라는 사정은 피고인의 책임을 면하게 하는 사유가 될 수 있다.

해설

① 【 O 】 대판 2008.10.23. 2008도7362
② 【 X 】 위법한 함정수사에 기초한 공소제기의 효력에 대하여 판례는 "본래 범의를 가지지 아니한 자에 대하여 수사기관이 사술이나 계략 등을 써서 범의를 유발케 하여 범죄인을 검거하는 함정수사는 위법함을 면할 수 없고, 이러한 함정수사에 기한 공소제기는 그 절차가 법률의 규정에 위반하여 무효인 때에 해당한다(대판 2005.10.28. 2005도1247)"라고 판시하여 공소기각판결로 사건을 종결해야 한다는 입장이다.
③ 【 X 】 수사기관과 직접 관련이 있는 유인자가 피유인자와의 개인적인 친밀관계를 이용하여 피유인자의 동정심이나 감정에 호소하거나, 금전적·심리적 압박이나 위협 등을 가하거나, 거절하기 힘든 유혹을 하거나, 또는 범행방법을 구체적으로 제시하고 범행에 사용할 금전까지 제공하는 등으로 과도하게 개입함으로써 피유인자로 하여금 범의를 일으키게 하는 것은 위법한 함정수사에 해당하여 허용되지 아니하지만, 유인자가 수사기관과 직접적인 관련을 맺지 아니한 상태에서 피유인자를 상대로 단순히 수차례 반복적으로 범행을 부탁하였을 뿐 수사기관이 사술이나 계략 등을 사용하였다고 볼 수 없는 경우는, 설령 그로 인하여 피유인자의 범의가 유발되었다 하더라도 위법한 함정수사에 해당하지 아니한다(대판 2007.7.12. 2006도2339).
④ 【 X 】 피고인의 뇌물수수가 공여자들의 함정교사에 의한 것이기는 하나, 뇌물공여자들에게 뇌물공여의 의사가 전혀 없었다고 보기 어렵다면, 뇌물공여자들의 함정교사라는 사정은 피고인의 책임을 면하게 하는 사유가 될 수 없다(대판 2008.3.13. 2007도10804).

정답 ①

25 경찰관이 취객을 상대로 한 이른바 부축빼기 절도범을 단속하기 위하여, 공원 인도에 쓰러져 있는 취객 근처에서 감시하고 있다가, 마침 피고인이 나타나 취객을 부축하여 10m 정도를 끌고 가 지갑을 뒤지자 현장에서 체포하여 기소한 경우와 관련하여, 판례의 태도에 비추어 옳은 것(O)과 옳지 않은 것(X)을 바르게 연결한 것은?

16. 경찰채용 2차

> ㉠ 본래 범의를 가지지 아니한 자에 대하여 수사기관이 사술이나 계략 등을 써서 범의를 유발케 하여 범죄인을 검거하는 함정수사는 위법함을 면할 수 없고, ㉡ 이러한 함정수사에 기한 공소제기는 그 절차가 법률의 규정에 위반하여 무효인 때에 해당한다 할 것이지만, ㉢ 범의를 가진 자에 대하여 단순히 범행의 기회를 제공하는 것에 불과한 경우에는 위법한 함정수사라고 단정할 수 없다.

① ㉠ ×, ㉡ O, ㉢ O
② ㉠ O, ㉡ ×, ㉢ O
③ ㉠ O, ㉡ O, ㉢ ×
④ ㉠ O, ㉡ O, ㉢ O

[해설]
설문의 내용은 대판 2007.5.31. 2007도1903의 내용에 대한 것으로 모두 옳은 내용이다.

정답 ④

---

26 위법한 함정수사에 해당하지 않는 것으로만 모두 묶은 것은? (다툼이 있는 경우 판례에 의함)

16. 검찰 7급

> ㉠ 甲이 수사기관에 체포된 동거남의 석방을 위한 공적을 쌓기 위하여 乙에게 대가의 지급을 약속하며 도움을 부탁하였고, 이를 승낙한 乙은 마약수사관에게 연락하여 甲의 동거남을 석방해주는 조건으로 필로폰 밀수입에 관한 정보를 제공하기로 협의한 다음 丙에게 필로폰 밀수입을 권유하였고, 丙은 다시 丁에게 필로폰 밀수입을 권유하여 丁이 이를 승낙하고 필로폰을 받으러 나오자 乙의 연락을 받은 마약수사관이 丁을 체포한 경우
> ㉡ 경찰관이 노래방의 도우미 알선 영업 단속 실적을 올리기 위하여 그에 대한 제보나 첩보가 없는데도 손님을 가장하고 노래방에 들어가 업주에게 도우미를 불러달라고 수차례 요청하여 업주가 도우미를 불러온 경우
> ㉢ 취객을 상대로 한 이른바 부축빼기 절도범을 단속하기 위하여 경찰관이 공원 인도에 쓰러져 있는 취객 근처에서 감시하고 있다가, 마침 피의자가 나타나 취객을 부축하여 10m 정도를 끌고 가 지갑을 뒤지자 현장에서 체포한 경우

① ㉠, ㉡   ② ㉠, ㉢   ③ ㉡, ㉢   ④ ㉠, ㉡, ㉢

[해설]
㉠ 【 X 】 대판 2007.11.29. 2007도7680
㉡ 【 O 】 대판 2008.10.23. 2008도7362
㉢ 【 X 】 대판 2007.5.31. 2007도1903

정답 ②

27 함정수사에 대한 설명 중 가장 적절하지 않은 것은? (다툼이 있는 경우 판례에 의함)   17. 여경

① 甲이 수사기관에 체포된 동거남의 석방을 위한 공적을 쌓기 위하여 乙에게 필로폰 밀수입에 관한 정보제공을 부탁하면서 대가의 지급을 약속하고, 이에 乙이 丙에게, 丙은 丁에게 순차적으로 필로폰 밀수입을 권유하여 이를 승낙하고 필로폰을 받으러 나온 丁을 체포한 사안에서, 乙, 丙 등이 각자의 사적인 동기에 기하여 수사기관과 직접적인 관련이 없이 독자적으로 丁을 유인한 것으로서 위법한 함정수사에 해당하지 않는다.
② 수사기관이 이미 범행을 저지른 범인을 검거하기 위해 정보원을 이용하여 범인을 검거장소로 유인한 경우는 위법한 함정수사에 해당한다.
③ 위법한 함정수사에 의한 공소제기는 그 절차가 법률의 규정에 위반하여 무효인 때에 해당하므로 「형사소송법」 제327조 제2호에 의하여 공소기각 판결을 하여야 한다.
④ 경찰관이 부축빼기 절도범 단속을 위하여 공원에 쓰러져 있는 취객 근처에서 감시하고 있다가 마침 피고인이 나타나 취객을 부축하여 10m정도를 끌고 가 지갑을 뒤지자 현장에서 체포하여 기소한 경우 위법한 함정수사에 해당하지 않는다.

[해설]
① 【 O 】 대판 2007.11.29. 2007도7680
② 【 X 】 수사기관이 이미 범행을 저지른 범인을 검거하기 위해 정보원을 이용하여 범인을 검거장소로 유인한 경우, 함정수사로 볼 수 없다(대판 2007.7.26. 2007도4532).
③ 【 O 】 대판 2005.10.28. 2005도1247
④ 【 O 】 대판 2007.5.31. 2007도1903

정답 ②

28 함정수사에 대한 설명으로 옳지 않은 것은? (다툼이 있는 경우 판례에 의함)   18. 국가직

① 피고인이 본래 범의를 가지지 아니하였는데 수사기관의 사술 또는 계략으로 인해 범의를 일으켜 행위한 것으로 인정된다면 법원은 무죄판결을 하여야 한다.
② 구체적인 사건에서 위법한 함정수사에 해당하는지 여부는 해당 범죄의 종류와 성질, 유인자의 지위와 역할, 유인의 경위와 방법, 유인에 따른 피유인자의 반응, 피유인자의 처벌 전력 및 유인행위 자체의 위법성 등을 종합하여 판단하여야 한다.
③ 경찰관들이 노래방 단속실적을 올리기 위하여 평소 손님들에게 도우미 알선영업을 해왔다는 자료나 첩보가 없음에도 노래방에 손님을 가장하고 들어가 도우미를 불러 줄 것을 재차 요구한 후 이를 단속하였다면 이는 위법한 함정수사에 해당한다.
④ 수사기관과 직접 관련이 없는 사인(私人)이 피고인에게 범죄의 실행을 부탁한 경우, 그로 인하여 피고인의 범의가 유발되었다 하더라도 이는 위법한 함정수사에 해당하지 아니한다.

[해설]
① 【 X 】 위법한 함정수사에 기초한 공소제기의 효력에 대하여 판례는 "본래 범의를 가지지 아니한 자에 대하여 수사기관이 사술이나 계략 등을 써서 범의를 유발케 하여 범죄인을 검거하는 함정수사는 위법함을 면할 수 없고, 이러한 함정수사에 기한 공소제기는 그 절차가 법률의 규정에 위반하여 무효인 때에 해당한다(대판 2005.10.28. 2005도1247)"라고 판시하여 공소기각판결로 사건을 종결해야 한다는 입장이다.
② 【 O 】 대판 2007.7.12. 2006도2339
③ 【 O 】 대판 2008.10.23. 2008도7362
④ 【 O 】 대판 2007.11.29. 2007도7680

정답 ①

29. 함정수사에 대한 설명으로 가장 적절한 것은? (다툼이 있는 경우 판례에 의함)

19. 경찰채용 2차

① 수사기관과 직접적인 관련을 맺지 않은 유인자가 수차례 반복적으로 범행을 부탁하였을 뿐 수사기관이 사술이나 계략을 사용한 것으로 볼 수 없는 경우라도, 그로 인하여 피유인자의 범의가 유발되었다는 점이 입증되면 위법한 함정수사에 해당한다.

② 위법한 함정수사에 기한 공소제기는 그 절차가 법률의 규정에 위반하여 무효인 때에 해당하므로 그 수사에 기하여 수집된 증거는 증거능력이 없으며, 따라서 법원은 「형사소송법」 제325조에 의하여 무죄판결을 선고해야 한다.

③ 경찰관이 이른바 부축빼기 절도범을 단속하기 위하여 취객 근처에서 감시하고 있다가, 피고인이 나타나 취객을 부축하여 10m 정도를 끌고 가 지갑을 뒤지자 현장에서 체포하여 기소한 경우 수사기관이 위계를 사용한 것으로 볼 수 있으므로 위법한 함정수사에 해당한다.

④ 수사기관이 피고인의 범죄사실을 인지하고도 피고인을 바로 체포하지 않고 추가 범행을 지켜보고 있다가 범죄사실이 많이 늘어난 뒤에야 피고인을 체포하였다는 사정만으로는 피고인에 대한 수사와 공소제기가 위법하다거나 함정수사에 해당한다고 할 수 없다.

해설

① 【 X 】 수사기관과 직접 관련이 있는 유인자가 피유인자와의 개인적인 친밀관계를 이용하여 피유인자의 동정심이나 감정에 호소하거나, 금전적·심리적 압박이나 위협 등을 가하거나, 거절하기 힘든 유혹을 하거나, 또는 범행방법을 구체적으로 제시하고 범행에 사용할 금전까지 제공하는 등으로 과도하게 개입함으로써 피유인자로 하여금 범의를 일으키게 하는 것은 위법한 함정수사에 해당하여 허용되지 아니하지만, 유인자가 수사기관과 직접적인 관련을 맺지 아니한 상태에서 피유인자를 상대로 단순히 수차례 반복적으로 범행을 부탁하였을 뿐 수사기관이 사술이나 계략 등을 사용하였다고 볼 수 없는 경우는, 설령 그로 인하여 피유인자의 범의가 유발되었다 하더라도 위법한 함정수사에 해당하지 아니한다(대판 2007.7.12. 2006도2339).

② 【 X 】 범의를 가진 자에 대하여 단순히 범행의 기회를 제공하거나 범행을 용이하게 하는 것에 불과한 수사방법이 경우에 따라 허용될 수 있음은 별론으로 하고, 본래 범의를 가지지 아니한 자에 대하여 수사기관이 사술이나 계략 등을 써서 범의를 유발케 하여 범죄인을 검거하는 함정수사는 위법함을 면할 수 없고, 이러한 함정수사에 기한 공소제기는 그 절차가 법률의 규정에 위반하여 무효인 때에 해당한다(대판 2005.10.28. 2005도1247).

③ 【 X 】 경찰관이 취객을 상대로 한 이른바 부축빼기 절도범을 단속하기 위하여, 공원 인도에 쓰러져 있는 취객 근처에서 감시하고 있다가, 마침 피고인이 나타나 취객을 부축하여 10m 정도를 끌고 가 지갑을 뒤지자 현장에서 체포하여 기소한 경우, 위법한 함정수사에 기한 공소제기가 아니라고 한 사례(대판 2007.5.31. 2007도1903).

④ 【 O 】 대판 2007.6.29. 2007도3164

정답 ④

30 함정수사에 대한 설명으로 가장 적절하지 않은 것은? (다툼이 있는 경우 판례에 의함)

21. 경찰승진

① 수사기관이 이미 범행을 저지른 범인을 검거하기 위해 정보원을 이용하여 범인을 검거장소로 유인한 것에 불과한 경우는 함정수사로 볼 수 없다.
② 수사기관이 피고인의 범죄사실을 인지하고도 피고인을 바로 체포하지 않고 추가 범행을 지켜보고 있다가 범죄사실이 많이 늘어난 뒤에야 피고인을 체포하였다는 사정만으로 피고인에 대한 수사와 공소제기가 위법하다거나 함정수사에 해당한다고 할 수 없다.
③ 유인자가 수사기관과 직접적인 관련을 맺지 아니한 상태에서 피유인자를 상대로 단순히 수차례 반복적으로 범행을 부탁하였을 뿐 수사기관이 사술이나 계략 등을 사용하였다고 볼 수 없는 경우는, 설령 그로 인하여 피유인자의 범의가 유발되었다 하더라도 위법한 함정수사에 해당하지 아니한다.
④ 노상에 정신을 잃고 쓰러져 있는 취객을 발견한 경찰관이 보건의료기관 또는 공공구호기관에 긴급구호를 요청하는 등 보호조치를 하지 않고, 취객의 그러한 상태를 이용하여 근처에서 감시하고 있다가 이른바 부축빼기 절도범을 체포한 경우는 경찰의 직분을 도외시한 범죄수사의 한계를 넘어선 위법한 함정수사에 해당한다.

[해 설]

① 【 O 】 대판 2007.7.26. 2007도4532
② 【 O 】 대판 2007.6.29. 2007도3164
③ 【 O 】 대판 2007.7.12. 2006도2339
④ 【 X 】 국가경찰은 국민의 생명·신체 및 재산의 보호와 범죄의 예방·진압을 가장 우선적인 사명으로 삼고 있는바(경찰법 제3조 참조), 범죄 수사의 필요성을 이유로 일반 국민인 피해자의 생명과 신체에 대한 위험을 의도적으로 방치하면서까지 수사에 나아가는 것은 허용될 수 없고, 또 수사에 국민의 협조가 필요한 경우라 할지라도 본인의 동의 없이 국민의 생명과 신체의 안전에 대한 위험을 무릅쓰고 이른바 미끼로 이용하여 범죄수사에 나아가는 것을 두고 적법한 경찰권의 행사라고 보기도 어려울 것이다. 그러나 위와 같은 사유들은 어디까지나 피해자에 대한 관계에서 문제될 뿐으로서, 위 경찰관들의 행위는 단지 피해자 근처에 숨어서 지켜보고 있었던 것에 불과하고, 피고인은 피해자를 발견하고 스스로 범의를 일으켜 이 사건 범행에 나아간 것이어서, 앞서 본 법리에 의할 때 잘못된 수사방법에 관여한 경찰관에 대한 책임은 별론으로 하고, 스스로 범행을 결심하고 실행행위에 나아간 피고인에 대한 이 사건 기소 자체가 위법하다고 볼 것은 아니라 할 것이다(대판 2007.5.31. 2007도1903).

정답 ④

31 수사에 관한 설명 중 가장 적절하지 않은 것은? (다툼이 있으면 판례에 의함)   16. 경찰승진

① 친고죄나 세무공무원 등의 고발이 있어야 논할 수 있는 죄에 있어서 고소 또는 고발은 소추조건에 불과하고 당해 범죄의 성립요건이나 수사의 조건은 아니다.
② 사법경찰관은 범죄의 혐의가 있다고 인식하는 때에는 범인, 범죄사실과 증거에 관하여 수사를 개시·진행하여야 한다.
③ 경찰관이 취객을 상대로 한 이른바 부축빼기 절도범 단속을 위하여 공원에 쓰러져 있는 취객 근처에서 감시하고 있다가 마침 피고인이 나타나 취객을 부축하여 10m 정도를 끌고 가 지갑을 뒤지자 현장에서 체포하여 기소한 경우 위법한 함정수사라고 볼 수 있다.
④ 수사란 범죄혐의의 유무를 명백히 하여 공소를 제기·유지할 것인가의 여부를 결정하기 위하여 범인을 발견·확보하고 증거를 수집·보전하는 수사기관의 활동이다.

[해설]
① 【 O 】 대판 1995.2.24. 94도252
② 【 O 】 제196조 제2항
③ 【 X 】 경찰관이 취객을 상대로 한 이른바 부축빼기 절도범을 단속하기 위하여, 공원 인도에 쓰러져 있는 취객 근처에서 감시하고 있다가, 마침 피고인이 나타나 취객을 부축하여 10m 정도를 끌고 가 지갑을 뒤지자 현장에서 체포하여 기소한 경우, 위법한 함정수사에 기한 공소제기가 아니라고 한 사례(대판 2007.5.31. 2007도1903).
④ 【 O 】 수사의 개념에 대한 설명으로 타당한 내용이다.

정답 ③

32 고소와 관련한 다음 설명 중 가장 적절하지 않은 것은? (다툼이 있으면 판례에 의함)   16. 경찰채용 1차

① 친고죄에서 고소는 서면뿐만 아니라 구술로도 할 수 있고, 다만 구술에 의한 고소를 받은 검사 또는 사법경찰관은 조서를 작성하여야 하지만 그 조서가 독립된 조서일 필요는 없다.
② 고소권자가 비친고죄로 고소한 사건을 검사가 친고죄로 구성하여 공소를 제기하였다면 공소장 변경절차를 거쳐 공소사실이 비친고죄로 변경되지 아니하는 한, 법원으로서는 친고죄에서 소송조건이 되는 고소가 유효하게 존재하는지를 직권으로 조사·심리하여야 하고, 만일 그 공소사실에 대하여 피고인과 공범관계에 있는 자에 대한 적법한 고소취소가 있다면 그 고소취소의 효력은 피고인에 대하여도 미친다.
③ 친고죄의 공범 중 그 일부에 대하여 제1심 판결이 선고된 후에는 제1심 판결을 선고하기 이전의 다른 공범자에 대하여 고소취소를 할 수 없고 고소의 취소가 있더라도 그 효력이 발생하지 않는다.
④ 형사소송법 제230조 제1항 규정에서 범인을 알게 되다 함은 통상인의 입장에서 보아 고소권자가 고소를 할 수 있을 정도로 범죄사실과 범인을 아는 것을 의미하고, 여기서 범죄사실을 안다는 것은 고소권자가 친고죄에 해당하는 범죄의 피해가 있었다는 사실관계에 관하여 미필적 인식이 있음을 말한다.

해설

① 【 O 】 대판 1985.3.12. 85도190
② 【 O 】 대판 2015.11.17. 2013도7987
③ 【 O 】 대판 1985.11.12. 85도1940
④ 【 X 】 형사소송법 제230조 제1항 본문은 "친고죄에 대하여는 범인을 알게 된 날로부터 6월을 경과하면 고소하지 못한다."고 규정하고 있는바, 여기서 범인을 알게 된다 함은 통상인의 입장에서 보아 고소권자가 고소를 할 수 있을 정도로 범죄사실과 범인을 아는 것을 의미하고, 범죄사실을 안다는 것은 고소권자가 친고죄에 해당하는 범죄의 피해가 있었다는 사실관계에 관하여 확정적인 인식이 있음을 말한다(대판 2001.10.9. 2001도3106).

정답 ④

33 고소에 관한 다음 설명 중 가장 옳지 않은 것은? (다툼이 있는 경우 판례에 의함) 16. 법원직

① 수사기관이 고소권자를 증인 또는 피해자로서 신문한 경우에 그 진술에 범인의 처벌을 요구하는 의사표시가 포함되어 있고 그 의사표시가 조서에 기재되면 이를 적법한 고소로 볼 수 있다.
② 대리인에 의한 고소의 경우, 고소기간은 대리고소인이 아니라 정당한 고소권자를 기준으로 고소권자가 범인을 알게 된 날부터 기산한다.
③ 고발에 있어서는 이른바 고소·고발 불가분의 원칙이 적용되지 아니하므로, 고발의 구비 여부는 양벌규정에 의하여 처벌받는 자연인인 행위자와 법인에 대하여 개별적으로 논하여야 한다.
④ 출판물에 의한 명예훼손죄의 공범 중 1인에 대한 고소의 효력은 다른 공범에 대해서도 미친다.

해설

① 【 O 】 친고죄에서 고소는, 고소권 있는 자가 수사기관에 대하여 범죄사실을 신고하고 범인의 처벌을 구하는 의사표시로서 서면뿐만 아니라 구술로도 할 수 있고, 다만 구술에 의한 고소를 받은 검사 또는 사법경찰관은 조서를 작성하여야 하지만 그 조서가 독립된 조서일 필요는 없으며, 수사기관이 고소권자를 증인 또는 피해자로서 신문한 경우에 그 진술에 범인의 처벌을 요구하는 의사표시가 포함되어 있고 그 의사표시가 조서에 기재되면 고소는 적법하다(대판 2011.6.24. 2011도4451).
② 【 O 】 형사소송법 제236조의 대리인에 의한 고소의 경우, 대리권이 정당한 고소권자에 의하여 수여되었음이 실질적으로 증명되면 충분하고 그 방식에 특별한 제한은 없으므로 고소를 할 때 반드시 위임장을 제출한다거나 '대리'라는 표시를 하여야 하는 것은 아니고 또 고소기간은 대리고소인이 아니라 정당한 고소권자를 기준으로 고소권자가 범인을 알게 된 날이다(대판 2001.9.4. 2001도3081).
③ 【 O 】 조세범처벌법 제6조는 조세에 관한 범칙행위에 대하여는 원칙적으로 국세청장 등의 고발을 기다려 논하도록 규정하고 있는 바, 같은 법에 의하여 하는 고발에 있어서는 이른바 고소·고발 불가분의 원칙이 적용되지 아니하므로, 고발의 구비 여부는 양벌규정에 의하여 처벌받는 자연인인 행위자와 법인에 대하여 개별적으로 논하여야 한다(대판 2004.9.24. 2004도4066).
④ 【 X 】 출판물에 의한 명예훼손죄는 반의사불벌죄에 해당하는바, 판례는 반의사불벌죄에 대해서는 공범간에 주관적 불가분의 원칙을 규정한 제233조가 적용되지 않는다고 본다(대판 1995.5.9. 93도1689).

정답 ④

34 고소에 관한 설명 중 가장 적절하지 않은 것은?

① 피해자의 법정대리인이 피의자이거나 법정대리인의 친족이 피의자인 때에는 피해자의 친족은 독립하여 고소할 수 있다.
② 고소는 제1심 판결 선고 전까지 취소할 수 있다.
③ 고소를 취소한 자는 다시 고소하지 못한다.
④ 친고죄에 대하여 고소할 자가 없는 경우에 이해관계인의 신청이 있으면 검사는 7일 이내에 고소할 수 있는 자를 지정하여야 한다.

해설

① 【 O 】 제226조
② 【 O 】 제232조 제1항
③ 【 O 】 제232조 제2항
④ 【 X 】 친고죄에 대하여 고소할 자가 없는 경우에 이해관계인의 신청이 있으면 검사는 10일 이내에 고소할 수 있는 자를 지정하여야 한다(제228조).

정답 ④

35 고소불가분에 관한 설명 중 가장 적절하지 않은 것은? (다툼이 있으면 판례에 의함)

① 상대적 친고죄의 경우 신분관계 있는 자에 대한 피해자의 고소취소는 비신분자에게도 효력이 있다.
② 절대적 친고죄의 공범 중 일부에 대하여만 처벌을 구하고 나머지에 대하여는 처벌을 원하지 않는다는 내용의 고소는 적법한 고소라고 할 수 없다.
③ 친고죄의 공범 중 그 1인 또는 수인에 대한 고소 또는 그 취소는 다른 공범자에 대하여도 효력이 있다.
④ 절대적 친고죄의 경우 공범 중 일부에 대하여 이미 1심 판결이 선고된 때에는 아직 1심판결선고 전의 다른 공범자에 대하여 고소를 취소할 수 없다.

해설

① 【 X 】 신분관계 있는 자에 대한 피해자의 고소취소는 비신분자에게 효력이 없다.
② 【 O 】 대판 2009.1.30. 2008도7462
③ 【 O 】 제233조
④ 【 O 】 대판 1985.11.12. 85도1940

정답 ①

36 고소 등에 대한 설명으로 옳은 것만을 모두 고른 것은? (다툼이 있는 경우 판례에 의함)   16. 국가직

> ㉠ 피해사실을 이해하고, 고소에 따른 사회생활상의 이해관계를 알아차릴 수 있는 사실상의 의사능력이 있다 하더라도 민법상의 행위능력이 없으면 고소능력은 인정되지 않는다.
> ㉡ 친고죄에서 적법한 고소가 있었는지는 자유로운 증명의 대상이 되고, 일죄의 관계에 있는 범죄사실의 일부에 대한 고소의 효력은 일죄 전부에 대하여 미친다.
> ㉢ 반의사불벌죄에서 피해자가 사망하여 직접 처벌희망 또는 처벌불원의 의사표시를 할 수 없는 경우 제1심 판결 선고 전에 피해자의 상속인이 피해자를 대신하여 처벌불원의 의사표시를 할 수 있다.
> ㉣ 고소는 범죄의 피해자 기타 고소권자가 수사기관에 대하여 범죄사실을 신고하여 범인의 소추·처벌을 구하는 의사표시를 말하는 것으로서, 단순한 피해사실의 신고는 소추·처벌을 구하는 의사표시가 아니므로 고소가 아니다.

① ㉠, ㉡   ② ㉠, ㉢   ③ ㉡, ㉣   ④ ㉢, ㉣

해설

㉠ 【 X 】 고소를 할 때는 소송행위능력, 즉 고소능력이 있어야 하나, 고소능력은 피해를 입은 사실을 이해하고 고소에 따른 사회생활상의 이해관계를 알아차릴 수 있는 사실상의 의사능력으로 충분하므로, 민법상 행위능력이 없는 사람이라도 위와 같은 능력을 갖추었다면 고소능력이 인정된다(대판 2011.6.24. 2011도4451).
㉡ 【 O 】 대판 2011.6.24. 2011도4451
㉢ 【 X 】 폭행죄는 피해자의 명시한 의사에 반하여 공소를 제기할 수 없는 반의사불벌죄로서 처벌불원의 의사표시는 의사능력이 있는 피해자가 단독으로 할 수 있는 것이고, 피해자가 사망한 후 그 상속인이 피해자를 대신하여 처벌불원의 의사표시를 할 수는 없다고 보아야 한다(대판 2010.5.27. 2010도2680).
㉣ 【 O 】 대판 2008.11.27. 2007도4977

정답 ③

37 고소 등에 대한 설명 중 옳고 그름의 표시(○, ×)가 바르게 된 것은? (다툼이 있는 경우 판례에 의함)

17. 여경

> ㉠ 친고죄에 대하여 고소할 자가 없는 경우에 이해관계인의 신청이 있으면 검사는 7일 이내에 고소할 수 있는 자를 지정하여야 한다.
> ㉡ 고소권자가 비친고죄로 고소한 사건을 검사가 친고죄로 구성하여 공소를 제기하였다면 공소장 변경절차를 거쳐 공소사실이 비친고죄로 변경되지 아니하는 한, 법원으로서는 친고죄에서 소송조건이 되는 고소가 유효하게 존재하는지를 직권으로 조사·심리하여야 하고, 만일 그 공소사실에 대하여 피고인과 공범관계에 있는 자에 대한 적법한 고소취소가 있다면 그 고소취소의 효력은 피고인에 대하여도 미친다.
> ㉢ 세무공무원 등의 고발이 있어야 공소를 제기할 수 있는 조세범처벌법위반죄에 대하여 고발을 받아 수사한 검사가 불기소처분을 하였다가 나중에 공소를 제기하는 경우에는 세무공무원 등의 새로운 고발이 있어야 하는 것은 아니다.
> ㉣ 비친고죄에 해당하는 죄로 기소되었다가 항소심에서 친고죄에 해당하는 죄로 공소장이 변경되고 난 후 비로소 고소가 취소되었다면 항소심법원은 공소기각의 판결을 선고할 수 있다.
> ㉤ 「형사소송법」 제230조 제1항 규정에서 범인을 알게 된다 함은 통상인의 입장에서 보아 고소권자가 고소를 할 수 있을 정도로 범죄사실과 범인을 아는 것을 의미하고, 여기서 범죄사실을 안다는 것은 고소권자가 친고죄에 해당하는 범죄의 피해가 있었다는 사실관계에 관하여 미필적 인식이 있음을 말한다.

① ㉠ ○ ㉡ × ㉢ × ㉣ × ㉤ ○
② ㉠ × ㉡ × ㉢ ○ ㉣ ○ ㉤ ×
③ ㉠ ○ ㉡ ○ ㉢ × ㉣ ○ ㉤ ○
④ ㉠ × ㉡ ○ ㉢ ○ ㉣ × ㉤ ×

[해설]

㉠ 【×】 친고죄에 대하여 고소할 자가 없는 경우에 이해관계인의 신청이 있으면 검사는 10일 이내에 고소할 수 있는 자를 지정하여야 한다(제228조).
㉡ 【○】 대판 2015.11.17. 2013도7987
㉢ 【○】 대판 2009.10.29. 2009도6614
㉣ 【×】 항소심에서 비로소 공소사실이 친고죄로 변경된 경우에도 항소심을 제1심이라 할 수는 없는 것이므로, 항소심에 이르러 고소인이 고소를 취소하였다면 이는 친고죄에 대한 고소취소로서의 효력이 없다(대판 2007.3.15. 2007도210).
㉤ 【×】 형사소송법 제230조 제1항 본문은 "친고죄에 대하여는 범인을 알게 된 날로부터 6월을 경과하면 고소하지 못한다."고 규정하고 있는바, 여기서 범인을 알게 된다 함은 통상인의 입장에서 보아 고소권자가 고소를 할 수 있을 정도로 범죄사실과 범인을 아는 것을 의미하고, 범죄사실을 안다는 것은 고소권자가 친고죄에 해당하는 범죄의 피해가 있었다는 사실관계에 관하여 확정적인 인식이 있음을 말한다(대판 2001.10.9. 2001도3106).

정답 ④

38 친고죄의 고소에 대한 설명으로 옳지 않은 것은? (다툼이 있는 경우 판례에 의함)

17. 검찰 7급

① 구술에 의한 고소를 받은 수사기관은 조서를 작성하여야 하지만 그 조서가 독립된 조서일 필요는 없으며, 수사기관이 고소권자를 증인 또는 피해자로서 신문한 경우에 그 진술에 범인의 처벌을 요구하는 의사표시가 포함되어 있고 그 의사표시가 조서에 기재되면 고소는 적법하다.
② 고소인이 현장에 출동한 경찰관에게 고소장을 교부하였으나 경찰서에 도착하여 최종적으로 고소장을 접수하지 아니하기로 마음먹고 고소장을 반환받았다면, 고소장이 수사기관에 적법하게 수리되었다고 할 수 없다.
③ 항소심에서 비로소 공소사실이 친고죄로 변경된 경우 항소심에서 고소인이 고소를 취소하면 이는 친고죄에 대한 고소취소로서 유효하다.
④ 고소권자가 피고인의 처벌을 구하는 의사를 철회한다는 취지의 합의서를 제1심 법원에 제출하였다면 그 고소는 적법하게 취소되었다고 할 것이고, 그 후 고소취소를 철회하는 의사표시를 다시 하여도 그 의사표시는 효력이 없다.

해설

① 【 O 】 대판 1985.3.12. 85도190
② 【 O 】 대판 2008.11.27. 2007도4977
③ 【 X 】 항소심에서 공소장의 변경에 의하여 또는 공소장변경절차를 거치지 아니하고 법원 직권에 의하여 친고죄가 아닌 범죄를 친고죄로 인정하였더라도 항소심을 제1심이라 할 수는 없는 것이므로, 항소심에 이르러 비로소 고소인이 고소를 취소하였다면 이는 친고죄에 대한 고소취소로서의 효력은 없다(대판 1999.4.15. 96도1922 전합).
④ 【 O 】 대판 2009.9.24. 2009도6779

정답 ③

39 고소 등에 대한 설명 중 옳은 것만을 모두 고른 것은? (다툼이 있는 경우 판례에 의함)

17. 경찰채용 2차

㉠ 「근로기준법」제44조의2, 제109조는 건설업에서 2차례 이상 도급이 이루어진 경우, 「건설산업기본법」 규정에 따른 건설업자가 아닌 하수급인이 그가 사용한 근로자에게 임금을 지급하지 못할 경우 하수급인의 직상 수급인은 하수급인과 연대하여 하수급인이 사용한 근로자의 임금을 지급할 책임을 지도록 하면서 이를 위반한 직상 수급인을 처벌하되, 근로자의 명시적인 의사와 다르게 공소를 제기할 수 없도록 규정하고 있다. 이때 하수급인의 처벌을 희망하지 아니하는 근로자의 의사표시가 있을 경우, 직상 수급인의 처벌을 희망하지 아니하는 의사표시도 포함되어 있다고 볼 수 있는지를 살펴보아야 하고, 직상 수급인을 배제한 채 오로지 하수급인에 대하여만 처벌을 희망하지 아니하는 의사를 표시한 것으로 쉽사리 단정할 것은 아니다.

㉡ 피해사실을 이해하고, 고소에 따른 사회생활상의 이해관계를 알아차릴 수 있는 사실상의 의사능력이 있다 하더라도 민법상의 행위능력이 없으면 고소능력은 인정되지 않는다.

㉢ 폭행죄는 피해자의 명시한 의사에 반하여 공소를 제기할 수 없는 반의사불벌죄로서 처벌불원의 의사표시는 의사능력이 있는 피해자가 단독으로 할 수 있는 것이고, 피해자가 사망한 후 그 상속인이 피해자를 대신하여 처벌불원의 의사표시를 할 수는 없다.

㉣ 「형사소송법」제236조의 대리인에 의한 고소의 경우, 대리권이 정당한 고소권자에 의하여 수여되었음을 증명하기 위해 반드시 위임장을 제출한다거나 '대리'라는 표시를 하여야 한다.

㉤ 고소권자가 비친고죄로 고소한 사건이더라도 검사가 사건을 친고죄로 구성하여 공소를 제기하였다면, 공소장 변경절차를 거쳐 공소사실이 비친고죄로 변경되지 아니하는 한, 법원으로서는 친고죄에서 소송조건이 되는 고소가 유효하게 존재하는지를 직권으로 조사·심리 하여야 한다.

① ㉠, ㉡　　② ㉠, ㉢, ㉤　　③ ㉢, ㉤　　④ ㉢, ㉣, ㉤

해설

㉠ 【O】 근로기준법 제44조의2, 제109조는 건설업에서 2차례 이상 도급이 이루어진 경우 건설산업기본법 규정에 따른 건설업자가 아닌 하수급인이 그가 사용한 근로자에게 임금을 지급하지 못할 경우 하수급인의 직상 수급인은 하수급인과 연대하여 하수급인이 사용한 근로자의 임금을 지급할 책임을 지도록 하면서 이를 위반한 직상 수급인을 처벌하되, 근로자의 명시적인 의사와 다르게 공소를 제기할 수 없도록 규정하고 있다. 이는 직상 수급인이 건설업 등록이 되어 있지 않아 건설공사를 위한 자금력 등이 확인되지 않는 사람에게 건설공사를 하도급하는 위법행위를 함으로써 하수급인의 임금지급의무 불이행에 관한 추상적 위험을 야기한 잘못에 대하여, 실제로 하수급인이 임금지급의무를 이행하지 않아 이러한 위험이 현실화되었을 때 책임을 묻는 취지이다. 그런데 직상 수급인은 자신에게 직접적인 귀책사유가 없더라도 하수급인의 임금 미지급으로 말미암아 책임을 부담하고, 하수급인이 임금지급의무를 이행하는 경우에는 함께 책임을 면하게 되어, 결국 하수급인의 행위에 따라 책임 유무나 범위가 좌우될 수밖에 없는 점, 하수급인의 임금 미지급 사실을 미처 알지 못하는 등의 사유로 직상 수급인이 하수급인과 근로자의 합의 과정에 참여할 기회를 얻지 못한 결과 정작 하수급인은 근로자의 의사표시로 처벌을 면할 수 있으나 직상 수급인에 대하여는 처벌을 희망하지 아니하는 의사표시가 명시적으로 이루어지지 않게 될 가능성도 적지 아니한 점, 나아가 하수급인에게서 임금을 지급받거나 하수급인의 채무를 면제해 준 근로자가 굳이 직상 수급인만 따로 처벌받기를 원하는 경우는 매우 드문 점 등을 고려할 때, 하수급인의 처벌을 희망하지 아니하는 근로자의 의사표시가 있을 경우에는, 근로자가 직상 수급인에게 임금을 직접 청구한 적이 있는지, 하수급인이 직상 수급인에게 임금 미지급 사실을 알린 적이 있는지, 하수급인과 근로자의 합의 과정에 직상 수급인이 참여할 기회가 있었는지, 근로자가 합의 대상에서 직상 수급인을 명시적으로 제외하고 있는지, 변제나 면제 등을 통하여 하수급인의 책임이 소멸하였는지 등의 여러 사정을 참작하여 여기에 직상 수급인의 처벌을 희망하지 아니하는 의사표시도 포함되어 있다고 볼 수 있는지를 살펴보아야 하고, 직상 수급인을 배제한 채 오로지 하수급인에 대하여만 처벌을 희망하지 아니하는 의사를 표시한 것으로 쉽사리 단정할 것은 아니다(대판 2015.11.12. 2013도8417).

ⓒ 【 X 】 고소를 함에는 소송행위능력, 즉 고소능력이 있어야 하는바, 고소능력은 피해를 받은 사실을 이해하고 고소에 따른 사회생활상의 이해관계를 알아차릴 수 있는 사실상의 의사능력으로 충분하므로 민법상의 행위능력이 없는 자라도 위와 같은 능력을 갖춘 자에게는 고소능력이 인정된다고 할 것이고, 고소위임을 위한 능력도 위와 마찬가지라고 할 것이다(대판 1999.2.9. 98도2074).

ⓒ 【 O 】 대판 2010.5.27. 2010도2680

ⓔ 【 X 】 형사소송법 제236조의 대리인에 의한 고소의 경우, 대리권이 정당한 고소권자에 의하여 수여되었음이 실질적으로 증명되면 충분하고, 그 방식에 특별한 제한은 없으므로, 고소를 할 때 반드시 위임장을 제출한다거나 '대리'라는 표시를 하여야 하는 것은 아니고, 또 고소기간은 대리고소인이 아니라 정당한 고소권자를 기준으로 고소권자가 범인을 알게 된 날부터 기산한다(대판 2001.9.4. 2001도3081).

ⓜ 【 O 】 대판 2015.11.17. 2013도7987

정답 ②

40 고소에 대한 설명으로 옳은 것을 모두 고른 것은? (다툼이 있는 경우 판례에 의함)

18. 경찰승진

㉠ 수사기관이 고소권자를 증인 또는 피해자로서 신문한 경우에 그 진술에 범인의 처벌을 요구하는 의사표시가 포함되어 있고 그 의사표시가 조서에 기재되면 이를 적법한 고소로 볼 수 있다.
㉡ 반의사불벌죄에 있어서 처벌을 희망하는 의사표시의 철회는 제1심 판결 선고 전까지 이를 할 수 있으나, 항소심에 이르러 비로소 반의사불벌죄가 아닌 죄에서 반의사불벌죄로 공소장이 변경된 경우에는 예외적으로 항소심에서도 처벌을 희망하는 의사표시를 철회할 수 있다.
㉢ 친고죄에 대하여 고소할 자가 없는 경우에 이해관계인의 신청이 있으면 검사는 7일 이내에 고소할 수 있는 자를 지정하여야 한다.
㉣ 친고죄에서 적법한 고소가 있었는지는 자유로운 증명의 대상이고, 일죄의 관계에 있는 범죄사실 일부에 대한 고소의 효력은 일죄 전부에 대하여 미친다.

① ㉠, ㉡   ② ㉠, ㉢   ③ ㉠, ㉣   ④ ㉡, ㉣

해설

㉠㉣ 【 O 】 대판 2011.6.24. 2011도4451

㉡ 【 X 】 형사소송법 제232조 제1항, 제3항의 취지는 국가형벌권의 행사가 피해자의 의사에 의하여 좌우되는 현상을 장기간 방치할 것이 아니라 제1심 판결 선고 이전까지로 제한하자는데 그 목적이 있다 할 것이므로 비록 항소심에 이르러 비로소 반의사불벌죄가 아닌 죄에서 반의사불벌죄로 공소장변경이 있었다 하여 항소심인 제2심을 제1심으로 볼 수는 없다(대판 1988.3.8. 85도2518).

㉢ 【 X 】 친고죄에 대하여 고소할 자가 없는 경우에 이해관계인의 신청이 있으면 검사는 10일 이내에 고소할 수 있는 자를 지정하여야 한다(제228조).

정답 ③

41 고소에 관한 설명 중 옳은 것은? (다툼이 있는 경우 판례에 의함)   21. 변호사시험

① 민사사건에서 '이 사건과 관련하여 서로 상대방에 대해 제기한 형사사건의 고소를 모두 취하한다'는 내용이 포함된 조정이 성립된 것만으로도 위 형사사건의 고소가 취소된 것으로 볼 수 있다.
② 법정대리인의 고소권은 무능력자의 보호를 위하여 법정대리인에게 주어진 독립대리권이므로, 피해자의 명시한 의사에 반하여 행사할 수 없다.
③ 항소심에서 공소장변경 또는 법원의 직권에 의하여 비친고죄를 친고죄로 인정한 경우, 항소심에 이르러 비로소 고소인이 고소를 취소하였다면 이는 친고죄에 대한 고소취소로서 효력이 있다.
④ 영업범 등 포괄일죄의 경우 고소권자가 범죄행위가 계속되는 도중에 범인을 알았다 하더라도 최후의 범죄행위가 종료한 때에 고소기간이 진행된다.
⑤ 변호사 甲이 친고죄의 피해자인 의뢰인 乙로부터 가해자인 A에 대한 고소대리권을 수여받아 고소를 제기한 경우, 고소기간은 고소대리인인 甲이 범죄사실을 알게 된 날부터 기산한다.

[해설]
① 【 X 】 민사사건에서 임의조정이 성립된 것만으로는 고소가 취소된 것으로 볼 수 없다(대판 2008.11.27. 2008도2493).
② 【 X 】 법정대리인의 고소권은 무능력자의 보호를 위하여 법정대리인에게 주어진 고유권이어서 피해자의 고소권 소멸 여부에 관계없이 고소할 수 있는 것이며, 그 고소기간은 법정대리인 자신이 범인을 알게 된 날로부터 진행한다(대판 1987.6.9. 87도857).
③ 【 X 】 소송요건인 그 친고죄의 고소를 취소할 수 있는 시기를 언제까지로 한정하는가는 형사소송절차운영에 관한 입법정책상의 문제인바, 항소심을 제1심이라 할 수는 없는 것이므로, 항소심에 이르러 비로소 고소인이 고소를 취소하였다면 이는 친고죄에 대한 고소취소로서의 효력은 없다고 본다(대판[전합] 1999.4.15. 96도1922).
④ 【 O 】 '범인을 알게 된 날'이란 범죄행위가 종료된 후에 범인을 알게 된 날을 가리키는 것으로서, 고소권자가 범죄행위가 계속되는 도중에 범인을 알았다 하여도, 그 날부터 곧바로 위 조항에서 정한 친고죄의 고소기간이 진행된다고는 볼 수 없고, 이러한 경우 고소기간은 범죄행위가 종료된 때부터 계산하여야 하며, 동종행위의 반복이 당연히 예상되는 영업범 등 포괄일죄의 경우에는 최후의 범죄행위가 종료한 때에 전체 범죄행위가 종료된 것으로 보아야 한다(대판 2004.10.28. 2004도5014).
⑤ 【 X 】 형사소송법 제236조의 대리인에 의한 고소의 경우, 대리권이 정당한 고소권자에 의하여 수여되었음이 실질적으로 증명되면 충분하고 그 방식에 특별한 제한은 없으므로 고소를 할 때 반드시 위임장을 제출한다거나 '대리'라는 표시를 하여야 하는 것은 아니고 또 고소기간은 대리고소인이 아니라 정당한 고소권자를 기준으로 고소권자가 범인을 알게 된 날이다(대판 2001.9.4. 2001도3081).

정답 ④

42 고소에 관한 설명 중 가장 옳지 않은 것은? (다툼이 있는 경우 판례에 의함)   18. 법원직

① 자기 또는 배우자의 직계존속을 고소하지 못하지만, 형법 제298조의 강제추행죄의 경우에는 자기 또는 배우자의 직계존속을 고소할 수 있다.
② A와 B가 2012.3.1. 함께 C를 강제추행하여 C가 A와 B를 성폭력범죄의 처벌 등에 관한 특례법 제4조 제2항의 특수강제추행죄로 고소하였는데, 검사가 A에 대하여 형법 제298조의 강제추행죄로 기소한 경우에, C가 B에 대한 고소를 취소하였다면 고소취소의 효력이 A에게도 미쳐 공소기각의 판결을 하여야 한다.
③ 제1심 법원이 반의사불벌죄로 기소된 피고인에 대하여 소송촉진 등에 관한 특례법 제23조에 따라 피고인의 진술 없이 유죄를 선고하여 판결이 확정된 경우 피고인이 같은 법 제23조의2에 따른 재심청구를 한 경우에는 피해자는 재심의 제1심 판결 선고 전까지 처벌을 희망하는 의사표시를 철회할 수 있다.
④ 위 ③항의 경우에, 피고인이 소송촉진 등에 관한 특례법 제23조의2에 따른 재심청구가 아니라 형사소송법 제345조에 의한 항소권회복청구를 하여 항소심 재판을 받게 된 경우에도 재심을 신청한 경우와의 형평성을 고려하여 항소심 판결이 선고되기 전까지는 피해자가 처벌을 희망하는 의사표시를 철회할 수 있다.

해설

① 【 O 】 성폭력범죄의 처벌 등에 관한 특례법 제18조
② 【 O 】 대판 2015.11.17. 2013도7987
③ 【 O 】 대판 2016.11.25. 2016도9470
④ 【 X 】 제1심 법원이 반의사불벌죄로 기소된 피고인에 대하여 소송촉진 등에 관한 특례법(이하 '소송촉진법'이라고 한다) 제23조에 따라 피고인의 진술 없이 유죄를 선고하여 판결이 확정된 경우, 만일 피고인이 책임을 질 수 없는 사유로 공판절차에 출석할 수 없었음을 이유로 소송촉진법 제23조의2에 따라 제1심 법원에 재심을 청구하여 재심개시결정이 내려졌다면 피해자는 재심의 제1심 판결 선고 전까지 처벌을 희망하는 의사표시를 철회할 수 있다. 그러나 피고인이 제1심 법원에 소송촉진법 제23조의2에 따른 재심을 청구하는 대신 항소권회복청구를 함으로써 항소심 재판을 받게 되었다면 항소심을 제1심이라고 할 수 없는 이상 항소심 절차에서는 처벌을 희망하는 의사표시를 철회할 수 없다(대판 2016.11.25. 2016도9470).

정답 ④

43 고소에 대한 설명으로 옳은 것을 모두 고른 것은? (다툼이 있는 경우 판례에 의함)

18. 경찰채용 1차

㉠ 「형사소송법」 제236조의 대리인에 의한 고소의 경우, 대리권이 정당한 고소권자에 의하여 수여되었음이 실질적으로 증명되면 충분하고 그 방식에 특별한 제한은 없지만, 고소를 할 때 반드시 위임장을 제출하거나 '대리'라는 표시를 하여야 한다.
㉡ 고소장에 명예훼손죄의 죄명을 붙이고 그 죄에 관한 사실을 적었으나 그 사실이 명예훼손죄를 구성하지 않고 모욕죄를 구성하는 경우 위 고소는 모욕죄에 대한 고소로서의 효력은 갖지 않는다.
㉢ 친고죄의 공범 중 그 1인 또는 수인에 대한 고소 또는 그 취소는 다른 공범자에 대하여는 효력이 없다.
㉣ 고소능력은 피해를 입은 사실을 이해하고 고소에 따른 사회생활상의 이해관계를 알아차릴 수 있는 사실상의 의사능력으로 충분하지만, 민법상 행위능력이 없는 사람은 위와 같은 능력을 갖추었더라도 고소능력이 인정되지 않는다.

① ㉠, ㉢   ② ㉡, ㉣   ③ ㉡, ㉢, ㉣   ④ 없음

해설

㉠ 【 X 】 형사소송법 제236조의 대리인에 의한 고소의 경우, 대리권이 정당한 고소권자에 의하여 수여되었음이 실질적으로 증명되면 충분하고, 그 방식에 특별한 제한은 없으므로, 고소를 할 때 반드시 위임장을 제출한다거나 '대리'라는 표시를 하여야 하는 것은 아니고, 또 고소기간은 대리고소인이 아니라 정당한 고소권자를 기준으로 고소권자가 범인을 알게 된 날부터 기산한다(대판 2001.9.4. 2001도3081).
㉡ 【 X 】 고소가 어떠한 사항에 관한 것인가의 여부는 고소장에 붙인 죄명에 구애될 것이 아니라 고소의 내용에 의하여 결정하여야 할 것이므로 고소장에 명예훼손죄의 죄명을 붙이고 그 죄에 관한 사실을 적었으나 그 사실이 명예훼손죄를 구성하지 않고 모욕죄를 구성하는 경우에는 위 고소는 모욕죄에 대한 고소로서의 효력을 갖는다(대판 1981.6.23. 81도1250).
㉢ 【 X 】 친고죄의 공범 중 그 1인 또는 수인에 대한 고소 또는 그 취소는 다른 공범자에 대하여도 효력이 있다(제233조).
㉣ 【 X 】 고소를 함에는 소송행위능력, 즉 고소능력이 있어야 하는바, 고소능력은 피해를 받은 사실을 이해하고 고소에 따른 사회생활상의 이해관계를 알아차릴 수 있는 사실상의 의사능력으로 충분하므로 민법상의 행위능력이 없는 자라도 위와 같은 능력을 갖춘 자에게는 고소능력이 인정된다고 할 것이고, 고소위임을 위한 능력도 위 마찬가지라고 할 것이다(대판 1999.2.9. 98도2074).

정답 ④

44 고소불가분의 원칙에 대한 설명으로 옳지 않은 것은?   18. 검찰 7급

① 다른 환자들 앞에서 수술결과에 불만을 품고 거칠게 항의하는 환자 A에 대하여 의사 甲이 욕을 하면서 업무상 지득한 A에 대한 비밀을 누설한 경우, 모욕행위에 대한 A의 고소는 업무상 비밀누설행위에 대하여도 효력이 미친다.
② 甲이 하나의 문서를 통해 A, B, C를 모욕하였으나 A만이 甲을 모욕죄로 고소한 경우, A의 고소는 B, C에 대한 모욕행위에는 효력이 미치지 않는다.
③ 변호사 甲이 A에게 직무상 알게 된 비밀을 누설하는 방법으로 B의 명예를 훼손한 경우, 명예훼손행위에 대한 B의 고소는 업무상 비밀누설행위에 대하여도 효력이 미친다.
④ 수회의 모욕이 경합범의 관계에 있다면 이 중 하나의 모욕행위에 대한 고소는 다른 모욕행위에 대하여 효력이 미치지 않는다.

해설

① 【 O 】 甲은 모욕죄와 업무상 비밀누설죄를 저질렀다. 그런데 위 두 행위는 상상적 경합의 관계에 있으며, 모욕죄와 업무상 비밀누설죄는 모두 친고죄이다. 또한 환자 A에 대해 이러한 죄를 저질렀다. 즉, 이 사안은 고소의 객관적 불가분의 원칙 중 모두 친고죄이며 피해자가 동일한 경우에 해당한다. 따라서 이 경우에는 모욕행위에 대한 고소는 업무상 비밀누설 행위에 대하여도 효력이 미친다.
② 【 O 】 설문의 사안은 모두 친고죄이고 피해자가 다른 경우에 해당한다. 1인의 피해자가 하는 고소의 효력은 다른 피해자에 대한 범죄사실에는 미치지 않는다.
③ 【 X 】 甲은 명예훼손죄와 업무상 비밀누설죄를 저질렀다. 그런데 위 두 행위는 상상적 경합관계에 있지만, 명예훼손은 반의사불벌죄이고, 업무상 비밀누설죄는 친고죄이다. 따라서 이 경우에는 일부만이 친고죄인 경우에 해당하기 때문에 객관적 불가분의 효력이 미치지 않는다.
④ 【 O 】 설문의 사안은 경합범에 해당한다. 객관적 불가분의 원칙은 1개의 범죄사실을 전제로 하는 원칙이므로, 수죄 즉 경합범에 대하여는 적용되지 않는다.

정답 ③

45 고소에 관한 다음 설명 중 가장 옳지 않은 것은? (다툼이 있는 경우 판례에 의함)   19. 법원직

① 친고죄에서 공범 중 일부에 대하여만 처벌을 구하고 나머지에 대하여는 처벌을 원하지 않는 내용의 고소는 적법한 고소라고 할 수 없고, 공범 중 1인에 대한 고소취소는 고소인의 의사와 상관없이 다른 공범에 대하여도 효력이 있다.
② 항소심에서 공소장의 변경에 의하여 친고죄가 아닌 범죄를 친고죄로 인정하였더라도, 항소심에 이르러 비로소 고소인이 고소를 취소하였다면 이는 친고죄에 대한 고소취소로서의 효력은 없다.
③ 친고죄의 공범 중 그 일부에 대하여 제1심판결이 선고된 후에는 제1심판결선고전의 다른 공범자에 대하여는 그 고소를 취소할 수 없고 그 고소의 취소가 있다 하더라도 그 효력을 발생할 수 없다.
④ 피해자가 반의사불벌죄의 공범 중 1인에 대하여 처벌을 희망하는 의사를 철회한 경우, 다른 공범자에 대하여도 처벌희망의사가 철회된 것으로 볼 수 있다.

해설
① 【 O 】 대판 2009.1.30. 2008도7462
② 【 O 】 대판 1999.4.15. 96도1922 전합
③ 【 O 】 대판 1985.11.12. 85도1940
④ 【 X 】 형사소송법이 고소와 고소취소에 관한 규정을 하면서 제232조 제1항, 제2항에서 고소취소의 시한과 재고소의 금지를 규정하고 제3항에서는 반의사불벌죄에 제1항, 제2항의 규정을 준용하는 규정을 두면서도, 제233조에서 고소와 고소취소의 불가분에 관한 규정을 함에 있어서는 반의사불벌죄에 이를 준용하는 규정을 두지 아니한 것은 처벌을 희망하지 아니하는 의사표시나 처벌을 희망하는 의사표시의 철회에 관하여 친고죄와는 달리 공범자간에 불가분의 원칙을 적용하지 아니하고자 함에 있다고 볼 것이지, 입법의 불비로 볼 것은 아니다(대판 1994.4.26. 93도1689).

정답 ④

46 고소의 취소에 대한 설명으로 가장 적절한 것은? (다툼이 있는 경우 판례에 의함)

19. 경찰승진

① 항소심이 제1심의 공소기각 판결이 위법함을 이유로 제1심 판결을 파기하고 사건을 제1심으로 다시 환송한 경우, 이미 제1심 판결이 한번 선고되었던 이상 파기환송 후 다시 진행된 제1심 절차에서 고소취소는 허용되지 않는다.
② 항소심에서 공소장변경 또는 법원 직권에 의하여 비친고죄를 친고죄로 인정한 경우, 항소심에서의 고소취소는 친고죄에 대한 고소취소로서의 효력이 없다.
③ 고소는 대리인을 통해서 할 수 있지만, 고소의 취소는 대리가 허용되지 않는다.
④ 검사가 작성한 피해자에 대한 진술조서에 "법대로 처벌하여 주시기 바랍니다."라고 기재되어 있고, "더 할 말이 없나요?"라는 물음에 "젊은 사람들이니 한 번 기회를 주시면 감사하겠습니다."라고 조서에 기재되었다면 처벌의사를 철회한 것으로 볼 수 있다.

해설
① 【 X 】 형사소송법 제232조 제1항은 고소를 제1심 판결 선고 전까지 취소할 수 있도록 규정하여 친고죄에서 고소취소의 시한을 한정하고 있다. 그런데 상소심에서 형사소송법 제366조 또는 제393조 등에 의하여 법률 위반을 이유로 제1심 공소기각판결을 파기하고 사건을 제1심법원에 환송함에 따라 다시 제1심 절차가 진행된 경우, 종전의 제1심 판결은 이미 파기되어 효력을 상실하였으므로 환송 후의 제1심 판결 선고 전에는 고소취소의 제한사유가 되는 제1심판결 선고가 없는 경우에 해당한다. 뿐만 아니라 특히 간통죄 고소는 제1심 판결 선고 후 이혼소송이 취하된 경우 또는 피고인과 고소인이 다시 혼인한 경우에도 소급하여 효력을 상실하게 되는 점까지 감안하면, 환송 후의 제1심 판결 선고 전에 간통죄의 고소가 취소되면 형사소송법 제327조 제5호에 의하여 판결로써 공소를 기각하여야 한다(대판 2011.8.25. 2009도9112).
② 【 O 】 대판 1999.4.15. 96도1922 전합
③ 【 X 】 고소 또는 그 취소는 대리인으로 하여금 하게 할 수 있다(제236조).
④ 【 X 】 검사가 작성한 피해자에 대한 진술조서기재 중 '피의자들의 처벌을 원하는 가요?'라는 물음에 대하여 '법대로 처벌하여 주기 바랍니다'로 되어 있고 이어서 '더 할 말이 있는 가요?'라는 물음에 대하여 '젊은 사람들이니 한번 기회를 주시면 감사하겠습니다'로 기재되어 있다면 피해자의 진술취지는 법대로 처벌하되 관대한 처분을 바란다는 취지로 보아야 하고 처벌의사를 철회한 것으로 볼 것이 아니다(대판 1981.1.13. 80도2210).

정답 ②

47 고소에 대한 설명 중 옳은 것을 모두 고른 것은? (다툼이 있는 경우 판례에 의함) 19. 법학경채

> ㉠ 모욕죄의 피해자가 15세인 미성년자로서 범인을 알게 된 날부터 6개월이 지나 자신의 고소권이 소멸하였더라도 그 법정대리인이 범인을 안 때로부터 6개월이 경과하지 않았다면 피해자의 고소권 소멸 여부와 상관없이 그 법정대리인이 고소를 할 수 있으며, 이러한 법정대리인의 고소권은 피해자인 미성년자의 명시한 의사에 반하여도 행사할 수 있다.
> ㉡ 절대적 친고죄의 공범 중 일부에 대해서만 처벌을 구하고 나머지 공범에 대해서는 처벌을 원하지 않는다는 내용의 고소는 적법한 고소라고 할 수 없다.
> ㉢ 절대적 친고죄의 공범 중 甲에 대하여 먼저 제1심 판결이 선고된 후 나머지 공범인 乙에 대한 수사가 진행 중인 경우 乙에 대해서는 아직 1심 판결 선고 전이므로 피해자는 乙에 대한 고소를 취소할 수 있다.
> ㉣ 고소나 고발 모두 대리인으로 하여금 하게 할 수 있다.

① ㉠, ㉡   ② ㉡, ㉢   ③ ㉢, ㉣   ④ ㉠, ㉣

해설

㉠ 【O】 대판 1987.6.9. 87도857
㉡ 【O】 대판 2009.1.30. 2008도7462
㉢ 【X】 친고죄의 공범 중 그 일부에 대하여 제1심판결이 선고된 후에는 제1심 판결선고 전의 다른 공범자에 대하여는 그 고소를 취소할 수 없고 그 고소의 취소가 있다 하더라도 그 효력을 발생할 수 없으며, 이러한 법리는 필요적 공범이나 임의적 공범이나를 구별함이 없이 모두 적용된다(대판 1985.11.12. 85도1940).
㉣ 【X】 고소는 대리인으로 하여금 하게 할 수 있지만(제236조), 고발은 대리를 허용하는 규정이 없으므로 대리가 허용되지 않는다.

정답 ①

---

48 고소에 관한 설명 중 가장 적절한 것은? (다툼이 있는 경우 판례에 의함) 20. 경찰승진

① 피해자가 경찰청 인터넷 홈페이지에 '피고인을 철저히 조사해 달라'는 취지의 신고민원을 접수하는 형태로 피고인에 대한 조사를 촉구하는 의사표시를 한 것은 형사소송법 제237조 제1항에 따른 적법한 고소에 해당한다.
② 고소권자가 비친고죄로 고소한 사건이더라도 검사가 친고죄로 기소하였다면 공소장 변경절차를 거쳐 공소사실이 비친고죄로 변경되지 않는 한, 법원은 고소가 유효하게 존재하는지를 직권으로 조사·심리하여야 한다.
③ 절대적 친고죄의 공범 중 그 1인 또는 수인에 대한 고소는 다른 공범자에 대하여도 효력이 있으나, 취소는 그 취소의 상대방으로 지정된 피고소인에 대해서만 효력이 있다.
④ 친고죄에서 고소는 처벌조건이므로 고소가 있었는지 여부는 엄격한 증명의 대상이 된다.

해설

① 【X】 출판사 대표인 피고인이 도서의 저작권자인 피해자와 전자도서(e-book)에 대하여 별도의 출판계약 등을 체결하지 않고 전자도서를 제작하여 인터넷서점 등을 통해 판매하였다고 하여 구 저작권법 위반으로 기소된 사안에서, 피해자가 경찰청 인터넷 홈페이지에 '피고인을 철저히 조사해 달라'는 취지의 민원을 접수하는 형태로 피고인에 대한 조사를 촉구하는 의사표시를 한 것은 형사소송법에 따른 적법한 고소로 보기 어렵다는 이유로 공소를 기각한 원심판단을 정당하다고 한 사례(대판 2012.2.23. 2010도9524).
② 【O】 대판 2015.11.17. 2013도7987
③ 【X】 절대적 친고죄의 공범 중 그 1인 또는 수인에 대한 고소 또는 그 취소는 다른 공범자에 대하여도 효력이 있다(제233조).
④ 【X】 친고죄에서의 고소 유무에 대한 사실은 자유로운 증명의 대상이 된다(대판 1999.2.9. 98도2074).

정답 ②

49 고소 등에 대한 다음의 설명(㉠~㉤) 중 옳고 그름의 표시(○, ×)가 바르게 된 것은? (다툼이 있는 경우 판례에 의함)

20. 경찰채용 1차

㉠ 고소능력은 피해를 입은 사실을 이해하고 고소에 따른 사회생활상의 이해관계를 알아차릴 수 있는 사실상의 의사능력으로 충분하므로, 「민법」상 행위능력이 없는 사람이라도 위와 같은 능력을 갖추었다면 고소능력이 인정된다.

㉡ 고소권자가 비친고죄로 고소한 사건이더라도 검사가 사건을 친고죄로 구성하여 공소를 제기하였다면, 공소장 변경절차를 거쳐 공소사실이 비친고죄로 변경되지 아니하는 한, 법원으로서는 친고죄에서 소송조건이 되는 고소가 유효하게 존재하는지를 직권으로 조사·심리하여야 한다.

㉢ 법정대리인의 고소권은 무능력자의 보호를 위하여 법정대리인에게 주어진 고유권이어서 피해자의 고소권 소멸여부에 관계없이 고소할 수 있는 것이며, 그 고소기간은 법정대리인 자신이 범인을 알게 된 날로부터 진행한다.

㉣ 「형사소송법」 제236조의 대리인에 의한 고소의 경우, 대리권이 정당한 고소권자에 의하여 수여되었음을 증명하기 위해 반드시 위임장을 제출한다거나 '대리'라는 표시를 하여야 한다.

㉤ 친고죄에 관한 고소의 주관적 불가분 원칙을 규정한 「형사소송법」 제233조는 「공정거래법」상 공정거래위원회의 고발에 준용된다.

① ㉠ ○ ㉡ × ㉢ ○ ㉣ ○ ㉤ ×
② ㉠ ○ ㉡ ○ ㉢ × ㉣ × ㉤ ×
③ ㉠ × ㉡ × ㉢ × ㉣ ○ ㉤ ○
④ ㉠ ○ ㉡ ○ ㉢ ○ ㉣ × ㉤ ×

해설

㉠ 【 O 】 대판 1999.2.9. 98도2074
㉡ 【 O 】 대판 2015.11.17. 2013도7987
㉢ 【 O 】 대판 1987.6.9. 87도857
㉣ 【 X 】 형사소송법 제236조의 대리인에 의한 고소의 경우, 대리권이 정당한 고소권자에 의하여 수여되었음이 실질적으로 증명되면 충분하고, 그 방식에 특별한 제한은 없으므로, 고소를 할 때 반드시 위임장을 제출한다거나 '대리'라는 표시를 하여야 하는 것은 아니고, 또 고소기간은 대리고소인이 아니라 정당한 고소권자를 기준으로 고소권자가 범인을 알게 된 날부터 기산한다(대판 2001.9.4. 2001도3081).
㉤ 【 X 】 친고죄에 관한 고소의 주관적 불가분 원칙을 규정하고 있는 형사소송법 제233조가 공정거래위원회의 고발에도 유추적용된다고 해석한다면 이는 공정거래위원회의 고발이 없는 행위자에 대해서까지 형사처벌의 범위를 확장하는 것으로서, 결국 피고인에게 불리하게 형벌법규의 문언을 유추해석한 경우에 해당하므로 죄형법정주의에 반하여 허용될 수 없다(대판 2010.9.30. 2008도4762).

정답 ④

50 친고죄의 고소에 대한 설명으로 옳은 것만을 모두 고르면? (다툼이 있는 경우 판례에 의함)

20. 국가직

㉠ 친고죄가 아닌 범죄로 기소되었으나 항소심에서 공소장의 변경에 의하여 친고죄로 인정된 경우, 고소인이 공소제기 전에 행한 고소를 항소심에서 취소하면 법원은 공소기각의 판결을 선고하여야 한다.
㉡ 수사기관이 고소권이 있는 자를 증인 또는 피해자로서 신문한 경우에는 그 진술에 범인의 처벌을 요구하는 의사표시가 포함되어 있고 그 의사표시가 조서에 기재되어 있더라도 이는 고소로서 유효하지 않다.
㉢ 수사가 장차 고소나 고발의 가능성이 없는 상태 하에서 행해졌다는 등의 특단의 사정이 없는 한, 고소나 고발이 있기 전에 수사를 하였다는 이유만으로 그 수사가 위법하게 되는 것은 아니다.
㉣ 친고죄에 있어서 피해자의 고소권은 공법상의 권리로서 법이 특히 명문으로 인정하는 경우를 제외하고는 고소 전에 고소권을 포기할 수 없다.

① ㉠, ㉡   ② ㉡, ㉢   ③ ㉢, ㉣   ④ ㉠, ㉢, ㉣

해설

㉠ 【 X 】 형사소송법 제232조 제1항, 제3항의 취지는 국가형벌권의 행사가 피해자의 의사에 의하여 좌우되는 현상을 장기간 방치할 것이 아니라 제1심 판결선고 이전까지로 제한하자는데 그 목적이 있다 할 것이므로 비록 항소심에 이르러 비로소 반의사불벌죄가 아닌 죄에서 반의사불벌죄로 공소장변경이 있었다 하여 항소심인 제2심을 제1심으로 볼수는 없다(대판 1988.3.8. 85도2518).

㉡ 【 X 】 친고죄에 있어서의 고소는 고소권있는 자가 수사기관에 대하여 범죄사실을 신고하고 범인의 처벌을 구하는 의사표시로서 서면뿐만 아니라 구술로도 할 수 있는 것이고, 다만 구술에 의한 고소를 받은 검사 또는 사법경찰관은 조서를 작성하여야 하지만 그 조서가 독립된 조서일 필요는 없으며 수사기관이 고소권자를 증인 또는 피해자로서 신문한 경우에 그 진술에 범인의 처벌을 요구하는 의사표시가 포함되어 있고 그 의사표시가 조서에 기재되면 고소는 적법하게 이루어진 것이다(대판 1985.3.12. 85도190).

㉢ 【 O 】 대판 1995.2.24. 94도252

㉣ 【 O 】 대판 1967.5.23. 67도471

정답 ③

51 고소와 고발에 대한 다음 설명 중 적절하지 않은 것만을 고른 것은 모두 몇 개인가? (다툼이 있는 경우 판례에 의함)

20. 경찰채용 2차

> ㉠ 성폭력범죄의 처벌 등에 관한 특례법 제27조에 따라 성폭력범죄 피해자의 변호사는 피해자를 대리하여 피고인에 대한 처벌을 희망하는 의사표시를 철회하거나 처벌을 희망하지 않는 의사표시를 할 수 있다.
> ㉡ 반의사불벌죄에 있어서 미성년자 피해자에게 의사능력이 있는 이상, 법정대리인의 동의 없이 단독으로 고소취소 또는 처벌불원의 의사를 표시할 수 있다.
> ㉢ 제1심 법원이 반의사불벌죄로 기소된 피고인에 대하여 소송촉진 등에 관한 특례법 제23조에 따라 피고인의 진술 없이 유죄를 선고하여 판결이 확정된 후 피고인이 제1심 법원에 동법 제23조의2에 따른 재심을 청구하는 대신 항소권 회복청구를 하여 항소심 재판을 받게 된 경우, 항소심 절차일지라도 처벌을 희망하는 의사표시를 철회할 수 있다.
> ㉣ 세무공무원 등의 고발에 따른 조세범 처벌법 위반죄 혐의에 대하여 검사가 불기소처분을 하였다가 나중에 공소를 제기하는 경우에는 세무공무원 등의 새로운 고발이 있어야 한다.
> ㉤ 수 개의 범칙사실 중 일부만을 범칙사건으로 하는 고발이 있는 경우에 고발장에 기재된 범칙사실과 동일성이 인정되지 않는 다른 범칙사실에 대해서는 고발의 효력이 미치지 않는다.

① 1개　　② 2개　　③ 3개　　④ 4개

해설

㉠【O】성폭력범죄의 처벌 등에 관한 특례법 제27조는 성폭력범죄피해자에 대한 변호사선임의 특례를 정하고 있다. 성폭력범죄의 피해자는 형사절차상 법률적 조력을 받기 위해 스스로 변호사를 선임할 수 있고(제1항), 검사는 피해자에게 변호사가 없는 경우 국선변호사를 선정하여 형사절차에서 피해자의 권익을 보호할 수 있으며(제6항), 피해자의 변호사는 형사절차에서 피해자등의 대리가 허용될 수 있는 모든 소송행위에 대한 포괄적인 대리권을 가진다(제5항). 따라서 피해자의 변호사는 피해자를 대리하여 피고인에 대한 처벌을 희망하는 의사표시를 철회하거나 처벌을 희망하지 않는 의사표시를 할 수 있다(대판 2019.12.13. 2019도10678).

㉡【O】대판 2009.11.19. 2009도6058 전합

㉢【X】제1심 법원이 반의사불벌죄로 기소된 피고인에 대하여 소송촉진 등에 관한 특례법(이하 '소송촉진법'이라고 한다) 제23조에 따라 피고인의 진술 없이 유죄를 선고하여 판결이 확정된 경우, 만일 피고인이 책임을 질 수 없는 사유로 공판절차에 출석할 수 없었음을 이유로 소송촉진법 제23조의2에 따라 제1심 법원에 재심을 청구하여 재심개시결정이 내려졌다면 피해자는 재심의 제1심 판결 선고 전까지 처벌을 희망하는 의사표시를 철회할 수 있다. 그러나 피고인이 제1심 법원에 소송촉진법 제23조의2에 따른 재심을 청구하는 대신 항소권회복청구를 함으로써 항소심 재판을 받게 되었다면 항소심을 제1심이라고 할 수 없는 이상 항소심 절차에서는 처벌을 희망하는 의사표시를 철회할 수 없다(대판 2016.11.25. 2016도9470).

㉣【X】검사의 불기소처분에는 확정재판에 있어서의 확정력과 같은 효력이 없어 일단 불기소처분을 한 후에도 공소시효가 완성되기 전이면 언제라도 공소를 제기할 수 있으므로, 세무공무원 등의 고발이 있어야 공소를 제기할 수 있는 조세범처벌법 위반죄에 관하여 일단 불기소처분이 있었더라도 세무공무원 등이 종전에 한 고발은 여전히 유효하다. 따라서 나중에 공소를 제기함에 있어 세무공무원 등의 새로운 고발이 있어야 하는 것은 아니다(대판 2009.10.29. 2009도6614).

㉤【O】고발은 범죄사실에 대한 소추를 요구하는 의사표시로서 그 효력은 고발장에 기재된 범죄사실과 동일성이 인정되는 사실 모두에 미치므로, 조세범 처벌절차법에 따라 범칙사건에 대한 고발이 있는 경우 고발의 효력은 범칙사건에 관련된 범칙사실의 전부에 미치고 한 개의 범칙사실의 일부에 대한 고발은 전부에 대하여 효력이 생긴다. 그러나 수 개의 범칙사실 중 일부만을 범칙사건으로 하는 고발이 있는 경우 고발장에 기재된 범칙사실과 동일성이 인정되지 않는 다른 범칙사실에 대해서까지 고발의 효력이 미칠 수는 없다(대판 2014.10.15. 2013도5650).

정답 ②

52 고소에 대한 설명으로 가장 적절하지 않은 것은? (다툼이 있는 경우 판례에 의함) 21. 경찰승진

① 「민법」상 행위능력이 없는 사람이라도 피해를 입은 사실을 이해하고 고소에 따른 사회생활상의 이해관계를 알아차릴 수 있는 사실상의 의사능력을 갖추었다면 고소능력이 인정된다.
② 구 「성폭력범죄의 처벌 등에 관한 특례법」(2013.4.5. 법률 제11729호로 개정) 시행일 이전에 저지른 친고죄인 성폭력범죄의 고소기간은 동법 제19조 제1항 본문(2013.4.5. 법률 제11729호로 개정되기 전의 것)에 따라서 '범인을 알게 된 날부터 1년'으로 본다.
③ 법인세는 사업연도를 과세기간으로 하는 것이므로 그 포탈범죄는 각 사업연도마다 1개의 범죄가 성립하는데, 일죄의 관계에 있는 범죄사실의 일부에 대한 공소제기 및 고발의 효력은 그 일죄의 전부에 대하여 미친다.
④ 구 「컴퓨터프로그램 보호법」(2009.4.22. 법률 제9625호 저작권법 부칙 제2조로 폐지) 제48조는 프로그램의 저작권침해에 대해 프로그램저작권자 또는 프로그램배타적발행권자의 고소가 있어야 공소를 제기할 수 있다고 규정하고 있는데, 프로그램저작권이 명의신탁된 경우 제3자의 침해행위에 대한 고소권자는 명의신탁자이다.

해설

① 【O】 대판 1987.9.22. 87도1707
② 【O】 대판 2018.6.28. 2014도13504
③ 【O】 대판 2005.1.14. 2002도5411
④ 【X】 구 컴퓨터프로그램 보호법(2009.4.22. 법률 제9625호 저작권법 부칙 제2조로 폐지, 이하 같다) 제48조는 '프로그램저작권자 또는 프로그램배타적발행권자' 등의 고소가 있어야 공소를 제기할 수 있다고 규정하고 있는데, 프로그램저작권이 명의신탁된 경우 대외적인 관계에서는 명의수탁자만이 프로그램저작권자이므로 제3자의 침해행위에 대한 구 컴퓨터프로그램 보호법 제48조에서 정한 고소 역시 명의수탁자만이 할 수 있다(대판 2013.3.28. 2010도8467).

정답 ④

53 고소취소에 대한 설명으로 가장 적절하지 않은 것은? (다툼이 있는 경우 판례에 의함) 21. 경찰승진

① 고소의 취소는 수사기관 또는 법원에 대한 고소한 자의 의사표시로서 서면 또는 구술로 할 수 있다.
② 피해자가 제1심 법정에서 피고인에 대한 처벌희망 의사표시를 철회할 당시 나이가 14세 10개월이었더라도 그 철회의 의사표시가 의사능력이 있는 상태에서 행해졌다면 법정대리인의 동의가 없었더라도 유효하다.
③ 피해자가 피고인을 고소한 사건에서, 법원으로부터 증인으로 출석하라는 소환장을 받은 피해자가 자신에 대한 증인소환을 연기해 달라고 하거나 기일변경신청을 하고 출석을 하지 않는 경우, 법원은 이를 피해자의 처벌불원의 의사표시로 볼 수 있다.
④ 피고인이 피해자로부터 합의서를 교부받아 피고인이 피해자를 대리하여 처벌불원의사서를 수사기관에 제출한 이상, 이후 피고인이 피해자에게 약속한 치료비 전액을 지급하지 아니한 경우에도 민사상 치료비에 관한 합의금지급채무가 남는 것은 별론으로 하고 피해자는 처벌불원의사를 철회할 수 없다.

해설

① 【O】 제239조, 제236조
② 【O】 대판 2009.11.19. 2009도6058

③ 【X】 반의사불벌죄에 있어서 피해자가 처벌을 희망하지 아니하는 의사표시나 처벌을 희망하는 의사표시의 철회를 하였다고 인정하기 위해서는 피해자의 진실한 의사가 명백하고 믿을 수 있는 방법으로 표현되어야 할 것인바, 기록에 의하면 피해자2는 1999.1.27. 피고인을 고소한 다음, 제1심법원으로부터 2000.8.26.에 2000.9.27. 14:00에 증인으로 출석하라는 소환장을 송달받고서 "수출무역 상담차 약 1개월간 미국을 방문할 예정이니 증인소환을 연기하여 주기 바랍니다."라는 내용의 2000.9.13.자 서면을 제출하고 불출석하였고, 2000.9.30.에 2000.11.22. 14:00에 증인으로 출석하라는 소환장을 송달받고서 "업무출장 관계로 출석할 수 없으니 기일을 변경하여 주시기 바랍니다. 공소외 1(피고인과 함께 피해자2으로부터 고소된 사람임)은 90회 이상 증인을 고소, 고발하여 괴롭히고 있습니다. 공소외 2을 고소취하하였는데 무엇 때문에 또 증인을 부르시나요? 제발 생업에 종사할 수 있도록 선처하여 주시기 바랍니다."라는 내용의 2000.11.13.자 서면을 제출하고 불출석하였고, 2000.11.27.에 2000.12.13. 14:00에 증인으로 출석하라는 소환장을 송달받고서 "수출 협의차 외국출장중이니 기일을 변경하여 주시기 바랍니다. 공소외 1은 증인을 90회 이상 고소, 고발하였고, 증인도 공소외 1을 20회 이상 고소, 고발하여 그동안 제대로 업무를 할 수가 없었습니다. 이번 수출 건은 꼭 상담해야 하니 선처하여 주시기 바랍니다."라는 내용의 2000.12.2.자 서면을 제출하고 불출석하였으며, 제1심판결 선고시까지도 고소취하장 등을 제출한 일이 없는 사실을 인정할 수 있고, 그렇다면 위 2000.11.13.자 서면만으로는 피고인에 대한 처벌을 희망하지 아니하거나 처벌을 희망하는 의사표시를 철회하는 피해자2의 진정한 의사가 명백하고 믿을 수 있는 방법으로 표시되었다고 볼 수 없을 것이다(대판 2001.6.15. 2001도1809).

④ 【O】 대판 2001.12.14. 2001도4283

정답 ③

54. 고소에 관한 다음 설명 중 가장 옳지 않은 것은? (다툼이 있는 경우 판례에 의함) 21. 법원직

① 친고죄가 아닌 죄로 공소가 제기되어 제1심에서 친고죄가 아닌 죄의 유죄판결을 선고받은 경우, 제1심에서 친고죄의 범죄사실은 현실적 심판대상이 되지 아니하였으므로 그 판결을 친고죄에 대한 제1심판결로 볼 수는 없고, 따라서 친고죄에 대한 제1심판결은 없었다고 할 것이므로 그 사건의 항소심에서도 고소를 취소할 수 있다.

② 형사소송법이 고소취소의 시한과 재고소의 금지를 규정하고 반의사불벌죄에 위 규정을 준용하는 규정을 두면서도, 고소와 고소취소의 불가분에 관한 규정을 함에 있어서는 반의사불벌죄에 이를 준용하는 규정을 두지 아니한 것은 처벌을 희망하지 아니하는 의사표시나 처벌을 희망하는 의사표시의 철회에 관하여 친고죄와는 달리 공범자간에 불가분의 원칙을 적용하지 아니하고자 함에 있다.

③ 친고죄에서 구술에 의한 고소를 받은 수사기관은 조서를 작성하여야 하지만 그 조서가 독립된 조서일 필요는 없으며, 수사기관이 고소권자를 증인 또는 피해자로서 신문한 경우에 그 진술에 범인의 처벌을 요구하는 의사표시가 포함되어 있고 그 의사표시가 조서에 기재되면 고소는 적법하다.

④ 제1심 법원이 반의사불벌죄로 기소된 피고인에 대하여 소송촉진 등에 관한 특례법(이하 '소송촉진법'이라고 한다) 제23조에 따라 피고인의 진술 없이 유죄를 선고하여 판결이 확정된 경우, 소송촉진법 제23조의2에 따라 제1심 법원에 재심을 청구하여 재심개시결정이 내려졌다면 피해자는 재심의 제1심 판결 선고 전까지 처벌을 희망하는 의사표시를 철회할 수 있다.

[해설]

① 【X】 [다수의견] 원래 고소의 대상이 된 피고소인의 행위가 친고죄에 해당할 경우 소송요건인 그 친고죄의 고소를 취소할 수 있는 시기를 언제까지로 한정하는가는 형사소송절차운영에 관한 입법정책상의 문제이기에 형사소송법의 그 규정은 국가형벌권의 행사가 피해자의 의사에 의하여 좌우되는 현상을 장기간 방치하지 않으려는 목적에서 고소취소의 시한을 획일적으로 제1심판결 선고시까지로 한정한 것이고, 따라서 그 규정을 현실적 심판의 대상이 된 공소사실이 친고죄로 된 당해 심급의 판결 선고시까지 고소인이 고소를 취소할 수 있다는 의미로 볼 수는 없다 할 것이어서, 항소심에서 공소장의 변경에 의하여 또는 공소장변경절차를 거치지 아니하고 법원 직권에 의하여 친고죄가 아닌 범죄를 친고죄로 인정하였더라도 항소심을 제1심이라 할 수는 없는 것이므로, 항소심에 이르러 비로소 고소인이 고소를 취소하였다면 이는 친고죄에 대한 고소취소로서의 효력은 없다(대판 1999.4.15. 96도1922 전합).

② 【O】 대판 1995.5.9. 93도1689
③ 【O】 대판 1985.3.12. 85도190
④ 【O】 대판 2016.11.25. 2016도9470

정답 ①

55 친고죄에서의 고소취소 및 고소권 포기에 대한 설명으로 가장 적절하지 않은 것은? (다툼이 있는 경우 판례에 의함)

21. 경찰채용 1차

① 고소를 한 피해자가 가해자에게 합의서를 작성하여 준 것만으로는 적법한 고소취소로 보기 어렵지만, '가해자와 원만히 합의하였으므로 피해자는 가해자를 상대로 이 사건과 관련한 어떠한 민·형사상의 책임도 묻지 아니한다.'는 취지의 합의서를 공소제기 이전 수사기관에 제출하였다면 고소취소의 효력이 있다.
② 고소는 제1심판결 선고 전까지 취소할 수 있지만, 항소심에서 공소장변경절차를 거치지 아니하고 법원이 직권으로 친고죄가 아닌 범죄를 친고죄로 인정한 경우, 항소심에서 고소인이 고소를 취소하였다면 친고죄에 대한 고소취소로서 효력을 갖는다.
③ 일단 고소를 취소한 자는 고소기간이 남았더라도 다시 고소하지 못한다.
④ 고소권은 고소 전에 포기될 수 없으므로, 비록 고소 전에 피해자가 처벌을 원치 않았다 하더라도 피해자가 고소장을 제출하여 처벌을 희망하는 의사를 분명히 표시한 후 그 고소를 취소한 바 없다면 피해자의 고소는 유효하다.

해설

① 【 O 】 대판 2002.7.12. 2001도6777
② 【 X 】 [다수의견] 항소심에서 공소장의 변경에 의하여 또는 공소장변경절차를 거치지 아니하고 법원 직권에 의하여 친고죄가 아닌 범죄를 친고죄로 인정하였더라도 항소심을 제1심이라 할 수는 없는 것이므로, 항소심에 이르러 비로소 고소인이 고소를 취소하였다면 이는 친고죄에 대한 고소취소로서의 효력은 없다(대판 1999.4.15. 96도1922 전합).
③ 【 O 】 제232조 제2항
④ 【 O 】 대판 1967.5.23. 67도471

정답 ②

56 소송조건에 대한 설명으로 옳지 않은 것은? (다툼이 있는 경우 판례에 의함)

21. 국가직

① 친고죄에서 고소취소의 의사표시는 공소제기 전에는 고소사건을 담당하는 수사기관에, 공소제기 후에는 고소사건의 수소법원에 대하여 이루어져야 한다.
② 고소를 함에 있어서 고소인은 범죄사실을 특정하여 신고하면 족하며, 범인이 누구인지, 나아가 범인 중 처벌을 구하는 자가 누구인지를 적시할 필요는 없다.
③ 친고죄의 공범 중 그 일부에 대하여 제1심 판결이 선고된 후에는 제1심 판결 선고 전의 다른 공범자에 대하여는 그 고소를 취소할 수 없고, 그 고소의 취소가 있다 하더라도 그 효력을 발생할 수 없으며, 이러한 법리는 필요적 공범과 임의적 공범 모두에 적용된다.
④ 친고죄에서 고소는 제1심 판결 선고 전까지 취소할 수 있으므로, 상소심에서 제1심 공소기각판결을 파기하고 이 사건을 제1심 법원에 환송함에 따라 다시 제1심 절차가 진행된 때에는 환송 후의 제1심 판결 선고 전이라도 고소를 취소할 수 없다.

해설

① 【O】 대판 2012.2.23. 2011도17264
② 【O】 대판 1996.3.12. 94도2423
③ 【O】 대판 1985.11.12. 85도1940
④ 【X】 형사소송법 제232조 제1항은 고소를 제1심판결 선고 전까지 취소할 수 있도록 규정하여 친고죄에서 고소취소의 시한을 한정하고 있다. 그런데 상소심에서 형사소송법 제366조 또는 제393조 등에 의하여 법률 위반을 이유로 제1심 공소기각판결을 파기하고 사건을 제1심법원에 환송함에 따라 다시 제1심 절차가 진행된 경우, 종전의 제1심판결은 이미 파기되어 효력을 상실하였으므로 환송 후의 제1심판결 선고 전에는 고소취소의 제한사유가 되는 제1심판결 선고가 없는 경우에 해당한다. 따라서 환송 후의 제1심판결 선고 전에 친고죄의 고소가 취소되면 형사소송법 제327조 제5호에 의하여 판결로써 공소를 기각하여야 한다(대판 2011.8.25. 2009도9112).

정답 ④

57 고소와 고발에 대한 다음 설명으로 적절하지 않은 것은 모두 몇 개인가? (다툼이 있는 경우 판례에 의함)

21. 경찰승진

> ㉠ 「성폭력범죄의 처벌 등에 관한 특례법」 제27조에 따라 성폭력범죄 피해자의 변호사는 피해자를 대리하여 피고인에 대한 처벌을 희망하는 의사표시를 철회하거나 처벌을 희망하지 않는 의사표시를 할 수 있다.
> ㉡ 세무공무원 등의 고발에 따른 「조세범 처벌법」 위반 사건에 대하여 검사가 불기소처분을 하였다가 나중에 공소를 제기하는 경우에는 세무공무원 등의 새로운 고발이 있어야 한다.
> ㉢ 「조세범 처벌법」상 수 개의 범칙사실 중 일부만을 범칙사건으로 하는 고발이 있는 경우에 고발장에 기재된 범칙사실과 동일성이 인정되지 않는 다른 범칙사실에 대해서는 고발의 효력이 미치지 않는다.
> ㉣ 피해자가 반의사불벌죄의 공범 중 1인에 대하여 처벌을 희망하는 의사표시를 철회한 경우, 그 철회의 효력은 다른 공범자에 대해서도 미친다.

① 1개　　② 2개　　③ 3개　　④ 4개

해설

㉠ 【O】 대판 2019.12.13. 2019도10678
㉡ 【X】 검사의 불기소처분에는 확정재판에 있어서의 확정력과 같은 효력이 없어 일단 불기소처분을 한 후에도 공소시효가 완성되기 전이면 언제라도 공소를 제기할 수 있으므로, 세무공무원 등의 고발이 있어야 공소를 제기할 수 있는 조세범처벌법 위반죄에 관하여 일단 불기소처분이 있었더라도 세무공무원 등이 종전에 한 고발은 여전히 유효하다. 따라서 나중에 공소를 제기함에 있어 세무공무원 등의 새로운 고발이 있어야 하는 것은 아니다(대판 2009.10.29. 2009도6614).
㉢ 【O】 대판 2014.10.15. 2013도5650
㉣ 【X】 형사소송법이 고소와 고소취소에 관한 규정을 하면서 제232조 제1항, 제2항에서 고소취소의 시한과 재고소의 금지를 규정하고 제3항에서는 반의사불벌죄에 제1항, 제2항의 규정을 준용하는 규정을 두면서도, 제233조에서 고소와 고소취소의 불가분에 관한 규정을 함에 있어서는 반의사불벌죄에 이를 준용하는 규정을 두지 아니한 것은 처벌을 희망하지 아니하는 의사표시나 처벌을 희망하는 의사표시의 철회에 관하여 친고죄와 달리 공범자간에 불가분의 원칙을 적용하지 아니하고자 함에 있다고 볼 것이지, 입법의 불비로 볼 것은 아니다(대판 1994.4.26. 93도1689).

정답 ②

58 고소와 고발에 대한 설명으로 옳은 것은?

23. 국가직 7급

① 검사는 고소 또는 고발 있는 사건에 관하여 공소를 제기하지 아니하는 처분을 한 경우에 고소인 또는 고발인의 청구가 있는 때에는 7일 이내에 고소인 또는 고발인에게 그 이유를 구두 또는 서면으로 설명하여야 한다.
② 수사기관은 고소장에 범죄사실로 기재된 내용이 불명확하고 특정되어 있지 않은 경우에도 고소의 수리를 거부하거나 진정으로 접수하여 처리할 수는 없다.
③ 법원이 선임한 부재자 재산관리인이 그 관리대상인 부재자의 재산에 대한 범죄행위에 관하여 법원으로부터 고소권행사에 관한 허가를 얻은 경우, 「형사소송법」 제225조 제1항에서 정한 법정대리인으로서의 적법한 고소권자에 해당한다.
④ 사법경찰관으로부터 불송치결정(「형사소송법」 제245조의5제2호)의 통지(「형사소송법」 제245조의6)를 받은 고소인·고발인·피해자 또는 그 법정대리인은 해당 사법경찰관의 소속 관서의 장에게 이의를 신청할 수 있고, 사법경찰관은 그러한 신청이 있는 때에는 지체 없이 검사에게 사건을 송치하고 관계 서류와 증거물을 송부하여야 하며, 처리결과와 그 이유를 신청인에게 통지하여야 한다.

해설

① 【 X 】 형사소송법 제259조(고소인등에의 공소불제기이유고지) 검사는 고소 또는 고발있는 사건에 관하여 공소를 제기하지 아니하는 처분을 한 경우에 고소인 또는 고발인의 청구가 있는 때에는 7일 이내에 고소인 또는 고발인에게 그 이유를 서면으로 설명하여야 한다.
② 【 X 】 범죄수사규칙에 따라 경찰은 고소, 고발한 사실이 범죄를 구성하지 않은 경우 등에는 그 고소나 고발을 반려할 수 있다.
③ 【 O 】 법원이 선임한 부재자 재산관리인이 그 관리대상인 부재자의 재산에 대한 범죄행위에 관하여 법원으로부터 고소권 행사에 관한 허가를 얻은 경우 부재자 재산관리인은 형사소송법 제225조 제1항에서 정한 법정대리인으로서 적법한 고소권자에 해당한다고 보아야 한다(대판 2022.5.26. 2021도2488)
④ 【 X 】 형사소송법 제245조의7(고소인 등의 이의신청) ① 제245조의6의 통지를 받은 사람(고발인을 제외한다)은 해당 사법경찰관의 소속 관서의 장에게 이의를 신청할 수 있다. ② 사법경찰관은 제1항의 신청이 있는 때에는 지체 없이 검사에게 사건을 송치하고 관계 서류와 증거물을 송부하여야 하며, 처리결과와 그 이유를 제1항의 신청인에게 통지하여야 한다.

정답 ③

59 다음 설명 중 가장 옳지 않은 것은? (다툼이 있는 경우 판례에 의함)

20. 법원직

① 반의사불벌죄의 공범 중 일부에 대하여 제1심 판결이 선고된 후에는 제1심 판결선고 전의 다른 공범자에 대하여 처벌을 희망하지 아니하는 의사표시나 처벌을 희망하는 의사표시의 철회를 할 수 없고, 이를 하더라도 그 효력이 발생하지 않는다.
② 친고죄에서 처벌을 구하는 의사표시의 철회는 수사기관이나 법원에 대한 공법상의 의사표시로서 절차적 확실성을 해하는 조건부 고소나 조건부 고소취소는 허용되지 않는다.
③ 반의사불벌죄에 있어서 미성년자인 피해자의 피고인 또는 피의자에 대한 처벌을 희망하지 않는다는 의사표시 또는 처벌을 희망하는 의사표시의 철회는, 의사능력이 있는 한 피해자가 단독으로 할 수 있고, 거기에 법정대리인의 동의가 있어야 한다거나 법정대리인에 의해 대리되어야 하는 것은 아니다.
④ 항소심에서 공소장의 변경에 의하여 또는 공소장변경절차를 거치지 아니하고 법원 직권에 의하여 친고죄가 아닌 범죄를 친고죄로 인정하였더라도 항소심을 제1심이라 할 수는 없는 것이므로, 항소심에 이르러 비로소 고소인이 고소를 취소하였더라도 이는 친고죄에 대한 고소취소로서의 효력이 없다.

해설

① 【 X 】 반의사불벌죄에는 주관적 불가분의 원칙이 적용되지 않는다. 따라서 공범 중 1인이 제1심 판결이 선고되었더라도 다른 공범이 제1심 판결 선고 전이라면 다른 공범에 대해 처벌의사를 철회할 수 있다.
② 【 O 】 대판 2007.4.13. 2007도425
③ 【 O 】 대판 2009.11.19. 2009도6058 전합
④ 【 O 】 대판 1999.4.15. 96도1922 전합

정답 ①

60 고소 등에 대한 설명으로 옳은 것은? (다툼이 있는 경우 판례에 의함)   20. 검찰 7급

① 반의사불벌죄에 있어서 성인인 피해자가 교통사고로 인해 의식을 회복하지 못하여 처벌희망 여부에 관한 의사표시를 할 수 있는 소송능력이 있다고 할 수 없는 경우, 피해자의 부모가 피해자를 대리하여 처벌을 희망하지 아니한다는 의사를 표시하면 처벌할 수 없다.
② 반의사불벌죄에 있어서 미성년자인 피해자는 의사능력이 있더라도 단독으로는 처벌을 희망하는 의사표시를 할 수 없고 법정대리인의 동의가 있어야 한다.
③ 「형사소송법」 제230조 제1항(고소기간)의 '범인을 알게 된'은 통상인의 입장에서 보아 고소권자가 고소를 할 수 있을 정도로 범죄사실과 범인을 아는 것을 의미하고, 여기서 범죄사실을 안다는 것은 고소권자가 친고죄에 해당하는 범죄의 피해가 있었다는 사실관계에 관하여 확정적인 인식이 있음을 말한다.
④ 고소인이 사건 당일 범죄사실을 신고하면서 현장에 출동한 경찰관에게 고소장을 교부하였다면, 그 후 경찰서에 도착하여 최종적으로 고소장을 접수시키지 아니하기로 결심하고 고소장을 반환받았더라도 고소의 효력이 발생된다.

해설

① 【 X 】 피해자가 의식을 회복하지 못하고 있는 이상 피해자에게 반의사불벌죄에서 처벌희망 여부에 관한 의사표시를 할 수 있는 소송능력이 있다고 할 수 없고, 피해자의 아버지가 피해자를 대리하여 피고인에 대한 처벌을 희망하지 아니한다는 의사를 표시하는 것 역시 허용되지 아니할 뿐만 아니라 피해자가 성년인 이상 의사능력이 없다는 것만으로 피해자의 아버지가 당연히 법정대리인이 된다고 볼 수도 없으므로, 피해자의 아버지가 피고인에 대한 처벌을 희망하지 아니한다는 의사를 표시하였더라도 그것이 반의사불벌죄에서의 처벌희망 여부에 관한 피해자의 의사표시로서 소송법적으로 효력이 발생할 수는 없다(대판 2013.9.26. 2012도568).
② 【 X 】 반의사불벌죄에 있어서 피해자의 피고인 또는 피의자에 대한 처벌을 희망하지 않는다는 의사표시 또는 처벌을 희망하는 의사표시의 철회는, 의사능력이 있는 피해자가 단독으로 이를 할 수 있고, 거기에 법정대리인의 동의가 있어야 한다거나 법정대리인에 의해 대리되어야만 한다고 볼 것은 아니다(대판 2009.11.19. 2009도6058 전합).
③ 【 O 】 대판 2001.10.9. 2001도3106
④ 【 X 】 비록 고소인이 사건 당일 범죄사실을 신고하면서 현장에 출동한 경찰관에게 고소장을 교부하였다고 하더라도, 경찰서에 도착하여 최종적으로 고소장을 접수시키지 아니하기로 결심하고 고소장을 반환받은 것이라면, 고소장이 수사기관에 적법하게 수리되어 고소의 효력이 발생되었다고 할 수 없다. 나아가 고소인이 당시 피고인들에 대하여 처벌불원의 의사를 표시하였다고 하더라도, 애초 적법한 고소가 없었던 이상, 그로부터 3개월이 지나 제기된 이 사건 고소가 재고소의 금지를 규정한 형사소송법 제232조 제2항에 위반된다고 볼 수도 없다(대판 2008.11.27. 2007도4977).

정답 ③

61 반의사불벌죄에 대한 설명으로 옳지 않은 것은? (다툼이 있는 경우 판례에 의함) 17. 국가직

① 반의사불벌죄에서 피고인 또는 피의자의 처벌을 희망하지 않는다는 의사표시 또는 처벌희망 의사표시 철회의 유무나 그 효력 여부에 관한 사실은 엄격한 증명의 대상이다.
② 반의사불벌죄에서 처벌불원의 의사표시의 부존재는 소위 소극적 소송조건으로서 직권조사사항이다.
③ 반의사불벌죄에서 피해자의 처벌불원 의사표시 또는 처벌을 희망하는 의사표시의 철회는 법정대리인의 동의 없이도 의사능력이 있는 미성년자인 피해자가 단독으로 할 수 있다.
④ 반의사불벌죄에서 처벌을 희망하지 아니하는 의사표시나 처벌을 희망하는 의사표시의 철회에 관하여는 공범자 간에 불가분의 원칙이 적용되지 않는다.

해설

① 【 X 】 반의사불벌죄에서 피고인 또는 피의자의 처벌을 희망하지 않는다는 의사표시 또는 처벌희망 의사표시 철회의 유무나 그 효력 여부에 관한 사실은 엄격한 증명의 대상이 아니라 증거능력이 없는 증거나 법률이 규정한 증거조사방법을 거치지 아니한 증거에 의한 증명, 이른바 자유로운 증명의 대상이다(대판 2010.10.14. 2010도5610).
② 【 O 】 대판 2009.12.10. 2009도9939
③ 【 O 】 대판 2009.11.19. 2009도6058 전합
④ 【 O 】 대판 1994.4.26. 93도1689

정답 ①

62 반의사불벌죄에 대한 설명으로 가장 적절하지 않은 것은? (다툼이 있는 경우 판례에 의함) 18. 경찰채용 1차

① 폭행죄는 피해자의 명시한 의사에 반하여 공소를 제기할 수 없는 반의사불벌죄로서 처벌불원의 의사표시는 의사능력이 있는 피해자가 단독으로 할 수 있는 것이고, 피해자가 사망한 후 그 상속인이 피해자를 대신하여 처벌불원의 의사표시를 할 수는 없다고 보아야 한다.
② 반의사불벌죄에 있어서 처벌불원의 의사표시의 부존재는 소위 소극적 소송조건으로서 직권조사사항이라 할 것이므로 당사자가 항소이유로 주장하지 아니하였다고 하더라도 원심은 이를 직권으로 조사·판단하여야 한다.
③ 「형사소송법」 제233조에서 고소와 고소취소의 불가분에 관한 규정을 함에 있어서 반의사불벌죄에 이를 준용하는 규정을 두지 아니한 것은 입법의 불비로 볼 것은 아니다.
④ 「형사소송법」 제232조 제1항 및 제3항에 의하면, 반의사불벌죄에 있어서 처벌을 희망하는 의사표시의 철회는 제1심 판결선고 전까지 이를 할 수 있다고 규정하고 있는데, 항소심에 이르러 비로소 반의사불벌죄가 아닌 죄에서 반의사불벌죄로 공소장변경이 있었다면 항소심인 제2심을 제1심으로 볼 수 있다.

해설

① 【 O 】 대판 2010.5.27. 2010도2680
② 【 O 】 대판 2002.3.15. 2002도158
③ 【 O 】 대판 1994.4.26. 93도1689
④ 【 X 】 형사소송법 제232조 제1항, 제3항의 취지는 국가형벌권의 행사가 피해자의 의사에 의하여 좌우되는 현상을 장기간 방치할 것이 아니라 제1심판결선고 이전까지로 제한하자는데 그 목적이 있다 할 것이므로 비록 항소심에 이르러 비로소 반의사불벌죄가 아닌 죄에서 반의사불벌죄로 공소장변경이 있었다 하여 항소심인 제2심을 제1심으로 볼 수는 없다(대판 1988.3.8. 85도2518).

정답 ④

63. 친고죄와 반의사불벌죄에 관한 다음 설명 중 가장 옳지 않은 것은? (다툼이 있는 경우 판례에 의함)

18. 법원직

① 반의사불벌죄에 있어서 처벌불원의 의사표시의 부존재는 법원이 직권으로 조사·판단하여야 한다.
② 항소심에 이르러 비로소 반의사불벌죄가 아닌 죄에서 반의사불벌죄로 공소장이 변경된 경우 그 처벌을 희망하는 의사표시를 철회할 수 있다.
③ 친고죄의 공범 중 공범자 1인에 대하여 제1심 판결이 선고된 후에는 나머지 공범자에 대하여 고소를 취소할 수 없다.
④ 고소인이 민·형사상의 아무런 이의를 제기하지 않는다는 합의서를 피고인에게 작성하여준 것만으로는 고소가 적법하게 취소된 것으로 볼 수 없다.

[해설]

① 【 O 】 대판 2001.4.24. 2000도3172
② 【 X 】 형사소송법 제232조 제1항, 제3항의 취지는 국가형벌권의 행사가 피해자의 의사에 의하여 좌우되는 현상을 장기간 방치할 것이 아니라 제1심 판결 선고 이전까지로 제한하자는데 그 목적이 있다 할 것이므로 비록 항소심에 이르러 비로소 반의사불벌죄가 아닌 죄에서 반의사불벌죄로 공소장변경이 있었다 하여 항소심인 제2심을 제1심으로 볼 수는 없다(대판 1988.3.8. 85도2518).
③ 【 O 】 대판 1985.11.12. 85도1940
④ 【 O 】 대판 1983.9.27. 83도516

정답 ②

64. 반의사불벌죄에 대한 설명으로 가장 적절하지 않은 것은? (다툼이 있는 경우 판례에 의함)

19. 경찰승진

① 반의사불벌죄에 있어서 피해자의 피고인 또는 피의자에 대한 처벌을 희망하지 않는다는 의사표시 또는 처벌을 희망하는 의사표시의 철회는 형사소송절차에 있어서의 소송능력에 관한 일반원칙에 따라 의사능력이 있는 미성년자인 피해자가 단독으로 이를 할 수 있고, 거기에 법정대리인의 동의가 있어야 한다거나 법정대리인에 의해 대리되어야만 한다고 볼 것은 아니다.
② 반의사불벌죄에 있어서 처벌불원의 의사표시의 부존재는 법원이 직권으로 조사해야 하는 사항이므로 당사자가 항소이유로 주장하지 않았다고 하더라도 원심은 이를 직권으로 조사·판단하여야 한다.
③ 반의사불벌죄의 공범 중 1인에 대한 처벌을 희망하지 않는 의사표시는 다른 공범자에 대하여 효력이 없다.
④ 폭행죄는 피해자의 명시한 의사에 반하여 공소를 제기할 수 없는 반의사불벌죄로서 처벌불원의 의사표시는 의사능력이 있는 피해자가 단독으로 할 수 있는 것이고, 피해자가 사망한 후에는 그 상속인이 피해자를 대신하여 처벌불원의 의사표시를 할 수 있다.

[해설]

① 【 O 】 대판 2009.11.19. 2009도6058
② 【 O 】 대판 2009.12.10. 2009도9939
③ 【 O 】 대판 1995.5.9. 93도1689
④ 【 X 】 폭행죄는 피해자의 명시한 의사에 반하여 공소를 제기할 수 없는 반의사불벌죄로서 처벌불원의 의사표시는 의사능력이 있는 피해자가 단독으로 할 수 있는 것이고, 피해자가 사망한 후 그 상속인이 피해자를 대신하여 처벌불원의 의사표시를 할 수는 없다고 보아야 한다(대판 2010.5.27. 2010도2680).

정답 ④

65 전속고발에 대한 설명으로 가장 적절하지 않은 것은? (다툼이 있는 경우 판례에 의함) 21. 경찰채용 1차

① 공정거래위원회의 고발이 있어야 공소를 제기할 수 있는 「독점규제 및 공정거래에 관한 법률」 위반죄를 적용하여 위반행위자들 중 일부에 대하여 공정거래위원회가 고발을 하였다면 나머지 위반행위자에 대하여도 위 고발의 효력이 미친다.

② 전속고발사건에 있어서 수사기관이 고발에 앞서 수사를 하고 甲에 대한 구속영장을 발부받은 후 검찰의 요청에 따라 관계공무원이 고발조치를 하였다고 하더라도 공소제기 전에 고발이 있은 이상 甲에 대한 공소제기의 절차가 법률의 규정에 위반하여 무효라고 할 수는 없다.

③ 세무공무원 등의 고발이 있어야 공소를 제기할 수 있는 「조세범 처벌법」 위반죄에 관하여 일단 불기소처분이 있었더라도 세무공무원 등이 종전에 한 고발은 여전히 유효하고, 따라서 나중에 공소를 제기함에 있어 세무공무원 등의 새로운 고발이 있어야 하는 것은 아니다.

④ 공정거래위원회가 사업자에게 「독점규제 및 공정거래에 관한 법률」의 규정을 위반한 혐의가 있다고 인정하여 동법 제71조에 따라 사업자를 고발하였다면, 법원이 본안에 대하여 심판한 결과 위반되는 혐의 사실이 인정되지 아니하더라도 이러한 사정만으로는 그 고발을 기초로 이루어진 공소제기 등 형사절차의 효력에 영향을 미치지 아니한다.

해설

① 【 X 】 친고죄에 관한 고소의 주관적 불가분원칙을 규정하고 있는 형사소송법 제233조가 공정거래위원회의 고발에도 유추적용된다고 해석한다면 이는 공정거래위원회의 고발이 없는 행위자에 대해서까지 형사처벌의 범위를 확장하는 것으로서, 결국 피고인에게 불리하게 형벌법규의 문언을 유추해석한 경우에 해당하므로 죄형법정주의에 반하여 허용될 수 없다(대판 2010.9.30. 2008도4762).
② 【 O 】 대판 1995.3.10. 94도3373
③ 【 O 】 대판 2009.10.29. 2009도6614
④ 【 O 】 대판 2005.9.10. 2015도3926

정답 ①

---

66 고소의 취소 및 처벌불원의사에 관한 설명으로 가장 적절하지 않은 것은? (다툼이 있는 경우 판례에 의함) 25. 경찰승진

① 폭행죄에 있어 피해자가 사망한 후 그 상속인이 피해자를 대신하여 처벌불원의 의사표시를 할 수는 없다.

② 고소인이 사건 당일 범죄사실을 신고하면서 현장에 출동한 경찰관에게 고소장을 교부하였다가 경찰서에 도착하여 최종적으로 고소장을 접수시키지 아니하기로 결심하고 고소장을 반환받았다면, 3개월 뒤 다시 고소를 제기하였다 할지라도 「형사소송법」 제232조 제2항에 의해 금지되는 재고소에 해당하지 않는다.

③ 반의사불벌죄의 피해자는 피의자나 피고인 및 그들의 변호인에게 자신을 대리하여 수사기관이나 법원에 자신의 처벌불원의사를 표시할 수 있는 권한을 수여할 수 있다.

④ 반의사불벌죄에서 성년후견인은 명문의 규정이 없는 한 의사무능력자인 피해자를 대리하여 처벌을 희망하지 않는다는 의사를 결정하거나 처벌을 희망하는 의사표시를 철회하는 행위를 할 수 없지만, 성년후견인의 법정대리권 범위에 통상적인 소송행위가 포함되어 있을 때에는 그러하지 아니하다.

해설

① 【O】 폭행죄는 피해자의 명시한 의사에 반하여 공소를 제기할 수 없는 반의사불벌죄로서 처벌불원의 의사표시는 의사능력이 있는 피해자가 단독으로 할 수 있는 것이고, 피해자가 사망한 후 그 상속인이 피해자를 대신하여 처벌불원의 의사표시를 할 수는 없다고 보아야 한다(대판 2010.5.27. 2010도2680).

② 【O】 비록 고소인이 사건 당일 간통의 범죄사실을 신고하면서 현장에 출동한 경찰관에게 고소장을 교부하였다고 하더라도, 송파경찰서에 도착하여 최종적으로 고소장을 접수시키지 아니하기로 결심하고 고소장을 반환받은 것이라면, 고소장이 수사기관에 적법하게 수리되어 고소의 효력이 발생되었다고 할 수 없다. 나아가 고소인이 당시 피고인들에 대하여 처벌 불원의 의사를 표시하였다고 하더라도, 애초 적법한 고소가 없었던 이상, 그로부터 3개월이 지나 제기된 이 사건 고소가 재고소의 금지를 규정한 형사소송법 제232조 제2항에 위반된다고 볼 수도 없다(대판 2008.11.27. 2007도4977).

③ 【O】 반의사불벌죄의 피해자는 피의자나 피고인 및 그들의 변호인에게 자신을 대리하여 수사기관이나 법원에 자신의 처벌불원의사를 표시할 수 있는 권한을 수여할 수 있다(대판 2017.9.7. 2017도8989).

④ 【X】 반의사불벌죄에서 성년후견인은 명문의 규정이 없는 한 의사무능력자인 피해자를 대리하여 피고인 또는 피의자에 대하여 처벌을 희망하지 않는다는 의사를 결정하거나 처벌을 희망하는 의사표시를 철회하는 행위를 할 수 없다. 이는 성년후견인의 법정대리권 범위에 통상적인 소송행위가 포함되어 있거나 성년후견개시심판에서 정하는 바에 따라 성년후견인이 소송행위를 할 때 가정법원의 허가를 얻었더라도 마찬가지이다(대판 2023.7.17. 2021도11126 전원합의체).

정답 ④

67 자수에 대한 설명으로 옳은 것은? (다툼이 있는 경우 판례에 의함)

19. 국가직

① 피고인이 자수하였음에도 불구하고 법원이 「형법」 제52조 제1항에 따른 자수감경을 하지 않거나 자수감경 주장에 대하여 판단을 하지 않았더라도 위법하지 않다.

② 수사기관에의 자발적 신고 내용이 범행을 부인하는 등 범죄성립요건을 갖추지 아니한 경우에는 자수는 성립하지 않지만, 그 후 수사과정에서 범행을 시인하였다면 새롭게 자수가 성립될 여지가 있다.

③ 수사기관의 직무상의 질문 또는 조사에 응하여 범죄사실을 진술하는 경우라도 자수가 인정될 수 있다.

④ 범인이 수사기관에 뇌물수수의 범죄사실을 자발적으로 신고하였다면, 「특정범죄 가중처벌 등에 관한 법률」의 적용을 피하기 위해 그 수뢰액을 실제보다 적게 신고한 것일지라도 자수는 성립한다.

해설

① 【O】 대판 2001.4.24. 2001도872

② 【X】 수사기관에의 신고가 자발적이라고 하더라도 그 신고의 내용이 자기의 범행을 명백히 부인하는 등의 내용으로 자기의 범행으로서 범죄성립요건을 갖추지 아니한 사실일 경우에는 자수는 성립하지 않고, 일단 자수가 성립하지 아니한 이상 그 이후의 수사과정이나 재판과정에서 범행을 시인하였다고 하더라도 새롭게 자수가 성립할 여지는 없다고 할 것이다(대판 2004.10.14. 2003도3133).

③ 【X】 형법 제52조 제1항에서 말하는 '자수'란 범인이 스스로 수사책임이 있는 관서에 자기의 범행을 자발적으로 신고하고 그 처분을 구하는 의사표시이므로, 수사기관의 직무상의 질문 또는 조사에 응하여 범죄사실을 진술하는 것은 자백일 뿐 자수로는 되지 아니하고, 나아가 자수는 범인이 수사기관에 의사표시를 함으로써 성립하는 것이므로 내심적 의사만으로는 부족하고 외부로 표시되어야 이를 인정할 수 있는 것이다(대판 2011.12.22. 2011도12401).

④ 【X】 피고인이 2003.6.3. 검찰에 자수서를 제출하고 제1회 피의자신문을 받으면서 5,000만 원이 아닌 3,000만 원만을 받았다고 신고하고 이를 초과하는 금원의 수수사실을 부인한 이 사건의 경우, 비록 당시의 신고가 자발적이라고 하더라도 이는 그 신고된 내용에 해당하는 특정범죄 가중처벌 등에 관한 법률 제2조 제1항 제2호, 형법 제129조 위반죄에 비하여 뇌물죄의 보호법익에 대한 침해 또는 침해 위험의 정도 및 그 위법성이 상대적으로 높기 때문에 적용법조와 법정형을 달리하는 이 사건 특정범죄 가중처벌 등에 관한 법률 제2조 제1항 제1호, 형법 제129조 위반죄의 범죄성립요건에 관하여 신고한 것이라고 할 수 없으므로 이 사건 죄에 관한 자수가 성립하였다고 할 수 없다(대판 2004.6.24. 2004도2003).

정답 ①

68 수사에 대한 판례의 입장으로 가장 적절하지 않은 것은? (다툼이 있는 경우 판례에 의함)   21. 경찰승진

① 구속영장 발부에 의하여 적법하게 구금된 피의자가 피의자신문을 위한 출석요구에 응하지 아니하면서 수사기관 조사실에 출석을 거부한다면 수사기관은 그 구속영장의 효력에 의하여 피의자를 조사실로 구인할 수 있다고 보아야 한다. 다만 이러한 경우에도 그 피의자신문 절차는 「형사소송법」제199조 제1항 본문, 제200조의 규정에 따른 임의수사의 한 방법으로 진행되어야 하므로, 피의자는 일체의 진술을 거부할 수 있다.
② 수사기관이 구「조세범 처벌법」(2010.1.1. 법률 제9919호로 개정되기 전의 것) 제6조의 세무종사 공무원의 고발에 앞서 수사를 하고 피의자에 대한 구속영장을 발부받은 후 검찰의 요청에 따라 세무서장이 공소제기 전에 고발을 하더라도 「조세범 처벌법」위반사건 피의자에 대한 공소제기의 절차가 무효라고 할 수는 없다.
③ 교도관이 재소자가 맡긴 비망록을 수사기관에 임의로 제출하였다면, 그 비망록의 증거사용에 대하여는 재소자의 사생활의 비밀 기타 인격적 법익이 침해되는 등의 특별한 사정이 없다 하더라도 그 재소자의 동의를 받아야 한다.
④ 일반사법경찰관이 출입국관리사무소장의 고발을 요하는 출입국사범에 대하여 출입국관리사무소장의 고발이 있기 전에 한 수사는 특단의 사정이 없는 한 그 사유만으로 수사가 위법하다고 할 수 없다.

해설
① 【 O 】 대결 2013.7.1. 2013모160
② 【 O 】 대판 1995.3.10. 94도3373
③ 【 X 】 형사소송법 및 기타 법령상 교도관이 그 직무상 위탁을 받아 소지 또는 보관하는 물건으로서 재소자가 작성한 비망록을 수사기관이 수사 목적으로 압수하는 절차에 관하여 특별한 절차적 제한을 두고 있지 않으므로, 교도관이 재소자가 맡긴 비망록을 수사기관에 임의로 제출하였다면 그 비망록의 증거사용에 대하여도 재소자의 사생활의 비밀 기타 인격적 법익이 침해되는 등의 특별한 사정이 없는 한 반드시 그 재소자의 동의를 받아야 하는 것은 아니다. 따라서 검사가 교도관으로부터 그가 보관하고 있던 피고인의 비망록을 뇌물수수 등의 증거자료로 임의 제출받아 이를 압수한 경우, 그 압수절차가 피고인의 승낙 및 영장 없이 행하여졌다고 하더라도 이에 적법절차를 위반한 위법이 있다고 할 수 없다(대판 2008.5.15. 2008도1097).
④ 【 O 】 대판 2011.3.10. 2008도7724

정답 ③

69 임의수사에 대한 설명으로 가장 적절하지 않은 것은? (다툼이 있는 경우 판례에 의함)   21. 경찰승진

① 임의수사의 경우에도 법률이 수사활동의 요건·절차를 규정하고 있다면, 그에 위반하여 수집한 증거는 위법수집증거로서 증거능력이 부정된다.
② 「형사소송법」상 임의수사가 원칙이고 강제수사는 법률에 특별한 규정이 있는 경우에 한하여 예외적으로 허용된다.
③ 수사기관은 피검사자의 동의를 얻은 경우에 거짓말탐지기를 사용할 수 있다. 다만, 그 검사결과를 공소사실의 존부를 인정하는 직접증거로는 사용할 수 없고, 진술의 신빙성 유무를 판단하는 정황증거로만 사용할 수 있다.
④ 상대방의 동의를 얻어 보호실 등 특정한 장소에 유치하는 승낙유치는 임의수사의 한 종류로 영장 없이 할 수 있다.

해설

① 【 O 】 헌법 제12조 제1항은 형사절차법정주의를 규정하고 있다. 따라서 강제수사뿐 아니라 임의수사라도 그 요건과 절차에 위반하여 위법수집증거가 될 수 있다. 가령, 임의수사인 피의자신문절차에서 진술거부권이 고지되지 않는 경우, 해당절차에서 작성된 피의자신문조서는 진술의 임의성이 인정되는 경우라도 위법수집증거로서 증거능력이 없다(대판 1992.6.23. 92도682). 다만, 임의수사의 요건과 절차를 위반한 경우라도 훈시규정을 위반한 경우에는 증거능력이 인정될 수도 있고, 기본권침해 등의 중대한 위법이 아닌 경우에는 비록 전문법칙 등에 의해 증거능력이 부정되더라도 이를 위법수집증거로 볼 수는 없다(가령, 진술거부권 행사여부에 대한 답변을 피신조서에 기재하지 않아 제244조의3 제2항을 위반한 경우 위법수집증거는 아니나 전문법칙에 의해 증거능력이 부정된다는 판례로는 대법원 2013.3.28. 2010도3359 판결 참조). 이러한 관점에서 본 지문은 "～위법수집증거로서 증거능력이 부정될 수 있다."라고 해야 정확히 타당한 지문이 될 수 있다. 다만, 설문④가 명확히 틀린 지문이라는 점에서 상대적으로 ①지문은 타당한 것으로 처리할 수 있다.

② 【 O 】 제199조 제1항

③ 【 O 】 대판 1984.2.14. 83도3146

④ 【 X 】 보호실 유치에는 피의자의 의사에 반하는 강제유치와 피의자의 승낙을 받아 유치시키는 승낙유치가 있다. 강제유치는 실질적으로 구금에 해당하므로 영장 없이 보호실에 구금하는 것은 불법구금에 해당한다. 승낙유치에 대해서는 임의수사의 방법으로 허용된다고 볼 여지도 있다. 그러나 통설은 승낙유치를 임의수사로 허용하게 되면 체포·구속제도를 엄격히 설정한 취지를 잠탈하므로 승낙유치 역시 불법구금으로 보고 있다. 판례도 같은 취지에서 구속영장 없이 피의자를 보호실에 유치하는 것은 영장주의에 위배되는 위법한 구금이라고 판시하였다(대판 1994.3.11. 93도958).

정답 ④

70 임의동행에 대한 설명 중 가장 적절하지 않은 것은? (다툼이 있는 경우 판례에 의함)

18. 경찰승진

① 「경찰관직무집행법」상 보호조치 요건이 갖추어지지 않았음에도, 경찰관이 실제로는 범죄수사를 목적으로 피의자에 해당하는 사람을 피구호자로 삼아 그의 의사에 반하여 경찰관서에 데려간 행위는, 달리 현행범체포나 임의동행 등의 적법 요건을 갖추었다고 볼 사정이 없다면, 위법한 체포에 해당한다.

② 위법한 강제연행 상태에서 호흡측정 방법에 의한 음주측정을 한 다음, 강제연행 상태로부터 시간적·장소적으로 단절되었다고 볼 수 없는 상황에서 피의자가 호흡측정 결과를 탄핵하기 위하여 스스로 혈액채취 방법에 의한 측정을 할 것을 요구하여 혈액채취가 이루어진 경우 그 사이에 위법한 체포 상태에 의한 영향이 완전하게 배제되고 피의자의 의사결정의 자유가 확실하게 보장되었다고 볼 만한 다른 사정이 개입되지 않은 이상 그러한 혈액채취에 의한 측성 결과를 유죄 인정의 증거로 쓸 수 없다. 그러나 이 경우에도 피고인이 이를 증거로 함에 동의하였다면, 혈액 채취에 의한 측정 결과는 유죄 인정의 증거로 사용할 수 있다.

③ 사법경찰관이 피고인을 수사관서까지 동행한 것이 임의성이 결여되어 사실상의 강제연행, 즉 불법체포에 해당하는 경우 불법체포로부터 6시간 상당이 경과한 후에 이루어진 긴급체포 또한 위법하다.

④ 임의동행의 경우 수사관이 동행에 앞서 피의자에게 동행을 거부할 수 있음을 알려주었거나 동행한 피의자가 언제든지 자유로이 동행과정에서 이탈 또는 동행장소로부터 퇴거할 수 있었음이 인정되는 등 오로지 피의자의 자발적인 의사에 의하여 수사관서 등에의 동행이 이루어졌음이 객관적인 사정에 의하여 명백하게 입증된 경우에 한하여, 그 적법성이 인정된다.

해설

① 【 O 】 대판 2012.12.13. 2012도11162
② 【 X 】 위법한 강제연행 상태에서 호흡측정 방법에 의한 음주측정을 한 다음 강제연행 상태로부터 시간적·장소적으로 단절되었다고 볼 수도 없고 피의자의 심적 상태 또한 강제연행 상태로부터 완전히 벗어났다고 볼 수 없는 상황에서 피의자가 호흡측정 결과에 대한 탄핵을 하기 위하여 스스로 혈액채취 방법에 의한 측정을 할 것을 요구하여 혈액채취가 이루어졌다고 하더라도 그 사이에 위법한 체포 상태에 의한 영향이 완전하게 배제되고 피의자의 의사결정의 자유가 확실하게 보장되었다고 볼 만한 다른 사정이 개입되지 않은 이상 불법체포와 증거수집 사이의 인과관계가 단절된 것으로 볼 수는 없다. 따라서 그러한 혈액채취에 의한 측정 결과 역시 유죄 인정의 증거로 쓸 수 없다고 보아야 한다. 그리고 이는 수사기관이 위법한 체포 상태를 이용하여 증거를 수집하는 등의 행위를 효과적으로 억지하기 위한 것이므로, 피고인이나 변호인이 이를 증거로 함에 동의하였다고 하여도 달리 볼 것은 아니다(대판 2013.3.14. 2010도2094).
③④ 【 O 】 대판 2006.7.6. 2005도6810

정답 ②

71 수사에 대한 설명으로 옳지 않은 것은? (다툼이 있는 경우 판례에 의함)   21. 국가직 7급

① 임의동행은 「경찰관 직무집행법」 제3조 제2항에 따른 행정경찰 목적의 경찰활동으로 행하여지는 것 외에도 「형사소송법」 제199조 제1항에 따라 범죄 수사를 위하여 오로지 피의자의 자발적인 의사에 의하여 이루어진 경우에도 가능하다.
② 범의를 가진 자에 대하여 단순히 범행의 기회를 제공하거나 범행을 용이하게 하는 것에 불과한 수사방법이 경우에 따라 허용될 수 있음은 별론으로 하고, 본래 범의를 가지지 아니한 자에 대하여 수사기관이 사술이나 계략 등을 써서 범의를 유발케 하여 범죄인을 검거하는 함정수사는 위법하므로 이러한 함정수사에 기한 공소제기에 대해 법원은 공소기각결정을 선고해야 한다.
③ 범죄의 인지는 실질적인 개념이므로 인지절차를 거치기 전에 범죄의 혐의가 있다고 보아 수사를 개시하는 행위를 한 때에 범죄를 인지한 것으로 보아야 하며, 그 뒤 범죄인지서를 작성하여 사건수리 절차를 밟은 때에 비로소 범죄를 인지하였다고 볼 것은 아니다.
④ 검사가 조사실에서 피의자를 신문할 때 도주, 자해 등의 위험이 없다면 교도관에게 피의자의 수갑 해제를 요청할 의무가 있고, 교도관은 이에 응하여야 한다.

해설

① 【 O 】 대판 2020.5.14. 2020도398
② 【 X 】 위법한 함정수사의 경우 공소기각판결로써 사건을 종결한다(대판 2005.10.28. 2005도1247).
③ 【 O 】 대판 2001.10.26. 2000도2968
④ 【 O 】 대결 2020.3.17. 2015모2357

정답 ②

72 임의수사에 대한 설명으로 가장 적절하지 않은 것은? (다툼이 있는 경우 판례에 의함) 17. 경찰채용 2차

① 경찰관직무집행법 제4조 제1항 제1호의 보호조치 요건이 갖추어지지 않았음에도, 경찰관이 실제로는 범죄수사를 목적으로 피의자에 해당하는 사람을 위 조항의 피구호자로 삼아 그의 의사에 반하여 경찰관서에 데려간 행위는, 달리 현행범체포나 임의동행 등의 적법 요건을 갖추었다고 볼 사정이 없다면, 위법한 체포에 해당한다고 보아야 한다.
② 수사관이 동행에 앞서 피의자에게 동행을 거부할 수 있음을 알려 주었거나 동행한 피의자가 언제든지 자유로이 동행과정에서 이탈 또는 동행장소로부터 퇴거할 수 있었음이 인정되는 등 오로지 피의자의 자발적인 의사에 의하여 수사관서 등에의 동행이 이루어졌음이 객관적인 사정에 의하여 명백하게 입증된 경우에 한하여, 임의동행의 적법성이 인정된다.
③ 불심검문 대상자 해당 여부를 판단할 때에는 불심검문 당시의 구체적 상황은 물론 사전에 얻은 정보나 전문적 지식 등에 기초하여 불심검문 대상자인지를 객관적·합리적인 기준에 따라 판단하여야 하며, 불심검문 대상자에게 형사소송법상 체포나 구속에 이를 정도의 혐의가 있을 것을 요한다.
④ 수사에 관하여는 공무소 기타 공사단체에 조회하여 필요한 사항의 보고를 요구할 수 있다.

[해설]
① 【 O 】 대판 2012.12.13. 2012도11162
② 【 O 】 대판 2006.7.6. 2005도6810
③ 【 X 】 경찰관직무집행법의 목적, 법 제1조 제1항, 제2항, 제3조 제1항, 제2항, 제3항, 제7항의 내용 및 체계 등을 종합하면, 경찰관이 법 제3조 제1항에 규정된 대상자(이하 '불심검문 대상자'라 한다) 해당 여부를 판단할 때에는 불심검문 당시의 구체적 상황은 물론 사전에 얻은 정보나 전문적 지식 등에 기초하여 불심검문 대상자인지를 객관적·합리적인 기준에 따라 판단하여야 하나, 반드시 불심검문 대상자에게 형사소송법상 체포나 구속에 이를 정도의 혐의가 있을 것을 요한다고 할 수는 없다(대판 2014.2.27. 2011도13999).
④ 【 O 】 제199조 제2항

정답 ③

---

73 통신제한조치에 관한 설명 중 가장 적절하지 않은 것은? (다툼이 있으면 판례에 의함) 16. 경찰승진

① 범죄수사를 위한 통신제한조치의 기간은 원칙적으로 2월을 초과하지 못하고 그 기간 중 통신제한조치의 목적이 달성되었을 경우에는 즉시 종료하여야 한다.
② 통신비밀보호법상 '통신'이라 함은 우편물 및 전기통신을 말한다.
③ 무전기와 같은 무선전화기를 이용한 통화가 통신비밀보호법 제3조 제1항 소정의 '타인간의 대화'에 포함된다.
④ 전화통화 당사자의 일방이 상대방 모르게 통화내용을 녹음하는 것은 감청에 해당하지 않지만, 제3자가 전화통화 당사자 일방만의 동의를 받고 그 통화내용을 녹음한 경우에는 '통신비밀보호법' 위반에 해당한다.

[해설]
① 【 O 】 통신비밀보호법 제6조 제7항 본문
② 【 O 】 통신비밀보호법 제2조 제1호
③ 【 X 】 통신비밀보호법에서는 그 규율의 대상을 통신과 대화로 분류하고 그 중 통신을 다시 우편물과 전기통신으로 나눈 다음, 그 제2조 제3호로 "전기통신"이라 함은 유선·무선·광선 및 기타의 전자적 방식에 의하여 모든 종류의 음향·문언·부호 또는 영상을 송신하거나 수신하는 것을 말한다고 규정하고 있는바, 무전기와 같은 무선전화기를 이용한 통화가 위 법에서 규정하고 있는 전기통신에 해당함은 전화통화의 성질 및 위 규정 내용에 비추어 명백하므로 이를 같은 법 제3조 제1항 소정의 '타인간의 대화'에 포함된다고 할 수 없다(대판 2003.11.13. 2001도6213).
④ 【 O 】 대판 2001.10.9. 2001도3106; 대판 2002.10.8. 2002도123

정답 ③

74. 통신비밀보호법상 전기통신의 감청에 대한 설명 중 옳은 것은? (다툼이 있는 경우 판례에 의함) 16. 검찰 7급

① 수사기관이 대화의 일방당사자의 동의를 얻어 통화내용을 녹음하였다면 그 상대방의 동의가 없더라도, 그 녹음은 통신비밀보호법이 금지하는 감청에 해당하지 않는다.
② 무전기와 같은 무선전화기를 이용한 통화는 통신비밀보호법상 '전기통신'에 해당하고 '타인간의 대화'에 포함되지 않는다.
③ 불법감청에 의하여 녹음된 전화통화의 내용은 통신비밀보호법에 의하여 증거능력이 없으나, 피고인이나 변호인이 이를 증거로 함에 동의한 때에는 예외적으로 증거능력이 인정된다.
④ 통신비밀보호법상의 '감청'에는 전기통신의 송수신과 동시에 이루어지는 경우뿐만 아니라 이미 수신이 완료된 전기통신의 내용을 지득하는 행위도 포함된다.

해설

①③ 【 X 】 수사기관이 갑으로부터 피고인의 마약류관리에 관한 법률 위반(향정) 범행에 대한 진술을 듣고 추가적인 증거를 확보할 목적으로, 구속수감되어 있던 갑에게 그의 압수된 휴대전화를 제공하여 피고인과 통화하고 위 범행에 관한 통화 내용을 녹음하게 한 행위는 불법감청에 해당하므로, 그 녹음 자체는 물론 이를 근거로 작성된 녹취록 첨부 수사보고는 피고인의 증거동의에 상관없이 그 증거능력이 없다(대판 2010.10.14. 2010도9016).
② 【 O 】 대판 2003.11.13. 2001도6213
④ 【 X 】 통신비밀보호법상 '감청'이란 대상이 되는 전기통신의 송·수신과 동시에 이루어지는 경우만을 의미하고, 이미 수신이 완료된 전기통신의 내용을 지득하는 등의 행위는 포함되지 않는다(대판 2012.10.25. 2012도4644).

정답 ②

75. 통신제한조치에 대한 설명 중 옳고 그름의 표시(○, ×)가 바르게 된 것은? (다툼이 있는 경우 판례에 의함) 18. 경찰승진 변형

㉠ 강간죄(형법 제297조), 협박죄(형법 제283조 제1항), 경매입찰방해죄(형법 제315조)는 통신제한조치가 가능한 범죄이다.
㉡ 통신기관등은 통신제한조치허가서 또는 긴급감청서등에 기재된 통신제한조치 대상자의 전화번호 등이 사실과 일치하지 않을 경우에는 그 집행을 거부할 수 있으며, 어떠한 경우에도 전기통신에 사용되는 비밀번호를 누설할 수 없다.
㉢ 통신제한조치허가서에 의하여 허가된 통신제한조치가 '전기통신 감청 및 우편물 검열'뿐이더라도 그 후 연장결정서에 당초 허가 내용에 없던 '대화녹음'이 기재되어 있다면 이는 대화녹음의 적법한 근거가 될 수 있다.
㉣ 통신기관 등은 통신제한조치허가서 또는 긴급감청서 등에 기재된 통신제한조치 대상자의 전화번호 등이 사실과 일치하지 않을 경우에는 그 집행을 거부할 수 있으며, 어떠한 경우에도 전기통신에 사용되는 비밀번호를 누설할 수 없다.

① ㉠ O ㉡ O ㉢ × ㉣ ×
② ㉠ O ㉡ O ㉢ × ㉣ O
③ ㉠ × ㉡ O ㉢ × ㉣ O
④ ㉠ × ㉡ × ㉢ O ㉣ ×

해설

㉠ 【 O 】 통신비밀보호법 제5조
㉡ 【 O 】 통신비밀보호법 제9조 제4항
㉢ 【 X 】 통신제한조치허가서에 의하여 허가된 통신제한조치가 '전기통신 감청 및 우편물 검열'뿐이더라도 그 후 연장결정서에 당초 허가 내용에 없던 '대화녹음'이 기재되어 있다 하더라도 이는 대화녹음의 적법한 근거가 되지 못한다(대판 1999.9.3. 99도2317).
㉣ 【 O 】 통신비밀보호법 제9조 제4항

정답 ②

76 통신비밀보호법상 통신제한조치에 대한 설명으로 가장 적절하지 않은 것은? (다툼이 있는 경우 판례에 의함)

19. 경찰채용 1차

① 통신제한조치는「통신비밀보호법」제5조의 범죄를 계획 또는 실행하고 있거나 실행하였다고 의심할 만한 충분한 이유가 있고, 다른 방법으로는 그 범죄의 실행을 저지하거나 범인의 체포 또는 증거수집이 어려운 경우에 한하여 허가할 수 있다.

② 인터넷회선감청(패킷감청)을 가능하게 하는「통신비밀보호법」제5조 제2항 중 '인터넷회선을 통하여 송·수신하는 전기통신'에 관한 부분은 이에 대한 법적 통제수단이 미비하여 개인의 통신 및 사생활 비밀의 자유를 침해하므로 헌법에 합치되지 아니한다.

③ 전기통신의 감청은 전기통신이 이루어지고 있는 상황에서 실시간으로 전기통신의 내용을 지득·채록하는 경우, 통신의 송·수신을 직접적으로 방해하는 경우, 이미 수신이 완료된 전기통신에 관하여 남아 있는 기록이나 내용을 열어보는 경우를 의미한다.

④ 3인 간의 대화에서 그 중 한 사람이 그 대화를 녹음 또는 청취하는 경우에 다른 두 사람의 발언은 그 녹음자 또는 청취자에 대한 관계에서「통신비밀보호법」제3조 제1항에서 정한 '타인 간의 대화'라고 할 수 없으므로, 이러한 녹음 또는 청취하는 행위 및 그 내용을 공개하거나 누설하는 행위가「통신비밀보호법」제16조 제1항에 해당한다고 볼 수 없다.

해설

① 【 O 】 통신비밀보호법 제5조 제1항
② 【 O 】 "인터넷회선 감청의 집행단계나 집행 이후에 수사기관의 권한남용을 통제하고 기본권침해를 최소화하기 위한 제도적 조치가 제대로 마련되지 않은 상태에서 범죄수사를 이유로 인터넷회선 감청을 통신제한조치 허가대상으로 정하는 것은 침해의 최소성 요구에 반한다."라고 판시하여 패킷감청의 위헌성을 확인한바 있다(헌재결 2018.8.30. 2016헌마263).
③ 【 X 】 통신비밀보호법상 '감청'이란, 현재 송신중이거나 수신중인 전기통신을 지득하는 행위만을 의미하고, 이미 수신이 완료된 전기통신의 내용을 지득하는 행위는 포함되지 않는다(대판 2012.10.25. 2012도4644).
④ 【 O 】 3인간의 대화에 있어서 그중 한 사람이 대화를 녹음하는 경우 다른 두 사람의 발언은 그 녹음자에 대한 관계에서 '타인 간의 대화'라고 할 수 없으므로, 이와 같은 녹음행위는 통신비밀보호법 제3조 제1항에 위배된다고 볼 수 없다(대판 2006.10.12. 2006도4981).

정답 ③

77 통신제한조치에 관한 설명 중 가장 적절하지 않은 것은? (다툼이 있는 경우 판례에 의함)

20. 경찰승진

① 무전기와 같은 무선전화기를 이용한 통화는 통신비밀보호법상 '타인간의 대화'에 포함되므로 '전기통신'에는 해당하지 않는다.
② 이미 수신이 완료된 전기통신에 관하여 남아 있는 기록이나 내용을 열어보는 등의 행위는 전기통신의 감청에 해당하지 않는다.
③ 피고인이 범행 후 피해자에게 전화를 걸어오자 피해자가 증거를 수집하려고 그 전화내용을 녹음한 경우 그것이 피고인 모르게 녹음된 것이라 하여 이를 위법하게 수집된 증거라고 할 수 없다.
④ 제3자가 당사자 일방의 동의를 받고 통화내용을 녹음한 경우 통화 상대방의 동의가 없었다면 통신비밀보호법 위반에 해당한다.

해설

① 【 X 】 무전기와 같은 무선전화기를 이용한 통화가 통신비밀보호법에서 규정하고 있는 전기통신에 해당함은 전화통화의 성질 및 위 규정 내용에 비추어 명백하므로 이를 같은 법 제3조 제1항 소정의 '타인간의 대화'에 포함된다고 할 수 없다(대판 2003.11.13. 2001도6213).
② 【 O 】 대판 2012.10.25. 2012도4644
③ 【 O 】 대판 1997.3.28. 97도240
④ 【 O 】 대판 2002.10.8. 2002도123

정답 ①

78 통신비밀보호법상 통신제한조치에 대한 설명으로 가장 적절한 것은? (다툼이 있는 경우 판례에 의함)

21. 경찰승진

① 전기통신의 감청은 전기통신이 이루어지고 있는 상황에서 실시간으로 전기통신의 내용을 지득·채록하는 경우와 통신의 송·수신을 직접적으로 방해하는 경우뿐만 아니라 이미 수신이 완료된 전기통신에 관하여 남아 있는 기록이나 내용을 열어보는 등의 행위도 포함한다.
② 사법경찰관이「통신비밀보호법」제8조에 따른 긴급통신제한조치를 할 경우에는 미리 검사의 지휘를 받아야 한다. 다만, 특히 급속을 요하여 미리 지휘를 받을 수 없는 사유가 있는 경우에는 긴급통신제한조치의 집행 착수 후 지체 없이 검사의 승인을 얻어야 한다.
③ 「형법」상 절도죄, 강도죄, 사기죄, 공갈죄는「통신비밀보호법」상 범죄수사를 위한 통신제한조치가 가능한 범죄이다.
④ 불법감청에 의하여 녹음된 전화통화의 내용은「통신비밀보호법」에 의하여 증거능력이 없으나 피고인이나 변호인이 이를 증거로 함에 동의한 때에는 예외적으로 증거능력이 인정된다.

해설

① 【 X 】 통신비밀보호법상 '감청'이란 대상이 되는 전기통신의 송·수신과 동시에 이루어지는 경우만을 의미하고, 이미 수신이 완료된 전기통신의 내용을 지득하는 등의 행위는 포함되지 않는다(대판 2012.10.25. 2012도4644).
② 【 O 】 통신비밀보호법 제8조 제3항
③ 【 X 】 사기죄는 통신제한조치 대상범죄가 아니다(통신비밀보호법 제5조 제1항 제1호).

④ 【 X 】 전기통신의 감청은 제3자가 전기통신의 당사자인 송신인과 수신인의 동의를 받지 아니하고 전기통신 내용을 녹음하는 등의 행위를 하는 것만을 말한다고 해석함이 타당하므로, 전기통신에 해당하는 전화통화 당사자의 일방이 상대방 모르게 통화 내용을 녹음하는 것은 여기의 감청에 해당하지 않는다. 그러나 제3자의 경우는 설령 전화통화 당사자 일방의 동의를 받고 그 통화 내용을 녹음하였다 하더라도 그 상대방의 동의가 없었던 이상, 이는 여기의 감청에 해당하여 통신비밀보호법 제3조 제1항 위반이 되고, 이와 같이 제3조 제1항을 위반한 불법감청에 의하여 녹음된 전화통화의 내용은 제4조에 의하여 증거능력이 없다. 그리고 사생활 및 통신의 불가침을 국민의 기본권의 하나로 선언하고 있는 헌법규정과 통신비밀의 보호와 통신의 자유 신장을 목적으로 제정된 통신비밀보호법의 취지에 비추어 볼 때 피고인이나 변호인이 이를 증거로 함에 동의하였다고 하더라도 달리 볼 것은 아니다(대판 2019.3.14. 2015도1900).

정답 ②

79 인터넷통신망을 통하여 흐르는 전기신호 형태의 패킷(packet)을 중간에 확보하여 그 내용을 지득하는 소위 패킷감청에 대한 설명으로 가장 적절한 것은? (다툼이 있는 경우 판례에 의함) 21. 경찰승진

① 패킷감청은 사건과 무관한 불특정 다수의 방대한 정보까지 수집되어 개인의 통신 및 사생활의 비밀과 자유를 침해하기 때문에 헌법불합치결정이 선고되었고, 현재 패킷감청에 의한 통신제한조치는 허용되지 않는다.
② 사법경찰관은 「통신비밀보호법」에 따른 패킷감청을 집행하여 그 전기통신을 보관하고자 하는 때에는 집행 종료일로부터 14일 이내에 보관등이 필요한 전기통신을 선별하여 통신제한조치를 허가한 법원에 그 승인을 청구할 수 있다.
③ 법원이 패킷감청으로 취득한 자료의 보관을 위한 승인청구를 기각한 경우, 사법경찰관은 청구기각의 통지를 받은 날부터 7일 이내에 해당 전기통신을 폐기하고, 폐기결과보고서를 작성하여 7일 이내에 검사에게 송부하여야 한다.
④ 「통신비밀보호법」은 패킷감청으로 취득한 자료의 관리에 관한 절차(「통신비밀보호법」 제12조의2)의 위반에 대해서는 벌칙 조항을 두고 있지 않다.

해설

① 【 X 】 패킷감청에 대해 헌법불합치결정이 선고되었으며, 이에 대한 보완입법으로 통신비밀보호법 제12조의2가 신설되어 패킷감청도 일정범위 내에 허용되게 되었다.
② 【 X 】 사법경찰관은 인터넷 회선을 통하여 송신·수신하는 전기통신을 대상으로 제6조 또는 제8조에 따른 통신제한조치를 집행한 경우 그 전기통신의 보관등을 하고자 하는 때에는 집행종료일부터 14일 이내에 보관등이 필요한 전기통신을 선별하여 검사에게 보관등의 승인을 신청하고, 검사는 신청일부터 7일 이내에 통신제한조치를 허가한 법원에 그 승인을 청구할 수 있다(통신비밀보호법 제12조의2 제2항).
③ 【 X 】 검사 또는 사법경찰관은 제1항에 따른 청구나 제2항에 따른 신청을 하지 아니하는 경우에는 집행종료일부터 14일(검사가 사법경찰관의 신청을 기각한 경우에는 그 날부터 7일) 이내에 통신제한조치로 취득한 전기통신을 폐기하여야 하고, 법원에 승인청구를 한 경우(취득한 전기통신의 일부에 대해서만 청구한 경우를 포함한다)에는 제4항에 따라 법원으로부터 승인서를 발부받거나 청구기각의 통지를 받은 날부터 7일 이내에 승인을 받지 못한 전기통신을 폐기하여야 한다. 검사 또는 사법경찰관은 제5항에 따라 통신제한조치로 취득한 전기통신을 폐기한 때에는 폐기의 이유와 범위 및 일시 등을 기재한 폐기결과보고서를 작성하여 피의자의 수사기록 또는 피내사자의 내사사건기록에 첨부하고, 폐기일부터 7일 이내에 통신제한조치를 허가한 법원에 송부하여야 한다(통신비밀보호법 제12조의2 제5항, 제6항).
④ 【 O 】 개정 통신비밀보호법은 전기통신의 감청과 관련하여 패킷감청으로 취득한 자료의 관리절차를 위반한 경우 별도로 벌칙규정을 마련하고 있지 않다.

정답 ④

80 통신비밀보호법상 사법경찰관의 통신제한조치(전기통신의 감청)에 관한 설명으로 옳은 것을 모두 고른 것은?

21. 경찰채용 2차

> ㉠ 일정한 요건이 구비된 경우에는 검사에 대하여 각 피의자별 또는 각 피내사자별로 통신제한조치에 대한 허가를 신청하고, 검사는 법원에 대하여 그 허가를 청구할 수 있다.
> ㉡ 통신제한조치의 기간은 3개월을 초과하지 못하나 허가요건이 존속하는 경우에는 3개월의 범위에서 통신제한조치기간의 연장을 청구할 수 있다. 다만 통신제한조치의 연장을 청구하는경우에 통신제한조치의 총 연장기간은 1년(일정한 범죄의 경우는 3년)을 초과할 수 없다.
> ㉢ 통신제한조치를 집행한 사건에 관하여 검사로부터 공소를 제기하거나 제기하지 아니하는 처분(기소중지 또는 참고인중지결정은 제외한다)의 통보를 받거나 검찰송치를 하지 아니하는 처분(수사중지 결정은 제외한다) 또는 내사사건에 관하여 입건하지 아니하는 처분을 한 때에는 그 날부터 30일 이내에 감청의 대상이 된 전기통신의 가입자에게 통신제한조치를 집행한 사실과 집행기관 및 그 기간 등을 서면으로 통지하여야 한다.
> ㉣ 인터넷 회선을 통하여 송신 수신하는 전기통신을 대상으로 통신제한조치를 집행한 경우 그 전기통신의 보관 등을 하고자 하는 때에는 집행종료일부터 10일 이내에 보관 등이 필요한 전기통신을 선별하여 검사에게 보관 등의 승인을 신청하고, 검사는 신청일부터 10일 이내에 통신제한조치를 허가한 법원에 그 승인을 청구할 수 있다.

① ㉠, ㉢   ② ㉠, ㉣   ③ ㉡, ㉢   ④ ㉡, ㉣

해설

㉠ 【O】 통신비밀보호법 제6조 제2항
㉡ 【X】 통신제한조치의 기간은 2개월을 초과하지 못하나 허가요건이 존속하는 경우에는 2개월의 범위에서 통신제한조치기간의 연장을 청구할 수 있다. 다만 통신제한조치의 연장을 청구하는 경우에 통신제한조치의 총 연장기간은 1년(일정한 범죄의 경우는 3년)을 초과할 수 없다(통신비밀보호법 제6조 제7항, 제8항).
㉢ 【O】 통신비밀보호법 제9조의2 제1항
㉣ 【X】 사법경찰관은 인터넷 회선을 통하여 송신·수신하는 전기통신을 대상으로 통신제한조치를 집행한 경우 그 전기통신의 보관 등을 하고자 하는 때에는 집행종료일부터 14일 이내에 보관 등이 필요한 전기통신을 선별하여 검사에게 보관 등의 승인을 신청하고, 검사는 신청일부터 7일 이내에 통신제한조치를 허가한 법원에 그 승인을 청구할 수 있다(통신비밀보호법 제12조의2 제2항).

정답 ①

81 통신비밀보호법상 감청에 관한 설명으로 가장 적절하지 않은 것은? (다툼이 있는 경우 판례에 의함)

25. 경찰승진

① 「통신비밀보호법」 제3조 제1항 본문에 의하면 누구든지 이 법과 「형사소송법」 또는 「군사법원법」의 규정에 의하지 않고는 공개되지 않은 타인 간의 대화를 녹음하거나 청취하지 못하는데, 거실에 설치된 영상정보처리기기를 이용해 자동녹음된 피해자들 대화의 녹음물을 재생하여 듣는 행위는 '청취'에 포함된다.

② 통화를 마친 후 전화가 끊기지 않은 상태에서 휴대전화를 통하여 들은 '악' 하는 소리와 '우당탕' 소리는 공개되지 않은 타인 간의 대화에 해당하지 않는다.

③ 단속 경찰관이 손님으로 가장하고 성매매업소에 들어가 여종업원 몰래 여종업원과 나눈 대화를 녹음하였더라도 이는 「통신비밀보호법」 제3조 제1항이 금지하는 공개되지 아니한 타인 간의 대화를 녹음한 경우에 해당하지 않는다.

④ 사법경찰관은 「통신비밀보호법」에 따른 패킷감청을 집행하여 그 전기통신을 보관하고자 하는 때에는 집행종료일로부터 14일 이내 보관 등이 필요한 전기통신을 선별하여 검사에게 보관 등의 승인을 신청하고, 이때 검사가 사법경찰관의 신청을 기각한 경우에는 그날부터 7일 이내에 취득한 전기통신을 폐기하여야 한다.

해설

① 【 X 】 통신비밀보호법 제3조 제1항은 누구든지 이 법과 형사소송법 또는 군사법원법의 규정에 의하지 아니하고는 우편물의 검열·전기통신의 감청 또는 공개되지 않은 타인 간의 대화를 녹음 또는 청취하지 못한다고 규정하고 있고, 같은 법 제16조 제1항은 이를 위반하는 행위를 처벌하도록 규정하고 있다. 여기서 '청취'는 타인 간의 대화가 이루어지고 있는 상황에서 실시간으로 그 대화의 내용을 엿듣는 행위를 의미하고, 대화가 이미 종료된 상태에서 그 대화의 녹음물을 재생하여 듣는 행위는 '청취'에 포함되지 않는다(대판 2024.2.29. 2023도8603).
✅ 거실에 설치된 영상정보 처리기기를 이용해 자동녹음된 피해자들 대화의 녹음물을 재생하여 듣는 행위는 '청취'에 포함되지 않는다.

② 【 O 】 공소외인이 들었다는 '우당탕' 소리는 사물에서 발생하는 음향일 뿐 사람의 목소리가 아니므로 통신비밀보호법에서 말하는 타인 간의 '대화'에 해당하지 않는다. '악' 소리도 사람의 목소리이기는 하나 단순한 비명소리에 지나지 않아 그것만으로 상대방에게 의사를 전달하는 말이라고 보기는 어려워 특별한 사정이 없는 한 타인 간의 '대화'에 해당한다고 볼 수 없다(대판 2017.3.15. 2016도19843).

③ 【 O 】 이 사건 녹음은 대화의 당사자인 사법경찰관 공소외 2가 손님으로 가장하고 이 사건 성매매업소를 방문하여 위 업소를 운영하는 피고인 및 종업원인 공소외 1과의 대화 내용을 녹음한 것으로 통신비밀보호법 제3조 제1항이 금지하는 공개되지 아니한 타인 간의 대화를 녹음한 경우에 해당하지 않는다(대판 2024.5.30. 2020도9370).

④ 【 O 】 사법경찰관은 인터넷 회선을 통하여 송신·수신하는 전기통신을 대상으로 제6조 또는 제8조(제5조 제1항의 요건에 해당하는 사람에 대한 긴급통신제한조치에 한정한다)에 따른 통신제한조치를 집행한 경우 그 전기통신의 보관등을 하고자 하는 때에는 집행종료일부터 14일 이내에 보관등이 필요한 전기통신을 선별하여 검사에게 보관등의 승인을 신청하고, 검사는 신청일부터 7일 이내에 통신제한조치를 허가한 법원에 그 승인을 청구할 수 있다(통신비밀보호법 제12조의2 제2항). 검사 또는 사법경찰관은 제1항에 따른 청구나 제2항에 따른 신청을 하지 아니하는 경우에는 집행종료일부터 14일(검사가 사법경찰관의 신청을 기각한 경우에는 그날부터 7일) 이내에 통신제한조치로 취득한 전기통신을 폐기하여야 하고, 법원에 승인청구를 한 경우(취득한 전기통신의 일부에 대해서만 청구한 경우를 포함한다)에는 제4항에 따라 법원으로부터 승인서를 발부받거나 청구기각의 통지를 받은 날부터 7일 이내에 승인을 받지 못한 전기통신을 폐기하여야 한다(통신비밀보호법 제12조의2 제5항).

정답 ①

82 강제처분에 대한 설명 중 가장 적절하지 않은 것은? (다툼이 있는 경우 판례에 의함)

20. 경찰채용 1차

① 압수·수색영장 대상자와 피의자 사이에 요구되는 인적 관련성은 압수·수색영장에 기재된 대상자의 공동정범, 간접정범, 교사범 등은 물론이며 필요적 공범 등에 대한 피고사건에 대해서도 인정될 수 있다.
② 사법경찰관은 피내사자를 대상으로 하는 통신제한조치에 대한 허가를 검사에게 신청하고, 검사는 법원에 대하여 그 허가를 청구할 수 있다.
③ 「통신비밀보호법」 제12조의2에 의하면 사법경찰관은 인터넷 회선을 통하여 송신·수신하는 전기통신을 대상으로 제6조 또는 제8조(제5조 제1항의 요건에 해당하는 사람에 대한 긴급통신제한조치에 한정한다)에 따른 통신제한조치를 집행한 경우 그 전기통신의 보관등을 하고자 하는 때에는 집행종료일부터 14일 이내에 보관등이 필요한 전기통신을 선별하여 검사에게 보관등의 승인을 신청하고 검사는 신청일부터 14일 이내에 통신제한조치를 허가한 법원에 그 승인을 청구할 수 있다.
④ 「마약류 불법거래 방지에 관한 특례법」 제4조 제1항에 따른 조치의 일환으로 특정한 수출입물품을 개봉하여 검사하고 그 내용물의 점유를 취득한 행위는 수출입물품에 대한 적정한 통관 등을 목적으로 하는 조사와 달리 범죄수사인 압수 또는 수색에 해당하여 사전 또는 사후에 영장을 받아야 한다.

해설

① 【O】 대판 2017.12.5. 2017도13458
② 【O】 통신비밀보호법 제6조 제2항
③ 【X】 사법경찰관은 인터넷 회선을 통하여 송신·수신하는 전기통신을 대상으로 제6조 또는 제8조(제5조 제1항의 요건에 해당하는 사람에 대한 긴급통신제한조치에 한정한다)에 따른 통신제한조치를 집행한 경우 그 전기통신의 보관등을 하고자 하는 때에는 집행종료일부터 14일 이내에 보관등이 필요한 전기통신을 선별하여 검사에게 보관 등의 승인을 신청하고, 검사는 신청일부터 7일 이내에 통신제한조치를 허가한 법원에 그 승인을 청구할 수 있다(통신비밀보호법 제12조의2 제2항).
④ 【O】 대판 2017.7.18. 2014도8719

정답 ③

83 아래 ㉠부터 ㉢까지의 설명 중 옳고 그름의 표시(○, ×)가 바르게 된 것은? (다툼이 있는 경우 판례에 의함)

19. 법학경채

㉠ 전기통신에 해당하는 전화통화 당사자의 일방이 상대방 모르게 통화 내용을 녹음하는 것은 「통신비밀보호법」상 감청에 해당하지 아니하지만, 제3자의 경우는 설령 전화통화 당사자 일방의 동의를 받고 그 통화 내용을 녹음하였다 하더라도 그 상대방의 동의가 없었던 이상, 이는 「통신비밀보호법」상 감청에 해당하고 그와 같이 녹음된 전화통화의 내용은 증거능력이 없다.

㉡ 3인 간의 대화에 있어서 그 중 한 사람이 그 대화를 녹음하는 경우에 다른 두 사람의 발언은 그 녹음자에 대한 관계에서 '타인 간의 대화'라고 할 수 없으므로, 이와 같은 녹음행위가 「통신비밀보호법」에 위배된다고 볼 수는 없다.

㉢ 甲이 乙에게 휴대폰으로 전화를 걸어 乙과 통화를 마친 후 乙이 전화를 먼저 끊기를 기다리던 중 乙이 휴대폰의 통화종료 버튼을 누르지 아니한 채 타인과 대화하는 것을 몰래 청취·녹음한 경우, 甲은 乙과 타인 간의 대화에 원래부터 참여하지 아니한 제3자이므로 통화연결 상태에 있는 휴대폰을 이용하여 이 사건 대화를 청취·녹음하는 행위는 위법하다.

① ㉠ ○ ㉡ × ㉢ ○
② ㉠ ○ ㉡ ○ ㉢ ○
③ ㉠ ○ ㉡ × ㉢ ×
④ ㉠ × ㉡ ○ ㉢ ○

[해설]

㉠ 【 O 】 대판 2002.10.8. 2002도123
㉡ 【 O 】 대판 2014.5.16. 2013도16404
㉢ 【 O 】 대판 2016.5.12. 2013도15616

정답 ②

84 피의자신문에 관한 설명 중 가장 적절하지 않은 것은? (다툼이 있으면 판례에 의함)

16. 경찰승진

① 신문에 참여한 변호인은 신문 후 의견을 진술할 수 있다. 다만, 신문 중이더라도 부당한 신문방법에 대하여 이의를 제기할 수 있고, 검사 또는 사법경찰관의 승인을 얻어 의견을 진술할 수 있다.
② 신문에 참여하고자 하는 변호인이 2인 이상인 때에는 피의자가 신문에 참여할 변호인 1인을 지정한다. 지정이 없는 경우에는 검사 또는 사법경찰관이 이를 지정하여야 한다.
③ 검사 또는 사법경찰관은 변호인의 신문참여 및 그 제한에 관한 사항을 피의자신문조서에 기재하여야 한다.
④ 구속된 피의자가 수사기관의 피의자신문을 위한 출석요구에 불응하면서 조사실에 출석을 거부하는 경우에는 구속영장의 효력에 의하여 피의자를 조사실로 구인할 수 있다.

[해설]

① 【 O 】 제243조의2 제3항
② 【 X 】 신문에 참여하고자 하는 변호인이 2인 이상인 때에는 피의자가 신문에 참여할 변호인 1인을 지정한다. 지정이 없는 경우에는 검사 또는 사법경찰관이 이를 지정할 수 있다(제243조의2 제2항).
③ 【 O 】 제243조의2 제5항
④ 【 O 】 대결 2013.7.1. 2013모160

정답 ②

85 피의자신문에 관한 다음 설명 중 가장 적절한 것은? (다툼이 있으면 판례에 의함)

16. 경찰채용 1차

① 수사기관이 피의자의 진술을 영상녹화 하는 경우에는 반드시 피의자 내지 변호인의 동의를 받아야 하고, 피의자가 아닌 자의 진술을 영상녹화 하는 경우에는 미리 영상녹화 사실을 고지하면 되고 그의 동의를 요하지는 않는다.
② 피의자가 변호인의 참여를 원한다는 의사를 명백하게 표시하였음에도 수사기관이 정당한 사유 없이 변호인을 참여하게 하지 아니한 채 피의자를 신문하여 작성한 피의자신문조서라도 증거능력 자체가 부정되는 것은 아니나, 증명력이 낮게 평가될 수밖에 없다.
③ 피의자와 동석한 신뢰관계에 있는 사람이 피의자를 대신하여 진술한 부분이 조서에 기재되어 있다면 그 부분은 피의자의 진술을 기재한 것이 아니라 동석한 사람의 진술을 기재한 조서에 해당하므로, 그 사람에 대한 진술조서로서의 증거능력을 취득하기 위한 요건을 충족하지 못하는 한 이를 유죄의 증거로 사용할 수 없다.
④ 검사 또는 사법경찰관은 피의자 또는 그 변호인·법정대리인·배우자·직계친족·형제자매의 신청에 따라 변호인을 피의자와 접견하게 하거나 정당한 사유가 없는 한 피의자에 대한 신문에 참여하게 할 수 있다.

해설

① 【 X 】 피의자 아닌 자의 경우는 동의를 얻어 영상녹화 할 수 있으나, 피의자의 경우에는 고지만 하면 족하고 동의를 받을 필요는 없다(제244조의2 제1항, 제221조 제1항).
② 【 X 】 헌법 제12조 제1항, 제4항 본문, 형사소송법 제243조의2 제1항 및 그 입법 목적 등에 비추어 보면, 피의자가 변호인의 참여를 원한다는 의사를 명백하게 표시하였음에도 수사기관이 정당한 사유 없이 변호인을 참여하게 하지 아니한 채 피의자를 신문하여 작성한 피의자신문조서는 형사소송법 제312조에 정한 '적법한 절차와 방식'에 위반된 증거일 뿐만 아니라, 형사소송법 제308조의2에서 정한 '적법한 절차에 따르지 아니하고 수집된 증거'에 해당하므로 이를 증거로 할 수 없다(대판 2013.3.28. 2010도3359).
③ 【 O 】 대판 2009.6.23. 2009도1322
④ 【 X 】 검사 또는 사법경찰관은 피의자 또는 그 변호인·법정대리인·배우자·직계친족·형제자매의 신청에 따라 변호인을 피의자와 접견하게 하거나 정당한 사유가 없는 한 피의자에 대한 신문에 참여하게 하여야 한다(제243조의2 제1항).

정답 ③

86 피의자신문에 대한 설명 중 가장 적절하지 않은 것은? (다툼이 있는 경우 판례에 의함)

17. 여경

① 구속영장 발부에 의하여 적법하게 구금된 피의자가 피의자신문을 위한 출석요구에 응하지 아니하면서 수사기관 조사실에 출석을 거부한다면 수사기관은 그 구속영장의 효력에 의하여 피의자를 조사실로 구인할 수 있다.
② 검사 또는 사법경찰관은 피의자를 신문하는 경우에 있어서, 피의자가 신체적 또는 정신적 장애로 사물을 변별하거나 의사를 결정·전달할 능력이 미약한 때에는 직권 또는 피의자·법정대리인의 신청에 따라 피의자와 신뢰관계에 있는 자를 동석하게 할 수 있다.
③ 피의자신문에 참여하고자 하는 변호인이 2인 이상인 때에는 피의자가 참여할 변호인 1인을 지정하고, 지정이 없는 경우에는 검사 또는 사법경찰관이 지정하여야 한다.
④ 검사 또는 사법경찰관의 '변호인의 피의자신문에 참여'에 관한 처분에 대하여 불복이 있으면 그 직무집행지의 관할법원 또는 검사의 소속검찰청에 대응한 법원에 그 처분의 취소 또는 변경을 청구할 수 있다.

해설

① 【 O 】 대결 2013.7.1. 2013모160
② 【 O 】 제244조의5
③ 【 X 】 피의자신문에 참여하고자 하는 변호인이 2인 이상인 때에는 피의자가 참여할 변호인 1인을 지정하고, 지정이 없는 경우에는 검사 또는 사법경찰관이 지정할 수 있다(제243조의2 제2항).
④ 【 O 】 제417조

정답 ③

87 피의자신문에 대한 설명 중 가장 적절하지 않은 것은? (다툼이 있는 경우 판례에 의함) 18. 경찰승진

① 신문에 참여하고자 하는 변호인이 2인 이상인 때에는 피의자가 신문에 참여할 변호인 1인을 지정한다. 지정이 없는 경우에는 검사 또는 사법경찰관이 이를 지정하여야 한다.
② 검사 또는 사법경찰관이 피의자를 신문하면서 피의자와 신뢰관계에 있는 자를 동석하게 한 경우, 동석한 사람으로 하여금 피의자를 대신하여 진술하도록 하여서는 안 된다. 만약 동석한 사람이 피의자를 대신하여 진술한 부분이 조서에 기재되어 있다면 그 부분은 피의자의 진술을 기재한 것이 아니라 동석한 사람의 진술을 기재한 조서에 해당한다.
③ 피의자의 진술은 영상녹화할 수 있다. 이 경우 미리 영상녹화사실을 알려주어야 하며, 조사의 개시부터 종료까지의 전 과정 및 객관적 정황을 영상녹화하여야 한다.
④ 검사 또는 사법경찰관의 「형사소송법」제243조의2에 따른 변호인의 참여 등에 관한 처분에 대하여 불복이 있으면 그 직무집행지의 관할법원 또는 검사의 소속검찰청에 대응한 법원에 그 처분의 취소 또는 변경을 청구할 수 있다.

해설

① 【 X 】 신문에 참여하고자 하는 변호인이 2인 이상인 때에는 피의자가 신문에 참여할 변호인 1인을 지정한다. 지정이 없는 경우에는 검사 또는 사법경찰관이 이를 지정할 수 있다(제243조의2 제2항).
② 【 O 】 대판 2009.6.23. 2009도1322
③ 【 O 】 제244조의2 제1항
④ 【 O 】 제417조

정답 ①

88 피의자신문에 대한 설명으로 가장 적절한 것은? (다툼이 있는 경우 판례에 의함) 18. 경찰채용 2차

① 피의자신문에 대한 변호인의 참여권은 구속된 피의자의 방어권을 실질적으로 보장하기 위한 취지이므로 불구속 피의자의 피의자신문에 대해서는 정당한 사유가 있는 경우에만 변호인의 참여가 허용된다.
② 피의자신문에 참여한 변호인은 신문 후 의견을 진술할 수 있고, 부당한 신문방법에 대하여는 신문 중이더라도 이의를 제기하고 의견을 진술할 수 있다. 다만, 부당한 신문방법에 대한 신문 중의 이의제기는 검사 또는 사법경찰관의 승인을 얻어야 한다.
③ 피의자가 "변호인의 조력을 받을 권리를 행사할 것인가요"라는 사법경찰관의 물음에 "예"라고 답변하였음에도 사법경찰관이 변호인의 참여를 제한하여야 할 정당한 사유 없이 변호인이 참여하지 아니한 상태에서 계속하여 피의자를 상대로 신문을 행한 경우, 그 내용을 기재한 피의자신문조서는 적법한 절차에 따르지 않고 수집한 증거에 해당한다.
④ 변호인에게 피의자신문 참여권을 인정하는 이유는 피의자 등이 가지는 '변호인의 조력을 받을 권리'를 충실하게 보장하기 위한 목적에서 비롯된 것이지, 그것이 변호인 자신의 기본권을 보장하기 위하여 인정되는 권리라고 볼 수는 없다.

해설

① 【 X 】 제243조의2는 신청권자인 피의자의 범위를 구속된 피의자에 제한하지 않고 있으므로 구속된 피의자뿐만 아니라 불구속상태에 있는 피의자에 대하여도 변호인의 피의자신문참여권이 인정된다.
② 【 X 】 신문에 참여한 변호인은 신문 후 의견을 진술할 수 있다. 다만, 신문 중이라도 부당한 신문방법에 대하여 이의를 제기할 수 있고, 검사 또는 사법경찰관의 승인을 얻어 의견을 진술할 수 있다(제243조의2 제3항).
③ 【 O 】 대판 2013.3.28. 2010도3359
④ 【 X 】 변호인이 피의자신문에 자유롭게 참여할 수 있는 권리는 피의자가 가지는 변호인의 조력을 받을 권리를 실현하는 수단이므로 헌법상 기본권인 변호인의 변호권으로서 보호되어야 한다(헌재결 2017.11.30. 2016헌마503).

정답 ③

89 피의자신문에 대한 설명으로 가장 적절하지 않은 것은? (다툼이 있는 경우 판례에 의함) 18. 경찰채용 3차

① 검사 또는 사법경찰관은 변호인의 신문참여 및 그 제한에 관한 사항을 피의자신문조서에 기재하여야 한다.
② 검사 또는 사법경찰관은 피의자에 대하여 범죄사실과 정상에 관한 필요사항을 신문하여야 하며 그 이익되는 사실을 진술할 기회를 주어야 한다.
③ 수사기관이 정당한 사유가 없음에도 변호인에게 피의자로부터 떨어진 곳으로 옮겨 앉으라는 지시를 하고, 이에 불응하였다는 이유를 들어 변호인의 피의자신문 참여권을 제한하였다면, 변호인은 항고를 제기할 수 있다.
④ 사법경찰관이 피의자에게 진술거부권을 행사할 수 있음을 알려 주고 그 행사 여부를 질문하였다 하더라도, 진술거부권 행사 여부에 대한 피의자의 답변이 자필로 기재되어 있지 아니하였다면, 사법경찰관이 작성한 피의자신문조서는 특별한 사정이 없는 한 증거능력을 인정할 수 없다.

[해설]
① 【 O 】 제243조의2 제5항
② 【 O 】 제242조
③ 【 X 】 수사기관이 피의자신문을 하면서 위와 같은 정당한 사유가 없는데도 변호인에 대하여 피의자로부터 떨어진 곳으로 옮겨 앉으라고 지시를 한 다음 이러한 지시에 따르지 않았음을 이유로 변호인의 피의자신문 참여권을 제한하는 것 역시 허용될 수 없다 (대결 2008.9.12. 2008모793). 다만, 변호인의 피의자신문참여제한조치에 대해서는 항고가 아니라, 제417조의 수사상 준항고로 불복하여야 한다.
④ 【 O 】 대판 2013.3.28. 2010도3359

정답 ③

90 형사소송법상 피의자신문에 대한 설명으로 가장 적절하지 않은 것은? (다툼이 있는 경우 판례에 의함)

19. 경찰승진

① 피의자의 진술을 영상녹화할 경우에는 미리 영상녹화사실을 알려주어야 하는데, 이 경우 피의자 또는 변호인의 동의를 얻어야 하는 것은 아니다.
② 수사기관이 변호인의 피의자신문 참여를 부당하게 제한하거나 중단시킨 경우에는 준항고를 통해 다툴 수 있다.
③ 검사 또는 사법경찰관은 피의자가 신체적 또는 정신적 장애로 사물을 변별하거나 의사를 결정·전달할 능력이 미약한 때에는 직권 또는 피의자·법정대리인의 신청에 따라 피의자와 신뢰관계에 있는 자를 동석하게 하여야 한다.
④ 장차 인지의 가능성이 전혀 없는 상태하에서 수사가 행해졌다는 등의 특별한 사정이 없는 한, 인지절차가 이루어지기 전에 수사를 하였다는 이유만으로 그 수사가 위법하다고 할 수 없고 그 수사과정에서 작성된 피의자신문조서나 진술조서 등의 증거능력도 이를 부인할 수 없다.

[해설]
① 【 O 】 제244조의2 제1항
② 【 O 】 제417조
③ 【 X 】 검사 또는 사법경찰관은 피의자가 신체적 또는 정신적 장애로 사물을 변별하거나 의사를 결정·전달할 능력이 미약한 때에는 직권 또는 피의자·법정대리인의 신청에 따라 피의자와 신뢰관계에 있는 자를 동석하게 할 수 있다(제244조의5).
④ 【 O 】 대판 2001.10.26. 2000도2968

정답 ③

91 피의자신문에 대한 설명으로 옳지 않은 것은? (다툼이 있는 경우 판례에 의함)
19. 국가직

① 적법한 구속영장이 발부된 이상 수사기관으로서는 피의자신문을 위해 그 구속영장의 효력에 의하여 구금된 피의자를 조사실로 구인할 수 있다.
② 수사기관이 진술자의 성명을 가명으로 기재하여 조서를 작성하였다고 해서 그 이유만으로 그 조서가 '적법한 절차와 방식'에 따라 작성되지 않았다고 할 것은 아니다.
③ 검사가 피고인의 공판절차에서 이미 증언을 마친 증인에게 수사기관에 출석할 것을 요구하여 그 증인을 상대로 위증의 혐의를 조사한 내용을 담은 피의자신문조서는 그 피고인이 증거로 함에 동의하더라도 증거능력이 인정되지 않는다.
④ 피의자의 진술을 영상녹화하는 경우 미리 그 사실을 알려주어야 하며, 조사의 개시부터 종료까지의 전 과정 및 객관적 정황을 영상녹화하여야 한다.

해설

① 【 O 】 대결 2913.7.1. 2013모160
② 【 O 】 대판 2012.5.24. 2011도7757
③ 【 X 】 공판준비 또는 공판기일에서 이미 증언을 마친 증인을 검사가 소환한 후 피고인에게 유리한 증언 내용을 추궁하여 이를 일방적으로 번복시키는 방식으로 작성한 진술조서를 유죄의 증거로 삼는 것은 당사자주의·공판중심주의·직접주의를 지향하는 현행 형사소송법의 소송구조에 어긋나는 것일 뿐만 아니라, 헌법 제27조가 보장하는 기본권, 즉 법관의 면전에서 모든 증거자료가 조사·진술되고 이에 대하여 피고인이 공격·방어할 수 있는 기회가 실질적으로 부여되는 재판을 받을 권리를 침해하는 것이므로, 이러한 진술조서는 피고인이 증거로 할 수 있음에 동의하지 아니하는 한 증거능력이 없고, 그 후 원진술자인 종전 증인이 다시 법정에 출석하여 증언을 하면서 그 진술조서의 성립의 진정함을 인정하고 피고인 측에 반대신문의 기회가 부여되었다고 하더라도 그 증언 자체를 유죄의 증거로 할 수 있음은 별론으로 하고 위와 같은 진술조서의 증거능력이 없다는 결론은 달리할 것이 아니다. 이는 검사가 공판준비 또는 공판기일에서 이미 증언을 마친 증인에게 수사기관에 출석할 것을 요구하여 그 증인을 상대로 위증의 혐의를 조사한 내용을 담은 피의자신문조서의 경우도 마찬가지이다(대판 2013.8.14. 2012도13665).
④ 【 O 】 제244조의2 제1항 후문

정답 ③

92 피의자신문에 대한 설명으로 가장 적절한 것은? (다툼이 있는 경우 판례에 의함)
19. 경찰채용 1차

① 구속영장 발부에 의하여 적법하게 구금된 피의자가 피의자신문을 위한 출석요구에 응하지 아니하면서 수사기관 조사실에 출석을 거부한다면 수사기관은 그 구속영장의 효력에 의하여 피의자를 조사실로 구인할 수 없다.
② 검사가 피의자를 신문함에는 검찰청수사관 또는 서기관이나 서기를 참여하게 하여야 하고, 사법경찰관이 피의자를 신문함에는 사법경찰관리를 참여하게 하여야 한다.
③ 수사기관이 피의자신문을 하면서 정당한 사유가 없더라도 변호인에 대하여 피의자로부터 떨어진 곳으로 옮겨 앉으라고 지시를 한 다음 이러한 지시에 따르지 않았음을 이유로 변호인의 피의자신문 참여권을 제한하는 것은 허용될 수 있다.
④ 피의자의 진술은 피의자 또는 변호인의 동의 없이 영상녹화 할 수 있으므로 미리 영상녹화사실을 알려줄 필요는 없다. 단지 조사의 개시부터 종료까지의 전 과정 및 객관적 정황을 영상녹화하여야 한다.

해설

① 【 X 】 수사기관이 관할 지방법원 판사가 발부한 구속영장에 의하여 피의자를 구속하는 경우, 그 구속영장은 기본적으로 장차 공판정에의 출석이나 형의 집행을 담보하기 위한 것이지만, 이와 함께 형사소송법(이하 '법'이라 한다) 제202조, 제203조에서 정하는 구속기간의 범위 내에서 수사기관이 법 제200조, 제241조 내지 제244조의5에 규정된 피의자신문의 방식으로 구속된 피의자를 조사하는 등 적정한 방법으로 범죄를 수사하는 것도 예정하고 있다고 할 것이다. 따라서 구속영장 발부에 의하여 적법하게 구금된 피의자가 피의자신문을 위한 출석 요구에 응하지 아니하면서 수사기관 조사실에의 출석을 거부한다면 수사기관은 그 구속영장의 효력에 의하여 피의자를 조사실로 구인할 수 있다고 보아야 할 것이다(대결 2013.7.1. 2013모160).
② 【 O 】 제243조
③ 【 X 】 수사기관이 피의자신문을 하면서 위와 같은 정당한 사유가 없는데도 변호인에 대하여 피의자로부터 떨어진 곳으로 옮겨 앉으라고 지시를 한 다음 이러한 지시에 따르지 않았음을 이유로 변호인의 피의자신문 참여권을 제한하는 것 역시 허용될 수 없다(대결 2008.9.12. 2008모793).
④ 【 X 】 피의자진술을 영상녹화하기 위해서는 피의자나 변호인의 동의를 받을 필요는 없으나, 미리 영상녹화사실을 알려주어야 한다(제244조의2 제1항).

정답 ②

93 피의자 신문에 대한 설명으로 적절하지 않은 것은? (다툼이 있는 경우 판례에 의함) 19. 경찰채용 2차

① 수사기관이 진술거부권을 고지하지 않은 경우 그 진술을 기재한 조서는 그 진술에 임의성이 인정되더라도 증거능력이 인정되지 않는다.
② 피의자가 피의자신문조서를 열람한 후 이의를 제기한 경우 이를 조서에 추가로 기재해야 하며, 이의를 제기하였던 부분은 부당한 심증형성의 기초가 되지 않도록 삭제하여야 한다.
③ 사법경찰관은 신청이 없더라도 필요성이 있다고 인정되면 직권으로 신뢰관계자를 동석하게 할 수 있다.
④ 사법경찰관이 피의자를 신문하면서 신뢰관계에 있는 자를 동석하게 한 경우 동석한 사람이 피의자를 대신하여 진술하도록 하여서는 안 되며, 만약 동석한 사람이 피의자를 대신하여 진술한 부분이 조서에 기재되어 있다면 그 부분은 동석한 사람의 진술을 기재한 조서에 해당한다.

해설

① 【 O 】 대판 2009.8.20. 2008도8213
② 【 X 】 피의자신문조서는 피의자에게 열람하게 하거나 읽어 들려주어야 하며, 진술한 대로 기재되지 아니하였거나 사실과 다른 부분의 유무를 물어 피의자가 증감 또는 변경의 청구 등 이의를 제기하거나 의견을 진술한 때에는 이를 조서에 추가로 기재하여야 한다. 이 경우 피의자가 이의를 제기하였던 부분은 읽을 수 있도록 남겨두어야 한다(제244조 제2항).
③ 【 O 】 제244조의5
④ 【 O 】 대판 2009.6.23. 2009도1322

정답 ②

94 피의자신문에 관한 설명 중 가장 적절하지 않은 것은? (다툼이 있는 경우 판례에 의함) 20. 경찰승진

① 피고인이 피의자신문조서에 기재된 피고인 진술의 임의성을 다투면서 그것이 허위자백이라고 다투는 경우, 법원은 구체적인 사건에 따라 피고인의 학력, 경력, 직업, 사회적 지위, 지능 정도, 진술의 내용, 조서의 형식 등 제반 사정을 참작하여 자유로운 심증으로 위 진술이 임의로 된 것인지 여부를 판단할 수 있다.
② 수사기관은 피의자가 신체적 또는 정신적 장애로 사물을 변별하거나 의사를 결정 전달할 능력이 미약한 때에는 신뢰관계에 있는 자를 동석하게 하여야 하며, 이때 신뢰관계인이 동석하지 않은 상태로 행한 진술은 임의성이 인정되더라도 유죄 인정의 증거로 사용할 수 없다.
③ 신문에 참여하고자 하는 변호인이 2인 이상인 때에는 피의자가 신문에 참여할 변호인 1인을 지정한다. 지정이 없는 경우에는 검사 또는 사법경찰관이 이를 지정할 수 있다.
④ 사법경찰관은 피의자가 조사장소에 도착한 시각, 조사를 시작하고 마친 시각, 그 밖에 조사과정의 진행경과를 확인하기 위하여 필요한 사항을 피의자신문조서에 기록하거나 별도의 서면에 기록한 후 수사기록에 편철하여야 한다.

해설

① 【 O 】 대판 1994.11.4. 94도129
② 【 X 】 수사기관은 피의자가 신체적 또는 정신적 장애로 사물을 변별하거나 의사를 결정 전달할 능력이 미약한 때에는 직권 또는 피의자·법정대리인의 신청에 따라 피의자와 신뢰관계에 있는 자를 동석하게 할 수 있다(제244조의5).
③ 【 O 】 제243조의2 제2항
④ 【 O 】 제244조의4 제1항

정답 ②

95 피의자신문에 대한 설명 중 가장 적절하지 않은 것은? (다툼이 있는 경우 판례에 의함) 20. 경찰채용 1차

① 변호인의 수사방해나 수사기밀의 유출에 대한 우려가 없고 조사실의 장소적 제약 등과 같은 특별한 사정이 없는 상황에서 수사관 A가 피의자신문에 참여한 변호인 B에게 피의자 후방에 앉으라고 요구하는 행위는 목적의 정당성과 수단의 적절성뿐만 아니라 침해의 최소성과 법익 균형성도 충족하지 못하므로 B의 변호권을 침해한다.
② 피의자신문에 참여한 변호인은 원칙적으로 신문 후 의견을 진술할 수 있다. 다만 신문 중이더라도 부당한 신문방법에 대하여 이의를 제기할 수 있고, 검사 또는 사법경찰관의 승인을 얻어 의견을 진술할 수 있다.
③ 검사 또는 사법경찰관은 피의자가 신체적 또는 정신적 장애로 사물을 변별하거나 의사를 결정·전달할 능력이 미약한 때와 피의자의 연령·성별·국적 등의 사정을 고려하여 그 심리적 안정의 도모와 원활한 의사소통을 위하여 필요한 경우 직권 또는 피의자, 법정대리인의 신청에 따라 피의자와 신뢰관계인을 동석시킬 수 있다. 이 경우 동석한 신뢰관계인이 피의자를 대신하여 진술할 수 있으며 진술한 부분이 조서에 기재되어 있다면 이를 유죄 인정의 증거로 사용할 수 있다.
④ 인지절차를 밟기 전에 수사를 하였다고 하더라도 그 수사가 장차 인지의 가능성이 전혀 없는 상태하에서 행해졌다는 등의 특별한 사정이 없는 한 인지절차가 이루어지기 전에 수사를 하였다는 이유만으로 그 수사가 위법하다고 볼 수는 없고, 따라서 그 수사과정에서 작성된 피의자신문조서나 진술조서 등의 증거능력도 이를 부인할 수 없다.

해설
① 【 O 】 헌재결 2017.11.30. 2016헌마503
② 【 O 】 제243조의2 제3항
③ 【 X 】 형사소송법 제244조의5는, 검사 또는 사법경찰관은 피의자를 신문하는 경우 피의자가 신체적 또는 정신적 장애로 사물을 변별하거나 의사를 결정·전달할 능력이 미약한 때나 피의자의 연령·성별·국적 등의 사정을 고려하여 그 심리적 안정의 도모와 원활한 의사소통을 위하여 필요한 경우에는, 직권 또는 피의자·법정대리인의 신청에 따라 피의자와 신뢰관계에 있는 자를 동석하게 할 수 있도록 규정하고 있다. 구체적인 사안에서 위와 같은 동석을 허락할 것인지는 원칙적으로 검사 또는 사법경찰관이 피의자의 건강 상태 등 여러 사정을 고려하여 재량에 따라 판단하여야 할 것이나, 이를 허락하는 경우에도 동석한 사람으로 하여금 피의자를 대신하여 진술하도록 하여서는 안 된다. 만약 동석한 사람이 피의자를 대신하여 진술한 부분이 조서에 기재되어 있다면 그 부분은 피의자의 진술을 기재한 것이 아니라 동석한 사람의 진술을 기재한 조서에 해당하므로, 그 사람에 대한 진술조서로서의 증거능력을 취득하기 위한 요건을 충족하지 못하는 한 이를 유죄 인정의 증거로 사용할 수 없다(대판 2009.6.23. 2009도1322).
④ 【 O 】 대판 2001.10.26. 2000도2968

정답 ③

96. 피의자신문에 대한 설명으로 가장 적절하지 않은 것은? (다툼이 있는 경우 판례에 의함) 21. 경찰승진

① 피의자가 불구속 상태에서 피의자신문을 받을 때에도 변호인의 참여를 요구할 권리를 가진다.
② 피의자가 피의자신문조서를 열람한 후 이의를 제기한 경우 이를 조서에 추가로 기재해야 하며, 이의를 제기하였던 부분은 부당한 심증형성의 기초가 되지 않도록 삭제하여야 한다.
③ 검사 또는 사법경찰관은 변호인의 신문참여 및 그 제한에 관한 사항을 피의자신문조서에 기재하여야 한다.
④ 검사 또는 사법경찰관은 피의자가 조사장소에 도착한 시각, 조사를 시작하고 마친 시각, 그 밖에 조사과정의 진행경과를 확인하기 위하여 필요한 사항을 피의자신문조서에 기록하거나 별도의 서면에 기록한 후 수사기록에 편철하여야 한다.

해설
① 【 O 】 제243조의2 제1항
② 【 X 】 피의자가 피의자신문조서를 열람한 후 이의를 제기한 경우 이를 조서에 추가로 기재해야 하며, 이의를 제기하였던 부분은 읽을 수 있도록 남겨 두어야 한다(제244조 제2항).
③ 【 O 】 제243조의2 제5항
④ 【 O 】 제244조의4 제1항

정답 ②

97 형사소송법 및 형사소송규칙상 신뢰관계에 있는 자의 동석에 대한 설명으로 가장 적절하지 않은 것은? (다툼이 있는 경우 판례에 의함)

21. 경찰승진

① 법원은 범죄로 인한 피해자를 증인으로 신문하는 경우 증인의 연령, 심신의 상태, 그 밖의 사정을 고려하여 증인이 현저하게 불안 또는 긴장을 느낄 우려가 있다고 인정하는 때에는 직권 또는 피해자·법정대리인·검사의 신청에 따라 피해자와 신뢰관계에 있는 자를 동석하게 할 수 있다.
② 법원은 범죄로 인한 피해자가 13세 미만이거나 신체적 또는 정신적 장애로 사물을 변별하거나 의사를 결정할 능력이 미약한 경우에 재판에 지장을 초래할 우려가 있는 등 부득이한 경우가 아닌 한 피해자와 신뢰관계에 있는 자를 동석하게 하여야 한다.
③ 피해자와 신뢰관계에 있는 사람은 피해자의 배우자, 직계친족, 형제자매, 가족, 동거인, 고용주, 변호사, 그 밖에 피해자의 심리적 안정과 원활한 의사소통에 도움을 줄 수 있는 사람을 말한다.
④ 동석한 자는 법원·소송관계인의 신문 또는 증인의 진술을 방해하거나 그 진술의 내용에 부당한 영향을 미칠 수 있는 행위를 하여서는 아니 되며, 재판장은 동석한 자가 부당하게 재판의 진행을 방해하는 때에는 그 행위의 중지를 명할 수 있으나, 동석 자체를 중지시킬 수는 없다.

[해설]
① 【O】 제163조의2 제1항
② 【O】 제163조의2 제2항
③ 【O】 규칙 제84조의3 제1항
④ 【X】 재판장은 동석한 자가 부당하게 재판의 진행을 방해한 때에는 동석을 중지시킬 수 있다(규칙 제84조의3 제3항).

정답 ④

98 피의자진술의 영상녹화에 관한 설명 중 가장 적절하지 않은 것은?

16. 경찰승진

① 피의자진술의 영상녹화가 완료된 때에는 피의자 또는 변호인 앞에서 지체 없이 그 원본을 봉인하고 피의자로 하여금 기명날인 또는 서명하게 하여야 한다.
② 영상녹화가 완료된 이후 피의자가 영상녹화물의 내용에 대하여 이의를 진술하는 때에는 그 진술을 따로 영상녹화하여 첨부하여야 한다.
③ 피의자의 진술은 영상녹화할 수 있다. 이 경우 미리 영상녹화사실을 알려주어야 한다.
④ 피의자의 진술을 영상녹화할 때에는 조사의 개시부터 종료까지의 전 과정 및 객관적 정황을 영상녹화하여야 한다.

[해설]
① 【O】 제244조의2 제2항
② 【X】 영상녹화가 완료된 이후 피의자 또는 변호인의 요구가 있는 때에는 영상녹화물을 재생하여 시청하게 하여야 한다. 이 경우 그 내용에 대하여 이의를 진술하는 때에는 그 취지를 기재한 서면을 첨부하여야 한다(제244조의2 제3항).
③④ 【O】 제244조의2 제1항

정답 ②

99 형사소송법 및 형사소송규칙상 영상녹화에 대한 내용으로 가장 적절하지 않은 것은?

18. 경찰채용 1차

① 검사 또는 사법경찰관은 수사에 필요한 때에는 피의자가 아닌 자의 출석을 요구하여 진술을 들을 수 있다. 이 경우 그의 동의를 받아 영상녹화할 수 있다.
② 검사는 피의자가 아닌 자가 공판준비 또는 공판기일에서 조서가 자신이 검사 또는 사법경찰관 앞에서 진술한 내용과 동일하게 기재되어 있음을 인정하지 아니하는 경우 그 부분의 성립의 진정을 증명하기 위하여 영상녹화물의 조사를 신청할 수 있다.
③ 법원은 검사가 영상녹화물의 조사를 신청한 경우 이에 관한 결정을 함에 있어 피고인 또는 변호인으로 하여금 그 영상녹화물이 적법한 절차와 방식에 따라 작성되어 봉인된 것인지 여부에 관한 의견을 진술하게 하여야 한다.
④ 법원은 공판준비 또는 공판기일에서 봉인을 해체하고 영상녹화물의 전부 또는 일부를 재생하는 방법으로 조사하여야 한다. 이 때 영상녹화물은 그 재생과 조사에 필요한 전자적 설비를 갖춘 법정 외의 장소에서는 이를 재생할 수 없다.

해설

① 【O】 제221조 제1항
② 【O】 규칙 제134조의3 제1항
③ 【O】 규칙 제134조의4 제1항
④ 【X】 법원은 공판준비 또는 공판기일에서 봉인을 해체하고 영상녹화물의 전부 또는 일부를 재생하는 방법으로 조사하여야 한다. 이 때 영상녹화물은 그 재생과 조사에 필요한 전자적 설비를 갖춘 법정 외의 장소에서 이를 재생할 수 있다(규칙 제134조의4 제3항).

정답 ④

100 영상녹화제도에 관한 설명 중 가장 적절한 것은? (다툼이 있는 경우 판례에 의함)

20. 경찰승진

① 수사기관이 피의자의 진술을 영상녹화하려는 경우 피의자 또는 변호인에게 미리 영상녹화사실을 알려주어야 하며, 형사소송법 제244조의2 제1항에 따라 반드시 서면으로 사전동의를 받아야 한다.
② 피의자 진술에 대한 영상녹화가 완료된 이후 피의자 또는 변호인에게 영상녹화물을 재생하여 시청하게 하여야 하며, 그 내용에 대하여 이의를 진술하는 때에는 해당 내용을 삭제하고 그 진술을 영상녹화하여 첨부하여야 한다.
③ 피고인 또는 피고인이 아닌 자의 진술을 내용으로 하는 영상녹화물은 공판준비 또는 공판기일에 피고인 또는 피고인이 아닌 자가 진술함에 있어서 기억이 명백하지 아니한 사항에 관하여 기억을 환기시켜야 할 필요가 있다고 인정되는 때에 한하여 피고인 또는 피고인이 아닌 자에게 재생하여 시청하게 할 수있다.
④ 수사기관이 참고인을 조사하는 과정에서 형사소송법 제221조 제1항에 따라 작성한 영상녹화물은, 다른 법률에서 달리 규정하고 있는 등의 특별한 사정이 없는 한, 원칙적으로 공소사실을 직접 증명할 수 있는 독립적인 증거로 사용될 수 있다.

해설

① 【 X 】 수사기관이 피의자의 진술을 영상녹화하려는 경우 피의자 또는 변호인에게 미리 영상녹화사실을 알려주어야 한다(제244조의2 제1항). 피의자에게 미리 알려주면 족하고 피의자나 변호인의 동의를 받을 필요는 없다.
② 【 X 】 영상녹화가 완료된 경우에 피의자 또는 변호인의 요구가 있는 때에는 영상녹화물을 재생하여 시청하여야 한다. 이 경우 그 내용에 대하여 이의를 진술하는 때에는 그 취지를 기재한 서면을 첨부하여야 한다(제244조의2 제3항).
③ 【 O 】 제318조의2 제2항
④ 【 X 】 2007.6.1. 법률 제8496호로 개정되기 전의 형사소송법에는 없던 수사기관에 의한 피의자 아닌 자(이하 '참고인'이라 한다) 진술의 영상녹화를 새로 정하면서 그 용도를 참고인에 대한 진술조서의 실질적 진정성립을 증명하거나 참고인의 기억을 환기시키기 위한 것으로 한정하고 있는 현행 형사소송법의 규정 내용을 영상물에 수록된 성범죄 피해자의 진술에 대하여 독립적인 증거능력을 인정하고 있는 성폭력범죄의 처벌 등에 관한 특례법 제30조 제6항 또는 아동·청소년의 성보호에 관한 법률 제26조 제6항의 규정과 대비하여 보면, 수사기관이 참고인을 조사하는 과정에서 형사소송법 제221조 제1항에 따라 작성한 영상녹화물은, 다른 법률에서 달리 규정하고 있는 등의 특별한 사정이 없는 한, 공소사실을 직접 증명할 수 있는 독립적인 증거로 사용될 수는 없다고 해석함이 타당하다(대판 2014.7.10. 2012도5041).

정답 ③

101 형사절차상 영상녹화에 대한 설명 중 가장 적절한 것은? (다툼이 있는 경우 판례에 의함) 20. 경찰채용 1차

① 법원은 검사, 피고인 또는 변호인의 신청이 있는 때에는 특별한 사정이 없는 한 공판정에서의 심리의 전부 또는 일부를 속기사로 하여금 속기하게 하거나 녹음장치 또는 영상녹화장치를 사용하여 녹음 또는 영상녹화하여야 하며, 필요하다고 인정하는 때에는 직권으로 이를 명할 수 있다.
② 검사 또는 사법경찰관은 수사에 필요한 때에는 피의자가 아닌 자의 출석을 요구하여 진술을 들을 수 있으며, 이 경우 그에게 영상녹화사실을 알리고 영상녹화할 수 있다.
③ 피의자의 진술을 영상녹화할 때에는 그의 동의를 받아 조사의 개시부터 종료까지의 전 과정 및 객관적 정황을 영상녹화하여야 한다.
④ 피의자의 진술에 대한 영상녹화가 완료된 이후 피의자가 그 내용에 대하여 이의를 제기한 때에는 그 이의의 진술을 별도로 녹화하여 첨부하여야 한다.

해설

① 【 O 】 규칙 제56조의2 제1항
② 【 X 】 검사 또는 사법경찰관은 수사에 필요한 때에는 피의자가 아닌 자의 출석을 요구하여 진술을 들을 수 있다. 이 경우 그의 동의를 받아 영상녹화할 수 있다(제221조 제1항).
③ 【 X 】 피의자의 진술은 영상녹화할 수 있다. 이 경우 미리 영상녹화사실을 알려주어야 하며, 조사의 개시부터 종료까지의 전 과정 및 객관적 정황을 영상녹화하여야 한다(제244조의2 제1항).
④ 【 X 】 피의자의 진술에 대한 영상녹화가 완료된 이후 피의자가 그 내용에 대하여 이의를 진술하는 때에는 그 취지를 기재한 서면을 첨부하여야 한다(제244조의2 제3항).

정답 ①

102 진술의 영상녹화제도에 대한 설명으로 가장 적절하지 않은 것은? (다툼이 있는 경우 판례에 의함) 21. 경찰승진

① 피의자의 진술은 영상녹화할 수 있다. 이 경우 미리 영상녹화사실을 알려주어야 하며, 조사의 개시부터 종료까지의 전 과정 및 객관적 상황을 영상녹화하여야 한다.
② 영상녹화가 완료된 때에는 피의자 또는 변호인 앞에서 지체 없이 그 원본을 봉인하고 피의자로 하여금 기명날인 또는 서명하게 하여야 한다.
③ 피의자가 아닌 자의 진술을 영상녹화하고자 할 때에는 미리 피의자가 아닌 자에게 영상녹화 사실을 알려주고 동의를 받아야 한다.
④ 아동·청소년대상 성범죄 피해자 진술을 영상녹화하는 경우 피해자 또는 법정대리인이 거부하더라도 영상녹화를 하여야 한다. 다만, 가해자가 친권자 중 일방인 경우는 그러하지 아니하다.

[해설]
① 【O】 제244조의2 제1항
② 【O】 제244조의2 제2항
③ 【O】 제221조 제1항
④ 【X】 아동·청소년대상 성범죄 피해자의 진술내용과 조사과정은 비디오녹화기 등 영상물 녹화장치로 촬영·보존하여야 한다. 이 경우 영상물 녹화는 피해자 또는 법정대리인이 이를 원하지 아니하는 의사를 표시한 때에는 촬영을 하여서는 아니 된다. 다만, 가해자가 친권자 중 일방인 경우는 그러하지 아니하다(아동·청소년의 성보호에 관한 법률 제26조 제1항, 제2항).

정답 ④

103 수사에 대한 설명으로 가장 적절하지 않은 것은? (다툼이 있는 경우 판례에 의함) 21. 경찰간부

① 검사 또는 사법경찰관은 정당한 사유가 없으면 피의자신문에 참여한 변호인에게 피의자에 대한 법적인 조언·상담을 보장해야 하며, 법적인 조언·상담을 위한 변호인의 메모를 허용해야 한다.
② 구속영장 발부에 의하여 적법하게 구금된 피의자가 피의자신문을 위한 출석요구에 응하지 아니하면서 수사기관 조사실에 출석을 거부하는 경우, 수사기관은 그 구속영장의 효력에 의하여 피의자를 조사실로 구인할 수 있다.
③ 피의자 진술의 영상녹화는 조사가 개시된 시점부터 종료까지의 전 과정이 녹화된 것이어야 하며, 조사과정 일부에 대한 선별적 영상녹화는 허용되지 않는다.
④ 사기사건에 있어서 사법경찰관이 작성한 피의자신문조서에 대하여 피의자였던 피고인이 그 조서의 내용을 부인하는 경우, 피의자 진술과정에서 작성한 영상녹화물 재생을 통해 증거능력을 인정할 수 있다.

[해설]
① 【O】 수사준칙 제13조 제1항
② 【O】 대결 2013.7.1. 2013모160
③ 【O】 제244조의2 제1항
④ 【X】 검사 이외의 수사기관이 작성한 피의자신문조서는 적법한 절차와 방식에 따라 작성된 것으로서 공판준비 또는 공판기일에 그 피의자였던 피고인 또는 변호인이 그 내용을 인정하여야 한다(제312조 제3항). 즉, 내용의 인정은 그 피의자였던 피고인 또는 변호인이 하여야만 하며, 영상녹화물의 재생을 통하여 증거능력을 인정할 수는 없다.

정답 ④

104 수사상 감정유치에 관한 설명 중 가장 적절하지 않은 것은?

16. 경찰승진

① 피의자에 대한 감정유치기간은 피의자의 구속기간에 산입한다.
② 검사는 감정을 위촉하는 경우에 피의자의 정신 또는 신체에 관한 감정을 위하여 유치처분이 필요할 때에는 판사에게 이를 청구하여야 한다.
③ 불구속 피고인에 대하여 감정유치장을 발부하여 구속할 때에는 범죄사실의 요지와 변호인을 선임할 수 있음을 알려주어야 한다.
④ 감정유치는 감정을 목적으로 신체의 자유를 구속하는 강제처분이므로 법관이 발부하는 영장, 즉 감정유치장을 요한다.

[해설]

① 【X】 구속 중인 피의자에 대하여 감정유치장이 집행되었을 때에는 피의자가 유치되어 있는 기간 동안 구속은 그 집행이 정지된 것으로 간주한다(제221조의3 제2항, 제172조의2 제1항). 따라서 감정유치기간은 구속기간에 산입되지 아니한다.
② 【O】 제221조의3 제1항
③ 【O】 제172조 제7항
④ 【O】 제172조 제4항

정답 ①

105 임의수사에 대한 설명으로 가장 적절하지 않은 것은? (다툼이 있는 경우 판례에 의함)

18. 경찰채용 2차

① 즉결심판 피의자의 정당한 귀가요청을 거절한 채 다음날 즉결심판법정이 열릴 때까지 피의자를 경찰서 보호실에 강제유치시키려고 함으로써 피의자를 경찰서 내 즉결피의자 대기실에 10~20분 동안 있게 한 행위는 불법한 감금행위에 해당한다.
② 변사체를 검시하는 검사 혹은 검사의 명을 받은 사법경찰관은 변사자의 검시 결과 범죄의 혐의가 인정되고 긴급을 요할 때에는 영장 없이 검증할 수 있다.
③ 수사기관은 피의자신문절차에서 피의자의 동의없이도 피의자의 진술을 영상녹화할 수 있으며, 영상녹화물의 내용에 대해 피의자가 이의를 진술하는 경우 그 진술을 따로 영상녹화하여 첨부하여야 한다.
④ 특별한 이유 없이 호흡측정기에 의한 측정에 불응하는 운전자에게 경찰공무원이 혈액채취에 의한 측정방법이 있음을 고지하고 그 선택 여부를 물어야 할 의무가 있다고는 할 수 없다.

[해설]

① 【O】 대판 1997.6.13. 97도877
② 【O】 제222조 제2항
③ 【X】 봉인시 피의자 또는 변호인의 요구가 있는 때에는 영상녹화물을 재생하여 시청하게 하여야 하고 그 내용에 대하여 이의를 진술하는 때에는 그 취지를 기재한 서면을 첨부하여야 한다(제244조의2 제3항).
④ 【O】 대판 2002.10.25. 2002도4220

정답 ③

106 임의수사에 대한 설명 중 가장 적절하지 않은 것은? (다툼이 있는 경우 판례에 의함)

19. 법학경채

① 임의동행과 관련하여 수사관이 동행에 앞서 피의자에게 동행을 거부할 수 있음을 알려 주었거나 동행한 피의자가 언제든지 자유로이 동행과정에서 이탈 또는 동행 장소로부터 퇴거할 수 있었음이 인정되는 등 오로지 피의자의 자발적인 의사에 의하여 수사관서 등에의 동행이 이루어졌음이 객관적인 사정에 의하여 명백하게 입증된 경우에 한하여 그 임의동행의 적법성이 인정되는 것으로 봄이 상당하다.
② 피의자의 진술은 영상녹화사실을 미리 고지한 다음 영상녹화를 할 수 있으나, 참고인의 진술은 그 참고인의 동의를 받아 영상녹화할 수 있다.
③ 검사 또는 사법경찰관이 피의자를 신문하면서 피의자와 신뢰관계에 있는 자를 동석하게 한 경우, 동석한 사람으로 하여금 피의자를 대신하여 진술하도록 하여서는 안 된다. 만약 동석한 사람이 피의자를 대신하여 진술한 부분이 조서에 기재되어 있다면 그 부분은 피의자의 진술을 기재한 것이 아니라 동석한 사람의 진술을 기재한 조서에 해당한다.
④ 피의자신문에 참여한 변호인은 신문 후 의견을 진술할 수 있을 뿐, 신문 중에는 부당한 신문방법에 관한 것이라도 이의를 제기할 수 없다.

해설

① 【O】 대판 2006.7.6. 2005도6810
② 【O】 제244조의2 제1항, 제221조 제1항
③ 【O】 대판 2009.6.23. 2009도1322
④ 【X】 신문에 참여한 변호인은 신문 후 의견을 진술할 수 있다. 다만, 신문 중이라도 부당한 신문방법에 대하여 이의를 제기할 수 있고, 검사 또는 사법경찰관의 승인을 얻어 의견을 진술할 수 있다(제243조의2 제3항). 여기서 부당한 신문방법에 대한 이의제기는 신문 중에도 이의제기할 수 있다고 규정하고 있지만, 신문 후에도 의견을 진술할 수 있다는 점을 고려하면, 부당한 신문방법에 대한 이의제기는 신문 중이든 신문 후이든 언제든지 할 수 있다고 볼 수 있다.

정답 ④

107 수사에 대한 설명 중 가장 적절하지 않은 것은? (다툼이 있는 경우 판례에 의함)   19. 법학경채

① 사법경찰관의 피의자 아닌 자에 대한 신체검사는 증적의 존재를 확인할 수 있는 현저한 사유가 있는 경우에 한하여 할 수 있다.
② 수사기관으로부터 수사에 관하여 사실조회를 요구받은 공무소 기타 공사단체는 이를 보고할 의무가 있으므로 사실조회는 강제수사의 한 방법이다.
③ 압수·수색영장에 의해 피의자의 소변을 채취하고자 하는 경우에 임의동행을 기대할 수 없는 사정이 있는 때에는, 수사기관은 인근병원 등 채취에 적합한 장소로 피의자를 데려가기 위해 필요 최소한의 유형력을 행사하는 것이 허용된다.
④ 위법한 체포상태에서 마약투약 혐의를 확인하기 위한 채뇨요구가 이루어진 경우 그 일련의 과정을 전체적으로 보아 그 채뇨요구는 위법하다.

해설
① 【O】 제219조, 제141조 제1항
② 【X】 수사기관의 조회요청이 있으면 상대방인 공무소 등은 이에 협조할 의무가 있다. 그러나 영장에 의하지 아니하고도 공무소 등에 조회요청을 할 수 있고, 공무소의 협조의무 이행을 강제할 방법이 없다는 점에서 공무소 등에의 조회를 임의수사로 파악한다.
③ 【O】 대판 2018.7.12. 2018도6219
④ 【O】 대판 2013.3.14. 2012도13611

정답 ②

108 임의수사에 대한 설명으로 가장 적절한 것은? (다툼이 있는 경우 판례에 의함)   20. 경찰채용 2차

① 피의자가 영상녹화물의 내용에 대해 이의를 진술하는 때에는 그 진술을 따로 영상녹화하여 첨부하여야 한다.
② 수사기관이 참고인을 조사하는 과정에서 형사소송법 제221조 제1항에 따라 작성한 영상녹화물은 원칙적으로 공소사실을 직접 증명할 수 있는 독립적인 증거로 사용될 수 있다.
③ 형사소송법 제244조의2 제1항에 따르면 수사기관은 피의자신문절차에서 피의자의 진술을 영상녹화할 경우 미리 영상녹화 사실을 알리고 동의를 받아야 한다.
④ 수사기관이 수사의 필요상 피의자를 임의동행한 경우에도 조사 후 귀가시키지 아니하고 그의 의사에 반하여 경찰서 보호실 등에 계속 유치함으로써 신체의 자유를 속박하였다면 이는 구금에 해당된다.

해설
① 【X】 피의자가 영상녹화물의 내용에 대해 이의를 진술하는 때에는 그 취지를 기재한 서면을 첨부하여야 한다(제244조의2 제3항).
② 【X】 2007.6.1. 법률 제8496호로 개정되기 전의 형사소송법에는 없던 수사기관에 의한 피의자 아닌 자(이하 '참고인'이라 한다) 진술의 영상녹화를 새로 정하면서 그 용도를 참고인에 대한 진술조서의 실질적 진정성립을 증명하거나 참고인의 기억을 환기시키기 위한 것으로 한정하고 있는 현행 형사소송법의 규정 내용을 영상물에 수록된 성범죄 피해자의 진술에 대하여 독립적인 증거능력을 인정하고 있는 성폭력범죄의 처벌 등에 관한 특례법 제30조 제6항또는 아동·청소년의 성보호에 관한 법률 제26조 제6항의 규정과 대비하여 보면, 수사기관이 참고인을 조사하는 과정에서 형사소송법 제221조 제1항에 따라 작성한 영상녹화물은, 다른 법률에서 달리 규정하고 있는 등의 특별한 사정이 없는 한, 공소사실을 직접 증명할 수 있는 독립적인 증거로 사용될 수는 없다고 해석함이 타당하다(대판 2014.7.10. 2012도5041).
③ 【X】 피의자의 진술은 영상녹화할 수 있다. 이 경우 미리 영상녹화사실을 알려주어야 한다(제244조의2 제1항).
④ 【O】 대결 1985.7.29. 85모16

정답 ④

Chapter 02 강제처분과 강제수사

01 다음 중 사후적 구제제도로 보기에 가장 적절하지 않은 것은? 20. 경찰승진

① 구속 전 피의자심문제도
② 체포 구속적부심사제도
③ 강제처분에 대한 준항고
④ 형사보상제도

[해설]
① 【 X 】 구속 전 피의자심문제도는 구속영장의 청구를 받은 판사가 피의자를 직접 심문하여 구속사유를 판단하는 제도(제201조의2)로서, 사전적 구제절차에 해당한다.

정답 ①

02 체포영장에 의한 체포에 관한 설명 중 가장 적절하지 않은 것은? (다툼이 있는 경우 판례에 의함) 20. 경찰승진

① 체포 및 압수·수색현장에서 변호인의 체포영장 등사 요구를 거절한 것만으로는 변호인의 조력을 받을 권리를 원천적으로 침해한 행위라고 보기 어렵다.
② 체포한 피의자를 구속하고자 할 때에는 체포한 때부터 24시간 이내에 구속영장을 청구하여야 하고, 그 기간 내에 구속영장을 청구하지 아니하는 때에는 피의자를 즉시 석방하여야 한다.
③ 경찰관들이 체포를 위한 실력행사에 나아가기 전에 체포영장을 제시하고 미란다 원칙을 고지할 여유가 있었음에도 애초부터 미란다 원칙을 체포 후에 고지할 생각으로 먼저 체포행위에 나선 행위는 적법한 공무집행이라고 보기 어렵다.
④ 체포의 사유가 없거나 소멸된 때에는 법원은 직권 또는 검사, 피의자, 변호인과 피의자의 변호인 선임권자의 청구에 의하여 결정으로 체포를 취소하여야 한다.

[해설]
① 【 O 】 대판 2017.11.29. 2017도9747
② 【 X 】 체포한 피의자를 구속하고자 할 때에는 체포한 때부터 48시간 이내에 구속영장을 청구하여야 하고, 그 기간 내에 구속영장을 청구하지 아니하는 때에는 피의자를 즉시 석방하여야 한다(제200조의2 제5항).
③ 【 O 】 대판 2017.9.21. 2017도19866
④ 【 O 】 제200조의6, 제93조

정답 ②

03 영장에 의한 체포에 대한 설명으로 가장 적절한 것은? (다툼이 있는 경우 판례에 의함)
18. 경찰채용 2차

① 수사기관이 영장에 의한 체포를 하고자 하는 경우 검사는 관할지방법원 판사에게 체포영장을 청구할 수 있고, 사법경찰관리는 검사의 승인을 얻어 관할지방법원 판사에게 체포영장을 청구할 수 있다.
② 수사기관이 체포영장을 집행하는 경우「형사소송법」제216조에 의하여 필요한 때에는 영장 없이 타인의 주거에서 피의자 수색을 할 수 있으며, 이러한「형사소송법」제216조의 규정은 헌법상 영장주의에 위반되지 않는다.
③ 체포영장을 발부받은 후 피의자를 체포하지 아니한 경우 검사 또는 사법경찰관은 변호인이 있는 경우는 피의자의 변호인에게, 변호인이 없는 경우에는 피의자 혹은 변호인선임권자 중 피의자가 지정하는 자에게 지체 없이 그 사유를 서면으로 통지해야 한다.
④ 경찰관들이 체포를 위한 실력행사에 나아가기 전에 체포영장을 제시하고 미란다 원칙을 고지할 여유가 있었음에도 애초부터 미란다 원칙을 체포 후에 고지할 생각으로 먼저 체포행위에 나선 경우 이러한 행위는 적법하지 않다.

해설

① 【X】 사법경찰관은 직접 영장을 청구할 수 없고, 검사에게 영장을 청구해줄 것을 신청할 수 있을 뿐이다(제200조의2 제1항).
② 【X】 헌법 제16조의 영장주의에 대해서도 그 예외를 인정하되, 이는 그 장소에 범죄혐의 등을 입증할 자료나 피의자가 존재할 개연성이 소명되고, 사전에 영장을 발부받기 어려운 긴급한 사정이 있는 경우에만 제한적으로 허용될 수 있다고 보는 것이 타당하다. 심판대상조항은 체포영장을 발부받아 피의자를 체포하는 경우에 필요한 때에는 영장 없이 타인의 주거 등 내에서 피의자 수사를 할 수 있다고 규정함으로써, 앞서 본 바와 같이 별도로 영장을 발부받기 어려운 긴급한 사정이 있는지 여부를 구별하지 아니하고 피의자가 소재할 개연성만 소명되면 영장 없이 타인의 주거 등을 수색할 수 있도록 허용하고 있다. 이는 체포영장이 발부된 피의자가 타인의 주거 등에 소재할 개연성은 소명되나, 수색에 앞서 영장을 발부받기 어려운 긴급한 사정이 인정되지 않는 경우에도 영장 없이 피의자 수색을 할 수 있다는 것이므로, 위에서 본 헌법 제16조의 영장주의 예외 요건을 벗어나는 것으로서 영장주의에 위반된다(헌재결 2018.4.26. 2015헌바370).
③ 【X】 피의자를 체포한 때에는 변호인이 있는 경우에는 변호인에게, 변호인이 없는 경우에는 제30조 제2항에 규정한 자 중 피의자가 지정하는 자에게 피의사건명, 체포일시·장소, 범죄사실의 요지, 체포의 이유와 변호인을 선임할 수 있는 취지를 알려야 한다. 체포의 통지는 지체 없이 서면으로 하여야 한다(제200조의6, 제87조).
④ 【O】 대판 2017.9.21. 2017도10866

정답 ④

04 체포에 관한 설명 중 가장 적절하지 않은 것은? (다툼이 있으면 판례에 의함)
16. 경찰승진

① 현행범인으로 규정한 '범죄의 실행의 즉후인 자'라고 함은, 범죄의 실행행위를 종료한 직후의 범인이라는 것이 제3자의 입장에서 볼 때 명백한 경우를 일컫는 것이다.
② 체포영장을 발부받아 피의자를 체포하기 위해서는 피의자가 정당한 이유 없이 수사기관의 출석요구에 응하지 아니하거나 응하지 아니할 우려가 있어야 한다.
③ 현행범인 체포의 요건으로서는 행위의 가벌성, 범죄의 현행성 및 시간의 접착성, 범인·범죄의 명백성 외에 체포의 필요성 즉, 도망 또는 증거인멸의 염려가 있을 것을 요한다.
④ 체포영장을 청구함에 있어 동일한 범죄사실에 관하여 그 피의자에 대하여 전에 체포영장을 청구하였거나 발부받은 사실이 있는 때에는 다시 체포영장을 청구하는 취지 및 이유를 기재하여야 한다.

[해설]
① 【 X 】 범죄의 실행의 즉후인 자란 범죄의 실행행위를 종료한 직후의 범인이라는 것이 체포하는 자의 입장에서 볼 때 명백한 경우를 말한다(대판 2002.5.10. 2001도300).
② 【 O 】 제200조의2 제1항
③ 【 O 】 대판 1999.1.26. 98도3029
④ 【 O 】 제200조의2 제4항

정답 ①

05 형사소송법상 영장에 의한 체포제도에 대한 설명으로 가장 적절하지 않은 것은? (다툼이 있는 경우 판례에 의함)
21. 경찰승진

① 다액 50만원 이하의 벌금, 구류 또는 과료에 해당하는 사건에 관하여는 피의자가 일정한 주거가 없는 경우 또는 정당한 이유 없이 수사기관의 출석요구에 응하지 아니한 경우에 한하여 체포할 수 있다.
② 「형사소송법」은 강제처분에 대한 사전적 구제제도로서 체포 전 피의자신문제도를 두고 있다.
③ 피의자를 체포한 후 그를 다시 구속하고자 할 때에는 체포한 때로부터 48시간 내에 구속영장을 청구해야 한다.
④ 사법경찰관리는 체포영장을 소지하지 아니한 경우에 급속을 요하는 때에는 피의자에 대하여 피의사실의 요지와 영장이 발부되었음을 알리고 집행할 수 있다. 이 경우 집행을 완료한 후에는 신속히 체포영장을 제시해야 한다.

[해설]
① 【 O 】 제200조의2 제1항 단서
② 【 X 】 구속과는 달리 체포에 있어서는 지방법원판사가 피의자를 심문(영장실질심사)하는 것은 인정되지 않는다.
③ 【 O 】 제200조의2 제5항
④ 【 O 】 제200조의6, 제85조 제3항, 제4항

정답 ②

06 체포에 관한 다음 설명 중 가장 옳은 것은? (다툼이 있는 경우 판례에 의함)
19. 법원직

① 체포영장의 청구를 받은 지방법원판사는 필요하다고 인정할 때에는 발부 전에 영장실질심사를 위해서 피의자심문을 할 수 있다.
② 검사 또는 사법경찰관은 긴급체포한 피의자에 대하여 구속영장을 청구하지 않거나 발부받지 못하여 석방한 경우에는 다른 중요한 증거를 발견한 경우를 제외하고는 동일한 범죄사실로 다시 체포하지 못한다.
③ 검사의 체포영장 청구를 기각한 지방법원판사의 재판에 대하여는 항고나 준항고가 허용되지 않는다.
④ 긴급체포의 요건을 갖추었는지 여부는 체포 당시의 상황과 사후에 밝혀진 사정을 종합하여 판단하여야 하고, 이에 관한 검사나 사법경찰관 등 수사주체의 판단에는 상당한 재량의 여지가 있다.

[해설]
① 【 X 】 체포영장의 청구를 받은 지방법원판사는 상당하다고 인정하는 때에는 체포영장을 발부한다(제200조의2 제2항). 구속과는 달리 체포에 있어서는 지방법원판사가 피의자를 심문하는 것은 인정되지 않는다.
② 【 X 】 긴급체포되었으나 구속영장을 청구하지 아니하였거나 발부받지 못하여 석방된 자는 영장 없이는 동일한 범죄사실에 관하여 다시 체포하지 못한다(제200조의4 제3항).
③ 【 O 】 대결 2006.12.18. 2006모646
④ 【 X 】 긴급체포의 요건을 갖추었는지 여부는 사후에 밝혀진 사정을 기초로 판단하는 것이 아니라 체포 당시의 상황을 기초로 판단하여야 하고, 이에 관한 검사나 사법경찰관 등 수사주체의 판단에는 상당한 재량의 여지가 있다고 할 것이다(대판 2002.6.11. 2000도5701).

정답 ③

07 영장에 의한 체포에 관한 설명으로 가장 적절하지 않은 것은?

25. 경찰승진

① 피의자가 죄를 범하였다고 의심할 만한 상당한 이유가 있고 정당한 이유없이 수사기관의 출석요구에 응하지 아니하더라도 명백히 체포의 필요가 인정되지 아니하는 경우 체포영장의 청구를 받은 지방법원판사는 체포영장의 청구를 기각하여야 한다.
② 지방법원판사가 체포영장을 발부하지 아니할 때에는 청구서에 그 취지 및 이유를 기재하고 서명·날인하여야 한다.
③ 변호인 및 「형사소송법」 제30조 제2항에서 정하는 피의자의 법정대리인, 배우자, 직계친족과 형제자매가 없는 경우 사법경찰관은 그 외 피의자가 지정한 사람에게 서면으로 체포의 통지를 하여야 한다.
④ 사법경찰관은 구속영장을 청구하지 아니하는 때에는 체포한 피의자를 즉시 석방하고 지체 없이 검사에게 석방사실을 통보하여야 하며, 사법경찰관이 구속영장의 청구를 신청하였으나 검사가 그 신청을 기각함에 따라 석방하게 된 경우에도 그러하다.

① 【 O 】 피의자가 죄를 범하였다고 의심할 만한 상당한 이유가 있고 정당한 이유없이 수사기관의 출석요구에 응하지 아니하더라도 명백히 체포의 필요가 인정되지 아니하는 경우 체포영장의 청구를 받은 지방법원판사는 체포영장의 청구를 기각하여야 한다(형사소송법 제200조의2 제2항). 영장에 의한 체포에서 체포의 필요성은 소극적 요건에 해당한다.
② 【 O 】 제1항의 청구를 받은 지방법원판사가 체포영장을 발부하지 아니할 때에는 청구서에 그 취지 및 이유를 기재하고 서명·날인하여 청구한 검사에게 교부한다(형사소송법 제200조의2 제3항).
③ 【 X 】 변호인 및 법 제30조 제2항에 따른 사람이 없어서 체포·구속의 통지를 할 수 없을 때에는 그 취지를 수사보고서에 적어 사건기록에 편철한다(수사준칙 제33조 제2항).
④ 【 O 】 사법경찰관은 구속영장을 청구하지 아니하는 때에는 체포한 피의자를 즉시 석방하고 지체 없이 검사에게 석방사실을 통보하여야 하며, 사법경찰관이 구속영장의 청구를 신청하였으나 검사가 그 신청을 기각함에 따라 석방하게 된 경우에도 그러하다(수사준칙 제36조 제1항, 제2항).

정답 ③

08 긴급체포에 관한 설명 중 가장 적절하지 않은 것은? (다툼이 있으면 판례에 의함)

16. 경찰승진

① 사법경찰관이 피의자를 긴급체포 후 구속영장을 신청하지 않고 석방하는 것은 피의자에게 유리하므로 즉시 검사에게 보고하지 않고 석방 후 30일 이내에 보고하면 족하다.
② 긴급체포의 요건을 갖추었는지 여부는 사후에 밝혀진 사정을 기초로 판단하는 것이 아니라 체포 당시의 상황을 기초로 판단하여야 한다.
③ 긴급체포된 피의자에 대하여 구속영장이 발부된 경우에 구속기간은 피의자를 체포한 날부터 기산한다.
④ 긴급체포가 그 요건을 갖추지 못한 경우, 단순히 체포가 위법함에 그치는 것이 아니라 그 체포에 의한 유치 중에 작성된 피의자신문조서도 특별한 사정이 없는 한 증거능력이 부정된다.

해설

① 【 X 】 긴급체포 후 구속영장을 청구하지 않고 피의자를 석방한 경우 사법경찰관은 즉시 검사에게 보고하여야 한다(제200조의4 제6항).
②④ 【 O 】 대판 2002.6.11. 2000도5701
③ 【 O 】 제203조의2

정답 ①

09 긴급체포에 대한 설명으로 옳지 않은 것은? (다툼이 있는 경우 판례에 의함) 17. 국가직

① 피의자가 마약투약을 하였다고 의심할 만한 상당한 이유가 있었더라도, 경찰관이 이미 피의자의 신원과 주거지 및 전화번호 등을 모두 파악하고 있었고 당시 증거가 급속하게 소멸될 상황도 아니었다면 긴급체포의 요건으로 미리 체포영장을 받을 시간적 여유가 없었던 경우에 해당하지 않는다.
② 긴급체포 후 석방된 자 또는 그 변호인·법정대리인·배우자·직계친족·형제자매는 통지서 및 관련 서류를 열람하거나 등사할 수 있다.
③ 수사기관이 긴급체포된 자에 대하여 구속영장을 청구하지 아니하거나 발부받지 못한 때에는 피의자를 즉시 석방하여야 하고, 이 경우 석방된 자는 영장 없이는 동일한 범죄사실에 관하여 체포하지 못한다.
④ 사법경찰관이 검사에게 긴급체포된 피의자에 대한 승인 건의와 함께 구속영장을 신청한 경우 검사는 긴급체포의 합당성이나 구속영장 청구에 필요한 사유를 보강하기 위하여 긴급체포한 피의자를 검찰청으로 출석시켜 직접 대면조사할 수 있다.

[해설]
① 【 O 】 대판 2016.10.13. 2016도5814
② 【 O 】 제200조의4 제5항
③ 【 O 】 제200조의4 제3항
④ 【 X 】 사법경찰관이 검사에게 긴급체포된 피의자에 대한 긴급체포 승인 건의와 함께 구속영장을 신청한 경우, 검사는 긴급체포의 승인 및 구속영장의 청구가 피의자의 인권에 대한 부당한 침해를 초래하지 않도록 긴급체포의 적법성 여부를 심사하면서 수사서류뿐만 아니라 피의자를 검찰청으로 출석시켜 직접 대면조사할 수 있는 권한을 가진다고 보아야 한다. 따라서 이와 같은 목적과 절차의 일환으로 검사가 구속영장 청구 전에 피의자를 대면조사하기 위하여 사법경찰관리에게 피의자를 검찰청으로 인치할 것을 명하는 것은 적법하고 타당한 수사지휘 활동에 해당하고, 수사지휘를 전달받은 사법경찰관리는 이를 준수할 의무를 부담한다. 다만 체포된 피의자의 구금 장소가 임의적으로 변경되는 점, 법원에 의한 영장실질심사 제도를 도입하고 있는 현행 형사소송법하에서 체포된 피의자의 신속한 법관 대면권 보장이 지연될 우려가 있는 점 등을 고려하면, 위와 같은 검사의 구속영장 청구 전 피의자 대면조사는 긴급체포의 적법성을 의심할 만한 사유가 기록 기타 객관적 자료에 나타나고 피의자의 대면조사를 통해 그 여부의 판단이 가능할 것으로 보이는 예외적인 경우에 한하여 허용될 뿐, 긴급체포의 합당성이나 구속영장 청구에 필요한 사유를 보강하기 위한 목적으로 실시되어서는 아니 된다. 나아가 검사의 구속영장 청구 전 피의자 대면조사는 강제수사가 아니므로 피의자는 검사의 출석 요구에 응할 의무가 없고, 피의자가 검사의 출석 요구에 동의한 때에 한하여 사법경찰관리는 피의자를 검찰청으로 호송하여야 한다(대판 2010.10.28. 2008도11999).

정답 ④

10. 형사소송법상 긴급체포에 대한 설명 중 옳고 그름의 표시(○, ×)가 바르게 된 것은?

17. 여경

> ㉠ 긴급체포된 자가 소유·소지 또는 보관하는 물건에 대하여 긴급히 압수할 필요가 있는 경우에는 체포한 때부터 24시간 이내에 영장 없이 압수할 수 있으며, 압수한 물건을 계속 압수할 필요가 있는 경우에는 지체 없이 압수·수색영장을 청구하여야 한다. 이 경우 압수수색영장의 청구는 압수한 때부터 48시간 이내에 하여야 한다.
> ㉡ 사법경찰관이 피의자를 긴급체포한 경우에는 즉시 긴급체포서를 작성하여야 할 뿐만 아니라 즉시 검사의 승인을 얻어야 한다.
> ㉢ 피의자가 장기 3년 이상의 징역에 해당하는 죄를 범하였다고 의심할 만한 상당한 이유 및 도망할 우려가 있고, 체포영장을 받을 시간적 여유가 없는 때에는 영장 없이 체포할 수 있다.
> ㉣ 사법경찰관은 피의자를 긴급체포하는 경우에 필요한 때에는 영장 없이 타인의 주거나 타인이 간수하는 가옥, 건조물, 항공기, 선차 내에서의 피의자 수사를 할 수 있다.

① ㉠ ○   ㉡ ×   ㉢ ×   ㉣ ×
② ㉠ ×   ㉡ ○   ㉢ ○   ㉣ ○
③ ㉠ ○   ㉡ ×   ㉢ ×   ㉣ ○
④ ㉠ ×   ㉡ ○   ㉢ ○   ㉣ ×

해설

㉠ 【 × 】 긴급체포된 자가 소유·소지 또는 보관하는 물건에 대하여 긴급히 압수할 필요가 있는 경우에는 체포한 때부터 24시간 이내에 영장 없이 압수할 수 있으며, 압수한 물건을 계속 압수할 필요가 있는 경우에는 지체 없이 압수·수색영장을 청구하여야 한다. 이 경우 압수수색영장의 청구는 체포한 때부터 48시간 이내에 하여야 한다(제217조 제1항, 제2항).
㉡ 【 ○ 】 제200조의3 제2항, 제3항
㉢ 【 ○ 】 제200조의3 제1항
㉣ 【 ○ 】 제216조 제1항 제1호

정답 ②

11. 형사소송법상 긴급체포에 대한 설명으로 가장 적절하지 않은 것은? (다툼이 있는 경우 판례에 의함)

18. 경찰승진

① 긴급체포의 요건을 갖추었는지 여부는 사후에 밝혀진 사정을 기초로 판단하는 것이 아니라 체포 당시의 상황을 기초로 판단하여야 하고, 이에 관한 검사나 사법경찰관 등 수사주체의 판단에는 상당한 재량의 여지가 있다.
② 사법경찰관은 피의자를 긴급체포하는 경우에 필요한 때에는 영장 없이 타인의 주거나 타인이 간수하는 가옥, 건조물, 항공기, 선차 내에서 피의자 수사를 할 수 있다.
③ 사법경찰관은 긴급체포한 피의자에 대하여 구속영장을 신청하지 아니하고 석방한 경우에는 즉시 검사에게 보고하여야 한다.
④ 긴급체포된 자가 소유·소지 또는 보관하는 물건에 대하여 긴급히 압수할 필요가 있는 경우에는 체포한 때로부터 24시간 이내에 한하여 영장 없이 압수·수색할 수 있으며, 압수한 물건을 계속 압수할 필요가 있는 경우에는 지체 없이 압수수색영장을 청구하여야 한다. 이 경우 압수수색영장의 청구는 압수 후 48시간 이내에 하여야 한다.

해설

① 【 O 】 대판 2002.6.11. 2000도5701
② 【 O 】 제216조 제1항 제1호
③ 【 O 】 제200조의4 제6항
④ 【 X 】 긴급체포된 자가 소유·소지 또는 보관하는 물건에 대하여 긴급히 압수할 필요가 있는 경우에는 체포한 때로부터 24시간 이내에 한하여 영장 없이 압수·수색할 수 있으며, 압수한 물건을 계속 압수할 필요가 있는 경우에는 지체 없이 압수수색영장을 청구하여야 한다. 이 경우 압수수색영장의 청구는 체포한 때로부터 48시간 이내에 하여야 한다(제217조 제1항, 제2항).

정답 ④

12 긴급체포에 대한 설명으로 가장 적절하지 않은 것은? (다툼이 있는 경우 판례에 의함)

18. 경찰채용 1차

① 「형사소송법」 제200조의4 제3항은 영장 없이는 긴급체포 후 석방된 피의자를 동일한 범죄사실에 관하여 체포하지 못한다는 규정으로, 위와 같이 석방된 피의자는 법원으로부터 구속영장을 발부받아도 구속할 수 없다.
② 사법경찰관이 「형사소송법」 제200조의3(긴급체포) 제1항의 규정에 의하여 피의자를 긴급체포한 경우에는 즉시 검사의 승인을 얻어야 한다.
③ 긴급체포의 요건을 갖추었는지 여부는 사후에 밝혀진 사정을 기초로 판단하는 것이 아니라 체포 당시의 상황을 기초로 판단하여야 한다.
④ 긴급체포 후 석방된 자 또는 그 변호인·법정대리인·배우자·직계친족·형제자매는 통지서 및 관련 서류를 열람하거나 등사할 수 있다.

해설

① 【 X 】 형사소송법 제200조의4 제3항은 영장 없이는 긴급체포 후 석방된 피의자를 동일한 범죄사실에 관하여 체포하지 못한다는 규정으로, 위와 같이 석방된 피의자라도 법원으로부터 구속영장을 발부받아 구속할 수 있음은 물론이고, 같은 법 제208조 소정의 '구속되었다가 석방된 자'라 함은 구속영장에 의하여 구속되었다가 석방된 경우를 말하는 것이지, 긴급체포나 현행범으로 체포되었다가 사후영장발부 전에 석방된 경우는 포함되지 않는다 할 것이므로, 피고인이 수사 당시 긴급체포되었다가 수사기관의 조치로 석방된 후 법원이 발부한 구속영장에 의하여 구속이 이루어진 경우 앞서 본 법조에 위배되는 위법한 구속이라고 볼 수 없다(대판 2001.9.28. 2001도4291).
② 【 O 】 제200조의3 제2항
③ 【 O 】 대판 2002.6.11. 2000도5701
④ 【 O 】 제200조의4 제5항

정답 ①

13 긴급체포에 관한 설명 중 가장 적절하지 않은 것은? (다툼이 있는 경우 판례에 의함) 20. 경찰승진

① 긴급체포된 자가 소유 소지 또는 보관하는 물건에 대하여 긴급히 압수할 필요가 있어 체포한 때부터 24시간 이내에 영장 없이 압수 수색 또는 검증을 하는 경우 체포현장이 아닌 장소에서도 긴급체포된 자가 소유 소지 또는 보관하는 물건을 대상으로 할 수 있다.

② 긴급체포의 경우에도 미란다 원칙의 고지는 체포를 위한 실력 행사에 들어가기 이전에 미리 하여야 하는 것이 원칙이나, 달아나는 피의자를 쫓아가 붙들거나 폭력으로 대항하는 피의자를 실력으로 제압하는 경우에는 붙들거나 제압하는 과정에서 하거나, 그것이 여의치 않은 경우에는 일단 붙들거나 제압한 후에 지체 없이 행하여야 한다.

③ 긴급체포 후 구속영장을 발부받지 못하여 석방한 경우 동일한 범죄사실로 다시 긴급체포할 수는 없으나 체포영장을 발부받아 다시 체포하는 것은 가능하다.

④ 긴급체포의 요건을 갖추었는지 여부는 체포 당시의 상황뿐만 아니라 사후에 밝혀진 사정을 종합적으로 고려하여 판단하여야 하며, 그 요건의 충족 여부에 관한 수사기관의 판단이 경험칙에 비추어 현저히 합리성을 잃은 경우에는 그 체포는 위법한 체포라 할 것이다.

해설

① 【O】 대판 2017.9.12. 2017도10309
② 【O】 대판 2010.6.24. 2008도11226
③ 【O】 대판 2001.9.28. 2001도4291
④ 【X】 긴급체포는 영장주의 원칙에 대한 예외인 만큼 형사소송법 제200조의3 제1항의 요건을 모두 갖춘 경우에 한하여 예외적으로 허용되어야 하고, 요건을 갖추지 못한 긴급체포는 법적 근거에 의하지 아니한 영장 없는 체포로서 위법한 체포에 해당하는 것이고, 여기서 긴급체포의 요건을 갖추었는지 여부는 사후에 밝혀진 사정을 기초로 판단하는 것이 아니라 체포 당시의 상황을 기초로 판단하여야 하고, 이에 관한 검사나 사법경찰관 등 수사주체의 판단에는 상당한 재량의 여지가 있다고 할 것이나, 긴급체포 당시의 상황으로 보아서도 그 요건의 충족 여부에 관한 검사나 사법경찰관의 판단이 경험칙에 비추어 현저히 합리성을 잃은 경우에는 그 체포는 위법한 체포라 할 것이고, 이러한 위법은 영장주의에 위배되는 중대한 것이니 그 체포에 의한 유치 중에 작성된 피의자신문조서는 위법하게 수집된 증거로서 특별한 사정이 없는 한 이를 유죄의 증거로 할 수 없다(대판 2002.6.11. 2000도5701).

정답 ④

14 긴급체포에 대한 다음 설명 중 옳고 그름의 표시(○, ×)가 모두 바르게 된 것은? (다툼이 있는 경우 판례에 의함)

20. 경찰채용 2차

> ㉠ 긴급체포된 피의자에 대하여 구속영장이 발부된 경우 그 구속기간은 피의자를 체포한 날부터 기산한다.
> ㉡ 긴급체포 요건을 갖추었는지 여부는 체포 당시 상황과 사후에 밝혀진 사정을 종합적으로 판단함으로써 검사나 사법경찰관 등 수사주체의 판단에는 상당한 재량의 여지가 있다.
> ㉢ 형사소송법 제208조(재구속의 제한)에서 말하는 '구속되었다가 석방된 자'의 범위에는 긴급체포나 현행범으로 체포되었다가 사후영장발부 전에 석방된 경우도 포함된다.
> ㉣ 긴급체포된 자로부터 압수한 물건에 대해서는 24시간 이내에 한하여 영장 없이 압수·수색할 수 있고, 압수된 물건을 계속 압수할 필요가 있는 경우에는 압수한 때로부터 48시간 이내에 압수·수색영장을 청구하여야 한다.
> ㉤ 긴급체포 후 구속영장을 발부받지 못하여 석방한 경우 동일한 범죄사실로 다시 긴급체포 할 수 없다. 그러나 체포영장을 다시 발부받은 경우 체포가 가능하다.

① ㉠ ○ ㉡ × ㉢ × ㉣ × ㉤ ○
② ㉠ ○ ㉡ ○ ㉢ ○ ㉣ × ㉤ ○
③ ㉠ ○ ㉡ × ㉢ × ㉣ ○ ㉤ ×
④ ㉠ × ㉡ ○ ㉢ ○ ㉣ × ㉤ ○

해설

㉠ 【 O 】 제203조의2
㉡ 【 X 】 긴급체포의 요건을 갖추었는지 여부는 사후에 밝혀진 사정을 기초로 판단하는 것이 아니라 체포 당시의 상황을 기초로 판단하여야 한다(대판 2002.6.11. 2000도5701).
㉢ 【 X 】 형사소송법 제208조 소정의 '구속되었다가 석방된 자'라 함은 구속영장에 의하여 구속되었다가 석방된 경우를 말하는 것이지, 긴급체포나 현행범으로 체포되었다가 사후영장발부 전에 석방된 경우는 포함되지 않는다 할 것이므로, 피고인이 수사 당시 긴급체포되었다가 수사기관의 조치로 석방된 후 법원이 발부한 구속영장에 의하여 구속이 이루어진 경우 앞서 본 법조에 위배되는 위법한 구속이라고 볼 수 없다(대판 2001.9.28. 2001도4291).
㉣ 【 X 】 압수한 물건을 계속 압수할 필요가 있는 경우에는 체포한 때로부터 48시간 이내에 압수·수색영장을 청구하여야 한다(제217조 제2항).
㉤ 【 O 】 긴급체포되었다가 석방된 자는 영장 없이는 동일한 범죄사실에 관하여 체포하지 못하므로(제200조의4 제3항), 영장을 받아 체포하는 것은 가능하다.

정답 ①

15. 긴급체포에 대한 설명으로 가장 적절하지 않은 것은? (다툼이 있는 경우 판례에 의함)   21. 경찰승진

① 수사기관은 긴급체포 후 구속영장을 발부받지 못하여 피의자를 석방한 경우, 그 피의자를 동일한 범죄사실로 다시 긴급체포할 수 없으나, 체포영장을 다시 발부받아 체포하는 것은 가능하다.
② 사법경찰관이 피의자를 긴급체포한 경우에는 즉시 긴급체포서를 작성하여야 할 뿐만 아니라 즉시 검사의 승인을 얻어야 한다.
③ 긴급체포의 요건을 갖추었는지 여부는 체포 당시의 상황을 기초로 판단하는 것이 아니라 사후에 밝혀진 사정을 기초로 판단하여야 한다.
④ 긴급체포된 피의자에 대하여 구속영장이 발부된 경우 그 구속기간은 피의자를 체포한 날부터 기산한다.

해설

① 【O】 제200조의4 제3항
② 【O】 제200조의3 제2항, 제3항
③ 【X】 긴급체포는 영장주의 원칙에 대한 예외인 만큼 형사소송법 제200조의3 제1항의 요건을 모두 갖춘 경우에 한하여 예외적으로 허용되어야 하고, 요건을 갖추지 못한 긴급체포는 법적 근거에 의하지 아니한 영장 없는 체포로서 위법한 체포에 해당하는 것이고, 여기서 긴급체포의 요건을 갖추었는지 여부는 사후에 밝혀진 사정을 기초로 판단하는 것이 아니라 체포 당시의 상황을 기초로 판단하여야 하고, 이에 관한 검사나 사법경찰관 등 수사주체의 판단에는 상당한 재량의 여지가 있다고 할 것이다(대판 2002.6.11. 2000도5701).
④ 【O】 제203조의2

정답 ③

16. 긴급체포에 대한 설명으로 가장 적절하지 않은 것은? (다툼이 있는 경우 판례에 의함)   21. 경찰채용 1차

① 긴급체포의 요건을 갖추었는지 여부는 사후에 밝혀진 사정을 기초로 판단하는 것이 아니라 체포 당시의 상황을 기초로 판단하여야 하고, 이에 관한 검사나 사법경찰관 등 수사주체의 판단에는 상당한 재량의 여지가 있다.
② 긴급체포 후 구속영장을 청구하지 아니하거나 발부받지 못하여 석방된 자는 영장 없이는 동일한 범죄사실에 관하여 체포하지 못한다.
③ 피의자를 긴급체포하는 경우에 필요한 때에는 영장 없이 체포현장에서 압수·수색을 할 수 있고, 이에 따라 압수한 물건을 계속 압수할 필요가 있는 경우에는 지체 없이 압수·수색영장을 청구하여야 하며, 청구한 압수·수색영장을 발부받지 못한 때에는 압수한 물건을 즉시 반환하여야 하는 바, 이를 위반하여 압수·수색영장을 발부받지 아니하고도 즉시 반환하지 아니한 압수물은 피고인이나 변호인이 이를 증거로 함에 동의하지 않는 한 유죄 인정의 증거로 사용할 수 없다.
④ 긴급체포되어 조사를 받고 구속영장이 청구되지 아니하여 석방된 후 검사가 그 석방일로부터 30일 이내에 석방통지를 법원에 하지 아니하더라도, 긴급체포 당시의 상황과 경위, 긴급체포 후 조사 과정 등에 특별한 위법이 없는 이상, 그 긴급체포에 의한 유치 중에 작성된 피의자신문조서가 위법하게 작성되었다고 볼 수는 없다.

해설

① 【 O 】 대판 2002.6.11. 2000도5701
② 【 O 】 제200조의4 제3항
③ 【 X 】 형사소송법 제216조 제1항 제2호, 제217조 제2항, 제3항은 사법경찰관은 형사소송법 제200조의3(긴급체포)의 규정에 의하여 피의자를 체포하는 경우에 필요한 때에는 영장 없이 체포현장에서 압수·수색을 할 수 있고, 압수한 물건을 계속 압수할 필요가 있는 경우에는 지체 없이 압수·수색영장을 청구하여야 하며, 청구한 압수·수색영장을 발부받지 못한 때에는 압수한 물건을 즉시 반환하여야 한다고 규정하고 있는바, 형사소송법 제217조 제2항, 제3항에 위반하여 압수수색영장을 청구하여 이를 발부받지 아니하고도 즉시 반환하지 아니한 압수물은 이를 유죄 인정의 증거로 사용할 수 없는 것이고, 헌법과 형사소송법이 선언한 영장주의의 중요성에 비추어 볼 때 피고인이나 변호인이 이를 증거로 함에 동의하였다고 하더라도 달리 볼 것은 아니다(대판 2009.12.24. 2009도11401).
④ 【 O 】 대판 2014.8.26. 2011도6035

정답 ③

17 현행범인 체포에 관한 설명 중 가장 적절하지 않은 것은? (다툼이 있으면 판례에 의함)

16. 경찰승진

① 사법경찰관이 피의자를 현행범인으로 체포하면서 체포사유 및 변호인선임권을 고지하지 아니하였음에도 불구하고, 고지한 것으로 현행범인체포서를 작성한 경우에는 허위공문서작성죄의 범의가 없다.
② 사법경찰관리가 현행범인의 인도를 받은 때에는 체포자의 성명, 주거, 체포의 사유를 물어야 하고 필요한 때에는 체포자에 대하여 경찰관서에 동행함을 요구할 수 있다.
③ 사법경찰관은 현행범인의 체포를 하는 경우에는 범죄사실의 요지, 체포의 이유와 변호인을 선임할 수 있음을 말하고 변명할 기회를 주어야 한다.
④ 경범죄처벌법을 위반하여 관공서에서 주취소란 행위를 한 자는 주거가 분명한 때에도 현행범인 체포의 대상이 된다.

해설

① 【 X 】 사법경찰관이 피의자를 현행범인으로 체포하면서 체포사유 및 변호인선임권을 고지하지 아니하였음에도 불구하고 고지한 것으로 현행범인체포서를 작성한 경우에는 허위공문서작성죄의 범의가 인정된다(대판 2010.6.24. 2008도11226).
② 【 O 】 제213조 제2항
③ 【 O 】 제213조의2, 제200조의5
④ 【 O 】 경범죄 처벌법 제3조 제3항은 ㉠ (관공서에서의 주취소란) 술에 취한 채로 관공서에서 몹시 거친 말과 행동으로 주정하거나 시끄럽게 한 사람과 ㉡ (거짓신고) 있지 아니한 범죄나 재해 사실을 공무원에게 거짓으로 신고한 사람에 대하여 60만원 이하의 벌금, 구류 또는 과료의 형으로 처벌한다고 규정하고 있다. 따라서 관공서에서 주취소란한 자는 경미범죄특칙(형사소송법 제214조, 50만원이하의 벌금, 구류, 과료에 처할 자에 대한 현행범인체포는 주거부정시에 한정)이 적용되지 않고, 주거가 일정한 경우라도 현행범인 체포의 대상이 된다.

정답 ①

18 현행범인 또는 준현행범인 체포에 관한 다음 설명 중 옳은 것은 모두 몇 개인가? (다툼이 있으면 판례에 의함)

16. 경찰채용 1차

> ㉠ 현행범인은 누구든지 영장 없이 체포할 수 있는데, 현행범인으로 체포하기 위하여는 행위의 가벌성, 범죄의 현행성·시간적 접착성, 범인·범죄의 명백성 이외에 체포의 필요성 즉, 도망 또는 증거인멸의 염려가 있어야 하는 것은 아니다.
> ㉡ '범죄의 실행행위를 종료한 직후'라고 함은 범죄행위를 실행하여 끝마친 순간 또는 이에 아주 접착된 시간적 단계를 의미하는 것으로 해석되므로, 시간적으로나 장소적으로 보아 체포를 당하는 자가 방금 범죄를 실행한 범인이라는 점에 관한 죄증이 명백히 존재하는 것으로 인정되는 경우에만 현행범인으로 볼 수 있다.
> ㉢ 경찰관의 현행범인 체포경위 및 그에 관한 현행범인체포서와 범죄사실의 기재에 다소 차이가 있더라도, 그것이 논리와 경험칙상 장소적·시간적 동일성이 인정되는 범위 내라면 그 체포행위가 공무집행방해죄의 요건인 적법한 공무집행에 해당한다.
> ㉣ 다액 50만원 이하의 벌금, 구류 또는 과료에 해당하는 죄의 현행범인에 대하여는 범인의 주거가 분명하지 아니한 때에 한하여 현행범인으로 체포할 수 있다.
> ㉤ 사법경찰관리가 현행범인의 인도를 받은 때에는 체포자의 성명, 주거, 체포의 사유를 물어야 하고 필요하더라도 체포자에 대하여 경찰관서에 동행함을 요구할 수는 없다.

① 1개 ② 2개 ③ 3개 ④ 4개

해설

옳은 것은 ㉡㉢㉣이다.
㉠【X】현행범인 체포의 요건을 갖추었는지는 체포 당시 상황을 기초로 판단하여야 하고, 이에 관한 검사나 사법경찰관 등 수사주체의 판단에는 상당한 재량 여지가 있으나, 체포 당시 상황으로 보아도 요건 충족 여부에 관한 검사나 사법경찰관 등의 판단이 경험칙에 비추어 현저히 합리성을 잃은 경우에는 그 체포는 위법하다고 보아야 한다(대판 2011.5.26. 2011도3682).
㉡【O】대판 2007.4.13. 2007도1249
㉢【O】대판 2008.10.9. 2008도3640
㉣【O】제214조
㉤【X】사법경찰관리가 현행범인의 인도를 받은 때에는 체포자의 성명, 주거, 체포의 사유를 물어야 하고 필요한 때에는 체포자에 대하여 경찰관서에 동행함을 요구할 수 있다(제213조).

정답 ③

19 현행범체포에 대한 설명으로 옳지 않은 것은? (다툼이 있는 경우 판례에 의함)

16. 국가직

① 피고인의 행위가 구성요건에 해당하지 않아 사후적으로 무죄로 판단된다고 하더라도, 피고인이 소란을 피운 당시 상황에서는 객관적으로 보아 피고인이 현행범이라고 인정할 만한 충분한 이유가 있는 경우에는 피고인에 대한 현행범체포는 적법하다.
② '범죄의 실행행위를 종료한 직후'라고 함은 범죄행위를 실행하여 끝마친 순간 또는 이에 아주 접착된 시간적 단계를 의미하는 것으로 해석되므로, 시간적으로나 장소적으로 보아 체포를 당하는 자가 방금 범죄를 실행한 범인이라는 점에 관한 죄증이 명백히 존재하는 것으로 인정된다면 현행범인으로 볼 수 있다.
③ 사법경찰리가 현행범인으로 체포하는 경우에는 반드시 범죄사실의 요지, 구속의 이유와 변호인을 선임할 수 있음을 말하고 변명할 기회를 주어야 하며, 이와 같은 고지는 반드시 체포를 위한 실력 행사에 들어가기 전에 미리 행하여야 한다.
④ 일반인이 현행범인을 체포한 경우 즉시 검사에게 인도하여야 하는데, 여기서 '즉시'라고 함은 반드시 체포시점과 시간적으로 밀착된 시점이어야 하는 것은 아니고, '정당한 이유 없이 인도를 지연하거나 체포를 계속하는 등으로 불필요한 지체를 함이 없이'라는 뜻이다.

해설

① 【 O 】 현행범인 체포의 요건을 갖추었는지는 체포 당시의 상황을 기초로 판단하게 되어 있다(대판 2011.5.26. 2011도3682). 따라서 피고인의 행위가 구성요건에 해당하지 않아 사후적으로 무죄로 판단된다고 하더라도, 피고인이 소란을 피운 당시 상황에서는 객관적으로 보아 피고인이 현행범이라고 인정할 만한 충분한 이유가 있는 경우에는 피고인에 대한 현행범체포는 적법하게 된다.
② 【 O 】 대판 2002.5.10. 2001도300
③ 【 X 】 사법경찰리가 현행범인으로 체포하는 경우에는 반드시 범죄사실의 요지, 구속의 이유와 변호인을 선임할 수 있음을 말하고 변명할 기회를 주어야 하며, 이러한 법리는 비단 현행범인을 체포하는 경우뿐만 아니라 긴급체포의 경우에도 마찬가지로 적용되는 것이고, 이와 같은 고지는 체포를 위한 실력행사에 들어가기 전에 미리 하여야 하는 것이 원칙이나, 달아나는 피의자를 쫓아가 붙들거나 폭력으로 대항하는 피의자를 실력으로 제압하는 경우에는 붙들거나 제압하는 과정에서 하거나, 그것이 여의치 않은 경우에는 일단 붙들거나 제압한 후에 지체 없이 하여야 한다(대판 2010.6.24. 2008도11226).
④ 【 O 】 대판 2011.12.22. 2011도12927

정답 ③

20 현행범 체포에 대한 설명으로 옳지 않은 것은 모두 몇 개인가? (다툼이 있으면 판례에 의함) 16. 경찰채용 2차

⊙ 범죄의 실행 중이거나 실행의 즉후인 자를 현행범인이라 한다.
ⓒ 「형사소송법」 제211조가 현행범인으로 규정한 "범죄의 실행의 즉후인 자"라고 함은, 범죄의 실행행위를 종료한 직후의 범인이라는 것이 체포하는 자의 입장에서 볼 때 명백한 경우를 말한다.
ⓒ 현행범인으로서의 요건을 갖추고 있었다고 인정되지 않는 상황에서 경찰관들이 동행을 거부하는 자를 체포하거나 강제로 연행하려고 하였다면, 이는 적법한 공무집행이라고 볼 수 없다.
ⓔ 사법경찰관은 피의자를 체포하는 경우에는 피의사실의 요지, 체포의 이유와 변호인을 선임할 수 있음을 말하고 변명할 기회를 주어야 한다.

① 0개   ② 1개   ③ 3개   ④ 4개

해설

옳지 않은 것은 0개이다.
⊙ 【 O 】 제211조 제1항
ⓒ 【 O 】 대판 2007.4.13. 2007도1249
ⓒ 【 O 】 대판 2011.5.26. 2001도3682
ⓔ 【 O 】 제200조의5

정답 ①

21 현행범인 체포에 대한 설명으로 옳지 않은 것은? (다툼이 있는 경우 판례에 의함) 16. 검찰 7급

① 현행범인 체포의 요건으로 '범죄의 실행행위를 종료한 직후'란 시간적으로나 장소적으로 보아 체포를 당하는 자가 방금 범죄를 실행한 범인이라는 점에 관한 죄증이 명백히 존재하는 것으로 인정되는 경우를 말한다.
② 수사기관이 아닌 사인(私人)이 현행범인을 체포한 때에는 즉시 수사기관에 인도하여야 하며, 여기서 '즉시'란 '정당한 이유없이 인도를 지연하거나 체포를 계속하는 등으로 불필요한 지체를 함이 없이'라는 의미이다.
③ 사인이 현행범인을 체포하여 수사기관에 인도한 경우 수사기관이 그 피의자를 구속하고자 할 때에는 수사기관이 사인으로부터 현행범인을 인도받은 때로부터 48시간 이내에 구속영장을 청구하여야 한다.
④ 수사기관이 현행범인을 직접 체포한 경우와는 달리 사인에 의해 체포된 현행범인을 인도받는 경우에는 피의자에 대하여 피의사실의 요지, 체포의 이유와 변호인을 선임할 수 있음을 말하고 변명할 기회를 주지 않아도 된다.

해설

① 【 O 】 대판 2007.4.13. 2007도1249
②③ 【 O 】 대판 2011.12.22. 2011도12927
④ 【 X 】 헌법 제12조 제5항 전문은 '누구든지 체포 또는 구속의 이유와 변호인의 조력을 받을 권리가 있음을 고지받지 아니하고는 체포 또는 구속을 당하지 아니한다.'는 원칙을 천명하고 있고, 형사소송법 제72조는 '피고인에 대하여 범죄사실의 요지, 구속의 이유와 변호인을 선임할 수 있음을 말하고 변명할 기회를 준 후가 아니면 구속할 수 없다.'고 규정하는 한편, 이 규정은 같은 법 제213조의2에 의하여 검사 또는 사법경찰관리가 현행범인을 체포하거나 일반인이 체포한 현행범인을 인도받는 경우에 준용되므로, 사법경찰리가 현행범인으로 체포하는 경우에는 반드시 범죄사실의 요지, 구속의 이유와 변호인을 선임할 수 있음을 말하고 변명할 기회를 주어야 할 것임은 명백하며, 이러한 법리는 비단 현행범인을 체포하는 경우뿐만 아니라 긴급체포의 경우에도 마찬가지로 적용되는 것이고, 이와 같은 고지는 체포를 위한 실력행사에 들어가기 이전에 미리 하여야 하는 것이 원칙이나, 달아나는 피의자를 쫓아가 붙들거나 폭력으로 대항하는 피의자를 실력으로 제압하는 경우에는 붙들거나 제압하는 과정에서 하거나, 그것이 여의치 않은 경우에라도 일단 붙들거나 제압한 후에는 지체 없이 행하여야 한다(대판 2000.7.4. 99도4341).

정답 ④

22 소말리아 해적인 피고인들 등이 아라비아 해 인근 공해상에서 대한민국 해운회사가 운항 중인 선박을 납치하여 대한민국 국민인 선원 등에게 해상강도 등 범행을 저질렀다는 내용으로 국군 청해부대에 의해 체포·이송되어 국내 수사기관에 인도된 후 구속·기소된 사안에 대한 설명으로 옳지 않은 것은 모두 몇 개인가? (다툼이 있으면 판례에 의함)

16. 경찰채용 2차

> ㉠ 형사소송법 제4조 제1항은 "토지관할은 범죄지, 피고인의 주소, 거소 또는 현재지로 한다"라고 정하고, 여기서 '현재지'라고 함은 공소제기 당시 피고인이 현재한 장소로서 임의에 의한 현재지뿐만 아니라 적법한 강제에 의한 현재지도 이에 해당한다.
> ㉡ 현행범인은 누구든지 영장 없이 체포할 수 있고, 검사 또는 사법경찰관리(이하 '검사 등'이라고 한다) 아닌 이가 현행범인을 체포한 때에는 즉시 검사 등에게 인도하여야 한다.
> ㉢ 여기서 '즉시'라고 함은 반드시 체포시점과 시간적으로 밀착된 시점이어야 하므로, '정당한 이유 없이 인도를 지연하거나 체포를 계속하는 등으로 불필요한 지체를 함이 없이'라는 뜻으로 볼 것이다.
> ㉣ 검사 등이 현행범인을 체포하거나 현행범인을 인도받은 후 현행범인을 구속하고자 하는 경우 48시간 이내에 구속영장을 청구하여야 하고, 그 기간 내에 구속영장을 청구하지 아니하는 때에는 즉시 석방하여야 한다.
> ㉤ 검사 등이 아닌 이에 의하여 현행범인이 체포된 후 불필요한 지체 없이 검사 등에게 인도된 경우 위 48시간의 기산점은 체포시가 아니라 검사 등이 현행범인을 인도받은 때라고 할 것이다.

① 0개 ② 1개 ③ 2개 ④ 3개

해설

설문은 대판 2011.12.22. 2011도12927에 관한 내용이다. 옳지 않은 것은 ㉢이다.
㉠㉡㉣㉤ 【 O 】 대판 2011.12.22. 2011도12927
㉢ 【 X 】 여기서 '즉시'라고 함은 반드시 체포시점과 시간적으로 밀착된 시점이어야 하는 것은 아니고, '정당한 이유 없이 인도를 지연하거나 체포를 계속하는 등으로 불필요한 지체를 함이 없이'라는 뜻으로 볼 것이다(대판 2011.12.22. 2011도12927).

정답 ②

23 현행범인 체포에 대한 설명 중 가장 적절하지 않은 것은? (다툼이 있는 경우 판례에 의함)   18. 경찰승진

① 현행범인은 누구든지 영장 없이 체포할 수 있는데, 현행범인으로 체포하기 위하여는 행위의 가벌성, 범죄의 현행성·시간적 접착성, 범인·범죄의 명백성 이외에 체포의 필요성 즉, 도망 또는 증거인멸의 염려가 있어야 한다.
② 경찰관이 현행범인 체포요건을 갖추지 못하였는데도, 실력으로 현행범인을 체포하려고 하였다면 적법한 공무집행이라고 할 수 없고, 현행범인 체포행위가 적법한 공무집행을 벗어나 불법인 것으로 볼 수밖에 없다면 현행범인 체포를 면하려고 반항하는 과정에서 경찰관에게 상해를 가한 것은 불법체포로 인한 신체에 대한 현재의 부당한 침해에서 벗어나기 위한 행위로서 정당방위에 해당하여 위법성이 조각된다.
③ 검사 또는 사법경찰관리 아닌 이가 현행범인을 체포한 경우 즉시 검사 등에게 인도해야 하는데, 여기서 '즉시'라고 함은 반드시 체포시점과 시간적으로 밀착된 시점이어야 하는 것은 아니고, '정당한 이유 없이 인도를 지연하거나 체포를 계속하는 등으로 불필요한 지체를 함이 없이'라는 뜻이다.
④ 검사 또는 사법경찰관리 아닌 이에 의하여 현행범인이 체포된 후 불필요한 지체 없이 검사 등에게 인도된 경우, 구속영장 청구기간인 48시간의 기산점은 현행범인 체포시이다.

해설

①② 【 O 】 대판 2011.5.26. 2011도3682
③ 【 O 】 대판 2011.12.22. 2011도12927
④ 【 X 】 검사 등이 아닌 이에 의하여 현행범인이 체포된 후 불필요한 지체 없이 검사 등에게 인도된 경우 위 48시간의 기산점은 체포시가 아니라 검사 등이 현행범인을 인도받은 때라고 할 것이다(대판 2011.12.22. 2011도12927).

정답 ④

24 현행범체포에 대한 설명으로 가장 적절하지 않은 것은? (다툼이 있는 경우 판례에 의함)   18. 경찰채용 2차

① 현행범인으로 체포하려면 행위의 가벌성, 범죄의 현행성·시간적 접착성, 범인·범죄의 명백성 외에 체포의 필요성, 즉 도망 또는 증거인멸의 염려가 있어야 한다.
② 현행범인 체포의 요건을 갖추었는지에 대한 수사주체의 판단에는 상당한 재량의 여지가 있으므로 체포 당시의 상황에서 보아 그 요건에 관한 수사주체의 판단이 경험칙에 비추어 현저히 합리성이 없다고 인정되지 않는 한 수사주체의 현행범인 체포를 위법하다고 단정할 것은 아니다.
③ 검사 또는 사법경찰관은 현행범 체포 현장에서 소지자 등이 임의로 제출하는 물건을 영장 없이 압수할 수 있으나, 이 경우 계속 압수할 필요가 있는 경우에는 체포한 때로부터 48시간 이내에 압수영장을 청구하여야 한다.
④ 피고인의 소란행위가 업무방해죄의 구성요건에 해당하지 않아 사후적으로 무죄로 판단된다고 하더라도, 피고인이 경찰관 앞에서 소란을 피운 당시 상황에서는 객관적으로 보아 피고인이 업무방해죄의 현행범이라고 인정할 만한 충분한 이유가 있었다면 경찰관들이 피고인을 현행범으로 체포하려고 한 행위는 적법하다.

해설

①② 【 O 】 대판 2016.2.18. 2015도13726
③ 【 X 】 형사소송법 제218조에 의하면 검사 또는 사법경찰관은 피의자 등이 유류한 물건이나 소유자·소지자 또는 보관자가 임의로 제출한 물건은 영장 없이 압수할 수 있으므로, 현행범 체포 현장이나 범죄 장소에서도 소지자 등이 임의로 제출하는 물건은 위 조항에 의하여 영장 없이 압수할 수 있고, 이 경우에는 검사나 사법경찰관이 사후에 영장을 받을 필요가 없다(대판 2016.2.18. 2015도13726).
④ 【 O 】 대판 2013.8.23. 2011도4763

정답 ③

25 현행범체포에 대한 설명으로 옳지 않은 것은? (다툼이 있는 경우 판례에 의함)   21. 국가직 7급

① 현행범을 체포한 경찰관의 진술이라 하더라도 범행을 목격한 부분에 관하여는 여느 목격자의 진술과 다름없이 증거능력이 있으며, 다만 그 증거의 신빙성만 문제가 된다.
② 甲과 乙이 주차문제로 다투던 중 乙이 112신고를 하였고, 甲이 출동한 경찰관에게 폭행을 가하여 공무집행방해죄의 현행범으로 체포된 경우, 112에 신고를 한 것은 乙이었고, 甲이 현행범으로 체포되어 파출소에 도착한 이후에도 경찰관의 신분증 제시 요구에 20여 분 동안 응하지 아니하면서 인적 사항을 밝히지 아니하였다면, 甲에게는 현행범체포 당시에 도망 또는 증거인멸의 염려가 있었다고 할 수 있다.
③ 범행 중 또는 범행 직후의 범죄 장소에서 영장 없이 압수·수색 또는 검증을 할 수 있도록 규정한 「형사소송법」제216조 제3항의 요건 중 어느 하나라도 갖추지 못한 경우 압수·수색 또는 검증은 잠정적으로 위법하지만, 이에 대하여 사후에 법원으로부터 영장을 발부받게 되면 그 위법성은 소급하여 치유될 수 있다.
④ 전투경찰대원들이 공장에서 점거농성 중이던 조합원들을 체포하는 과정에서 체포의 이유 등을 제대로 고지하지 않다가 30~40분이 지난 후 체포된 조합원 등의 항의를 받고 나서야 비로소 체포의 이유 등을 고지한 것은 현행범체포의 적법한 절차를 준수한 것이 아니므로 적법한 공무집행이라고 볼 수 없다.

해설

① 【 O 】 대판 1995.5.9. 95도535
② 【 O 】 대판 2018.3.29. 2017도21537
③ 【 X 】 범행 중 또는 범행직후의 범죄장소에서 긴급을 요하여 법원판사의 영장을 발부받을 수 없는 때에는 영장 없이 압수, 수색 또는 검증을 할 수 있으나, 이 경우에는 사후에 지체 없이 영장을 받아야 한다(제216조 제3항). 형사소송법 제216조 제3항의 요건 중 어느 하나라도 갖추지 못한 경우 그러한 압수·수색 또는 검증은 위법하고, 이에 대하여 사후에 법원으로부터 영장을 발부받았다고 하여 그 위법성이 치유되는 것은 아니다(대판 2012.2.9. 2009도14884).
④ 【 O 】 대판 2012.2.9. 2011도7193

정답 ③

26 체포 및 영장제도에 대한 설명으로 옳지 않은 것은? (다툼이 있는 경우 판례에 의함) 19. 국가직

① 경찰의 긴급체포 승인 및 구속영장의 신청이 있으면, 검사는 체포된 피의자를 검찰청으로 출석시켜 직접 대면조사할 수 있지만, 검사의 구속영장 청구 전 피의자 대면조사는 임의수사이므로 피의자는 검사의 출석요구에 응할 의무가 없다.
② 검사가 현행범인을 체포하는 경우 체포를 위한 실력행사에 들어가기 전에 미리 피의사실의 요지와 변호인 선임권 등을 고지하여야 하지만, 폭력으로 대항하는 피의자를 실력으로 제압하는 경우에는 제압하는 과정에서 고지하거나, 그것이 여의치 않은 경우에는 제압한 후에 지체 없이 고지하여야 한다.
③ 사법경찰관은 범행 중 또는 범행 직후의 범죄장소에서 긴급을 요하여 판사의 영장을 받을 수 없는 때에는 영장 없이 압수·수색 또는 검증을 할 수 있으나, 이 경우에는 사후에 지체 없이 영장을 받아야 한다.
④ 경찰은 피의자를 긴급체포한 후 24시간 이내에 피의자가 보관하는 물건을 영장 없이 압수할 수 있으며, 압수한 물건을 계속 압수할 필요가 있는 경우에는 압수·수색이 종료한 때로부터 48시간 이내에 영장을 청구하여야 한다.

해설

① 【 O 】 대판 2010.10.28. 2008도11999
② 【 O 】 대판 2000.7.4. 99도4341
③ 【 O 】 제216조 제3항
④ 【 X 】 검사 또는 사법경찰관은 피의자를 긴급체포한 후 24시간 이내에 피의자가 보관하는 물건을 영장 없이 압수할 수 있으며, 압수한 물건을 계속 압수할 필요가 있는 경우에는 지체 없이 압수수색영장을 청구하여야 한다. 이 경우 압수수색영장의 청구는 체포한 때로부터 48시간 이내에 하여야 한다(제217조 제2항).

정답 ④

27 현행범인 및 준현행범인 체포에 대한 설명이다. 아래 ㉠부터 ㉣까지의 설명 중 옳고 그름의 표시(○, ×)가 바르게 된 것은? (다툼이 있는 경우 판례에 의함) 19. 경찰승진

㉠ 음주운전을 종료한 후 40분 이상이 경과한 시점에서 길가에 앉아 있던 운전자를 술냄새가 난다는 점만을 근거로 음주운전의 현행범으로 체포한 경우 적법한 공무집행이다.
㉡ 피고인이 경찰관의 불심검문에 응하여 운전면허증을 교부한 후 경찰관에게 큰 소리로 욕설을 하였는데, 경찰관이 모욕죄의 현행범으로 체포하겠다고 고지한 후 피고인의 오른쪽 어깨를 붙잡자 반항하면서 경찰관에게 상해를 가한 사안에서, 경찰관뿐 아니라 인근 주민도 욕설을 직접 들었다는 점을 근거로 피고인을 현행범으로 체포한 경우 적법한 공무집행이다.
㉢ 교사가 교장실에 들어가 불과 약 5분 동안 식칼을 휘두르며 교장을 협박하는 등의 소란을 피운 후 40여 분 정도가 지나 경찰관들이 출동하여 교장실이 아닌 서무실에서 동행을 거부하는 그 교사를 현행범으로 체포한 경우 적법한 공무집행이다.
㉣ 순찰 중이던 경찰관이 교통사고를 낸 차량이 도주하였다는 무전연락을 받고 주변을 수색하다가 범퍼 등의 파손상태로 보아 사고차량으로 인정되는 차량에서 내리는 사람을 발견하여 준현행범으로 체포한 경우 적법한 공무집행이다.

① ㉠ ○ ㉡ × ㉢ ○ ㉣ ×
② ㉠ × ㉡ ○ ㉢ × ㉣ ×
③ ㉠ × ㉡ × ㉢ ○ ㉣ ○
④ ㉠ × ㉡ × ㉢ × ㉣ ○

해설

㉠ 【 X 】 음주운전을 종료한 후 40분 이상이 경과한 시점에서 길가에 앉아 있던 운전자를 술냄새가 난다는 점만을 근거로 음주운전의 현행범으로 체포한 것은 적법한 공무집행으로 볼 수 없다(대판 2007.4.13. 2007도1249).

㉡ 【 X 】 피고인이 경찰관의 불심검문을 받아 운전면허증을 교부한 후 경찰관에게 큰 소리로 욕설을 하였는데, 경찰관이 모욕죄의 현행범으로 체포하겠다고 고지한 후 피고인의 오른쪽 어깨를 붙잡자 반항하면서 경찰관에게 상해를 가한 사안에서, 피고인은 경찰관의 불심검문에 응하여 이미 운전면허증을 교부한 상태이고, 경찰관뿐 아니라 인근 주민도 욕설을 직접 들었으므로, 피고인이 도망하거나 증거를 인멸할 염려가 있다고 보기는 어렵고, 피고인의 모욕 범행은 불심검문에 항의하는 과정에서 저지른 일시적, 우발적인 행위로서 사안 자체가 경미할 뿐 아니라, 피해자인 경찰관이 범행현장에서 즉시 범인을 체포할 급박한 사정이 있다고 보기도 어려우므로, 경찰관이 피고인을 체포한 행위는 적법한 공무집행이라고 볼 수 없다(대판 2011.5.26. 2011도3682).

㉢ 【 X 】 교사가 교장실에 들어가 불과 약 5분 동안 식칼을 휘두르며 교장을 협박하는 등의 소란을 피운 후 40여분 정도가 지나 경찰관들이 출동하여 교장실이 아닌 서무실에서 그를 연행하려 하자 그가 구속영장의 제시를 요구하면서 동행을 거부하였다면, 체포 당시 서무실에 앉아 있던 위 교사가 방금 범죄를 실행한 범인이라는 죄증이 경찰관들에게 명백히 인식될 만한 상황이었다고 단정할 수 없는데도 이와 달리 그를 "범죄의 실행의 즉후인 자"로서 현행범인이라고 단정한 원심판결에는 현행범인에 관한 법리오해의 위법이 있다고 하여 이를 파기한 사례(대판 1991.9.24. 91도1314).

㉣ 【 O 】 대판 2000.7.4. 99도4341

정답 ④

28 긴급체포 또는 현행범체포에 관한 다음 설명 중 가장 옳지 않은 것은? (다툼이 있는 경우 판례에 의함)

19. 법원직

① A가 필로폰을 투약한다는 제보를 받은 경찰관이 제보된 주거지에 A가 살고 있는지 등 제보의 정확성을 사전에 확인한 후에 제보자를 불러 조사하기 위하여 A의 주거지를 방문하였다가, 현관에서 담배를 피우고 있는 A를 발견하고 사진을 찍어 제보자에게 전송하여 사진에 있는 사람이 제보한 대상자가 맞다는 확인을 한 후, 가지고 있던 A의 전화번호로 전화를 하여 차량 접촉사고가 났으니 나오라고 하였으나 나오지 않고, 또한 경찰관임을 밝히고 만나자고 하는데도 현재 집에 있지 않다는 취지로 거짓말을 하자 A의 집 문을 강제로 열고 들어가 A를 긴급체포한 경우, A에 대한 긴급체포는 위법하다.

② 검사 등이 아닌 이에 의하여 현행범인이 체포된 후 불필요한 지체 없이 검사 등에게 인도된 경우라도 체포시부터 48시간 내에 구속영장을 청구하지 못할 경우 석방하여야 한다.

③ 형사소송법 제200조의4 제3항은 영장 없는 긴급체포 후 석방된 피의자를 동일한 범죄사실에 관하여 체포하지 못한다고 규정하고 있으나, 위와 같이 석방된 피의자라도 법원으로부터 구속영장을 발부받아 구속할 수는 있다.

④ 순찰 중이던 경찰관이 교통사고를 낸 차량이 도주하였다는 무전연락을 받고 주변을 수색하다가 범퍼 등의 파손상태로 보아 사고차량으로 인정되는 차량에서 내리는 사람을 발견한 경우, 준현행범으로 영장 없이 체포할 수 있다.

해설

① 【 O 】 대판 2016.10.13. 2016도5814
② 【 X 】 검사 등이 아닌 이에 의하여 현행범인이 체포된 후 불필요한 지체 없이 검사 등에게 인도된 경우 위 48시간의 기산점은 체포시가 아니라 검사 등이 현행범인을 인도받은 때라고 할 것이다(대판 2011.12.22. 2011도12927).
③ 【 O 】 대판 2001.9.28. 2001도4291
④ 【 O 】 대판 2000.7.4. 99도4341

정답 ②

29 현행범인 체포에 대한 설명 중 가장 적절하지 않은 것은? (다툼이 있는 경우 판례에 의함) 19. 법학경채

① 현행범인 체포의 요건을 갖추었는지 여부는 체포 당시의 상황을 기초로 판단하여야 하고, 이에 관한 검사나 사법경찰관 등 수사주체의 판단에는 상당한 재량의 여지가 있지만, 체포 당시의 상황으로 볼 때 그 요건의 충족 여부에 관한 검사나 사법경찰관 등의 판단이 경험칙에 비추어 현저히 합리성을 잃은 경우 그 체포는 위법하다고 보아야 한다.
② 다액 50만 원 이하의 벌금, 구류 또는 과료에 해당하는 죄의 현행범인에 대하여는 범인의 주거가 분명하지 아니한 때에 한하여 현행범인으로 체포할 수 있다.
③ 현행범인으로 체포하기 위하여는 행위의 가벌성, 범죄의 현행성·시간적 접착성, 범인·범죄의 명백성이 있어야 하고, 이외에 도망 또는 증거인멸의 염려가 있어야 하는 것은 아니다.
④ 검사 또는 사법경찰관리 아닌 자에 의하여 현행범인이 체포된 후 불필요한 지체 없이 검사 등에게 인도된 경우 구속영장 청구기간인 48시간의 기산점은 체포시가 아니라 검사 등이 현행범인을 인도받은 때이다.

[해설]

① 【 O 】 대판 2011.5.26. 2011도3682
② 【 O 】 제214조
③ 【 X 】 현행범인은 누구든지 영장 없이 체포할 수 있으므로 사인의 현행범인 체포는 법령에 의한 행위로서 위법성이 조각된다고 할 것인데, 현행범인 체포의 요건으로서는 행위의 가벌성, 범죄의 현행성·시간적 접착성, 범인·범죄의 명백성 외에 체포의 필요성 즉, 도망 또는 증거인멸의 염려가 있을 것을 요한다(대판 1999.1.26. 98도3029).
④ 【 O 】 대판 2011.12.22. 2011도12927

정답 ③

30 체포절차에 대한 설명으로 가장 적절하지 않은 것은? 19. 경찰채용 2차 변형

① 사법경찰관이 피의자를 체포하였을 때에는 변호인이 있으면 변호인에게, 변호인이 없으면 변호인선임권자 중 피의자가 지정한 자에게 지체 없이 서면으로 체포의 통지를 하여야 한다.
② 체포된 피의자는 관할법원에 체포의 적부심사를 청구할 수 있으며, 청구를 받은 법원은 심사청구 후 피의자에 대하여 공소제기가 있는 경우에도 청구가 이유 있다고 인정한 때에는 결정으로 피의자의 석방을 명하여야 한다.
③ 사법경찰관은 수사중지 결정 또는 기소중지 결정이 된 피의자를 소속 경찰관서가 위치하는 특별시·광역시·특별자치시·도 또는 특별자치도 외의 지역에서 긴급체포한 경우에는 긴급체포 후 12시간 이내에 긴급체포의 승인을 요청해야 한다.
④ 사법경찰관은 긴급체포한 피의자에 대하여 구속영장을 신청하지 아니하고 석방한 경우에는 즉시 검사에게 보고하여야 한다.

[해설]

① 【 O 】 제200조의6, 제87조
② 【 O 】 제214조의2 제4항
③ 【 X 】 사법경찰관은 긴급체포 후 12시간 내에 검사에게 긴급체포의 승인을 요청해야 한다. 다만, 수사중지 결정 또는 기소중지 결정이 된 피의자를 소속 경찰관서가 위치하는 특별시·광역시·특별자치시·도 또는 특별자치도 외의 지역이나 바다에서 긴급체포한 경우에는 긴급체포 후 24시간 이내에 긴급체포의 승인을 요청해야 한다(수사준칙 제27조 제1항).
④ 【 O 】 제200조의4 제6항

정답 ③

31 체포제도에 대한 설명 중 가장 적절하지 않은 것은? (다툼이 있는 경우 판례에 의함) 20. 경찰채용 1차

① 사법경찰관이 긴급체포된 피의자에 대해 검사에게 긴급체포의 승인건의와 구속영장 신청을 함께 한 경우 검사는 긴급체포의 합당성이나 구속영장 청구에 필요한 사유를 보강하기 위해 피의자 대면조사를 실시할 수 있다.
② 현행범 체포의 요건으로서 행위의 가벌성, 범죄의 현행성·시간적 접착성, 범인·범죄의 명백성 이외에 체포의 필요성 즉, 도망 또는 증거인멸의 우려가 있어야 한다.
③ 체포영장이 발부된 피의자를 체포하기 위하여 타인의 주거 등을 수색하는 경우에는 피의자가 그 장소에 소재할 개연성 이외에도 별도로 사전에 수색영장을 발부받기 어려운 긴급한 사정이 있는 경우에만 제한적으로 이루어져야 한다.
④ A가 경찰관 B의 불심검문을 받아 운전면허증을 교부한 후 B에게 큰 소리로 욕설을 하는 것을 인근에 있던 C, D 등도 들은 상황에서 B가 A를 현행범으로 체포하는 것은 적법한 공무집행이라 볼 수 없다.

[해설]

① 【 X 】 사법경찰관이 검사에게 긴급체포된 피의자에 대한 긴급체포 승인 건의와 함께 구속영장을 신청한 경우, 검사는 긴급체포의 승인 및 구속영장의 청구가 피의자의 인권에 대한 부당한 침해를 초래하지 않도록 긴급체포의 적법성 여부를 심사하면서 수사서류 뿐만 아니라 피의자를 검찰청으로 출석시켜 직접 대면조사할 수 있는 권한을 가진다고 보아야 한다. 따라서 이와 같은 목적과 절차의 일환으로 검사가 구속영장 청구 전에 피의자를 대면조사하기 위하여 사법경찰관리에게 피의자를 검찰청으로 인치할 것을 명하는 것은 적법하고 타당한 수사지휘 활동에 해당하고, 수사지휘를 전달받은 사법경찰관리는 이를 준수할 의무를 부담한다. 다만 체포된 피의자의 구금 장소가 임의적으로 변경되는 점, 법원에 의한 영장실질심사 제도를 도입하고 있는 현행 형사소송법하에서 체포된 피의자의 신속한 법관 대면권 보장이 지연될 우려가 있는 점 등을 고려하면, 위와 같은 검사의 구속영장 청구 전 피의자 대면조사는 긴급체포의 적법성을 의심할 만한 사유가 기록 기타 객관적 자료에 나타나고 피의자의 대면조사를 통해 그 여부의 판단이 가능할 것으로 보이는 예외적인 경우에 한하여 허용될 뿐, 긴급체포의 합당성이나 구속영장 청구에 필요한 사유를 보강하기 위한 목적으로 실시되어서는 아니 된다. 나아가 검사의 구속영장 청구 전 피의자 대면조사는 강제수사가 아니므로 피의자는 검사의 출석 요구에 응할 의무가 없고, 피의자가 검사의 출석 요구에 동의한 때에 한하여 사법경찰관리는 피의자를 검찰청으로 호송하여야 한다 (대판 2010.10.28. 2008도11999).
② 【 O 】 대판 1999.1.26. 98도3029
③ 【 O 】 헌재결 2018.4.26. 2015헌바370
④ 【 O 】 대판 2011.5.26. 2011도3682

정답 ①

32 현행범인의 체포에 관한 설명 중 가장 적절한 것은? (다툼이 있는 경우 판례에 의함)
20. 경찰승진

① 형사소송법 제211조가 현행범인으로 규정한 '범죄의 실행의 즉후인 자'라고 함은 범죄의 실행행위를 종료한 직후의 범인이라는 것이 객관적인 제3자의 입장에서 볼 때 명백한 경우를 일컫는 것이고, '범죄의 실행행위를 종료한 직후'라고 함은 범죄행위를 실행하여 끝마친 순간 또는 이에 아주 접착된 시간적 단계를 의미하는 것으로 해석된다.

② 다액 100만원이하의 벌금, 구류 또는 과료에 해당하는 죄의 현행범인에 대하여는 범인의 주거가 분명하지 아니한 때에 한하여 현행범인으로 체포할 수 있다.

③ 검사 또는 사법경찰관리가 아닌 자에 의하여 현행범인이 체포된 후 불필요한 지체 없이 검사 또는 사법경찰관리에게 인도된 경우라면 구속영장 청구기간인 48시간의 기산점은 체포시가 아니라 검사 등이 현행범인을 인도받은 때라고 할 것이다.

④ 현행범인은 누구든지 영장 없이 체포할 수 있으며, 현행범을 체포하는 자는 일반 사인이라 하더라도 영장 없이 타인의 주거에 들어갈 수 있다.

[해설]

① 【X】 형사소송법 제211조가 현행범인으로 규정한 '범죄의 실행의 즉후인 자'라고 함은, 범죄의 실행행위를 종료한 직후의 범인이라는 것이 체포하는 자의 입장에서 볼 때 명백한 경우를 일컫는 것으로서, 위 법조가 제1항에서 본래의 의미의 현행범인에 관하여 규정하면서 '범죄의 실행의 즉후인 자'를 '범죄의 실행 중인 자'와 마찬가지로 현행범인으로 보고 있고, 제2항에서는 현행범인으로 간주되는 준현행범인에 관하여 별도로 규정하고 있는 점 등으로 미루어 볼 때, '범죄의 실행행위를 종료한 직후'라고 함은, 범죄행위를 실행하여 끝마친 순간 또는 이에 아주 접착된 시간적 단계를 의미하는 것으로 해석되므로, 시간적으로나 장소적으로 보아 체포를 당하는 자가 방금 범죄를 실행한 범인이라는 점에 관한 죄증이 명백히 존재하는 것으로 인정되는 경우에만 현행범인으로 볼 수 있다(대판 2002.5.10. 2001도300).

② 【X】 다액 50만원 이하의 벌금, 구류 또는 과료에 해당하는 죄의 현행범인에 대하여는 범인의 주거가 분명하지 아니한 때에 한하여 현행범인으로 체포할 수 있다(제214조).

③ 【O】 대판 2011.12.22. 2011도12927

④ 【X】 현행범인은 누구든지 영장 없이 체포할 수 있다. 하지만 현행범을 체포하는 일반 사인은 타인의 주거에 들어갈 수 없다(대판 1965.12.21. 65도899).

정답 ③

33 현행범인 체포에 대한 설명으로 가장 적절한 것은? (다툼이 있는 경우 판례에 의함)
20. 경찰채용 2차

① 검사 또는 사법경찰관리 아닌 이가 현행범인을 체포한 때에는 즉시 검사 또는 사법경찰관리에게 인도하여야 하고, 여기서 '즉시'란 반드시 체포시점과 시간적으로 밀착된 시점이어야 한다.

② 현행범인으로 체포하기 위하여는 행위의 가벌성, 범죄의 현행성, 시간적 접착성, 범인 범죄의 명백성이 있으면 족하고, 도망 또는 증거인멸의 염려가 있어야 하는 것은 아니다.

③ 현행범 체포의 적법성은 체포 당시의 구체적 상황을 기초로 주관적으로 판단하여야 하고, 사후에 범인으로 인정되었는지에 의할 것은 아니다.

④ 현행범을 체포한 경찰관의 진술이라 하더라도 범행을 목격한 부분에 관하여는 여느 목격자의 진술과 다름없이 증거능력이 있다.

해설

① 【 X 】 검사 또는 사법경찰관리(이하 '검사 등'이라고 한다) 아닌 이가 현행범인을 체포한 때에는 즉시 검사 등에게 인도하여야 한다(형사소송법 제213조 제1항). 여기서 '즉시'라고 함은 반드시 체포시점과 시간적으로 밀착된 시점이어야 하는 것은 아니고, '정당한 이유 없이 인도를 지연하거나 체포를 계속하는 등으로 불필요한 지체를 함이 없이'라는 뜻으로 볼 것이다(대판 2011.12.22. 2011도12927).

② 【 X 】 현행범인은 누구든지 영장 없이 체포할 수 있으므로 사인의 현행범인 체포는 법령에 의한 행위로서 위법성이 조각된다고 할 것인데, 현행범인 체포의 요건으로서는 행위의 가벌성, 범죄의 현행성·시간적 접착성, 범인·범죄의 명백성 외에 체포의 필요성 즉, 도망 또는 증거인멸의 염려가 있을 것을 요한다(대판 1999.1.26. 98도3029).

③ 【 X 】 공무집행방해죄는 공무원의 적법한 공무집행이 전제로 되는데, 추상적인 권한에 속하는 공무원의 어떠한 공무집행이 적법한지 여부는 행위 당시의 구체적 상황에 기하여 객관적·합리적으로 판단하여야 하고 사후적으로 순수한 객관적 기준에서 판단할 것은 아니다. 마찬가지로 현행범체포의 적법성은 체포 당시의 구체적 상황을 기초로 객관적으로 판단하여야 하고, 사후에 범인으로 인정되었는지에 의할 것은 아니다(대판 2013.8.23. 2011도4763).

④ 【 O 】 대판 1995.5.9. 95도535

정답 ④

34 현행범체포에 대한 설명으로 가장 적절한 것은? (다툼이 있는 경우 판례에 의함)   21. 경찰승진

① 현행범으로 체포하기 위하여는 행위의 가벌성, 범죄의 현행성·시간적 접착성, 범인·범죄의 명백성이 있으면 족하고, 도망 또는 증거인멸의 염려가 있어야 하는 것은 아니다.

② 신고를 받고 출동한 경찰관이 음주운전을 종료한 후 40분 이상이 경과한 시점에서 길가에 앉아 있던 피의자에게서 술냄새가 난다는 점만을 근거로 하여 피의자를 음주운전의 현행범으로 체포한 것은 적법한 공무집행이라고 볼 수 있다.

③ 현행범을 체포한 경찰관의 진술이라 하더라도 범행을 목격한 부분에 관하여는 여느 목격자의 진술과 다름없이 증거능력이 있다.

④ 수사기관이 일반인으로부터 체포된 현행범을 인도받고 현행범을 구속하고자 하는 경우 48시간 이내에 구속영장을 청구해야 하며, 그 48시간의 기산점은 일반인에 의한 체포시점으로 보아야 한다.

해설

① 【 X 】 현행범인은 누구든지 영장 없이 체포할 수 있으므로 사인의 현행범인 체포는 법령에 의한 행위로서 위법성이 조각된다고 할 것인데, 현행범인 체포의 요건으로서는 행위의 가벌성, 범죄의 현행성·시간적 접착성, 범인·범죄의 명백성 외에 체포의 필요성 즉, 도망 또는 증거인멸의 염려가 있을 것을 요한다(대판 1999.1.26. 98도3029).

② 【 X 】 음주운전을 종료한 후 40분 이상이 경과한 시점에서 길가에 앉아 있던 운전자를 술냄새가 난다는 점만을 근거로 음주운전의 현행범으로 체포한 것은 적법한 공무집행으로 볼 수 없다(대판 2007.4.13. 2007도1249).

③ 【 O 】 대판 1995.5.9. 95도535

④ 【 X 】 검사 등이 아닌 이에 의하여 현행범인이 체포된 후 불필요한 지체 없이 검사 등에게 인도된 경우 위 48시간의 기산점은 체포시가 아니라 검사 등이 현행범인을 인도받은 때라고 할 것이다(대판 2011.12.22. 2011도12927).

정답 ③

35 현행범 체포에 관한 설명으로 가장 적절하지 않은 것은? (다툼이 있는 경우 판례에 의함)   25. 경찰승진

① 검사 또는 사법경찰관리는 사인으로부터 현행범인을 인도받은 경우 피의사실의 요지, 체포의 이유와 변호인을 선임할 수 있음을 말하고 변명할 기회를 주어야 한다.
② 수사기관이 2024.5.29.경 피의자가 바지선을 타고 밀입국하면서 필로폰을 밀수한다는 제보를 받고 6.1.경 항구에 도착한 위 바지선을 수색하여 숨어 있던 피의자를 발견한 뒤 바지선 내 다른 장소에서 필로폰이 발견되자 곧바로 피의자를 현행범 체포한 경우 이러한 수사기관의 체포는 위법하다.
③ 현행범 체포의 요건을 갖추었는지에 관한 수사주체의 판단에는 상당한 재량의 여지가 있으므로 체포 당시의 상황에서 보아 그 요건에 관한 수사주체의 판단이 경험칙에 비추어 현저히 합리성이 없다고 인정되지 않는 한 수사주체의 현행범인 체포를 위법하다고 단정할 것은 아니다.
④ 피의자는 주취 상태에서 야밤에 전혀 알지 못하는 사람을 일방적으로 폭행하였는데, 경찰관이 출동한 이후 CCTV 영상과 달리 자신의 범행을 부인하였고 피의자가 제시한 신분증의 주소지(거제시)와 범행 현장(안양시)이 멀리 떨어져 있어 추가적인 거소 확인이 필요하다는 등의 사정이 있다면 피의자에게 도망 또는 증거인멸의 염려가 없다고 단정하기 어렵다.

해설

① 【O】 검사 또는 사법경찰관리는 사인으로부터 현행범인을 인도받은 경우 피의사실의 요지, 체포의 이유와 변호인을 선임할 수 있음을 말하고 변명할 기회를 주어야 한다(형사소송법 제213조의2, 제200조의5).
② 【X】 피고인이 바지선에 승선하여 밀입국하면서 필로폰을 밀수입하는 범행을 실행 중이거나 실행한 직후에 검찰수사관이 바지선 내 피고인을 발견한 장소 근처에서 필로폰이 발견되자 곧바로 피고인을 체포하였으므로 이는 현행범 체포로서 적법하고, 체포 당시 상황에서 피고인이 밀입국하면서 필로폰을 밀수한 현행범인에 해당하지 않는다거나 그에 관한 검찰수사관의 판단이 경험칙에 비추어 현저히 합리성이 없다고 볼 수는 없다(대판 2016.2.18. 2015도13726).
③ 【O】 범죄를 실행 중이거나 실행 직후의 현행범인은 누구든지 영장 없이 체포할 수 있다(형사소송법 제212조). 현행범인으로 체포하기 위하여는 행위의 가벌성, 범죄의 현행성·시간적 접착성, 범인·범죄의 명백성 외에 체포의 필요성, 즉 도망 또는 증거인멸의 염려가 있어야 하는데, 이러한 현행범인 체포의 요건을 갖추었는지는 체포 당시의 상황을 기초로 판단하여야 하고, 이에 관한 수사주체의 판단에는 상당한 재량의 여지가 있다. 따라서 체포 당시의 상황에서 보아 그 요건에 관한 수사주체의 판단이 경험칙에 비추어 현저히 합리성이 없다고 인정되지 않는 한 수사주체의 현행범인 체포를 위법하다고 단정할 것은 아니다(대판 2016.2.18. 2015도13726).
④ 【O】 경찰관들이 출동하였을 당시는 피고인이 공소외 1에 대한 폭행 이후에도 계속하여 공소외 1에게 욕설을 하면서 시비를 거는 등으로 피고인의 폭행범행이 실행 중이거나 실행 직후였다고 볼 수 있고, 술에 취한 상태에서 늦은 밤에 식당에서 전혀 알지 못하는 사람에게 시비를 걸어 일방적으로 폭행에 이른 범행경위에 비추어 볼 때 사안 자체가 경미하다고 보기 어렵다. 또한 피고인은 경찰관이 출동한 이후 CCTV 영상으로 확인되는 폭행상황과는 달리 자신의 범행은 부인하면서 피해자로부터 폭행을 당하였다고 주장하였고, 피고인이 제시한 신분증의 주소지는 거제시로서 사건 현장인 안양시와는 멀리 떨어져 있는 곳이어서 위와 같은 폭행에 이르게 된 범행경위를 고려할 때 추가적인 거소 확인이 필요하다고 보이는 등으로 피고인에게 도망 또는 증거인멸의 염려가 없다고 단정하기 어렵다(대판 2022.2.11. 2021도12213).

정답 ②

36 체포 및 구속에 대한 설명으로 옳지 않은 것은? (다툼이 있는 경우 판례에 의함) 18. 검찰 7급

① 변호인 없는 불구속 피고인에 대하여 국선변호인을 선정하지 않은 채 판결을 선고한 다음 법정 구속하더라도 형사소송법 제33조 제1항 제1호 위반에 해당하지 않는다.
② 사법경찰관이 검사에게 긴급체포된 피의자에 대한 긴급체포 승인 건의와 함께 구속영장을 신청한 경우, 검사는 긴급체포의 합당성을 보강하기 위한 목적으로 피의자를 검찰청으로 출석시켜 직접 대면 조사할 수 있다.
③ 형사소송법에서 현행범인으로 규정한 '범죄의 실행의 즉후인 자'라고 함은 범죄의 실행행위를 종료한 직후의 범인임이 체포하는 자의 시각에서 볼 때 명백한 경우를 의미한다.
④ 피의자가 긴급체포된 후 사후영장 발부 전에 수사기관의 조치에 의하여 석방되었다면, 그 후 동일한 범죄사실에 관하여 법원이 발부한 구속영장에 의하여 구속하더라도 위법은 아니다.

[해설]
① 【 O 】 대판 2011.3.10. 2010도17353
② 【 X 】 사법경찰관이 검사에게 긴급체포된 피의자에 대한 긴급체포 승인 건의와 함께 구속영장을 신청한 경우, 긴급체포의 합당성이나 구속영장 청구에 필요한 사유를 보강하기 위한 목적으로 실시되어서는 아니 된다(대판 2010.10.28. 2008도11999).
③ 【 O 】 대판 2007.4.13. 2007도1249
④ 【 O 】 대판 2001.9.28. 2001도4291

[정답] ②

37 체포 및 구속에 대한 설명으로 옳은 것은 모두 몇 개인가? (다툼이 있는 경우 판례에 의함) 19. 국가직

㉠ 긴급체포의 요건을 갖추었는지 여부는 사후에 밝혀진 사정을 기초로 판단하는 것이 아니라 체포 당시의 상황을 기초로 판단하여야 한다.
㉡ 구속집행 당시 영장이 제시되지는 않았으나, 피고인이 청구한 구속적부심사절차에서 영장을 제시받아 그 기재된 범죄사실을 숙지하고 있으며, 구속 중 이루어진 법정진술의 임의성 등을 다투지 않고 오히려 변호인과의 충분한 상의를 거친 후 공소사실 전부에 대하여 자백한 경우라면, 그 자백을 증거로 할 수 있다.
㉢ 현행범인 체포의 적법성과 관련하여 체포사유의 판단은 현행범인체포서에 기재된 죄명에 의하여야만 한다.
㉣ 「형사소송법」 제33조 제1항은 국선변호인을 반드시 선정해야 하는 사유를 정하고 있는데, 그 제1호에서 정한 '피고인이 구속된 때'라고 함에는 피고인이 별건으로 구속된 경우가 제외되는 것은 아니다.

① 1개   ② 2개   ③ 3개   ④ 4개

[해설]
㉠ 【 O 】 대판 2002.6.11. 2000도5701
㉡ 【 O 】 대판 2009.4.23. 2009도526
㉢ 【 X 】 현행범인 체포의 적법성과 관련하여 체포사유의 판단은 현행범인체포서에 기재된 죄명에 의하여야만 판단하여야 할 것은 아니다(대판 2006.9.28. 2005도6461).
㉣ 【 O 】 형사소송법 제33조 제1항 제1호의 문언, 위 법률조항의 입법 과정에서 고려된 '신체의 자유', '변호인의 조력을 받을 권리', '공정한 재판을 받을 권리' 등 헌법상 기본권 규정의 취지와 정신 및 입법 목적 그리고 피고인이 처한 입장 등을 종합하여 보면, 형사소송법 제33조 제1항 제1호의 '피고인이 구속된 때'라고 함은 피고인이 해당 형사 사건에서 구속되어 재판을 받고 있는 경우에 한정된다고 볼 수 없고, 피고인이 별건으로 구속영장이 발부되어 집행되거나 다른 형사사건에서 유죄판결이 확정되어 그 판결의 집행으로 구금 상태에 있는 경우 또한 포괄하고 있다고 보아야 한다(대판 2024.5.23. 2021도6357 전원합의체).

[정답] ③

38. 체포 및 구속에 대한 설명으로 옳은 것만을 모두 고르면? (다툼이 있는 경우 판례에 의함)〔19. 검찰 7급〕

> ㉠ 현행범인 체포의 요건으로는 행위의 가벌성, 범죄의 현행성·시간적 접착성, 범인·범죄의 명백성 외에 체포의 필요성, 즉 도망 또는 증거인멸의 염려가 있을 것을 요한다.
> ㉡ 현행범인 체포에 있어서 체포 당시의 상황으로 보아 체포의 요건에 관한 수사주체의 판단이 경험칙에 비추어 현저히 합리성이 없다고 인정되지 않는 한, 수사주체의 현행범인 체포를 위법하다고 단정할 수 없다.
> ㉢ 법원은 피고인에 대한 구속영장을 발부함에 있어서, 피고인에게 범죄사실의 요지, 구속의 이유와 변호인을 선임할 수 있음을 말하고 변명할 기회를 주는 것을 합의부원으로 하여금 이행하게 할 수 있다.
> ㉣ "검사 또는 사법경찰관에 의하여 구속되었다가 석방된 자는 다른 중요한 증거를 발견한 경우를 제외하고는 동일한 범죄사실에 관하여 재차 구속하지 못한다."라는 「형사소송법」 규정은 법원이 피고인을 구속하는 경우에는 적용되지 않는다.

① ㉠, ㉣   ② ㉠, ㉡, ㉢   ③ ㉡, ㉢, ㉣   ④ ㉠, ㉡, ㉢, ㉣

해설

㉠【 O 】대판 1999.1.26. 98도3029
㉡【 O 】대판 2011.5.26. 2011도3682
㉢【 O 】제72조, 제72조의2
㉣【 O 】수소법원의 구속에 관하여는 검사 또는 사법경찰관이 피의자를 구속함을 규율하는 형사소송법 제208조의 규정은 적용되지 아니하므로 구속기간의 만료로 피고인에 대한 구속의 효력이 상실된 후 항소법원이 피고인에 대한 판결을 선고하면서 피고인을 구속하였다 하여 위 법 제208조의 규정에 위배되는 재구속 또는 이중구속이라 할 수 없다(대결 1985.7.23. 85모12).

정답 ④

39. 체포와 구속에 관한 설명으로 가장 적절하지 않은 것은? (다툼이 있는 경우 판례에 의함) 〔21. 경찰채용 2차〕

① 피고인이 경찰관들과 마주하자마자 도망가려는 태도를 보이거나 먼저 폭력을 행사하며 대항한 바 없는 등 경찰관들이 체포를 위한 실력행사에 나아가기 전에 체포영장을 제시하고 미란다원칙을 고지할 여유가 있었음에도, 애초부터 미란다 원칙을 체포 후에 고지할 생각으로 먼저 체포행위에 나선 경찰관들의 행위는 적법한 공무집행이라고 보기 어렵다.
② 구속의 효력은 원칙적으로 구속영장에 기재된 범죄사실에만 미치므로, 구속기간이 만료될 무렵에 종전 구속영장에 기재된 범죄사실과 다른 범죄사실로 피고인을 구속하였다는 사정만으로는 피고인에 대한 구속이 위법하다고 할 수 없다.
③ 검사의 체포영장 또는 구속영장 청구에 대한 지방법원 판사의 재판은 항고의 대상이 되는 '법원의 결정'에 해당하지 아니하고 준항고의 대상이 되는 '재판장 또는 수명법관의 구금 등에 관한 재판'에도 해당하지 아니하므로, 영장청구를 기각하는 결정에 대해서는 검사가 항고 또는 준항고를 할 수 없다.
④ 검사가 사법경찰관이 신청한 영장을 정당한 이유 없이 판사에게 청구하지 아니한 경우 사법경찰관은 그 검사 소속의 지방검찰청에 영장청구 여부에 대한 심의를 신청할 수 있으며, 각 지방검찰청은 이를 심의하기 위하여 영장심의위원회를 둔다.

[해설]
① 【 O 】 대판 2017.9.21. 2017도10866
② 【 O 】 대결 1996.8.12. 96모46
③ 【 O 】 대결 2006.12.18. 2006모646
④ 【 X 】 검사가 사법경찰관이 신청한 영장을 정당한 이유 없이 판사에게 청구하지 아니한 경우 사법경찰관은 그 검사 소속의 지방검찰청 소재지를 관할하는 고등검찰청에 영장청구 여부에 대한 심의를 신청할 수 있으며, 각 고등검찰청은 이를 심의하기 위하여 영장심의위원회를 둔다(제221조의5 제1항, 제2항).

정답 ④

40 구속에 대한 설명 중 가장 적절하지 않은 것은? (다툼이 있는 경우 판례에 의함)

17. 여경

① 구속기간이 만료될 무렵에 종전 구속영장에 기재된 범죄사실과 다른 범죄사실로 피고인을 구속하였다는 사정만으로는 피고인에 대한 구속이 위법하다고 할 수 없다.
② 구속적부심에서 법원이 구속된 피의자를 심문하고 그에 대한 피의자의 진술 등을 기재한 구속적부심문조서는 특별한 사정이 없는 한 피고인이 증거로 함에 부동의 하더라도 당연히 그 증거능력이 인정된다.
③ 피고인에게 구속의 사유가 없거나 소멸된 때에는 법원은 직권 또는 검사, 피고인, 변호인 등의 청구에 의하여 결정으로 구속을 취소하여야 한다.
④ 피의자에 대한 구속기간 연장을 허가하지 않은 지방법원 판사의 결정에 대하여 검사는 항고할 수 없으나 준항고는 할 수 있다.

[해설]
① 【 O 】 대결 1996.8.12. 96모46
② 【 O 】 대판 2004.1.16. 2003도5693
③ 【 O 】 제93조
④ 【 X 】 형사소송법 제402조, 제403조에서 말하는 법원은 형사소송법상의 수소법원만을 가리키므로, 같은 법 제205조 제1항 소정의 구속기간의 연장을 허가하지 아니하는 지방법원 판사의 결정에 대하여는 같은 법 제402조, 제403조가 정하는 항고의 방법으로는 불복할 수 없고, 나아가 그 지방법원 판사는 수소법원으로서의 재판장 또는 수명법관도 아니므로 그가 한 재판은 같은 법 제416조가 정하는 준항고의 대상이 되지도 않는다(대결 1997.6.16. 97모1).

정답 ④

41 형사소송법상 구속 등에 대한 설명 중 가장 적절하지 않은 것은? (다툼이 있는 경우 판례에 의함)

18. 경찰승진

① 구속은 구금과 구인을 포함하며, 구인한 피고인을 법원에 인치한 경우에 구금할 필요가 없다고 인정한 때에는 그 인치한 때로부터 24시간 내에 석방하여야 한다.
② 피고인에 대한 구속기간은 2개월로 한다. 그럼에도 특히 구속을 계속할 필요가 있는 경우에는 심급마다 2개월 단위로 2차에 한하여 결정으로 갱신할 수 있다. 다만, 상소심은 피고인 또는 변호인이 신청한 증거의 조사, 상소이유를 보충하는 서면의 제출 등으로 추가 심리가 필요한 부득이한 경우에는 3차에 한하여 갱신할 수 있다.
③ 구속기간의 연장을 허가하지 아니하는 지방법원 판사의 결정에 대하여는 「형사소송법」 제402조, 제403조가 정하는 항고의 방법으로 불복할 수 없고 「형사소송법」 제416조가 정하는 준항고의 대상이 되지도 않는다.
④ 검사 또는 사법경찰관에 의하여 구속되었다가 석방된 자는 다른 중요한 증거를 발견한 경우를 제외하고는 동일한 범죄사실에 관하여 재차 구속하지 못하며, 이 경우 1개의 목적을 위하여 동시 또는 수단결과의 관계에서 행하여진 행위는 별개의 범죄사실로 간주한다.

해설

① 【O】 제69조, 제71조
② 【O】 제92조 제1항, 제2항
③ 【O】 대결 1997.6.16. 97모1
④ 【X】 검사 또는 사법경찰관에 의하여 구속되었다가 석방된 자는 다른 중요한 증거를 발견한 경우를 제외하고는 동일한 범죄사실에 관하여 재차 구속하지 못하며, 이 경우 1개의 목적을 위하여 동시 또는 수단결과의 관계에서 행하여진 행위는 동일한 범죄사실로 간주한다(제208조 제1항, 제2항).

정답 ④

42 구속 전 피의자 심문제도에 관한 설명 중 가장 적절하지 않은 것은?

16. 경찰승진

① 검사와 변호인은 판사의 심문이 끝난 후에 의견을 진술할 수 있고, 필요한 경우에는 심문 도중에도 판사의 허가를 얻어 의견을 진술할 수 있다.
② 피의자는 판사의 심문 도중에도 변호인에게 조력을 구할 수 있다.
③ 판사는 피의자가 심문기일에의 출석을 거부하거나 질병 그 밖의 사유로 출석이 현저하게 곤란하고, 피의자를 심문 법정에 인치할 수 없다고 인정되는 때에는 피의자의 출석 없이 심문절차를 진행할 수 있다.
④ 피의자에 대한 심문절차는 원칙적으로 공개하나 국가의 안전보장 또는 안녕질서를 방해하거나 선량한 풍속을 해할 염려가 있을 때에는 법원의 결정으로 공개하지 아니할 수 있다.

해설

① 【O】 규칙 제96조의16 제3항
② 【O】 규칙 제96조의16 제4항
③ 【O】 규칙 제96조의13 제1항
④ 【X】 피의자에 대한 심문절차는 공개하지 아니한다. 다만, 판사는 상당하다고 인정하는 경우에는 피의자의 친족, 피해자 등 이해관계인의 방청을 허가할 수 있다(규칙 제96조의14).

정답 ④

43 구속에 대한 설명으로 가장 적절하지 않은 것은? (다툼이 있는 경우 판례에 의함)   18. 경찰채용 1차

① 구속영장 발부에 의하여 적법하게 구금된 피의자가 피의자신문을 위한 출석요구에 응하지 아니하면서 수사기관 조사실에 출석을 거부한다면 수사기관은 그 구속영장의 효력에 의하여 피의자를 조사실로 구인할 수 있다.
② 구인한 피고인을 법원에 인치한 경우에 구금할 필요가 없다고 인정한 때에는 그 인치한 때로부터 24시간 내에 석방하여야 한다.
③ 검사의 체포영장 또는 구속영장 청구에 대한 지방법원판사의 재판은 「형사소송법」 제402조의 규정에 의하여 항고의 대상이 되는 '법원의 결정'에 해당하지 않지만, 제416조 제1항의 규정에 의하여 준항고의 대상이 되는 '재판장 또는 수명법관의 구금 등에 관한 재판'에는 해당한다.
④ 검사의 구속영장 청구 전 피의자 대면조사는 강제수사가 아니므로 피의자는 검사의 출석 요구에 응할 의무가 없고, 피의자가 검사의 출석 요구에 동의한 때에 한하여 사법경찰관리는 피의자를 검찰청으로 호송하여야 한다.

[해설]
① 【O】 대결 2013.7.1. 2013모160
② 【O】 제71조
③ 【X】 형사소송법 제402조, 제403조에서 말하는 법원은 형사소송법상의 수소법원만을 가리키므로, 같은 법 제205조 제1항 소정의 구속기간의 연장을 허가하지 아니하는 지방법원 판사의 결정에 대하여는 같은 법 제402조, 제403조가 정하는 항고의 방법으로는 불복할 수 없고, 나아가 그 지방법원 판사는 수소법원으로서의 재판장 또는 수명법관도 아니므로 그가 한 재판은 같은 법 제416조가 정하는 준항고의 대상이 되지도 않는다(대결 1997.6.16. 97모1).
④ 【O】 대판 2010.10.28. 2008도11999

정답 ③

---

44 구속 전 피의자심문제도에 대한 다음의 설명 중 가장 적절하지 않은 것은? (다툼이 있는 경우 판례에 의함)   18. 경찰승진

① 체포된 피의자 외의 피의자에 대한 심문기일은 관계인에 대한 심문기일의 통지 및 그 출석에 소요되는 시간 등을 고려하여 피의자가 법원에 인치된 때로부터 가능한 한 빠른 일시로 지정하여야 한다.
② 심문기일의 통지는 서면 이외에 구술·전화·모사전송·전자우편·휴대전화 문자전송 그 밖에 적당한 방법으로 신속하게 하여야 한다.
③ 변호인은 구속영장이 청구된 피의자에 대한 심문 시작 전에 피의자와 접견할 수 있고, 피의자는 판사의 심문 도중에도 변호인에게 조력을 구할 수 있다.
④ 판사는 구속 여부의 판단을 위하여 심문장소에 출석한 피해자 그 밖의 제3자를 심문하여야 한다.

[해설]
① 【O】 규칙 제96조의12 제2항
② 【O】 규칙 제96조의12 제3항
③ 【O】 규칙 제96조의20 제1항, 제96조의16 제4항
④ 【X】 판사는 구속 여부의 판단을 위하여 필요하다고 인정하는 때에는 심문장소에 출석한 피해자 그 밖의 제3자를 심문할 수 있다(규칙 제96조의16 제5항).

정답 ④

45 구속 전 피의자심문제도에 대한 설명이다. 아래 ㉠부터 ㉥까지의 설명 중 옳은 것을 모두 고른 것은?

18. 경찰채용 2차

㉠ 체포된 피의자에 대하여 구속영장을 청구받은 판사는 지체 없이 피의자를 심문하여야 하며, 이 경우 특별한 사정이 없는 한 구속영장이 청구된 날의 다음날까지 심문하여야 한다.
㉡ 검사와 피의자의 변호인은 구속 전 피의자 심문기일에 출석하여 의견을 진술하여야 한다.
㉢ 심문할 피의자에게 변호인이 없는 때에는 지방법원판사는 직권으로 변호인을 선정하여야 한다.
㉣ 이 경우 지방법원판사에 의한 변호인의 직권 선정은 당해 구속 전 피의자 심문까지만 효력이 있다.
㉤ 피의자에 대한 심문절차는 공개하지 않는 것이 원칙이다.
㉥ 피의자는 심문 시작 전에 변호인과 접견할 수 있고, 판사의 심문 도중에도 변호인의 조력을 구할 수 있다.

① ㉠, ㉡, ㉣, ㉤   ② ㉠, ㉡, ㉤, ㉥   ③ ㉠, ㉢, ㉤, ㉥   ④ ㉡, ㉢, ㉣, ㉥

해설

㉠ 【 O 】 제201의2 제1항
㉡ 【 X 】 검사와 피의자의 변호인은 구속 전 피의자 심문기일에 출석하여 의견을 진술할 수 있다(제201조의2 제4항).
㉢ 【 O 】 제201조의2 제8항 본문
㉣ 【 X 】 심문할 피의자에게 변호인이 없는 때에는 지방법원판사는 직권으로 변호인을 선정하여야 한다. 이 경우 변호인의 선정은 피의자에 대한 구속영장 청구가 기각되어 효력이 소멸한 경우를 제외하고는 제1심까지 효력이 있다(제201조의2 제8항).
㉤ 【 O 】 피의자에 대한 심문절차는 공개하지 아니한다. 다만, 판사는 상당하다고 인정하는 경우에는 피의자의 친족, 피해자 등 이해관계인의 방청을 허가할 수 있다(규칙 제96조의14).
㉥ 【 O 】 변호인은 구속영장이 청구된 피의자에 대한 심문 시작 전에 피의자와 접견할 수 있다(규칙 제96조의20 제1항).

정답 ③

46 구속 전 피의자심문에 대한 설명으로 가장 적절하지 않은 것은?

19. 경찰승진

① 변호인은 구속영장이 청구된 피의자에 대한 심문 시작 전에 피의자와 접견할 수 있고, 피의자는 판사의 심문 도중에도 변호인에게 조력을 구할 수 있다.
② 피의자에 대한 심문절차는 원칙적으로 공개하나 국가의 안전보장 또는 안녕질서를 방해하거나 선량한 풍속을 해할 염려가 있을 때에는 법원의 결정으로 공개하지 아니할 수 있다.
③ 검사와 변호인은 판사의 심문이 끝난 후에 의견을 진술할 수 있다. 다만, 필요한 경우에는 심문 도중에도 판사의 허가를 얻어 의견을 진술할 수 있다.
④ 판사는 구속영장이 청구된 피의자를 심문하는 때에는 공범의 분리심문이나 그 밖에 수사상의 비밀보호를 위하여 필요한 조치를 하여야 하고, 법원사무관등은 심문의 요지 등을 조서로 작성하여야 한다.

해설

① 【 O 】 규칙 제96조의20 제1항, 규칙 제96조의16 제4항
② 【 X 】 피의자에 대한 심문절차는 공개하지 아니한다. 다만, 판사는 상당하다고 인정하는 경우에는 피의자의 친족, 피해자 등 이해관계인의 방청을 허가할 수 있다(규칙 제96조의14).
③ 【 O 】 규칙 제96조의16 제3항
④ 【 O 】 제201조의2 제5항, 제6항

정답 ②

47 구속영장 청구와 피의자 심문에 관한 다음 설명 중 가장 옳지 않은 것은? (다툼이 있는 경우 판례에 의함)

20. 법원직

① 체포된 피의자에 대하여 구속영장을 청구받은 판사는 지체 없이 피의자를 심문하여야 한다. 이 경우 특별한 사정이 없는 한 구속영장이 청구된 날의 다음날까지 심문하여야 한다.
② 피의자심문을 하는 경우 법원이 구속영장청구서·수사관계 서류 및 증거물을 접수한 날부터 구속영장을 발부하여 검찰청에 반환한 날까지의 기간은 사법경찰관 및 검사의 구속기간 규정 적용에 있어서 그 구속기간에 이를 산입하지 아니한다.
③ 검사와 변호인은 피의자심문기일에 출석하여 의견을 진술할 수 있고, 필요한 경우에는 판사의 허가를 얻어 피의자를 심문할 수도 있다.
④ 피의자는 판사의 심문 도중에도 변호인에게 조력을 구할 수 있다.

해설

① 【 O 】 제201조의2 제1항
② 【 O 】 제201조의2 제7항
③ 【 X 】 검사와 변호인은 심문기일에 출석하여 의견을 진술할 수 있다(제201조의2 제4항). 검사와 변호인은 판사의 심문이 끝난 후에 의견을 진술할 수 있다. 다만, 필요한 경우에는 심문 도중에도 판사의 허가를 얻어 의견을 진술할 수 있다(규칙 제96조의13 제3항). 하지만, 피의자를 심문할 수는 없다.
④ 【 O 】 규칙 제96조의15 제4항

정답 ③

48 구속 전 피의자심문제도에 대한 설명 중 가장 적절하지 않은 것은? (다툼이 있는 경우 판례에 의함)

20. 경찰채용 1차

① 검사와 변호인은 판사의 심문이 끝난 후에 의견을 진술할 수 있다. 다만, 필요한 경우에는 심문 도중에도 판사의 허가를 얻어 의견을 진술할 수 있다.
② 구속 전 피의자심문시 피의자에게 변호인이 없는 때에는 지방법원판사는 직권으로 변호인을 선정해야 한다. 이 경우 변호인의 선정은 피의자에 대한 구속영장 청구가 기각되어 효력이 소멸한 경우를 제외하고는 제1심까지 효력이 있다.
③ 법원은 변호인의 사정이나 그 밖의 사유로 변호인 선정결정이 취소되어 변호인이 없게 된 때에는 직권으로 변호인을 다시 선정할 수 있다.
④ 피의자심문을 하는 경우 법원이 구속영장청구서, 수사 관계 서류 및 증거물을 접수한 날부터 구속영장을 발부하여 검찰청에 반환한 날까지의 기간은 검사와 사법경찰관의 구속기간에 산입한다.

해설

① 【 O 】 규칙 제96조의16 제3항
② 【 O 】 제201조의2 제8항
③ 【 O 】 제201조의2 제9항
④ 【 X 】 피의자심문을 하는 경우 법원이 구속영장청구서, 수사 관계 서류 및 증거물을 접수한 날부터 구속영장을 발부하여 검찰청에 반환한 날까지의 기간은 검사와 사법경찰관의 구속기간에 산입하지 아니한다(제201조의2 제7항).

정답 ④

49 법원의 피고인 구속에 관한 다음 설명 중 가장 옳지 않은 것은?

16. 법원직

① 피고인을 구속한 때에는 변호인이 있는 경우에는 변호인에게, 변호인이 없는 경우에는 법정대리인, 배우자, 직계친족과 형제자매 중 피고인이 지정한 자에게 피고사건명, 구속일시·장소, 범죄사실의 요지, 구속의 이유와 변호인을 선임할 수 있는 취지를 알려야 한다.
② 구속기간의 초일은 시간을 계산하지 않고 1일로 산정한다.
③ 기피신청으로 소송진행이 정지된 기간은 구속기간에 산입되지 아니한다.
④ 공소제기 전의 체포·구인·구금된 기간은 구속기간에 산입된다.

해 설

① 【 O 】 제87조 제1항
② 【 O 】 제66조 제1항 단서
③ 【 O 】 제92조 제3항
④ 【 X 】 공소제기 전 체포·구인·구금된 기간은 법원의 구속기간에 산입하지 아니한다(제92조 제3항).

정답 ④

50 체포 또는 구속에 대한 설명으로 가장 적절하지 않은 것은? (다툼이 있는 경우 판례에 의함)

19. 경찰승진

① 법원이 구속 피고인에 대하여 집행유예의 판결을 선고하는 경우, 구속영장의 효력이 소멸하므로 판결의 확정 전이라도 피고인을 즉시 석방하여야 한다.
② 피의자가 죄를 범하였다고 의심할 만한 상당한 이유가 있고 정당한 이유없이 출석요구에 응하지 아니하거나 아니할 우려가 있는 때라고 하더라도 명백히 체포의 필요가 인정되지 아니하는 경우에는 체포영장의 청구를 받은 판사는 체포영장의 청구를 기각하여야 한다.
③ 피고인에 대하여 범죄사실의 요지, 구속의 이유와 변호인을 선임할 수 있음을 말하고 변명할 기회를 준 후가 아니면 구속할 수 없다. 다만, 피고인이 도망한 경우에는 그러하지 아니하다.
④ 법원의 피고인에 대한 구속기간에는 공소제기 전의 체포·구인·구금 기간도 산입한다.

해 설

① 【 O 】 헌재결 1992.12.24. 92헌가8
② 【 O 】 제200조의2 제2항
③ 【 O 】 제72조
④ 【 X 】 공소제기 전의 체포·구인·구금기간은 구속기간에 산입하지 아니한다(제92조 제3항).

정답 ④

51 구속기간에 관한 설명 중 가장 적절하지 않은 것은?

20. 경찰승진

① 기피신청으로 소송진행이 정지된 기간은 구속기간에 산입하지 아니한다.
② 공소장 변경으로 피고인의 불이익이 증가할 염려가 있다고 인정되어 공판절차가 정지된 기간은 구속기간에 산입하지 아니한다.
③ 구속기간의 말일이 공휴일 또는 토요일이면 구속기간에 산입하지 아니한다.
④ 구속 전 피의자심문을 위하여 법원이 구속영장청구서 수사 관계 서류 및 증거물을 접수한 날부터 구속영장을 발부하여 검찰청에 반환한 날까지의 기간은 구속기간에 산입하지 아니한다.

[해설]

① 【 O 】 제92조 제3항
② 【 O 】 제92조 제3항
③ 【 X 】 기간의 말일이 공휴일 또는 토요일에 해당하는 날은 기간에 산입하지 아니한다. 단, 시효와 구속의 기간에 관하여서는 예외로 한다(제66조 제3항).
④ 【 O 】 제201조의2 제7항

정답 ③

52 구속에 관한 다음 설명 중 가장 적절하지 않은 것은? (다툼이 있으면 판례에 의함)

16. 경찰채용 1차

① 수사기관이 관할 지방법원 판사가 발부한 구속영장에 의하여 피의자를 구속하는 경우, 구속영장 발부에 의하여 적법하게 구금된 피의자가 피의자신문을 위한 출석요구에 응하지 아니하면서 수사기관 조사실에 출석을 거부한다면 수사기관은 그 구속영장의 효력에 의하여 피의자를 조사실로 구인할 수 있다.
② 형사소송법 제88조는 '피고인을 구속한 때에는 즉시 공소사실의 요지와 변호인을 선임할 수 있음을 알려야 한다.'고 규정하고 있는 바, 이를 위반할 경우 구속영장의 효력이 상실된다.
③ 구속영장에는 청구인을 구금할 수 있는 장소로 특정 경찰서 유치장으로 기재되어 있었는데, 그 신병이 조사차 국가안전기획부 직원에게 인도된 후 위 경찰서 유치장에 인도된 바 없이 계속하여 국가안전기획부 청사에 사실상 구금되어 있다면, 청구인의 방어권이나 접견교통권의 행사에 중대한 장애를 초래하는 것이므로 위법하다.
④ 구인한 피고인을 법원에 인치한 경우에 구금할 필요가 없다고 인정한 때에는 그 인치한 때로부터 24시간 내에 석방하여야 한다.

[해설]

① 【 O 】 대결 2013.7.1. 2013모160
② 【 X 】 형사소송법 제88조는 "피고인을 구속한 때에는 즉시 공소사실의 요지와 변호인을 선임할 수 있음을 알려야 한다."고 규정하고 있는바, 이는 사후 청문절차에 관한 규정으로서 이를 위반하였다 하여 구속영장의 효력에 어떠한 영향을 미치는 것은 아니다(대결 2000.11.10. 2000모134).
③ 【 O 】 대결 1996.5.15. 95모94
④ 【 O 】 제71조

정답 ②

53 구속에 대한 설명으로 가장 적절하지 않은 것은? (다툼이 있는 경우 판례에 의함) 19. 경찰승진

① 구속적부심에서 법원이 구속된 피의자를 심문하고 그에 대한 피의자의 진술 등을 기재한 구속적부심문조서는 특별한 사정이 없는 한, 피고인이 증거로 함에 부동의한다면 증거능력이 인정되지 않는다.
② 지방법원판사의 영장기각 결정에 대해서는 검사의 준항고가 허용되지 않는다.
③ 검사 또는 사법경찰관에 의하여 구속되었다가 석방된 자는 다른 중요한 증거를 발견한 경우를 제외하고는 동일한 범죄사실에 관하여 재차 구속하지 못하며, 이 경우 1개의 목적을 위하여 동시 또는 수단결과의 관계에서 행하여진 행위는 동일한 범죄사실로 간주한다.
④ 현행범 체포된 피의자에 대하여 구속영장을 청구 받은 판사는 지체 없이 피의자를 심문하여야 하며, 이 경우 특별한 사정이 없는 한 구속영장이 청구된 날의 다음날까지 심문하여야 한다.

[해설]

① 【 X 】 구속적부심은 구속된 피의자 또는 그 변호인 등의 청구로 수사기관과는 별개 독립의 기관인 법원에 의하여 행하여지는 것으로서 구속된 피의자에 대하여 피의사실과 구속사유 등을 알려 그에 대한 자유로운 변명의 기회를 주어 구속의 적부를 심사함으로써 피의자의 권리보호에 이바지하는 제도인바, 법원 또는 합의부원, 검사, 변호인, 청구인이 구속된 피의자를 심문하고 그에 대한 피의자의 진술 등을 기재한 구속적부심문조서는 형사소송법 제311조가 규정한 문서에는 해당하지 않는다 할 것이나, 특히 신용할 만한 정황에 의하여 작성된 문서라고 할 것이므로 특별한 사정이 없는 한, 피고인이 증거로 함에 부동의하더라도 형사소송법 제315조 제3호에 의하여 당연히 그 증거능력이 인정된다(대판 2004.1.16. 2003도5693).
② 【 O 】 대결 1997.9.29. 97모66
③ 【 O 】 제208조 제1항, 제2항
④ 【 O 】 제201조의2 제1항

정답 ①

54 구속 및 구속기간에 대한 설명으로 가장 적절한 것은? (다툼이 있는 경우 판례에 의함) 18. 경찰승진

① 형사소송법 제88조는 '피고인을 구속한 때에는 즉시 공소사실의 요지와 변호인을 선임할 수 있음을 알려야 한다.'고 규정하고 있는바, 이를 위반하였다면 구속영장의 효력은 당연히 상실된다.
② 구속기간연장허가결정이 있는 경우에 그 연장기간은 형사소송법 제203조(검사의 구속기간)의 규정에 의한 구속기간 만료일부터 기산한다.
③ 피고인에게 구속의 사유가 없거나 소멸된 때에는 법원은 직권 또는 검사, 피고인, 변호인 등의 청구에 의하여 결정으로 구속을 취소하여야 한다.
④ 구속 중인 피고인에 대하여 감정유치장이 집행된 경우 피고인이 유치되어 있는 기간 구속은 그 집행이 정지되지 아니한다.

[해설]

① 【 X 】 형사소송법 제88조는 "피고인을 구속한 때에는 즉시 공소사실의 요지와 변호인을 선임할 수 있음을 알려야 한다."고 규정하고 있는바, 이는 사후 청문절차에 관한 규정으로서 이를 위반하였다 하여 구속영장의 효력에 어떠한 영향을 미치는 것은 아니다(대결 2000.11.10. 2000모134).
② 【 X 】 구속기간연장허가결정이 있는 경우에 그 연장기간은 「형사소송법」 제203조(검사의 구속기간)의 규정에 의한 구속기간 만료 다음날로부터 기산한다(규칙 제98조).
③ 【 O 】 제93조
④ 【 X 】 구속 중인 피고인에 대하여 감정유치장이 집행되었을 때에는 피고인이 유치되어 있는 기간 구속은 집행이 정지된 것으로 간주한다(제172조의2).

정답 ③

55 법원의 구속에 관한 다음 설명 중 가장 옳지 않은 것은? (다툼이 있는 경우 판례에 의함)

18. 법원직

① 공소기각판결, 무죄판결, 면소판결, 선고유예판결, 형면제판결의 선고는 구속영장이 실효되는 사유에 해당한다.
② 피고인의 구속기간이 만료될 무렵에 종전 구속영장에 기재된 범죄사실과 다른 범죄사실로 피고인을 구속하였다는 사정만으로 그 구속이 위법하다고 할 수 없다.
③ 구속되었다가 공소제기 후 수소법원이 석방한 피고인은 다른 중요한 증거가 발견된 경우가 아니면 동일한 범죄사실에 관하여 재차 구속하지 못한다.
④ 구인한 피고인을 법원에 인치한 경우에 구금할 필요가 없다고 인정한 때에는 그 인치한 때로부터 24시간 내에 석방하여야 한다.

해설

① 【 O 】 제331조
② 【 O 】 대결 1996.8.12. 96모46
③ 【 X 】 항소법원은 항소피고사건의 심리 중 또는 판결선고 후 상고제기 또는 판결확정에 이르기까지 수소법원으로서 형사소송법 제70조 제1항 각호의 사유있는 불구속 피고인을 구속할 수 있고 또 수소법원의 구속에 관하여는 검사 또는 사법경찰관이 피의자를 구속함을 규율하는 형사소송법 제208조의 규정은 적용되지 아니하므로 구속기간의 만료로 피고인에 대한 구속의 효력이 상실된 후 항소법원이 피고인에 대한 판결을 선고하면서 피고인을 구속하였다 하여 위 법 제208조의 규정에 위배되는 재구속 또는 이중구속이라 할 수 없다(대결 1985.7.23. 85모12).
④ 【 O 】 제71조

정답 ③

56 구속에 대한 설명 중 가장 적절하지 않은 것은? (다툼이 있는 경우 판례에 의함)

19. 법학경채

① 구속은 반드시 사전에 발부된 구속영장에 의해서만 가능할 뿐 긴급체포나 현행범체포와 같은 사전 영장주의의 예외가 없다.
② 구속영장에 의하여 적법하게 구금된 피의자가 수사기관 조사실에 출석을 거부하는 경우에 수사기관은 그 구속영장의 효력에 의하여 피의자를 조사실로 구인할 수 있다.
③ 구속영장을 소지하지 아니한 경우에 급속을 요하는 때에는 피의자에 대하여 피의사실의 요지와 구속영장이 발부되었음을 알리고 집행할 수 있으며, 이 경우 집행을 완료한 후에는 신속히 구속영장을 제시하여야 한다.
④ 수사기관이 구속영장에 기재되지 않은 장소로 구금장소를 임의적으로 변경하더라도 피의자의 방어권이나 접견교통권의 행사에 중대한 장애를 초래하는 것은 아니므로 적법하다.

해설

① 【 O 】 타당한 설명이다.
② 【 O 】 대결 2013.7.1. 2013모160
③ 【 O 】 제209조, 제85조
④ 【 X 】 구속영장에는 청구인을 구금할 수 있는 장소로 특정 경찰서 유치장으로 기재되어 있었는데, 청구인에 대하여 위 구속영장에 의하여 1995.11.30. 07:50경 위 경찰서 유치장에 구속이 집행되었다가 같은 날 08:00에 그 신병이 조사차 국가안전기획부 직원에게 인도된 후 위 경찰서 유치장에 인도된 바 없이 계속하여 국가안전기획부 청사에 사실상 구금되어 있다면, 청구인에 대한 이러한 사실상의 구금장소의 임의적 변경은 청구인의 방어권이나 접견교통권의 행사에 중대한 장애를 초래하는 것이므로 위법하다(대결 1996.5.15. 95모94).

정답 ④

57 구속에 대한 설명으로 가장 적절하지 않은 것은? (다툼이 있는 경우 판례에 의함)   19. 경찰채용 2차

① 피의자는 검사의 구속영장 청구 전 대면조사를 위한 출석요구에 응할 의무가 없으므로, 사법경찰관리는 피의자가 검사의 출석 요구에 동의한 때에 한하여 피의자를 검찰청으로 호송하여야 한다.
② 구속영장 발부에 의하여 적법하게 구금된 피의자가 피의자신문을 위한 출석요구에 응하지 아니하면서 수사기관 조사실에 출석을 거부할 경우, 수사기관은 구속영장의 효력에 의하여 피의자를 조사실로 구인할 수 있다.
③ 검사의 구속영장 청구에 대한 지방법원판사의 재판은 「형사소송법」 제402조의 규정에 의하여 항고의 대상이 되는 법원의 결정에는 해당하지 아니하나, '재판장 또는 수명법관의 구금 등에 관한 재판'에는 해당하므로 「형사소송법」 제416조 제1항의 규정에 의하여 준항고의 대상이 된다.
④ 구속기간이 만료될 무렵에 종전 구속영장에 기재된 범죄사실과 다른 범죄사실로 피고인을 구속하였다는 사정만으로는 피고인에 대한 구속이 위법하다고 할 수 없다.

해설

① 【 O 】 대판 2010.10.28. 2008도11999
② 【 O 】 대결 2013.7.1. 2013모160
③ 【 X 】 검사의 체포영장 또는 구속영장 청구에 대한 지방법원판사의 재판은 형사소송법 제402조의 규정에 의하여 항고의 대상이 되는 '법원의 결정'에 해당하지 아니하고, 제416조 제1항의 규정에 의하여 준항고의 대상이 되는 '재판장 또는 수명법관의 구금 등에 관한 재판'에도 해당하지 아니한다(대결 2006.12.18. 2006모646).
④ 【 O 】 대결 1996.8.12. 96모46

정답 ③

58 구속에 관한 설명으로 가장 적절한 것은? (다툼이 있는 경우 판례에 의함)   21. 경찰채용 2차

① 사인(私人)이 체포한 현행범인을 검사 등이 인도받은 후 그를 구속하고자 하는 경우에는 48시간 이내에 구속영장을 청구하여야 하고, 그 기간 내에 구속영장을 청구하지 아니하는 때에는 즉시 석방하여야 한다. 이 경우 48시간의 기산점은 현행범인을 인도받은 때가 아니라 현행범인을 체포한 때이다.
② 피고인의 구속기간은 2개월로 하나, 특히 구속을 계속할 필요가 있는 경우에는 심급마다 2개월 단위로 2차에 한하여 결정으로 갱신할 수 있다. 다만, 상소심은 피고인 또는 변호인이 신청한 증거의 조사, 상소이유를 보충하는 서면의 제출 등으로 추가심리가 필요한 부득이한 경우에는 3차에 한하여 갱신할 수 있다.
③ 구속영장 발부에 의하여 적법하게 구금된 피의자가 피의자신문을 위한 출석요구에 응하지 아니하면서 수사기관 조사실에 출석을 거부한다면 수사기관은 그 구속영장의 효력에 의하여 피의자를 조사실로 구인할 수 있으며, 이 경우 피의자는 수사기관의 질문에 대하여 진술을 거부할 수 없다.
④ 형사소송법 제72조는 "피고인에 대하여 범죄사실의 요지, 구속의 이유와 변호인을 선임할 수 있음을 말하고 변명할 기회를 준 후가 아니면 구속할 수 없다"라고 규정하고 있는 바, 이는 수소법원 등 법관이 취하여야 하는 절차가 아니라 구속영장을 집행함에 있어 집행기관이 취하여야 하는 절차에 관한 것이다.

해설

① 【 X 】 검사 등이 아닌 이에 의하여 현행범인이 체포된 후 불필요한 지체 없이 검사 등에게 인도된 경우 위 48시간의 기산점은 체포시가 아니라 검사 등이 현행범인을 인도받은 때라고 할 것이다(대판 2011.12.22. 2011도12927).
② 【 O 】 제92조 제1항, 제2항
③ 【 X 】 구속영장 발부에 의하여 적법하게 구금된 피의자가 피의자신문을 위한 출석요구에 응하지 아니하면서 수사기관 조사실에 출석을 거부한다면 수사기관은 그 구속영장의 효력에 의하여 피의자를 조사실로 구인할 수 있다고 보아야 한다. 다만 이러한 경우에도 그 피의자신문 절차는 어디까지나 법 제199조 제1항 본문, 제200조의 규정에 따른 임의수사의 한 방법으로 진행되어야 하므로, 피의자는 헌법 제12조 제2항과 법 제244조의3에 따라 일체의 진술을 하지 아니하거나 개개의 질문에 대하여 진술을 거부할 수 있고, 수사기관은 피의자를 신문하기 전에 그와 같은 권리를 알려주어야 한다(대결 2013.7.1. 2013모160).
④ 【 X 】 형사소송법 제72조는 "피고인에 대하여 범죄사실의 요지, 구속의 이유와 변호인을 선임할 수 있음을 말하고 변명할 기회를 준 후가 아니면 구속할 수 없다."고 규정하고 있는바, 이는 피고인을 구속함에 있어 법관에 의한 사전 청문절차를 규정한 것으로서, 구속영장을 집행함에 있어 집행기관이 취하여야 하는 절차가 아니라 구속영장 발부함에 있어 수소법원 등 법관이 취하여야 하는 절차라 할 것이다(대결 2011.11.10. 2000모134).

정답 ②

59 구속에 대한 설명으로 옳지 않은 것은? (다툼이 있는 경우 판례에 의함) 21. 국가직

① '범죄의 중대성, 재범의 위험성, 피해자 및 중요 참고인 등에 대한 위해우려 등'은 독립된 구속사유가 아니라 구속사유를 심사함에 있어서 필요적 고려사항이다.
② 지방법원판사가 구속영장청구를 기각한 경우에 검사는 지방법원판사의 기각결정에 대하여 항고 또는 준항고의 방법으로 불복할 수 없다.
③ 긴급체포된 피의자를 구속 전 피의자심문을 하는 경우 구속기간은 구속영장 발부시가 아닌 피의자를 체포한 날부터 기산하며, 법원이 구속영장청구서·수사 관계 서류 및 증거물을 접수한 날부터 구속영장을 발부하여 검찰청에 반환한 날까지의 기간은 구속기간에 산입하지 않는다.
④ 구속영장 발부에 의하여 적법하게 구금된 피의자가 피의자신문을 위한 출석요구에 응하지 아니하면서 수사기관 조사실에 출석을 거부하는 경우에도 수사기관은 구속영장의 효력에 의하여 피의자를 조사실로 구인할 수 없다.

해설

① 【 O 】 제70조 제2항
② 【 O 】 대결 2006.12.18. 2006모646
③ 【 O 】 제201조의2 제7항
④ 【 X 】 구속영장 발부에 의하여 적법하게 구금된 피의자가 피의자신문을 위한 출석요구에 응하지 아니하면서 수사기관 조사실에 출석을 거부한다면 수사기관은 그 구속영장의 효력에 의하여 피의자를 조사실로 구인할 수 있다고 보아야 한다(대결 2013.7.1. 2013모160).

정답 ④

60 법원의 구속기간과 갱신에 관한 다음 설명 중 가장 옳지 않은 것은? (다툼이 있는 경우 판례에 의함) 21. 법원직

① 구속기간은 2개월로 하며, 구속을 계속할 필요가 있는 경우에는 심급마다 2개월 단위로 2차에 한하여 결정으로 갱신할 수 있다. 다만, 상소심은 검사, 피고인 또는 변호인이 신청한 증거의 조사, 상소이유를 보충하는 서면의 제출 등으로 추가 심리가 필요한 부득이한 경우에는 3차에 한하여 갱신할 수 있다.
② 대법원의 파기환송 판결에 의하여 사건을 환송받은 법원은 형사소송법 제92조 제1항에 따라 2월의 구속기간이 만료되면 특히 계속할 필요가 있는 경우에는 2차(대법원이 형사소송규칙 제57조 제2항에 의하여 구속기간을 갱신한 경우에는 1차)에 한하여 결정으로 구속기간을 갱신할 수 있는 것이고, 무죄추정을 받는 피고인이라고 하더라도 이러한 조치가 무죄추정의 원칙에 위배되는 것이라고 할 수는 없다.
③ 기피신청으로 소송진행이 정지된 기간, 공소장의 변경이 피고인의 불이익을 증가할 염려가 있다고 인정되어 피고인으로 하여금 필요한 방어의 준비를 하게 하기 위하여 결정으로 공판절차를 정지한 기간, 공소제기 전의 체포·구인·구금 기간은 법원의 구속기간에 산입하지 아니한다.
④ 구속 중인 피고인에 대하여 감정유치장이 집행되어 피고인이 유치되어 있는 기간은 법원의 구속기간에 산입하지 않지만 미결구금일수의 산입에 있어서는 구속으로 간주한다.

[해설]
① 【 X 】 구속기간은 2개월로 한다(제92조 제1항). 특히 구속을 계속할 필요가 있는 경우에는 심급마다 2개월 단위로 2차에 한하여 결정으로 갱신할 수 있다. 다만, 상소심은 피고인 또는 변호인이 신청한 증거의 조사, 상소이유를 보충하는 서면의 제출 등으로 추가 심리가 필요한 부득이한 경우에는 3차에 한하여 갱신할 수 있다(제92조 제2항).
② 【 O 】 대판 2001.11.30. 2001도5225
③ 【 O 】 제92조 제3항
④ 【 O 】 제172조의2, 제172조 제8항

[정답] ①

61 재체포, 재구속에 대한 설명 중 가장 적절하지 않은 것은? 19. 법학경채

① 긴급체포하였다가 구속영장을 청구하지 아니하거나 발부받지 못하여 석방된 경우, 새로운 증거가 발견되고 긴급체포 요건을 갖춘 경우에도 동일한 범죄사실에 관하여 다시 긴급체포를 할 수 없다.
② 검사 또는 사법경찰관에 의하여 구속되었다가 석방된 자는 다른 중요한 증거를 발견한 경우를 제외하고는 동일한 범죄사실에 관하여 재차 구속하지 못한다.
③ 동일한 범죄사실에 관하여 전에 체포영장을 청구하였거나 발부받은 사실이 있는 경우에는 다시 체포영장에 의한 체포를 할 수 없다.
④ 체포·구속적부심사결정에 의하여 석방된 피의자가 도망하거나 죄증을 인멸하는 경우를 제외하고는 동일한 범죄사실에 관하여 재차 체포 또는 구속하지 못한다.

[해설]
① 【 O 】 제200조의4 제3항
② 【 O 】 제208조 제1항
③ 【 X 】 체포영장에 의한 체포에 있어서는 긴급체포의 경우와 달리 재체포 제한 규정이 없다. 따라서 동일한 범죄사실에 관하여 전에 체포영장을 청구하였거나 발부받은 사실이 있는 경우에도 다시 체포영장에 의한 체포를 할 수 있다.
④ 【 O 】 제214조의3 제1항

[정답] ③

62 재체포·재구속에 대한 설명으로 옳은 것은?   23. 국가직

① 보증금 납입을 조건으로 석방된 피의자가 주거의 제한이나 그 밖에 법원이 정한 조건을 위반한 때에는 동일한 범죄사실로 재차 체포하거나 구속할 수 있다.
② 체포 또는 구속 적부심사결정에 의하여 석방된 피의자가 도망하거나 범죄의 증거를 인멸할 염려가 있다고 믿을 만한 충분한 이유가 있는 때에는 동일한 범죄사실로 재차 체포하거나 구속할 수 있다.
③ 보증금 납입을 조건으로 석방된 피의자가 피해자, 당해 사건의 재판에 필요한 사실을 알고 있다고 인정되는 자 또는 그 친족의 생명·신체·재산에 해를 가하거나 가할 염려가 있다고 믿을 만한 충분한 이유가 있는 때에는 동일한 범죄사실로 재차 체포하거나 구속할 수 있다.
④ 검사 또는 사법경찰관에 의하여 영장에 의해 체포되었다가 석방된 자는 다른 중요한 증거를 발견한 경우를 제외하고는 동일한 범죄사실로 재차 체포하지 못한다.

[해설]

① 【 O 】 형사소송법 제214조의3 제2항 제4호
② 【 X 】 체포 또는 구속 적부심사결정에 의하여 석방된 피의자가 도망하거나 범죄의 증거를 인멸하는 경우를 제외하고는 동일한 범죄사실로 재차 체포하거나 구속할 수 없다(형사소송법 제214조의3). 지문의 사유는 보증금 납입조건부로 석방된 피의자의 재체포·재구속 사유이다.
③ 【 X 】 재체포 또는 재구속 사유가 아닌 보증금 납입조건부 피의자 석방 제외 사유에 해당한다(형사소송법 제214조의2 제5항 제2호).
④ 【 X 】 검사 또는 사법경찰관에 의하여 구속되었다가 석방된 자는 다른 중요한 증거를 발견한 경우를 제외하고는 동일한 범죄사실에 관하여 재차 구속하지 못한다(형사소송법 제208조 제1항).

[정답] ①

63 구속에 관한 설명으로 가장 적절하지 않은 것은? (다툼이 있는 경우 판례에 의함)   25. 경찰승진

① 구속기간이 만료될 무렵 종전 구속영장에 기재된 횡령죄의 범죄사실과 범행일시 및 장소, 범행의 목적물과 행위의 내용은 같으나 그 영득행위에 대한 법적 평가가 다른 사기죄의 범죄사실로 재차 구속하였다면 피의자에 대한 구속은 위법하다.
② [2025.1.1.(수) 23:00 사법경찰관의 피의자 체포 → 1.2.(목) 17:00 법원에 구속영장 청구서 및 수사기록의 접수 → 1.3.(금) 16:00 판사의 피의자 심문 후 검찰청에 구속영장 및 수사기록 반환 → 1.3.(금) 18:00 구속]의 경우 피의자의 구속기간은 1.12.(일) 16:00까지이다.
③ 검사 또는 사법경찰관에 의하여 구속되었다가 석방된 자일지라도 다른 중요한 증거를 발견한 경우에는 동일한 범죄사실에 관하여 재차 구속할 수 있다.
④ 구속적부심사결정에 의하여 석방된 피의자가 도망하거나 범죄의 증거를 인멸하는 경우에는 동일한 범죄사실로 재차 구속할 수 있다.

해설

① 【O】 구속영장의 효력은 구속영장에 기재된 범죄사실 및 그 사실의 기초가 되는 사회적 사실관계가 기본적인 점에서 동일한 공소사실에 미친다고 할 것이고, 이러한 기본적 사실관계의 동일성을 판단함에 있어서는 그 사실의 동일성이 갖는 기능을 염두에 두고 피고인의 행위와 그 사회적인 사실관계를 기본으로 하되 규범적 요소도 아울러 고려하여야 한다고 할 것이다. 원심은 재항고인이 2001.1.13. 수원지방법원 판사가 재항고인을 심문하고 발부한 횡령죄의 구속영장에 의하여 구속되었는데, 그 구속영장의 범죄사실은 "재항고인이 1999년 10월 초순경 피해자 이상훈으로부터 (주)시스컴의 주식을 팔아달라는 부탁을 받고 위 회사의 신주인수증을 교부받아 소지하고 있던 중, ① 1999.10.13. 삼성동 국민은행 무역센터지점에서 심근종에게 위 회사주식 4,000주(액면5,000원)를 1주당 금 35,000원에 매도하고 동인으로부터 매매대금 1억 4,000만 원을 교부받아 보관 중 같은 해 11월 중순경 피의자 경영 사무실에서 김정식에게 기술도입자금으로 교부하여 이를 횡령하고, ② 1999.10.17. 역삼동 동원증권 역삼역지점에서 안홍재에게 위 회사주식 2,350주(액면 5,000원)를 1주당 금 35,000원에 매도하고 동인으로부터 매매대금 8,000만 원을 교부받아 보관 중 같은 해 11월 하순경 피의자 경영 사무실에서 김정식에게 기술도입자금으로 교부하여 이를 횡령하였다."는 내용인 사실, 한편검사는 2001.1.30. 위 법원에 "피고인이 위 신주인수증을 위조하여 위와 같은 일시·장소에서 피해자 심근종, 안홍재에게 제시하여 위와 같은 매매계약을 체결하고 그들로부터 금 1억 4,000만 원과 금 8,225만 원을 교부받아 각 편취하였다."는 취지로 공소를 제기한 사실을 각 인정한 다음, 이 사건 구속영장 기재 범죄사실은 공소사실과 전혀 동일성이 없으므로 구속영장의 효력이 공소사실에 미치지 아니한다는 재항고인의 주장에 대하여, 이 사건 구속영장에 기재된 횡령죄의 범죄사실과 공소장에 기재된 사기죄의 공소사실은 범행일시 및 장소가 같고, 매도금액이 일부 증가되었을 뿐 범행의 목적물과 그 행위의 내용인 사실도 각각 같은데, 다만 피고인이 한 영득행위에 대한 법적인 평가만이 다를 뿐이어서 그 기본적인 사실관계가 동일하다고 할 것이므로 이 사건 구속영장의 효력은 이 사건 공소사실에 미친다고 판단하여 재항고인의 주장을 배척하였는바, 앞서 본 법리와 기록에 비추어 살펴보면, 원심의 위와 같은 조치는 수긍이 가고, 거기에 재항고이유에서 지적하는 바와 같은 형사소송법 제70조, 제93조, 제201조에 관한 법리오해의 위법이 있다고 할 수 없다(대결 2001.5.25. 2001모85).

② 【X】 피의자의 경찰단계의 구속기간은 최장 10일이다(제202조). 이때 구속기간은 일(日)로써 계산하고, 일로써 계산할 때에는 시간을 계산함이 없이 초일부터 산입한다(형사소송법 제66조 제1항 단서). 따라서, 2025.1.1.부터 구속기간이 기산되어 원칙적으로 1.10. 24:00까지가 경찰의 구속기간이다. 그런데, 영장실질심사과정에서 법원에 구속에 관한 서류가 접수된 날로부터 영장을 발부하여 검찰에 반환한 날까지의 기간을 구속기간에서 제외된다(형사소송법 제201조의2 제7항). 구속기간과 마찬가지로 구속기간에서 제외되는 기간 역시 일로써 계산하므로 1.2.과 1.3. 총 2일이 구속기간에서 제외된다. 따라서 피의자에 대한 속기간은 최장 1.12.(일) 24:00까지이다.

③ 【O】 검사 또는 사법경찰관에 의하여 구속되었다가 석방된 자는 다른 중요한 증거를 발견한 경우를 제외하고는 동일한 범죄사실에 관하여 재차 구속하지 못한다(형사소송법 제208조 제1항).

④ 【O】 제214조의2 제4항에 따른 체포 또는 구속적부심사결정에 의하여 석방된 피의자가 도망하거나 범죄의 증거를 인멸하는 경우를 제외하고는 동일한 범죄사실로 재차 체포하거나 구속할 수 없다(형사소송법 제214조의3 제1항).

정답 ②

64 접견교통권에 관한 설명 중 가장 적절하지 않은 것은? (다툼이 있으면 판례에 의함)

16. 경찰승진

① 변호인과의 접견교통권은 법령에 의한 제한이 없는 한 수사기관의 처분은 물론 법원의 결정으로도 제한할 수 없다.
② 접견교통권의 주체는 체포·구속을 당한 피의자이고, 신체구속상태에 있지 않은 피의자는 포함되지 않는다.
③ 수사기관이 구금장소를 임의적으로 변경하여 접견교통을 어렵게 한 것은 접견교통권의 행사에 중대한 장애를 초래하는 것이므로 위법하다.
④ 수사기관이나 법원의 접견불허처분이 없더라도, 변호인의 접견신청일로부터 상당한 기간이 경과하였거나 접견신청일이 경과하도록 접견이 이루어지지 않는 경우에는 실질적으로 접견불허가처분이 있는 것과 동일시된다.

해설

① 【 O 】 대결 200.5.6. 2000모112
② 【 X 】 판례는 "우리 헌법은 변호인의 조력을 받을 권리가 불구속 피의자·피고인 모두에게 포괄적으로 인정되는지 여부에 관하여 명시적으로 규율하고 있지는 않지만, 불구속 피의자의 경우에도 변호인의 조력을 받을 권리는 우리 헌법에 나타난 법치국가원리, 적법절차원칙에서 인정되는 당연한 내용이고, 헌법 제12조 제4항도 이를 전제로 특히 신체구속을 당한 사람에 대하여 변호인의 조력을 받을 권리의 중요성을 강조하기 위하여 별도로 명시하고 있다. 피의자·피고인의 구속 여부를 불문하고 조언과 상담을 통하여 이루어지는 변호인의 조력자로서의 역할은 변호인선임권과 마찬가지로 변호인의 조력을 받을 권리의 내용 중 가장 핵심적인 것이고, 변호인과 상담하고 조언을 구할 권리는 변호인의 조력을 받을 권리의 내용 중 구체적인 입법형성이 필요한 다른 절차적 권리의 필수적인 전제요건으로서 변호인의 조력을 받을 권리 그 자체에서 막바로 도출되는 것이다(헌재결 2004.9.23. 2000헌마138)."라고 하여 신체구속상태에 있지 않은 피의자에게도 접견교통권이 보장된다는 것이 판례의 태도이다.
③ 【 O 】 대결 1996.5.15. 95모94
④ 【 O 】 대결 1991.3.28. 91모24

정답 ②

65 접견교통권에 관한 다음 설명 중 틀린 것은 모두 몇 개인가? (다툼이 있으면 판례에 의함)   16. 경찰채용 1차

㉠ 국가정보원 사법경찰관이 경찰서 유치장에 구금되어 있던 피의자에 대하여 의사의 진료를 받게 할 것을 신청한 변호인에게 국가정보원이 추천하는 의사의 참여를 요구한 것은 변호인의 수진권을 침해하는 위법한 처분이라고 할 수 있다.
㉡ 수사기관의 형사소송법 제243조의2에 따른 변호인의 참여 등에 관한 처분에 대하여 불복이 있으면 준항고에 의해서 할 수 있다.
㉢ 변호인의 접견교통권은 법령에 의한 제한이 없는 한 수사기관의 처분이나 법원의 결정으로 제한할 수 없다.
㉣ 법원은 도망하거나 또는 죄증을 인멸할 염려가 있다고 인정할 만한 상당한 이유가 있는 때에는 직권 또는 검사의 청구에 의하여 결정으로 구속된 피고인과 비변호인과의 접견을 금하거나 수수할 서류 기타 물건의 검열, 의류 및 의료품을 포함한 물건의 수수를 금지 또는 압수를 할 수 있다.

① 0개   ② 1개   ③ 2개   ④ 3개

해설

틀린 것은 ㉠㉣이다.
㉠ 【 X 】 국가정보원 사법경찰관이 경찰서 유치장에 구금되어 있던 피의자에 대하여 의사의 진료를 받게 할 것을 신청한 변호인에게 국가정보원이 추천하는 의사의 참여를 요구한 것은 행형법시행령 제176조의 규정에 근거한 것으로서 적법하고, 이를 가리켜 변호인의 수진권을 침해하는 위법한 처분이라고 할 수는 없다(대결 2002.5.6. 2000모112).
㉡ 【 O 】 제417조
㉢ 【 O 】 대결 2002.5.6. 2000모112
㉣ 【 X 】 법원은 도망하거나 또는 죄증을 인멸할 염려가 있다고 인정할 만한 상당한 이유가 있는 때에는 직권 또는 검사의 청구에 의하여 결정으로 구속된 피고인과 비변호인과의 접견을 금하거나 수수할 서류 기타 물건의 검열, 물건의 수수를 금지 또는 압수를 할 수 있다. 단, 의류, 양식, 의료품의 수수를 금지 또는 압수할 수 없다(제91조).

정답 ③

66 접견교통권에 대한 설명 중 옳고 그름의 표시(○, ×)가 바르게 된 것은? (다툼이 있는 경우 판례에 의함)

17. 경찰채용 2차

> ㉠ 변호인의 접견교통 상대방인 신체구속을 당한 사람이 그 변호인을 자신의 범죄행위에 공범으로 가담시키려고 하였다는 사정이 있었다면 그 변호인의 신체구속을 당한 사람과의 접견교통을 금지하는 것은 정당하다.
> ㉡ 법령에 의한 제한이 없는 한 변호인의 구속피의자에 대한 접견이 접견신청일이 경과하도록 이루어지지 아니한 것은 실질적으로 접견불허가처분이 있는 것과 동일시된다.
> ㉢ 피의자가 변호인의 참여를 원한다는 의사를 명백하게 표시하였음에도 수사기관이 정당한 사유 없이 변호인을 참여하게 하지 아니한 채 피의자를 신문하여 작성한 피의자신문조서의 증거능력은 없다.
> ㉣ 교도관이 미결수용자와 변호인 간에 주고받는 서류를 확인하고, 소송관계서류처리부에 그 제목을 기재하여 등재한 행위는 미결수용자의 변호인 접견교통권이나 개인정보자기결정권을 침해하지 아니한다.

① ㉠ × ㉡ ○ ㉢ ○ ㉣ ×
② ㉠ × ㉡ ○ ㉢ ○ ㉣ ○
③ ㉠ ○ ㉡ × ㉢ ○ ㉣ ×
④ ㉠ × ㉡ ○ ㉢ × ㉣ ○

[해설]

㉠ 【 × 】 신체구속을 당한 피의자 또는 피고인이 범한 것으로 의심받고 있는 범죄행위에 해당 변호인이 관련되어 있다는 등의 사유에 기하여 그 변호인의 변호활동을 광범위하게 규제하는 변호인의 제척과 같은 제도를 두고 있지 아니한 우리 법제 아래에서는, 변호인의 접견교통의 상대방인 신체구속을 당한 사람이 그 변호인을 자신의 범죄행위에 공범으로 가담시키려고 하였다는 등의 사정만으로 그 변호인의 신체구속을 당한 사람과의 접견교통을 금지하는 것이 정당화될 수는 없다(대결 2007.1.31. 2006모657).
㉡ 【 ○ 】 대결 1991.3.28. 91모24
㉢ 【 ○ 】 대판 2013.3.28. 2010모3359
㉣ 【 ○ 】 이 사건 서류 확인 및 등재행위는 청구인의 개인정보자기결정권을 침해하지 아니한다(헌재결 2016.4.28. 2015헌마243).

정답 ②

67 접견교통권에 대한 설명으로 가장 적절하지 않은 것은? (다툼이 있는 경우 판례에 의함)   18. 경찰채용 2차

① 변호인이 되려는 의사를 표시한 자가 객관적으로 변호인이 될 가능성이 있다고 인정되는데도, 「형사소송법」 제34조에서 정한 '변호인 또는 변호인이 되려는 자'가 아니라고 보아 신체구속을 당한 피고인 또는 피의자와 접견하지 못하도록 제한하여서는 아니 된다.
② 교도관이 미결수용자와 변호인 간에 주고받는 서류내용의 검열없이 금지물품 차단 등을 위해 서류를 확인하고, 소송관계서류처리부에 그 제목을 기재하여 등재한 행위는 접견당사자의 소송수행에 관한 개인정보자기결정권 제한이므로, 이러한 행위는 그 자체로 변호인의 접견교통권을 침해한 것이다.
③ 변호인의 접견교통의 상대방인 신체구속을 당한 사람이 그 변호인을 자신의 범죄행위에 공범으로 가담시키려고 하였다는 등의 사정만으로 그 변호인의 신체구속을 당한 사람과의 접견교통을 금지하는 것이 정당화될 수는 없다.
④ 변호인의 조력을 받을 권리가 침해되었다고 하기 위해서는 특정 시점에 접견이 불허됨으로써 피의자의 방어권 행사에 어느 정도는 불이익이 초래되었다고 인정할 수 있어야 한다.

[해 설]
① 【 O 】 대판 2017.3.9. 2013도16162
② 【 X 】 헌법재판소는 목적의 정당성, 방법의 적절성, 법익균형성 등을 고려하여, 이는 구금시설의 안전과 질서를 유지하기 위하여 필요한 범위 내의 제한으로서 청구인의 개인정보자기결정권을 침해하지 아니한다고 보았다(헌재결 2016.4.28. 2015헌마243).
③ 【 O 】 대결 2007.1.31. 2006모657
④ 【 O 】 헌재결 2011.5.26. 2009헌마341

정답 ②

68 접견교통권에 대한 설명으로 가장 적절하지 않은 것은? (다툼이 있는 경우 판례에 의함)   19. 경찰승진

① 임의동행의 형식으로 수사기관에 연행된 피의자 또는 피내사자에게는 변호인 또는 변호인이 되려는 자와의 접견교통권이 인정된다.
② 수사기관이 구금장소를 임의적으로 변경하여 접견교통을 어렵게 한 것은 접견교통권의 행사에 중대한 장애를 초래하는 것이므로 위법하다.
③ 신체구속을 당한 사람이 그 변호인을 자신의 범죄행위에 공범으로 가담시키려고 하였다는 사정만으로도 신체구속을 당한 사람과 그 변호인과의 접견교통권을 금지하는 것은 정당하다.
④ 수사기관의 접견불허처분이 없더라도, 변호인의 접견신청일로부터 상당한 기간이 경과하였거나 접견신청일이 경과하도록 접견이 이루어지지 않는 경우에는 실질적으로 접견불허가처분이 있는 것과 동일시된다.

[해 설]
① 【 O 】 대결 1996.6.3. 96모18
② 【 O 】 대결 1996.5.15. 95모94
③ 【 X 】 신체구속을 당한 피의자 또는 피고인이 범한 것으로 의심받고 있는 범죄행위에 해당 변호인이 관련되어 있다는 등의 사유에 기하여 그 변호인의 변호활동을 광범위하게 규제하는 변호인의 제척과 같은 제도를 두고 있지 아니한 우리 법제 아래에서는, 변호인의 접견교통의 상대방인 신체구속을 당한 사람이 그 변호인을 자신의 범죄행위에 공범으로 가담시키려고 하였다는 등의 사정만으로 그 변호인의 신체구속을 당한 사람과의 접견교통을 금지하는 것이 정당화될 수는 없다(대결 2007.1.31. 2006모657).
④ 【 O 】 대결 1990.2.13. 89모37

정답 ③

69 접견교통권에 대한 설명으로 가장 적절하지 않은 것은? (다툼이 있는 경우 판례에 의함)

19. 경찰채용 1차

① 국가정보원 사법경찰관이 경찰서 유치장에 구금되어 있던 피의자에 대하여 의사의 진료를 받게 할 것을 신청한 변호인에게 국가정보원이 추천하는 의사의 참여를 요구한 것은 변호인의 수진권을 침해하는 위법한 처분이라고 할 수 있다.
② 변호인이 되려는 의사를 표시한 자가 객관적으로 변호인이 될 가능성이 있다고 인정되는데도, 「형사소송법」 제34조에서 정한 '변호인 또는 변호인이 되려는 자'가 아니라고 보아 신체구속을 당한 피고인 또는 피의자와 접견하지 못하도록 제한하여서는 아니 된다.
③ 변호인의 접견교통의 상대방인 신체구속을 당한 사람이 그 변호인을 자신의 범죄행위에 공범으로 가담시키려고 하였다는 등의 사정만으로, 그 변호인의 신체구속을 당한 사람과 접견교통을 금지하는 것이 정당화될 수는 없다.
④ 피의자가 구속되어 국가안전기획부에서 조사를 받다가 변호인의 접견신청이 불허되어 이에 대한 준항고를 제기 중에 검찰로 송치되어 검사가 피의자를 신문하여 제1회 피의자신문조서를 작성한 후 준항고절차에서 위 접견불허처분이 취소되어 접견이 허용된 경우에는 검사의 피의자에 대한 위 제1회 피의자신문은 변호인의 접견교통을 침해한 상황에서 시행된 것이다.

[해설]

① 【X】 변호인의 수진권 행사시 교도관 및 의무관이 참여하고 그 경과를 신분장부에 기재하도록 규정하고 있는 구 행형법시행령 제176조, 변호인의 수진권 행사에 대한 법령상의 제한에 해당한다고 보아야 할 것이고, 그렇다면 국가정보원 사법경찰관이 경찰서 유치장에 구금되어 있던 피의자에 대하여 의사의 진료를 받게 할 것을 신청한 변호인에게 국가정보원이 추천하는 의사의 참여를 요구한 것은 행형법시행령 제176조의 규정에 근거한 것으로서 적법하고, 이를 가리켜 변호인의 수진권을 침해하는 위법한 처분이라고 할 수는 없다(대결 2002.5.6. 2000모112).
② 【O】 대판 2017.3.9. 2013도16162
③ 【O】 대결 2007.1.31. 2006모657
④ 【O】 대판 1990.9.25. 90도1586

정답 ①

70 접견교통권에 대한 설명 중 적절하지 않은 것을 모두 고른 것은? (다툼이 있는 경우 판례에 의함) 19. 법학경채

㉠ 구속된 피의자 또는 피고인의 변호인과의 접견교통권은 헌법상 인정되는 권리이지만, 변호인이 되려는 자와의 접견교통권은 헌법상 권리라고 할 수 없다.
㉡ 수사기관이 구속된 피의자의 변호인과의 접견교통권을 침해한 경우에는 준항고의 대상이 된다.
㉢ 가족, 친지 등 비변호인과의 접견교통권은 일정한 범위 안에서 제한될 수 있다.
㉣ 임의동행의 형식으로 연행된 피내사자에 대하여는 아직 수사의 전 단계에 있으므로 변호인과의 접견교통권은 인정되지 않는다.
㉤ 형이 확정되어 집행 중에 있는 수형자에 대한 재심청구절차에서도 「형사소송법」 제34조에 따른 변호인과의 접견교통권이 그대로 인정된다.

① ㉠, ㉡, ㉢
② ㉡, ㉢, ㉣
③ ㉠, ㉣, ㉤
④ ㉢, ㉤, ㉥

해설

㉠ 【 X 】 변호인이 피의자신문에 자유롭게 참여할 수 있는 권리는 피의자가 가지는 변호인의 조력을 받을 권리를 실현하는 수단이므로 헌법상 기본권인 변호인의 변호권으로서 보호되어야 한다. 피의자신문에 참여한 변호인이 피의자 옆에 앉는다고 하여 피의자 뒤에 앉는 경우보다 수사를 방해할 가능성이 높아진다거나 수사기밀을 유출할 가능성이 높아진다고 볼 수 없으므로, 이 사건 후방착석요구행위의 목적의 정당성과 수단의 적절성을 인정할 수 없다. 이 사건 후방착석요구행위로 인하여 위축된 피의자가 변호인에게 적극적으로 조언과 상담을 요청할 것을 기대하기 어렵고, 변호인이 피의자의 뒤에 앉게 되면 피의자의 상태를 즉각적으로 파악하거나 수사기관이 피의자에게 제시한 서류 등의 내용을 정확하게 파악하기 어려우므로, 이 사건 후방착석요구행위는 변호인인 청구인의 피의자신문참여권을 과도하게 제한한다. 그런데 이 사건에서 변호인의 수사방해나 수사기밀의 유출에 대한 우려가 없고, 조사실의 장소적 제약 등과 같이 이 사건 후방착석요구행위를 정당화할 그 외의 특별한 사정도 없으므로, 이 사건 후방착석요구행위는 침해의 최소성 요건을 충족하지 못한다(헌재결 2017.11.30. 2016헌마503).
㉡ 【 O 】 제417조
㉢ 【 O 】 법원은 도망하거나 또는 죄증을 인멸할 염려가 있다고 인정할 만한 상당한 이유가 있는 때에는 직권 또는 검사의 청구에 의하여 결정으로 구속된 피고인과 제34조에 규정한 외의 타인과의 접견을 금하거나 수수할 서류 기타 물건의 검열, 수수의 금지 또는 압수를 할 수 있다. 단, 의류, 양식, 의료품의 수수를 금지 또는 압수할 수 없다(제91조).
㉣ 【 X 】 변호인의 조력을 받을 권리를 실질적으로 보장하기 위하여는 변호인과의 접견교통권의 인정이 당연한 전제가 되므로, 임의동행의 형식으로 수사기관에 연행된 피의자에게도 변호인 또는 변호인이 되려는 자와의 접견교통권은 당연히 인정된다고 보아야 하고, 임의동행의 형식으로 연행된 피내사자의 경우에도 이는 마찬가지이다. 접견교통권은 피고인 또는 피의자나 피내사자의 인권보장과 방어준비를 위하여 필수불가결한 권리이므로 법령에 의한 제한이 없는 한 수사기관의 처분은 물론 법원의 결정으로도 이를 제한할 수 없다(대결 1996.6.3. 96모18).
㉤ 【 X 】 형사소송법 제34조는 "변호인 또는 변호인이 되려는 자는 신체구속을 당한 피고인 또는 피의자와 접견하고 서류 또는 물건을 수수할 수 있으며 의사로 하여금 진료하게 할 수 있다."고 규정하고 있는바, 이 규정은 형이 확정되어 집행 중에 있는 수형자에 대한 재심개시의 여부를 결정하는 재심청구절차에는 그대로 적용될 수 없다(대판 1998.4.28. 96다48831).

정답 ③

71 다음 사례에 대한 설명으로 옳지 않은 것은? (다툼이 있는 경우 판례에 의함)

17. 검찰 7급

> 사법경찰관 甲은 ○○노동조합 시위현장에서 6명의 조합원을 ⊙ 집회 및 시위에 관한 법률 위반 혐의로 현행범 체포 후 경찰서로 연행하였고, ⓒ 그 과정에서 체포의 이유를 설명하지 않다가 조합원들의 항의를 받고 1시간이 지난 후 그 이유를 설명하였다. 한편 위 노동조합으로부터 사전에 "조합원이 경찰에 강제 연행될 경우 신속한 변호사 접견이 이루어질 수 있도록 적절한 조치를 취해달라"는 공문을 받은 ⓒ 변호사 A는 시위 현장에서 위 상황을 목격한 후 甲에게 자신이 변호사임을 밝히고 노동조합의 공문을 보여주며 조합원들을 접견할 수 있도록 해달라고 요청하였다. ㉣ 하지만 甲은 이에 응하지 않았다.

① ㉠과 관련, 현행범 체포의 요건을 갖추었는지를 판단할 때 수사기관에 상당한 재량의 여지가 있으나, 체포 당시 상황으로 보아도 체포 요건 충족에 관한 甲의 판단이 경험칙에 비추어 현저히 합리성을 잃은 경우에는 체포는 위법하다.
② ㉡과 관련, 특별한 사정이 없는 한 체포 당시에 체포 이유를 고지하였어야 하므로 항의를 받은 후에야 체포 이유를 고지한 것은 위법하다.
③ ㉢과 관련, A는 변호인이 되려는 자로서 접견교통권을 갖는다.
④ ㉣과 관련, A는 법원에 甲의 처분의 취소를 청구할 수 없다.

[해설]
위의 사례는 대법원 2017.3.9. 선고 2013도16162의 내용에 관한 것이다.
①②③ 【O】 대판 2017.3.9. 2013도16162
④ 【X】 A는 법원에 甲의 처분의 취소를 청구할 수 있다(제417조).

정답 ④

---

72 변호인의 조력을 받을 권리에 관한 설명 중 가장 적절하지 않은 것은? (다툼이 있는 경우 판례에 의함)

20. 경찰승진

① 변호인의 조력을 받을 권리는 불구속 피의자·피고인 모두에게 포괄적으로 인정되는 권리이므로 신체구속 상태에 있지 아니한 자도 변호인의 조력을 받을 권리의 주체가 될 수 있다.
② 변호인이 되려는 의사를 표시한 자가 객관적으로 변호인이 될 가능성이 있다고 인정되는데도, 형사소송법 제34조에서 정한 '변호인 또는 변호인이 되려는 자'가 아니라고 보아 신체구속을 당한 피고인 또는 피의자와 접견하지 못하도록 제한하여서는 아니 된다.
③ 구치소장이 형의 집행 및 수용자의 처우에 관한 법률 및 그 시행규칙의 규정에 따라 변호인 접견실에 영상 녹화, 음성수신, 확대기능 등이 없는 CCTV를 설치하여 미결수용자와 변호인 간의 접견을 관찰하였다 하더라도 이를 통해 대화내용을 알게 되는 것이 불가능하였다면 변호인의 조력을 받을 권리를 침해한 것이라고 할 수 없다.
④ 교도관이 변호인 접견이 종료된 뒤 변호인과 미결수용자가 지켜보는 가운데 미결수용자와 변호인 간에 주고받는 서류를 확인하여 그 제목을 소송관계처리부에 기재하여 등재한 행위는 이를 통해 내용에 대한 검열이 이루어질 수 없었다 하더라도 침해의 최소성 요건을 갖추지 못하였으므로 변호인의 조력을 받을 권리를 침해한다.

해설

① 【 O 】 헌재결 2004.9.23. 2000헌마138
② 【 O 】 대판 2017.3.9. 2013도16162
③ 【 O 】 헌재결 2016.4.28. 2015헌마243
④ 【 X 】 교도관이 변호인 접견이 종료된 뒤 변호인과 미결수용자가 지켜보는 가운데 미결수용자와 변호인 간에 주고받는 서류를 확인하여 그 제목을 소송관계처리부에 기재하여 등재한 행위는 내용에 대한 검열이 이루어질 수도 없는 점에 비추어 보면 침해의 최소성 요건을 갖추었고, 달성하고자 하는 공익과 제한되는 청구인의 사익 간에 불균형이 발생한다고 볼 수 없으므로 법익의 균형성도 갖추었다. 따라서 이 사건 서류 확인 및 등재행위는 청구인의 변호인의 조력을 받을 권리를 침해한다고 할 수 없다(헌재결 2016.4.28. 2015헌마243).

정답 ④

73. 접견교통권에 대한 설명으로 옳은 것은? (다툼이 있는 경우 판례에 의함) 20. 검찰 7급

① 구속피의자가 변호인을 자신의 범죄행위에 공범으로 가담시키려고 하였다는 사정만으로 수사기관이 그 변호인의 구속피의자와의 접견교통을 금지하는 것은 정당화될 수 없다.
② 변호인의 구속된 피고인과의 접견교통권에 관한「형사소송법」제34조는 형이 확정되어 집행 중에 있는 수형자에 대한 재심개시의 여부를 결정하는 재심청구절차에도 그대로 적용된다.
③ 구속된 피고인의 변호인과의 접견교통권과 달리 변호인의 구속된 피고인과의 접견교통권은 헌법이 아니라「형사소송법」에 의해 보장되는 권리이므로, 그 제한은 법령 또는 법원의 결정에 의해서만 가능하고 수사기관의 처분에 의해서는 할 수 없다.
④ 수사기관에 임의동행 형식으로 연행된 피의자에게는 변호인 또는 변호인이 되려는 자와의 접견교통권이 인정되지만, 임의동행 형식으로 연행된 피내사자의 경우에는 그 접견교통권이 인정되지 않는다.

해설

① 【 O 】 대결 2007.1.31. 2006모657
② 【 X 】 형사소송법 제34조는 "변호인 또는 변호인이 되려는 자는 신체구속을 당한 피고인 또는 피의자와 접견하고 서류 또는 물건을 수수할 수 있으며 의사로 하여금 진료하게 할 수 있다."고 규정하고 있는바, 이 규정은 형이 확정되어 집행 중에 있는 수형자에 대한 재심개시의 여부를 결정하는 재심청구절차에는 그대로 적용될 수 없다(대판 1998.4.28. 96다48831).
③ 【 X 】 변호인의 구속된 피고인 또는 피의자와의 접견교통권은 피고인 또는 피의자 자신이 가지는 변호인과의 접견교통권과는 성질을 달리하는 것으로서 헌법상 보장된 권리라고는 할 수 없고, 형사소송법 제34조에 의하여 비로소 보장되는 권리이지만, 신체구속을 당한 피고인 또는 피의자의 인권보장과 방어준비를 위하여 필수불가결한 권리이므로, 수사기관의 처분 등에 의하여 이를 제한할 수 없고, 다만 법령에 의하여서만 제한이 가능하다(대결 2002.5.6. 2000모112).
④ 【 X 】 변호인의 조력을 받을 권리를 실질적으로 보장하기 위하여는 변호인과의 접견교통권의 인정이 당연한 전제가 되므로, 임의동행의 형식으로 수사기관에 연행된 피의자에게도 변호인 또는 변호인이 되려는 자와의 접견교통권은 당연히 인정된다고 보아야 하고, 임의동행의 형식으로 연행된 피내사자의 경우에도 이는 마찬가지이다(대결 1996.6.3. 96모18).

정답 ①

74 체포·구속적부심사제도에 관한 설명 중 가장 적절하지 않은 것은?

16. 경찰승진

① 체포·구속적부심사청구에 대한 법원의 결정은 체포 또는 구속된 피의자에 대한 심문이 종료된 때로부터 24시간 이내에 이를 하여야 한다.
② 체포·구속적부심사청구에 대한 법원의 석방결정에 대해서는 항고할 수 있다.
③ 체포 또는 구속의 적부심사의 청구를 받은 법원은 지체 없이 청구인, 변호인, 검사 및 피의자를 구금하고 있는 관서의 장에게 심문기일과 장소를 통지하여야 한다.
④ 공범 또는 공동피의자의 순차청구가 수사방해의 목적이 명백한 때에는 법원은 심문 없이 결정으로 청구를 기각할 수 있다.

[해설]
① 【 O 】 규칙 제106조
② 【 X 】 체포·구속적부심사청구에 대한 법원의 석방결정에 대해서는 항고하지 못한다(제214조의2 제8항).
③ 【 O 】 규칙 제104조 제1항
④ 【 O 】 제214조의2 제3항 제2호

정답 ②

75 체포·구속적부심사에 관한 다음 설명 중 가장 적절하지 않은 것은? (다툼이 있으면 판례에 의함)

16. 경찰채용 1차

① 체포·구속적부심사결정에 의하여 석방된 피의자가 도망하거나 죄증을 인멸하는 경우를 제외하고는 동일한 범죄사실에 관하여 재차 체포 또는 구속하지 못한다.
② 체포·구속적부심사청구에 대한 기각결정에 대하여는 3일 이내 항고할 수 있다.
③ 법원이 수사 관계 서류와 증거물을 접수한 때부터 결정 후 검찰청에 반환된 때까지의 기간은 형사소송법 제202조·제203조 및 제205조의 적용에 있어서는 그 구속기간에 산입하지 아니한다.
④ 구속적부심절차에서 피구속자의 변호를 맡은 변호인은 수사기록 중 고소장과 피의자신문조서를 열람·등사할 권리가 있다.

[해설]
① 【 O 】 제214조의3 제1항
② 【 X 】 체포·구속적부심사청구에 대한 기각결정과 석방결정에 대하여는 항고하지 못한다(제214조의2 제8항).
③ 【 O 】 제214조의2 제13항
④ 【 O 】 헌재결 2004.3.15. 2002헌바104

정답 ②

76 체포·구속적부심사에 대한 설명으로 가장 적절하지 않은 것은? (다툼이 있는 경우 판례에 의함)

17. 경찰채용 2차

① 체포·구속적부심사결정에 의하여 석방된 피의자가 도망하거나 죄증을 인멸하는 경우를 제외하고는 동일한 범죄사실에 관하여 재차 체포 또는 구속하지 못한다.
② 체포·구속적부심사청구에 대한 기각결정에 대하여는 3일 이내 항고할 수 있다.
③ 긴급체포 등 체포영장에 의하지 아니하고 체포된 피의자의 경우에도 체포·구속적부심사를 청구할 권리를 가진다.
④ 구속된 피의자로부터 구속적부심사의 청구를 받은 법원이 피의자의 출석을 보증할 만한 보증금의 납입을 조건으로 하여 석방결정을 하는 경우에 주거의 제한, 법원 또는 검사가 지정하는 일시·장소에 출석할 의무 기타 적당한 조건을 부가할 수 있다.

[해설]

① 【O】 제214조의3 제1항
② 【X】 체포·구속적부심사청구에 대한 기각결정과 석방결정에 대하여는 항고하지 못한다(제214조의2 제8항).
③ 【O】 헌법 제12조 제6항은 누구든지 체포 또는 구속을 당한 때에는 적부의 심사를 법원에 청구할 권리를 가진다고 규정하고 있고, 형사소송법 제214조의2 제1항은 체포영장 또는 구속영장에 의하여 체포 또는 구속된 피의자 등이 체포 또는 구속의 적부심사를 청구할 수 있다고 규정하고 있는바, 형사소송법의 위 규정이 체포영장에 의하지 아니하고 체포된 피의자의 적부심사청구권을 제한한 취지라고 볼 것은 아니므로 긴급체포 등 체포영장에 의하지 아니하고 체포된 피의자의 경우에도 헌법과 형사소송법의 위 규정에 따라 그 적부심사를 청구할 권리를 가진다(대결 1997.8.27. 97모21).
④ 【O】 제214조의3 제6항

정답 ②

77 체포·구속적부심사제도에 대한 설명으로 옳지 않은 것은?

18. 국가직

① 체포적부심을 신청한 피의자에 대하여 법원은 직권으로 보증금납입조건부 석방결정을 할 수 있다.
② 심사청구 후 검사가 전격 기소한 경우에도 법원은 심사청구에 대한 판단을 해야 한다.
③ 구속영장을 발부한 법관도 구속적부심사의 심문, 조사, 결정에 관여할 수 있는 경우가 있다.
④ 법원은 공동피의자의 연속적인 심사청구가 수사방해의 목적임이 명백한 경우에는 심문 없이 기각할 수 있다.

[해설]

① 【X】 현행법상 체포된 피의자에 대하여는 보증금 납입을 조건으로 한 석방이 허용되지 않는다(대결 1997.8.27. 97모21).
② 【O】 제214조의2 제4항 제2문
③ 【O】 체포영장 또는 구속영장을 발부한 법관은 심사에 관여하지 못한다. 다만, 체포영장 또는 구속영장을 발부한 법관 외에는 심문·조사·결정할 판사가 없는 경우에는 그러하지 아니하다(제214조의2 제12항).
④ 【O】 제214조의2 제3항 제2호

정답 ①

78 구속적부심사제도에 대한 설명으로 가장 적절하지 않은 것은?

21. 경찰간부

① 구속적부심사의 청구를 받은 법원은 청구서가 접수된 때부터 48시간 이내에 구속된 피의자를 심문하고 수사관계서류와 증거물을 조사하여 그 청구가 이유없다고 인정한 때에는 결정으로 이를 기각하고, 이유있다고 인정한 때에는 결정으로 구속된 피의자의 석방을 명하여야 한다.
② 보증금의 납입을 조건으로 하여 결정으로 석방된 피의자가 출석요구를 받고 정당한 이유없이 출석하지 아니한 때에는 동일한 범죄사실에 관하여 재차 구속할 수 없다.
③ 구속영장을 발부한 법관은 구속적부심사의 심문·조사·결정에 관여하지 못하는데, 이는 구속영장을 발부한 법관 외에는 심문·조사·결정을 한 판사가 없는 경우에도 마찬가지이다.
④ 법원은 보증금의 납입을 조건으로 하여 결정으로 석방된 자가 동일한 범죄사실에 관하여 형의 선고를 받고 그 판결이 확정된 후, 집행하기 위한 소환을 받고 정당한 이유없이 출석하지 아니하거나 도망한 때에는 직권 또는 검사의 청구에 의하여 결정으로 보증금의 전부 또는 일부를 몰수하여야 한다.

해설

① 【 O 】 제214조의2 제4항
② 【 O 】 제214조의3 제2항 제3호
③ 【 X 】 구속영장을 발부한 법관은 구속적부심사의 심문·조사·결정에 관여하지 못한다. 다만, 구속영장을 발부한 법관 외에는 심문·조사·결정을 할 판사가 없는 경우에는 그러하지 아니하다(제214조의2 제12항).
④ 【 O 】 제214조의4 제2항

정답 ③

79 체포·구속적부심사에 대한 설명으로 옳지 않은 것은? (다툼이 있는 경우 판례에 의함)

19. 국가직

① 체포·구속적부심사의 청구권자(「형사소송법」 제214조의2 제1항)는 변호인선임권자(「형사소송법」 제30조 제2항)보다 범위가 넓다.
② 구속적부심사절차와 달리 체포적부심사절차에서는 보증금납입조건부 피의자석방결정을 할 수 없다.
③ 구속적부심사청구에 대한 법원의 결정에는 기각결정과 석방결정, 보증금납입조건부 석방결정이 있으며, 검사와 피의자는 이와 같은 법원의 결정에 대해 항고할 수 없다.
④ 구속적부심문조서는 특히 신용할 만한 정황에 의하여 작성된 문서이므로 특별한 사정이 없는 한, 증거동의 여부와 상관없이 당연히 증거능력이 인정된다.

해설

① 【 O 】 구속적부심의 청구권자는 체포 또는 구속된 피의자 또는 그 변호인, 법정대리인, 배우자, 직계친족, 형제자매나 가족, 동거인 또는 고용주이다(제214조의2 제1항). 그리고 변호인선임권자는 피고인 또는 피의자, 피고인 또는 피의자의 법정대리인, 배우자, 직계친족과 형제자매이다(제30조 제1항, 제2항).
② 【 O 】 대결 1997.8.27. 97모21
③ 【 X 】 체포·구속적부심사청구에 대한 법원의 간이기각결정(제214조의2 제3항)과 피의자심문 후에 대한 기각결정 및 석방결정(제214조의2 제4항)에 대하여는 항고할 수 없다. 하지만, 보증금납입조건부 피의자석방결정(제214조의2 제5항)에 대해서는 보통항고로 불복할 수 있다(대결 1997.8.27. 97모21).
④ 【 O 】 대판 2004.1.16. 2003도5693

정답 ③

80 체포·구속적부심사에 관한 설명 중 가장 적절한 것은? (다툼이 있는 경우 판례에 의함) 20. 경찰승진

① 법원 또는 합의부원, 검사, 변호인, 청구인이 구속된 피의자를 심문하고 그에 대한 피의자의 진술 등을 기재한 구속적부심문조서는 특히 신용할 만한 정황에 의하여 작성된 문서라고 할 것이므로 특별한 사정이 없는 한, 피고인이 증거로 함에 부동의 하더라도 형사소송법 제315조 제3호에 의하여 당연히 그 증거능력이 인정된다.
② 체포의 적부심사는 구속의 적부심사와 달리 국선변호인에 관한 규정이 준용되지 않으므로 체포된 피의자가 심신장애의 의심이 있는 경우에도 법원은 원칙적으로 국선변호인을 선정하지 않고 심사를 진행할 수 있다.
③ 형사소송법 제214조의2 제4항의 규정에 의한 체포·구속적부심사결정에 의하여 석방된 피의자는 법원의 출석요구를 받고 정당한 이유 없이 출석하지 아니하거나 주거의 제한 기타 법원이 정한 조건을 위반한 경우를 제외하고는 동일한 범죄사실에 관하여 재차 체포 또는 구속하지 못한다.
④ 법원은 체포된 피의자에 대하여 피의자의 출석을 보증할 만한 보증금의 납입을 조건으로 하여 결정으로 석방을 명할 수 있다.

해설

① 【 O 】 대판 2004.1.16. 2003도5693
② 【 X 】 체포 또는 구속된 피의자에게 변호인이 없는 때에는 제33조(국선변호인)의 규정을 준용한다(제214조의2 제10항). 따라서 체포된 피의자가 심신장애의 의심이 있는 경우에는 법원은 국선변호인을 선정하여야 한다.
③ 【 X 】 제214조의2 제4항의 규정에 의한 체포 또는 구속적부심사결정에 의하여 석방된 피의자가 도망하거나 죄증을 인멸하는 경우를 제외하고는 동일한 범죄사실에 관하여 재차 체포 또는 구속하지 못한다(제214조의3 제1항).
④ 【 X 】 형사소송법은 수사단계에서의 체포와 구속을 명백히 구별하고 있고 이에 따라 체포와 구속의 적부심사를 규정한 같은 법 제214조의2에서 체포와 구속을 서로 구별되는 개념으로 사용하고 있는바, 같은 조 제4항에 기소 전 보증금 납입을 조건으로 한 석방의 대상자가 '구속된 피의자'라고 명시되어 있고, 같은 법 제214조의3 제2항의 취지를 체포된 피의자에 대하여도 보증금 납입을 조건으로 한 석방이 허용되어야 한다는 근거로 보기는 어렵다 할 것이어서 현행법상 체포된 피의자에 대하여는 보증금 납입을 조건으로 한 석방이 허용되지 않는다(대결 1997.8.27. 97모21).

정답 ①

81 체포·구속적부심사에 대한 설명으로 옳은 것만을 모두 고르면?

23. 국가직 7급

㉠ 체포영장이나 구속영장을 발부한 법관은 체포·구속적부심사의 심문·조사·결정에 관여할 수 없지만, 체포영장이나 구속영장을 발부한 법관 외에는 심문·조사·결정을 할 판사가 없는 경우에는 그러하지 아니하다.
㉡ 체포·구속적부심사결정에 의하여 석방(보증금납입조건부 피의자석방의 경우는 제외한다)된 피의자가 도망할 우려가 있거나 범죄의 증거를 인멸할 염려가 있는 경우에는 동일한 범죄사실로 재차 체포하거나 구속할 수 있다.
㉢ 보증금납입을 조건으로 석방된 피의자가 동일한 범죄사실에 관하여 형의 선고를 받고 그 판결이 확정된 후, 집행하기 위한 소환을 받고 정당한 이유없이 출석하지 아니하거나 도망한 때에는 검사의 결정으로 보증금의 전부 또는 일부를 몰수하여야 한다.
㉣ 구속적부심문조서는 특히 신용할 만한 정황에 의하여 작성된 문서라고 할 것이므로, 특별한 사정이 없는 한 피고인이 증거로 함에 부동의하더라도 「형사소송법」 제315조 제3호에 의하여 당연히 그 증거능력이 인정된다.

① ㉠, ㉡   ② ㉠, ㉣   ③ ㉡, ㉢   ④ ㉢, ㉣

해설

㉠ 【O】 형사소송법 제214조의2(체포와 구속의 적부심사) ⑫ 체포영장이나 구속영장을 발부한 법관은 제4항부터 제6항까지의 심문·조사·결정에 관여할 수 없다. 다만, 체포영장이나 구속영장을 발부한 법관 외에는 심문·조사·결정을 할 판사가 없는 경우에는 그러하지 아니하다.

㉡ 【X】 형사소송법 제214조의3(재체포 및 재구속의 제한) ① 제214조의2 제4항에 따른 체포 또는 구속 적부심사결정에 의하여 석방된 피의자가 도망하거나 범죄의 증거를 인멸하는 경우를 제외하고는 동일한 범죄사실로 재차 체포하거나 구속할 수 없다. ② 제214조의2 제5항에 따라 석방된 피의자에게 다음 각 호의 어느 하나에 해당하는 사유가 있는 경우를 제외하고는 동일한 범죄사실로 재차 체포하거나 구속할 수 없다. 1. 도망한 때 2. 도망하거나 범죄의 증거를 인멸할 염려가 있다고 믿을 만한 충분한 이유가 있는 때 3. 출석요구를 받고 정당한 이유없이 출석하지 아니한 때 4. 주거의 제한이나 그 밖에 법원이 정한 조건을 위반한 때

㉢ 【X】 제103조(보증금 등의 몰취) ① 법원은 보석을 취소하는 때에는 직권 또는 검사의 청구에 따라 결정으로 보증금 또는 담보의 전부 또는 일부를 몰취할 수 있다.
② 법원은 보증금의 납입 또는 담보제공을 조건으로 석방된 피고인이 동일한 범죄사실에 관하여 형의 선고를 받고 그 판결이 확정된 후 집행하기 위한 소환을 받고 정당한 사유 없이 출석하지 아니하거나 도망한 때에는 직권 또는 검사의 청구에 따라 결정으로 보증금 또는 담보의 전부 또는 일부를 몰취하여야 한다.

㉣ 【O】 구속적부심은 구속된 피의자 또는 그 변호인 등의 청구로 수사기관과는 별개 독립의 기관인 법원에 의하여 행하여지는 것으로서 구속된 피의자에 대하여 피의사실과 구속사유 등을 알려 그에 대한 자유로운 변명의 기회를 주어 구속의 적부를 심사함으로써 피의자의 권리보호에 이바지하는 제도인바, 법원 또는 합의부원, 검사, 변호인, 청구인이 구속된 피의자를 심문하고 그에 대한 피의자의 진술 등을 기재한 구속적부심문조서는 형사소송법 제311조가 규정한 문서에는 해당하지 않는다 할 것이나, 특히 신용할 만한 정황에 의하여 작성된 문서라고 할 것이므로 특별한 사정이 없는 한, 피고인이 증거로 함에 부동의하더라도 형사소송법 제315조 제3호에 의하여 당연히 그 증거능력이 인정된다(대판 2004.1.16. 2003도5693).

정답 ②

82 보증금납입조건부 피의자석방과 보석에 대한 설명으로 옳지 않은 것은? (다툼이 있는 경우 판례에 의함)

21. 국가직 7급

① 법원이 검사의 의견을 듣지 아니한 채 보석에 관한 결정을 하였다고 하더라도 그 결정이 적정한 이상, 이러한 절차상의 하자만을 들어 그 결정을 취소할 수 없다.
② 보석이 취소된 경우 보증금납입을 포함한 모든 보석조건은 즉시 그 효력을 상실한다.
③ 검사는 보증금납입조건부 피의자석방결정과 보석허가결정에 대해서 항고할 수 있다.
④ 보석취소결정을 비롯하여 고등법원이 한 최초 결정이 제1심 법원이 하였더라면 보통항고가 인정되는 결정인 경우에는 이에 대한 재항고와 관련한 집행정지의 효력은 인정되지 않는다.

해설

① 【O】 검사의 의견이 법원을 구속하는 것은 아니며, 설사 법원이 검사의 의견을 듣지 아니한 채 보석에 관한 결정을 하였다고 하더라도 그 결정이 적정한 이상, 절차상의 하자만을 들어 그 결정을 취소할 수는 없다(대결 1997.11.27. 97모88).

② 【X】 구속영장의 효력이 소멸한 때에는 보석조건은 즉시 그 효력을 상실한다(제104조의2 제1항). 보석이 취소된 경우에도 보석조건은 즉시 효력을 상실하는 것이 원칙이다(동조 제2항 본문). 다만, 보석조건 가운데에서 "피고인 또는 법원이 지정하는 자가 납입한 보증금이나 제공한 담보"조건은 그러하지 않다(동조 제2항 단서).

③ 【O】 보증금납입조건부 피의자석방결정에 대해서는 보통항고가 허용된다는 것이 판례의 태도이다(대결 1997.8.27. 97모21). 보석허가결정에 대해서는 명문으로 보통항고 허용규정이 존재하고(제403조 제2항), 판례 역시 보통항고가 허용된다고 본다(대결 1997.4.18. 97모26).

④ 【O】 즉시항고는 법률관계 내지 재판절차의 조속한 안정을 위해 일정한 기간 내에서만 제기 가능한 항고로서, 즉시항고의 제기기간 내와 그 제기가 있는 때에 재판의 집행을 정지하는 효력이 있으나(형사소송법 제410조), 보통항고의 경우에도 법원의 결정으로 집행정지가 가능한 점(형사소송법 제409조)을 고려하면, 집행정지의 효력이 즉시항고의 본질적인 속성에서 비롯된 것이라고 볼 수 없다. 한편 형사소송법 제415조는 "고등법원의 결정에 대하여는 재판에 영향을 미친 헌법·법률·명령 또는 규칙의 위반이 있음을 이유로 하는 때에 한하여 대법원에 즉시항고를 할 수 있다."라고 규정하고 있다. 이는 재항고이유를 제한함과 동시에 재항고 제기기간을 즉시항고 제기기간 내로 정함으로써 재항고심의 심리부담을 경감하고 항소심 재판절차를 조속히 안정시키기 위한 것이므로, 형사소송법 제415조가 고등법원의 결정에 대한 재항고를 즉시항고로 규정하고 있다고 하여 당연히 즉시항고가 가지는 집행정지의 효력이 인정된다고 볼 수는 없다. 만약 고등법원의 결정에 대하여 일률적으로 집행정지의 효력을 인정하면, 보석허가나 구속집행정지 등 제1심 법원이 결정하였다면 신속한 집행이 이루어질 사안에서 고등법원이 결정하였다는 이유만으로 피고인을 신속히 석방하지 못하게 되는 등 부당한 결과가 발생하게 되고, 나아가 항소심 재판절차의 조속한 안정을 보장하고자 한 형사소송법 제415조의 입법목적을 달성할 수 없게 되기 때문이다.
위와 같은 사정들을 종합하여 보면, <u>보석취소결정을 비롯하여 고등법원이 한 최초 결정이 제1심 법원이 하였더라면 보통항고가 인정되는 결정인 경우에는 이에 대한 재항고와 관련한 집행정지의 효력은 인정되지 않는다</u>고 봄이 타당하다(대결 2020.10.29. 2020모1845).

정답 ②

83. 형사소송법상 피의자를 보호하기 위한 제도에 관한 다음 설명 중 가장 옳지 않은 것은?

18. 법원직

① 체포·구속적부심사에 관한 법원의 결정에 대하여는 기각결정과 석방결정을 불문하고 항고가 허용되지 않는다.
② 미체포된 피의자에 대하여는 구속영장을 청구받은 판사는 피의자가 죄를 범하였다고 의심할만한 이유가 있는 경우에 피의자가 도망하는 등의 사유로 심문할 수 없는 경우 이외에는 피의자를 구인한 후 심문하여야 한다.
③ 법원은 체포·구속적부심사에서 체포 또는 구속된 피의자에게 변호인이 없는 때에는 국선변호인을 선정하여야 하나, 심문 없이 기각 결정하는 경우에는 국선변호인을 선정할 필요는 없다.
④ 체포·구속적부심사의 심문기일에 출석한 검사·변호인·청구인은 피의자를 직접 심문할 수 없고 법원의 심문이 끝난 후 의견을 진술할 수 있다.

해설

① 【 O 】 제214조의2 제8항
② 【 O 】 제201조의2 제2항
③ 【 X 】 법원은 체포·구속적부심사에서 체포 또는 구속된 피의자에게 변호인이 없는 때에는 국선변호인을 선정하여야 한다(제214조의2 제10항). 또한 심문 없이 기각 결정을 하는 경우에도 국선변호인을 선정하여야 한다(법원실무제요Ⅰ, 332면).
④ 【 O 】 제214조의2 제9항, 규칙 제105조 제1항

정답 ③

84. 다음 사례에 대한 설명으로 옳은 것은? (다툼이 있는 경우 판례에 의함)

16. 국가직

> 甲은 상해죄로 긴급체포된 후, 구속되어 수사를 받던 도중에 구속적부심사를 청구, ㉠ 법원의 석방결정에 의하여 석방된 후 불구속 기소되었다. 검사는 정상을 참작하여 甲에 대해 벌금 300만원의 약식명령을 청구하였고 ○○지방법원판사 A는 甲에게 벌금 300만원의 약식명령을 고지하였다. ㉡ 이후 甲이 정식재판을 청구하였는데 그 재판은 甲에 대한 구속영장을 발부한 판사 B가 담당하게 되었다. ㉢ 변론이 모두 종결된 후 선고를 앞둔 상태에서 甲은 B가 자신의 구속영장을 발부한 판사임을 알고 기피신청을 하였으나 B는 소송절차를 정지하지 않은 채 그대로 벌금 300만원을 선고하였다. ㉣ 이에 甲이 항소하였는데 항소심 재판부의 합의부원 중 한 명이 판사 A였으며 A는 항소사건의 제1차 공판에는 관여하였으나 제2차 공판에서 경질되어 항소심의 판결에는 관여하지 않았다.

① ㉠과 관련, 법원의 석방결정에 대하여 검사는 항고할 수 없다.
② ㉡과 관련, 판사 B에게는 형사소송법 제17조 제7호의 제척사유가 있다.
③ ㉢과 관련, 판사 B가 소송절차를 정지하지 않고 한 판결선고는 위법하다.
④ ㉣에서 판사 A에게는 형사소송법 제17조 제7호의 제척사유가 있다.

해설

① 【 O 】 체포·구속적부심사청구에 대한 법원의 간이기각결정과 피의자 심문 후에 행하는 기각결정 및 석방결정에 대하여는 항고할 수 없다(제214조의2 제8항).
② 【 X 】 법관이 수사단계에서 피고인에 대하여 구속영장을 발부한 경우는 형사소송법 제17조 제7호 소정의 "법관이 사건에 관하여 전심재판 또는 그 기초되는 조사, 심리에 관여한 때"에 해당한다고 볼 수 없다(대판 1989.9.12. 89도612).
③ 【 X 】 형사소송법 제22조에 규정된 정지하여야 할 소송절차란 실체재판에의 도달을 직접의 목적으로 하는 본안의 소송절차를 말하며 구속기간의 갱신절차는 이에 포함되지 아니하는 것이다(대결 1987.2.3. 86모57).
④ 【 X 】 약식명령을 발부한 법관이 그 정식재판 절차의 항소심판결에 관여함은 형사소송법 제17조 제7호, 제18조 제1항 제1호 소정의 법관이 사건에 관하여 전심재판 또는 그 기초되는 조사심리에 관여한 때에 해당하여 제척·기피의 원인이 되나, 제척 또는 기피되는 재판은 불복이 신청된 당해 사건의 판결절차를 말하는 것이므로 약식명령을 발부한 법관이 그 정식재판 절차의 항소심 공판에 관여한 바 있어도 후에 경질되어 그 판결에는 관여하지 아니한 경우는 전심재판에 관여한 법관이 불복이 신청된 당해 사건의 재판에 관여하였다고 할 수 없다(대판 1985.4.23. 85도281).

정답 ①

85 체포와 구속에 대한 설명으로 옳은 것만을 모두 고르면? (다툼이 있는 경우 판례에 의함) 23. 해경간부(유사)

㉠ 구속영장에 구금장소로 기재된 특정 경찰서 유치장에 피의자가 구속집행되었다가 같은 날 조사차 별도의 특별수사기관에 인도된 후 위 영장기재 경찰서 유치장에 인도되지 않고 그 수사기관에 사실상 계속 구금되어 있었다면, 이러한 사실상 구금장소의 임의적 변경은 위법하다.
㉡ 체포적부심사절차에서는 체포된 피의자를 보증금 납입을 조건으로 석방할 수 있다.
㉢ 공범 또는 공동피의자의 구속적부심사 순차청구가 수사방해의 목적임이 명백하더라도 법원은 피의자에 대한 심문 없이 그 청구를 기각해서는 아니 된다.
㉣ 체포적부심사청구를 받은 법원이 그 청구가 이유 있다고 인정한 때에는 결정으로 체포된 피의자의 석방을 명하여야 하며, 검사는 이 결정에 대하여 항고하지 못한다.

① ㉠, ㉢   ② ㉠, ㉣   ③ ㉡, ㉢   ④ ㉡, ㉣

해설

㉠ 【 O 】 대결 1996.5.15. 95모94
㉡ 【 X 】 형사소송법은 수사단계에서의 체포와 구속을 명백히 구별하고 있고 이에 따라 체포와 구속의 적부심사를 규정한 같은 법 제214조의2에서 체포와 구속을 서로 구별되는 개념으로 사용하고 있는바, 같은 조 제4항에 기소 전 보증금 납입을 조건으로 한 석방의 대상자가 '구속된 피의자'라고 명시되어 있고, 같은 법 제214조의3 제2항의 취지를 체포된 피의자에 대하여도 보증금 납입을 조건으로 한 석방이 허용되어야 한다는 근거로 보기는 어렵다 할 것이어서 현행법상 체포된 피의자에 대하여는 보증금 납입을 조건으로 한 석방이 허용되지 않는다(대결 1997.8.27. 97모21).
㉢ 【 X 】 공범 또는 공동피의자의 구속적부심사 순차청구가 수사방해의 목적임이 명백한 경우에는 법원이 심문 없이 청구를 기각할 수 있다(제214조의2 제3항 제2호, 간이기각결정).
㉣ 【 O 】 제214조의2 제8항

정답 ②

86 보석에 관한 설명 중 가장 적절하지 않은 것은? (다툼이 있으면 판례에 의함)

① 구속영장의 효력이 소멸한 때에는 보석조건은 즉시 그 효력을 상실한다.
② 피고인이 형의 집행유예기간 중에 있어도 보석이 가능하다.
③ 보석청구권자는 피고인, 피고인의 변호인, 법정대리인, 배우자, 직계친족, 형제자매에 한정된다.
④ 구속 또는 보석을 취소하거나 구속영장의 효력이 소멸된 때에는 몰취하지 아니한 보증금 또는 담보를 청구한 날로부터 7일 이내에 환부하여야 한다.

16. 경찰승진

해설

① 【 O 】 제104조의2 제1항
② 【 O 】 대결 1990.4.18. 90모22
③ 【 X 】 피고인, 피고인의 변호인·법정대리인·배우자·직계친족·형제자매·가족·동거인 또는 고용주는 법원에 구속된 피고인의 보석을 청구할 수 있다(제94조).
④ 【 O 】 제104조

정답 ③

87 보석에 대한 설명으로 옳지 않은 것은?

① 피고인이 사형, 무기 또는 장기 10년이 넘는 징역이나 금고에 해당하는 죄를 범한 경우에도 법원이 직권으로 보석을 허가할 수 있다.
② 구속된 피고인 외에도 그 변호인·법정대리인·배우자·직계친족·형제자매·가족·동거인·고용주가 보석을 청구할 수 있다.
③ 법원은 보석청구자 이외의 자에게 보증금의 납입을 허가할 수 있고, 유가증권으로써 보증금에 갈음함을 허가할 수 있다.
④ 보석으로 석방된 피고인이 재판 중 법원의 소환에 불응한 경우 법원은 직권 또는 검사의 청구에 따라 결정으로 보증금의 전부 또는 일부를 몰수하여야 한다.

18. 국가직

해설

① 【 O 】 제96조
② 【 O 】 제94조
③ 【 O 】 제100조 제3항
④ 【 X 】 법원은 보증금의 납입 또는 담보제공을 조건으로 석방된 피고인이 동일한 범죄사실에 관하여 형의 선고를 받고 그 판결이 확정된 후 집행하기 위한 소환을 받고 정당한 사유 없이 출석하지 아니하거나 도망한 때에는 직권 또는 검사의 청구에 따라 결정으로 보증금 또는 담보의 전부 또는 일부를 몰취하여야 한다(제103조 제2항).

정답 ④

88 보석에 대한 설명으로 옳지 않은 것은? (다툼이 있는 경우 판례에 의함) 18. 검찰 7급

① 법원이 검사의 의견을 듣지 아니한 채 보석에 관한 결정을 하였다고 하더라도 그 결정이 적정한 이상 절차상의 하자만을 들어 그 결정을 취소할 수는 없다.
② 보석의 청구를 받은 법원은 24시간 이내에 심문기일을 정하여 구속된 피고인을 심문하여야 하고, 특별한 사정이 없는 한 보석의 청구를 받은 날부터 7일 이내에 그에 관한 결정을 하여야 한다.
③ 보석이 취소된 경우 보석조건은 즉시 그 효력을 상실하지만, 보증금납입 또는 담보제공의 보석조건은 예외로 한다.
④ 법원은 피고인이 정당한 사유 없이 보석조건을 위반한 경우에는 결정으로 피고인에 대하여 1천만 원 이하의 과태료를 부과하거나 20일 이내의 감치처분을 내릴 수 있고, 이 결정에 대하여는 즉시항고가 가능하다.

[해설]
① 【 O 】 대결 1997.11.27. 97모88
② 【 X 】 보석청구를 받은 법원은 지체 없이 심문기일을 정하여 구속된 피고인을 심문하여야 한다(규칙 제54조의2 제1항).
③ 【 O 】 제104조의2 제2항
④ 【 O 】 제102조 제3항

정답 ②

89 보석제도에 관한 다음 설명 중 가장 옳지 않은 것은? (다툼이 있는 경우 판례에 의함) 19. 법원직

① 보석의 청구를 받은 법원은 이미 제출한 자료만을 검토하여 보석을 허가하거나 불허가할지 여부가 명백하다면, 심문기일을 열지 않은 채 보석의 허가 여부에 관한 결정을 할 수도 있다.
② 보석허가결정으로 구속영장은 효력이 소멸하므로 피고인이 도망하는 등 피고인을 재구금할 필요가 생긴 때에는 법원이 피고인에 대해 새로운 구속영장을 발부하여야 한다.
③ 보석보증금은 현금으로 전액이 납부되어야 하고 유가증권이나 피고인 외의 자가 제출한 보증서로써 이를 갈음하기 위해서는 반드시 법원의 허가를 받아야 한다.
④ 출석보증서의 제출을 보석조건으로 한 법원의 보석허가결정에 따라 석방된 피고인이 정당한 사유 없이 기일에 불출석하는 경우, 출석보증인에 대하여 500만 원 이하의 과태료를 부과하는 제재를 가할 수 있다.

[해설]
① 【 O 】 규칙 제54조의2 제1항 제4호
② 【 X 】 보석이라 함은 일정 보증금의 납부 등을 조건으로 구속의 집행을 정지하고 구속된 피고인을 석방하는 제도를 말한다. 따라서 보석허가결정에 의하더라도 구속영장은 효력이 소멸하지 않으므로, 보석을 취소한 때에는 새로운 구속영장을 발부하는 것이 아니라 그 취소결정의 등본에 의하여 피고인을 재구금하여야 한다(규칙 제56조).
③ 【 O 】 제100조 제3항
④ 【 O 】 제102조 제3항

정답 ②

90 보석보증금에 관한 다음 설명 중 가장 옳지 않은 것은? (다툼이 있는 경우 판례에 의함) 19. 법원직

① 형사소송법 제103조(보석된 자가 형의 선고를 받고 그 판결이 확정된 후 집행하기 위한 소환을 받고 정당한 이유 없이 출석하지 아니하거나 도망한 때에는 직권 또는 검사의 청구에 의하여 결정으로 보증금의 전부 또는 일부를 몰수하여야 한다)에 의한 보증금몰수사건은 보석허가결정 또는 그 취소결정 등을 한 본안 재판부에 관할이 있다.
② 보석보증금을 몰수하려면 반드시 보석취소결정과 동시에 하여야만 하는 것이 아니라 보석취소결정 후에 별도로 할 수도 있다.
③ 형사소송법 제103조의 '보석된 자'에는 판결확정 전에 그 보석이 취소되었으나 도망 등으로 재구금이 되지 않은 상태에 있는 사람도 포함된다.
④ 보석보증금이 소송절차 진행 중의 피고인의 출석을 담보하는 기능 외에 형 확정 후의 형 집행을 위한 출석을 담보하는 기능도 담당한다.

해설

① 【 X 】 형사소송법 제103조에 의한 보증금몰수사건은 그 성질상 당해 형사본안 사건의 기록이 존재하는 법원 또는 그 기록을 보관하는 검찰청에 대응하는 법원의 토지관할에 속하고, 그 법원이 지방법원인 경우에 있어서 사물관할은 법원조직법 제7조 제4항의 규정에 따라 지방법원 단독판사에게 속하는 것이지 소송절차 계속 중에 보석허가결정 또는 그 취소결정 등을 본안 관할법원인 제1심 합의부 또는 항소심인 합의부에서 한 바 있었다고 하여 그러한 법원이 사물관할을 갖게 되는 것은 아니다(대결 2002.5.17. 2001모53).
② 【 O 】 대결 2001.5.29. 2000모22 전합
③④ 【 O 】 대결 2002.5.17. 2001모53

정답 ①

91 보석제도에 대한 설명으로 가장 적절하지 않은 것은? (다툼이 있는 경우 판례에 의함) 19. 경찰채용 1차

① 법원이 집행유예기간 중에 있는 피고인의 보석을 허가한 경우, 이러한 법원의 결정은 누범과 상습범을 필요적 보석의 제외사유로 규정한 「형사소송법」 제95조 제2호의 취지에 반하여 위법이라고 할 수 없다.
② 보석허가결정의 취소는 그 취소결정을 고지하거나 결정법원에 대응하는 검찰청 검사에게 결정서를 교부 또는 송달함으로써 즉시 집행할 수 있는 것이고, 그 결정등본이 피고인에게 송달되어야 집행할 수 있는 것은 아니다.
③ 「형사소송법」 제97조 제1항은 "재판장은 보석에 관한 결정을 하기 전에 검사의 의견을 물어야 한다"라고 규정하고 있으므로, 법원이 검사의 의견을 듣지 아니한 채 보석에 관한 결정을 하였다면 결정의 적정성 여부를 불문하고 절차상의 하자만으로도 그 결정을 취소할 수 있다.
④ 법원은 보석취소 후에 별도로 보증금몰수결정을 할 수도 있다.

해설

① 【 O 】 피고인이 집행유예의 기간 중에 있어 집행유예의 결격자라고 하여 보석을 허가할 수 없는 것은 아니고 형사소송법 제95조는 그 제1 내지 5호 이외의 경우에는 필요적으로 보석을 허가하여야 한다는 것이지 여기에 해당하는 경우에는 보석을 허가하지 아니할 것을 규정한 것이 아니므로 집행유예기간 중에 있는 피고인의 보석을 허가한 것이 누범과 상습범에 대하여는 보석을 허가하지 아니할 수 있다는 형사소송법 제95조 제2호의 취지에 위배되어 위법하다고 할 수 없다(대결 1990.4.18. 90모22).
② 【 O 】 보석취소결정은 송달을 요하지 않는다. 보석허가결정의 취소는 그 취소결정을 고지하거나 결정법원에 대응하는 검찰청 검사에게 결정서를 교부 또는 송달함으로써 즉시 집행할 수 있는 것이고 그 결정등본이 피고인에게 송달(또는 고지)되어야 집행할 수 있는 것은 아니다(대결 1983.4.21. 83모19).
③ 【 X 】 검사의 의견이 법원을 구속하는 것은 아니며, 설사 법원이 검사의 의견을 듣지 아니한 채 보석에 관한 결정을 하였다고 하더라도 그 결정이 적정한 이상, 절차상의 하자만을 들어 그 결정을 취소할 수는 없다(대결 1997.11.27. 97모88).
④ 【 O 】 보석보증금을 몰수하려면 반드시 보석취소와 동시에 하여야만 가능한 것이 아니라 보석취소 후에 별도로 보증금몰수결정을 할 수도 있다. 그리고 형사소송법 제104조가 구속 또는 보석을 취소하거나 구속영장의 효력이 소멸된 때에는 몰수하지 아니한 보증금을 청구한 날로부터 7일 이내에 환부하도록 규정되어 있다고 하여도, 이 규정의 해석상 보석취소 후에 보증금몰수를 하는 것이 불가능하게 되는 것도 아니다(대결 2001.5.29. 2000모22 전합).

정답 ③

92 보석에 대한 설명으로 옳지 않은 것은? (다툼이 있는 경우 판례에 의함) 19. 검찰 7급

① 구속영장의 효력이 소멸하는 경우에도 보석조건이 즉시 효력을 상실하는 것은 아니다.
② 법원은 직권 또는 보석청구권자의 청구에 의하여 결정으로 보석을 허가할 수 있다.
③ 법원이 보석을 취소하는 때에는 직권 또는 검사의 청구에 따라 결정으로 보증금 또는 담보의 전부 또는 일부를 몰취할 수 있다.
④ 상소기간 중 또는 상소 중의 사건에 관한 피고인 보석의 결정은 소송기록이 상소법원에 도달하기까지는 원심법원이 하여야 한다.

해설

① 【 X 】 구속영장의 효력이 소멸한 때에는 보석조건은 즉시 그 효력을 상실한다(제104조의2 제1항).
② 【 O 】 제96조(임의적 보석)
③ 【 O 】 제103조 제1항
④ 【 O 】 제105조

정답 ①

93 형사소송법에 대한 설명으로 가장 적절하지 않은 것은?

19. 경찰승진

① 검사 또는 사법경찰관은 피의자가 사형·무기 또는 장기 3년 이상의 징역이나 금고에 해당하는 죄를 범하였다고 의심할 만한 상당한 이유가 있고, 증거를 인멸할 염려가 있는 경우에 긴급을 요하여 지방법원판사의 체포영장을 받을 수 없는 때에는 그 사유를 알리고 영장 없이 피의자를 체포할 수 있다.
② 장기 10년 이상의 징역 또는 금고에 해당하는 범죄는 10년의 경과로 공소시효가 완성된다.
③ 피고인이 사형, 무기 또는 단기 1년 이상의 징역이나 금고에 해당하는 사건으로 기소된 때 변호인이 없는 때에는 법원은 직권으로 변호인을 선정하여야 한다.
④ 피고인의 보석청구가 있어도 피고인이 사형, 무기 또는 장기 10년이 넘는 징역이나 금고에 해당하는 죄를 범한 경우는 필요적 보석 제외사유에 해당한다.

[해설]

① 【 O 】 제200조의3 제1항
② 【 O 】 제249조 제1항 제3호
③ 【 X 】 피고인이 사형, 무기 또는 단기 3년 이상의 징역이나 금고에 해당하는 사건으로 기소된 때 변호인이 없는 때에는 법원은 직권으로 변호인을 선정하여야 한다(제33조 제1항 제6호).
④ 【 O 】 제95조 제1호

정답 ③

94 법원의 구속집행정지 및 보석제도에 관한 다음 설명 중 가장 옳지 않은 것은? (다툼이 있는 경우 판례에 의함)

18. 법원직

① 검사는 법원의 구속집행정지결정에 관하여 즉시항고를 할 수 없다.
② 피고인이 집행유예기간 중에 있는 때에는 보석을 허가할 수 없다.
③ 구속영장의 효력이 소멸한 때에는 보석조건은 즉시 그 효력을 상실한다.
④ 보석취소의 결정이 있는 때에는 그 취소결정의 등본에 의하여 피고인을 재구금하여야 한다.

[해설]

① 【 O 】 헌재결 2012.6.27. 2011헌가36
② 【 X 】 피고인이 집행유예의 기간중에 있어 집행유예의 결격자라고 하여 보석을 허가할 수 없는 것은 아니고 형사소송법 제95조는 그 제1 내지 5호 이외의 경우에는 필요적으로 보석을 허가하여야 한다는 것이지 여기에 해당하는 경우에는 보석을 허가하지 아니할 것을 규정한 것이 아니므로 집행유예기간중에 있는 피고인의 보석을 허가한 것이 누범과 상습범에 대하여는 보석을 허가하지 아니할 수 있다는 형사소송법 제95조 제2호의 취지에 위배되어 위법이고 할 수 없다(대결 1990.4.18. 90모22).
③ 【 O 】 제104조의2 제1항
④ 【 O 】 규칙 제56조 제1항

정답 ②

95 구속에 대한 설명으로 옳은 것은? (다툼이 있는 경우 판례에 의함) 20. 국가직

① 구속기간의 만료로 피고인에 대한 구속의 효력이 상실된 후 항소법원이 판결을 선고하면서 피고인을 구속한 것은 실질적으로 재구속 또는 이중구속에 해당되므로 위법하다.
② 법원이 구속된 피고인의 구속집행정지의 결정을 함에 있어서 급속을 요하는 경우가 아닌 한 검사의 의견을 물어야 하지만, 구속집행정지결정에 대한 검사의 즉시항고는 허용되지 않는다.
③ 구속의 사유가 소멸된 때에는 법원은 직권 또는 검사, 피고인, 변호인 등의 청구에 의하여 결정으로 구속을 취소하여야 하므로, 구속 중인 피고인에 대하여 자유형(실형)의 판결이 확정된 때에는 법원은 구속의 취소 결정을 하여야 한다.
④ 수사 당시 긴급체포되었다가 수사기관의 조치로 석방된 피의자를 동일한 범죄사실에 관하여 법원이 발부한 구속영장에 의하여 수사기관이 다시 구속하는 것은 위법하다.

[해설]

① 【 X 】 항소법원은 항소피고사건의 심리 중 또는 판결선고 후 상고제기 또는 판결확정에 이르기까지 수소법원으로서 형사소송법 제70조 제1항 각 호의 사유있는 불구속 피고인을 구속할 수 있고 또 수소법원의 구속에 관하여는 검사 또는 사법경찰관이 피의자를 구속함을 규율하는 형사소송법 제208조의 규정은 적용되지 아니하므로 구속기간의 만료로 피고인에 대한 구속의 효력이 상실된 후 항소법원이 피고인에 대한 판결을 선고하면서 피고인을 구속하였다 하여 위 법 제208조의 규정에 위배되는 재구속 또는 이중구속이라 할 수 없다(대결 1985.7.23. 85모12).
② 【 O 】 제101조 제2항, 헌재결 2012.6.27. 2011헌가36
③ 【 X 】 구속 중인 피고인에 대하여 자유형(실형)의 판결이 확정된 때에는 구속영장은 실효되므로, 위 경우 자유형이 선고된 유죄 부분이 확정되면 그때에 구속영장은 실효되고(따라서 피고인을 계속 구금하기 위하여는 확정된 유죄 부분에 대한 형집행의 절차를 취하여야 한다), 구속영장이 이미 실효된 이상 법원이 형사소송법 제93조에 의한 구속의 취소 결정을 할 수는 없다(대결 1999.9.7. 99초355, 99도3454).
④ 【 X 】 형사소송법 제200조의4 제3항은 영장 없는 긴급체포 후 석방된 피의자를 동일한 범죄사실에 관하여 체포하지 못한다는 규정으로, 위와 같이 석방된 피의자라도 법원으로부터 구속영장을 발부받아 구속할 수 있음은 물론이고, 같은 법 제208조 소정의 '구속되었다가 석방된 자'라 함은 구속영장에 의하여 구속되었다가 석방된 경우를 말하는 것이지, 긴급체포나 현행범으로 체포되었다가 사후영장발부 전에 석방된 경우는 포함되지 않는다 할 것이므로, 피고인이 수사 당시 긴급체포되었다가 수사기관의 조치로 석방된 후 법원이 발부한 구속영장에 의하여 구속이 이루어진 경우 앞서 본 법조에 위배되는 위법한 구속이라고 볼 수 없다(대판 2001.9.28. 2001도4291).

정답 ②

96 구속의 집행정지와 취소에 대한 설명으로 가장 적절하지 않은 것은? (다툼이 있는 경우 판례에 의함)

20. 경찰채용 2차

① 구속의 사유가 없거나 소멸된 때에는 법원은 직권 또는 검사, 피고인, 변호인과 형사소송법 제30조 제2항에 규정된 자의 청구에 의하여 결정으로 구속을 취소하여야 한다.
② 피고인 甲은 형사소송법 제72조에 정한 사전 청문절차 없이 발부된 구속영장에 기하여 구속되었다. 제1심 법원이 그 위법을 시정하기 위하여 구속취소결정 후 적법한 청문절차를 밟아 甲에 대한 구속영장을 발부하였고, 甲이 이 청문절차부터 제1·2심의 소송절차에 이르기까지 변호인의 조력을 받았다면, 법원은 甲에 대한 구속영장 발부와 집행에 관한 소송절차의 법령위반 등을 다투는 상고이유 주장은 받아들이지 않는다.
③ 법원은 형사소송법 제101조 제4항에 따라 구속영장의 집행이 정지된 국회의원이 소환을 받고도 정당한 사유 없이 출석하지 아니한 때에는 그 회기 중이라도 구속영장의 집행정지를 취소할 수 있다.
④ 법원은 상당한 이유가 있는 때에는 결정으로 구속된 피고인을 친족 보호단체 기타 적당한 자에게 부탁하거나 피고인의 주거를 제한하여 구속의 집행을 정지할 수 있고, 이때 급속을 요하는 경우를 제외하고는 검사의 의견을 물어야 한다.

해설

① 【O】 제93조
② 【O】 피고인은 이 사건 범죄사실에 관하여 형사소송법 제72조에서 정한 사전청문절차없이 발부된 구속영장에 기하여 2018.1.19. 구속되었다. 그러나 제1심법원이 위 구속의 위법을 시정하기 위하여 2018.4.13. 구속취소결정을 하고 적법한 청문절차를 밟아 구속사유가 있음을 인정하고 같은 날 피고인에 대한 구속영장을 새로 발부하였다. 이와 같이 적법하게 발부된 새로운 구속영장에 따라 피고인에 대한 구속이 계속되었다. 피고인이 위 청문절차에서부터 제1심과 원심의 소송절차에 이르기까지 변호인의 조력을 받았다. 위와 같은 사실관계를 기록에 비추어 살펴보면, 피고인에 대한 신체구금 과정에 피고인의 방어권이 본질적으로 침해되어 원심판결의 정당성마저 인정하기 어렵다고 볼 정도의 위법은 없다. 따라서 피고인에 대한 구속영장발부와 집행에 관한 소송절차의 법령위반 등을 다투는 상고이유 주장은 받아들이지 않는다(대판 2019.2.28. 2018도19034).
③ 【X】 국회의원에 대한 구속영장의 집행정지는 그 회기 중 취소하지 못한다(제102조 제2항 단서).
④ 【O】 제101조 제1항, 제2항

정답 ③

97 구속의 집행정지 또는 구속의 실효에 관한 설명 중 가장 적절하지 않은 것은? (다툼이 있는 경우 판례에 의함)

20. 경찰승진

① 헌법 제44조에 의하여 구속된 국회의원에 대한 석방요구가 있으면 당연히 구속영장의 집행이 정지된다.
② 피고인 또는 그 변호인은 구속집행정지를 청구할 권리가 있다. 청구를 받은 법원은 48시간 이내에 구속된 피고인을 심문하여야 하고, 그 청구가 이유 있다고 인정한 때에는 결정으로 구속의 집행정지를 명하여야 한다.
③ 무죄, 면소, 형의 면제, 형의 선고유예, 형의 집행유예, 공소기각 또는 벌금이나 과료를 과하는 판결이 선고된 때에는 구속영장은 판결 선고와 동시에 바로 효력을 잃는다.
④ 구속의 사유가 없거나 소멸된 때에는 법원은 직권 또는 검사, 피고인, 변호인과 변호인선임권자의 청구에 의하여 결정으로 구속을 취소하여야 한다.

해설
① 【 O 】 제101조 제4항
② 【 X 】 법원은 상당한 이유가 있는 때에는 결정으로 구속된 피고인을 친족·보호단체 기타 적당한 자에게 부탁하거나 피고인의 주거를 제한하여 구속의 집행을 정지할 수 있다(제101조 제1항). 즉, 구속집행정지는 피고인의 청구가 아닌 법원의 직권에 의해서만 행해진다.
③ 【 O 】 제331조
④ 【 O 】 제93조

정답 ②

98 구속의 집행정지와 취소에 대한 설명으로 가장 적절하지 않은 것은? (다툼이 있는 경우 판례에 의함)

21. 경찰승진

① 법원은 「형사소송법」 제101조 제4항에 따라 구속영장의 집행이 정지된 국회의원이 소환을 받고도 정당한 사유 없이 출석하지 아니한 때에는 그 회기 중이라도 구속영장의 집행정지를 취소할 수 있다.
② 검사가 구속된 피의자를 석방한 때에는 지체 없이 구속영장을 발부한 법원에 그 사유를 서면으로 통지하여야 한다.
③ 구속의 사유가 없거나 소멸된 때에는 법원은 직권 또는 검사, 피고인, 변호인과 「형사소송법」 제30조 제2항에 규정된 자의 청구에 의하여 결정으로 구속을 취소하여야 한다.
④ 법원은 상당한 이유가 있는 때에는 결정으로 구속된 피고인을 친족·보호단체 기타 적당한 자에게 부탁하거나 피고인의 주거를 제한하여 구속의 집행을 정지할 수 있고, 이때 급속을 요하는 경우를 제외하고는 검사의 의견을 물어야 한다.

해설
① 【 X 】 국회의원에 대한 구속영장의 집행정지는 그 회기 중 취소하지 못한다(제102조 제2항 단서).
② 【 O 】 제204조
③ 【 O 】 제93조
④ 【 O 】 제101조 제1항, 제2항

정답 ①

99. 체포와 구속에 대한 설명 중 옳은 것(○)과 옳지 않은 것(×)을 바르게 연결한 것은? (다툼이 있는 경우 판례에 의함)

20. 검찰 7급

⊙ 체포된 피의자에 대하여 구속영장을 청구받은 판사는 지체 없이 피의자를 심문하여야 한다. 이 경우 특별한 사정이 없는 한 구속영장이 청구된 날의 다음날까지 심문하여야 한다.

ⓒ 사법경찰관리가 현행범인의 인도를 받은 때에는 체포자의 성명, 주거, 체포의 사유를 물어야 하고 필요한 때에는 체포자에 대하여 경찰관서에 동행함을 요구할 수 있다.

ⓒ 구속의 사유가 없거나 소멸된 때에는 피고인, 피고인의 변호인·법정대리인·배우자·직계친족·형제자매·가족·동거인 또는 고용주는 법원에 구속된 피고인의 구속취소를 청구할 수 있다.

ⓔ 구속기간이 만료될 무렵에 종전 구속영장에 기재된 범죄사실과 다른 범죄사실로 피고인을 구속하였다는 사정만으로는 피고인에 대한 구속이 위법하다고 할 수 없다.

① ⊙ ○   ⓒ ○   ⓒ ○   ⓔ ○
② ⊙ ×   ⓒ ○   ⓒ ○   ⓔ ○
③ ⊙ ○   ⓒ ×   ⓒ ○   ⓔ ×
④ ⊙ ○   ⓒ ○   ⓒ ×   ⓔ ○

[해설]

⊙ 【 ○ 】 제201조의2 제1항

ⓒ 【 ○ 】 제213조 제2항

ⓒ 【 × 】 구속의 사유가 없거나 소멸된 때에는 법원은 직권 또는 검사, 피고인, 변호인과 제30조 제2항에 규정된 자(법정대리인, 배우자, 직계친족, 형제자매)의 청구에 의하여 결정으로 구속을 취소하여야 한다(제93조).

ⓔ 【 ○ 】 대결 1996.8.12. 96모46

정답 ④

100. 수사에 대한 설명으로 옳은 것은? (다툼이 있는 경우 판례에 의함)

16. 국가직

① 임의동행의 형식으로 수사기관에 연행된 피내사자에게는 변호인 또는 변호인이 되려는 자와의 접견교통권은 인정되지 아니한다.

② 보석보증금을 몰수하려면 반드시 보석취소와 동시에 하여야만 하고 보석취소 후에 별도로 보증금몰수결정을 할 수는 없다.

③ 위법한 함정수사에 기한 공소제기는 그 절차가 법률의 규정에 위반하여 무효인 때에 해당한다.

④ 형사소송법 제244조의5에 의해서 신뢰관계에 있는 자가 피의자신문에 동석하여 피의자신문조서가 작성된 경우에 동석한 자가 피의자를 대신하여 진술한 부분은 피의자신문조서의 증거능력의 요건을 충족하여야 증거능력이 인정된다.

해설

① 【 X 】 변호인의 조력을 받을 권리를 실질적으로 보장하기 위하여는 변호인과의 접견교통권의 인정이 당연한 전제가 되므로, 임의동행의 형식으로 수사기관에 연행된 피의자에게도 변호인 또는 변호인이 되려는 자와의 접견교통권은 당연히 인정된다고 보아야 하고, 임의동행의 형식으로 연행된 피내사자의 경우에도 이는 마찬가지이다(대결 1996.6.3. 96모18).

② 【 X 】 보석보증금을 몰수하려면 반드시 보석취소와 동시에 하여야만 가능한 것이 아니라 보석취소 후에 별도로 보증금몰수결정을 할 수도 있다. 그리고 형사소송법 제104조가 구속 또는 보석을 취소하거나 구속영장의 효력이 소멸된 때에는 몰수하지 아니한 보증금을 청구한 날로부터 7일 이내에 환부하도록 규정되어 있다고 하여도, 이 규정의 해석상 보석취소 후에 보증금몰수를 하는 것이 불가능하게 되는 것도 아니다(대결 2001.5.29. 2000모22 전합).

③ 【 O 】 대판 2005.10.28. 2005도1247

④ 【 X 】 만약 동석한 사람이 피의자를 대신하여 진술한 부분이 조서에 기재되어 있다면 그 부분은 피의자의 진술을 기재한 것이 아니라 동석한 사람의 진술을 기재한 조서에 해당하므로, 그 사람에 대한 진술조서로서의 증거능력을 취득하기 위한 요건을 충족하지 못하는 한 이를 유죄 인정의 증거로 사용할 수 없다(대판 2009.6.23. 2009도1322).

정답 ③

101 강제수사에 대한 설명으로 옳은 것만을 모두 고르면?

23. 국가직

㉠ 현행범인 체포의 요건을 갖추었는지 여부는 체포 당시의 상황을 기초로 판단하여야 하고, 체포 당시의 상황으로 볼 때 그 요건의 충족 여부에 관한 검사나 사법경찰관 등의 판단이 경험칙에 비추어 현저히 합리성을 잃은 경우에는 그 체포는 위법하다.

㉡ 구속기간연장허가결정이 있은 경우에 그 연장기간은 구속기간이 만료된 날로부터 기산한다.

㉢ 피의자, 피의자의 변호인·법정대리인·배우자·직계친족·형제자매·가족·동거인 또는 고용주는 구속된 피의자의 보석을 법원에 청구할 수 있다.

㉣ 수사기관이 압수·수색영장에 적힌 '수색할 장소'에 있는 컴퓨터 등 정보처리장치에 저장된 전자정보 외에 원격지 서버에 저장된 전자정보를 압수·수색하기 위해서는 압수·수색영장에 적힌 '압수할 물건'에 별도로 원격지 서버 저장 전자정보가 특정되어 있어야 한다.

① ㉠, ㉡ ② ㉠, ㉣ ③ ㉡, ㉢ ④ ㉢, ㉣

해설

㉠ 【 O 】 대판 2016.2.18. 2015도13726
㉡ 【 X 】 구속기간연장허가결정이 있은 경우에 그 연장기간은 법 제203조의 규정에 의한 구속기간만료 다음날로부터 기산한다(형사소송규칙 제98조).
㉢ 【 X 】 피의자 보석(보증금 납입조건부 피의자 석방결정)은 심사에 대한 법원의 결정이기 때문에 직권·재량일 뿐 청구는 할 수 없다(대판 1997.8.27. 97모21).
㉣ 【 O 】 대판 2022.6.30. 2022도1452

정답 ②

102 전자정보의 압수·수색에 대한 설명으로 옳지 않은 것은? (다툼이 있는 경우 판례에 의함)

① 수사기관 사무실 등으로 반출된 저장매체 또는 복제본에서 혐의사실 관련성에 대한 구분 없이 임의로 저장된 전자정보를 문서로 출력하거나 파일로 복제하는 행위는 원칙적으로 영장주의 원칙에 반하는 위법한 압수가 된다.
② 전자정보 저장매체를 수사기관 사무실 등으로 옮겨 복제·탐색·출력하는 경우에도 변호인에게 참여의 기회를 보장하지 않으면 위법하다.
③ 전자정보에 대한 압수·수색이 종료되기 전에 혐의사실과 관련된 전자정보를 적법하게 탐색하는 과정에서 별도의 범죄혐의와 관련된 전자정보를 우연히 발견한 경우라면 따로 압수·수색영장을 발부받지 않고 이 전자정보를 적법하게 압수·수색할 수 있다.
④ 전자정보에 대한 압수·수색 과정에서 이루어진 현장에서의 저장매체 압수·이미징·탐색·복제 및 출력 행위 등 수사기관의 처분은 하나의 영장에 의한 압수·수색 과정에서 이루어지므로, 당해 압수·수색 과정 전체를 하나의 절차로 파악하여 그 과정에서 나타난 위법이 압수·수색 절차 전체를 위법하게 할 정도로 중대한지 여부에 따라 전체적으로 압수·수색 처분을 취소할 것인지를 판단하여야 한다.

해설

①②④ 【O】 대결 2015.7.16. 2011모1839 전합
③ 【X】 전자정보에 대한 압수·수색에 있어 저장매체 자체를 외부로 반출하거나 하드카피·이미징 등의 형태로 복제본을 만들어 외부에서 저장매체나 복제본에 대하여 압수·수색이 허용되는 예외적인 경우에도 혐의사실과 관련된 전자정보 이외에 이와 무관한 전자정보를 탐색·복제·출력하는 것은 원칙적으로 위법한 압수·수색에 해당하므로 허용될 수 없다. 그러나 전자정보에 대한 압수·수색이 종료되기 전에 혐의사실과 관련된 전자정보를 적법하게 탐색하는 과정에서 별도의 범죄혐의와 관련된 전자정보를 우연히 발견한 경우라면, 수사기관은 더 이상의 추가 탐색을 중단하고 법원에서 별도의 범죄혐의에 대한 압수·수색영장을 발부받은 경우에 한하여 그러한 정보에 대하여도 적법하게 압수·수색을 할 수 있다(대결 2015.7.16. 2011모1839 전합).

정답 ③

103 전자정보의 압수·수색에 대한 설명으로 옳지 않은 것은? (다툼이 있는 경우 판례에 의함)

① 전자정보에 대한 압수·수색은 원칙적으로 영장 발부의 사유로 된 범죄혐의사실과 관련된 부분만을 문서출력물로 수집하거나 수사기관이 휴대한 저장매체에 해당 파일을 복제하는 방식으로 이루어져야 한다.
② 수사기관 사무실 등으로 반출된 저장매체 또는 복제본에서 혐의사실 관련성에 대한 구분 없이 임의로 저장된 전자정보를 문서로 출력하거나 파일로 복제하는 행위는 원칙적으로 영장주의 원칙에 반하는 위법한 압수가 된다.
③ 전자정보가 담긴 저장매체 또는 복제본을 수사기관 사무실 등으로 옮겨 이를 복제·탐색·출력하는 경우, 피압수자 측에 절차참여를 보장한 취지가 실질적으로 침해되었더라도 수사기관이 저장매체 또는 복제본에서 혐의사실과 관련된 전자정보만을 복제·출력하였다면 그 압수·수색은 적법하다.
④ 전자정보에 대한 압수·수색이 종료되기 전에 혐의사실과 관련된 전자정보를 적법하게 탐색하는 과정에서 별도의 범죄혐의와 관련된 전자정보를 우연히 발견한 경우, 수사기관으로서는 더 이상의 추가 탐색을 중단하고 법원으로부터 별도의 범죄혐의에 대한 압수·수색영장을 발부받은 경우에 한하여 그러한 정보에 대하여도 적법하게 압수·수색을 할 수 있다.

해설

① ② ④ 【 O 】 대결 2015.7.16. 2011모1839 전합
③ 【 X 】 저장매체에 대한 압수·수색 과정에서 범위를 정하여 출력 또는 복제하는 방법이 불가능하거나 압수의 목적을 달성하기에 현저히 곤란한 예외적인 사정이 인정되어 전자정보가 담긴 저장매체 또는 하드카피나 이미징 등 형태(이하 '복제본'이라 한다)를 수사기관 사무실 등으로 옮겨 복제·탐색·출력하는 경우에도, 그와 같은 일련의 과정에서 형사소송법 제219조, 제121조에서 규정하는 피압수·수색 당사자(이하 '피압수자'라 한다)나 변호인에게 참여의 기회를 보장하고 혐의사실과 무관한 전자정보의 임의적인 복제 등을 막기 위한 적절한 조치를 취하는 등 영장주의 원칙과 적법절차를 준수하여야 한다. 만약 그러한 조치가 취해지지 않았다면 피압수자 측이 참여하지 아니한다는 의사를 명시적으로 표시하였거나 절차 위반행위가 이루어진 과정의 성질과 내용 등에 비추어 피압수자 측에 절차 참여를 보장한 취지가 실질적으로 침해되었다고 볼 수 없을 정도에 해당한다는 등의 특별한 사정이 없는 이상 압수·수색이 적법하다고 평가할 수 없고, 비록 수사기관이 저장매체 또는 복제본에서 혐의사실과 관련된 전자정보만을 복제·출력하였다 하더라도 달리 볼 것은 아니다(대결 2015.7.16. 2011모1839 전합).

정답 ③

104 전자정보의 압수·수색에 대한 설명으로 가장 적절하지 않은 것은? (다툼이 있는 경우 판례에 의함)

17. 경찰채용 2차

① 압수물인 디지털 저장매체로부터 출력한 문건을 증거로 사용하기 위해서는 디지털 저장매체 원본에 저장된 내용과 출력한 문건의 동일성이 인정되어야 하고, 이를 위해서는 디지털 저장매체 원본이 압수시부터 문건 출력시까지 변경되지 않았음이 담보되어야 한다.
② 전자정보에 대한 압수·수색영장을 집행할 때에는 원칙적으로 저장매체 자체를 수사기관 사무실 등으로 옮겨 혐의사실과 관련된 부분만을 문서로 출력하거나 해당 파일을 복사하는 방식으로 이루어져야 한다.
③ 전자정보가 담긴 저장매체 또는 복제본을 수사기관 사무실 등으로 옮겨 이를 복제·탐색·출력하는 경우, 피압수자 측에 절차 참여를 보장한 취지가 실질적으로 침해되었다면 수사기관이 저장매체 또는 복제본에서 혐의사실과 관련된 전자정보만을 복제·출력하였더라도 그 압수·수색은 위법하다.
④ 전자정보에 대한 압수·수색이 종료되기 전에 혐의사실과 관련된 전자정보를 적법하게 탐색하는 과정에서 별도의 범죄혐의와 관련된 전자정보를 우연히 발견한 경우, 수사기관은 더 이상의 추가 탐색을 중단하고 법원에서 별도의 범죄혐의에 대한 압수·수색영장을 발부받은 경우에 한하여 그러한 정보에 대하여도 적법하게 압수·수색을 할 수 있다.

해설

① 【 O 】 대판 2007.12.13. 2007도7257
② 【 X 】 전자정보에 대한 압수·수색영장의 집행에 있어서는 원칙적으로 영장 발부의 사유로 된 혐의사실과 관련된 부분만을 문서 출력물로 수집하거나 수사기관이 휴대한 저장매체에 해당 파일을 복사하는 방식으로 이루어져야 하고, 집행현장의 사정상 위와 같은 방식에 의한 집행이 불가능하거나 현저히 곤란한 부득이한 사정이 있더라도 그 같은 경우에 그 저장매체 자체를 직접 또는 하드카피나 이미징 등 형태로 수사기관 사무실 등 외부로 반출하여 해당 파일을 압수·수색할 수 있도록 영장에 기재되어 있고 실제 그와 같은 사정이 발생한 때에 한하여 예외적으로 허용될 수 있을 뿐이다(대판 2012.3.29. 2011도10508).
③ ④ 【 O 】 대결 2015.7.16. 2011모1839 전합

정답 ②

105 전자정보의 압수·수색 및 증거능력에 대한 설명 중 가장 적절하지 않은 것은? (다툼이 있는 경우 판례에 의함)

18. 경찰승진

① 전자정보에 대한 압수수색영장을 집행할 때에는 원칙적으로 영장발부의 사유인 혐의사실과 관련된 부분만을 문서 출력물로 수집하거나 수사기관이 휴대한 저장매체에 해당 파일을 복사하는 방법으로 이루어져야 한다.
② 압수수색영장에 저장매체 자체를 직접 또는 하드카피나 이미징 등 형태로 수사기관 사무실 등 외부로 반출하여 해당 파일을 압수·수색할 수 있도록 기재되어 있지 않더라도, 수사기관이 전자정보의 복사 또는 출력이 불가능하거나 현저히 곤란한 부득이한 사정이 있을 때에는 압수목적물인 저장매체 자체를 수사관서로 반출할 수 있다.
③ 검사가 영장을 집행하면서 영장기재 압수·수색의 장소에서 압수할 전자정보를 용이하게 하드카피·이미징 또는 문서로 출력할 수 있음에도 저장매체 자체를 반출하여 가지고 간 경우, 이에 대하여 불복이 있으면 그 직무집행지의 관할법원 또는 검사의 소속검찰청에 대응한 법원에 그 처분의 취소 또는 변경을 청구할 수 있다.
④ 피고인 또는 피고인 아닌 사람이 컴퓨터용 디스크 그 밖에 이와 비슷한 정보저장매체에 입력하여 기억된 문자정보 또는 그 출력물을 증거로 사용하는 경우, 그 내용의 진실성에 관하여는 전문법칙이 적용되고, 원칙적으로「형사소송법」제313조 제1항에 의하여 작성자 또는 진술자의 진술에 의하여 성립의 진정함이 증명된 때에 한하여 이를 증거로 사용할 수 있다.

해설

① 【O】 대판 2012.3.29. 2011도10508
② 【X】 집행현장의 사정상 위와 같은 방식에 의한 집행이 불가능하거나 현저히 곤란한 부득이한 사정이 있더라도 그 같은 경우에 그 저장매체 자체를 직접 또는 하드카피나 이미징 등 형태로 수사기관 사무실 등 외부로 반출하여 해당 파일을 압수·수색할 수 있도록 영장에 기재되어 있고 실제 그와 같은 사정이 발생한 때에 한하여 예외적으로 허용될 수 있을 뿐이다(대판 2012.3.29. 2011도10508).
③ 【O】 제417조
④ 【O】 대판 2013.2.15. 2010도3504

정답 ②

106 정보저장매체기록의 증거능력에 대한 설명으로 옳은 것은? (다툼이 있는 경우 판례에 의함)   18. 검찰 7급

① 수사기관이 압수물목록을 작성하는 경우 압수된 정보의 상세목록에는 정보의 파일 명세를 특정하여야 하고, 이를 출력한 서면을 피의자 등에게 교부하여야 하되 전자파일 형태로 복사해 주는 방식으로 교부하는 것은 허용되지 않는다.

② 수사기관이 압수현장에서 정보저장매체에 기억된 정보 중에서 범죄 혐의사실과 관련 있는 정보를 선별한 다음 이를 복제하여 생성한 이미지 파일을 제출받아 압수한 경우, 수사기관이 수사기관 사무실에서 압수된 파일을 탐색·복제·출력하는 과정에서 피의자 등에게 참여의 기회를 보장하여야 한다.

③ 압수된 디지털 저장매체로부터 출력된 문건이 진술증거로 사용되는 경우에는 형사소송법 제313조 제1항에 의하여 공판준비나 공판기일에서의 그 작성자 또는 진술자의 진술에 의하여 그 성립의 진정함이 증명된 때에 한하여 이를 증거로 사용할 수 있다.

④ 컴퓨터 디스켓에 들어있는 기재내용을 증거로 사용하는 경우 컴퓨터 디스켓 자체를 물증으로 취급하여야 하므로 그 기재내용의 진실성에 관하여는 전문법칙이 적용되지 않는다.

[해설]

① 【 X 】 압수물 목록은 피압수자 등이 압수처분에 대한 준항고를 하는 등 권리행사절차를 밟는 가장 기초적인 자료가 되므로, 수사기관은 이러한 권리행사에 지장이 없도록 압수 직후 현장에서 압수물 목록을 바로 작성하여 교부해야 하는 것이 원칙이다. 이러한 압수물 목록 교부 취지에 비추어 볼 때, 압수된 정보의 상세목록에는 정보의 파일 명세가 특정되어 있어야 하고, 수사기관은 이를 출력한 서면을 교부하거나 전자파일 형태로 복사해 주거나 이메일을 전송하는 등의 방식으로도 할 수 있다(대판 2018.2.8. 2017도13263).

② 【 X 】 수사기관이 정보저장매체에 기억된 정보 중에서 키워드 또는 확장자 검색 등을 통해 범죄 혐의사실과 관련 있는 정보를 선별한 다음 정보저장매체와 동일하게 비트열 방식으로 복제하여 생성한 파일(이하 '이미지 파일'이라 한다)을 제출받아 압수하였다면 이로써 압수의 목적물에 대한 압수·수색 절차는 종료된 것이므로, 수사기관이 수사기관 사무실에서 위와 같이 압수된 이미지 파일을 탐색·복제·출력하는 과정에서도 피의자 등에게 참여의 기회를 보장하여야 하는 것은 아니다(대판 2018.2.8. 2017도13263).

③ 【 O 】 대판 2013.6.13. 2012도16001

④ 【 X 】 컴퓨터 디스켓에 들어 있는 문건이 증거로 사용되는 경우 그 컴퓨터 디스켓은 그 기재의 매체가 다를 뿐 실질에 있어서는 피고인 또는 피고인 아닌 자의 진술을 기재한 서류와 크게 다를 바 없고, 압수 후의 보관 및 출력과정에 조작의 가능성이 있으며, 기본적으로 반대신문의 기회가 보장되지 않는 점 등에 비추어 그 기재내용의 진실성에 관하여는 전문법칙이 적용된다고 할 것이다(대판 1999.9.3. 99도2317).

정답 ③

107 전자정보의 압수·수색에 대한 설명으로 가장 적절하지 않은 것은? (다툼이 있는 경우 판례에 의함)

18. 경찰채용 2차

① 수사기관이 정보저장매체에 기억된 정보 중에서 범죄 혐의사실과 관련 있는 정보를 선별한 다음 '이미지 파일'을 제출받아 압수하고, 수사기관 사무실에서 그 압수된 이미지 파일을 탐색·복제·출력하는 과정을 거치는 경우, 이 모든 과정에 피의자나 변호인 등에게 참여의 기회를 보장하여야 한다.
② 수사기관이 정보저장매체에 기억된 정보의 압수 직후 현장에서 작성하여 교부하는 압수된 정보의 상세목록에는 정보의 파일 명세가 특정되어 있어야 하고, 수사기관은 이를 출력한 서면을 교부하거나 전자파일 형태로 복사해 주거나 이메일을 전송하는 등의 방식으로도 할 수 있다.
③ 수사기관이 인터넷서비스이용자인 피의자를 상대로 피의자의 컴퓨터 등 정보처리장치 내에 저장되어 있는 이메일 등 전자정보를 압수·수색하는 것은 전자정보의 소유자 내지 소지자를 상대로 해당 전자정보를 압수·수색하는 대물적 강제처분으로 형사소송법의 해석상 허용된다.
④ 압수·수색할 전자정보가 수색장소에 있지 않고 제3자가 관리하는 원격지의 서버 등 저장매체에 저장되어 있는 경우, 수사기관이 발부받은 영장에 따라 피의자가 접근하는 통상적인 방법으로 원격지의 저장매체에 접속하여 그곳에 저장되어 있는 피의자의 이메일 관련 전자정보를 수색장소의 정보처리장치로 내려받는 것이 허용된다.

해설

① 【 X 】 형사소송법 제219조, 제121조에 의하면, 수사기관이 압수·수색영장을 집행할 때 피의자 또는 변호인은 그 집행에 참여할 수 있다. 압수의 목적물이 컴퓨터용디스크 그 밖에 이와 비슷한 정보저장매체인 경우에는 영장 발부의 사유로 된 범죄 혐의사실과 관련 있는 정보의 범위를 정하여 출력하거나 복제하여 이를 제출받아야 하고, 피의자나 변호인에게 참여의 기회를 보장하여야 한다. 만약 그러한 조치를 취하지 않았다면 이는 형사소송법에 정한 영장주의 원칙과 적법절차를 준수하지 않은 것이다. 수사기관이 정보저장매체에 기억된 정보 중에서 키워드 또는 확장자 검색 등을 통해 범죄 혐의사실과 관련 있는 정보를 선별한 다음 정보저장매체와 동일하게 비트열 방식으로 복제하여 생성한 파일(이하 '이미지 파일'이라 한다)을 제출받아 압수하였다면 이로써 압수의 목적물에 대한 압수·수색 절차는 종료된 것이므로, 수사기관이 수사기관 사무실에서 위와 같이 압수된 이미지 파일을 탐색·복제·출력하는 과정에서도 피의자 등에게 참여의 기회를 보장하여야 하는 것은 아니다(대판 2018.2.8. 2017도13263).
② 【 O 】 대판 2018.2.8. 2017도13263
③④ 【 O 】 대판 2017.11.29. 2017도9747

정답 ①

108 전자정보의 압수·수색에 대한 설명으로 가장 적절하지 않은 것은? (다툼이 있는 경우 판례에 의함)

19. 경찰채용 1차

① 피의자의 이메일 계정에 대한 접근권한에 갈음하여 발부받은 압수·수색영장의 효력은 대한민국의 사법관할권이 미치지 아니하는 해외 이메일서비스제공자의 해외 서버 및 그 해외 서버에 소재하는 저장매체 속 피의자의 전자정보에 대하여까지 미치지는 않는다.
② 피의자의 이메일 계정에 대한 접근권한에 갈음하여 발부받은 압수·수색영장에 따라 국내 원격지의 저장매체에 적법하게 접속하여 내려받거나 현출된 전자정보를 대상으로 하여 범죄 혐의사실과 관련된 부분에 대하여 압수·수색하는 것은 「형사소송법」 제120조 제1항에서 정한 압수·수색영장의 집행에 필요한 처분에 해당한다.
③ 수사기관이 정보저장매체에 기억된 정보 중에서 키워드 또는 확장자 검색 등을 통해 범죄 혐의사실과 관련 있는 정보를 선별한 다음 정보저장매체와 동일하게 비트열 방식으로 복제하여 생성한 이미지 파일을 제출받아 압수하였다면, 이후 압수된 이미지 파일을 탐색·복제·출력하는 과정에서 피의자 등에게 참여의 기회를 보장하여야 하는 것은 아니다.
④ 전자정보에 대한 압수·수색이 종료되기 전에 혐의사실과 관련된 전자정보를 적법하게 탐색하는 과정에서 별도의 범죄혐의와 관련된 전자정보를 우연히 발견한 경우라면, 수사기관은 더 이상의 추가 탐색을 중단하고 법원에서 별도의 범죄혐의에 대한 압수·수색영장을 발부받은 경우에 한하여 그러한 정보에 대하여도 적법하게 압수·수색을 할 수 있다.

해설

① 【 X 】 수사기관이 인터넷서비스이용자인 피의자를 상대로 피의자의 컴퓨터 등 정보처리장치 내에 저장되어 있는 이메일 등 전자정보를 압수·수색하는 것은 전자정보의 소유자 내지 소지자를 상대로 해당 전자정보를 압수·수색하는 대물적 강제처분으로 형사소송법의 해석상 허용된다. 나아가 압수·수색할 전자정보가 압수·수색영장에 기재된 수색장소에 있는 컴퓨터 등 정보처리장치 내에 있지 아니하고 그 정보처리장치와 정보통신망으로 연결되어 제3자가 관리하는 원격지의 서버 등 저장매체에 저장되어 있는 경우에도, 수사기관이 피의자의 이메일 계정에 대한 접근권한에 갈음하여 발부받은 영장에 따라 영장 기재 수색장소에 있는 컴퓨터 등 정보처리장치를 이용하여 적법하게 취득한 피의자의 이메일 계정 아이디와 비밀번호를 입력하는 등 피의자가 접근하는 통상적인 방법에 따라 그 원격지의 저장매체에 접속하고 그곳에 저장되어 있는 피의자의 이메일 관련 전자정보를 수색장소의 정보처리장치로 내려 받거나 그 화면에 현출시키는 것 역시 피의자의 소유에 속하거나 소지하는 전자정보를 대상으로 이루어지는 것이므로 그 전자정보에 대한 압수·수색을 위와 달리 볼 필요가 없다(대판 2017.11.29. 2017도9747).
② 【 O 】 대판 2017.11.29. 2017도9747
③ 【 O 】 대판 2018.2.8. 2017도13263
④ 【 O 】 대결 2015.7.16. 2011모1839 전합

정답 ①

109 전자정보의 압수·수색에 대한 설명으로 가장 적절한 것은? (다툼이 있는 경우 판례에 의함)   21. 경찰승진

① 전자정보에 대한 압수·수색이 종료되기 전에 혐의사실과 관련된 전자정보를 적법하게 탐색하는 과정에서 별도의 범죄혐의와 관련된 전자정보를 우연히 발견한 경우라면 따로 압수·수색영장을 발부받지 않고 그 전자정보를 적법하게 압수·수색할 수 있다.
② 전자정보가 담긴 저장매체를 수사기관 사무실 등으로 옮겨 복제·탐색·출력하는 경우에는 변호인의 참여 기회를 보장할 필요는 없다.
③ 전자정보에 대한 압수·수색영장을 집행할 때에는 원칙적으로 영장발부의 사유인 혐의사실과 관련된 부분만을 문서 출력물로 수집하거나 수사기관이 휴대한 저장매체에 해당 파일을 복사하는 방법으로 이루어져야 한다.
④ 압수·수색영장에 저장매체 자체를 직접 또는 하드카피나 이미징 등 형태로 수사기관 사무실 등 외부로 반출하여 해당파일을 압수·수색할 수 있도록 기재되어 있지 않더라도, 수사기관이 전자정보의 복사 또는 출력이 불가능하거나 현저히 곤란한 부득이한 사정이 있을 때에는 압수목적물인 저장매체 자체를 수사관서로 반출할 수 있다.

해설

① 【 X 】 전자정보에 대한 압수·수색이 종료되기 전에 혐의사실과 관련된 전자정보를 적법하게 탐색하는 과정에서 별도의 범죄혐의와 관련된 전자정보를 우연히 발견한 경우라면, 수사기관은 더 이상의 추가 탐색을 중단하고 법원에서 별도의 범죄혐의에 대한 압수·수색영장을 발부받은 경우에 한하여 그러한 정보에 대하여도 적법하게 압수·수색을 할 수 있다(대결 2015.7.16. 2011모1839 전합).
② 【 X 】 저장매체에 대한 압수·수색 과정에서 범위를 정하여 출력 또는 복제하는 방법이 불가능하거나 압수의 목적을 달성하기에 현저히 곤란한 예외적인 사정이 인정되어 전자정보가 담긴 저장매체 또는 하드카피나 이미징 등 형태를 수사기관 사무실 등으로 옮겨 복제·탐색·출력하는 경우에도, 그와 같은 일련의 과정에서 형사소송법 제219조, 제121조에서 규정하는 피압수·수색 당사자(이하 '피압수자'라 한다)나 변호인에게 참여의 기회를 보장하고 혐의사실과 무관한 전자정보의 임의적인 복제 등을 막기 위한 적절한 조치를 취하는 등 영장주의 원칙과 적법절차를 준수하여야 한다(대결 2015.7.16. 2011모1839 전합).
③ 【 O 】 대결 2015.7.16. 2011모1839 전합
④ 【 X 】 전자정보에 대한 압수·수색영장의 집행에 있어서 저장매체 자체를 직접 또는 하드카피나 이미징 등 형태로 수사기관 사무실 등 외부로 반출하여 해당 파일을 압수·수색할 수 있도록 영장에 기재되어 있고 실제 그와 같은 사정이 발생한 때에 한하여 예외적으로 허용될 수 있을 뿐이다(대판 2012.3.29. 2011도10508).

정답 ③

110 전자정보에 대한 압수·수색에 관한 다음 설명 중 가장 옳지 않은 것은? (다툼이 있는 경우 판례에 의함)

21. 법원직

① 전자정보에 대한 압수·수색은 사생활의 비밀과 자유, 정보에 대한 자기결정권, 재산권 등을 침해할 우려가 크므로 포괄적으로 이루어져서는 아니 되고 비례의 원칙에 따라 필요한 최소한의 범위 내에서 이루어져야 한다.
② 전자정보가 담긴 저장매체 또는 복제본을 수사기관 사무실 등으로 옮겨 이를 복제·탐색·출력하는 경우에도, 그와 같은 일련의 과정에서 형사소송법 제219조, 제121조에서 규정하는 피압수·수색 당사자나 그 변호인에게 참여의 기회를 보장하고 혐의사실과 무관한 전자정보의 임의적인 복제 등을 막기 위한 적절한 조치를 취하는 등 영장주의 원칙과 적법절차를 준수하여야 한다.
③ 전자정보에 대한 압수·수색이 종료되기 전에 혐의사실과 관련된 전자정보를 적법하게 탐색하는 과정에서 별도의 범죄혐의와 관련된 전자정보를 우연히 발견한 경우라면, 수사기관은 더 이상의 추가 탐색을 중단하고 법원에서 별도의 범죄혐의에 대한 압수·수색영장을 발부받은 경우에 한하여 그러한 정보에 대하여도 적법하게 압수·수색을 할 수 있다.
④ 준항고인이 전체 압수·수색 과정을 단계적·개별적으로 구분하여 각 단계의 개별 처분의 취소를 구한 경우, 특별한 사정이 없는 한 준항고법원으로서는 그 구분된 개별 처분의 위법이나 취소 여부를 판단하여야 한다.

해설

① 【O】 대판 2017.11.14. 2017도3449
② 【O】 대판 2020.11.26. 2020도10729
③ 【O】 대결 2015.7.16. 2011모1839 전합
④ 【X】 [다수의견] 전자정보에 대한 압수·수색 과정에서 이루어진 현장에서의 저장매체 압수·이미징·탐색·복제 및 출력행위 등 수사기관의 처분은 하나의 영장에 의한 압수·수색 과정에서 이루어진다. 그러한 일련의 행위가 모두 진행되어 압수·수색이 종료된 이후에는 특정단계의 처분만을 취소하더라도 그 이후의 압수·수색을 저지한다는 것을 상정할 수 없고 수사기관에게 압수·수색의 결과물을 보유하도록 할 것인지가 문제 될 뿐이다. 그러므로 이 경우에는 준항고인이 전체 압수·수색 과정을 단계적·개별적으로 구분하여 각 단계의 개별 처분의 취소를 구하더라도 준항고법원은 특별한 사정이 없는 한 구분된 개별 처분의 위법이나 취소 여부를 판단할 것이 아니라 당해 압수·수색 과정 전체를 하나의 절차로 파악하여 그 과정에서 나타난 위법이 압수·수색 절차 전체를 위법하게 할 정도로 중대한지 여부에 따라 전체적으로 압수·수색 처분을 취소할 것인지를 가려야 한다. 여기서 위법의 중대성은 위반한 절차조항의 취지, 전체과정 중에서 위반행위가 발생한 과정의 중요도, 위반사항에 의한 법익침해 가능성의 경중 등을 종합하여 판단하여야 한다(대결 2015.7.16. 2011모1839 전합).

정답 ④

111 압수·수색에 대한 설명으로 가장 적절하지 않은 것은? (다툼이 있는 경우 판례에 의함)
19. 경찰승진

① 압수·수색영장의 집행 중에는 타인의 출입을 금지할 수 있고, 이를 위배한 자에게는 퇴거하게 하거나 집행 종료시까지 간수자를 붙일 수 있다.
② 압수·수색영장에 압수할 물건을 '압수장소에 보관 중인 물건'이라고 기재한 경우, 이를 '압수장소에 현존하는 물건'이라고 해석할 수 없다.
③ 우편물 통관검사절차에서 이루어지는 우편물의 개봉, 시료채취, 성분분석 등의 검사가 압수·수색영장 없이 진행되었다 하더라도 특별한 사정이 없는 한 위법하다고 볼 수 없다.
④ 기존에 발부받은 압수·수색영장으로 이미 집행을 마쳤더라도 영장의 유효기간이 도과하지 않았다면, 남은 유효기간 내에서는 동일한 영장으로 동일한 장소 또는 목적물에 대하여 다시 압수·수색을 할 수 있다.

해설

① 【 O 】 제119조 제1항, 제2항
② 【 O 】 대판 2009.3.12. 2008도763
③ 【 O 】 대판 2013.9.26. 2013도7718
④ 【 X 】 형사소송법 제215조에 의한 압수·수색영장은 수사기관의 압수·수색에 대한 허가장으로서 거기에 기재되는 유효기간은 집행에 착수할 수 있는 종기를 의미하는 것일 뿐이므로, 수사기관이 압수·수색영장을 제시하고 집행에 착수하여 압수·수색을 실시하고 그 집행을 종료하였다면 이미 그 영장은 목적을 달성하여 효력이 상실되는 것이고, 동일한 장소 또는 목적물에 대하여 다시 압수·수색할 필요가 있는 경우라면 그 필요성을 소명하여 법원으로부터 새로운 압수·수색영장을 발부 받아야 하는 것이지, 앞서 발부 받은 압수·수색영장의 유효기간이 남아있다고 하여 이를 제시하고 다시 압수·수색을 할 수는 없다(대결 1999.12.1. 99모161).

정답 ④

112 압수·수색에 관한 다음 설명 중 가장 옳지 않은 것은? (다툼이 있는 경우 판례에 의함)
19. 법원직

① 영장 발부의 사유로 된 범죄 혐의사실과 무관한 별개의 증거를 압수하였을 경우 이는 원칙적으로 유죄 인정의 증거로 사용할 수 없다.
② 정보저장매체에 저장된 전자정보에 대한 압수·수색은 영장 발부의 사유로 된 범죄 혐의사실과 관련된 부분만을 출력하거나 복제하는 방법으로 하여야 하고, 다만 범위를 정하여 출력 또는 복제하는 방법이 불가능하거나 압수의 목적을 달성하기에 현저히 곤란한 경우에는 정보저장매체 자체를 압수할 수 있다.
③ 수사기관이 인터넷서비스이용자인 피의자를 상대로 피의자의 컴퓨터 등 정보처리장치 내에 저장되어 있는 이메일 등 전자정보를 압수·수색하는 것은 전자정보의 소유자 내지 소지자를 상대로 해당 전자정보를 압수·수색하는 강제처분으로 형사소송법의 해석상 허용된다.
④ 이메일 등 전자정보 압수·수색 시 해외 인터넷서비스제공자의 저장매체가 국외에 있는 경우에는 우리나라의 재판권이 미치지 않으므로 피의자의 이메일 계정에 대한 접근권한에 갈음하여 발부받은 압수·수색영장에 따라 수사기관이 적법하게 취득한 이메일 계정 아이디와 비밀번호를 입력하는 등의 방법으로, 국외에 있는 원격지의 저장매체에 접속하여 내려받은 전자정보에 대한 압수·수색은 위법하다.

해설

① 【 O 】 대판 2016.3.10. 2013도11233
② 【 O 】 대판 2012.3.29. 2011도10508
③ 【 O 】 대판 2017.11.29. 2017도9747

④ 【 X 】 피의자의 이메일 계정에 대한 접근권한에 갈음하여 발부받은 압수·수색영장에 따라 원격지의 저장매체에 적법하게 접속하여 내려받거나 현출된 전자정보를 대상으로 하여 범죄 혐의사실과 관련된 부분에 대하여 압수·수색하는 것은, 압수·수색영장의 집행을 원활하고 적정하게 행하기 위하여 필요한 최소한도의 범위 내에서 이루어지며 그 수단과 목적에 비추어 사회통념상 타당하다고 인정되는 대물적 강제처분 행위로서 허용되며, 형사소송법 제120조 제1항에서 정한 압수·수색영장의 집행에 필요한 처분에 해당한다. 그리고 이러한 법리는 원격지의 저장매체가 국외에 있는 경우라 하더라도 그 사정만으로 달리 볼 것은 아니다(대판 2017.11.29. 2017도9747).

정답 ④

113 전자정보의 압수 수색에 관한 설명 중 가장 적절한 것은? (다툼이 있는 경우 판례에 의함) _{20. 경찰승진}

① 수사기관이 키워드 또는 확장자 검색 등을 통해 범죄 혐의사실과 관련 있는 정보를 선별한 다음 정보저장매체와 동일하게 비트열 방식으로 복제하여 생성한 파일을 제출받아 압수하였다면 아직 압수의 목적물에 대한 압수 수색 절차는 종료된 것이 아니므로, 수사관서에서 압수된 이미지 파일을 탐색 복제 출력하는 과정에 피의자 등에게 참여 기회를 보장하여야 한다.

② 저장매체 자체를 직접 또는 하드카피나 이미징 등 형태로 수사기관 사무실 등 외부로 반출하여 해당 파일을 압수 수색할 수 있도록 영장에 기재되어 있지 않더라도 집행현장의 사정상 선별적 방식에 의한 집행이 불가능하거나 현저히 곤란한 부득이한 사정이 있는 때에는 저장매체 자체를 수사관서로 반출할 수 있다.

③ 압수물 목록은 피압수자 등이 압수처분에 대한 준항고를 하는 등 권리행사절차를 밟는 가장 기초적인 자료가 되므로 압수된 정보의 상세목록에는 정보의 파일 명세가 특정되어 있어야 하고 수사기관은 이를 서면으로 교부하여야 하며, 전자파일 형태로 복사해 주거나 이메일을 전송하는 등의 방식으로는 교부할 수 없다.

④ 증거로 제출된 전자문서 파일의 원본 동일성은 증거능력의 요건에 해당하므로 검사가 그 존재에 대하여 구체적으로 주장 증명해야 한다.

해설

① 【 X 】 수사기관이 정보저장매체에 기억된 정보 중에서 키워드 또는 확장자 검색 등을 통해 범죄 혐의사실과 관련 있는 정보를 선별한 다음 정보저장매체와 동일하게 비트열 방식으로 복제하여 생성한 파일을 제출받아 압수하였다면 이로써 압수의 목적물에 대한 압수·수색 절차는 종료된 것이므로, 수사기관이 수사기관 사무실에서 위와 같이 압수된 이미지 파일을 탐색·복제·출력하는 과정에서도 피의자 등에게 참여의 기회를 보장하여야 하는 것은 아니다(대판 2018.2.8. 2017도13263).

② 【 X 】 전자정보에 대한 압수·수색영장을 집행할 때에는 원칙적으로 영장 발부의 사유인 혐의사실과 관련된 부분만을 문서 출력물로 수집하거나 수사기관이 휴대한 저장매체에 해당 파일을 복사하는 방식으로 이루어져야 하고, 집행현장 사정상 위와 같은 방식에 의한 집행이 불가능하거나 현저히 곤란한 부득이한 사정이 존재하더라도 저장매체 자체를 직접 혹은 하드카피나 이미징 등 형태로 수사기관 사무실 등 외부로 반출하여 해당 파일을 압수·수색할 수 있도록 영장에 기재되어 있고 실제 그와 같은 사정이 발생한 때에 한하여 위 방법이 예외적으로 허용될 수 있을 뿐이다(대결 2011.5.26. 2009모1190).

③ 【 X 】 형사소송법 제219조, 제129조에 의하면, 압수한 경우에는 목록을 작성하여 소유자, 소지자, 보관자 기타 이에 준할 자에게 교부하여야 한다. 그리고 법원은 압수·수색영장의 집행에 관하여 범죄 혐의사실과 관련 있는 정보의 탐색·복제·출력이 완료된 때에는 지체 없이 압수된 정보의 상세목록을 피의자 등에게 교부할 것을 정할 수 있다. 압수물 목록은 피압수자 등이 압수처분에 대한 준항고를 하는 등 권리행사절차를 밟는 가장 기초적인 자료가 되므로, 수사기관은 이러한 권리행사에 지장이 없도록 압수 직후 현장에서 압수물 목록을 바로 작성하여 교부해야 하는 것이 원칙이다. 이러한 압수물 목록 교부 취지에 비추어 볼 때, 압수된 정보의 상세목록에는 정보의 파일 명세가 특정되어 있어야 하고, 수사기관은 이를 출력한 서면을 교부하거나 전자파일 형태로 복사해 주거나 이메일을 전송하는 등의 방식으로도 할 수 있다(대판 2018.2.8. 2017도13263).

④ 【 O 】 대판 2018.2.8. 2017도13263

정답 ④

114 전자정보 압수·수색에 대한 설명으로 옳은 것은 몇 개인가? (다툼이 있는 경우 판례에 의함) 20. 경찰채용 1차

> ㉠ 전자정보에 대한 압수·수색영장을 집행할 때에는 원칙적으로 영장 발부의 사유인 혐의사실과 관련된 부분만을 문서 출력물로 수집하거나 수사기관이 휴대한 저장매체에 해당 파일을 복사하는 방식으로 이루어져야 하고, 집행현장 사정상 위와 같은 방식에 의한 집행이 불가능하거나 현저히 곤란한 부득이한 사정이 존재하더라도 저장매체 자체를 직접 혹은 하드카피나 이미징 등 형태로 수사기관 사무실 등 외부로 반출하여 해당 파일을 압수·수색할 수 있도록 영장에 기재되어 있고 실제 그와 같은 사정이 발생한 때에 한하여 위 방법이 예외적으로 허용될 수 있을 뿐이다.
> ㉡ 수사기관 사무실 등으로 반출된 저장매체 또는 복제본에서 혐의사실 관련성에 대한 구분 없이 임의로 저장된 전자정보를 문서로 출력하거나 파일로 복제하는 행위는 원칙적으로 영장주의 원칙에 반하는 위법한 압수가 된다.
> ㉢ 수사기관이 피의자 甲의 공직선거법 위반 범행을 영장 범죄사실로 하여 발부받은 압수·수색영장의 집행 과정에서 乙, 丙 사이의 대화가 녹음된 녹음파일을 압수하여 乙, 丙의 공직선거법 위반 혐의사실을 발견한 사안에서, 별도의 압수·수색영장을 발부받지 않고 압수한 위 녹음파일은 위법수집증거로서 증거능력이 없다.
> ㉣ 수사기관이 정보저장매체에 기억된 정보 중에서 키워드 또는 확장자 검색 등을 통해 범죄 혐의사실과 관련 있는 정보를 선별한 다음 정보저장매체와 동일하게 비트열 방식으로 복제하여 생성한 파일('이미지 파일')을 제출받아 압수하였다면 이로써 압수의 목적물에 대한 압수·수색 절차는 종료된 것이므로, 수사기관이 수사기관 사무실에서 위와 같이 압수된 이미지 파일을 탐색·복제·출력하는 과정에서도 피의자 등에게 참여의 기회를 보장하여야 하는 것은 아니다.

① 1개 ② 2개 ③ 3개 ④ 4개

해설

모두 타당한 지문이다.
㉠㉡【O】대판 2012.3.29. 2011도10508
㉢【O】대판 2014.1.16. 2013도7101
㉣【O】대판 2018.2.8. 2017도13263

정답 ④

115 압수·수색에 관한 설명 중 가장 적절하지 않은 것은? (다툼이 있는 경우 판례에 의함) 20. 경찰승진

① 검사가 공소제기 후 형사소송법 제215조에 따라 수소법원 이외의 지방법원 판사에게 청구하여 발부받은 영장에 의하여 압수 수색을 하였다면, 그와 같이 수집된 증거는 기본적 인권 보장을 위해 마련된 적법한 절차에 따르지 않은 것으로서 원칙적으로 유죄의 증거로 삼을 수 없다.

② 수사기관이 압수·수색에 착수하면서 그 장소의 관리책임자에게 영장을 제시하였더라도, 물건을 소지하고 있는 다른 사람으로부터 이를 압수하고자 하는 때에는 그 사람에게 따로 영장을 제시하여야 한다.

③ 법관의 서명·날인란에 서명만 있고 날인이 없는 압수·수색영장이라 하더라도 야간집행을 허가하는 판사의 수기와 날인, 영장 앞면과 별지 사이에 판사의 간인이 있어 법관의 진정한 의사에 따라 발부되었다는 점이 외관상 분명한 경우라면 그 영장은 적법하게 발부된 것으로 볼 수 있다.

④ 검사, 사법경찰관은 피의자 기타인의 유류한 물건이나 소유자, 소지자 또는 보관자가 임의로 제출한 물건을 영장 없이 압수할 수 있다.

[해설]

① 【 O 】 대판 2011.4.28. 2009도10412

② 【 O 】 대판 2009.3.12. 2008도763

③ 【 X 】 압수·수색영장에는 피의자의 성명, 죄명, 압수할 물건, 수색할 장소, 신체, 물건, 발부 연월일, 유효기간과 그 기간을 경과하면 집행에 착수하지 못하며 영장을 반환하여야 한다는 취지, 그 밖에 대법원규칙으로 정한 사항을 기재하고 영장을 발부하는 법관이 서명·날인하여야 한다(제219조, 제114조 제1항 본문). 이 사건 영장은 법관의 서명·날인란에 서명만 있고 날인이 없으므로, 형사소송법이 정한 요건을 갖추지 못하여 적법하게 발부되었다고 볼 수 없다. 그런데도 원심이 이와 달리 이 사건 영장이 법관의 진정한 의사에 따라 발부되었다는 등의 이유만으로 이 사건 영장이 유효라고 판단한 것은 잘못이다(대판 2019.7.11. 2018도20504).

④ 【 O 】 제218조

정답 ③

116 압수·수색에 대한 설명으로 가장 적절하지 않은 것은? (다툼이 있는 경우 판례에 의함) _{19. 경찰채용 1차}

① 압수·수색영장에 기재한 혐의사실과 범죄와의 객관적 관련성은 압수·수색영장에 기재된 혐의사실의 내용과 수사의 대상, 수사 경위 등을 종합하여 구체적·개별적 연관관계가 있는 경우에는 인정되지만, 혐의사실과 단순히 동종 또는 유사 범행이라는 사유만으로 관련성이 있다고 할 것은 아니다.

② 압수·수색영장 대상자와 피의자 사이에 요구되는 인적 관련성은 압수·수색영장에 기재된 대상자의 공동정범이나 교사범 등 공범이나 간접정범은 물론 필요적 공범 등에 대한 피고사건에 대해서도 인정될 수 있다.

③ 피압수자에게 영장의 표지인 첫 페이지와 피압수자의 혐의사실 부분만을 보여주고 나머지 부분을 확인하지 못하게 한 것은 압수·수색영장의 필요적 기재사항이나 그와 일체를 이루는 사항을 충분히 알 수 있도록 제시한 것이라 할 수 없다.

④ 수사기관이 압수·수색에 착수하면서 그 장소의 관리책임자에게 영장을 제시하였다면, 물건을 소지하고 있는 다른 사람으로부터 이를 압수하고자 하는 때에는 그 사람에게 따로 영장을 제시할 필요는 없다.

해설

① 【O】 압수·수색영장의 범죄 혐의사실과 관계있는 범죄라는 것은 압수·수색영장에 기재한 혐의사실과 객관적 관련성이 있고 압수·수색영장 대상자와 피의자 사이에 인적 관련성이 있는 범죄를 의미한다. 그중 혐의사실과의 객관적 관련성은 압수·수색영장에 기재된 혐의사실 자체 또는 그와 기본적 사실관계가 동일한 범행과 직접 관련되어 있는 경우는 물론 범행 동기와 경위, 범행 수단과 방법, 범행 시간과 장소 등을 증명하기 위한 간접증거나 정황증거 등으로 사용될 수 있는 경우에도 인정될 수 있다. 그 관련성은 압수·수색영장에 기재된 혐의사실의 내용과 수사의 대상, 수사 경위 등을 종합하여 구체적·개별적 연관관계가 있는 경우에만 인정되고, 혐의사실과 단순히 동종 또는 유사 범행이라는 사유만으로 관련성이 있다고 할 것은 아니다(대판 2017.12.5. 2017도13458).

② 【O】 피의자와 사이의 인적 관련성은 압수·수색영장에 기재된 대상자의 공동정범이나 교사범 등 공범이나 간접정범은 물론 필요적 공범 등에 대한 피고사건에 대해서도 인정될 수 있다(대판 2017.12.5. 2017도13458).

③ 【O】 대판 2017.9.21. 2015도12400

④ 【X】 압수·수색영장은 처분을 받는 자에게 반드시 제시하여야 하는바, 현장에서 압수·수색을 당하는 사람이 여러 명일 경우에는 그 사람들 모두에게 개별적으로 영장을 제시해야 하는 것이 원칙이다. 수사기관이 압수·수색에 착수하면서 그 장소의 관리책임자에게 영장을 제시하였다고 하더라도, 물건을 소지하고 있는 다른 사람으로부터 이를 압수하고자 하는 때에는 그 사람에게 따로 영장을 제시하여야 한다(대판 2009.3.12. 2008도763).

정답 ④

---

117 압수와 수색에 대한 설명으로 옳지 않은 것은? (다툼이 있는 경우 판례에 의함) _{20. 국가직 변형}

① 압수·수색영장의 범죄 혐의사실과 관계있는 범죄라는 것은 압수·수색영장에 기재한 혐의사실과 객관적 관련성이 있고 압수·수색영장 대상자와 피의자 사이에 인적 관련성이 있는 범죄를 의미한다.

② 압수·수색영장의 집행에 있어서 여관, 음식점 기타 야간에 공중이 출입할 수 있는 장소는 공개한 시간 내에 한하여 야간집행의 제한을 받지 않는다.

③ 전자정보에 대한 압수·수색이 종료되기 전에 혐의사실과 관련된 전자정보를 적법하게 탐색하는 과정에서 별도의 범죄혐의와 관련된 전자정보를 우연히 발견한 경우라면, 수사기관은 더 이상의 추가 탐색을 중단하고 법원에서 별도의 범죄혐의에 대한 압수·수색영장을 발부받은 경우에 한하여 그 정보에 대하여 적법하게 압수·수색을 할 수 있다.

④ 검사 또는 사법경찰관은 현행범 체포현장이나 범죄장소에서 소지자 등이 임의로 제출하는 물건을 영장 없이 압수할 수 있다. 다만, 이 경우에 검사나 사법경찰관은 사후에 영장을 받아야 한다.

해설

① 【 O 】 압수·수색영장의 범죄 혐의사실과 관계있는 범죄라는 것은 압수·수색영장에 기재한 혐의사실과 객관적 관련성이 있고 압수·수색영장 대상자와 피의자 사이에 인적 관련성이 있는 범죄를 의미한다. 그중 혐의사실과의 객관적 관련성은 압수·수색영장에 기재된 혐의사실 자체 또는 그와 기본적 사실관계가 동일한 범행과 직접 관련되어 있는 경우는 물론 범행 동기와 경위, 범행 수단과 방법, 범행 시간과 장소 등을 증명하기 위한 간접증거나 정황증거 등으로 사용될 수 있는 경우에도 인정될 수 있다. 이러한 객관적 관련성은 압수·수색영장에 기재된 혐의사실의 내용과 수사의 대상, 수사 경위 등을 종합하여 구체적·개별적 연관관계가 있는 경우에만 인정된다고 보아야 하고, 혐의사실과 단순히 동종 또는 유사 범행이라는 사유만으로 객관적 관련성이 있다고 할 것은 아니다(대판 2020.2.13. 2019도14341).
② 【 O 】 제126조 제2호
③ 【 O 】 대결 2015.7.16. 2011모1839
④ 【 X 】 범죄를 실행 중이거나 실행 직후의 현행범인은 누구든지 영장 없이 체포할 수 있고(형사소송법 제212조), 검사 또는 사법경찰관은 피의자 등이 유류한 물건이나 소유자·소지자 또는 보관자가 임의로 제출한 물건은 영장 없이 압수할 수 있으므로(제218조), 현행범 체포현장이나 범죄 현장에서도 소지자 등이 임의로 제출하는 물건은 형사소송법 제218조에 의하여 영장 없이 압수하는 것이 허용되고, 이 경우 검사나 사법경찰관은 별도로 사후에 영장을 받을 필요가 없다(대판 2019.11.14. 2019도13290).

정답 ④

118 전자정보 또는 디지털 증거에 대한 설명 중 가장 적절하지 않은 것은? (다툼이 있는 경우 판례에 의함)

19. 법학경채

① 이메일의 형태로 송·수신이 완료된 전자정보는 「통신비밀보호법」상의 감청대상이 아니다.
② 피의자가 소지·소유하고 있는 컴퓨터 등에 대한 압수·수색영장으로 해당 컴퓨터와 정보통신망으로 연결되어 제3자가 관리하는 원격지 서버에 대한 압수·수색을 할 수 있다.
③ 수사기관이 범죄를 수사함에 있어 현재 범행이 행하여지고 있거나 행하여진 직후이고, 증거보전의 필요성 내지 긴급성이 있으며, 일반적으로 허용되는 상당한 방법에 의하여 촬영된 사진이라도 영장 없이 사진촬영이 이루어졌다면 그 사진촬영은 위법하다.
④ 압수의 목적물이 정보저장매체인 경우에는 원칙적으로 기억된 정보의 범위를 정하여 출력하거나 제출받아야 하고, 예외적으로 그 방법이 불가능하거나 압수의 목적을 달성하기에 현저히 곤란하다고 인정되는 때에는 그 취지가 압수·수색영장에 기재되어 있어야 정보저장매체를 압수할 수 있다.

　해설

① 【 O 】 대판 2016.10.13. 2016도8137
② 【 O 】 대판 2017.11.29. 2017도9747
③ 【 X 】 누구든지 자기의 얼굴 기타 모습을 함부로 촬영당하지 않을 자유를 가지나 이러한 자유도 국가권력의 행사로부터 무제한으로 보호되는 것은 아니고 국가의 안전보장·질서유지·공공복리를 위하여 필요한 경우에는 상당한 제한이 따르는 것이고, 수사기관이 범죄를 수사함에 있어 현재 범행이 행하여지고 있거나 행하여진 직후이고, 증거보전의 필요성 및 긴급성이 있으며, 일반적으로 허용되는 상당한 방법에 의하여 촬영을 한 경우라면 위 촬영이 영장 없이 이루어졌다 하여 이를 위법하다고 단정할 수 없다(대판 1999.9.3. 99도2317).
④ 【 O 】 대판 2012.3.29. 2011도10508

정답 ③

119 압수·수색에 관한 다음 설명 중 틀린 것은 모두 몇 개인가? (다툼이 있으면 판례에 의함)
16. 경찰채용 1차

> ㉠ 압수·수색영장에서 압수할 물건을 '압수장소에 보관 중인 물건'이라고 기재하고 있는 것을 '압수장소에 현존하는 물건'으로 해석할 수는 없다.
> ㉡ 소유자, 소지자 또는 보관자가 아닌 자로부터 제출받은 물건을 영장 없이 압수한 '압수물' 및 '압수물을 찍은 사진'은 이를 유죄 인정의 증거로 사용할 수 없지만 피고인이나 변호인이 이를 증거로 함에 동의하였다면 증거능력이 인정된다.
> ㉢ 수사기관이 압수·수색에 착수하면서 그 장소의 관리책임자에게 영장을 제시하였다면 물건을 소지하고 있는 다른 사람으로부터 이를 압수하고자 하는 때 그 사람에게 따로 영장을 제시할 필요는 없다.
> ㉣ 검사가 공소제기 후 형사소송법 제215조에 따라 수소법원 이외의 지방법원 판사에게 청구하여 발부받은 영장에 의하여 압수·수색을 하였다면, 그와 같이 수집된 증거는 원칙적으로 유죄의 증거로 삼을 수 없다.
> ㉤ 전자정보에 대한 압수·수색에 있어 저장매체 자체를 외부로 반출하거나 하드카피·이미징 등의 형태로 복제본을 만들어 외부에서 저장매체나 복제본에 대하여 압수·수색이 허용되는 예외적인 경우에도 혐의사실과 관련된 전자정보 이외에 이와 무관한 전자정보를 탐색·복제·출력하는 것은 원칙적으로 위법한 압수·수색에 해당하므로 허용될 수 없다.

① 1개 ② 2개 ③ 3개 ④ 4개

해설

틀린 것은 ㉡㉢이다.

㉠ 【 O 】 대판 2009.3.12. 2008도763

㉡ 【 X 】 형사소송법 제218조는 "사법경찰관은 소유자, 소지자 또는 보관자가 임의로 제출한 물건을 영장 없이 압수할 수 있다"고 규정하고 있는바, 위 규정을 위반하여 소유자, 소지자 또는 보관자가 아닌 자로부터 제출받은 물건을 영장 없이 압수한 경우 그 '압수물' 및 '압수물을 찍은 사진'은 이를 유죄 인정의 증거로 사용할 수 없는 것이고, 헌법과 형사소송법이 선언한 영장주의의 중요성에 비추어 볼 때 피고인이나 변호인이 이를 증거로 함에 동의하였다고 하더라도 달리 볼 것은 아니다(대판 2010.1.28. 2009도10092).

㉢ 【 X 】 수사기관이 압수·수색에 착수하면서 그 장소의 관리책임자에게 영장을 제시하였다고 하더라도, 물건을 소지하고 있는 다른 사람으로부터 이를 압수하고자 하는 때에는 그 사람에게 따로 영장을 제시하여야 한다(대판 2009.3.12. 2008도763).

㉣ 【 O 】 대판 2011.4.28. 2009도10412

㉤ 【 O 】 대결 2015.7.16. 2011모1839 전합

정답 ②

120 압수·수색에 대한 설명으로 옳지 않은 것은? (다툼이 있는 경우 판례에 의함)   16. 검찰 7급

① 수사기관 사무실 등으로 반출된 저장매체 또는 복제본에서 혐의사실 관련성에 대한 구분 없이 임의로 저장된 전자정보를 문서로 출력하거나 파일로 복제하는 행위는 원칙적으로 영장주의 원칙에 반하는 위법한 압수가 된다.
② 수사기관의 압수물의 환부에 관한 처분의 취소를 구하는 준항고는, 소송 계속 중 그것으로써 달성하고자 하는 목적이 이미 이루어졌거나 시일의 경과 또는 그 밖의 사정으로 인하여 그 이익이 상실된 경우에는 부적법하게 된다.
③ 수사기관이 영장에 따라 압수·수색하는 과정에서 영장 발부의 사유로 된 범죄 혐의사실과 무관한 별개의 증거를 압수하였다가 피압수자에게 환부한 다음 임의제출받아 다시 압수한 경우, 그 압수물의 제출에 임의성이 있다는 점에 관하여 검사가 합리적 의심을 배제할 수 있을 정도로 증명하면 그 증거능력이 인정된다.
④ 압수·수색영장은 처분을 받는 자에게 반드시 제시하여야 하나 현장에서 압수·수색을 당하는 사람이 여러 명일 경우에는 그 장소의 관리책임자에게 영장을 제시하면 족하고, 물건을 소지하고 있는 다른 사람으로부터 이를 압수하고자 하는 때에도 그 사람에게 따로 영장을 제시할 필요가 없다.

[해설]
① 【 O 】 대결 2015.7.16. 2011모1839 전합
② 【 O 】 대결 2015.10.15. 2013모1970
③ 【 O 】 수사기관이 그 별개의 증거를 피압수자 등에게 환부하고 후에 이를 임의제출받아 다시 압수하였다면 그 증거를 압수한 최초의 절차 위반행위와 최종적인 증거수집 사이의 인과관계가 단절되었다고 평가할 수 있는 사정이 될 수 있으나, 환부 후 다시 제출하는 과정에서 수사기관의 우월적 지위에 의하여 임의제출의 명목으로 실질적으로 강제적인 압수가 행하여질 수 있으므로, 그 제출에 임의성이 있다는 점에 관하여는 검사가 합리적 의심을 배제할 수 있을 정도로 증명하여야 하고, 임의로 제출된 것이라고 볼 수 없는 경우에는 그 증거능력을 인정할 수 없다(대판 2016.3.10. 2013도11233).
④ 【 X 】 수사기관이 압수·수색에 착수하면서 그 장소의 관리책임자에게 영장을 제시하였다고 하더라도, 물건을 소지하고 있는 다른 사람으로부터 이를 압수하고자 하는 때에는 그 사람에게 따로 영장을 제시하여야 한다(대판 2009.3.12. 2008도763).

[정답] ④

121 압수·수색에 관한 설명 중 가장 적절하지 않은 것은? (다툼이 있으면 판례에 의함)   16. 경찰승진

① 피의자 기타인의 유류한 물건을 압수하는 경우 영장 없이 압수할 수 없다.
② 검사 또는 사법경찰관은 피의자를 현행범으로 체포하는 경우 체포현장에서 영장 없이 압수·수색할 수 있다.
③ 현장에서 압수·수색처분을 받는 사람이 여러 명일 경우에는 개별적으로 모두에게 영장을 제시해야 하는 것이 원칙이다.
④ 압수물인 디지털저장매체로부터 출력한 문건을 증거로 사용하기 위해서는 정보저장매체원본에 저장된 내용과 출력한 문건의 동일성이 인정되어야 하고, 이를 위해서는 디지털저장매체원본이 압수 시부터 문건 출력 시까지 변경되지 않았음이 담보되어야 한다.

[해설]
① 【 X 】 검사, 사법경찰관은 피의자 기타인의 유류한 물건이나 소유자, 소지자 또는 보관자가 임의로 제출한 물건을 영장 없이 압수할 수 있다(제218조).
② 【 O 】 제216조 제1항 제2호
③ 【 O 】 대판 2009.3.12. 2008도763
④ 【 O 】 대판 2007.12.13. 2007도7257

[정답] ①

122 압수·수색에 대한 설명으로 옳지 않은 것은? (다툼이 있는 경우 판례에 의함)

17. 국가직

① 검사는 범죄수사에 필요한 때에는 피의자가 죄를 범하였다고 의심할 만한 정황이 있고 해당 사건과 관계가 있다고 인정할 수 있는 것에 한정하여 지방법원판사에게 청구하여 발부받은 영장에 의하여 압수·수색을 할 수 있다.
② 공무원 또는 공무원이었던 자가 소지 또는 보관하는 물건은 본인 또는 그 해당 공무소가 직무상의 비밀에 관한 것임을 신고한 때에는 그 소속공무소 또는 당해 감독관공서의 승낙 없이는 압수하지 못하나, 소속공무소 또는 당해 감독관공서는 국가의 중대한 이익을 해하는 경우를 제외하고는 승낙을 거부하지 못한다.
③ 수사기관이 압수·수색에 착수하면서 그 장소의 관리책임자에게 영장을 제시하였다면 물건을 소지하고 있는 다른 사람으로부터 이를 압수하고자 하는 때에도 그 사람에게 따로 영장을 제시하여야 하는 것은 아니다.
④ 검사가 피의자를 적법하게 체포하는 경우 그 체포현장에서 영장 없이 압수·수색을 할 수 있고, 이때 압수한 물건을 계속 압수할 필요가 있는 경우에는 늦어도 피의자를 체포한 때로부터 48시간 이내에 압수·수색영장을 청구하여야 한다.

해설

① 【 O 】 제215조 제1항
② 【 O 】 제111조 제1항, 제2항
③ 【 X 】 압수·수색영장은 처분을 받는 자에게 반드시 제시하여야 하는바, 현장에서 압수·수색을 당하는 사람이 여러 명일 경우에는 그 사람들 모두에게 개별적으로 영장을 제시해야 하는 것이 원칙이다. 수사기관이 압수·수색에 착수하면서 그 장소의 관리책임자에게 영장을 제시하였다고 하더라도, 물건을 소지하고 있는 다른 사람으로부터 이를 압수하고자 하는 때에는 그 사람에게 따로 영장을 제시하여야 한다(대판 2009.3.12. 2008도763).
④ 【 O 】 제216조 제1항 제2호, 제217조 제2항

정답 ③

123 압수·수색에 대한 설명 중 가장 적절한 것은? (다툼이 있는 경우 판례에 의함)

18. 경찰승진

① 법관이 압수수색영장을 발부하면서 '압수할 물건'을 특정하기 위하여 기재한 문언의 해석에 있어서 압수수색영장에서 압수할 물건을 '압수장소에 보관중인 물건'이라고 기재하고 있는 것을 '압수장소에 현존하는 물건'으로도 해석할 수 있다.
② 범죄의 피해자인 검사가 그 사건의 수사에 관여하거나, 압수수색영장의 집행에 참여한 검사가 다시 수사에 관여하였다는 이유만으로 바로 그 수사가 위법하다거나 그에 따른 참고인이나 피의자의 진술에 임의성이 없다고 볼 수는 없다.
③ 경찰관이 이른바 전화사기죄 범행의 혐의자를 긴급체포하면서 그가 보관하고 있던 다른 사람의 주민등록증, 운전면허증 등을 압수한 경우 이를 위 혐의자의 점유이탈물횡령죄 범행에 대한 증거로 사용할 수 없다.
④ 압수수색영장을 제시하고 집행에 착수하여 압수·수색을 실시하고 그 집행을 종료한 후, 그 압수수색영장의 유효기간 내에 동일한 장소 또는 목적물에 대하여 다시 압수·수색할 필요가 있는 경우, 종전의 압수수색영장을 제시하고 다시 압수·수색할 수 있다.

해설

① 【X】 헌법과 형사소송법이 구현하고자 하는 적법절차와 영장주의의 정신에 비추어 볼 때, 법관이 압수·수색영장을 발부하면서 '압수할 물건'을 특정하기 위하여 기재한 문언은 엄격하게 해석하여야 하고, 함부로 피압수자 등에게 불리한 내용으로 확장 또는 유추 해석하여서는 안 된다. 따라서 압수·수색영장에서 압수할 물건을 '압수장소에 보관중인 물건'이라고 기재하고 있는 것을 '압수장소에 현존하는 물건'으로 해석할 수는 없다(대판 2009.3.12. 2008도763).
② 【O】 대판 2013.9.12. 2011도12918
③ 【X】 경찰관이 이른바 전화사기죄 범행의 혐의자를 긴급체포하면서 그가 보관하고 있던 다른 사람의 주민등록증, 운전면허증 등을 압수한 경우 이를 위 혐의자의 점유이탈물횡령죄 범행에 대한 증거로 사용할 수 있다(대판 2008.7.10. 2008도2245).
④ 【X】 형사소송법 제215조에 의한 압수·수색영장은 수사기관의 압수·수색에 대한 허가장으로서 거기에 기재되는 유효기간은 집행에 착수할 수 있는 종기를 의미하는 것일 뿐이므로, 수사기관이 압수·수색영장을 제시하고 집행에 착수하여 압수·수색을 실시하고 그 집행을 종료하였다면 이미 그 영장은 목적을 달성하여 효력이 상실되는 것이고, 동일한 장소 또는 목적물에 대하여 다시 압수·수색할 필요가 있는 경우라면 그 필요성을 소명하여 법원으로부터 새로운 압수·수색영장을 발부받아야 하는 것이지, 앞서 발부받은 압수·수색영장의 유효기간이 남아있다고 하여 이를 제시하고 다시 압수·수색을 할 수는 없다(대결 1999.12.1. 99모161).

정답 ②

124 다음 사법경찰관의 압수·수색 중 적법하지 않은 것은? (다툼이 있는 경우 판례에 의함) 17. 국가직

① 음주운전 중 교통사고를 당하여 의식불명 상태에 빠져 병원에 후송된 피의자에 대해 사법경찰관이 수사의 목적으로 피의자의 가족으로부터 동의를 받고 의료진에게 요청하여 피의자의 혈액을 채취하였으나 사후 압수·수색영장을 발부받지 않았다.
② 음란물유포의 범죄혐의를 이유로 압수·수색영장을 발부받은 사법경찰관이 피의자의 주거지를 수색하는 과정에서 대마를 발견하자 피의자를 마약류 관리에 관한 법률 위반죄의 현행범으로 체포하면서 대마를 압수하고 그 다음 날 피의자를 석방하면서 압수한 대마에 대해 사후 압수·수색영장을 발부받았다.
③ 사법경찰관이 현행범 체포의 현장에서 소지자로부터 임의로 제출하는 물건을 영장 없이 압수하고 사후에 압수·수색 영장을 발부받지 않았다.
④ 사법경찰관은 2017.3.1. 10:00 보이스피싱 혐의로 피의자를 긴급체포하고 그 다음 날인 3.2. 09:00 피의자가 보관하고 있던 다른 사람의 주민등록증을 발견하고 압수한 다음, 그것을 계속 압수할 필요가 있다고 판단하여 곧바로 검사에게 사후영장 청구를 신청하였고 검사는 같은 날 11:00 사후영장을 청구하였다.

해설

① 【위법】 형사소송법 제216조 제3항의 범죄장소에서의 압수로서 지체 없이 사후영장을 발부받아야 한다(대판 2012.11.15. 2011도15258).
② 【적법】 형사소송법 제216조 제1항 제2호에 따른 압수로서 적법하다(대판 2009.5.14. 2008도10914)
③ 【적법】 현행범 체포현장에서도 임의제출이 가능하고, 이 경우 사후영장을 발부받을 필요가 없다(대판 2016.2.18. 2015도13726).
④ 【적법】 긴급체포된 자가 소지한 타인의 주민등록증은 체포당시의 사정에 비추어 긴급체포사유로 된 물건으로 볼 수 있으므로 제217조 제1항에 따른 압수에 해당하여 적법하다(대판 2008.7.10. 2008도2245).

정답 ①

125 압수·수색·검증에 대한 설명 중 옳고 그름의 표시(○, ×)가 바르게 된 것은? (다툼이 있는 경우 판례에 의함)

17. 여경

> ㉠ 전자정보가 담긴 저장매체 또는 하드카피나 이미징 등 형태(이하 '복제본'이라 한다)를 수사기관 사무실 등으로 옮겨 이를 복제·탐색·출력하는 경우, 피압수자 측에 절차 참여를 보장한 취지가 실질적으로 침해되었더라도 수사기관이 저장매체 또는 복제본에서 혐의사실과 관련된 전자정보만을 복제·출력하였다면 그 압수·수색은 적법하다.
> ㉡ 압수물인 디지털 저장매체로부터 출력한 문건을 증거로 사용하기 위해서는 정보저장매체 원본에 저장된 내용과 출력한 문건의 동일성이 인정되어야 하고, 이를 위해서는 디지털 저장매체 원본이 압수 시부터 문건 출력 시까지 변경되지 않았음이 담보되어야 한다.
> ㉢ 압수·수색영장에서 압수할 물건을 '압수장소에 보관 중인 물건'이라고 기재하고 있는 것을 '압수장소에 현존하는 물건'으로 해석할 수 있다.
> ㉣ 경찰관이 이른바 전화사기죄 범행의 혐의자를 긴급체포하면서 그가 보관하고 있던 다른 사람의 주민등록증, 운전면허증 등을 압수한 경우, 이는 구 「형사소송법」 제217조 제1항에서 규정한 해당 범죄사실의 수사에 필요한 범위 내의 압수가 아니므로 이를 위 혐의자의 점유이탈물횡령죄 범행에 대한 유죄의 증거로 사용할 수 없다.
> ㉤ 경찰관이 음주운전자를 단속하면서 주취운전이라는 범죄행위로 체포·구속하지 아니한 경우에도 필요하다면 그 음주운전자의 차량열쇠는 영장 없이 압수할 수 있다.

① ㉠ × ㉡ ○ ㉢ × ㉣ × ㉤ ○
② ㉠ ○ ㉡ × ㉢ ○ ㉣ × ㉤ ×
③ ㉠ ○ ㉡ ○ ㉢ ○ ㉣ ○ ㉤ ○
④ ㉠ × ㉡ × ㉢ × ㉣ ○ ㉤ ×

해설

㉠【×】저장매체에 대한 압수·수색 과정에서 범위를 정하여 출력 또는 복제하는 방법이 불가능하거나 압수의 목적을 달성하기에 현저히 곤란한 예외적인 사정이 인정되어 전자정보가 담긴 저장매체 또는 하드카피나 이미징 등 형태(이하 '복제본'이라 한다)를 수사기관 사무실 등으로 옮겨 복제·탐색·출력하는 경우에도, 그와 같은 일련의 과정에서 형사소송법 제219조, 제121조에서 규정하는 피압수·수색 당사자(이하 '피압수자'라 한다)나 변호인에게 참여의 기회를 보장하고 혐의사실과 무관한 전자정보의 임의적인 복제 등을 막기 위한 적절한 조치를 취하는 등 영장주의 원칙과 적법절차를 준수하여야 한다. 만약 그러한 조치가 취해지지 않았다면 피압수자 측이 참여하지 아니한다는 의사를 명시적으로 표시하였거나 절차 위반행위가 이루어진 과정의 성질과 내용 등에 비추어 피압수자 측에 절차 참여를 보장한 취지가 실질적으로 침해되었다고 볼 수 없을 정도에 해당한다는 등의 특별한 사정이 없는 이상 압수·수색이 적법하다고 평가할 수 없고, 비록 수사기관이 저장매체 또는 복제본에서 혐의사실과 관련된 전자정보만을 복제·출력하였다 하더라도 달리 볼 것은 아니다(대결 2015.7.16. 2011모1839 전합).

㉡【○】대판 2013.7.26. 2013도2511

㉢【×】헌법과 형사소송법이 구현하고자 하는 적법절차와 영장주의의 정신에 비추어 볼 때, 법관이 압수·수색영장을 발부하면서 '압수할 물건'을 특정하기 위하여 기재한 문언은 엄격하게 해석하여야 하고, 함부로 피압수자 등에게 불리한 내용으로 확장 또는 유추 해석하여서는 안 된다. 따라서 압수·수색영장에서 압수할 물건을 '압수장소에 보관 중인 물건'이라고 기재하고 있는 것을 '압수장소에 현존하는 물건'으로 해석할 수는 없다(대판 2009.3.12. 2008도763).

㉣【×】경찰관이 이른바 전화사기죄 범행의 혐의자를 긴급체포하면서 그가 보관하고 있던 다른 사람의 주민등록증, 운전면허증 등을 압수한 사안에서, 이는 구 형사소송법(2007.6.1. 법률 제8496호로 개정되기 전의 것) 제217조 제1항에서 규정한 해당 범죄사실의 수사에 필요한 범위 내의 압수로서 적법하므로, 이를 위 혐의자의 점유이탈물횡령죄 범행에 대한 증거로 인정한 사례(대판 2008.7.10. 2008도2245).

㉤【○】대판 1998.5.8. 97다54482

정답 ①

126 압수·수색에 대한 설명으로 옳지 않은 것은? (다툼이 있는 경우 판례에 의함)

17. 검찰 7급

① 법원은 압수·수색영장 집행 사실을 미리 알려주면 증거물을 은닉할 염려가 있어 압수·수색의 실효를 거두기 어려울 경우에는 영장 집행의 일시와 장소를 피고인 또는 변호인에게 미리 통지하지 않을 수 있다.
② 우편물 통관검사절차에서 압수·수색영장 없이 우편물의 개봉, 시료채취, 성분분석 등 검사가 진행되었다면 이 검사는 특별한 사정이 없는 한 위법하다.
③ 수사기관이 압수·수색영장 집행 과정에서 영장 발부의 사유인 범죄 혐의사실과 무관한 별개의 증거를 압수하였다가 피압수자 등에게 환부하고 후에 이를 다시 임의제출받아 압수한 경우 검사가 위 압수물 제출의 임의성을 증명하면 이를 유죄 인정의 증거로 사용할 수 있다.
④ 수사기관의 압수물 환부 처분의 취소를 구하는 준항고는 소송계속 중 준항고로써 달성하고자 하는 목적이 이미 이루어졌거나 시일의 경과 등으로 그 이익이 상실된 경우에는 부적법하게 된다.

> **해설**

① 【 O 】 피의자 또는 변호인은 압수·수색영장의 집행에 참여할 수 있고(제219조, 제121조), 압수·수색영장을 집행함에는 원칙적으로 미리 집행의 일시와 장소를 피의자 등에게 통지하여야 하나(제122조 본문), '급속을 요하는 때'에는 위와 같은 통지를 생략할 수 있다(제122조 단서). 여기서 '급속을 요하는 때'라고 함은 압수·수색영장 집행 사실을 미리 알려주면 증거물을 은닉할 염려 등이 있어 압수·수색의 실효를 거두기 어려울 경우라고 해석함이 옳고, 그와 같이 합리적인 해석이 가능하므로 형사소송법 제122조 단서가 명확성의 원칙 등에 반하여 위헌이라고 볼 수 없다(대판 2012.10.11. 2012도7455).
② 【 X 】 관세법 제246조 제1항, 제2항, 제257조, '국제우편물 수입통관 사무처리'(2011.9.30. 관세청고시 제2011-40호) 제1-2조 제2항, 제1-3조, 제3-6조, 구 '수출입물품 등의 분석사무 처리에 관한 시행세칙'(2013.1.4. 관세청훈령 제1507호로 개정되기 전의 것) 등과 관세법이 관세의 부과·징수와 아울러 수출입물품의 통관을 적정하게 함을 목적으로 한다는 점(관세법 제1조)에 비추어 보면, 우편물 통관검사절차에서 이루어지는 우편물의 개봉, 시료채취, 성분분석 등의 검사는 수출입물품에 대한 적정한 통관 등을 목적으로 한 행정조사의 성격을 가지는 것으로서 수사기관의 강제처분이라고 할 수 없으므로, 압수·수색영장 없이 우편물의 개봉, 시료채취, 성분분석 등 검사가 진행되었다 하더라도 특별한 사정이 없는 한 위법하다고 볼 수 없다(대판 2013.9.26. 2013도7718).
③ 【 O 】 검사 또는 사법경찰관은 범죄수사에 필요한 때에는 피의자가 죄를 범하였다고 의심할 만한 정황이 있는 경우에 판사로부터 발부받은 영장에 의하여 압수·수색을 할 수 있으나, 압수·수색은 영장 발부의 사유로 된 범죄 혐의사실과 관련된 증거에 한하여 할 수 있으므로, 영장 발부의 사유로 된 범죄 혐의사실과 무관한 별개의 증거를 압수하였을 경우 이는 원칙적으로 유죄 인정의 증거로 사용할 수 없다. 다만 수사기관이 별개의 증거를 피압수자 등에게 환부하고 후에 임의제출받아 다시 압수하였다면 증거를 압수한 최초의 절차 위반행위와 최종적인 증거수집 사이의 인과관계가 단절되었다고 평가할 수 있으나, 환부 후 다시 제출하는 과정에서 수사기관의 우월적 지위에 의하여 임의제출 명목으로 실질적으로 강제적인 압수가 행하여질 수 있으므로, 제출에 임의성이 있다는 점에 관하여는 검사가 합리적 의심을 배제할 수 있을 정도로 증명하여야 하고, 임의로 제출된 것이라고 볼 수 없는 경우에는 증거능력을 인정할 수 있다(대판 2016.3.10. 2013도11233).
④ 【 O 】 대결 2015.10.15. 2013모1970

> **정답** ②

127 압수·수색의 절차에 대한 설명으로 가장 적절하지 않은 것은? (다툼이 있는 경우 판례에 의함)

18. 경찰채용 2차

① 수사기관이 압수·수색에 착수하면서 그 장소의 관리책임자에게 영장을 제시하였더라도, 물건을 소지하고 있는 다른 사람으로부터 이를 압수하고자 하는 때에는 그 사람에게 따로 영장을 제시하여야 한다.
② 세관공무원이 「마약류 불법거래 방지에 관한 특례법」 제4조 제1항에 따른 조치의 일환으로 검사의 요청에 따라 특정한 수출입물품을 개봉하여 검사하고 그 내용물의 점유를 취득한 행위는 범죄수사인 압수 또는 수색에 해당하여 사전 또는 사후에 영장을 받아야 한다.
③ 수사기관이 압수·수색영장을 제시하고 집행에 착수하여 압수·수색을 실시하고 그 집행을 종료하였는데 동일한 장소 또는 목적물에 대하여 다시 압수·수색할 필요가 있는 경우, 법원으로부터 새로운 압수·수색영장을 발부받아야 하고, 앞서 발부 받은 영장의 유효기간이 남아있다고 하여 이를 제시하고 다시 압수·수색을 할 수는 없다.
④ 압수·수색영장에서 압수할 물건을 '압수장소에 보관 중인 물건'이라고 기재하고 있다면 압수대상물의 장소적 특정이라는 그 문언해석의 취지상 압수대상물을 '압수장소에 현존하는 물건'으로 해석하는 것이 가능하다.

[해설]
① 【 O 】 대판 2009.3.12. 2008도763
② 【 O 】 대판 2017.7.18. 2014도8719
③ 【 O 】 대결 1999.12.1. 99모161
④ 【 X 】 압수·수색영장에서 압수할 물건을 '압수장소에 보관 중인 물건'이라고 기재하고 있는 것을 '압수장소에 현존하는 물건'으로 해석할 수 없다(대판 2009.3.12. 2008도763)

정답 ④

128 수사상 압수·수색·검증에 대한 설명으로 가장 적절하지 않은 것은? (다툼이 있는 경우 판례에 의함)

18. 경찰채용 3차

① 수사기관이 피의자 등을 참여시킨 상태에서 정보저장매체에 기억된 정보 중에서 키워드 또는 확장자 검색 등을 통해 범죄 혐의사실과 관련 있는 정보를 선별한 다음 정보저장매체와 동일하게 비트열 방식으로 복제하여 생성한 이미지 파일을 제출받아 적법하게 압수하였다면, 이로써 압수의 목적물에 대한 압수·수색 절차는 종료된 것이므로, 수사기관이 수사기관 사무실에서 이와 같이 압수된 이미지 파일을 탐색·복제·출력하는 과정에서는 피의자 등에게 참여의 기회를 보장하여야 하는 것은 아니다.
② 압수·수색영장에서 압수할 물건을 '압수장소에 보관 중인 물건'이라고 기재하고 있는 것을 '압수장소에 현존하는 물건'으로 해석할 수는 없다.
③ 수사기관이 인터넷서비스이용자인 피의자를 상대로 피의자의 컴퓨터 등 정보처리장치 내에 저장되어 있는 이메일 등 전자정보를 압수·수색하는 것은 전자정보의 소유자 내지 소지자를 상대로 해당 전자정보를 압수·수색하는 대물적 강제처분으로 「형사소송법」의 해석상 허용된다.
④ 지방법원 판사가 한 압수·수색·검증영장 발부 여부에 관한 재판에 대하여는 「형사소송법」 제416조에서 규정한 준항고의 방법으로 불복할 수 있다.

해설

① 【 O 】 대판 2018.2.8. 2017도13263
② 【 O 】 대판 2009.3.12. 2008도763
③ 【 O 】 대판 2017.11.29. 2017도9747
④ 【 X 】 형사소송법 제416조는 재판장 또는 수명법관이 한 재판에 대한 준항고에 관하여 규정하고 있는바, 여기에서 말하는 '재판장 또는 수명법관'이라 함은 수소법원의 구성원으로서의 재판장 또는 수명법관만을 가리키는 것이어서, 수사기관의 청구에 의하여 압수영장 등을 발부하는 독립된 재판기관인 지방법원 판사가 이에 해당된다고 볼 수 없으므로, 지방법원 판사가 한 압수영장발부의 재판에 대하여는 위 조항에서 정한 준항고로 불복할 수 없고, 나아가 같은 법 제402조, 제403조에서 규정하는 항고는 법원이 한 결정을 그 대상으로 하는 것이므로 법원의 결정이 아닌 지방법원 판사가 한 압수영장발부의 재판에 대하여 그와 같은 항고의 방법으로도 불복할 수 없다(대결 1997.9.29. 97모66).

정답 ④

129 압수·수색에 대한 설명으로 가장 적절하지 않은 것은? (다툼이 있는 경우 판례에 의함)
19. 경찰채용 2차

① 수사기관의 압수·수색은 법관이 발부한 압수·수색영장에 의하여야 하는 것이 원칙이고, 그 영장에는 피의자의 성명, 압수할 물건, 수색할 장소·신체·물건과 압수·수색의 사유 등이 특정되어야 하며, 피의자 아닌 자의 신체 또는 물건은 압수할 물건이 있음을 인정할 수 있는 경우에 한하여 수색할 수 있다.
② 법관이 압수·수색영장을 발부하면서 '압수할 물건'을 특정하기 위하여 기재한 문언은 엄격하게 해석해야 하고, 함부로 피압수자 등에게 불리한 내용으로 확장 또는 유추해석해서는 안되므로, 압수·수색영장에서 압수할 물건을 '압수장소에 보관 중인 물건'이라고 기재하고 있는 것을 '압수장소에 현존하는 물건'으로 해석할 수는 없다.
③ 피의자의 컴퓨터 내에 저장되어 있는 이메일 등 전자정보를 압수·수색하는 것은 전자정보의 소유자 내지 소지자를 상대로 해당 전자정보를 압수·수색하는 대물적 강제처분으로 「형사소송법」의 해석상 허용된다.
④ 영장에 수색할 장소를 특정하도록 한 취지에 비추어 보면, 수색장소에 있는 정보처리장치를 이용하여 정보통신망으로 연결된 원격지의 저장매체에서 수색장소에 있는 정보처리장치로 전자정보를 내려 받아 이를 압수하는 것은 압수·수색영장에서 허용한 집행의 장소적 범위를 위법하게 확대하는 것이다.

해설

① 【 O 】 제109조 제2항
② 【 O 】 대판 2009.3.12. 2008도763
③ 【 O 】 대판 2017.11.29. 2017도9747
④ 【 X 】 형사소송법 제109조 제1항, 제114조 제1항에서 영장에 수색할 장소를 특정하도록 한 취지와 정보통신망으로 연결되어 있는 한 정보처리장치 또는 저장매체 간 이전, 복제가 용이한 전자정보의 특성 등에 비추어 보면, 수색장소에 있는 정보처리장치를 이용하여 정보통신망으로 연결된 원격지의 저장매체에 접속하는 것이 위와 같은 형사소송법의 규정에 위반하여 압수·수색영장에서 허용한 집행의 장소적 범위를 확대하는 것이라고 볼 수 없다. 수색행위는 정보통신망을 통해 원격지의 저장매체에서 수색장소에 있는 정보처리장치로 내려받거나 현출된 전자정보에 대하여 위 정보처리장치를 이용하여 이루어지고, 압수행위는 위 정보처리장치에 존재하는 전자정보를 대상으로 그 범위를 정하여 이를 출력 또는 복제하는 방법으로 이루어지므로, 수색에서 압수에 이르는 일련의 과정이 모두 압수·수색영장에 기재된 장소에서 행해지기 때문이다(대판 2017.11.29. 2017도9747).

정답 ④

130 압수 · 수색에 대한 설명으로 가장 적절한 것은? (다툼이 있는 경우 판례에 의함) 19. 경찰채용 2차

① 검사나 사법경찰관은 현행범체포 현장이나 범죄 장소에서 소지자 등이 임의로 제출하는 물건을 영장 없이 압수할 수 있으나, 이 경우 사후에 영장을 받아야 한다.
② 범행 중 또는 범행 직후의 범죄 장소에서 영장 없이 압수 · 수색 또는 검증을 할 수 있도록 규정한 「형사소송법」 제216조 제3항의 요건 중 어느 하나라도 갖추지 못한 경우, 그 압수 · 수색 또는 검증은 위법하나 사후에 법원으로부터 영장을 발부받았다면 그 위법성이 치유된다.
③ 검사가 압수 · 수색영장의 효력이 상실되었음에도 다시 그 영장에 기하여 피의자의 주거에 대한 압수 · 수색을 실시하여 증거물 또는 몰수할 것으로 사료되는 물건을 압수한 경우 압수 자체가 위법하게 됨은 별론으로 하더라도 몰수의 효력에는 영향을 미치지 않는다.
④ 압수 · 수색영장은 현장에서 피압수자가 여러 명일 경우에는 그들 모두에게 개별적으로 영장을 제시해야 하나, 그 장소의 관리책임자에게 영장을 제시하였다면 압수하고자 하는 물건을 소지하고 있는 사람에게는 따로 영장을 제시할 것까지 요하지 아니한다.

[해설]
① 【X】 현행범 체포 현장이나 범죄 장소에서도 소지자 등이 임의로 제출하는 물건은 위 조항에 의하여 영장 없이 압수할 수 있고, 이 경우에는 검사나 사법경찰관이 사후에 영장을 받을 필요가 없다(대판 2016.2.18. 2015도13726).
② 【X】 범행 중 또는 범행 직후의 범죄 장소에서 긴급을 요하여 법원 판사의 영장을 받을 수 없는 때에는 영장 없이 압수 · 수색 또는 검증을 할 수 있으나, 사후에 지체 없이 영장을 받아야 한다(형사소송법 제216조 제3항). 형사소송법 제216조 제3항의 요건 중 어느 하나라도 갖추지 못한 경우에 그러한 압수 · 수색 또는 검증은 위법하며, 이에 대하여 사후에 법원으로부터 영장을 발부받았다고 하여 그 위법성이 치유되지 아니한다(대판 2017.11.29. 2014도16080).
③ 【O】 범죄행위에 제공하려고 한 물건은 범인 이외의 자의 소유에 속하지 아니하거나 범죄 후 범인 이외의 자가 정을 알면서 취득한 경우 이를 몰수할 수 있고, 한편 법원이나 수사기관은 필요한 때에는 증거물 또는 몰수할 것으로 사료하는 물건을 압수할 수 있으나, 몰수는 반드시 압수되어 있는 물건에 대하여서만 하는 것이 아니므로, 몰수대상물건이 압수되어 있는가 하는 점 및 적법한 절차에 의하여 압수되었는가 하는 점은 몰수의 요건이 아니다(대판 2003.5.30. 2003도705).
④ 【X】 수사기관이 압수 · 수색에 착수하면서 그 장소의 관리책임자에게 영장을 제시하였다고 하더라도, 물건을 소지하고 있는 다른 사람으로부터 이를 압수하고자 하는 때에는 그 사람에게 따로 영장을 제시하여야 한다(대판 2009.3.12. 2008도763).

정답 ③

131 압수 · 수색에 대한 설명으로 가장 적절하지 않은 것은? (다툼이 있는 경우 판례에 의함) 21. 경찰승진

① 압수 · 수색영장의 유효기간 내에서 동일한 영장으로 동일한 장소에서 수회 압수 · 수색하는 것은 허용된다.
② 압수 · 수색영장의 집행 중에는 타인의 출입을 금지할 수 있고, 이를 위배한 자에게는 퇴거하게 하거나 집행 종료시까지 간수자를 붙일 수 있다.
③ 압수 · 수색영장의 제시가 현실적으로 불가능한 경우, 영장을 제시하지 아니한 채 압수 · 수색을 하더라도 위법하다고 볼 수 없다.
④ 압수 · 수색영장의 집행은 주간에 하는 것이 원칙이고, 야간에 집행하기 위해서는 압수 · 수색영장에 야간집행을 할 수 있다는 기재가 있어야 하나, 도박 기타 풍속을 해하는 행위에 상용된다고 인정하는 장소에서 압수 · 수색영장을 집행함에는 그러한 제한을 받지 아니한다.

해설

① 【 X 】 형사소송법 제215조에 의한 압수·수색영장은 수사기관의 압수·수색에 대한 허가장으로서 거기에 기재되는 유효기간은 집행에 착수할 수 있는 종기를 의미하는 것일 뿐이므로, 수사기관이 압수·수색영장을 제시하고 집행에 착수하여 압수·수색을 실시하고 그 집행을 종료하였다면 이미 그 영장은 목적을 달성하여 효력이 상실되는 것이고, 동일한 장소 또는 목적물에 대하여 다시 압수·수색할 필요가 있는 경우라면 그 필요성을 소명하여 법원으로부터 새로운 압수·수색영장을 발부받아야 하는 것이지, 앞서 발부받은 압수·수색영장의 유효기간이 남아있다고 하여 이를 제시하고 다시 압수·수색을 할 수는 없다(대결 1999.12.1. 99모161).
② 【 O 】 제119조
③ 【 O 】 대판 2015.1.22. 2014도10978
④ 【 O 】 제125조, 제126조 제1호

정답 ①

132 압수·수색에 대한 설명으로 가장 적절하지 않은 것은? (다툼이 있는 경우 판례에 의함)   21. 경찰채용 1차

① 설령 피압수자가 수사기관에 압수·수색영장의 집행에 참여하지 않는다는 의사를 명시하였다고 하더라도, 특별한 사정이 없는 한 그 변호인에게는 미리 집행의 일시와 장소를 통지하는 등으로 압수·수색영장의 집행에 참여할 기회를 별도로 보장하여야 한다.
② 압수·수색영장을 집행하는 수사기관은 원칙적으로 피압수자로 하여금 법관이 발부한 영장에 의한 압수·수색이라는 사실을 확인함과 동시에 「형사소송법」이 압수·수색영장에 필요적으로 기재하도록 정한 사항이나 그와 일체를 이루는 사항을 충분히 알 수 있도록 압수·수색영장을 제시하여야 한다.
③ 저장매체에 대한 압수·수색 과정에서 압수의 목적을 달성하기에 현저히 곤란한 예외적인 사정이 인정되어 전자정보가 담긴 저장매체 등을 수사기관 사무실 등으로 옮겨 복제·탐색·출력하는 경우에도 피압수자나 변호인에게 참여 기회를 보장하여야 하는데, 이는 수사기관이 저장매체 등에서 혐의사실과 관련된 전자정보만을 복제·출력하는 경우에도 마찬가지이다.
④ 검사나 사법경찰관에게는 현행범 체포현장에서 소지자 등이 임의로 제출하는 물건을 「형사소송법」 제218조에 의하여 영장 없이 압수하는 것이 허용되는데, 이후 검사나 사법경찰관이 압수한 물건을 계속 압수할 필요가 있는 경우에는 지체 없이 영장을 청구하여야 한다.

해설

① 【 O 】 대판 2020.11.26. 2020도10729
② 【 O 】 대판 2017.9.21. 2015도12400
③ 【 O 】 대판 2012.3.29. 2011도10508
④ 【 X 】 범죄를 실행 중이거나 실행 직후의 현행범인은 누구든지 영장 없이 체포할 수 있고(형사소송법 제212조), 검사 또는 사법경찰관은 피의자 등이 유류한 물건이나 소유자·소지자 또는 보관자가 임의로 제출한 물건을 영장 없이 압수할 수 있으므로(제218조), 현행범 체포현장이나 범죄 현장에서도 소지자 등이 임의로 제출하는 물건을 형사소송법 제218조에 의하여 영장 없이 압수하는 것이 허용되고, 이 경우 검사나 사법경찰관은 별도로 사후에 영장을 받을 필요가 없다(대판 2020.4.9. 2019도17142).

정답 ④

133 압수·수색에 관한 설명으로 가장 적절하지 않은 것은? (다툼이 있는 경우 판례에 의함)

21. 경찰채용 2차

① 사법경찰관은 긴급체포된 자가 소유·소지 또는 보관하는 물건에 대하여 긴급히 압수할 필요가 있는 경우에는 체포한 때부터 24시간 이내에 한하여 영장 없이 압수·수색 또는 검증을 할 수 있으며, 이 경우 압수·수색 또는 검증은 체포현장이 아닌 장소에서도 할 수 있다.

② 경찰관이 현행범인 체포 당시 임의제출 방식으로 피의자로부터 압수한 휴대전화기에 대하여 작성한 압수조서 중 압수경위란에 피의자의 범행을 직접 목격한 사람의 진술이 기재된 경우, 이는 형사소송법 제312조 제5항에서 정한 '피고인이 아닌 자가 수사과정에서 작성한 진술서'에 준하며, 휴대전화기에 대한 임의제출 절차가 적법하지 않다면 압수조서에 기재된 진술은 증거로 할 수 없다.

③ 사법경찰관은 소유자·소지자 또는 보관자가 임의로 제출한 물건을 영장 없이 압수할 수 있으므로, 현행범 체포현장이나 범죄 현장에서도 소지자 등이 임의로 제출하는 물건을 영장 없이 압수하는 것이 허용되고, 이 경우 별도로 사후에 영장을 받을 필요가 없다.

④ 사법경찰관은 피의사실이 중대하고 범죄혐의가 명백함에도 불구하고 피의자가 장시간의 설득에도 소변의 임의제출을 거부하면서 영장집행에 저항하여 다른 방법으로 수사 목적을 달성하기 곤란하다고 판단한 때에는, '압수·수색영장의 집행에 필요한 처분'으로 필요최소한의 한도 내에서 피의자를 강제로 인근병원으로 데리고 가서 의사로 하여금 피의자의 신체에서 소변을 채취하는 것이 허용된다.

해설

① 【 O 】 대판 2017.9.12. 2017도10309
② 【 X 】 피고인이 지하철역 에스컬레이터에서 휴대전화기의 카메라를 이용하여 성명불상 여성 피해자의 치마 속을 몰래 촬영하다가 현행범으로 체포되어 성폭력범죄의 처벌 등에 관한 특례법 위반(카메라등이용촬영)으로 기소된 사안에서, 피고인은 공소사실에 대해 자백하고 검사가 제출한 모든 서류에 대하여 증거로 함에 동의하였는데, 그 서류들 중 체포 당시 임의제출 방식으로 압수된 피고인 소유 휴대전화기(이하 '휴대전화기'라고 한다)에 대한 압수조서의 '압수경위'란에 '지하철역 승강장 및 게이트 앞에서 경찰관이 지하철범죄 예방·검거를 위한 비노출 잠복근무 중 검정 재킷, 검정 바지, 흰색 운동화를 착용한 20대가량 남성이 짧은 치마를 입고 에스컬레이터를 올라가는 여성을 쫓아가 뒤에 밀착하여 치마 속으로 휴대폰을 집어넣는 등 해당 여성의 신체를 몰래 촬영하는 행동을 하였다'는 내용이 포함되어 있고, 그 하단에 피고인의 범행을 직접 목격하면서 위 압수조서를 작성한 사법경찰관 및 사법경찰리의 각 기명날인이 들어가 있으므로, 위 압수조서 중 '압수경위'란에 기재된 내용은 피고인이 범행을 저지르는 현장을 직접 목격한 사람의 진술이 담긴 것으로서 형사소송법 제312조 제5항에서 정한 '피고인이 아닌 자가 수사과정에서 작성한 진술서'에 준하는 것으로 볼 수 있고, 이에 따라 휴대전화기에 대한 임의제출 절차가 적법하였는지에 영향을 받지 않는 별개의 독립적인 증거에 해당하여, 피고인이 증거로 함에 동의한 이상 유죄를 인정하기 위한 증거로 사용할 수 있을 뿐 아니라 피고인의 자백을 보강하는 증거가 된다고 볼 여지가 많다는 이유로, 이와 달리 피고인의 자백을 뒷받침할 보강증거가 없다고 보아 무죄를 선고한 원심판결에 자백의 보강증거 등에 관한 법리를 오해하거나 필요한 심리를 다하지 아니한 잘못이 있다고 한 사례(대판 2019.11.14. 2019도13290).
③ 【 O 】 대판 2016.2.18. 2015도13726
④ 【 O 】 대판 2018.7.12. 2018도6219

정답 ②

134. 압수·수색에 대한 설명으로 옳지 않은 것만을 모두 고르면? (다툼이 있는 경우 판례에 의함)

21. 국가직

㉠ 수사기관이 정보저장매체에 기억된 정보 중에서 범죄혐의사실과 관련 있는 정보를 선별한 다음, 선별한 파일을 복제하여 생성한 파일을 제출받아 적법하게 압수하였다면 수사기관 사무실에서 위와 같이 압수된 이미지 파일을 탐색·복제·출력하는 과정에서 피의자 등에게 참여의 기회를 보장하여야 하는 것은 아니다.

㉡ 영장담당판사가 발부한 압수·수색영장에 법관의 서명이 있다면 비록 날인이 없다고 하더라도 그 압수·수색영장은 「형사소송법」이 정한 요건을 갖추지 못하였다고 볼 수는 없다.

㉢ 압수·수색영장의 피처분자가 현장에 없거나 현장에서 그를 발견할 수 없는 등 영장제시가 현실적으로 불가능한 경우에도 영장을 제시하지 아니한 채 압수·수색을 하면 위법하다.

㉣ 수사기관이 압수·수색영장을 집행하면서 압수·수색 대상 기관에 팩스로 영장 사본을 송신하기만 하였을 뿐 영장 원본을 제시하거나 압수조서와 압수물 목록을 작성하여 피압수·수색 당사자에게 교부하지도 않았다면 그 압수·수색은 위법하다.

① ㉠, ㉡ ② ㉠, ㉣ ③ ㉡, ㉢ ④ ㉢, ㉣

해설

㉠【O】대판 2018.2.8. 2017도13263

㉡【X】압수·수색영장에는 피의자의 성명, 죄명, 압수할 물건, 수색할 장소, 신체, 물건, 발부 연월일, 유효기간과 그 기간을 경과하면 집행에 착수하지 못하며 영장을 반환하여야 한다는 취지, 그 밖에 대법원규칙으로 정한 사항을 기재하고 영장을 발부하는 법관이 서명·날인하여야 한다(형사소송법 제219조, 제114조 제1항 본문). 이 사건 영장은 법관의 서명·날인란에 서명만 있고 날인이 없으므로, 형사소송법이 정한 요건을 갖추지 못하여 적법하게 발부되었다고 볼 수 없다(대판 2019.7.11. 2018도20504).

㉢【X】형사소송법 제219조가 준용하는 제118조는 "압수·수색영장은 처분을 받는 자에게 반드시 제시하여야 한다."고 규정하고 있으나, 이는 영장제시가 현실적으로 가능한 상황을 전제로 한 규정으로 보아야 하고, 피처분자가 현장에 없거나 현장에서 그를 발견할 수 없는 경우 등 영장제시가 현실적으로 불가능한 경우에는 영장을 제시하지 아니한 채 압수·수색을 하더라도 위법하다고 볼 수 없다(대판 2015.1.22. 2014도10978 전합).

㉣【O】대판 2017.9.12. 2015도10648

정답 ③

135 압수·수색에 대한 설명으로 옳은 것은? (다툼이 있는 경우 판례에 의함)

21. 국가직

① 증거물을 압수하였을 때에는 압수조서 및 압수목록을 작성하여야 하지만, 수색한 결과 증거물이 없는 경우에는 그 취지의 증명서를 교부할 필요는 없다.
② 수사기관이 압수·수색영장을 제시하고 압수·수색을 실시하여 그 집행을 종료하였다 하더라도 영장의 유효기간이 남아 있다면 아직 그 영장의 효력이 상실되지 않았으므로, 동일한 장소에 대하여 다시 압수·수색할 수 있다.
③ 수사기관이 압수·수색영장 집행과정에서 영장발부의 사유인 범죄혐의사실과 무관한 별개의 증거를 압수하였다가 피압수자에게 환부하고 후에 이를 다시 임의제출받아 압수한 경우, 검사가 위 압수물 제출의 임의성을 합리적인 의심을 배제할 수 있을 정도로 증명하여 임의성이 인정된다면 이를 유죄 인정의 증거로 사용할 수 있다.
④ 압수·수색할 전자정보가 영장에 기재된 수색장소에 있는 정보처리장치에 있지 않고 그 정보처리장치와 정보통신망으로 연결되어 제3자가 관리하고 있는 원격지의 저장매체에 저장되어 있는 경우, 수사기관이 압수·수색영장에 기재되어 있는 압수할 물건을 적법한 절차와 집행방법에 따라 수색장소의 정보처리장치를 이용하여 원격지의 저장매체에 접속하였다 하더라도 이와 같은 압수·수색은 형사소송법에 위반된다.

해설

① 【X】 수색한 경우에 증거물 또는 몰수할 물건이 없는 때에는 그 취지의 증명서를 교부하여야 한다(제128조).
② 【X】 수사기관이 압수·수색영장을 제시하고 집행에 착수하여 압수·수색을 실시하고 그 집행을 종료하였다면 이미 그 영장은 목적을 달성하여 효력이 상실되는 것이고, 동일한 장소 또는 목적물에 대하여 다시 압수·수색할 필요가 있는 경우라면 그 필요성을 소명하여 법원으로부터 새로운 압수·수색영장을 발부받아야 하는 것이지, 앞서 발부받은 압수·수색영장의 유효기간이 남아 있다고 하여 이를 제시하고 다시 압수·수색을 할 수는 없다(대결 1999.12.1. 99모161).
③ 【O】 대판 2016.3.10. 2013도11233
④ 【X】 수사기관이 피의자의 이메일 계정에 대한 접근권한에 갈음하여 발부받은 영장에 따라 영장 기재 수색장소에 있는 컴퓨터 등 정보처리장치를 이용하여 적법하게 취득한 피의자의 이메일 계정 아이디와 비밀번호를 입력하는 등 피의자가 접근하는 통상적인 방법에 따라 원격지의 저장매체에 접속하고 그곳에 저장되어 있는 피의자의 이메일 관련 전자정보를 수색장소의 정보처리장치로 내려받거나 그 화면에 현출시키는 것 역시 피의자의 소유에 속하거나 소지하는 전자정보를 대상으로 이루어지는 것이므로, 해당 전자정보를 압수·수색하는 대물적 강제처분으로 형사소송법의 해석상 허용된다(대판 2017.11.29. 2017도9747).

정답 ③

136 아래 [사안의 전제]를 참고할 때, 전자정보 압수·수색에 관한 [문제 사례]에서 사법경찰관 P의 조치 중 적법하지 않은 것은 모두 몇 개인가? (다툼이 있는 경우 판례에 의함)

25. 경찰승진

[사안의 전제] ● 전제 외 특별한 사정은 고려하지 않음
사법경찰관 P는 피의자 甲의 기부금품의 모집 및 사용에 관한 법률 위반 혐의를 수사하던 중 '압수할 물건'을 '정보처리장치(컴퓨터, 노트북, 태블릿 등) 및 정보저장매체(USB, 외장하드 등)에 저장되어 있는 본건 범죄사실에 해당하는 회계, 회의 관련 전자정보'로 하는 압수·수색영장을 발부받아 甲의 참여권을 보장한 상태에서 사무실에 대한 압수·수색에 착수하였다.

[문제 사례]
P는 책상 위에서 甲의 노트북을 발견하고 ㉠ 전자정보를 탐색하고자 전원을 눌렀으나 노트북이 켜지지 않고 이미징도 되지 않아 봉인하여 반출하였고, 甲이 소지하고 있던 ㉡ 휴대전화도 압수하면서 甲이 휴대전화의 잠금을 해제해 주지 않아 봉인하여 반출하였다. 甲은 압수·수색 중 변호인을 선임하였다는 사실과 이후 자신은 압수·수색 과정에는 불참하겠다는 의사를 밝혔고, ㉢ P는 甲과 변호인에 대한 별도 통지 없이 피의자 측의 참여가 없는 상태에서 디지털포렌식 과정을 거쳐 전자정보를 탐색하던 중 ㉣ 여고생들에 대한 불법 촬영 동영상 30개와 사진 등을 발견하고 출력한 뒤 보충 조사를 통해 범행 사실을 인지하고 압수·수색영장을 발부받아 증거물로 압수하였다.

① 1개   ② 2개   ③ 3개   ④ 4개

해설

㉠ 【O】 甲의 노트북은 압수·수색영장에 기재된 압수대상물 중의 하나이다. 전자정보에 대한 압수·수색영장의 집행에 있어서는 원칙적으로 영장 발부의 사유로 된 혐의사실과 관련된 부분만을 문서 출력물로 수집하거나 수사기관이 휴대한 저장매체에 해당 파일을 복사하는 방식으로 이루어져야 하고, 집행현장의 사정상 위와 같은 방식에 의한 집행이 불가능하거나 현저히 곤란한 부득이한 사정이 있더라도 그 같은 경우에 그 저장매체 자체를 직접 또는 하드카피나 이미징 등 형태로 수사기관 사무실 등 외부로 반출하여 해당 파일을 압수·수색할 수 있도록 영장에 기재되어 있고 실제 그와 같은 사정이 발생한 때에 한하여 예외적으로 허용될 수 있을 뿐이다(대결 2011.5.26. 2009모1190; 대판 2012.3.29. 2011도10508). 설문에서는 집행현장의 사정상 이와 현장에서 집행을 할 수 없으므로 이를 반출할 수 있는 사유는 존재한다. 이를 기준으로 외부반출이 적법하다는 취지에서 출제한 것으로 볼 수 있다. 다만, 사전에 외부로 반출하여 압수할 수 있도록 영장에 기재되어 있다는 사실이 전제되어 있지 않아 어느 정도의 오답시비는 발생할 수 있는 지문으로 볼 수 있다. 대법원 2024.9.25.자 2024모2020 결정에서 설문과 유사한 사실관계가 제시되었는데, 해당사건에서는 외부반출이 가능함이 영장에 기재되었는지 여부에 대해 피고인 측의 다툼이 없는 것으로 보아 외부반출이 가능하다는 점이 기재되어 있던 사안으로 보인다. 그러나, 출제단계에서 이 부분에 대한 검토가 빠진 것은 아쉬울 수밖에 없다.

㉡ 【X】 휴대전화는 정보처리장치나 정보저장매체의 특성을 가지고 있기는 하나, 기본적으로 통신매체의 특성을 가지고 있어 컴퓨터, 노트북 등 정보처리장치나 USB, 외장하드 등 정보저장매체와는 명확히 구별되는 특성을 가지고 있다. 휴대전화, 특히 스마트폰에는 통신의 비밀이나 사생활에 관한 방대하고 광범위한 정보가 집적되어 있는 등 휴대전화에 저장된 전자정보는 컴퓨터나 USB 등에 저장된 전자정보와는 그 분량이나 내용, 성격 면에서 현저한 차이가 있으므로, 압수·수색영장에 기재된 '압수할 물건'에 휴대전화에 저장된 전자정보가 포함되어 있지 않다면, 특별한 사정이 없는 한 그 영장으로 휴대전화에 저장된 전자정보를 압수할 수는 없다고 보아야 한다(대결 2024.10.8. 2024모2020).

㉢ 【X】 변호인의 압수·수색 참여권은 고유권으로서 피의자의 참여권과 별도로 보장된다. 따라서 피의자 甲이 압수·수색과정에 불참하겠다는 의사를 밝혔다 하더라도 변호인에게는 별도로 사전통지 및 참여권보장조치가 이루어져야 한다. 특히, 디지털포렌식 과정은 통상 수사기관의 사무실에서 이루어지므로 증거인멸의 가능성이 있다고 볼 수 없어 변호인에게 미리 통지하지 않고 변호인의 참여권을 침해한 것은 위법하다.

㉣ 【X】 압수·수색영장이 발부된 범죄사실은 "피의자 甲의 기부금품의 모집 및 사용에 관한 법률 위반 혐의"이다. 형사소송법 제215조 제2항은 혐의와의 관련성이 있는 물건에 한하여 압수·수색할 수 있도록 하고 있고 이때 관련성이란 인적 관련성과 객관적 관련성을 의미하는데, 甲의 범죄사실이라는 점에서 인적 관련성은 인정할 수 있다. 그런데 압수된 불법촬영동영상 30개와 사진은 기부금품모집 및 사용에 관한 법률위반혐의와 혐의사실 자체가 다르고 기본적 사실관계가 동일하지 않다. 나아가 동기, 경위, 수단, 방법 등에 대한 간접증거나 정황증거로 사용될 것도 아니다. 결국, 해당 압수는 관련성이 없는 증거에 대한 압수로서 삭제·폐기의 대상이 될 뿐이다.

정답 ③

137 수사상 채혈에 대한 설명으로 가장 적절한 것은? (다툼이 있는 경우 판례에 의함)

18. 경찰채용 3차

① 수사기관은 「형사소송법」이 정한 압수의 방법으로 피의자의 동의 없이 그의 혈액을 범죄 증거의 수집목적으로 취득·보관할 수 있으나, 감정에 필요한 처분으로는 이를 할 수 없다.

② 경찰관이 담당의사로부터 진료 목적으로 이미 채혈되어 있던 피고인의 혈액 중 일부를 주취운전 여부에 대한 감정을 목적으로 임의로 제출받아 이를 압수한 경우, 그 압수절차가 피고인 또는 피고인의 가족의 동의 및 영장 없이 행하여졌다고 하더라도 이에 적법절차를 위반한 위법이 있다고 할 수 없다.

③ 피의자의 신체 내지 의복류에 주취로 인한 냄새가 강하게 나는 등 범죄의 증적이 현저한 준현행범인의 요건이 갖추어져 있고 교통사고 발생 시각으로부터 사회통념상 범행 직후라고 볼 수 있는 시간 내라면, 피의자의 생명·신체를 구조하기 위하여 사고현장으로부터 곧바로 후송된 병원 응급실 등의 장소는 「형사소송법」 제216조 제1항 제2호의 체포현장에 준하므로 수사기관은 영장 없이 혈액을 압수할 수 있다.

④ 음주운전과 관련한 「도로교통법」 위반죄의 범죄수사를 위하여 미성년자인 피의자의 혈액채취가 필요한 경우, 수사기관은 피의자의 의사능력이 있는 경우라도 그 법정대리인의 동의를 얻어야 피의자의 혈액을 압수할 수 있다.

해설

① 【 X 】 수사기관이 범죄 증거를 수집할 목적으로 피의자의 동의 없이 피의자의 혈액을 취득·보관하는 행위는 법원으로부터 감정처분허가장을 받아 형사소송법 제221조의4 제1항, 제173조 제1항에 의한 '감정에 필요한 처분'으로도 할 수 있지만, 형사소송법 제219조, 제106조 제1항에 정한 압수의 방법으로도 할 수 있고, 압수의 방법에 의하는 경우 혈액의 취득을 위하여 피의자의 신체로부터 혈액을 채취하는 행위는 혈액의 압수를 위한 것으로서 형사소송법 제219조, 제120조 제1항에 정한 '압수영장의 집행에 있어 필요한 처분'에 해당한다(대판 2012.11.15. 2011도15258).

② 【 O 】 대판 1999.9.3. 98도968

③ 【 X 】 음주운전 중 교통사고를 야기한 후 피의자가 의식불명 상태에 빠져 있는 등으로 도로교통법이 음주운전의 제1차적 수사방법으로 규정한 호흡조사에 의한 음주측정이 불가능하고 혈액 채취에 대한 동의를 받을 수도 없을 뿐만 아니라 법원으로부터 혈액 채취에 대한 감정처분허가장이나 사전 압수영장을 발부받을 시간적 여유도 없는 긴급한 상황이 생길 수 있다. 이러한 경우 피의자의 신체 내지 의복류에 주취로 인한 냄새가 강하게 나는 등 형사소송법 제211조 제2항 제3호가 정하는 범죄의 증적이 현저한 준현행범인의 요건이 갖추어져 있고 교통사고 발생 시각으로부터 사회통념상 범행 직후라고 볼 수 있는 시간 내라면, 피의자의 생명·신체를 구조하기 위하여 사고현장으로부터 곧바로 후송된 병원 응급실 등의 장소는 형사소송법 제216조 제3항의 범죄장소에 준한다 할 것이므로, 검사 또는 사법경찰관은 피의자의 혈중알코올농도 등 증거의 수집을 위하여 의료법상 의료인의 자격이 있는 자로 하여금 의료용 기구로 의학적인 방법에 따라 필요최소한의 한도 내에서 피의자의 혈액을 채취하게 한 후 그 혈액을 영장 없이 압수할 수 있다. 다만 이 경우에도 형사소송법 제216조 제3항 단서, 형사소송규칙 제58조, 제107조 제1항 제3호에 따라 사후에 지체 없이 강제채혈에 의한 압수의 사유 등을 기재한 영장청구서에 의하여 법원으로부터 압수영장을 받아야 한다(대판 2012.11.15. 2011도15258).

④ 【 X 】 음주운전과 관련한 도로교통법 위반죄의 범죄수사를 위하여 미성년자인 피의자의 혈액채취가 필요한 경우에도 피의자에게 의사능력이 있다면 피의자 본인만이 혈액채취에 관한 유효한 동의를 할 수 있고, 피의자에게 의사능력이 없는 경우에도 명문의 규정이 없는 이상 법정대리인이 피의자를 대리하여 동의할 수는 없다(대판 2014.11.13. 2013도1228).

정답 ②

138 형사소송법상 압수·수색에 대한 설명으로 가장 적절하지 않은 것은?

16. 경찰채용 2차

① 사법경찰관은 제200조의3(긴급체포)의 규정에 의하여 피의자를 체포하는 경우에 필요한 때에는 영장 없이 타인의 주거 내에서 피의자를 수색할 수 있다.
② 사법경찰관은 제200조의3(긴급체포)에 따라 체포된 자가 소유하는 물건에 대하여 긴급히 압수할 필요가 있는 경우에는 체포한 때부터 24시간 이내에 한하여 영장 없이 압수할 수 있다.
③ 사법경찰관은 제212조(현행범인의 체포)의 규정에 의하여 피의자를 체포하는 경우에 필요한 때에는 영장 없이 체포현장에서 압수할 수 있다.
④ 사법경찰관은 제216조(영장에 의하지 아니한 강제처분)의 규정에 의하면 범행 중 또는 범행직후의 장소에서 긴급을 요하여 법원판사의 영장을 받을 수 없는 때에는 영장 없이 압수할 수 있다. 이 경우에는 사후 24시간 이내에 영장을 받아야 한다.

해설

① 【 O 】 제216조 제1항 제1호
② 【 O 】 제217조 제1항
③ 【 O 】 제216조 제1항 제2호
④ 【 X 】 범행 중 또는 범행직후의 장소에서 긴급을 요하여 법원판사의 영장을 받을 수 없는 때에는 영장 없이 압수, 수색 또는 검증을 할 수 있다. 이 경우에는 사후에 지체 없이 영장을 받아야 한다(제216조 제3항). 즉, 사후에 지체 없이 영장을 받으면 되는 것이며, 24시간 이내라는 시간의 제한을 두고 있지는 않다.

정답 ④

139 영장에 의하지 않는 압수·수색·검증에 대한 설명으로 가장 적절한 것은? (다툼이 있는 경우 판례에 의함)

18. 경찰채용 2차

① 사고발생 직후 사고장소에서 사법경찰관 사무취급이 작성한 실황조서가 긴급을 요하여 판사의 영장 없이 작성된 것이어서 「형사소송법」 제216조 제3항에 의한 검증에 해당한다면, 이 조서는 적법한 절차에 따라 작성된 것이므로 특별한 사유가 없는 한 증거능력이 있다.
② 범행 직후의 범죄 장소에서는 수사상 필요가 있는 경우라면, 긴급한 경우가 아니더라도, 수사기관은 영장 없이 압수·수색 또는 검증을 할 수 있으나, 사후에 지체 없이 영장을 받아야 한다.
③ 교통사고로 의식을 잃어 응급실에 실려온 운전자에게서 담당의사가 응급수술을 목적으로 이미 채취한 혈액 중 일부를 주취운전 여부의 감정을 목적으로 출동한 경찰관이 담당의사로부터 임의로 제출받아 이를 압수한 경우, 담당의사에게 혈액제출권한이 없었다고 볼 특별한 사정이 없는 한 사후영장을 받지 않아도 이러한 압수는 위법하지 않다.
④ 경찰관이 피고인 소유의 쇠파이프를 피고인의 주거지 앞마당에서 발견하였음에도 그 소유자, 소지자 또는 보관자가 아닌 피해자로부터 임의로 제출받는 형식으로 그 쇠파이프를 압수하였고 그 후 압수물의 사진을 찍은 경우, 그 '압수물' 및 '압수물을 찍은 사진'은 피고인이 증거로 사용함에 동의한 경우에만 유죄인정의 증거로 사용할 수 있다.

해설

① 【 X 】 당해인의 동의가 없어 실황조사서가 실질적으로 '검증'에 해당하는 경우에는 명칭 여하에도 불구하고 제216조 제3항에 따라 사후영장을 발부받지 않으면 영장주의에 위배되어 증거능력이 없다(대판 1989.3.14. 88도1399).
② 【 X 】 범행 중 또는 범행직후의 범죄장소에서 긴급을 요하여 법원판사의 영장을 받을 수 없는 때에는 영장 없이 압수, 수색 또는 검증을 할 수 있다. 이 경우에는 사후에 지체 없이 영장을 받아야 한다(제216조 제3항).
③ 【 O 】 대판 1999.9.3. 98도968
④ 【 X 】 형사소송법 제218조는 '사법경찰관은 소유자, 소지자 또는 보관자가 임의로 제출한 물건들을 영장 없이 압수할 수 있다'고 규정하고 있는바, 위 규정에 위반하여 소유자, 소지자 또는 보관자가 아닌 자로부터 제출받은 물건을 영장 없이 압수한 경우 그 압수물 및 압수물을 찍은 사진은 이를 유죄 인정의 증거로 사용할 수 없는 것이고, 헌법과 형사소송법이 선언한 영장주의의 중요성에 비추어 볼 때 피고인이나 변호인이 이를 증거로 함에 동의하였다고 하더라도 달리 볼 것은 아니다(대판 2010.1.28. 2009도10092).

정답 ③

140 영장에 의하지 아니한 압수·수색·검증에 대한 설명으로 가장 적절하지 않은 것은? (다툼이 있는 경우 판례에 의함)

19. 경찰승진

① 주취운전이라는 범죄행위로 당해 음주운전자를 구속·체포하지 아니한 경우에도 필요하다면 주취운전 중 또는 주취운전 직후의 현장에 있던 차량열쇠는 「형사소송법」 제216조 제3항에 의하여 영장 없이 이를 압수할 수 있다.
② 사법경찰관이 「형사소송법」 제215조 제2항의 규정에 위반하여 영장 없이 물건을 압수한 경우에 추후 피의자로부터 그 압수물에 대한 임의제출동의서를 받았더라도 그 압수는 위법하다.
③ 음란물 유포의 범죄혐의를 이유로 압수·수색영장을 발부받은 사법경찰관이 피의자의 주거지를 수색하다가 대마를 발견하자 피의자를 「마약류 관리에 관한 법률」 위반죄의 현행범으로 체포하면서 대마를 압수하였다면, 다음날 피의자 석방 후에 사후 압수·수색영장을 발부받지 않았더라도 압수는 위법하지 않다.
④ 긴급체포된 자가 소유하고 있는 물건에 대하여 긴급히 압수할 필요가 있는 경우에는 체포한 때부터 24시간 이내에 한하여 영장 없이 압수·수색 또는 검증을 할 수 있다.

[해설]

① 【 O 】 대판 1998.5.8. 97다54482
② 【 O 】 대판 2010.7.22. 2009도14376
③ 【 X 】 음란물 유포의 범죄혐의를 이유로 압수수색영장을 발부받은 사법경찰리가 피고인의 주거지를 수색하는 과정에서 대마를 발견하자, 피고인을 마약류관리에 관한 법률 위반죄의 현행범으로 체포하면서 대마를 압수하였으나 그 다음날 피고인을 석방하고도 사후 압수수색영장을 발부받지 않은 경우 위 압수물과 압수조서는 형사소송법상 영장주의를 위반하여 수집한 증거로서 증거능력이 부정된다(대판 2009.5.14. 2008도10914).
④ 【 O 】 제217조 제1항

정답 ③

141 영장에 의하지 아니한 강제처분에 대한 설명으로 가장 적절하지 않은 것은? (다툼이 있는 경우 판례에 의함)

19. 경찰채용 2차

① 체포영장의 집행을 위하여 타인의 주거를 수색하는 경우 별도로 영장을 발부받기 어려운 긴급한 사정이 있는지 여부를 구별하지 않고 피의자가 그 장소에 소재할 개연성만 소명되면 수색영장 없이 피의자 수색을 할 수 있도록 허용하는 「형사소송법」 제216조 제1항 제1호 중 제200조의2에 관한 부분은 영장주의에 위반된다.
② 사법경찰관은 긴급체포된 자가 소유·소지 또는 보관하는 물건에 대하여 긴급히 압수할 필요가 있는 경우에는 체포한 때부터 24시간 이내에 한하여 영장 없이 압수·수색 또는 검증을 할 수 있다.
③ 긴급체포된 자가 소유·소지 또는 보관하는 물건을 영장 없이 압수한 이후 이 물건을 계속 압수할 필요가 있는 경우 사법경찰관은 압수한 때부터 48시간 이내에 압수·수색영장을 청구하여야 한다.
④ 교통사고를 가장한 살인사건의 범행일로부터 약 3개월 가까이 경과한 후 범죄에 이용된 승용차의 일부분인 강판조각이 범행 현장에서 발견된 경우 이 강판조각은 「형사소송법」 제218조에 규정된 유류물에 해당하므로 영장 없이 압수할 수 있다.

해설
① 【 O 】 헌재결 2018.4.26. 2015헌바370
② 【 O 】 제217조 제1항
③ 【 X 】 긴급체포된 자가 소유·소지 또는 보관하는 물건을 영장 없이 압수한 이후 이 물건을 계속 압수할 필요가 있는 경우 사법경찰관은 체포한 때부터 48시간 이내에 압수·수색영장을 청구하여야 한다(제217조 제2항).
④ 【 O 】 대판 2011.5.26. 2011도1902

정답 ③

142 압수에 대한 설명으로 옳지 않은 것은? (다툼이 있는 경우 판례에 의함)

20. 검찰 7급

① 영장 발부의 사유로 된 범죄 혐의사실과 무관한 별개의 증거를 영장 없이 압수한 후에 수사기관이 그 증거를 피압수자 등에게 환부하고 후에 임의제출받아 다시 압수한 경우, 그 제출의 임의성에 관하여 검사가 합리적 의심을 배제할 수 있을 정도로 증명하지 못한다면 증거능력을 인정할 수 없다.
② 범행 현장에서 지문채취 대상물에 대한 지문채취가 적법하게 이루어진 이상, 수사기관이 그 이후에 지문채취 대상물을 적법한 절차에 의하지 아니한 채 압수하였더라도 이미 채취된 지문은 위법하게 압수한 지문채취 대상물로부터 획득한 2차적 증거에 해당하지 않으므로 위법수집증거라고 할 수 없다.
③ 범인으로부터 압수한 물품에 대하여 몰수의 선고가 없어 그 압수가 해제된 것으로 간주되더라도 공범자에 대한 범죄수사를 위하여 그 물품의 압수가 필요하다거나 공범자에 대한 재판에서 그 물품이 몰수될 가능성이 있다면 검사는 그 물품을 다시 압수할 수 있다.
④ 압수자 등 환부를 받을 자가 압수 후 수사기관에 대하여 「형사소송법」상의 환부청구권을 포기한다는 의사표시를 하면 수사기관의 필요적 환부의무가 면제된다.

해설

① 【 O 】 대판 2016.3.10. 2013도11233
② 【 O 】 대판 2008.10.23. 2008도7471
③ 【 O 】 대결 1997.1.9. 96모34
④ 【 X 】 피압수자 등 압수물을 환부받을 자가 수사기관에 대하여 형사소송법상의 환부청구권을 포기한다는 의사표시를 한 경우에 있어서도, 그 효력이 없어 그에 의하여 수사기관의 필요적 환부의무가 면제된다고 볼 수는 없으므로, 그 환부의무에 대응하는 압수물의 환부를 청구할 수 있는 절차법상의 권리가 소멸하는 것은 아니다(대결 1996.8.16. 94모51 전합).

정답 ④

143 압수에 대한 설명으로 가장 적절하지 않은 것은? (다툼이 있는 경우 판례에 의함) 21. 경찰승진

① 경찰관이 진료 목적으로 이미 채혈되어 있던 피고인의 혈액 중 일부를 주취운전 여부에 대한 감정을 목적으로 간호사로부터 임의로 제출받아 이를 압수한 경우 간호사가 혈액의 소지자 겸 보관자인 병원 또는 담당의사를 대리하여 혈액을 경찰관에게 임의로 제출할 수 있는 권한이 없었다고 볼 특별한 사정이 없는 이상, 이를 위법하다고 볼 수 없다.
② 피해자의 신고를 받고 현장에 출동한 경찰서 과학수사팀 소속 경찰관이 피해자가 범인과 함께 술을 마신 테이블 위에 놓여 있던 맥주컵에서 지문 6점, 물컵에서 지문 8점, 맥주병에서 지문 2점을 각각 현장에서 직접 채취한 후, 지문채취 대상물을 적법한 절차에 의하지 않고 압수하였더라도 채취된 지문은 위법수집증거라고 할 수 없다.
③ 현행범 체포현장이나 범죄장소에서도 소지자 등이 임의로 제출하는 물건은 영장 없이 압수할 수 있다. 이 경우 검사나 사법경찰관은 사후에 영장을 받아야 한다.
④ 소유자, 소지자 또는 보관자가 아닌 자로부터 제출받은 물건을 영장 없이 압수한 경우 그 압수물 및 압수물을 찍은 사진은 유죄 인정의 증거로 사용할 수 없다.

해설

① 【 O 】 대판 1999.9.3. 98도968
② 【 O 】 대판 2008.10.23. 2008도7471
③ 【 X 】 검사 또는 사법경찰관은 형사소송법 제212조의 규정에 의하여 피의자를 현행범 체포하는 경우에 필요한 때에는 체포 현장에서 영장 없이 압수·수색·검증을 할 수 있으나, 이와 같이 압수한 물건을 계속 압수할 필요가 있는 경우에는 체포한 때부터 48시간 이내에 지체 없이 압수영장을 청구하여야 한다(제216조 제1항 제2호, 제217조 제2항). 그리고 검사 또는 사법경찰관이 범행 중 또는 범행 직후의 범죄 장소에서 긴급을 요하여 판사의 영장을 받을 수 없는 때에는 영장 없이 압수·수색 또는 검증을 할 수 있으나, 이 경우에는 사후에 지체 없이 영장을 받아야 한다(제216조 제3항). 다만 형사소송법 제218조에 의하면 검사 또는 사법경찰관은 피의자 등이 유류한 물건이나 소유자·소지자 또는 보관자가 임의로 제출한 물건은 영장 없이 압수할 수 있으므로, 현행범체포 현장이나 범죄장소에서도 소지자 등이 임의로 제출하는 물건은 위 조항에 의하여 영장 없이 압수할 수 있고, 이 경우에는 검사나 사법경찰관이 사후에 영장을 받을 필요가 없다(대판 2016.2.18. 2015도13726).
④ 【 O 】 대판 2010.1.28. 2009도10092

정답 ③

144 미성년자인 甲은 술에 취한 상태에서 승용차를 운전하던 중 교통사고를 야기하고 그 직후 의식불명인 상태로 병원응급실로 후송되었다. 이 경우 甲의 혈액 압수에 관한 설명으로 가장 적절하지 않은 것은? (다툼이 있는 경우 판례에 의함)

21. 경찰채용 2차

① 수사기관이 범죄증거를 수집할 목적으로 甲의 동의 없이 甲의 혈액을 취득·보관하는 행위는 법원으로부터 감정처분허가장을 받아 감정에 필요한 처분으로도 할 수 있지만, 압수의 방법으로도 할 수 있고, 압수의 방법에 의하는 경우 혈액의 취득을 위하여 甲의 신체로부터 혈액을 채취하는 행위는 압수영장의 집행에 있어 필요한 처분에 해당한다.

② 의식불명인 甲에 대하여 영장을 발부받을 시간적 여유가 없는 상황에서 甲에게서 술냄새가 강하게 나는 등 준현행범인의 요건이 갖추어져 있고 교통사고 발생시각으로부터 범행 직후라고 볼 수 있는 시간 내라면, 사법경찰관은 의료인으로 하여금 의학적인 방법에 따라 필요최소한의 한도 내에서 甲의 혈액을 채취하게 한 후 그 혈액을 영장 없이 압수할 수 있다.

③ 甲의 법정대리인인 부모가 병원응급실에 있는 경우 사법경찰관은 부모의 동의를 받아 의료인으로 하여금 의료용 기구로 의학적인 방법에 따라 필요최소한의 한도 내에서 甲의 혈액을 채취하게 한 후 그 혈액을 영장 없이 압수할 수 있다.

④ 간호사가 병원이나 담당의사를 대리하여 甲의 혈액을 사법경찰관에게 임의로 제출할 수 있는 권한이 없다고 볼 특별한 사정이 없는 이상, 사법경찰관은 간호사가 진료 목적으로 채혈해 둔 甲의 혈액 중 일부를 주취운전 여부에 대한 감정의 목적으로 임의로 제출받아 압수할 수 있다.

해설

① 【O】 대판 2012.11.15. 2011도15258
② 【O】 대판 2012.11.15. 2011도15258
③ 【X】 음주운전과 관련한 도로교통법 위반죄의 범죄수사를 위하여 미성년자인 피의자의 혈액채취가 필요한 경우에도 피의자에게 의사능력이 있다면 피의자 본인만이 혈액채취에 관한 유효한 동의를 할 수 있고, 피의자에게 의사능력이 없는 경우에도 명문의 규정이 없는 이상 법정대리인이 피의자를 대리하여 동의할 수는 없다(대판 2014.11.13. 2013도1228).
④ 【O】 대판 1999.9.3. 98도968

정답 ③

145 영장주의에 관한 설명 중 가장 적절하지 않은 것은? (다툼이 있는 경우 판례에 의함) 20. 경찰승진

① 법원이 직권으로 발부하는 영장은 집행기관에 대한 허가장의 성격을 가지나, 수사기관의 청구에 의하여 발부하는 영장은 수사기관에 대한 명령장으로서의 성질을 갖는 것으로 이해되고 있다.
② 교도소의 안전과 질서유지를 위하여 마약류 수형자에게 소변을 받아 제출하게 한 것은 응하지 않을 경우 불리한 처우를 받을 수 있다는 심리적 압박이 존재하리라는 것을 충분히 예상할 수 있는 점에 비추어 공권력의 행사에 해당하나, 영장 없이 실시되었다 하더라도 영장주의에 위배되지 않는다.
③ 법원이 피고인의 구속 또는 그 유지 여부의 필요성에 관하여 한 재판의 효력이 검사나 다른 기관의 이견이나 불복이 있다 하여 좌우되거나 제한받는다면 이는 헌법 제12조 제3항의 영장주의에 위배된다.
④ 수사기관이 영장에 의하지 아니하고 신용카드회사가 발행한 매출전표의 거래명의자에 관한 정보를 획득하였다면, 그와 같이 수집된 증거는 원칙적으로 '적법한 절차에 따르지 아니하고 수집한 증거'에 해당하여 특별한 사정이 없는 한 유죄의 증거로 삼을 수 없다.

해설
① 【X】 법원이 직권으로 발부하는 영장과 수사기관의 청구에 의하여 발부하는 구속영장의 법적 성격은 갖지 않다. 즉, 전자는 명령장으로서의 성질을 갖지만 후자는 허가장으로서의 성질을 갖는 것으로 이해되고 있다(헌재결 1997.3.27. 96헌바28).
② 【O】 헌재결 2006.7.27. 2005헌마277
③ 【O】 헌재결 1992.12.24. 92헌가8
④ 【O】 대판 2013.3.28. 2012도13607

정답 ①

146 다음 사례에 대한 설명으로 옳지 않은 것은? (다툼이 있는 경우 판례에 의함) 18. 국가직

> 경찰관은 절도범을 현행범으로 체포하면서 상의 주머니와 소지품을 수색하여 지갑과 노트북 1대를 압수하였다. 그 이후 노트북은 피의자의 소유인 것으로 확인하여 돌려주었다가, 추가 수사의 목적으로 다시 임의 제출 받았다.

① 노트북 1대를 임의제출 받는 과정에서 제출에 임의성이 있었다는 점에 대해서는 검사가 입증해야 한다.
② 지갑이 체포범죄사실과 관련성이 있다면 압수영장 없이 압수했더라도 적법하다.
③ 현행범 체포과정에서 적법하게 압수한 것이라도 계속 압수할 필요성이 있으면 압수한 때로부터 48시간 내에 사후압수영장을 받아야 한다.
④ 현행범으로 체포하면서 현장에서 범인의 상의 주머니를 수색한 행위는 적법하다.

해설
① 【O】 대판 2016.3.10. 2013도11233
② 【O】 대판 2017.12.5. 2017도13458
③ 【X】 현행범 체포과정에서 적법하게 압수한 것이라도 계속 압수할 필요성이 있으면 지체 없이 압수수색영장을 청구하여야 한다. 이 경우 압수수색영장의 청구는 체포한 때로부터 48시간 이내에 하여야 한다(제217조 제2항).
④ 【O】 제216조 제1항 제2호

정답 ③

147 유류물 및 임의제출물 압수에 관한 설명으로 가장 적절하지 않은 것은? (다툼이 있는 경우 판례에 의함)

25. 경찰승진

① 임의제출에 있어 피의자가 일부 범행을 부인하는 등 제출의 임의성을 엄격히 심사해야 하는 상황에서 경찰관이 임의제출의 의미, 절차와 효과에 대하여 고지하였음을 인정할 자료가 없고 피의자가 임의제출할 경우 나중에 번의하더라도 되돌려받지 못한다는 사정을 인식하고 있었다고 단정하기 어렵다면, 현행범 체포 시 임의제출 형식으로 압수한 휴대전화 및 그에 저장된 전자정보의 증거능력은 인정되지 않는다.
② 임의제출물 압수의 경우에도 압수 직후 현장에서 압수목록을 바로 작성하여 교부하는 것이 원칙이지만, 예외적으로 압수물의 수량·종류·특성 기타의 사정상 압수 직후 현장에서 압수목록을 작성·교부하지 않을 수 있다는 취지가 영장에 명시되어 있고, 이와 같은 특수한 사정이 실제로 존재하는 경우에는 압수영장을 집행한 후 일정한 기간이 경과하고서 압수목록을 작성·교부할 수도 있다.
③ 임의제출된 증거물을 압수한 경우 압수 경위 등을 구체적으로 기재한 압수조서를 작성하여야 하지만, 피의자신문조서 등에 압수의 취지를 기재하여 압수조서를 갈음하더라도 위법하지 않다.
④ 피의자가 SSD 카드 등이 든 신발주머니를 거주지 바깥으로 투척하였고 경찰관들이 이 신발주머니를 수거한 후 SSD 카드의 소유자가 맞는지 질문하자 소유권을 부인하여 경찰관들이 SSD 카드를 유류물로 압수한 경우에도 압수의 대상이나 범위는 해당 사건과 관계가 있다고 인정할 수 있는 것에 한정된다.

해설

① 【O】 임의제출물을 압수한 경우 압수물이 형사소송법 제218조에 따라 실제로 임의제출된 것인지에 관하여 다툼이 있을 때에는 임의제출의 임의성을 의심할 만한 합리적이고 구체적인 사실을 피고인이 증명할 것이 아니라 검사가 그 임의성의 의문점을 없애는 증명을 해야 한다. ⇒ 피고인이 자신의 휴대전화 카메라를 이용하여 총 9회에 걸쳐 성적 욕망 또는 수치심을 유발할 수 있는 피해자 4명의 신체를 그들의 의사에 반하여 촬영하였다는 성폭력범죄의 처벌 등에 관한 특례법 위반(카메라등이용촬영)의 공소사실과 관련하여, 수사기관이 피고인을 현행범으로 체포할 당시 임의제출 형식으로 압수한 휴대전화의 증거능력이 문제 된 사안에서, 피고인은 현행범 체포 당시 목격자로부터 휴대전화를 빼앗겨 위축된 심리 상태였고, 목격자 및 경찰관으로부터 휴대전화를 되찾기 위해 달려들기도 하였으며, 경찰서로 연행되어 변호인의 조력을 받지 못한 상태에서 피의자로 조사받으면서 일부 범행에 대하여 부인하고 있던 상황이었으므로, 피고인이 자발적으로 휴대전화를 수사기관에 제출하였는지를 엄격히 심사해야 하는 점, 수사기관이 임의제출자인 피고인에게 임의제출의 의미, 절차와 임의제출할 경우 피압수물을 임의로 돌려받지는 못한다는 사정 등을 고지하였음을 인정할 자료가 없는 점, 피고인은 당시 "경찰관으로부터 '휴대전화를 반환할 수 있다.'는 말을 들었다."라고 진술하는 등 휴대전화를 임의제출할 경우 나중에 번의하더라도 되돌려받지 못한다는 사정을 인식하고 있었다고 단정하기 어려운 점 등에 비추어 볼 때, 휴대전화 제출에 관하여 검사가 임의성의 의문점을 없애는 증명을 다하지 못하였으므로 휴대전화 및 그에 저장된 전자정보는 위법수집증거에 해당하여 증거능력이 없다는 이유로, 공소사실에 대하여 범죄의 증명이 없다고 보아 무죄를 선고한 원심의 결론이 옳다고 한 사례(대판 2024.3.12. 2020도9431).
② 【O】 임의제출에 따른 압수(형사소송법 제218조)의 경우에도 압수물에 대한 수사기관의 점유 취득이 제출자의 의사에 따라 이루어진다는 점에서만 차이가 있을 뿐 범죄혐의를 전제로 한 수사 목적이나 압수의 효력은 영장에 의한 압수의 경우와 동일하므로, 헌법상 기본권에 관한 수사기관의 부당한 침해로부터 신속하게 권리를 구제받을 수 있도록 수사기관은 영장에 의한 압수와 마찬가지로 객관적·구체적인 압수목록을 신속하게 작성·교부할 의무를 부담한다. 다만, 적법하게 발부된 영장의 기재는 그 집행의 적법성 판단의 우선적인 기준이 되어야 하므로, 예외적으로 압수물의 수량·종류·특성 기타의 사정상 압수 직후 현장에서 압수목록을 작성·교부하지 않을 수 있다는 취지가 영장에 명시되어 있고, 이와 같은 특수한 사정이 실제로 존재하는 경우에는 압수영장을 집행한 후 일정한 기간이 경과하고서 압수목록을 작성·교부할 수도 있으나, 압수목록 작성·교부 시기의 예외에 관한 영장의 기재는 피의자·피압수자 등의 압수 처분에 대한 권리구제절차 또는 불복절차가 형해화되지 않도록 그 취지에 맞게 엄격히 해석되어야 하고, 나아가 예외적 적용의 전제가 되는 특수한 사정의 존재 여부는 수사기관이 이를 증명하여야 하며, 그 기간 역시 필요 최소한에 그쳐야 한다(대결 2024.1.5. 2021모385).
③ 【O】 구 범죄수사규칙 제119조 제3항에 따라 피의자신문조서 등에 압수의 취지를 기재하여 압수조서를 갈음할 수 있도록 하더라도, 압수절차의 적법성 심사·통제 기능에 차이가 없으므로 이러한 사정만으로 압수절차가 위법하다고 볼 수 없다(대판 2023.6.1. 2020도2550).

④ 【 X 】 형사소송법 제215조 제1항은 '범죄수사에 필요한 때에는 피의자가 죄를 범하였다고 의심할 만한 정황이 있고 해당 사건과 관계가 있다고 인정할 수 있는 것에 한정하여 지방법원판사에게 청구하여 발부받은 영장에 의하여 압수, 수색 또는 검증을 할 수 있다.'고 규정하고 있다. 그러나 유류물 압수의 근거인 형사소송법 제218조는 유류물을 압수하는 경우에 사전, 사후에 영장을 받을 것을 요구하지 않는다. 유류물 압수와 같은 조문에 규정된 임의제출물 압수의 경우, 제출자가 제출·압수의 대상을 개별적으로 지정하거나 그 범위를 한정할 수 있으나, 유류물 압수는 그와 같은 제출자의 존재를 생각하기도 어렵다. 따라서 유류물 압수·수색에 대해서는 원칙적으로 영장에 의한 압수·수색·검증에 관하여 적용되는 형사소송법 제215조 제1항이나 임의제출물 압수에 관하여 적용되는 형사소송법 제219조에 의하여 준용되는 제106조 제1항, 제3항, 제4항에 따른 관련성의 제한이 적용된다고 보기 어렵다(대판 2024.7.25. 2021도1181)

✅ 피의자가 SSD 카드 등이 든 신발주머니를 거주지 바깥으로 투척하였고 경찰관들이 이 신발주머니를 수거한 후 SSD 카드의 소유자가 맞는지 질문하자 소유권을 부인하여 경찰관들이 SSD 카드를 유류물로 압수한 경우 압수의 대상이나 범위는 해당 사건과 관계가 있다고 인정할 수 있는 것에 한정되지 않는다.

정답 ④

148 압수·수색 시 참여권 보장에 관한 설명으로 가장 적절하지 않은 것은? (다툼이 있는 경우 판례에 의함)

25. 경찰승진

① 「형사소송법」 제123조 제2항 및 제3항에 따라 주거주 등 또는 이웃 등이 참여하였다고 하더라도 그 참여자에게 최소한 압수·수색절차의 의미를 이해할 수 있는 정도의 능력이 없거나 부족한 경우에는, 주거주 등이나 이웃 등의 참여 없이 이루어진 것과 마찬가지로 위법하다.
② 피해자 등 제3자가 피의자의 소유·관리에 속하는 정보저장매체를 임의제출한 경우에는 특별한 사정이 없는 한 피의자에게 참여권을 보장하고 압수한 전자정보 목록을 교부하는 등 피의자의 절차적 권리를 보장하기 위한 적절한 조치가 이루어져야 한다.
③ 증거은닉범이 본범으로부터 "수사가 끝날 때까지 숨겨 놓으라."라는 취지로 지시를 받고 본범의 정보저장매체를 소지·보관하던 중 수사기관으로부터 증거은닉혐의 피의자로 입건되자 본범의 정보저장매체를 임의제출한 경우 증거은닉범 외 본범에게도 참여권이 인정된다.
④ 과거 정보저장매체의 이용 내지 개별 전자정보의 생성·이용 등에 관여한 사실이 있다거나 그 과정에서 생성된 전자정보에 의해 식별되는 정보주체에 해당한다는 사정만으로 참여권 보장의 대상이 된다고 보기는 어렵다.

① 【 O 】 형사소송법 제123조 제2항과 제3항은 주거주, 간수자 또는 이에 준하는 사람(이하 '주거주 등'이라고 한다)이나 이웃 사람 또는 지방공공단체의 직원(이하 '이웃 등'이라고 한다)의 참여에 관하여 그 참여 없이 압수·수색영장을 집행할 수 있는 예외를 인정하지 않고 있다. 이는 형사소송법 제121조, 제122조에서 압수·수색영장의 집행에 대한 검사, 피의자, 변호인의 참여에 대하여 급속을 요하는 등의 경우 집행의 일시와 장소의 통지 없이 압수·수색영장을 집행할 수 있다고 한 것과 다른 점이다. 따라서 형사소송법 제123조 제2항에서 정한 타인의 주거, 간수자 있는 가옥, 건조물, 항공기 또는 선박·차량 안에 대한 압수·수색영장의 집행이 주거주 등이나 이웃 등의 참여 없이 이루어진 경우 특별한 사정이 없는 한 그러한 압수·수색영장의 집행은 위법하다고 보아야 한다. 나아가 주거주 등 또는 이웃 등이 참여하였다고 하더라도 그 참여자에게 최소한 압수·수색절차의 의미를 이해할 수 있는 정도의 능력(참여능력)이 없거나 부족한 경우에는, 주거주 등이나 이웃 등의 참여 없이 이루어진 것과 마찬가지로 형사소송법 제123조 제2항, 제3항에서 정한 압수·수색절차의 적법요건이 갖추어졌다고 볼 수 없으므로 그러한 압수·수색영장의 집행도 위법하다(대판 2024.10.8. 2020도11223).
② 【 O 】 피해자 등 제3자가 피의자의 소유·관리에 속하는 정보저장매체를 임의제출한 경우에는 실질적 피압수자인 피의자가 수사기관으로 하여금 그 전자정보 전부를 무제한 탐색하는 데 동의한 것으로 보기 어려울 뿐만 아니라 피의자 스스로 임의제출한 경우 피의자의 참여권 등이 보장되어야 하는 것과 견주어 보더라도 특별한 사정이 없는 한 피의자에게 참여권을 보장하고 압수한 전자정보 목록을 교부하는 등 피의자의 절차적 권리를 보장하기 위한 적절한 조치가 이루어져야 한다(대판 2023.9.18. 2022도7453 전합).

③ 【 X 】 피고인이 허위의 인턴십 확인서를 작성한 후 갑의 자녀 대학원 입시에 활용하도록 하는 방법으로 갑 등과 공모하여 대학원 입학담당자들의 입학사정업무를 방해하였다는 공소사실과 관련하여, 갑 등이 주거지에서 사용하던 컴퓨터 내 정보저장매체(하드디스크)에 인턴십 확인서 등 증거들이 저장되어 있고, 갑은 자신 등의 혐의에 대한 수사가 본격화되자 을에게 지시하여 하드디스크를 은닉하였는데, 이후 수사기관이 을을 증거은닉혐의 피의자로 입건하자 을이 이를 임의제출하였고, 수사기관은 하드디스크 임의제출 및 그에 저장된 전자정보에 관한 탐색·복제·출력 과정에서 을측에 참여권을 보장한 반면 갑 등에게는 참여 기회를 부여하지 않아 그 증거능력이 문제 된 사안에서, 증거은닉범행의 피의자로서 하드디스크를 임의제출한 을에 더하여 임의제출자가 아닌 갑 등에게도 참여권이 보장되어야 한다고 볼 수 없다고 한 사례(대판 2023.9.18. 2022도7453 전합).

④ 【 O 】 정보저장매체를 임의제출한 피압수자에 더하여 임의제출자 아닌 피의자에게도 참여권이 보장되어야 하는 '피의자의 소유·관리에 속하는 정보저장매체'란, 피의자가 압수·수색 당시 또는 이와 시간적으로 근접한 시기까지 해당 정보저장매체를 현실적으로 지배·관리하면서 그 정보저장매체 내 전자정보 전반에 관한 전속적인 관리처분권을 보유·행사하고, 달리 이를 자신의 의사에 따라 제3자에게 양도하거나 포기하지 아니한 경우로서, 피의자를 그 정보저장매체에 저장된 전자정보 전반에 대한 실질적인 압수·수색 당사자로 평가할 수 있는 경우를 말하는 것이다. 이에 해당하는지 여부는 민사법상 권리의 귀속에 따른 법률적·사후적 판단이 아니라 압수·수색 당시 외형적·객관적으로 인식 가능한 사실상의 상태를 기준으로 판단하여야 한다. 이러한 정보저장매체의 외형적·객관적 지배·관리 등 상태와 별도로 단지 피의자나 그 밖의 제3자가 과거 그 정보저장매체의 이용 내지 개별 전자정보의 생성·이용 등에 관여한 사실이 있다거나 그 과정에서 생성된 전자정보에 의해 식별되는 정보주체에 해당한다는 사정만으로 그들을 실질적으로 압수·수색을 받는 당사자로 취급하여야 하는 것은 아니다(대판 2023.9.18. 2022도7453 전합).

정답 ③

149 수사의 적법성에 대한 설명으로 옳지 않은 것은? (다툼이 있는 경우 판례에 의함) 18. 국가직

① 법원으로부터 감정처분허가장이 아닌 혈액에 대한 압수영장을 발부받아 피의자의 신체로부터 혈액을 채취하는 행위는 위법한 강제수사이다.
② 검찰수사관이 피의자신문에 참여한 변호인에게 피의자 후방에 앉으라고 요구한 행위는 이를 정당화할 특별한 사정이 없는 한 변호인의 변호권을 침해하므로 헌법에 위배된다.
③ 응급구호가 필요한 자살기도자를 영장 없이 24시간을 초과하지 아니하는 범위에서 경찰서에 설치되어 있는 보호실에 유치한 것은 위법한 강제수사가 아니다.
④ 수사기관이 범행 중 또는 직후에 증거보전의 필요성, 긴급성이 있어서 상당한 방법으로 사진을 촬영한 경우라면 영장 없는 사진촬영도 위법한 수사가 아니다.

해설

① 【 X 】 수사기관이 범죄 증거를 수집할 목적으로 피의자의 동의 없이 피의자의 혈액을 취득·보관하는 행위는 법원으로부터 감정처분허가장을 받아 형사소송법 제221조의4 제1항, 제173조 제1항에 의한 '감정에 필요한 처분'으로도 할 수 있지만, 형사소송법 제219조, 제106조 제1항에 정한 압수의 방법으로도 할 수 있고, 압수의 방법에 의하는 경우 혈액의 취득을 위하여 피의자의 신체로부터 혈액을 채취하는 행위는 혈액의 압수를 위한 것으로서 형사소송법 제219조, 제120조 제1항에 정한 '압수영장의 집행에 있어 필요한 처분'에 해당한다(대판 2012.11.15. 2011도15258).
② 【 O 】 헌재결 2017.11.30. 2016헌마503
③ 【 O 】 대판 1994.3.11. 93도958
④ 【 O 】 대판 1999.9.3. 99도2317

정답 ①

150 수사에 대한 설명으로 옳지 않은 것은? (다툼이 있는 경우 판례에 의함)

18. 검찰 7급

① 헌법 제16조 후문은 "주거에 대한 압수나 수색을 할 때에는 검사의 신청에 의하여 법관이 발부한 영장을 제시하여야 한다."라고 규정하고 있을 뿐 영장주의에 대한 예외를 마련하고 있지 않지만, 주거에 대한 압수나 수색에 있어 영장주의가 예외 없이 반드시 관철되어야 하는 것은 아니다.

② 피의자가 구속 당시에 헌법 및 형사소송법에 규정된 사항(구속의 이유 및 변호인의 조력을 받을 권리)을 고지받지 못하였고, 구금기간 중 면회거부 등의 처분을 받은 경우, 이는 형사소송법 제93조의 구속취소사유에 해당한다.

③ 검사는 증거에 사용할 압수물에 대하여 소유자 등에 의한 가환부의 청구가 있는 경우, 가환부를 거부할 수 있는 특별한 사정이 없는 한 가환부에 응하여야 한다.

④ 재소자가 법령에 근거하여 위탁한 비망록을 교도관이 수사기관에 임의로 제출하였다면, 재소자의 사생활의 비밀 기타 인격적 법익이 침해되는 등의 특별한 사정이 없는 한 그 비망록의 증거사용에 대하여 반드시 재소자의 동의를 받아야 하는 것은 아니다.

[해 설]

① 【 O 】 헌법 제12조 제3항과는 달리 헌법 제16조 후문은 "주거에 대한 압수나 수색을 할 때에는 검사의 신청에 의하여 법관이 발부한 영장을 제시하여야 한다."라고 규정하고 있을 뿐 영장주의에 대한 예외를 명문화하고 있지 않다. 그러나 헌법 제12조 제3항과 헌법 제16조의 관계, 주거 공간에 대한 긴급한 압수·수색의 필요성, 주거의 자유와 관련하여 영장주의를 선언하고 있는 헌법 제16조의 취지 등을 종합하면, 헌법 제16조의 영장주의에 대해서도 그 예외를 인정하되, 이는 그 장소에 범죄혐의 등을 입증할 자료나 피의자가 존재할 개연성이 소명되고, 사전에 영장을 발부받기 어려운 긴급한 사정이 있는 경우에만 제한적으로 허용될 수 있다고 보는 것이 타당하다(헌재결 2018.4.26. 2015헌바370).

② 【 X 】 체포, 구금 당시에 헌법 및 형사소송법에 규정된 사항(체포, 구금의 이유 및 변호인의 조력을 받을 권리) 등을 고지받지 못하였고, 그 후의 구금기간 중 면회거부 등의 처분을 받았다 하더라도 이와 같은 사유는 형사소송법 제93조 소정의 구속취소사유에는 해당하지 아니한다(대결 1991.12.30. 91모76).

③ 【 O 】 대결 2017.9.29. 2017모236

④ 【 O 】 대판 2008.5.15. 2008도1097

정답 ②

151 형사절차에 대한 설명으로 옳지 않은 것은? (다툼이 있는 경우 판례에 의함)

21. 국가직

① 체포·구속적부심사에 대한 법원의 기각결정에 대하여는 항고하지 못하지만, 보증금납입조건부 석방결정에 대하여는 항고할 수 있다.
② 법원은 피고인이 도망하거나 죄증을 인멸할 염려가 있다고 믿을 만한 충분한 이유가 있는 때에는 직권으로 보석을 취소할 수 있으며, 이러한 보석취소결정에 대하여는 항고할 수 있다.
③ 수사기관이 법원으로부터 영장 또는 감정처분허가장을 발부받지 아니한 채 피의자의 동의 없이 피의자의 신체로부터 혈액을 채취하고 사후에도 지체 없이 영장을 발부받지 아니한 채 혈액 중 알코올농도에 관한 감정을 의뢰하였더라도, 이러한 과정을 거쳐 얻은 감정의뢰회보 등은 피고인이나 변호인의 동의가 있다면 유죄의 증거로 사용할 수 있다.
④ 압수·수색의 방법으로 소변을 채취하는 경우 압수대상물인 피의자의 소변을 확보하기 위한 수사기관의 노력에도 불구하고, 피의자가 소변 채취에 적합한 인근 병원 등으로 이동하는 것에 저항하는 등 임의동행을 기대할 수 없는 사정이 있는 때에는, 수사기관으로서는 소변 채취에 적합한 장소로 피의자를 데려가기 위해서 필요 최소한의 유형력을 행사하는 것이 허용된다.

[해설]

① 【O】 제214조의2 제8항, 대결 1997.8.27. 97모21
② 【O】 제402조 제2항
③ 【X】 형사소송법 제215조 제2항, 제216조 제3항, 제221조, 제221조의4, 제173조 제1항의 규정을 위반하여 수사기관이 법원으로부터 영장 또는 감정처분허가장을 발부받지 아니한 채 피의자의 동의 없이 피의자의 신체로부터 혈액을 채취하고 사후적으로도 지체 없이 이에 대한 영장을 발부받지도 아니한 채 강제채혈한 피의자의 혈액 중 알코올농도에 관한 감정이 이루어졌다면, 이러한 감정결과보고서 등은 형사소송법상 영장주의 원칙을 위반하여 수집되거나 그에 기초한 증거로서 그 절차 위반행위가 적법절차의 실질적인 내용을 침해하는 정도에 해당하고, 이러한 증거는 피고인이나 변호인의 증거동의가 있다고 하더라도 유죄의 증거로 사용할 수 없다(대판 2011.4.28. 2009도2109).
④ 【O】 대판 2018.7.12. 2018도6219

정답 ③

152 사진 촬영에 관한 설명으로 가장 적절하지 않은 것은? (다툼이 있는 경우 판례에 의함)

25. 경찰승진

① 피의자의 임의적 동의하에 사인이 촬영한 나체사진이 범죄현장의 사진으로서 피의자에 대한 형사소추를 위해 반드시 필요한 증거로 보인다면 공익의 실현을 위하여 그 사진을 범죄의 증거로 제출하는 것이 허용되어야 한다.
② 제3자의 주거지 외부에서 담장 밖 및 2층 계단을 통하여 제3자의 집에 출입하는 피의자들의 모습을 촬영한 경우 촬영방법의 상당성이 결여된 것이라고는 할 수 없다.
③ 과속단속카메라가 제한속도 위반 차량의 차량번호 등을 촬영한 사진의 증거능력은 인정될 수 있다.
④ 경찰관들이 甲이 운영하는 성매매업소를 단속하여 甲을 현행범 체포하면서 성매매업소 내부를 수색하여 발견한 콘돔 7개와 업소시설을 사진 촬영하고 콘돔은 그대로 두고 나온 경우, 사후 압수영장을 발부받지 않았다면 촬영한 사진의 증거능력은 인정되지 않는다.

해설

① 【 O 】 모든 국민의 인간으로서의 존엄과 가치를 보장하는 것은 국가기관의 기본적인 의무에 속하는 것이고, 이는 형사절차에서도 당연히 구현되어야 하는 것이기는 하나 그렇다고 하여 국민의 사생활 영역에 관계된 모든 증거의 제출이 곧바로 금지되는 것으로 볼 수는 없고, 법원으로서는 효과적인 형사소추 및 형사소송에서의 진실발견이라는 공익과 개인의 사생활의 보호이익을 비교형량하여 그 허용 여부를 결정하고, 적절한 증거조사의 방법을 선택함으로써 국민의 인간으로서의 존엄성에 대한 침해를 피할 수 있다고 보아야 할 것이므로, 피고인의 동의하에 촬영된 나체사진의 존재만으로 피고인의 인격권과 초상권을 침해하는 것으로 볼 수 없고, 가사 사진을 촬영한 제3자가 그 사진을 이용하여 피고인을 공갈할 의도였다고 하더라도 사진의 촬영이 임의성이 배제된 상태에서 이루어진 것이라고 할 수는 없으며, 그 사진은 범죄현장의 사진으로서 피고인에 대한 형사소추를 위하여 반드시 필요한 증거로 보이므로, 공익의 실현을 위하여는 그 사진을 범죄의 증거로 제출하는 것이 허용되어야 하고, 이로 말미암아 피고인의 사생활의 비밀을 침해하는 결과를 초래한다 하더라도 이는 피고인이 수인하여야 할 기본권의 제한에 해당된다(대판 1997.9.30. 97도1230).

② 【 O 】 이 사건 비디오촬영은 피고인들에 대한 범죄의 혐의가 상당히 포착된 상태에서 그 회합의 증거를 보전하기 위한 필요에서 이루어진 것이고 공소외 2의 주거지 외부에서 담장 밖 및 2층 계단을 통하여 공소외 2의 집에 출입하는 피고인들의 모습을 촬영한 것으로 그 촬영방법 또한 반드시 상당성이 결여된 것이라고는 할 수 없다 할 것인바, 위와 같은 사정 아래서 원심이 이 사건 비디오 촬영행위가 위법하지 않다고 판단하고 그로 인하여 취득한 비디오테이프의 증거능력을 인정한 것은 정당하고 거기에 영장 없이 촬영한 비디오테이프의 증거능력에 관한 해석을 그르친 잘못이 있다고 할 수 없다(대판 1999.9.3. 99도2317).

③ 【 O 】 무인장비에 의한 제한속도 위반차량 단속은 이러한 수사활동의 일환으로서 도로에서의 위험을 방지하고 교통의 안전과 원활한 소통을 확보하기 위하여 도로교통법령에 따라 정해진 제한속도를 위반하여 차량을 주행하는 범죄가 현재 행하여지고 있고, 그 범죄의 성질·태양으로 보아 긴급하게 증거보전을 할 필요가 있는 상태에서 일반적으로 허용되는 한도를 넘지 않는 상당한 방법에 의한 것이라고 판단되므로, 이를 통하여 피고인 운전 차량의 차량번호 등을 촬영한 이 사건 사진을 두고 위법하게 수집된 증거로서 증거능력이 없다고 말할 수도 없다(대판 1999.12.7. 98도3329).

④ 【 X 】 사법경찰관 공소외 2는 이 사건 성매매알선 행위를 범죄사실로 하여 피고인을 현행범인으로 체포하였고, 단속 경찰관들이 그 체포현장인 이 사건 성매매업소를 수색하여 체포의 원인이 되는 이 사건 성매매알선 혐의사실과 관련하여 이 사건 사진 촬영을 하였다. 이는 형사소송법 제216조 제1항 제2호에 의하여 예외적으로 영장에 의하지 아니한 강제처분을 할 수 있는 경우에 해당한다고 봄이 상당하므로 그 수색이나 촬영이 영장 없이 이루어졌다고 하더라도 위법하다고 할 수 없다. 나아가 압수는 증거물 또는 몰수할 것으로 사료되는 물건의 점유를 취득하는 강제처분인데, 범행 현장에서 발견된 콘돔을 촬영하였다는 사정만으로는 단속 경찰관들이 강제로 그 점유를 취득하여 이를 압수하였다고 할 수 없으므로 사후에 압수영장을 받을 필요가 있었다고 보기도 어렵다. 따라서 이 사건 사진의 증거능력이 인정된다(대판 2024.5.30. 2020도9370).

정답 ④

153 압수물의 처리에 관한 설명 중 가장 적절하지 않은 것은?

16. 경찰승진

① 형사소송법상 압수장물의 환부에 관한 규정은 이해관계인이 민사소송 절차에 의하여 그 권리를 주장함에 영향을 미친다.
② 증거에만 공할 목적으로 압수한 물건으로서 그 소유자 또는 소지자가 계속 사용하여야 할 물건은 사진촬영 기타 원형보존의 조치를 취하고 신속히 가환부하여야 한다.
③ 압수한 장물로서 피해자에게 환부할 이유가 명백한 것은 판결로써 피해자에게 환부하는 선고를 하여야 한다.
④ 압수한 서류 또는 물품에 대하여 몰수의 선고가 없는 때에는 압수를 해제한 것으로 간주한다.

해설

① 【 X 】 형사소송법상 압수장물의 환부에 관한 규정은 이해관계인이 민사소송 절차에 의하여 그 권리를 주장함에 영향을 미치지 아니한다(제333조 제4항).
② 【 O 】 제133조 제2항
③ 【 O 】 제333조 제1항
④ 【 O 】 제332조

정답 ①

154 압수물의 환부 및 가환부에 대한 설명으로 가장 적절하지 않은 것은? (다툼이 있으면 판례에 의함)

16. 경찰채용 2차

① 증거에 공할 압수물을 가환부할 것인지의 여부는 범죄의 태양, 경중, 압수물의 증거로서의 가치, 압수물의 은닉, 인멸, 훼손될 위험, 수사나 공판수행상의 지장 유무, 압수에 의하여 받는 피압수자 등의 불이익의 정도 등 여러 사정을 검토하여 종합적으로 판단하여야 할 것이다.
② 사법경찰관은 압수물을 피압수자에게 환부하기에 앞서 피해자뿐만 아니라 피의자에게도 통지하여야 한다.
③ 피압수자 등 압수물을 환부 받을 자가 수사기관에 대하여 「형사소송법」상의 환부청구권을 포기한다는 의사표시를 한 경우 그에 의하여 수사기관의 필요적 환부의무가 면제되므로, 그 환부의무에 대응하는 압수물의 환부를 청구할 수 있는 권리도 소멸하게 된다.
④ 검사는 사본을 확보한 경우 등 압수를 계속할 필요가 없다고 인정되는 압수물 및 증거에 사용할 압수물에 대하여 공소제기 전이라도 소유자의 청구가 있는 때에는 환부 또는 가환부하여야 한다.

[해설]

① 【 O 】 대결 1994.8.18. 94모42
② 【 O 】 제219조, 제135조
③ 【 X 】 피압수자 등 환부를 받을 자가 압수 후 그 소유권을 포기하는 등에 의하여 실체법상의 권리를 상실하더라도 그 때문에 압수물을 환부하여야 하는 수사기관의 의무에 어떠한 영향을 미칠 수 없고, 또한 수사기관에 대하여 형사소송법상의 환부청구권을 포기한다는 의사표시를 하더라도 그 효력이 없어 그에 의하여 수사기관의 필요적 환부의무가 면제된다고 볼 수는 없으므로, 압수물의 소유권이나 그 환부청구권을 포기하는 의사표시로 인하여 위 환부의무에 대응하는 압수물에 대한 환부청구권이 소멸하는 것은 아니다(대결 1996.8.16. 94모41 전합).
④ 【 O 】 제218조의2 제1항

[정답] ③

155 압수물의 처리에 대한 설명으로 가장 적절하지 않은 것은? (다툼이 있는 경우 판례에 의함)

18. 경찰승진

① 세관이 시계행상이 소지하고 있던 외국산시계를 관세장물의 혐의가 있다고 하여 압수하였던 것을 검사가 그것이 관세포탈품인지를 확인할 수 없어 그 사건을 기소중지처분 하였다면 위 압수물은 국고에 귀속시킬 수 없다.
② '증거에 공할 압수물'에는 증거물로서의 성격을 가진 압수물은 포함되나 몰수할 것으로 사료되는 물건으로서의 성격을 가진 압수물은 포함되지 않는다.
③ 위험발생의 염려가 있는 압수물은 폐기할 수 있다.
④ 피해품인 압수물은 피고인에 대한 범죄의 증명이 없게 된 경우에는 압수물의 존재만으로 그 유죄의 증거가 될 수 없다.

[해설]

① 【 O 】 대결 1996.8.16. 94모51 전합
② 【 X 】 형사소송법 제133조 제1항 후단이, 제2항의 '증거에만 공할' 목적으로 압수할 물건과는 따로이, '증거에 공할' 압수물에 대하여 법원의 재량에 의하여 가환부할 수 있도록 규정한 것을 보면, '증거에 공할 압수물'에는 증거물로서의 성격과 몰수할 것으로 사료되는 물건으로서의 성격을 가진 압수물이 포함되어 있다고 해석함이 상당하다(대결 1998.4.16. 97모25).
③ 【 O 】 제130조 제2항
④ 【 O 】 대판 1984.3.27. 83도3067

[정답] ②

156 형사소송법상 압수물의 환부 및 가환부에 대한 설명으로 옳은 것을 모두 고른 것은? (다툼이 있는 경우 판례에 의함)

18. 경찰채용 1차

> ㉠ 수사기관의 압수물의 환부에 관한 처분의 취소를 구하는 준항고는 소송 계속 중 준항고로써 달성하고자 하는 목적이 이미 이루어졌거나 시일의 경과 또는 그 밖의 사정으로 인하여 그 이익이 상실된 경우에도 적법하다.
> ㉡ 검사는 사본을 확보한 경우 등 압수를 계속할 필요가 없다고 인정되는 압수물 및 증거에 사용할 압수물에 대하여 공소제기 전이라도 소유자, 소지자, 보관자 또는 제출인의 청구가 있는 때에는 환부 또는 가환부할 수 있다.
> ㉢ 증거에만 공할 목적으로 압수한 물건으로서 그 소유자 또는 소지자가 계속 사용하여야 할 물건은 사진촬영 기타 원형보존의 조치를 취하고 신속히 가환부하여야 한다.
> ㉣ 압수한 장물로서 피해자에게 환부할 이유가 명백한 것은 판결로써 피해자에게 환부하는 선고를 하여야 한다.

① ㉠, ㉡ ② ㉡, ㉣ ③ ㉢, ㉣ ④ ㉠, ㉡, ㉢

해설

㉠ 【X】 수사기관의 압수물의 환부에 관한 처분의 취소를 구하는 준항고는 일종의 항고소송이므로, 통상의 항고소송에서와 마찬가지로 그 이익이 있어야 하고, 소송 계속 중 준항고로써 달성하고자 하는 목적이 이미 이루어졌거나 시일의 경과 또는 그 밖의 사정으로 인하여 그 이익이 상실된 경우에는 준항고는 그 이익이 없어 부적법하게 된다(대결 2015.10.15. 2013모1970).

㉡ 【X】 검사는 사본을 확보한 경우 등 압수를 계속할 필요가 없다고 인정되는 압수물 및 증거에 사용할 압수물에 대하여 공소제기 전이라도 소유자, 소지자, 보관자 또는 제출인의 청구가 있는 때에는 환부 또는 가환부하여야 한다(제218조의2 제1항).

㉢ 【O】 제133조 제2항

㉣ 【O】 제333조 제1항

정답 ③

157 압수물의 환부 및 가환부에 대한 설명으로 가장 적절하지 않은 것은? (다툼이 있는 경우 판례에 의함)

19. 경찰승진

① 가환부한 장물에 대하여 별단의 선고가 없는 때에는 환부의 선고가 있는 것으로 간주한다.
② 증거에만 공할 목적으로 압수할 물건으로서 그 소유자 또는 소지자가 계속 사용하여야 할 물건은 사진촬영 기타 원형보존의 조치를 취하고 신속히 가환부하여야 한다.
③ 수사기관의 압수물의 환부에 관한 처분의 취소를 구하는 준항고는 소송 계속 중 준항고로써 달성하고자 하는 목적이 이미 이루어졌거나 시일의 경과 또는 그 밖의 사정으로 인하여 그 이익이 상실된 경우에는 부적법하게 된다.
④ 검사는 사본을 확보한 경우 등 압수를 계속할 필요가 없다고 인정되는 압수물 및 증거에 사용할 압수물에 대하여 공소제기 전이라도 소유자, 소지자, 보관자 또는 제출인의 청구가 있는 때에는 환부 또는 가환부할 수 있다.

해설

① 【 O 】 제333조 제3항
② 【 O 】 제133조 제2항
③ 【 O 】 대결 2015.10.15. 2013모1970
④ 【 X 】 검사는 사본을 확보한 경우 등 압수를 계속할 필요가 없다고 인정되는 압수물 및 증거에 사용할 압수물에 대하여 공소제기 전이라도 소유자, 소지자, 보관자 또는 제출인의 청구가 있는 때에는 환부 또는 가환부하여야 한다(제218조의2 제1항).

정답 ④

158 대물적 강제수사에 대한 설명으로 옳지 않은 것은? (다툼이 있는 경우 판례에 의함)

21. 국가직 7급

① 검사는 증거에 사용할 압수물에 대하여 가환부 청구가 있는 경우, 이를 거부할 수 있는 특별한 사정이 없는 한 가환부에 응하여야 한다.
② 피고인 이외 제3자의 소유에 속하는 압수물에 대하여 몰수를 선고한 판결이 있는 경우, 그 판결의 효력은 유죄판결을 받은 피고인에 대하여 미치는 것뿐만 아니라 제3자의 소유권에도 영향을 미친다.
③ 압수물 목록 교부 취지에 비추어 볼 때, 압수된 정보의 상세목록에는 정보의 파일 명세가 특정되어 있어야 하고, 수사기관은 이를 출력한 서면을 교부하거나 전자파일 형태로 복사해 주거나 이메일을 전송하는 등의 방식으로도 할 수 있다.
④ 세관공무원이 마약류 수사에 관한 「마약류 불법거래 방지에 관한 특례법」 제4조 제1항에 따른 조치의 일환으로 검사의 요청에 따라 특정한 수출입물품을 개봉하여 검사하고 그 내용물의 점유를 취득한 행위는 통상의 수출입물품에 대한 적정한 통관 등을 목적으로 조사를 하는 경우와는 달리 사전 또는 사후에 영장을 받아야 한다.

해설

① 【 O 】 대결 2017.9.29. 2017모236
② 【 X 】 이 사건 자동차는 범인이 간접으로 점유하는 물품으로서 필요적 몰수의 대상인데 이 사건 밀수출 범죄와 무관한 준항고인의 소유에 속하기 때문에 범인에 대한 몰수는 범인으로 하여금 소지를 못하게 함에 그친다(대결 2017.9.29. 2017모236). 즉, 피고인 이외 제3자의 소유물에 대해 피고인에게 몰수판결이 선고되더라도 제3자 소유물에는 영향을 미칠 수 없다.
③ 【 O 】 대판 2018.2.8. 2017도13263
④ 【 O 】 대판 2017.7.18. 2014도8719

정답 ②

159 압수물의 처리에 대한 설명으로 가장 적절하지 않은 것은? (다툼이 있는 경우 판례에 의함) 20. 경찰채용 2차

① 검사는 증거에 사용할 압수물에 대하여 가환부의 청구가 있는 경우 거부할 수 있는 특별한 사정이 없는 한 이에 응하여야 한다.
② 외국산 물품을 관세장물의 혐의가 있다고 보아 압수하였다 하더라도 그것이 언제, 누구에 의하여 관세포탈된 물건인지 알 수 없어 기소중지 처분을 한 경우에는 그 압수물은 관세장물이라고 단정할 수 없으므로 이를 국고에 귀속시킬 수 없으나, 압수는 계속할 필요가 있다.
③ 압수를 계속할 필요가 없다고 인정되는 압수물은 피고사건 종결 전이라도 결정으로 환부하여야 하고, 증거에 공할 압수물은 소유자, 소지자, 보관자 또는 제출인의 청구에 의하여 가환부할 수 있다.
④ 법령상 생산 제조가 금지된 압수물로서 부패의 염려가 있거나 보관하기 어려운 압수물도 소유자 등 권한 있는 자의 동의를 받아 폐기할 수 있다.

[해설]

① 【 O 】 대결 2017.9.29. 2017모236
② 【 X 】 외국산 물품을 관세장물의 혐의가 있다고 보아 압수하였다 하더라도 그것이 언제, 누구에 의하여 관세포탈된 물건인지 알 수 없어 기소중지 처분을 한 경우에는 그 압수물은 관세장물이라고 단정할 수 없어 이를 국고에 귀속시킬 수 없을 뿐만 아니라 압수를 더 이상 계속할 필요도 없다(대결 1996.8.16. 94모51 전합).
③ 【 O 】 제133조 제1항
④ 【 O 】 제130조 제3항

정답 ②

160 증거보전에 관한 설명 중 가장 적절하지 않은 것은? (다툼이 있으면 판례에 의함) 16. 경찰승진

① 수사상 증거보전절차는 공소제기 전에 한하여 허용된다.
② 증거보전을 청구함에는 서면으로 사유를 소명하여야 하며, 청구기각 결정에 대하여는 3일 이내에 항고할 수 있다.
③ 검사, 피고인, 피의자 또는 변호인은 미리 증거를 보전하지 아니하면 그 증거를 사용하기 곤란한 사정이 있는 때 판사에게 청구할 수 있다.
④ 공동피고인이나 공범자를 증거보전절차에서 증인으로 신문하는 것은 허용된다.

[해설]

① 【 X 】 검사, 피고인, 피의자 또는 변호인은 미리 증거를 보전하지 아니하면 그 증거를 사용하기 곤란한 사정이 있는 때에는 제1회 공판기일 전이라도 판사에게 압수, 수색, 검증, 증인신문 또는 감정을 청구할 수 있다(제184조 제1항).
② 【 O 】 제184조 제2항, 제4항
③ 【 O 】 검사, 피고인, 피의자 또는 변호인은 미리 증거를 보전하지 아니하면 그 증거를 사용하기 곤란한 사정이 있는 때에는 제1회 공판기일 전이라도 판사에게 압수, 수색, 검증, 증인신문 또는 감정을 청구할 수 있다(제184조 제1항).
④ 【 O 】 대판 1988.11.8. 86도1646

정답 ①

161 증거보전제도에 대한 설명으로 가장 적절하지 않은 것은? (다툼이 있으면 판례에 의함)   16. 경찰채용 2차

① 검사, 피고인, 피의자 또는 변호인은 미리 증거를 보전하지 아니하면 그 증거를 사용하기 곤란한 사정이 있는 때에는 제1회 공판기일 전이라도 판사에게 압수, 수색, 검증, 증인신문 또는 감정을 청구할 수 있다.
② 증거보전은 제1심 제1회 공판기일 전에 한하여 허용되는 것이므로 재심청구사건에서는 증거보전절차는 허용되지 아니한다.
③ 검사, 피고인, 피의자 또는 변호인은 법원의 허가를 얻어 증거보전의 처분에 관한 서류와 증거물을 열람 또는 등사할 수 있다.
④ 증거보전의 청구를 함에는 서면으로 그 사유를 소명하여야 한다.

해설

① 【 O 】 제184조 제1항
② 【 O 】 대결 1984.3.29. 84모15
③ 【 X 】 검사, 피고인, 피의자 또는 변호인은 판사의 허가를 얻어 증거보전의 처분에 관한 서류와 증거물을 열람 또는 등사할 수 있다(제185조).
④ 【 O 】 제184조 제3항

정답 ③

162 증거보전에 대한 설명으로 가장 적절하지 않은 것은? (다툼이 있는 경우 판례에 의함)   19. 경찰승진

① 피고인뿐만 아니라 피의자도 미리 증거를 보전하지 아니하면 그 증거를 사용하기 곤란한 사정이 있는 때에는 제1회 공판기일 전이라도 판사에게 압수, 수색, 검증, 증인신문 또는 감정을 청구할 수 있다.
② 증거보전의 청구를 함에는 구술 또는 서면으로 그 사유를 소명하여야 한다.
③ 검사는 수사단계에서 피고인에 대한 증거를 미리 보전하기 위하여 필요한 경우에는 판사에게 공동피고인을 증인으로 신문할 것을 청구할 수 있다.
④ 형사입건되기 전의 자는 피의자가 아니므로 증거보전을 청구할 수 없다.

해설

① 【 O 】 제184조 제1항
② 【 X 】 증거보전의 청구를 함에는 서면으로 그 사유를 소명하여야 한다(제184조 제2항).
③ 【 O 】 대판 1988.11.8. 86도1646
④ 【 O 】 대판 1979.6.12. 79도792

정답 ②

163 증거보전과 증인신문에 관한 설명 중 가장 적절하지 않은 것은? (다툼이 있으면 판례에 의함)   16. 경찰승진

① 증거보전청구를 기각하는 결정에 대하여는 항고할 수 있으나, 증인신문청구를 기각하는 결정에 대하여는 불복할 수 없다.
② 재심청구사건에서도 실체적 진실발견을 위하여 증거보전청구가 예외적으로 허용된다.
③ 증거보전은 물론 증인신문의 청구를 받은 판사도 그 처분에 관하여 법원 또는 재판장과 동일한 권한이 있다.
④ 판사가 증인신문기일을 정한 때에는 피고인·피의자 또는 변호인에게 이를 통지하여 증인신문에 참여할 수 있도록 하여야 한다.

[해설]

① 【 O 】 제184조 제4항은 명문으로 3일 이내 항고할 수 있다고 규정하고 있는 반면, 증인신문기각결정에 대해서는 명문의 규정이 없다. 증인신문기각결정은 이른바 수임판사의 명령으로 항고·준항고의 대상이 될 수 없다.
② 【 X 】 증거보전이란 장차 공판에 있어서 사용하여야 할 증거가 멸실되거나 또는 그 사용하기 곤란한 사정이 있을 경우에 당사자의 청구에 의하여 공판 전에 미리 그 증거를 수집보전하여 두는 제도로서 제1심 제1회 공판기일 전에 한하여 허용되는 것이므로 재심청구사건에서는 증거보전절차는 허용되지 아니한다(대결1984.3.29. 84모15).
③ 【 O 】 제184조 제2항
④ 【 O 】 제184조 제2항, 제163조

정답 ②

164 증거보전절차에 대한 설명으로 가장 적절하지 않은 것은? (다툼이 있는 경우 판례에 의함)   17. 경찰채용 2차

① 공동피고인과 피고인이 뇌물을 주고받은 사이로 필요적 공범관계에 있다고 하더라도 검사는 수사단계에서 피고인에 대한 증거를 미리 보전하기 위하여 필요한 경우에는 판사에게 공동피고인을 증인으로 신문할 것을 청구할 수 있다.
② 증거보전의 청구를 함에는 서면 또는 구술로 그 사유를 소명할 수 있다.
③ 증거보전은 제1심 제1회 공판기일 전에 한하여 허용되는 것이므로 재심청구사건에서는 증거보전절차는 허용되지 아니한다.
④ 제1회 공판기일 전에 「형사소송법」 제184조에 의한 증거보전절차에서 증인신문을 하면서, 위 증인신문의 일시와 장소를 피의자 및 변호인에게 미리 통지하지 아니하여 증인신문에 참여할 수 있는 기회를 주지 아니하였고, 또 변호인이 제1심 공판기일에 위 증인신문조서의 증거조사에 관하여 이의신청을 하였다면, 위 증인신문조서는 증거능력이 없다 할 것이고, 그 증인이 후에 법정에서 그 조서의 진정성립을 인정한다 하여 다시 그 증거능력을 취득한다고 볼 수도 없다.

[해설]

① 【 O 】 대판 1988.11.8. 86도1646
② 【 X 】 증거보전의 청구를 함에는 서면으로 그 사유를 소명하여야 한다(제184조 제3항).
③ 【 O 】 대결 1984.3.29. 84모15
④ 【 O 】 대판 1992.2.28. 91도2337

정답 ②

165 형사소송법 제184조에 의한 증거보전에 대한 설명 중 가장 적절하지 않은 것은? (다툼이 있는 경우 판례에 의함)

18. 경찰승진

① 증거보전절차에서 작성된 증인신문조서 중 증인에 대한 반대신문과정에서 피의자였던 피고인이 당사자로 참여하여 자신의 범행사실을 시인하는 전제하에 증인에게 반대신문한 내용이 기재되어 있는 경우, 그 조서 중 피의자 진술부분에 대하여는「형사소송법」제311조에 의한 증거능력을 인정할 수 있다.
② 증거보전절차에서는 증인신문뿐만 아니라 압수, 수색, 검증 및 감정도 할 수 있으나 증거보전의 방법으로 피의자신문, 피고인신문을 청구할 수는 없다.
③ 검사는 일정한 경우 제1회 공판기일 전이라도 판사에게 증거보전을 청구할 수 있으며, 증거보전의 청구를 기각하는 결정에 대하여는 3일 이내에 항고할 수 있다.
④ 증거보전의 청구를 받은 판사는 그 처분에 관하여 법원 또는 재판장과 동일한 권한이 있다.

[해설]

① 【 X 】 증인신문조서가 증거보전절차에서 피고인이 증인으로서 증언한 내용을 기재한 것이 아니라 증인(갑)의 증언내용을 기재한 것이고 다만 피의자였던 피고인이 당사자로 참여하여 자신의 범행사실을 시인하는 전제하에 위 증인에게 반대신문한 내용이 기재되어 있을 뿐이라면, 위 조서는 공판준비 또는 공판기일에 피고인 등의 진술을 기재한 조서도 아니고, 반대신문과정에서 피의자가 한 진술에 관한 한 형사소송법 제184조에 의한 증인신문조서도 아니므로 위 조서 중 피의자의 진술기재부분에 대하여는 형사소송법 제311조에 의한 증거능력을 인정할 수 없다(대판 1984.5.15. 84도508).
② 【 O 】 대판 1979.6.12. 79도792
③ 【 O 】 제184조 제4항
④ 【 O 】 제184조 제2항

정답 ①

166 수사상의 증거보전절차에 관한 설명 중 가장 적절하지 않은 것은?

20. 경찰승진

① 피고인, 피의자 또는 변호인뿐만 아니라 검사도 미리 증거를 보전하지 아니하면 그 증거를 사용하기 곤란한 사정이 있는 때에는 형사소송법 제184조에 따라 제1회 공판기일 전이라도 판사에게 압수, 수색, 검증, 증인신문 또는 감정을 청구할 수 있다. 이때 청구를 받은 판사는 그 처분에 관하여 법원 또는 재판장과 동일한 권한이 있다.
② 범죄의 수사에 없어서는 아니될 사실을 안다고 명백히 인정되는 자가 형사소송법 제221조에 의한 출석 또는 진술을 거부한 경우에는 검사는 제1회 공판기일 전에 한하여 판사에게 그에 대한 증인신문을 청구할 수 있다.
③ 판사는 형사소송법 제221조의2에 의한 검사의 증인신문 청구에 따라 증인신문기일을 정한 때에는 피고인 피의자 또는 변호인에게 이를 통지하여 증인신문에 참여할 수 있도록 하여야 하며, 증인신문을 한 후에는 이에 관한 서류를 판사 소속 법원에 보관하여야 한다.
④ 증거보전 또는 증인신문을 청구하는 자는 그 사유를 서면으로 소명하여야 한다.

해설

① 【 O 】 제184조 제1항, 제2항
② 【 O 】 제221조의2 제1항
③ 【 X 】 판사는 형사소송법 제221조의2에 의한 검사의 증인신문 청구에 따라 증인신문기일을 정한 때에는 피고인 피의자 또는 변호인에게 이를 통지하여 증인신문에 참여할 수 있도록 하여야 하며(제221조의2 제4항), 판사는 증인신문을 한 때에는 지체 없이 이에 관한 서류를 검사에게 송부하여야 한다(제221조의2 제5항).
④ 【 O 】 제184조 제3항, 제221조의2 제3항

정답 ③

167 다음 사례에 대한 〈보기〉의 설명으로 옳은 것만을 모두 고르면?

18. 검찰 7급

(가) 검사는 甲을 강도혐의로 긴급체포하여 수사하였으나 甲은 범행을 부인하였다.
(나) 이에 검사는 수사 중 A가 강도사건의 유일한 목격자임을 알고 A에게 전화하여 검찰청에 출석해서 참고인으로 진술을 해줄 것을 요청하였으나 A가 거절하자 A에게 출석요구서를 발송하였다.
(다) 그러나 A는 정당한 이유 없이 검사의 출석요구에 계속 불응하였다.
(라) 이에 검사는 A의 진술을 확보하기 위하여 공소제기 전에 판사에게 A에 대한 증인신문을 청구하였다.

〈보기〉

㉠ (가)와 관련하여, 검사는 법원으로부터 즉시 긴급체포에 대하여 사후 승인을 받아야 한다.
㉡ (나)와 관련하여, 검사가 A의 출석을 전화로 요구한 것은 위법하다.
㉢ (다)와 관련하여, 검사가 A를 조사하기 위하여 출석불응을 이유로 체포영장을 청구할 수는 없다.
㉣ (라)와 관련하여, 판사가 A에 대하여 증인신문을 한 경우 지체 없이 해당 증인신문조서를 검사에게 송부하여야 한다.

① ㉠, ㉡ ② ㉠, ㉣ ③ ㉡, ㉢ ④ ㉢, ㉣

해설

㉠ 【 X 】 사법경찰관이 긴급체포를 한 경우에는 즉시 검사의 승인을 얻어야 하지만, 검사의 경우에는 법원의 승인을 받는 규정은 존재하지 않는다.
㉡ 【 X 】 출석요구의 방법에는 제한이 없다. 따라서 전화로 출석요구를 해도 위법한 것은 아니다.
㉢ 【 O 】 참고인은 강제로 소환 내지 구인을 당하지 않으며 진술의무도 없다. 따라서 출석불응을 이유로 체포영장을 청구할 수는 없다.
㉣ 【 O 】 제221조의2 제6항

정답 ④

최정훈 형사소송법
단원별 기출문제집

PART 04

수사의 종결과 공소제기

Chapter 01   수사의 종결
Chapter 02   공소의 제기

Chapter 01 수사의 종결

01 수사의 종결에 관한 설명 중 가장 적절하지 않은 것은? (다툼이 있으면 판례에 의함)   16. 경찰승진

① 검사의 불기소처분에는 확정력과 같은 효력이 없어 일단 불기소처분을 한 후에도 공소시효가 완성되기 전이면 공소를 제기할 수 있다.
② 수사 중 피의자가 사망한 경우 검사는 공소권 없음을 이유로 불기소처분을 하여야 한다.
③ 검사의 수사종결 처분에는 공소제기, 불기소처분, 타관송치 등이 있다.
④ 검사는 형사소송법상 불기소처분 또는 타관송치를 한 때에는 피해자에게 즉시 그 취지를 통지하여야 한다.

[해설]
① 【O】 대판 2009.10.29. 2009도6614
② 【O】 검찰사건사무규칙 제69조 제3항 제4호
③ 【O】 검찰사건사무규칙 제57조 제1항
④ 【X】 검사는 불기소 또는 타관송치의 처분을 한 때에는 피의자에게 즉시 그 취지를 통지하여야 한다(제258조 제2항).

정답 ④

02 수사의 종결처분에 대한 설명 중 가장 적절하지 않은 것은? (다툼이 있는 경우 판례에 의함)   18. 경찰승진

① 검사는 고소 또는 고발있는 사건에 관하여 공소제기, 불기소, 공소취소 또는 타관송치의 처분을 한 때에는 그 처분한 날로부터 7일 이내에 서면으로 고소인 또는 고발인에게 그 취지를 통지하여야 한다.
② 검사는 고소 또는 고발있는 사건에 관하여 공소를 제기하지 아니하는 처분을 한 경우에 고소인 또는 고발인의 청구가 있는 때에는 7일 이내 고소인 또는 고발인에게 그 이유를 서면으로 설명하여야 한다.
③ 검사는 범죄로 인한 피해자 또는 그 법정대리인의 신청이 있는 때에는 당해 사건의 공소제기여부, 공판의 일시·장소, 재판결과, 피의자·피고인의 구속·석방 등 구금에 관한 사실 등을 신속하게 통지하여야 한다.
④ 검사의 불기소처분이 있는 경우 일사부재리의 원칙이 적용되므로 다시 공소를 제기할 수 없다.

[해설]
① 【O】 제258조 제1항
② 【O】 제259조
③ 【O】 제259조의2
④ 【X】 검사의 불기소처분에는 확정재판에 있어서의 확정력과 같은 효력이 없어 일단 불기소처분을 한 후에도 공소시효가 완성되기 전이면 언제라도 공소를 제기할 수 있다(대판 2009.10.29. 2009도6614).

정답 ④

03 수사의 종결에 관한 설명 중 가장 적절하지 않은 것은? (다툼이 있는 경우 판례에 의함) 20. 경찰승진

① 검사가 고소 또는 고발에 의하여 범죄를 수사할 때에는 고소 또는 고발을 수리한 날로부터 3월 이내에 수사를 완료하여 공소 제기 여부를 결정하여야 한다.
② 검사가 불기소처분을 한 후에도 공소시효가 완성되기 전이면 언제라도 공소를 제기할 수 있으나, 세무공무원 등의 고발이 있어야 공소를 제기할 수 있는 조세범처벌법위반죄에 관하여 종전 세무공무원 등의 고발에 대한 불기소처분이 있었던 경우는 세무공무원 등의 새로운 고발이 있어야 공소를 제기할 수 있다.
③ 고소장의 기재만으로는 고소 사실이 불분명함에도 고소장 제출 후 고소인이 출석요구에 불응하거나 소재불명이 되어 고소 사실에 대한 진술을 청취할 수 없는 경우는 불기소처분 중 각하 사유에 해당한다.
④ 반의사불벌죄의 경우 처벌을 희망하지 아니하는 의사표시가 있거나 처벌을 희망하는 의사표시가 철회된 경우는 불기소처분 중 공소권 없음 사유에 해당한다.

[해설]
① 【 O 】 제257조
② 【 X 】 검사의 불기소처분에는 확정재판에 있어서의 확정력과 같은 효력이 없어 일단 불기소처분을 한 후에도 공소시효가 완성되기 전이면 언제라도 공소를 제기할 수 있으므로, 세무공무원 등의 고발이 있어야 공소를 제기할 수 있는 조세범처벌법 위반죄에 관하여 일단 불기소처분이 있었더라도 세무공무원 등이 종전에 한 고발은 여전히 유효하다. 따라서 나중에 공소를 제기함에 있어 세무공무원 등의 새로운 고발이 있어야 하는 것은 아니다(대판 2009.10.29. 2009도6614).
③ 【 O 】 검찰사건사무규칙 제69조 제3항 제5호
④ 【 O 】 검찰사건사무규칙 제69조 제3항 제4호

정답 ②

04 사법경찰관의 수사종결 처분에 관한 설명으로 가장 적절하지 않은 것은? 25. 경찰승진

① 사법경찰관은 범죄수사 후 범죄 혐의가 있다고 인정되면 지체 없이 검사에게 사건을 송치하고, 검사는 송치사건의 공소제기 여부 결정에 관하여 필요한 경우 사법경찰관에게 보완수사를 요구할 수 있다.
② 사법경찰관은 사건불송치의 경우에 사건기록을 송부한 날부터 7일 이내에 서면으로 고소인·고발인·피해자 또는 그 법정대리인에게 사건불송치 취지와 그 이유를 통지해야 하고, 고소인·피해자 또는 그 법정대리인은 해당 사법경찰관 소속 관서장에게 수사결과 통지를 받은 날로부터 30일 이내에 이의를 신청할 수 있다.
③ 사법경찰관이 수사중지 결정을 한 경우 7일 이내에 사건기록을 검사에게 송부해야 하며, 검사는 사건기록을 송부받은 날부터 30일 내에 「형사소송법」 제197조의3에 따라 시정조치요구를 할 수 있다.
④ 20만 원 이하의 벌금 또는 구류나 과료에 처할 범죄사건으로서 즉결심판절차에 의해 처리될 경미사건은 관할 경찰서장이 관할 법원에 즉결심판을 청구하여 수사절차를 종결한다.

[해설]
① 【 O 】 형사소송법 제245조의5 제2호, 제197조의2 제1항 제1호
② 【 X 】 형사소송법 제245조의6, 제245조의6의 통지를 받은 사람(고발인을 제외한다)은 해당 사법경찰관의 소속 관서의 장에게 이의를 신청할 수 있다(형사소송법 제245조의7 제1항). 30일 이내라는 날짜 제한은 없다.
③ 【 O 】 수사준칙 제51조 제4항
④ 【 O 】 즉결심판에 관한 절차법 제2조

정답 ②

05 협의의 불기소결정에 관한 유형과 결정 이유의 연결이 가장 적절하지 않은 것은?

25. 경찰승진

① 공소권없음 - 동일사건에 관하여 이미 검사의 불기소처분이 있는 경우
② 죄가안됨 - 명예훼손죄에 있어서 「형법」 제310조에 따라 위법성이 조각되는 경우
③ 혐의없음 - 피의사실을 인정할 만한 충분한 증거가 없는 경우
④ 각하 - 고소권자가 아닌 자가 고소한 경우

해설

① 【 X 】 각하(검찰사건사무규칙 제115조 제3항 5호 다목)
② 【 O 】 검찰사건사무규칙 제115조 제3항 3호
③ 【 O 】 검찰사건사무규칙 제115조 제3항 2호 나목
④ 【 O 】 검찰사건사무규칙 제115조 제3항 5호 라목

정답 ①

06 불기소처분에 대한 불복에 관한 설명 중 가장 적절하지 않은 것은? (다툼이 있는 경우 판례에 의함)

20. 경찰승진

① 검사의 불기소처분에 불복하는 고소인이나 고발인은 그 검사가 속한 지방검찰청 또는 지청을 거쳐 서면으로 관할 고등검찰청 검사장에게 항고할 수 있다.
② 고소권자로서 고소를 한 자는 검사로부터 공소를 제기하지 아니한다는 통지를 받은 때에는 그 검사 소속의 지방검찰청 소재지를 관할하는 고등법원에 그 당부에 관한 재정을 신청할 수 있으나, 검찰항고 전치주의가 적용되어 반드시 검찰항고를 먼저 거쳐야 한다.
③ 재정신청은 법원의 결정이 있을 때까지 취소할 수 있으나 취소한 자는 다시 재정신청을 할 수 없다.
④ 대통령에게 제출한 청원서를 대통령비서실로부터 이관받은 검사가 진정사건으로 내사 후 내사종결 처리한 경우 위 내사종결 처리는 고소 또는 고발사건에 대한 불기소처분이라고 볼 수 없어 재정신청의 대상이 되지 아니한다.

해설

① 【 O 】 검찰청법 제10조 제1항
② 【 X 】 재정신청을 하려면 검찰청법 제10조에 따른 항고를 거쳐야 한다. 다만, 항고 이후 재기수사가 이루어진 다음에 다시 공소를 제기하지 아니한다는 통지를 받은 경우, 항고 신청 후 항고에 대한 처분이 행하여지지 아니하고 3개월이 경과한 경우, 검사가 공소시효 만료일 30일 전까지 공소를 제기하지 아니하는 경우에는 검찰항고를 거치지 않고 바로 재정신청을 할 수 있다(제260조 제2항).
③ 【 O 】 제264조 제2항
④ 【 O 】 대결 1991.11.5. 90모34

정답 ②

07 다음 설명 중 옳지 않은 것은? (다툼이 있는 경우 판례에 의함) 17. 국가직

① 검사는 고소 또는 고발 있는 사건에 관하여 공소제기, 불기소, 공소취소 또는 타관송치의 처분을 한 때에는 그 처분한 날로부터 7일 이내에 서면으로 고소인 또는 고발인에게 그 취지를 통지하여야 한다.
② 검사가 불기소 또는 타관송치의 처분을 한 때에는 피의자에게 즉시 그 취지를 통지하여야 한다.
③ 검사는 범죄로 인한 피해자 또는 그 법정대리인의 신청이 있는 때에는 당해 사건의 공소제기여부, 공판의 일시·장소, 재판결과, 피의자·피고인의 구속·석방 등 구금에 관한 사실 등을 신속하게 통지하여야 한다.
④ 고소한 피해자는 불기소처분의 취소를 구하는 헌법소원심판을 청구할 수 있으나 고소하지 아니한 피해자 또는 고발인은 헌법소원심판을 청구할 수 없다.

[해설]
① 【O】 제258조 제1항
② 【O】 제258조 제2항
③ 【O】 제259조의2
④ 【X】 고소한 피해자는 재정신청을 할 수 있다. 하지만 고소하지 않은 피해자는 헌법소원을 청구할 수 있다.

정답 ④

08 재정신청에 관한 설명 중 가장 적절하지 않은 것은? 16. 경찰승진

① 재정신청은 대리인에 의하여 할 수 있으며 공동신청권자 중 1인의 신청은 그 전원을 위하여 효력을 발생한다.
② 법원은 직권 또는 피의자의 신청에 따라 재정신청인에게 피의자가 재정신청절차에서 부담하였거나 부담할 변호인선임료 등 비용의 전부 또는 일부의 지급을 명할 수 있다.
③ 재정신청을 취소한 자는 다시 재정신청을 할 수 없다.
④ 고소인 또는 고발인은 대상범죄에 제한 없이 모든 범죄에 대하여 재정신청을 할 수 있다.

[해설]
① 【O】 제264조 제1항
② 【O】 제262조의3 제1항
③ 【O】 제264조 제2항
④ 【X】 고소인은 범죄의 구분 없이 재정신청을 할 수 있으나, 고발인은 형법 제123조부터 제126조까지의 범죄에만 재정신청을 할 수 있다.

정답 ④

09 재정신청에 대한 설명으로 옳지 않은 것은? (다툼이 있는 경우 판례에 의함) 16. 국가직

① 기소유예 처분에 대해서도 재정신청을 할 수 있다.
② 공동신청권자 중 1인의 신청은 그 전원을 위하여 효력을 발생하나, 그 취소의 경우에는 다른 공동신청권자에게 효력을 미치지 아니한다.
③ 법원은 재정신청서를 송부받은 때에는 송부받은 날부터 10일 이내에 피의자에게 그 사실을 통지하여야 한다.
④ 법원의 공소제기 결정에 따라 검사가 공소를 제기한 경우에도 검사는 공소를 취소할 수 있다.

해설

① 【 O 】 대결 1988.1.29. 86모58
② 【 O 】 제264조 제1항, 제3항
③ 【 O 】 제262조 제1항
④ 【 X 】 검사는 제262조 제2항 제2호의 결정(공소제기결정)에 따라 공소를 제기한 때에는 이를 취소할 수 없다(제264조의2).

정답 ④

10 재정신청에 대한 설명으로 옳지 않은 것은? (다툼이 있는 경우 판례에 의함) 17. 국가직

① 고등법원은 재정신청서를 송부받은 날부터 3개월 이내에 항고의 절차에 준하여 기각 또는 공소제기의 결정을 하여야 하고, 필요한 때에는 증거를 조사할 수 있다.
② 고등법원이 공소제기를 결정한 경우 검사는 그 결정에 대해서는 불복할 수 없으며, 기각결정이 확정된 사건에 대하여는 다른 중요한 증거를 발견한 경우를 제외하고는 소추할 수 없다.
③ 재정신청인이 그 신청을 취소한 경우 고등법원은 결정으로 재정신청인에게 신청절차에 의하여 생긴 비용의 전부 또는 일부를 부담하게 할 수 있다.
④ 재정신청인이 교도소에 수감되어 있는 경우 재정신청 기각결정에 대한 재항고의 법정기간 준수 여부는 재항고장을 교도소장에게 제출한 시점을 기준으로 판단하여야 한다.

해설

① 【 O 】 제262조 제2항
② 【 O 】 제262조 제4항 후문
③ 【 O 】 제262조 제1항
④ 【 X 】 재정신청 기각결정에 대한 재항고나 그 재항고 기각결정에 대한 즉시항고로서의 재항고에 대한 법정기간의 준수 여부는 도달주의 원칙에 따라 재항고장이나 즉시항고장이 법원에 도달한 시점을 기준으로 판단하여야 하고, 거기에 재소자 피고인 특칙은 준용되지 아니한다(대결 2015.7.16. 2013모2347 전합).

정답 ④

11. 재정신청에 대한 설명 중 가장 적절하지 않은 것은? (다툼이 있는 경우 판례에 의함) 17. 여경

① 검사가 공소시효 만료일 30일 전까지 공소를 제기하지 아니하는 경우에는 검찰항고를 거치지 않고 공소시효 만료일 전날까지 재정신청서를 제출할 수 있다.
② 다른 중요한 증거를 발견한 경우를 제외하고는 소추할 수 없도록 규정한 「형사소송법」 제262조 제4항 후문에서 말하는 '재정신청 기각결정이 확정된 사건'은 재정신청사건을 담당하는 법원에서 공소제기의 가능성과 필요성 등에 관한 심리와 판단이 현실적으로 이루어져 재정신청 기각결정의 대상이 된 사건만을 의미하는 것은 아니다.
③ 법원은 재정신청서를 송부 받은 날부터 10일 이내에 피의자에게 그 사실을 통지하여야 한다.
④ 재정신청은 대리인에 의하여 할 수 있으며 공동신청권자 중 1인의 신청은 그 전원을 위하여 효력을 발생한다.

[해설]

① 【 O 】 제260조 제3항
② 【 X 】 형사소송법 제262조 제2항, 제4항과 형사소송법 제262조 제4항 후문의 입법 취지 등에 비추어 보면, 형사소송법 제262조 제4항 후문에서 말하는 '제2항 제1호의 결정이 확정된 사건'은 재정신청사건을 담당하는 법원에서 공소제기의 가능성과 필요성 등에 관한 심리와 판단이 현실적으로 이루어져 재정신청 기각결정의 대상이 된 사건만을 의미한다(대판 2015.9.10. 2012도14755).
③ 【 O 】 제262조 제1항
④ 【 O 】 제264조 제1항

정답 ②

12. 재정신청에 대한 설명 중 가장 적절한 것은? (다툼이 있는 경우 판례에 의함) 18. 경찰승진

① 검사의 불기소처분에 대하여 고소인은 재정신청을 할 수 있으나 고발인은 할 수 없다.
② 재정신청사건의 심리는 항고절차에 준하여 진행되며 심리 중에는 증거조사가 허용되지 아니한다.
③ 재정신청은 대리인에 의하여 할 수 있으며 공동신청권자 중 1인의 신청은 그 전원을 위하여 효력을 발생하고, 재정신청의 취소도 다른 공동신청권자에게 효력을 발생한다.
④ 「형사소송법」 제262조 제4항 후문에서 말하는 '재정신청 기각결정이 확정된 사건'이라 함은 재정신청 사건을 담당하는 법원에서 공소제기의 가능성과 필요성 등에 관한 심리와 판단이 현실적으로 이루어져 재정신청 기각결정의 대상이 된 사건만을 의미한다.

[해설]

① 【 X 】 고소인은 범죄의 구분 없이 재정신청을 할 수 있으나, 고발인은 형법 제123조부터 제126조까지의 범죄에만 재정신청을 할 수 있다. 즉, 고소인과 고발인 모두 재정신청을 할 수 있으며, 다만 그 범위가 다를 뿐이다.
② 【 X 】 재정신청사건의 심리에 있어서 법원은 필요한 때에는 증거조사를 할 수 있다(제262조 제2항).
③ 【 X 】 재정신청의 취소는 다른 공동신청권자에게 효력을 미치지 아니한다(제264조 제2항).
④ 【 O 】 대판 2015.9.10. 2012도14755

정답 ④

13 재정신청에 대한 설명으로 가장 적절한 것은? (다툼이 있는 경우 판례에 의함)

18. 경찰채용 2차

① 재정신청사건의 심리결과 혐의 없음을 이유로 한 검사의 불기소처분이 위법하지만 여러 정상들을 참작하여 기소유예의 불기소처분을 할 만한 사건이라고 인정되는 경우에는 재정신청을 기각할 수 없다.
② 구금 중인 고소인이 재정신청서를 재정신청기간 내에 교도소장에게 제출하였다면, 재정신청서가 이 기간 내에 불기소처분을 한 검사가 속하는 지방검찰청 검사장 또는 지청장에게 도달하지 않았더라도 재정신청서의 제출은 적법하다.
③ 재정신청이 있으면 재정결정이 확정될 때까지 공소시효의 진행이 정지되고 공소제기결정이 있는 때에는 공소시효에 관하여 그 결정이 있는 날에 공소가 제기된 것으로 본다.
④ 법원의 공소제기 결정에 따라 검사가 공소를 제기한 경우, 공판과정에서 무죄가 예상된다면 검사는 피고인의 이익을 위하여 공소를 취소할 수 있다.

해설

① 【 X 】 검사의 공소를 제기하지 아니하는 처분에 대한 당부에 관한 재정신청에 당하는 법원은 검사의 무혐의 불기소처분이 위법하다 하더라도 기록에 나타난 제반 사정을 고려하여 기소유예의 불기소처분을 할 만한 사건이라고 인정되는 경우에는 재정신청을 기각할 수 있다(대판 1993.8.12. 93모9).
② 【 X 】 재정신청서에 대하여는 형사소송법에 제344조 제1항과 같은 특례규정이 없으므로 재정신청서는 같은 법 제260조 제2항이 정하는 기간 안에 불기소 처분을 한 검사가 소속한 지방검찰청의 검사장 또는 지청장에게 도달하여야 하고, 설령 구금중인 고소인이 재정신청서를 그 기간 안에 교도소장 또는 그 직무를 대리하는 사람에게 제출하였다 하더라도 재정신청서가 위의 기간 안에 불기소 처분을 한 검사가 소속 지방검찰청의 검사장 또는 지청장에게 도달하지 아니한 이상 이를 적법한 재정신청서의 제출이라고 할 수 없다(대결 1998.12.14. 98모127).
③ 【 O 】 제262조의4 제1항, 제2항
④ 【 X 】 재정신청의 결과 공소제기결정이 난 사건에서 검사는 공소취소를 할 수는 없다(제264조의2).

정답 ③

14 재정신청에 대한 설명으로 가장 적절한 것은? (다툼이 있는 경우 판례에 의함)

19. 경찰승진

① 법원은 재정신청 기각결정 또는 재정신청 취소가 있는 경우에는 결정으로 재정신청인에게 신청절차에 의하여 생긴 비용의 전부 또는 일부를 부담하게 하여야 한다.
② 검사가 공소시효 만료일 30일 전까지 공소를 제기하지 아니하는 경우에는 검찰항고를 거치지 않고 공소시효 만료일까지 재정신청서를 제출할 수 있다.
③ 법원이 재정신청서에 재정신청을 이유 있게 하는 사유가 기재되어 있지 않음에도 이를 간과한 채「형사소송법」제262조 제2항 제2호 소정의 공소제기결정을 한 관계로 그에 따른 공소가 제기되어 본안사건의 절차가 개시된 후에는 다른 특별한 사정이 없는 한 이제 그 본안사건에서 그와 같은 잘못을 다툴 수 없다.
④ 재정신청사건의 관할법원은 불기소처분을 한 검사 소속의 지방검찰청 소재지를 관할하는 지방법원 합의부이다.

해설

① 【 X 】 법원은 재정신청 기각결정 또는 재정신청 취소가 있는 경우에는 결정으로 재정신청인에게 신청절차에 의하여 생긴 비용의 전부 또는 일부를 부담하게 할 수 있다(제262조의3 제1항).
② 【 X 】 검사가 공소시효 만료일 30일 전까지 공소를 제기하지 아니하는 경우에는 검찰항고를 거치지 않고 공소시효 만료일 전날까지 재정신청서를 제출할 수 있다(제260조 제3항 단서).
③ 【 O 】 대판 2010.11.11. 2009도224
④ 【 X 】 재정신청사건의 관할법원은 불기소처분을 한 검사 소속의 지방검찰청 소재지를 관할하는 고등법원이다(제260조 제1항).

정답 ③

15 재정신청에 관한 다음 설명 중 가장 옳지 않은 것은? (다툼이 있는 경우 판례에 의함)　19. 법원직

① 형사소송법 제262조 제4항 후문은 재정신청 기각결정이 확정된 사건에 대하여 다른 중요한 증거를 발견한 경우를 제외하고는 소추할 수 없도록 규정하고 있는데, 재정신청 기각결정의 대상에 명시적으로 포함되지 않았다고 하더라도 고소의 효력이 미치는 객관적 범위 내에서는 위와 같은 재소추 제한의 효력이 그대로 미친다.

② 법원이 재정신청 대상 사건이 아님에도 이를 간과한 채 공소제기결정을 하였더라도, 그에 따른 공소가 제기되어 본안사건의 절차가 개시된 후에는 다른 특별한 사정이 없는 한 본안사건에서 위와 같은 잘못을 다툴 수 없다.

③ 재정신청 제기기간이 경과된 후에 재정신청보충서를 제출하면서 원래의 재정신청에 재정신청 대상으로 포함되어 있지 않은 고발사실을 재정신청의 대상으로 추가한 경우, 그 재정신청보충서에서 추가한 부분에 관한 재정신청은 법률상 방식에 어긋난 것으로서 부적법하다.

④ 재정신청절차는 고소·고발인이 검찰의 불기소처분에 불복하여 법원에 그 당부에 관한 판단을 구하는 절차로서 검사가 공소를 제기하여 공판절차가 진행되는 형사재판절차와는 다르며, 또한 고소·고발인인 재정신청인은 검사에 의하여 공소가 제기되어 형사재판을 받는 피고인과는 지위가 본질적으로 다르다.

[해설]

① **【 X 】** 형사소송법 제262조 제2항, 제4항과 형사소송법 제262조 제4항 후문의 입법 취지 등에 비추어 보면, 형사소송법 제262조 제4항 후문에서 말하는 '제2항 제1호의 결정이 확정된 사건'은 재정신청사건을 담당하는 법원에서 공소제기의 가능성과 필요성 등에 관한 심리와 판단이 현실적으로 이루어져 재정신청 기각결정의 대상이 된 사건만을 의미한다. 따라서 재정신청 기각결정의 대상이 되지 않은 사건은 형사소송법 제262조 제4항 후문에서 말하는 '제2항 제1호의 결정이 확정된 사건'이라고 할 수 없고, 재정신청 기각결정의 대상이 되지 않은 사건이 고소인의 고소내용에 포함되어 있었다 하더라도 이와 달리 볼 수 없다(대판 2015.9.10. 2012도14755).

② **【 O 】** 대판 2017.11.14. 2017도13465

③ **【 O 】** 대결 1997.4.22. 97모30

④ **【 O 】** 대결 2015.7.16. 2013모2347 전합

정답 ①

16 재정신청에 대한 설명으로 옳은 것은? (다툼이 있는 경우 판례에 의함) _{19. 국가직}

① 재정신청 기각결정에 대한 재항고나 그 재항고 기각결정에 대한 즉시항고로서의 재항고에 대한 법정기간의 준수 여부는 재항고장이나 즉시항고장이 법원에 도달한 시점을 기준으로 판단하여야 하고, 거기에 재소자 피고인 특칙은 준용되지 아니한다.
② 재정신청사건의 심리 중에는 관련 서류 및 증거물을 열람 또는 등사할 수 있다.
③ 공동신청권자 중 1인의 재정신청 및 취소는 전원을 위하여 효력을 발생한다.
④ 법원이 재정신청 대상 사건이 아닌 「공직선거법」 제251조의 후보자비방죄에 관한 재정신청임을 간과한 채 공소제기결정을 한 관계로 그에 따른 공소가 제기되어 본안사건의 절차가 개시되었다면, 다른 특별한 사정이 없는 한 그 본안사건에서 그 잘못을 다툴 수 있다.

[해설]

① 【O】 대결 2015.7.16. 2013모2347
② 【X】 재정신청사건의 심리 중에는 관련 서류 및 증거물을 열람 또는 등사할 수 없다(제262조의2 본문).
③ 【X】 재정신청은 공동신청권자 중 1인의 신청은 그 전원을 위하여 효력을 발생하지만(제264조 제1항), 재정신청의 취소는 다른 공동신청권자에게 효력을 미치지 아니한다(제264조 제3항).
④ 【X】 법원이 재정신청 대상 사건이 아닌 공직선거법 제251조의 후보자비방죄에 관한 재정신청임을 간과한 채 공소제기결정을 한 관계로 그에 따른 공소가 제기된 사안에서, 이와 같은 공소제기에 따라 본안사건의 절차가 개시된 후에는 다른 특별한 사정이 없는 한 그 본안사건에서 위와 같은 잘못을 다툴 수 없다고 보아, 후보자비방죄에 대하여 유죄로 판단한 제1심판결을 그대로 유지한 원심판결은 정당하고 이 부분 공소를 기각하여야 한다는 검사의 상고이유는 받아들일 수 없다고 판단하여 상고기각한 사례(대판 2017.11.14. 2017도13465)

정답 ①

---

17 재정신청에 대한 설명으로 가장 적절하지 않은 것은? (다툼이 있는 경우 판례에 의함) _{19. 경찰채용 1차}

① 재정신청의 신청권자는 불기소처분의 통지를 받은 고소인 또는 고발인인데 고소인은 모든 범죄에 대해, 고발인은 「형법」 제123조부터 제126조까지의 죄에 대해서만 재정신청이 가능하다.
② 재정신청에 대한 기각결정에 대해서는 법령위반을 이유로 대법원에 즉시항고할 수 있다. 단 법정기간의 준수 여부는 도달주의 원칙에 따라 재항고장이 법원에 도달한 시점을 기준으로 하고, 재소자 특칙은 준용되지 않는다.
③ 재정신청에 대한 공소제기결정에 대하여는 검사는 물론 공소제기결정의 대상이 된 피의자도 불복할 수 없다. 그러나 공소제기한 검사는 통상의 공판절차에서와 마찬가지로 권한을 행사하고 피고인의 이익을 위해서 공소취소도 할 수 있다.
④ 법원이 재정신청 대상 사건이 아님에도 이를 간과한 채 「형사소송법」 제262조 제2항 제2호에 따라 공소제기결정을 하였더라도, 그에 따른 공소가 제기되어 본안사건의 절차가 개시된 후에는 다른 특별한 사정이 없는 한 본안사건에서 위와 같은 잘못을 다툴 수 없다.

해설

① 【 O 】 제260조 제1항
② 【 O 】 재정신청 기각결정에 대한 재항고나 그 재항고 기각결정에 대한 즉시항고로서의 재항고에 대한 법정기간의 준수 여부는 도달주의 원칙에 따라 재항고장이나 즉시항고장이 법원에 도달한 시점을 기준으로 판단하여야 하고, 거기에 재소자 피고인 특칙은 준용되지 아니한다(대결 2015.7.16. 2013모2347 전합).
③ 【 X 】 고등법원의 공소제기결정에 따른 기소강제절차에서 검사는 공소취소를 할 수는 없다(제264조의2). 공소취소를 허용할 경우 공소제기결정의 취지가 몰각될 수 있기 때문이다.
④ 【 O 】 법원이 재정신청서에 재정신청을 이유 있게 하는 사유가 기재되어 있지 않음에도 이를 간과한 채 법 제262조 제2항 제2호 소정의 공소제기결정을 한 관계로 그에 따른 공소가 제기되어 본안사건의 절차가 개시된 후에는, 다른 특별한 사정이 없는 한 이제 그 본안사건에서 위와 같은 잘못을 다툴 수 없다고 할 것이다. 그렇지 않고 위와 같은 잘못을 본안사건에서 다툴 수 있다고 한다면 이는 재정신청에 대한 결정에 대하여 그것이 기각결정이든 인용결정이든 불복할 수 없도록 한 법 제262조 제4항의 규정취지에 위배하여 형사소송절차의 안정성을 해칠 우려가 있기 때문이다(대판 2010.11.11. 2009도224).

정답 ③

18. 재정신청에 관한 다음 설명 중 가장 옳지 않은 것은? (다툼이 있는 경우 판례에 의함)

21. 법원직

① 형사소송법 제262조 제4항 후문은 재정신청 기각결정이 확정된 사건에 대하여는 다른 중요한 증거를 발견한 경우를 제외하고는 소추할 수 없다고 규정하고 있다. 여기에서 '다른 중요한 증거를 발견한 경우'란 재정신청 기각결정 당시에 제출된 증거에 새로 발견된 증거를 추가하면 충분히 유죄의 확신을 가지게 될 정도의 증거가 있는 경우를 말하고, 단순히 재정신청 기각결정의 정당성에 의문이 제기되거나 범죄피해자의 권리를 보호하기 위하여 형사재판절차를 진행할 필요가 있는 정도의 증거가 있는 경우는 여기에 해당하지 않는다. 그리고 관련 민사판결에서의 사실인정 및 판단은, 그러한 사실인정 및 판단의 근거가 된 증거자료가 새로 발견된 증거에 해당할 수 있음은 별론으로 하고, 그 자체가 새로 발견된 증거라고 할 수는 없다.
② 법원은 재정신청서를 송부받은 때에는 송부받은 날부터 7일 이내에 피의자에게 그 사실을 통지하여야 한다.
③ 형사소송법 제260조에 따른 재정신청이 있으면 제262조에 따른 재정결정이 확정될 때까지 공소시효의 진행이 정지된다.
④ 재정신청사건의 심리 중에는 관련 서류 및 증거물을 열람 또는 등사할 수 없다. 다만, 법원은 형사소송법 제262조 제2항 후단의 증거조사과정에서 작성된 서류의 전부 또는 일부의 열람 또는 등사를 허가할 수 있다.

해설

① 【 O 】 대판 2018.12.28. 2014도17182
② 【 X 】 법원은 재정신청서를 송부받은 때에는 송부받은 날부터 10일 이내에 피의자에게 그 사실을 통지하여야 한다(제262조 제1항).
③ 【 O 】 제262조의4 제1항
④ 【 O 】 제262조의2

정답 ②

19 재정신청에 대한 설명으로 옳은 것은? 23. 국가직

① 법원은 재정신청서를 송부받은 때에는 송부받은 날부터 7일 이내에 피의자에게 그 사실을 통지하여야 하고, 재정신청서를 송부받은 날부터 3개월 이내에 항고의 절차에 준하여 결정한다.
② 검사의 불기소처분은 물론 진정사건에 대한 입건 전 조사(내사) 종결처분도 재정신청의 대상이 된다.
③ 재정신청인이 자기 또는 대리인이 책임질 수 없는 사유로 인하여 재정신청 기각결정에 대한 재항고 제기기간을 준수하지 못한 경우, 형사소송법 제345조(상소권회복청구권자)에 따라 재항고권 회복을 청구할 수 있다.
④ 재소자인 재정신청인이 재정신청 기각결정에 불복하여 재항고를 제기하는 경우, 그 제기기간 내에 교도소장이나 구치소장 또는 그 직무를 대리하는 사람에게 재항고장을 제출한 때에 재항고를 한 것으로 간주한다.

해설

① 【 X 】 법원은 재정신청서를 송부받은 때에는 송부받은 날부터 10일 이내에 피의자에게 그 사실을 통지하여야 한다(형사소송법 제262조 제1항).
② 【 X 】 내사는 재정신청의 대상이 아니다.
③ 【 O 】 대판 2015.7.16. 2013모2347
④ 【 X 】 재정신청 기각결정에 대한 재항고나 그 재항고 기각결정에 대한 즉시항고로서의 재항고에 대한 법정기간의 준수 여부는 도달주의 원칙에 따라 재항고장이나 즉시항고장이 법원에 도달한 시점을 기준으로 판단하여야 하고, 거기에 재소자 피고인 특칙은 준용되지 아니한다(대판 2015.7.16. 2013모2347).

정답 ③

20 재정신청에 대한 설명으로 옳지 않은 것은? 23. 국가직 7급

① 법원이 재정신청 대상사건이 아님에도 이를 간과한 채「형사소송법」제262조 제2항 제2호에 따라 공소제기 결정을 하였더라도 그에 따른 공소가 제기되어 본안사건의 절차가 개시된 후에는 다른 특별한 사정이 없는 한 본안사건에서 위와 같은 잘못을 다툴 수 없다.
② 재정신청 기각결정에 대한 재항고나 그 재항고 기각결정에 대한 즉시항고로서의 재항고에 대한 법정기간의 준수 여부는 도달주의 원칙에 따라 재항고장이나 즉시항고장이 법원에 도달한 시점을 기준으로 판단하여야 하고, 거기에 재소자에 대한 특칙(「형사소송법」제344조 제1항)은 준용되지 아니한다.
③ 공소를 제기하지 아니하는 검사의 처분의 당부에 관한 재정신청이 있는 경우, 법원은 검사의 무혐의 불기소처분이 위법하면 기소유예의 불기소처분을 할 만한 사건으로 인정되더라도 재정신청을 기각할 수 없다.
④ 「형사소송법」제262조 제4항 후문의 '다른 중요한 증거를 발견한 경우'란 재정신청 기각결정 당시에 제출된 증거에 새로 발견된 증거를 추가하면 충분히 유죄의 확신을 가지게 될 정도의 증거가 있는 경우를 말하고, 단순히 재정신청 기각결정의 정당성에 의문이 제기되거나 범죄피해자의 권리를 보호하기 위하여 형사재판 절차를 진행할 필요가 있는 정도의 증거가 있는 경우는 여기에 해당하지 않는다.

해설

① 【 O 】 법원이 재정신청 대상 사건이 아님에도 이를 간과한 채 형사소송법 제262조 제2항 제2호에 따라 공소제기결정을 하였다고 하더라도, 그에 따른 공소가 제기되어 본안사건의 절차가 개시된 후에는 다른 특별한 사정이 없는 한 본안사건에서 위와 같은 잘못을 다툴 수 없다(대판 2017.11.14. 2017도13465).

② 【 O 】 법정기간 준수에 대하여 도달주의 원칙을 정하고 재소자 피고인 특칙의 예외를 개별적으로 인정한 형사소송법의 규정 내용과 입법 취지, 재정신청절차가 형사재판절차와 구별되는 특수성, 법정기간 내의 도달주의를 보완할 수 있는 여러 형사소송법상 제도 및 신속한 특급우편제도의 이용 가능성 등을 종합하여 보면, 재정신청 기각결정에 대한 재항고나 그 재항고 기각결정에 대한 즉시항고로서의 재항고에 대한 법정기간의 준수 여부는 도달주의 원칙에 따라 재항고장이나 즉시항고장이 법원에 도달한 시점을 기준으로 판단하여야 하고, 거기에 재소자 피고인 특칙은 준용되지 아니한다(대판 2015.7.16. 2013모2347 전합).

③ 【 X 】 검사의 공소를 제기하지 아니하는 처분에 대한 당부에 관한 재정신청에 당하는 법원은 검사의 무혐의 불기소처분이 위법하다 하더라도 기록에 나타난 제반 사정을 고려하여 기소유예의 불기소처분을 할 만한 사건이라고 인정되는 경우에는 재정신청을 기각할 수 있다(대결 1993.8.12. 93모9).

④ 【 O 】 형사소송법 제262조 제4항 후문은 재정신청 기각결정이 확정된 사건에 대하여는 다른 중요한 증거를 발견한 경우를 제외하고는 소추할 수 없다고 규정하고 있다. 여기에서 '다른 중요한 증거를 발견한 경우'란 재정신청 기각결정 당시에 제출된 증거에 새로 발견된 증거를 추가하면 충분히 유죄의 확신을 가지게 될 정도의 증거가 있는 경우를 말하고, 단순히 재정신청 기각결정의 정당성에 의문이 제기되거나 범죄피해자의 권리를 보호하기 위하여 형사재판절차를 진행할 필요가 있는 정도의 증거가 있는 경우는 여기에 해당하지 않는다(대판 2018.12.28. 20014도17182).

정답 ③

21 공소취소에 대한 설명으로 가장 적절하지 않은 것은? 19. 경찰승진

① 공소취소는 이유를 기재한 서면으로 하여야 하지만, 공판정에서는 구술로도 할 수 있다.
② 공소가 취소된 사건에 대하여는 공소취소 후 그 범죄사실에 대한 다른 중요한 증거를 발견한 경우에 한하여 다시 공소를 제기할 수 있다.
③ 공소취소는 사실심인 항소심 판결 선고 전까지만 가능하다.
④ 공소가 취소된 경우 법원은 공소기각결정을 하여야 한다.

해설

① 【 O 】 제255조 제2항
② 【 O 】 제329조
③ 【 X 】 공소는 제1심판결의 선고 전까지 취소할 수 있다(제255조 제1항).
④ 【 O 】 제328조 제1항 제1호

정답 ③

Chapter 02 공소의 제기

01 공소취소에 대한 설명으로 옳은 것만을 모두 고르면? (다툼이 있는 경우 판례에 의함) 19. 검찰 7급

> ㉠ 공소는 사실심의 마지막 단계인 제2심 판결 선고 전까지 취소할 수 있다.
> ㉡ 재정신청에서 법원의 공소제기 결정에 따라 공소가 제기된 경우, 검사는 공소취소를 할 수 없다.
> ㉢ 공소사실의 동일성이 인정되는 공소사실의 일부를 심판대상에서 제외시키는 것은 공소취소에 해당하지 않는다.
> ㉣ 제1심 판결이 선고되어 확정되었더라도 제1심의 확정판결에 대한 재심소송절차가 진행 중인 경우에는 공소취소가 허용된다.

① ㉠, ㉡   ② ㉠, ㉣   ③ ㉡, ㉢   ④ ㉢, ㉣

[해설]

㉠ 【 X 】 공소취소는 1심 판결 선고 전까지만 가능하다(제255조 제1항).
㉡ 【 O 】 공소제기결정에 따라 진행되는 제1심절차에서는 공소취소를 할 수 없다(제264조의2).
㉢ 【 O 】 공소장변경의 방식에 의한 공소사실의 철회는 공소사실의 동일성이 인정되는 범위 내의 일부 공소사실에 한하여 가능한 것이므로, 공소장에 기재된 수 개의 공소사실이 서로 동일성이 없고 실체적 경합관계에 있는 경우에 그 일부를 소추대상에서 철회하려면 공소장변경의 방식에 의할 것이 아니라 공소의 일부취소절차에 의하여야 한다(대판 1992.4.24. 91도1438). 따라서 동일성이 인정되는 범위 내에서 일부를 심판대상에서 제외시키는 것은 공소사실의 철회(공소장변경의 일례)이지, 공소취소가 아니다.
㉣ 【 X 】 형사소송법 제255조 제1항에 의하면 공소는 제1심 판결의 선고전까지 취소할 수 있다고 규정되어 있는바 이건 공소 사실에 대하여는 이미 오래전에 제1심 판결이 선고되고 동 판결이 확정되어 이에 대한 재심소송절차가 진행 중에 있으므로 이 재심절차 중에 있어서의 공소취소는 이를 할 수 없는 것이라고 볼 것이다(대판 1976.12.28. 76도3203).

정답 ③

02 공소의 취소에 관한 다음 설명 중 가장 옳지 않은 것은? (다툼이 있는 경우 판례에 의함) 21. 법원직

① 실체적 경합관계에 있는 수 개의 공소사실 중 어느 한 공소사실을 전부 철회하는 검사의 공판정에서의 구두에 의한 공소장변경신청이 있는 경우 이것이 그 부분의 공소를 취소하는 취지가 명백하다면 비록 공소취소신청이라는 형식을 갖추지 아니하였더라도 이를 공소취소로 보아 공소기각결정을 하여야 한다.

② 공소의 취소는 제1심판결의 선고 전까지 할 수 있으나, 재정신청사건에 대한 법원의 공소제기 결정에 따라 검사가 공소를 제기한 때에는 제1심 판결의 선고 전이라고 하여도 검사는 공소를 취소할 수 없다.

③ 공소취소에 의한 공소기각의 결정이 확정된 때에는 공소취소 후 그 범죄사실에 대한 다른 중요한 증거를 발견한 경우에 한하여 다시 공소를 제기할 수 있으나, 범죄의 태양, 수단, 피해의 정도, 범죄로 얻은 이익 등 범죄사실의 내용을 추가 변경하여 재기소하는 경우에는 변경된 범죄사실에 대하여 다른 중요한 증거가 발견되지 않아도 재기소할 수 있다.

④ 재심개시의 결정이 확정된 사건에 대하여 법원은 그 심급에 따라 다시 심판하여야 하나, 공소의 취소는 제1심 판결의 선고 전까지 할 수 있는바 공소사실에 대하여는 이미 오래전에 제1심 판결이 선고되고 동 판결이 확정되어 이에 대한 재심소송절차가 진행 중에 있으므로 이 재심절차 중에 있어서의 공소취소는 할 수 없는 것이다.

[해설]

① 【 O 】 대판 1992.4.24. 91도1438
② 【 O 】 제255조 제1항, 제264조의2
③ 【 X 】 형사소송법 제329조는 공소취소에 의한 공소기각의 결정이 확정된 때에는 공소취소 후 그 범죄사실에 대한 다른 중요한 증거를 발견한 경우에 한하여 다시 공소를 제기할 수 있다고 규정하고 있는바, 이는 단순일죄인 범죄사실에 대하여 공소가 제기되었다가 공소취소에 의한 공소기각결정이 확정된 후 다시 종전 범죄사실 그대로 재기소하는 경우뿐만 아니라 범죄의 태양, 수단, 피해의 정도, 범죄로 얻은 이익 등 범죄사실의 내용을 추가 변경하여 재기소하는 경우에도 마찬가지로 적용된다. 따라서 단순일죄인 범죄사실에 대하여 공소취소로 인한 공소기각결정이 확정된 후에 종전의 범죄사실을 변경하여 재기소하기 위하여는 변경된 범죄사실에 대한 다른 중요한 증거가 발견되어야 한다(대판 2009.8.20. 2008도9634).
④ 【 O 】 대판 1976.12.28. 76도3203

정답 ③

03 공소제기 후의 수사에 관한 설명 중 가장 적절하지 않은 것은? (다툼이 있으면 판례에 의함) 16. 경찰승진

① 검사가 공소제기 후에 피고인을 피의자로 신문하여 작성한 진술조서는 그 증거능력이 없다.
② 검사 또는 사법경찰관이 피고인에 대한 구속영장을 집행하는 경우에 필요한 때에는 영장 없이 구속현장에서 압수·수색·검증을 할 수 있다.
③ 공판준비기일 또는 공판기일에서 이미 증언을 마친 증인을 검사가 소환한 후 피고인에게 유리한 증언내용을 추궁하여 이를 일방적으로 번복시킨 참고인 진술조서는 그 증거능력이 없다.
④ 압수·수색영장 집행 당시 피처분자가 현장에 없거나 현장에서 그를 발견할 수 없는 경우 등 영장제시가 현실적으로 불가능한 경우에는 영장을 제시하지 아니한 채 압수·수색을 하더라도 위법하다고 볼 수 없다.

[해설]
① 【 X 】 검사작성의 피고인에 대한 진술조서가 공소제기 후에 작성된 것이라는 이유만으로는 곧 그 증거능력이 없다고 할 수 없다 (대판 1984.9.25. 84도1646).
② 【 O 】 제216조 제2항
③ 【 O 】 대판 2000.6.15. 99도1108 전합
④ 【 O 】 대판 2015.1.22. 2014도10978

정답 ①

---

04 공소제기 후 수사에 대한 설명으로 가장 적절하지 않은 것은? (다툼이 있는 경우 판례에 의함) 19. 경찰승진

① 검사 작성의 피고인에 대한 진술조서가 공소제기 후에 작성된 것이라는 이유만으로는 곧 그 증거능력이 없다고 할 수 없다.
② 공소제기된 피고인의 구속상태를 계속 유지할 것인지 여부에 관한 판단은 전적으로 당해 수소법원의 전권에 속한다.
③ 검사 또는 사법경찰관이 피고인에 대한 구속영장을 집행하는 경우에 필요한 때에는 영장 없이 구속현장에서 압수·수색·검증을 할 수 있다.
④ 공소제기 후 증거물의 소유자인 제3자가 임의로 제출하는 피고사건에 대한 그 증거물을 수사기관이 압수하는 것은 위법하다.

[해설]
① 【 O 】 대판 1984.9.25. 84도1646
② 【 O 】 공소제기 후의 피고인 구속은 수소법원의 권한에 속한다(제70조). 따라서 공소제기된 피고인의 구속상태를 계속 유지할 것인지 여부에 관한 판단은 전적으로 당해 수소법원의 전권에 속한다.
③ 【 O 】 제216조 제2항
④ 【 X 】 임의제출물의 압수는 공소제기 전후를 불문하고 할 수 있으며, 제3자가 소유자·소지자·보관자의 지위에 있는 이상 적법한 권리자일 필요도 없다. 따라서 공소제기 후 제3자가 임의로 제출하는 피고사건에 대한 증거물을 수사기관이 압수하는 것은 위법하지 않다.

정답 ④

05 다음 설명 중 옳지 않은 것은? (다툼이 있는 경우 판례에 의함)
16. 검찰 7급

① 공소제기 후 법원이 피고인에 대하여 구속영장을 발부하는 경우에는 검사의 신청을 요하지 않는다.
② 검사가 공소제기 후 수소법원 이외의 지방법원 판사에게 청구하여 발부받은 영장에 의하여 압수·수색을 하였다면, 그와 같이 수집된 증거는 적법한 절차에 따르지 않은 것으로서 원칙적으로 유죄의 증거로 삼을 수 없다.
③ 검사가 피의자를 구속 기소한 후 다시 그를 소환하여 공범들과의 활동 등에 관한 신문을 하면서 피의자신문조서가 아닌 일반적인 진술조서의 형식으로 조서를 작성한 경우, 조서의 내용이 피의자신문조서와 실질적으로 같고, 그 진술의 임의성이 인정되는 경우라도 미리 피의자에게 진술거부권을 고지하지 않았다면 그 조서는 유죄의 증거로 할 수 없다.
④ 공판준비 또는 공판기일에서 이미 증언을 마친 증인을 검사가 소환한 후 그 증언 내용을 추궁하여 이를 일방적으로 번복시키는 방식으로 진술조서를 작성한 경우, 그 후 원진술자인 종전 증인이 다시 법정에 출석하여 증언을 하면서 그 진술조서의 성립의 진정함을 인정하고 피고인측에 반대신문의 기회가 부여되었다면 그 진술조서는 증거능력이 있다.

해설

① 【 O 】 헌재결 1997.3.27. 96헌바28
② 【 O 】 대판 2011.4.28. 2009도10412
③ 【 O 】 대판 2009.8.20. 2008도8213
④ 【 X 】 공판준비 또는 공판기일에서 이미 증언을 마친 증인을 검사가 소환한 후 피고인에게 유리한 그 증언 내용을 추궁하여 이를 일방적으로 번복시키는 방식으로 작성한 진술조서를 유죄의 증거로 삼는 것은 당사자주의·공판중심주의·직접주의를 지향하는 현행 형사소송법의 소송구조에 어긋나는 것일 뿐만 아니라, 헌법 제27조가 보장하는 기본권, 즉 법관의 면전에서 모든 증거자료가 조사·진술되고 이에 대하여 피고인이 공격·방어할 수 있는 기회가 실질적으로 부여되는 재판을 받을 권리를 침해하는 것이므로, 이러한 진술조서는 피고인이 증거로 할 수 있음에 동의하지 아니하는 한 그 증거능력이 없다고 하여야 할 것이고, 그 후 원진술자인 종전 증인이 다시 법정에 출석하여 증언을 하면서 그 진술조서의 성립의 진정함을 인정하고 피고인측에 반대신문의 기회가 부여되었다고 하더라도 그 증언 자체를 유죄의 증거로 할 수 있음은 별론으로 하고 위와 같은 진술조서의 증거능력이 없다는 결론은 달리 할 것이 아니다(대판 2000.6.15. 99도1108).

정답 ④

06 공소제기 후의 수사에 대한 설명 중 가장 적절하지 않은 것은? (다툼이 있는 경우 판례에 의함) 17. 여경

① 검사가 공소제기 후 수소법원 이외의 지방법원 판사에게 청구하여 발부받은 압수·수색영장으로 압수·수색을 하였다면, 그와 같이 수집된 증거는 원칙적으로 유죄의 증거로 삼을 수 없다.
② 검사 또는 사법경찰관이 피고인에 대한 구속영장을 집행하는 경우에 필요한 때에는 영장 없이 구속현장에서 압수·수색·검증을 할 수 있다.
③ 검사가 공소제기 후에 피고인을 피의자로 신문하여 작성한 진술조서는 그 증거능력이 없다.
④ 공판준비기일 또는 공판기일에서 이미 증언을 마친 증인을 검사가 소환한 후 피고인에게 유리한 증언내용을 추궁하여 이를 일방적으로 번복시키는 방식으로 작성한 진술조서는 피고인이 증거로 할 수 있음에 동의하지 아니하는 한 증거능력이 없다.

[해설]
① 【 O 】 대판 2011.4.28. 2009도10412
② 【 O 】 제216조 제2항
③ 【 X 】 검사작성의 피고인에 대한 진술조서가 공소제기 후에 작성된 것이라는 이유만으로는 곧 그 증거능력이 없다고 할 수 없다 (대판 1984.9.25. 84도1646).
④ 【 O 】 대판 2000.6.15. 99도1108 전합

정답 ③

07 공소제기 후 수사에 대한 설명으로 옳은 것은? (다툼이 있는 경우 판례에 의함) 17. 검찰 7급

① 공소제기 후에도 수사기관은 피고사건에 관하여 수소법원이 아닌 지방법원 판사로부터 구속영장을 발부받아 피고인을 구속할 수 있다.
② 공소제기 후 수사기관이 피고인에 대한 구속영장을 집행하는 경우에도 피고인이 소지하고 있는 당해 사건의 증거물을 압수할 수 있다.
③ 공소제기 후 제3자가 임의로 제출하는 피고사건에 대한 증거물을 수사기관이 압수하는 것은 위법하다.
④ 피고인에게 유리한 증언을 한 증인을 수사기관이 법정 외에서 다시 참고인으로 조사하면서 그 증언을 번복하게 하여 작성한 참고인 진술조서는 피고인이 동의하더라도 증거로 사용할 수 없다.

[해설]
① 【 X 】 공소제기 후의 피고인 구속은 수소법원의 권한에 속한다(제70조). 따라서 검사의 피고인에 대한 구속영장청구는 허용되지 않으며 수소법원의 직권발동을 촉구할 수 있을 뿐이다. 결국 공소제기 후에는 수사기관이 피고인을 구속할 수 없다.
② 【 O 】 제216조 제2항
③ 【 X 】 임의제출물의 압수는 공소제기 전후를 불문하고 할 수 있으며, 제3자가 소유자·소지자·보관자의 지위에 있는 이상 적법한 권리자일 필요도 없다. 따라서 공소제기 후 제3자가 임의로 제출하는 피고사건에 대한 증거물을 수사기관이 압수하는 것은 위법하지 않다.
④ 【 X 】 공판준비 또는 공판기일에서 이미 증언을 마친 증인을 검사가 소환한 후 피고인에게 유리한 그 증언 내용을 추궁하여 이를 일방적으로 번복시키는 방식으로 작성한 진술조서를 유죄의 증거로 삼는 것은 당사자주의·공판중심주의·직접주의를 지향하는 현행 형사소송법의 소송구조에 어긋나는 것일 뿐만 아니라, 헌법 제27조가 보장하는 기본권, 즉 법관의 면전에서 모든 증거자료가 조사·진술되고 이에 대하여 피고인이 공격·방어할 수 있는 기회가 실질적으로 부여되는 재판을 받을 권리를 침해하는 것이므로, 이러한 진술조서는 피고인이 증거로 할 수 있음에 동의하지 아니하는 한 그 증거능력이 없다고 하여야 할 것이고, 그 후 원진술자인 종전 증인이 다시 법정에 출석하여 증언을 하면서 그 진술조서의 성립의 진정함을 인정하고 피고인측에 반대신문의 기회가 부여되었다고 하더라도 그 증언 자체를 유죄의 증거로 할 수 있음은 별론으로 하고 위와 같은 진술조서의 증거능력이 없다는 결론은 달리 할 것이 아니다(대판 2000.6.15. 99도1108 전합).

정답 ②

08 공소제기 후 수사에 대한 설명 중 가장 적절하지 않은 것은? (다툼이 있는 경우 판례에 의함) 19. 법학경채

① 법원이 피고인에 대하여 구속영장을 발부하는 경우 검사의 청구를 필요로 하지 않는다.
② 일단 공소가 제기된 후에는 피고사건에 관하여 검사로서는 「형사소송법」 제215조에 의하여 압수·수색을 할 수 없다고 보아야 하며, 그럼에도 검사가 공소제기 후 수소법원 이외의 지방법원 판사에게 청구하여 발부받은 영장에 의하여 압수·수색을 하였다면, 그와 같이 수집된 증거는 원칙적으로 유죄의 증거로 삼을 수 없다.
③ 검사작성의 피고인에 대한 진술조서가 공소제기 후에 작성된 것이라는 이유만으로는 곧 그 증거능력이 없다고 할 수 없다.
④ 공판준비 또는 공판기일에서 이미 증언을 마친 증인을 검사가 소환한 후 피고인에게 유리한 그 증언 내용을 추궁하여 이를 일방적으로 번복시키는 방식으로 작성한 진술조서는 피고인이 증거로 할 수 있음에 동의하더라도 그 증거능력이 없다.

[해설]

① 【 O 】 피고인을 구속함에는 법원이 구속영장을 발부하여야 한다(제73조). 구속영장은 신청이나 청구절차 없이 수소법원이 직권으로 심사하여 발부한다.
② 【 O 】 대판 2011.4.28. 2009도10412
③ 【 O 】 대판 1984.9.25. 84도1646
④ 【 X 】 공판준비 또는 공판기일에서 이미 증언을 마친 증인을 검사가 소환한 후 피고인에게 유리한 그 증언 내용을 추궁하여 이를 일방적으로 번복시키는 방식으로 작성한 진술조서를 유죄의 증거로 삼는 것은 당사자주의·공판중심주의·직접주의를 지향하는 현행 형사소송법의 소송구조에 어긋나는 것일 뿐만 아니라, 헌법 제27조가 보장하는 기본권, 즉 법관의 면전에서 모든 증거자료가 조사·진술되고 이에 대하여 피고인이 공격·방어할 수 있는 기회가 실질적으로 부여되는 재판을 받을 권리를 침해하는 것이므로, 이러한 진술조서는 피고인이 증거로 할 수 있음에 동의하지 아니하는 한 그 증거능력이 없다고 하여야 할 것이고, 그 후 원진술자인 종전 증인이 다시 법정에 출석하여 증언을 하면서 그 진술조서의 성립의 진정함을 인정하고 피고인측에 반대신문의 기회가 부여되었다고 하더라도 그 증언 자체를 유죄의 증거로 할 수 있음은 별론으로 하고 위와 같은 진술조서의 증거능력이 없다는 결론은 달리 할 것이 아니다(대판 2000.6.15. 99도1108 전합).

정답 ④

09 공소제기 후의 수사에 대한 설명으로 가장 적절하지 않은 것은? (다툼이 있는 경우 판례에 의함)

21. 경찰승진

① 공소제기 후 수사기관에 의한 피고인의 구속은 허용되지 않는다.
② 검사가 공소제기 후에 피고인에 대해 작성한 진술조서는 항상 증거능력이 없다.
③ 검사 또는 사법경찰관이 피고인에 대한 구속영장을 집행하는 경우에 필요한 때에는 영장 없이 구속현장에서 압수·수색·검증을 할 수 있다.
④ 공소가 제기된 후에는 그 피고사건에 관하여 수사기관은 「형사소송법」제215조에 의하여 압수·수색을 할 수 없다고 보아야 하며, 그럼에도 검사가 공소제기 후 「형사소송법」제215조에 따라 수소법원 이외의 지방법원 판사에게 청구하여 발부받은 영장에 의하여 압수·수색을 하였다면, 그와 같이 수집된 증거는 기본적 인권 보장을 위해 마련된 적법한 절차에 따르지 않은 것으로서 원칙적으로 유죄의 증거로 삼을 수 없다.

> 해설

① 【O】 공소제기 후의 피고인구속은 수소법원의 권한에 속한다(제70조). 따라서 공소제기 된 피고인의 구속상태를 계속 유지할 것인지 여부에 관한 판단은 전적으로 당해 수소법원의 전권에 속한다. 따라서 공소제기 후 수사기관에 의한 피고인의 구속은 허용되지 않는다.
② 【X】 검사작성의 피고인에 대한 진술조서가 공소제기 후에 작성된 것이라는 이유만으로는 곧 그 증거능력이 없다고 할 수 없다 (대판 1984.9.25. 84도1646).
③ 【O】 제216조 제2항
④ 【O】 대판 2011.4.28. 2009도10412

정답 ②

10 공소제기 후의 수사에 관한 설명으로 가장 적절하지 않은 것은? (다툼이 있는 경우 판례에 의함)

21. 경찰채용 2차

① 검사가 공소제기 후 형사소송법 제215조에 따라 수소법원 이외의 지방법원 판사에게 청구하여 발부받은 영장에 의하여 압수·수색을 하였다면, 이는 적법한 절차에 따르지 않은 것으로서 원칙적으로 유죄의 증거로 삼을 수 없다.
② 검사작성의 피고인에 대한 진술조서가 공소제기 후에 작성된 것이라는 이유만으로는 곧 그 증거능력이 없다고 할 수 없다.
③ 검사 또는 사법경찰관이 피고인에 대한 구속영장을 집행하는 경우에 필요한 때에는 그 집행현장에서 영장 없이 압수, 수색, 검증을 할 수 있다.
④ 제1심에서 피고인에 대하여 무죄판결이 선고되어 검사가 항소한 후 수사기관이 항소심 공판기일에 증인으로 신청하여 신문할 수 있는 사람을 특별한 사정 없이 미리 수사기관에 소환하여 작성한 진술조서는 피고인이 증거로 할 수 있음에 동의하지 않는 한 증거능력이 없다. 그러나 그 참고인이 나중에 법정에 증인으로 출석하여 진술조서의 성립의 진정을 인정하고 피고인 측에 반대신문의 기회가 부여되면 그 진술조서를 증거로 할 수 있다.

해설
① 【 O 】 대판 2011.4.28. 2009도10412
② 【 O 】 대판 1984.9.25. 84도1646
③ 【 O 】 제216조 제2항
④ 【 X 】 제1심에서 피고인에 대하여 무죄판결이 선고되어 검사가 항소한 후, 수사기관이 항소심 공판기일에 증인으로 신청하여 신문할 수 있는 사람을 특별한 사정 없이 미리 수사기관에 소환하여 작성한 진술조서는 피고인이 증거로 할 수 있음에 동의하지 않는 한 증거능력이 없다. 검사가 공소를 제기한 후 참고인을 소환하여 피고인에게 불리한 진술을 기재한 진술조서를 작성하여 이를 공판절차에 증거로 제출할 수 있게 한다면, 피고인과 대등한 당사자의 지위에 있는 검사가 수사기관으로서의 권한을 이용하여 일방적으로 법정 밖에서 유리한 증거를 만들 수 있게 하는 것이므로 당사자주의·공판중심주의·직접심리주의에 반하고 피고인의 공정한 재판을 받을 권리를 침해하기 때문이다. 위 참고인이 나중에 법정에 증인으로 출석하여 위 진술조서의 성립의 진정을 인정하고 피고인 측에 반대신문의 기회가 부여된다 하더라도 위 진술조서의 증거능력을 인정할 수 없음은 마찬가지이다. 위 참고인이 법정에서 위와 같이 증거능력이 없는 진술조서와 같은 취지로 피고인에게 불리한 내용의 진술을 한 경우, 그 진술에 신빙성을 인정하여 유죄의 증거로 삼을 것인지는 증인신문 전 수사기관에서 진술조서가 작성된 경위와 그것이 법정진술에 영향을 미쳤을 가능성 등을 종합적으로 고려하여 신중하게 판단하여야 한다(대판 2019.11.28. 2013도6825).

정답 ④

11 공소가 제기된 이후 당해 피고인에 대한 수사와 관련된 설명으로 옳은 것은? (다툼이 있는 경우 판례에 의함)

21. 국가직

① 불구속으로 기소된 피고인이 도망하거나 증거인멸의 염려가 있는 경우 검사는 지방법원판사에게 구속영장을 청구하여 발부받아 피고인을 구속할 수 있다.
② 검사 작성의 피고인에 대한 진술조서가 공소제기 후에 작성된 것이라는 이유만으로 곧 그 증거능력이 없다고 할 수는 없다.
③ 수사기관은 수소법원 이외의 지방법원판사로부터 압수·수색영장을 청구하여 발부받아 피고사건에 관하여 압수·수색을 할 수 있다.
④ 피고인에 대한 수소법원의 구속영장을 집행하는 경우 필요한 때에도 수사기관은 그 집행현장에서 영장 없이는 압수·수색·검증을 할 수 없다.

해설
① 【 X 】 공소제기 후의 피고인 구속은 수소법원의 권한에 속한다(제70조). 따라서 검사의 피고인에 대한 구속영장 청구는 허용되지 않으며 수소법원의 직권 발동을 촉구할 수 있을 뿐이다. 결국 공소제기 후에는 수사기관이 피고인을 구속할 수 없다.
② 【 O 】 대판 1984.9.25. 84도1646
③ 【 X 】 형사소송법은 제215조에서 검사가 압수·수색 영장을 청구할 수 있는 시기를 공소제기 전으로 명시적으로 한정하고 있지는 아니하나, 헌법상 보장된 적법절차의 원칙과 재판받을 권리, 공판중심주의·당사자주의·직접주의를 지향하는 현행 형사소송법의 소송구조, 관련 법규의 체계, 문언 형식, 내용 등을 종합하여 보면, 일단 공소가 제기된 후에는 피고사건에 관하여 검사로서는 형사소송법 제215조에 의하여 압수·수색을 할 수 없다고 보아야 하며, 그럼에도 검사가 공소제기 후 형사소송법 제215조에 따라 수소법원 이외의 지방법원 판사에게 청구하여 발부받은 영장에 의하여 압수·수색을 하였다면, 그와 같이 수집된 증거는 기본적 인권보장을 위해 마련된 적법한 절차에 따르지 않은 것으로서 원칙적으로 유죄의 증거로 삼을 수 없다(대판 2011.4.28. 2009도10412).
④ 【 X 】 검사 또는 사법경찰관은 피고인에 대한 구속영장의 집행의 경우에 필요한 때에는 영장 없이 집행현장에서 압수·수색·검증을 할 수 있다(제216조 제2항).

정답 ②

12 형사소송법 제253조 규정이다. ( )안에 들어갈 말로 옳은 것은?

16. 경찰채용 2차

> 시효는 공소의 제기로 진행이 정지되고 (   ) 때로부터 진행한다.

① 공소기각 또는 면소판결의 재판이 확정된
② 공소기각 또는 관할위반의 재판이 확정된
③ 검사가 공소를 취소한
④ 판결이나 결정이 선고된

해설

시효는 공소의 제기로 진행이 정지되고 공소기각 또는 관할위반의 재판이 확정된 때로부터 진행한다(제253조 제1항).

정답 ②

13 공소시효에 관한 다음 설명 중 가장 적절한 것은? (다툼이 있으면 판례에 의함)

16. 경찰채용 1차

① 공소시효를 정지·연장·배제하는 내용의 특례조항을 신설하면서 소급적용에 관한 명시적인 경과규정을 두지 아니한 경우에도 그 조항을 소급하여 적용할 수 있다고 볼 것인지에 관하여는 이를 해결할 보편타당한 일반원칙이 존재한다.
② 공소시효의 정지를 위해서는 '형사처분을 면할 목적'이 있을 것을 요구한다. 여기에서 '형사처분을 면할 목적'은 국외 체류의 유일한 목적으로 되는 것에 한정된다.
③ 형사소송법 제253조 제3항의 '범인이 형사처분을 면할 목적으로 국외에 있는 경우'는 범인이 국내에서 범죄를 저지르고 형사처분을 면할 목적으로 국외로 도피한 경우에 한정되고, 범인이 국외에서 범죄를 저지르고 형사처분을 면할 목적으로 국외에서 체류를 계속하는 경우는 포함되지 않는다.
④ 피고인이 당해 사건으로 처벌받을 가능성이 있음을 인지하였다고 보기 어려운 경우라면 피고인이 다른 고소사건과 관련하여 형사처분을 면할 목적으로 국외에 있은 경우라고 하더라도 당해 사건의 형사처분을 면할 목적으로 국외에 있었다고 볼 수 없다.

해설

① 【 X 】 공소시효를 정지·연장·배제하는 내용의 특례조항을 신설하면서 소급적용에 관한 명시적인 경과규정을 두지 아니한 경우에 그 조항을 소급하여 적용할 수 있다고 볼 것인지에 관하여는 이를 해결할 보편타당한 일반원칙이 존재할 수 없는 터이므로 적법절차원칙과 소급금지원칙을 천명한 헌법 제12조 제1항과 제13조 제1항의 정신을 바탕으로 하여 법적 안정성과 신뢰보호원칙을 포함한 법치주의 이념을 훼손하지 아니하도록 신중히 판단하여야 한다(대판 2015.5.28. 2015도1362).
② 【 X 】 공소시효 정지에 관한 형사소송법 제253조 제3항이 정한 '형사처분을 면할 목적'은 국외 체류의 유일한 목적으로 되는 것에 한정되지 않고 범인이 가지는 여러 국외 체류 목적 중에 포함되어 있으면 족하다(대판 2008.12.11. 2008도4101).
③ 【 X 】 형사소송법 제253조 제3항이 정한 '범인이 형사처분을 면할 목적으로 국외에 있는 경우'는 범인이 국내에서 범죄를 저지르고 형사처분을 면할 목적으로 국외로 도피한 경우에 한정되지 아니하고, 범인이 국외에서 범죄를 저지르고 형사처분을 면할 목적으로 국외에서 체류를 계속하는 경우도 포함된다(대판 2015.6.24. 2015도5916).
④ 【 O 】 대판 2014.4.24. 2013도9162

정답 ④

14 공소시효에 대한 설명으로 옳은 것은? (다툼이 있는 경우 판례에 의함)   16. 국가직

① 형법에 의하여 형을 가중 또는 감경하는 경우에는 가중 또는 감경한 형에 의하여 공소시효 기간을 정한다.
② 공범의 1인에 대한 공소시효의 정지는 다른 공범자에게 효력이 미치고, 당해 사건의 최종행위가 종료한 때로부터 진행한다.
③ 공소시효의 정지사유인 '범인이 형사처분을 면할 목적으로 국외에 있는 경우'에는 범인이 국외에서 범죄를 저지르고 형사처분을 면할 목적으로 국외에서 체류를 계속하는 경우가 포함되지 아니한다.
④ 형사소송법 제253조 제2항에서 말하는 공소시효 정지의 효력이 미치는 '공범'에는 뇌물공여죄와 뇌물수수죄 사이와 같은 대향범 관계에 있는 자는 포함되지 않는다.

[해설]
① 【 X 】 형법에 의하여 형을 가중 또는 감경한 경우에는 가중 또는 감경하지 아니한 형에 의하여 제249조의 규정을 적용한다(제251조).
② 【 X 】 공범의 1인에 대한 전항의 시효정지는 다른 공범자에 대하여 효력이 미치고 당해 사건의 재판이 확정된 때로부터 진행한다(제253조 제2항).
③ 【 X 】 형사소송법 제253조 제3항이 정한 '범인이 형사처분을 면할 목적으로 국외에 있는 경우'는 범인이 국내에서 범죄를 저지르고 형사처분을 면할 목적으로 국외로 도피한 경우에 한정되지 아니하고, 범인이 국외에서 범죄를 저지르고 형사처분을 면할 목적으로 국외에서 체류를 계속하는 경우도 포함된다(대판 2015.6.24. 2015도5916).
④ 【 O 】 대판 2015.2.12. 2012도4842

정답 ④

---

15 공소시효에 대한 설명으로 옳지 않은 것은? (다툼이 있는 경우 판례에 의함)   16. 검찰 7급

① 공범 중 1인에 대한 공소의 제기로 다른 공범자에 대하여도 공소시효가 정지되나, 여기서 공범에는 뇌물공여죄와 뇌물수수죄 사이와 같은 대향범 관계에 있는 자는 포함되지 않는다.
② 공범의 1인으로 기소된 자가 책임조각을 이유로 무죄로 되거나 범죄의 증명이 없다는 이유로 공범 중 1인이 무죄의 확정판결을 선고받은 경우에는 그를 공범이라고 할 수 없으므로 그에 대하여 제기된 공소로써는 진범에 대한 공소시효정지의 효력이 인정되지 않는다.
③ 공소장변경이 있는 경우 공소시효의 완성 여부는 당초의 공소제기가 있었던 시점을 기준으로 판단하고, 변경된 공소 사실에 대한 법정형을 기준으로 공소제기 당시 이미 공소시효가 완성된 경우에는 면소판결을 선고하여야 한다.
④ 공소시효의 정지사유로서 범인이 형사처분을 면할 목적으로 국외에 있는 경우는 범인이 국내에서 범죄를 저지르고 형사처분을 면할 목적으로 국외로 도피한 경우에 한정되지 아니하고, 범인이 국외에서 범죄를 저지르고 형사처분을 면할 목적으로 국외에서 체류를 계속하는 경우도 포함한다.

[해설]
① 【 O 】 대판 2015.2.12. 2012도4842
② 【 X 】 공범의 1인으로 기소된 자가 구성요건에 해당하는 위법행위를 공동으로 하였다고 인정되기는 하나 책임조각을 이유로 무죄로 되는 경우와는 달리 범죄의 증명이 없다는 이유로 공범 중 1인이 무죄의 확정판결을 선고받은 경우에는 그를 공범이라고 할 수 없어 그에 대하여 제기된 공소로써는 진범에 대한 공소시효정지의 효력이 없다(대판 1999.3.9. 98도4621).
③ 【 O 】 대판 2013.7.26. 2013도6182
④ 【 O 】 대판 2015.6.24. 2015도5916

정답 ②

16 형사소송법상 기간 등에 대한 설명으로 가장 적절하지 않은 것은?

16. 경찰채용 2차

① 구인한 피고인을 법원에 인치한 경우에 구금할 필요가 없다고 인정한 때에는 그 인치한 때로부터 24시간 내에 석방하여야 한다.
② 체포·구속적부심사를 청구받은 법원은 청구서가 접수된 때부터 48시간 이내에 체포 또는 구속된 피의자를 심문하고 수사관계서류와 증거물을 조사하여 그 청구가 이유 없다고 인정한 때에는 결정으로 이를 기각하고, 이유 있다고 인정한 때에는 결정으로 체포 또는 구속된 피의자의 석방을 명하여야 한다.
③ 공소가 제기된 범죄는 판결의 확정 없이 공소를 제기한 때로부터 30년을 경과하면 공소시효가 완성한 것으로 간주한다.
④ 장기 5년 이상의 자격정지에 해당하는 범죄는 3년의 경과로 공소시효가 완성된다.

[해설]
① 【 O 】 제71조
② 【 O 】 제214조의2 제4항 제1문
③ 【 X 】 공소가 제기된 범죄는 판결의 확정 없이 공소를 제기한 때로부터 25년을 경과하면 공소시효가 완성한 것으로 간주한다(제249조 제2항).
④ 【 O 】 제249조 제1항 제6호

정답 ③

17 공소시효에 대한 설명으로 옳지 않은 것은? (다툼이 있는 경우 판례에 의함)

17. 국가직

① 범죄 후 법률의 개정에 의하여 법정형이 가벼워진 경우에는 형법 제1조 제2항에 의하여 당해 범죄사실에 적용될 가벼운 신법의 법정형이 공소시효기간의 기준이 된다.
② 정보통신망을 이용한 명예훼손의 경우 게재행위만으로 범죄가 성립하고 종료하므로 그때부터 공소시효를 기산해야 하고, 게시물이 삭제된 시점을 범죄의 종료시기로 보아서 그때부터 공소시효를 기산해야 하는 것은 아니다.
③ 공범 중 1인에 대해 약식명령이 확정된 후 그에 대한 정식재판청구권회복결정이 있었다면 그 사이의 기간 동안에는 특별한 사정이 없는 한 다른 공범자에 대한 공소시효가 정지된다.
④ 변호사법위반죄의 공소시효가 완성되었다고 하여도 그 죄와 상상적 경합관계에 있는 사기죄의 공소시효까지 완성되는 것은 아니다.

[해설]
① 【 O 】 대판 2008.12.11. 2008도4376
② 【 O 】 대판 2007.10.25. 2006도346
③ 【 X 】 공범 중 1인에 대해 약식명령이 확정된 후 그에 대한 정식재판청구권회복결정이 있었다고 하더라도 그 사이의 기간 동안에는, 특별한 사정이 없는 한, 다른 공범자에 대한 공소시효는 정지함이 없이 계속 진행한다고 보아야 할 것이다(대판 2012.3.29. 2011도15137).
④ 【 O 】 대판 2006.12.8. 2006도6356

정답 ③

18 공소시효에 대한 설명 중 옳고 그름의 표시(○, ×)가 바르게 된 것은? (다툼이 있는 경우 판례에 의함)

17. 여경

> ⊙ 공범의 1인에 대한 공소제기에 의한 시효정지는 다른 공범자에 대하여도 효력이 미치므로, 공범 중 1인이 범죄의 증명이 없다는 이유로 무죄의 확정판결을 선고받은 경우라 하더라도 그에 대하여 제기된 공소로 진범에 대한 공소시효가 정지된다.
> ⓒ 공무원이 직무에 관하여 금전을 무이자로 차용한 경우에는 차용 당시에 금융이익 상당의 뇌물을 수수한 것으로 보아야 하므로 공소시효는 금전을 무이자로 차용한 때로부터 기산한다.
> ⓒ 공소시효 정지에 관한 「형사소송법」제253조 제3항의 '형사처분을 면할 목적'은 국외 체류의 유일한 목적으로 되는 것에 한정되지 않고 범인이 가지는 여러 국외 체류 목적 중에 포함되어 있으면 족하다.
> ⓔ 검사의 불기소처분에 대하여 재정신청이 있으면 이에 관한 고등법원의 재정결정이 확정될 때까지 공소시효의 진행이 정지되고, 공소제기의 결정이 있는 때에는 공소시효에 관하여 그 결정이 있는 날에 공소가 제기된 것으로 본다.
> ⓜ 공소가 제기된 피고사건에 대하여 공소시효가 완성된 경우 법원은 공소기각판결을 하여야 한다.

① ⊙ ○   ⓒ ○   ⓒ ×   ⓔ ×   ⓜ ○
② ⊙ ×   ⓒ ×   ⓒ ○   ⓔ ○   ⓜ ○
③ ⊙ ×   ⓒ ○   ⓒ ○   ⓔ ○   ⓜ ×
④ ⊙ ○   ⓒ ×   ⓒ ×   ⓔ ×   ⓜ ×

해설

⊙ 【 X 】 공범의 1인으로 기소된 자가 구성요건에 해당하는 위법행위를 공동으로 하였다고 인정되기는 하나 책임조각을 이유로 무죄로 되는 경우와는 달리 범죄의 증명이 없다는 이유로 공범 중 1인이 무죄의 확정판결을 선고받은 경우에는 그를 공범이라고 할 수 없어 그에 대하여 제기된 공소로써는 진범에 대한 공소시효정지의 효력이 없다(대판 1999.3.9. 98도4621).
ⓒ 【 O 】 대판 2012.2.23. 2011도7282
ⓒ 【 O 】 대판 2008.12.11. 2008노4101
ⓔ 【 O 】 제262조의4 제1항
ⓜ 【 X 】 공소가 제기된 피고사건에 대하여 공소시효가 완성된 경우 법원은 면소판결을 하여야 한다(제326조 제3호).

정답 ③

19 공소시효에 대한 다음 설명 중 가장 적절한 것은? (다툼이 있는 경우 판례에 의함) 18. 경찰승진

① 「형사소송법」 제260조에 따른 재정신청이 있으면 동법 제262조에 따른 재정결정이 확정될 때까지 공소시효의 진행이 정지된다.
② 시효는 공소의 제기로 진행이 중단되고 공소기각 또는 관할위반의 재판이 확정된 때로부터 진행한다.
③ 공범 중 1인에 대해 약식명령이 확정된 후 그에 대한 정식재판청구권회복결정이 있었다고 하면 그 사이의 기간 동안에는, 특별한 사정이 없는 한, 다른 공범자에 대한 공소시효는 정지된다.
④ 공소시효의 결정기준은 2개 이상의 형을 병과할 범죄에는 중한 형이고, 형법에 의하여 형을 가중한 경우에는 가중한 형이다.

해설
① 【O】 제262조의4
② 【X】 시효는 공소의 제기로 진행이 정지되고 공소기각 또는 관할위반의 재판이 확정된 때로부터 진행한다(제253조 제1항).
③ 【X】 공범 중 1인에 대해 약식명령이 확정된 후 그에 대한 정식재판청구권회복결정이 있었다고 하더라도 그 사이의 기간 동안에는, 특별한 사정이 없는 한, 다른 공범자에 대한 공소시효는 정지함이 없이 계속 진행한다고 보아야 할 것이다(대판 2012.3.29. 2011도15137).
④ 【X】 형법에 의하여 형을 가중 또는 감경한 경우에는 가중 또는 감경하지 아니한 형에 의하여 공소시효의 기간을 적용한다(제251조).

정답 ①

20 공소시효에 관한 다음 설명 중 가장 옳지 않은 것은? (다툼이 있는 경우 판례에 의함) 18. 법원직

① 형법상 내란의 죄, 외환의 죄 등 일정한 헌정질서 파괴범죄는 형사소송법상의 공소시효 규정이 적용되지 아니한다.
② 공소장 변경이 있는 경우 공소시효의 완성 여부는 당초의 공소제기가 있었던 시점이 기준이 되어야 하고 공소장 변경시를 기준으로 삼아서는 안 된다.
③ 공소장 변경으로 인해 공소사실이 변경됨에 따라 법정형에 차이가 생기는 경우라도 변경 전 공소사실에 대한 법정형이 공소시효 기간의 기준이 된다.
④ 포괄일죄의 공소시효는 최종의 범죄행위가 종료한 때로부터 진행한다.

해설
① 【O】 헌정질서 파괴범죄의 공소시효 등에 관한 특례법 제3조
② 【O】 대판 2001.8.24. 2001도2902
③ 【X】 공소장변경절차에 의하여 공소사실이 변경됨에 따라 그 법정형에 차이가 있는 경우에는 변경된 공소사실에 대한 법정형이 공소시효기간의 기준이 된다(대판 2001.8.24. 2001도2902).
④ 【O】 대판 2002.10.11. 2002도2939

정답 ③

21. 공소시효에 대한 설명으로 가장 적절하지 않은 것은? (다툼이 있는 경우 판례에 의함) 〈18. 경찰채용 1차〉

① 장기 10년 미만의 징역 또는 금고에 해당하는 범죄의 공소시효 기간은 7년이다.
② 「형사소송법」 제253조 제3항이 정한 '범인이 형사처분을 면할 목적으로 국외에 있는 경우'는 범인이 국외에서 범죄를 저지르고 형사처분을 면할 목적으로 국외에서 체류를 계속하는 경우도 포함된다.
③ 범죄의 증명이 없다는 이유로 공범 중 1인이 무죄의 확정판결을 선고받은 경우에는 그를 공범이라고 할 수 없어 그에 대하여 제기된 공소로써는 진범에 대한 공소시효정지의 효력이 없다.
④ 공무원이 취급하는 사건에 관하여 청탁 또는 알선을 할 의사와 능력이 없음에도 청탁 또는 알선을 한다고 기망하여 금품을 교부받은 경우에 성립하는 사기죄와 변호사법 위반죄는 변호사법 위반죄의 공소시효가 완성되었다면 그 죄와 상상적 경합관계에 있는 사기죄의 공소시효도 완성된다.

[해설]
① 【O】 제249조 제1항 제4호
② 【O】 대판 2015.6.24. 2015도5916
③ 【O】 대판 1999.3.9. 98도4621
④ 【X】 공무원이 취급하는 사건에 관하여 청탁 또는 알선을 할 의사와 능력이 없음에도 청탁 또는 알선을 한다고 기망하여 금품을 교부받은 경우에 성립하는 사기죄와 변호사법 위반죄는 상상적 경합의 관계에 있으므로, 변호사법 위반죄의 공소시효가 완성되었다고 하여 그 죄와 상상적 경합관계에 있는 사기죄의 공소시효까지 완성되는 것은 아니다(대판 2006.12.8. 2006도6356).

정답 ④

22. 공소시효에 대한 설명으로 옳지 않은 것은? (다툼이 있는 경우 판례에 의함) 〈18. 국가직〉

① 재정신청이 있으면 재정결정이 확정될 때까지 공소시효의 진행이 정지되며, 공소제기결정이 있는 때에는 공소시효에 관하여 그 결정이 있는 날에 공소가 제기된 것으로 본다.
② 결과적 가중범의 경우 기본범죄행위가 종료되더라도 중한 결과가 발생하여야 공소시효가 진행된다.
③ 사람을 살해한 범죄(종범은 제외한다)로 사형에 해당하는 범죄에 대해 공소시효의 적용을 배제하는 「형사소송법」의 규정은 이 규정의 시행 후에 범한 범죄에 대해서만 적용된다.
④ 「형사소송법」은 공범 중 1인에 대한 공소제기로 다른 공범자에 대하여도 공소시효가 정지되도록 규정하고 있는데, 여기서의 공범에 뇌물공여죄와 뇌물수수죄 사이와 같은 대향범 관계는 포함되지 않는다.

[해설]
① 【O】 제262조의4 제1항, 제2항
② 【O】 대판 1996.8.23. 96도1231
③ 【X】 사람을 살해한 범죄(종범은 제외한다)로 사형에 해당하는 범죄에 대해 공소시효의 적용을 배제하는 「형사소송법」의 규정은 이 법 시행 전에 범한 범죄로 아직 공소시효가 완성되지 아니한 범죄에 대하여도 적용한다(부칙 제2조).
④ 【O】 대판 2015.2.12. 2012도4842

정답 ③

23 공소시효에 대한 설명으로 옳지 않은 것은? (다툼이 있는 경우 판례에 의함)   18. 검찰 7급

① 공소제기 당시의 공소사실에 대한 법정형을 기준으로 하면 아직 공소시효가 완성되지 않았으나 법원이 공소장을 변경하지 않고도 범죄사실을 인정하는 경우, 그 범죄사실에 대한 법정형을 기준으로 하면 공소제기 당시 이미 공소시효가 완성되었다면 법원은 면소판결을 선고하여야 한다.
② 법정최고형이 징역 5년인 구 부정수표단속법위반죄를 범한 사람이 중국으로 출국하여 체류하다가 그곳에서 다른 범죄로 징역 14년을 선고받고 8년 이상 복역한 후 우리나라로 추방되어 위 죄로 공소제기된 경우, 위 수감기간 동안에는 공소시효의 진행이 정지되지 않는다.
③ 미수범의 범죄행위는 실행에 착수하여 행위를 종료하지 못하였거나 결과가 발생하지 아니하여 더 이상 범죄가 진행될 수 없는 때에 종료하고, 그때부터 미수범의 공소시효가 진행한다.
④ 피고인이 A사건으로 처벌받을 가능성이 있음을 인지하였다고 보기 어려운 경우라도 다른 고소사건과 관련하여 형사처분을 면할 목적으로 국외에 있는 경우에는 A사건의 형사처분을 면할 목적으로 국외에 있었다고 볼 수 있다.

[해설]

① 【 O 】 공소장변경절차에 의하여 공소사실이 변경됨에 따라 그 법정형에 차이가 있는 경우에는 변경된 공소사실에 대한 법정형이 공소시효기간의 기준이 된다고 보아야 하므로 공소제기 당시의 공소사실에 대한 법정형을 기준으로 하면 공소제기 당시 아직 공소시효가 완성되지 않았으나 변경된 공소사실에 대한 법정형을 기준으로 하면 공소제기 당시 이미 공소시효가 완성된 경우에는 공소시효의 완성을 이유로 면소판결을 선고하여야 한다. 이러한 법리는 법원이 공소장을 변경하지 않고도 인정할 수 있는 사실에 대한 법정형을 기준으로 하면 공소제기 당시 이미 공소시효가 완성된 경우에도 마찬가지로 적용된다(대판 2013.7.26. 2013도6182).
② 【 O 】 대판 2008.12.11. 2008도4101
③ 【 O 】 대판 2017.7.11. 2016도14820
④ 【 X 】 피고인이 당해 사건으로 처벌받을 가능성이 있음을 인지하였다고 보기 어려운 경우라면 피고인이 다른 고소사건과 관련하여 형사처분을 면할 목적으로 국외에 있는 경우라고 하더라도 당해 사건의 형사처분을 면할 목적으로 국외에 있었다고 볼 수 없다(대판 2014.4.24. 2013도9162).

정답 ④

24 공소시효에 대한 설명으로 가장 적절하지 않은 것은? (다툼이 있는 경우 판례에 의함)   18. 경찰채용 2차

① 미수범의 범죄행위는 행위를 종료하지 못하였거나 결과가 발생하지 아니하여 더 이상 범죄가 진행될 수 없는 때에 종료하고, 그때부터 미수범의 공소시효가 진행한다.
② 공소시효가 적용되는 아동·청소년대상 성범죄는 해당 성범죄로 피해를 당한 아동·청소년이 성년에 달한 날부터 공소시효가 진행한다.
③ 공소장 변경이 있는 경우 공소시효의 완성여부는 공소장 변경시를 기준으로 판단할 것이고, 공소장변경절차에 의하여 공소사실이 변경됨에 따라 그 법정형에 차이가 있는 경우에는 변경된 공소사실의 법정형이 공소시효기간의 기준이 된다고 보아야 한다.
④ 공범 중 1인의 공소제기로 인한 공소시효의 정지는 다른 공범자에 대하여 효력이 미치고 당해 사건의 재판이 확정된 때로부터 진행하며, 필요적 공범은 이러한 공범에 포함되지 않는다.

[해설]
① 【 O 】 대판 2017.7.11. 2016도14820
② 【 O 】 아동·청소년의 성보호에 관한 법률 제20조 제1항
③ 【 X 】 공소장변경이 있는 경우 공소시효의 완성 여부는 당초의 공소제기가 있었던 시점을 기준으로 판단할 것이고 공소장변경시를 기준으로 삼을 것은 아니다. 공소장변경절차에 의하여 공소사실이 변경됨에 따라 그 법정형에 차이가 있는 경우에는 변경된 공소사실에 대한 법정형이 공소시효기간의 기준이 된다(대판 2001.8.24. 2001도2902).
④ 【 O 】 대판 2015.2.12. 2012도4842

정답 ③

25. 형사소송법상 공소시효에 대한 설명이다. 아래 ㉠부터 ㉣까지의 설명 중 옳고 그름의 표시(O, ×)가 바르게 된 것은? (다툼이 있는 경우 판례에 의함)

19. 경찰승진

㉠ 뇌물공여죄를 범한 자에 대한 공소의 제기로 대향범인 뇌물수수죄를 범한 자에 대한 공소시효는 정지되지 않는다.
㉡ 공무원이 직무에 관하여 금전을 무이자로 차용한 경우에는 그 차용 당시에 금융이익 상당의 뇌물을 수수한 것으로 보아야 하므로 그 공소시효는 금전을 무이자로 차용한 때로부터 기산한다.
㉢ 공소장이 변경된 경우 공소시효의 기간은 변경된 공소사실의 법정형을 기준으로 하고, 완성여부는 당초 공소제기시를 기준으로 하는 것이 아니라 공소장변경시를 기준으로 한다.
㉣ 「형사소송법」 제253조 제3항의 '범인이 형사처분을 면할 목적으로 국외에 있는 경우'는 범인이 국내에서 범죄를 저지르고 형사처분을 면할 목적으로 국외로 도피한 경우에 한정되고, 범인이 국외에서 범죄를 저지르고 형사처분을 면할 목적으로 국외에서 체류를 계속하는 경우는 포함되지 않는다.

① ㉠ × ㉡ O ㉢ × ㉣ O
② ㉠ × ㉡ × ㉢ O ㉣ O
③ ㉠ O ㉡ O ㉢ × ㉣ ×
④ ㉠ O ㉡ × ㉢ O ㉣ ×

[해설]
㉠ 【 O 】 대판 2015.2.12. 2012도4842
㉡ 【 O 】 대판 2012.2.23. 2011도7282
㉢ 【 X 】 공소장 변경이 있는 경우에 공소시효의 완성 여부는 당초의 공소제기가 있었던 시점을 기준으로 판단할 것이고 공소장 변경시를 기준으로 삼을 것은 아니다. 공소장변경절차에 의하여 공소사실이 변경됨에 따라 그 법정형에 차이가 있는 경우에는 변경된 공소사실에 대한 법정형이 공소시효기간의 기준이 된다(대판 2001.8.24. 2001도2902).
㉣ 【 X 】 형사소송법 제253조 제3항은 "범인이 형사처분을 면할 목적으로 국외에 있는 경우 그 기간 동안 공소시효는 정지된다."라고 규정하고 있다. 위 규정의 입법 취지는 범인이 우리나라의 사법권이 실질적으로 미치지 못하는 국외에 체류한 것이 도피의 수단으로 이용된 경우에 체류기간 동안은 공소시효가 진행되는 것을 저지하여 범인을 처벌할 수 있도록 하여 형벌권을 적정하게 실현하고자 하는 데 있다. 따라서 위 규정이 정한 '범인이 형사처분을 면할 목적으로 국외에 있는 경우'는 범인이 국내에서 범죄를 저지르고 형사처분을 면할 목적으로 국외로 도피한 경우에 한정되지 아니하고, 범인이 국외에서 범죄를 저지르고 형사처분을 면할 목적으로 국외에서 체류를 계속하는 경우도 포함된다(대판 2015.6.24. 2015도5916).

정답 ③

26 공소시효에 관한 다음 설명 중 가장 옳지 않은 것은? (다툼이 있는 경우 판례에 의함) 19. 법원직

① 형사소송법 제253조 제3항은 "범인이 형사처분을 면할 목적으로 국외에 있는 경우 그 기간 동안 공소시효는 정지된다."라고 규정하고 있는 바, 위 규정이 정한 '범인이 형사처분을 면할 목적으로 국외에 있는 경우'는 범인이 국내에서 범죄를 저지르고 형사처분을 면할 목적으로 국외로 도피한 경우에 한정되고, 범인이 국외에서 범죄를 저지르고 형사처분을 면할 목적으로 국외에서 체류를 계속하는 경우는 포함되지 아니한다.

② 공소시효는 범죄행위가 종료한 때부터 진행하고, 미수범은 범죄의 실행에 착수하여 행위를 종료하지 못하였거나 결과가 발생하지 아니한 때에 처벌받게 되므로, 미수범의 범죄행위는 행위를 종료하지 못하였거나 결과가 발생하지 아니하여 더 이상 범죄가 진행될 수 없는 때부터 공소시효가 진행한다.

③ 범죄 후 법률의 개정에 의하여 법정형이 가벼워진 경우에는 형법 제1조 제2항에 의하여 당해 범죄사실에 적용될 가벼운 법정형(신법의 법정형)이 공소시효기간의 기준이 된다.

④ 공범의 1인으로 기소된 자가 구성요건에 해당하는 위법행위를 공동으로 하였다고 인정되기는 하나 책임조각을 이유로 무죄로 되는 경우와는 달리, 범죄의 증명이 없다는 이유로 공범 중 1인이 무죄의 확정판결을 선고받은 경우에는 그를 공범이라고 할 수 없어 그에 대하여 제기된 공소로써는 진범에 대한 공소시효정지의 효력이 없다.

해설

① 【X】 형사소송법 제253조 제3항은 "범인이 형사처분을 면할 목적으로 국외에 있는 경우 그 기간 동안 공소시효는 정지된다."라고 규정하고 있다. 위 규정의 입법 취지는 범인이 우리나라의 사법권이 실질적으로 미치지 못하는 국외에 체류한 것이 도피의 수단으로 이용된 경우에 체류기간 동안은 공소시효가 진행되는 것을 저지하여 범인을 처벌할 수 있도록 하여 형벌권을 적정하게 실현하고자 하는 데 있다. 따라서 위 규정이 정한 '범인이 형사처분을 면할 목적으로 국외에 있는 경우'는 범인이 국내에서 범죄를 저지르고 형사처분을 면할 목적으로 국외로 도피한 경우에 한정되지 아니하고, 범인이 국외에서 범죄를 저지르고 형사처분을 면할 목적으로 국외에서 체류를 계속하는 경우도 포함된다(대판 2015.6.24. 2015도5916).

② 【O】 대판 2017.7.11. 2016도14820
③ 【O】 대판 2008.12.11. 2008도4376
④ 【O】 대판 1999.3.9. 98도4621

정답 ①

---

27 공소시효에 대한 설명으로 옳지 않은 것은? (다툼이 있는 경우 판례에 의함) 19. 검찰 7급

① 공익법인이 주무관청의 승인을 받지 않은 채 수익사업을 하는 행위가 계속범에 해당하는 경우, 승인을 받지 않은 수익사업이 계속되고 있는 동안에는 공소시효가 진행되지 않는다.

② 공소시효기간을 계산할 때에는 초일은 시간을 계산함이 없이 1일로 산정하며, 공소시효기간의 말일이 공휴일 또는 토요일에 해당하는 날인 경우에도 기간에 산입한다.

③ 공무원이 취급하는 사건에 관하여 청탁 또는 알선의 의사와 능력이 없음에도 청탁 또는 알선을 한다고 기망하여 금품을 교부받은 행위가 사기죄와 변호사법위반죄의 상상적 경합이 되는 경우, 변호사법위반죄의 공소시효가 완성되면 사기죄의 공소시효도 완성된다.

④ 검사의 불기소처분에 대하여 재정신청이 있으면, 재정결정이 확정될 때까지 공소시효의 진행이 정지된다.

해설

① 【 O 】 공익법인이 주무관청의 승인을 받지 않은 채 수익사업을 하는 행위는 시간적 계속성이 구성요건적 행위의 요소로 되어 있다는 점에서 계속범에 해당한다고 보아야 할 것인 만큼 승인을 받지 않은 수익사업이 계속되고 있는 동안에는 아직 공소시효가 진행하지 않는 것이다(대판 2006.9.22. 2004도4751).
② 【 O 】 형사소송법 제66조 제1항 단서·제3항 단서
③ 【 X 】 공무원이 취급하는 사건에 관하여 청탁 또는 알선을 할 의사와 능력이 없음에도 청탁 또는 알선을 한다고 기망하여 금품을 교부받은 경우에 성립하는 사기죄와 변호사법 위반죄는 상상적 경합의 관계에 있으므로, 변호사법 위반죄의 공소시효가 완성되었다고 하여 그 죄와 상상적 경합관계에 있는 사기죄의 공소시효까지 완성되는 것은 아니다(대판 2006.12.8. 2006도6356).
④ 【 O 】 제262조의4 제1항

정답 ③

28 공소시효에 대한 설명 중 옳은 것을 모두 고른 것은? (다툼이 있는 경우 판례에 의함)   19. 법학경채

㉠ 공소장변경이 있는 경우 공소시효의 완성여부는 당초 공소제기가 있었던 시점을 기준으로 판단하고 공소장변경시를 기준으로 하지 않는다.
㉡ 공소장변경에 의하여 법정형에 차이가 생기는 경우 공소시효 기간의 기준도 공소장변경 전의 공소사실에 대한 법정형에 따른다.
㉢ 2015년 개정된 「형사소송법」에 의하면 사람을 살해한 범죄(종범은 제외)로 사형에 해당하는 범죄에 대하여는 공소시효를 적용하지 않도록 하였으므로, 위 개정 형사소송법이 시행될 당시 이미 공소시효가 완성된 사건이라도 가해자를 형사처벌할 수 있게 되었다.
㉣ 공범 중 1인에 대한 공소시효의 정지는 다른 공범자에 대하여도 그 효력이 미치고 당해 사건의 재판이 확정된 때로부터 진행하게 되는데, 여기의 공범에는 뇌물공여죄와 뇌물수수죄 사이와 같이 대향범 관계에 있는 자는 포함되지 않는다.

① ㉠, ㉡   ② ㉡, ㉢   ③ ㉢, ㉣   ④ ㉠, ㉣

해설

㉠ 【 O 】 대판 2001.8.24. 2001도2902
㉡ 【 X 】 공소장변경절차에 의하여 공소사실이 변경됨에 따라 그 법정형에 차이가 있는 경우에는 변경된 공소사실에 대한 법정형이 공소시효기간의 기준이 된다(대판 2001.8.24. 2001도2902).
㉢ 【 X 】 제253조의2(사람을 살해한 범죄(종범은 제외)로 사형에 해당하는 범죄에 대하여는 공소시효를 적용하지 아니한다)의 개정규정은 이 법 시행 전에 범한 범죄로 아직 공소시효가 완성되지 아니한 범죄에 대하여도 적용된다(부칙 제2조).
㉣ 【 O 】 대판 2015.2.12. 2012도4842

정답 ④

29 공소시효에 대한 설명으로 가장 적절한 것은? (다툼이 있는 경우 판례에 의함)

19. 경찰채용 2차

① 「형사소송법」 제253조 제3항에서 정한 '범인이 형사처분을 면할 목적으로 국외에 있는 경우'에는 범인이 국외에서 범죄를 저지르고 형사처분을 면할 목적으로 국외에서 체류를 계속하는 경우도 포함된다.
② 공소장이 변경된 경우 공소시효의 완성 여부는 공소장변경시를 기준으로 삼아야 한다.
③ 무기징역에 해당하는 범죄의 공소시효는 25년이다.
④ 「형법」에 의하여 형을 가중 또는 감경한 경우에는 가중 또는 감경한 형에 의하여 공소시효 기간이 적용된다.

[해설]
① 【O】 대판 2015.6.24. 2015도5916
② 【X】 공소장변경이 있는 경우 공소시효의 완성 여부는 당초의 공소제기가 있었던 시점을 기준으로 판단할 것이고 공소장변경시를 기준으로 삼을 것은 아니다(대판 2001.8.24. 2001도2902).
③ 【X】 무기징역에 해당하는 범죄의 공소시효는 15년이다(제249조 제1항 제2호).
④ 【X】 형법에 의하여 형을 가중 또는 감경한 경우에는 가중 또는 감경하지 아니한 형에 의하여 제249조(공소시효)의 규정을 적용한다(제250조).

정답 ①

---

30 공소시효에 관한 설명 중 가장 적절하지 않은 것은? (다툼이 있는 경우 판례에 의함)

20. 경찰승진

① 공소시효는 범죄행위의 종료한 때로부터 진행하고, 공범에는 최종행위의 종료한 때로부터 전 공범에 대한 시효기간을 기산한다.
② 형사소송법 제253조 제2항에서 말하는 공소시효 정지의 효력이 미치는 '공범'에는 뇌물공여죄와 뇌물수수죄 사이와 같은 대향범 관계에 있는 자는 포함되지 않는다.
③ 공범의 1인으로 기소된 피고인이 범죄의 증명이 없다는 이유로 무죄의 확정판결을 선고받은 경우에는 그를 공범이라고 할 수 없어 그에 대하여 제기된 공소로써는 진범에 대한 공소시효 정지의 효력이 없다.
④ 1개의 행위가 변호사법위반죄와 사기죄에 해당하여 상상적 경합의 관계에 있는 경우 과형상 일죄로 처벌하므로 변호사법위반죄의 공소시효가 완성된 경우 사기죄 역시 공소시효가 완성된다.

[해설]
① 【O】 제252조 제1항, 제2항
② 【O】 대판 2015.2.12. 2012도4842
③ 【O】 대판 1999.3.9. 98도4621
④ 【X】 공무원이 취급하는 사건에 관하여 청탁 또는 알선을 할 의사와 능력이 없음에도 청탁 또는 알선을 한다고 기망하여 금품을 교부받은 경우에 성립하는 사기죄와 변호사법 위반죄는 상상적 경합의 관계에 있으므로, 변호사법 위반죄의 공소시효가 완성되었다고 하여도 그 죄와 상상적 경합관계에 있는 사기죄의 공소시효까지 완성되는 것은 아니다(대판 2006.12.8. 2006도6356).

정답 ④

31 공소시효에 관한 다음 설명 중 옳은 것을 모두 고른 것은? (다툼이 있는 경우 판례에 의함) 20. 법원직

> ㉠ 공소시효는 범죄행위가 종료한 때로부터 진행한다. 미수범의 범죄행위는 행위를 종료하지 못하였거나 결과가 발생하지 아니하여 더 이상 범죄가 진행될 수 없는 때에 종료하고, 그때부터 미수범의 공소시효가 진행한다.
> ㉡ 공범의 1인에 대한 공소제기로 인한 공소시효의 정지는 다른 공범자에게 대하여도 효력이 미치는데 여기서의 공범에는 뇌물공여죄와 뇌물수수죄 사이와 같은 대향범 관계에 있는 자는 포함되지 않는다.
> ㉢ 공소장의 변경이 있는 경우에 공소시효의 완성여부는 당초의 공소제기가 있었던 시점을 기준으로 판단할 것이 아니고 공소장을 변경한 때를 기준으로 삼아야 한다.
> ㉣ 2개 이상의 형을 병과하거나 2개 이상의 형에서 그 1개를 과할 범죄에는 중한 형에 의하여 공소시효 규정을 적용하고, 형법에 의하여 형을 가중 또는 감경한 경우에는 가중 또는 감경한 형에 의하여 공소시효 규정을 적용한다.

① ㉠, ㉡   ② ㉡, ㉢   ③ ㉢, ㉣   ④ ㉣, ㉠

[해설]

㉠【O】대판 2017.7.11. 2016도14820
㉡【O】대판 2015.2.12. 2012도4842
㉢【X】공소장변경이 있는 경우 공소시효의 완성 여부는 당초의 공소제기가 있었던 시점을 기준으로 판단할 것이고 공소장변경시를 기준으로 삼을 것은 아니다(대판 2001.8.24. 2001도2902).
㉣【X】형법에 의하여 형을 가중 또는 감경할 경우에는 가중 또는 감경하지 아니한 형이 시효기간의 기준이 된다(제251조).

정답 ①

32. 공소시효에 대한 다음 설명 중 적절하지 않은 것만을 고른 것은 모두 몇 개인가? (다툼이 있는 경우 판례에 의함)

20. 경찰채용 2차

> ③ 당내경선운동에 관한 공직선거법 위반죄에 대한 공소시효의 기산일은 당내경선의 투표일이다.
> ⓒ 독점규제 및 공정거래에 관한 법률 제19조 제1항 제1호에서 정한 가격 결정 등의 합의 및 그에 기한 실행행위로 인한 동법 제66조 제1항 제9호 위반죄의 공소시효는 그 실행행위가 종료한 날이 아닌 그 합의가 있었던 날로부터 진행한다.
> ⓒ 공소시효 정지사유를 규정한 형사소송법 제253조 제3항의 '범인이 형사처분을 면할 목적으로 국외에 있는 경우'에는 범인이 국외에서 범죄를 저지르고 형사처분을 면할 목적으로 국외에서 체류를 계속하는 경우도 포함된다.
> ② 미수범의 범죄행위는 행위를 종료하지 못하였거나 결과가 발생하지 아니하여 더 이상 범죄가 진행될 수 없는 때에 종료하고, 그때부터 미수범의 공소시효가 진행한다.
> ⓜ 허위사실이 기재된 귀화허가신청서를 담당공무원에게 제출한 위계에 의한 공무집행방해죄의 공소시효는 이를 담당하는 행정청의 구체적인 직무집행을 저지하거나 현실적으로 곤란하게 하는 데 이르렀는지의 여부와 상관없이 허위사실이 기재된 귀화허가신청서를 제출하여 접수한 때부터 진행한다.

① 1개 ② 2개 ③ 3개 ④ 4개

해설

③ 【X】 공직선거법 제268조 제1항 본문은 "이 법에 규정한 죄의 공소시효는 당해 선거일 후 6개월(선거일 후에 행하여진 범죄는 그 행위가 있는 날부터 6개월)을 경과함으로써 완성한다."라고 규정하고 있다. 여기서 말하는 '당해 선거일'이란 그 선거범죄와 직접 관련된 공직선거의 투표일을 의미한다. 이는 선거범죄가 당내경선운동에 관한 공직선거법 위반죄인 경우에도 마찬가지이므로, 그 선거범죄에 대한 공소시효의 기산일은 당내경선의 투표일이 아니라 그 선거범죄와 직접 관련된 공직선거의 투표일이다(대판 2019.10.31. 2019도8813).

ⓒ 【X】 구 독점규제 및 공정거래에 관한 법률(2009.3.25. 법률제9554호로 개정되기 전의 것, 이하 '공정거래법'이라 한다) 제19조 제1항 제1호에서 정한 가격결정 등의 합의 및 그에 기한 실행행위가 있었던 경우, 부당한 공동행위가 종료한 날은 합의가 있었던 날이 아니라 합의에 기한 실행행위가 종료한 날을 의미한다. 따라서 공정거래법 제19조 제1항 제1호에서 정한 가격결정 등의 합의에 따른 실행행위가 있는 경우 공정거래법 제66조 제1항 제9호 위반죄의 공소시효는 실행행위가 종료한 날부터 진행한다(대판 2012.9.13. 2010도16001).

ⓒ 【O】 대판 2015.6.24. 2015도5916

② 【O】 대판 2017.7.11. 2016도14820

ⓜ 【X】 피고인이 허위사실이 기재된 귀화허가신청서를 담당공무원에게 제출하여 그에 따라 귀화허가업무를 담당하는 행정청이 그릇된 행위나 처분을 하여야만 위계에 의한 공무집행방해죄가 기수 및 종료에 이른다고 할 것이고, 한편 단지 허위사실이 기재된 귀화허가신청서를 제출하여 접수되게 한 사정만으로는 구체적인 직무집행을 저지하거나 현실적으로 곤란하게 하는 데까지 이르렀다고 단정할 수 없다(대판 2017.4.27. 2017도2583).

정답 ③

33 공소시효에 대한 설명으로 가장 적절하지 않은 것은? (다툼이 있는 경우 판례에 의함) 21. 경찰승진

① 선거범죄가 당내경선운동에 관한 「공직선거법」 위반죄인 경우 그 선거범죄에 대한 공소시효의 기산일은 당내경선의 투표일이다.
② 공소제기 당시의 공소사실에 대한 법정형을 기준으로 하면 공소제기 당시 아직 공소시효가 완성되지 않았으나 변경된 공소사실에 대한 법정형을 기준으로 하면 공소제기 당시 이미 공소시효가 완성된 경우에는 공소시효의 완성을 이유로 면소판결을 선고하여야 한다.
③ 공소시효 정지사유인 '범인이 형사처분을 면할 목적으로 국외에 있는 경우'에는 범인이 국외에서 범죄를 저지르고 형사처분을 면할 목적으로 국외에서 체류를 계속하는 경우도 포함된다.
④ 공무원이 직무에 관하여 금전을 무이자로 차용한 경우에는 차용 당시에 금융이익 상당의 뇌물을 수수한 것으로 보아야 하므로, 뇌물수수죄에 대한 공소시효는 금전을 무이자로 차용한 때부터 기산한다.

해설

① 【 X 】 공직선거법 제268조 제1항 본문은 "이 법에 규정한 죄의 공소시효는 당해 선거일 후 6개월(선거일 후에 행하여진 범죄는 그 행위가 있는 날부터 6개월)을 경과함으로써 완성한다."라고 규정하고 있다. 여기서 말하는 '당해 선거일'이란 그 선거범죄와 직접 관련된 공직선거의 투표일을 의미한다. 이는 선거범죄가 당내경선운동에 관한 공직선거법 위반죄인 경우에도 마찬가지이므로, 그 선거범죄에 대한 공소시효의 기산일은 당내경선의 투표일이 아니라 그 선거범죄와 직접 관련된 공직선거의 투표일이다(대판 2019.10.31. 2019도8813).
② 【 O 】 대판 2013.7.26. 2013도6182
③ 【 O 】 대판 2015.6.24. 2015도5916
④ 【 O 】 대판 2012.2.23. 2011도7282

정답 ①

34 공소시효에 대한 설명으로 가장 적절하지 않은 것은? (다툼이 있는 경우 판례에 의함) 21. 경찰채용 1차

① 구 「수산업협동조합법」 제178조 제5항 본문은 "제1항 내지 제4항에 규정된 죄의 공소시효는 해당 선거일 후 6월(선거일 후에 행하여진 죄는 그 행위가 있는 날부터 6월)을 경과함으로써 완성한다."라고 규정하고 있는데, 여기서 선거일까지 발생한 범죄의 공소시효 기산일인 '선거일 후'는 '선거일 다음 날'이 아니라 '선거일 당일'을 의미한다.
② 공소장변경이 있는 경우 공소시효의 완성 여부는 당초의 공소제기가 있었던 시점을 기준으로 판단할 것이고 공소장변경시를 기준으로 삼을 것이 아니다.
③ 무고죄에 있어서 그 신고 된 범죄사실이 이미 공소시효가 완성된 것이어서 무고죄가 성립하지 아니하는 경우에 해당하는지 여부는 그 신고시를 기준으로 하여 판단하여야 한다.
④ 피고인의 신병이 확보되기 전에 공소가 제기되었다고 하더라도 그러한 사정만으로 공소제기가 부적법한 것이 아니고, 공소가 제기되면 「형사소송법」 제253조 제1항에 따라 공소시효의 진행이 정지된다.

> 해설

① 【 X 】 구 수산업협동조합법(2010.4.12. 법률 제10245호로 개정되기 전의 것, 이하 '수산업협동조합법'이라 한다) 제178조 제5항 본문은 "제1항 내지 제4항에 규정된 죄의 공소시효는 해당 선거일 후 6월(선거일 후에 행하여진 죄는 그 행위가 있는 날부터 6월)을 경과함으로써 완성한다."고 규정함으로써, 수산업협동조합법에 규정된 선거범죄 중 선거일까지 발생한 범죄에 대하여는 '선거일 후'부터, 선거일 후에 발생한 범죄에 대하여는 '그 행위가 있었던 날' 즉, 범죄행위 종료일부터 각 공소시효가 진행되도록 하고 있다. 여기서 선거일까지 발생한 범죄의 공소시효 기산일인 '선거일 후'는 '선거일 당일'이 아니라 '선거일 다음 날'을 의미한다고 해석하는 것이 우선 위 조항의 문언에 부합한다. 또한 위 조항의 입법 취지도 수산업협동조합법에 규정된 선거범죄에 대하여 형사소송법이 규정하고 있는 원칙적인 공소시효기간보다 짧은 공소시효를 정함으로써 사건을 조속히 처리하여 선거로 인한 법적 불안정 상태를 신속히 해소하고, 특히 선거에 의하여 선출된 수산업협동조합의 임원들이 안정적으로 업무를 수행할 수 있도록 하기 위하여 당해 선거와 관련하여 선거일까지 발생한 선거범죄에 대하여는 범행일이 언제인지를 묻지 아니하고 선거일까지는 공소시효가 진행되지 않도록 하였다가 선거일 다음 날부터 공소시효가 일괄하여 진행되도록 하려는 데 있다. 나아가 위 조항 중 괄호 안의 '선거일 후'가 '선거일 다음 날 이후'를 의미하는 것임은 의문의 여지가 없는데, 만약 위 조항 중 선거일까지 발생한 선거범죄에 대한 공소시효 기산일인 괄호 밖의 '선거일 후'를 '선거일 다음 날'이 아니라 '선거일 당일'로 해석한다면 동일한 법률조항에서 사용된 '선거일 후'의 의미를 서로 달리 해석하는 모순이 생기게 된다. 따라서 위 조항 중 선거일까지 발생한 선거범죄의 공소시효 기산일인 '선거일 후'는 '선거일 당일'이 아니라 '선거일 다음 날'로 보는 것이 타당하다(대판 2012.10.11. 2011도17404).
② 【 O 】 대판 2001.8.24. 2001도2902
③ 【 O 】 대판 2008.3.27. 2007도1153
④ 【 O 】 형사소송법 제253조 제1항은 "시효는 공소의 제기로 진행이 정지되고 공소기각 또는 관할위반의 재판이 확정된 때로부터 진행한다."라고 정하고 있다. 피고인의 신병이 확보되기 전에 공소가 제기되었다고 하더라도 그러한 사정만으로 공소제기가 부적법한 것이 아니고, 공소가 제기되면 위 규정에 따라 공소시효의 진행이 정지된다(대판 2017.1.25. 2016도15526).

> 정답 ①

35 공소시효에 대한 설명으로 옳지 않은 것은? (다툼이 있는 경우 판례에 의함) 21. 국가직

① 2개 이상의 형을 병과하거나 2개 이상의 형에서 그 1개를 과할 범죄에는 중한 형에 의하여 공소시효의 기간을 결정한다.
② 범인이 국외에서 범죄를 저지르고 형사처분을 면할 목적으로 국외에서 체류를 계속하는 경우에도 공소시효는 정지된다.
③ 공범 중 1인에 대해 약식명령이 확정된 후 그에 대한 정식재판청구권회복결정이 있었다고 하더라도 그 사이의 기간 동안에는 특별한 사정이 없는 한 다른 공범자에 대한 공소시효는 정지함이 없이 계속 진행한다.
④ 공소제기 후 공소장이 변경된 경우 변경된 공소사실에 대한 공소시효의 완성여부는 공소장 변경시점을 기준으로 판단하여야 한다.

> 해설

① 【 O 】 제250조
② 【 O 】 제253조
③ 【 O 】 대판 2012.3.29. 2011도15137
④ 【 X 】 공소장 변경이 있는 경우에 공소시효의 완성 여부는 당초의 공소제기가 있었던 시점을 기준으로 판단할 것이고 공소장 변경 시를 기준으로 삼을 것은 아니다(대판 2001.8.24. 2001도2902).

> 정답 ④

36. 공소시효에 관한 설명으로 가장 적절하지 않은 것은? (다툼이 있는 경우 판례에 의함)

25. 경찰승진

① 상상적 경합의 관계에 있는 「형법」상 사기죄와 변호사법 위반죄 중 변호사법 위반죄의 공소시효가 완성되었다고 하여 사기죄의 공소시효까지 완성되는 것은 아니다.
② 공소제기 후 피고인이 처벌을 면할 목적으로 국외에 있는 경우에도, 공소를 제기한 때로부터 일정 기간이 경과하면 공소시효가 완성된 것으로 간주한다고 규정한 「형사소송법」 제249조 제2항에서 정한 기간의 진행이 정지되지는 않는다.
③ 「형법」 제25조 제1항 미수범의 범죄행위는 행위를 종료하지 못하였거나 결과가 발생하지 아니하여 더 이상 범죄가 진행될 수 없는 때에 종료하고, 그때부터 미수범의 공소시효가 진행한다.
④ 인터넷 게시판에 명예훼손적 게시글을 게재한 경우 해당 게시글이 삭제되어 명예훼손 행위가 종료된 시점부터 공소시효가 진행한다.

① 【 O 】 1개의 행위가 여러 개의 죄에 해당하는 경우 형법 제40조는 이를 과형상 일죄로 처벌한다는 것에 지나지 아니하고, 공소시효를 적용함에 있어서는 각 죄마다 따로 따져야 할 것인바, 공무원이 취급하는 사건에 관하여 청탁 또는 알선을 할 의사와 능력이 없음에도 청탁 또는 알선을 한다고 기망하여 금품을 교부받은 경우에 성립하는 사기죄와 변호사법 위반죄는 상상적 경합의 관계에 있으므로, 변호사법 위반죄의 공소시효가 완성되었다고 하여 그 죄와 상상적 경합관계에 있는 사기죄의 공소시효까지 완성되는 것은 아니다(대판 2006.12.8. 2006도6356).
② 【 X 】 피고인이 형사처분을 면할 목적으로 국외에 있는 경우 그 기간 동안 제249조 제2항에 따른 기간(의제공소시효의 기간)의 진행은 정지된다(제253조 제4항).
③ 【 O 】 공소시효는 범죄행위가 종료한 때부터 진행한다(형사소송법 제252조 제1항). 미수범은 범죄의 실행에 착수하여 행위를 종료하지 못하였거나 결과가 발생하지 아니한 때에 처벌받게 되므로(형법 제25조 제1항), 미수범의 범죄행위는 행위를 종료하지 못하였거나 결과가 발생하지 아니하여 더 이상 범죄가 진행될 수 없는 때에 종료하고, 그때부터 미수범의 공소시효가 진행한다(대판 2017.7.11. 2016도14820).
④ 【 X 】 서적·신문 등 기존의 매체에 명예훼손적 내용의 글을 게시하는 경우에 그 게시행위로써 명예훼손의 범행은 종료하는 것이며 그 서적이나 신문을 회수하지 않는 동안 범행이 계속된다고 보지는 않는다는 점을 고려해 보면, 정보통신망을 이용한 명예훼손의 경우에, 게시행위 후에도 독자의 접근가능성이 기존의 매체에 비하여 좀 더 높다고 볼 여지가 있다 하더라도 그러한 정도의 차이만으로 정보통신망을 이용한 명예훼손의 경우에 범죄의 종료시기가 달라진다고 볼 수는 없다(대판 2007.10.25. 2006도346).
✔ 정보통신망을 이용한 명예훼손죄를 즉시범으로 파악하여 게재 시점부터 공소시효가 기산한다고 본 사례.

정답 ②, ④

최정훈 형사소송법
단원별 기출문제집

PART 05

공판

Chapter 01 공소의 제기와 법원의 심판대상
Chapter 02 공판절차
Chapter 03 증거
Chapter 04 재판

Chapter 01 공소의 제기와 법원의 심판대상

01 공소제기에 관한 다음 설명 중 가장 옳지 않은 것은? (다툼이 있는 경우 판례에 의함) 19. 법원직

① 검사의 기명날인 또는 서명이 없는 공소장 제출에 의한 공소의 제기는 법률의 규정에 위반하여 무효인 때에 해당한다. 다만, 공소를 제기한 검사가 공소장에 기명날인 또는 서명을 추완하는 등의 방법에 의하여 공소의 제기가 유효하게 될 수 있다.

② 공소를 제기할 때 공소장에 수 개의 범죄사실과 적용법조를 예비적 또는 택일적으로 기재할 수 있다함은 수 개의 범죄사실 상호간에 범죄사실의 동일성이 인정되는 범위 내에서만 범죄의 일시, 장소, 방법, 객체 등의 사실면의 어느 점에 있어 상위한 사실을 예비적 또는 택일적으로 기재할 수 있음을 규정한 것이다.

③ 검사가 공소사실의 일부인 범죄일람표를 전자문서로 작성한 다음 종이문서로 출력하지 않은 채 저장매체 자체를 서면인 공소장에 첨부하여 제출한 경우에는, 법원은 저장매체에 저장된 전자문서 부분을 제외하고, 서면에 기재된 부분에 한하여 적법하게 공소가 제기된 것으로 보아야 한다.

④ 단순일죄인 범죄사실에 대하여 공소취소로 인한 공소기각결정이 확정된 후에 종전의 범죄사실을 변경하여 재기소하기 위하여는 변경된 범죄사실에 대한 다른 중요한 증거가 발견되어야 한다.

[해설]

① **【 O 】** 대판 2012.9.27. 2010도17052
② **【 X 】** 형사소송법 제254조 제5항에 수 개의 범죄사실과 적용법조를 예비적 또는 택일적으로 기재할 수 있다함은 수 개의 범죄사실 간에 범죄사실의 동일성이 인정되는 범위 내에서는 물론 그들 범죄사실 상호간에 범죄의 일시, 장소, 수단 및 객체 등이 달라서 수 개의 범죄사실로 인정되는 경우에도 이들 수 개의 범죄사실을 예비적 또는 택일적으로 기재할 수 있다는 취지다(대판 1966.3.24. 65도114 전합).
③ **【 O 】** 대판 2016.12.15. 2015도3682
④ **【 O 】** 대판 2009.8.20. 2008도9634

정답 ②

02 공소제기의 효력에 대한 설명으로 옳지 않은 것은? (다툼이 있는 경우 판례에 의함)

20. 검찰 7급

① 법원이 재정신청서를 송부받은 날부터「형사소송법」제262조 제1항에서 정한 기간 안에 피의자에게 그 사실을 통지하지 아니한 채 공소제기결정을 하였더라도, 그에 따른 공소가 제기되어 본안사건의 절차가 개시된 후에는 다른 특별한 사정이 없는 한 본안사건에서 위와 같은 잘못을 다툴 수 없다.

② 검사가 자의적으로 공소권을 행사하여 피고인에게 실질적인 불이익을 줌으로써 소추재량권을 현저히 일탈하였다고 보여지는 경우에는 이를 공소권남용으로 보아 공소제기 효력을 부인할 수 있으며, 여기서 자의적인 공소권의 행사라고 함은 단순히 직무상의 과실에 의한 것만으로는 부족하고 적어도 미필적이나마 어떤 의도가 있어야 한다.

③ 상습범(선행범죄)으로 유죄확정판결을 받은 사람이 그 후 동일한 습벽에 의해 범행을 저질렀는데(후행범죄) 선행범죄의 유죄확정판결(재심대상판결)에 대하여 재심이 개시된 경우, 선행범죄와 후행범죄는 재심대상판결에 의하여 동일성이 없는 별개의 상습범이 되므로 선행범죄에 대한 공소제기의 효력은 후행범죄에 미치지 않는다.

④ 검사가 일단 상습사기죄(A)로 공소를 제기한 후 판결선고 전에 그 공소의 효력이 미치는 사기행위 일부를 별개의 독립된 상습사기죄(B)로 공소를 제기한 경우, B의 범행이 A의 범행 이후에 이루어진 것이라면 이중기소에 해당되지 않는다.

[해설]

① 【 O 】 대판 2017.3.9. 2013도16162
② 【 O 】 대판 2001.9.7. 2001도3206
③ 【 O 】 대판 2019.6.20. 2018도20698
④ 【 X 】 상습범에 있어서 공소제기의 효력은 공소가 제기된 범죄사실과 동일성이 인정되는 범죄사실 전체에 미치는 것이며, 또한 공소제기의 효력이 미치는 시적 범위는 사실심리의 가능성이 있는 최후의 시점인 판결선고시를 기준으로 삼아야 할 것이므로, 검사가 일단 상습사기죄로 공소제기한 후 그 공소의 효력이 미치는 위 기준시까지의 사기행위 일부를 별개의 독립된 상습사기죄로 공소제기를 함은 비록 그 공소사실이 먼저 공소제기를 한 상습사기의 범행 이후에 이루어진 사기 범행을 내용으로 한 것일지라도 공소가 제기된 동일사건에 대한 이중기소에 해당되어 허용될 수 없다(대판 1999.11.26. 99도3929).

정답 ④

03 공소제기에 관한 다음 설명 중 가장 옳은 것은? (다툼이 있는 경우 판례에 의함) 16. 법원직

① 방조범의 공소사실을 기재함에 있어서 그 전제가 되는 정범의 범죄구성을 충족하는 구체적 사실을 기재할 필요는 없다.
② 공소사실의 동일성이 인정되는 범위 내의 사실에 대하여 법원은 검사의 공소장기재 적용법조에 구애됨이 없이 직권으로 법률을 적용할 수 있다.
③ 공소장의 기재가 불명확한 경우 법원은 검사에게 공소사실 특정에 관하여 별도의 석명을 구함이 없이 공소사실의 불특정을 이유로 공소를 기각할 수 있다.
④ 공소는 검사가 피고인으로 지정한 자 뿐만 아니라 다른 공범자에게도 그 효력이 미친다.

해설

① 【 X 】 방조범의 공소사실에는 그 전제요건이 되는 정범의 범죄구성요건을 충족하는 구체적 사실을 기재해야 한다(대판 1982.2.23. 81도822).
② 【 O 】 심판이 청구된 범죄사실에 대한 적용법조의 판단은 수소법원의 전권사항이다. 따라서 적용법조의 기재에 오기가 있거나 그것이 누락된 경우라 할지라도 피고인의 방어권 행사에 실질적 불이익이 발생하는 경우가 아니라면 법원은 직권으로 법률을 적용할 수 있고, 실체판단에 들어가야 한다(대판 1976.11.23. 75도363).
③ 【 X 】 공소장의 기재가 불명확한 경우라고 구체적 사실의 기재가 있거나 명백한 증거가 존재하는 경우라면, 법원은 공소장불특정을 이유로 곧바로 공소기각판결을 선고해서는 안 된다. 형사소송규칙 제141조의 규정에 의하여 검사에게 석명을 구한 다음, 그래도 검사가 이를 명확하게 하지 않은 때에야 공소사실의 불특정을 이유로 공소기각판결을 선고해야 한다(대판 2006.5.11. 2004도5972).
④ 【 X 】 공소는 검사가 피고인으로 지정한 자에게만 효력이 있다(제248조 제1항).

정답 ②

04 공소제기에 대한 설명으로 옳지 않은 것은? (다툼이 있는 경우 판례에 의함) 16. 국가직

① 사기죄에 있어서 여러 사람의 피해자에 대하여 따로 기망행위를 하여 각각 재물을 편취한 경우, 범의가 단일하고 범행방법이 동일하다면 그 전체가 포괄일죄가 되므로 공소사실의 기재에 각 피해자와 피해자별 피해액을 특정하여야 하는 것은 아니다.
② 피의자가 다른 사람의 성명을 모용한 탓으로 공소장에 피모용자가 피고인으로 표시되었다 하더라도 이는 당사자의 표시상의 착오일 뿐이고, 검사는 모용자에 대하여 공소를 제기한 것이므로 모용자가 피고인이 되고 피모용자에게 공소의 효력이 미친다고는 할 수 없다.
③ "피고인은 2000.11.2.경부터 2001.7.2.경까지 사이에 인천 이하 불상지에서 향정신성의약품인 메스암페타민 불상량을 불상의 방법으로 수회 투약하였다."는 공소사실의 경우, 투약량은 물론 투약방법을 불상으로 기재하면서 그 투약의 일시와 장소마저 위와 같이 기재한 것만으로는 형사소송법 제254조 제4항의 요건에 맞는 구체적 사실의 기재라고 볼 수 없으므로, 이 부분 공소는 그 공소사실이 특정되었다고 할 수 없다.
④ 약식절차나 즉결심판절차에 있어서는 공소장일본주의가 적용되지 않는다.

해설

① 【 X 】 단일한 범의를 가지고 상대방을 기망하여 착오에 빠뜨리고 그로부터 동일한 방법에 의하여 여러 차례에 걸쳐 재물을 편취하면 그 전체가 포괄하여 일죄로 되지만, 여러 사람의 피해자에 대하여 따로 기망행위를 하여 각각 재물을 편취한 경우에는 비록 범의가 단일하고 범행방법이 동일하더라도 각 피해자의 피해법익은 독립한 것이므로 그 전체가 포괄일죄로 되지 아니하고 피해자별로 독립한 여러 개의 사기죄가 성립되고, 이러한 경우 그 공소사실은 각 피해자와 피해자별 피해액을 특정할 수 있도록 기재하여야 하는 것이다(대판 2004.7.22. 2004도2390).
② 【 O 】 대판 1997.11.28. 97도2215
③ 【 O 】 대판 2002.9.27. 2002도3194
④ 【 O 】 검사가 약식명령을 청구할 때에는 공소제기와 동시에 수사기록과 증거물을 법원에 제출하여야 한다(제449조). 따라서 약식명령의 청구에는 공소장일본주의가 적용되지 않는다. 또한 경찰서장이 즉결심판을 청구하는 때에도 즉결심판 청구와 동시에 수사기록과 증거물을 제출하여야 한다(즉결심판에 관한 절차법 제4조). 따라서 즉결심판청구에 있어서도 공소장일본주의가 적용되지 않는다.

정답 ①

05 검사의 공소제기에 대한 설명으로 옳은 것은? (다툼이 있는 경우 판례에 의함) 17. 국가직

① 공소장에 검사의 기명날인 또는 서명이 누락된 경우에는 공소제기가 무효이며, 검사가 공소장에 기명날인 또는 서명을 추완하더라도 유효하게 될 수 없다.
② 공소장일본주의에 위배된 공소제기는 무효이며, 공소장 기재 방식에 관하여 피고인 측으로부터 아무런 이의제기 없이 심리 및 증거조사가 마무리되어 법관의 심증형성이 이루어졌다하더라도 그 하자가 치유되는 것은 아니다.
③ 공소장부본 송달 등의 절차 없이 검사가 공판기일에 공소장의 형식적 요건을 갖추지 못한 공소장변경허가신청서로 공소장을 갈음한다고 구두 진술한 것만으로는 유효한 공소제기가 있다고 할 수 없고, 피고인과 변호인이 그에 대해 이의를 제기하지 않았다 하더라도 그 하자는 치유되지 않는다.
④ 본래 범의를 가지지 아니한 자에 대하여 수사기관이 사술이나 계략 등을 써서 범의를 유발케 하여 범죄인을 검거하는 함정수사는 위법하지만, 이러한 함정수사에 기한 공소제기까지 무효인 것은 아니다.

해설

① 【 X 】 형사소송법 제254조 제1항은 "공소를 제기함에는 공소장을 관할법원에 제출하여야 한다"고 정한다. 한편 형사소송법 제57조 제1항은 "공무원이 작성하는 서류에는 법률에 다른 규정이 없는 때에는 작성 연월일과 소속공무소를 기재하고 기명날인 또는 서명하여야 한다"고 정하고 있다. 여기서 '공무원이 작성하는 서류'에는 검사가 작성하는 공소장이 포함되므로, 검사의 기명날인 또는 서명이 없는 상태로 관할법원에 제출된 공소장은 형사소송법 제57조 제1항에 위반된 서류라 할 것이다. 그리고 이와 같이 법률이 정한 형식을 갖추지 못한 공소장 제출에 의한 공소의 제기는 특별한 사정이 없는 한 그 절차가 법률의 규정에 위반하여 무효인 때(제327조 제2호)에 해당한다. 다만 이 경우 공소를 제기한 검사가 공소장에 기명날인 또는 서명을 추완하는 등의 방법에 의하여 공소의 제기가 유효하게 될 수 있다(대판 2012.9.27. 2010도17052).
② 【 X 】 공소장일본주의에 위배된 공소제기라고 인정되는 때에는 그 절차가 법률의 규정을 위반하여 무효인 때에 해당하는 것으로 보아 공소기각의 판결을 선고하는 것이 원칙이다. 그러나 공소장 기재의 방식에 관하여 피고인측으로부터 아무런 이의가 제기되지 아니하였고 법원 역시 범죄사실의 실체를 파악하는 데 지장이 없다고 판단하여 그대로 공판절차를 진행한 결과 증거조사절차가 마무리되어 법관의 심증형성이 이루어진 단계에서는 소송절차의 동적 안정성 및 소송경제의 이념 등에 비추어 볼 때 이제는 더 이상 공소장일본주의 위배를 주장하여 이미 진행된 소송절차의 효력을 다툴 수는 없다고 보아야 한다(대판 2009.10.22. 2009도7436 전합).
③ 【 O 】 대판 2009.2.26. 2008도11813
④ 【 X 】 대판 2005.10.28. 2005도1247

정답 ③

06 공소제기에 대한 설명으로 옳지 않은 것은? (다툼이 있는 경우 판례에 의함)

17. 검찰 7급

① 포괄일죄의 일부를 구성하는 개개의 행위가 구체적으로 특정되지 아니하더라도 그 전체범행의 시기와 종기, 범행방법, 범행횟수나 피해액의 합계 및 피해자나 상대방 등을 공소장에 명시하면 이로써 그 범죄사실은 특정된다.
② 공소장에 공소장일본주의에 반하는 기재가 있는 경우 법원은 원칙적으로 공소기각의 판결을 선고하여야 한다.
③ 사람을 살해한 범죄(종범은 제외한다)로 사형에 해당하는 범죄에 대하여는 형사소송법의 공소시효에 관한 규정을 적용하지 아니한다.
④ 범인이 국외에서 범죄를 저지르고 형사처분을 면할 목적으로 국외에서 체류를 계속하는 경우는 공소시효의 정지사유인 '범인이 형사처분을 면할 목적으로 국외에 있는 경우'에 포함되지 않는다.

[해설]
① 【O】 대판 1990.6.26. 90도833
② 【O】 대판 2009.10.22. 2009도7436 전합
③ 【O】 제253조의2
④ 【X】 형사소송법 제253조 제3항이 정한 '범인이 형사처분을 면할 목적으로 국외에 있는 경우'는 범인이 국내에서 범죄를 저지르고 형사처분을 면할 목적으로 국외로 도피한 경우에 한정되지 아니하고, 범인이 국외에서 범죄를 저지르고 형사처분을 면할 목적으로 국외에서 체류를 계속하는 경우도 포함된다(대판 2015.6.24. 2015도5916).

[정답] ④

07 검사 A는 공소사실의 일부가 되는 범죄일람표를 컴퓨터 프로그램을 통하여 열어보거나 출력할 수 있는 전자적 형태의 문서로 작성한 후, 종이문서로 출력하여 제출하지 아니하고 전자적 형태의 문서가 저장된 저장매체 자체를 서면인 공소장에 첨부하여 제출하였다. 이에 대한 설명으로 옳고 그름의 표시(○, ×)가 바르게 된 것은? (다툼이 있는 경우 판례에 의함)

18. 경찰채용 1차

> ⊙ 서면인 공소장에 기재된 부분에 한하여 공소가 제기된 것으로 볼 수 있을 뿐이고, ⓒ 저장매체에 저장된 전자적 형태의 문서 부분까지 공소가 제기된 것이라고 할 수는 없다. ⓒ 이러한 형태의 공소제기를 허용하는 별도의 규정이 없을 뿐만 아니라, 저장매체나 전자적 형태의 문서를 공소장의 일부로서의 '서면'으로 볼 수도 없기 때문이다. ㉣ 이는 전자적 형태의 문서의 양이 방대하여 그와 같은 방식의 공소제기를 허용해야 할 현실적인 필요가 있다거나 피고인과 변호인이 이의를 제기하지 않고 변론에 응하였다고 하여 달리 볼 것도 아니다.

① ⊙ ○ ⓒ ○ ⓒ ○ ㉣ ○
② ⊙ ○ ⓒ × ⓒ ○ ㉣ ×
③ ⊙ × ⓒ ○ ⓒ × ㉣ ○
④ ⊙ × ⓒ × ⓒ ○ ㉣ ×

[해설]
설문은 대판 2016.12.15. 2015도3682의 내용에 관한 것으로 모두 옳은 내용이다.

[정답] ①

08 공소제기에 대한 설명으로 옳은 것은? (다툼이 있는 경우 판례에 의함)   18. 국가직

① 현행법은 기소편의주의를 취하고 있기 때문에 설사 검사가 고의로 공소권을 남용해서 피고인에게 실질적인 불이익을 주더라도 공소제기의 효력을 부인할 수는 없다.
② 수소법원은 늦어도 제1회 공판기일 전 5일까지는 피고인 또는 변호인에게 공소장 부본을 송달하여야 한다.
③ 검사가 기명날인만 있고 자필서명이 없는 공소장을 법원에 제출한 경우, 공소를 제기한 검사가 제1심의 제1회 공판기일에 공판검사로 출석해서 기소요지를 진술하고 공소장에 서명을 추가하더라도 이러한 공소제기는 무효이다.
④ 동일한 사건에 대해 동일한 법원에 이중으로 공소가 제기된 때에는 법원으로서는 후소에 대해 공소기각의 결정을 하여야 한다.

[해설]

① 【 X 】 검사가 자의적으로 공소권을 행사하여 피고인에게 실질적인 불이익을 줌으로써 소추재량권을 현저히 일탈하였다고 보여지는 경우에 이를 공소권의 남용으로 보아 공소제기의 효력을 부인할 수 있는 것이다(대판 2001.9.7. 2001도3026).
② 【 O 】 제266조
③ 【 X 】 공소장에 대하여도 형사소송법(2007.6.1. 법률 제8496호로 개정되기 전의 것) 제57조, 형사소송규칙 제40조가 적용되어 서명·날인을 기명날인으로 갈음할 수 있는 것으로 보아야 하므로 검사의 기명날인이 된 공소장이 법률이 정한 형식을 갖추지 못한 것으로 볼 수 없을 뿐만 아니라, 위 공소장이 통상적인 경우와는 달리 기명 및 서명·날인이 아닌 기명날인만 된 채 제1심법원에 제출되었더라도 공소제기 검사가 제1심의 제1회 공판기일에 공판검사로 출석하여 기소요지를 진술하고 기명날인이 된 공소장에 서명을 추가함으로써 그 공소제기의 의사를 명확히 하였다면 위 공소의 제기는 위 검사의 의사에 의하여 적법하게 이루어진 것으로 인정된다(대판 2007.10.25. 2007도4961).
④ 【 X 】 동일한 사건에 대해 동일한 법원에 이중으로 공소가 제기된 때에는 법원으로서는 후소에 대해 공소기각의 판결을 하여야 한다(제327조 제3호).

정답 ②

09 공소제기와 관련된 다음 설명 중 가장 옳지 않은 것은? (다툼이 있는 경우 판례에 의함)   18. 법원직

① 공소장에의 공소사실 기재는 범죄의 일시는 이중기소나 시효에 저촉되지 않을 정도로, 장소는 토지관할을 가늠할 수 있을 정도로, 방법에 있어서는 범죄구성요건을 밝히는 정도로 기재하면 족하다.
② 공소제기의 취지가 오해를 불러일으키거나 명료하지 못한 경우라면 법원은 검사에 대하여 석명권을 행사하여 그 취지를 명확하게 하여야 한다.
③ 공소장일본주의에 위배된 공소제기는 그 절차가 법률의 규정에 위반하여 무효인 때에 해당하므로 증거조사 절차가 마무리되어 법관의 심증형성이 이루어진 단계라도 피고인 측에서는 공소장일본주의의 위배를 주장하여 이미 진행된 소송절차의 효력을 다툴 수 있다.
④ 공소장에 기재된 적용법조에 오기·누락이 있거나 적용법조에 해당하는 구성요건이 충족되지 않을 경우 법원은 공소사실의 동일성이 인정되는 범위 내로서 피고인의 방어에 실질적인 불이익을 주지 않는 한도에서 공소장 변경의 절차를 거침이 없이 직권으로 공소장 기재와 다른 법조를 적용할 수 있다.

[해설]
① 【O】 대판 1992.9.14. 92도1532
② 【O】 대판 2015.12.23. 2014도2727
③ 【X】 공소장일본주의에 위배된 공소제기라고 인정되는 때에는 그 절차가 법률의 규정을 위반하여 무효인 때에 해당하는 것으로 보아 공소기각의 판결을 선고하는 것이 원칙이다. 그러나 공소장 기재의 방식에 관하여 피고인측으로부터 아무런 이의가 제기되지 아니하였고 법원 역시 범죄사실의 실체를 파악하는 데 지장이 없다고 판단하여 그대로 공판절차를 진행한 결과 증거조사절차가 마무리되어 법관의 심증형성이 이루어진 단계에서는 소송절차의 동적 안정성 및 소송경제의 이념 등에 비추어 볼 때 이제는 더 이상 공소장일본주의 위배를 주장하여 이미 진행된 소송절차의 효력을 다툴 수는 없다고 보아야 한다(대판 2009.10.22. 2009도7436 전합).
④ 【O】 대판 2015.11.12. 2015도12372

정답 ③

10 공소제기에 대한 설명으로 옳지 않은 것은? (다툼이 있는 경우 판례에 의함)   19. 국가직

① 약식명령에 대한 정식재판청구가 제기되었음에도 법원이 증거서류 및 증거물을 검사에게 반환하지 않고 보관하고 있다고 하여 그 이전에 이미 적법하게 제기된 공소제기의 절차가 위법하게 된다고 할 수 없다.
② 포괄일죄에서 공소장변경 허가 여부를 결정할 때는 포괄일죄를 구성하는 개개 공소사실별로 종전 것과의 동일성 여부를 판단하여야 한다.
③ 살인, 방화 등의 경우 범죄의 직접적인 동기 또는 공소범죄사실과 밀접불가분의 관계에 있는 동기를 공소사실에 기재하는 것이 공소장일본주의 위반이 아님은 명백하고, 설사 범죄의 직접적인 동기가 아닌 경우에도 동기의 기재는 공소장의 효력에 영향을 미치지 아니한다.
④ 불특정 다수 인터넷 이용자들의 컴퓨터에 자신들의 프로그램을 설치하여 경쟁업체 프로그램이 정상적으로 사용되거나 설치되지 못하도록 함으로써 인터넷 이용자들의 인터넷 이용에 관한 업무를 방해하였다고 하여 '컴퓨터등장애업무방해'로 기소된 경우, 공소장 기재만으로는 업무 주체인 구체적인 피해자와 방해된 업무 내용을 알 수 없는 때는 공소사실이 특정되지 않은 것이다.

해설

① 【 O 】 대판 2007.7.26. 2007도3906
② 【 X 】 포괄일죄에서는 공소장변경을 통한 종전 공소사실의 철회 및 새로운 공소사실의 추가가 가능한 점에 비추어 그 공소장변경 허가 여부를 결정할 때는 포괄일죄를 구성하는 개개 공소사실별로 종전 것과의 동일성 여부를 따지기보다는 변경된 공소사실이 전체적으로 포괄일죄의 범주 내에 있는지 여부, 즉 단일하고 계속된 범의하에 동종의 범행을 반복하여 행하고 그 피해법익도 동일한 경우에 해당한다고 볼 수 있는지 여부에 초점을 맞추어야 한다(대판 2018.10.25. 2018도9810).
③ 【 O 】 대판 2007.5.11. 2007도748
④ 【 O 】 대판 2011.5.13. 2008도10116

정답 ②

11 공소장 기재사항 등에 대한 설명으로 옳지 않은 것은? (다툼이 있는 경우 판례에 의함) 18. 국가직

① 포괄일죄의 공소장을 기재함에 있어서 검사는 그 전체범죄의 시기와 종기, 범행방법, 범행횟수 또는 피해액의 합계 및 피해자나 상대방을 기재하는 것으로 족하지 않고 포괄일죄를 이루는 개개의 범죄사실이 모두 특정되도록 기재하여야 한다.
② 동일한 사실관계에 대하여 양립할 수 없는 적용법조의 적용을 주위적·예비적으로 구하는 사안에서 예비적 공소사실만 유죄로 인정되고 그 부분에 대하여 피고인만이 상소한 경우, 주위적 공소사실까지 상소심의 심판대상에 포함된다.
③ 공소장 적용법조의 기재에 오기나 누락이 있는 경우라 할지라도 이로 인하여 피고인의 방어에 실질적인 불이익을 주지 않는 한, 공소제기의 효력에는 영향이 없고 법원으로서도 공소장변경의 절차를 거치지 않고 공소장에 기재되어 있지 않은 법조를 적용할 수 있다.
④ 현행법규는 공소장일본주의에도 불구하고 공소장에 변호인선임서, 긴급체포서, 구속영장 등의 서류를 첨부하도록 하고 있다.

해설

① 【 X 】 포괄일죄에 있어서는 그 일죄의 일부를 구성하는 개개의 행위에 대하여 구체적으로 특정되지 아니하더라도 그 전체 범행의 시기와 종기, 범행방법, 범행횟수 또는 피해액의 합계 및 피해자나 상대방을 명시하면 이로써 그 범죄사실은 특정되는 것이므로 포괄일죄인 절도의 공소사실에 관하여 그 범행의 모든 피해자 성명이 명시되지 아니하였다 하여 범죄사실이 특정되지 아니하였다고 볼 수 없는 것이다(대판 1992.9.14. 92도1532).
② 【 O 】 대판 2006.5.25. 2006도1146
③ 【 O 】 대판 2006.4.14. 2005도9743
④ 【 O 】 형사소송규칙 제118조 제1항

정답 ①

12 공소제기에 대한 설명으로 가장 적절하지 않은 것은? (다툼이 있는 경우 판례에 의함)   18. 경찰채용 3차

① 甲과 공범관계로 기소된 乙에게 범죄의 증명이 없다는 이유로 무죄의 확정판결이 선고된 경우, 乙에 대하여 제기된 공소는 甲에 대하여도 공소시효정지의 효력이 있다.
② 피의자 甲이 乙의 성명을 모용하여 공소장에 乙이 피고인으로 표시되었더라도 공소제기의 효력은 모용자인 甲에게 미친다.
③ 검사는 수 개의 범죄사실간에 범죄사실의 동일성이 인정되는 범위 내에서는 물론 그들 범죄사실 상호간에 범죄의 일시, 장소, 수단 및 객체 등이 달라서 수 개의 범죄사실로 인정되는 경우에도 수 개의 범죄사실을 예비적 또는 택일적으로 기재할 수 있다.
④ 검사가 공소사실의 일부인 범죄일람표를 컴퓨터 프로그램을 통하여 열어보거나 출력할 수 있는 전자적 형태의 문서로 작성한 다음 종이문서로 출력하지 않은 채 저장매체 자체를 서면인 공소장에 첨부하여 제출한 경우, 법원은 저장매체에 저장된 전자문서 부분을 제외하고 서면인 공소장에 기재된 부분만으로 공소사실을 판단하여야 한다.

[해설]

① 【 X 】 공범의 1인으로 기소된 자가 구성요건에 해당하는 위법행위를 공동으로 하였다고 인정되기는 하나 책임조각을 이유로 무죄로 되는 경우와는 달리 범죄의 증명이 없다는 이유로 공범 중 1인이 무죄의 확정판결을 선고받은 경우에는 그를 공범이라고 할 수 없어 그에 대하여 제기된 공소로써는 진범에 대한 공소시효정지의 효력이 없다(대판 1999.3.9. 98도4621).
② 【 O 】 대판 1997.11.28. 97도2215
③ 【 O 】 대판 1966.3.24. 65도114 전합
④ 【 O 】 대판 2016.12.15. 2015도3682

정답 ①

---

13 공소제기에 대한 설명으로 옳지 않은 것은? (다툼이 있는 경우 판례에 의함)   21. 국가직 7급

① 검사가 절도죄에 관하여 일단 기소유예의 처분을 한 것을 그 후 다시 재기하여 기소하였다 하여도 기소의 효력에 아무런 영향이 없는 것이고, 법원이 그 기소사실에 대하여 유죄판결을 선고하였다 하여 그것이 일사부재리의 원칙에 반하는 것은 아니다.
② 검사의 기명날인 또는 서명이 없는 상태로 관할법원에 제출된 공소장에 의한 공소제기는 특별한 사정이 없는 한 그 절차가 법률의 규정에 위반하여 무효인 때에 해당하지만, 공소를 제기한 검사가 공소장에 기명날인 또는 서명을 추완하는 등의 방법에 의하여 공소제기가 유효하게 될 수 있다.
③ 하나의 행위가 여러 범죄의 구성요건을 동시에 충족하는 경우 공소제기권자는 자의적으로 공소권을 행사하여 소추재량을 현저히 벗어났다는 등의 특별한 사정이 없는 한, 증명의 난이 등 여러 사정을 고려하여 그중 일부 범죄에 관해서만 공소를 제기할 수도 있다.
④ 포괄일죄와 같이 공소범죄의 특성에 비추어 개괄적인 기재가 불가피한 경우에는 사실상 피고인의 방어권 행사에 지장을 가져오는 경우에도 구체적인 기재가 있는 공소장이라고 할 수 있다.

해설

① 【 O 】 대판 1966.12.29. 66도1416
② 【 O 】 대판 2012.9.27. 2010도17052
③ 【 O 】 대판 1999.11.26. 99도1904
④ 【 X 】 포괄일죄에 있어서는 그 일죄의 일부를 구성하는 개개의 행위에 대하여 구체적으로 특정되지 아니하더라도 그 전체 범행의 시기와 종기, 범행방법, 피해자나 상대방, 범행횟수나 피해액의 합계 등을 명시하면 이로써 그 범죄사실은 특정되는 것이라고 할 것이나, 비록 공소범죄의 특성에 비추어 개괄적인 기재가 불가피한 경우가 있다 하더라도, 사실상 피고인의 방어권행사에 지장을 가져오는 경우에는 형사소송법 제254조 제4항에서 정하고 있는 구체적인 범죄사실의 기재가 있는 공소장이라고 할 수 없다(대판 2017.2.21. 2016도19186).

정답 ④

14 공소제기에 대한 설명으로 옳은 것만을 모두 고르면? (다툼이 있는 경우 판례에 의함)

19. 검찰 7급

㉠ 포괄일죄에 대한 공소사실의 기재에 있어서는 그 일죄의 일부를 구성하는 개개의 행위가 구체적으로 특정되지 않으면 그 전체 범행의 시기와 종기, 범행방법, 피해자나 상대방, 범행횟수나 피해액의 합계 등을 명시하더라도 범죄사실이 특정된 것으로 볼 수는 없다.
㉡ 불고불리의 원칙상 검사의 공소제기가 없으면 법원이 심판할 수 없고, 법원은 검사가 공소제기한 사건에 한하여 심판하여야 한다.
㉢ 포괄일죄인 영업범으로 공소제기된 A범죄사실과 동일성이 인정되는 B범죄사실이 추가로 발견되었고, A, B범죄 사이에 이들과 동일성이 인정되는 C범죄사실에 대한 유죄의 확정판결이 있는 경우, 검사는 공소장변경절차에 의해 B범죄사실을 공소사실로 추가할 수 있다.
㉣ 검사가 전자문서가 저장된 저장매체를 첨부하여 공소를 제기한 경우, 법원은 저장매체에 저장된 전자문서 부분을 제외하고 서면인 공소장에 기재된 부분만으로 공소사실을 판단하여야 한다.

① ㉠, ㉢   ② ㉡, ㉣   ③ ㉠, ㉢, ㉣   ④ ㉡, ㉢, ㉣

해설

㉠ 【 X 】 포괄일죄의 경우 일죄의 일부를 구성하는 개개의 행위에 대하여 구체적으로 특정되지 아니하더라도 그 전체 범행의 시기와 종기, 범행방법, 범행횟수, 또는 피해액의 합계 및 피해자나 상대방을 명시하면 이로써 그 범죄사실은 특정되었다고 할 것이다(대판 1990.6.22. 90도833).
㉡ 【 O 】 탄핵주의를 취하는 형사소송법에서는 심판대상의 설정을 검사의 고유권한으로 두고 있다(제246조). 따라서 검사가 심판대상으로 제시하지 않은 사실을 인정하는 것은 불고불리의 원칙에 위배된다.
㉢ 【 X 】 포괄일죄인 영업범에서 공소제기 된 범죄사실과 추가로 발견된 범죄사실 사이에 그 범죄사실들과 동일성이 인정되는 또 다른 범죄사실에 대한 유죄의 확정판결이 있는 때에는, 추가로 발견된 확정판결 후의 범죄사실은 공소제기된 범죄사실과 분단되어 동일성이 없는 별개의 범죄가 되므로, 검사는 공소장변경절차에 의하여 확정판결 후의 범죄사실을 공소사실로 추가할 수는 없다(대판 2017.4.28. 2016도21342).
㉣ 【 O 】 대판 2016.12.15. 2015도3682

정답 ②

15. 공소제기에 대한 설명으로 옳지 않은 것은? (다툼이 있는 경우 판례에 의함)   21. 국가직 7급

① 검사가 절도죄에 관하여 일단 기소유예의 처분을 한 것을 그 후 다시 재기하여 기소하였다 하여도 기소의 효력에 아무런 영향이 없는 것이고, 법원이 그 기소사실에 대하여 유죄판결을 선고하였다 하여 그것이 일사부재리의 원칙에 반하는 것은 아니다.

② 검사의 기명날인 또는 서명이 없는 상태로 관할법원에 제출된 공소장에 의한 공소제기는 특별한 사정이 없는 한 그 절차가 법률의 규정에 위반하여 무효인 때에 해당하지만, 공소를 제기한 검사가 공소장에 기명날인 또는 서명을 추완하는 등의 방법에 의하여 공소제기가 유효하게 될 수 있다.

③ 하나의 행위가 여러 범죄의 구성요건을 동시에 충족하는 경우 공소제기권자는 자의적으로 공소권을 행사하여 소추재량을 현저히 벗어났다는 등의 특별한 사정이 없는 한, 증명의 난이 등 여러 사정을 고려하여 그중 일부 범죄에 관해서만 공소를 제기할 수도 있다.

④ 포괄일죄와 같이 공소범죄의 특성에 비추어 개괄적인 기재가 불가피한 경우에는 사실상 피고인의 방어권 행사에 지장을 가져오는 경우에도 구체적인 기재가 있는 공소장이라고 할 수 있다.

해설

① 【 O 】 대판 1966.12.29. 66도1416
② 【 O 】 대판 2012.9.27. 2010도17052
③ 【 O 】 대판 1999.11.26. 99도1904
④ 【 X 】 포괄일죄에 있어서는 그 일죄의 일부를 구성하는 개개의 행위에 대하여 구체적으로 특정되지 아니하더라도 그 전체 범행의 시기와 종기, 범행방법, 피해자나 상대방, 범행횟수나 피해액의 합계 등을 명시하면 이로써 그 범죄사실은 특정되는 것이라고 할 것이나, 비록 공소범죄의 특성에 비추어 개괄적인 기재가 불가피한 경우가 있다 하더라도, 사실상 피고인의 방어권행사에 지장을 가져오는 경우에는 형사소송법 제254조 제4항에서 정하고 있는 구체적인 범죄사실의 기재가 있는 공소장이라고 할 수 없다(대판 2017.2.21. 2016도19186).

정답 ④

16. 공소제기에 대한 설명으로 옳지 않은 것은?   23. 국가직

① 형사소송법 제254조 제3항은 공소장에 동항 소정의 사항들을 필요적으로 기재하도록 한 규정에 불과하고 그 이외의 사항의 기재를 금지하고 있는 규정이 아니므로, 공소시효가 완성된 범죄사실을 공소범죄사실 이외의 사실로 기재한 공소장은 위 규정에 위배된다고 볼 수 없다.

② 세무서장 등의 고발을 공소제기의 요건으로 하는 조세범 처벌법 위반사건에 대해 수사기관이 고발에 앞서 수사를 하고 구속영장을 발부받은 후 검찰의 요청에 따라 세무서장이 고발조치를 한 경우, 그 고발이 있은 후에 공소제기가 있었다면 공소제기의 절차가 법률의 규정에 위반하여 무효라고 할 수 없다.

③ 검사가 자의적으로 공소권을 행사하여 피고인에게 실질적인 불이익을 줌으로써 소추재량권을 현저히 일탈한 경우에는 이를 공소권의 남용으로 보아 공소제기의 효력을 부인할 수 있고, 여기서 '자의적인 공소권의 행사'란 단순히 직무상의 과실에 의한 것만으로는 부족하고 적어도 미필적이나마 어떤 의도가 있어야 한다.

④ 공소제기된 사건에 대하여 불법연행, 불법구금 또는 구금장소의 임의적 변경의 위법사유가 있으면 그 위법한 절차에 의하여 수집된 증거가 배제되는 것은 물론, 공소제기의 절차 자체가 위법하여 무효인 경우에 해당한다.

해설

① 【O】 대판 1983.11.8. 83도1979
② 【O】 대판 1995.3.10. 94도3373
③ 【O】 대판 1999.12.10. 99도577
④ 【X】 불법구금, 구금장소의 임의적 변경 등의 위법사유가 있다고 하더라도 그 위법한 절차에 의하여 수집된 증거를 배제할 이유는 될지언정 공소제기의 절차 자체가 위법하여 무효인 경우에 해당한다고 볼 수 없다(대판 1996.5.14. 96도561).

정답 ④

17 공소사실의 특정에 대한 설명으로 옳지 않은 것은? (다툼이 있는 경우 판례에 의함) 20. 국가직

① 약속어음거래에서 백지식 배서나 교부에 의한 양도를 한 경우라도 위조유가증권행사죄의 범죄사실에 어음거래의 상대방이나 이로 인한 피해자가 성명불상자로만 표시되어 있다면 공소사실의 특정은 인정되지 않는다.
② 사문서변조의 공소사실에 변조행위의 일시·장소와 방법, 변조의 실행행위자 등이 기재되지 않은 경우라면 공소사실의 특정은 인정되지 않는다.
③ 저작재산권 침해행위에 관한 공소사실에 침해대상인 저작물 및 침해방법의 종류, 형태 등 침해행위의 내용이 명확하게 기재되어 있어 피고인의 방어권 행사에 지장이 없는 정도라면 각 저작물의 저작재산권자가 누구인지 특정되지 않더라도 공소사실의 특정은 인정될 수 있다.
④ 교사범이나 방조범의 경우에는 교사나 방조의 사실뿐만 아니라 정범의 범죄구성을 충족하는 구체적 사실을 공소장에 기재하여야 한다.

해설

① 【X】 약속어음거래의 백지식 배서나 교부에 의한 양도도 지명채권양도로서 효력이 있다(대판 1987.6.9. 86다카2079). 배서인을 기재하지 않는 백지식 배서 혹은 단순교부에 의한 거래의 특성상 어음거래의 상대방이 배서에 의해 기재되지 아니하므로 검사로서는 어음거래의 상대방을 특정하기가 곤란할 수밖에 없다. 다만, 어음의 배서인이나 발행인은 배서인과 발행인으로서 합동하여 책임을 지는바(어음법 제47조 제1항), 위조유가증권행사에 있어 배서인과 발행인이 피해자가 될 수밖에 없다. 그렇다면, 약속어음거래에서 백지식 배서나 교부에 의한 양도를 한 경우라도 위조유가증권행사죄의 범죄사실에 어음거래의 상대방이나 이로 인한 피해자가 성명불상자로만 표시되어 있다하더라도 공소사실은 특정되어 있다고 볼 것이다.
② 【O】 대판 2009.1.15. 2008도9327
③ 【O】 대판 2016.12.15. 2014도1196
④ 【O】 대판 1981.11.24. 81도2422

정답 ①

18 공소장의 기재사항에 대한 설명으로 가장 적절하지 않은 것은? (다툼이 있는 경우 판례에 의함)

20. 경찰채용 2차

① 저작재산권 침해행위에 관한 공소사실의 특정은 침해 대상인 저작물 및 침해 방법의 종류, 형태 등 침해행위의 내용이 명확하게 기재되어 있다 하더라도 그 저작물의 저작재산권자가 누구인지 특정되어 있지 않다면 공소사실이 특정되었다고 볼 수 없다.
② 방조범의 공소사실을 기재함에 있어서는 방조사실뿐만 아니라 그 전제가 되는 정범의 범죄구성을 충족하는 구체적 사실까지 기재하여야 한다.
③ 유가증권 변조 여부가 문제된 사건에서 그 변조된 유가증권이 압수되어 현존하고 있다면 범행장소와 방법이 "서울 불상지", "불상의 방법으로 수취인의 기재를 삭제"와 같이 개괄적으로 기재되었더라도 그 공소제기는 위법하지 아니하다.
④ 검사의 기명날인 또는 서명이 없는 공소장에 의한 공소제기는 무효이나, 검사가 공소장에 기명날인 또는 서명을 추완하는 방법으로 공소제기가 유효하게 될 수 있다.

[해 설]

① 【 X 】 구 저작권법(2011.12.2. 법률 제11110호로 개정되기 전의 것, 이하 같다) 제136조 제1항은 '저작재산권을 복제·공연·공중송신·전시·배포·대여·2차적 저작물 작성의 방법으로 침해'한 행위를 처벌대상으로 규정하고 있다. 그런데 저작재산권은 특허권 등과 달리 권리의 발생에 반드시 등록을 필요로 하지 않기 때문에 등록번호 등으로 특정할 수 없는 경우가 많고, 저작재산권자가 같더라도 저작물별로 각 별개의 죄가 성립하는 점, 그리고 2006.12.28. 법률 제8101호로 전부 개정된 구 저작권법이 영리를 위하여 상습적으로 한 저작재산권 침해행위를 비친고죄로 개정한 점 등을 고려해 보면, 저작재산권 침해행위에 관한 공소사실의 특정은 침해 대상인 저작물 및 침해 방법의 종류, 형태 등 침해행위의 내용이 명확하게 기재되어 있어 피고인의 방어권 행사에 지장이 없는 정도이면 되고, 각 저작물의 저작재산권자가 누구인지 특정되어 있지 않다고 하여 공소사실이 특정되지 않았다고 볼 것은 아니다(대판 2016.12.15. 2014도1196).
② 【 O 】 대판 1982.2.23. 81도822
③ 【 O 】 대판 2008.3.27. 2007도11000
④ 【 O 】 대판 2012.9.27. 2010도17052

정답 ①

19 공소장일본주의에 대한 설명 중 가장 적절하지 않은 것은? (다툼이 있는 경우 판례에 의함)

18. 경찰승진

① 살인, 방화 등의 경우 범죄의 직접적인 동기 또는 공소범죄사실과 밀접불가분의 관계에 있는 동기를 공소사실에 기재하는 것은 공소장일본주의 위반이 아님이 명백하고, 설사 범죄의 직접적인 동기가 아닌 경우에도 동기의 기재는 공소장의 효력에 영향을 미치지 아니한다.
② 공소장일본주의에 위배된 공소제기라고 인정되는 때에는 그 절차가 법률의 규정에 위반하여 무효인 때에 해당하는 것으로 보아 공소기각의 판결을 선고하는 것이 원칙이다.
③ 공소장일본주의를 위반한 공소제기는 법률의 규정에 위배된 것으로서 치유될 수 없는 것이므로 공소제기 후 공판절차가 진행되어 법관의 심증형성이 이루어진 단계에서도 공소장일본주의 위배를 주장하여 이미 진행된 소송절차의 효력을 다툴 수 있다.
④ 약식명령의 청구와 동시에 증거서류 및 증거물이 법원에 제출되었다 하여 공소장일본주의를 위반하였다 할 수 없고, 그 후 약식명령에 대한 정식재판청구가 제기되었음에도 법원이 증거서류 및 증거물을 검사에게 반환하지 않고 보관하고 있다고 하여 그 이전에 이미 적법하게 제기된 공소제기의 절차가 위법하게 된다고 할 수도 없다.

[해설]
① 【 O 】 대판 2007.5.11. 2007도748
② 【 O 】 대판 2009.10.22. 2009도7436 전합
③ 【 X 】 공소장 기재의 방식에 관하여 피고인측으로부터 아무런 이의가 제기되지 아니하였고 법원 역시 범죄사실의 실체를 파악하는 데 지장이 없다고 판단하여 그대로 공판절차를 진행한 결과 증거조사절차가 마무리되어 법관의 심증형성이 이루어진 단계에서는 소송절차의 동적 안정성 및 소송경제의 이념 등에 비추어 볼 때 이제는 더 이상 공소장일본주의 위배를 주장하여 이미 진행된 소송절차의 효력을 다툴 수는 없다고 보아야 한다(대판 2009.10.22. 2009도7436 전합).
④ 【 O 】 대판 2007.7.26. 2007도3906

정답 ③

20. 공소장일본주의에 관한 다음 설명 중 가장 옳지 않은 것은? (다툼이 있는 경우 판례에 의함) 20. 법원직

① 검사가 공소를 제기할 때에는 원칙적으로 공소장 하나만을 제출하여야 하고 그 밖에 사건에 관하여 법원에 예단을 생기게 할 수 있는 서류 기타 물건을 첨부하거나 그 내용을 인용하여서는 안된다.
② 공소장에 법령이 요구하는 사항 외의 사실로서 법원에 예단이 생기게 할 수 있는 사유를 나열하는 것이 허용되지 않는다는 것도 이른바 '기타 사실의 기재 금지'로서 공소장일본주의의 내용에 포함된다.
③ 공소장일본주의에 위배된 공소제기라고 인정되는 때에는, 그 절차가 법률의 규정에 위반하여 무효인 때에 해당하는 것으로 보아 공소기각의 판결을 선고하는 것이 원칙이다.
④ 공소장일본주의는 즉결심판절차에서는 배제되지만, 피고인이 즉결심판에 대하여 정식재판을 청구하는 경우에는 적용된다.

[해설]
① 【 O 】 규칙 제118조 제2항
② 【 O 】 대판 2014.8.20. 2011도468
③ 【 O 】 대판 2009.10.22. 2009도7436 전합
④ 【 X 】 즉결심판에 관한 절차법이 즉결심판의 청구와 동시에 판사에게 증거서류 및 증거물을 제출하도록 한 것은 즉결심판이 범증이 명백하고 죄질이 경미한 범죄사건을 신속·적정하게 심판하기 위한 입법적 고려에서 공소장일본주의가 배제되도록 한 것이라고 보아야 한다.
또한 피고인이 즉결심판에 대하여 정식재판을 청구한 경우 판사는 정식재판청구서를 받은 날부터 7일 이내에 경찰서장에게 정식재판청구서를 첨부한 사건기록과 증거물을 송부하고, 경찰서장은 지체 없이 관할 지방검찰청 또는 지청의 장에게 이를 송부하여야 하며, 관할 지방검찰청 또는 지청의 장은 지체 없이 관할 법원에 이를 송부하여야 한다(즉결심판에 관한 절차법 제14조 제3항). 이에 따라 법원은 즉결심판에 대한 정식재판의 청구가 적법한 때에는 공판절차에 의하여 심판하여야 하는바(같은 법 제14조 제4항, 형사소송법 제455조 제3항), 위 규정에 따라 정식재판청구에 의한 제1회 공판기일 전에 사건기록 및 증거물이 경찰서장, 관할 지방검찰청 또는 지청의 장을 거쳐 관할 법원에 송부된다고 하여 그 이전에 이미 적법하게 제기된 경찰서장의 즉결심판청구의 절차가 위법하게 된다고 볼 수 없고, 그 과정에서 정식재판이 청구된 이후에 작성된 피해자에 대한 진술조서 등이 사건기록에 편철되어 송부되었다고 하더라도 달리 볼 것은 아니다(대판 2011.1.27. 2008도7375).

정답 ④

21 〈보기 A〉에서 공소사실의 동일성 판단기준에 관한 판례의 입장을 고르고, 이러한 판례의 입장에 의해 공소사실의 동일성을 인정할 수 없는 경우를 〈보기 B〉에서 찾아 바르게 연결한 것은?

20. 경찰채용 1차

─〈보기 A〉─
㉠ 제1설: 공소사실은 자연적 사실이 아니라 구성요건의 유형적 본질인 죄질에 의한 사실관계의 파악이므로 죄질이 동일한 경우에만 공소사실의 동일성이 인정된다.
㉡ 제2설: 공소사실의 동일성은 그 사실의 기초가 되는 사회적 사실관계가 기본적인 점에서 동일하면 그대로 유지되는 것이며, 기본적 사실관계의 동일성을 판단함에 있어서는 사회적인 사실관계를 기본으로 하되 규범적 요소도 고려하여야 한다.
㉢ 제3설: 비교되는 두 사실이 구성요건적으로 상당한 정도 부합하는 때에는 공소사실의 동일성이 인정되고, 이 때 양 구성요건이 죄질을 같이 하거나 공통된 특징을 가질 것을 요구하지 않는다.

─〈보기 B〉─
ⓐ '피고인은 1999.5. 일자 불상 04시경 피해자와 전화통화 중 다른 남자와의 관계를 아들에게 폭로하겠다고 말하여 협박하였다'라는 공소사실과 '피고인은 2000.8.4. 새벽경 위와 동일한 방법으로 동일한 피해자를 협박하였다'라는 공소사실
ⓑ '피고인은 2017.10. 하순경 승용차 안에서 甲에게 필로폰 0.3g을 교부하였다'라는 공소사실과 '피고인은 2017.10. 중순경 장소 불상지에서 전화로 甲에게 필로폰 10g을 구해주겠다고 속여 2017.10. 하순경 ○○역 근처에서 甲으로부터 필로폰 대금 370만원을 교부·편취하였다'는 공소사실
ⓒ '피고인은 피해자를 살해하려고 목을 누르는 등 폭행을 가하였으나 미수에 그쳤다'라는 공소사실과 '피고인은 피해자를 강간하려고 목을 누르는 등 폭행을 가하였으나 미수에 그치고 피해자에게 상해를 입혔다'라는 공소사실

① ㉠-ⓐ   ② ㉡-ⓑ   ③ ㉡-ⓒ   ④ ㉢-ⓒ

[해설]

보기 A는 동일성의 구체적 의미가 무엇인가에 관해 견해 대립이 있는데 그러한 학설에 대한 설명이다. ㉠은 죄질동일성의 내용이며, ㉡은 기본적 사실동일설에 대한 내용이다. 또한 ㉢은 구성요건공통설에 대한 설명이다. 이러한 견해에서 판례는 ㉡인 기본적 사실동일설을 취하고 있다.

ⓐ 【 O 】 야간협박에 의한 폭력행위등처벌에관한법률위반의 공소사실 중 범행 방법, 협박 내용 등 다른 공소사실은 그대로 유지한 채 범죄 일시만을 '1999.5. 일자불상 04:00경'에서 '2000.8.4. 새벽경'으로 변경한 경우, 그 변경 경위 등에 비추어 변경 전후의 공소사실의 동일성을 인정할 수 있다고 한 사례(대판 2005.7.14. 2003도1166).

ⓑ 【 X 】 검사가 당초 '피고인이 갑에게 필로폰 약 0.3g을 교부하였다'고 하여 마약류관리에 관한 법률 위반(향정)으로 공소를 제기하였다가 '피고인이 갑에게 필로폰을 구해 주겠다고 속여 갑 등에게서 필로폰 대금 등을 편취하였다'는 사기 범죄사실을 예비적으로 추가하는 공소장변경을 신청한 사안에서, 위 두 범죄사실은 기본적인 사실관계가 동일하다고 볼 수 없는데도, 공소장변경을 허가한 후 사기죄를 인정한 원심판결에 법리오해의 위법이 있다고 한 사례(대판 2012.4.13. 2010도16659).

ⓒ 【 O 】 피고인이 피해자를 살해하려고 목을누르는 등 폭행을 가하였으나 미수에 그쳤다는 살인미수의 공소사실에 대하여 예비적으로 피고인이 피해자를 강간하려고 위와 같은 폭행을 가하였으나 미수에 그치고 피해자에게 상해를 입혔다는 강간치상의 공소사실을 추가하는 공소장변경은 공소사실의 동일성을 해친다고 볼 수 없다(대판 1984.6.26. 84도666).

[정답] ②

22 공소사실의 동일성을 인정할 수 없는 경우는? (다툼이 있는 경우 판례에 의함)
16. 국가직

① 과실로 교통사고를 발생시켰다는 교통사고처리 특례법 위반죄의 공소사실과 고의로 교통사고를 낸 뒤 보험금을 청구하여 수령하거나 미수에 그쳤다는 사기 및 사기미수의 공소사실
② 참고인에 대하여 허위진술을 하여 달라고 요구하면서 이에 불응하면 어떠한 위해를 가할 듯한 태세를 보여 외포케 하여 참고인을 협박하였다는 공소사실과 위와 같이 협박하여 겁을 먹은 참고인으로 하여금 허위로 진술케 함으로써 수사기관에 검거되어 신병이 확보된 채 조사를 받고 있던 자를 증거불충분으로 풀려나게 하여 도피케 하였다는 공소사실
③ 거래처로부터 수금한 돈을 보관하던 중 횡령하였다는 공소사실과 그 돈의 수금권한이 없는데도 있는 것처럼 가장하고 수금하여 이를 편취하였다는 공소사실
④ 흉기를 휴대하고 다방에 모여 강도예비를 하였다는 공소사실과 정당한 이유 없이 폭력범죄에 공용될 우려가 있는 흉기를 휴대하고 있었다는 폭력행위 등 처벌에 관한 법률 제7조에 규정한 죄의 공소사실

해설

① 【 X 】 과실로 교통사고를 발생시켰다는 각 '교통사고처리 특례법 위반죄'와 고의로 교통사고를 낸 뒤 보험금을 청구하여 수령하거나 미수에 그쳤다는 '사기 및 사기미수죄'는 서로 행위 태양이 전혀 다르고, 각 교통사고처리 특례법 위반죄의 피해자는 교통사고로 사망한 사람들이나, 사기 및 사기미수죄의 피해자는 피고인과 운전자보험계약을 체결한 보험회사들로서 역시 서로 다르며, 따라서 위 각 교통사고처리 특례법 위반죄와 사기 및 사기미수죄는 그 기본적 사실관계가 동일하다고 볼 수 없으므로, 위 전자에 관한 확정판결의 기판력이 후자에 미친다고 할 수 없다고 한 사례(대판 2010.2.25. 2009도14263).

② 【 O 】 공소사실의 동일성은 기본적 사실관계가 동일하면 된다 할 것이므로 참고인에 대하여 허위진술을 하여 달라고 요구하면서 이에 불응하면 어떠한 위해를 가할 듯한 태세를 보여 외포케 하여 참고인을 협박하였다는 공소사실과 위와 같이 협박하여 겁을 먹은 참고인으로 하여금 허위로 진술케 함으로써 2시경 수사기관에 검거되어 신병이 확보된 채 조사를 받고 있던 자를 증거불충분으로 풀려나게 하여 도피케 하였다는 공소사실은 허위진술을 하도록 참고인을 강요, 협박하였다는 기본적 사실관계가 동일하여 공소사실의 동일성이 있다고 할 것이다(대판 1987.2.10. 85도897).

③ 【 O 】 피고인이 거래처로부터 돈을 수금하였다는 기본적 사실이 동일한 이상, 이를 수금하여 보관하던 중 횡령하였다고 하여 업무상 횡령으로 공소제기 하였다가 다시 일부는 횡령, 일부는 수금권한이 없는데도 있는 것처럼 가장하고 수금하여 이를 편취하였다고 사기로 공소장변경을 하였다가, 다시 사기죄명을 철회하는 공소장변경을 하였다고 하여도 이는 동일한 기본적 사실에 대한 법률적 평가를 달리한데 불과하므로 공소장변경은 적법하다(대판 1984.2.28. 83도3074).

④ 【 O 】 흉기를 휴대하고 다방에 모여 강도예비를 하였다는 공소사실을 정당한 이유없이 폭력범죄에 공용될 우려가 있는 흉기를 휴대하고 있었다는 폭력행위등처벌에관한법률 제7조 소정의 죄로 공소장 변경을 하였다면, 그 변경전의 공소사실과 변경후의 공소사실은 그 기본적 사실이 동일하므로 공소장변경은 적법하다(대판 1987.1.20. 86도2396).

정답 ①

23 공소장 변경에 관한 다음 설명 중 가장 옳은 것은? (다툼이 있는 경우 판례에 의함)
16. 법원직

① 공소장의 변경은 제1심에서만 허용되므로, 항소심에서는 허용되지 않는다.
② 친고죄로 기소된 후에 피해자의 고소가 취소되더라도 당초에 기소된 공소사실과 동일성이 인정되는 범위 내에서 다른 공소사실(비친고죄)로 공소장이 변경된 경우 애초 공소제기의 흠이 치유되므로, 법원은 변경된 공소사실에 대하여 심리·판단하여야 한다.
③ 공소사실의 동일성 여부는 사실의 동일성이 갖는 기능을 염두에 두고 피고인의 행위와 그 사회적인 사실관계를 기본으로 하여야 하므로, 규범적 요소를 고려해서는 안 된다.
④ 공소장 변경이 있는 경우에 공소시효의 완성 여부는 공소장 변경시를 기준으로 삼는다.

[해설]

① 【 X 】 항소심은 원칙적으로 속심으로서 사실심에 해당한다. 따라서 항소심판결 선고 전까지는 공소장변경이 가능하다(대판 1995.12.5. 94도1520).
② 【 O 】 친고죄에서 피해자의 고소가 없거나 고소가 취소되었음에도 친고죄로 기소되었다가 그 후 당초에 기소된 공소사실과 동일성이 인정되는 비친고죄로 공소장변경이 허용된 경우 그 공소제기의 흠은 치유되고, 친고죄로 기소된 후에 피해자의 고소가 취소되더라도 제1심이나 항소심에서 당초에 기소된 공소사실과 동일성이 인정되는 범위 내에서 다른 공소사실로 공소장을 변경할 수 있으며 이러한 경우 변경된 공소사실에 대하여 심리·판단하여야 하는데, 이는 반의사불벌죄에서 피해자의 '처벌을 희망하지 아니하는 의사표시' 또는 '처벌을 희망하는 의사표시의 철회'가 있는 경우에도 마찬가지로 보아야 한다(대판 2011.5.13. 2011도2233).
③ 【 X 】 판례는 기본적인 사회적 사실관계에 더불어 죄명이나 구성요건 요소와 같은 규범적 요소도 배제할 수 없다고 보아, 강도상해죄와 장물취득죄는 상호 동일성이 인정되지 않는다고 보았다(대판 1994.3.22. 93도2080 전합).
④ 【 X 】 공소장변경이 있는 경우 공소시효의 완성 여부는 당초의 공소제기가 있었던 시점을 기준으로 판단할 것이고 공소장변경시를 기준으로 삼을 것이 아니다(대판 2001.8.24. 2001도2902).

정답 ②

24 형사소송법상 공소장변경에 관한 다음 설명 중 틀린 것은 모두 몇 개인가? (다툼이 있으면 판례에 의함)

16. 경찰채용 1차

㉠ 피고인의 방어권 행사에 실질적인 불이익을 초래할 염려가 없는 경우에는 공소사실과 기본적 사실이 동일한 범위 내에서 법원이 공소장변경절차를 거치지 아니하고 다르게 사실을 인정하더라도 불고불리 원칙에 위배되지 아니한다.
㉡ 공소장변경 절차 없이도 법원이 심리·판단할 수 있는 죄가 한 개가 아니라 여러 개인 경우에는, 법원으로서는 그 중 하나를 임의로 선택할 수 있고, 검사에게 공소사실 및 적용법조에 관한 석명을 구하여 공소장을 보완하게 한 다음 이에 따라 심리·판단하여야 할 것은 아니다.
㉢ 공소사실 또는 적용법조의 추가, 철회 또는 변경의 허가에 관한 결정은 판결전의 소송절차에 관한 결정이라 할 것이므로, 그 결정을 함에 있어서 저지른 위법이 판결에 영향을 미친 경우에 한하여 그 판결에 대하여 상소를 하여 다툼으로써 불복하는 외에는 당사자가 이에 대하여 독립하여 상소할 수 없다.
㉣ 검사가 단순사기의 공소사실에 형법 제347조 제1항을 적용하여 기소한 경우에는 비록 상습성이 인정된다고 하더라도 공소장의 변경 없이는 법원이 상습사기로 인정하여 처벌할 수는 없다.
㉤ 검사가 형법 제307조 제1항의 사실적시 명예훼손죄로 기소한 공소사실에 대하여 법원이 공소장의 변경 없이 그보다 형이 중한 형법 제307조 제2항의 허위사실적시 명예훼손죄를 인정하는 것은 피고인의 방어권 행사에 불이익을 주는 것으로서 허용될 수 없다.

① 1개   ② 2개   ③ 3개   ④ 4개

[해설]

틀린 것은 ㉡이다.
㉠ 【O】 대판 2000.7.28. 98도4558
㉡ 【X】 공소장변경 절차 없이도 법원이 심리·판단할 수 있는 죄가 한 개가 아니라 여러 개인 경우에는, 법원으로서는 그 중 어느 하나를 임의로 선택할 수 있는 것이 아니라 검사에게 공소사실 및 적용법조에 관한 석명을 구하여 공소장을 보완하게 한 다음 이에 따라 심리·판단하여야 할 것이다(대판 2005.7.8. 2005도279).
㉢ 【O】 대결 1987.3.28. 87모17
㉣ 【O】 대판 2007.8.23. 2006도5041
㉤ 【O】 대판 2001.11.27. 2001도5008

정답 ①

25 공소장변경에 대한 설명으로 옳지 않은 것은? (다툼이 있는 경우 판례에 의함) 16. 국가직

① 살인죄의 공소사실을 폭행치사죄의 범죄사실로 인정하는 경우 축소사실의 인정이므로 공소장변경은 필요하지 않다.
② 공소사실 또는 적용법조의 추가, 철회 또는 변경의 허가에 관한 결정은 판결 전의 소송절차에 관한 결정이라 할 것이므로, 그 결정을 함에 있어서 저지른 위법이 판결에 영향을 미친 경우에 한하여 그 판결에 대하여 상소를 하여 다툼으로써 불복하는 외에는 당사자가 이에 대하여 독립하여 상소할 수 없다.
③ 공소장변경은 제1심뿐만 아니라 항소심에서도 허용된다.
④ 법원은 심리의 경과에 비추어 상당하다고 인정할 때에는 공소사실 또는 적용법조의 추가 또는 변경을 요구하여야 한다.

【 해설 】

① 【 X 】 공소가 제기된 살인죄의 범죄사실에 대하여는 그 증명이 없으나 폭행치사의 증명이 있는 경우에도 검사의 공소장변경 없이는 이를 폭행치사죄로 처단할 수 없으므로 폭행치사죄로 처단한 제1심 판결을 파기하고 무죄를 선고한 원심의 조처는 정당하다(대판 1981.7.28. 81도1489).
② 【 O 】 대결 1987.3.28. 87모17
③ 【 O 】 대판 1995.12.5. 94도1520
④ 【 O 】 제298조 제2항

정답 ①

---

26 공소장변경제도에 대한 설명으로 옳지 않은 것은? (다툼이 있는 경우 판례에 의함) 16. 국가직

① 공소장변경이 있는 경우 공소시효의 완성 여부는 당초의 공소제기가 있었던 시점을 기준으로 판단할 것이고, 공소장 변경시를 기준으로 삼을 것은 아니다.
② 일반법과 특별법의 동일한 구성요건에 모두 해당하는 범죄사실에 대하여 검사가 형이 가벼운 일반법을 적용하여 기소한 경우 법원이 공소장변경 없이 형이 더 무거운 특별법위반의 죄로 처단할 수 없다.
③ 공소장변경절차에 의하여 공소사실이 변경됨에 따라 그 법정형에 차이가 있는 경우에는 변경된 공소사실에 대한 법정형이 공소시효기간의 기준이 된다.
④ 비록 사실인정에 변화가 없고 그 사실에 대한 법률적 평가만을 달리하는 경우라도, 배임죄로 기소된 공소사실에 대하여 법원이 공소장변경 없이 횡령죄로 인정하는 것은 구성요건을 달리하는 것이어서 허용되지 않는다.

【 해설 】

①③ 【 O 】 대판 2001.8.24. 2001도2902
② 【 O 】 대판 2006.4.14. 2005도9743
④ 【 X 】 횡령죄와 배임죄는 다 같이 신임관계를 기본으로 하고 있는 같은 죄질의 재산범죄로서 그 형벌에 있어서도 경중의 차이가 없고 동일한 범죄사실에 대하여 단지 법률적용만을 달리하는 경우에 해당하므로 법원은 배임죄로 기소된 공소사실에 대하여 공소장변경 없이도 횡령죄를 적용하여 처벌할 수 있다(대판 1999.11.26. 99도2651).

정답 ④

27 공소장변경에 대한 설명으로 가장 적절하지 않은 것은? (다툼이 있으면 판례에 의함) 16. 경찰채용 2차

① 공소사실의 동일성을 해하지 않고 피고인의 방어권 행사에 실질적인 불이익을 주지 않는 한, 공소장변경의 절차 없이 공소장에 적시된 피해자와 다른 피해자를 인정하여 피고인에 대한 범죄사실을 유죄로 인정하였다 하여도 불고불리의 원칙에 위배한 위법이 있다고 할 수 없다.
② 횡령죄와 배임죄는 신임관계를 기본으로 하고 있는 같은 죄질의 재산범죄로서 그 형벌에 있어서도 경중의 차이가 없고 동일한 범죄사실에 대하여 단지 법률 적용만을 달리하는 경우에 해당하므로 법원은 배임죄로 기소된 공소사실에 대하여 공소장변경 없이도 횡령죄를 적용하여 처벌할 수 있다.
③ 공소가 제기된 살인죄의 범죄사실에 대하여는 그 증명이 없으나 폭행치사죄의 증명이 있는 경우 살인죄의 구성요건은 폭행치사 사실을 포함한다고 할 수 있으므로 공소장 변경 없이 피고인에게 폭행치사죄를 인정한다 하여 피고인의 방어권 행사에 불이익을 준다고 보기 어렵다.
④ 상해정도의 차이만 가지고는 기본적 사실의 동일성이 깨어진다고 볼 수 없으므로 공소장에 약 4개월간의 치료를 요하는 상해라고 적시된 것을 법원이 공소장변경 절차 없이 약 8개월간의 치료를 요하는 것으로 인정하였다 하여도 이는 불고불리의 원칙에 반한다고 할 수 없다.

[해설]
① 【 O 】 대판 1992.10.23. 92도1983
② 【 O 】 대판 2015.10.29. 2013도9481
③ 【 X 】 공소가 제기된 살인죄의 범죄사실에 대하여는 그 증명이 없으나 폭행치사죄의 증명이 있는 경우에도 살인죄의 구성요건이 반드시 폭행치사 사실을 포함한다고 할 수 없고, 따라서 공소장의 변경 없이 폭행치사죄를 인정함은 결국 폭행치사죄에 대한 피고인의 방어권 행사에 불이익을 주는 것이므로, 법원은 위와 같은 경우에 검사의 공소장변경 없이는 이를 폭행치사죄로 처단할 수는 없다(대판 2001.6.29. 2001도1091).
④ 【 O 】 대판 1984.10.23. 84도1803

정답 ③

28 공소장변경에 대한 설명 중 가장 적절하지 않은 것은? (다툼이 있는 경우 판례에 의함) 17. 여경

① 법원이 검사의 공소장변경 신청을 허가결정한 때에는 그 후에 공소사실의 동일성이 인정되지 않아 공소장변경 허가결정에 위법사유가 있음을 발견하더라도 공소장변경 허가를 한 법원이 스스로 이를 취소할 수 없다.
② 법원이 검사에게 공소장의 변경을 요구할 것인지 여부는 법원의 재량에 속하는 것이므로 법원이 검사에게 공소장의 변경을 요구하지 아니하였다고 하여 위법하다고 볼 수 없다.
③ 공소장변경이 있는 경우 공소시효의 완성 여부는 공소장 변경시가 아닌 당초의 공소제기가 있었던 시점을 기준으로 판단한다.
④ 공소장변경 없이 비지정문화재수출미수죄로 기소된 공소사실을 비지정문화재수출예비·음모죄로 인정할 수 없다.

[해설]
① 【 X 】 공소사실의 동일성이 인정되지 않는 등의 사유로 공소장변경허가 결정에 위법사유가 있는 경우에는 공소장변경허가를 한 법원이 스스로 이를 취소할 수 있다(대판 1989.1.24. 87도1978).
② 【 O 】 대판 1997.8.22. 97도1516
③ 【 O 】 대판 2001.8.24. 2001도2902
④ 【 O 】 대판 1983.4.12. 82도2939

정답 ①

29 공소장변경에 대한 설명으로 옳지 않은 것은? (다툼이 있는 경우 판례에 의함)

17. 검찰 7급

① 공소장에 기재된 적용법조에 해당하는 구성요건이 충족되지 않을 때에는 공소사실의 동일성이 인정되고 피고인의 방어에 실질적인 불이익을 주지 않는다면, 법원은 공소장변경 없이 직권으로 공소장 기재와 다른 법조를 적용할 수 있다.
② 공소제기된 범죄사실에 포함된, 그보다 가벼운 다른 범죄사실이 인정되고 사안이 중대하여 공소장이 변경되지 않았다는 이유로 이를 처벌하지 않는 것이 현저히 정의와 형평에 반한다고 인정되는 경우 법원은 예외적으로 그 다른 범죄사실을 유죄로 판단하여야 한다.
③ 검사가 공소사실의 일부가 되는 범죄일람표를 컴퓨터 프로그램을 통하여 열어보거나 출력할 수 있는 전자적 형태의 문서로 작성한 후 종이문서로 출력하여 제출하지 아니하고 저장매체 자체를 서면인 공소장변경허가신청서에 첨부하여 제출한 경우, 그 신청의 효력은 전자적 형태의 문서 부분까지 미친다.
④ 검사가 포괄일죄의 일부 범죄사실에 대하여 공소제기한 후 항소심에서 나머지 부분을 추가하는 공소장변경 허가를 신청한 경우 법원은 이를 허가하여야 한다.

해설

① 【 O 】 대판 2015.11.12. 2015도12372
② 【 O 】 대판 2002.11.8. 2002도3881
③ 【 X 】 검사가 공소사실의 일부가 되는 범죄일람표를 컴퓨터 프로그램을 통하여 열어보거나 출력할 수 있는 전자적 형태의 문서로 작성한 후, 종이문서로 출력하여 제출하지 아니하고 전자적 형태의 문서가 저장된 저장매체 자체를 서면인 공소장에 첨부하여 제출한 경우에는, 서면인 공소장에 기재된 부분에 한하여 공소가 제기된 것으로 볼 수 있을 뿐이고, 저장매체에 저장된 전자적 형태의 문서 부분까지 공소가 제기된 것이라고 할 수는 없다. 이러한 형태의 공소제기를 허용하는 별도의 규정이 없을 뿐만 아니라, 저장매체나 전자적 형태의 문서를 공소장의 일부로서의 '서면'으로 볼 수도 없기 때문이다. 이는 전자적 형태의 문서의 양이 방대하여 그와 같은 방식의 공소제기를 허용해야 할 현실적인 필요가 있다거나 피고인과 변호인이 이의를 제기하지 않고 변론에 응하였다고 하여 달리 볼 것도 아니다(대판 2016.12.15. 2015도3682).
④ 【 O 】 대판 2016.1.14. 2013도8118

정답 ③

30 공소장 변경에 대한 설명으로 가장 적절하지 않은 것은? (다툼이 있는 경우 판례에 의함)

17. 경찰채용 2차

① 검사가 공소사실 중 임차권 양도계약 중개수수료 교부자를 甲에서 乙로 변경하는 공소장변경 신청을 하고 원심이 이를 허가한 사안에서, 그와 같이 공소장을 변경하더라도 피고인이 공소사실 기재 일시 장소에서 위 계약을 중개한 후 법정 수수료 상한을 초과한 중개수수료를 교부받았다는 사실에는 변함이 없으므로, 공소사실의 동일성이 인정되어 공소장변경이 허용된다.
② 피고인이 이적표현물을 제작·반포한 사실은 부인하면서 이를 취득·소지한 것에 대하여는 자백하는 취지로 진술한다고 하여도 법원이 검사에게 공소장의 변경을 요구할 것인지 여부는 법원의 재량에 속하는 것이므로, 법원이 검사에게 그 표현물을 취득·소지한 것으로 공소장변경을 요구하지 아니하였다 하여 위법하다고 할 수 없다.
③ 검사는 법원의 허가를 얻어 공소장에 기재한 공소사실 또는 적용법조의 추가, 철회 또는 변경을 할 수 있다. 이 경우에 법원은 공소사실의 동일성을 해하지 아니하는 한도에서 허가하여야 한다.
④ 법원은 공소사실 또는 적용법조의 추가, 철회 또는 변경이 피고인의 불이익을 증가할 염려가 있다고 인정한 때에는 직권 또는 피고인이나 변호인의 청구에 의하여 피고인으로 하여금 필요한 방어의 준비를 하게 하기 위하여 결정으로 필요한 기간 공판절차를 정지하여야 한다.

해설

① 【 O 】 대판 2010.6.24. 2009도9593
② 【 O 】 대판 1997.8.22. 97도1516
③ 【 O 】 제298조 제1항
④ 【 X 】 법원은 공소사실 또는 적용법조의 추가, 철회 또는 변경이 피고인의 불이익을 증가할 염려가 있다고 인정한 때에는 직권 또는 피고인이나 변호인의 청구에 의하여 피고인으로 하여금 필요한 방어의 준비를 하게 하기 위하여 결정으로 필요한 기간 공판절차를 정지할 수 있다(제298조 제4항).

정답 ④

31 공소장변경에 대한 설명으로 가장 적절하지 않은 것은? (다툼이 있는 경우 판례에 의함)

19. 경찰승진

① 검사는 법원의 허가를 얻어 공소장에 기재한 공소사실 또는 적용법조의 추가, 철회 또는 변경을 할 수 있다. 이 경우에 법원은 공소사실의 동일성을 해하지 아니하는 한도에서 허가하여야 한다.
② 검사가 공소장을 변경하고자 하는 때에는 그 취지를 기재한 공소장변경허가신청서를 법원에 제출하여야 하지만, 피고인이 재정하는 공판정에서 피고인에게 이익이 되거나 피고인이 동의하는 경우 법원은 구술에 의한 공소장변경을 허가할 수 있다.
③ 검사가 구술로 공소장변경허가신청을 하면서 변경하려는 공소사실의 일부만 진술하고 나머지는 전자적 형태의 문서로 저장한 저장매체를 제출한 경우 그 신청의 효력은 전자적 형태의 문서부분까지 미친다.
④ 검사가 포괄일죄의 일부의 범죄사실에 대하여 공소가 제기된 뒤에 항소심에서 나머지 부분을 추가하여 공소장변경을 신청한 경우 법원은 이를 허가하여야 한다.

해설

① 【 O 】 제298조 제1항
② 【 O 】 규칙 제142조 제1항, 제5항
③ 【 X 】 검사가 공소사실의 일부가 되는 범죄일람표를 컴퓨터 프로그램을 통하여 열어보거나 출력할 수 있는 전자적 형태의 문서로 작성한 후, 종이문서로 출력하여 제출하지 아니하고 전자적 형태의 문서가 저장된 저장매체 자체를 서면인 공소장에 첨부하여 제출한 경우에는, 서면인 공소장에 기재된 부분에 한하여 공소가 제기된 것으로 볼 수 있을 뿐이고, 저장매체에 저장된 전자적 형태의 문서 부분까지 공소가 제기된 것이라고 할 수는 없다(대판 2016.12.15. 2015도3682).
④ 【 O 】 대판 2016.1.14. 2013도8118

정답 ③

32 공소장 변경에 관한 다음 설명 중 가장 옳은 것은? (다툼이 있는 경우 판례에 의함)

19. 법원직

① 검사의 공소장변경신청이 공소사실의 동일성에 반하는 내용임에도 법원이 이를 허가하는 결정을 하였을 때 피고인은 즉시항고로서 그 결정의 효력을 다툴 수 있다.
② 단독범으로 기소된 것을 다른 사람과 공모하여 동일한 내용의 범행을 한 것으로 인정하더라도 이로 인하여 피고인의 방어권 행사에 실질적 불이익을 줄 우려가 없다면 공소장 변경이 필요한 것은 아니다.
③ 항소심에서의 공소장변경이 변경 전의 공소사실과 기본적 사실관계가 동일하더라도 항소심에 이르러 새로운 공소의 추가적 제기와 다르지 않다면 심급이익을 박탈하는 것이 되어 허용될 수 없다.
④ 공소장변경 허가의 기준으로서 공소사실의 동일성이 있는지는 자연적·사회적 사실관계의 동일성이라는 관점에서 파악되어야 하고, 규범적 요소를 고려하여 기본적 사실관계가 실질적으로 동일한지 여부에 따라 결정될 수는 없다.

해설

① 【X】 판결전의 소송절차에 관한 결정에 대하여는 특히 즉시항고를 할 수 있는 경우 외에는 항고를 하지 못하는 것인 바, 소송사실 또는 적용법조의 추가, 철회 또는 변경의 허가에 관한 결정은 판결전의 소송절차에 관한 결정이라 할 것이므로, 그 결정을 함에 있어서 저지른 위법이 판결에 영향을 미친 경우에 한하여 그 판결에 대하여 상소를 하여 다툼으로써 불복하는 외에는 당사자가 이에 대하여 독립하여 상소할 수 없다(대결 1987.3.28. 87모17).
② 【O】 대판 1999.7.23. 99도1911
③ 【X】 변경된 공소사실이 변경 전의 공소사실과 기본적 사실관계에서 동일하다면 그것이 새로운 공소의 추가적 제기와 다르지 않다고 하더라도 항소심에서도 공소장변경을 할 수 있다. 항소심에서 공소장변경을 하더라도 제1심에서 판단한 공소사실과 기본적 사실관계가 동일한 범위 내에서만 허용되기 때문에 그 변경된 공소사실의 기초를 이루는 사실관계는 제1심에서 이미 심리되었으므로, 항소심에서의 공소장변경이 피고인의 심급의 이익을 박탈한다고 보기도 어렵다(대판 2017.9.21. 2017도7843).
④ 【X】 공소사실이나 범죄사실의 동일성은 형사소송법상의 개념이므로 이것이 형사소송절차에서 가지는 의의나 소송법적 기능을 고려하여야 할 것이고, 따라서 두 죄의 기본적 사실관계가 동일한가의 여부는 그 규범적 요소를 전적으로 배제한 채 순수하게 사회적, 전법률적인 관점에서만 파악할 수는 없고, 그 자연적, 사회적 사실관계나 피고인의 행위가 동일한 것인가 외에 그 규범적 요소도 기본적 사실관계 동일성의 실질적 내용의 일부를 이루는 것이라고 보는 것이 상당하다(대판 1994.3.22. 93도2080 전합).

정답 ②

33 공소장변경에 대한 설명으로 옳은 것은? (다툼이 있는 경우 판례에 의함)

19. 국가직

① 검사가 형이 보다 가벼운 일반법의 법조를 적용하여 그 죄명으로 기소한 경우, 공소사실에 변경이 없고 그 적용법조의 구성요건이 완전히 동일하다면 법원은 공소장변경 없이 형이 더 무거운 특별법의 법조를 적용하여 처벌할 수 있다.
② 단독범으로 기소된 것을 다른 사람과 공모하여 동일한 내용으로 공동정범의 범행을 한 것으로 인정하는 경우, 이로 말미암아 피고인에게 예기치 않은 타격을 주어 방어권 행사에 실질적 불이익을 줄 우려가 없더라도 공소장변경이 필요하다.
③ 기소된 공소사실의 재산상 피해자와 공소장에 기재된 피해자가 다른 것으로 판명된 경우에는 공소사실의 동일성을 해하지 않고 피고인의 방어권 행사에 실질적 불이익을 주지 않는 한 공소장변경 없이 공소장 기재의 피해자와 다른 실제의 피해자를 적시하여 이를 유죄로 인정해야 한다.
④ 동일한 범죄사실에 대하여 포괄일죄로 기소된 것을 법원이 공소장변경 없이 실체적 경합관계에 있는 수죄로 인정하는 것은 피고인의 방어권 행사에 실질적으로 불이익을 초래할 우려가 있어서 허용되지 아니한다.

[해설]

① 【 X 】 어느 범죄사실이 일반법과 특별법에 모두 해당하는 경우라 하여도 검사가 형이 보다 가벼운 일반법의 죄로 기소하면서 그 일반법의 적용을 청구하고 있는 이상 법원은 형이 더 무거운 특별법을 적용하여 특별법위반의 죄로 처단할 수는 없지만, 이러한 경우가 아니라면 공소장의 적용법조의 오기나 누락으로 잘못 기재된 적용법조에 규정된 법정형보다 법원이 그 공소장의 적용법조의 오기나 누락을 바로잡아 직권으로 적용한 법조에 규정된 법정형이 더 무겁다는 이유만으로 그 법령적용이 불고불리의 원칙에 위배되어 위법하다고 할 수 없다(대판 2006.4.14. 2005도9743).
② 【 X 】 단독범으로 기소된 것을 법원이 다른 사람과 공모하여 동일한 내용의 범행을 한 것으로 인정하는 경우에는 이 때문에 피고인에게 불의의 타격을 주어 그 방어권의 행사에 실질적 불이익을 줄 우려가 있지 아니하는 경우에는 반드시 공소장변경을 필요로 한다고 할 수 없다(대판 1991.5.28. 90도1977).
③ 【 O 】 대판 2008.8.23. 2001도6876
④ 【 X 】 법원이 동일한 범죄사실을 가지고 포괄일죄로 보지 아니하고 실체적 경합관계에 있는 수죄로 인정하였다고 하더라도 이는 다만 죄수에 관한 법률적 평가를 달리한 것에 불과할 뿐이지 소추대상인 공소사실과 다른사실을 인정한 것도 아니고 또 피고인의 방어권행사에 실질적으로 불이익을 초래할 우려도 없으므로 불고불리의 원칙에 위반되는 것이 아니다(대판 1987.5.26. 87도527).

정답 ③

34 공소장변경에 대한 설명이다. 아래 ㉠부터 ㉤까지의 설명 중 옳고 그름의 표시(○, ×)가 바르게 된 것은? (다툼이 있는 경우 판례에 의함)

19. 경찰채용 1차

> ㉠ 공소사실의 동일성이 인정되지 않는 등의 사유로 공소장변경허가결정에 위법사유가 있는 경우에는 공소장변경허가를 한 법원이 스스로 이를 취소할 수 있다.
> ㉡ 포괄일죄에서 공소장변경 허가 여부를 결정할 때는 포괄일죄를 구성하는 개개 공소사실별로 종전 것과의 동일성 여부를 따지기보다는 변경된 공소사실이 전체적으로 포괄일죄의 범주 내에 있는지 여부에 초점을 맞추어야 한다.
> ㉢ 법원은 공소사실의 동일성이 인정되는 범위 내에서 피고인의 방어에 실질적인 불이익을 주는 것이 아니라면, 공소장변경 없이 직권으로 공동정범으로 기소된 범죄사실을 방조사실로 인정할 수 있다.
> ㉣ 항소심에서 공소장변경에 의하여 친고죄가 아닌 범죄를 친고죄로 인정하였다면, 항소심에서의 고소취소는 친고죄에 대한 고소취소로써 그 효력이 인정된다.
> ㉤ 실체적 경합관계에 있는 수 개의 공소사실 중 어느 한 공소사실을 전부 철회하는 검사의 공소장변경신청이 있는 경우에 이것이 그 부분의 공소를 취소하는 취지가 명백하다면, 법원은 해당 공소장변경신청을 공소취소로 보아 공소기각결정 하여야 한다.

① ㉠ ○ ㉡ ○ ㉢ ○ ㉣ × ㉤ ○
② ㉠ ○ ㉡ ○ ㉢ × ㉣ × ㉤ ×
③ ㉠ ○ ㉡ × ㉢ ○ ㉣ × ㉤ ×
④ ㉠ × ㉡ × ㉢ × ㉣ ○ ㉤ ○

해설

㉠ 【○】 동일성이 인정되지 않음에도 불구하고 법원이 이를 허가한 경우라면 법원은 공소장변경허가결정을 직권취소할 수 있다(대판 1989.1.24. 87도1978).

㉡ 【○】 포괄일죄에 있어서는 공소장변경을 통한 종전 공소사실의 철회 및 새로운 공소사실의 추가가 가능한 점에 비추어 그 공소장변경허가 여부를 결정함에 있어서는 포괄일죄를 구성하는 개개 공소사실별로 종전 것과의 동일성 여부를 따지기보다는 변경된 공소사실이 전체적으로 포괄일죄의 범주 내에 있는지 여부, 즉 단일하고 계속된 범의 하에 동종의 범행을 반복하여 행하고 그 피해법익도 동일한 경우에 해당한다고 볼 수 있는지 여부에 초점을 맞추어야 한다(대판 2006.4.27. 2006도514).

㉢ 【○】 대판 2001.11.9. 2001도4792

㉣ 【×】 원래 고소의 대상이 된 피고소인의 행위가 친고죄에 해당할 경우 소송요건인 그 친고죄의 고소를 취소할 수 있는 시기를 언제까지로 한정하는가는 형사소송절차운영에 관한 입법정책상의 문제이기에 형사소송법의 그 규정은 국가형벌권의 행사가 피해자의 의사에 의하여 좌우되는 현상을 장기간 방치하지 않으려는 목적에서 고소취소의 시한을 획일적으로 제1심판결 선고시까지로 한정한 것이고, 따라서 그 규정을 현실적 심판의 대상이 된 공소사실이 친고죄로 된 당해 심급의 판결 선고시까지 고소인이 고소를 취소할 수 있다는 의미로 볼 수는 없다 할 것이어서, 항소심에서 공소장의 변경에 의하여 또는 공소장변경절차를 거치지 아니하고 법원 직권에 의하여 친고죄가 아닌 범죄를 친고죄로 인정하였더라도 항소심을 제1심이라 할 수는 없는 것이므로, 항소심에 이르러 비로소 고소인이 고소를 취소하였다면 이는 친고죄에 대한 고소취소로서의 효력은 없다(대판 1999.4.15. 96도1922 전합).

㉤ 【○】 실체적 경합관계에 있는 수 개의 공소사실 중 어느 한 공소사실을 전부 철회하는 검찰관의 공판정에서의 구두에 의한 공소장변경신청이 있는 경우 이것이 그 부분의 공소를 취소하는 취지가 명백하다면 비록 공소취소신청이라는 형식을 갖추지 아니하였더라도 이를 공소취소로 보아 공소기각결정을 하여야 한다(대판 1992.4.24. 91도1438).

정답 ①

35 다음 사례에 대한 설명으로 옳지 않은 것은? (다툼이 있는 경우 판례에 의함) 17. 검찰 7급

> 검사는 甲에 대하여 피해자 A로부터 금품을 절취하였다는 내용을 공소사실로 하는 절도죄로 공소를 제기하였다. 이후 검사는 甲이 A를 위협하고 금품을 강취하였다는 내용을 공소사실로 하는 강도죄로 공소장변경을 신청하였고 법원은 이를 허가하였다.

① 법원은 위 사건을 합의부로 이송하여야 한다.
② 법원은 검사의 공소제기일을 기준으로 강도죄의 공소시효 기간이 도과하였는지를 판단하여야 한다.
③ 만일 법원이 징역 3년을 선고하자 甲만 항소하였으나 기각되었고, 그 후 검사가 상고하여 원심이 파기환송되었다면 환송받은 법원은 징역 3년보다 더 중한 형을 선고할 수 있다.
④ 만일 항소심이 제1심의 토지관할 인정을 법률위반으로 판단하여 제1심 판결을 파기하는 때에는 사건을 관할권 있는 제1심 법원으로 이송하여야 한다.

해설

① 【 O 】 제8조 제2항
② 【 O 】 대판 2001.8.24. 2001도2902
③ 【 X 】 상고심이 원심판결을 파기환부한 경우에 항소심은 그 파기된 원판결과의 관계에 있어서 불이익변경금지원칙의 적용을 받는다(대판 1964.9.17. 64도298 전합). 따라서 환송받은 법원은 징역 3년 보다 더 중한 형을 선고할 수 없다.
④ 【 O 】 제367조

정답 ③

36 공소장변경에 대한 다음 설명 중 가장 적절하지 않은 것은? (다툼이 있는 경우 판례에 의함) 18. 경찰승진

① 검사의 공소장변경허가신청이 공소사실의 동일성 범위 안에 있더라도 법원은 재량에 따라 공소장변경을 허가하지 않을 수 있다.
② 단독범으로 기소된 것을 다른 사람과 공모하여 동일한 내용의 범행을 한 것으로 인정하는 경우에는 이 때문에 피고인에게 불의의 타격을 주어 그 방어권의 행사에 실질적 불이익을 줄 우려가 있지 아니하는 경우에는 반드시 공소장 변경을 필요로 한다고 할 수 없다.
③ 제1심에서 합의부 관할사건에 관하여 단독판사 관할사건으로 죄명, 적용법조를 변경하는 공소장변경허가신청서가 제출된 경우, 사건을 배당받은 합의부는 공소장변경허가결정을 하였는지에 관계없이 사건의 실체에 들어가 심판하였어야 하고 사건을 단독판사에게 재배당할 수 없다.
④ 공소장변경 절차 없이도 법원이 심리·판단할 수 있는 죄가 한 개가 아니라 여러 개인 경우에는, 법원으로서는 그 중 어느 하나를 임의로 선택할 수 있는 것이 아니라 검사에게 공소사실 및 적용법조에 관한 석명을 구하여 공소장을 보완하게 한 다음 이에 따라 심리·판단하여야 한다.

해설

① 【 X 】 형사소송법 제298조 제1항은 "검사는 법원의 허가를 얻어 공소장에 기재한 공소사실 또는 적용법조의 추가, 철회 또는 변경을 할 수 있다. 이 경우에 법원은 공소사실의 동일성을 해하지 아니하는 한도에서 허가하여야 한다."고 규정하고 있으므로, 검사의 공소장변경신청이 공소사실의 동일성을 해하지 아니하는 한 법원은 이를 허가하여야 한다(대판 1999.4.13. 99도375).
② 【 O 】 대판 1991.5.28. 90도1977
③ 【 O 】 대판 2013.4.25. 2013도1658
④ 【 O 】 대판 2005.7.8. 2005도279

정답 ①

37 공소장변경에 대한 설명으로 옳지 않은 것은? (다툼이 있는 경우 판례에 의함)
18. 국가직

① 미수의 공소사실에 대해 예비나 음모를 인정하고자 하는 경우에도 공소장변경을 거쳐야 한다.
② 상고심에서는 공소장변경이 허용되지 않지만, 상고심에서 파기환송된 항소심에서는 공소장변경이 허용된다.
③ 공소장변경으로 공소사실을 예비적 또는 택일적으로 추가하는 경우에도 공소사실의 동일성이 인정되는 한도에서 허용된다.
④ 동일한 범죄사실에 대하여 포괄일죄로 기소된 것을 법원이 공소장변경절차를 거치지 아니하고 실체적 경합관계에 있는 수죄로 인정하는 것은 허용되지 아니한다.

해설

① 【 O 】 대판 1983.4.12. 82도2939
② 【 O 】 대판 2004.7.22. 2003도8153
③ 【 O 】 대판 1991.5.28. 90도1977
④ 【 X 】 두 번에 걸친 뇌물수수행위에 대하여 포괄일죄로 공소제기된 사건에서 원심이 실체적 경합관계에 있는 두죄로 인정하였다 하여도 이는 죄수에 관한 법률적 평가를 달리한 것에 지나지 않을 뿐이고 또 피고인의 방어권행사에 실질적으로 불이익을 초래할 우려도 없으므로 불고불리의 원칙에 위반된다고 할 수 없다(대판 1987.4.14. 86도2075).

정답 ④

38 공소장변경에 대한 설명으로 가장 적절하지 않은 것은? (다툼이 있는 경우 판례에 의함)
18. 경찰채용 3차

① 공소장변경이 있는 경우에 공소시효의 완성 여부는 공소장변경시가 아니라 공소제기시를 기준으로 판단하여야 한다.
② 검사는 공소사실의 동일성을 해하지 아니하는 한도에서 법원의 허가를 얻어 공소장에 기재한 공소사실 또는 적용법조의 추가, 철회 또는 변경을 할 수 있다.
③ 피고인이 재정하는 공판정에서 피고인에게 이익이 되거나 피고인이 동의하는 예외적인 경우에 한하여 법원은 구술에 의한 공소장변경을 허가할 수 있다.
④ 법원의 공소장변경요구는 법원의 의무이므로, 법원이 검사에게 공소장변경을 요구하지 않고 무죄판결을 한 때에는 심리미진의 위법이 인정된다.

해설

① 【 O 】 대판 2001.8.24. 2001도2902
② 【 O 】 제298조 제1항 제1문
③ 【 O 】 규칙 제142조 제5항
④ 【 X 】 형사소송법 제298조 제2항 소정의 공소장변경요구는 법원의 재량에 속하는 것이므로 법원이 공소장을 변경할 것을 요구하지 아니하였다 하여 위법하다고 할 수 없다(대판 1993.12.28. 93도2164).

정답 ④

39 甲에 대한 공소사실에 관하여 공소장변경이 허용되는 것은? (다툼이 있는 경우 판례에 의함) 19. 검찰 7급

① '甲이 2017.8.11. 토지거래허가구역 내 토지를 A에게 미등기 전매한 후 B에게 근저당권을 설정해주어 3억 5천만 원의 이득을 취하였다'라는 배임죄의 공소사실로 기소하였다가 '甲이 2017.8.11. 근저당권을 말소하여 소유권이전등기를 넘겨줄 의사나 능력이 없음에도 A를 기망하여 2억 7,000만 원의 매매대금을 편취하였다'라는 사기죄의 공소사실을 예비적으로 추가한 경우

② '공무원인 甲이 여행업자 乙과 공모하여 탐방행사의 여행경비를 부풀려 과다 청구하는 방법으로 학부모들을 기망하여 2017.5.1.부터 2018.9.23.까지 총 11회에 걸쳐 6,500만 원을 편취하였다'라는 공소사실로 기소하였다가, '공무원인 甲이 자신에게 탐방행사를 맡겨준 사례금 명목으로 2018.8.1.부터 2018.12.1.까지 총 5회에 걸쳐 乙로부터 1,300만 원의 뇌물을 수수하였다'라는 공소사실을 예비적으로 추가한 경우

③ '의사인 甲이 2016.10. 17.경부터 2018.9.30.경까지 A병원의 실제 운영자인 乙에게 월 300만 원을 받고 의사면허증을 대여하였다'라는 공소사실을 '의사가 아닌 자는 병원을 개설할 수 없음에도 의사인 甲은 의사면허가 없는 乙과 공모하여 병원을 甲명의로 개설하기로 하였다. 이에 따라 乙은 2016.10.17.경 甲명의로 A병원을 개설하였다'라는 내용으로 변경한 경우

④ '甲이 2017.10. 하순경 甲의 승용차 안에서 乙에게 필로폰 약 0.3g을 교부하였다'라는 「마약류관리에 관한 법률」 위반(향정)의 공소사실로 기소하였다가 '甲이 2017.10. 중순경 장소불상지에서 전화로 乙에게 필로폰 10g을 구해 주겠다고 속여 2017.10. 하순경 ○○역 근처에서 乙로부터 필로폰 대금 370만 원을 교부받아 편취하였다'라는 사기 범죄사실을 예비적으로 추가한 경우

[해설]

① 【 X 】 검사가 피고인들의 토지거래허가구역 내 토지에 대한 미등기 전매 후 근저당권설정행위를 배임으로 기소하였다가, 원심에서 매매대금 편취에 대한 사기 공소사실을 예비적으로 추가하는 공소장변경신청을 한 사안에서, 위 각 범죄사실은 기본적 사실관계가 동일하다고 볼 수 없어 공소장변경을 허가할 수 없는데도, 이와 달리 보아 공소장변경을 허가한 원심의 조치에 공소사실의 동일성 등에 관한 법리를 오해한 위법이 있다고 한 사례(대판 2012.4.13. 2011도3469).

② 【 X 】 검사가 국립대학교 과학영재교육원장인 피고인에 대하여 '피고인이 여행업자 갑 등과 공모하여 위 교육원에서 실시하는 탐방행사와 관련하여 여행경비를 부풀려 과다 청구하는 방법으로 참여 학생의 학부모들을 기망하여 돈을 편취하였다'는 공소사실로 기소하였다가, 원심에서 '피고인은 위 교육원에서 주관하는 탐방행사 등 교육프로그램을 총괄하는 공무원으로서 탐방행사를 맡겨준 데 대한 사례금 명목으로 여행업자 갑으로부터 뇌물을 수수하였다'는 공소사실을 예비적으로 추가하는 내용의 공소장변경허가신청을 하자 원심이 허가한 사안에서, 당초의 공소사실(사기)과 예비적 공소사실(뇌물수수)은 기본적인 사실관계가 동일하다고 보기 어려우므로 위 공소장변경허가신청은 공소사실의 동일성 범위 내의 것이 아니라고 한 사례(대판 2017.8.29. 2015도1968).

③ 【 O 】 검사가 당초 '의사인 피고인이 갑 병원의 실제 운영자인 을에게 의사면허증을 대여하였다'는 공소사실로 약식명령을 청구하였다가, 원심에서 '의사인 피고인이 의사면허 없는 을과 공모하여 을이 피고인 명의로 갑 병원을 개설하였다'는 내용으로 공소장변경을 신청한 사안에서, 위 공소사실은 서로 동일성이 인정된다고 보아 공소장변경을 허가한 원심의 조치가 정당하다고 한 사례(대판 2012.9.13. 2010도11338).

④ 【 X 】 검사가 당초 '피고인이 갑에게 필로폰 약 0.3g을 교부하였다'고 하여 마약류관리에 관한 법률 위반(향정)으로 공소를 제기하였다가 '피고인이 갑에게 필로폰을 구해 주겠다고 속여 갑 등에게서 필로폰 대금 등을 편취하였다'는 사기 범죄사실을 예비적으로 추가하는 공소장변경을 신청한 사안에서, 위 두 범죄사실은 기본적인 사실관계가 동일하다고 볼 수 없는데도, 공소장변경을 허가한 후 사기죄를 인정한 원심판결에 법리오해의 위법이 있다(대판 2012.4.13. 2010도16659).

정답 ③

40 공소장변경에 대한 설명으로 가장 적절한 것은? (다툼이 있는 경우 판례에 의함) 19. 경찰채용 2차

① 공소사실인 강제추행에는 위력에 의한 추행이 포함되어 있다고 볼 수 없으므로 피고인이 피해자를 추행한 사실 자체는 부인하지 않고 있다고 하더라도 공소장변경 없이 위력에 의한 추행을 유죄로 인정하는 것은 위법하다.
② 횡령죄와 배임죄는 다 같이 신임관계를 기본으로 하고 있는 재산범죄로서 그에 대한 형벌에서도 경중의 차이가 없으나 엄연히 구성요건을 달리하는 별개의 범죄이므로 횡령죄로 기소된 공소사실에 대하여 공소장변경 없이 배임죄를 적용하여 처벌할 수는 없다.
③ 공판심리 중인 범죄사실과 동일성이 인정되는 범죄사실이 추가로 발견되고 이들 범죄사실 사이에 그와 동일성이 인정되는 또 다른 범죄사실에 대한 유죄의 확정판결이 있는 경우, 검사는 확정판결 후의 범죄사실을 공소장변경절차에 의하여 공소사실로 추가할 수 없고 별개의 독립된 범죄로 공소를 제기하여야 한다.
④ 검사가 공소장에 적용법조를 단순음주운전 처벌규정으로 기재하였다고 하더라도 공소사실에 피고인이 음주운전 금지의무를 2회 이상 위반한 사실을 기재하였다면, 법원은 공소장변경 없이 직권으로 2회 이상 음주운전 금지의무를 위반하고 다시 음주운전을 한 운전자를 가중처벌하는 규정을 적용하여 피고인을 처벌할 수 있다.

[해설]

① 【X】 피고인의 방어권 행사에 실질적인 불이익을 초래할 염려가 없는 경우에는 공소사실과 기본적 사실이 동일한 범위 내에서 법원이 공소장변경절차를 거치지 아니하고 다르게 사실을 인정하였다고 할지라도 불고불리의 원칙에 위배되지 아니한다.
원심판결 이유에 의하면, 원심은, 피고인이 피해자를 추행한 사실 자체는 부인하지 않고 있고, 이 사건 공소사실인 강제추행에는 '위력에 의한' 추행이 포함되어 있다고 볼 수 있으므로, 공소장변경 없이 위력에 의한 추행을 유죄로 인정하더라도 피고인의 방어권 행사에 불이익이 없다는 이유로, 공소장변경 없이 피고인이 위력으로 피해자를 추행한 사실을 유죄로 인정하였다. 앞서 본 법리 및 원심이 적법하게 채택한 증거들에 비추어 살펴보면, 원심의 위와 같은 판단은 정당하고, 거기에 불고불리 원칙에 위배되거나 공소장변경에 관한 법리를 오해한 위법은 없다(대판 2013.12.12. 2013도12803).
② 【X】 횡령죄와 배임죄는 다같이 신임관계를 기본으로 하고 있는 같은 죄질의 재산범죄로서 그 형벌에 있어서도 경중의 차이가 없고 동일한 범죄사실에 대하여 단지 법률적용만을 달리하는 경우에 해당하므로 법원은 배임죄로 기소된 공소사실에 대하여 공소장변경 없이도 횡령죄를 적용하여 처벌할 수 있다(대판 1999.11.26. 99도2651).
③ 【O】 대판 2017.4.28. 2016도21342
④ 【X】 검사가 피고인을 도로교통법 위반(음주운전)으로 기소하면서 공소사실을 '술에 취한 상태에서의 운전금지의무를 2회 이상 위반한 사람으로서 다시 혈중알코올농도 0.132%의 술에 취한 상태로 자동차를 운전하였다'고 기재하고, 적용법조를 '도로교통법 제148조의2 제2항 제2호, 제44조 제1항'으로 기재한 사안에서, 법원이 공소장변경 없이 직권으로 그보다 형이 무거운 '도로교통법 제148조의2 제1항 제1호, 제44조 제1항'을 적용하여 처벌하는 것은 불고불리 원칙에 반하여 피고인의 방어권 행사에 실질적 불이익을 초래한다고 한 사례(대판 2019.6.13. 2019도4608).

[정답] ③

41 공소장변경에 대한 설명으로 옳지 않은 것은? (다툼이 있는 경우 판례에 의함) 20. 검찰 7급

① 법원은 공소장변경이 피고인의 불이익을 증가할 염려가 있다고 인정한 때에는 직권 또는 피고인이나 변호인의 청구에 의하여 피고인으로 하여금 필요한 방어의 준비를 하게 하기 위하여 결정으로 필요한 기간 공판절차를 정지할 수 있고, 이 정지된 기간은 피고인의 구속기간에 산입한다.
② 법원은 공소장의 내용을 보다 명확히 하기 위한 목적으로 사소한 오류를 바로잡기 위하여는 공소장변경의 절차를 거칠 필요 없이 정정하여 범죄사실을 인정할 수 있다.
③ 상고심에서 원심판결을 파기하고 사건을 항소심에 환송한 경우에도 공소사실의 동일성이 인정되면 항소심에서 공소장변경이 허용된다.
④ 공소장변경허가신청서가 제출된 경우에 법원이 그 부본을 피고인과 변호인 중 어느 한쪽에 대해서만 송달하였다고 하더라도 절차상 잘못이 있다고 할 수 없다.

해설

① 【 X 】 제22조(기피), 제298조 제4항(공소장변경), 제306조 제1항(심신상실) 및 제2항(질병)의 규정에 의하여 공판절차가 정지된 기간 및 공소제기 전의 체포·구인·구금기간은 구속기간에 산입하지 아니한다(제92조 제3항).
② 【 O 】 대판 1986.9.23. 86도1547
③ 【 O 】 대판 2004.7.22. 2003도8153
④ 【 O 】 대판 2013.7.12. 2013도5165

정답 ①

42. 공소장변경에 대한 다음의 설명(㉠~㉣) 중 옳고 그름의 표시(○, ×)가 바르게 된 것은? (다툼이 있는 경우 판례에 의함)

21. 경찰채용 1차

㉠ 공소가 제기된 살인죄의 범죄사실에 대하여는 그 증명이 없으나 폭행치사죄의 증명이 있는 경우, 살인죄의 구성요건이 반드시 폭행치사 사실을 포함한다고 할 수 없으므로, 검사의 공소장변경 없이 이를 폭행치사죄로 처단할 수는 없다.
㉡ 피고인의 방어권 행사에 실질적인 불이익을 초래할 염려가 없는 경우에는 법원이 공소장변경절차 없이 일부 다른 사실을 인정하거나 적용법조를 수정하더라도 불고불리의 원칙에 위배되지 않는다.
㉢ 재심심판절차에서는 특별한 사정이 없는 한 검사가 재심대상사건과 별개의 공소사실을 추가하는 내용으로 공소장을 변경하는 것은 허용되지 않는다.
㉣ 포괄일죄에서는 공소장변경을 통한 종전 공소사실의 철회 및 새로운 공소사실의 추가가 가능한 점에 비추어 그 공소장변경 허가 여부를 결정할 때는 변경된 공소사실이 전체적으로 포괄일죄의 범주 내에 있는지 여부를 따지기보다는 포괄일죄를 구성하는 개개 공소사실별로 종전 것과의 동일성 여부에 초점을 맞추어야 한다.

① ㉠ × ㉡ × ㉢ ○ ㉣ ×
② ㉠ ○ ㉡ ○ ㉢ × ㉣ ○
③ ㉠ ○ ㉡ ○ ㉢ × ㉣ ×
④ ㉠ ○ ㉡ ○ ㉢ ○ ㉣ ×

해설

㉠ 【 O 】 대판 1981.7.28. 81도1489
㉡ 【 O 】 대판 2019.6.13. 2019도4608
㉢ 【 O 】 대판 2019.6.20. 2018도20698 전합
㉣ 【 X 】 포괄일죄에서는 공소장변경을 통한 종전 공소사실의 철회 및 새로운 공소사실의 추가가 가능한 점에 비추어 그 공소장변경 허가 여부를 결정할 때는 포괄일죄를 구성하는 개개 공소사실별로 종전 것과의 동일성 여부를 따지기보다는 변경된 공소사실이 전체적으로 포괄일죄의 범주 내에 있는지 여부, 즉 단일하고 계속된 범의하에 동종의 범행을 반복하여 행하고 그 피해법익도 동일한 경우에 해당한다고 볼 수 있는지 여부에 초점을 맞추어야 한다(대판 2018.10.25. 2018도9810).

정답 ④

43 공소장변경에 대한 설명으로 옳지 않은 것은? (다툼이 있는 경우 판례에 의함)   21. 국가직

① 약식명령에 대하여 피고인만 정식재판을 청구한 사건에서 법정형에 유기징역형만 있는 범죄로 공소장을 변경하는 것은 공소사실의 동일성이 인정되더라도 허용될 수 없다.
② 법원은 공소사실의 동일성이 인정되는 범위 내에서 심리의 경과 등에 비추어 피고인의 방어권 행사에 실질적인 불이익을 주는 것이 아니라면 공동정범으로 기소된 범죄사실을 방조사실로 인정할 수 있다.
③ 공소사실의 동일성이 인정되지 않는 등의 사유로 공소장변경허가결정에 위법사유가 있는 경우에는 공소장변경허가를 한 법원 스스로 이를 취소할 수 있다.
④ 검사의 공소장변경 신청이 공소사실의 동일성을 해하지 아니하는 한 법원은 이를 허가하여야 한다.

[해설]
① 【X】 약식절차는 비공개 서면심리에 의해 진행되는 절차인바, 공판심리를 전제로 한 공소장변경은 허용되지 않는다. 그러나 약식명령에 대한 정식재판절차가 개시되면 정식재판절차에서는 공소장변경이 허용된다(통설).
② 【O】 대판 2018.9.13. 2018도7658
③ 【O】 대판 1989.1.24. 87도1978
④ 【O】 제298조 제1항 후문

정답 ①

44 공소장변경에 대한 설명으로 옳은 것만을 모두 고르면? (다툼이 있는 경우 판례에 의함)   21. 국가직 7급

㉠ 공소장변경의 허가에 관한 결정은 판결 전의 소송절차에 관한 결정이므로 위법사유가 있는 경우 공소장변경허가를 한 법원이 스스로 이를 취소할 수는 있지만, 그 결정에 대해 독립하여 항고할 수 없고 그 결정을 함에 있어서 저지른 위법이 판결에 영향을 미친 경우에 한해 그 판결에 대해 상소를 제기할 수 있을 뿐이다.
㉡ 공무원이 취급하는 사건에 관하여 청탁 또는 알선을 할 의사와 능력이 없음에도 청탁 또는 알선을 한다고 기망하고 금품을 교부받아 사기죄와 「변호사법」 제111조 위반죄가 성립하고 두 죄가 상상적 경합관계에 있는 경우, 그중 어느 한 죄로만 공소가 제기되었음에도 법원이 공소장변경절차를 거치지 아니하고 다른 죄로 바꾸어 인정하거나 다른 죄를 추가로 인정하는 것은 불고불리 원칙에 위배된다.
㉢ 공소장변경절차 없이도 법원이 심리·판단할 수 있는 죄가 한 개가 아니라 여러 개인 경우, 법원으로서는 그중 어느 하나를 임의로 선택할 수 있고, 검사에게 공소사실 및 적용법조에 관한 석명을 구하여 공소장을 보완하게 한 다음 이에 따라 심리·판단하여야 하는 것은 아니다.
㉣ 공소사실의 예비적 기재는 공소사실의 동일성이 인정되지 않는 경우에도 허용되므로, 원래의 횡령의 공소사실과 예비적으로 추가한 사기의 공소사실 사이에 그 동일성이 있다고 보기 어렵다고 하여도 공소장을 변경할 수 있다.

① ㉠, ㉡   ② ㉠, ㉣   ③ ㉡, ㉢   ④ ㉢, ㉣

해설

㉠【O】대결 1987.3.28. 87모17
㉡【O】대판 2007.5.10. 2007도2372
㉢【X】공소장변경 절차 없이도 법원이 심리·판단할 수 있는 죄가 한 개가 아니라 여러 개인 경우에는, 법원으로서는 그 중 어느 하나를 임의로 선택할 수 있는 것이 아니라 검사에게 공소사실 및 적용법조에 관한 석명을 구하여 공소장을 보완하게 한 다음 이에 따라 심리·판단하여야 할 것이다(대판 2005.7.8. 2005도279).
㉣【X】예비적 기재는 공소사실의 동일성이 인정되지 않는 경우에도 허용된다. 반면 예비적 추가는 공소장변경의 일례로서 동일성이 있는 경우에만 허용된다. 따라서 횡령의 공소사실과 예비적으로 추가된 사기의 공소사실 사이에 동일성이 있다고 보기 어려운 경우에는 공소장변경을 허가할 수 없다(대판 2017.8.29 2015도1968).

정답 ①

45 공소장변경에 관한 다음 설명 중 가장 옳지 않은 것은? (다툼이 있는 경우 판례에 의함) 21. 법원직

① 공소장의 변경은 공소사실의 동일성이 인정되는 범위 내에서만 허용되고, 공소사실의 동일성이 인정되지 아니한 범죄사실을 공소사실로 추가하는 취지의 공소장변경신청이 있는 경우에는 법원은 그 변경신청을 기각하여야 한다.
② 공소사실의 동일성은 그 사실의 기초가 되는 사회적 사실관계가 기본적인 점에서 동일하면 그대로 유지되는 것이나, 이러한 기본적 사실관계의 동일성을 판단함에 있어서는 그 사실의 동일성이 갖는 기능을 염두에 두고 피고인의 행위와 그 사회적인 사실관계를 기본으로 하되 규범적 요소도 아울러 고려하여야 한다.
③ 법원은 검사의 공소장변경허가신청이 있는 경우 피고인과 변호인 모두에게 공소장변경허가신청서 부본을 송달하여야 한다.
④ 법원은 공소장변경이 피고인의 불이익을 증가할 염려가 있다고 인정할 때에는 직권 또는 피고인이나 변호인의 청구에 의하여 피고인으로 하여금 필요한 방어의 준비를 하게 하기 위하여 결정으로 필요한 기간 공판절차를 정지할 수 있다.

해설

①②【O】대판 2002.3.29. 2002도587
③【X】형사소송규칙 제142조 제3항은 공소장변경허가신청서가 제출된 경우 법원은 그 부본을 피고인 또는 변호인에게 즉시 송달하여야 한다고 규정하고 있는데, 피고인과 변호인 모두에게 부본을 송달하여야 하는 취지가 아님은 문언상 명백하므로, 공소장변경신청서 부본을 피고인과 변호인 중 어느 한 쪽에 대해서만 송달하였다고 하여 절차상 잘못이 있다고 할 수 없다(대판 2013.7.12. 2013도5165).
④【O】제298조 제4항

정답 ③

46 다음 설명 중 가장 옳지 않은 것은? (다툼이 있는 경우 판례에 의함)   21. 법원직

① 검사는 법원의 허가를 얻어 공소사실 또는 적용법조의 추가, 철회 또는 변경을 할 수 있다. 이 경우에 법원은 공소사실의 동일성을 해하지 아니하는 한도에서 이를 허가하여야 한다.
② 피고인의 방어권 행사에 실질적인 불이익을 초래할 염려가 없는 경우에는 법원이 공소장변경절차 없이 일부 다른 사실을 인정하거나 적용법조를 수정하더라도 불고불리의 원칙에 위배되지 않는다.
③ 공소는 검사가 피고인으로 지정한 사람 외의 다른 사람에게는 효력이 미치지 않는다. 따라서 공범 중 1인에 대하여 공소가 제기되더라도 다른 공범자들에 대해서는 공소시효 정지의 효력이 미치지 않는다.
④ 형사소송법 제255조 제1항에 따라 공소는 제1심판결의 선고 전까지만 취소할 수 있지만, 공소장변경은 항소심에서도 가능하다.

[해 설]

① 【 O 】 제298조 제1항
② 【 O 】 대판 2013.12.12. 2013도12803
③ 【 X 】 공범자 가운데 일부에 대한 공소제기의 효력은 다른 공범자에게는 미치지 않는다. 다만, 예외적으로 공범자 1인에 대한 공소시효 정지의 효력은 다른 공범자에게도 미친다(제253조 제2항).
④ 【 O 】 대판 1995.12.5. 94도1520

정답 ③

47 공소장변경에 대한 설명으로 옳지 않은 것은? (다툼이 있는 경우 판례에 의함)   18. 검찰 7급

① 포괄일죄인 영업범에서 공소제기 된 범죄사실과 추가로 발견된 범죄사실 사이에 그 범죄사실들과 동일성이 인정되는 또 다른 범죄사실에 대한 유죄의 확정판결이 있는 때에는, 추가로 발견된 확정판결 후의 범죄사실은 공소제기된 범죄사실과 분단되어 동일성이 없는 별개의 범죄가 되므로, 검사는 공소장변경절차에 의하여 확정판결 후의 범죄사실을 공소사실로 추가할 수는 없다.
② 검사가 범죄사실을 협박죄로 구성하여 기소한 후 공판 중에 공소사실을 공갈미수로 하는 공소장변경이 허용되었더라도 공갈죄의 수단으로 한 협박에 대한 고소가 취소되었다면 그 효력은 반의사불벌죄인 협박죄에 대해서도 미치므로 법원은 공소기각의 판결을 하여야 한다.
③ 검사가 단순일죄로 기소한 후 포괄일죄인 상습범행을 추가로 기소하였으나 그 심리과정에서 전후에 기소된 범죄사실이 포괄일죄를 구성하는 것으로 밝혀진 경우, 검사는 원칙적으로 먼저 기소한 사건의 범죄사실에 추가로 기소한 범죄사실을 추가하여 전체를 상습범행으로 변경하는 공소장변경 신청을 하고, 추가기소한 사건에 대하여는 공소취소를 하는 것이 형사소송법의 규정에 충실한 조치이다.
④ 검사가 구술로 공소장변경허가신청을 하면서 변경하려는 공소사실의 일부만 진술하고 나머지는 전자적 형태의 문서로 저장한 저장매체를 제출하였다면, 공소사실의 내용을 구체적으로 진술한 부분에 한하여 공소장변경허가신청이 된 것으로 볼 수 있다.

[해설]
① 【 O 】 대판 2017.4.28. 2016도21342
② 【 X 】 공갈죄의 수단으로서 한 협박은 공갈죄에 흡수될 뿐 별도로 협박죄를 구성하지 않으므로, 그 범죄사실에 대한 피해자의 고소는 결국 공갈죄에 대한 것이라 할 것이어서 그 후 고소가 취소되었다 하여 공갈죄로 처벌하는 데에 아무런 장애가 되지 아니하며, 검사가 공소를 제기할 당시에는 그 범죄사실을 협박죄로 구성하여 기소하였다 하더라도, 그 후 공판 중에 기본적 사실관계가 동일하여 공소사실을 공갈미수로 공소장 변경이 허용된 이상 그 공소제기의 하자는 치유된다(대판 1996.9.24. 96도2151).
③ 【 O 】 대판 1996.10.11. 96도1698
④ 【 O 】 대판 2016.12.29. 2016도11138

정답 ②

48 공소장변경에 대한 설명으로 옳지 않은 것은?

23. 국가직

① 검사가 제출한 공소장변경허가신청서 부본을 즉시 피고인에게 송달하지 않은 채 법원이 공판절차를 진행한 조치는 절차상의 법령위반에 해당하나, 그러한 경우에도 피고인의 방어권이나 변호인의 변호권 등이 본질적으로 침해되었다고 볼 정도에 이르지 않는 한 그것만으로 판결에 영향을 미친 위법이라고 할 수 없다.
② 포괄일죄인 영업범에서 공소제기된 범죄사실과 공판심리 중에 추가로 발견된 범죄사실 사이에 그 범죄사실들과 동일성이 인정되는 또 다른 범죄사실에 대한 유죄의 확정판결이 있더라도 추가로 발견된 범죄사실을 공소장변경절차에 의하여 공소사실로 추가할 수 있다.
③ 상고심에서 원심판결을 파기하고 사건을 항소심에 환송한 경우, 환송받은 항소심에서도 공소장변경이 허용된다.
④ 검사가 공소장변경을 하고자 하는 경우, 피고인이 재정하는 공판정에서는 피고인에게 이익이 되거나 피고인이 동의하면 법원은 구술에 의한 공소장변경을 허가할 수 있다.

[해설]
① 【 O 】 대판 2021.6.30. 2019도7217
② 【 X 】 포괄일죄인 영업범에서 공소제기의 효력은 공소가 제기된 범죄사실과 동일성이 인정되는 범죄사실의 전체에 미치므로, 공판심리 중에 그 범죄사실과 동일성이 인정되는 범죄사실이 추가로 발견된 경우에 검사는 공소장변경절차에 의하여 그 범죄사실을 공소사실로 추가할 수 있다. 그러나 공소제기된 범죄사실과 추가로 발견된 범죄사실 사이에 그 범죄사실들과 동일성이 인정되는 또 다른 범죄사실에 대한 유죄의 확정판결이 있는 때에는, 추가로 발견된 확정판결 후의 범죄사실은 공소제기된 범죄사실과 분단되어 동일성이 없는 별개의 범죄가 된다. 따라서 이때 검사는 공소장변경절차에 의하여 확정판결 후의 범죄사실을 공소사실로 추가할 수는 없고 별개의 독립된 범죄로 공소를 제기하여야 한다(대판 2017.4.28. 2016도21342).
③ 【 O 】 대판 2004.7.22. 2003도8153
④ 【 O 】 형사소송규칙 제142조 제5항 참고

정답 ②

49 공소장변경에 대한 설명으로 옳지 않은 것은? 23. 국가직 7급

① 검사가 제1심이나 항소심에서 상상적 경합의 관계에 있는 수죄 가운데 당초 공소를 제기하지 아니한 공소사실을 추가하는 내용의 공소장변경신청을 하는 경우, 법원은 공소사실의 동일성을 해하지 아니함이 명백하므로 그 공소장변경을 허가하여 추가된 공소사실에 대하여 심리·판단하여야 한다.
② 법원은 검사가 공소장변경을 신청한 경우 피고인이나 변호인의 청구가 있는 때에는 피고인으로 하여금 필요한 방어의 준비를 하게 하기 위해 필요한 기간 공판절차를 정지하여야 한다.
③ 포괄일죄의 경우 법원이 공소장변경 허가 여부를 결정할 때는 포괄일죄를 구성하는 개개 공소사실별로 종전 것과의 동일성 여부를 따지기보다는 변경된 공소사실이 전체적으로 포괄일죄의 범주 내에 있는지 여부에 초점을 맞추어야 한다.
④ 법원이 적법하게 공판의 심리를 종결하고 판결선고기일까지 고지하기에 이르렀다면, 비록 검사가 변론재개신청과 함께 공소장변경신청을 하더라도 법원이 종결한 심리를 재개하여 공소장변경을 허가할 의무는 없다.

[해설]

① 【O】 형법 제241조 전문과 후문은 주관적 구성요건으로서의 고의의 내용을 달리하므로 배우자 있는 자들이 상대방에게도 배우자가 있음을 인식하면서 서로 간통하는 이른바 이중간통의 경우에는 쌍방 모두 위 전문과 후문에 해당하게 되고, 이는 처분상의 일죄인 상상적경합의 관계에 있는 것인 바, 검사가 이와 같이 상상적경합의 관계에 있는 수죄 중 갑을 간통자로, 을을 상간자로 하여서만 공소를 제기하였더라도 그 공소제기의 효력은 갑, 을이 각각 간통과 동시에 상간한 수죄의 전부에 미치는 것이며, 검사가 제1심이나 항소심에서 상상적경합의 관계에 있는 수죄 가운데 당초 공소를 제기하지 아니한 공소사실을 추가하는 내용의 공소장변경신청을 하는 경우 법원은 공소사실의 동일성을 해하지 아니함이 명백하므로 그 공소장변경을 허가하여 추가된 공소사실에 대하여 심리판단하여야 하는 것이다(대판 1990.1.25. 89도1317).
② 【X】 형사소송법 제298조(공소장의 변경) ④ 법원은 전3항의 규정에 의한 공소사실 또는 적용법조의 추가, 철회 또는 변경이 피고인의 불이익을 증가할 염려가 있다고 인정한 때에는 직권 또는 피고인이나 변호인의 청구에 의하여 피고인으로 하여금 필요한 방어의 준비를 하게 하기 위하여 결정으로 필요한 기간 공판절차를 정지할 수 있다.
③ 【O】 포괄일죄에서는 공소장변경을 통한 종전 공소사실의 철회 및 새로운 공소사실의 추가가 가능한 점에 비추어 공소장변경허가 여부를 결정할 때는 포괄일죄를 구성하는 개개 공소사실별로 종전 것과의 동일성 여부를 따지기보다는 변경된 공소사실이 전체적으로 포괄일죄의 범주 내에 있는지 여부, 즉 단일하고 계속된 범의하에 동종의 범행을 반복하여 행하고 피해법익도 동일한 경우에 해당한다고 볼 수 있는지에 초점을 맞추어야 한다(대판 2022.10.27. 2022도8806).
④ 【O】 법원이 공판의 심리를 종결하기 전에 한 공소장의 변경에 대하여는 공소사실의 동일성을 침해하지 않는 한도에서 허가해야 한다. 그러나 적법하게 공판의 심리를 종결하고 판결선고기일까지 고지한 후에 이르러서 한 검사의 공소장변경에 대하여는 그것이 변론재개신청과 함께 된 것이더라도 법원이 종결한 심리를 재개하여 공소장변경을 허가할 의무는 없다(대판 2003.12.26. 2001도6484).

[정답] ②

50 법원의 심판대상 및 공소장변경에 관한 설명으로 가장 적절하지 않은 것은? (다툼이 있는 경우 판례에 의함)

25. 경찰승진

① 법원의 심판대상은 소송의 진행에 따라 유동적으로 변화할 수 있으므로, 검사는 공소사실의 동일성이 인정되는 한도에서 법원의 허가를 얻어 공소사실 또는 적용법조를 추가, 철회 또는 변경할 수 있다.

② 피고인이 이적표현물을 제작·반포한 사실은 부인하면서 이를 취득·소지한 것에 대하여는 자백하는 취지로 진술하였다면 법원이 검사에게 공소장의 변경을 요구할 것인지 여부는 법원의 의무에 속하는 것이므로, 법원이 검사에게 그 표현물을 취득·소지한 것으로 공소장변경을 요구하지 아니한 것은 위법하다고 할 수 있다.

③ 두 죄의 기본적 사실관계가 동일한가 여부는 그 규범적 요소를 전적으로 배제한 채 순수하게 사회적, 전법률적인 관점에서만 파악할 수는 없고, 그 자연적, 사회적 사실관계나 피고인의 행위가 동일한 것인가 외에 그 규범적 요소도 기본적 사실관계 동일성의 실질적 내용의 일부를 이루는 것이라고 보는 것이 상당하다.

④ 피고인의 상고에 의하여 상고심에서 원심판결을 파기하고 사건을 항소심에 환송한 경우에도 공소사실의 동일성이 인정되면 공소장변경을 허용하여 이를 심판대상으로 삼을 수 있다.

해설

① 【 O 】 형사소송법 제298조 제1항

② 【 X 】 피고인이 이적표현물을 제작·반포한 사실은 부인하면서 이를 취득·소지한 것에 대하여는 자백하는 취지로 진술한다고 하여도 법원이 검사에게 공소장의 변경을 요구할 것인지 여부는 법원의 재량에 속하는 것이므로, 법원이 검사에게 그 표현물을 취득·소지한 것으로 공소장변경을 요구하지 아니하였다 하여 위법하다고 할 수 없다(대판 1997.8.22. 97도1516).

③ 【 O 】 공소사실이나 범죄사실의 동일성은 형사소송법상의 개념이므로 이것이 형사소송절차에서 가지는 의의나 소송법적 기능을 고려하여야 할 것이고, 따라서 두 죄의 기본적 사실관계가 동일한가의 여부는 그 규범적 요소를 전적으로 배제한 채 순수하게 사회적,전법률적인 관점에서만 파악할 수는 없고, 그 자연적, 사회적 사실관계나 피고인의 행위가 동일한 것인가 외에 그 규범적 요소도 기본적사실관계 동일성의 실질적 내용의 일부를 이루는 것이라고 보는 것이 상당하다(대판 1994.3.22. 93도2080 전합).

④ 【 O 】 현행법상 형사항소심의 구조가 사후심으로서의 성격만을 가지는 것은 아니므로, 피고인의 상고에 의하여 상고심에서 원심판결을 파기하고 사건을 항소심에 환송한 경우에도 공소사실의 동일성이 인정되면 공소장변경을 허용하여 이를 심판대상으로 삼을 수 있는바, 환송 후 원심이 검사의 공소장변경신청을 허가하고 공소장변경을 이유로 직권으로 제1심판결을 파기한 후 다시 판결한 조치는 옳고, 거기에 환송 후 항소심의 구조와 공소장변경 허가에 관한 법리를 오해한 위법이 있다고 할 수 없다(대판 2004.7.22. 2003도8153).

정답 ②

51 포괄일죄의 취급에 대한 설명으로 옳지 않은 것은? (다툼이 있는 경우 판례에 의함) 21. 국가직 7급

① 검사가 수 개의 협박 범행을 먼저 기소하고 다시 별개의 협박 범행을 추가로 기소하였는데 이를 병합하여 심리하는 과정에서 전후에 기소된 각각의 범행이 모두 포괄하여 하나의 협박죄를 구성하는 것으로 밝혀졌다면, 비록 협박죄의 포괄일죄로 공소장을 변경하는 절차가 없었다거나 추가로 공소장을 제출한 것이 포괄일죄를 구성하는 행위로서 기존의 공소장에 누락된 것을 추가·보충하는 취지의 것이라는 석명절차를 거치지 아니하였더라도, 법원은 전후에 기소된 범죄사실 전부에 대하여 실체 판단을 할 수 있고, 추가기소된 부분에 대하여 공소기각판결을 할 필요는 없다.

② 환송 전 항소심에서 포괄일죄의 일부만이 유죄로 인정된 경우 그 유죄부분에 대하여 피고인만이 상고하였을 뿐 무죄부분에 대하여 검사가 상고를 하지 않았더라도 상소불가분의 원칙에 의하여 무죄부분도 상고심에 이심되므로 상고심으로부터 위 유죄부분에 대한 항소심판결이 잘못되었다는 이유로 사건을 파기환송받은 항소심은 그 무죄부분에 대하여 다시 심리판단하여 유죄를 선고할 수 있다.

③ 상습범으로서 포괄적 일죄의 관계에 있는 여러 개의 범죄사실 중 일부에 대하여 상습범으로 기소되어 유죄판결이 확정된 경우에, 그 확정판결의 사실심판결 선고 전에 저질러진 나머지 범죄에 대하여 새로이 공소가 제기되었다면 그 새로운 공소는 확정판결이 있었던 사건과 동일한 사건에 대하여 다시 제기된 데에 해당하므로 이에 대하여는 판결로써 면소의 선고를 하여야 한다.

④ 포괄일죄의 경우 공소시효는 최종의 범죄행위가 종료한 때로부터 진행한다.

해설

① 【O】 대판 2007.8.23. 2007도2595
② 【X】 포괄일죄의 일부만이 유죄로 인정된 경우 그 유죄부분에 대하여 피고인만이 상고하였을 뿐 무죄부분에 대하여 검사가 상고를 하지 않았다면 상소불가분의 원칙에 의하여 무죄부분도 상고심에 이심되기는 하나 그 부분은 이미 당사자 간의 공격방어의 대상으로부터 벗어나 사실상 심판대상에서부터도 벗어나게 되어 상고심으로서도 그 무죄부분에까지 나아가 판단할 수 없는 것이고, 따라서 상고심으로부터 위 유죄부분에 대한 항소심판결이 잘못되었다는 이유로 사건을 파기환송받은 항소심은 그 무죄부분에 대하여 다시 심리판단하여 유죄를 선고할 수 없다(대판 1991.3.12. 90도2820).
③ 【O】 대판 2004.9.16. 2001도3206 전합
④ 【O】 대판 2007.3.29. 2005도7032

정답 ②

52 상습범으로서 포괄일죄의 관계에 있는 여러 개의 사기범죄사실 중 일부에 대해 기소된 피고인에게 단순사기죄의 유죄판결이 확정된 후, 확정판결의 사실심판결 선고 전에 피고인이 범한 나머지 범죄에 대해 검사가 상습사기죄로 추가 기소를 한 경우 법원은 어떠한 재판을 해야 하는가? 23. 국가직

① 공소제기가 법률의 규정에 위반하여 무효인 경우에 해당하므로 공소기각의 판결을 하여야 한다.
② 확정판결이 있은 때에 해당하므로 면소판결을 하여야 한다.
③ 단순사기죄의 기판력은 추가 기소된 상습사기죄에 미치지 않으므로 실체판결을 하여야 한다.
④ 이미 기소가 된 사건에 대해 다시 기소가 된 이중기소에 해당하므로 공소기각의 판결을 하여야 한다.

해설

상습범으로서 포괄적 일죄의 관계에 있는 여러 개의 범죄사실 중 일부에 대하여 유죄판결이 확정된 경우에, 그 확정판결의 사실심판결 선고 전에 저질러진 나머지 범죄에 대하여 새로이 공소가 제기되었다면 그 새로운 공소는 확정판결이 있었던 사건과 동일한 사건에 대하여 다시 제기된 데 해당하므로 이에 대하여는 판결로써 면소의 선고를 하여야 하는 것인바(형사소송법 제326조 제1호), 다만 이러한 법리가 적용되기 위해서는 전의 확정판결에서 당해 피고인이 상습범으로 기소되어 처단되었을 것을 필요로 하는 것이고, 상습범 아닌 기본 구성요건의 범죄로 처단되는 데 그친 경우에는, 가사 뒤에 기소된 사건에서 비로소 드러났거나 새로 저질러진 범죄사실과 전의 판결에서 이미 유죄로 확정된 범죄사실 등을 종합하여 비로소 그 모두가 상습범으로서의 포괄적 일죄에 해당하는 것으로 판단된다 하더라도 뒤늦게 앞서의 확정판결을 상습범의 일부에 대한 확정판결이라고 보아 그 기판력이 그 사실심판결 선고 전의 나머지 범죄에 미친다고 보아서는 아니 된다. 따라서 단순사기죄의 기판력은 추가 기소된 상습사기죄에 미치지 않으므로 실체판결을 하여야 한다(대판 2004.9.16. 2001도3206).

정답 ③

53 다음 설명 중 가장 적절하지 않은 것은? (다툼이 있는 경우 판례에 의함)
21. 경찰채용 2차

① 공소장 기재의 방식에 관하여 피고인측으로부터 아무런 이의가 제기되지 아니하였고 법원 역시 범죄사실의 실체를 파악하는데 지장이 없다고 판단하여 그대로 공판절차를 진행한 결과, 증거조사절차가 마무리되어 법관의 심증형성이 이루어진 단계에서는 더 이상 공소장일본주의 위배를 주장하여 이미 진행된 소송절차의 효력을 다툴 수는 없다.

② 공소장의 변경은 공소사실의 동일성이 인정되는 범위 내에서만 허용되고, 공소사실의 동일성이 인정되지 아니한 범죄사실을 공소사실로 추가하는 취지의 공소장변경신청이 있는 경우 법원은 그 변경신청을 기각하여야 한다.

③ 검사가 제출한 공소장변경허가신청서에 신청을 허가하여 달라는 취지의 문구만이 기재되어 있을 뿐 피고인의 성명 기타 피고인을 특정할 수 있는 사항, 적용법조 등이 기재되어 있지 않고 피고인 또는 변호인에게 송달되지도 않았다면, 검사가 공판기일에서 공소장변경허가신청서로 공소장을 갈음한다는 구두진술을 하고 피고인과 변호인이 이의를 제기하지 아니하고 변론에 응하였더라도 그 공소제기의 절차는 법률의 규정에 위반하여 무효이므로 법원은 그 공소사실에 대하여 공소기각판결을 선고하여야 한다.

④ 동일한 사실관계에 대하여 서로 양립할 수 없는 적용법조의 적용을 주위적·예비적으로 구하는 경우, 예비적 공소사실만 유죄로 인정되고 그 부분에 대하여 피고인만 상소하였다면 예비적 공소사실만 상소심의 심판의 대상에 포함되고 주위적 공소사실은 상소심의 심판대상에 포함되지 않는다.

해설

① 【 O 】 대판 2009.10.22. 2009도7436 전합
② 【 O 】 대판 2002.3.29. 2002도587
③ 【 O 】 대판 2009.2.26. 2008도11813
④ 【 X 】 원래 주위적·예비적 공소사실의 일부에 대한 상소제기의 효력은 나머지 공소사실 부분에 대하여도 미치는 것이고, 동일한 사실관계에 대하여 서로 양립할 수 없는 적용법조의 적용을 주위적·예비적으로 구하는 경우에는 예비적 공소사실만 유죄로 인정되고 그 부분에 대하여 피고인만 상소하였다고 하더라도 주위적 공소사실까지 함께 상소심의 심판대상에 포함된다(대판 2006.5.25. 2006도1146).

정답 ④

54 다음 중 법원의 재량에 해당하는 것(○)과 재량에 해당하지 않는 것(X)을 모두 바르게 표시한 것은? (다툼이 있는 경우 판례에 의함)

19. 경찰채용 2차

> ㉠ 변론종결 후 변론재개신청이 있는 경우 법원이 종결한 변론을 재개해야 하는지 여부
> ㉡ 검사의 공소장변경 신청이 공소사실의 동일성을 해하지 아니하는 경우 법원이 이를 허가해야 하는지 여부
> ㉢ 고소권자가 비친고죄로 고소한 사건을 검사가 친고죄로 구성하여 공소를 제기하였으나 공소장변경절차를 거쳐 공소사실이 비친고죄로 변경되지 아니한 경우 법원이 친고죄의 소송조건인 고소가 유효하게 존재하는지를 직권으로 조사·심리해야 하는지 여부
> ㉣ 피고인이 국선변호인 선정청구를 하면서 제출한 소명자료에 의하면 피고인이 빈곤으로 인하여 변호인을 선임할 수 없는 경우에 해당한다고 인정할 여지가 충분하고 이와 달리 볼 만한 사정이 없는 경우 법원이 국선변호인을 선정해야 하는지 여부

① ㉠ ○   ㉡ ×   ㉢ ○   ㉣ ×
② ㉠ ○   ㉡ ×   ㉢ ×   ㉣ ×
③ ㉠ ×   ㉡ ○   ㉢ ×   ㉣ ○
④ ㉠ ○   ㉡ ○   ㉢ ×   ㉣ ×

해설

㉠ 【재량○】 대판 2000.4.11. 2000도565
㉡ 【재량×】 대판 1999.4.13. 99도375
㉢ 【재량×】 대판 2015.11.17. 2013도7987
㉣ 【재량×】 대판 2011.3.24. 2010도18103

정답 ②

Chapter 02 공판절차

01 공개주의에 대한 설명으로 옳지 않은 것은? (다툼이 있는 경우 판례에 의함)   17. 국가직

① 소년에 대한 형사사건의 심리는 공개하지 아니하나, 법원은 적당하다고 인정하는 자에게 참석을 허가할 수 있다.
② 누구든지 법정 안에서는 재판장의 허가 없이 녹화, 촬영, 중계방송 등의 행위를 하지 못한다.
③ 공개금지사유가 없음에도 불구하고 재판의 심리에 관한 공개를 금지하기로 결정하였다면 그 절차에 따라 이루어진 증인의 증언은 증거능력이 없다.
④ 공판의 공개에 관한 규정을 위반한 경우는 절대적 항소이유에 해당한다.

해설
① 【 X 】 소년보호사건의 심리는 공개하지 아니한다. 다만, 소년부 판사는 적당하다고 인정하는 자에게 참석을 허가할 수 있다(소년법 제24조). 소년보호사건의 심리는 비공개하지만, 소년에 대한 형사사건은 일반 형사절차와 마찬가지로 공개주의가 적용된다.
② 【 O 】 법원조직법 제59조
③ 【 O 】 대판 2013.7.26. 2013도2511
④ 【 O 】 제361조의5 제9호

정답 ①

02 공판절차에 대한 설명으로 옳지 않은 것은? (다툼이 있는 경우 판례에 의함)   18. 국가직

① 재판공개의 원칙은 검사의 공소제기절차에는 적용되지 않으므로 공소가 제기되기 전까지 피고인이 그 내용이나 공소제기 여부를 알 수 없었다거나 피고인의 소송기록 열람·등사권이 제한되어 있었다고 하더라도 그 공소제기절차가 헌법에 위반된다고 할 수 없다.
② 검찰청이 보관하고 있는 불기소결정서는 수사기관 내부의 의사결정과정 또는 검토과정에 관한 문서로서, 이를 공개하면 수사에 관한 직무의 수행을 현저히 곤란하게 하므로 변호인의 열람·지정에 의한 공개의 대상이 될 수 없다.
③ 약식명령에 불복하여 정식재판을 청구한 피고인이 정식재판절차에서 정당한 사유 없이 2회 불출석한 경우 검사가 제출한 증거에 관하여 증거동의한 것으로 간주하여 증거능력을 부여할 수 있다.
④ 제1심에서 위법한 공시송달 결정에 터잡아 공소장 부본과 공판기일 소환장을 송달하고 피고인 출석 없이 재판절차를 진행한 위법이 있는데도, 항소심에서 직권으로 제1심의 위법을 시정하는 조치를 취하지 않은 채 제1심이 조사·채택한 증거들에 기하여 검사의 항소이유만을 판단한 것은 법리오해의 위법이 있다.

해설

① 【 O 】 대판 2008.12.24. 2006도1427
② 【 X 】 검찰청이 보관하고 있는 불기소처분기록에 포함된 불기소결정서는 형사피의자에 대한 수사의 종결을 위한 검사의 처분 결과와 이유를 기재한 서류로서, 작성 목적이나 성격 등에 비추어 이는 수사기관 내부의 의사결정과정 또는 검토과정에 있는 사항에 관한 문서도 아니고, 그 공개로써 수사에 관한 직무의 수행을 현저하게 곤란하게 하는 것도 아니므로, 달리 특별한 사정이 없는 한 변호인의 열람·지정에 의한 공개의 대상이 된다(대판 2012.5.24. 2012도1284).
③ 【 O 】 대판 2010.7.15. 2007도5776
④ 【 O 】 대판 2014.5.16. 2014도3037

정답 ②

---

03 형사소송법상 공판준비절차에 관한 다음 설명 중 가장 적절하지 않은 것은? 16. 경찰채용 1차

① 법원은 필요하다고 인정하는 때에는 피고인을 소환할 수 있으며, 피고인은 법원의 소환이 없는 때에도 공판준비기일에 출석할 수 있다.
② 공판준비기일은 원칙적으로 비공개한다.
③ 법원은 쟁점 및 증거의 정리를 위하여 필요한 경우에는 제1회 공판기일 후에도 사건을 공판준비절차에 부칠 수 있다.
④ 공판준비기일에서 신청하지 못한 증거는 중대한 과실 없이 공판준비기일에 제출하지 못하는 등 부득이한 사유를 소명한 때에는 공판기일에 신청할 수 있다.

해설

① 【 O 】 제266조의8 제5항
② 【 X 】 공판준비기일은 공개한다. 다만, 공개하면 절차의 진행이 방해될 우려가 있는 때에는 공개하지 아니할 수 있다(제266조의7 제4항).
③ 【 O 】 제266조의15
④ 【 O 】 제266조의13 제1항

정답 ②

---

04 공판준비절차에 대한 설명으로 옳지 않은 것은? 17. 국가직

① 재판장은 효율적이고 집중적인 심리를 위하여 사건을 공판준비절차에 부칠 수 있으며, 피고인이 국민참여재판을 원하는 의사를 표시한 경우에는 법원이 배제결정을 하는 때를 제외하고는 사건을 공판준비절차에 부쳐야 한다.
② 법원은 공판준비절차에서 공소사실 또는 적용법조의 추가·철회 또는 변경을 허가할 수 있다.
③ 검사와 변호인은 공판준비기일에 출석하여야 하나, 피고인은 법원이 필요하다고 인정하여 소환한 때에 한하여 출석할 수 있고 법원의 소환이 없는 때에는 공판준비기일에 출석할 수 없다.
④ 공판준비기일에 신청하지 못한 증거는 그 신청으로 인하여 소송을 현저히 지연시키지 아니하거나 중대한 과실 없이 공판준비기일에 제출하지 못하는 등 부득이한 사유를 소명한 경우에 한하여 공판기일에 증거로 신청할 수 있다.

[해설]
① 【 O 】 제266조의5 제1항, 국민의 형사재판 참여에 관한 법률 제36조 제1항
② 【 O 】 제226조의9 제1항 제2호
③ 【 X 】 법원은 필요하다고 인정하는 때에는 피고인을 소환할 수 있으며, 피고인은 법원의 소환이 없는 때에도 공판준비기일에 출석할 수 있다(제266조의8 제5항).
④ 【 O 】 제266조의13 제1항

정답 ③

05 형사소송법상 공판준비절차에 대한 설명으로 가장 적절하지 않은 것은?   19. 경찰승진

① 공판준비기일에 신청하지 못한 증거라도 공판기일에 법원은 직권으로 증거조사를 할 수 있다.
② 법원은 공판준비기일이 지정된 사건에 관하여 변호인이 없는 때에는 직권으로 변호인을 선정하여야 한다.
③ 법원은 공판준비절차에서 공소사실 또는 적용법조의 추가·철회 또는 변경을 허가할 수 있다.
④ 법원은 쟁점 및 증거의 정리를 위하여 필요한 경우에도 제1회 공판기일 후에는 사건을 공판준비절차에 부칠 수 없다.

[해설]
① 【 O 】 제266조의13 제2항
② 【 O 】 제266조의8 제4항
③ 【 O 】 제266조의9 제1항 제2호
④ 【 X 】 법원은 쟁점 및 증거의 정리를 위하여 필요한 경우에도 제1회 공판기일 후에는 사건을 공판준비절차에 부칠 수 있다. 이 경우 기일 전 공판준비절차에 관한 규정을 준용한다(제266조의15).

정답 ④

06 공판준비절차에 대한 설명으로 옳지 않은 것은?   19. 국가직

① 피고인이 국민참여재판을 원하는 의사를 표시한 경우에 재판장은 사건을 공판준비절차에 부쳐야 하며, 공판준비기일에는 주장과 증거를 정리하고 심리계획을 수립하기 위해 검사와 변호인 이외에 배심원도 참여시켜야 한다.
② 공판준비기일에 신청하지 못한 증거라도 공판기일에 법원이 직권으로 증거조사를 할 수 있다.
③ 법원은 쟁점 및 증거의 정리를 위하여 필요한 경우에는 제1회 공판기일 후에도 사건을 공판준비절차에 부칠 수 있다.
④ 법원은 공판준비기일을 종료하는 때에는 검사, 피고인 또는 변호인에게 쟁점 및 증거에 관한 정리결과를 고지하고, 이에 대한 이의의 유무를 확인하여야 한다.

[해설]
① 【 X 】 공판준비기일에는 배심원이 참여하지 아니한다(국민의 형사재판 참여에 관한 법률 제37조 제1항).
② 【 O 】 제266조의13 제2항
③ 【 O 】 제266조의15
④ 【 O 】 제266조의10 제1항

정답 ①

07 공판준비기일의 절차에 대한 설명으로 옳은 것은? 19. 국가직

① 공판준비기일에 신청하지 못한 증거는 원칙적으로 공판기일에 신청할 수 없으나, 법원은 실체적 진실발견을 위하여 공판절차에서 직권으로 증거를 조사할 수 있다.
② 공판준비기일에 변호인의 출석은 필수요건이지만 피고인의 출석은 필수사항이 아니므로 피고인이 출석한 경우에도 재판장은 피고인에게 진술거부권을 고지할 필요가 없다.
③ 공판준비기일은 공개하지 않지만, 재판의 공정성을 위해서 필요한 경우에는 공개할 수 있다.
④ 검사, 피고인 또는 변호인은 법원에 대하여 공판준비기일의 지정을 신청할 수 있고, 이 경우 당해 신청에 관한 법원의 결정에 대하여는 불복할 수 있다.

해설

① 【O】 제266조의13 제1항, 제2항
② 【X】 재판장은 출석한 피고인에게 진술을 거부할 수 있음을 알려야 한다(제266조의8 제6항).
③ 【X】 공판준비기일은 공개한다. 다만, 공개하면 절차의 진행이 방해될 우려가 있는 때에는 공개하지 아니할 수 있다(제266조의7 제4항).
④ 【X】 검사, 피고인 또는 변호인은 법원에 대하여 공판준비기일의 지정을 신청할 수 있다. 이 경우 당해 신청에 관한 법원의 결정에 대하여는 불복할 수 없다(제266조의7 제2항).

정답 ①

08 공판절차에 대한 설명으로 옳은 것만을 모두 고르면? (다툼이 있는 경우 판례에 의함) 20. 국가직

㉠ 공판준비기일에는 검사와 변호인이 출석하여야 하며, 법원은 공판준비기일이 지정된 사건에 관하여 변호인이 없는 때에는 직권으로 변호인을 선정하여야 한다.
㉡ 「형사소송법」 제33조 제1항의 규정에 따라 법원이 직권으로 국선변호인을 선정해야 하는 사건이라도 판결만을 선고하는 경우라면 변호인 없이 개정할 수 있다.
㉢ 피고인에게 변호인이 있는 경우에 피고인은 검사에게 공소제기된 사건에 관한 서류 또는 물건의 목록과 공소사실의 인정 또는 양형에 영향을 미칠 수 있는 서류 또는 물건의 열람만을 신청할 수 있다.
㉣ 제1심에서 합의부 관할사건에 관하여 단독판사 관할사건으로 죄명과 적용법조를 변경하는 공소장변경 허가신청서가 제출된 경우, 사건을 배당받은 합의부는 공소장변경을 허가하는 결정을 하였더라도 단독판사에게 재배당할 것이 아니라 사건의 실체에 대하여 심판하여야 한다.

① ㉠, ㉢   ② ㉡, ㉣   ③ ㉠, ㉡, ㉢   ④ ㉠, ㉡, ㉢, ㉣

해설

㉠ 【O】 제266조의8 제1항, 제4항
㉡ 【O】 제282조
㉢ 【O】 제266조의3 제1항
㉣ 【O】 대판 2013.4.25. 2013도1658

정답 ④

09 공판절차에 대한 설명으로 옳지 않은 것은?

23. 국가직 7급

① 동일한 피고인에 대하여 2개 이상의 사건이 각각 별도로 공소가 제기되었을 경우, 법원은 반드시 병합심리하여 동시에 판결을 선고하여야 하는 것은 아니다.
② 국선변호인에 관한 「형사소송법」 제33조 제1항 제1호의 '피고인이 구속된 때'라고 함은 피고인이 당해 형사사건에서 이미 구속되어 재판을 받고 있는 경우를 의미하므로, 변호인 없는 불구속 피고인에 대하여 국선변호인을 선정하지 않은 채 판결을 선고한 다음 법정구속을 하더라도 구속되기 이전까지는 위 규정이 적용되지 않는다.
③ 검사가 다수인의 집합에 의하여 구성되는 집합범이나 2인 이상이 공동하여 죄를 범한 공범의 관계에 있는 피고인들에 대하여 여러 개의 사건으로 나누어 공소를 제기한 경우, 법원이 변론을 병합하지 않더라도 형사소송절차에서의 구두변론주의와 직접심리주의에 위반되는 것은 아니다.
④ 법원은 구속된 피고인이 집행유예기간 중에 있는 때에는 보석을 허가할 수 없다.

> 해설

① 【O】 동일한 피고인에 대하여 각각 별도로 2개 이상의 사건이 공소제기되었을 경우 반드시 병합심리하여 동시에 판결을 선고하여야만 되는 것은 아니다(대판 1994.11.4. 94도2354).
② 【O】 형사소송법 제33조 제1항 제1호 소정의 '피고인이 구속된 때'라고 함은 피고인이 당해 형사사건에서 이미 구속되어 재판을 받고 있는 경우를 의미하는 것이므로, 불구속 피고인에 대하여 판결을 선고한 다음 법정구속을 하더라도 구속되기 이전까지는 위 규정이 적용된다고 볼 수 없다(대판 2011.3.10. 2010도17353).
③ 【O】 검사가 다수인의 집합에 의하여 구성되는 집합범이나 2인 이상이 공동하여 죄를 범한 공범의 관계에 있는 피고인들에 대하여 여러 개의 사건으로 나누어 공소를 제기한 경우에, 법원이 변론을 병합하지 아니하였다고 하여 형사소송절차에서의 구두변론주의와 직접심리주의에 위반한 것이라고 볼 수 없다(대판 1990.6.22. 90도764).
④ 【X】 형사소송법 제95조(필요적 보석) 보석의 청구가 있는 때에는 다음 이외의 경우에는 보석을 허가하여야 한다.
 1. 피고인이 사형, 무기 또는 장기 10년이 넘는 징역이나 금고에 해당하는 죄를 범한 때
 2. 피고인이 누범에 해당하거나 상습범인 죄를 범한 때
 3. 피고인이 죄증을 인멸하거나 인멸할 염려가 있다고 믿을 만한 충분한 이유가 있는 때
 4. 피고인이 도망하거나 도망할 염려가 있다고 믿을 만한 충분한 이유가 있는 때
 5. 피고인의 주거가 분명하지 아니한 때
 6. 피고인이 피해자, 당해 사건의 재판에 필요한 사실을 알고 있다고 인정되는 자 또는 그 친족의 생명·신체나 재산에 해를 가하거나 가할 염려가 있다고 믿을만한 충분한 이유가 있는 때

정답 ④

10 공판준비절차에 대한 설명으로 옳은 것은?

21. 국가직 7급

① 법원은 합의부원으로 하여금 공판준비기일을 진행하게 할 수 있고, 이 경우 수탁판사는 공판준비기일에 관하여 법원 또는 재판장과 동일한 권한이 있다.
② 국민참여재판의 경우 배심원이 공판준비기일에 참여한다.
③ 공판준비기일은 검사, 피고인, 변호인의 신청에 따라 법원이 결정한 경우에 한하여 공개할 수 있다.
④ 공판준비기일에 피고인의 출석은 필수적인 요건이 아니다.

해설

① 【 X 】 법원은 합의부원으로 하여금 공판준비기일을 진행하게 할 수 있고, 이 경우 수명법관은 공판준비기일에 관하여 법원 또는 재판장과 동일한 권한이 있다(제266조의7 제3항).
② 【 X 】 공판준비기일에는 배심원이 참여하지 아니한다(국민참여법 제37조 제4항).
③ 【 X 】 공판준비기일은 공개한다. 다만, 공개하면 절차의 진행이 방해될 우려가 있는 때에는 공개하지 아니할 수 있다(제266조의7 제4항).
④ 【 O 】 공판준비기일에는 검사 및 변호인이 출석하여야 한다(제266조의8 제1항). 법원은 필요하다고 인정하는 때에는 피고인을 소환할 수 있으며, 피고인은 법원의 소환이 없는 때에도 공판준비기일에 출석할 수 있다(제266조의8 제5항).

정답 ④

11 증거의 열람·등사제도에 관한 다음 설명 중 가장 옳은 것은?

16. 법원직

① 변호인이 검사가 공소제기 후 아직 법원에 증거로 제출하지 않은 관계서류나 제출하지 않을 서류 등도 열람 또는 등사할 수 있는지, 그 범위는 어디까지인지 등에 대하여는 형사소송법에서 정하고 있지 않아 아직도 해석상의 다툼이 있다.
② 공소가 제기된 후 피고인 또는 변호인이 검사에게 형사소송법이 정하고 있는 서류 등의 열람·등사 등을 청구할 수 있지만, 피고인에게 변호인이 있는 경우에는 피고인은 열람만을 신청할 수 있다.
③ 열람·등사 청구에 대하여, 검사는 국가안보, 증인보호의 필요성 등을 이유로 이를 허용하지 않을 상당한 이유가 있을 때에는 서류 등의 목록에 대하여도 열람·등사를 거부할 수 있다.
④ 검사가 열람·등사 의무를 이행하지 않는다는 이유로 피고인 측이 검사의 서류 등의 열람·등사를 거부할 수 없다.

해설

① 【 X 】 형사소송법 제266조의3 제1항은 검사가 공소제기 후 증거로 제출한 서류 뿐 아니라 피고인 또는 변호인이 행한 법률상·사실상 주장과 관련한 서류까지도 열람·등사, 교부의 대상으로 규정하고 있다. 따라서 형사소송법의 규정상으로도 법원에 증거로 제출하지 않은 관계서류나 제출하지 않을 서류 등도 열람 또는 등사의 대상이 됨이 명확하다.
② 【 O 】 피고인에게 변호인이 있는 경우 피고인은 열람만을 신청할 수 있다(제266조의3 제1항 단서).
③ 【 X 】 검사는 국가안보, 증인보호의 필요성, 증거인멸의 염려, 관련사건의 수사에 장애를 가져올 것으로 예상되는 구체적인 사유 등 열람·등사 또는 서면의 교부를 허용하지 아니할 상당한 이유가 있다고 인정하는 때에는 열람·등사 또는 서면의 교부를 거부하거나 그 범위를 제한할 수 있다(제266조의3 제2항). 그러나 검사는 서류 등의 목록에 대하여는 열람 또는 등사를 거부할 수 없다(제266조의3 제5항).
④ 【 X 】 검사가 피고인 측의 신청에 대한 증거개시의무를 이행하지 않은 경우에는 피고인 측은 검사가 요구한 제266조의11 제1항의 서류 등의 열람·등사 또는 서면의 교부를 거부할 수 있다(제266조의11 제2항).

정답 ②

12. 서류등의 열람·등사제도에 대한 설명으로 가장 적절하지 않은 것은?

21. 경찰채용 1차

① 검사·사법경찰관리와 그 밖에 직무상 수사에 관계있는 자는 수사과정에서 수사와 관련하여 작성하거나 취득한 서류 또는 물건에 대한 목록을 빠짐없이 작성하여야 하며, 검사는 피해자 및 증인보호의 필요성이 있는 경우를 제외하고는 공소제기된 사건에 관한 서류등의 목록에 대해서는 열람 또는 등사를 거부할 수 없다.
② 피고인 또는 변호인은 검사가 서류등의 열람·등사 또는 서면의 교부를 거부한 때에는 법원에 그 서류등의 열람·등사 또는 서면의 교부를 허용하도록 할 것을 신청할 수 있다.
③ 피고인 또는 변호인의 신청에 따라 법원이 검사에게 명하는 열람·등사 또는 서면의 교부를 지체 없이 이행하지 않는 경우, 검사는 해당 증인 및 서류등에 대한 증거신청을 할 수 없다.
④ 검사는 피고인 또는 변호인이 공판기일 또는 공판준비절차에서 현장부재·심신상실 또는 심신미약 등 법률상·사실상의 주장을 한 때에는 피고인 또는 변호인에게 피고인 또는 변호인이 증거로 신청할 서류등의 열람·등사 또는 서면의 교부를 요구할 수 있으며, 피고인 또는 변호인이 그 요구를 거부하는 경우, 검사는 법원에 그 서류등의 열람·등사 또는 서면의 교부를 허용하도록 할 것을 신청할 수 있다.

[해설]
① 【 X 】 검사는 서류 등의 목록에 대하여는 열람 또는 등사를 거부할 수 없다(제266조의3 제5항).
② 【 O 】 제266조의4 제1항
③ 【 O 】 제266조의4 제5항
④ 【 O 】 제266조의11 제1항, 제3항

정답 ①

13. 형사소송법상 증거개시제도에 관한 다음 설명 중 옳은 것은 모두 몇 개인가?

16. 경찰채용 1차

> ㉠ 피고인 또는 변호인은 검사에게 공소제기된 사건에 관한 서류 또는 물건(이하 '서류 등'이라 한다)의 목록을 열람·등사 또는 서면의 교부를 신청할 수 있으며, 피고인에게 변호인이 있는 경우에도 피고인은 열람·등사 또는 서면의 교부를 신청할 수 있다.
> ㉡ 검사는 피고인 또는 변호인의 신청이 있는 경우 서류 등의 목록에 대하여는 열람 또는 등사를 거부할 수 없다.
> ㉢ 위 ㉠의 서류 등은 도면·사진·녹음테이프·비디오테이프·컴퓨터용 디스크, 그 밖에 정보를 담기 위하여 만들어진 물건으로서 문서가 아닌 특수매체를 포함한다.
> ㉣ 검사는 열람·등사 또는 서면의 교부를 거부하거나 그 범위를 제한하는 때에는 7일 이내에 피고인 또는 그 변호인에게 그 이유를 서면 또는 구두의 방법으로 통지하여야 한다.

① 1개　　　② 2개　　　③ 3개　　　④ 4개

해설

옳은 것은 ⓒⓒ이다.
㉠ 【 X 】 피고인 또는 변호인은 검사에게 공소제기된 사건에 관한 서류 또는 물건(이하 '서류 등'이라 한다)의 목록과 공소사실의 인정 또는 양형에 영향을 미칠 수 있는 다음 서류 등의 열람·등사 또는 서면의 교부를 신청할 수 있다. 다만, 피고인에게 변호인이 있는 경우에는 피고인은 열람만을 신청할 수 있다(제266조의3 제1항).
㉡ 【 O 】 제266조의3 제5항
㉢ 【 O 】 제266조의3 제6항
㉣ 【 X 】 검사는 열람·등사 또는 서면의 교부를 거부하거나 그 범위를 제한하는 때에는 지체 없이 그 이유를 서면으로 통지하여야 한다(제266조의3 제3항).

정답 ②

14 증거개시제도에 대한 설명으로 가장 적절하지 않은 것은?

17. 경찰채용 2차

① 피고인 또는 변호인은 검사에게 공소제기된 사건에 관한 서류 또는 물건(이하 '서류등'이라 한다)의 목록을 열람·등사 또는 서면의 교부를 신청할 수 있으며, 변호인을 선임한 피고인도 검사에 대해 증거서류 등의 열람·등사 및 서면의 교부를 신청할 수 있다.
② 피고인 또는 변호인은 검사가 서류등의 열람·등사 또는 서면의 교부를 거부하거나 그 범위를 제한한 때에는 법원에 그 서류등의 열람·등사 또는 서면의 교부를 허용하도록 할 것을 신청할 수 있다.
③ 검사는 국가안보, 증인보호의 필요성, 증거인멸의 염려, 관련 사건의 수사에 장애를 가져올 것으로 예상되는 구체적인 사유 등 열람·등사 또는 서면의 교부를 허용하지 아니할 상당한 이유가 있다고 인정하는 때에는 열람·등사 또는 서면의 교부를 거부하거나 그 범위를 제한할 수 있다. 이 경우에도 서류등의 목록에 대하여는 열람 또는 등사를 거부할 수 없다.
④ 검사는 열람·등사 또는 서면의 교부를 거부하거나 그 범위를 제한하는 때에는 지체 없이 그 이유를 서면으로 통지하여야 한다.

해설

① 【 X 】 피고인 또는 변호인은 검사에게 공소제기된 사건에 관한 서류 또는 물건(이하 "서류등"이라 한다)의 목록과 공소사실의 인정 또는 양형에 영향을 미칠 수 있는 다음 서류등의 열람·등사 또는 서면의 교부를 신청할 수 있다. 다만, 피고인에게 변호인이 있는 경우에는 피고인은 열람만을 신청할 수 있다(제266조의3 제1항).
② 【 O 】 제266조의4 제1항
③ 【 O 】 제266조의3 제2항, 제4항
④ 【 O 】 제266조의3 제3항

정답 ①

15 증거개시제도에 대한 설명으로 옳지 않은 것은? (다툼이 있는 경우 판례에 의함)

18. 국가직

① 법원의 개시결정에도 불구하고 검사가 피고인에게 유리한 증거서류의 열람·등사를 거부한 것은 피고인의 신속하고 공정한 재판을 받을 권리와 변호인의 조력을 받을 권리를 침해한 것으로 헌법에 위반된다.
② 피고인 또는 변호인은 검사가 서류 등의 열람·등사 또는 서면의 교부를 거부하거나 그 범위를 제한한 때에는 법원에 그 서류 등의 열람·등사 또는 서면의 교부를 허용하도록 할 것을 신청할 수 있다.
③ 검사는 공소제기된 사건에 관한 서류 또는 물건의 목록에 대하여는 국가안보, 증인보호의 필요성 등의 중대한 사유가 있는 경우를 제외하고, 열람 또는 등사를 거부할 수 없다.
④ 검사가 열람·등사 등에 관한 법원의 결정을 지체 없이 이행하지 아니하는 때에는 해당 증인 및 서류 등에 대한 증거신청을 할 수 없다.

[해설]
① 【 O 】 헌재결 2010.6.24. 2009헌마257
② 【 O 】 제266조의4 제1항
③ 【 X 】 검사는 서류 등의 목록에 대하여는 열람 또는 등사를 거부할 수 없다(제266조의3 제5항).
④ 【 O 】 제266조의4 제5항

정답 ③

16 형사소송법 제266조의3에서 규정하고 있는 '공소제기 후 검사가 보관하고 있는 서류 등의 열람·등사'에 대한 설명으로 옳은 것은?

19. 국가직

① 피고인에게 변호인이 있는 경우에는 피고인은 열람·등사만을 신청할 수 있다.
② 서류등에는 컴퓨터용 디스크나 그 밖에 정보를 담기 위하여 만들어진 물건으로서 문서가 아닌 특수매체는 포함되지 않는다.
③ 검사는 열람·등사 또는 서면의 교부를 거부하거나 그 범위를 제한하는 때에는 48시간 이내에 그 이유를 서면으로 통지하여야 한다.
④ 검사는 서류등의 목록에 대하여는 열람 또는 등사를 거부할 수 없다.

[해설]
① 【 X 】 피고인에게 변호인이 있는 경우에는 피고인은 열람만을 신청할 수 있다(제266조의3 제1항 단서).
② 【 X 】 서류등은 도면·사진·녹음테이프·비디오테이프·컴퓨터용디스크, 그 밖에 정보를 담기 위하여 만들어진 물건으로서 문서가 아닌 특수매체를 포함한다. 이 경우 특수매체에 대한 등사는 필요 최소한의 범위에 한한다(제266조의3 제6항).
③ 【 X 】 검사는 열람·등사 또는 서면의 교부를 거부하거나 그 범위를 제한하는 때에는 지체 없이 그 이유를 서면으로 통지하여야 한다(제266조의3 제3항).
④ 【 O 】 제266조의3 제5항

정답 ④

17 열람·복사(등사)에 대한 설명으로 옳지 않은 것은?

17. 검찰 7급

① 재판장은 피해자, 증인 등 사건관계인의 생명 또는 신체의 안전을 현저히 해칠 우려가 있는 경우에는 소송계속 중의 관계서류 또는 증거물에 대한 열람·복사에 앞서 사건관계인의 성명 등 개인정보가 공개되지 아니하도록 보호조치를 할 수 있다.
② 누구든지 권리구제·학술연구 또는 공익적 목적으로 재판이 확정된 사건의 소송기록을 보관하고 있는 검찰청에 그 소송기록의 열람·등사를 신청할 수 있다.
③ 변호인이 있는 피고인은 소송계속 중 법원이 보관하고 있는 관계 서류 또는 증거물에 대하여는 열람만을 신청할 수 있다.
④ 변호인이 공판기일에서 현장부재·심신상실 또는 심신미약 등 법률상·사실상의 주장을 한 때 검사는 변호인에게 이 주장과 관련된 서류 등의 열람·등사 또는 서면의 교부를 요구할 수 있다.

[해설]
① 【O】 제35조 제3항
② 【O】 제59조의2 제1항
③ 【X】 피고인 또는 변호인은 검사에게 공소제기된 사건에 관한 서류 또는 물건(이하 "서류등"이라 한다)의 목록과 공소사실의 인정 또는 양형에 영향을 미칠 수 있는 다음 서류등의 열람·등사 또는 서면의 교부를 신청할 수 있다. 다만, 피고인에게 변호인이 있는 경우에는 피고인은 열람만을 신청할 수 있다(제266조의3 제1항).
④ 【O】 제266조의11 제1항

정답 ③

18 증거개시에 대한 설명으로 가장 적절하지 않은 것은? (다툼이 있는 경우 판례에 의함)

19. 경찰채용 1차

① 피고인은 검사에게 공소제기된 사건에 관한 서류등의 목록과 공소사실의 인정 또는 양형에 영향을 미칠 수 있는 서류등의 열람·등사 또는 서면의 교부를 신청할 수 있고, 피고인에게 변호인이 있는 경우에도 동일하다.
② 검사는 국가안보, 증인보호의 필요성, 증거인멸의 염려, 관련 사건의 수사에 장애를 가져올 것으로 예상되는 구체적인 사유 등 열람·등사 또는 서면의 교부를 허용하지 아니할 상당한 이유가 있다고 인정하는 때에는 열람·등사 또는 서면의 교부를 거부하거나 그 범위를 제한할 수 있다.
③ 피고인 또는 변호인은 검사가 서류등의 열람·등사 또는 서면의 교부를 거부하거나 그 범위를 제한한 때에는 법원에 그 서류등의 열람·등사 또는 서면의 교부를 허용하도록 할 것을 신청할 수 있다.
④ 법원은 열람·등사 또는 서면의 교부를 허용하는 경우에 생길 폐해의 유형·정도, 피고인의 방어 또는 재판의 신속한 진행을 위한 필요성 및 해당 서류등의 중요성 등을 고려하여 검사에게 열람·등사 또는 서면의 교부를 허용할 것을 명할 수 있다.

[해설]
① 【X】 피고인 또는 변호인은 검사에게 공소제기된 사건에 관한 서류 또는 물건의 목록과 공소사실의 인정 또는 양형에 영향을 미칠 수 있는 서류 등의 열람·등사 또는 서면의 교부를 신청할 수 있다. 다만, 피고인에게 변호인이 있는 경우에는 피고인은 열람만을 신청할 수 있다(제266조의3 제1항).
② 【O】 제266조의3 제2항
③ 【O】 제266조의3 제4항, 제266조의4 제1항
④ 【O】 제266조의4 제2항

정답 ①

19 증거개시에 관한 다음 설명 중 가장 옳지 않은 것은? (다툼이 있는 경우 판례에 의함) 　20. 법원직

① 피고인 또는 변호인은 검사에게 공소제기된 사건에 관한 서류 또는 물건의 목록과 공소사실의 인정 또는 양형에 영향을 미칠 수 있는 서류 등의 열람·등사 또는 서면의 교부를 신청할 수 있는데, 피고인에게 변호인이 있는 경우에는 피고인은 열람만을 신청할 수 있다.
② 검사는 국가안보, 증인보호의 필요성 등 열람·등사 또는 서면의 교부를 허용하지 아니할 상당한 이유가 있다고 인정하는 때에는 열람·등사 또는 서면의 교부를 거부하거나 그 범위를 제한할 수 있는데, 이 경우 서류 등의 목록에 대하여는 열람 또는 등사를 거부할 수 없다.
③ 피고인 또는 변호인은 검사가 서류 등의 열람·등사 또는 서면의 교부를 거부하거나 그 범위를 제한한 때에는 법원에 그 서류 등의 열람·등사 또는 서면의 교부를 허용하도록 할 것을 신청할 수 있고, 검사는 열람·등사 또는 서면의 교부에 관한 법원의 결정을 지체 없이 이행하지 아니한 때에는 해당 증인 및 서류 등에 대한 증거신청을 할 수 없다.
④ 피고인 또는 변호인은 검사가 "공소제기 후 검사가 보관하고 있는 서류 등의 열람·등사"를 거부한 때에는 검사의 "피고인 또는 변호인이 보관하고 있는 서류 등의 열람·등사"를 거부할 수 있고, 이는 위 피고인 또는 변호인의 "공소제기 후 검사가 보관하고 있는 서류 등의 열람·등사" 신청을 기각하는 결정을 법원이 한 때에도 그러하다.

[해설]
① 【 O 】 제266조의3 제1항
② 【 O 】 제266조의3 제2항, 제5항
③ 【 O 】 제266조의4 제1항, 제5항
④ 【 X 】 피고인 또는 변호인은 검사가 "공소제기 후 검사가 보관하고 있는 서류 등의 열람·등사"를 거부한 때에는 "피고인 또는 변호인이 보관하고 있는 서류 등의 열람·등사"를 거부할 수 있다. 다만, 법원이 "공소제기 후 검사가 보관하고 있는 서류 등의 열람·등사" 신청을 기각하는 결정을 한 때에는 그러하지 아니하다(제266조의11 제2항).　　[정답] ④

---

20 형사소송법상 열람·등사에 대한 설명으로 가장 적절하지 않은 것은? 　19. 경찰승진

① 긴급체포 후 석방된 자 또는 그 변호인·법정대리인·배우자·직계친족·형제자매는 통지서 및 관련 서류를 열람하거나 등사할 수 있다.
② 피고인에게 변호인이 있는 경우에 피고인은 검사에게 공소제기된 사건에 관한 서류 또는 물건의 목록과 공소사실의 인정 또는 양형에 영향을 미칠 수 있는 서류등의 열람·등사 또는 서면의 교부를 신청할 수 있다.
③ 누구든지 권리구제·학술연구 또는 공익적 목적으로 재판이 확정된 사건의 소송기록을 보관하고 있는 검찰청에 그 소송기록의 열람 또는 등사를 신청할 수 있다.
④ 검사, 피고인, 피의자 또는 변호인은 판사의 허가를 얻어 증거보전절차의 처분에 관한 서류와 증거물을 열람 또는 등사할 수 있다.

[해설]
① 【 O 】 제200조의4 제5항
② 【 X 】 피고인 또는 변호인은 검사에게 공소제기된 사건에 관한 서류 또는 물건(이하 "서류등"이라 한다)의 목록과 공소사실의 인정 또는 양형에 영향을 미칠 수 있는 서류등의 열람·등사 또는 서면의 교부를 신청할 수 있다. 다만, 피고인에게 변호인이 있는 경우에는 피고인은 열람만을 신청할 수 있다(제266조의3 제1항).
③ 【 O 】 제59조의2 제1항
④ 【 O 】 제185조　　[정답] ②

21 증거개시제도에 대한 설명 중 옳은 것만을 모두 고르면? (다툼이 있는 경우 판례에 의함)

20. 검찰 7급

> ㉠ 검사는 공소사실의 인정 또는 양형에 영향을 미칠 수 있는 서류 등의 열람·등사 또는 서면의 교부를 거부하는 때에도 공소제기된 사건에 관한 서류 등의 목록에 대하여는 열람 또는 등사를 거부할 수 없다.
> ㉡ 검사는 공소사실의 인정 또는 양형에 영향을 미칠 수 있는 서류 등의 열람·등사 또는 서면의 교부를 거부하거나 그 범위를 제한하는 때에는 지체 없이 피고인 또는 변호인에게 그 이유를 서면 또는 구두의 방법으로 통지하여야 한다.
> ㉢ 검사는 피고인 또는 변호인이 공판기일 또는 공판준비절차에서 현장부재·심신상실 또는 심신미약 등 법률상·사실상의 주장을 한 때에는 피고인 또는 변호인에게 피고인 또는 변호인이 증거로 신청할 서류 등의 열람·등사 또는 서면의 교부를 요구할 수 있다.
> ㉣ 법원이 서류 등의 열람·등사 또는 서면의 교부를 허용할 것을 명한 결정에 대하여는 검사, 피고인 또는 변호인이 즉시항고를 할 수 있다.

① ㉠, ㉡   ② ㉠, ㉢   ③ ㉡, ㉣   ④ ㉢, ㉣

[해설]

㉠ 【 O 】 제266조의3 제5항
㉡ 【 X 】 검사는 공소사실의 인정 또는 양형에 영향을 미칠 수 있는 서류 등의 열람·등사 또는 서면의 교부를 거부하거나 그 범위를 제한하는 때에는 지체 없이 피고인 또는 변호인에게 그 이유를 서면으로 통지하여야 한다(제266조의3 제4항).
㉢ 【 O 】 제266조의11 제1항
㉣ 【 X 】 형사소송법 제402조는 "법원의 결정에 대하여 불복이 있으면 항고를 할 수 있다. 단, 이 법률에 특별한 규정이 있는 경우에는 예외로 한다."고 규정하고, 제403조 제1항은 "법원의 관할 또는 판결 전의 소송절차에 관한 결정에 대하여는 특히 즉시항고를 할 수 있는 경우 외에는 항고하지 못한다."고 규정하고 있다. 그런데 형사소송법 제266조의4에 따라 법원이 검사에게 수사서류 등의 열람·등사 또는 서면의 교부를 허용할 것을 명한 결정은 피고사건 소송절차에서의 증거개시와 관련된 것으로서 제403조에서 말하는 '판결 전의 소송절차에 관한 결정'에 해당한다 할 것인데, 위 결정에 대하여는 형사소송법에서 별도로 즉시항고에 관한 규정을 두고 있지 않으므로 제402조에 의한 항고의 방법으로 불복할 수 없다고 보아야 한다(대결 2013.1.24. 2012모1393).

정답 ②

22 증거개시에 관한 설명으로 가장 적절하지 않은 것은? (다툼이 있는 경우 판례에 의함)   25. 경찰승진

① 변호인이 있는 피고인은 공소사실의 인정이나 양형에 영향을 미칠 수 있는 검사가 증거로 신청할 서류 등의 열람·등사 또는 서면의 교부를 신청할 수 있다.
② 검사는 국가안보, 증인보호의 필요성, 증거인멸의 염려, 관련 사건의 수사에 장애를 가져올 것으로 예상되는 구체적인 사유 등 열람·등사 또는 서면의 교부를 허용하지 아니할 상당한 이유가 있다고 인정하는 때에는 열람·등사 또는 서면의 교부를 거부하거나 그 범위를 제한할 수 있다.
③ 법원이 검사에게 수사서류 등의 열람·등사 또는 서면의 교부를 허용할 것을 명한 결정은 「형사소송법」에서 별도로 즉시항고에 관한 규정을 두고 있지 않으므로 동법 제402조에 의한 항고의 방법으로 불복할 수 없다.
④ 검사는 피고인 또는 변호인이 공판기일 또는 공판준비절차에서 현장부재·심신상실을 주장한 때에는 피고인 또는 변호인에게 피고인 또는 변호인이 행한 법률상·사실상의 주장과 관련된 서류 등의 열람·등사 또는 서면의 교부를 요구할 수 있다.

[해설]

① 【 X 】 피고인 또는 변호인은 검사에게 공소제기된 사건에 관한 서류 또는 물건(이하 "서류등"이라 한다)의 목록과 공소사실의 인정 또는 양형에 영향을 미칠 수 있는 다음 서류등의 열람·등사 또는 서면의 교부를 신청할 수 있다. 다만, 피고인에게 변호인이 있는 경우에는 피고인은 열람만을 신청할 수 있다(형사소송법 제266조의3 제1항).
② 【 O 】 형사소송법 제266조의3 제2항
③ 【 O 】 형사소송법 제402조는 "법원의 결정에 대하여 불복이 있으면 항고를 할 수 있다. 단, 이 법률에 특별한 규정이 있는 경우에는 예외로 한다."고 규정하고, 제403조 제1항은 "법원의 관할 또는 판결 전의 소송절차에 관한 결정에 대하여는 특히 즉시항고를 할 수 있는 경우 외에는 항고하지 못한다."고 규정하고 있다. 그런데 형사소송법 제266조의4에 따라 법원이 검사에게 수사서류 등의 열람·등사 또는 서면의 교부를 허용할 것을 명한 결정은 피고사건 소송절차에서의 증거개시(개시)와 관련된 것으로서 제403조에서 말하는 '판결 전의 소송절차에 관한 결정'에 해당한다 할 것인데, 위 결정에 대하여는 형사소송법에서 별도로 즉시항고에 관한 규정을 두고 있지 않으므로 제402조에 의한 항고의 방법으로 불복할 수 없다고 보아야 한다(대결 2013.1.24. 2012모1393).
④ 【 O 】 형사소송법 제266조의11 제1항 제4호

정답 ①

23. 피고인의 출석에 관한 다음 설명 중 가장 옳지 않은 것은? (다툼이 있는 경우 판례에 의함) 〔20. 법원직〕

① 장기 3년 이하의 징역 또는 금고, 다액 500만원을 초과하는 벌금 또는 구류에 해당하는 사건에서 피고인의 불출석허가신청이 있어 법원이 허가한 사건은 판결을 선고하는 공판기일에 피고인의 출석을 요하지 아니한다.
② 약식명령에 대하여 피고인만 정식재판을 청구하여 판결을 선고하는 경우에는 피고인의 출석을 요하지 아니하고, 이 경우 피고인은 대리인을 출석하게 할 수 있다.
③ 피고인이 출석하지 아니하면 개정하지 못하는 경우에 피고인의 출석 없이 공판절차를 진행하기 위해서는 단지 구속된 피고인이 정당한 사유 없이 출석을 거부하였다는 것만으로는 부족하고 더 나아가 교도관에 의한 인치가 불가능하거나 현저히 곤란하다고 인정되어야 한다.
④ 약식명령에 대한 정식재판절차의 공판기일에 정식재판을 청구한 피고인이 출석하지 아니한 때에는 다시 기일을 정하고 피고인이 정당한 이유 없이 다시 정한 기일에도 출석하지 아니한 때에는 피고인의 진술 없이 판결할 수 있다.

해설

① 【X】 장기 3년 이하의 징역 또는 금고, 다액 500만원을 초과하는 벌금 또는 구류에 해당하는 사건에서 피고인의 불출석허가신청이 있고 법원이 피고인의 불출석이 그의 권리를 보호함에 지장이 없다고 인정하여 이를 허가한 사건에 관하여는 피고인의 출석을 요하지 않는다. 다만 이 경우에도 인정신문이나 판결을 선고하는 공판기일에는 출석하여야 한다(제277조 제3호).
② 【O】 제277조 제4호
③ 【O】 대판 2001.6.12. 2001도114
④ 【O】 제458조 제2항, 제365조

정답 ①

24. 다음 설명 중 가장 옳지 않은 것은? (다툼이 있는 경우 판례에 의함) 〔18. 법원직〕

① 피고인이 출석하지 아니하면 개정하지 못하는 경우에 구속된 피고인이 정당한 사유없이 출석을 거부하고 교도관에 의한 인치가 불가능하거나 현저히 곤란하다고 인정되는 때에는 피고인의 출석 없이 공판절차를 진행할 수 있다.
② 공소기각 또는 면소의 재판을 할 것이 명백한 사건에 관하여는 공판기일에 피고인의 출석 없이 개정할 수 있다.
③ 항소심에서 피고인이 제1회 공판기일에는 소환장을 적법하게 송달받고도 불출석하였다가 제2회 공판기일에는 출석하였으나, 제3회 공판기일에 소환장을 적법하게 송달받고도 다시 불출석하였다면, 피고인의 출석 없이 제3회 공판기일을 개정할 수 있다.
④ 필요적 변호사건이라 하여도 피고인이 재판거부의 의사를 표시하고 재판장의 허가 없이 퇴정하였으며, 변호인마저 이에 동조하여 퇴정해 버린 경우에는 피고인이나 변호인의 재정 없이도 심리판결할 수 있다.

해설
① 【 O 】 제277조의2 제1항
② 【 O 】 제277조 제2호
③ 【 X 】 형사소송법 제370조, 제276조에 의하면 항소심에서도 공판기일에 피고인의 출석 없이는 개정하지 못하나, 같은 법 제365조가 피고인이 항소심 공판기일에 출석하지 아니한 때에는 다시 기일을 정하고, 피고인이 정당한 사유 없이 다시 정한 기일에도 출석하지 아니한 때에는 피고인의 진술 없이 판결할 수 있도록 정하고 있으므로 피고인의 출석 없이 개정하려면 불출석이 2회 이상 계속된 바가 있어야 한다(대판 2016.4.29. 2016도2210). 피고인들이 제1회 공판기일에 불출석하였으나 제2회 공판기일에는 출석하였으므로 원심으로서는 피고인들이 제3회 공판기일에 불출석하였다고 하여 바로 개정할 수 없고 제4회 공판기일을 다시 정하여 제4회 공판기일에도 불출석한 때 비로소 피고인들의 출석 없이 개정할 수 있다고 할 것이다.
④ 【 O 】 대판 1991.6.28. 91도865

정답 ③

25 피고인 출석의 예외에 대한 설명으로 옳지 않은 것은? (다툼이 있는 경우 판례에 의함)   18. 국가직

① 장기 3년 이하의 징역 또는 금고, 다액 500만 원을 초과하는 벌금 또는 구류에 해당하는 사건에서는 피고인이 불출석허가신청을 하고 법원이 불출석을 허가하는 경우에는, 인정신문과 판결선고기일을 제외하고, 피고인의 출석 없이 개정할 수 있다.
② 항소심에서는 피고인이 적법한 공판기일 소환장을 받고도 정당한 사유 없이 공판기일에 1회 출정하지 아니한 때에는 피고인의 진술 없이 판결할 수 있다.
③ 사형, 무기 또는 장기 10년이 넘는 징역이나 금고에 해당하는 사건을 제외하고, 제1심 공판절차에서 피고인에 대한 송달불능보고서가 접수된 후 6월이 경과하도록 피고인의 소재를 확인할 수 없으면 2회 공시송달 후 궐석재판을 진행할 수 있다.
④ 법정형 다액 500만 원 이하의 벌금 또는 과료에 해당하는 사건에서는 법원이 피고인을 소환하는 경우 피고인을 대신하여 대리인이 출석할 수 있다.

해설
① 【 O 】 제277조 제3호
② 【 X 】 항소심에서는 피고인이 공판기일에 출정하지 아니한 때에는 다시 기일을 정하여야 한다. 피고인이 정당한 사유없이 다시 정한 기일에 출정하지 아니한 때에는 피고인의 진술없이 판결할 수 있다(제365조).
③ 【 O 】 소송촉진 등에 관한 특례법 제23조
④ 【 O 】 제277조 제1호

정답 ②

26 불출석재판에 대한 설명으로 옳지 않은 것은? (다툼이 있는 경우 판례에 의함)
17. 검찰 7급

① 공시송달의 방법으로 소환한 피고인이 불출석하는 경우 다시 공판기일을 지정하고 공시송달의 방법으로 피고인을 재소환한 후 그 기일에도 피고인이 불출석하여야 비로소 피고인이 불출석한 상태에서 재판절차를 진행할 수 있다.
② 항소심에서 피고인의 출석 없이 개정하려면 불출석이 2회 이상 계속되어야 한다.
③ 약식명령에 대한 정식재판절차의 공판기일에 정식재판을 청구한 피고인이 출석하지 아니한 경우 다시 기일을 정하여야 하고, 피고인이 정당한 사유 없이 또 다시 출정하지 아니한 때에는 피고인의 진술 없이 판결을 할 수 있다.
④ 소송촉진 등에 관한 특례법 제23조에 따라 진행된 제1심의 불출석 재판에 대하여 검사만 항소하고, 항소심도 불출석 재판으로 진행한 후 제1심 판결을 파기하고 다시 유죄판결을 선고하여 확정된 경우, 비록 피고인에게 불출석의 귀책사유가 없다고 하더라도 항소심 법원에 재심을 청구할 수는 없다.

해설

① 【 O 】 대판 2011.5.13. 2011도1094
② 【 O 】 대판 2016.4.29. 2016도2210
③ 【 O 】 제458조 제2항, 제365조
④ 【 X 】 소송촉진 등에 관한 특례법 제23조에 따라 진행된 제1심의 불출석 재판에 대하여 검사만 항소하고 항소심도 불출석 재판으로 진행한 후에 제1심판결을 파기하고 새로 또는 다시 유죄판결을 선고하여 유죄판결이 확정된 경우에도, 재심 규정을 유추 적용하여 귀책사유 없이 제1심과 항소심의 공판절차에 출석할 수 없었던 피고인은 재심 규정이 정한 기간 내에 항소심 법원에 유죄판결에 대한 재심을 청구할 수 있다(대판 2015.6.25. 2014도17252 전합).

정답 ④

27 전문심리위원의 공판준비 및 공판기일 등 소송절차 참여에 대한 설명으로 옳지 않은 것은? (다툼이 있는 경우 판례에 의함)
20. 검찰 7급

① 법원은 검사, 피고인 또는 변호인의 신청이 있는 경우에는 전문심리위원을 지정하여 소송절차에 참여하게 하여야 한다.
② 전문심리위원은 소송절차에 참여하여 전문적인 지식에 의한 설명 또는 의견을 기재한 서면을 제출하거나 공판기일에 전문적인 지식에 의하여 설명이나 의견을 진술할 수 있지만 재판의 합의에는 참여할 수 없다.
③ 법원은 전문심리위원과 관련된 절차 진행 등에 관한 사항을 당사자에게 적절한 방법으로 적시에 통지하여 당사자의 참여 기회가 실질적으로 보장될 수 있도록 세심한 배려를 하여야 한다.
④ 검사와 피고인 또는 변호인이 합의하여 전문심리위원의 소송절차 참여 결정을 취소할 것을 신청한 때에는 법원은 그 결정을 취소하여야 한다.

해설

① 【 X 】 법원은 소송관계를 분명하게 하거나 소송절차를 원활하게 진행하기 위하여 필요한 경우에는 직권 또는 검사, 피고인 또는 변호인의 신청에 의하여 결정으로 전문심리위원을 지정하여 공판준비 및 공판기일 등 소송절차에 참여하게 할 수 있다(제279조의2 제1항).
② 【 O 】 제279조의2 제2항
③ 【 O 】 대판 2019.5.30. 2018도19051
④ 【 O 】 제279조의3 제2항

정답 ①

28 전문심리위원에 대한 설명으로 옳지 않은 것은?

23. 국가직

① 전문심리위원은 공판기일에 한하여 재판장의 허가를 받아 피고인 또는 변호인, 증인 또는 감정인 등 소송관계인에게 소송관계를 분명하게 하기 위하여 필요한 사항에 관하여 의견을 진술하거나 직접 질문할 수 있지만 재판의 합의에 참여하는 것은 허용되지 않는다.
② 법원은 전문심리위원이 제출한 서면이나 전문심리위원의 설명 또는 의견의 진술에 관하여 검사, 피고인 또는 변호인에게 구술 또는 서면에 의한 의견진술의 기회를 주어야 한다.
③ 제척 또는 기피 신청이 있는 전문심리위원은 그 신청에 관한 결정이 확정될 때까지 그 신청이 있는 사건의 소송절차에 참여할 수 없다. 이 경우 전문심리위원은 해당 제척 또는 기피 신청에 대하여 의견을 진술할 수 있다.
④ 법원은 전문심리위원에 관한 규정들을 지켜야 하고, 이를 준수함에 있어서도 전문심리위원과 관련된 절차 진행 등에 관한 사항을 당사자에게 적절한 방법으로 적시에 통지하여 당사자의 참여 기회가 실질적으로 보장될 수 있도록 세심한 배려를 하여야 한다.

[해설]
① 【 X 】 법원은 소송관계를 분명하게 하거나 소송절차를 원활하게 진행하기 위하여 필요한 경우에는 직권으로 또는 검사, 피고인 또는 변호인의 신청에 의하여 결정으로 전문심리위원을 지정하여 공판준비 및 공판기일 등 소송절차에 참여하게 할 수 있다(형사소송법 제279조의2 제1항 참고).
② 【 O 】 형사소송법 제279조의2 제4항
③ 【 O 】 형사소송법 제279조의5 제2항
④ 【 O 】 대판 2019.5.30. 2018도19051

정답 ①

29 공판기일 진행 절차를 원칙에 따라 순서대로 나열한 것은? (피고인, 검사가 모두 출석하여 정상적으로 재판이 진행되는 것을 전제로 함)

16. 법원직

> ㉠ 피고인의 모두 진술(공소사실 인정 여부 등 진술)
> ㉡ 검사의 모두 진술(공소장에 의해 공소사실 등 낭독)
> ㉢ 인정신문(성명, 주거 등을 물어 출석한 자가 피고인이 맞는지 확인)
> ㉣ 진술거부권 고지
> ㉤ 증거조사
> ㉥ 피고인 신문

① ㉣ → ㉢ → ㉡ → ㉠ → ㉤ → ㉥
② ㉢ → ㉣ → ㉡ → ㉠ → ㉤ → ㉥
③ ㉢ → ㉣ → ㉡ → ㉤ → ㉠ → ㉥
④ ㉣ → ㉢ → ㉡ → ㉠ → ㉥ → ㉤

[해설]
① 공판기일의 절차는 진술거부권의 고지(제283조의2) ⇨ 인정신문(제284조) ⇨ 검사의 모두진술(제285조) ⇨ 피고인의 모두진술(제286조) ⇨ 증거조사(제290조 이하) ⇨ 피고인신문(제296조의2) 순으로 진행된다.

정답 ①

30 공판기일의 절차 진행을 순서대로 바르게 나열한 것은? 19. 국가직

① 인정신문 – 진술거부권 고지 – 모두절차 – 피고인신문 – 증거조사
② 인정신문 – 모두절차 – 진술거부권 고지 – 증거조사 – 피고인신문
③ 진술거부권 고지 – 인정신문 – 모두절차 – 증거조사 – 피고인신문
④ 진술거부권 고지 – 인정신문 – 모두절차 – 피고인신문 – 증거조사

[해설]
① 공판기일의 절차는 진술거부권의 고지(제283조의2) ⇨ 인정신문(제284조) ⇨ 검사의 모두진술(제285) ⇨ 피고인의 모두진술(제286조) ⇨ 증거조사(제290조 이하) ⇨ 피고인신문(제296조의2) 순으로 진행된다.

정답 ③

31 공판절차에 관한 설명 중 가장 적절하지 않은 것은? (다툼이 있는 경우 판례에 의함) 20. 경찰승진

① 형사소송법은 피고인이 공판기일에 출석하지 아니한 때에는 특별한 규정이 없으면 개정하지 못한다고 규정하여, 원칙적으로 피고인의 출석은 공판의 개정요건이다.
② 재판장은 피고인에게 진술하지 아니하거나 개개의 질문에 대하여 진술을 거부할 수 있음을 고지하여야 한다.
③ 검사 또는 변호인은 피고인을 신문할 수 있으나, 재판장은 소송 지휘권만을 가질 뿐 직접 피고인을 신문할 수 없다.
④ 법원은 검사, 피고인 또는 변호인이 신청한 증거를 조사하고, 직권으로 결정한 증거도 조사할 수 있다.

[해설]
① 【 O 】 제276조
② 【 O 】 제283조의2 제2항
③ 【 X 】 재판장은 검사와 변호인의 신문이 끝난 뒤에 신문할 수 있다(제161조의2 제2항).
④ 【 O 】 제291조의2 제1항, 제2항

정답 ③

32 공판절차에 대한 설명으로 옳지 않은 것은? 23. 국가직

① 형사재판에서 유죄로 인정하기 위한 심증형성의 정도는 합리적인 의심을 할 여지가 없을 정도이어야 하고, 여기서 '합리적 의심'이란 논리와 경험칙에 기하여 요증사실과 양립할 수 없는 사실의 개연성에 대한 합리성 있는 의문을 의미한다.
② 검사, 피고인 또는 변호인은 공판절차상 재판장의 처분이 법령에 위반하거나 상당하지 아니한 때에는 이를 이유로 이의신청을 할 수 있다.
③ 형사재판에서 이와 관련된 다른 형사사건의 확정판결에서 인정된 사실은 특별한 사정이 없는 한 유력한 증거자료가 되는 것이나, 당해 형사재판에서 제출된 다른 증거 내용에 비추어 관련 형사사건 확정판결의 사실판단을 그대로 채택하기 어렵다고 인정될 경우에는 이를 배척할 수 있다.
④ 공소장 기재의 방식에 관하여 피고인 측으로부터 이의가 제기되지 아니하였고, 법원 역시 범죄사실의 실체를 파악하는 데 지장이 없다고 판단하여 그대로 공판절차를 진행한 결과 증거조사절차가 마무리되어 법관의 심증형성이 이루어진 단계에서는 더 이상 공소장일본주의 위배를 주장하여 이미 진행된 소송절차의 효력을 다툴 수 없다.

[해설]
① 【 O 】 대판 2004.6.25. 2004도2221
② 【 X 】 검사, 피고인 또는 변호인은 재판장의 처분에 대하여 이의신청을 할 수 있다(형사소송법 제304조). 법령에 위반하거나 상당하지 아니한 때가 아님.
③ 【 O 】 대판 2012.6.14. 2011도15653
④ 【 O 】 대판 2009.10.22. 2009도7436

정답 ②

33 공판에 대한 설명으로 옳지 않은 것은? (다툼이 있는 경우 판례에 의함) 21. 국가직

① 피고인이 출석하지 아니하면 개정하지 못하는 경우에는 구속된 피고인이 정당한 사유없이 공판정 출석을 거부하고, 교도관에 의한 인치가 불가능하거나 현저히 곤란하다고 인정되는 때에도 피고인의 출석 없이 공판절차를 진행하였다면 위법하다.
② 항소심 공판기일에 증거조사가 종료되자 변호인이 피고인을 신문하겠다는 의사를 표시하였으나, 재판장이 일체의 피고인 신문을 불허하고 변호인에게 주장할 내용을 변론요지서로 제출할 것을 명령하면서 변론을 종결한 것은 위법하다.
③ 검사가 공판기일의 통지를 2회 이상 받고 출석하지 아니하거나 판결만을 선고하는 때에는 검사의 출석없이 개정할 수 있다.
④ 법원은 공소의 제기가 있는 때에는 지체 없이, 늦어도 제1회 공판기일 전 5일까지 공소장부본을 피고인 또는 변호인에게 송달하여야 한다.

[해설]
① 【 X 】 피고인이 출석하지 아니하면 개정하지 못하는 경우에 구속된 피고인이 정당한 사유없이 공판정 출석을 거부하고, 교도관에 의한 인치가 불가능하거나 현저히 곤란하다고 인정되는 때에는 피고인의 출석 없이 공판절차를 진행할 수 있다(제277조의2).
② 【 O 】 형사소송법 제370조, 제296조의2 제1항 본문은 "검사 또는 변호인은 증거조사 종료 후에 순차로 피고인에게 공소사실 및 정상에 관하여 필요한 사항을 신문할 수 있다."라고 규정하고 있으므로, 변호인의 피고인신문권은 변호인의 소송법상 권리이다. 한편 재판장은 검사 또는 변호인이 항소심에서 피고인신문을 실시하는 경우 제1심의 피고인신문과 중복되거나 항소이유의 당부를 판단하는 데 필요 없다고 인정하는 때에는 그 신문의 전부 또는 일부를 제한할 수 있으나(형사소송규칙 제156조의6 제2항) 변호인의 본질적 권리를 해할 수는 없다(형사소송법 제370조, 제299조참조). 따라서 재판장은 변호인이 피고인을 신문하겠다는 의사를 표시한 때에는 피고인을 신문할 수 있도록 조치하여야 하고, 변호인이 피고인을 신문하겠다는 의사를 표시하였음에도 변호인에게 일체의 피고인신문을 허용하지 않은 것은 변호인의 피고인신문권에 관한 본질적 권리를 해하는 것으로서 소송절차의 법령위반에 해당한다(대판 2020.12.24. 2020도10778).
⇒ 기록에 의하면, 원심 변호인은 2020.6.17. 제2회 공판기일에 증거조사가 종료되자 재판장에게 피고인신문을 원한다는 의사를 표시하였으나, 재판장은 피고인신문을 불허하고 변호인에게 주장할 내용을 변론요지서로 제출할 것을 명하면서 변론을 종결하고 2020.7.15. 제3회 공판기일에 판결을 선고한 사실을 알 수 있다. 위 사실관계를 앞서 본 법리에 비추어 살펴보면, 변호인이 피고인을 신문하겠다는 의사를 표시하였음에도 불구하고 피고인신문절차를 진행하지 않은 채 변론을 종결하고 판결을 선고한 원심판결에는 소송절차에 관한 법령을 위반한 잘못이 있다.
③ 【 O 】 제278조
④ 【 O 】 제266조

정답 ①

34 증거조사절차에 대한 설명으로 옳은 것(○)과 옳지 않은 것(×)을 바르게 연결한 것은? (다툼이 있는 경우 판례에 의함)

21. 국가직

> ㉠ 피고인이 철회한 증인을 법원이 직권신문하고 이를 채증하는 것은 위법하다.
> ㉡ 법원은 검사, 피고인 또는 변호인의 신청에 의해서 증거조사를 할 수 있지만, 직권으로는 할 수 없다.
> ㉢ 검사, 피고인 또는 변호인이 고의로 증거를 뒤늦게 신청함으로써 공판의 완결을 지연하는 것으로 인정되는 때에도 상대방의 신청이 없는 한 법원이 직권으로 증거신청을 각하할 수 없다.
> ㉣ 「형사소송법」 제312조 및 「형사소송법」 제313조에 따라 증거로 할 수 있는 피고인 또는 피고인 아닌 자의 진술을 기재한 조서 또는 서류가 피고인의 자백 진술을 내용으로 하는 경우에는 범죄사실에 관한 다른 증거를 조사하기 전에 이를 조사하여야 한다.

① ㉠ ○ ㉡ ○ ㉢ ○ ㉣ ○
② ㉠ ○ ㉡ × ㉢ × ㉣ ○
③ ㉠ × ㉡ × ㉢ ○ ㉣ ×
④ ㉠ × ㉡ × ㉢ × ㉣ ×

해설

㉠ 【 X 】 증인은 법원이 직권에 의하여 신문할 수도 있고 증거의 채부는 법원의 직권에 속하는 것이므로 피고인이 철회한 증인을 법원이 직권신문하고 이를 채증하더라도 위법이 아니다(대판 1983.7.12. 82도3216).
㉡ 【 X 】 법원은 직권으로 증거조사를 할 수 있다(제295조).
㉢ 【 X 】 검사, 피고인 또는 변호인이 고의로 증거를 뒤늦게 신청함으로써 공판의 완결을 지연하는 것으로 인정할 때에는 직권 또는 상대방의 신청에 따라 결정으로 이를 각하할 수 있다(제294조 제2항).
㉣ 【 X 】 「형사소송법」 제312조 및 「형사소송법」 제313조에 따라 증거로 할 수 있는 피고인 또는 피고인 아닌 자의 진술을 기재한 조서 또는 서류가 피고인의 자백 진술을 내용으로 하는 경우에는 범죄사실에 관한 다른 증거를 조사한 후에 이를 조사하여야 한다(규칙 제135조).

정답 ④

35 증거의 신청 및 결정에 대한 설명으로 옳은 것은? (다툼이 있는 경우 판례에 의함)

19. 국가직

① 증거로 할 부분을 특정하여 명시하면 서류나 물건의 일부에 대한 증거신청도 허용된다.
② 검사와 달리 피고인 또는 변호인이 증거신청을 하는 때에는 그 증거와 증명하고자 하는 사실과의 관계를 구체적으로 명시해야 하는 것은 아니다.
③ 범죄로 인한 피해자의 법정대리인은 그 피해자에 대한 증인신문을 신청할 수 없다.
④ 공판심리가 종결된 후에 피고인이 증인신청을 하였다면, 법원은 피고인의 방어권 보장을 위해 변론을 재개하여 증인신문을 하여야 한다.

해설

① 【 O 】 서류나 물건의 일부에 대한 증거신청을 함에 있어서는 증거로 할 부분을 특정하여 명시하여야 한다(규칙 제132조의2 제3항).
② 【 X 】 검사, 피고인 또는 변호인이 증거신청을 함에 있어서는 그 증거와 증명하고자 하는 사실과의 관계를 구체적으로 명시하여야 한다(규칙 제132조의2 제1항).
③ 【 X 】 법원은 범죄로 인한 피해자 또는 그 법정대리인의 신청이 있는 때에는 피해자 등을 증인으로 신문하여야 한다(제294조의2 제1항).
④ 【 X 】 증거신청의 채택 여부는 법원의 재량으로서 법원이 필요하지 않다고 인정할 때에는 이를 조사하지 않을 수 있는 것이고, 법원이 적법하게 공판의 심리를 종결한 뒤에 피고인이 증인신청을 하였다 하여 반드시 공판의 심리를 재개하여 증인신문을 하여야 하는 것은 아니다(대판 2011.1.27. 2010도7947).

정답 ①

36 증거조사에 관한 다음 설명 중 가장 적절한 것은? (다툼이 있으면 판례에 의함)

16. 경찰채용 1차

① 형사소송법 제318조에 규정된 증거동의의 의사표시는 증거조사가 완료된 뒤에도 취소 또는 철회가 인정되므로, 취소 또는 철회 이전에 이미 취득한 증거능력은 상실된다.
② 피고인이 철회한 증인을 법원이 직권 신문하고 이를 채증하더라도 위법이 아니다.
③ 피고인이 출석한 공판기일에서 증거로 함에 부동의한다는 의견이 진술된 경우에도 그 후 피고인이 출석하지 아니한 공판기일에 변호인만이 출석하여 종전 의견을 번복하여 증거로 함에 동의하였다면 이는 특별한 사정이 없는 한 효력이 있다.
④ 증거물이지만 증거서류의 성질도 가지고 있는 이른바 '증거물인 서면'을 조사하기 위해서는 증거서류의 조사방식인 낭독·내용고지 또는 열람의 절차와 증거물의 조사방식인 제시의 절차가 함께 이루어져야 하는 것은 아니다.

해설

① 【 X 】 형사소송법 제318조에 규정된 증거동의의 의사표시는 증거조사가 완료되기 전까지 취소 또는 철회할 수 있으나, 일단 증거조사가 완료된 뒤에는 취소 또는 철회가 인정되지 아니하므로 제1심에서 한 증거동의를 제2심에서 취소할 수 없고, 일단 증거조사가 종료된 후에 증거동의의 의사표시를 취소 또는 철회하더라도 취소 또는 철회 이전에 이미 취득한 증거능력이 상실되지 않으며, 또한 증거로 함에 대한 동의의 주체는 소송주체인 당사자라 할 것이지만 변호인은 피고인의 명시한 의사에 반하지 아니하는 한 피고인을 대리하여 증거로 함에 동의할 수 있으므로 피고인이 증거로 함에 동의하지 아니한다고 명시적인 의사표시를 한 경우 이외에는 변호인은 서류나 물건에 대하여 증거로 함에 동의할 수 있고, 이 경우 변호인의 동의에 대하여 피고인이 즉시 이의하지 아니하는 경우에는 변호인의 동의로 증거능력이 인정되어 증거조사 완료 전까지 그 동의가 취소 또는 철회하지 아니한 이상 일단 부여된 증거능력은 그대로 존속한다(대판 2005.4.28. 2004도4428).
② 【 O 】 대판 1983.7.12. 82도3216
③ 【 X 】 형사소송법 제318조에 규정된 증거동의의 주체는 소송 주체인 검사와 피고인이고, 변호인은 피고인을 대리하여 증거동의에 관한 의견을 낼 수 있을 뿐이므로 피고인의 명시한 의사에 반하여 증거로 함에 동의할 수는 없다. 따라서 피고인이 출석한 공판기일에서 증거로 함에 부동의한다는 의견이 진술된 경우에는 그 후 피고인이 출석하지 아니한 공판기일에 변호인만이 출석하여 종전 의견을 번복하여 증거로 함에 동의하였다 하더라도 이는 특별한 사정이 없는 한 효력이 없다고 보아야 한다(대판 2013.3.28. 2013도3).
④ 【 X 】 형사소송법 제292조, 제292조의2 제1항, 형사소송규칙 제134조의6의 취지에 비추어 보면, 본래 증거물이지만 증거서류의 성질도 가지고 있는 이른바 '증거물인 서면'을 조사하기 위해서는 증거서류의 조사방식인 낭독·내용고지 또는 열람의 절차와 증거물의 조사방식인 제시의 절차가 함께 이루어져야 하므로, 원칙적으로 증거신청인으로 하여금 그 서면을 제시하면서 낭독하게 하거나 이에 갈음하여 그 내용을 고지 또는 열람하도록 하여야 한다(대판 2013.7.26. 2013도2511).

정답 ②

37 증거조사에 대한 설명으로 옳지 않은 것은? (다툼이 있는 경우 판례에 의함)   17. 국가직

① 법원은 직권 또는 검사, 피고인이나 변호인의 신청에 의하여 공무소 또는 공사단체에 조회하여 필요한 사항의 보고 또는 그 보관서류의 송부를 요구할 수 있다.
② 증거물인 서면을 조사하기 위해서는 증거서류의 조사방식인 낭독·내용고지 또는 열람의 절차와 증거물의 조사방식인 제시의 절차가 함께 이루어져야 한다.
③ 법원은 검사, 피고인 또는 변호인의 신청에 의하여 공판준비에 필요하다고 인정한 때에는 공판기일 전에 피고인 또는 증인을 신문할 수 있다.
④ 검사, 피고인 또는 변호인은 증거조사에 관하여 이의신청을 할 수 있고, 증거결정에 대한 이의신청은 법령의 위반이 있거나 상당하지 아니함을 이유로 이를 할 수 있다.

해설

① 【 O 】 제272조 제1항
② 【 O 】 대판 2013.7.26. 2013도2511
③ 【 O 】 제273조 제1항
④ 【 X 】 증거조사에 대한 이의신청은 법령의 위반이 있거나 상당하지 아니함을 이유로 하여 이를 할 수 있다. 다만, 증거결정에 대한 이의신청은 법령의 위반이 있음을 이유로 하여서만 이를 할 수 있다(규칙 제135조의2).

정답 ④

38 증거조사에 대한 설명으로 옳지 않은 것은? (다툼이 있는 경우 판례에 의함)   18. 검찰 7급

① 증거조사를 거치지 아니하였고 피고인이 이를 증거로 사용함에 동의를 한 바도 없기 때문에 증거능력이 인정되지 않는 증거라도 구성요건 사실을 추인하게 하는 간접사실의 인정자료로는 허용된다.
② 법원은 검사, 피고인 또는 변호인의 신청에 의하여 공판준비에 필요하다고 인정한 때에는 공판기일 전에 피고인 또는 증인을 신문할 수 있고, 검증, 감정 또는 번역을 명할 수 있다.
③ 재판부가 당사자의 증거신청을 채택하지 아니하거나 이미 한 증거결정을 취소하였다고 하더라도 그러한 사유만으로는 법관의 기피사유인 '불공평한 재판을 할 염려가 있는 때'에 해당하지 않는다.
④ 형의 양정에 관한 절차는 범죄사실을 인정하는 단계와 달리 취급하여야 하므로 당사자가 직접 수집하여 제출하기 곤란하거나 필요하다고 인정되는 경우, 법원은 직권으로 양형조건에 관한 형법 제51조의 사항을 수집·조사할 수 있다.

해설

① 【 X 】 증거능력이 없는 증거는 구성요건 사실을 추인하게 하는 간접사실이나 구성요건 사실을 입증하는 직접증거의 증명력을 보강하는 보조사실의 인정자료로도 사용할 수 없다(대판 2008.12.11. 2008도7112).
② 【 O 】 제273조 제1항
③ 【 O 】 대결 1995.4.3. 95모10
④ 【 O 】 대판 2010.4.29. 2010도750

정답 ①

39 공판기일의 절차에 대한 설명으로 옳지 않은 것은? (다툼이 있는 경우 판례에 의함) 19. 검찰 7급

① 법원이 적법하게 공판의 심리를 종결한 뒤에 피고인이 증인신청을 하였다 하여 반드시 공판의 심리를 재개하여 증인신문을 하여야 하는 것은 아니다.
② 피고인이나 변호인이 무죄에 관한 자료로 제출한 서증 가운데 도리어 유죄임을 뒷받침하는 내용이 있는 경우, 해당 증거에 대한 상대방의 동의가 있고 진정성립 여부 등 법원의 적법한 증거조사가 있었더라도 그 서증을 유죄인정의 증거로 쓸 수 없다.
③ 피고인의 자백을 보강하는 증거나 정상에 관한 증거는 보강증거 또는 정상에 관한 증거라는 취지를 특히 명시하여 그 조사를 신청하여야 한다.
④ 증거조사와 피고인신문을 종료한 후 검사에게 의견진술의 기회를 주었음에도 검사가 양형에 관한 의견진술을 하지 않은 경우, 이는 판결에 영향을 미친 법률위반이 있는 경우에 해당한다고 할 수 없다.

[해설]
① 【O】 증거신청의 채택 여부는 법원의 재량으로서 법원이 필요하지 않다고 인정할 때에는 이를 조사하지 않을 수 있는 것이고, 법원이 적법하게 공판의 심리를 종결한 뒤에 피고인이 증인신청을 하였다 하여 반드시 공판의 심리를 재개하여 증인신문을 하여야 하는 것은 아니다(대판 2011.1.27. 2010도7947).
② 【X】 피고인이나 변호인이 무죄에 관한 자료로 제출한 서증 가운데 도리어 유죄임을 뒷받침하는 내용이 있다 하여도 법원은 상대방의 원용(동의)이 없는 한 그 서류의 진정성립 여부 등을 조사하고 아울러 그 서류에 대한 피고인이나 변호인의 의견과 변명의 기회를 준 다음이 아니면 그 서증을 유죄인정의 증거로 쓸 수 없다고 보아야 한다(대판 1989.10.10. 87도966).
③ 【O】 형사소송규칙 제132조의2 제2항
④ 【O】 결심공판에 출석한 검사가 사실과 법률적용에 관하여 의견을 진술하지 않더라도 공판절차가 무효로 되는 것은 아니며 위 공판조서에 검사의 의견진술이 누락되어 있다 하여도 이로써 판결에 영향을 미친 법률위반이 있는 경우에 해당한다고는 볼 수 없다(대판 1977.5.10. 74도3293).

[정답] ②

40 증거신청 및 증거조사에 관한 설명 중 가장 적절하지 않은 것은? (다툼이 있는 경우 판례에 의함) 20. 경찰승진

① 피고인 또는 변호인이 증거를 신청하였다 하더라도 그 채택 여부는 법원의 재량으로서 법원은 불필요하다고 인정한 때에는 피고인이나 변호인이 신청한 증거를 조사하지 아니할 수 있다.
② 증거신청에 대한 법원의 증거결정에 관하여 이의신청을 하는 경우 그 이의신청은 증거결정에 법령의 위반이 있거나 상당하지 아니함 등을 사유로 하여 자유롭게 할 수 있다.
③ 증거신청에 따라 증거서류를 조사하는 때에는 원칙적으로 신청인이 이를 낭독하는 방법으로 하고 재판장이 필요하다고 인정하는 때에는 내용을 고지하는 방법으로 할 수 있다.
④ 증거신청에 따라 증거물을 조사하는 때에는 원칙적으로 신청인이 증거물을 제시하는 방법으로 한다.

[해설]
① 【O】 대판 2003.10.10. 2003도3282
② 【X】 검사, 피고인 또는 변호인은 증거조사에 관하여 법령의 위반이 있거나 상당하지 아니함을 이유로 이의신청을 할 수 있다. 그러나 법원의 증거결정에 대한 이의신청은 법령의 위반이 있음을 이유로 하여서만 이를 할 수 있다(규칙 제135조의2).
③ 【O】 제292조 제1항, 제3항
④ 【O】 제292조의2 제1항

[정답] ②

41 증거조사에 관한 다음 설명 중 가장 옳지 않은 것은? (다툼이 있는 경우 판례에 의함) 20. 법원직

① 증거신청의 채택 여부는 법원의 재량으로서 법원이 필요하지 아니하다고 인정할 때에는 이를 조사하지 않아도 무방하다.
② 피고인이 공시송달의 방법에 의한 공판기일의 소환을 2회 이상 받고도 출석하지 아니하여 법원이 피고인의 출정 없이 증거조사를 하는 경우 피고인의 진의와 관계 없이 증거동의가 있는 것으로 간주된다.
③ 피고인이 출석한 공판기일에서 증거로 함에 부동의한다는 의견을 진술하였다가 그 후 피고인이 출석하지 아니한 공판기일에서 변호인이 출석하여 종전 의견을 번복한 경우 증거동의의 효력이 발생한다.
④ 증인은 법원이 직권에 의하여 신문할 수도 있고 증거의 채부는 법원의 직권에 속하는 것이므로 피고인이 철회한 증인을 법원이 직권신문하고 이를 채증하더라도 위법이 아니다.

[해설]

① 【 O 】 대판 1995.6.13. 95도826
② 【 O 】 대판 2011.3.10. 2010도15977
③ 【 X 】 형사소송법 제318조에 규정된 증거동의의 주체는 소송 주체인 검사와 피고인이고, 변호인은 피고인을 대리하여 증거동의에 관한 의견을 낼 수 있을 뿐이므로 피고인의 명시한 의사에 반하여 증거로 함에 동의할 수는 없다. 따라서 피고인이 출석한 공판기일에서 증거로 함에 부동의한다는 의견이 진술된 경우에는 그 후 피고인이 출석하지 아니한 공판기일에 변호인만이 출석하여 종전 의견을 번복하여 증거로 함에 동의하였다 하더라도 이는 특별한 사정이 없는 한 효력이 없다고 보아야 한다(대판 2013.3.28. 2013도3).
④ 【 O 】 대판 1983.7.12. 82도3216

정답 ③

42 증거조사의 이의신청에 관한 다음 설명 중 가장 옳지 않은 것은? (다툼이 있는 경우 판례에 의함) 20. 법원직

① 증거조사에 대한 이의신청은 법령의 위반이 있는 경우에만 할 수 있다.
② 이의신청에 대한 결정에 의하여 판단이 된 사항에 대하여는 다시 이의신청을 할 수 없다.
③ 시기에 늦은 이의신청, 소송지연만을 목적으로 하는 것임이 명백한 이의신청은 결정으로 이를 기각하여야 한다.
④ 증거조사를 마친 증거가 증거능력이 없음을 이유로 한 이의신청을 이유있다고 인정할 경우에는 그 증거의 전부 또는 일부를 배제한다는 취지의 결정을 하여야 한다.

[해설]

① 【 X 】 증거조사에 대한 이의신청은 법령의 위반이 있거나 상당하지 아니함을 이유로 하여 이를 할 수 있다(규칙 제135조의2 본문).
② 【 O 】 규칙 제140조
③ 【 O 】 규칙 제139조 제1항 본문
④ 【 O 】 규칙 제139조 제4항

정답 ①

43 증거조사에 대한 설명으로 옳지 않은 것은? (다툼이 있는 경우 판례에 의함) 20. 검찰 7급

① 검사, 피고인 또는 변호인은 서류나 물건을 증거로 제출할 수 있고, 증인·감정인·통역인 또는 번역인의 신문을 신청할 수 있다.
② 법원은 검사, 피고인 또는 변호인이 고의로 증거를 뒤늦게 신청함으로써 공판의 완결을 지연하는 것으로 인정할 때에는 직권 또는 상대방의 신청에 따라 결정으로 이를 각하할 수 있다.
③ 검사, 피고인 또는 변호인은 증거신청에 대한 법원의 결정에 대하여는 법령의 위반이 있거나 상당하지 아니한 경우에 이의신청을 할 수 있다.
④ 범죄구성요건에 해당하는 사실을 증명하기 위한 근거가 되는 과학적인 연구 결과는 적법한 증거조사를 거친 증거능력 있는 증거에 의하여 엄격한 증명으로 증명되어야 한다.

[해설]
① 【O】 제294조 제1항
② 【O】 제294조 제2항
③ 【X】 제296조 제1항의 규정에 의한 이의신청(증거조사에 대한 이의신청)은 법령의 위반이 있거나 상당하지 아니함을 이유로 하여 할 수 있다. 다만, 법 제295조의 규정에 의한 결정에 대한 이의신청(증거신청에 대한 결정에 대한 이의신청)은 법령의 위반이 있음을 이유로 하여서만 이를 할 수 있다(규칙 제135조의2).
④ 【O】 대판 2010.2.11. 2009도2338

정답 ③

44 피고인신문에 관한 다음 설명 중 가장 옳지 않은 것은? (다툼이 있는 경우 판례에 의함) 21. 법원직

① 재판장은 소송관계인의 진술 또는 신문이 중복된 사항이거나 그 소송에 관계없는 사항인 때에는 소송관계인의 본질적 권리를 해하지 아니하는 한도에서 이를 제한할 수 있다.
② 검사 또는 변호인은 항소심의 증거조사가 종료한 후 항소이유의 당부를 판단함에 필요한 사항에 한하여 피고인을 신문할 수 있다.
③ 항소심 재판장은 검사 또는 변호인이 피고인 신문을 실시하는 경우에도 제1심의 피고인신문과 중복되거나 항소이유의 당부를 판단하는 데 필요 없다고 인정하는 때에는 그 신문의 전부 또는 일부를 제한할 수 있다.
④ 항소심 재판장이 피고인신문을 하겠다는 의사를 표시한 변호인에게 일체의 피고인신문을 허용하지 않는 것은 변호인의 피고인신문권에 관한 본질적 권리를 해하는 것에 해당하지 않는다.

[해설]
① 【O】 제299조
② 【O】 규칙 제156조의6 제1항
③ 【O】 규칙 제156조의6 제2항
④ 【X】 재판장은 검사 또는 변호인이 항소심에서 피고인신문을 실시하는 경우 제1심의 피고인신문과 중복되거나 항소이유의 당부를 판단하는 데 필요 없다고 인정하는 때에는 그 신문의 전부 또는 일부를 제한할 수 있으나(형사소송규칙 제156조의6 제2항) 변호인의 본질적 권리를 해할 수는 없다(형사소송법 제370조, 제299조 참조). 따라서 재판장은 변호인이 피고인을 신문하겠다는 의사를 표시한 때에는 피고인을 신문할 수 있도록 조치하여야 하고, 변호인이 피고인을 신문하겠다는 의사를 표시하였음에도 변호인에게 일체의 피고인신문을 허용하지 않은 것은 변호인의 피고인신문권에 관한 본질적 권리를 해하는 것으로서 소송절차의 법령위반에 해당한다(대판 2020.12.24. 2020도10778).

정답 ④

45 공동피고인에 대한 설명으로 가장 적절하지 않은 것은? (다툼이 있는 경우 판례에 의함) 18. 경찰채용 1차

① 공동피고인과 피고인이 뇌물을 주고받은 사이로 필요적 공범관계에 있다면 검사는 수사단계에서 피고인에 대한 증거를 미리 보전하기 위하여 필요한 경우라도 판사에게 공동피고인을 증인으로 신문할 것을 청구할 수 없다.
② 피고인과 별개의 범죄사실로 기소되어 병합심리되고 있던 공동피고인은 피고인에 대한 관계에서는 증인의 지위에 있음에 불과하므로 선서없이 한 그 공동피고인의 법정 및 검찰진술은 피고인에 대한 공소범죄사실을 인정하는 증거로 할 수 없다.
③ 법원은 공소제기 후부터 공판준비기일이 종결된 다음날까지 공범 관계에 있는 피고인들 중 일부가 국민참여재판을 원하지 아니하여 국민참여재판의 진행에 어려움이 있다고 인정되는 경우에는 국민참여재판을 하지 아니하기로 하는 결정을 할 수 있다.
④ 피고인을 위하여 원심판결을 파기하는 경우에 파기의 이유가 항소한 공동피고인에게 공통되는 때에는 그 공동피고인에 대하여도 원심판결을 파기하여야 한다.

[해설]
① 【 X 】 공동피고인과 피고인이 뇌물을 주고받은 사이로 필요적 공범관계에 있다고 하더라도 검사는 수사단계에서 피고인에 대한 증거를 미리 보전하기 위하여 필요한 경우에는 판사에게 공동피고인을 증인으로 신문할 것을 청구할 수 있다(대판 1988.11.8. 86도1646).
② 【 O 】 대판 1982.9.14. 82도1000
③ 【 O 】 국민의 형사재판 참여에 관한 법률 제9조 제1항 제2호
④ 【 O 】 제364조의2

[정답] ①

46 증인적격이 있는 자만을 모두 고른 것은? (다툼이 있는 경우 판례에 의함) 18. 국가직

㉠ 당해 사건에서 압수·수색을 집행한 검찰수사관
㉡ 별개의 재판에서 이미 당해 사건에 대해 유죄판결이 확정된 공범
㉢ 피고인의 배우자

① ㉠   ② ㉠, ㉢   ③ ㉡, ㉢   ④ ㉠, ㉡, ㉢

[해설]
누구든지 증인적격이 있다(제146조). ㉠㉡㉢ 모두 증인적격이 있다.

[정답] ④

47 甲과 乙은 함께 강도를 행하였고, 이러한 사실을 알고 있는 丙은 甲 등이 강취한 물건을 매수하였다. 검사는 甲과 乙을 강도죄의 공범으로, 丙을 장물취득죄로 기소하였고, 법원은 이들을 공동피고인으로 병합심리 중에 있다. 이에 대한 설명으로 옳은 것만을 모두 고르면? (다툼이 있는 경우 판례에 의함) 19. 국가직 변형

> ㉠ 甲의 사건에서, 乙은 피고인의 지위에 있으므로 소송절차를 분리하지 않는 한 증인이 될 수 없다.
> ㉡ 사법경찰관이 작성한 甲에 대한 피의자신문조서는 甲이 내용을 인정하면 乙의 범죄사실 인정의 증거로 사용할 수 있다.
> ㉢ 검사가 작성한 甲에 대한 피의자신문조서는 甲이 진정성립과 임의성을 인정하더라도, 乙이 내용을 부인하면, 乙의 범죄사실 인정의 증거로 사용할 수 없다.
> ㉣ 丙은 甲과 乙의 사건에 대한 증인적격이 인정되고, 이에 법원은 丙에 대해 증인신문을 할 수 있다.

① ㉠, ㉢   ② ㉠, ㉣   ③ ㉡, ㉢   ④ ㉡, ㉣

해설

㉠ 【 O 】 대판 2008.6.26. 2008도3300
㉡ 【 X 】 형사소송법 제312조 제3항은 검사 이외의 수사기관이 작성한 당해 피고인에 대한 피의자신문조서를 유죄의 증거로 하는 경우뿐만 아니라 검사 이외의 수사기관이 작성한 당해 피고인과 공범관계에 있는 다른 피고인이나 피의자에 대한 피의자신문조서를 당해 피고인에 대한 유죄의 증거로 채택할 경우에도 적용된다. 따라서 당해 피고인과 공범관계가 있는 다른 피의자에 대하여 검사 이외의 수사기관이 작성한 피의자신문조서는, 그 피의자의 법정진술에 의하여 그 성립의 진정이 인정되는 등 형사소송법 제312조 제4항의 요건을 갖춘 경우라고 하더라도 당해 피고인이 공판기일에서 그 조서의 내용을 부인한 이상 이를 유죄 인정의 증거로 사용할 수 없다(대판 2009.7.9. 2009도2865).
㉢ 【 X 】 2022.1.1. 시행 개정형사소송법은 검사작성 피의자신문조서의 증거능력 요건을 사법경찰관작성 피의자신문조서와 동일하게 규정하고 있다. 따라서 甲과 乙은 공범인 공동피고인인 이상 사법경찰관 작성 공범에 대한 피의자신문조서와 마찬가지로 제312조 제1항에 따라 당해피고인의 내용인정이 있어야만 증거능력이 인정된다고 볼 것이다. 따라서 당해 피고인 乙이 내용을 부인하는 이상, 검사작성 甲에 대한 피의자신문조서는 乙에게 증거능력이 인정될 수 없다.
㉣ 【 O 】 丙은 甲과 乙에 대한 관계에서 공범 아닌 공동피고인이다. 따라서 증인적격이 인정된다(대판 2006.1.12. 2005도7601).

정답 ②

48 증인에 관한 설명 중 가장 적절하지 않은 것은? (다툼이 있는 경우 판례에 의함)

20. 경찰승진

① 법원은 법률에 다른 규정이 없으면 누구든지 증인으로 신문할 수 있으므로, 당해 사건 피고인에 대한 피의자신문조서를 작성했던 경찰관도 원칙적으로 증인적격이 있다.
② 공범인 공동피고인은 당해 소송절차에서는 피고인의 지위에 있으므로 소송절차가 분리되더라도 다른 공동피고인에 대한 공소사실에 관하여 증인이 될 수 없다.
③ 법원은 소환장을 송달받은 증인이 정당한 사유 없이 출석하지 아니한 때에는 500만원 이하의 과태료를 부과할 수 있다.
④ 자신에 대한 유죄판결이 확정된 증인이 공범에 대한 피고사건에서 증언할 당시 앞으로 재심을 청구할 예정이라고 하여도, 이를 이유로 증인에게 형사소송법 제148조에 의한 증언거부권이 인정되지는 않는다.

[해설]

① 【 O 】 제146조, 대판 1995.5.9. 95도535
② 【 X 】 공범인 공동피고인은 당해 소송절차에서는 피고인의 지위에 있으므로 다른 공동피고인에 대한 공소사실에 관하여 증인이 될 수 없으나, 소송절차가 분리되어 피고인의 지위에서 벗어나게 되면 다른 공동피고인에 대한 공소사실에 관하여 증인이 될 수 있다(대판 2008.6.26. 2008도3300).
③ 【 O 】 제151조 제1항
④ 【 O 】 대판 2011.11.24. 2011도11994

정답 ②

49 증인의 증언거부권에 대한 설명으로 옳지 않은 것은? (다툼이 있는 경우 판례에 의함)

17. 검찰 7급

① 증인이 증언을 거부할 수 있는 사유인 형사소추를 당할 염려가 있는 경우에서 '형사소추'는 증인이 이미 저지른 범죄사실에 대한 것을 의미하므로 증인의 증언에 의하여 비로소 범죄가 성립하는 경우는 이에 포함되지 않는다.
② 증인이 이미 유죄의 확정판결을 받은 경우에는 공범에 대한 피고사건에서 증언을 거부할 수 없고, 앞으로 재심을 청구할 예정이라고 하여도 마찬가지이다.
③ 증언거부권의 대상인 '공소제기를 당하거나 유죄판결을 받을 사실이 발로될 염려 있는 증언'에는 증인 자신이 범행을 한 것으로 오인되어 유죄판결을 받을 우려가 있는 사실은 포함되지 않는다.
④ 법정에 출석한 증인이 정당하게 증언거부권을 행사하여 증언을 거부한 경우는 형사소송법 제314조의 '그 밖에 이에 준하는 사유로 인하여 진술할 수 없는 때'에 해당하지 아니한다.

[해설]

① 【 O 】 대판 2011.12.8. 2010도2816
② 【 O 】 대판 2011.11.24. 2011도11994
③ 【 X 】 형사소송법에서 위와 같이 증언거부권의 대상으로 규정한 '공소제기를 당하거나 유죄판결을 받을 사실이 발로될 염려 있는 증언'에는 자신이 범행을 한 사실뿐 아니라 범행을 한 것으로 오인되어 유죄판결을 받을 우려가 있는 사실 등도 포함된다고 할 것이다(대판 2012.12.13. 2010도10028).
④ 【 O 】 대판 2012.5.17. 2009도6788 전합

정답 ③

50 증인신문에 관한 다음 설명 중 가장 옳지 않은 것은?

16. 법원직

① 증인 선서는 재판장이 증인으로 하여금 선서서를 낭독하고 기명날인 또는 서명하게 한다. 만약 증인이 낭독을 할 수 없거나 서명을 하지 못하는 때에는 법원사무관등이 그 낭독 또는 서명을 대행한다.
② 만 16세 증인의 경우, 선서하게 하지 않고 증인 신문할 수 있다.
③ 증인이 피고인의 면전에서 충분한 진술을 할 수 없다고 인정될 때에는 재판장은 피고인을 퇴정하게 하고 진술시킬 수 있다. 그러나 이때에도 증인신문이 종료한 때에는 재판장은 피고인을 입정시켜서 법원사무관등으로 하여금 진술의 요지를 알려주게 하여야 한다.
④ 범죄로 인한 피해자를 증인으로 신문하는 때에, 법원은 사생활의 비밀이나 신변보호를 위하여 필요하다고 인정되는 경우 결정으로 심리를 공개하지 않을 수 있다. 이때 이유를 붙여 고지해야만 한다.

해설

① 【O】 제157조 제3항
② 【X】 만 16세 미만의 자에 대해서는 선서하게 하지 아니하고 신문하여야 한다(제159조). 따라서 만 16세의 경우 선서능력자로서 반드시 선서하게 하고 신문하여야 한다.
③ 【O】 제297조 제1항, 제2항
④ 【O】 제294조의3

정답 ②

51 증언거부권에 대한 설명으로 가장 적절하지 않은 것은? (다툼이 있는 경우 판례에 의함)

18. 경찰채용 2차

① 법정에 증인으로 출석한 변호사가 증언할 내용이 「형사소송법」 제149조에서 정한 업무상 위탁을 받은 관계로 알게 된 사실로서 타인의 비밀에 관한 것에 해당하여 증언을 거부한 경우는 「형사소송법」 제314조의 '그 밖에 이에 준하는 사유로 인하여 진술할 수 없는 때'에 해당하지 아니한다.
② 피고인들이 증·수뢰사건으로 기소되어 공동피고인으로 함께 재판을 받으면서 서로 뇌물을 주고받은 사실이 없다고 다투던 중, 증·수뢰의 상대방인 공동피고인에 대한 사건이 변론 분리되어 뇌물공여 또는 뇌물수수의 증인으로 채택된 경우, 그 증인에게는 증언거부권이 인정되지 않는다.
③ 증언거부권자에게 증언거부권을 고지하지 아니하고 증언하게 한 경우, 증인이 침묵하지 아니하고 진술한 것이 자신의 진정한 의사에 의한 것이 아니라면, 그 진술은 위증죄의 구성요건으로 규정한 '법률에 의하여 선서한 증인'의 진술이 아니므로 그 진술내용이 허위라 하더라도 위증죄로 처벌할 수 없다.
④ 재판장은 증언거부권이 있는 자에게는 신문 전에 증언거부권을 고지하여야 하며, 선서한 증인에게 증언거부권을 고지하지 않고 신문한 경우에도 증언의 증거능력은 인정된다.

해설

① 【O】 대판 2012.5.17. 2009도6788 전합
② 【X】 피고인의 지위에 있는 공동피고인은 다른 공동피고인에 대한 공소사실에 관하여 증인이 될 수 없으나, 소송절차가 분리되어 피고인의 지위에서 벗어나게 되면 다른 공동피고인에 대한 공소사실에 관하여 증인이 될 수 있고 이는 대향범인 공동피고인의 경우에도 다르지 아니다(대판 2012.3.29. 2009도11249). 그러나 이러한 경우에도 자신의 범행과 관련된 부분에 대해서는 증언거부권이 있다(대판 2012.3.29. 2009도11249).
③ 【O】 대판 2010.2.25. 2009도13257
④ 【O】 대판 1957.3.8. 4290형상23

정답 ②

52. 증인신문에 대한 설명으로 가장 적절하지 않은 것은? (다툼이 있는 경우 판례에 의함)

① 「헌법」 제109조, 「법원조직법」 제57조 제1항에서 정한 공개금지사유가 없음에도 불구하고 재판의 심리에 관한 공개를 금지하기로 결정하였다면 그러한 공개금지결정은 피고인의 공개재판을 받을 권리를 침해한 것으로서 그 증인신문절차에 의하여 이루어진 증인의 증언은 증거능력이 없고, 변호인의 반대신문권이 보장되었더라도 달리 볼 수는 없다.

② 법원은 범죄의 성질, 증인의 연령, 심신의 상태, 피고인과의 관계, 그 밖의 사정으로 인하여 피고인 등과 대면하여 진술하는 경우 심리적인 부담으로 정신의 평온을 현저하게 잃을 우려가 있다고 인정되는 자를 증인으로 신문하는 경우 상당하다고 인정하는 때에는 검사와 피고인 또는 변호인의 의견을 들어 비디오 등 중계장치에 의한 중계시설을 통하여 신문하거나 차폐시설 등을 설치하고 신문할 수 있다.

③ 자신에 대한 유죄판결이 확정된 증인이 공범에 대한 피고사건에서 증언할 당시 앞으로 재심을 청구할 예정이라면, 이를 이유로 증인에게는 「형사소송법」 제148조에 의한 증언거부권이 인정된다.

④ 법원은 범죄로 인한 피해자를 증인으로 신문하는 경우 당해 피해자・법정대리인 또는 검사의 신청에 따라 피해자의 사생활의 비밀이나 신변보호를 위하여 필요하다고 인정하는 때에는 결정으로 심리를 공개하지 아니할 수 있다.

해설

① 【 O 】 대판 2013.7.26. 2013도2511
② 【 O 】 대판 2015.5.28. 2014도18006
③ 【 X 】 자신에 대한 유죄판결이 확정된 증인이 공범에 대한 피고사건에서 증언할 당시 앞으로 재심을 청구할 예정이라고 하여도, 이를 이유로 증인에게 형사소송법 제148조에 의한 증언거부권이 인정되지는 않는다(대판 21011.11.24. 2011도11994).
④ 【 O 】 제294조의3 제1항

정답 ③

53 증인신문에 대한 설명으로 옳은 것(○)과 옳지 않은 것(×)을 바르게 연결한 것은? (다툼이 있는 경우 판례에 의함)

18. 검찰 7급

> ㉠ 공동피고인인 절도범과 그 장물범은 공범이 아닌 경우 서로 다른 공동피고인의 범죄사실에 관하여는 증인의 지위에 있다.
>
> ㉡ 범행을 하지 아니한 자가 범인으로 공소제기가 되어 피고인의 지위에서 범행사실을 허위자백하고, 나아가 공범에 대한 증인의 자격에서 증언을 하면서 그 공범과 함께 범행하였다고 허위의 진술을 한 경우, 이 증언은 증언거부권의 대상이 되지 않는다.
>
> ㉢ 법원이 제2회 공판기일에서 증인을 채택하여 제3회 공판기일에 증인신문을 하기로 피고인에게 고지하였는데 제3회 공판기일에 증인은 출석하였으나 피고인이 정당한 사유 없이 출석하지 아니한 경우, 형사소송법 제276조의 규정에 의하여 공판기일을 연기할 수밖에 없는 사건에 해당하더라도 이미 출석하여 있는 증인에 대하여 공판기일 외의 신문으로서 증인신문을 하고, 제4회 공판기일에 그 증인신문조서에 대한 서증조사를 하는 것은 증거조사 절차로서 적법하다.
>
> ㉣ 누구든지 자기가 형사소추 또는 공소제기를 당하거나 유죄판결을 받을 사실이 드러날 염려가 있는 경우에는 증인출석을 거부할 수 있다.

① ㉠ ○ ㉡ × ㉢ ○ ㉣ ×
② ㉠ × ㉡ × ㉢ ○ ㉣ ○
③ ㉠ ○ ㉡ ○ ㉢ × ㉣ ○
④ ㉠ ○ ㉡ ○ ㉢ ○ ㉣ ×

해설

㉠ 【 ○ 】 대판 2006.1.12. 2005도7601
㉡ 【 × 】 형사소송법에서 위와 같이 증언거부권의 대상으로 규정한 '공소제기를 당하거나 유죄판결을 받을 사실이 발로될 염려 있는 증언'에는 자신이 범행을 한 사실뿐 아니라 범행을 한 것으로 오인되어 유죄판결을 받을 우려가 있는 사실 등도 포함된다고 할 것이다. 따라서 범행을 하지 아니한 자가 범인으로 공소제기가 되어 피고인의 지위에서 범행사실을 허위자백하고, 나아가 공범에 대한 증인의 자격에서 증언을 하면서 그 공범과 함께 범행하였다고 허위의 진술을 한 경우에도 그 증언은 자신에 대한 유죄판결의 우려를 증대시키는 것이므로 증언거부권의 대상은 된다고 볼 것이다(대판 2012.12.13. 2010도10028).
㉢ 【 ○ 】 대판 2000.10.13. 2000도3265
㉣ 【 × 】 누구든지 자기가 형사소추 또는 공소제기를 당하거나 유죄판결을 받을 사실이 드러날 염려가 있는 증언을 거부할 수 있다(제148조).

정답 ①

54 증인신문에 관한 다음 설명 중 가장 옳지 않은 것은? (다툼이 있는 경우 판례에 의함) _{19. 법원직}

① 법원이 공판기일에 증인을 채택하여 다음 공판기일에 증인신문을 하기로 피고인에게 고지하였으나 피고인이 정당한 사유 없이 출석하지 아니한 경우에도 증인에 대한 증거조사를 할 수 있는 방법이 있다.
② 증인이 대면 진술함에 있어 심리적 부담으로 인해 정신의 평온을 현저하게 잃을 우려가 있는 상대방인 경우 차폐시설을 설치하고 신문할 수 있는데, 이러한 신문방식은 증인에 대해 인적보호조치가 취해지는 등 특별한 사정이 있는 때에는 피고인의 변호인에 대하여도 허용될 수 있다.
③ 재판장은 증인이 피고인의 면전에서 충분한 진술을 할 수 없다고 인정한 때에는 피고인을 퇴정하게 하고 증인신문을 진행할 수는 있는데, 이때 변호인이 재정하여 피고인을 위해 증인을 상대로 반대신문을 한 이상 피고인에게 별도로 반대신문의 기회를 줄 필요는 없다.
④ 검사가 제1심 증인신문 과정에서 주신문을 하면서 형사소송규칙상 허용되지 않는 유도신문을 하였다고 볼 여지가 있는 경우라도 그 다음 공판기일에서 피고인과 변호인이 제대로 이의제기하지 않았다면 주신문의 하자는 치유된다.

[해설]

① 【 O 】 법원이 공판기일에 증인을 채택하여 다음 공판기일에 증인신문을 하기로 피고인에게 고지하였는데 그 다음 공판기일에 증인은 출석하였으나 피고인이 정당한 사유 없이 출석하지 아니한 경우, 이미 출석하여 있는 증인에 대하여 공판기일 외의 신문으로서 증인신문을 하고 다음 공판기일에 그 증인신문조서에 대한 서증조사를 하는 것은 증거조사절차로서 적법하다(대판 2000.10.13. 2000도3265).
② 【 O 】 대판 2015.5.28. 2014도18006
③ 【 X 】 형사소송법 제297조의 규정에 따라 재판장은 증인이 피고인의 면전에서 충분한 진술을 할 수 없다고 인정한 때에는 피고인을 퇴정하게 하고 증인신문을 진행함으로써 피고인의 직접적인 증인 대면을 제한할 수 있지만, 이러한 경우에도 피고인의 반대신문권을 배제하는 것은 허용되지 않는다(대판 2012.2.23. 2011도15068).
④ 【 O 】 대판 2012.7.26. 2012도2937

정답 ③

55 증인신문에 대한 설명으로 옳지 않은 것을 모두 고른 것은? (다툼이 있는 경우 판례에 의함) _{19. 경찰채용 1차}

㉠ 「형사소송법」 제297조에 따라 재판장은 증인이 피고인의 면전에서 충분한 진술을 할 수 없다고 인정한 때에는 피고인을 퇴정하게 하고 증인신문을 진행할 수 있으며, 이러한 경우에는 피고인의 반대신문권을 배제할 수 있다.
㉡ 상호 간 폭행죄로 기소되어 병합심리 중인 공동피고인은 다른 피고인과의 관계에서는 증인의 지위가 인정되므로, 선서 없이 한 공동피고인의 법정진술을 다른 피고인의 공소범죄사실을 인정하는 증거로 할 수 없다.
㉢ 선서무능력자가 선서를 하고 증언을 한 경우, 그 선서는 무효가 되고 이후의 증인신문도 무효로 되어 증언 자체의 효력이 부정된다.
㉣ 간이공판절차에서의 증인신문은 증거조사의 간이화라는 취지에 따라 교호신문방식으로 진행해야 한다.
㉤ 자신에 대한 유죄판결이 확정된 증인이 공범에 대한 피고사건에서 증언할 당시 앞으로 재심을 청구할 예정이라면, 자기부죄(自己負罪)의 강요금지라는 「형사소송법」 제148조의 취지에 따라 증언거부권이 인정된다.

① ㉠, ㉡, ㉢, ㉣, ㉤   ② ㉠, ㉡, ㉣, ㉤   ③ ㉠, ㉢, ㉣, ㉤   ④ ㉡, ㉢

해설

㉠ 【 X 】 형사소송법 제297조의 규정에 따라 재판장은 증인이 피고인의 면전에서 충분한 진술을 할 수 없다고 인정한 때에는 피고인을 퇴정하게 하고 증인신문을 진행함으로써 피고인의 직접적인 증인 대면을 제한할 수 있지만, 이러한 경우에도 피고인의 반대신문권을 배제하는 것은 허용될 수 없다(대판 2010.1.14. 2009도9344).

㉡ 【 O 】 상호 간 폭행죄로 기소되어 병합심리 중인 공동피고인은 이른바 공범 아닌 공동피고인이다. 피고인과 별개의 범죄사실로 기소되어 병합심리 중인 공동피고인은 피고인의 범죄사실에 관하여는 증인의 지위에 있다 할 것이므로 선서 없이 한 공동피고인의 법정진술은 피고인의 공소 범죄사실을 인정하는 증거로 할 수 없다(대판 1982.9.14. 82도1000).

㉢ 【 X 】 16세 미만이거나 선서의 취지를 이해하지 못하는 자를 가리켜 선서무능력자라고 한다. 선서무능력자라 하더라도 증언능력이 있는 이상 그 증언은 증거능력이 있다. 가령, 사고 당시는 만 3년 3월 남짓, 증언 당시는 만 3년 6월 남짓된 강간치상죄의 피해자인 여아가 피해상황에 관하여 비록 구체적이지는 못하지만 개괄적으로 물어 본 검사의 질문에 이를 이해하고 고개를 끄덕이는 형식으로 답변하였다면, 증언능력을 인정할 수 있는바 그 증언은 증거능력이 있다(대판 1991.5.10. 91도579).

㉣ 【 X 】 간이공판절차에서는 증인신문의 방식(제161조의2)이 적용되지 아니한다(제297조의2). 따라서 교호신문방식에 의하지 않고 신문할 수 있다.

㉤ 【 X 】 자신에 대한 유죄판결이 확정된 증인이 재심을 청구한다 하더라도, 이미 유죄의 확정판결이 있는 사실에 대해서는 일사부재리의 원칙에 의하여 거듭 처벌받지 않는다는 점에 변함이 없고, 형사소송법상 피고인의 불이익을 위한 재심청구는 허용되지 아니하며(제420조), 재심사건에는 불이익변경 금지 원칙이 적용되어 원판결의 형보다 중한 형을 선고하지 못하므로(제439조), 자신의 유죄 확정판결에 대하여 재심을 청구한 증인에게 증언의무를 부과하는 것이 형사소추 또는 공소제기를 당하거나 유죄판결을 받을 사실이 발로될 염려 있는 증언을 강제하는 것이라고 볼 수는 없다. 따라서 자신에 대한 유죄판결이 확정된 증인이 공범에 대한 피고사건에서 증언할 당시 앞으로 재심을 청구할 예정이라고 하여도, 이를 이유로 증인에게 형사소송법 제148조에 의한 증언거부권이 인정되지는 않는다(대판 2011.11.24. 2011도11994).

정답 ③

56 증인신문에 대한 설명 중 가장 적절하지 않은 것은? (다툼이 있는 경우 판례에 의함)   19. 법학경채

① 증인은 법원 또는 법관에 대하여 진술한다는 점에서 수사기관에 대하여 진술하는 참고인과 구별된다.
② 19세 미만의 자와 선서의 취지를 이해하지 못하는 자에 대하여는 선서를 하게 하지 아니하고 증인신문하여야 한다.
③ 증인이 피고인의 면전에서 충분한 진술을 할 수 없다고 인정한 때에는 피고인을 퇴정하게 하고 진술하게 할 수 있다.
④ 각각 다른 범죄사실로서 기소된 공동피고인이 공판정에서 선서 없이 한 진술은 다른 피고인의 범죄사실에 대한 증거능력이 없다.

해설

① 【 O 】 타당한 설명이다.
② 【 X 】 16세 미만의 자와 선서의 취지를 이해하지 못하는 자에 대하여는 선서를 하게 하지 아니하고 증인신문하여야 한다(제159조).
③ 【 O 】 제297조 제1항
④ 【 O 】 대판 1982.9.14. 82도1000

정답 ②

57 증인신문에 대한 설명으로 가장 적절하지 않은 것은? (다툼이 있는 경우 판례에 의함) 21. 경찰채용 1차

① 다른 증거나 증인의 진술에 비추어 굳이 추가 증거조사를 할 필요가 없다는 등 특별한 사정이 없고, 소재탐지나 구인장 발부가 불가능한 것이 아님에도 불구하고, 불출석한 핵심 증인에 대하여 소재탐지나 구인장 발부 없이 증인채택 결정을 취소하는 것은 법원의 재량을 벗어나는 것으로서 위법하다.
② 공범인 공동피고인은 당해 소송절차에서는 피고인의 지위에 있어 다른 공동피고인에 대한 공소사실에 관하여 증인이 될 수 없으나, 소송절차가 분리되어 피고인의 지위에서 벗어나게 되면 다른 공동피고인에 대한 공소사실에 관하여 증인이 될 수 있다.
③ 자신에 대한 유죄판결이 확정된 증인이 공범에 대한 피고사건에서 증언할 당시 앞으로 재심을 청구할 예정이라면, 이를 이유로 증인에게는 「형사소송법」 제148조에 의한 증언거부권이 인정된다.
④ 재판과정에서 증인소환장을 송달받은 적이 없고 법원에 출석하지도 아니한 공소외인을 구인하여 달라는 검사의 신청을 기각한 법원의 조치는 정당하다.

해설

① 【 O 】 대판 2020.12.10. 2020도2623
② 【 O 】 대판 2008.6.26. 2008도3300
③ 【 X 】 자신에 대한 유죄판결이 확정된 증인이 공범에 대한 피고사건에서 증언할 당시 앞으로 재심을 청구할 예정이라고 하여도, 이를 이유로 증인에게 형사소송법 제148조에 의한 증언거부권이 인정되지는 않는다(대판 2011.11.24. 2011도11994).
④ 【 O 】 형사공판절차에서 증인의 구인은 증인이 정당한 사유 없이 소환에 불응하거나(제152조), 법원에 출석해 있는 증인이 정당한 사유 없이 동행명령에 따른 동행을 거부하는 때(제166조 제2항)에 한하여 허용되므로, 원심 재판과정에서 증인소환장을 송달받은 적이 없고 법원에 출석하지도 아니한 공소외인을 구인하여 달라는 검사의 신청을 기각한 원심의 조치는 정당하다(대판 2008.9.25. 2008도6985).

정답 ③

58 증인신문에 관한 설명으로 가장 적절하지 않은 것은? (다툼이 있는 경우 판례에 의함) 21. 경찰채용 2차

① 형사공판절차에서 증인의 구인은 증인이 정당한 사유 없이 소환에 불응하거나 법원에 출석해 있는 증인이 정당한 사유 없이 동행명령에 따른 동행을 거부하는 때에 한하여 허용된다.
② 피고인의 지위에 있는 공동피고인은 소송절차가 분리되어 피고인의 지위에서 벗어나게 되지 않는 한 다른 공동피고인에 대한 공소사실에 관하여 증인이 될 수 없으나, 대향범인 공동피고인의 경우에는 그러하지 아니하다.
③ 범행을 하지 아니한 자가 범인으로 공소제기가 되어 피고인의 지위에서 범행사실을 허위자백하고 나아가 공범에 대한 증인의 자격에서 증언을 하면서 그 공범과 함께 범행하였다고 허위의 진술을 한 경우, 그 증언은 자신에 대한 유죄판결의 우려를 증대시키는 것이므로 증언거부권의 대상이 된다.
④ 수사기관에서 진술한 참고인이 법정에서 증언을 거부하여 피고인이 반대신문을 하지 못한 경우에는 정당하게 증언거부권을 행사한 것이 아니라도, 피고인이 증인의 증언거부 상황을 초래하였다는 등의 특별한 사정이 없는 한 형사소송법 제314조의 '그 밖에 이에 준하는 사유로 인하여 진술할 수 없는 때'에 해당하지 않으므로 수사기관이 그 증인의 진술을 기재한 서류는 증거능력이 없다.

해설

① 【 O 】 대판 2008.9.25. 2008도6985
② 【 X 】 피고인의 지위에 있는 공동피고인은 다른 공동피고인에 대한 공소사실에 관하여 증인이 될 수 없으나, 소송절차가 분리되어 피고인의 지위에서 벗어나게 되면 다른 공동피고인에 대한 공소사실에 관하여 증인이 될 수 있고, 이는 대향범인 공동피고인의 경우에도 다르지 않다(대판 2012.3.29. 2009도11249).
③ 【 O 】 대판 2012.12.13. 2010도10028
④ 【 O 】 대판 2019.11.21. 2018도13945 전합

정답 ②

59 증인신문에 대한 설명으로 옳지 않은 것은? (다툼이 있는 경우 판례에 의함) 21. 국가직 7급

① 절도범과 그 장물범이 공동피고인인 경우, 검사가 절도범에 대해 수사단계에서 작성한 피의자 신문조서 중 '내가 절취한 수표를 장물범을 통하여 교환한 사실이 있다'는 진술기재 부분은 장물범이 이를 증거로 함에 동의한 바 없다면, 절도범을 법정에서 증인으로 신문하는 등의 방법에 의하여 실질적 진정성립이 인정되어야 장물범에 대하여 증거능력이 인정될 수 있다.
② 변호인이 없는 피고인을 일시 퇴정하게 하고 증인신문을 한 다음 피고인에게 실질적인 반대신문의 기회를 부여하지 아니한 채 이루어진 증인의 법정진술은 위법한 증거로서 증거능력이 없고, 그 다음 공판기일에서 재판장이 증인신문 결과 등을 공판조서에 의하여 고지하였는데 피고인이 '변경할 점과 이의할 점이 없다'고 진술하여 책문권 포기 의사를 명시하였다고 하여 실질적인 반대신문의 기회를 부여받지 못한 하자가 치유되는 것은 아니다.
③ 공범인 공동피고인은 당해 소송절차에서는 피고인의 지위에 있으므로 다른 공동피고인에 대한 공소사실에 관하여 증인이 될 수 없으나, 소송절차가 분리되어 피고인의 지위에서 벗어나게 되면 다른 공동피고인에 대한 공소사실에 관하여 증인이 될 수 있고, 이는 대향범인 공동피고인의 경우에도 다르지 않다.
④ 증언거부권을 고지받을 권리가 형사상 자기에게 불리한 진술을 강요당하지 아니함을 규정한 「대한민국 헌법」 제12조 제2항에 의하여 바로 국민의 기본권으로 보장받아야 한다고 볼 수는 없고, 증언거부권의 고지를 규정한 「형사소송법」 제160조 규정이 「국회에서의 증언·감정 등에 관한 법률」에도 유추 적용되는 것으로 인정할 근거는 없다.

해설

① 【 O 】 대판 2006.1.12. 2005도7601
② 【 X 】 형사소송법 제297조에 따라 변호인이 없는 피고인을 일시 퇴정하게 하고 증인신문을 한 다음 피고인에게 실질적인 반대신문의 기회를 부여하지 아니한 채 이루어진 증인의 법정진술은 위법한 증거로서 증거능력이 없다고 볼 여지가 있으나, 그 다음 공판기일에서 재판장이 증인신문 결과 등을 공판조서(증인신문조서)에 의하여 고지하였는데 피고인이 '변경할 점과 이의할 점이 없다'고 진술하여 책문권 포기 의사를 명시하였다면, 실질적인 반대신문의 기회를 부여받지 못한 하자가 치유되었다고 볼 것이므로 증거능력이 인정된다(대판 2010.1.14. 2009도9344).
③ 【 O 】 대판 2012.3.29. 2009도11249
④ 【 O 】 대판 2012.10.25. 2009도13197

정답 ②

60 증인신문에 대한 설명으로 옳지 않은 것은?
21. 국가직

① 증언을 거부하는 자는 거부사유를 소명하여야 한다.
② 증인이 들을 수 없는 때에는 서면으로 묻고, 말할 수 없는 때에는 서면으로 답하게 할 수 있다.
③ 필요한 때에는 증인과 다른 증인 또는 피고인과 대질하게 할 수 있다.
④ 변호인이 신청한 증인은 검사, 변호인, 재판장의 순으로 신문하며, 합의부원은 당해 증인을 신문할 수 없다.

해설

① 【 O 】 제150조
② 【 O 】 규칙 제73조
③ 【 O 】 제162조 제3항
④ 【 X 】 합의부원은 재판장에게 고하고 신문할 수 있다(제161조의2 제5항).

정답 ④

61 증인에 관한 다음 설명 중 가장 옳은 것은? (다툼이 있는 경우 판례에 의함)
21. 법원직

① 공범인 공동피고인은 당해 소송절차에서는 피고인의 지위에 있으므로 다른 공동피고인에 대한 공소사실에 관하여 증인이 될 수 없으나, 소송절차가 분리되어 피고인의 지위에서 벗어나게 되면 다른 공범인 공동피고인에 대한 공소사실에 관하여 증인이 될 수 있다.
② 누구든지 자기나 친족 또는 친족관계가 있었던 자가 형사소추 또는 공소제기를 당하거나 유죄판결을 받을 사실이 발로될 염려 있는 증언을 거부할 수 있으며 이 경우 증언을 거부하는 자는 거부사유를 소명하지 않아도 된다.
③ 이미 유죄의 확정판결을 받은 피고인은 공범의 형사사건에서 그 범행에 대한 증언을 거부할 수 없을 뿐만 아니라 나아가 사실대로 증언하여야 하나, 만약 피고인이 자신의 형사사건에서 시종일관 그 범행을 부인하였다면 피고인에게 사실대로 진술할 것을 기대할 가능성이 없다고 볼 수 있다.
④ 증인신문을 함에 있어서 증언거부권 있음을 설명하지 아니한 경우라면 증인이 선서하고 증언하였다고 하여도 그 증언의 효력에 관하여는 영향이 있어 무효라고 해석하여야 한다.

해설

① 【 O 】 대판 2008.6.26. 2008도3300
② 【 X 】 누구든지 자기나 친족 또는 친족관계가 있었던 자가 형사소추 또는 공소제기를 당하거나 유죄판결을 받을 사실이 발로될 염려 있는 증언을 거부할 수 있다(제148조 제1호). 증언을 거부하는 자는 거부사유를 소명하여야 한다(제150조).
③ 【 X 】 형사소송법 제148조의 증언거부권은 헌법 제12조 제2항에 정한 불이익 진술의 강요금지 원칙을 구체화한 자기부죄거부특권에 관한 것인데, 이미 유죄의 확정판결을 받은 경우에는 헌법 제13조 제1항에 정한 일사부재리의 원칙에 의해 다시 처벌받지 아니하므로 자신에 대한 유죄판결이 확정된 증인은 공범에 대한 사건에서 증언을 거부할 수 없고, 설령 증인이 자신에 대한 형사사건에서 시종일관 범행을 부인하였더라도 그러한 사정만으로 증인이 진실대로 진술할 것을 기대할 수 있는 가능성이 없는 경우에 해당한다고 할 수 없으므로 허위의 진술에 대하여 위증죄 성립을 부정할 수 없다. 한편 자신에 대한 유죄판결이 확정된 증인이 재심을 청구한다 하더라도, 이미 유죄의 확정판결이 있는 사실에 대해서는 일사부재리의 원칙에 의하여 거듭 처벌받지 않는다는 점에 변함이 없고, 형사소송법상 피고인의 불이익을 위한 재심청구는 허용되지 아니하며(제420조), 재심사건에는 불이익변경 금지 원칙이 적용되어 원판결의 형보다 중한 형을 선고하지 못하므로(제439조), 자신의 유죄 확정판결에 대하여 재심을 청구한 증인에게 증언의무를 부과하는 것이 형사소추 또는 공소제기를 당하거나 유죄판결을 받을 사실이 발로될 염려 있는 증언을 강제하는 것이라고 볼 수는 없다. 따라서 자신에 대한 유죄판결이 확정된 증인이 공범에 대한 피고사건에서 증언할 당시 앞으로 재심을 청구할 예정이라고 하여도, 이를 이유로 증인에게 형사소송법 제148조에 의한 증언거부권이 인정되지는 않는다(대판 2011.11.24. 2011도11994).
④ 【 X 】 증인신문에 당하여 증언거부권 있음을 설명하지 아니한 경우라 할지라도 증인이 선서하고 증언한 이상 그 증언의 효력에 관하여는 역시 영향이 없고 유효하다고 해석함이 타당하다(대판 1957.3.8. 4290형상23).

정답 ①

62 증인신문에 대한 설명으로 옳지 않은 것은?

23. 국가직

① 다른 증거나 증인의 진술에 비추어 굳이 추가 증거조사를 할 필요가 없다는 등 특별한 사정이 없고, 소재탐지나 구인장 발부가 불가능한 것이 아님에도 불구하고 법원이 불출석한 핵심 증인에 대하여 소재탐지나 구인장 발부 없이 증인채택 결정을 취소하는 것은 재량을 벗어나는 것으로서 위법하다.

② 피고인의 출석을 요하는 재판에서, 법원이 공판기일에 증인을 채택하여 다음 공판기일에 증인신문을 하기로 피고인에게 고지하였는데 그 다음 공판기일에 증인은 출석하였으나 피고인이 정당한 사유 없이 출석하지 아니한 경우, 법원이 이미 출석하여 있는 증인에 대하여 공판기일 외의 신문으로서 증인신문을 하고 다음 공판기일에 그 증인신문조서에 대한 서증조사를 하는 것은 증거조사절차로서 적법하다.

③ 증인신문에 있어서 변호인에 대한 차폐시설의 설치는 이미 인적 사항에 관하여 비밀조치가 취해진 증인이 변호인을 대면하여 진술함으로써 자신의 신분이 노출되는 것에 대하여 심한 심리적인 부담을 느끼는 등의 특별한 사정이 있는 경우에 예외적으로 허용될 수 있을 뿐이다.

④ 형사소송법 제221조의2(증인신문의 청구)에 의한 증인신문절차에서는 피고인·피의자 또는 변호인의 참여가 필요적 요건이므로 피고인·피의자나 변호인이 증인신문절차에 참여하지 아니하였다면 위법이다.

[해설]

① 【O】 대판 2020.12.10. 2020도2623
② 【O】 대판 2000.10.13. 2000도3265
③ 【O】 대판 2015.5.28. 2014도18006
④ 【X】 형사소송법 제221조의2의 규정에 의한 증인신문절차에 있어서는 같은 조 제5항에 의하여 피고인 및 변호인의 참여는 필요적 요건이 아니므로, 피고인이나 변호인에게 참여의 기회를 부여하지 아니하였다고 하여 위법하다고 할 수 없다(대판 1992.6.23. 92도682).

정답 ④

63 증언거부권에 대한 설명으로 옳지 않은 것은?

23. 국가직

① 자신에 대한 유죄판결이 확정된 증인이 공범에 대한 피고사건에서 증언할 당시, 앞으로 재심을 청구할 예정이라고 하여도 이를 이유로 증인에게 형사소송법 제148조에 의한 증언거부권은 인정되지 않는다.

② 형사소송법 제148조의 '형사소추 또는 공소제기를 당하거나'에서의 '형사소추'는 증인이 이미 저지른 범죄사실에 대한 것만을 의미하는 것은 아니므로, 증인의 증언에 의하여 비로소 범죄가 성립하는 경우도 증언거부권 고지(형사소송법 제160조)의 대상이 된다.

③ 범행을 하지 않은 자가 피고인의 지위에서 범행사실을 허위자백한 후 공범에 대한 증인의 자격에서 그 공범과 함께 범행하였다고 허위의 진술을 하는 경우, 그 증언은 증언거부권의 대상이 된다.

④ 변호사가 업무상 위탁을 받은 관계로 알게 된 사실로서 타인의 비밀에 관한 것에 대해 증언을 거부하는 경우에는 거부사유를 소명하여야 한다.

[해설]

① 【O】 대판 2011.11.24. 2011도11994
② 【X】 형사소송법 제148조에서 '형사소추'는 증인이 이미 저지른 범죄사실에 대한 것을 의미한다고 할 것이므로, 증인의 증언에 의하여 비로소 범죄가 성립하는 경우에는 형사소송법 제160조, 제148조 소정의 증언거부권 고지대상이 된다고 할 수 없다(대판 2011.12.8. 2010도2816).
③ 【O】 대판 2012.12.13. 2010도10028
④ 【O】 형사소송법 제149조, 제150조 참고

정답 ②

64 다음 설명 중 가장 옳지 않은 것은? (다툼이 있는 경우 판례에 의함)

21. 법원직

① 법원은 특정범죄신고자 등 보호법이 직접 적용되거나 준용되는 사건의 증인에 대하여 증인 소환장이 송달되지 아니한 경우에는 공무소 등에 대한 조회의 방법으로 직권 또는 검사, 피고인, 변호인의 신청에 따라 소재탐지를 할 수도 있다.
② 19세 미만의 자나 선서의 취지를 이해하지 못하는 증인에 대하여는 선서하게 하지 아니하고 신문하여야 한다.
③ 법원이 직권으로 신문할 증인이나 범죄로 인한 피해자의 신청에 의하여 신문할 증인의 신문방식은 재판장이 정하는 바에 의하고, 합의부원은 재판장에게 고하고 신문할 수 있다.
④ 법원이 공판기일에 증인을 채택하여 다음 공판기일에 증인신문을 하기로 피고인에게 고지하였는데 그 다음 공판기일에 증인은 출석하였으나 피고인이 정당한 사유 없이 출석하지 아니한 경우, 그 사건이 형사소송법 제277조 본문에 규정된 다액 500만 원 이하의 벌금 또는 과료에 해당하거나 공소기각 또는 면소의 재판을 할 것이 명백한 사건이 아니어서 같은 법 제276조의 규정에 의하여 공판기일을 연기할 수밖에 없더라도, 이미 출석하여 있는 증인에 대하여 공판기일 외의 신문으로서 증인신문을 하고 다음 공판기일에 그 증인신문조서에 대한 서증조사를 하는 것은 증거조사절차로서 적법하다.

[해설]
① 【 O 】 대판 2020.12.10. 2020도2623
② 【 X 】 16세 미만의 자나 선서의 취지를 이해하지 못하는 증인에 대하여는 선서하게 하지 아니하고 신문하여야 한다(제159조).
③ 【 O 】 제161조의2 제4항, 제5항
④ 【 O 】 대판 2000.10.13. 2000도3265

[정답] ②

65 증거와 재판에 대한 설명으로 옳은 것은? (다툼이 있는 경우 판례에 의함)

20. 국가직

① 검사의 구형은 양형에 관한 의견진술에 불과하므로 법원이 그 의견에 구속되는 것은 아니지만, 법원이 피고인에 대한 형을 정함에 있어 검사의 구형에 포함되지 아니한 벌금형을 병과하는 것은 위법하다.
② 증거능력이 없는 증거도 구성요건 사실을 추인하게 하는 간접사실이나 구성요건 사실을 입증하는 직접증거의 증명력을 보강하는 보조사실의 인정자료로서는 허용된다.
③ 피고인이 증거로 함에 동의한 바 없는, 공범이 아닌 공동피고인에 대한 검사작성 피의자신문조서는 공동피고인의 증언에 의하여 그 성립의 진정이 인정되지 아니하는 한 피고인의 공소 범죄사실을 인정하는 증거로 할 수 없다.
④ 법원이 적법하게 공판의 심리를 종결한 후에 피고인이 증인신청을 하면 법원은 공판의 심리를 재개하여 증인신문을 하여야 한다.

[해설]
① 【 X 】 검사의 구형은 양형에 관한 의견진술에 불과하고 법원이 그 의견에 구속되는 것은 아니므로 피고인에 대한 형을 정함에 있어 검사의 구형에 포함되지 아니한 벌금형을 병과하였다 하여 위법이 될 수 없다(대판 1984.4.24. 83도1789).
② 【 X 】 구성요건에 해당하는 사실은 엄격한 증명에 의하여 이를 인정하여야 하고, 증거능력이 없는 증거는 구성요건 사실을 추인하게 하는 간접사실이나 구성요건 사실을 입증하는 직접증거의 증명력을 보강하는 보조사실의 인정자료로도 사용할 수 없다(대판 2008.12.11. 2008도7112).
③ 【 O 】 대판 2006.1.12. 2005도7601

④ 【 X 】 형사소송법 제294조에 의한 검사의 증거신청은 법원에서 공판의 심리를 종결하기 전에 한 것에 한하여 법원이 그 신청에 대한 채택 여부를 결정하는 것이지, 법원이 적법하게 공판의 심리를 종결한 뒤에 이르러 검사가 증거신청을 하였다 하여 반드시 공판의 심리를 재개하여 증거채부 결정을 하여야 하는 것은 아니라 할 것인바, 이 사건에 있어서 검사는 항소심공판이 종결되고 판결선고일까지 고지된 뒤에 증거신청서를 제출하였음이 기록상 분명하므로, 원심이 이 사건 공판심리를 재개하여 검사의 증거신청을 받아들이지 아니하였다 하여 거기에 헌법 및 법령을 위반한 위법이 있다 할 수 없다(대판 2008.2.28. 2007도9354).

정답 ③

66 형사사건의 피해자에 관한 다음 설명 중 가장 옳지 않은 것은?
16. 법원직

① 법원은 범죄피해자의 신청이 있는 때에는 원칙적으로 그 피해자를 증인으로 신문하여야 한다.
② 법원은 피해자를 증인으로 신문하는 경우 동일한 범죄사실에서 신청인의 수가 다수인 때에는 증인으로 신문할 자의 수를 제한할 수 있다.
③ 법원은 범죄로 인한 피해자의 신청이 있는 때에는 당해 사건의 공소제기 여부, 공판의 일시·장소, 재판결과, 피의자·피고인의 구속·석방 등 구금에 관한 사실 등을 신속하게 통지하여야 한다.
④ 법원은 직권 또는 피해자나 그 법정대리인의 신청에 따라 피해자를 공판기일에 출석하게 하여 피해정도 및 결과, 피고인의 처벌에 관한 의견 등 범죄사실의 인정에 해당하지 않는 사항에 관하여 증인신문에 의하지 아니하고 의견을 진술하게 할 수 있다.

해설

① 【 O 】 제294조의2 제1항
② 【 O 】 제294조의2 제3항
③ 【 X 】 (법원이 아니라) 검사는 범죄로 인한 피해자의 신청이 있는 때에는 당해 사건의 공소제기 여부, 공판의 일시·장소, 재판결과, 피의자·피고인의 구속·석방 등 구금에 관한 사실 등을 신속하게 통지하여야 한다(제259조의2).
④ 【 O 】 법원은 필요하다고 인정하는 경우에는 직권으로 또는 법 제294조의2제1항에 정한 피해자등의 신청에 따라 피해자등을 공판기일에 출석하게 하여 법 제294조의2제2항에 정한 사항으로서 범죄사실의 인정에 해당하지 않는 사항에 관하여 증인신문에 의하지 아니하고 의견을 진술하게 할 수 있다(규칙 제134조의10 제1항).

정답 ③

67 형사피해자에 대한 설명으로 옳은 것만을 모두 고른 것은?
17. 검찰 7급

㉠ 법원은 피고인의 구속사유를 심사할 때 피해자에 대한 위해 우려를 고려하여야 한다.
㉡ 소송계속 중인 사건의 피해자는 재판장에게 소송기록의 열람 또는 등사를 신청할 수 있다.
㉢ 압수한 장물은 피해자에게 환부할 이유가 명백한 때에는 피고사건의 종결 전이라도 결정으로 피해자에게 환부할 수 있다.
㉣ 검사는 범죄로 인한 피해자 또는 그 법정대리인의 신청이 있는 때에는 당해 사건의 공소제기 여부, 피의자·피고인의 구속·석방 등 구금에 관한 사실 등을 신속하게 통지하여야 한다.

① ㉠, ㉣   ② ㉠, ㉡, ㉢   ③ ㉡, ㉢, ㉣   ④ ㉠, ㉡, ㉢, ㉣

해설

㉠ 【 O 】 제70조 제2항
㉡ 【 O 】 제294조의4 제1항
㉢ 【 O 】 제134조
㉣ 【 O 】 제259조의2

정답 ④

68 피해자에 대한 설명으로 옳지 않은 것은?

18. 국가직

① 고소의 주체가 되는 피해자에는 법인, 법인격 없는 사단이나 재단도 포함된다.
② 고소를 하지 않은 피해자라고 하더라도 검사의 불기소처분에 대하여 항고할 수 있다.
③ 「성폭력범죄의 처벌 등에 관한 특례법」 제30조 제1항에 따라 촬영한 영상물에 수록된 피해자의 진술에 대해서는 증거로 사용할 수 있는 특례가 마련되어 있다.
④ 법원은 범죄로 인한 피해자를 증인으로 신문하는 경우 당해 피해자·법정대리인 또는 검사의 신청에 따라 피해자의 신변보호를 위하여 필요하다고 인정하는 때에는 결정으로 심리를 공개하지 아니할 수 있다.

[해설]
① 【O】 범죄로 인한 피해자는 고소할 수 있다(제223조). 여기서 피해자란 침해된 법익의 귀속주체 및 행위의 객체를 말하며, 고소의 주체가 되는 피해자에는 법인, 법인격 없는 사단이나 재단도 포함된다.
② 【X】 검사의 불기소처분에 불복하는 고소인이나 고발인은 그 검사가 속한 지방검찰청 또는 지청을 거쳐 서면으로 관할 고등검찰청 검사장에게 항고할 수 있다(검찰청법 제10조 제1항). 즉, 고소인이나 고발인은 검찰항고를 할 수 있지만, 고소하지 않은 피해자는 검찰항고를 할 수 없다.
③ 【O】 촬영한 영상물에 수록된 피해자의 진술은 공판준비기일 또는 공판기일에 피해자나 조사 과정에 동석하였던 신뢰관계에 있는 사람 또는 진술조력인의 진술에 의하여 그 성립의 진정함이 인정된 경우에 증거로 할 수 있다(성폭력범죄의 처벌 등에 관한 특례법 제30조 제6항).
④ 【O】 제294조의3 제1항

[정답] ②

69 형사피해자와 관련된 다음 설명 중 가장 옳지 않은 것은? (다툼이 있는 경우 판례에 의함)

19. 법원직

① 법원은 범죄로 인한 피해자 등의 신청이 있는 때에는 그 피해자 등을 증인으로 신문하여야 하는데, 동일한 범죄사실에서 진술을 신청한 피해자 등이 여러 명인 경우에는 진술할 자의 수를 제한할 수 있다.
② 소송계속 중인 사건의 피해자 등의 소송기록의 열람 또는 등사 청구에 대하여 등사한 소송기록의 사용목적 제한 등 적당한 조건을 붙인 재판장의 허가에 대하여 불복할 수 있다.
③ 법원은 범죄로 인한 피해자 등의 신청에 따라 그 피해자등을 신문하는 경우 피해의 정도 및 결과, 피고인의 처벌에 관한 의견, 그 밖에 당해 사건에 관한 의견을 진술할 기회를 주어야 한다.
④ 법원은 범죄로 인한 피해자를 증인으로 신문하는 경우 당해 피해자·법정대리인 또는 검사의 신청에 따라 피해자의 사생활의 비밀이나 신변보호를 위하여 필요하다고 인정하는 때에는 결정으로 심리를 공개하지 아니할 수 있다.

[해설]
① 【O】 제294조의2 제1항, 제3항
② 【X】 소송계속 중인 사건의 피해자 등의 소송기록의 열람 또는 등사 청구에 대하여 등사한 소송기록의 사용목적 제한 등 적당한 조건을 붙인 재판장의 허가에 대하여 불복할 수 없다(제294조의4 제6항).
③ 【O】 제294조의2 제2항
④ 【O】 제294조의3 제1항

[정답] ②

70 공판절차에서 피해자진술권에 대한 설명으로 가장 적절하지 않은 것은? 19. 경찰승진

① 형사피해자의 진술권은 헌법과 「형사소송법」에 명문으로 규정되어 있다.
② 법원은 동일한 범죄사실에 대하여 피해자 진술신청을 한 자가 여러 명인 경우에는 진술할 자의 수를 제한할 수 있다.
③ 법원은 범죄로 인한 피해자를 증인으로 신문하는 경우 당해 피해자·법정대리인 또는 검사의 신청에 따라 피해자의 사생활의 비밀이나 신변보호를 위하여 필요하다고 인정하는 때에는 결정으로 심리를 공개하지 아니할 수 있다.
④ 신청인이 출석통지를 받고도 정당한 이유없이 출석하지 아니한 때에는 기일을 속행하여 다시 소환하여야 한다.

[해설]

① 【 O 】 헌법 제27조 제5항, 형사소송법 제294조의2
② 【 O 】 제294조의2 제3항
③ 【 O 】 제294조의3 제1항
④ 【 X 】 신청인이 출석통지를 받고도 정당한 이유없이 출석하지 아니한 때에는 그 신청을 철회한 것으로 본다(제294조의2 제4항).

정답 ④

71 형사절차상 피해자의 권리에 대한 설명으로 가장 적절하지 않은 것은? 21. 경찰채용 1차

① 소송계속 중인 사건의 피해자는 소송기록의 열람 또는 등사를 재판장에게 신청할 수 있다.
② 소송계속 중인 사건의 피해자의 소송기록 등사 신청에 대하여 지방법원 단독판사가 사용목적을 제한하여 등사를 허가하였다면, 피해자는 그 결정에 불복하여 지방법원 본원합의부에 항고할 수 있다.
③ 법원은 범죄로 인한 피해자를 증인으로 신문하는 경우 증인의 연령, 심신의 상태, 그 밖의 사정을 고려하여 증인이 현저하게 불안 또는 긴장을 느낄 우려가 있다고 인정하는 때에는 직권 또는 피해자·법정대리인·검사의 신청에 따라 피해자와 신뢰관계에 있는 자를 동석하게 할 수 있다.
④ 법원에서 비디오 등 중계장치에 의한 중계시설을 통하여 범죄피해자를 증인으로 신문할 때, 중계장치를 통하여 증인이 피고인을 대면하거나 피고인이 증인을 대면하는 것이 증인의 보호를 위하여 상당하지 않다고 인정되는 경우 재판장은 검사, 변호인의 의견을 들어 증인 또는 피고인이 상대방을 영상으로 인식할 수 있는 장치의 작동을 중지시킬 수 있다.

[해설]

① 【 O 】 제294조의4 제1항
② 【 X 】 재판장의 열람·등사 허가에 관한 재판과 등사한 기록의 사용목적 제한 및 조건부가에 관한 재판에 대해서는 불복할 수 없다(제294조의4 제6항).
③ 【 O 】 제163조의2 제1항
④ 【 O 】 규칙 제84조의5

정답 ②

72 신뢰관계에 있는 자의 동석에 관한 다음 설명 중 가장 옳지 않은 것은? (다툼이 있는 경우 판례에 의함)

20. 법원직

① 법원은 범죄로 인한 피해자를 증인으로 신문하는 경우 증인의 연령, 심신의 상태, 그 밖의 사정을 고려하여 증인이 현저하게 불안 또는 긴장을 느낄 우려가 있다고 인정하는 때에는 직권 또는 피해자·법정대리인·검사의 신청에 따라 피해자와 신뢰관계에 있는 자를 동석하게 할 수 있다.
② 법원은 범죄로 인한 피해자가 13세 미만이거나 신체적 또는 정신적 장애로 사물을 변별하거나 의사를 결정할 능력이 미약한 경우에 재판에 지장을 초래할 우려가 있는 등 부득이한 경우가 아닌 한 피해자와 신뢰관계에 있는 자를 동석하게 하여야 한다.
③ 동석한 자는 법원·소송관계인의 신문 또는 증인의 진술을 방해하거나 그 진술의 내용에 부당한 영향을 미칠 수 있는 행위를 하여서는 아니 되며, 재판장은 동석한 자가 부당하게 재판의 진행을 방해하는 때에는 그 행위의 중지를 명할 수 있으나 동석 자체를 중지시킬 수는 없다.
④ 피해자와 동석할 수 있는 신뢰관계에 있는 사람은 피해자의 배우자, 직계친족, 형제자매, 가족, 동거인, 고용주, 변호사, 그 밖에 피해자의 심리적 안정과 원활한 의사소통에 도움을 줄 수 있는 사람을 말한다.

해설

① 【 O 】 제163조의2 제1항
② 【 O 】 제163조의2 제2항
③ 【 X 】 재판장은 동석한 자가 부당하게 재판의 진행을 방해한 때에는 동석을 중지시킬 수 있다(규칙 제84조의3 제3항).
④ 【 O 】 규칙 제84조의3 제1항

정답 ③

73 신뢰관계에 있는 자의 동석에 대한 설명으로 가장 적절하지 않은 것은? (다툼이 있는 경우 판례에 의함)

20. 경찰채용 2차

① 법원은 범죄로 인한 피해자가 13세 미만이거나 신체적 또는 정신적 장애로 사물을 변별하거나 의사를 결정할 능력이 미약한 경우에 재판에 지장을 초래할 우려가 있는 등 부득이한 경우가 아닌 한 피해자와 신뢰관계에 있는 자를 동석하게 하여야 한다.
② 형사소송규칙 제84조의3 제1항에 의하면 피해자와 신뢰관계에 있는 사람은 피해자의 배우자, 직계친족, 형제자매, 가족, 동거인, 고용주, 변호사, 그 밖에 피해자의 심리적 안정과 원활한 의사소통에 도움을 줄 수 있는 사람을 말한다.
③ 형사소송법 제163조의2 제1항 또는 제2항에 따라 동석한 자는 법원 소송관계인의 신문 또는 증인의 진술을 방해하거나 그 진술의 내용에 부당한 영향을 미칠 수 있는 행위를 하여서는 아니 되며, 재판장은 동석한 자가 부당하게 재판의 진행을 방해하는 때에는 그 행위의 중지를 명할 수 있으나, 동석 자체를 중지시킬 수는 없다.
④ 피의자를 신문하는 경우 피의자와 신뢰관계에 있는 자의 동석을 허락할 것인지는 원칙적으로 검사 또는 사법경찰관이 여러 사정을 고려하여 재량에 따라 판단할 수 있으나, 이를 허락하는 경우에도 동석한 사람으로 하여금 피의자를 대신하여 진술하도록 하여서는 안 된다.

해설
① 【 O 】 제163조의2 제2항
② 【 O 】 규칙 제84조의3 제1항
③ 【 X 】 재판장은 동석한 자가 부당하게 재판의 진행을 방해하는 때에는 동석을 중지시킬 수 있다(규칙 제84조의3 제3항).
④ 【 O 】 대판 2009.6.23. 2009도1322

정답 ③

74 공판절차에 관한 설명 중 옳은 것은? (다툼이 있는 경우 판례에 의함) 21. 변호사시험

① 피고인은 변호인이 있는 경우라도 공소제기된 사건에 관하여 검사가 증거로 신청할 피의자신문조서의 열람·등사 또는 서면의 교부를 검사에게 신청할 수 있다.
② 피고인의 출석 없이도 공판준비기일을 개정할 수 있기 때문에 법원의 소환없이 공판준비기일에 출석한 피고인에게는 재판장은 진술거부권을 고지할 의무는 없다.
③ 변호인이 없는 피고인을 일시 퇴정케 하고 증인신문을 한 다음 피고인에게 실질적인 반대신문의 기회를 부여하지 않았다면, 다음 공판기일에서 재판장이 증인신문결과 등을 공판조서에 의하여 고지하여 피고인이 '변경할 점과 이의할 점이 없다'고 진술하더라도 실질적인 반대신문의 기회를 부여받지 못한 하자는 치유되지 않는다.
④ 법률에 근거한 공개금지사유가 없음에도 불구하고 재판의 심리에 관한 공개를 금지하기로 한 공개금지결정은 피고인의 공개재판을 받을 권리를 침해한 것으로서 그 증인신문절차에서 이루어진 증인의 증언은 증거능력이 없으나, 만약 변호인의 반대신문권이 보장되었을 경우에는 이를 증거로 사용할 수 있다.
⑤ 피고인이 명시적으로 유죄를 자인하는 진술을 하지는 않았으나, 공소장 기재사실을 인정하고 나아가 위법성이나 책임조각사유가 되는 사실을 진술하지 않은 경우는 「형사소송법」 제286조의2가 규정하는 간이공판절차의 결정의 요건인 공소사실의 자백에 해당한다.

해설
① 【 X 】 변호인이 있는 피고인은 열람만을 신청할 수 있고, 등사 또는 서면의 교부는 신청할 수 없다(형사소송법 제266조의3 제1항 단서).
② 【 X 】 재판장은 공판준비기일에 출석한 피고인에게 진술을 거부할 수 있음을 알려주어야 한다(형사소송법 제266조의8 제6항).
③ 【 X 】 형사소송법 제297조에 따라 변호인이 없는 피고인을 일시 퇴정하게 하고 증인신문을 한 다음 피고인에게 실질적인 반대신문의 기회를 부여하지 아니한 채 이루어진 증인의 법정진술은 위법한 증거로서 증거능력이 없다고 볼 여지가 있으나, 그 다음 공판기일에서 재판장이 증인신문 결과 등을 공판조서(증인신문조서)에 의하여 고지하였는데 피고인이 '변경할 점과 이의할 점이 없다'고 진술하여 책문권 포기 의사를 명시하였다면, 실질적인 반대신문의 기회를 부여받지 못한 하자가 치유되었다고 볼 것이므로 증거능력이 인정된다(대판 2010.1.14. 2009도9344).
④ 【 X 】 헌법 제27조 제3항 후문, 제109조와 법원조직법 제57조 제1항, 제2항의 취지에 비추어 보면, 헌법 제109조, 법원조직법 제57조 제1항에서 정한 공개금지사유가 없음에도 불구하고 재판의 심리에 관한 공개를 금지하기로 결정하였다면 그러한 공개금지결정은 피고인의 공개재판을 받을 권리를 침해한 것으로서 그 절차에 의하여 이루어진 증인의 증언은 증거능력이 없고, 변호인의 반대신문권이 보장되었더라도 달리 볼 수 없으며, 이러한 법리는 공개금지결정의 선고가 없는 등으로 공개금지결정의 사유를 알 수 없는 경우에도 마찬가지이다(대판 2013.7.26. 2013도2511, 왕재산사건).
⑤ 【 O 】 대판 1981.11.24. 81도2422

정답 ⑤

75 형사소송법상 간이공판절차에 대한 설명이다. 다음 중 옳은 것은 모두 몇 개인가? (다툼이 있으면 판례에 의함)

16. 경찰채용 2차

㉠ 피고인이 공판정에서 자백하였다면 비록 해당 사건이 합의부 관할 사건이라 할지라도 재판부는 결정으로써 간이공판절차를 개시할 수 있다.
㉡ 간이공판절차의 결정의 요건으로 자백이라 함은 공소 기재사실을 인정하고 나아가 위법성이나 책임조각사유가 되는 사실을 진술하지 아니하는 것으로 충분하다.
㉢ 피고인이 법정에서 "공소사실은 모두 사실과 다름없다"고 하면서 술에 만취되어 기억이 없다는 취지의 진술을 하였다면 이 경우에는 간이공판절차를 개시할 수 없다.
㉣ 간이공판절차에서도 위법수집증거배제의 법칙은 적용되나 자백배제의 법칙은 적용되지 아니한다.
㉤ 피고인이 공판정에서 공소사실에 대하여 자백하여 간이공판절차의 결정이 내려진 경우라 할지라도 변호인이 전문증거에 대하여 이의를 제기하였다면 증거동의의 효력이 의제되지 아니한다.

① 2개　　② 3개　　③ 4개　　④ 5개

[해설]

옳은 것은 ㉠㉡㉤이다.
㉠ 【 O 】 간이공판절차는 지방법원 또는 지원의 제1심 관할사건에 대해서만 인정된다. 따라서 제1심 관할사건이라면 단독판사의 관할사건은 물론 합의부 관할사건에 대해서도 간이공판절차를 할 수 있다.
㉡ 【 O 】 대판 1987.8.18. 87도1269
㉢ 【 O 】 대판 2004.7.9. 2004도2116
㉣ 【 X 】 간이공판절차에서 증거능력의 제한이 완화되는 것은 전문법칙에 한하므로 이외의 증거법칙, 즉 자백배제법칙(제309조), 위법수집증거배제법칙(제308조의2)에 의한 증거능력 제한은 간이공판절차에서도 그대로 인정된다.
㉤ 【 O 】 간이공판절차의 개시결정이 있는 사건에 대한 증거에 관하여는 전문법칙에 따라 증거능력이 부정되는 증거라도 소송관계인의 동의가 있는 것으로 간주되어 증거능력이 인정된다. 그러나 검사, 피고인 또는 변호인의 이의가 있는 때에는 그러하지 아니하다(제318조의3). 따라서 피고인이 공판정에서 공소사실에 대하여 자백하여 간이공판절차의 결정이 내려진 경우라 할지라도 변호인이 전문증거에 대하여 이의를 제기하였다면 증거동의의 효력이 의제되지 않게 된다.

정답 ③

76 피고인 甲이 제1심 재판의 모두진술에서 공소사실을 인정함에 따라 법원은 간이공판절차에 의하여 심판할 것을 결정하였다. 이에 대한 설명으로 옳지 않은 것은? (다툼이 있는 경우 판례에 의함) 17. 국가직

① 만약 甲이 법정에서 "공소사실은 모두 사실과 다름없다"고 하면서 술에 만취되어 기억이 없다는 취지로 진술한 경우라면 간이공판절차에 의하여 심판할 대상에 해당되지 않는다.
② 간이공판절차 개시결정은 판결 전 소송절차에 관한 결정이므로 항고할 수 없고, 간이공판절차의 요건을 구비하지 못하였음에도 불구하고 간이공판절차에 의하여 심판한 경우에는 판결자체에 대해 상소할 수 있다.
③ 검사가 甲에 대해 작성한 피의자신문조서는 甲이나 그의 변호인의 이의가 없는 한 증거동의가 있는 것으로 간주된다.
④ 간이공판절차에서는 甲 또는 그의 변호인이 증거신청을 하거나 증거조사에 대해 이의신청을 할 수 없다.

해설

① 【 O 】 대판 2004.7.9. 2004도2116
② 【 O 】 제361조의5 제1호, 제383조 제1호
③ 【 O 】 제318조의3
④ 【 X 】 간이공판절차에 있어서는 증거능력과 증거조사에 대한 특칙만이 인정되고 이외에는 공판절차에 관한 일반규정이 그대로 준용된다. 따라서 간이공판절차에서도 당사자의 증거신청권(제294조)이나 증거조사에 대한 이의신청권(제296조)에 대한 규정은 그대로 적용된다.

정답 ④

77 간이공판절차에 대한 설명 중 가장 적절하지 않은 것은? (다툼이 있는 경우 판례에 의함) 18. 경찰승진

① 피고인이 법정에서 '공소사실은 모두 사실과 다름없다'고 하면서 술에 만취되어 기억이 없다는 취지로 진술한 경우에, 법원은 간이공판절차에 의하여 심판할 수 있다.
② 간이공판절차의 결정이 취소된 때에는 공판절차를 갱신하여야 한다. 단, 검사, 피고인 또는 변호인이 이의가 없는 때에는 그러하지 아니하다.
③ 피고인이 공판정에서 공소사실에 대하여 자백한 때에는 법원은 그 공소사실에 한하여 간이공판절차에 의하여 심판할 것을 결정할 수 있다.
④ 법원은 간이공판절차의 결정을 한 사건에 대하여 피고인의 자백이 신빙할 수 없다고 인정되거나 간이공판절차로 심판하는 것이 현저히 부당하다고 인정할 때에는 검사의 의견을 들어 그 결정을 취소하여야 한다.

해설

① 【 X 】 피고인이 법정에서 "공소사실은 모두 사실과 다름없다."고 하면서 술에 만취되어 기억이 없다는 취지로 진술한 경우에, 피고인이 음주상태로 운전하다가 교통사고를 내었고, 또한, 사고 후에 도주까지 하였다고 하더라도 피고인이 술에 만취되어 사고 사실을 몰랐다고 범의를 부인함과 동시에 그 범행 당시 심신상실 또는 심신미약의 상태에 있었다는 주장으로서 형사소송법 제323조 제2항에 정하여진 법률상 범죄의 성립을 조각하거나 형의 감면의 이유가 되는 사실의 진술에 해당하므로 피고인은 적어도 공소사실을 부인하거나 심신상실의 책임조각사유를 주장하고 있는 것으로 볼 여지가 충분하므로 간이공판절차에 의하여 심판할 대상에 해당하지 아니한다고 한 사례(대판 2004.7.9. 2004도2116).
② 【 O 】 제301조의2
③ 【 O 】 제286조의2
④ 【 O 】 제286조의3

정답 ①

78 간이공판절차에 대한 설명으로 가장 적절하지 않은 것은? (다툼이 있는 경우 판례에 의함) 18. 경찰채용 1차

① 피고인이 공소사실에 대하여 검사가 신문을 할 때에는 공소사실을 모두 사실과 다름없다고 진술하였으나 변호인이 신문을 할 때에는 범의나 공소사실을 부인하였다면 그 공소사실은 간이공판절차에 의하여 심판할 대상은 아니다.
② 피고인이 공판준비절차에서 공소사실에 대하여 자백한 경우는 간이공판절차가 허용된다.
③ 간이공판절차의 결정의 요건인 공소사실의 자백이라 함은 공소장 기재사실을 인정하고 나아가 위법성이나 책임조각사유가 되는 사실을 진술하지 아니하는 것으로 충분하고 명시적으로 유죄를 자인하는 진술이 있어야 하는 것은 아니다.
④ 국민참여재판에는 간이공판절차에 관한 규정을 적용하지 아니한다.

[해설]
① 【 O 】 대판 1998.2.27. 97도3421
② 【 X 】 자백은 공판정, 즉 공판절차에서 이루어져야 한다. 따라서 수사절차나 공판준비절차에서의 자백으로는 간이공판절차를 개시할 수 없다.
③ 【 O 】 대판 1987.8.18. 87도1269
④ 【 O 】 국민의 형사재판 참여에 관한 법률 제43조

정답 ②

79 간이공판절차에 대한 설명으로 가장 적절하지 않은 것은? (다툼이 있는 경우 판례에 의함) 19. 경찰승진

① 피고인이 공판정에서 공소사실에 대하여 자백한 때에는 법원은 그 공소사실에 한하여 간이공판절차에 의하여 심판할 것을 결정하여야 한다.
② 피고인이 법정에서 "공소사실은 모두 사실과 다름없다."라고 하면서 술에 만취되어 기억이 없다는 취지로 진술한 경우에는 간이공판절차에 의하여 심판할 대상에 해당하지 아니한다.
③ 간이공판절차의 결정의 요건인 공소사실의 자백이라 함은 공소장 기재사실을 인정하고 나아가 위법성이나 책임조각사유가 되는 사실을 진술하지 아니하는 것으로 충분하고 명시적으로 유죄를 자인하는 진술이 있어야 하는 것은 아니다.
④ 간이공판절차의 결정이 취소된 때에는 공판절차를 갱신하여야 한다. 단, 검사, 피고인 또는 변호인이 이의가 없는 때에는 그러하지 아니하다.

[해설]
① 【 X 】 피고인이 공판정에서 공소사실에 대하여 자백한 때에는 법원은 그 공소사실에 한하여 간이공판절차에 의하여 심판할 것을 결정할 수 있다(제286조의2).
② 【 O 】 대판 2004.7.9. 2004도2116
③ 【 O 】 대판 1987.8.18. 87도1269
④ 【 O 】 제301조의2

정답 ①

80 간이공판절차에 대한 설명으로 옳은 것만을 모두 고르면? (다툼이 있는 경우 판례에 의함) 19. 검찰 7급

㉠ 간이공판절차는 제1심 단독판사의 관할사건에 대하여만 인정되고, 제1심 합의부 관할사건, 항소심 또는 상고심에서는 인정되지 않는다.
㉡ 제1심 법원이 간이공판절차에 의하여 상당하다고 인정하는 방법으로 적법하게 증거조사를 한 이상, 항소심에 이르러 피고인이 범행을 부인하더라도, 제1심 법원에서 증거로 할 수 있었던 증거는 항소법원에서도 증거로 할 수 있다.
㉢ 검사가 공소사실에 대하여 신문을 할 때에는 피고인이 '모두 사실과 다름없다'라고 진술하였다면, 변호인이 신문을 할 때에 범의나 공소사실을 부인하더라도 그 공소사실은 간이공판절차에 의하여 심판할 대상에 해당한다.
㉣ 간이공판절차 결정의 요건인 '공소사실에 대한 자백'은 공소장 기재사실을 인정하고 위법성이나 책임의 조각사유가 되는 사실을 진술하지 아니하는 것으로 충분하고, 명시적으로 유죄를 자인하는 진술이 있어야 하는 것은 아니다.

① ㉠, ㉡   ② ㉠, ㉢   ③ ㉡, ㉣   ④ ㉢, ㉣

해설

㉠ 【X】 간이공판절차는 지방법원 또는 지원의 제1심 관할사건에 대해서만 인정되는데(제286조의2), 제1심 관할사건이라면 단독판사의 관할사건은 물론 합의부 관할사건에 대해서도 간이공판절차를 할 수 있다.
㉡ 【O】 대판 1998.2.27. 97도3421
㉢ 【X】 검사의 신문에는 피고인이 공소사실을 자백하다가 변호인의 반대신문시 부인한 경우에는 간이공판절차에 의하여 신문할 수 없다(대판 1998.2.27. 97도3421).
㉣ 【O】 위법성조각사유나 책임조각사유의 부존재는 사실상 추정되는 것이므로 명시적으로 유죄임을 자인하지 않더라도 위법성이나 책임의 조각사유를 주장하지 않으면 자백한 경우에 해당한다고 할 것이다(대판 1987.8.18. 87도1269).

정답 ③

81 간이공판절차에 대한 설명으로 옳은 것은? (다툼이 있는 경우 판례에 의함)

20. 국가직

① 간이공판절차에서의 증거조사에서 증거방법을 표시하고 증거조사내용을 "증거조사함"이라고 표시하는 방법으로 하였다면 법원이 인정·채택한 상당한 증거방법이라고 인정할 수 있다.
② 상습폭행죄로 기소된 사건에서 피고인이 폭행사실을 인정한 경우에는 상습성을 부인하더라도 간이공판절차에 의하여 심판할 수 있다.
③ 피고인이 피의자 신분으로 수사기관에서 공소사실에 대하여 자백하였다면 법원은 간이공판절차를 명할 수 있다.
④ 간이공판절차의 개시 요건인 자백은 공소장 기재사실을 인정하는 것일 뿐만 아니라 명시적으로 유죄임을 자인하는 진술이어야 한다.

해설

① 【 O 】 대판 1980.4.22. 80도333
② 【 X 】 제1심 공판기일에서의 피고인의 진술이 공소사실 중 일부를 부인하거나 또는 최소한 피고인에게 폭력의 습벽이 있음을 부인하는 취지라고 보임에도, 간이공판절차에 의하여 상습상해 내지 폭행의 공소사실을 유죄로 인정한 제1심판결을 유지한 원심판결에 간이공판절차에 관한 법리를 오해하거나 증거 없이 유죄로 인정한 위법이 있다고 한 사례(대판 2006.5.11. 2004도6176).
③ 【 X 】 자백은 공판정, 즉 공판절차에서 하여야 한다. 따라서 수사절차나 공판준비절차에서의 자백으로는 간이공판절차를 개시할 수 없다.
④ 【 X 】 형사소송법 제286조의2가 규정하는 간이공판절차의 결정의 요건인 공소사실의 자백이라 함은 공소장 기재사실을 인정하고 나아가 위법성이나 책임조각사유가 되는 사실을 진술하지 아니하는 것으로 충분하고 명시적으로 유죄를 자인하는 진술이 있어야 하는 것은 아니다(대판 1987.8.18. 87도1269).

정답 ①

82 간이공판절차에 대한 설명으로 옳지 않은 것은?

21. 국가직

① 피고인이 공판정에서 공소사실에 대하여 자백한 때에는 법원은 그 공소사실에 한하여 간이공판절차에 의하여 심판할 것을 결정할 수 있다.
② 법원은 간이공판절차에 의하여 심판할 것을 결정한 사건에 대하여 피고인의 자백이 신빙할 수 없다고 인정되거나 간이공판절차로 심판하는 것이 현저히 부당하다고 인정할 때에는 검사의 의견을 들어 그 결정을 취소하여야 한다.
③ 간이공판절차 개시결정이 있는 경우 전문법칙이 적용되는 증거에 대하여 동의가 있는 것으로 간주되므로 피고인 또는 변호인은 이를 증거로 함에 이의를 제기할 수 없다.
④ 간이공판절차 개시결정이 취소된 때에는 공판절차를 갱신하여야 하지만 검사, 피고인 또는 변호인이 이의가 없는 때에는 그러하지 아니하다.

해설

① 【 O 】 제286조의2
② 【 O 】 제286조의3
③ 【 X 】 간이공판절차의 개시결정이 있는 사건에 대한 증거에 관하여는 전문법칙에 따라 증거능력이 부정되는 증거라도 소송관계인의 동의가 있는 것으로 간주되어 증거능력이 인정된다. 단, 검사, 피고인 또는 변호인이 증거로 함에 이의가 있는 때에는 그러하지 아니하다(제318조의3).
④ 【 O 】 제301조의2

정답 ③

83 간이공판절차에 대한 설명으로 옳지 않은 것은? (다툼이 있는 경우 판례에 의함)

21. 국가직 7급

① 간이공판절차 개시는 피고인의 공소사실에 대한 자백을 전제로 하므로 검사는 간이공판절차가 개시된 이후에는 공소장을 변경할 수 없다.
② 간이공판절차에서도 피고인의 자백이 그 피고인에게 불이익한 유일의 증거인 경우 이를 유죄의 증거로 하지 못한다.
③ 음주상태로 운전하다가 교통사고를 내고, 사고 후 도주한 피고인이 법정에서 "공소사실은 모두 사실과 다름없다."라고 하면서 술에 만취되어 기억이 없다는 취지로 진술한 경우, 간이공판절차에 의하여 심판할 대상에 해당하지 아니한다.
④ 공판조서의 일부인 증거목록에 여러 증거방법을 열거하고 각기 조사내용을 '증거조사함'이라고 기재한 방식의 증거조사도 간이공판절차에서는 허용된다.

[해설]

① 【 X 】 간이공판절차(제286조의2)에서도 공판절차의 규정이 배제되지 않으므로 공소장변경이 가능하다.
② 【 O 】 간이공판절차에서의 특례는 증거능력의 문제에 한하므로 증명력의 문제인 자백보강법칙(제310조)도 그대로 적용된다.
③ 【 O 】 피고인이 법정에서 "공소사실은 모두 사실과 다름없다"고 하면서도 술에 만취되어 기억이 없다는 취지로 진술한 경우라면 이는 제323조 제2항에 정하여진 법률상 범죄의 성립을 조각하거나 형의 감면의 이유가 되는 사실의 진술에 해당하므로 간이공판절차로 심판할 대상이 아니라고 할 것이다(대판 2004.7.9. 2004도2116).
④ 【 O 】 대판 1980.4.22. 80도333

정답 ①

84 간이공판절차에 관한 다음 설명 중 가장 옳지 않은 것은? (다툼이 있는 경우 판례에 의함)

21. 법원직

① 피고인이 공판정에서 공소사실에 대하여 자백한 경우 법원은 간이공판절차에 의하여 심판할 것을 결정할 수 있다. 피고인이 여러 개의 공소사실 중 일부는 자백하고 나머지를 부인하는 경우에는 그 자백부분에 한하여 간이공판절차로 심리할 수 있다.
② 간이공판절차는 공판절차를 간이화함으로써 소송경제와 재판의 신속을 기하고자 하는 제도로서, 중죄에 해당하는 합의부 심판사건에는 적용되지 않는다.
③ 간이공판절차에 있어서는 전문법칙이 적용되는 증거에 대하여 형사소송법 제318조의 동의가 있는 것으로 간주한다.
④ 법원은 피고인의 자백이 신빙할 수 없다고 인정되거나 간이공판절차로 심판하는 것이 현저히 부당하다고 인정할 때에는 검사의 의견을 들어 그 결정을 취소하여야 한다.

[해설]

① 【 O 】 제286조의2
② 【 X 】 간이공판절차는 지방법원 또는 지원의 제1심 관할사건에 대해서만 인정된다. 제1심 관할사건이라면 단독판사의 관할사건은 물론 합의부 관할사건에 대해서도 간이공판절차를 할 수 있다.
③ 【 O 】 제318조의3
④ 【 O 】 제286조의3

정답 ②

85 간이공판절차에 대한 설명으로 옳은 것은?

23. 국가직 7급

① 피고인이 공소사실에 대하여 검사가 신문을 할 때에 공소사실이 모두 사실과 다름없다고 진술하였다면, 변호인이 신문을 할 때에 범의나 공소사실을 부인하였더라도 그 공소사실은 간이공판절차에 의하여 심판할 대상이 된다.
② 간이공판절차의 결정이 있는 사건에 대하여는 「형사소송법」제161조의2(증인신문의 방식), 제290조 내지 제293조(증거조사의 시기와 방식, 증거조사결과와 피고인의 의견), 제297조(증인신문시의 피고인 등의 퇴정)의 규정을 적용하지 아니한다.
③ 피고인이 제1심법원에서 공소사실에 대하여 자백하여 제1심법원이 간이공판절차에 의하여 심판할 것을 결정하고 상당하다고 인정하는 방법으로 증거조사를 하였더라도, 피고인이 항소심에 이르러 범행을 부인하면 제1심법원에서 증거로 할 수 있었던 증거는 항소법원에서 증거로 할 수 없으므로 다시 증거조사를 하여야 한다.
④ 간이공판절차에서 요구되는 자백은 피고인이 공판기일에 공판정에서 할 것을 요하며, 이때 자백은 모두 진술단계에서 하여야 한다.

[해설]

① 【 X 】 피고인이 공소사실에 대하여 검사가 신문을 할 때에는 공소사실을 모두 사실과 다름없다고 진술하였으나 변호인이 신문을 할 때에는 범의나 공소사실을 부인하였다면 그 공소사실은 간이공판절차에 의하여 심판할 대상이 아니고, 따라서 피고인의 법정에서의 진술을 제외한 나머지 증거들은 간이공판절차가 아닌 일반절차에 의한 적법한 증거조사를 거쳐 그에 관한 증거능력이 부여되지 아니하는 한 그 공소사실에 대한 유죄의 증거로 삼을 수 없다(대판 1998.2.27. 97도3421).

② 【 O 】 형사소송법 제297조의2(간이공판절차에서의 증거조사) 제286조의2의 결정이 있는 사건에 대하여는 제161조의2, 제290조 내지 제293조, 제297조의 규정을 적용하지 아니하며 법원이 상당하다고 인정하는 방법으로 증거조사를 할 수 있다.

③ 【 X 】 피고인이 제1심법원에서 공소사실에 대하여 자백하여 제1심법원이 이에 대하여 간이공판절차에 의하여 심판할 것을 결정하고, 이에 따라 제1심법원이 제1심판결 명시의 증거들을 증거로 함에 피고인 또는 변호인의 이의가 없어 형사소송법 제318조의3의 규정에 따라 증거능력이 있다고 보고, 상당하다고 인정하는 방법으로 증거조사를 한 이상, 가사 항소심에 이르러 범행을 부인하였다고 하더라도 제1심법원에서 증거로 할 수 있었던 증거는 항소법원에서도 증거로 할 수 있는 것이므로 제1심법원에서 이미 증거능력이 있었던 증거는 항소심에서도 증거능력이 그대로 유지되어 심판의 기초가 될 수 있고 다시 증거조사를 할 필요가 없다(대판 1998.2.27. 97도3421).

④ 【 X 】 형사소송법 제286조의2가 규정하는 이른바, 간이공판절차란 지방법원 및 그 지원의 합의부가 제1심으로 심판하는 사건을 제외한 사건에 있어서 피고인이 공판정에서 공소사실을 자백하는 경우에 취하여지는 공판절차로서 증거조사절차의 간이화(같은 법 제297조의2), 증거능력의 특례(같은 법 제318조의3)등을 그 내용으로 하는 것인 바, 공소사실의 자백은 공소장 기재사실을 인정하고 나아가 위법성이나 책임의 조각사유가 되는 사실을 진술하지 아니하는 것으로 충분하고 명시적으로 유죄를 자인하는 진술이 있어야 하는 것은 아니다(대판 1987.8.18. 87도1269).

정답 ②

86 간이공판절차에 관한 설명으로 가장 적절하지 않은 것은? 25. 경찰승진

① 피고인이 공판정에서 공소사실에 대하여 자백한 때에는 법원은 그 공소사실에 한하여 간이공판절차에 의하여 심판할 것을 결정할 수 있다.
② 법원은 피고인의 자백이 신빙할 수 없다고 인정되거나 간이공판절차로 심판하는 것이 현저히 부당하다고 인정할 때에는 검사의 의견을 들어 그 결정을 취소하여야 한다.
③ 법원이 간이공판절차에 의하여 심판할 것으로 결정한 때에는 법원이 상당하다고 인정하는 방법으로 증거조사를 할 수 있다.
④ 간이공판절차에서는 전문증거에 대하여 당사자의 동의가 있는 것으로 간주되므로 전문법칙에 의한 증거능력의 제한이 인정되지 않고 이는 검사, 피고인 또는 변호인이 증거로 함에 이의가 있는 경우에도 마찬가지이다.

[해설]

① 【O】 형사소송법 제286조의2
② 【O】 형사소송법 제286조의3
③ 【O】 제286조의2의 결정이 있는 사건에 대하여는 제161조의2, 제290조 내지 제293조, 제297조의 규정을 적용하지 아니하며 법원이 상당하다고 인정하는 방법으로 증거조사를 할 수 있다(형사소송법 제297조의2).
④ 【X】 제286조의2의 결정이 있는 사건의 증거에 관하여는 제310조의2, 제312조 내지 제314조 및 제316조의 규정에 의한 증거에 대하여 제318조 제1항의 동의가 있는 것으로 간주한다. 단, 검사, 피고인 또는 변호인이 증거로 함에 이의가 있는 때에는 그러하지 아니하다(형사소송법 제318조의3).

[정답] ④

87 공판절차에 관한 다음 설명 중 가장 옳지 않은 것은? (다툼이 있는 경우 판례에 의함) 16. 법원직

① 공소취소에 의한 공소기각결정이 확정된 때에는 나중에 그 범죄사실에 대한 다른 중요한 증거가 발견된 경우에 한하여만 다시 공소를 제기할 수 있다.
② 간이공판절차에 있어서는 통상의 절차에서 적용되는 전문법칙이 적용되지 않는다. 따라서 일정한 전문증거의 경우 검사, 피고인 또는 변호인이 증거로 함에 이의를 하지 않으면 동의가 있는 것으로 간주한다.
③ 제1심에서 적법하게 간이공판절차에 의하여 상당하다고 인정되는 방법으로 증거조사를 한 이상, 항소심에 이르러 범행을 부인한다고 하더라도 제1심에서 이미 증거능력이 있던 증거는 증거능력이 그대로 유지되므로 다시 증거조사할 필요가 없다.
④ 공판개정 후 판사의 경질이 있는 때에는, 판결의 선고만을 하는 경우라 하더라도, 공판절차를 갱신하여야 한다.

[해설]

① 【O】 제329조
② 【O】 제318조의3
③ 【O】 피고인이 제1심법원에서 공소사실에 대하여 자백하여 제1심법원이 이에 대하여 간이공판절차에 의하여 심판할 것을 결정하고, 이에 따라 제1심법원이 제1심판결 명시의 증거들을 증거로 함에 피고인 또는 변호인의 이의가 없어 형사소송법 제318조의3규정에 따라 증거능력이 있다고 보고, 상당하다고 인정하는 방법으로 증거조사를 한 이상, 가사 항소심에 이르러 범행을 부인하였다고 하더라도 제1심법원에서 증거로 할 수 있었던 증거는 항소법원에서도 증거로 할 수 있는 것이므로 제1심법원에서 이미 증거능력이 있었던 증거는 항소심에서도 증거능력이 그대로 유지되어 심판의 기초가 될 수 있고 다시 증거조사를 할 필요가 없다(대판 1998.2.27. 97도3421).
④ 【X】 공판개정 후 판사의 경질이 있는 때에는 공판절차를 갱신하여야 한다(제301조 본문). 이는 실질적 직접주의의 관점에서 실체심리에 관여한 법관이 재판에 관여하도록 하고자 하는 취지이다. 따라서 내부적으로 이미 재판이 성립하여 판결의 선고만을 기다리고 있는 경우(제301조 단서)나, 아직 실체심리가 개시되지 않은 경우에는 판사가 경질되더라도 공판절차의 갱신을 요하지 않는다.

[정답] ④

88 공판절차의 정지에 대한 설명 중 가장 적절하지 않은 것은? (다툼이 있는 경우 판례에 의함)

18. 경찰승진

① 법원은 공소사실의 변경이 피고인의 불이익을 증가할 염려가 있다고 인정한 때에는 직권 또는 피고인이나 변호인의 청구에 의하여 피고인으로 하여금 필요한 방어의 준비를 하게 하기 위하여 결정으로 필요한 기간 공판절차를 정지하여야 한다.
② 피고인이 질병으로 인하여 출정할 수 없는 때에는, 「형사소송법」 제277조의 규정에 의하여 대리인이 출정할 수 있는 경우가 아닌 한, 법원은 검사와 변호인의 의견을 들어서 결정으로 출정할 수 있을 때까지 공판절차를 정지하여야 한다.
③ 피고인이 사물의 변별 또는 의사의 결정을 할 능력이 없는 상태에 있는 때에는, 「형사소송법」 제277조의 규정에 의하여 대리인이 출정할 수 있는 경우가 아닌 한, 법원은 검사와 변호인의 의견을 들어서 결정으로 그 상태가 계속하는 기간 공판절차를 정지하여야 한다.
④ 피고인이 질병으로 출정할 수 없더라도 피고사건에 대하여 형의 면제 또는 공소기각의 재판을 할 것으로 명백한 때에는 피고인의 출정 없이 재판할 수 있다.

[해설]
① 【 X 】 법원은 공소사실의 변경이 피고인의 불이익을 증가할 염려가 있다고 인정한 때에는 직권 또는 피고인이나 변호인의 청구에 의하여 피고인으로 하여금 필요한 방어의 준비를 하게 하기 위하여 결정으로 필요한 기간 공판절차를 정지할 수 있다(제298조 제4항).
② 【 O 】 제306조 제2항, 제5항
③ 【 O 】 제306조 제1항, 제5항
④ 【 O 】 제306조 제4항

정답 ①

89 공판절차의 정지와 갱신에 관한 설명으로 가장 적절하지 않은 것은? (다툼이 있는 경우 판례에 의함)

25. 경찰승진

① 피고사건에 대하여 무죄, 면소, 형의 면제 또는 공소기각의 재판을 할 것으로 명백한 때에는 공판절차 정지의 사유있는 경우에도 피고의 출정없이 재판할 수 있다.
② 법원은 공소사실 또는 적용법조의 추가, 철회 또는 변경이 피고의 불이익을 증가할 염려가 있다고 정한 때에는 검사와 변호인의 의견을 들어서 피고로 하여금 필요한 방어의 준비를 하게 하기 위하여 결정으로 필요한 기간 공판절차를 정지하여야 한다.
③ 공판개정 후 판사의 경질이 있는 때에는 공판절차를 갱신하여야 하지만, 판결의 선고만을 하는 경우에는 예외로 한다.
④ 간이공판절차의 결정이 취소된 때에는 공판절차를 갱신하여야 하지만, 검사, 피고인 또는 변호인의 이의가 없는 때에는 그러하지 아니하다.

[해설]
① 【 O 】 형사소송법 제306조 제4항
② 【 X 】 법원은 전3항의 규정에 의한 공소사실 또는 적용법조의 추가, 철회 또는 변경이 피고인의 불이익을 증가할 염려가 있다고 인정한 때에는 직권 또는 피고인이나 변호인의 청구에 의하여 피고인으로 하여금 필요한 방어의 준비를 하게 하기 위하여 결정으로 필요한 기간 공판절차를 정지할 수 있다(형사소송법 제298조 제4항).
③ 【 O 】 형사소송법 제301조
④ 【 O 】 형사소송법 제301조의2

정답 ②

90 국민참여재판에 관한 다음 설명 중 가장 옳지 않은 것은? (다툼이 있는 경우 판례에 의함) 16. 법원직

① 국민참여재판에 관하여 변호인이 없는 때에는 법원은 직권으로 변호인을 선정하여야 한다.
② 법원이 피고인에게 국민참여재판을 원하는지에 관하여 의사를 확인하는 절차를 거치지 아니한 채 통상의 공판절차로 재판을 진행하였다면, 이는 피고인의 국민참여재판을 받을 권리에 대한 중대한 침해로서 그 절차는 위법하고 이러한 위법한 공판절차에서 이루어진 소송행위도 무효이다.
③ 제1심법원이 국민참여재판 대상사건임을 간과하여 이에 관한 피고인의 의사를 확인하지 아니한 채 통상의 공판절차로 재판을 진행하여 항소된 경우, 항소심에서 제1심 공판절차상의 그러한 하자가 치유될 수는 없다.
④ 피고인이 공소장 부본을 송달받은 날부터 7일 이내에 의사확인서를 제출하지 아니한 경우에도 제1회 공판기일이 열리기 전까지는 국민참여재판 신청을 할 수 있다.

[해설]
① 【O】 「국민의 형사재판참여에 관한 법률」 따른 국민참여재판에 관하여 변호인이 없는 때에는 법원은 직권으로 변호인을 선정하여야 한다(국민참여법 제7조).
② 【O】 대판 2011.9.8. 2011도7106
③ 【X】 국민참여재판은 그 실시를 희망하는 의사의 번복에 관하여 법 제8조 제4항에 따른 시기적·절차적 제한이 있는 외에는 피고인의 의사에 반하여 할 수 없으므로, 제1심법원이 국민참여재판의 대상이 되는 사건임을 간과하여 이에 관한 피고인의 의사를 확인하지 아니한 채 통상의 공판절차로 재판을 진행하였더라도, 피고인이 항소심에서 국민참여재판을 원하지 아니한다고 하면서 위와 같은 제1심의 절차적 위법을 문제 삼지 아니할 의사를 명백히 표시하는 경우에는 그 하자가 치유되어 제1심 공판절차는 전체로서 적법하게 된다고 봄이 상당하고, 다만 국민참여재판제도의 취지와 피고인의 국민참여재판을 받을 권리를 실질적으로 보장하고자 하는 관련 규정의 내용에 비추어 위 권리를 침해한 제1심 공판절차의 하자가 치유된다고 보기 위해서는 법 제8조 제1항, 규칙 제3조 제1항에 준하여 피고인에게 국민참여재판절차 등에 관한 충분한 안내와 그 희망 여부에 관하여 숙고할 수 있는 상당한 시간이 사전에 부여되어야 할 것이다(대판 2012.4.26. 2012도1225).
④ 【O】 대결 2009.10.23. 2009모1032

[정답] ③

91 국민의 형사재판 참여에 관한 법률에 대한 설명으로 옳지 않은 것은? (다툼이 있는 경우 판례에 의함) 16. 국가직

① 공소장부본을 송달받은 날부터 7일 이내에 의사확인서를 제출하지 아니한 피고인도 제1회 공판기일이 열리기 전까지는 국민참여재판을 신청할 수 있고, 법원은 그 의사를 확인하여 국민참여재판으로 진행할 수 있다.
② 국민의 형사재판 참여에 관한 법률 제42조 제2항은 재판장의 공판기일에서의 최초 설명의무를 규정하고 있는데, 원칙적으로 설명의 대상에 검사가 아직 공소장에 의하여 낭독하지 아니한 공소사실 등은 포함된다고 볼 수 없다.
③ 공판절차가 개시된 후 새로 재판에 참여하는 배심원 또는 예비배심원이 있는 때에는 공판절차를 갱신하여야 한다.
④ 국민참여재판을 받을 권리는 헌법 제27조 제1항에서 규정한 재판을 받을 권리의 보호범위에 속한다.

[해설]
① 【O】 대결 2009.10.23. 2009모1032
② 【O】 대판 2014.11.13. 2014도8377
③ 【O】 국민의 형사재판 참여에 관한 법률 제45조 제1항
④ 【X】 우리 헌법상 헌법과 법률이 정한 법관에 의한 재판을 받을 권리는 직업법관에 의한 재판을 주된 내용으로 하는 것이므로 국민참여재판을 받을 권리가 헌법 제27조 제1항에서 규정한 재판을 받을 권리의 보호범위에 속한다고 볼 수 없다(헌재결 2009.11.26. 2008헌바12).

[정답] ④

92 국민참여재판 배심원에 대한 설명으로 옳지 않은 것은 모두 몇 개인가?

16. 경찰채용 2차

⊙ 법정형이 사형·무기징역 또는 무기금고에 해당하는 대상사건에 대한 국민참여재판에는 9인의 배심원이 참여하고, 그 외의 대상사건에 대한 국민참여재판에는 7인의 배심원이 참여한다. 다만, 법원은 피고인 또는 변호인이 공판준비절차에서 공소사실의 주요내용을 인정한 때에는 5인의 배심원이 참여하게 할 수 있다.
ⓒ 만 20세 이상의 대한민국 국민이라 할지라도 금고 이상의 형의 집행유예를 선고받고 그 기간이 완료된 날부터 2년이 경과하지 아니한 사람은 배심원으로 선정될 수 없다.
ⓒ 법원은 지방자치단체의 장은 물론 지방의회의원 역시 배심원으로 선정하여서는 아니 된다.
② 배심원이 법정에서 폭언 또는 그 밖의 부당한 언행을 하여 공판절차의 진행을 방해하였다는 이유로 검사의 신청에 따라 법원으로부터 배심원 해임 결정을 받았다면 변호인은 이에 불복할 수 없다.
ⓜ 검사와 변호인이 적법한 절차에 따라 배심원후보자에 대하여 무이유부기피신청을 하였다면 법원은 당해 배심원후보자를 배심원으로 선정할 수 없다.

① 0개   ② 1개   ③ 2개   ④ 3개

해설

옳지 않은 것은 0개이다.
⊙【 O 】국민의 형사재판 참여에 관한 법률 제13조 제1항
ⓒ【 O 】국민의 형사재판 참여에 관한 법률 제16조, 제17조 제4호
ⓒ【 O 】국민의 형사재판 참여에 관한 법률 제18조 제2호
②【 O 】국민의 형사재판 참여에 관한 법률 제32조 제1항 제6호, 제3항
ⓜ【 O 】국민의 형사재판 참여에 관한 법률 제30조 제2항

정답 ①

93 국민참여재판에 대한 설명으로 옳은 것만을 모두 고른 것은?

17. 국가직

⊙ 국민참여재판에서 공소사실의 일부 철회 또는 변경으로 인하여 대상사건에 해당하지 아니하게 된 경우, 법원은 절차를 정지하고 결정으로 당해 사건을 지방법원 본원 합의부로 하여금 국민참여재판에 의하지 아니하고 심판하게 하여야 한다.
ⓒ 국민참여재판에서는 피고인이 법정에서 자백하는 경우에도 간이공판절차 규정을 적용하지 아니한다.
ⓒ 심리에 관여한 배심원은 유·무죄에 관하여 평의하고 평결이 유죄인 경우 양형에 관하여 토의하고 그에 관한 의견을 개진하며, 평의 및 양형에 관한 토의에는 심리에 관여한 판사가 참여할 수 없다.
② 배심원이 9인인 경우 검사와 변호인은 각자 5인의 범위 내에서 배심원후보자에 대하여 이유를 제시하지 아니하는 기피신청을 할 수 있다.

① ⊙, ②   ② ⓒ, ⓒ   ③ ⓒ, ②   ④ ⓒ, ⓒ, ②

해설

㉠ 【 X 】 법원은 공소사실의 일부 철회 또는 변경으로 인하여 대상사건에 해당하지 아니하게 된 경우에도 이 법에 따른 재판을 계속 진행한다. 다만, 법원은 심리의 상황이나 그 밖의 사정을 고려하여 국민참여재판으로 진행하는 것이 적당하지 아니하다고 인정하는 때에는 결정으로 당해 사건을 지방법원 본원 합의부가 국민참여재판에 의하지 아니하고 심판하게 할 수 있다(국민의 형사재판 참여에 관한 법률 제6조 제1항).
㉡ 【 O 】 국민의 형사재판 참여에 관한 법률 제43조
㉢ 【 X 】 평결이 유죄인 경우 배심원은 심리에 관여한 판사와 함께 양형에 관하여 토의하고 그에 관한 의견을 개진한다. 재판장은 양형에 관한 토의 전에 처벌의 범위와 양형의 조건 등을 설명하여야 한다(국민의 형사재판 참여에 관한 법률 제46조 제4항).
㉣ 【 O 】 국민의 형사재판 참여에 관한 법률 제30조 제1항

정답 ③

94 국민참여재판에 대한 설명으로 가장 적절하지 않은 것은? (다툼이 있는 경우 판례에 의함) 17. 경찰채용 2차

① 법원은 대상사건의 피고인에 대하여 국민참여재판을 원하는지 여부에 관한 의사를 서면 등의 방법으로 반드시 확인하여야 한다.
② 제1심법원이 국민참여재판 대상이 되는 사건임을 간과하여 이에 관한 피고인의 의사를 확인하지 아니한 채 통상의 공판절차로 재판을 진행하였다면, 비록 피고인이 항소심에서 국민참여재판을 원하지 아니한다고 하면서 제1심의 절차적 위법을 문제삼지 아니할 의사를 명백히 표시하였더라도 그 하자는 치유되지 않으며 제1심 공판절차는 전체로서 위법하다.
③ 법원은 공소사실의 일부 철회 또는 변경으로 인하여 대상사건에 해당하지 아니하게 된 경우에도 국민참여재판을 계속 진행한다. 다만, 법원은 심리의 상황이나 그 밖의 사정을 고려하여 국민참여재판으로 진행하는 것이 적당하지 아니하다고 인정하는 때에는 결정으로 당해 사건을 지방법원 본원 합의부가 국민 참여재판에 의하지 아니하고 심판하게 할 수 있다.
④ 공소장 부본을 송달받은 날부터 7일 이내에 의사확인서를 제출하지 아니한 피고인도 제1회 공판기일이 열리기 전까지는 국민참여재판 신청을 할 수 있고, 법원은 그 의사를 확인하여 국민참여재판으로 진행할 수 있다.

해설

① 【 O 】 국민의 형사재판 참여에 관한 법률 제8조 제1항
② 【 X 】 국민참여재판은 피고인의 희망 의사 번복에 관한 일정한 제한(국민의 형사재판 참여에 관한 법률 제8조 제4항)이 있는 외에는 피고인의 의사에 반하여 할 수 없는 것이므로, 제1심법원이 국민참여재판의 대상이 되는 사건임을 간과하여 이에 관한 피고인의 의사를 확인하지 아니한 채 통상의 공판절차로 재판을 진행하였더라도, 피고인이 항소심에서 국민참여재판을 원하지 아니한다고 하면서 위와 같은 제1심의 절차적 위법을 문제삼지 아니할 의사를 명백히 표시하는 경우에는 하자가 치유되어 제1심 공판절차는 전체로서 적법하게 된다고 보아야 하고, 다만 국민참여재판 제도의 취지와 피고인의 국민참여재판을 받을 권리를 실질적으로 보장하고자 하는 관련 규정의 내용에 비추어 위 권리를 침해한 제1심 공판절차의 하자가 치유된다고 보기 위해서는 같은 법 제8조 제1항, 국민의 형사재판 참여에 관한 규칙 제3조 제1항에 준하여 피고인에게 국민참여재판절차 등에 관한 충분한 안내가 이루어지고 그 희망 여부에 관하여 숙고할 수 있는 상당한 시간이 사전에 부여되어야 한다(대판 2012.6.14. 2011도15484).
③ 【 O 】 국민의 형사재판 참여에 관한 법률 제6조 제1항
④ 【 O 】 대결 2009.10.23. 2009모1032

정답 ②

95 국민참여재판에 대한 설명으로 가장 적절한 것은? (다툼이 있는 경우 판례에 의함) 18. 경찰승진

① 국민참여재판 대상사건의 피고인이 국민참여재판을 신청하였으나 법원이 이에 대한 배제결정을 하지 않은 채 통상의 공판절차로 진행하더라도 위법하다고 할 수 없다.
② 배심원은 만 19세 이상의 대한민국 국민 중에서 선정한다.
③ 배심원 또는 예비배심원은 법원의 증거능력에 관한 심리에 관여할 수 있다.
④ 배심원은 유·무죄에 관하여 전원의 의견이 일치하지 아니하는 때에는 평결을 하기 전에 심리에 관여한 판사의 의견을 들어야 한다. 이 경우 유·무죄의 평결은 다수결의 방법으로 한다.

> [해설]
> ① 【X】 국민참여재판을 시행하는 이유나 '국민의 형사재판 참여에 관한 법률'의 여러 규정에 비추어 볼 때, 위 법에서 정하는 대상사건에 해당하는 한 피고인은 원칙적으로 국민참여재판으로 재판을 받을 권리를 가지는 것이므로, 피고인이 법원에 국민참여재판을 신청하였는데도 법원이 이에 대한 배제결정도 하지 않은 채 통상의 공판절차로 재판을 진행하는 것은 피고인의 국민참여재판을 받을 권리 및 법원의 배제결정에 대한 항고권 등 중대한 절차적 권리를 침해한 것으로서 위법하고, 국민참여재판제도의 도입 취지나 위 법에서 배제결정에 대한 즉시항고권을 보장한 취지 등에 비추어 이와 같이 위법한 공판절차에서 이루어진 소송행위는 무효라고 보아야 한다(대판 2011.9.8. 2011도7106).
> ② 【X】 배심원은 만 20세 이상의 대한민국 국민 중에서 이 법으로 정하는 바에 따라 선정된다(국민의 형사재판 참여에 관한 법률 제16조).
> ③ 【X】 배심원 또는 예비배심원은 법원의 증거능력에 관한 심리에 관여할 수 없다(국민의 형사재판 참여에 관한 법률 제44조).
> ④ 【O】 국민의 형사재판 참여에 관한 법률 제46조 제3항

정답 ④

96 국민참여재판에 대한 설명으로 가장 적절하지 않은 것은? (다툼이 있는 경우 판례에 의함) 19. 경찰승진

① 헌법과 법률이 정한 법관에 의한 재판을 받을 권리는 직업법관에 의한 재판을 주된 내용으로 하는 것으로, 국민참여재판을 받을 권리는 헌법 제27조 제1항에서 규정한 재판을 받을 권리의 보호범위에 속한다.
② 「국민의 형사재판 참여에 관한 법률」에 의하면 제1심 법원이 국민참여재판 대상사건을 피고인의 의사에 따라 국민참여재판으로 진행함에 있어 별도의 국민참여재판 개시결정을 할 필요는 없고, 그에 관한 이의가 있어 제1심 법원이 국민참여재판으로 진행하기로 하는 결정에 이른 경우 이는 판결 전의 소송절차에 관한 결정에 해당하며, 그에 대하여 특별히 즉시항고를 허용하는 규정이 없으므로 그 결정에 대하여는 항고할 수 없다.
③ 피고인이 공소장 부본을 송달받은 날부터 7일 이내에 의사확인서를 제출하지 아니한 경우에도 제1회 공판기일이 열리기 전까지는 국민참여재판 신청을 할 수 있고, 법원은 그 의사를 확인하여 국민참여재판으로 진행할 수 있다.
④ 「국민의 형사재판 참여에 관한 법률」은 제42조 제2항에서 '재판장은 배심원과 예비배심원에 대하여 배심원과 예비배심원의 권한·의무·재판절차, 그 밖에 직무수행을 원활히 하는 데 필요한 사항을 설명하여야 한다.'라고 하여 재판장의 공판기일에서의 최초 설명의무를 규정하고 있는데, 원칙적으로 설명의 대상에 검사가 아직 공소장에 의하여 낭독하지 아니한 공소사실 등이 포함된다고 볼 수 없다.

해설

① 【 X 】 우리 헌법상 헌법과 법률이 정한 법관에 의한 재판을 받을 권리는 직업법관에 의한 재판을 주된 내용으로 하는 것이므로 국민참여재판을 받을 권리가 헌법 제27조 제1항에서 규정한 재판을 받을 권리의 보호범위에 속한다고 볼 수 없다(헌재결 2009.11.26. 2008헌바12).
② 【 O 】 대결 2009.10.23. 2009모1032
③ 【 O 】 대결 2009.10.23. 2009모1032
④ 【 O 】 대판 2014.11.13. 2014도8377

정답 ①

97 국민의 형사재판 참여에 관한 법률에 따른 국민참여재판에 대한 설명으로 옳은 것은? (다툼이 있는 경우 판례에 의함)

19. 국가직

① 제1심 법원이 피고인의 의사에 따라 국민참여재판으로 진행하기로 결정한 경우, 위 결정에 대해 검사는 항고할 수 있다.
② 국민참여재판에서 배심원이 만장일치 의견으로 내린 무죄의 평결을 존중하여 제1심 법원이 무죄판결을 내린 경우, 검사는 항소를 제기할 수 없다.
③ 피고인은 공소장 부본을 송달받은 날부터 7일이 경과한 후에는 국민참여재판 신청을 할 수 없다.
④ 법원은 국민참여재판으로 진행하는 것이 적절하지 아니하다고 인정되는 경우, 공소제기 후부터 공판준비기일이 종결된 다음날까지 국민참여재판 배제결정을 할 수 있다.

해설

① 【 X 】 국민의 형사재판 참여에 관한 법률에 의하면 제1심 법원이 국민참여재판 대상사건을 피고인의 의사에 따라 국민참여재판으로 진행함에 있어 별도의 국민참여재판 개시결정을 할 필요는 없고, 그에 관한 이의가 있어 제1심 법원이 국민참여재판으로 진행하기로 하는 결정에 이른 경우 이는 판결 전의 소송절차에 관한 결정에 해당하며, 그에 대하여 특별히 즉시항고를 허용하는 규정이 없으므로 위 결정에 대하여는 항고할 수 없다(대결 2009.10.23. 2009모1032).
② 【 X 】 우리나라는 1심으로 진행된 국민참여재판에 대하여 특별한 제한없이 상소를 허용하고 있다.
③ 【 X 】 국민의 형사재판 참여에 관한 법률 제8조는 피고인이 공소장 부본을 송달받은 날부터 7일 이내에 국민참여재판을 원하는지 여부에 관한 의사가 기재된 서면을 제출하도록 하고, 피고인이 그 기간 내에 의사확인서를 제출하지 아니한 때에는 국민참여재판을 원하지 아니하는 것으로 보며, 공판준비기일이 종결되거나 제1회 공판기일이 열린 이후 등에는 종전의 의사를 바꿀 수 없도록 규정하고 있다. 위 규정의 취지를 위 기한이 지나면 피고인이 국민참여재판 신청을 할 수 없도록 하려는 것으로는 보기 어려운 점 등에 비추어 볼 때, 공소장 부본을 송달받은 날부터 7일 이내에 의사확인서를 제출하지 아니한 피고인도 제1회 공판기일이 열리기 전까지는 국민참여재판 신청을 할 수 있고, 법원은 그 의사를 확인하여 국민참여재판으로 진행할 수 있다고 봄이 상당하다(대결 2009.10.23. 2009모1032).
④ 【 O 】 국민의 형사재판 참여에 관한 법률 제9조 제1항

정답 ④

98 국민참여재판에 대한 설명으로 가장 적절한 것은? (다툼이 있는 경우 판례에 의함)

19. 경찰채용 1차

① 제1심 법원이 국민참여재판의 대상이 되는 사건임을 간과하여 이에 관한 피고인의 의사를 확인하지 아니한 채 통상의 공판절차로 재판을 진행한 경우, 피고인이 항소심에서 국민참여재판절차를 안내받고 그 희망 여부에 관하여 숙고할 수 있는 시간이 부여된 상황에서 위와 같은 제1심의 절차적 위법을 문제삼지 아니할 의사를 명백히 표시하였더라도 제1심 법원의 하자는 치유되지 않는다.
② 피고인이 제1심 법원에 국민참여재판을 신청하였음에도 불구하고 제1심 법원이 이에 대한 배제결정도 하지 않은 채 통상의 공판절차로 재판을 진행한 경우, 이러한 제1심 법원의 소송절차상의 하자는 직권조사사유에 해당하므로 피고인이 이러한 점을 항소사유로 삼고 있지 않다 하더라도 항소심 법원은 직권으로 제1심 판결을 파기하여야 한다.
③ 배심원의 평결은 전원의 의견이 일치하여야 하므로 전원의 의견이 일치하지 않는 경우에는 새로이 배심원단을 구성한 후 공판절차를 진행한다.
④ 국민참여재판의 피고인이 공판정에서 자백한 경우, 법원은 그 공소사실에 한하여 간이공판절차에 의하여 심판하도록 결정할 수 있다.

해설

① 【 X 】 제1심법원이 국민참여재판의 대상이 되는 사건임을 간과하여 이에 관한 피고인의 의사를 확인하지 아니한 채 통상의 공판절차로 재판을 진행하였더라도, 피고인이 항소심에서 국민참여재판을 원하지 아니한다고 하면서 위와 같은 제1심의 절차적 위법을 문제 삼지 아니할 의사를 명백히 표시하는 경우에는 그 하자가 치유되어 제1심 공판절차는 전체로서 적법하게 된다고 봄이 상당하다(대판 2012.4.26. 2012도1225).
② 【 O 】 제1심법원이 피고인의 강간치상사건에 대하여 공소장 부본 송달일로부터 7일이 경과하기 전에 제1회 공판기일을 진행하면서 국민참여재판 신청 의사를 확인하지 않고, 그 이후 도착한 피고인의 국민참여재판 신청에 대해 배제결정도 하지 않은 채 통상의 공판절차로 재판을 진행한 사안에서, 이와 같이 위법한 공판절차에서 이루어진 소송행위는 무효라고 보아야 한다는 이유로, 원심판결과 제1심판결을 모두 파기하고 사건을 제1심법원에 환송한 사례(대판 2011.9.8. 2011도7106)
③ 【 X 】 배심원은 유무죄에 관하여 전원의 의견이 일치하지 아니하는 때에는 유무죄의 평결은 다수결의 방법으로 한다(국민의 형사재판 참여에 관한 법률 제46조 제3항 제2문).
④ 【 X 】 국민참여재판에는 형사소송법상 간이공판절차 규정을 적용하지 아니한다(국민의 형사재판 참여에 관한 법률 제43조). 다만, 피고인 또는 변호인이 공판준비절차에서 공소사실의 주요내용을 인정시 배심원의 숫자가 5인으로 간이화할 뿐이다(국민의 형사재판 참여에 관한 법률 제13조 제1항).

정답 ②

99 국민참여재판에 관한 다음 설명 중 가장 옳은 것은? (다툼이 있는 경우 판례에 의함) 20. 법원직

① 피고인은 공소장 부본을 송달받은 날부터 7일 이내에 국민참여재판을 원하는지 여부에 관한 의사가 기재된 서면을 제출하여야 한다. 이 경우 피고인이 서면을 우편으로 발송한 때에는 법원에 도착한 날 법원에 제출한 것으로 본다.
② 국민참여재판 대상이 되는 사건임에도 법원에서 피고인이 국민참여재판을 원하는지에 관한 의사 확인절차를 거치지 아니한 채 통상의 공판절차로 재판을 진행하였다면, 그 절차는 위법하고 이러한 위법한 공판절차에서 이루어진 소송행위도 무효이다.
③ 제1심법원이 국민참여재판 대상이 되는 사건임을 간과하여 이에 관한 피고인의 의사를 확인하지 아니한 채 통상의 공판절차로 재판을 진행하였다면, 피고인이 항소심에서 국민참여재판을 원하지 아니한다고 하면서 위와 같은 제1심의 절차적 위법을 문제삼지 아니할 의사를 명백히 표시하여도 그 하자가 치유되지는 않는다.
④ 법원은 공소제기 후부터 공판준비기일이 종결된 다음날까지 성폭력범죄의 처벌 등에 관한 특례법의 성폭력범죄 피해자가 국민참여재판을 원하지 아니하는 경우에 국민참여재판을 하지 아니하기로 하는 결정을 할 수 있는데 위 결정에 대하여 피고인은 불복할 수 없다.

해설

① 【X】 피고인은 공소장 부본을 송달받은 날부터 7일 이내에 국민참여재판을 원하는지 여부에 관한 의사가 기재된 서면을 제출하여야 한다. 이 경우 피고인이 서면을 우편으로 발송한 때, 교도소 또는 구치소에 있는 피고인이 서면을 교도소장·구치소장 또는 그 직무를 대리하는 자에게 제출한 때에는 법원에 제출한 것으로 본다(국민의 형사재판 참여에 관한 법률 제8조 제2항).
② 【O】 대판 2013.1.31. 2012도13896
③ 【X】 국민참여재판은 그 실시를 희망하는 의사의 번복에 관하여 국민의 형사재판 참여에 관한 법률 제8조 제4항에 따른 시기적·절차적 제한이 있는 외에는 피고인의 의사에 반하여 할 수 없으므로, 제1심법원이 국민참여재판 대상이 되는 사건임을 간과하여 이에 관한 피고인의 의사를 확인하지 아니한 채 통상의 공판절차로 재판을 진행하였더라도, 피고인이 항소심에서 국민참여재판을 원하지 아니한다고 하면서 위와 같은 제1심의 절차적 위법을 문제삼지 아니할 의사를 명백히 표시하는 경우에는 하자가 치유되어 제1심 공판절차는 전체로서 적법하게 된다고 보아야 하고, 다만 국민참여재판제도의 취지와 피고인의 국민참여재판을 받을 권리를 실질적으로 보장하고자 하는 관련 규정의 내용에 비추어 위 권리를 침해한 제1심 공판절차의 하자가 치유된다고 보기 위해서는 같은 법 제8조 제1항, 국민의 형사재판 참여에 관한 규칙 제3조 제1항에 준하여 피고인에게 국민참여재판절차 등에 관한 충분한 안내와 그 희망 여부에 관하여 숙고할 수 있는 상당한 시간이 사전에 부여되어야 한다(대판 2012.4.26. 2012도1225).
④ 【X】 법원은 일정한 사유가 있는 경우 공소제기 후부터 공판준비준비기일이 종결된 다음날까지 검사·피고인 또는 변호인의 의견을 들어 국민참여재판을 하지 아니하기로 하는 결정을 할 수 있다(국민의 형사재판 참여에 관한 법률 제9조 제1항, 제2항). 배제결정에 대하여는 즉시항고를 할 수 있다(동법 제9조 제3항).

정답 ②

100 국민참여재판에 대한 설명으로 가장 적절하지 않은 것은? (다툼이 있는 경우 판례에 의함)   21. 경찰승진

① 국민참여재판에 변호인이 없는 때에는 법원은 직권으로 변호인을 선정하여야 한다.
② 법원은 국민참여재판에 대한 배제결정을 하기 전에 검사·피고인 또는 변호인의 의견을 들어야 한다.
③ 국민참여재판에 대해 검사, 피고인, 변호인의 신청이 있으면 법원은 통상절차로 회부하여야 하며, 그 회부에 대해서는 불복할 수 있다.
④ 국민참여재판의 배심원들은 배심원들 사이에 유·무죄에 관하여 전원의 의견이 일치하지 아니하는 때에는 평결을 하기 전에 심리에 관여한 판사의 의견을 들은 다음 다수결 방법으로 유·무죄의 평결을 한다.

[해설]

① 【O】 국민의 형사재판 참여에 관한 법률 제7조
② 【O】 국민의 형사재판 참여에 관한 법률 제9조 제2항
③ 【X】 법원은 피고인의 질병 등으로 공판절차가 장기간 정지되거나 피고인에 대한 구속기간의 만료, 성폭력범죄 피해자의 보호, 그 밖에 심리의 제반 사정에 비추어 국민참여재판을 계속 진행하는 것이 부적절하다고 인정하는 경우에는 직권 또는 검사·피고인·변호인이나 성폭력범죄 피해자 또는 법정대리인의 신청에 따라 결정으로 사건을 지방법원 본원 합의부가 국민참여재판에 의하지 아니하고 심판하게 할 수 있다. 법원의 결정에 대하여는 불복할 수 없다(국민의 형사재판 참여에 관한 법률 제9조 제1항, 제3항).
④ 【O】 국민의 형사재판 참여에 관한 법률 제46조 제3항

정답 ③

101 국민참여재판절차에 대한 설명으로 옳지 않은 것은? (다툼이 있는 경우 판례에 의함)   21. 국가직

① 국민참여재판에 관하여 변호인이 없는 때에는 법원은 직권으로 변호인을 선정하여야 한다.
② 국민참여재판에서 배심원은 사실의 인정, 법령의 적용 및 형의 양정에 관한 의견을 제시할 권한은 있으나, 법원의 증거능력에 관한 심리에 관여할 수는 없다.
③ 피고인의 국민참여재판 불희망 의사를 확인하였다고 하더라도, 국민참여재판 안내서 등을 피고인에게 교부하거나 사전에 송달하는 등의 국민참여재판절차에 관한 충분한 안내를 하지 않았거나 그 희망 여부에 관한 상당한 숙고시간을 부여하지 않았다면, 그 의사의 확인절차를 적법하게 거쳤다고 볼 수는 없다.
④ 법원이 국민참여재판 대상사건을 피고인의 의사에 따라 국민참여재판으로 진행함에 있어서는 별도의 국민참여재판 개시결정을 하여야 한다.

[해설]

① 【O】 국민의 형사재판 참여에 관한 법률 제7조
② 【O】 국민의 형사재판 참여에 관한 법률 제12조 제1항, 제44조
③ 【O】 대판 2012.4.26. 2012도1225
④ 【X】 국민의 형사재판 참여에 관한 법률에 의하면 제1심 법원이 국민참여재판 대상사건을 피고인의 의사에 따라 국민참여재판으로 진행함에 있어 별도의 국민참여재판 개시결정을 할 필요는 없고, 그에 관한 이의가 있어 제1심 법원이 국민참여재판으로 진행하기로 하는 결정에 이른 경우 이는 판결 전의 소송절차에 관한 결정에 해당하며, 그에 대하여 특별히 즉시항고를 허용하는 규정이 없으므로 위 결정에 대하여는 항고할 수 없다(대결 2009.10.23. 2009모1032).

정답 ④

102 다음 중 국민의 형사재판 참여에 관한 법률상 국민참여재판의 배심원으로 선정될 수 있는 자는?

21. 경찰채용 1차

① 현직 경찰 공무원
② 파산선고를 받고 복권되지 아니한 만 20세의 자
③ 피해자의 이혼한 배우자
④ 징역 10년의 실형을 선고받고 그 집행이 종료된 후 5년이 경과한 자

해설

① 【X】 직업 등에 따른 제외사유(국민의 형사재판 참여에 관한 법률 제18조 제7호)
② 【X】 결격사유(국민의 형사재판 참여에 관한 법률 제17조 제2호)
③ 【X】 제척사유(국민의 형사재판 참여에 관한 법률 제19조 제2호)
④ 【O】 금고 이상의 실형을 선고받고 그 집행이 종료(종료된 것으로 보는 경우를 포함한다)되거나 집행이 면제된 후 5년을 경과하지 아니한 사람은 결격사유에 해당한다(국민의 형사재판 참여에 관한 법률 제17조 제3호). 하지만 집행이 종료된 후 5년이 경과한 자는 결격사유에 해당하지 않는다. 따라서 배심원으로 선정될 수 있다.

정답 ④

103 국민참여재판에 관한 설명으로 옳은 것을 모두 고른 것은? (다툼이 있는 경우 판례에 의함)

25. 경찰승진

㉠ 법정형이 사형·무기징역 또는 무기금고에 해당하는 대상사건에 대한 국민참여재판에는 9인의 배심원이 참여하고, 그 외의 대상사건에 대한 국민참여재판에는 7인의 배심원이 참여하나 법원은 피고인 또는 변호인이 공판준비절차에서 공소사실의 주요내용을 인정한 때에는 5인의 배심원이 참여하게 할 수 있다.
㉡ 제1심 법원이 국민참여재판 대상사건을 피고인의 의사에 따라 국민참여재판으로 진행함에 있어 별도의 국민참여재판 개시결정을 할 필요는 없고, 그에 관한 이의가 있어 제1심 법원이 국민참여재판으로 진행하기로 하는 결정에 이른 경우에 위 결정에 대하여 항고할 수 있다.
㉢ 법원은 주장과 증거를 정리하고 심리계획을 수립하기 위하여 공판준비기일을 지정하여야 하며, 공판준비기일에는 배심원이 참여한다.
㉣ 법원은 피고인의 질병 등으로 공판절차가 장기간 정지되거나 피고인에 대한 구속기간의 만료, 성폭력범죄 피해자의 보호, 그 밖에 심리의 제반 사정에 비추어 국민참여재판을 계속 진행하는 것이 부적절하다고 인정하는 경우에는 직권 또는 검사·피고인·변호인이나 성폭력범죄 피해자 또는 법정대리인의 신청에 따라 결정으로 사건을 지방법원 본원 합의부가 국민참여재판에 의하지 아니하고 심판하게 할 수 있다.

① ㉠, ㉡   ② ㉠, ㉣   ③ ㉡, ㉢   ④ ㉢, ㉣

해설

㉠ 【O】 국민의 형사재판 참여에 관한 법률 제13조 제1항
㉡ 【X】 국민의 형사재판 참여에 관한 법률에 의하면 제1심 법원이 국민참여재판 대상사건을 피고인의 의사에 따라 국민참여재판으로 진행함에 있어 별도의 국민참여재판 개시결정을 할 필요는 없고, 그에 관한 이의가 있어 제1심 법원이 국민참여재판으로 진행하기로 하는 결정에 이른 경우 이는 판결 전의 소송절차에 관한 결정에 해당하며, 그에 대하여 특별히 즉시항고를 허용하는 규정이 없으므로 위 결정에 대하여는 항고할 수 없다. 따라서 국민참여재판으로 진행하기로 하는 제1심 법원의 결정에 대한 항고는 항고의 제기가 법률상의 방식을 위반한 때에 해당하여 위 결정을 한 법원이 항고를 기각하여야 하고, 위 결정을 한 법원이 항고기각의 결정을 하지 아니한 때에는 항고법원은 결정으로 항고를 기각하여야 한다(대결 2009.10.23. 2009모1032).
㉢ 【X】 공판준비기일에는 배심원이 참여하지 아니한다(국민의 형사재판 참여에 관한 법률 제37조 제4항).
㉣ 【O】 국민의 형사재판 참여에 관한 법률 제11조 제1항

정답 ②

Chapter 03 증거

01 간접증거에 대한 설명으로 옳지 않은 것은? (다툼이 있는 경우 판례에 의함)   18. 국가직

① 유죄의 심증은 반드시 직접증거에 의하여 형성되어야만 하는 것은 아니며 경험칙과 논리법칙에 위반되지 아니하는 한 간접증거에 의하여 형성되어도 된다.
② 간접증거가 개별적으로는 범죄사실에 대한 완전한 증명력을 가지지 못하더라도 전체 증거를 상호관련하에 종합적으로 고찰할 경우 종합적 증명력이 있는 것으로 판단되면 그에 의하여도 범죄사실을 인정할 수가 있다.
③ 형사재판에서 유죄로 인정하기 위한 심증형성의 정도는 합리적인 의심을 할 여지가 없을 정도여야 하나, 이는 모든 가능한 의심을 배제할 정도에 이를 것까지 요구하는 것은 아니다.
④ 간접증거에 의하여 주요사실의 전제가 되는 수 개의 간접사실을 인정할 때에는 하나하나의 간접사실 사이에 모순, 저촉이 없어야 할 정도까지는 요구되지 않으며 전체적으로 고찰하여 유죄의 심증을 형성할 수 있으면 충분하다.

[해설]
①②③ 【 O 】 대판 1998.11.13. 96도1783
④ 【 X 】 살인죄 등과 같이 법정형이 무거운 범죄의 경우에도 직접증거 없이 간접증거만으로 유죄를 인정할 수 있으나, 그러한 유죄 인정에는 공소사실에 대한 관련성이 깊은 간접증거들에 의하여 신중한 판단이 요구되므로, 간접증거에 의하여 주요사실의 전제가 되는 간접사실을 인정할 때에는 증명이 합리적인 의심을 허용하지 않을 정도에 이르러야 하고, 하나하나의 간접사실 사이에 모순, 저촉이 없어야 하는 것은 물론 간접사실이 논리와 경험칙, 과학법칙에 의하여 뒷받침되어야 한다(대판 2011.5.26. 2011도1902).

정답 ④

02 증거에 대한 설명으로 가장 적절한 것은? (다툼이 있는 경우 판례에 의함)   21. 경찰승진

① 간접증거가 개별적으로 완전한 증명력을 가지지 못한다면, 전체 증거를 상호 관련하여 종합적으로 고찰하여 증명력이 있는 것으로 판단되더라도 그에 의하여 범죄사실을 인정할 수 없다.
② 살인죄와 같이 법정형이 무거운 범죄의 경우에도 직접증거 없이 간접증거만으로도 유죄를 인정할 수 있다.
③ 상해사건에서 피해자 진단서는 상해 사실자체에 대한 직접증거에 해당한다.
④ 증거능력이란 요증사실을 증명하는 증거의 힘, 증거의 실질적 가치를 말하며, 이는 법관의 자유심증에 의해 결정된다.

[해설]
① 【 X 】 간접증거가 개별적으로는 범죄사실에 대한 완전한 증명력을 가지지 못하더라도 전체 증거를 상호관련하에 종합적으로 고찰할 경우 종합적 증명력이 있는 것으로 판단되면 그에 의하여도 범죄사실을 인정할 수가 있다(대판 1998.11.13. 96도1783).
② 【 O 】 대판 2011.5.26. 2011도1902
③ 【 X 】 상해사건발생 직후 피해자를 진찰한 바 있는 의사의 진술 및 상해진단서를 발행한 의사의 진술이나 진단서는 가해자의 상해 사실 자체에 대한 직접적인 증거가 되는 것은 아니고, 다른 증거에 의하여 상해의 가해행위가 인정되는 경우에 그에 대한 상해의 부위나 정도의 점에 대한 증거가 된다(대판 1995.9.29. 95도852).
④ 【 X 】 증거능력이란 증거가 엄격한 증명의 자료로 사용될 수 있는 법률상의 자격을 말한다. 이에 대해 증명력이란 요증사실을 증명하는 증거의 힘, 증거의 실질적 가치를 말하며, 이는 법관의 자유심증에 의해 결정된다.

정답 ②

03 간접증거에 관한 설명으로 가장 적절하지 않은 것은? (다툼이 있는 경우 판례에 의함)
25. 경찰승진

① 직접증거가 전혀 없더라도 적법한 증거들에 의해 인정되는 간접사실들에 논리법칙과 경험칙을 적용하여 공소사실이 합리적인 의심이 없을 정도로 추단될 수 있으면 유죄를 인정할 수 있다.
② 범죄현장에서 채취된 피고인의 지문은 간접증거이다.
③ 피고인이 배임죄의 범의를 부인하는 경우에는 사물의 성질상 배임죄의 주관적 요소로 되는 사실은 고의와 상당한 관련성이 있는 간접사실을 증명하는 방법에 의하여 입증할 수밖에 없다.
④ 살인죄와 같이 법정형이 무거운 범죄의 경우에는 직접증거 없이 간접증거만으로 유죄를 인정할 수 없다.

[해설]
① 【O】 범죄사실의 증명은 반드시 직접증거만으로 이루어져야 하는 것은 아니고 논리와 경험칙에 합치되는 한 간접증거로도 할 수 있으며, 간접증거가 개별적으로는 범죄사실에 대한 완전한 증명력을 가지지 못하더라도 전체 증거를 상호 관련하에 종합적으로 고찰할 경우 그 단독으로는 가지지 못하는 종합적 증명력이 있는 것으로 판단되면 그에 의하여도 범죄사실을 인정할 수가 있다(대판 1998.11.13. 96도1783).
② 【O】 요증사실을 간접적으로 추인할 수 있는 사실을 간접증거 또는 정황증거라고 한다. 따라서 범죄현장에서 채취된 피고인의 지문은 간접증거이다.
③ 【O】 배임죄가 성립하기 위하여는 주관적 요건으로서 임무에 위배되는 행위를 한다는 인식 이외에도 그로 인하여 자기 또는 제3자의 이득을 취득하고 본인에게 손해를 가한다는 점에 관한 의사 내지 인식을 필요로 하는 것이므로, 피고인이 배임죄의 범의를 부인하는 경우에는 사물의 성질상 배임죄의 주관적 요소로 되는 사실(고의, 동기 등의 내심적 사실)은 고의와 상당한 관련성이 있는 간접사실을 증명하는 방법에 의하여 입증할 수밖에 없다고 할 것이고, 이 경우 그 간접 사실 중에는 피고인이 배임행위를 하였다고 볼 만한 징표와 어긋나는 사실의 의문점이 해소되어야 할 것이다(대판 1999.4.13. 98도4022).
④ 【X】 살인죄 등과 같이 법정형이 무거운 범죄의 경우에도 직접증거 없이 간접증거만으로 유죄를 인정할 수 있으나, 그러한 유죄 인정에는 공소사실에 대한 관련성이 깊은 간접증거들에 의하여 신중한 판단이 요구되므로, 간접증거에 의하여 주요사실의 전제가 되는 간접사실을 인정할 때에는 증명이 합리적인 의심을 허용하지 않을 정도에 이르러야 하고, 하나하나의 간접사실 사이에 모순, 저촉이 없어야 하는 것은 물론 간접사실이 논리와 경험칙, 과학법칙에 의하여 뒷받침되어야 한다(대판 2011.5.26. 2011도1902).

정답 ④

04 엄격한 증명의 대상으로 가장 적절하지 않은 것은? (다툼이 있으면 판례에 의함)
16. 경찰승진

① 교사범에 있어 '교사의 사실' 인정
② 공모공동정범에 있어서 '공모나 모의의 사실' 인정
③ 구 도로법 제54조 제2항에 의한 '적재량 측정 요구'
④ 친고죄에 있어서 '고소의 유무'

[해설]
① 【O】 엄격한 증명(대판 2000.2.25. 99도1252)
② 【O】 엄격한 증명(대판 1989.9.13. 88도1114)
③ 【O】 엄격한 증명(대판 2005.6.24. 2004도7212)
④ 【X】 자유로운 증명(대판 1967.12.19. 67도1181)

정답 ④

05 다음 중 엄격한 증명의 대상인 것은? (다툼이 있으면 판례에 의함)

16. 경찰채용 1차

① 피고인의 검찰 진술의 임의성의 유무
② 친고죄에서 적법한 고소가 있었는지 여부
③ 형사소송법 제312조 제4항에서 '특히 신빙할 수 있는 상태'
④ 합동범에 있어서의 공모나 모의

해설
① 【자유로운 증명】 대판 2012.11.29. 2010도3029
② 【자유로운 증명】 대판 2011.6.24. 2011도4451
③ 【자유로운 증명】 대판 2012.7.26. 2012도2937
④ 【엄격한 증명】 대판 2001.12.11. 2001도4013

정답 ④

06 엄격한 증명의 대상이 되는 것만을 모두 고른 것은? (다툼이 있는 경우 판례에 의함)

16. 국가직

㉠ 업무상횡령죄에서 불법영득의사를 실현하는 행위로서의 횡령행위가 있다는 점
㉡ 형사소송법 제312조 제4항에서 정한 '특히 신빙할 수 있는 상태'의 존재
㉢ 형법 제6조 단서에서 정한 '외국법규의 존재'와 관련하여 행위지의 법률에 의하여 범죄를 구성하는지 여부
㉣ 몰수·추징의 대상이 되는지 여부나 추징액의 인정
㉤ 목적과 용도를 정하여 위탁한 금전을 수탁자가 임의로 소비하여 횡령죄가 성립하는 경우 피해자 등이 목적과 용도를 정하여 금전을 위탁한 사실과 그 목적과 용도가 무엇인가라는 점

① ㉠, ㉡ ② ㉢, ㉣ ③ ㉠, ㉢, ㉤ ④ ㉡, ㉣, ㉤

해설
㉠ 【엄격한 증명】 대판 2013.12.26. 2013도7360
㉡ 【자유로운 증명】 대판 2012.7.26. 2012도2937
㉢ 【엄격한 증명】 대판 2011.8.25. 2011도6507
㉣ 【자유로운 증명】 대판 2015.4.23. 2015도1233
㉤ 【엄격한 증명】 대판 2013.11.14. 2013도8121

정답 ③

07 다음 설명 중 옳지 않은 것은? (다툼이 있는 경우 판례에 의함)

16. 국가직

① 뇌물죄에서의 수뢰액은 그 다과에 따라 범죄구성요건이 되므로 엄격한 증명의 대상이 된다.
② 공동정범에서 공모관계를 인정하기 위해서는 엄격한 증명이 요구된다.
③ 주취정도의 계산을 위한 위드마크 공식의 경우 그 적용을 위한 자료로 섭취한 알코올의 양, 음주 시각, 체중 등이 필요하며 그런 전제사실에 대하여는 자유로운 증명으로 족하다.
④ 몰수대상이 되는지 여부나 추징액의 인정 등 몰수·추징의 사유는 범죄구성요건 사실에 관한 것이 아니어서 엄격한 증명은 필요 없다.

해설

① 【 O 】 대판 2011.5.26. 2009도2453
② 【 O 】 대판 1988.9.13. 88도1114
③ 【 X 】 범죄구성요건사실의 존부를 알아내기 위해 과학공식 등의 경험칙을 이용하는 경우에 그 법칙 적용의 전제가 되는 개별적이고 구체적인 사실에 대하여는 엄격한 증명을 요하는바, 위드마크 공식의 경우 그 적용을 위한 자료로 섭취한 알코올의 양, 음주 시각, 체중 등이 필요하므로 그런 전제사실에 대한 엄격한 증명이 요구된다. 한편, 위드마크 공식에 따른 혈중알코올농도의 추정방식에는 알코올의 흡수분배로 인한 최고 혈중알코올농도에 관한 부분과 시간경과에 따른 분해소멸에 관한 부분이 있고, 그 중 최고 혈중알코올농도의 계산에서는 섭취한 알코올의 체내흡수율과 성, 비만도, 나이, 신장, 체중 등이 그 결과에 영향을 미칠 수 있으며 개인마다의 체질, 음주한 술의 종류, 음주 속도, 음주시 위장에 있는 음식의 정도 등에 따라 최고 혈중알코올농도에 이르는 시간이 달라질 수 있고, 알코올의 분해소멸에는 평소의 음주 정도, 체질, 음주 속도, 음주 후 신체활동의 정도 등이 시간당 알코올 분해량에 영향을 미칠 수 있는 등 음주 후 특정 시점에서의 혈중알코올농도에 영향을 줄 수 있는 다양한 요소들이 있는바, 형사재판에 있어서 유죄의 인정은 법관으로 하여금 합리적인 의심을 할 여지가 없을 정도로 공소사실이 진실한 것이라는 확신을 가지게 할 수 있는 증명이 필요하므로, 위 각 영향요소들을 적용함에 있어 피고인이 평균인이라고 쉽게 단정하여서는 아니 되고 필요하다면 전문적인 학식이나 경험이 있는 자의 도움을 받아 객관적이고 합리적으로 혈중알코올농도에 영향을 줄 수 있는 요소들을 확정하여야 한다(대판 2008.8.21. 2008도5531).
④ 【 O 】 대판 2015.4.23. 2015도1233

정답 ③

08 엄격한 증명의 대상이면서 검사에게 거증책임이 있는 것으로 가장 적절한 것은? (다툼이 있는 경우 판례에 의함)

18. 경찰채용 1차

① 「형사소송법」제312조 제4항에서 정한 '특히 신빙할 수 있는 상태'의 존재 입증
② 몰수대상이 되는지 여부나 추징액의 인정 등 '몰수·추징의 사유' 입증
③ 명예훼손죄의 위법성조각사유인 「형법」제310조 규정 중 '진실한 사실로서 오로지 공공의 이익에 관한 것'인지 여부에 대한 입증
④ 「형법」제6조 단서의 '행위지 법률에 의하여 범죄를 구성하는지' 여부에 대한 입증

해설

① 【 X 】 자유로운 증명의 대상이면서 검사에게 거증책임이 있음(대판 2012.7.26. 2012도2937)
② 【 X 】 자유로운 증명의 대상이면서 검사에게 거증책임이 있음(대판 2006.4.7. 2005도9858 전합)
③ 【 X 】 자유로운 증명의 대상이면서 피고인에게 거증책임이 있음(대판 1996.10.25. 95도1473)
④ 【 O 】 엄격한 증명의 대상이면서 검사에게 거증책임이 있음(대판 2011.8.25. 2011도6507)

정답 ④

09 엄격한 증명의 대상이 되는 것(○)과 그렇지 않은 것(×)을 바르게 연결한 것은? (다툼이 있는 경우 판례에 의함)

19. 검찰 7급

㉠ 범죄구성요건에 해당하는 사실을 증명하기 위한 근거가 되는 과학적인 연구결과
㉡ 외국인의 국외범(「형법」제6조)에 해당되는 사실이 행위지 법률에 의하여 범죄를 구성하는지 여부
㉢ 참고인진술조서의 증거능력에 관하여 참고인의 진술이 '특히 신빙할 수 있는 상태'하에서 행하여졌다는 사실
㉣ 몰수의 대상이 되는지 여부나 추징액의 인정 등 몰수·추징의 사유

① ㉠ ○   ㉡ ○   ㉢ ×   ㉣ ○
② ㉠ ○   ㉡ ○   ㉢ ×   ㉣ ×
③ ㉠ ×   ㉡ ○   ㉢ ○   ㉣ ×
④ ㉠ ○   ㉡ ×   ㉢ ○   ㉣ ○

해설

㉠【○】범죄구성요건에 해당하는 사실을 증명하기 위한 근거가 되는 과학적인 연구결과는 적법한 증거조사를 거친 증거능력 있는 증거에 의하여 엄격한 증명으로 증명되어야 한다(대판 2010.2.11. 2009도2338).
㉡【○】형법 제6조 단행에 규정한 바 행위지의 법률에 의하여 범죄를 구성하는가 여부에 관하여는 이른바 엄격한 증명을 필요로 한다(대판 1973.5.1. 73도289).
㉢【×】특신상태는 자유로운 증명으로 충분하다(대판 1986.11.25. 83도1718).
㉣【×】몰수·추징 대상이 되는지의 여부는 범죄구성사실에 관한 것이 아니므로 엄격한 증명의 대상이 아니다(대판 1982.2.9. 81도3040).

정답 ②

10 엄격한 증명에 대한 설명으로 가장 적절한 것은? (다툼이 있는 경우 판례에 의함)

19. 경찰채용 2차

① 대한민국 영역 외에서 대한민국 국민에 대하여 범죄를 저지른 외국인에 대하여 우리나라 형법을 적용하여 처벌함에 있어 행위지의 법률에 의하여 범죄를 구성하는지는 엄격한 증명을 요하나, 몰수 또는 추징의 대상이 되는지 여부나 추징액의 인정은 엄격한 증명을 요하지 아니한다.
② 뇌물수수죄에서 공무원의 직무에 관하여 수수하였다는 범의를 인정하기 위해서는 엄격한 증명이 요구되나, 내란선동죄에서 국헌문란의 목적은 범죄 성립을 위하여 고의 외에 요구되는 초과주관적 위법요소로서 엄격한 증명을 요하지 아니한다.
③ 횡령죄에서 목적과 용도를 정하여 금전을 위탁한 사실 및 그 목적과 용도가 무엇인지는 엄격한 증명의 대상이 되나, 횡령한 재물의 가액이 「특정경제범죄 가중처벌 등에 관한 법률」의 적용 기준이 되는 하한 금액을 초과한다는 점은 엄격한 증명을 요하지 않는다.
④ 공모공동정범에서 공모관계를 인정하기 위해서는 엄격한 증명이 요구되나, 「특정범죄 가중처벌 등에 관한 법률」 제5조의9 제1항 위반죄의 '보복의 목적'이 행위자에게 있었다는 점은 엄격한 증명을 요하지 아니한다.

해설

① 【○】 대판 1973.5.1. 73도289, 대판 1982.2.9. 81도3040
② 【×】 내란선동죄에서 '국헌을 문란할 목적'이란 "헌법 또는 법률에 정한 절차에 의하지 아니하고 헌법 또는 법률의 기능을 소멸시키는 것(형법 제91조 제1호)" 또는 "헌법에 의하여 설치된 국가기관을 강압에 의하여 전복 또는 그 권능행사를 불가능하게 하는 것(같은 조 제2호)"을 말한다. 국헌문란의 목적은 범죄 성립을 위하여 고의 외에 요구되는 초과주관적 위법요소로서 엄격한 증명사항에 속하나, 확정적 인식임을 요하지 아니하며, 다만 미필적 인식이 있으면 족하다(대판 2015.1.22. 2014도10978 전합).
③ 【×】 횡령한 재물의 가액이 특정경제범죄법의 적용 기준이 되는 하한 금액을 초과한다는 점도 다른 구성요건 요소와 마찬가지로 엄격한 증거에 의하여 증명되어야 한다(대판 2017.5.30. 2016도9027).

④ 【 X 】 특정범죄 가중처벌 등에 관한 법률 제5조의9 제1항 위반의 죄의 행위자에게 보복의목적이 있었다는 점 또한 검사가 증명하여야 하고 그러한 증명은 법관으로 하여금 합리적인 의심을 할 여지가 없을 정도의 확신을 생기게 하는 엄격한 증명에 의하여야 하며 이와 같은 증명이 없다면 피고인의 이익으로 판단할 수밖에 없다(대판 2014.9.26. 2014도9030).

정답 ①

11 증명에 관한 설명 중 가장 적절하지 않은 것은? (다툼이 있는 경우 판례에 의함)
20. 경찰승진

① 사실의 인정은 증거에 의하여야 하고 범죄사실의 인정은 합리적인 의심이 없는 정도의 증명에 이르러야 한다.
② 횡령한 재물의 가액이 특정경제범죄 가중처벌 등에 관한 법률 의적용 기준이 되는 하한 금액을 초과한다는 점은 엄격한 증거에 의하여 증명되어야 한다.
③ 공모공동정범에 있어서 공모나 모의는 범죄될 사실이라 할 것이므로 이를 인정하기 위하여는 엄격한 증명에 의하여야 한다.
④ 범죄사실의 증명은 논리와 경험칙에 합치되는 한 간접증거로도 할 수 있으나, 살인죄와 같이 법정형이 무거운 범죄의 경우에는 직접증거가 있어야만 범죄사실을 증명할 수 있다.

해설

① 【 O 】 제307조 제1항, 제2항
② 【 O 】 대판 2017.5.30. 2016도9027
③ 【 O 】 대판 1989.9.13. 88도1114
④ 【 X 】 살인죄 등과 같이 법정형이 무거운 범죄의 경우에도 직접증거 없이 간접증거만으로 유죄를 인정할 수 있다(대판 2011.5.26. 2011도1902).

정답 ④

12 증명에 관한 다음 설명 중 가장 옳지 않은 것은? (다툼이 있는 경우 판례에 의함)
20. 법원직

① 형사재판에서 엄격한 증명이 요구되는 대상에는 검사가 공소장에 기재한 구체적 범죄사실 모두가 포함되고, 특히 공소사실에 특정된 범죄의 일시는 범죄의 성격상 특수한 사정이 있는 경우가 아닌 한 엄격한 증명을 통하여 인정되어야 한다.
② 목적과 용도를 정하여 위탁한 금전을 수탁자가 임의로 소비하면 횡령죄를 구성할 수 있으나, 이 경우 피해자가 목적과 용도를 정하여 금전을 위탁한 사실 및 그 목적과 용도가 무엇인지는 엄격한 증명의 대상이다.
③ 형사소송법 제312조 제4항에서 '특히 신빙할 수 있는 상태'는 증거능력의 요건에 해당하므로 검사가 그 존재에 대하여 구체적으로 주장·증명하여야 하며 그러한 증명은 엄격한 증명을 요한다.
④ 친고죄에 있어서의 고소는 고소권 있는 자가 수사기관에 대하여 범죄사실을 신고하고 범인의 처벌을 구하는 의사표시로서 서면뿐만 아니라 구술로도 할 수 있는 것이고, 친고죄에서 적법한 고소가 있었는지 여부는 자유로운 증명의 대상이 된다.

해설

① 【 O 】 대판 2013.9.26. 2012도3722
② 【 O 】 대판 2013.11.14. 2013도8121
③ 【 X 】 형사소송법 제312조 제4항에서 '특히 신빙할 수 있는 상태'란 진술 내용이나 조서 작성에 허위개입의 여지가 거의 없고, 진술 내용의 신빙성이나 임의성을 담보할 구체적이고 외부적인 정황이 있는 것을 말한다. 그리고 이러한 '특히 신빙할 수 있는 상태'는 증거능력의 요건에 해당하므로 검사가 그 존재에 대하여 구체적으로 주장·증명하여야 하지만, 이는 소송상의 사실에 관한 것이므로 엄격한 증명을 요하지 아니하고 자유로운 증명으로 족하다(대판 2012.7.26. 2012도2937).
④ 【 O 】 대판 1999.2.9. 98도2074

정답 ③

13 엄격한 증명과 자유로운 증명에 대한 다음 설명(㉠~㉣) 중 옳고 그름의 표시(○, ×)가 바르게 된 것은? (다툼이 있는 경우 판례에 의함)

20. 경찰채용 1차

> ㉠ 내란선동죄에서 국헌문란의 목적은 초과주관적 위법요소로서 엄격한 증명사항에 속하므로 확정적 인식임을 요한다.
> ㉡ 법원은 재심청구 이유의 유무를 판단함에 필요한 경우에는 사실을 조사할 수 있으며, 공판절차에 적용되는 엄격한 증거조사 방식에 따라야 한다.
> ㉢ 공모관계를 인정하기 위해서는 엄격한 증명이 요구되지만 피고인이 공모관계를 부인하는 경우에는 상당한 관련성이 있는 간접사실 또는 정황사실을 증명하는 방법으로 이를 증명할 수밖에 없다.
> ㉣ 목적범의 목적은 내심의 의사로서 이를 직접 증명하는 것이 불가능하므로 고의 등과 같이 내심의 의사를 인정하는 통상적인 방법에 따라 정황사실 또는 간접사실 등에 의하여 이를 증명하여야 한다.

① ㉠ ○ ㉡ ○ ㉢ ○ ㉣ ×
② ㉠ ○ ㉡ × ㉢ ○ ㉣ ○
③ ㉠ × ㉡ ○ ㉢ × ㉣ ×
④ ㉠ × ㉡ × ㉢ ○ ㉣ ○

해설

㉠ 【 × 】 내란선동죄에서 '국헌을 문란할 목적'이란 "헌법 또는 법률에 정한 절차에 의하지 아니하고 헌법 또는 법률의 기능을 소멸시키는 것(형법 제91조 제1호)" 또는 "헌법에 의하여 설치된 국가기관을 강압에 의하여 전복 또는 그 권능행사를 불가능하게 하는 것(같은 조 제2호)"을 말한다. 국헌문란의 목적은 범죄 성립을 위하여 고의 외에 요구되는 초과주관적 위법요소로서 엄격한 증명사항에 속하나, 확정적 인식임을 요하지 아니하며, 다만 미필적 인식이 있으면 족하다(대판 2015.1.22. 2014도10978 전합).

㉡ 【 × 】 재심의 청구를 받은 법원은 재심청구 이유의 유무를 판단함에 필요한 경우 사실을 조사할 수 있으나(형사소송법 제37조 제3항), 공판절차에 적용되는 엄격한 증거조사 방식에 따라야만 하는 것은 아니다(대결 2019.3.21. 2015모2229 전합).

㉢ 【 ○ 】 대판 2018.4.19. 2017도14322 전합

㉣ 【 ○ 】 대판 2010.7.23. 2010도1889 전합

정답 ④

14 증명의 기본원칙에 대한 설명으로 옳지 않은 것은? (다툼이 있는 경우 판례에 의함) 20. 국가직

① 공모공동정범에 있어서 공모는 엄격한 증명을 요한다.
② 「형법」 제87조 내란죄에서 국헌문란의 목적은 범죄성립을 위하여 고의 외에 요구되는 초과주관적 위법요소이므로 엄격한 증명을 요한다.
③ 도로교통법위반(음주운전)죄에서 혈중 알코올농도의 추정방식으로 위드마크 공식을 이용한 경우에 그 적용을 위한 자료인 섭취한 알코올의 양, 음주시각, 체중 등의 사실은 자유로운 증명으로 족하다.
④ 「형법」 제307조 제1항의 명예훼손죄 성립 여부에 있어서 동법 제310조의 위법성조각사유의 존재는 자유로운 증명으로 족하다.

해설

① 【 O 】 대판 1988.9.13. 88도1114
② 【 O 】 대판 2015.1.22. 2014도10978 전합
③ 【 X 】 범행 직후에 행위자의 혈액이나 호흡으로 혈중 알코올농도를 측정할 수 있는 경우가 아니라면 위드마크 공식을 사용하여 그 계산결과로 특정 시점의 혈중 알코올농도를 추정할 수도 있으나, 범죄구성요건사실의 존부를 알아내기 위해 과학공식 등의 경험칙을 이용하는 경우에는 그 법칙 적용의 전제가 되는 개별적이고 구체적인 사실에 대하여는 엄격한 증명을 요한다 할 것이고, 위드마크 공식의 경우 그 적용을 위한 자료로는 음주량, 음주시각, 체중, 평소의 음주정도 등이 필요하므로 그런 전제사실을 인정하기 위해서는 엄격한 증명이 필요하다(대판 2000.6.27. 99도128).
④ 【 O 】 대판 1996.10.25. 95도1473

정답 ③

15 증거와 증명에 대한 설명으로 가장 적절한 것은? (다툼이 있는 경우 판례에 의함) 20. 경찰채용 2차

① 형사소송법 제312조 제4항에서 '특히 신빙할 수 있는 상태'는 증거능력의 요건에 해당하므로 검사가 그 존재에 대하여 구체적으로 주장·증명하여야 하고, 엄격한 증명을 요한다.
② 강간죄에서 공소사실을 인정할 증거로 사실상 피해자의 진술이 유일하고 피고인의 진술은 경험칙상 합리성이 없고 그 자체로 모순되어 믿을 수 없는 경우, 이러한 사정은 법관의 자유판단의 대상이 되지 않는다.
③ 충분한 증명력이 있는 증거를 합리적인 근거 없이 배척하거나 반대로 객관적인 사실에 명백히 반하는 증거를 아무런 합리적인 근거 없이 채택 사용하는 등으로 논리와 경험의 법칙에 어긋나는 것이 아닌 이상, 법관은 자유심증으로 증거를 채택하여 사실을 인정할 수 있다.
④ 몰수는 부가형이자 형벌이므로 몰수의 대상 여부는 엄격한 증명의 대상이나, 추징은 형벌이 아니므로 추징의 대상, 추징액의 인정은 자유로운 증명의 대상이다.

해설

① 【 X 】 형사소송법 제312조 제4항에서 '특히 신빙할 수 있는 상태'란 진술 내용이나 조서 작성에 허위개입의 여지가 거의 없고, 진술 내용의 신빙성이나 임의성을 담보할 구체적이고 외부적인 정황이 있는 것을 말한다. 그리고 이러한 '특히 신빙할 수 있는 상태'는 증거능력의 요건에 해당하므로 검사가 그 존재에 대하여 구체적으로 주장·증명하여야 하지만, 이는 소송상의 사실에 관한 것이므로 엄격한 증명을 요하지 아니하고 자유로운 증명으로 족하다(대판 2012.7.26. 2012도2937).
② 【 X 】 강간죄에서 공소사실을 인정할 증거로 사실상 피해자의 진술이 유일한 경우에 피고인의 진술이 경험칙상 합리성이 없고 그 자체로 모순되어 믿을 수 없다고 하여 그것이 공소사실을 인정하는 직접증거가 되는 것은 아니지만, 이러한 사정은 법관의 자유판단에 따라 피해자 진술의 신빙성을 뒷받침하거나 직접증거인 피해자 진술과 결합하여 공소사실을 뒷받침하는 간접정황이 될 수 있다(대판 2018.10.25. 2018도7709).
③ 【 O 】 대판 2015.8.20. 2013도11650 전합
④ 【 X 】 몰수, 추징의 대상이 되는지 여부나 추징액의 인정은 엄격한 증명을 필요로 하지 아니한다(대판 1993.6.22. 91도3346).

정답 ③

16 증명에 대한 설명으로 옳은 것만을 모두 고르면? (다툼이 있는 경우 판례에 의함)

21. 국가직 7급

㉠ 검사는 체포영장의 유효기간을 연장할 필요가 있다고 인정하는 때에는 그 사유를 증명하여 다시 체포영장을 청구하여야 하지만, 그 증명은 자유로운 증명으로 족하다.
㉡ 탄핵증거는 범죄사실을 인정하는 증거가 아니므로 엄격한 증거조사를 거쳐야 할 필요가 없다.
㉢ 친고죄에서 적법한 고소가 있었는지 여부는 자유로운 증명의 대상이 된다.
㉣ 교통사고로 인하여 업무상과실치상죄 또는 중과실치상죄를 범한 운전자에 대하여 피해자의 명시한 의사에 반하여 공소를 제기할 수 있도록 하고 있는 「교통사고처리 특례법」 제3조 제2항 단서의 각 호에서 규정한 신호위반 등의 예외사유는 같은 법 제3조 제1항 위반죄의 구성요건 요소에 해당하므로 엄격한 증명을 필요로 한다.

① ㉠, ㉣
② ㉡, ㉢
③ ㉡, ㉢, ㉣
④ ㉠, ㉡, ㉢, ㉣

해설

㉠ 【 X 】 검사는 체포영장의 유효기간을 연장할 필요가 있다고 인정하는 때에는 그 사유를 소명하여 다시 체포영장을 청구하여야 한다(규칙 제96조의4).
㉡ 【 O 】 대판 2005.8.19. 2005도2617
㉢ 【 O 】 대판 1967.12.19. 67도1181
㉣ 【 X 】 교통사고로 인하여 업무상과실치상죄 또는 중과실치상죄를 범한 운전자에 대하여 피해자의 명시한 의사에 반하여 공소를 제기할 수 있도록 하고 있는 교통사고처리특례법 제3조 제2항 단서의 각 호에서 규정한 신호위반 등의 예외사유는 같은 법 제3조 제1항 위반죄의 구성요건 요소가 아니라 그 공소제기의 조건에 관한 사유이다(대판 2007.4.12. 2006도4322).

정답 ②

17 증명에 대한 설명으로 옳지 않은 것은?

23. 국가직 7급

① 진정한 양심과 같은 불명확한 사실의 부존재를 증명하는 것은 사회통념상 불가능한 반면 그 존재를 증명하는 것은 좀 더 쉬우므로, 예비군법위반사건에서 양심상의 이유로 예비군훈련 거부의 정당성을 주장하는 피고인은 자신의 양심이 깊고 확고하며 진실하여 '정당한 사유'에 해당한다는 점을 증명하여야 한다.

②「공직선거법」상 허위사실공표죄에서 의혹을 받을 사실이 존재한다고 적극적으로 주장하는 피고인은 그러한 사실의 존재를 수긍할 만한 소명자료를 제시할 부담을 지고, 검사는 제시된 그 자료의 신빙성을 탄핵하는 방법으로 허위성을 증명할 수 있다.

③ 공판조서의 기재가 명백한 오기인 경우를 제외하고는 공판기일의 소송절차로서 공판조서에 기재된 것은 조서만으로 증명하여야 하고, 그 증명력은 공판조서 이외의 자료에 의한 반증이 허용되지 않는 절대적인 것이다.

④ 수사기관이 영장발부의 사유로 된 범죄혐의사실과 무관한 별개의 증거를 압수한 후에 피압수자에게 환부하고 이를 임의제출받아 다시 압수한 경우, 그 제출에 임의성이 있다는 점에 관하여는 검사가 합리적 의심을 배제할 수 있을 정도로 증명하여야 한다.

해설

① 【 X 】 정당한 사유가 없다는 사실은 범죄구성요건이므로 검사가 증명하여야 한다. 다만 진정한 양심의 부존재를 증명한다는 것은 마치 특정되지 않은 기간과 공간에서 구체화되지 않은 사실의 부존재를 증명하는 것과 유사하다. 위와 같은 불명확한 사실의 부존재를 증명하는 것은 사회통념상 불가능한 반면 그 존재를 주장·증명하는 것이 좀 더 쉬우므로, 이러한 사정은 검사가 증명책임을 다하였는지를 판단할 때 고려하여야 한다. 따라서 양심상의 이유로 예비군훈련 거부를 주장하는 피고인은 자신의 예비군훈련 거부가 그에 따라 행동하지 않고서는 인격적 존재가치가 파멸되고 말 것이라는 절박하고 구체적인 양심에 따른 것이며 그 양심이 깊고 확고하며 진실한 것이라는 사실의 존재를 수긍할 만한 소명자료를 제시하고, 검사는 제시된 자료의 신빙성을 탄핵하는 방법으로 진정한 양심의 부존재를 증명할 수 있다. 이때 예비군훈련 거부자가 제시하여야 할 소명자료는 적어도 검사가 그에 기초하여 정당한 사유가 없다는 것을 증명하는 것이 가능할 정도로 구체성을 갖추어야 한다(대판 2021.1.28. 2018도4708).

② 【 O 】 허위사실공표죄에서 의혹을 받을 일을 한 사실이 없다고 주장하는 사람에 대하여, 의혹을 받을 사실이 존재한다고 적극적으로 주장하는 자는, 그러한 사실의 존재를 수긍할 만한 소명자료를 제시할 부담을 지고, 검사는 제시된 그 자료의 신빙성을 탄핵하는 방법으로 허위성의 증명을 할 수 있다(대판 2018.9.28. 2018도10447).

③ 【 O 】 형사소송법 제56조는 "공판기일의 소송절차로서 공판조서에 기재된 것은 그 조서만으로써 증명한다."고 규정하고 있는데, 이는 공판조서의 기재가 명백한 오기인 경우를 제외하고는 공판기일의 소송절차로서 공판조서에 기재된 것은 그 조서만으로써 증명하여야 하고, 그 증명력은 공판조서 이외의 자료에 의한 반증이 허용되지 않는 절대적인 것을 의미하므로, 검사 제출의 증거서류에 대하여 공판기일에 공판정에서 증거조사가 실시된 것으로 증거목록에 기재된 경우에는 그 증거목록의 기재는 공판조서의 일부로서 명백한 오기가 아닌 이상 절대적인 증명력을 가지게 된다(대판 2010.7.22. 2007도3514).

④ 【 O 】 검사 또는 사법경찰관은 범죄수사에 필요한 때에는 피의자가 죄를 범하였다고 의심할 만한 정황이 있는 경우에 판사로부터 발부받은 영장에 의하여 압수·수색을 할 수 있으나, 압수·수색은 영장 발부의 사유로 된 범죄 혐의사실과 관련된 증거에 한하여 할 수 있으므로, 영장 발부의 사유로 된 범죄 혐의사실과 무관한 별개의 증거를 압수하였을 경우 이는 원칙적으로 유죄 인정의 증거로 사용할 수 없다. 다만 수사기관이 별개의 증거를 피압수자 등에게 환부하고 후에 임의제출받아 다시 압수하였다면 증거를 압수한 최초의 절차 위반행위와 최종적인 증거수집 사이의 인과관계가 단절되었다고 평가할 수 있으나, 환부 후 다시 제출하는 과정에서 수사기관의 우월적 지위에 의하여 임의제출 명목으로 실질적으로 강제적인 압수가 행하여질 수 있으므로, 제출에 임의성이 있다는 점에 관하여는 검사가 합리적 의심을 배제할 수 있을 정도로 증명하여야 하고, 임의로 제출된 것이라고 볼 수 없는 경우에는 증거능력을 인정할 수 없다(대판 2016.3.10. 2013도11233).

정답 ①

18 자유심증주의에 대한 설명으로 옳지 않은 것은? (다툼이 있는 경우 판례에 의함) 17. 검찰 7급

① 피고인이 변호인과 함께 출석한 공판기일의 공판조서에 검사가 제출한 증거에 대하여 동의한다고 기재되어 있다면 그 기재는 절대적인 증명력을 가진다.
② 형의 선고를 하는 때에는 판결이유에 범죄될 사실, 증거의 요지와 법령의 적용을 명시하여야 하며, 여기에서 '증거의 요지'는 어느 증거의 어느 부분에 의하여 범죄사실을 인정하였느냐 하는 이유 설명까지 포함한다.
③ 상고심으로부터 사건을 환송받은 법원은 환송 후의 심리과정에서 새로운 증거가 제시되어 기속적 판단의 기초가 된 증거관계에 변동이 생기지 않는 한 그 사건을 재판함에 있어서 상고법원이 파기이유로 한 사실상 및 법률상의 판단에 기속된다.
④ 자백에 대한 보강증거는 범죄사실의 전부 또는 중요 부분을 인정할 수는 없어도 피고인의 자백이 가공적인 것이 아닌 진실한 것임을 인정할 수 있는 정도만 되면 족하며, 직접증거가 아닌 간접증거도 보강증거가 될 수 있다.

[해설]
① 【 O 】 대판 2016.3.10. 2015도19139
② 【 X 】 형사소송법 제323조 제1항은 형의 선고를 하는 때에는 판결이유에 범죄될 사실, 증거의 요지와 법령의 적용을 명시하여야 한다고 규정하고 있는바, 여기에서 '증거의 요지'는 어느 증거의 어느 부분에 의하여 범죄사실을 인정하였냐 하는 이유 설명까지 할 필요는 없지만 적어도 어떤 증거에 의하여 어떤 범죄사실을 인정하였는가를 알아볼 정도로 증거의 중요부분을 표시하여야 한다 (대판 2000.3.10. 99도5312).
③ 【 O 】 대판 1996.12.10. 95도830
④ 【 O 】 대판 1998.3.13. 98도159

[정답] ②

19 자유심증주의에 관한 설명으로 가장 적절하지 않은 것은? (다툼이 있는 경우 판례에 의함) 25. 경찰승진

① 공판기일의 소송절차로서 공판조서에 기재된 것은 당연히 증거능력이 인정되며, 법관은 그 기재된 내용을 자유심증주의에 따라 판단한다.
② 심신장애 판단에 있어 법원은 반드시 전문감정인의 정신감정 의견에 기속을 받는 것은 아니고, 그러한 감정 결과뿐만 아니라 범행의 경위, 수단, 범행 전후의 피고인의 행동 등 기록에 나타난 제반 자료 등을 종합하여 단독적으로 심신장애의 유무를 판단하여야 한다.
③ 경찰에서의 자술서, 검사작성의 각 피의자신문조서, 다른 형사사건의 공판조서의 기재와 당해 사건의 공판정에서의 같은 사람의 증인으로서의 진술이 상반되는 경우 반드시 공판정에서의 증언은 믿어야 된다는 법칙은 없고, 상반된 증언, 감정 중에 그 어느 것을 사실인정의 자료로 인용할 것인가는 오로지 사실심법원의 자유심증에 속한다.
④ 형사재판에서 이와 관련된 다른 형사사건의 확정판결에서 인정된 사실은 특별한 사정이 없는 한 유력한 증거자료가 되는 것이나, 당해 형사재판에서 제출된 다른 증거 내용에 비추어 관련 형사사건의 확정판결에서의 사실판단을 그대로 채택하기 어렵다고 인정될 경우에는 이를 배척할 수 있다.

해설

① 【 X 】 공판조서의 기재가 명백한 오기인 경우를 제외하고는 공판기일의 소송절차로서 공판조서에 기재된 것은 조서만으로써 증명하여야 하고 그 증명력은 공판조서 이외의 자료에 의한 반증이 허용되지 않는 절대적인 것이다(대판 2012.6.14. 2011도12571).
② 【 O 】 형법 제10조 소정의 심신장애의 유무는 법원이 형벌제도의 목적 등에 비추어 판단하여야 할 법률문제로서, 그 판단에 있어서는 전문감정인의 정신감정 결과가 중요한 참고자료가 되기는 하나, 법원으로서는 반드시 그 의견에 기속을 받는 것은 아니고, 그러한 감정 결과뿐만 아니라 범행의 경위, 수단, 범행 전후의 피고인의 행동 등 기록에 나타난 제반 자료 등을 종합하여 단독적으로 심신장애의 유무를 판단하여야 한다(대판 1995.2.24. 94도3163).
③ 【 O 】 경찰에서의 자술서, 검사작성의 각 피의자신문조서, 다른 형사사건의 공판조서의 기재와 당해 사건의 공판정에서의 같은 사람의 증인으로서의 진술이 상반되는 경우 반드시 공판정에서의 증언은 믿어야 된다는 법칙은 없고, 상반된 증언, 감정중에 그 어느 것을 사실인정의 자료로 인용할 것인가는 오로지 사실심법원의 자유심증에 속한다(대판 1986.9.23. 86도1547).
④ 【 O 】 형사재판에서 이와 관련된 다른 형사사건의 확정판결에서 인정된 사실은 특별한 사정이 없는 한 유력한 증거자료가 되는 것이나, 당해 형사재판에서 제출된 다른 증거 내용에 비추어 관련 형사사건 확정판결의 사실판단을 그대로 채택하기 어렵다고 인정될 경우에는 이를 배척할 수 있다(대판 2012.6.14. 2011도15653).

정답 ①

20 음주측정에 대한 설명으로 가장 적절하지 않은 것은? (다툼이 있는 경우 판례에 의함)
18. 경찰채용 2차

① 운전자가 음주측정요구를 받을 당시에 술에 취한 상태에 있었다고 인정할 만한 상당한 이유가 있음에도 정당한 이유없이 이에 불응하여 음주측정불응죄가 인정되었다면, 운전자가 다시 스스로 경찰공무원에게 혈액채취의 방법에 의한 음주측정을 요구하여 그 결과 음주운전으로 처벌할 수 없는 혈중알콜농도 수치가 나왔더라도 음주측정거부죄가 성립한다.
② 호흡측정기에 의한 음주측정치와 혈액검사에 의한 음주측정치가 다른 경우에, 혈액의 채취 또는 검사과정에서 혈액채취에 의한 검사결과를 믿지 못할 특별한 사정이 없는 한, 혈액검사에 의한 음주측정치가 호흡측정기에 의한 음주측정치보다 측정 당시의 혈중알콜농도에 더 근접한 음주측정치라고 보는 것이 경험칙에 부합한다.
③ 주취운전의 혐의자에게 호흡측정기에 의한 주취 여부의 측정에 응할 것을 요구하고 이에 불응할 경우에는 음주측정거부죄로 처벌하는 것은, 자기부죄금지의 원칙을 규정한 헌법 제12조 제2항에 위반된다고 할 수 없다.
④ 운전자가 술에 취한 상태에서 자동차를 운전하였다고 인정할 만한 상당한 이유가 있어서, 경찰관이 음주감지기에 의한 시험을 요구한 경우, 그 시험결과에 따라 음주측정기에 의한 측정이 예정되어 있고 운전자가 그러한 사정을 인식하였음에도 음주감지기에 의한 시험에 명시적으로 불응함으로써 음주측정을 거부하겠다는 의사를 표명하였더라도, 음주감지기에 의한 시험을 거부한 행위만으로는 음주측정거부죄에 해당할 수 없다.

해설

① 【 O 】 대판 2004.10.15. 2004도4789
② 【 O 】 대판 2004.2.13. 2003도6905
③ 【 O 】 헌재결 1997.3.27. 96헌가11
④ 【 X 】 경찰공무원이 운전자에게 음주 여부를 확인하기 위하여 음주측정기에 의한 측정의 전 단계에 실시되는 음주감지기에 의한 시험을 요구하는 경우 그 시험 결과에 따라 음주측정기에 의한 측정이 예정되어 있고, 운전자가 그러한 사정을 인식하였음에도 음주감지기에 의한 시험에 불응함으로써 음주측정을 거부하겠다는 의사를 표명한 것으로 볼 수 있다면, 음주감지기에 의한 시험을 거부한 행위도 음주측정기에 의한 측정에 응할 의사가 없음을 객관적으로 명백하게 나타낸 것으로 볼 수 있다(대판 2017.6.8. 2016도16121).

정답 ④

21   과학적 증거에 대한 판례의 태도로서 옳지 않은 것은?

① 범죄구성요건에 해당하는 사실을 증명하기 위한 근거가 되는 과학적인 연구 결과는 적법한 증거조사를 거친 증거능력 있는 증거에 의하여 엄격한 증명으로 증명되어야 한다.
② 유전자검사나 혈액형검사 등 과학적 증거방법은 그 전제로 하는 사실이 모두 진실임이 입증되고 그 추론의 방법이 과학적으로 정당하여 오류의 가능성이 전무하거나 무시할 정도로 극소한 것으로 인정되는 경우에는 법관이 사실인정을 함에 있어 상당한 정도로 구속력을 가진다.
③ 전문 감정인이 공인된 표준 검사기법으로 분석한 후 법원에 제출한 과학적 증거는 모든 과정에서 시료의 동일성이 인정되고 인위적인 조작·훼손·첨가가 없었음이 담보되었다면, 각 단계에서 시료에 대한 정확한 인수·인계 절차를 확인할 수 있는 기록이 유지되지 않았다 하더라도 사실인정에 있어서 상당한 정도로 구속력을 가진다.
④ 컴퓨터 디스켓에 들어 있는 문건이 증거로 사용되는 경우 그 컴퓨터 디스켓은 그 기재의 매체가 다를 뿐 실질에 있어서는 피고인 또는 피고인 아닌 자의 진술을 기재한 서류와 크게 다를 바 없고, 압수 후의 보관 및 출력과정에 조작의 가능성이 있으며, 기본적으로 반대신문의 기회가 보장되지 않는 점 등에 비추어 그 기재내용의 진실성에 관하여는 전문법칙이 적용된다.

해설

① 【 O 】 대판 2010.2.11. 2009도2338
② 【 O 】 대판 2009.3.12. 2008도8486
③ 【 X 】 과학적 증거방법이 사실인정에 있어서 상당한 정도로 구속력을 갖기 위해서는 감정인이 전문적인 지식·기술·경험을 가지고 공인된 표준 검사기법으로 분석한 후 법원에 제출하였다는 것만으로는 부족하고, 시료의 채취·보관·분석 등 모든 과정에서 시료의 동일성이 인정되고 인위적인 조작·훼손·첨가가 없었음이 담보되어야 하며 각 단계에서 시료에 대한 정확한 인수·인계 절차를 확인할 수 있는 기록이 유지되어야 한다(대판 2018.2.8. 2017도14222).
④ 【 O 】 대판 1999.9.3. 99도2317

정답 ③

22   위법수집증거에 관한 설명 중 가장 적절하지 않은 것은? (다툼이 있으면 판례에 의함)

① 수사기관이 압수영장 또는 감정처분허가장을 발부받지 아니한 채 피의자의 동의 없이 피의자의 신체로부터 혈액을 채취하고 사후에 지체 없이 영장을 발부받지 않았다면, 그 혈액의 알코올농도에 관한 감정회보는 유죄의 증거로 사용할 수 없다.
② 선거관리위원회 위원·직원이 관계인에게 진술이 녹음된다는 사실을 미리 알려주지 아니한 채 진술을 녹음하였더라도, 그와 같은 조사절차에 의하여 수집한 녹음 파일 내지 그에 터 잡아 작성된 녹취록이 증거능력이 부정된다고 할 수 없다.
③ 검사가 공소제기 후 수소법원 이외의 지방법원 판사에게 청구하여 발부받은 영장에 의하여 압수·수색을 하였다고 하면, 그에 따라 수집된 증거는 원칙적으로 유죄의 증거로 삼을 수 없다.
④ 피고인이 범행 후 피해자에게 전화를 걸어오자 피해자가 증거를 수집하려고 그 전화내용을 녹음한 경우, 그 녹음테이프가 피고인 모르게 녹음된 것이라 하여 이를 위법하게 수집된 증거라고 할 수 없다.

해설

① 【 O 】 대판 2011.4.27. 2009도2109
② 【 X 】 공직선거법 제272조의2 제6항은 선거관리위원회 위원·직원이 선거범죄와 관련하여 질문·조사하거나 자료의 제출을 요구하는 경우에는 관계인에게 그 신분을 표시하는 증표를 제시하고 소속과 성명을 밝히고 그 목적과 이유를 설명하여야 한다고 규정하고 있는데, 이는 선거범죄 조사와 관련하여 조사를 받는 관계인의 사생활의 비밀과 자유 내지 자신에 대한 정보를 결정할 자유, 재산권 등이 침해되지 않도록 하기 위한 절차적 규정이므로, 선거관리위원회 직원이 관계인에게 사전에 설명할 '조사의 목적과 이유'에는 조사할 선거범죄혐의의 요지, 관계인에 대한 조사가 필요한 이유뿐만 아니라 관계인의 진술을 기록 또는 녹음·녹화한다는 점도 포함된다. 따라서 선거관리위원회 위원·직원이 관계인에게 진술이 녹음된다는 사실을 미리 알려 주지 아니한 채 진술을 녹음하였다면, 그와 같은 조사절차에 의하여 수집한 녹음파일 내지 그에 터 잡아 작성된 녹취록은 형사소송법 제308조의2에서 정하는 '적법한 절차에 따르지 아니하고 수집한 증거'에 해당하여 원칙적으로 유죄의 증거로 쓸 수 없다(대판 2014.10.15. 2011도3509).
③ 【 O 】 대판 2011.4.28. 2009도10412
④ 【 O 】 대판 1997.3.28. 97도240

정답 ②

23. 위법수집증거에 관한 설명 중 가장 적절하지 않은 것은? (다툼이 있으면 판례에 의함) 16. 경찰승진

① 위법하게 수집된 증거는 피고인이 증거로 함에 동의하더라도 증거능력이 인정되지 않는 것이 원칙이다.
② 경찰관이 이른바 전화사기죄 범행의 혐의자를 긴급체포하면서 그가 보관하고 있던 다른 사람의 주민등록증, 운전면허증 등을 압수한 사안에서, 이는 적법한 압수로서 위 혐의자의 점유이탈물횡령죄 범행에 대한 증거로 사용할 수 있다.
③ 강도 현행범으로 체포된 피고인이 진술거부권을 고지받지 아니한 채 자백을 하고, 이후 40여일이 지난 후에 변호인의 충분한 조력을 받으면서 공개된 법정에서 임의로 자백한 경우에 법정에서의 피고인의 자백은 증거로 사용할 수 있다.
④ 수사기관이 압수·수색영장을 제시하고 압수·수색을 실시하여 일단 그 집행을 종료하였더라도 그 영장의 유효기간이 남아있는 한, 유효기간 내 이를 제시하고 다시 압수수색을 하는 것은 위법하다고 할 수 없다.

해설

① 【 O 】 대판 2009.12.24. 2009도11041
② 【 O 】 대판 2008.7.10. 2008도2245
③ 【 O 】 대판 2009.3.12. 2008도11437
④ 【 X 】 형사소송법 제215조에 의한 압수·수색영장은 수사기관의 압수·수색에 대한 허가장으로서 거기에 기재되는 유효기간은 집행에 착수할 수 있는 종기를 의미하는 것일 뿐이므로, 수사기관이 압수·수색영장을 제시하고 집행에 착수하여 압수·수색을 실시하고 그 집행을 종료하였다면 이미 그 영장은 목적을 달성하여 효력이 상실되는 것이고, 동일한 장소 또는 목적물에 대하여 다시 압수·수색할 필요가 있는 경우라면 그 필요성을 소명하여 법원으로부터 새로운 압수·수색영장을 발부 받아야 하는 것이지, 앞서 발부 받은 압수·수색영장의 유효기간이 남아있다고 하여 이를 제시하고 다시 압수·수색을 할 수는 없다(대결 1999.12.1. 99모161).

정답 ④

24 위법수집증거배제법칙에 관한 다음 설명 중 가장 적절하지 않은 것은? (다툼이 있으면 판례에 의함)

16. 경찰채용 1차

① 형사소송법 제217조 제2항, 제3항에 위반하여 압수·수색영장을 청구하여 이를 발부받지 아니하고도 즉시 반환하지 아니한 압수물은 이를 유죄의 증거로 사용할 수 없는 것이나, 피고인이나 변호인이 이를 증거로 함에 동의하면 유죄의 증거로 사용할 수 있다.
② 수사기관이 영장 또는 감정처분허가장을 발부받지 아니한 채 피의자의 동의 없이 피의자의 신체로부터 혈액을 채취하고 사후에도 지체 없이 영장을 발부받지 않았다면, 그 혈액 중 알코올농도에 관한 감정의뢰회보는 원칙적으로 유죄의 증거로 사용할 수 없다.
③ 피고인이 범행 후 피해자에게 전화를 걸어오자 피해자가 증거를 수집하려고 그 전화내용을 녹음한 경우, 그 녹음테이프가 피고인 모르게 녹음된 것이라 하여 이를 위법하게 수집된 증거라고 할 수 없다.
④ 수사기관이 피의자 甲의 「공직선거법」 위반 범행을 영장 범죄사실로 하여 발부받은 압수·수색영장의 집행 과정에서 乙, 丙 사이의 대화가 녹음된 녹음파일(이하 '녹음파일'이라 한다)을 압수하여 乙, 丙의 「공직선거법」 위반 혐의사실을 발견한 사안에서, 압수·수색영장에 기재된 '피의자' 甲이 녹음파일에 의하여 의심되는 혐의사실과 무관한 이상, 수사기관이 별도의 압수·수색영장을 발부받지 않고 압수한 위 녹음파일은 위법수집증거로서 증거능력이 없다.

해설

① 【 X 】 형사소송법 제216조 제1항 제2호, 제217조 제2항, 제3항은 사법경찰관은 형사소송법 제200조의3(긴급체포)의 규정에 의하여 피의자를 체포하는 경우에 필요한 때에는 영장 없이 체포현장에서 압수·수색을 할 수 있고, 압수한 물건을 계속 압수할 필요가 있는 경우에는 지체 없이 압수수색영장을 청구하여야 하며, 청구한 압수수색영장을 발부받지 못한 때에는 압수한 물건을 즉시 반환하여야 한다고 규정하고 있는바, 형사소송법 제217조 제2항, 제3항에 위반하여 압수수색영장을 청구하여 이를 발부받지 아니하고도 즉시 반환하지 아니한 압수물은 이를 유죄 인정의 증거로 사용할 수 없는 것이고, 헌법과 형사소송법이 선언한 영장주의의 중요성에 비추어 볼 때 피고인이나 변호인이 이를 증거로 함에 동의하였다고 하더라도 달리 볼 것은 아니다(대판 2009.12.24. 2009도11401).
② 【 O 】 대판 2011.4.27. 2009도2109
③ 【 O 】 대판 1997.3.28. 97도240
④ 【 O 】 대판 2014.1.16. 2013도7101

정답 ①

25 위법수집증거에 관한 다음 설명 중 가장 옳지 않은 것은? (다툼이 있는 경우 판례에 의함)

16. 법원직

① 판례는 비진술증거인 증거물에 대하여도 위법수집증거의 배제원칙을 인정하고 있다.
② 아직 피의자의 지위에 있지 않은 사람에 대하여는 진술거부권이 고지되지 않았더라도 위법수집증거로 보아 그 진술의 증거능력을 부정할 것이 아니다.
③ 수사기관이 사전에 영장을 제시하지 않은 채 구속영장을 집행한 다음 공소제기 후에 이루어진 피고인의 법정진술은 이른바 2차적 증거로서 위법수집증거의 배제원칙에 따라 증거능력이 없다는 것이 판례이다.
④ 판례는 고소인이 피고인의 주거에 침입하여 절취한 증거물의 증거능력을 인정하였다.

해설

① 【 O 】 종래 판례는 이른바 성질·형상 불변론을 채택하여 위법수집증거배제법칙을 적용하지 않고 증거능력을 인정하였다. 그러나 대법원(제주지사실 압수·수색사건)은 판례를 변경하여 "압수절차가 위법하더라도 압수물의 증거능력은 인정된다는 이유만으로 압수물의 증거능력을 인정한 것은 위법하다."라고 판시함으로써(대판 2007.11.15. 2007도3061 전합), 성질·형상불변론을 폐기하고 위법하게 수집된 비진술증거에도 위법수집증거배제법칙을 적용하기에 이르렀다.

② 【 O 】 대판 2011.11.10. 2011도8125

③ 【 X 】 사전에 구속영장을 제시하지 아니한 채 구속영장을 집행하고, 그 구속 중 수집한 피고인의 진술증거 중 피고인의 제1심 법정진술은, 피고인이 구속집행절차의 위법성을 주장하면서 청구한 구속적부심사의 심문 당시 구속영장을 제시받은 바 있어 그 이후에는 구속영장에 기재된 범죄사실에 대하여 숙지하고 있었던 것으로 보이고, 구속 이후 원심에 이르기까지 구속적부심사와 보석의 청구를 통하여 구속집행절차의 위법성만을 다투었을 뿐, 그 구속 중 이루어진 진술증거의 임의성이나 신빙성에 대하여는 전혀 다투지 않았을 뿐만 아니라, 변호인과의 충분한 상의를 거친 후 공소사실 전부에 대하여 자백한 것이라면, 유죄 인정의 증거로 삼을 수 있는 예외적인 경우에 해당한다(대판 2009.4.23. 2009도526).

④ 【 O 】 대판 2010.9.9. 2008도3990

정답 ③

26 압수·수색에 관한 다음 설명 중 가장 옳지 않은 것은? (다툼이 있는 경우 판례에 의함)

16. 법원직

① 전자정보에 대한 압수·수색영장을 집행할 때, 특별한 사정에 의해 저장매체 자체를 수사기관 사무실 등으로 옮겼다 하더라도, 범죄 혐의 관련성에 대한 구분 없이 저장된 전자정보 중 임의로 문서출력 혹은 파일복사를 하는 행위는 원칙적으로 영장주의에 반하는 위법한 집행이다.

② 압수된 디지털 저장매체로부터 출력한 문건을 진술증거로 사용하는 경우, 그 기재 내용의 진실성에 관하여는 전문법칙이 적용되므로 형사소송법 제313조 제1항에 따라 작성자 또는 진술자의 진술에 의하여 성립의 진정함이 증명되어야 이를 증거로 할 수 있다.

③ 범죄의 피해자인 검사가 그 사건의 수사에 관여하거나, 압수·수색영장의 집행에 참여한 검사가 다시 수사에 관여하였다는 이유만으로 바로 그 수사가 위법하다거나 그에 따른 참고인이나 피의자의 진술에 임의성이 없다고 볼 수 없다.

④ 우편물 통관검사절차에서 이루어지는 우편물의 개봉, 시료채취, 성분분석 등의 검사는 행정조사의 성격을 가지는 것이라 하더라도 수사기관의 강제처분의 성격도 함께 가지므로 압수·수색영장 없이 이루어졌다면 원칙적으로 위법하다.

해설

① 【 O 】 대결 2011.5.26. 2009모1190; 대판 2012.3.29. 2011도10508

② 【 O 】 압수된 디지털 저장매체로부터 출력한 (피고인이 작성한) 문건을 진술증거로 사용하는 경우, 그 기재 내용의 진실성에 관하여는 전문법칙이 적용되므로 형사소송법 제313조 제1항에 따라 그 작성자 또는 진술자의 진술에 의하여 그 성립의 진정함이 증명된 때에 한하여 이를 증거로 사용할 수 있다(대판 1999.9.3. 99도2317; 대판 2007.12.13. 2007도7257).

③ 【 O 】 범죄의 피해자인 검사가 그 사건의 수사에 관여하거나, 압수·수색영장의 집행에 참여한 검사가 다시 수사에 관여하였다는 이유만으로 바로 그 수사가 위법하다거나 그에 따른 참고인이나 피의자의 진술에 임의성이 없다고 볼 수는 없다(대판 2013.9.12. 2011도12918).

④ 【 X 】 관세법 제246조 제1항, 제2항, 제257조, '국제우편물 수입통관 사무처리' 제1-2조 제2항, 제1-3조, 제3-6조, 구 '수출입물품 등의 분석사무 처리에 관한 시행세칙'등과 관세법이 관세의 부과·징수와 아울러 수출입물품의 통관을 적정하게 함을 목적으로 한다는 점(관세법 제1조)에 비추어 보면, 우편물 통관검사절차에서 이루어지는 우편물의 개봉, 시료채취, 성분분석 등의 검사는 수출입물품에 대한 적정한 통관 등을 목적으로 한 행정조사의 성격을 가지는 것으로서 수사기관의 강제처분이라고 할 수 없으므로, 압수·수색영장 없이 우편물의 개봉, 시료채취, 성분분석 등 검사가 진행되었다 하더라도 특별한 사정이 없는 한 위법하다고 볼 수 없다(대판 2013.9.26. 2013도7718).

정답 ④

27 다음 설명 중 옳지 않은 것은? (다툼이 있는 경우 판례에 의함)

① 선거관리위원회 위원·직원이 관계인에게 진술이 녹음된다는 사실을 미리 알려 주지 아니한 채 진술을 녹음하였다면, 그와 같은 조사절차에 의하여 수집한 녹음파일 내지 그에 터 잡아 작성된 녹취록은 형사소송법 제308조의2에서 정하는 '적법한 절차에 따르지 아니하고 수집한 증거'에 해당하여 원칙적으로 유죄의 증거로 쓸 수 없다.

② 위법한 강제연행 상태에서 호흡측정방법에 의한 음주측정을 한 다음, 강제연행 상태로부터 시간적·장소적으로 단절되었다고 볼 수 없는 상황에서 피의자가 호흡측정결과를 탄핵하기 위하여 스스로 혈액채취방법에 의한 측정을 할 것을 요구하여 혈액채취가 이루어진 경우 그러한 혈액채취에 의한 측정결과는 유죄 인정의 증거로 쓸 수 있다.

③ 현장에서 압수·수색을 당하는 사람이 여러 명일 경우에는 그 사람들 모두에게 개별적으로 영장을 제시해야 하는 것이 원칙이다.

④ 수사기관이 甲으로부터 乙의 마약류 관리에 관한 법률 위반 범행에 대한 진술을 듣고 추가적인 증거를 확보할 목적으로, 구속수감 중인 甲에게 그의 압수된 휴대전화를 제공하여 乙과 통화하고 범행에 관한 통화 내용을 녹음하게 한 행위는 불법감청에 해당하고, 그 녹음자체는 물론 이를 근거로 작성된 녹취록 첨부 수사보고서도 증거로 사용할 수 없다.

해설

① 【O】 대판 2014.10.15. 2011도3509
② 【X】 위법한 강제연행 상태에서 호흡측정 방법에 의한 음주측정을 한 다음 강제연행 상태로부터 시간적·장소적으로 단절되었다고 볼 수도 없고 피의자의 심적 상태 또한 강제연행 상태로부터 완전히 벗어났다고 볼 수 없는 상황에서 피의자가 호흡측정 결과에 대한 탄핵을 하기 위하여 스스로 혈액채취 방법에 의한 측정을 할 것을 요구하여 혈액채취가 이루어졌다고 하더라도 그 사이에 위법한 체포 상태에 의한 영향이 완전하게 배제되고 피의자의 의사결정의 자유가 확실하게 보장되었다고 볼 만한 다른 사정이 개입되지 않은 이상 불법체포와 증거수집 사이의 인과관계가 단절된 것으로 볼 수는 없다. 따라서 그러한 혈액채취에 의한 측정 결과 역시 유죄 인정의 증거로 쓸 수 없다고 보아야 한다. 그리고 이는 수사기관이 위법한 체포 상태를 이용하여 증거를 수집하는 등의 행위를 효과적으로 억지하기 위한 것이므로, 피고인이나 변호인이 이를 증거로 함에 동의하였다고 하여도 달리 볼 것은 아니다(대판 2013.3.14. 2010도2094).
③ 【O】 대판 2009.3.12. 2008도763
④ 【O】 대판 2010.10.14. 2010도9016

정답 ②

28 형사소송법에 관한 설명 중 가장 적절하지 않은 것은? (다툼이 있으면 판례에 의함)   16. 경찰승진

① 적법한 절차에 따르지 아니하고 수집한 증거는 증거로 할 수 없다.
② 압수·수색영장에는 피고인의 성명, 죄명, 압수할 물건, 수색할 장소, 신체, 물건, 발부연월일, 유효기간과 그 기간을 경과하면 집행에 착수하지 못하며 영장을 반환하여야 한다는 취지를 기재하여야 한다.
③ 정보저장매체 등을 압수할 때에는 원칙적으로 기억된 정보의 범위를 정하여 출력하거나 복제하여 제출받아야 한다.
④ 기피신청의 사유로서 법관이 불공평한 재판을 할 염려가 있는 때라 함은 당사자가 불공평한 재판이 될지도 모른다고 추측할 만한 주관적인 사정이 있는 때를 말한다.

해설

① 【 O 】 제308조의2
② 【 O 】 제114조 제1항
③ 【 O 】 제106조 제3항
④ 【 X 】 기피원인에 관한 형사소송법 제18조 제1항 제2호 소정의 "불공평한 재판을 할 염려가 있는 때"라 함은, 당사자가 불공평한 재판이 될지도 모른다고 추측할 만한 주관적인 사정이 있는 때를 말하는 것이 아니라, 통상인의 판단으로써 법관과 사건과의 관계상 불공평한 재판을 할 것이라는 의혹을 갖는 것이 합리적이라고 인정할 만한 객관적인 사정이 있는 때를 말한다(대결 1995.4.3. 95모10).

정답 ④

29 다음 중 위법수집증거로서 증거능력이 배제되는 것이 아닌 것은? (다툼이 있는 경우 판례에 의함)   17. 국가직

① 군검사가 피고인을 뇌물수수 혐의로 기소한 후 형사사법공조절차를 거치지 아니한 채 외국에 현지 출장하여 그곳에서 우리나라 국민인 뇌물공여자를 상대로 작성한 참고인 진술조서
② 사법경찰관이 피의자 소유의 쇠파이프를 피의자의 주거지 앞 마당에서 발견하였으면서도 그 소유자, 소지자 또는 보관자가 아닌 피해자로부터 임의로 제출받는 형식으로 압수한 쇠파이프
③ 사법경찰관이 압수·수색영장을 제시하여 압수·수색을 실시하고 그 집행을 종료한 후 영장의 유효기간 내에 종전의 영장을 제시하고 동일한 장소 또는 목적물에 대하여 다시 압수·수색한 경우 그 압수물
④ 사법경찰관이 음란물유포의 혐의로 압수·수색영장을 발부받아 피의자의 주거지를 수색하면서 대마를 발견하여 피의자를 현행범으로 체포하고 대마를 압수하였으나 그 다음날 피의자를 석방하고도 사후 압수·수색영장을 발부받지 않은 경우 그 대마

해설

① 【증거능력O】 대판 2011.7.14. 2011도3809
② 【증거능력×】 대판 2010.1.28. 2009도10092
③ 【증거능력×】 대결 1999.12.1. 99모161
④ 【증거능력×】 대판 2009.5.14. 2008도10914

정답 ①

30. 위법수집증거에 대한 설명 중 가장 적절하지 않은 것은? (다툼이 있는 경우 판례에 의함)

① 수사기관이 영장 또는 감정처분허가장을 발부받지 아니한 채 피의자의 동의 없이 피의자 신체로부터 혈액을 채취하고 사후에도 지체 없이 영장을 발부받지 않았다면, 그 혈액 중 알코올농도에 관한 감정의뢰회보서는 원칙적으로 유죄의 증거로 사용할 수 없다.

② 수사기관으로부터 참고인 자격으로 조사를 받으면서 진술거부권을 고지받지 않았다고 하더라도 그 이유만으로 그 진술조서가 위법수집증거로서 증거능력이 없다고 할 수 없다.

③ 범행 현장에서 지문채취 대상물에 대한 지문채취가 먼저 이루어지고 수사기관이 그 이후에 지문채취 대상물을 적법한 절차에 의하지 아니한 채 압수한 경우, 압수 이전에 채취된 지문은 위법하게 압수한 지문채취 대상물로부터 획득한 2차적 증거에 해당하므로 위법수집증거라 할 수 있다.

④ 위법한 강제연행 상태에서 호흡측정 방법에 의한 음주측정을 한 다음, 강제연행 상태로부터 시간적·장소적으로 단절되었다고 볼 수 없는 상황에서 피의자가 호흡측정 결과를 탄핵하기 위하여 스스로 혈액채취 방법에 의한 측정을 할 것을 요구하여 혈액채취가 이루어진 경우, 그러한 혈액채취에 의한 측정결과를 유죄 인정의 증거로 쓸 수는 없다.

해설

① 【 O 】 대판 2011.4.27. 2009도2109
② 【 O 】 대판 2011.11.10. 2011도8125
③ 【 X 】 범죄 현장에서 지문채취 대상물에 대한 지문채취가 먼저 이루어진 이상, 수사기관이 그 이후에 지문채취 대상물을 적법한 절차에 의하지 아니한 채 압수하였다고 하더라도, 위와 같이 채취된 지문은 위법하게 압수한 지문채취 대상물로부터 획득한 2차적 증거에 해당하지 아니함이 분명하므로 이를 가리켜 위법수집증거라고 할 수 없다(대판 2008.10.23. 2008도7471).
④ 【 O 】 대판 2013.3.14. 2010도2094

정답 ③

31. 위법수집증거배제법칙에 대한 설명으로 옳은 것만을 모두 고른 것은? (다툼이 있는 경우 판례에 의함)

㉠ 수사기관이 압수·수색영장에 기하여 피의자의 주거지에서 증거물 A를 압수하고, 며칠 후 영장 유효기간이 도과하기 전에 위 영장으로 다시 같은 장소에서 증거물 B를 압수한 경우, 증거물 B는 위법수집증거이다.
㉡ 수사기관이 영장을 발부받지 아니한 채 교통사고로 의식불명인 피의자의 동의 없이 그의 아버지의 동의를 받아 피의자의 혈액을 채취하고 사후에도 지체 없이 영장을 발부받지 않았다면 그 혈액에 대한 혈중알코올 농도에 관한 감정의뢰회보는 위법수집증거이다.
㉢ 甲이 휴대전화기로 乙과 통화한 후 예우차원에서 바로 전화를 끊지 않고 기다리던 중 그 휴대전화기로부터 乙과 丙이 대화하는 내용이 들리자 이를 그 휴대전화기로 녹음한 경우, 이 녹음은 위법하다고 할 수 없다.
㉣ 수사기관이 범행현장에서 지문채취 대상물인 유리컵에서 지문을 채취한 후, 그 유리컵을 적법한 절차에 의하지 아니한 채 압수하였다면 채취된 지문도 위법수집증거이다.

① ㉠, ㉡   ② ㉠, ㉣   ③ ㉡, ㉢   ④ ㉢, ㉣

해설

㉠ 【 O 】 대결 1999.12.1. 99모161
㉡ 【 O 】 대판 2014.11.13. 2013도1228
㉢ 【 X 】 이 휴대전화기로 乙과 통화한 후 예우차원에서 바로 전화를 끊지 않고 기다리던 중 그 휴대전화기로부터 乙과 丙이 대화하는 내용이 들리자 이를 그 휴대전화기로 녹음한 경우, 이 녹음은 위법하다고 할 수 있다(대판 2016.5.12. 2013도15616).
㉣ 【 X 】 수사기관이 범행현장에서 지문채취 대상물인 유리컵에서 지문을 채취한 후, 그 유리컵을 적법한 절차에 의하지 아니한 채 압수하였다면 채취된 지문도 위법수집증거라고 할 수 없다(대판 2008.10.23. 2008도7471).

정답 ①

32 위법수집증거배제법칙에 대한 다음 설명 중 가장 적절하지 않은 것은? (다툼이 있는 경우 판례에 의함)

18. 경찰승진

① 수사기관이 법원으로부터 영장 또는 감정처분허가장을 발부받지 아니한 채 피의자의 동의 없이 피의자의 신체로부터 혈액을 채취하고 사후적으로도 지체 없이 이에 대한 영장을 발부받지도 아니한 채 강제채혈한 피의자의 혈액 중 알콜농도에 관한 감정이 이루어졌다면, 이러한 감정결과보고서 등은 위법수집증거로서 증거능력이 없다.

② 현장에서 압수·수색을 당하는 사람이 여러 명일 경우에는 그 사람들 모두에게 개별적으로 영장을 제시해야 하는 것이 원칙이고, 수사기관이 압수·수색에 착수하면서 물건을 소지하고 있는 다른 사람으로부터 이를 압수하고자 하는 때에는 그 사람에게 따로 영장을 제시하여야 한다.

③ 음란물 유포의 범죄혐의를 이유로 압수수색영장을 발부받은 사법경찰관이 피고인의 주거지를 수색하는 과정에서 대마를 발견하자, 피고인을 마약류관리에 관한 법률 위반죄의 현행범으로 체포하면서 대마를 압수하였으나 그 다음 날 피고인을 석방하고도 사후 압수수색영장을 발부받지 않은 사안에서, 위 압수물과 압수조서는 형사소송법상 영장주의를 위반하여 수집한 증거로서 증거능력이 부정된다.

④ 「형사소송법」 제219조가 준용하는 제118조는 '압수수색영장은 처분을 받는 자에게 반드시 제시하여야 한다'고 규정하고 있으므로, 피처분자가 현장에 없거나 현장에서 그를 발견할 수 없는 경우 등 영장제시가 현실적으로 불가능한 경우에도 영장을 제시하지 아니한 채 압수·수색을 하였다면 이는 위법하다고 보아야 한다.

해설

① 【 O 】 대판 2011.4.27. 2009도2109
② 【 O 】 대판 2009.3.12. 2008도763
③ 【 O 】 대판 2009.5.14. 2008도10914
④ 【 X 】 형사소송법 제219조가 준용하는 제118조는 "압수·수색영장은 처분을 받는 자에게 반드시 제시하여야 한다."고 규정하고 있으나, 이는 영장제시가 현실적으로 가능한 상황을 전제로 한 규정으로 보아야 하고, 피처분자가 현장에 없거나 현장에서 그를 발견할 수 없는 경우 등 영장제시가 현실적으로 불가능한 경우에는 영장을 제시하지 아니한 채 압수·수색을 하더라도 위법하다고 볼 수 없다(대판 2015.1.22. 2014도10978).

정답 ④

33 위법수집증거배제법칙에 대한 설명 중 가장 적절하지 않은 것은? (다툼이 있는 경우 판례에 의함) 18. 경찰승진

① 범행 현장에서 지문채취대상물에 대한 지문채취가 먼저 이루어지고 수사기관이 그 이후에 지문채취 대상물을 적법한 절차에 의하지 아니한 채 압수한 경우, 압수 이전에 채취된 지문은 위법하게 압수한 지문채취대상물로부터 획득한 2차적 증거에 해당하지 아니함이 분명하여 이를 가리켜 위법수집증거라고 할 수 없다.

② 우편물 통관검사절차에서 이루어지는 우편물의 개봉, 시료채취, 성분분석 등의 검사는 수출입물품에 대한 적정한 통관 등을 목적으로 한 행정조사의 성격을 가지는 것으로서 수사기관의 강제처분이라고 할 수 없으므로, 압수·수색영장 없이 우편물의 개봉, 시료채취, 성분분석 등의 검사가 진행되었다고 하더라도 특별한 사정이 없는 한 위법하다고 볼 수 없다.

③ 수사기관이 법관의 영장에 의하지 아니하고 신용카드 매출전표의 거래명의자에 관한 정보를 획득한 경우, 이에 터 잡아 수집한 2차적 증거들의 증거능력을 판단할 때, 수사기관이 의도적으로 영장주의의 정신을 회피하는 방법으로 증거를 확보한 것이 아니라고 볼 만한 사정, 체포되었던 피의자가 석방된 후 상당한 시간이 경과하였음에도 다시 동일한 내용의 자백을 하였다거나 그 범행의 피해품을 수사기관에 임의로 제출하였다는 사정 등은 통상 2차적 증거의 증거능력을 인정할 만한 정황에 속한다.

④ 선거관리위원회 위원·직원이 관계인에게 진술이 녹음된다는 사실을 미리 알려주지 아니한 채 진술을 녹음하였다 하더라도, 그와 같은 조사절차에 의하여 수집한 녹음파일 내지 그에 터 잡아 작성된 녹취록은 위법수집증거에 해당하지 아니하여 유죄의 증거로 쓸 수 있다.

[해설]

① 【O】 대판 2008.10.23. 2008도7471
② 【O】 대판 2013.9.26. 2013도7718
③ 【O】 대판 2013.3.28. 2012도13607
④ 【X】 선거관리위원회 위원·직원이 관계인에게 진술이 녹음된다는 사실을 미리 알려 주지 아니한 채 진술을 녹음하였다면, 그와 같은 조사절차에 의하여 수집한 녹음파일 내지 그에 터 잡아 작성된 녹취록은 형사소송법 제308조의2에서 정하는 '적법한 절차에 따르지 아니하고 수집한 증거'에 해당하여 원칙적으로 유죄의 증거로 쓸 수 없다(대판 2014.10.15. 2011도3509).

[정답] ④

34. 다음 중 원칙적으로 피고인에 대한 유죄 인정의 증거로 삼을 수 없는 증거를 모두 고른 것은? (다툼이 있는 경우 판례에 의함)

18. 법원직

> ㉠ 경찰이 피고인의 집에서 20m 떨어진 곳에서 피고인을 체포한 후 피고인의 집안을 수색하여 칼과 합의서를 압수하였고, 적법한 시간 내에 압수수색영장을 청구하여 발부받지 않은 경우, 위 칼과 합의서를 기초로 한 2차 증거인 '임의제출동의서', '압수조서 및 목록', '압수품 사진'
> ㉡ 미성년자인 피고인의 음주운전과 관련된 도로교통법 위반죄의 수사를 위하여 의식을 잃은 피고인을 대신하여 법정대리인인 아버지의 동의를 받아 혈액을 채취하였으나 사후 영장은 발부받지 않은 경우, 피고인의 혈중알코올농도에 대한 국립과학수사연구소의 감정의뢰회보
> ㉢ 피고인에 대하여「성매매알선 등 행위의 처벌에 관한 법률 위반」으로 공소가 제기된 사건에서 피고인 아닌 갑(甲)을 사실상 강제연행한 상태에서 받은 자술서 및 진술조서
> ㉣ 피고인에 대하여 뇌물수수죄로 공소가 제기된 사건에서 공판절차 진행 중 수소법원 이외의 지방법원 판사로부터 발부받은 뇌물공여자 을(乙)에 대한 압수·수색 영장에 의해 수집한 '자립예탁금 거래내역표' 및 '수표 사본'

① ㉠, ㉢   ② ㉠, ㉡, ㉣   ③ ㉡, ㉢, ㉣   ④ ㉠, ㉡, ㉢, ㉣

[해 설]
모두 증거능력이 없다.
㉠ 【증거능력없음】 대판 2010.7.22. 2009도14376
㉡ 【증거능력없음】 대판 2014.11.13. 2013도1228
㉢ 【증거능력없음】 대판 2011.6.30. 2009도6717
㉣ 【증거능력없음】 대판 2011.4.28. 2009도10412

정답 ④

35. 위법수집증거배제법칙에 대한 설명으로 옳지 않은 것은? (다툼이 있는 경우 판례에 의함)

18. 국가직

① 위법한 절차에 의하여 수집된 증거의 증거능력을 부정하는 증거법칙으로 「형사소송법」은 이를 명문으로 규정하고 있다.
② 위법수집증거배제법칙은 진술증거와 비진술증거 모두에 적용된다.
③ 수사기관의 절차위반행위가 적법절차의 실질적 내용을 침해하는 경우에 해당하지 않는다면, 법원은 예외적으로 위법하게 수집된 증거를 유죄 인정의 증거로 사용할 수 있다.
④ 소송사기의 피해자가 제3자에 의하여 절취된 피고인 회사의 업무일지를 수사기관에 증거로 제출한 경우 피고인의 사생활영역에 대한 현저한 침해의 결과가 초래되므로 이를 증거로 사용하는 것은 위법하다.

[해 설]
① 【 O 】 제308조의2
② 【 O 】 대판 2007.11.15. 2007도3061
③ 【 O 】 대판 2009.3.12. 2008도11437
④ 【 X 】 사문서위조·위조사문서행사 및 소송사기로 이어지는 일련의 범행에 대하여 피고인을 형사소추하기 위해서는 이 사건 업무일지가 반드시 필요한 증거로 보이므로, 설령 그것이 제3자에 의하여 절취된 것으로서 위 소송사기 등의 피해자측이 이를 수사기관에 증거자료로 제출하기 위하여 대가를 지급하였다 하더라도, 공익의 실현을 위하여는 이 사건 업무일지를 범죄의 증거로 제출하는 것이 허용되어야 하고, 이로 말미암아 피고인의 사생활 영역을 침해하는 결과가 초래된다 하더라도 이는 피고인이 수인하여야 할 기본권의 제한에 해당된다(대판 2008.6.26. 2008도1584).

정답 ④

36. 위법수집증거배제법칙에 대한 설명으로 가장 적절한 것은? (다툼이 있는 경우 판례에 의함) 18. 경찰채용 2차

① 피고사건에 관하여 검사가 공소제기 후 「형사소송법」 제215조에 따라 관할지방법원 판사에게 청구하여 발부받은 영장에 의하여 압수·수색을 하였다면, 이를 통해 수집된 증거는 적법한 절차에 따른 것으로서 원칙적으로 유죄의 증거로 삼을 수 있다.

② 수사기관이 필로폰 매매범에 대한 증거를 확보할 목적으로 구속수감되어 있던 필로폰 투약범에게 그의 압수된 휴대전화를 제공하여 필로폰 매매범과 통화하면서 그 내용을 녹음하게 한 다음 그 휴대전화를 제출받은 경우, 그 녹음된 진술은 증거능력이 있다.

③ 압수·수색영장은 처분을 받는 자에게 반드시 제시하여야 하므로, 피처분자가 현장에 없거나 현장에서 그를 발견할 수 없는 경우 등 영장제시가 현실적으로 불가능한 경우라도 영장을 제시하지 아니한 채 압수·수색을 하였다면 이는 위법하다고 보아야 한다.

④ 교도관이 재소자가 맡긴 비망록을 수사기관에 임의로 제출하였다면 그 비망록의 증거사용에 대하여도 재소자의 사생활의 비밀 기타 인격적 법익이 침해되는 등의 특별한 사정이 없는 한 반드시 그 재소자의 동의를 받아야 하는 것은 아니며, 검사가 교도관으로부터 그가 보관하고 있던 피고인의 비망록을 임의로 제출받아 이를 압수한 경우, 피고인의 승낙 및 영장이 없더라도 적법절차를 위반한 위법이 있다고 할 수 없다.

해설

① 【X】 검사가 공소제기 후 형사소송법 제215조에 따라 수소법원 이외의 지방법원 판사에게 청구하여 발부받은 영장에 의하여 압수·수색을 하였다면, 그와 같이 수집된 증거는 기본적 인권 보장을 위해 마련된 적법한 절차에 따르지 않은 것으로서 원칙적으로 유죄의 증거로 삼을 수 없다(대판 2011.4.28. 2009도10412).

② 【X】 수사기관이 甲으로부터 피고인의 마약류관리에 관한 법률 위반(향정) 범행에 대한 진술을 듣고 추가적인 증거를 확보할 목적으로, 구속수감되어 있던 甲에게 그의 압수된 휴대전화를 제공하여 피고인과 통화하고 위 범행에 관한 통화 내용을 녹음하게 한 행위는 불법감청에 해당하므로, 그 녹음 자체는 물론 이를 근거로 작성된 녹취록 첨부 수사보고는 피고인의 증거동의에 상관없이 그 증거능력이 없다(대판 2010.10.14. 2010도9016).

③ 【X】 형사소송법 제219조가 준용하는 제118조는 "압수·수색영장은 처분을 받는 자에게 반드시 제시하여야 한다."고 규정하고 있으나, 이는 영장제시가 현실적으로 가능한 상황을 전제로 한 규정으로 보아야 하고, 피처분자가 현장에 없거나 현장에서 그를 발견할 수 없는 경우 등 영장제시가 현실적으로 불가능한 경우에는 영장을 제시하지 아니한 채 압수·수색을 하더라도 위법하다고 볼 수 없다(대판 2015.1.22. 2014도10978).

④ 【O】 대판 2008.5.15. 2008도1097

정답 ④

37 위법수집증거배제법칙에 대한 설명으로 가장 적절하지 않은 것은? (다툼이 있는 경우 판례에 의함)

18. 경찰채용 3차

① 범행 현장에서 지문채취 대상물에 대한 지문채취가 먼저 이루어진 이상, 수사기관이 그 이후에 지문채취 대상물을 적법한 절차에 의하지 아니한 채 압수하였다고 하더라도, 이와 같이 채취된 지문은 위법하게 압수한 지문채취 대상물로부터 획득한 2차적 증거에 해당하지 아니한다.

② 수사기관이 피의자를 신문함에 있어서 피의자에게 미리 진술거부권을 고지하지 않은 때에는 그 피의자의 진술은 위법하게 수집된 증거로서 진술의 임의성이 인정되는 경우라도 증거능력이 부인되어야 한다.

③ 비진술증거인 압수물은 압수절차가 위법하다 하더라도 그 물건자체의 성질, 형태에 변경을 가져오는 것은 아니어서 그 형태 등에 관한 증거가치에는 변함이 없다 할 것이므로 증거능력이 있다.

④ 피의자가 변호인의 참여를 원한다는 의사를 명백하게 표시하였음에도 수사기관이 정당한 사유 없이 변호인을 참여하게 하지 아니한 채 피의자를 신문하여 작성한 피의자신문조서는 증거능력이 인정되지 않는다.

[해설]

① 【 O 】 대판 2008.10.23. 2008도7471
② 【 O 】 대판 1992.6.23. 92도682
③ 【 X 】 종래 성질·형상불변론 체제하에서의 판시사항을 지문화한 것이다. 그러나 대법원은 이른바 제주지사실 압수·수색사건을 통해 압수절차가 위법하더라도 압수물의 증거능력은 인정된다는 이유만으로 압수물의 증거능력을 인정한 것은 위법하다고 판시하여 성질·형상불변론을 폐기하였다(대판 2007.11.15. 2007도3061 전합). 따라서 위법하게 수집된 비진술증거에 대해서도 위법수집증거배제법칙을 적용하게 되었다.
④ 【 O 】 대판 2013.3.28. 2010도3359

[정답] ③

38 위법수집증거배제법칙에 대한 설명으로 가장 적절하지 않은 것은? (다툼이 있는 경우 판례에 의함)

19. 경찰승진

① 「형사소송법」 제219조가 준용하는 제118조는 '압수·수색영장은 처분을 받는 자에게 반드시 제시하여야 한다.'고 규정하고 있으므로, 피처분자가 현장에 없거나 현장에서 그를 발견할 수 없는 경우 등 영장제시가 현실적으로 불가능한 경우에도 영장을 제시하지 아니한 채 압수·수색을 하였다면 위법하다고 보아야 한다.
② 압수·수색영장의 집행과정에서 폭행 등의 피해를 당한 검사 등이 수사에 관여하였다는 이유만으로 그 검사 등이 작성한 참고인 진술조서 등의 증거능력이 부정될 수 없다.
③ 수사기관으로부터 집행을 위탁받은 통신기관 등이 통신제한조치의 집행에 필요한 설비가 없을 때에는 수사기관에 설비의 제공을 요청하여야 하고, 그러한 요청 없이 통신제한조치허가서에 기재된 사항을 준수하지 아니하고 통신제한조치를 집행하여 취득한 전기통신의 내용 등은 유죄의 증거로 사용할 수 없다.
④ 검찰관이 피고인을 뇌물수수 혐의로 기소한 후, 형사사법공조절차를 거치지 아니한 채 외국에 현지출장하여 그곳에서 뇌물공여자를 상대로 참고인 진술조서를 작성한 경우 그 진술조서는 위법수집증거에 해당하지 않는다.

해설

① 【X】 형사소송법 제219조가 준용하는 제118조는 "압수·수색영장은 처분을 받는 자에게 반드시 제시하여야 한다."고 규정하고 있으나, 이는 영장제시가 현실적으로 가능한 상황을 전제로 한 규정으로 보아야 하고, 피처분자가 현장에 없거나 현장에서 그를 발견할 수 없는 경우 등 영장제시가 현실적으로 불가능한 경우에는 영장을 제시하지 아니한 채 압수·수색을 하더라도 위법하다고 볼 수 없다(대판 2015.1.22. 2014도10978 전합).
② 【O】 대판 2013.9.12. 2011도12918
③ 【O】 대판 2016.1.13. 2016도8137
④ 【O】 대판 2011.7.14. 2011도3809. 다만, 동 사안에서 대법원은 동 참고인진술조서의 특신상태가 증명되지 않았음을 이유로 증거능력을 부정한 바 있다.

정답 ①

39 위법수집증거에 대한 설명으로 옳은 것은? (다툼이 있는 경우 판례에 의함)

19. 국가직

① 지문채취 대상물을 적법한 절차에 의하지 아니하고 압수한 경우에는 그 압수 이전에 범행현장에서 지문채취 대상물로부터 채취한 지문일지라도 그 지문의 증거능력은 없다.
② 위법하게 수집된 증거도 당사자의 동의가 있으면 증거능력이 인정된다.
③ 증인이 친분이 있던 피해자와 통화를 마친 후 전화가 끊기지 않은 상태에서 휴대전화를 통하여 몸싸움을 연상시키는 '악' 하는 소리와 '우당탕' 소리를 1~2분 들었다고 증언한 경우, 그 소리는 「통신비밀보호법」에서 말하는 타인 간의 대화에 해당하지 않는다.
④ 피고인이 범행 후 피해자에게 전화를 걸어오자 피해자가 증거를 수집하려고 그 전화내용을 녹음한 경우, 그 녹음테이프가 피고인 모르게 녹음된 것이면 그 녹음테이프는 위법하게 수집된 증거이다.

해설

① 【 X 】 범행 현장에서 지문채취 대상물에 대한 지문채취가 먼저 이루어진 이상, 수사기관이 그 이후에 지문채취 대상물을 적법한 절차에 의하지 아니한 채 압수하였다고 하더라도, 위와 같이 채취된 지문은 위법하게 압수한 지문채취 대상물로부터 획득한 2차적 증거에 해당하지 아니함이 분명하여, 이를 가리켜 위법수집증거라고 할 수 없다(대판 2008.10.23. 2008도7471).
② 【 X 】 위법수집증거는 원칙적으로 증거동의의 대상이 되지 않는다.
③ 【 O 】 통신비밀보호법 제1조, 제3조 제1항 본문, 제4조, 제14조 제1항, 제2항의 문언, 내용, 체계 및 입법 취지 등에 비추어 보면, 통신비밀보호법에서 보호하는 타인 간의 '대화'는 원칙적으로 현장에 있는 당사자들이 육성으로 말을 주고받는 의사소통행위를 가리킨다. 따라서 사람의 육성이 아닌 사물에서 발생하는 음향은 타인 간의 '대화'에 해당하지 않는다. 또한 사람의 목소리라고 하더라도 상대방에게 의사를 전달하는 말이 아닌 단순한 비명소리나 탄식 등은 타인과 의사소통을 하기 위한 것이 아니라면 특별한 사정이 없는 한 타인 간의 '대화'에 해당한다고 볼 수 없다(대판 2017.3.15. 2016도19843).
④ 【 X 】 피고인이 범행 후 피해자에게 전화를 걸어오자 피해자가 증거를 수집하려고 그 전화내용을 녹음한 경우, 그 녹음테이프가 피고인 모르게 녹음된 것이라 하여 이를 위법하게 수집된 증거라고 할 수 없다(대판 1997.3.28. 97도240).

정답 ③

40 다음 중 ㉠~㉣의 설명에 대하여 옳고 그름의 표시(○, ×)가 모두 바르게 된 것은? (다툼이 있는 경우 판례에 의함)

19. 경찰채용 2차

㉠ 조사대상자의 진술 내용이 제3자의 피의사실뿐만 아니라 자신의 피의사실에 관한 것이기도 하여 그 실질이 피의자신문조서의 성격을 가지는 경우에 수사기관은 진술을 듣기 전에 미리 진술거부권을 고지하여야 한다.
㉡ 수사기관이 피의자를 조사하는 경우에는 그 조사과정을 기록하여야 하나 피의자가 아닌 자를 조사하는 과정에서 그 진술을 청취하여 증거로 남기는 방법으로 진술조서가 아닌 진술서를 작성·제출받는 경우에는 그 절차를 준수할 것을 요하지 아니한다.
㉢ 선거관리위원회 위원·직원이 관계인에게 진술이 녹음된다는 사실을 미리 알려 주지 아니한 채 진술을 녹음하였다면, 그와 같은 조사절차에 의하여 수집한 녹음파일 내지 그에 터 잡아 작성된 녹취록은 적법한 절차에 따르지 아니하고 수집한 증거에 해당한다.
㉣ 수사기관이 정보저장매체에 기억된 정보 중에서 검색을 통해 범죄 혐의사실과 관련 있는 정보를 선별한 다음 정보저장매체와 동일한 방식으로 복제하여 생성한 파일을 제출받아 압수한 후 수사기관의 사무실에서 압수된 파일을 탐색·복제·출력하는 경우에도 수사기관은 피의자 등에게 참여의 기회를 보장하여야 한다.

① ㉠ ○ ㉡ ○ ㉢ × ㉣ ×
② ㉠ ○ ㉡ × ㉢ ○ ㉣ ○
③ ㉠ ○ ㉡ × ㉢ ○ ㉣ ×
④ ㉠ × ㉡ ○ ㉢ × ㉣ ○

해설

㉠ 【 O 】 대판 2015.10.29. 2014도5939
㉡ 【 X 】 피고인이 아닌 자가 수사과정에서 진술서를 작성하였지만 수사기관이 그에 대한 조사과정을 기록하지 아니하여 형사소송법 제244조의4 제3항, 제1항에서 정한 절차를 위반한 경우에는, 특별한 사정이 없는 한 '적법한 절차와 방식'에 따라 수사과정에서 진술서가 작성되었다 할 수 없으므로 증거능력을 인정할 수 없다(대판 2015.4.23. 2013도3790).
㉢ 【 O 】 대판 2014.10.15. 2011도3509
㉣ 【 X 】 수사기관이 정보저장매체에 기억된 정보 중에서 키워드 또는 확장자 검색 등을 통해 범죄 혐의사실과 관련 있는 정보를 선별한 다음 정보저장매체와 동일하게 비트열방식으로 복제하여 생성한 파일을 제출받아 압수하였다면 이로써 압수의 목적물에 대한 압수·수색 절차는 종료된 것이므로, 수사기관이 수사기관 사무실에서 위와 같이 압수된 이미지 파일을 탐색·복제·출력하는 과정에서도 피의자 등에게 참여의 기회를 보장하여야 하는 것은 아니다(대판 2018.2.8. 2017도13263).

정답 ③

41. 증거능력에 대한 설명으로 옳지 않은 것은? (다툼이 있는 경우 판례에 의함)

① 피의자에게 진술거부권을 행사할 수 있음을 알려 주고 그 행사 여부를 질문했더라도 그것에 대한 피의자의 답변이 자필로 기재되어 있지 않은 사법경찰관 작성의 피의자신문조서는 특별한 사정이 없는 한 증거능력이 없다.
② 세관공무원이 우편물 통관검사절차에서 압수·수색영장 없이 진행한 우편물의 개봉, 시료채취, 성분분석과 같은 검사의 결과는 원칙적으로 증거능력이 없다.
③ 약식명령에 불복하여 정식재판을 청구한 피고인이 정식재판절차의 제1심에서 2회 불출정하여 증거동의가 간주된 후 증거조사를 완료한 이상, 비록 피고인이 항소심에 출석하여 간주된 증거동의를 철회 또는 취소한다는 의사표시를 하더라도 증거능력이 상실되는 것은 아니다.
④ 구성요건 사실은 엄격한 증명에 의하여 인정하여야 하고, 증거능력이 없는 증거는 구성요건 사실을 추인하게 하는 간접사실이나 구성요건 사실을 입증하는 직접증거의 증명력을 보강하는 보조사실의 인정자료로서도 허용되지 아니한다.

해설

① 【 O 】 대판 2013.3.28. 2010도3359
② 【 X 】 관세법 제246조 제1항, 제2항, 제257조, '국제우편물 수입통관 사무처리'(2011.9.30. 관세청고시 제2011-40호) 제1-2조 제2항, 제1-3조, 제3-6조, 구 '수출입물품 등의 분석사무 처리에 관한 시행세칙'(2013.1.4. 관세청훈령 제1507호로 개정되기 전의 것) 등과 관세법이 관세의 부과·징수와 아울러 수출입물품의 통관을 적정하게 함을 목적으로 한다는 점(관세법 제1조)에 비추어 보면, 우편물 통관검사절차에서 이루어지는 우편물의 개봉, 시료채취, 성분분석 등의 검사는 수출입물품에 대한 적정한 통관 등을 목적으로 한 행정조사의 성격을 가지는 것으로서 수사기관의 강제처분이라고 할 수 없으므로, 압수·수색영장 없이 우편물의 개봉, 시료채취, 성분분석 등 검사가 진행되었다 하더라도 특별한 사정이 없는 한 위법하다고 볼 수 없다(대판 2013.9.26. 2013도7718).
③ 【 O 】 대판 2010.7.15. 2007도5776
④ 【 O 】 대판 2008.12.11. 2008도7112

정답 ②

42 증거능력에 대한 설명 중 옳고 그름의 표시(○, ×)가 바르게 된 것은? (다툼이 있는 경우 판례에 의함)

17. 여경

> ㉠ 위법한 체포에 의한 유치 중에 작성된 피의자신문조서는 위법하게 수집된 증거로서 특별한 사정이 없는 한 이를 유죄의 증거로 할 수 없다.
> ㉡ 피고인이 범행 후 피해자에게 전화를 걸어오자 피해자가 증거를 수집하려고 그 전화내용을 녹음한 경우, 이는 위법하게 수집된 증거에 해당하여 증거능력이 없다.
> ㉢ 수사기관이 피의자를 신문함에 있어서 피의자에게 미리 진술거부권을 고지하지 않은 때에는 그 피의자 진술은 위법하게 수집된 증거에 해당하나, 그 진술의 임의성이 인정되는 경우에는 증거능력이 인정된다.
> ㉣ 비변호인과의 접견이 금지된 상태에서 작성된 피의자신문조서는 당연히 임의성이 부정된다.

① ㉠ ○　㉡ ×　㉢ ×　㉣ ×
② ㉠ ×　㉡ ○　㉢ ×　㉣ ○
③ ㉠ ○　㉡ ×　㉢ ○　㉣ ×
④ ㉠ ×　㉡ ○　㉢ ○　㉣ ○

해설

㉠ 【 O 】 대판 2008.3.27. 2007도11400
㉡ 【 X 】 피고인이 범행 후 피해자에게 전화를 걸어오자 피해자가 증거를 수집하려고 그 전화내용을 녹음한 경우, 그 녹음테이프가 피고인 모르게 녹음된 것이라 하여 이를 위법하게 수집된 증거라고 할 수 없다(대판 1997.3.28. 97도240).
㉢ 【 X 】 수사기관이 피의자를 신문함에 있어서 피의자에게 미리 진술거부권을 고지하지 않은 때에는 그 피의자의 진술은 위법하게 수집된 증거로서 진술의 임의성이 인정되는 경우라도 증거능력이 부인되어야 한다(대판 2010.5.27. 2010도1755).
㉣ 【 X 】 검사의 접견금지 결정으로 피고인들의 접견이 제한된 상황하에서 피의자 신문조서가 작성되었다는 사실만으로 바로 그 조서가 임의성이 없는 것이라고는 볼 수 없다(대판 1984.7.10. 84도846).

정답 ①

43 위법수집증거 배제법칙에 대한 설명 중 가장 적절하지 않은 것은? (다툼이 있는 경우 판례에 의함)

20. 경찰채용 1차

① 적법한 절차를 따르지 않고 수집한 증거를 예외적으로 유죄 인정의 증거로 사용할 수 있는 구체적이고 특별한 사정이 존재한다는 점에 대한 입증책임은 검사에게 있다.
② 적법절차에 위배되는 행위의 영향이 차단되거나 소멸되었다고 볼 수 있는 상태에서 수집한 증거는 그 증거능력을 인정하더라도 적법절차의 실질적 내용에 대한 침해가 일어나지는 않았기 때문에 그 증거능력을 부정할 이유는 없다.
③ 위법수집증거 배제법칙은 헌법 제12조의 적법절차를 보장하기 위한 성격을 가지기 때문에, 자신의 기본권을 침해당한 사람만이 위법수집증거 배제법칙을 주장할 수 있다. 따라서 수사기관이 피고인 아닌 자를 상대로 적법한 절차에 따르지 아니하고 수집한 증거는 원칙적으로 피고인에 대한 유죄 인정의 증거로 삼을 수 있다.
④ 위법하게 수집된 증거에서 파생하는 2차적 증거는 원칙적으로 증거능력이 배제되어야 하지만, 절차에 따르지 않은 증거수집과 2차적 증거수집 사이의 인과관계의 희석 또는 단절여부를 중심으로 2차적 증거수집과 관련된 모든 사정을 전체적·종합적으로 고려하여 예외적인 경우에는 2차적 증거의 증거능력을 인정할 수 있다.

해설

① 【 O 】 대판 2009.3.12. 2008도11437
② 【 O 】 대판 2013.3.14. 2010도2094
③ 【 X 】 형사소송법 제308조의2는 "적법한 절차에 따르지 아니하고 수집한 증거는 증거로 할 수 없다."고 규정하고 있는데, 수사기관이 헌법과 형사소송법이 정한 절차에 따르지 아니하고 수집한 증거는 유죄 인정의 증거로 삼을 수 없는 것이 원칙이므로, 수사기관이 피고인 아닌 자를 상대로 적법한 절차에 따르지 아니하고 수집한 증거는 원칙적으로 피고인에 대한 유죄 인정의 증거로 삼을 수 없다(대판 2011.6.30. 2009도6717).
④ 【 O 】 대판 2007.11.15. 2007도3061 전합

정답 ③

44 증거능력에 관한 설명 중 가장 적절한 것은? (다툼이 있는 경우 판례에 의함)

20. 경찰승진

① 강도 현행범으로 체포된 피고인에게 진술거부권을 고지하지 아니한 채 강도범행에 대한 자백을 받았다면 그 이후 진술거부권을 고지받고 40여 일이 지난 후 공개된 법정에서 변호인의 조력을 받으며 임의로 이루어진 피고인의 자백이라도 위법한 자백에 기초하여 획득한 2차적 증거이므로 증거로 사용할 수 없다.
② 검사가 조사과정에서 피의자의 진술을 진술조서의 형식으로 작성한 경우 이는 피의자신문조서와 다르므로 피의자에게 진술거부권을 고지할 필요는 없고, 고지하지 않고 작성된 위 진술조서라도 증거능력이 있다.
③ 사법경찰관이 피의자신문조서를 작성하면서 피의자에게 진술거부권 등을 고지하고 행사여부를 질문하였다 하더라도 형사소송법 제244조의3 제2항에 규정된 방식인 자필 또는 사법경찰관이 피의자 답변을 작성한 부분에 피의자의 기명날인 또는 서명의 형식으로 답변이 기재되어 있지 아니하다면 그 피의자신문조서는 증거능력이 인정되지 않는다.
④ 수사기관이 구속수감되어 있던 자에게 그의 압수된 휴대전화를 제공하여 피고인과 통화하게 하고 범행에 관한 통화 내용을 녹음하게 하였더라도 그 녹음 자체는 수사기관이 아닌 사인이 수집한 증거에 해당하므로 피고인이 증거로 함에 동의한 이상 증거능력이 인정된다.

[해설]
① 【 X 】 강도 현행범으로 체포된 피고인이 진술거부권을 고지받지 아니한 채 자백을 하고, 이후 40여일이 지난 후에 변호인의 충분한 조력을 받으면서 공개된 법정에서 임의로 자백한 경우에 법정에서의 피고인의 자백은 증거로 사용할 수 있다(대판 2009.3.12. 2008도11437).
② 【 X 】 검사가 조사과정에서 피의자의 진술을 진술조서의 형식으로 작성한 경우 진술조서의 내용이 피의자신문조서와 실질적으로 같고, 진술의 임의성이 인정되는 경우라도 미리 피의자에게 진술거부권을 고지하지 않았다면 위법수집증거에 해당한다(대판 2009.8.20. 2008도8213).
③ 【 O 】 대판 2013.3.28. 2010도3359
④ 【 X 】 수사기관이 갑으로부터 피고인의 마약류관리에 관한 법률 위반(향정) 범행에 대한 진술을 듣고 추가적인 증거를 확보할 목적으로, 구속수감되어 있던 갑에게 그의 압수된 휴대전화를 제공하여 피고인과 통화하고 위 범행에 관한 통화 내용을 녹음하게 한 행위는 불법감청에 해당하므로, 그 녹음자체는 물론 이를 근거로 작성된 녹취록 첨부 수사보고는 피고인의 증거동의에 상관없이 그 증거능력이 없다(대판 2010.10.14. 2010도9016).

정답 ③

45 증거능력에 대한 설명으로 가장 적절하지 않은 것은? (다툼이 있는 경우 판례에 의함)   20. 경찰채용 2차

① 수사기관이 영장 없이 범죄 수사를 목적으로 금융회사로부터 획득한 금융실명거래 및 비밀보장에 관한 법률 제4조 제1항의 '거래정보등'은 원칙적으로 형사소송법 제308조의2에서 정하는 '적법한 절차에 따르지 아니하고 수집한 증거'에 해당하여 유죄의 증거로 삼을 수 없다.
② 영장 발부의 사유로 된 범죄사실과 별개의 증거를 압수하였을 경우 이는 원칙적으로 유죄 인정의 증거로 사용할 수 없으나, 예외적으로 그 범죄사실과 객관적 인적 관련성이 있는 때에는 사용할 수 있다. 이때 객관적 관련성은 압수 수색영장에 기재된 혐의사실의 내용과 수사의 대상, 수사 경위 등을 종합하여 혐의사실과 구체적 개별적 연관관계가 있는 경우뿐만 아니라 단순히 동종 또는 유사 범행인 경우도 인정된다.
③ 형사소송법은 전문진술에 대하여 제316조에서 실질상 단순한 전문의 형태를 취하는 경우에 한하여 예외적으로 그 증거능력을 인정하는 규정을 두고 있을 뿐, 재전문진술이나 재전문진술을 기재한 조서에 대하여는 달리 그 증거능력을 인정하는 규정을 두고 있지 아니하고 있으므로, 피고인이 증거로 하는 데 동의하지 아니하는 한 형사소송법 제310조의2의 규정에 의하여 이를 증거로 할 수 없다.
④ 형사소송법 제218조를 위반하여 소유자, 소지자 또는 보관자가 아닌 자로부터 제출받은 물건을 영장 없이 압수한 경우 그 '압수물' 및 '압수물을 찍은 사진'은 피고인이나 변호인이 이를 증거로 함에 동의하였다고 하더라도 유죄 인정의 증거로 사용할 수 없다.

[해설]
① 【 O 】 대판 2013.3.28. 2012도13607
② 【 X 】 형사소송법 제215조 제1항은 "검사는 범죄수사에 필요한 때에는 피의자가 죄를 범하였다고 의심할 만한 정황이 있고 해당 사건과 관계가 있다고 인정할 수 있는 것에 한정하여 지방법원판사에게 청구하여 발부받은 영장에 의하여 압수, 수색 또는 검증을 할 수 있다."라고 정하고 있다. 따라서 영장 발부의 사유로 된 범죄 혐의사실과 무관한 별개의 증거를 압수하였을 경우 이는 원칙적으로 유죄 인정의 증거로 사용할 수 없다. 그러나 압수·수색의 목적이 된 범죄나 이와 관련된 범죄의 경우에는 그 압수·수색의 결과를 유죄의 증거로 사용할 수 있다.
압수·수색영장의 범죄 혐의사실과 관계있는 범죄라는 것은 압수·수색영장에 기재한 혐의사실과 객관적 관련성이 있고 압수·수색영장 대상자와 피의자 사이에 인적 관련성이 있는 범죄를 의미한다. 그중 혐의사실과의 객관적 관련성은 압수·수색영장에 기재된 혐의사실 자체 또는 그와 기본적 사실관계가 동일한 범행과 직접 관련되어 있는 경우는 물론 범행 동기와 경위, 범행수단과 방법, 범행 시간과 장소 등을 증명하기 위한 간접증거나 정황증거 등으로 사용될 수 있는 경우에도 인정될 수 있다. 그 관련성은 압수·수색영장에 기재된 혐의사실의 내용과 수사의 대상, 수사 경위 등을 종합하여 구체적·개별적 연관관계가 있는 경우에만 인정되고, 혐의사실과 단순히 동종 또는 유사 범행이라는 사유만으로 관련성이 있다고 할 것은 아니다(대판 2017.12.5. 2017도13458).
③ 【 O 】 대판 2000.3.10. 2000도159
④ 【 O 】 대판 2010.1.28. 2009도10092

정답 ②

46 위법수집증거배제법칙에 대한 설명으로 가장 적절한 것은? (다툼이 있는 경우 판례에 의함) 21. 경찰승진

① 위법수집증거배제법칙은 영미법상 판례에 의해 확립된 증거법칙으로, 우리나라 「형사소송법」에는 명문의 규정이 없지만 일반적인 형사법의 대원칙으로 자리잡고 있다.
② 수사기관이 영장 또는 감정처분허가장을 발부받지 아니한 채 피의자의 동의 없이 피의자의 신체로부터 혈액을 채취하고 사후에도 지체 없이 영장을 발부받지 않았다면, 그 혈액 중 알코올 농도에 관한 감정의뢰회보는 원칙적으로 유죄의 증거로 사용할 수 없다.
③ 사법경찰관이 피의자를 긴급체포하는 현장에서 영장 없이 압수한 물건을 계속 압수할 필요가 있어 압수·수색영장을 청구하였으나 이를 발부받지 못하고도 즉시 반환하지 아니한 압수물은 이를 유죄 인정의 증거로 사용할 수 없지만, 피고인이나 변호인이 이를 증거로 함에 동의하였다면 유죄의 증거로 사용할 수 있다.
④ 비진술증거인 압수물은 압수절차가 위법하다 하더라도 그 물건자체의 성질, 형태에 변경을 가져오는 것은 아니어서 그 형태 등에 관한 증거가치에는 변함이 없으므로 증거능력이 인정된다.

[해설]

① 【 X 】 위법수집증거배제법칙은 형사소송법 제308조의2에 명문화되어 있다.
② 【 O 】 대판 2011.4.27. 2009도2109
③ 【 X 】 형사소송법 제216조 제1항 제2호, 제217조 제2항, 제3항은 사법경찰관은 형사소송법 제200조의3(긴급체포)의 규정에 의하여 피의자를 체포하는 경우에 필요한 때에는 영장 없이 체포현장에서 압수·수색을 할 수 있고, 압수한 물건을 계속 압수할 필요가 있는 경우에는 지체 없이 압수수색영장을 청구하여야 하며, 청구한 압수수색영장을 발부받지 못한 때에는 압수한 물건을 즉시 반환하여야 한다고 규정하고 있는바, 형사소송법 제217조 제2항, 제3항에 위반하여 압수수색영장을 청구하여 이를 발부받지 아니하고도 즉시 반환하지 아니한 압수물은 이를 유죄 인정의 증거로 사용할 수 없는 것이고, 헌법과 형사소송법이 선언한 영장주의의 중요성에 비추어 볼 때 피고인이나 변호인이 이를 증거로 함에 동의하였다고 하더라도 달리 볼 것은 아니다(대판 2009.12.24. 2009도11401).
④ 【 X 】 종래 성질·형상불변론 체제하에서의 판시사항을 지문화한 것이다. 그러나 대법원은 이른바 제주지사실 압수·수색사건을 통해 압수절차가 위법하더라도 압수물의 증거능력은 인정된다는 이유만으로 압수물의 증거능력을 인정한 것은 위법하다고 판시하여 성질·형상불변론을 폐기하였다(대판 2007.11.15. 2007도3061 전합). 따라서 위법하게 수집된 비진술증거에 대해서도 위법수집증거배제법칙을 적용하게 되었다.

정답 ②

47 위법수집증거배제법칙에 대한 설명으로 가장 적절하지 않은 것은? (다툼이 있는 경우 판례에 의함) 21. 경찰채용 1차

① 수사기관이 헌법과 「형사소송법」이 정한 절차에 따르지 아니하고 수집한 증거는 유죄 인정의 증거로 삼을 수 없는 것이 원칙이므로, 수사기관이 피고인 아닌 자를 상대로 적법한 절차에 따르지 아니하고 수집한 증거는 원칙적으로 피고인에 대한 유죄 인정의 증거로 삼을 수 없다.
② 법원의 증인신문절차 공개금지결정이 피고인의 공개재판을 받을 권리를 침해하는 경우, 그 절차에 의하여 이루어진 증인의 증언은 변호인의 반대신문권이 보장되지 않는 한 증거능력이 없다.
③ 제3자가 전화통화 당사자 중 일방만의 동의를 받고 통화 내용을 녹음하였더라도 그 상대방의 동의가 없었다면, 「통신비밀보호법」을 위반한 불법감청으로 그 녹음된 통화 내용의 증거능력을 인정할 수 없다.
④ "범행 중 또는 범행 직후의 범죄 장소에서 긴급을 요하여 법원 판사의 영장을 받을 수 없는 때에는 영장 없이 압수·수색 또는 검증을 할 수 있다. 이 경우에는 사후에 지체 없이 영장을 받아야 한다."고 규정하고 있는 「형사소송법」 제216조 제3항의 요건 중 어느 하나라도 갖추지 못한 경우에 그러한 압수·수색 또는 검증은 위법하며, 이에 대하여 사후에 법원으로부터 영장을 발부받았다고 하여 그 위법성이 치유되지 아니한다.

[해설]
① 【 O 】 대판 2011.6.30. 2009도6717
② 【 X 】 헌법 제27조 제3항 후문, 제109조와 법원조직법 제57조 제1항, 제2항의 취지에 비추어 보면, 헌법 제109조, 법원조직법 제57조 제1항에서 정한 공개금지사유가 없음에도 불구하고 재판의 심리에 관한 공개를 금지하기로 결정하였다면 그러한 공개금지결정은 피고인의 공개재판을 받을 권리를 침해한 것으로서 그 절차에 의하여 이루어진 증인의 증언은 증거능력이 없고, 변호인의 반대신문권이 보장되었더라도 달리 볼 수 없으며, 이러한 법리는 공개금지결정의 선고가 없는 등으로 공개금지결정의 사유를 알 수 없는 경우에도 마찬가지이다(대판 2013.7.26. 2013도2511).
③ 【 O 】 대판 2002.10.8. 2002도123
④ 【 O 】 대판 2017.11.29. 2014도16080

정답 ②

48 위법수집증거배제법칙에 대한 설명으로 옳지 않은 것은? (다툼이 있는 경우 판례에 의함) 21. 국가직

① 사인이 위법하게 수집한 증거에 대해서는 효과적인 형사소추 및 형사소송에서의 진실발견이라는 공익과 개인의 인격적 이익 등의 보호이익을 비교형량하여 그 허용 여부를 결정하여야 한다.
② '악'과 같은 대화가 아닌 사람의 목소리를 녹음하거나 청취하는 행위가 개인의 사생활의 비밀과 자유 또는 인격권을 중대하게 침해하여 사회통념상 허용되는 한도를 벗어난 것이 아니라면 위와 같은 목소리를 들었다는 진술을 형사절차에서 증거로 사용할 수 있다.
③ 압수·수색영장의 집행과정에서 별건 범죄혐의와 관련된 증거를 우연히 발견하여 압수한 경우에는 별건 범죄혐의에 대해 별도의 압수·수색영장을 발부받지 않았다 하더라도 위법한 압수·수색에 해당하지 않는다.
④ 위법수집증거배제법칙에 대한 예외를 인정하기 위해서는 예외적인 경우에 해당한다고 볼 만한 구체적이고 특별한 사정이 존재한다는 점을 검사가 증명하여야 한다.

[해설]
① 【 O 】 대판 2013.11.28. 2010도12244
② 【 O 】 대판 2017.3.15. 2016도19843
③ 【 X 】 전자정보에 대한 압수·수색이 종료되기 전에 혐의사실과 관련된 전자정보를 적법하게 탐색하는 과정에서 별도의 범죄혐의와 관련된 전자정보를 우연히 발견한 경우라면, 수사기관은 더 이상의 추가 탐색을 중단하고 법원에서 별도의 범죄혐의에 대한 압수·수색영장을 발부받은 경우에 한하여 그러한 정보에 대하여도 적법하게 압수·수색을 할 수 있다(대결 2015.7.16. 2011모1839 전합).
④ 【 O 】 대판 2009.3.12. 2008도11437

정답 ③

49 위법수집증거배제법칙에 대한 설명으로 가장 적절한 것은? (다툼이 있는 경우 판례에 의함) 21. 경찰간부

① 제1심에서 피고인에 대하여 무죄판결이 선고되어 검사가 항소한 후, 수사기관이 항소심 공판기일에 증인으로 신청하여 신문할 수 있는 사람을 특별한 사정없이 미리 수사기관에 소환하여 작성한 진술조서는 피고인이 증거로 할 수 있음에 동의하지 않는 한 증거능력이 없으나, 위 참고인이 나중에 법정에 증인으로 출석하여 위 진술조서의 성립의 진정을 인정하고 피고인측에 반대신문의 기회가 부여된다면, 위 진술조서의 증거능력을 인정할 수 있다.

② 강도 현행범으로 체포된 피고인에게 진술거부권을 고지하지 아니한 채 자백을 받았다면, 비록 최초 자백 이후 40여 일이 지난 후에 변호인의 충분한 조력을 받으면서 공개된 법정에서 피고인이 다시 임의로 자백하였다고 하더라도 그 법정자백은 증거로 할 수 없다.

③ 수사기관이 법원으로부터 영장 또는 감정처분허가장을 발부받지 않고 의식불명상태인 피의자의 동의없이 피의자의 신체로부터 혈액을 채취하고 사후에도 지체 없이 영장을 발부받지 않았더라도 그 혈액 중 알코올 농도에 관한 감정을 의뢰하여 얻은 감정의뢰회보는 피고인이나 변호인이 동의하면 유죄의 증거로 사용할 수 있다.

④ 음주운전 피의자에 대해 위법한 강제연행 상태에서 호흡측정방법에 의한 음주측정을 한 다음, 강제연행 중인 그 자리에서 즉시 피의자가 자신의 호흡측정 결과에 대한 탄핵을 하기 위하여 스스로 혈액채취방법에 의한 측정을 할 것을 요구하여 혈액채취가 이루어진 경우, 호흡측정에 의한 측정결과는 물론 혈액채취에 의한 측정결과도 증거능력이 없다.

해설

① 【 X 】 제1심에서 피고인에 대하여 무죄판결이 선고되어 검사가 항소한 후, 수사기관이 항소심 공판기일에 증인으로 신청하여 신문할 수 있는 사람을 특별한 사정 없이 미리 수사기관에 소환하여 작성한 진술조서는 피고인이 증거로 할 수 있음에 동의하지 않는 한 증거능력이 없다. 검사가 공소를 제기한 후 참고인을 소환하여 피고인에게 불리한 진술을 기재한 진술조서를 작성하여 이를 공판절차에 증거로 제출할 수 있게 한다면, 피고인과 대등한 당사자의 지위에 있는 검사가 수사기관으로서의 권한을 이용하여 일방적으로 법정 밖에서 유리한 증거를 만들 수 있게 하는 것이므로 당사자주의·공판중심주의·직접심리주의에 반하고 피고인의 공정한 재판을 받을 권리를 침해하기 때문이다. 위 참고인이 나중에 법정에 증인으로 출석하여 위 진술조서의 성립의 진정을 인정하고 피고인 측에 반대신문의 기회가 부여된다 하더라도 위 진술조서의 증거능력을 인정할 수 없음은 마찬가지이다. 위 참고인이 법정에서 위와 같이 증거능력이 없는 진술조서와 같은 취지로 피고인에게 불리한 내용의 진술을 한 경우, 그 진술에 신빙성을 인정하여 유죄의 증거로 삼을 것인지는 증인신문 전 수사기관에서 진술조서가 작성된 경위와 그것이 법정진술에 영향을 미쳤을 가능성 등을 종합적으로 고려하여 신중하게 판단하여야 한다(대판 2019.11.28. 2013도6825).

② 【 X 】 강도 현행범으로 체포된 피고인에게 진술거부권을 고지하지 아니한 채 강도범행에 대한 자백을 받고, 이를 기초로 여죄에 대한 진술과 증거물을 확보한 후 진술거부권을 고지하여 피고인의 임의자백 및 피해자의 피해사실에 대한 진술을 수집한 사안에서, 제1심 법정에서의 피고인의 자백은 진술거부권을 고지받지 않은 상태에서 이루어진 최초 자백 이후 40여 일이 지난 후에 변호인의 충분한 조력을 받으면서 공개된 법정에서 임의로 이루어진 것이고, 피해자의 진술은 법원의 적법한 소환에 따라 자발적으로 출석하여 위증의 벌을 경고받고 선서한 후 공개된 법정에서 임의로 이루어진 것이어서, 예외적으로 유죄 인정의 증거로 사용할 수 있는 2차적 증거에 해당한다고 한 사례(대판 2009.3.12. 2008도11437).

③ 【 X 】 형사소송법 제215조 제2항, 제216조 제3항, 제221조, 제221조의4, 제173조 제1항의 규정을 위반하여 수사기관이 법원으로부터 영장 또는 감정처분허가장을 발부받지 아니한 채 피의자의 동의 없이 피의자의 신체로부터 혈액을 채취하고 사후적으로도 지체 없이 이에 대한 영장을 발부받지도 아니한 채 강제채혈된 피의자의 혈액 중 알콜농도에 관한 감정이 이루어졌다면, 이러한 감정결과보고서 등은 형사소송법상 영장주의 원칙을 위반하여 수집되거나 그에 기초한 증거로서 그 절차 위반행위가 적법절차의 실질적인 내용을 침해하는 정도에 해당하고, 이러한 증거는 피고인이나 변호인의 증거동의가 있다고 하더라도 유죄의 증거로 사용할 수 없다(대판 2011.4.28. 2009도2109).

④ 【 O 】 대판 2013.3.14. 2010도2094

정답 ④

50 위법수집증거에 관한 다음 설명 중 가장 옳지 않은 것은? (다툼이 있는 경우 판례에 의함) 21. 법원직

① 영장 발부의 사유로 된 범죄 혐의사실과 무관한 별개의 증거를 압수하였을 경우 이는 원칙적으로 유죄 인정의 증거로 사용할 수 없다. 그러나 압수·수색의 목적이 된 범죄나 이와 관련된 범죄의 경우에는 그 압수·수색의 결과를 유죄의 증거로 사용할 수 있다.

② 수사기관에 의한 진술거부권 고지 대상이 되는 피의자 지위는 수사기관이 조사대상자에 대한 범죄혐의를 인정하여 수사를 개시하는 행위를 한 때 인정되는 것으로 보아야 한다. 따라서 이러한 피의자 지위에 있지 아니한 자에 대하여는 진술거부권이 고지되지 아니하였더라도 진술의 증거능력을 부정할 것은 아니다.

③ 제1심에서 피고인에 대하여 무죄판결이 선고되어 검사가 항소한 후, 수사기관이 항소심 공판기일에 증인으로 신청하여 신문할 수 있는 사람을 특별한 사정 없이 미리 수사기관에 소환하여 작성한 진술조서는 피고인이 증거로 할 수 있음에 동의하지 않는 한 증거능력이 없으나 위 참고인이 나중에 법정에 증인으로 출석하여 위 진술조서의 성립의 진정을 인정하고 피고인 측에 반대신문의 기회가 부여된다면 위 진술조서의 증거능력을 인정할 수 있다.

④ 범행 현장에서 지문채취 대상물에 대한 지문채취가 먼저 이루어진 이상, 수사기관이 그 이후에 지문채취 대상물을 적법한 절차에 의하지 아니한 채 압수하였다고 하더라도, 위와 같이 채취된 지문을 위법수집증거라고 할 수 없다.

해설

① 【 O 】 대판 2020.2.13. 2019도14341, 2019전도130
② 【 O 】 대판 2011.11.10. 2011도8125
③ 【 X 】 제1심에서 피고인에 대하여 무죄판결이 선고되어 검사가 항소한 후, 수사기관이 항소심 공판기일에 증인으로 신청하여 신문할 수 있는 사람을 특별한 사정 없이 미리 수사기관에 소환하여 작성한 진술조서는 피고인이 증거로 할 수 있음에 동의하지 않는 한 증거능력이 없다. 검사가 공소를 제기한 후 참고인을 소환하여 피고인에게 불리한 진술을 기재한 진술조서를 작성하여 이를 공판절차에 증거로 제출할 수 있게 한다면, 피고인과 대등한 당사자의 지위에 있는 검사가 수사기관으로서의 권한을 이용하여 일방적으로 법정 밖에서 유리한 증거를 만들 수 있게 하는 것이므로 당사자주의·공판중심주의·직접심리주의에 반하고 피고인의 공정한 재판을 받을 권리를 침해하기 때문이다.
위 참고인이 나중에 법정에 증인으로 출석하여 위 진술조서의 성립의 진정을 인정하고 피고인 측에 반대신문의 기회가 부여된다 하더라도 위 진술조서의 증거능력을 인정할 수 없음은 마찬가지이다(대판 2019.11.28. 2013도6825).
④ 【 O 】 대판 2008.10.23. 2008도7471

정답 ③

51 위법수집증거배제법칙에 관한 설명으로 가장 적절하지 않은 것은? (다툼이 있는 경우 판례에 의함)

25. 경찰승진

① 경찰이 피고인 아닌 甲, 乙을 사실상 강제연행하여 불법체포한 상태에서 甲, 乙 간의 성매매행위나 피고인들의 유흥업소 영업행위를 처벌하기 위하여 甲, 乙에게서 자술서를 받고 甲, 乙에 대한 진술조서를 작성한 경우, 위 각 자술서와 진술조서는 헌법과 「형사소송법」이 규정한 체포·구속에 관한 영장주의 원칙에 위배하여 수집된 것으로서 피고인들에 대한 유죄 인정의 증거로 삼을 수 없다.

② 판사가 증거보전절차로 증인신문을 할 때 피고인과 변호인에게 참여 기회를 주지 않은 경우에도 피고인과 변호인이 증인신문조서를 증거로 할 수 있음에 동의하여 별다른 이의없이 적법하게 증거조사를 거친 경우에는 증인신문조서에 증거능력이 부여된다.

③ 수사기관이 임의제출받은 정보저장매체가 그 기능과 속성상 임의제출에 따른 적법한 압수의 대상이 되는 전자정보와 그렇지 않은 전자정보가 혼재될 여지가 거의 없어 사실상 대부분 압수의 대상이 되는 전자정보만이 저장되어 있는 경우에는 소지·보관자의 임의제출에 따른 통상의 압수절차 외에 피압수자에게 참여의 기회를 보장하지 않고 전자정보 압수목록을 작성·교부하지 않았다는 점만으로 곧바로 증거능력을 부정할 것은 아니다.

④ 범행 중 또는 범행 직후의 범죄 장소에서 긴급을 요하여 법원 판사의 영장을 받을 수 없는 때에는 영장 없이 압수·수색 또는 검증을 할 수 있지만 사후에 지체 없이 영장을 받아야 한다는 「형사소송법」 제216조 제3항의 요건 중 어느 하나라도 갖추지 못한 압수·수색 또는 검증은 위법하지만, 그에 대하여 사후에 법원으로부터 영장을 발부받는다면 선의의 예외이론에 따라 그 위법성은 치유된다.

① 【O】 형사소송법 제308조의2는 "적법한 절차에 따르지 아니하고 수집한 증거는 증거로 할 수 없다."고 규정하고 있는데, 수사기관이 헌법과 형사소송법이 정한 절차에 따르지 아니하고 수집한 증거는 유죄 인정의 증거로 삼을 수 없는 것이 원칙이므로, 수사기관이 피고인 아닌 자를 상대로 적법한 절차에 따르지 아니하고 수집한 증거는 원칙적으로 피고인에 대한 유죄 인정의 증거로 삼을 수 없다. ⇒ 유흥주점 업주와 종업원인 피고인들이 이른바 '티켓영업' 형태로 성매매를 하면서 금품을 수수하였다고 하여 구 식품위생법위반으로 기소된 사안에서, 경찰이 피고인 아닌 갑, 을을 사실상 강제연행한 상태에서 받은 각 자술서 및 이들에 대하여 작성한 각 진술조서는 위법수사로 얻은 진술증거에 해당하여 증거능력이 없다는 이유로, 이를 피고인들에 대한 유죄 인정의 증거로 삼을 수 없다고 한 사례(대판 2011.6.30. 2009도6717).

② 【O】 판사가 형사소송법 제184조에 의한 증거보전절차로 증인신문을 하는 경우에는 동법 제221조의2에 의한 증인신문의 경우와는 달라 동법 제163조에 따라 검사, 피의자 또는 변호인에게 증인신문의 시일과 장소를 미리 통지하여 증인신문에 참여할 수 있는 기회를 주어야 하나 참여의 기회를 주지 아니한 경우라도 피고인과 변호인이 증인신문조서를 증거로 할 수 있음에 동의하여 별다른 이의없이 적법하게 증거조사를 거친 경우에는 위 증인신문조서는 증인신문절차가 위법하였는지의 여부에 관계없이 증거능력이 부여된다(대판 1988.11.8. 86도1646).

③ 【O】 수사기관이 임의제출받은 정보저장매체가 그 기능과 속성상 임의제출에 따른 적법한 압수의 대상이 되는 전자정보와 그렇지 않은 전자정보가 혼재될 여지가 거의 없어 사실상 대부분 압수의 대상이 되는 전자정보만이 저장되어 있는 경우에는 소지·보관자의 임의제출에 따른 통상의 압수절차 외에 피압수자에게 참여의 기회를 보장하지 않고 전자정보 압수목록을 작성·교부하지 않았다는 점만으로 곧바로 증거능력을 부정할 것은 아니다(대판 2021.11.25. 2019도7342).

④ 【X】 범행 중 또는 범행 직후의 범죄 장소에서 긴급을 요하여 법원 판사의 영장을 받을 수 없는 때에는 영장 없이 압수·수색 또는 검증을 할 수 있으나, 사후에 지체 없이 영장을 받아야 한다(형사소송법 제216조 제3항). 형사소송법 제216조 제3항의 요건 중 어느 하나라도 갖추지 못한 경우에 그러한 압수·수색 또는 검증은 위법하며, 이에 대하여 사후에 법원으로부터 영장을 발부받았다고 하여 그 위법성이 치유되지 아니한다(대판 2012.2.9. 2009도14884).

정답 ④

52 사인(私人)에 의한 위법수집증거에 대한 설명으로 가장 적절한 것은? (다툼이 있는 경우 판례에 의함)

21. 경찰승진

① 위법수집증거배제법칙은 국가기관의 기본권 침해와 위법한 수사활동을 규제하기 위한 원칙이므로, 사인이 타인의 기본권을 침해하는 방법으로 수집한 증거에 대해서는 항상 적용되지 않는다.
② 피고인이 범행 후 피해자에게 전화를 걸어오자 피해자가 증거를 수집하려고 그 전화내용을 녹음한 경우, 그 녹음테이프가 피고인 모르게 녹음된 것이라 하여 이를 위법하게 수집된 증거라고 할 수 없다.
③ 소송사기의 피해자가 제3자로부터 대가를 지급하고 취득한 업무일지는 그것이 제3자에 의해 절취된 것이라면 위법수집증거에 해당하며, 그로 인하여 피고인의 사생활 영역을 침해하는 결과가 초래된다면 공익의 실현을 위한 것이라도 사기죄에 대한 증거로 사용할 수 없다.
④ 제3자가 대화당사자 일방만의 동의를 받고 통화내용을 녹음한 경우, 그 통화내용은 다른 상대방의 동의가 없었다고 하더라도 증거능력이 인정된다.

[해설]

① 【 X 】 사인이 타인의 기본권을 침해하여 위법하게 수집한 증거도 위법수집증거배제법칙이 적용되는지 문제가 된다. 이에 대해 판례는 "국민의 사생활 영역에 관계된 모든 증거의 제출이 곧바로 금지되는 것으로 볼 수는 없고, 법원으로서는 효과적인 형사소추 및 형사소송에서의 진실발견이라는 공익과 개인의 사생활의 보호이익을 비교형량하여 그 허용여부를 결정하여야 한다(대판 1997.9.30. 97도1230)."라고 하여 이익형량설에 따라 위법수집증거배제법칙 적용여부를 판단하고 있다.
② 【 O 】 대판 1997.3.28. 97도240
③ 【 X 】 사문서위조·위조사문서행사 및 소송사기로 이어지는 일련의 범행에 대하여 피고인을 형사소추하기 위해서는 이 사건 업무일지가 반드시 필요한 증거로 보이므로, 설령 그것이 제3자에 의하여 절취된 것으로서 위 소송사기 등의 피해자측이 이를 수사기관에 증거자료로 제출하기 위하여 대가를 지급하였다 하더라도, 공익의 실현을 위하여는 이 사건 업무일지를 범죄의 증거로 제출하는 것이 허용되어야 하고, 이로 말미암아 피고인의 사생활 영역을 침해하는 결과가 초래된다 하더라도 이는 피고인이 수인하여야 할 기본권의 제한에 해당된다(대판 2008.6.26. 2008도1584).
④ 【 X 】 제3자의 경우는 설령 전화통화 당사자 일방의 동의를 받고 그 통화내용을 녹음하였다 하더라도 그 상대방의 동의가 없었던 이상, 사생활 및 통신의 불가침을 국민의 기본권의 하나로 선언하고 있는 헌법규정과 통신비밀의 보호와 통신의 자유신장을 목적으로 제정된 통신비밀보호법의 취지에 비추어 이는 동법 제3조 제1항위반이 된다고 해석하여야 할 것이다(이 점은 제3자가 공개되지 아니한 타인간의 대화를 녹음한 경우에도 마찬가지이다)(대판 2002.10.8. 2002도123).

정답 ②

53 다음 설명 중 옳은 것만을 모두 고르면? (다툼이 있는 경우 판례에 의함)

20. 국가직

㉠ 국가는 무죄판결이 확정되어 당해 사건의 피고인이었던 자에 대하여 그 재판에 소요된 비용을 보상할 경우에 그 비용의 보상은 피고인이었던 자의 청구에 따라 무죄판결을 선고한 법원의 합의부에서 결정으로 한다. 다만, 이 청구는 무죄판결이 확정된 사실을 안 날부터 3년, 무죄판결이 확정된 때부터 5년 이내에 하여야 한다.

㉡ 피의자의 지위에 있지 아니한 자가 한 진술은 수사기관에 의하여 진술거부권이 고지되지 아니하였더라도 증거능력을 부정할 것은 아니다.

㉢ 사법경찰관이 피의자에게 진술거부권을 행사할 수 있음을 알려 주고 그 행사 여부를 질문하였더라도, 진술거부권 행사 여부에 대한 피의자의 답변이 자필로 기재되어 있지 아니하거나 그 답변 부분에 피의자의 기명날인 또는 서명이 되어 있지 아니한 사법경찰관 작성의 피의자신문조서는 특별한 사정이 없는 한 적법한 절차와 방식에 따라 작성된 조서라 할 수 없으므로 증거능력이 인정되지 않는다.

㉣ 음주운전자가 정당한 이유 없이 상당한 시간이 경과한 후에야 경찰관의 호흡측정 결과에 이의를 제기하면서 2차 호흡측정 또는 혈액채취의 방법에 의한 측정을 요구하는 경우에, 경찰공무원이 2차 호흡측정 또는 혈액채취의 방법에 의한 측정을 실시하지 않았다고 하더라도 1차 호흡측정기에 의한 측정의 결과만으로 음주운전 사실을 증명할 수 있다.

① ㉠, ㉡   ② ㉠, ㉢, ㉣   ③ ㉡, ㉢, ㉣   ④ ㉠, ㉡, ㉢, ㉣

해설

㉠ 【 O 】 제194조의3 제1항, 제2항
㉡ 【 O 】 대판 2011.11.10. 2011도8125
㉢ 【 O 】 대판 2013.3.28. 2010도3359
㉣ 【 O 】 대판 2002.3.15. 2001도7121

정답 ④

54 다음 설명 중 옳은 것은? (다툼이 있는 경우 판례에 의함)　　17. 국가직

① 피처분자가 현장에 없거나 현장에서 그를 발견할 수 없는 경우 등 영장제시가 현실적으로 불가능한 경우에는 영장을 제시하지 아니한 채 압수·수색을 하더라도 위법하다고 볼 수 없다.
② 형사소송법 제72조는 "피고인에 대하여 범죄사실의 요지, 구속의 이유와 변호인을 선임할 수 있음을 말하고 변명할 기회를 준 후가 아니면 구속할 수 없다"고 규정하고 있는데, 이는 구속영장을 집행함에 있어 집행기관이 취해야 하는 절차를 규정한 것이다.
③ 검사는 형벌권의 존부와 범위에 관해서 거증책임을 지므로 공연히 사실을 적시하여 사람의 명예를 훼손한 행위가 진실한 사실로서 오로지 공공의 이익에 관한 때에 해당하지 않는다는 점에 대해서도 검사가 거증책임을 진다.
④ 피고인이 된 피의자가 자신에 대한 검사작성의 피의자신문조서의 실질적 진정성립을 부인하는 경우 검사는 영상녹화물이나 조사관 또는 조사 과정에 참여한 통역인 등의 증언의 방법으로 실질적 진정성립을 증명할 수 있다.

해설

① 【 O 】 대판 2015.1.22. 2014도10978
② 【 X 】 형사소송법 제72조는 "피고인에 대하여 범죄사실의 요지, 구속의 이유와 변호인을 선임할 수 있음을 말하고 변명할 기회를 준 후가 아니면 구속할 수 없다."고 규정하고 있는바, 이는 피고인을 구속함에 있어 법관에 의한 사전 청문절차를 규정한 것으로서, 구속영장을 집행함에 있어 집행기관이 취하여야 하는 절차가 아니라 구속영장 발부함에 있어 수소법원 등 법관이 취하여야 하는 절차라 할 것이므로, 법원이 피고인에 대하여 구속영장을 발부함에 있어 사전에 위 규정에 따른 절차를 거치지 아니한 채 구속영장을 발부하였다면 그 발부결정은 위법하다고 할 것이나, 위 규정은 피고인의 절차적 권리를 보장하기 위한 규정이므로 이미 변호인을 선정하여 공판절차에서 변명과 증거의 제출을 다하고 그의 변호 아래 판결을 선고받은 경우 등과 같이 위 규정에서 정한 절차적 권리가 실질적으로 보장되었다고 볼 수 있는 경우에는, 이에 해당하는 절차의 전부 또는 일부를 거치지 아니한 채 구속영장을 발부하였다 하더라도 이러한 점만으로 그 발부결정이 위법하다고 볼 것은 아니다(대판 2000.11.10. 2000모134).
③ 【 X 】 공연히 사실을 적시하여 사람의 명예를 훼손한 행위가 형법 제310조의 규정에 따라서 위법성이 조각되어 처벌대상이 되지 않기 위하여는 그것이 진실한 사실로서 오로지 공공의 이익에 관한 때에 해당된다는 점을 행위자가 증명하여야 하는 것이나, 그 증명은 유죄의 인정에 있어 요구되는 것과 같이 법관으로 하여금 의심할 여지가 없을 정도의 확신을 가지게 하는 증명력을 가진 엄격한 증거에 의하여야 하는 것은 아니므로, 이 때에는 전문증거에 대한 증거능력의 제한을 규정한 형사소송법 제310조의2는 적용될 여지가 없다(대판 1996.10.25. 95도1473).
④ 【 X 】 실질적 진정성립을 증명할 수 있는 방법으로서 형사소송법 제312조 제2항에 예시되어 있는 영상녹화물의 경우 형사소송법 및 형사소송규칙에 의하여 영상녹화의 과정, 방식 및 절차 등이 엄격하게 규정되어 있는데(형사소송법 제244조의2, 형사소송규칙 제134조의2 제3항, 제4항, 제5항 등) 피의자의 진술을 비롯하여 검사의 신문 방식 및 피의자의 답변 태도 등 조사의 전 과정이 모두 담겨 있어 피고인이 된 피의자의 진술 내용 및 취지를 과학적·기계적으로 재현해 낼 수 있으므로 조서의 내용과 검사 앞에서의 진술 내용을 대조할 수 있는 수단으로서의 객관성이 보장되어 있다고 볼 수 있으나, 피고인을 피의자로 조사하였거나 조사에 참여하였던 자들의 증언은 오로지 증언자의 주관적 기억 능력에 의존할 수밖에 없어 객관성이 보장되어 있다고 보기 어렵다. 결국 검사 작성의 피의자신문조서에 대한 실질적 진정성립을 증명할 수 있는 수단으로서 형사소송법 제312조 제2항에 규정된 '영상녹화물이나 그 밖의 객관적인 방법'이란 형사소송법 및 형사소송규칙에 규정된 방식과 절차에 따라 제작된 영상녹화물 또는 그러한 영상녹화물에 준할 정도로 피고인의 진술을 과학적·기계적·객관적으로 재현해 낼 수 있는 방법만을 의미하고, 그 외에 조사관 또는 조사 과정에 참여한 통역인 등의 증언은 이에 해당한다고 볼 수 없다(대판 2016.2.18. 2015도16586).

정답 ①

55 자백의 임의성에 관한 설명 중 가장 적절하지 않은 것은? (다툼이 있으면 판례에 의함) 16. 경찰승진

① 검찰에서의 자백이 잠을 재우지 아니한 상태에서 임의로 진술된 것이 아닌 경우 이를 유죄의 증거로 삼을 수는 없다.
② 임의성 없는 자백은 탄핵증거로도 사용할 수 없다.
③ 자백의 임의성에 다툼이 있을 때에는 그 임의성을 의심할 만한 합리적이고 구체적인 사실을 검사가 아니라 피고인이 입증하여야 한다.
④ 자백의 임의성은 조서의 형식과 내용, 진술자의 신분·학력·지능 등 여러 사정을 종합하여 자유로운 심증으로 판단할 수 있다.

해설

① 【 O 】 대판 1997.6.27. 95도1964
② 【 O 】 대판 1998.2.27. 97도1770
③ 【 X 】 임의성 없는 진술의 증거능력을 부정하는 취지는, 허위진술을 유발 또는 강요할 위험성이 있는 상태하에서 행하여진 진술은 그 자체가 실체적 진실에 부합하지 아니하여 오판을 일으킬 소지가 있을 뿐만 아니라 그 진위 여부를 떠나서 진술자의 기본적 인권을 침해하는 위법 부당한 압박이 가하여지는 것을 사전에 막기 위한 것이므로, 그 임의성에 다툼이 있을 때에는 그 임의성을 의심할 만한 합리적이고 구체적인 사실을 피고인이 증명할 것이 아니고 검사가 그 임의성의 의문점을 해소하는 증명을 하여야 한다(대판 2006.1.26. 2004도517).
④ 【 O 】 대판 1994.11.4. 94도129

정답 ③

56 자백배제법칙에 대한 설명 중 가장 적절하지 않은 것은? (다툼이 있는 경우 판례에 의함) 18. 경찰승진

① 피고인이 수사기관에서 가혹행위 등으로 인하여 임의성 없는 자백을 하고 그 후 법정에서도 임의성 없는 심리상태가 계속되어 동일한 내용의 자백을 하였다면 법정에서의 자백도 임의성 없는 자백이라고 보아야 한다.
② 피고인의 자백이 신문에 참여한 검찰주사가 피의사실을 자백하면 피의사실부분은 가볍게 처리하고 보호감호의 청구를 하지 않겠다는 각서를 작성하여 주면서 자백을 유도한 것에 기인한 것이라 하여도 위 자백이 기망에 의하여 임의로 진술한 것이 아니라고 의심할 만한 이유가 있는 때에 해당한다고 볼 수 없다.
③ 일정한 증거가 발견되면 피의자가 자백하겠다고 한 약속이 검사의 강요나 위계에 의하여 이루어졌다든가 또는 불기소나 경한 죄의 소추 등 이익과 교환조건으로 된 것으로 인정되지 않는다면 이러한 약속 하에 한 자백이라 하여 곧 임의성 없는 자백이라 단정할 수 없다.
④ 피고인이 검사 이전의 수사기관에서 가혹행위로 인하여 임의성 없는 자백을 하고 그 후 검사 조사단계에서도 임의성 없는 심리상태가 계속되어 동일한 내용의 자백을 하였다면 검사 조사단계에서 고문 등 자백의 강요행위가 없었더라도 검사 앞에서의 자백은 임의성 없는 자백이라고 보아야 한다.

해설

① 【 O 】 대판 2012.11.29. 2010도3029
② 【 X 】 피고인의 자백이 심문에 참여한 검찰주사가 피의사실을 자백하면 피의사실부분은 가볍게 처리하고 보호감호의 청구를 하지 않겠다는 각서를 작성하여 주면서 자백을 유도한 것에 기인한 것이라면 위 자백은 기망에 의하여 임의로 진술한 것이 아니라고 의심할 만한 이유가 있는 때에 해당하여 형사소송법 제309조 및 제312조 제1항의 규정에 따라 증거로 할 수 없다(대판 1985.12.10. 85도2182).
③ 【 O 】 대판 1983.9.13. 83도712
④ 【 O 】 대판 1981.10.13. 81도2160

정답 ②

57 자백배제법칙에 대한 설명으로 가장 적절하지 않은 것은? (다툼이 있는 경우 판례에 의함) 18. 경찰채용 1차

① 임의성이 인정되지 아니하여 증거능력이 없는 진술증거는 피고인이 증거로 함에 동의하더라도 증거로 삼을 수 없다.
② 일정한 증거가 발견되면 피의자가 자백하겠다고 한 약속이 검사의 강요나 위계에 의하여 이루어졌다던가 또는 불기소나 경한 죄의 소추 등 이익과 교환조건으로 된 것으로 인정되지 않는다면 위와 같은 자백의 약속하에 된 자백이라 하여 곧 임의성 없는 자백이라고 단정할 수는 없다.
③ 「형사소송법」 제309조는 "피고인의 자백이 고문, 폭행, 협박, 신체구속의 부당한 장기화 또는 기망 기타의 방법으로 임의로 진술한 것이 아니라고 의심할 만한 이유가 있을 때에는 이를 유죄의 증거로 하지 못한다"고 규정하고 있는데, 위 법조에서 규정된 피고인의 진술의 자유를 침해하는 위법사유는 원칙적으로 예시사유로 보아야 한다.
④ 피고인이 수사기관에서 가혹행위 등으로 인하여 임의성 없는 자백을 하고 그 후 법정에서도 임의성 없는 심리상태가 계속되어 동일한 내용의 자백을 하였더라도 법정에서의 자백은 임의성 없는 자백이라고 볼 수 없다.

【해설】
① 【 O 】 대판 2006.11.23. 2004도7900
② 【 O 】 대판 1983.9.13. 83도712
③ 【 O 】 대판 1985.2.26. 82도2413
④ 【 X 】 피고인이 수사기관에서 가혹행위 등으로 인하여 임의성 없는 자백을 하고 그 후 법정에서도 임의성 없는 심리상태가 계속되어 동일한 내용의 자백을 하였다면 법정에서의 자백도 임의성 없는 자백이라고 보아야 한다(대판 2012.11.29. 2010도3029).

정답 ④

58 자백의 증거능력에 대한 설명으로 옳은 것은? (다툼이 있는 경우 판례에 의함)

19. 국가직

① 자백하면 가벼운 형으로 처벌되도록 하겠다고 약속하거나 또는 일정한 증거가 발견되면 자백하겠다는 약속하에 이루어진 자백이라고 하여 곧 임의성이 부정되는 것은 아니다.
② 수사기관이 피의자를 신문함에 있어서 피의자에게 미리 진술거부권을 고지하지 않은 경우라 하더라도 진술의 임의성이 있으면 증거능력이 인정된다.
③ 피고인이 경찰수사 단계에서 고문 등 가혹행위로 인하여 임의성 없는 자백을 하고, 그 후에도 임의성 없는 심리상태가 검사 조사단계에서도 계속된 경우에는 검사 앞에서의 자백도 임의성이 부정된다.
④ 공범인 공동피고인의 법정 자백은 피고인들 간에 이해관계가 상반되지 않는 경우에만 다른 공동피고인에 대하여 독립한 증거능력이 있다.

해설

① 【 X 】 피고인이 처음 검찰조사시에 범행을 부인하다가 뒤에 자백을 하는 과정에서 금 200만원을 뇌물로 받은 것으로 하면 특정범죄 가중처벌 등에 관한 법률 위반으로 중형을 받게 되니 금 200만원 중 금 30만원을 술값을 갚은 것으로 조서를 허위작성한 것이라면 이는 단순 수뢰죄의 가벼운 형으로 처벌되도록 하겠다고 약속하고 자백을 유도한 것으로 위와 같은 상황하에서 한 자백은 그 임의성에 의심이 가고 따라서 진실성이 없다는 취지에서 이를 배척하였다 하여 자유심증주의의 한계를 벗어난 위법이 있다고는 할 수 없다(대판 1984.5.9. 83도2782).
② 【 X 】 형사소송법 제200조 제2항은 검사 또는 사법경찰관이 출석한 피의자의 진술을 들을 때에는 미리 피의자에 대하여 진술을 거부할 수 있음을 알려야 한다고 규정하고 있는바, 이러한 피의자의 진술거부권은 헌법이 보장하는 형사상 자기에 불리한 진술을 강요당하지 않는 자기부죄거부의 권리에 터잡은 것이므로 수사기관이 피의자를 신문함에 있어서 피의자에게 미리 진술거부권을 고지하지 않은 때에는 그 피의자의 진술은 위법하게 수집된 증거로서 진술의 임의성이 인정되는 경우라도 증거능력이 부인되어야 한다(대판 1992.6.23. 92도682).
③ 【 O 】 대판 1992.11.24. 92도2409
④ 【 X 】 형사소송법 제310조 소정의 "피고인의 자백"에 공범인 공동피고인의 진술은 포함되지 아니하므로 공범인 공동피고인의 진술은 다른 공동피고인에 대한 범죄사실을 인정하는 증거로 할 수 있는 것일 뿐만 아니라 공범인 공동피고인들의 각 진술은 상호간에 서로 보강증거가 될 수 있다(대판 1990.10.30. 90도1939).

정답 ③

59 자백배제법칙에 관한 설명으로 가장 적절하지 않은 것은? (다툼이 있는 경우 판례에 의함)

25. 경찰승진

① 피고인의 자백이 「형사소송법」 제309조 소정의 사유로 임의성이 없다고 의심할 만한 이유가 있는 경우 그 자백과 임의성이 없다고 의심하게 된 사유 사이에 인과관계의 존재가 추정되는 것은 아니다.
② 임의성에 다툼이 있을 때에는 그 임의성을 의심할 만한 합리적이고 구체적인 사실을 피고인이 증명할 것이 아니라 검사가 그 임의성의 의문점을 없애는 증명을 하지 못한 경우에는 그 진술증거는 증거능력이 부정된다.
③ 범죄사실의 인정 여부와는 관계없이 자기에게 맡겨진 사무를 처리한 사무 내역을 그때그때 계속적, 기계적으로 기재한 항해일지, 진료일지 등은 설사 그 문서가 우연히 피고인이 작성하였고 그 문서의 내용 중 공소사실에 일부 부합되는 사실의 기재가 있다고 하더라도 피고인이 범죄사실을 자백하는 문서라고 볼 수는 없다.
④ 피고인의 자백이 심문에 참여한 검찰주사가 피의사실을 자백하면 피의사실 부분은 가볍게 처리하고 보호감호의 청구를 하지 않겠다는 각서를 작성하여 주면서 자백을 유도한 것에 기인한 것이라면 위 자백은 기망에 의하여 임의로 진술한 것이 아니라고 할 만한 이유가 있는 때에 해당하여 증거로 할 수 없다.

[해설]

① 【 X 】 피고인의 자백이 동조 소정의 사유로 임의성이 없다고 의심할 만한 이유가 있는 경우라도 그 자백과 임의성이 없다고 의심하게 된 사유와 사이에 인과관계가 존재하지 않는 것이 명백하여 그 자백이 임의성있는 것임이 인정되는 때에는 그 자백은 증거능력을 가진다 할 것이지만 이와 같이 임의성이 없다고 의심할 만한 이유가 있는 자백은 그 인과관계의 존재가 추정되는 것이므로 이를 유죄의 증거로 하려면 적극적으로 그 인과관계가 존재하지 아니하는 것이 인정되어야 할 것이다(대판 1984.11.27. 84도2252).
② 【 O 】 임의성 없는 진술의 증거능력을 부정하는 취지는, 허위진술을 유발 또는 강요할 위험성이 있는 상태하에서 행하여진 진술은 그 자체가 실체적 진실에 부합하지 아니하여 오판을 일으킬 소지가 있을 뿐만 아니라 그 진위를 떠나서 진술자의 기본적 인권을 침해하는 위법 부당한 압박이 가하여지는 것을 사전에 막기 위한 것이므로, 그 임의성에 다툼이 있을 때에는 그 임의성을 의심할 만한 합리적이고 구체적인 사실을 피고인이 증명할 것이 아니고 검사가 그 임의성의 의문점을 없애는 증명을 하여야 할 것이고, 검사가 그 임의성의 의문점을 없애는 증명을 하지 못한 경우에는 그 진술증거는 증거능력이 부정된다(대판 2006.11.23. 2004도7900).
③ 【 O 】 상업장부나 항해일지, 진료일지 또는 이와 유사한 금전출납부 등과 같이 범죄사실의 인정 여부와는 관계없이 자기에게 맡겨진 사무를 처리한 사무 내역을 그때그때 계속적, 기계적으로 기재한 문서 등의 경우는 사무처리 내역을 증명하기 위하여 존재하는 문서로서 그 존재 자체 및 기재가 그러한 내용의 사무가 처리되었음의 여부를 판단할 수 있는 별개의 독립된 증거자료이고, 설사 그 문서가 우연히 피고인이 작성하였고 그 문서의 내용 중 피고인의 범죄사실의 존재를 추론해 낼 수 있는, 즉 공소사실에 일부 부합되는 사실의 기재가 있다고 하더라도, 이를 일컬어 피고인이 범죄사실을 자백하는 문서라고 볼 수는 없다(대판 1996.10.17. 94도2865 전합).
④ 【 O 】 피고인의 자백이 심문에 참여한 검찰주사가 피의사실을 자백하면 피의사실부분은 가볍게 처리하고 보호감호의 청구를 하지 않겠다는 각서를 작성하여 주면서 자백을 유도한 것에 기인한 것이라면 위 자백은 기망에 의하여 임의로 진술한 것이 아니라고 의심할 만한 이유가 있는 때에 해당하여 형사소송법 제309조 및 제312조 제1항의 규정에 따라 증거로 할 수 없다(대판 1985.12.10. 85도2182).

정답 ①

60 진술증거의 증거능력에 대한 설명으로 옳지 않은 것은? (다툼이 있는 경우 판례에 의함)

18. 국가직

① 임의성이 인정되지 아니하여 증거능력이 없는 진술증거는 피고인이 증거로 함에 동의하더라도 증거로 삼을 수 없다.
② 참고인으로 조사를 받으면서 수사기관으로부터 진술거부권을 고지받지 않았다면 그 진술조서는 위법수집증거로서 증거능력이 없다.
③ 공판기일에 피고인의 진술을 기재한 조서는 전문법칙에도 불구하고 증거로 할 수 있다.
④ 공판기일에 피고인에게 유리한 증언을 한 증인을 이후 검사가 소환하여 일방적으로 번복시키는 방식으로 작성한 진술조서는 증거능력이 없다.

해설

① 【 O 】 대판 2006.11.23. 2004도7900
② 【 X 】 피의자에 대한 진술거부권 고지는 피의자의 진술거부권을 실효적으로 보장하여 진술이 강요되는 것을 막기 위해 인정되는 것인데, 이러한 진술거부권 고지에 관한 형사소송법 규정내용 및 진술거부권 고지가 갖는 실질적인 의미를 고려하면 수사기관에 의한 진술거부권 고지 대상이 되는 피의자 지위는 수사기관이 조사대상자에 대한 범죄혐의를 인정하여 수사를 개시하는 행위를 한 때 인정되는 것으로 보아야 한다. 따라서 이러한 피의자 지위에 있지 아니한 자에 대하여는 진술거부권이 고지되지 아니하였더라도 진술의 증거능력을 부정할 것은 아니다(대판 2011.11.10. 2011도8125).
③ 【 O 】 제311조
④ 【 O 】 대판 2000.6.15. 99도1108 전합

정답 ②

61 자백배제법칙에 대한 설명으로 가장 적절한 것은? (다툼이 있는 경우 판례에 의함)

20. 경찰채용 2차

① 피고인이나 그 변호인이 검사 작성의 당해 피고인에 대한 피의자신문조서의 임의성을 인정하는 진술을 하였다가 이를 번복하는 경우에는 검사가 아니라 피고인이 그 임의성의 의문점을 없애는 증명을 하여야 한다.
② 임의성이 의심되는 자백은 피고인이 증거동의를 하더라도 유죄의 증거로는 사용할 수 없으나, 탄핵증거로는 사용할 수 있다.
③ 진술거부권을 고지하지 아니하고 받은 자백도 진술의 임의성이 인정되는 경우에는 증거능력이 인정된다.
④ 일정한 증거가 발견되면 피의자가 자백하겠다고 한 약속이 검사의 강요나 위계에 의하여 이루어졌다던가 또는 불기소나 경한 죄의 소추 등 이익과 교환 조건으로 된 것으로 인정되지 않는다면 위와 같은 자백의 약속하에 된 자백이라 하여 곧 임의성이 없는 자백이라고 단정할 수 없다.

해설

① 【 X 】 검사 작성의 당해 피고인에 대한 피의자신문조서에 기재된 진술의 임의성에 다툼이 있을 때에는 그 임의성을 의심할 만한 합리적이고 구체적인 사실을 피고인이 증명할 것이 아니라 검사가 그 임의성의 의문점을 없애는 증명을 하여야 하고, 검사가 그 임의성의 의문점을 없애는 증명을 하지 못한 경우에는 그 조서는 유죄 인정의 증거로 사용할 수 없는데, 이러한 법리는 피고인이나 그 변호인이 검사 작성의 당해 피고인에 대한 피의자신문조서의 임의성을 인정하는 진술을 하였다가 이를 번복하는 경우에도 마찬가지로 적용되어야 한다. 따라서 증거조사를 마친 조서의 임의성을 다투는 주장이 받아들여지게 되면, 그 조서는 구 형사소송규칙(2007.10.29. 대법원규칙 제2106호로 개정되기 전의 것) 제139조 제4항의 증거배제결정을 통하여 유죄 인정의 자료에서 제외하여야 한다(대판 2008.7.10. 2007도7760).
② 【 X 】 임의성이 의심되는 자백은 절대적으로 증거능력이 없다. 따라서 피고인의 동의가 있어도 증거능력이 생기지 않으며, 탄핵증거로도 사용할 수 없다.
③ 【 X 】 형사소송법 제200조 제2항은 검사 또는 사법경찰관이 출석한 피의자의 진술을 들을 때에는 미리 피의자에 대하여 진술을 거부할 수 있음을 알려야 한다고 규정하고 있는바, 이러한 피의자의 진술거부권은 헌법이 보장하는 형사상 자기에 불리한 진술을 강요당하지 않는 자기부죄거부의 권리에 터잡은 것이므로 수사기관이 피의자를 신문함에 있어서 피의자에게 미리 진술거부권을 고지하지 않은 때에는 그 피의자의 진술은 위법하게 수집된 증거로서 진술의 임의성이 인정되는 경우라도 증거능력이 부인되어야 한다(대판 1992.6.23. 92도682).
④ 【 O 】 대판 1983.9.13. 83도712

정답 ④

62 자백배제법칙에 대한 설명으로 가장 적절하지 않은 것은? (다툼이 있는 경우 판례에 의함) 21. 경찰승진

① 일정한 증거가 발견되면 피의자가 자백하겠다고 한 약속이 검사의 강요나 위계에 의하여 이루어졌다던가 또는 불기소나 경한 죄의 소추 등 이익과 교환 조건으로 된 것으로 인정되지 않는다면 위와 같은 자백의 약속하에 된 자백이라 하여 곧 임의성이 없는 자백이라고 단정할 수 없다.
② 피고인이 수사기관에서 가혹행위 등으로 인하여 임의성 없는 자백을 하고, 그 후 법정에서도 임의성 없는 심리상태가 계속되어 동일한 내용의 자백을 하였다면 법정에서의 자백도 임의성 없는 자백이라고 보아야 한다.
③ 진술의 임의성에 다툼이 있을 때에는 검사가 그 임의성의 의문점을 없애는 증명을 하여야 하며, 검사가 이를 증명하지 못하면 그 진술증거의 증거능력은 부정된다.
④ 검찰에서의 피고인의 자백이 임의성이 있어 그 증거능력이 부여된다면 자백의 진실성과 신빙성까지도 당연히 인정된다.

해설

① 【 O 】 대판 1983.9.13. 83도712
② 【 O 】 대판 2012.11.29. 2010도3029
③ 【 O 】 대판 2006.11.23. 2004도7900
④ 【 X 】 자백의 임의성이 인정된다고 하더라도 이것은 그 자백이 엄격한 증명의 자료로서 사용될 자격 즉 증거능력이 있다는 것에 지나지 않고 그 자백의 진실성과 신빙성 즉 증명력까지도 당연히 인정되어야 하는 것은 아니다(대판 1983.9.13. 83도712).

정답 ④

63 증거능력에 대한 다음의 설명(㉠~㉣) 중 옳고 그름의 표시(○, ×)가 바르게 된 것은? (다툼이 있는 경우 판례에 의함)

20. 경찰채용 1차

㉠ 대화 내용을 녹음한 파일 등의 전자매체는 성질상 작성자나 진술자의 서명 혹은 날인이 없을 뿐만 아니라, 녹음자의 의도나 특정한 기술에 의하여 내용이 편집·조작될 위험성이 있음을 고려하여 대화 내용을 녹음한 원본이거나 혹은 원본으로부터 복사한 사본일 경우에는 복사과정에서 편집되는 등 인위적 개작 없이 원본의 내용 그대로 복사된 사본임이 입증되어야만 하고, 그러한 입증이 없는 경우에는 쉽게 그 증거능력을 인정할 수 없다.

㉡ 수사기관이 참고인을 조사하는 과정에서 「형사소송법」 제221조 제1항에 따라 작성한 영상녹화물은 다른 법률에서 달리 규정하고 있는 등의 특별한 사정이 없는 한, 공소사실을 직접 증명할 수 있는 독립적인 증거로 사용될 수 있다고 해석함이 타당하다.

㉢ 정보통신망을 통하여 공포심이나 불안감을 유발하는 글을 반복적으로 상대방에게 도달하게 하는 행위를 하였다는 공소사실에 대하여 휴대전화기에 저장된 문자정보가 그 증거가 되는 경우 「형사소송법」 제310조의2에서 정한 전문법칙이 적용되지 않는다.

㉣ 수사기관이 甲으로부터 피고인의 마약류관리에 관한 법률 위반(향정) 범행에 대한 진술을 듣고 추가적인 증거를 확보할 목적으로, 구속수감되어 있던 甲에게 그의 압수된 휴대전화를 제공하여 피고인과 통화하고 위 범행에 관한 통화 내용을 녹음하게 하여 작성된 녹취록 첨부 수사보고는 피고인이 동의하는 한 증거능력이 있다.

① ㉠ ○ ㉡ × ㉢ × ㉣ ○
② ㉠ ○ ㉡ × ㉢ ○ ㉣ ×
③ ㉠ × ㉡ ○ ㉢ ○ ㉣ ○
④ ㉠ ○ ㉡ × ㉢ × ㉣ ×

해설

㉠ 【 ○ 】 대판 2007.3.15. 2006도8869
㉡ 【 × 】 2007.6.1. 법률 제8496호로 개정되기 전의 형사소송법에는 없던 수사기관에 의한 피의자 아닌 자(이하 '참고인'이라 한다) 진술의 영상녹화를 새로 정하면서 그 용도를 참고인에 대한 진술조서의 실질적 진정성립을 증명하거나 참고인의 기억을 환기시키기 위한 것으로 한정하고 있는 현행 형사소송법의 규정 내용을 영상물에 수록된 성범죄 피해자의 진술에 대하여 독립적인 증거능력을 인정하고 있는 성폭력범죄의 처벌 등에 관한 특례법 제30조 제6항 또는 아동·청소년의 성보호에 관한 법률 제26조 제6항의 규정과 대비하여 보면, 수사기관이 참고인을 조사하는 과정에서 형사소송법 제221조 제1항에 따라 작성한 영상녹화물은, 다른 법률에서 달리 규정하고 있는 등의 특별한 사정이 없는 한, 공소사실을 직접 증명할 수 있는 독립적인 증거로 사용될 수는 없다고 해석함이 타당하다(대판 2014.7.10. 2012도5041).
㉢ 【 ○ 】 대판 2008.11.13. 2006도2556
㉣ 【 × 】 수사기관이 갑으로부터 피고인의 마약류관리에 관한 법률 위반(향정) 범행에 대한 진술을 듣고 추가적인 증거를 확보할 목적으로, 구속수감되어 있던 갑에게 그의 압수된 휴대전화를 제공하여 피고인과 통화하고 위 범행에 관한 통화 내용을 녹음하게 한 행위는 불법감청에 해당하므로, 그 녹음 자체는 물론 이를 근거로 작성된 녹취록 첨부 수사보고는 피고인의 증거동의에 상관없이 그 증거능력이 없다고 한 사례(대판 2010.10.14. 2010도9016).

정답 ②

64 증거에 관한 설명으로 가장 적절하지 않은 것은? (다툼이 있는 경우 판례에 의함)

21. 경찰채용 2차

① 공연히 사실을 적시하여 사람의 명예를 훼손한 행위가 형법 제310조의 규정에 따라서 위법성이 조각되기 위하여는 그것이 진실한 사실로서 오로지 공공의 이익에 관한 때에 해당된다는 점을 행위자가 증명하여야 하나, 그 증명은 엄격한 증거에 의할 것을 요하지 아니하므로 전문증거의 증거능력에 관한 형사소송법 제310조의2는 적용될 여지가 없다.

② 정보통신망을 통하여 공포심이나 불안감을 유발하는 글을 반복적으로 상대방에게 도달하게 하는 행위를 하였다는 공소사실에 대하여 휴대전화기에 저장된 문자정보가 그 증거가 되는 경우, 그 문자정보는 범행의 직접적인 수단이고 경험자의 진술에 갈음하는 대체물에 해당하지 않으므로 형사소송법 제310조의2에서 정한 전문법칙이 적용되지 않는다.

③ 영장발부의 사유로 된 범죄 혐의사실과 무관한 별개의 증거를 압수하였을 경우 이는 원칙적으로 유죄의 증거로 사용할 수 없으나, 수사기관이 그 증거를 피압수자에게 환부한 후에 임의제출받아 다시 압수하였다면 최초의 절차 위반행위와 최종적인 증거수집 사이의 인과관계가 단절되었다고 평가할 수 있고, 제출에 임의성이 있다는 점을 검사가 합리적 의심을 배제할 수 있을 정도로 증명한 경우에는 증거능력을 인정할 수 있다.

④ 피고인의 수사기관에서나 제1심 법정에서의 자백이 항소심에서의 법정진술과 다른 경우 그 자백의 증명력 내지 신빙성이 의심스럽다고 할 것이고, 같은 사람의 검찰에서의 진술과 법정에서의 증언이 다를 경우 검찰에서의 진술을 믿고서 범죄사실을 인정하는 것은 자유심증주의의 한계를 벗어나는 것이다.

[해설]

① 【 O 】 대판 1996.10.25. 95도1473
② 【 O 】 대판 2008.11.13. 2006도2556
③ 【 O 】 대판 2016.3.10. 2013도11233
④ 【 X 】 검찰에서의 피고인의 자백등이 법정진술과 다르다는 사유만으로 그 자백의 신빙성이 의심스럽다고 할 사유로 삼아야 한다고 볼 수 없다(대판 1985.7.9. 85도826).

정답 ④

65 다음 중 전문증거에 해당하는 것은? (다툼이 있는 경우 판례에 의함)

19. 국가직

① 甲이 정보통신망을 통하여 공포심이나 불안감을 유발하는 글을 반복적으로 상대방에게 도달하게 하는 행위를 하였음을 공소사실로 하여 기소되었는데, 검사가 위 죄에 대한 유죄의 증거로 휴대전화기에 저장된 문자정보를 제출한 경우
② 증인이 법정에서 "甲이 ○○ 체육관 부지를 공시지가로 매입하게 해 주겠다고 말하였다."라고 증언하였는데, 그 증언이 甲이 그와 같이 말한 사실의 존재를 증명하기 위한 증거로 제출된 경우
③ 甲이 반국가단체 구성원 A와 회합한 후 A로부터 지령을 받고 국가기밀을 탐지·수집하였다는 공소사실로 기소되었고, 甲의 컴퓨터에서 "A 선생 앞: 2011년 면담은 1월 30일 북경에서 하였으면 하는 의견입니다."라는 등의 내용이 담겨져 있는 파일이 발견되었는데, 이 파일이 甲과 A의 회합을 입증하기 위한 증거로 제출된 경우
④ 甲이 반국가단체로부터 지령을 받고 국가기밀을 탐지·수집하였다는 공소사실로 기소되었는데 甲의 컴퓨터에 저장되어 있던 국가기밀을 담은 서류가 증거로 제출된 경우

해설

어떤 증거가 전문증거인지 여부는 요증사실과 관계에서 정하여지는바, 원진술의 내용인 사실이 요증사실인 경우에는 전문증거이나, 원진술의 존재자체가 요증사실인 경우, 예컨대 명예훼손사건에 있어서 명예훼손적 발언을 들은 자의 증언과 같은 경우는 본래증거이지 전문증거가 아니다(대판 2008.9.25. 2008도5347).

① 【X】 형사소송법 제310조의2는 사실을 직접 경험한 사람의 진술이 법정에 직접 제출되어야 하고 이에 갈음하는 대체물인 진술 또는 서류가 제출되어서는 안 된다는 이른바 전문법칙을 선언한 것이다. 그런데 정보통신망을 통하여 공포심이나 불안감을 유발하는 글을 반복적으로 상대방에게 도달하게 하는 행위를 하였다는 공소사실에 대하여 휴대전화기에 저장된 문자정보가 그 증거가 되는 경우, 그 문자정보는 범행의 직접적인 수단이고 경험자의 진술에 갈음하는 대체물에 해당하지 않으므로, 형사소송법 제310조의2에서 정한 전문법칙이 적용되지 않는다(대판 2008.11.13. 2006도2556).
② 【X】 공소외 1은 제1심 법정에서 '피고인 1이 88체육관 부지를 공시지가로 매입하게 해 주고 KBS와의 시설이주 협의도 2개월 내로 완료하겠다고 말하였다'고 진술하였고, 공소외 2, 6도 피고인의 진술을 내용으로 한 진술을 하였음을 알 수 있는데, 피고인 1의 위와 같은 원진술의 존재 자체가 이 부분 각 사기죄 또는 변호사법 위반죄에 있어서의 요증사실이므로, 이를 직접 경험한 공소외 1 등이 피고인으로부터 위와 같은 말을 들었다고 하는 진술은 전문증거가 아니라 본래증거에 해당한다(대판 2012.7.26. 2012도2937).
③ 【O】 대판 1999.9.3. 99도2317
④ 【X】 반국가단체의 구성원과 문건을 주고받는 방법으로 통신을 한 경우, 반국가단체로부터 지령을 받고 국가기밀을 탐지·수집하였다는 공소사실과 관련하여 수령한 지령 및 탐지·수집하여 취득한 국가기밀이 문건의 형태로 존재하는 경우나 편의제공의 목적물이 문건인 경우 등에는, 문건 내용의 진실성이 문제 되는 것이 아니라 그러한 내용의 문건이 존재하는 것 자체가 증거가 되는 것으로서, 위와 같은 공소사실에 대하여는 전문법칙이 적용되지 않는다고 보아 해당 부분의 공소사실에 관한 증거로 제출된 출력 문건들의 증거능력이 인정된다(대판 2013.7.26. 2013도2511).

정답 ③

66 전문법칙에 관한 다음 설명 중 가장 옳지 않은 것은? (다툼이 있는 경우 판례에 의함)   16. 법원직

① 어떤 진술이 범죄사실에 대한 직접증거로 사용함에 있어서는 전문증거가 된다고 하더라도 그와 같은 진술을 하였다는 것 자체 또는 그 진술의 진실성과 관계없는 간접사실에 대한 정황증거로 사용함에 있어서는 반드시 전문증거가 되는 것은 아니다.
② 정보통신망을 통하여 공포심이나 불안감을 유발하는 글을 반복적으로 상대방에게 도달하게 하는 행위를 하였다는 공소사실에 대하여 휴대전화기에 저장된 문자정보가 그 증거가 되는 경우, 그 문자정보는 범행의 직접적인 수단이고 경험자의 진술에 갈음하는 대체물에 해당하지 않으므로, 전문법칙이 적용되지 않는다.
③ 디지털 녹음기에 녹음된 내용을 전자적 방법으로 테이프에 전사한 사본인 녹음테이프를 대상으로 법원이 검증절차를 진행하여, 녹음된 내용이 녹취록의 기재와 일치하고 그 음성이 진술자의 음성임을 확인하였다면, 녹음테이프의 증거능력을 인정할 수 있다.
④ 참고인의 진술에 임의성이 인정되지 아니하여 그 진술조서가 증거능력이 없는 경우에는 피고인이 증거로 함에 동의하더라도 이를 증거로 삼을 수 없다.

해설

① 【 O 】 대판 2000.2.25. 99도1252
② 【 O 】 대판 2008.11.13. 2006도2556
③ 【 X 】 법원이 녹음테이프에 대하여 실시한 검증의 내용이 녹음테이프에 녹음된 전화대화 내용이 녹취서에 기재된 것과 같다는 것에 불과한 경우 증거자료가 되는 것은 여전히 녹음테이프에 녹음된 대화 내용임에는 변함이 없으므로, 그와 같은 녹음테이프의 녹음 내용이나 검증조서의 기재는 실질적으로는 공판준비 또는 공판기일에서의 진술에 대신하여 진술을 기재한 서류와 다를 바 없어서 형사소송법 제311조 내지 제315조에 규정한 것이 아니면 이를 유죄의 증거로 할 수 없다(대판 1996.10.15. 96도1669).
④ 【 O 】 기록상 진술증거의 임의성에 관하여 의심할 만한 사정이 나타나 있는 경우에는 법원은 직권으로 그 임의성 여부에 관하여 조사를 하여야 하고, 임의성이 인정되지 아니하여 증거능력이 없는 진술증거는 피고인이 증거로 함에 동의하더라도 증거로 삼을 수 없다(대판 2006.11.23. 2004도7900).

정답 ③

67 증거 등에 관한 다음 설명 중 가장 옳지 않은 것은? (다툼이 있는 경우 판례에 의함)

20. 법원직

① 피고인이 수표를 발행하였으나 예금부족 또는 거래정지처분으로 지급되지 아니하게 하였다는 부정수표단속법위반의 공소사실을 증명하기 위하여 제출되는 수표는 그 서류의 존재 또는 상태 자체가 증거가 되는 것이어서 증거물인 서면에 해당하므로 그 증거능력은 증거물의 예에 의하여 판단하여야 하고, 이에 대하여는 형사소송법 제310조의2에서 정한 전문법칙이 적용될 여지가 없다.

② 검사 작성의 피의자신문조서에 대한 실질적 진정성립을 증명할 수 있는 수단으로서 형사소송법 제312조 제2항에 규정된 '영상녹화물이나 그 밖의 객관적인 방법'이란 피고인의 진술을 과학적·기계적·객관적으로 재현해 낼 수 있는 방법만을 의미하고, 그 외에 조사관 또는 조사 과정에 참여한 통역인 등의 증언은 이에 해당한다고 볼 수는 없다.

③ 경찰이 피고인의 집에서 20m 떨어진 곳에서 피고인을 체포한 후 피고인의 집안을 수색하여 칼과 합의서를 압수하고도 적법한 시간 내에 압수수색영장을 청구하여 발부받지 않은 경우에, 위 칼과 합의서는 위법하게 압수된 것으로서 증거능력이 없고 이를 기초로 한 2차 증거인 '임의제출동의서', '압수조서 및 목록', '압수품 사진' 역시 증거능력이 없다.

④ 피고인 甲, 乙의 간통 범행을 고소한 甲의 남편 丙이 甲의 주거에 침입하여 수집한 후 수사기관에 제출한 혈흔이 묻은 휴지들 및 침대시트를 목적물로 하여 이루어진 감정의뢰회보는 甲의 주거의 자유나 사생활의 비밀을 침해하여 얻은 것이므로 증거능력이 없다.

해설

① 【O】 대판 2015.4.23. 2015도2275
② 【O】 대판 2016.2.18. 2015도16586
③ 【O】 대판 2010.7.22. 2009도14376
④ 【X】 피고인 갑, 을의 간통 범행을 고소한 갑의 남편 병이 갑의 주거에 침입하여 수집한 후 수사기관에 제출한 혈흔이 묻은 휴지들 및 침대시트를 목적물로 하여 이루어진 감정의뢰회보에 대하여, 병이 갑의 주거에 침입한 시점은 갑이 그 주거에서의 실제상 거주를 종료한 이후이고, 위 회보는 피고인들에 대한 형사소추를 위하여 반드시 필요한 증거이므로 공익의 실현을 위해서 증거로 제출하는 것이 허용되어야 하고, 이로 말미암아 갑의 주거의 자유나 사생활의 비밀이 일정 정도 침해되는 결과를 초래하더라도 이는 갑이 수인하여야 할 기본권의 제한에 해당된다는 이유로, 위 회보의 증거능력을 인정한 원심판단을 수긍한 사례(대판 2010.9.9. 2008도3990).

정답 ④

68 다음 설명 중 옳지 않은 것은? (다툼이 있는 경우 판례에 의함)

16. 검찰 7급

① 피고인이 수표를 발행하였으나 예금부족 또는 거래정지처분으로 지급되지 아니하게 하였다는 부정수표단속법위반의 공소사실을 증명하기 위하여 제출된 수표는 그 존재 또는 상태 자체가 증거가 되고 어떠한 사실을 직접 경험한 사람의 진술에 갈음하는 대체물이 아니므로 전문법칙이 적용될 여지가 없다.
② 서류에 기재된 진술내용의 진실성이 범죄사실에 대한 직접증거로 사용되는 경우는 전문증거가 되나, 압수된 디지털 저장매체로부터 출력한 문건을 진술증거로 사용하는 경우는 그 기재 내용의 진실성에 관하여 전문법칙이 적용되지 않는다.
③ 범행의 직접적인 수단이 된 문자정보가 저장된 휴대전화기의 화면을 촬영한 사진이 증거로 제출된 경우, 이를 증거로 사용하려면 문자정보가 저장된 휴대전화기를 법정에 제출할 수 없거나 그 제출이 곤란한 사정이 있고, 그 사진의 영상이 휴대전화기의 화면에 표시된 문자정보와 정확하게 같다는 사실이 증명되어야 한다.
④ "검거 당시 피고인이 범행사실을 순순히 자백하였다."라는 경찰관의 법정증언은 피고인이 공판정에서 범행을 부인하는 이상 증거능력이 인정되지 않는다.

[해설]

① 【 O 】 대판 2015.4.23. 2015도2275
② 【 X 】 압수된 디지털 저장매체로부터 출력한 문건을 진술증거로 사용하는 경우, 그 기재 내용의 진실성에 관하여는 전문법칙이 적용되므로 형사소송법 제313조 제1항에 따라 공판준비나 공판기일에서의 그 작성자 또는 진술자의 진술에 의하여 그 성립의 진정함이 증명된 때에 한하여 이를 증거로 사용할 수 있다(대판 2013.6.13. 2012도16001).
③ 【 O 】 대판 2008.11.13. 2006도2556
④ 【 O 】 대판 2005.11.25. 2005도5831

정답 ②

69 전문법칙에 대한 설명으로 옳고 그름의 표시(○, ×)가 바르게 된 것은? (다툼이 있는 경우 판례에 의함)

17. 여경

㉠ "甲이 乙을 살해하는 것을 목격했다"라는 丙의 말을 들은 丁이 丙의 진술내용을 증언하는 경우, 甲의 살인 사건에 대하여는 전문증거이지만, 丙의 명예훼손 사건에 대하여는 전문증거가 아니다.

㉡ 사인(私人)인 제3자가 절취한 업무일지를 소송사기의 피해자가 대가를 지급하고 취득한 경우, 그 업무일지는 사기죄에 대한 증거로 사용될 수 있다.

㉢ 상업장부, 항해일지, 사인(私人)인 의사의 진단서와 같이 기타 업무상 필요로 작성한 문서는 「형사소송법」 제315조에 의하여 당연히 증거능력이 인정된다.

㉣ 「형사소송법」은 전문진술에 대하여 제316조에서 실질상 단순한 전문의 형태를 취하는 경우에 한하여 예외적으로 그 증거능력을 인정하는 규정을 두고 있을 뿐, 재전문진술이나 재전문진술을 기재한 조서에 대하여는 달리 그 증거능력을 인정하는 규정을 두고 있지 아니하고 있으므로, 피고인이 증거로 하는 데 동의하지 아니하는 한 「형사소송법」 제310조의2의 규정에 의하여 이를 증거로 할 수 없다.

㉤ 사인(私人)이 피고인이 아닌 자의 진술을 녹음한 녹음테이프에 대하여 법원이 실시한 검증의 내용이 녹음테이프에 녹음된 대화내용이 검증조서에 첨부된 녹취서에 기재된 내용과 같다는 것에 불과한 경우, 그 검증조서는 「형사소송법」 제311조의 '법원의 검증의 결과를 기재한 조서'에 해당하여 그 조서 중 위 진술내용은 위 제311조에 의하여 증거능력이 인정된다.

① ㉠ ○　㉡ ○　㉢ ×　㉣ ○　㉤ ×
② ㉠ ×　㉡ ×　㉢ ○　㉣ ×　㉤ ○
③ ㉠ ○　㉡ ×　㉢ ○　㉣ ×　㉤ ×
④ ㉠ ×　㉡ ○　㉢ ×　㉣ ○　㉤ ○

해설

㉠ 【 ○ 】 "甲이 乙을 살해하는 것을 목격했다."라는 丙의 말을 들은 丁이 丙의 진술내용을 증언하는 경우, 甲의 살인 사건에 대하여는 丙의 진술은 그 의미내용이 문제되므로 전문증거이지만, 丙의 명예훼손 사건에 대하여는 丙의 진술의 존재자체가 문제되므로 전문증거가 아니다. 판례도 같은 취지에서 "어떤 증거가 전문증거인지 여부는 요증사실과 관계에서 정하여지는바, 원진술의 내용인 사실이 요증사실인 경우에는 전문증거이나, 원진술의 존재자체가 요증사실인 경우, 예컨대 명예훼손사건에 있어서 명예훼손적 발언을 들은 자의 증언과 같은 경우는 본래증거이지 전문증거가 아니다."라고 판시한바 있다(대판 2008.9.25. 2008도5347).

㉡ 【 ○ 】 대판 2008.6.26. 2008도1584

㉢ 【 × 】 사인(私人)인 의사가 작성한 진단서는 당연히 증거능력이 있는 서류가 아니므로 제313조 제1항에 의하여 증거능력이 인정되어야 한다(대판 1969.3.31. 69도179).

㉣ 【 ○ 】 대판 2000.3.10. 2000도159

㉤ 【 × 】 법원이 녹음테이프에 대하여 실시한 검증의 내용이 녹음테이프에 녹음된 전화대화 내용이 녹취서에 기재된 것과 같다는 것에 불과한 경우 증거자료가 되는 것은 여전히 녹음테이프에 녹음된 대화 내용임에는 변함이 없으므로, 그와 같은 녹음테이프의 녹음 내용이나 검증조서의 기재는 실질적으로는 공판준비 또는 공판기일에서의 진술에 대신하여 진술을 기재한 서류와 다를 바 없어서 형사소송법 제311조 내지 제315조에 규정한 것이 아니면 이를 유죄의 증거로 할 수 없다(대판 1996.10.15. 96도1669).

정답 ①

70 증거능력에 대한 설명으로 옳지 않은 것은? (다툼이 있는 경우 판례에 의함)   16. 검찰 7급

① 피고인이 아닌 자가 수사과정에서 진술서를 작성하였지만 수사기관이 그에 대한 조사과정을 기록하지 아니한 경우에는 특별한 사정이 없는 한 적법한 절차와 방식에 따라 작성되었다고 할 수 없으므로 증거능력을 인정할 수 없다.
② 수사기관이 참고인을 조사하는 과정에서 작성한 영상녹화물은 다른 법률에서 달리 규정하고 있는 등의 특별한 사정이 없는 한, 공소사실을 직접 증명할 수 있는 독립적인 증거로 사용할 수 없다.
③ 대화내용을 녹음한 녹음테이프가 원본으로부터 복사한 사본일 경우, 그 녹음테이프의 증거능력이 인정되기 위해서는 복사 과정에서 편집되는 등의 인위적 개작 없이 원본의 내용 그대로 복사된 사본임이 증명되어야 한다.
④ 조사관 또는 조사 과정에 참여한 통역인 등의 증언은 검사 작성의 피의자신문조서에 대한 실질적 진정성립을 증명할 수 있는 수단으로서「형사소송법」제312조 제2항에 규정된 '영상녹화물이나 그 밖의 객관적인 방법'에 해당한다.

[해설]

① 【 O 】 대판 2015.4.23. 2013도3790
② 【 O 】 대판 2014.7.10. 2012도5041
③ 【 O 】 대판 2014.8.26. 2011도6035
④ 【 X 】 실질적 진정성립을 증명할 수 있는 방법으로서 형사소송법 제312조 제2항에 예시되어 있는 영상녹화물의 경우 형사소송법 및 형사소송규칙에 의하여 영상녹화의 과정, 방식 및 절차 등이 엄격하게 규정되어 있는데다(형사소송법 제244조의2, 형사소송규칙 제134조의2 제3항, 제4항, 제5항 등) 피의자의 진술을 비롯하여 검사의 신문 방식 및 피의자의 답변 태도 등 조사의 전 과정이 모두 담겨 있어 피고인이 된 피의자의 진술 내용 및 취지를 과학적·기계적으로 재현해 낼 수 있으므로 조서의 내용과 검사 앞에서의 진술 내용을 대조할 수 있는 수단으로서의 객관성이 보장되어 있다고 볼 수 있으나, 피고인을 피의자로 조사하였거나 조사에 참여하였던 자들의 증언은 오로지 증언자의 주관적 기억 능력에 의존할 수밖에 없어 객관성이 보장되어 있다고 보기 어렵다. 결국 검사 작성의 피의자신문조서에 대한 실질적 진정성립을 증명할 수 있는 수단으로서 형사소송법 제312조 제2항에 규정된 '영상녹화물이나 그 밖의 객관적인 방법'이란 형사소송법 및 형사소송규칙에 규정된 방식과 절차에 따라 제작된 영상녹화물 또는 그러한 영상녹화물에 준할 정도로 피고인의 진술을 과학적·기계적·객관적으로 재현해 낼 수 있는 방법만을 의미하고, 그 외에 조사관 또는 조사 과정에 참여한 통역인 등의 증언은 이에 해당한다고 볼 수 없다(대판 2016.2.18. 2015도16586).

[정답] ④

71 전문법칙에 대한 설명으로 가장 적절하지 않은 것은? (다툼이 있으면 판례에 의함)

16. 경찰채용 2차

① 상업장부나 항해일지, 진료일지 또는 이와 유사한 금전출납부 등과 같이 범죄사실의 인정 여부와는 관계없이 자기에게 맡겨진 사무를 처리한 내역을 그때그때 계속적, 기계적으로 기재한 문서는 사무처리 내역을 증명하기 위하여 존재하는 문서로서 당연히 증거능력이 인정된다.

② 정보통신망을 통하여 공포심이나 불안감을 유발하는 글을 반복적으로 상대방에게 도달하게 하는 행위를 하였다는 공소사실에 대하여 휴대전화기에 저장된 문자정보가 그 증거가 되는 경우, 그 문자정보는 범행의 직접적인 수단이고 경험자의 진술에 갈음하는 대체물에 해당하지 않으므로, 「형사소송법」 제310조의2에서 정한 전문법칙이 적용되지 않는다.

③ 사법경찰관이 수사의 경위 및 결과를 내부적으로 보고하기 위하여 수사보고서를 작성하면서 그 수사보고서에 검증의 결과와 관련한 기재를 하였더라도 그 수사보고서를 두고 「형사소송법」 제312조 제1항(현행 제312조 제6항)이 규정하고 있는 '검사 또는 사법경찰관이 검증의 결과를 기재한 조서'라고 할 수는 없다.

④ 증인신문조서가 증거보전절차에서 피고인이 증인으로서 증언한 내용을 기재한 것이 아니라 증인의 증언내용을 기재한 것이고 다만 피의자였던 피고인이 당사자로 참여하여 자신의 범행사실을 시인하는 전제하에 위 증인에게 반대신문한 내용이 기재되어 있을 뿐이라면 위 조서는 공판준비 또는 공판기일에 피고인 등의 진술을 기재한 조서도 아니고, 반대신문과정에서 피의자가 한 진술에 관한 한 「형사소송법」 제184조에 의한 증인신문조서도 아니므로 위 조서 중 피의자의 진술기재부분에 대하여는 「형사소송법」 제311조에 의한 증거능력을 인정할 수 있다.

> **해설**

① 【 O 】 대판 2015.7.16. 2015도2625 전합; 대판 1996.10.17. 94도2865 전합
② 【 O 】 대판 2008.11.13. 2006도2556
③ 【 O 】 수사보고서에 검증의 결과에 해당하는 기재가 있는 경우, 그 기재 부분은 검찰사건사무규칙 제17조에 의하여 검사가 범죄의 현장 기타 장소에서 실황조사를 한 후 작성하는 실황조서 또는 사법경찰관리집무규칙 제49조 제1항, 제2항에 의하여 사법경찰관이 수사상 필요하다고 인정하여 범죄현장 또는 기타 장소에 임하여 실황을 조사할 때 작성하는 실황조사서에 해당하지 아니하며, 단지 수사의 경위 및 결과를 내부적으로 보고하기 위하여 작성된 서류에 불과하므로 그 안에 검증의 결과에 해당하는 기재가 있다고 하여 이를 형사소송법 제312조 제1항의 '검사 또는 사법경찰관이 검증의 결과를 기재한 조서'라고 할 수 없을 뿐만 아니라 이를 같은 법 제313조 제1항의 '피고인 또는 피고인이 아닌 자가 작성한 진술서나 그 진술을 기재한 서류'라고 할 수도 없고, 같은 법 제311조, 제315조, 제316조의 적용대상이 되지 아니함이 분명하므로 그 기재 부분은 증거로 할 수 없다(대판 2001.5.29. 2000도2933).
④ 【 X 】 증인신문조서가 증거보전절차에서 피고인이 증인으로서 증언한 내용을 기재한 것이 아니라 증인의 증언내용을 기재한 것이고 다만 피의자였던 피고인이 당사자로 참여하여 자신의 범행사실을 시인하는 전제하에 위 증인에게 반대신문한 내용이 기재되어 있을 뿐이라면, 위 조서는 공판준비 또는 공판기일에 피고인 등의 진술을 기재한 조서도 아니고, 반대신문과정에서 피의자가 한 진술에 관한 한 형사소송법 제184조에 의한 증인신문조서도 아니므로 위 조서 중 피의자의 진술기재부분에 대하여는 형사소송법 제311조에 의한 증거능력을 인정할 수 없다(대판 1984.5.15. 84도508).

정답 ④

72 전문법칙에 대한 설명 중 가장 적절하지 않은 것은? (다툼이 있는 경우 판례에 의함)　　18. 경찰승진

① 검사 또는 사법경찰관이 검증의 결과를 기재한 조서는 적법한 절차와 방식에 따라 작성된 것으로서 공판준비 또는 공판기일에서의 피고인의 진술에 따라 그 성립의 진정함이 증명된 때에는 증거로 할 수 있다.
② 공판준비 또는 공판기일에 피고인이나 피고인 아닌 자의 진술을 기재한 조서와 법원 또는 법관의 검증의 결과를 기재한 조서는 증거로 할 수 있다.
③ 검사 이외의 수사기관이 작성한 피의자신문조서는 적법한 절차와 방식에 따라 작성된 것으로서 공판준비 또는 공판기일에 그 피의자였던 피고인 또는 변호인이 그 내용을 인정할 때에 한하여 증거로 할 수 있다.
④ 피고인 아닌 자의 공판준비 또는 공판기일에서의 진술이 피고인 아닌 타인의 진술을 그 내용으로 하는 것인 때에는 원진술자가 사망, 질병, 외국거주, 소재불명 그 밖에 이에 준하는 사유로 인하여 진술할 수 없고, 그 진술이 특히 신빙할 수 있는 상태하에서 행하여졌음이 증명된 때에 한하여 이를 증거로 할 수 있다.

[해설]
① 【 X 】 검사 또는 사법경찰관이 검증의 결과를 기재한 조서는 적법한 절차와 방식에 따라 작성된 것으로서 공판준비 또는 공판기일에서의 작성자의 진술에 따라 그 성립의 진정함이 증명된 때에는 증거로 할 수 있다(제312조 제6항).
② 【 O 】 제311조
③ 【 O 】 제312조 제3항
④ 【 O 】 제316조 제2항

정답 ①

73 전문증거의 증거능력 등에 관한 다음 설명 가장 옳지 않은 것은? (다툼이 있는 경우 판례에 의함)　　18. 법원직 변형

① 피고인 본인의 진술에 의한 실질적 진정성립의 인정은 공판준비 또는 공판기일에서 한 명시적인 진술에 의하여야 하지만, 피고인이 실질적 진정성립에 대하여 이의하지 않았고 조서 작성 절차와 방식의 적법성을 인정하였다면 실질적 진정성립을 인정한 것으로 볼 수 있다.
② 피고인이 아닌 자가 수사과정에서 진술서를 작성하였지만, 수사기관이 그에 대한 조사과정을 기록하지 아니하였다면 특별한 사정이 없으면 그 증거능력을 인정할 수 없다.
③ 수사기관이 피의자를 신문하면서 피의자에게 미리 진술거부권을 고지하지 않은 때에는 그 피의자의 진술은 진술의 임의성이 인정되는 경우라도 그 증거능력이 부인되어야 한다.
④ 검사의 참고인에 대한 참고인조사 당시 참고인의 진술을 통역한 통역인의 증언은 검사 작성 참고인진술조서에 대한 실질적 진정성립을 증명할 수 있는 수단에 해당한다고 볼 수 없다.

[해설]
① 【 X 】 피고인 본인의 진술에 의한 실질적 진정성립의 인정은 공판준비 또는 공판기일에서 한 명시적인 진술에 의하여야 하고, 단지 피고인이 실질적 진정성립에 대하여 이의하지 않았다거나 조서 작성절차와 방식의 적법성을 인정하였다는 것만으로 실질적 진정성립까지 인정한 것으로 보아서는 아니 된다. 또한 특별한 사정이 없는 한 이른바 '입증취지 부인'이라고 진술한 것만으로 이를 조서의 진정성립을 인정하는 전제에서 그 증명력만을 다투는 것이라고 가볍게 단정해서도 안 된다(대판 2013.3.14. 2011도8325).
② 【 O 】 대판 2015.4.23. 2013도3790
③ 【 O 】 대판 1992.6.23. 92도682
④ 【 O 】 대판 2016.2.18. 2015도16586

정답 ①

74 증거능력에 대한 설명으로 옳은 것만을 모두 고른 것은? (다툼이 있는 경우 판례에 의함)   17. 검찰 7급

⊙ 검사가 작성한 피의자신문조서의 진정성립과 관련하여 조사과정에 참여한 통역인의 증언은 '영상녹화물이나 그 밖의 객관적인 방법'에 해당한다.
ⓒ 피고인과 공범관계가 있는 다른 피의자에 대한 사법경찰관 작성의 피의자신문조서는 그 다른 피의자가 사망하여 법정에서 진술할 수 없는 때에는 형사소송법 제314조에 따라 증거능력이 인정된다.
ⓒ 피고인 아닌 자가 작성한 진술서에 대하여 작성자가 그 진정성립을 부인하는 경우에는 과학적 분석결과에 기초한 디지털포렌식 자료, 감정 등 객관적인 방법으로 성립의 진정이 증명되고, 반대신문의 기회가 제공되었다면 증거로 할 수 있다.
ⓔ 피고인이 수표를 발행한 후 예금부족으로 지급되지 않도록 한 혐의로 공소제기된 부정수표단속법 위반 사실을 증명하기 위하여 제출된 원본수표를 복사한 사본에는 전문법칙이 적용되지 않는다.

① ⊙, ⓒ   ② ⊙, ⓒ   ③ ⓒ, ⓒ   ④ ⓒ, ⓔ

[해설]

⊙ 【 X 】 검사 작성의 피의자신문조서에 대한 실질적 진정성립을 증명할 수 있는 수단으로서 형사소송법 제312조 제2항에 규정된 '영상녹화물이나 그 밖의 객관적인 방법'이란 형사소송법 및 형사소송규칙에 규정된 방식과 절차에 따라 제작된 영상녹화물 또는 그러한 영상녹화물에 준할 정도로 피고인의 진술을 과학적·기계적·객관적으로 재현해 낼 수 있는 방법만을 의미하고, 그 외에 조사관 또는 조사 과정에 참여한 통역인 등의 증언은 이에 해당한다고 볼 수 없다(대판 2016.2.18. 2015도16586).

ⓒ 【 X 】 구 형사소송법(2007.6.1. 법률 제8496호로 개정되기 전의 것. 이하 같다) 제312조 제2항은 검사 이외의 수사기관이 작성한 당해 피고인에 대한 피의자신문조서를 유죄의 증거로 하는 경우뿐만 아니라 검사 이외의 수사기관이 작성한 당해 피고인과 공범관계에 있는 다른 피고인이나 피의자에 대한 피의자신문조서를 당해 피고인에 대한 유죄의 증거로 채택할 경우에도 적용된다. 따라서 당해 피고인과 공범관계가 있는 다른 피의자에 대한 검사 이외의 수사기관 작성의 피의자신문조서는 그 피의자의 법정진술에 의하여 그 성립의 진정이 인정되더라도 당해 피고인이 공판기일에서 그 조서의 내용을 부인하면 증거능력이 부정되므로 그 당연한 결과로 그 피의자신문조서에 대하여는 사망 등 사유로 인하여 법정에서 진술할 수 없는 때에 예외적으로 증거능력을 인정하는 규정인 구 형사소송법 제314조가 적용되지 아니한다(대판 2008.9.25. 2008도5189).

ⓒ 【 O 】 제313조 제1항, 제2항

ⓔ 【 O 】 대판 2015.4.23. 2015도2275

정답 ④

75 전문법칙에 대한 설명으로 옳지 않은 것은? (다툼이 있는 경우 판례에 의함)   17. 검찰 7급

① 우리나라 법원의 형사사법공조 요청에 따라 미합중국 법원이 지명한 미합중국 검사가 작성한 피해자 및 공범에 대한 증언녹취서는 형사소송법 제312조 또는 제313조에 해당하는 조서 또는 서류로서, 원진술자가 공판기일에서 진술할 수 없는 때에는 형사소송법 제314조에 의하여 증거능력을 인정할 수 있다.
② 정보통신망을 통하여 공포심이나 불안감을 유발하는 글을 반복적으로 상대방에게 도달하게 한 죄의 증거로 문자정보가 저장되어 있는 피해자의 휴대전화기를 법정에 제출하는 경우 그 문자정보는 피고인이 성립의 진정을 인정하지 않으면 증거능력이 없다.
③ 대화내용을 녹음한 원본파일로부터 대화내용을 복사한 사본을 증거로 제출하는 경우, 원본 제출이 불능 또는 곤란하고 원본내용 그대로 복사된 사본임이 입증되어야만 증거능력을 인정할 수 있다.
④ 디지털 저장매체에 저장된 로그파일을 복사한 사본의 일부 내용을 요약·정리하여 작성한 새로운 문서파일에서 출력한 문서를 진술증거로 사용하기 위해서는 그 작성자 또는 진술자의 진술에 의하여 성립의 진정이 증명되어야 한다.

해설

① 【 O 】 대판 1997.7.25. 97도1351
② 【 X 】 정보통신망을 통하여 공포심이나 불안감을 유발하는 글을 반복적으로 상대방에게 도달하게 하는 행위를 하였다는 공소사실에 대하여 휴대전화기에 저장된 문자정보가 그 증거가 되는 경우, 그 문자정보는 범행의 직접적인 수단이고 경험자의 진술에 갈음하는 대체물에 해당하지 않으므로, 형사소송법 제310조의2에서 정한 전문법칙이 적용되지 않는다(대판 2008.11.13. 2006도2556).
③ 【 O 】 대판 2015.1.22. 2014도10978 전합
④ 【 O 】 대판 2015.8.27. 2015도3467

정답 ②

76 피의자신문조서에 관한 다음 설명 중 틀린 것은 모두 몇 개인가? (다툼이 있으면 판례에 의함)

16. 경찰채용 1차 변형

㉠ 당해 피고인과 공범관계에 있는 공동피고인에 대해 검사 이외의 수사기관이 작성한 피의자신문조서는 그 공동피고인의 법정진술에 의하여 성립의 진정이 인정되더라도 당해 피고인이 공판기일에서 그 조서의 내용을 부인하면 증거능력이 부정된다.

㉡ 형사소송법 제312조 제3항의 '그 내용을 인정할 때'라 함은 피의자신문조서의 기재 내용이 진술 내용대로 기재되어 있다는 의미이고, 그와 같이 진술한 내용이 실제 사실과 부합한다는 것을 의미하는 것은 아니다.

㉢ 조서 중 일부에 관하여만 실질적 진정성립을 인정하는 경우에는 법원은 당해 조서 중 어느 부분이 그 진술대로 기재되어 있고 어느 부분이 달리 기재되어 있는지 여부를 구체적으로 심리함이 없이 전체 조서의 증거능력을 부정하여야 한다.

㉣ 피의자의 진술을 녹취 내지 기재한 서류 또는 문서가 수사기관에서의 조사 과정에서 작성된 것이라면, 그것이 '진술조서, 진술서, 자술서'라는 형식을 취하였다고 하더라도 피의자신문조서와 달리 볼 수 없다.

① 0개 ② 1개 ③ 2개 ④ 3개

해설

틀린 것은 ㉡㉢이다.
㉠ 【 O 】 대판 2009.7.9. 2009도2865
㉡ 【 X 】 형사소송법 제312조 제3항에 의하면, 검사 이외의 수사기관 작성의 피의자신문조서는 공판준비 또는 공판기일에 그 피의자였던 피고인이나 변호인이 그 내용을 인정할 때에 한하여 증거로 할 수 있다고 규정하고 있는바, 위 규정에서 '그 내용을 인정할 때'라 함은 피의자신문조서의 기재 내용이 진술 내용대로 기재되어 있다는 의미가 아니고 그와 같이 진술한 내용이 실제 사실과 부합한다는 것을 의미한다(대판 2010.6.24. 2010도5040).
㉢ 【 X 】 수사기관이 작성한 조서의 내용이 원진술자가 진술한 대로 기재된 것이라 함은 조서 작성 당시 원진술자의 진술대로 기재되었는지의 여부만을 의미하는 것으로, 그와 같이 진술하게 된 연유나 그 진술의 신빙성 여부는 고려할 것이 아니며, 한편 검사가 피의자나 피의자 아닌 자의 진술을 기재한 조서 중 일부에 관하여만 원진술자가 공판준비 또는 공판기일에서 실질적 진정성립을 인정하는 경우에는 법원은 당해 조서 중 어느 부분이 원진술자가 진술한 대로 기재되어 있고 어느 부분이 달리 기재되어 있는지 여부를 구체적으로 심리한 다음 진술한 대로 기재되어 있다고 하는 부분에 한하여 증거능력을 인정하여야 하고, 그 밖에 실질적 진정성립이 부정되는 부분에 대해서는 증거능력을 부정하여야 한다(대판 2005.6.10. 2005도1849).
㉣ 【 O 】 대판 1983.7.26. 82도385

정답 ③

77 피의자신문조서의 증거능력에 관한 설명 중 가장 적절하지 않은 것은? (다툼이 있으면 판례에 의함)

16. 경찰승진 변형

① 피의자신문조서는 검사가 작성한 것이든 검사 이외의 수사기관이 작성한 것이든 적법한 절차와 방식에 따라 작성된 것이라야 증거로 할 수 있다.
② 검사 이외의 수사기관이 작성한 피의자신문조서는 공판준비 또는 공판기일에 그 피의자였던 피고인 또는 변호인이 그 내용을 인정할 때에 한하여 증거로 할 수 있다.
③ 검사가 작성한 피의자신문조서는 적법한 절차와 방식에 따라 작성된 것으로서 실질적 진정성립과 특신상태가 증명되면, 피고인이 내용을 부인하더라도 증거능력이 인정된다.
④ 피의자가 변호인 참여를 원하는 의사를 표시하였는데도 수사기관이 정당한 사유 없이 변호인을 참여하게 하지 아니한 채 피의자를 신문하여 작성한 피의자신문조서는 증거능력이 없다.

[해설]
① 【 O 】 제312조 제1항, 제3항
② 【 O 】 제312조 제3항
③ 【 X 】 검사가 피고인이 된 피의자의 진술을 기재한 조서는 적법한 절차와 방식에 따라 작성된 것으로서 피고인이나 변호인이 내용을 인정한 경우에 한하여 증거로 할 수 있다(제312조 제1항).
④ 【 O 】 대판 2013.3.28. 2010도3359

정답 ③

78 사법경찰관 작성 피의자신문조서의 증거능력에 대한 설명으로 가장 적절하지 않은 것은? (다툼이 있는 경우 판례에 의함)

18. 경찰채용 1차

① 사법경찰관이 작성한 피의자신문조서는 적법한 절차와 방식에 따라 작성된 것으로서 공판준비 또는 공판기일에 그 피의자였던 피고인 또는 변호인이 그 내용을 인정할 때에 한하여 증거로 할 수 있다.
② 피의자의 진술을 녹취 내지 기재한 서류 또는 문서가 수사기관에서의 조사 과정에서 작성된 것이지만 그것이 진술서라는 형식을 취하였다면 피의자신문조서와 달리 보아야 한다.
③ 당해 피고인과 공범관계가 있는 다른 피의자에 대한 사법경찰관 작성 피의자신문조서에 대하여는 사망 등 사유로 인하여 법정에서 진술할 수 없는 때에 예외적으로 증거능력을 인정하는 규정인「형사소송법」제314조가 적용되지 아니한다.
④ 「형사소송법」제312조 제3항은 사법경찰관이 작성한 당해 피고인에 대한 피의자신문조서를 유죄의 증거로 하는 경우뿐만 아니라 사법경찰관이 작성한 당해 피고인과 공범관계에 있는 다른 피고인이나 피의자에 대한 피의자신문조서를 당해 피고인에 대한 유죄의 증거로 채택할 경우에도 적용된다.

[해설]
① 【 O 】 제312조 제3항
② 【 X 】 피의자의 진술을 녹취 내지 기재한 서류 또는 문서가 수사기관에서의 조사과정에서 작성된 것이라면, 그것이 '진술조서, 진술서, 자술서'라는 형식을 취하였다고 하더라도 피의자신문조서와 달리 볼 수 없다(대판 2011.11.10. 2010도8294).
③④ 【 O 】 대판 2004.7.15. 2003도7185 전합

정답 ②

79 다음 설명 중 가장 옳지 않은 것은? (다툼이 있는 경우 판례에 의함) 20. 법원직

① 사법경찰관이 피의자에게 진술거부권을 행사할 수 있음을 알려주고 그 행사 여부를 실제로 질문하였다 하더라도, 진술거부권 행사 여부에 대한 피의자의 답변이 자필로 기재되어 있지 않거나 그 답변 부분에 피의자의 기명날인 또는 서명이 되어 있지 않다면, 그 사법경찰관 작성의 피의자신문조서는 그 증거능력을 인정할 수 없다.

② 공범인 공동피고인의 경우 해당 소송절차에서는 피고인의 지위에 있으므로 다른 공동피고인에 대한 공소사실에 관하여 증인이 될 수 없으나, 소송절차가 분리되면 다른 공동피고인에 대한 공소사실에 관하여 증인이 될 수 있다.

③ 재판장은 피고인에 대하여 통상 인정신문을 하기 이전에 진술거부권에 관하여 1회 고지하면 되지만, 공판절차를 갱신하는 때에는 다시 진술거부권에 관하여 고지하여야 한다.

④ 진술거부권을 고지하지 않은 상태에서 임의로 행해진 피고인의 자백에 기초하여 피해자 신원이 밝혀지게 되었다면, 설령 그 피해자가 독립적 판단에 의해 적법한 소환절차에 따라 자발적으로 출석하여 공개된 법정에서 임의로 진술을 하였더라도 그 진술은 위법수집증거로서 유죄 인정의 증거로 사용할 수 없다.

[해설]

① 【O】 대판 2013.3.28. 2010도3359
② 【O】 대판 2008.6.26. 2008도3300
③ 【O】 규칙 제144조 제1항 제1호
④ 【X】 강도 현행범으로 체포된 피고인에게 진술거부권을 고지하지 아니한 채 강도범행에 대한 자백을 받고, 이를 기초로 여죄에 대한 진술과 증거물을 확보한 후 진술거부권을 고지하여 피고인의 임의자백 및 피해자의 피해사실에 대한 진술을 수집한 사안에서, 제1심 법정에서의 피고인의 자백은 진술거부권을 고지받지 않은 상태에서 이루어진 최초 자백 이후 40여 일이 지난 후에 변호인의 충분한 조력을 받으면서 공개된 법정에서 임의로 이루어진 것이고, 피해자의 진술은 법원의 적법한 소환에 따라 자발적으로 출석하여 위증의 벌을 경고받고 선서한 후 공개된 법정에서 임의로 이루어진 것이어서, 예외적으로 유죄 인정의 증거로 사용할 수 있는 2차적 증거에 해당한다고 한 사례(대판 2009.3.12. 2008도11437).

정답 ④

80 사법경찰관 작성 피의자신문조서의 증거능력에 대한 설명으로 가장 적절하지 않은 것은? (다툼이 있는 경우 판례에 의함)

19. 경찰승진 · 20. 경찰채용 1차

① 검사 이외의 수사기관이 작성한 피의자신문조서는 적법한 절차와 방식에 따라 작성된 것으로서 공판준비 또는 공판기일에 그 피의자였던 피고인 또는 변호인이 그 내용을 인정할 때에 한하여 증거로 할 수 있다.
② 피고인이 제1심 제4회 공판기일부터 공소사실을 일관되게 부인하여 경찰 작성 피의자신문조서의 진술 내용을 인정하지 않는 경우, 제1심 제4회 공판기일에 피고인이 그 서증의 내용을 인정한 것으로 공판조서에 기재된 것은 착오 기재 등으로 보아 피의자신문조서의 증거능력을 부정하여야 한다.
③ 미국 연방수사국(FBI) 수사관들에 의한 조사를 받는 과정에서 피고인이 작성하여 수사관들에게 제출한 진술서는 그 성립의 진정이 인정되는 이상 피고인이 그 내용을 부인하더라도 증거능력이 있다.
④ 피의자가 변호인 참여를 원하는 의사를 표시하였는데도 수사기관이 정당한 사유 없이 변호인을 참여하게 하지 아니한 채 피의자를 신문하여 작성한 피의자신문조서는 증거능력이 없다.

해설

① 【 O 】 제312조 제3항
② 【 O 】 대판 1995.5.23. 94도1735; 대판 2001.9.28. 2001도3997
③ 【 X 】 형사소송법 제312조 제3항은 검사 이외의 수사기관이 작성한 피의자신문조서는 그 피의자였던 피고인이나 변호인이 그 내용을 인정할 때에 한하여 증거로 할 수 있다고 규정하고 있는바, 피고인이 검사 이외의 수사기관에서 범죄 혐의로 조사받는 과정에서 작성하여 제출한 진술서는 그 형식 여하를 불문하고 당해 수사기관이 작성한 피의자신문조서와 달리 볼 수 없고, 피고인이 수사 과정에서 범행을 자백하였다는 검사 아닌 수사기관의 진술이나 같은 내용의 수사보고서 역시 피고인이 공판 과정에서 앞서의 자백의 내용을 부인하는 이상 마찬가지로 보아야 하며, 여기서 말하는 검사 이외의 수사기관에는 달리 특별한 사정이 없는 한 외국의 권한 있는 수사기관도 포함된다(대판 2006.1.13. 2003도6548).
미국 범죄수사대(CID), 연방수사국(FBI)의 수사관들이 작성한 수사보고서 및 피고인이 위 수사관들에 의한 조사를 받는 과정에서 작성하여 제출한 진술서는 피고인이 그 내용을 부인하는 이상 증거로 쓸 수 없다고 한 원심의 조치를 정당하다고 한 사례.
④ 【 O 】 대판 2013.3.28. 2010도3359

정답 ③

81 조서에 관한 아래 ㉠부터 ㉡까지의 설명 중 옳고 그름의 표시(○, ×)가 바르게 된 것은? (다툼이 있는 경우 판례에 의함)

20. 경찰승진, 21. 경찰간부 종합

> ㉠ 당해 피고인과 공범 관계에 있는 다른 피의자에 대한 사법경찰관 작성 피의자신문조서는 그 공범인 공동피고인의 법정 진술에 의하여 성립의 진정이 인정되는 등 형사소송법 제312조 제4항의 요건을 갖추었다면 당해 피고인이 공판기일에서 그 조서의 내용을 부인하더라도 증거능력이 인정된다.
> ㉡ 검사가 피의자나 피의자 아닌 자의 진술을 기재한 조서는 전체로서 완결성을 갖는 것이므로 원진술자는 조서 전체의 실질적 진정성립을 인정하거나 부인할 수는 있어도 조서 중 일부에 관하여만 실질적 진정성립을 인정할 수는 없다.
> ㉢ 행위자가 아닌 법인 또는 개인이 양벌규정에 따라 기소된 경우 검사 이외의 수사기관이 행위자에 대하여 작성한 피의자신문조서는 행위자가 그 내용을 인정한 경우라도 당해 피고인인 법인 또는 개인이 그 내용을 부인하는 경우에는 형사소송법 제312조 제3항이 적용되어 증거능력이 없고, 형사소송법 제314조를 적용하여 증거능력을 인정할 수도 없다.
> ㉣ 형사소송법 제312조 제3항에서 '그 내용을 인정할 때'라 함은 피의자신문조서의 기재 내용이 진술 내용대로 기재되어 있다는 의미이다.

① ㉠ × ㉡ × ㉢ ○ ㉣ ×
② ㉠ × ㉡ ○ ㉢ ○ ㉣ ×
③ ㉠ × ㉡ × ㉢ ○ ㉣ ○
④ ㉠ ○ ㉡ × ㉢ × ㉣ ○

해설

㉠ 【×】 구 형사소송법(2007.6.1. 법률 제8496호로 개정되기 전의 것. 이하 같다) 제312조 제3항은 검사 이외의 수사기관이 작성한 당해 피고인에 대한 피의자신문조서를 유죄의 증거로 하는 경우뿐만 아니라 검사 이외의 수사기관이 작성한 당해 피고인과 공범관계에 있는 다른 피고인이나 피의자에 대한 피의자신문조서를 당해 피고인에 대한 유죄의 증거로 채택할 경우에도 적용된다. 따라서 당해 피고인과 공범관계가 있는 다른 피의자에 대한 검사 이외의 수사기관 작성의 피의자신문조서는 그 피의자의 법정진술에 의하여 그 성립의 진정이 인정되더라도 당해 피고인이 공판기일에서 그 조서의 내용을 부인하면 증거능력이 부정되므로 그 당연한 결과로 그 피의자신문조서에 대하여는 사망 등 사유로 인하여 법정에서 진술할 수 없는 때에 예외적으로 증거능력을 인정하는 규정인 구 형사소송법 제314조가 적용되지 아니한다(대판 2008.9.25. 2008도5189).

㉡ 【×】 실질적 진정성립을 부인하는 경우에는 피고인 또는 변호인은 부인의 대상이 되는 진술을 특정하여야 한다(규칙 제134조 제3항).

㉢ 【○】 형사소송법 제312조 제3항은 검사 이외의 수사기관이 작성한 해당 피고인에 대한 피의자신문조서를 유죄의 증거로 하는 경우뿐만 아니라 검사 이외의 수사기관이 작성한 해당 피고인과 공범관계에 있는 다른 피고인이나 피의자에 대한 피의자신문조서를 해당 피고인에 대한 유죄의 증거로 채택할 경우에도 적용된다. 따라서 해당 피고인과 공범관계가 있는 다른 피의자에 대하여 검사 이외의 수사기관이 작성한 피의자신문조서는 그 피의자의 법정진술에 의하여 성립의 진정이 인정되는 등 형사소송법 제312조 제4항의 요건을 갖춘 경우라도 해당 피고인이 공판기일에서 그 조서의 내용을 부인한 이상 이를 유죄 인정의 증거로 사용할 수 없고, 그 당연한 결과로 위 피의자신문조서에 대하여는 사망 등 사유로 인하여 법정에서 진술할 수 없는 때에 예외적으로 증거능력을 인정하는 규정인 형사소송법 제314조가 적용되지 아니한다. 그리고 이러한 법리는 공동정범이나 교사범, 방조범 등 공범관계에 있는 자들 사이에서뿐만 아니라, 법인의 대표자나 법인 또는 개인의 대리인, 사용인, 그 밖의 종업원 등 행위자의 위반행위에 대하여 행위자가 아닌 법인 또는 개인이 양벌규정에 따라 기소된 경우, 이러한 법인 또는 개인과 행위자 사이의 관계에서도 마찬가지로 적용된다고 보아야 한다(대판 2020.6.11. 2016도9367).

㉣ 【×】 형사소송법 제312조 제3항에 의하면, 검사 이외의 수사기관 작성의 피의자신문조서는 공판준비 또는 공판기일에 그 피의자였던 피고인이나 변호인이 그 내용을 인정할 때에 한하여 증거로 할 수 있다고 규정하고 있는바, 위 규정에서 '그 내용을 인정할 때'라 함은 피의자신문조서의 기재 내용이 진술 내용대로 기재되어 있다는 의미가 아니고 그와 같이 진술한 내용이 실제 사실과 부합한다는 것을 의미한다(대판 2010.6.24. 2010도5040).

정답 ①

82 전문법칙 예외요건에 대한 설명으로 가장 적절하지 않은 것은? (다툼이 있는 경우 판례에 의함)

18. 경찰채용 2차

① 피고인 甲이 공판정에서 공동피고인인 공범 乙에 대한 사법경찰관 작성 피의자신문조서의 내용을 부인하면 乙이 법정에서 그 조서의 내용을 인정하더라도 그 조서를 피고인 甲의 공소사실에 대한 증거로 사용할 수 없다.
② 참고인과의 전화대화내용을 문답형식으로 기재한 사법경찰리 작성의 수사보고서는 진술자의 서명 또는 날인이 없으므로 「형사소송법」 제313조의 진술기재서류가 아니지만, 피고인이 증거로 함에 동의한 경우에는 증거로 사용할 수 있다.
③ 「형사소송법」 제314조에 규정된 '특히 신빙할 수 있는 상태'란 그 진술내용이나 조서의 작성에 허위개입의 여지가 거의 없고, 그 진술내용의 신용성이나 임의성을 담보할 구체적이고 외부적인 정황이 있는 경우를 말하며, 검사가 자유로운 증명을 통하여 증명하여야 한다.
④ 검사 또는 사법경찰관이 검증의 결과를 기재한 조서는 적법한 절차와 방식에 따라 작성된 것으로서 공판준비 또는 공판기일에서의 원진술자의 진술에 따라 그 성립의 진정함이 증명된 때에는 증거로 할 수 있다.

해설

① 【O】 대판 2009.7.9. 2009도2865
② 【O】 외국에 거주하는 참고인과의 전화 대화내용을 문답형식으로 기재한 검찰주사보 작성의 수사보고서는 제313조의 진술을 기재한 서류의 요건을 충족하여야 증거능력이 인정되는데, 제313조가 적용되기 위하여는 그 진술을 기재한 서류에 그 진술자의 서명 또는 날인이 있어야 한다(대판 1999.2.26. 98도2742). 다만, 서명 또는 날인이 없어 제313조 제1항의 요건을 갖추지 못한 서류라도, 증거동의시 증거능력이 인정될 수 있다(제318조 제1항).
③ 【O】 대판 2007.1.11. 2006도7228
④ 【X】 검사 또는 사법경찰관이 검증의 결과를 기재한 조서는 적법한 절차와 방식에 따라 작성된 것으로서 공판준비 또는 공판기일에서의 작성자의 진술에 의해 그 성립의 진정함이 증명된 때에는 증거로 할 수 있다(제312조 제6항).

정답 ④

83 사인이 동의를 받고 피해자와 피고인이 아닌 자 간의 대화내용을 촬영한 비디오테이프의 증거능력에 대한 설명으로 가장 적절한 것은? (다툼이 있는 경우 판례에 의함)

18. 경찰채용 2차

① 수사기관이 아닌 사인이 피고인 아닌 사람들 간의 대화 내용을 촬영한 비디오테이프는 수사과정에서 피고인이 아닌 자가 작성한 진술서에 관한 규정이 준용된다.
② 피고인이 비디오테이프를 증거로 함에 동의하지 아니하는 이상, 그 진술부분에 대하여 증거능력을 부여하기 위해서는 비디오테이프가 원본이어야만 한다.
③ 비디오테이프는 공판준비나 공판기일에서 작성자인 촬영자의 진술에 의하여 그 비디오테이프에 녹음된 진술내용이 진술한 대로 녹음된 것이라는 점이 인정되어야 성립의 진정을 인정할 수 있다.
④ 비디오테이프의 내용에 인위적인 조작이 가해지지 않은 것을 전제로, 원진술자가 비디오테이프의 시청을 마친 후 피촬영자인 자신의 모습과 음성을 확인하고 자신과 동일인이라고 진술한 것은 비디오테이프에 녹음된 진술내용이 자신이 진술한 대로 녹음된 것이라는 취지의 진술을 한 것으로 보아야 한다.

해설

① 【 X 】 수사기관이 아닌 사인이 피고인 아닌 사람들 간의 대화 내용을 촬영한 비디오테이프는 제313조 제1항 소정의 피고인 아닌 자가 작성한 피고인 아닌 자의 진술을 기재한 서류에 해당한다. 2016.5.29. 개정 형사소송법 제313조 제1항은 특수매체기록도 서류에 준하여 판단함을 명시한 바 있다.
② 【 X 】 녹음테이프는 그 성질상 작성자나 진술자의 서명 혹은 날인이 없을 뿐만 아니라, 녹음자의 의도나 특정한 기술에 의하여 그 내용이 편집, 조작될 위험성이 있음을 고려할 때, 그 대화내용을 녹음한 원본이거나 혹은 원본으로부터 복사한 사본일 경우에는 복사과정에서 편집되는 등의 인위적 개작 없이 원본의 내용 그대로 복사된 사본임이 입증되어야만 하고, 그러한 입증이 없는 경우에는 쉽게 그 증거능력을 인정할 수 없다(대판 2005.12.23. 2005도2945).
③ 【 X 】 피고인 아닌 자(피해자)가 작성한 피고인 아닌 자(원진술자)의 진술이 담긴 비디오테이프는 제313조 제1항 본문에 따라 원진술자의 공판정진술에 의한 성립의 진정이 인정되어야 증거능력이 인정된다.
④ 【 O 】 대판 2004.9.13. 2004도3161

정답 ④

84 전문법칙에 대한 설명으로 옳은 것은? (다툼이 있는 경우 판례에 의함)   18. 국가직

① "甲이 도둑질 하는 것을 보았다"라는 乙의 발언사실을 A가 법정에서 증언하는 경우, 乙의 명예훼손 사건에 대한 전문증거로서 전문법칙이 적용된다.
② 조사과정에 참여한 통역인의 증언은 검사작성 피의자신문조서에 대한 실질적 진정성립을 증명할 수 있는 수단으로서「형사소송법」제312조 제2항에 규정된 '영상녹화물이나 그 밖의 객관적인 방법'에 해당한다고 볼 수 없다.
③ 사법경찰관작성의 공동피고인(乙)에 대한 피의자신문조서를 乙이 법정에서 진정성립 및 내용을 인정한 경우, 공동피고인(甲)이 그 피의자신문조서의 진정성립 및 내용을 인정하지 않더라도 甲에 대하여 증거능력이 있다.
④ 의사가 작성한 진단서는 업무상 필요에 의하여 순서적, 계속적으로 작성되는 것이고 그 작성이 특히 신빙할 만한 정황에 의하여 작성된 문서이므로 당연히 증거능력이 인정되는 서류라고 할 수 있다.

해설

① 【 X 】 어떤 증거가 전문증거인지 여부는 요증사실과 관계에서 정하여지는바, 원진술의 내용인 사실이 요증사실인 경우에는 전문증거이나, 원진술의 존재자체가 요증사실일 경우, 예컨대 명예훼손사건에 있어서 명예훼손적 발언을 들은 자의 증언과 같은 경우는 본래증거이지 전문증거가 아니다(대판 2008.9.25. 2008도5347).
② 【 O 】 대판 2016.2.18. 2015도16586
③ 【 X 】 형사소송법 제312조 제2항은 검사 이외의 수사기관이 작성한 당해 피고인에 대한 피의자신문조서를 유죄의 증거로 하는 경우뿐만 아니라 검사 이외의 수사기관이 작성한 당해 피고인과 공범관계에 있는 다른 피고인이나 피의자에 대한 피의자신문조서를 당해 피고인에 대한 유죄의 증거로 채택할 경우에도 적용되는바, 당해 피고인과 공범관계가 있는 다른 피의자에 대한 검사 이외의 수사기관 작성의 피의자신문조서는 그 피의자의 법정진술에 의하여 그 성립의 진정이 인정되더라도 당해 피고인이 공판기일에서 그 조서의 내용을 부인하면 증거능력이 부정되므로 그 당연한 결과로 그 피의자신문조서에 대하여는 사망 등 사유로 인하여 법정에서 진술할 수 없는 때에 예외적으로 증거능력을 인정하는 규정인 형사소송법 제314조가 적용되지 아니한다(대판 2004.7.15. 2003도7185 전합).
④ 【 X 】 사인인 의사가 작성한 개개의 진단서는 통상문서라고 볼 수 없다는 것이 판례의 태도이다(대판 1969.3.31. 69도179).

정답 ②

85 다음 사례에 대한 설명으로 옳은 것은? (다툼이 있는 경우 판례에 의함)

19. 국가직

> 甲은 출근길 지하철에서 휴대전화로 여성의 은밀한 신체 부위를 몰래 촬영하는 乙을 발견하고 소리를 지른 후 주위 사람들과 합세하여 乙을 현행범인으로 체포하였고, 이후 출동한 사법경찰관 丙에게 인계하였다. 丙은 인계받은 乙로부터 휴대전화를 임의제출 받아 영치하였지만 사후에 압수영장을 발부받지는 않았다. 한편 甲은 丙의 요청으로 인근 지하철 수사대 사무실로 가서 자신이 목격한 사실을 자필 진술서로 작성하여 丙에게 제출하였다. 이후 乙에 대한 공소가 제기되어 형사재판이 진행되었으나 甲의 소재 불명으로 법정 출석이 불가능하게 되자 검사는 甲의 진술서와 乙의 휴대전화를 증거로 제출하였다.

① 검사가 증거로 제출한 휴대전화는 위법수집증거로서 증거능력이 인정되지 않는다.
② 甲이 소재불명이라 하더라도 공판기일에 丙이 출석하여 甲의 진술서 작성사실에 대한 진정성립을 인정하면 甲의 진술서의 증거능력이 인정된다.
③ 甲이 소재불명이므로 甲의 진술서는 특히 신빙할 수 있는 상태에서 작성되었음이 증명된 경우에 한해 증거능력이 인정된다.
④ 위 ③의 특신상태의 증명은 단지 그러할 개연성이 있다는 정도로 충분하다.

해설

① 【 X 】 乙로부터 휴대전화를 임의제출 받은 것은 임의제출물의 압수(형사소송법 제218조)에 해당한다. 그런데 임의제출물의 압수는 압수과정뿐만 아니라 사후에도 영장을 받을 필요가 없다. 따라서 사후영장을 받지 않았지만 임의제출물의 압수는 적법한 압수로서 증거능력이 인정된다.
② 【 X 】 甲이 작성하여 제출한 진술서는 수사과정에서 작성한 진술서(제312조 제5항)로 보아야 한다. 따라서 甲이 제출한 진술서는 제312조 제4항에 따라 참고인진술조서의 요건을 충족하면 증거능력이 인정된다. 이때 진술을 요하는 원진술자 甲이 출석하지 않아 진술을 할 수 없는 때에는 제314조의 요건을 갖춘 경우에 한해 증거능력을 인정할 수 있는 것이지, 丙이 진정성립을 인정하였다 하여 증거능력을 부여받을 수는 없는 것이다.
③ 【 O 】 참고인진술조서의 경우 원진술자(진술서의 작성자)가 성립의 진정을 인정하지 않더라도 제314조의 요건을 갖추면 증거능력이 인정될 수 있다. 따라서 소재불명인 이상 특신상태의 증명이 있으면 증거능력이 인정될 수 있다.
④ 【 X 】 형사소송법 제314조의 참고인의 진술 또는 작성이 '특히 신빙할 수 있는 상태하에서 행하여졌음에 대한 증명'은 단지 그러할 개연성이 있다는 정도로는 부족하고 합리적인 의심의 여지를 배제할 정도에 이르러야 한다(대판 2014.4.30. 2012도725).

정답 ③

86 전문법칙에 대한 설명으로 가장 적절하지 않은 것은? (다툼이 있는 경우 판례에 의함) 21. 경찰승진

① 압수된 디지털 저장매체로부터 출력한 문건을 진술증거로 사용하는 경우, 그 기재 내용의 진실성에 관하여는 전문법칙이 적용되므로「형사소송법」제313조 제1항에 따라 그 작성자 또는 진술자의 진술에 의하여 그 성립의 진정함이 증명된 때에는 이를 증거로 사용할 수 있다.
② 검사 또는 사법경찰관이 검증의 결과를 기재한 조서는 적법한 절차와 방식에 따라 작성된 것으로서 공판준비 또는 공판기일에서의 작성자의 진술에 따라 그 성립의 진정함이 증명된 때에는 증거로 할 수 있다.
③ 대화 내용을 녹음한 파일 등 전자매체는 성질상 작성자나 진술자의 서명 또는 날인이 없을 뿐만 아니라, 녹음자의 의도나 특정한 기술에 의하여 내용이 편집·조작될 위험성이 있음을 고려하여, 대화 내용을 녹음한 원본이거나 원본으로부터 복사한 사본일 경우에는 복사과정에서 편집되는 등의 인위적 개작 없이 원본의 내용 그대로 복사된 사본임이 입증되어야 한다.
④ 피고인 또는 피고인 아닌 사람이 컴퓨터용디스크에 입력하여 기억된 문자정보 또는 그 출력물을 증거로 사용하는 경우 컴퓨터용디스크 자체를 물증으로 취급하여야 하므로 그 기재내용의 진실성에 관하여는 전문법칙이 적용되지 않는다.

해설

① 【 O 】 대판 2013.6.13. 2012도16001
② 【 O 】 제312조 제6항
③ 【 O 】 대판 2015.1.22. 2014도10978 전합
④ 【 X 】 피고인 또는 피고인 아닌 사람이 컴퓨터용디스크 그 밖에 이와 비슷한 정보저장매체에 입력하여 기억된 문자정보 또는 그 출력물을 증거로 사용하는 경우, 이는 실질에 있어서 피고인 또는 피고인 아닌 사람이 작성한 진술서나 그 진술을 기재한 서류와 크게 다를 바 없고, 압수 후의 보관 및 출력과정에 조작의 가능성이 있으며, 기본적으로 반대신문의 기회가 보장되지 않는 점 등에 비추어 그 내용의 진실성에 관하여는 전문법칙이 적용되고, 따라서 원칙적으로 형사소송법 제313조 제1항에 의하여 작성자 또는 진술자의 진술에 의하여 성립의 진정함이 증명된 때에 한하여 이를 증거로 사용할 수 있다. 다만 정보저장매체에 기억된 문자정보의 내용의 진실성이 아닌 그와 같은 내용의 문자정보의 존재 자체가 직접 증거로 되는 경우에는 전문법칙이 적용되지 아니한다(대판 2013.2.15. 2010도3504).

정답 ④

87 전문법칙에 대한 설명으로 적절한 것만을 고른 것은 모두 몇 개인가? (다툼이 있는 경우 판례에 의함)

21. 경찰채용 1차

○ 다른 사람의 진술을 내용으로 하는 진술이 전문증거인지는 요증사실이 무엇인지에 따라 정해지는 바, 다른 사람의 진술, 즉 원진술의 내용인 사실이 요증사실인 경우에는 전문증거이지만 원진술의 존재 자체가 요증사실인 경우에는 본래증거이지 전문증거가 아니다.
○ 어떤 진술이 기재된 서류가 어떠한 내용의 진술을 하였다는 사실 자체에 대한 정황증거로 사용될 것이라는 이유로 서류의 증거능력을 인정한 다음 그 사실을 다시 진술 내용이나 그 진실성을 증명하는 간접사실로 사용하는 경우에 그 서류는 전문증거에 해당한다.
○ 甲이 乙로부터 들은 피고인 A의 진술내용을 수사기관이 진술조서에 기재하여 증거로 제출하였다면, 그 진술조서 중 피고인 A의 진술을 기재한 부분은 乙이 증거로 하는 데 동의하지 않는 한 「형사소송법」 제310조의2의 규정에 의하여 이를 증거로 할 수 없다.
○ 「형사소송법」 제312조부터 제316조까지의 규정에 따라 증거로 할 수 없는 서류나 진술이라도 공판준비 또는 공판기일에서의 피고인 또는 피고인 아닌 자의 진술의 증명력을 다투기 위하여 증거로 할 수 있다.

① 1개 ② 2개 ③ 3개 ④ 4개

해설

㉠ 【 O 】 대판 2012.7.26. 2012도2937
㉡ 【 O 】 대판 2019.8.29. 2018도13792 전합
㉢ 【 X 】 전문진술이나 전문진술을 기재한 조서는 형사소송법 제310조의2의 규정에 의하여 원칙적으로 증거능력이 없으나, 다만 피고인 아닌 자의 공판준비 또는 공판기일에서의 진술이 피고인의 진술을 그 내용으로 하는 것인 때에는 형사소송법 제316조 제1항의 규정에 따라 그 진술이 특히 신빙할 수 있는 상태하에서 행하여진 때에 한하여 이를 증거로 할 수 있고, 그 전문진술이 기재된 조서는 형사소송법 제312조 내지 314조의 규정에 의하여 그 증거능력이 인정될 수 있는 경우에 해당하여야 함은 물론 나아가 형사소송법 제316조 제1항의 규정에 따른 위와 같은 조건을 갖춘 때에 예외적으로 증거능력을 인정하여야 할 것이다(대판 2000.9.8. 99도4814).
㉣ 【 O 】 제318조의2 제1항

정답 ③

88 전문증거의 증거능력에 대한 설명으로 옳지 않은 것은? (다툼이 있는 경우 판례에 의함) 21. 국가직

① 「형사소송법」 제312조 제4항에서 '적법한 절차와 방식에 따라 작성한다는 것'은 「형사소송법」이 피고인 아닌 사람의 진술에 대한 조서 작성 과정에서 지켜야 한다고 정한 여러 절차를 준수하고 조서의 작성 방식에도 어긋나지 않아야 한다는 것을 의미한다.
② 「형사소송법」 제313조에 따르면 피고인이 작성한 진술서는 공판준비나 공판기일에서의 피고인의 진술에 의하여 그 성립의 진정함이 증명된 때에만 증거로 할 수 있고, 피고인이 그 성립의 진정을 부인한 경우에는 증거로 할 수 있는 방법은 없다.
③ 「형사소송법」 제314조의 '외국거주'는 진술을 하여야 할 사람이 외국에 있다는 사정만으로는 부족하고, 가능하고 상당한 수단을 다하더라도 그 사람을 법정에 출석하게 할 수 없는 사정이 있어야 예외적으로 그 요건이 충족될 수 있다.
④ 「형사소송법」 제316조 제2항에서 '그 진술이 특히 신빙할 수 있는 상태하에서 행하여졌음'이란 진술 내용에 허위가 개입할 여지가 거의 없고, 진술 내용의 신빙성이나 임의성을 담보할 구체적이고 외부적인 정황이 있는 경우를 의미한다.

해설

① 【 O 】 대판 2017.7.18. 2015도12981, 2015전도218
② 【 X 】 진술서의 작성자가 공판준비나 공판기일에서 그 성립의 진정을 부인하는 경우에는 과학적 분석결과에 기초한 디지털포렌식 자료, 감정 등 객관적 방법으로 성립의 진정함이 증명되는 때에는 증거로 할 수 있다(제313조 제2항 본문).
③ 【 O 】 대판 2016.2.18. 2015도17115
④ 【 O 】 대판 2017.7.18. 2015도12981, 2015전도218

정답 ②

89 전문증거에 관한 다음 설명 중 가장 옳은 것은? (다툼이 있는 경우 판례에 의함)   21. 법원직

① 피고인과 공범관계가 있는 다른 피의자에 대하여 검사 이외의 수사기관이 작성한 피의자신문조서는 그 피의자의 법정진술에 의하여 성립의 진정이 인정되는 등 형사소송법 제312조 제4항의 요건을 갖춘 경우라면 해당 피고인이 공판기일에서 그 조서의 내용을 부인하여도 이를 유죄 인정의 증거로 사용할 수 있다.

② 수사기관에서 진술한 참고인이 법정에서 증언을 거부하여 피고인이 반대신문을 하지 못한 경우에는 증인이 정당하게 증언거부권을 행사한 것이 아니라면 형사소송법 제314조의 '그 밖에 이에 준하는 사유로 인하여 진술할 수 없는 때'에 해당한다고 보아야 한다.

③ 수사기관이 참고인을 조사하는 과정에서 참고인의 동의를 받아 작성한 영상녹화물은, 다른 법률에서 달리 규정하고 있는 등의 특별한 사정이 없는 한, 공소사실을 직접 증명할 수 있는 독립적인 증거로 사용될 수 있다.

④ 형사소송법은 전문진술에 대하여 제316조에서 실질상 단순한 전문의 형태를 취하는 경우에 한하여 예외적으로 그 증거능력을 인정하는 규정을 두고 있을 뿐, 재전문진술이나 재전문진술을 기재한 조서에 대하여는 달리 그 증거능력을 인정하는 규정을 두고 있지 아니하므로, 피고인이 증거로 하는 데 동의하지 아니하는 한 형사소송법 제310조의2의 규정에 의하여 이를 증거로 할 수 없다.

> **해설**
>
> ① **[X]** 구 형사소송법(2007.6.1. 법률 제8496호로 개정되기 전의 것. 이하 같다) 제312조 제2항은 검사 이외의 수사기관이 작성한 당해 피고인에 대한 피의자신문조서를 유죄의 증거로 하는 경우뿐만 아니라 검사 이외의 수사기관이 작성한 당해 피고인과 공범관계에 있는 다른 피고인이나 피의자에 대한 피의자신문조서를 당해 피고인에 대한 유죄의 증거로 채택할 경우에도 적용된다. 따라서 당해 피고인과 공범관계가 있는 다른 피의자에 대한 검사 이외의 수사기관 작성의 피의자신문조서는 그 피의자의 법정진술에 의하여 그 성립의 진정이 인정되더라도 당해 피고인이 공판기일에서 그 조서의 내용을 부인하면 증거능력이 부정되므로 그 당연한 결과로 그 피의자신문조서에 대하여는 사망 등 사유로 인하여 법정에서 진술할 수 없는 때에 예외적으로 증거능력을 인정하는 규정인 구 형사소송법 제314조가 적용되지 아니한다(대판 2008.9.25. 2008도5189).
>
> ② **[X]** [다수의견] 수사기관에서 진술한 참고인이 법정에서 증언을 거부하여 피고인이 반대신문을 하지 못한 경우에는 정당하게 증언거부권을 행사한 것이 아니라도, 피고인이 증인의 증언거부 상황을 초래하였다는 등의 특별한 사정이 없는 한 형사소송법 제314조의 '그 밖에 이에 준하는 사유로 인하여 진술할 수 없는 때'에 해당하지 않는다고 보아야 한다. 따라서 증인이 정당하게 증언거부권을 행사하여 증언을 거부한 경우와 마찬가지로 수사기관에서 그 증인의 진술을 기재한 서류는 증거능력이 없다.
> 다만 피고인이 증인의 증언거부 상황을 초래하였다는 등의 특별한 사정이 있는 경우에는 형사소송법 제314조의 적용을 배제할 이유가 없다. 이러한 경우까지 형사소송법 제314조의 '그 밖에 이에 준하는 사유로 인하여 진술할 수 없는 때'에 해당하지 않는다고 보면 사건의 실체에 대한 심증 형성은 법관의 면전에서 본래증거에 대한 반대신문이 보장된 증거조사를 통하여 이루어져야 한다는 실질적 직접심리주의와 전문법칙에 대하여 예외를 정한 형사소송법 제314조의 취지에 반하고 정의의 관념에도 맞지 않기 때문이다(대판 2019.11.21. 2018도13945 전합).
>
> ③ **[X]** 2007.6.1. 법률 제8496호로 개정되기 전의 형사소송법에는 없던 수사기관에 의한 피의자 아닌 자(이하 '참고인'이라 한다) 진술의 영상녹화를 새로 정하면서 그 용도를 참고인에 대한 진술조서의 실질적 진정성립을 증명하거나 참고인의 기억을 환기시키기 위한 것으로 한정하고 있는 현행 형사소송법의 규정 내용을 영상물에 수록된 성범죄 피해자의 진술에 대하여 독립적인 증거능력을 인정하고 있는 성폭력범죄의 처벌 등에 관한 특례법 제30조 제6항 또는 아동·청소년의 성보호에 관한 법률 제26조 제6항의 규정과 대비하여 보면, 수사기관이 참고인을 조사하는 과정에서 형사소송법 제221조 제1항에 따라 작성한 영상녹화물은, 다른 법률에서 달리 규정하고 있는 등의 특별한 사정이 없는 한, 공소사실을 직접 증명할 수 있는 독립적인 증거로 사용될 수는 없다고 해석함이 타당하다(대판 2014.7.10. 2012도5041).
>
> ④ **[O]** 대판 2000.3.10. 2000도159

정답 ④

90 사법경찰관이 작성한 조서의 증거능력에 관한 설명으로 가장 적절한 것은? (다툼이 있는 경우 판례에 의함)

21. 경찰채용 2차

① 검사 이외의 수사기관이 작성한 피의자신문조서의 증거능력에 관한 형사소송법 제312조 제3항은 당해 사건에서 작성한 피의자신문조서뿐만 아니라 별개 사건에서 작성한 피의자신문조서에 대해서도 적용되므로, 피의자였던 피고인이 별개 사건에서 작성된 피의자신문조서의 내용을 부인하는 이상 그 조서는 당해 사건에 대한 유죄의 증거로 할 수 없다.

② 형사소송법 제312조 제3항은 검사 이외의 수사기관이 작성한 당해 피고인 甲에 대한 피의자신문조서를 유죄의 증거로 하는 경우에만 적용되고 甲과 공범관계에 있는 다른 피의자 乙에 대한 피의자신문조서에는 적용되지 않으므로, 乙에 대한 사법경찰관 작성의 피의자신문조서는 甲이 공판기일에서 그 조서의 내용을 부인하더라도 乙의 법정진술에 의하여 그 성립의 진정이 인정되면 증거로 할 수 있다.

③ 사법경찰관이 피의자 아닌 자의 진술을 기재한 조서를 작성함에 있어서 진술자의 성명을 가명으로 기재하였다면 그 이유만으로도 그 조서는 적법한 절차와 방식에 따라 작성되었다고 할 수 없고, 공판기일에 원진술자가 출석하여 자신의 진술을 기재한 조서임을 확인함과 아울러 그 조서의 실질적 진정성립을 인정하고 나아가 그에 대한 반대신문이 이루어졌다고 하더라도 그 증거능력이 인정되지 않는다.

④ 사법경찰관이 피의자를 조사하는 경우와는 달리 피의자가 아닌 자를 조사하는 경우에는 조사과정의 진행경과를 확인하기 위하여 필요한 사항을 조서에 기록하거나 별도의 서면에 기록한 후 수사기록에 편철할 것을 요하지 않으므로, 사법경찰관이 그 조사과정을 기록하지 아니하였더라도 다른 특별한 사정이 없는 한 피의자 아닌 자가 조사과정에서 작성한 진술서는 증거로 할 수 있다.

[해설]

① 【O】 대판 1995.3.24. 94도2287

② 【X】 형사소송법 제312조 제2항은 검사 이외의 수사기관이 작성한 당해 피고인에 대한 피의자신문조서를 유죄의 증거로 하는 경우뿐만 아니라 검사 이외의 수사기관이 작성한 당해 피고인과 공범관계에 있는 다른 피고인이나 피의자에 대한 피의자신문조서를 당해 피고인에 대한 유죄의 증거로 채택할 경우에도 적용되는바, 당해 피고인과 공범관계가 있는 다른 피의자에 대한 검사 이외의 수사기관 작성의 피의자신문조서는 그 피의자의 법정진술에 의하여 그 성립의 진정이 인정되더라도 당해 피고인이 공판기일에서 그 조서의 내용을 부인하면 증거능력이 부정되므로 그 당연한 결과로 그 피의자신문조서에 대하여는 사망 등 사유로 인하여 법정에서 진술할 수 없는 때에 예외적으로 증거능력을 인정하는 규정인 형사소송법 제314조가 적용되지 아니한다(대판 2004.7.15. 2003도7185 전합).

③ 【X】 형사소송법 제312조 제4항은 검사 또는 사법경찰관이 피고인이 아닌 자의 진술을 기재한 조서의 증거능력이 인정되려면 '적법한 절차와 방식에 따라 작성된 것'이어야 한다고 규정하고 있다. 여기서 적법한 절차와 방식이라 함은 피의자 또는 제3자에 대한 조서 작성 과정에서 지켜야 할 진술거부권의 고지 등 형사소송법이 정한 제반 절차를 준수하고 조서의 작성방식에도 어긋남이 없어야 한다는 것을 의미한다. 그런데 형사소송법은 조서에 진술자의 실명 등 인적 사항을 확인하여 이를 그대로 밝혀 기재할 것을 요구하는 규정을 따로 두고 있지는 아니하다. 따라서 「특정범죄신고자 등 보호법」 등에서처럼 명시적으로 진술자의 인적 사항의 전부 또는 일부의 기재를 생략할 수 있도록 한 경우가 아니라 하더라도, 진술자와 피고인의 관계, 범죄의 종류, 진술자 보호의 필요성 등 여러 사정으로 볼 때 상당한 이유가 있는 경우에는 수사기관이 진술자의 성명을 가명으로 기재하여 조서를 작성하였다고 해서 그 이유만으로 그 조서가 '적법한 절차와 방식'에 따라 작성되지 않았다고 할 것은 아니다. 그러한 조서라도 공판기일 등에 원진술자가 출석하여 자신의 진술을 기재한 조서임을 확인함과 아울러 그 조서의 실질적 진정성립을 인정하고 나아가 그에 대한 반대신문이 이루어지는 등 형사소송법 제312조 제4항에서 규정한 조서의 증거능력 인정에 관한 다른 요건이 모두 갖추어진 이상 그 증거능력을 부정할 것은 아니라고 할 것이다(대판 2012.5.24. 2011도7757).

④ 【X】 형사소송법 제221조 제1항, 제244조의4 제1항, 제3항, 제312조 제4항, 제5항 및 그 입법 목적 등을 종합하여 보면, 피고인이 아닌 자가 수사과정에서 진술서를 작성하였지만 수사기관이 그에 대한 조사과정을 기록하지 아니하여 형사소송법 제244조의4 제3항, 제1항에서 정한 절차를 위반한 경우에는, 특별한 사정이 없는 한 '적법한 절차와 방식'에 따라 수사과정에서 진술서가 작성되었다 할 수 없으므로 증거능력을 인정할 수 없다(대판 2015.4.23. 2013도3790).

정답 ①

91 전문증거의 증거능력에 대한 설명으로 옳은 것은?

23. 국가직

① 진술이 기재된 서류가 그 진술을 하였다는 사실 자체에 대한 정황증거로 사용될 것이라는 이유로 그 서류의 증거능력이 인정된 다음 그 사실을 다시 진술 내용의 진실성을 증명하는 간접사실로 사용하면 그 서류는 전문증거에 해당한다.
② 검사가 작성한 피고인 아닌 자에 대한 진술조서에 관하여 피고인이 공판정 진술과 배치되는 부분은 부동의한다고 진술하였다면, 진술조서 중 부동의한 부분을 제외한 나머지 부분에 대해서는 피고인이 그 조서를 증거로 함에 동의한다는 취지로 해석하여야 한다.
③ 검사의 조사를 받은 참고인이 법정에서 증언을 거부하여 피고인이 반대신문을 하지 못한 경우라도 그 증언거부권 행사가 정당하다면 형사소송법 제314조의 '그 밖에 이에 준하는 사유로 인하여 진술할 수 없는 때'에 해당하므로 특별한 사정이 없는 한 참고인에 대한 검사작성 조서는 증거능력이 인정된다.
④ 참고인의 진술을 내용으로 하는 조사자의 증언은, 그 참고인이 법정에 출석하여 조사 당시의 진술을 부인하는 취지로 증언하였더라도, 그 진술이 '특히 신빙할 수 있는 상태하에서 행하여졌음'이 증명되면 증거능력이 인정된다.

해설

① 【O】 대판 2019.8.29. 2018도14303
② 【X】 검사작성의 피고인아닌 자에 대한 진술조서에 관하여 피고인이 공판정 진술과 배치되는 부분은 부동의한다고 진술한 것은 조서내용의 특정부분에 대하여 증거로 함에 동의한다는 특별한 사정이 있는 때와는 달리 그 조서를 증거로 함에 동의하지 아니한다는 취지로 해석하여야 한다(대판 1984.10.10. 84도1552).
③ 【X】 수사기관에서 진술한 참고인이 법정에서 증언을 거부하여 피고인이 반대신문을 하지 못한 경우에는 정당하게 증언거부권을 행사한 것이 아니라도, 피고인이 증인의 증언거부 상황을 초래하였다는 등의 특별한 사정이 없는 한 형사소송법 제314조의 '그 밖에 이에 준하는 사유로 인하여 진술할 수 없는 때'에 해당하지 않는다고 보아야 한다. 따라서 증인이 정당하게 증언거부권을 행사하여 증언을 거부한 경우와 마찬가지로 수사기관에서 그 증인의 진술을 기재한 서류는 증거능력이 없다(대판 2019.11.21. 2018도13945).
④ 【X】 형사소송법 제316조 제2항은 "피고인 아닌 자의 공판준비 또는 공판기일에서의 진술이 피고인 아닌 타인의 진술을 그 내용으로 하는 것인 때에는 원진술자가 사망, 질병, 외국거주, 소재불명, 그 밖에 이에 준하는 사유로 인하여 진술할 수 없고, 그 진술이 특히 신빙할 수 있는 상태에서 행하여졌음이 증명된 때에 한하여 이를 증거로 할 수 있다"고 규정하고 있고, 같은 조 제1항에 따르면 위 '피고인 아닌 자'에는 공소제기 전에 피고인 아닌 타인을 조사하였거나 그 조사에 참여하였던 자(이하 '조사자'라고 한다)도 포함된다. 따라서 조사자의 증언에 증거능력이 인정되기 위해서는 원진술자가 사망, 질병, 외국거주, 소재불명, 그 밖에 이에 준하는 사유로 인하여 진술할 수 없어야 하는 것이라서, 원진술자가 법정에 출석하여 수사기관에서 한 진술을 부인하는 취지로 증언한 이상 원진술자의 진술을 내용으로 하는 조사자의 증언은 증거능력이 없다(대판 2008.9.25. 2008도6985).

정답 ①

92 검사 및 사법경찰관 작성 피의자신문조서와 진술조서에 관한 설명으로 가장 적절하지 않은 것은? (다툼이 있는 경우 판례에 의함)

25. 경찰승진

① 양벌규정에 따라 처벌되는 행위자와 행위자가 아닌 법인 간의 관계는 행위자가 저지른 법규위반행위가 사업주의 법규 위반행위와 사실관계가 동일하거나 적어도 중요 부분을 공유한다는 점에서 내용상 불가분적 관련성을 지닌다고 보아야 하므로「형법」총칙의 공범관계 등과 마찬가지로 인권보장적인 요청에 따라「형사소송법」제312조 제3항이 적용된다.

② 사법경찰관이 피의자에게 진술거부권을 행사할 수 있음을 알려 주고 그 행사 여부를 질문하였다 하더라도, 「형사소송법」제244조의3 제2항에 규정한 방식에 위반하여 피의자신문조서를 작성하였다면 특별한 사정이 없는 한 동법 제312조 제3항에서 정한 '적법한 절차와 방식'에 따라 작성된 조서라 할 수 없다.

③ 제1심에서 피고인에 대하여 무죄판결이 선고되어 검사가 항소한 후, 수사기관이 항소심 공판기일에 증인으로 신청하여 신문할 수 있는 사람을 특별한 사정 없이 미리 수사기관에 소환하여 작성한 진술조서는 피고인이 증거로 할 수 있음에 동의하더라도 증거능력이 없다.

④ 수사기관이 작성한 조서의 내용이 원진술자가 진술한 대로 기재된 것이라 함은 조서 작성 당시 원진술자의 진술대로 기재되었는지의 여부만을 의미하는 것으로, 그와 같이 진술하게 된 연유나 그 진술의 신빙성 여부는 고려할 것이 아니다.

[해설]

① 【 O 】 형사소송법 제312조 제3항은 검사 이외의 수사기관이 작성한 해당 피고인에 대한 피의자신문조서를 유죄의 증거로 하는 경우뿐만 아니라 검사 이외의 수사기관이 작성한 해당 피고인과 공범관계에 있는 다른 피고인이나 피의자에 대한 피의자신문조서를 해당 피고인에 대한 유죄의 증거로 채택할 경우에도 적용된다. 따라서 해당 피고인과 공범관계가 있는 다른 피의자에 대하여 검사 이외의 수사기관이 작성한 피의자신문조서는 그 피의자의 법정진술에 의하여 성립의 진정이 인정되는 등 형사소송법 제312조 제4항의 요건을 갖춘 경우라도 해당 피고인이 공판기일에서 그 조서의 내용을 부인한 이상 이를 유죄 인정의 증거로 사용할 수 없고, 그 당연한 결과로 위 피의자신문조서에 대하여는 사망 등 사유로 인하여 법정에서 진술할 수 없는 때에 예외적으로 증거능력을 인정하는 규정인 형사소송법 제314조가 적용되지 아니한다. 그리고 이러한 법리는 공동정범이나 교사범, 방조범 등 공범관계에 있는 자들 사이에서뿐만 아니라, 법인의 대표자나 법인 또는 개인의 대리인, 사용인, 그 밖의 종업원 등 행위자의 위반행위에 대하여 행위자가 아닌 법인 또는 개인이 양벌규정에 따라 기소된 경우, 이러한 법인 또는 개인과 행위자 사이의 관계에서도 마찬가지로 적용된다고 보아야 한다(대판 2020.6.11. 2016도9367).

② 【 O 】 헌법 제12조 제2항, 형사소송법 제244조의3 제1항, 제2항, 제312조 제3항에 비추어 보면, 비록 사법경찰관이 피의자에게 진술거부권을 행사할 수 있음을 알려 주고 그 행사 여부를 질문하였다 하더라도, 형사소송법 제244조의3 제2항에 규정한 방식에 위반하여 진술거부권 행사 여부에 대한 피의자의 답변이 자필로 기재되어 있지 아니하거나 그 답변 부분에 피의자의 기명날인 또는 서명이 되어 있지 아니한 사법경찰관 작성의 피의자신문조서는 특별한 사정이 없는 한 형사소송법 제312조 제3항에서 정한 '적법한 절차와 방식'에 따라 작성된 조서라 할 수 없으므로 그 증거능력을 인정할 수 없다(대판 2013.3.28. 2010도3359).

③ 【 X 】 제1심에서 피고인에 대하여 무죄판결이 선고되어 검사가 항소한 후, 수사기관이 항소심 공판기일에 증인으로 신청하여 신문할 수 있는 사람을 특별한 사정 없이 미리 수사기관에 소환하여 작성한 진술조서는 피고인이 증거로 할 수 있음에 동의하지 않는 한 증거능력이 없다(대판 2019.11.28. 2013도6825).

④ 【 O 】 수사기관이 작성한 조서의 내용이 원진술자가 진술한 대로 기재된 것이라 함은 조서 작성 당시 원진술자의 진술대로 기재되었는지의 여부만을 의미하는 것으로, 그와 같이 진술하게 된 연유나 그 진술의 신빙성 여부는 고려할 것이 아니다(대판 2005.6.10. 2005도1849).

정답 ③

93 증거에 대한 설명으로 옳지 않은 것은? (다툼이 있는 경우 판례에 의함)
21. 국가직 7급

① 유류물의 경우 영장 없이 압수하였더라도 영장주의를 위반한 잘못이 있다 할 수 없고, 압수 후 압수조서의 작성 및 압수목록의 작성·교부 절차가 제대로 이행되지 아니한 잘못이 있다 하더라도, 그것이 적법절차의 실질적인 내용을 침해하는 경우에 해당하는 것은 아니다.

② 제1심에서 피고인에 대하여 무죄판결이 선고되어 검사가 항소한 후, 수사기관이 항소심 공판기일에 증인으로 신청하여 신문할 수 있는 사람을 특별한 사정 없이 미리 수사기관에 소환하여 작성한 진술조서나 피의자신문조서는 피고인이 증거로 삼는 데 동의하지 않는 한 증거능력이 없지만, 참고인 등이 나중에 법정에 증인으로 출석하여 위 진술조서 등의 진정성립을 인정하고 피고인 측에 반대신문의 기회까지 충분히 부여되었다면 하자가 치유되었다고 할 것이므로 위 진술조서 등의 증거능력을 인정할 수 있다.

③ 피고인의 사용인이 위반행위를 하여 피고인이 양벌규정에 따라 기소된 경우, 사용인에 대하여 사법경찰관이 작성한 피의자신문조서에 대하여는 그 사용인이 사망하여 진술할 수 없더라도「형사소송법」제314조가 적용되지 않는다.

④ 압수조서의 '압수경위'란에 피고인이 범행을 저지르는 현장을 목격한 사법경찰관 및 사법경찰리의 진술이 담겨 있고, 그 하단에 피고인의 범행을 직접 목격하면서 위 압수조서를 작성한 사법경찰관 및 사법경찰리의 각 기명날인이 들어가 있다면, 위 압수조서 중 '압수경위'란에 기재된 내용은「형사소송법」제312조 제5항에서 정한 '피고인이 아닌 자가 수사과정에서 작성한 진술서'에 준하는 것으로 볼 수 있다.

해설

① 【O】 대판 2011.5.26. 2011도1902
② 【X】 제1심에서 피고인에 대하여 무죄판결이 선고되어 검사가 항소한 후, 수사기관이 항소심 공판기일에 증인으로 신청하여 신문할 수 있는 사람을 특별한 사정 없이 미리 수사기관에 소환하여 작성한 진술조서는 피고인이 증거로 할 수 있음에 동의하지 않는 한 증거능력이 없다고 할 것이다. 검사가 공소를 제기한 후 참고인을 소환하여 피고인에게 불리한 진술을 기재한 진술조서를 작성하여 이를 공판절차에 증거로 제출할 수 있게 한다면, 피고인과 대등한 당사자의 지위에 있는 검사가 수사기관으로서의 권한을 이용하여 일방적으로 법정 밖에서 유리한 증거를 만들 수 있게 하는 것이므로 당사자주의·공판중심주의·직접심리주의에 반하고 피고인의 공정한 재판을 받을 권리를 침해하기 때문이다(대판 2019.11.28. 2013도6825).
③ 【O】 대판 2020.6.11. 2016도9367
④ 【O】 대판 2019.11.14. 2019도13290

정답 ②

94 전문법칙에 대한 설명으로 옳은 것을 모두 고른 것은? (다툼이 있는 경우 판례에 의함)

18. 경찰승진

㉠ 검사가 작성한 진술조서의 진정성립과 관련하여 조사과정에 참여한 통역인의 증언은 '영상녹화물이나 그 밖의 객관적인 방법'에 해당한다고 볼 수 없다.
㉡ 전문의 진술을 증거로 함에 있어서는 전문진술자가 원진술자로부터 진술을 들을 당시 원진술자가 증언능력에 준하는 능력을 갖춘 상태에 있어야 하는 것은 아니다.
㉢ 수사기관에서 진술한 피해자인 유아가 공판정에서 진술을 하였더라도 증인신문 당시 일정한 사항에 관하여 기억이 나지 않는다는 취지로 진술하여 그 진술의 일부가 재현 불가능하게 된 경우, 「형사소송법」 제314조, 제316조 제2항에서 말하는 '원진술자가 진술을 할 수 없는 때'에 해당한다.
㉣ 증인의 주소지가 아닌 곳으로 소환장을 보내 송달불능이 되자 그 곳을 중심한 소재탐지 끝에 소재불능 회보를 받은 경우에는 「형사소송법」 제314조에서 말하는 원진술자가 공판정에서 진술할 수 없는 때에 해당한다.

① ㉠, ㉡ ② ㉠, ㉢ ③ ㉠, ㉣ ④ ㉢, ㉣

해설

㉠ 【 O 】 대판 2016.2.18. 2015도16586
㉡ 【 X 】 전문의 진술을 증거로 함에 있어서는 전문진술자가 원진술자로부터 진술을 들을 당시 원진술자가 증언능력에 준하는 능력을 갖춘 상태에 있어야 할 것인데, 증인의 증언능력은 증인 자신이 과거에 경험한 사실을 그 기억에 따라 공술할 수 있는 정신적인 능력이라 할 것이므로, 유아의 증언능력에 관해서도 그 유무는 단지 공술자의 연령만에 의할 것이 아니라 그의 지적수준에 따라 개별적이고 구체적으로 결정되어야 함은 물론 공술의 태도 및 내용 등을 구체적으로 검토하고, 경험한 과거의 사실이 공술자의 이해력, 판단력 등에 의하여 변식될 수 있는 범위 내에 속하는가의 여부도 충분히 고려하여 판단하여야 한다(대판 2006.4.14. 2005도9561).
㉢ 【 O 】 대판 1999.11.26. 99도3786
㉣ 【 X 】 형사소송법 제314조에서 말하는 "공판기일에 진술을 요할 자가 사망, 질병 기타 사유로 인하여 진술할 수 없을 때"라 함은 단순히 소환장이 주소불명 등으로 송달불능된 것만으로는 부족하고, 송달불능이 되어 소재탐지촉탁까지 하여 소재수사를 하였음에도 불구하고, 그 소재를 확인할 수 없어 출석하지 아니한 경우에 비로소 이에 해당한다고 할 것이며, 증인의 주소지가 아닌 곳으로 소환장을 보내 송달불능이 되자 그 곳을 중심으로 소재탐지를 한 끝에 소재탐지불능 회보를 받은 경우에는 이에 해당한다고 볼 수 없다(대판 2006.12.22. 2006도7479).

정답 ②

95
다음 중 형사소송법 제314조에 규정된 '진술을 요할 자가 사망·질병·외국거주·소재불명, 그 밖에 이에 준하는 사유로 진술할 수 없는 때'에 해당되는 경우는 모두 몇 개인가? (다툼이 있는 경우 판례에 의함)

16. 법원직

> ㉠ 법정에 출석한 증인이 정당하게 증언거부권을 행사하여 증언을 거부한 경우
> ㉡ 피고인이 증거서류의 진정성립을 묻는 검사의 질문에 대하여 진술거부권을 행사하여 진술을 거부한 경우
> ㉢ 진술을 요할 자가 법원의 소환에 계속 불응하고, 구인하여도 구인장이 집행되지 아니하는 등 법정에서의 신문이 불가능한 상태의 경우
> ㉣ 진술을 요할 자가 외국에 있고 그를 공판정에 출석시켜 진술하게 할 가능하고 상당한 모든 수단을 다하더라도 출석하게 할 수 없는 경우
> ㉤ 공판기일에 진술을 요하는 자가 노인성 치매로 인한 기억력 장애 등으로 진술할 수 없는 상태일 때

① 1개　　② 2개　　③ 3개　　④ 4개

해설

해당하는 것은 ㉢㉣㉤ 총 3개이다.

㉠ **【해당하지 않음】** 법정에 출석한 증인이 형사소송법 제148조, 제149조 등에서 정한 바에 따라 정당하게 증언거부권을 행사하여 증언을 거부한 경우는 형사소송법 제314조의 '그 밖에 이에 준하는 사유로 인하여 진술할 수 없는 때'에 해당하지 아니한다(대판 2012.5.17. 2009도6788 전합).

㉡ **【해당하지 않음】** 헌법은 모든 국민은 형사상 자기에게 불리한 진술을 강요당하지 아니한다고 선언하고(제12조 제2항), 형사소송법은 피고인은 진술하지 아니하거나 개개의 질문에 대하여 진술을 거부할 수 있다고 규정하여(제283조의2 제1항), 진술거부권을 피고인의 권리로서 보장하고 있다. 현행 형사소송법 제314조의 문언과 개정 취지, 진술거부권 관련 규정의 내용 등에 비추어 보면, 피고인이 증거서류의 진정성립을 묻는 검사의 질문에 대하여 진술거부권을 행사하여 진술을 거부한 경우는 형사소송법 제314조의 '그 밖에 이에 준하는 사유로 인하여 진술할 수 없는 때'에 해당하지 아니한다고 할 것이다(대판 2013.6.13. 2012도16001).

㉢ **【해당함】** 형사소송법 제314조에 의하여 동법 제312조의 조서나 동법 제313조의 진술서, 서류 등을 증거로 하기 위하여는 진술을 요할 자가 사망, 질병 기타 사유로 인하여 공판정에 출정하여 진술을 할 수 없는 경우이어야 하고 그 진술 또는 서류의 작성이 특히 신빙할 수 있는 상태 하에 행하여진 것이라야 한다는 두 가지 요건이 갖추어져야 할 것인바, 첫째 요건을 형사소송의 공공성에 비추어 볼 때 진술을 요할 자가 출정증언을 원하지 않는다고 하여 그 적용을 부정할 수는 없고 법원이 그 진술을 요할 자를 법정에서 심문할 수 없는 사정이 있으면 그 적용이 있다고 할 것이므로, 진술을 요할 자가 일정한 주거를 가지고 있더라도 법원의 소환에 계속 불응하고 구인하여도 구인장이 집행되지 않는 등 법정에서의 심문이 불가능한 상태이면 그 요건은 충족되었다고 보아야 한다(대판 1989.6.27. 89도351).

㉣ **【해당함】** 구 형사소송법 제314조의 필요성 요건 중 '외국거주'라 함은 진술을 요할 자가 외국에 있다는 것만으로는 부족하고, 수사과정에서 수사기관이 그 진술을 청취하면서 그 진술자의 외국거주 여부와 장래 출국 가능성을 확인하고 만일 그 진술자의 거주지가 외국이거나 그가 가까운 장래에 출국하여 장기간 외국에 체류하는 등의 사정으로 향후 공판정에 출석하여 진술을 할 수 없는 경우가 발생할 개연성이 있다면 그 진술자의 외국 연락처를, 일시 귀국할 예정이 있다면 그 귀국 시기와 귀국시 체류 장소와 연락 방법 등을 사전에 미리 확인하고 그 진술자에게 공판정 진술을 하기 전에는 출국을 미루거나, 출국한 후라도 공판 진행 상황에 따라 일시 귀국하여 공판정에 출석하여 진술하게끔 하는 방안을 확보하여 그 진술자로 하여금 공판정에 출석하여 진술할 기회를 충분히 제공하며, 그 밖에 그를 공판정에 출석시켜 진술하게 할 모든 수단을 강구하는 등 가능하고 상당한 수단을 다하더라도 그 진술을 요할 자를 법정에 출석하게 할 수 없는 사정이 있어야 예외적으로 그 요건이 충족된다(대판 2008.2.28. 2007도10004).

㉤ **【해당함】** 사법경찰리 작성의 피해자에 대한 진술조서와 검사 및 사법경찰리 작성의 피고인에 대한 각 피의자신문조서 중 피해자의 진술부분은 비록 피고인이 이를 증거로 함에 동의하지 아니하였고 또 피해자가 제1심이나 원심에서 그 진정성립을 인정한 바도 없지만, 피해자는 제1심에서 증인으로 소환할 당시부터 노인성 치매로 인한 기억력 장애, 분별력 상실 등으로 인하여 진술할 수 없는 상태하에 있었고 나아가 위 각 진술이 그 내용에 있어서 시종 일관되며 특히 검사 및 사법경찰리 작성의 각 피의자신문조서상의 각 진술부분은 피고인과의 대질하에서 이루어진 것인 점 등에 비추어 그 각 진술내용의 신용성이나 임의성을 담보할 만한 구체적인 정황이 있는 경우에 해당되어 특히 신빙할 수 있는 상태하에서 행하여진 것이라고 보여지므로, 각 형사소송법 제314조에 의하여 증거능력이 있는 증거라 할 것이다(대판 1992.3.13. 91도2281).

정답 ③

96 형사소송법 제314조에 규정된 '진술을 요하는 자가 사망·질병·외국거주·소재불명 그 밖의 이에 준하는 사유로 진술할 수 없는 때'에 해당하지 않은 것은? (다툼이 있으면 판례에 의함)   16. 경찰승진

① 10세 남짓의 성추행 피해자인 진술자가 만 5세 무렵에 당한 성추행으로 인하여 외상 후 스트레스 증후군을 앓고 있다는 등의 이유로 공판정에 출석하지 아니한 경우
② 증인으로 소환당할 당시부터 노인성 치매로 인한 기억력 장애, 분별력 상실 등으로 인하여 진술할 수 없는 상태하에 있는 경우
③ 증인으로 출석해야 할 자가 외국에 거주하면서 법원의 소환에 계속 불응하고, 구인장 집행도 불가능한 상태에 있는 등 가능하고 상당한 수단을 다하더라도 그 진술을 요할 자를 법정에 출석하게 할 수 없는 경우
④ 진술을 요할 자가 중풍·언어장애 등 3급 5호의 장애로 인하여 법정에 출석할 수 없었고, 그 후 신병을 치료하기 위하여 속초로 간 후에는 그에 대한 소재탐지가 불가능하게 된 경우

해설
① 【 X 】 대판 2006.5.25. 2004도3619
② 【 O 】 대판 1992.3.13. 91도2281
③ 【 O 】 대판 2009.7.26. 2006도9294
④ 【 O 】 대판 1999.5.14. 99도202

정답 ①

97 형사소송법 제314조에 규정된 '공판준비 또는 공판기일에 진술을 요하는 자가 사망·질병·외국거주·소재불명 그 밖에 이에 준하는 사유로 인하여 진술할 수 없는 때'에 대한 설명으로 옳지 않은 것은? (다툼이 있는 경우 판례에 의함)   17. 국가직

① '외국거주'라 함은 진술을 요할 자가 외국에 있다는 것만으로는 부족하고, 그를 공판정에 출석시켜 진술하게 할 모든 수단을 강구하는 등 가능하고 상당한 수단을 다하더라도 그 진술을 요할 자를 법정에 출석하게 할 수 없는 사정이 있는 예외적인 경우를 말한다.
② 증인이 '소재불명이거나 그 밖에 이에 준하는 사유로 인하여 진술할 수 없는 때'에 해당한다고 인정할 수 있으려면 증인의 법정 출석을 위한 가능하고도 충분한 노력을 다하였음에도 불구하고 부득이 증인의 법정 출석이 불가능하게 되었다는 사정이 있어야 하며, 이는 검사가 증명하여야 한다.
③ 수사기관에서 진술한 피해자인 유아가 공판정에서 진술을 하였더라도 증인신문 당시 일정한 사항에 관하여 기억이 나지 않는다는 취지로 진술하여 그 진술의 일부가 재현 불가능하게 된 경우는 '원진술자가 진술을 할 수 없는 때'에 해당하지 않는다.
④ 법정에 출석한 증인이 정당하게 증언거부권을 행사하여 증언을 거부한 경우는 '그 밖에 이에 준하는 사유로 인하여 진술할 수 없는 때'에 해당하지 않는다.

해설
① 【 O 】 대판 2016.2.18. 2015도17115
② 【 O 】 대판 2013.10.17. 2013도5001
③ 【 X 】 수사기관에서 진술한 피해자인 유아가 공판정에서 진술을 하였더라도 증인신문 당시 일정한 사항에 관하여 기억이 나지 않는다는 취지로 진술하여 그 진술의 일부가 재현 불가능하게 된 경우, 형사소송법 제314조, 제316조 제2항에서 말하는 '원진술자가 진술을 할 수 없는 때'에 해당한다고 한 사례(대판 2006.4.14. 2005도9561).
④ 【 O 】 대판 2012.5.17. 2009도6788 전합

정답 ③

98 형사소송법 제314조 증거능력 예외에 관한 설명으로 옳은 것은 모두 몇 개인가? (다툼이 있는 경우 판례에 의함)

25. 경찰승진

> ㉠ 소환장이 주소불명 등으로 송달불능이 되어 소재탐지촉탁까지 하여 소재수사를 하였어도 그 소재를 확인할 수 없는 경우는 '공판준비 또는 공판기일에 진술을 요할 자가 사망, 질병 기타 사유로 인하여 진술할 수 없을 때'에 포함될 수 있다.
> ㉡ 수사기관에서 진술한 참고인이 법정에서 증언을 거부하여 피고인이 반대신문을 하지 못한 경우에는 정당하게 증언거부권을 행사한 것이 아니라도, 피고인이 증인의 증언거부 상황을 초래하였다는 등의 특별한 사정이 없는 한 '그 밖에 이에 준하는 사유로 인하여 진술할 수 없는 때'에 해당하지 않는다.
> ㉢ 법원이 증인으로 채택하여 수차례 소환을 하였으나 피고인의 보복이 두렵다는 이유로 주거를 옮기고 또 소환에도 응하지 아니하여 결국 구인장을 발부하였지만 그 집행이 되지 않은 증인에 대해 법정에서의 신문이 불가능한 상태의 경우라면 「형사소송법」 제314조 본문 요건이 충족될 수 있다.
> ㉣ 법정에 출석한 증인이 「형사소송법」 제148조, 제149조 등에서 정한 바에 따라 정당하게 증언거부권을 행사하여 증언을 거부한 경우는 '그 밖에 이에 준하는 사유로 인하여 진술할 수 없는 때'에 해당하지 않는다.

① 1개 ② 2개 ③ 3개 ④ 4개

해설

㉠ 【 O 】 법원이 수회에 걸쳐 진술을 요할 자에 대한 증인소환장이 송달되지 아니하여 그 소재탐지촉탁까지 하였으나 그 소재를 알지 못하게 된 경우 또는 진술을 요할 자가 일정한 주거를 가지고 있더라도 법원의 소환에 계속 불응하고 구인하여도 구인장이 집행되지 아니하는 등 법정에서의 신문이 불가능한 상태의 경우에는 형사소송법 제314조 소정의 "공판정에 출정하여 진술을 할 수 없는 때"에 해당한다고 할 것이다(대판 2005.9.30. 2005도2654).

㉡ 【 O 】 수사기관에서 진술한 참고인이 법정에서 증언을 거부하여 피고인이 반대신문을 하지 못한 경우에는 정당하게 증언거부권을 행사한 것이 아니라도, 피고인이 증인의 증언거부 상황을 초래하였다는 등의 특별한 사정이 없는 한 형사소송법 제314조의 '그 밖에 이에 준하는 사유로 인하여 진술할 수 없는 때'에 해당하지 않는다고 보아야 한다. 따라서 증인이 정당하게 증언거부권을 행사하여 증언을 거부한 경우와 마찬가지로 수사기관에서 그 증인의 진술을 기재한 서류는 증거능력이 없다(대판 2019.11.21. 2018도13945 전합).

㉢ 【 O 】 법원이 증인으로 채택하여 수차례 소환을 하였으나 피고인의 보복이 두렵다는 이유로 주거를 옮기고 또 소환에도 응하지 아니하여 결국 구인장을 발부하였지만 그 집행이 되지 않은 증인에 대해 법정에서의 신문이 불가능한 상태의 경우라면 「형사소송법」 제314조 본문 요건이 충족될 수 있다(대판 1995.6.13. 95도523).

㉣ 【 O 】 법정에 출석한 증인이 형사소송법 제148조, 제149조등에서 정한 바에 따라 정당하게 증언거부권을 행사하여 증언을 거부한 경우는 형사소송법 제314조의 '그 밖에 이에 준하는 사유로 인하여 진술할 수 없는 때'에 해당하지 아니한다(대판 2012.5.17. 2009도6788 전합).

정답 ④

99 형사소송법 제315조에 의하여 당연히 증거능력이 인정되는 것으로 가장 적절한 것은? (다툼이 있으면 판례에 의함)

16. 경찰승진

① 육군과학수사연구소 실험분석관이 작성한 감정서
② 검사의 공소장
③ 미국 연방범죄수사관이 범죄현장을 확인하고 작성한 보고서
④ 일본하관 세관서 통괄심리관 작성의 범칙물건감정서등본과 분석의뢰서

[해설]
① 【 X 】 대판 1976.10.12. 76도2960
② 【 X 】 대판 1978.5.23. 78도575
③ 【 X 】 대판 1997.7.25. 97도1351
④ 【 O 】 대판 1984.2.28. 83도3145

정답 ④

100 형사소송법 제315조에 의해서 당연히 증거능력이 인정되는 것으로 가장 적절하지 않은 것은? (다툼이 있는 경우 판례에 의함)

17. 경찰채용 2차

① 미국 연방수사국(FBI)의 수사관이 작성한 수사보고서
② 성매매업소에서 영업에 참고하기 위하여 성매매상대방에 관한 정보를 입력하여 작성한 메모리카드의 내용
③ 구속적부심사절차에서 피의자를 심문하고 그 진술을 기재한 구속적부심문조서
④ 다른 피고인에 대한 형사사건의 공판조서

[해설]
① 【 X 】 범행 직후 미합중국 주검찰 수사관이 작성한 피해자 및 공범에 대한 질문서(interrogatory)와 우리나라 법원의 형사사법공조요청에 따라 미합중국 법원의 지명을 받은 수명자(미합중국 검사)가 작성한 피해자 및 공범에 대한 증언녹취서(deposition)는 이를 형사소송법 제315조 소정의 당연히 증거능력이 인정되는 서류로는 볼 수 없다고 하더라도, 같은 법 제312조 또는 제313조에 해당하는 조서 또는 서류로서 그 원진술자가 공판기일에서 진술을 할 수 없는 때에 해당하고, 그 각 진술 내용이나 조서 또는 서류의 작성에 허위 개입의 여지가 거의 없으며 그 진술 내용의 신빙성이나 임의성을 담보할 구체적이고 외부적인 정황이 있다고 할 것이어서 그 진술 또는 서류의 작성이 특히 신빙할 수 있는 상태하에서 행하여진 것이라고 보기에 충분하므로, 형사소송법 제314조의 규정에 의하여 그 증거능력을 인정할 수 있다(대판 1997.7.25. 97도1351).
② 【 O 】 대판 2007.7.26. 2007도3219
③ 【 O 】 대판 2004.1.16. 2003도5693
④ 【 O 】 대판 1966.7.12. 66도617

정답 ①

101 다음 중 형사소송법 제315조의 각 호에 해당하여 증거능력이 인정될 수 있는 증거가 아닌 것은? (다툼이 있는 경우 판례에 의함)   18. 법원직

① 특별한 자격을 갖추지 아니한 채 범칙물자에 대한 시가감정업무에 4~5년 종사해 온 것에 불과한 세관공무원이 세관에 비치된 기준과 수입신고서에 기재된 가격을 참작하여 작성한 감정서
② 성매매업소에 고용된 여성들이 성매매를 업으로 하면서 영업에 참고하기 위하여 성매매 상대방의 아이디와 전화번호 및 성매매 방법 등을 메모지에 적어두었다가 그 내용을 직접 입력하여 작성한 메모리카드의 기재 내용
③ 법원 또는 합의부원, 검사, 변호인, 청구인이 구속된 피의자를 심문하고 그에 대한 피의자의 진술 등을 기재한 구속적부심문조서
④ 보험사기 사건에서 건강보험심사평가원이 수사기관의 의뢰에 따라 수사기관이 보내온 자료를 토대로 입원진료의 적정성에 대한 의견을 제시하는 내용의 '건강보험심사평가원의 입원진료 적정성 여부 등 검토의뢰에 대한 회신'

해설

① 【 O 】 특별한 자격이 있지는 아니하나 범칙물자에 대한 시가감정업무에 4~5년 종사해온 세관공무원이 세관에 비치된 기준과 수입신고서에 기재된 가격을 참작하여 작성한 감정서는 공무원이 그 직무상 작성한 공문서라 할 것이므로 피고인의 동의여부에 불구하고 형사소송법 제315조 제1호에 의하여 당연히 증거능력이 있다고 할 것이며 또 그 증명력에 무슨 하자가 있다고도 할 수 없다(대판 1985.4.9. 85도225).
② 【 O 】 대판 2007.7.26. 2007도3219
③ 【 O 】 대판 2004.1.16. 2003도5693
④ 【 X 】 사무처리 내역을 계속적, 기계적으로 기재한 문서가 아니라 범죄사실의 인정 여부와 관련 있는 어떠한 의견을 제시하는 내용을 담고 있는 문서는 형사소송법 제315조 제3호에서 규정하는 당연히 증거능력이 있는 서류에 해당한다고 볼 수 없으므로, 이른바 보험사기 사건에서 건강보험심사평가원이 수사기관의 의뢰에 따라 그 보내온 자료를 토대로 입원진료의 적정성에 대한 의견을 제시하는 내용의 '건강보험심사평가원의 입원진료 적정성 여부 등 검토의뢰에 대한 회신'은 형사소송법 제315조 제3호의 '기타 특히 신용할 만한 정황에 의하여 작성된 문서'에 해당하지 않는다(대판 2017.12.5. 2017도12671).

정답 ④

102 형사소송법 제315조에 의하여 당연히 증거능력이 인정되는 것으로 가장 적절하지 않은 것은? (다툼이 있는 경우 판례에 의함)   19. 경찰승진

① 보험사기 사건에서 건강보험심사평가원이 수사기관의 의뢰에 따라 수사기관이 보내온 자료를 토대로 입원진료의 적정성에 대한 의견을 제시하는 내용의 건강보험심사평가원의 입원진료 적정성 여부 등 검토의뢰에 대한 회신
② 일본 세관공무원 작성의 필로폰에 대한 범칙물건감정서등본과 분석의뢰서 및 분석 회답서등본
③ 다른 피고인에 대한 형사사건의 공판조서 중 일부인 증인신문조서
④ 성매매업소에 고용된 여성들이 성매매를 업으로 하면서 영업에 참고하기 위하여 성매매 상대방의 아이디와 전화번호 및 성매매방법 등을 메모지에 적어두었다가 직접 메모리카드에 입력하거나 업주가 고용한 다른 여직원이 그 내용을 입력한 경우의 메모리카드 내용

해설

① 【 X 】 사무처리 내역을 계속적, 기계적으로 기재한 문서가 아니라 범죄사실의 인정 여부와 관련 있는 어떠한 의견을 제시하는 내용을 담고 있는 문서는 형사소송법 제315조 제3호에서 규정하는 당연히 증거능력이 있는 서류에 해당한다고 볼 수 없으므로, 이른바 보험사기 사건에서 건강보험심사평가원이 수사기관의 의뢰에 따라 그 보내온 자료를 토대로 입원진료의 적정성에 대한 의견을 제시하는 내용의 '건강보험심사평가원의 입원진료 적정성 여부 등 검토의뢰에 대한 회신'은 형사소송법 제315조 제3호의 '기타 특히 신용할 만한 정황에 의하여 작성된 문서'에 해당하지 않는다(대판 2017.12.5. 2017도12671).

② 【 O 】 대판 1984.2.28. 83도3145
③ 【 O 】 대판 2005.4.28. 2004도4428
④ 【 O 】 대판 2007.7.26. 2007도3219

정답 ①

103 형사소송법 제315조에 규정된 당연히 증거능력 있는 서류에 해당하는 것(○)과 해당하지 않는 것(×)을 바르게 연결한 것은? (다툼이 있는 경우 판례에 의함)

20. 국가직

㉠ 보험사기 사건에서 건강보험심사평가원이 수사기관의 의뢰에 따라 그 수사기관이 보내온 자료를 토대로 작성한 입원진료의 적정성에 대한 의견을 제시하는 내용의 '입원진료 적정성 여부 등 검토의뢰에 대한 회신'
㉡ 대한민국 주중국 대사관 영사가 공무수행과정에서 작성하였지만 공적인 증명보다는 상급자에 대한 보고를 목적으로 작성한 사실확인서(공인(公印) 부분은 제외)
㉢ 검찰에서 피고인이 소지·탐독을 인정한 유인물에 대하여, 사법경찰관이 그 내용을 분석하고 이를 기계적으로 복사하여 그 말미에 그대로 첨부하여 작성한 수사보고서
㉣ 성매매업소에서 성매매 여성들이 영업에 참고하기 위하여 성매매 상대방의 아이디, 전화번호 등에 관한 정보를 입력하여 작성한 메모리카드의 내용

① ㉠ ○ ㉡ × ㉢ ○ ㉣ ×
② ㉠ × ㉡ × ㉢ ○ ㉣ ×
③ ㉠ ○ ㉡ ○ ㉢ × ㉣ ○
④ ㉠ × ㉡ × ㉢ ○ ㉣ ○

[해설]

㉠ 【 X 】 형사소송법 제315조 제3호에서 규정한 '기타 특히 신용할 만한 정황에 의하여 작성된 문서'는 형사소송법 제315조 제1호와 제2호에서 열거된 공권적 증명문서 및 업무상 통상문서에 준하여 '굳이 반대신문의 기회 부여 여부가 문제 되지 않을 정도로 고도의 신용성의 정황적 보장이 있는 문서'를 의미한다. 따라서 사무처리 내역을 계속적, 기계적으로 기재한 문서가 아니라 범죄사실의 인정 여부와 관련 있는 어떠한 의견을 제시하는 내용을 담고 있는 문서는 형사소송법 제315조 제3호에서 규정하는 당연히 증거능력이 있는 서류에 해당한다고 볼 수 없으므로, 이른바 보험사기 사건에서 건강보험심사평가원이 수사기관의 의뢰에 따라 그 보내온 자료를 토대로 입원진료의 적정성에 대한 의견을 제시하는 내용의 '건강보험심사평가원의 입원진료 적정성 여부 등 검토의뢰에 대한 회신'은 형사소송법 제315조 제3호의 '기타 특히 신용할 만한 정황에 의하여 작성된 문서'에 해당하지 않는다(대판 2017.12.5. 2017도12671).
㉡ 【 X 】 대한민국 주중국 대사관 영사가 작성한 사실확인서 중 공인 부분을 제외한 나머지 부분이 비록 영사의 공무수행 과정 중 작성되었지만 공적인 증명보다는 상급자 등에 대한 보고를 목적으로 하는 것인 경우, 형사소송법 제315조 제1호의 '공무원의 직무상 증명할 수 있는 사항에 관하여 작성한 문서' 또는 제3호의 '기타 특히 신뢰할 만한 정황에 의하여 작성된 문서'라고 볼 수 없으므로 증거능력이 없다고 한 사례(대판 2007.12.13. 2007도7257).
㉢ 【 O 】 사법경찰관 작성의 새세대 16호에 대한 수사보고서는 피고인이 검찰에서 소지 탐독사실을 인정하고 있는 새세대 16호라는 유인물의 내용을 분석하고, 이를 기계적으로 복사하여 그 말미에 그대로 첨부한 문서로서 그 신용성이 담보되어 있어 형사소송법 제315조 제3호 소정의 "기타 특히 신용할 만한정황에 의하여 작성된 문서"에 해당되는 문서로서 당연히 증거능력이 인정된다(대판 1992.8.14. 92도1211).
㉣ 【 O 】 성매매업소에 고용된 여성들이 성매매를 업으로 하면서 영업에 참고하기 위하여 성매매 상대방의 아이디와 전화번호 및 성매매방법 등을 메모지에 적어두었다가 직접 메모리카드에 입력하거나 업주가 고용한 다른 여직원이 그 내용을 입력한 사안에서, 위 메모리카드의 내용은 형사소송법 제315조 제2호의 '영업상 필요로 작성한 통상문서'로서 당연히 증거능력 있는 문서에 해당한다고 한 사례(대판 2007.7.26. 2007도3219).

정답 ④

104 형사소송법 제315조의 '당연히 증거능력이 있는 서류'에 대한 설명으로 옳지 않은 것은? (다툼이 있는 경우 판례에 의함)

20. 검찰 7급

① 변호사가 피고인에 대한 법률자문 과정에 작성하여 피고인에게 전송한 전자문서를 출력한 법률의견서는 '업무상 필요로 작성한 통상문서'에 해당하지 않는다.
② '기타 특히 신용할 만한 정황에 의하여 작성된 문서'는 굳이 반대신문의 기회 부여 여부가 문제되지 않을 정도로 고도의 신용성의 정황적 보장이 있는 문서를 의미한다.
③ 다른 피고인에 대한 형사사건의 공판조서 중 일부인 증인신문조서는 '기타 특히 신용할 만한 정황에 의하여 작성된 문서'에 해당한다.
④ 특별한 자격이 없이 범칙물자에 대한 시가감정업무에 4~5년 종사해 온 세관공무원이 세관에 비치된 기준과 수입신고서에 기재된 가격을 참작하여 작성한 감정서는 '공무원의 직무상 증명할 수 있는 사항에 관하여 작성한 문서'에 해당하지 않는다.

[해설]

① 【O】 대판 2012.5.17. 2009도6788 전합
② 【O】 헌재결 2013.10.24. 2011헌바79
③ 【O】 대판 1966.7.12. 66도617
④ 【X】 특별한 자격이 있지는 아니하나 범칙물자에 대한 시가감정업무에 4~5년 종사해온 세관공무원이 세관에 비치된 기준과 수입신고서에 기재된 가격을 참작하여 작성한 감정서는 공무원이 그 직무상 작성한 공문서라 할 것이므로 피고인의 동의여부에 불구하고 형사소송법 제315조 제1호에 의하여 당연히 증거능력이 있다고 할 것이며 또 그 증명력에 무슨 하자가 있다고도 할 수 없다(대판 1985.4.9. 85도225).

정답 ④

105 전문법칙에 대한 설명 중 가장 적절하지 않은 것은? (다툼이 있는 경우 판례에 의함)

18. 경찰승진

① 어떤 진술이 기재된 서류가 그 내용의 진실성이 범죄사실에 대한 직접증거로 사용될 때는 전문증거가 된다고 하더라도 그와 같은 진술을 하였다는 것 자체 또는 그 진술의 진실성과 관계없는 간접사실에 대한 정황증거로 사용될 때는 반드시 전문증거가 되는 것은 아니다.
② 정보통신망을 통하여 공포심이나 불안감을 유발하는 글을 반복적으로 상대방에게 도달하게 하는 행위를 하였다는 공소사실에 대하여 휴대전화기에 저장된 문자정보가 그 증거가 되는 경우 그 문자정보는 범행의 직접적인 수단이고 경험자의 진술에 갈음하는 대체물에 해당하지 않으므로 전문법칙이 적용되지 않는다.
③ 디지털녹음기에 녹음된 내용을 전자적 방법으로 테이프에 전사한 사본인 녹음테이프를 대상으로 법원이 검증절차를 진행하여 녹음된 내용이 녹취록의 기재와 일치하고 그 음성이 진술자의 음성임을 확인하였다면, 그것만으로 녹음테이프의 증거능력을 인정할 수 있다.
④ 상업장부나 항해일지, 진료일지 또는 이와 유사한 금전출납부 등과 같이 범죄사실의 인정여부와는 관계없이 자기에게 맡겨진 사무를 처리한 내역을 그때그때 계속적, 기계적으로 기재한 문서는 사무처리 내역을 증명하기 위하여 존재하는 문서로서 당연히 증거능력이 인정된다.

[해설]

① 【 O 】 대판 2000.2.25. 99도1252
② 【 O 】 대판 2008.11.13. 2006도2556
③ 【 X 】 피고인과 피해자 사이의 대화내용에 관한 녹취서가 공소사실의 증거로 제출되어 그 녹취서의 기재내용과 녹음테이프의 녹음내용이 동일한지 여부에 관하여 법원이 검증을 실시한 경우에 증거자료가 되는 것은 녹음테이프에 녹음된 대화내용 그 자체이고, 그 중 피고인의 진술내용은 실질적으로 형사소송법 제311조, 제312조의 규정 이외에 피고인의 진술을 기재한 서류와 다름없어 피고인이 그 녹음테이프를 증거로 할 수 있음에 동의하지 않은 이상 그 녹음테이프 검증조서의 기재 중 피고인의 진술내용을 증거로 사용하기 위해서는 형사소송법 제313조 제1항 단서에 따라 공판준비 또는 공판기일에서 그 작성자인 피해자의 진술에 의하여 녹음테이프에 녹음된 피고인의 진술내용이 피고인이 진술한 대로 녹음된 것임이 증명되고 나아가 그 진술이 특히 신빙할 수 있는 상태하에서 행하여진 것임이 인정되어야 할 것이고, 녹음테이프는 그 성질상 작성자나 진술자의 서명 혹은 날인이 없을 뿐만 아니라, 녹음자의 의도나 특정한 기술에 의하여 그 내용이 편집, 조작될 위험성이 있음을 고려하여, 그 대화내용을 녹음한 원본이거나 혹은 원본으로부터 복사한 사본일 경우에는 복사과정에서 편집되는 등의 인위적 개작 없이 원본의 내용 그대로 복사된 사본임이 입증되어야만 하고, 그러한 입증이 없는 경우에는 쉽게 그 증거능력을 인정할 수 없다(대판 2005.12.23. 2005도2945).
④ 【 O 】 대판 2015.7.16. 2015도2625 전합

[정답] ③

106 전문증거에 대한 설명으로 옳지 않은 것은? (다툼이 있는 경우 판례에 의함)

19. 검찰 7급

① 「형사소송법」 제314조에서의 '진술 또는 작성이 특히 신빙할 수 있는 상태하에서 행하여졌음에 대한 증명'은 단지 그러한 개연성이 있다는 정도로는 부족하고, 합리적인 의심의 여지를 배제할 정도에 이르러야 한다.
② 타인의 진술을 내용으로 하는 진술이 전문증거인지 여부는 요증사실과의 관계에서 정해지므로, 요증사실이 원진술의 내용인 사실이 아니라 원진술의 존재 자체인 경우에도 전문증거에 해당한다.
③ 피고인이 수표를 발행하였으나 예금부족 또는 거래정지처분으로 지급되지 아니하게 하였다는 「부정수표 단속법」 위반의 공소사실을 증명하기 위하여 제출되는 수표에 대하여는 「형사소송법」 제310조의2에 따른 전문법칙이 적용되지 않는다.
④ 체포·구속인접견부는 유치된 피의자가 죄증을 인멸하거나 도주를 기도하는 등 유치장의 안전과 질서를 위태롭게 하는 것을 방지하기 위한 목적으로 작성되는 서류일 뿐이므로, 「형사소송법」 제315조에 따른 당연히 증거능력이 있는 서류로 볼 수 없다.

[해설]

① 【 O 】 대판 2014.4.30. 2012도725
② 【 X 】 어떤 증거가 전문증거인지 여부는 요증사실과 관계에서 정하여지는바, 원진술의 내용인 사실이 요증사실인 경우에는 전문증거이나, 원진술의 존재자체가 요증사실인 경우, 예컨대 명예훼손사건에 있어서 명예훼손적 발언을 들은 자의 증언과 같은 경우는 본래증거이지 전문증거가 아니다(대판 2008.9.25. 2008도5347).
③ 【 O 】 대판 2015.4.23. 2015도2275
④ 【 O 】 체포·구속인접견부는 유치된 피의자가 죄증을 인멸하거나 도주를 기도하는 등 유치장의 안전과 질서를 위태롭게 하는 것을 방지하기 위한 목적으로 작성되는 서류로 보일 뿐이어서 형사소송법 제315조 제2, 3호에 규정된 당연히 증거능력이 있는 서류로 볼 수는 없다(대판 2012.10.25. 2011도5459).

[정답] ②

107 전문증거에 대한 설명으로 가장 적절하지 않은 것은? (다툼이 있는 경우 판례에 의함)

19. 경찰채용 1차

① 전문진술이 기재된 조서로서 재전문서류는 「형사소송법」 제312조 또는 제314조의 전문서류의 증거능력 인정요건을 갖추어야 함은 물론 나아가 「형사소송법」 제316조 제2항의 전문진술의 증거능력 인정요건을 모두 갖추어야 증거능력이 인정된다.
② 디지털 저장매체에 저장된 로그파일의 원본이 아니라 그 복사본의 일부내용을 요약·정리하는 방식으로 새로운 문서파일이 작성된 경우에 피고인이 증거사용에 동의하지 않은 상황에서 새로운 문서파일에 대해 진술증거로서 증거능력을 인정하기 위해서는 로그파일 원본과의 동일성이 인정되는 외에 전문법칙에 따라 작성자 또는 진술자의 진술에 의해 성립의 진정이 증명되어야 한다.
③ 구속적부심문조서는 법원 또는 법관의 면전에서 작성된 조서로서 법원 또는 법관의 검증의 결과를 기재한 조서이므로 「형사소송법」 제311조에 따라 당연히 증거능력이 인정된다.
④ 대한민국 법원의 형사사법공조요청에 따라 미합중국 법원의 지명을 받은 수명자(미합중국 검사)가 작성한 피해자 및 공범에 대한 증언녹취서(deposition)는 이를 「형사소송법」 제315조 소정의 당연히 증거능력이 인정되는 서류로 볼 수 없다.

해설

① 【O】 대판 2000.9.8. 99도4814
② 【O】 대판 2015.8.27. 2015도3467
③ 【X】 구속적부심문조서는 형사소송법 제311조가 규정한 문서에는 해당하지 않는다 할 것이나, 특히 신용할 만한 정황에 의하여 작성된 문서라고 할 것이므로 특별한 사정이 없는 한, 피고인이 증거로 함에 부동의하더라도 형사소송법 제315조 제3호에 의하여 당연히 그 증거능력이 인정된다(대판 2004.1.16. 2003도5693).
④ 【O】 범행 직후 미합중국 주검찰 수사관이 작성한 피해자 및 공범에 대한 질문서(interrogatory)와 우리나라 법원의 형사사법공조요청에 따라 미합중국 법원의 지명을 받은 수명자(미합중국 검사)가 작성한 피해자 및 공범에 대한 증언녹취서(deposition)는 이를 형사소송법 제315조 소정의 당연히 증거능력이 인정되는 서류로는 볼 수 없다고 하더라도, 같은 법 제312조 또는 제313조에 해당하는 조서 또는 서류로서 그 원진술자가 공판기일에서 진술을 할 수 없는 때에 해당하고, 그 각 진술 내용이나 조서 또는 서류의 작성에 허위 개입의 여지가 거의 없으며 그 진술 내용의 신빙성이나 임의성을 담보할 구체적이고 외부적인 정황이 있다고 할 것이어서 그 진술 또는 서류의 작성이 특히 신빙할 수 있는 상태하에서 행하여진 것이라고 보기에 충분하므로, 형사소송법 제314조의 규정에 의하여 그 증거능력을 인정할 수 있다(대판 1997.7.25. 97도1351).

정답 ③

108 증거능력에 대한 설명으로 옳지 않은 것은? (다툼이 있는 경우 판례에 의함)

18. 국가직

① 조서말미에 피고인의 서명만 있고 간인이 없는 검사 작성의 피고인에 대한 피의자신문조서에 대해, 간인이 없는 것이 피고인이 간인을 거부하였기 때문이라는 취지가 조서말미에 기재되었다면, 그 조서의 증거능력을 인정할 수 있다.
② 문자메시지가 표시된 휴대전화기의 화면을 촬영한 사진을 증거로 사용하려면 그 휴대전화기를 법정에 제출할 수 없거나 제출이 곤란한 사정이 있고, 그 사진이 휴대전화기의 화면에 표시된 문자메시지와 정확하게 같다는 사실이 증명되어야 한다.
③ 「형사소송법」 제314조의 '특신상태'와 관련된 법리는 원진술자의 소재불명 등을 전제로 하고 있는 「형사소송법」 제316조 제2항의 '특신상태'에 관한 해석과 동일하다.
④ 피고인이 아닌 자가 수사과정에서 진술서를 작성하였으나 수사기관이 그에 대한 조사과정을 기록하지 아니한 경우, 특별한 사정이 없는 한 그 진술서의 증거능력을 인정할 수 없다.

[해설]

① 【X】 조서말미에 피고인의 서명만이 있고, 그 날인(무인 포함)이나 간인이 없는 검사 작성의 피고인에 대한 피의자신문조서는 증거능력이 없다고 할 것이고, 그 날인이나 간인이 없는 것이 피고인이 그 날인이나 간인을 거부하였기 때문이어서 그러한 취지가 조서말미에 기재되었다거나, 피고인이 법정에서 그 피의자신문조서의 임의성을 인정하였다고 하여 달리 볼 것은 아니다(대판 1999.4.13. 99도237).
② 【O】 대판 2008.11.13. 2006도2556
③ 【O】 대판 2014.4.30. 2012도725
④ 【O】 대판 2015.4.23. 2013도3790

정답 ①

109 전문증거에 대한 설명으로 가장 적절하지 않은 것은? (다툼이 있는 경우 판례에 의함)

18. 경찰채용 3차

① 구속적부심문절차에서 구속된 피의자의 진술 등을 기재한 구속적부심문조서는 「형사소송법」 제311조의 법관면전조서로서 당연히 증거능력이 인정된다.
② 검사 또는 사법경찰관이 검증의 결과를 기재한 조서는 적법한 절차와 방식에 따라 작성된 것으로서 공판준비 또는 공판기일에서의 작성자의 진술에 따라 그 성립의 진정함이 증명된 때에는 증거로 할 수 있다.
③ 공소제기 전에 피고인을 피의자로 조사한 자의 법정진술이 피고인의 진술을 그 내용으로 하는 때에는 그 진술이 특히 신빙할 수 있는 상태하에서 행하여졌음이 증명되면 증거로 할 수 있다.
④ 피의자의 진술을 영상녹화하기 위해서는 미리 피의자에게 영상녹화사실을 알려주어야 하는 반면, 피의자 아닌 자의 진술을 영상녹화하기 위해서는 그의 동의가 필요하다.

[해설]

① 【X】 구속적부심문조서는 형사소송법 제311조가 규정한 문서에는 해당하지 않는다 할 것이나, 특히 신용할 만한 정황에 의하여 작성된 문서라고 할 것이므로 특별한 사정이 없는 한, 피고인이 증거로 함에 부동의하더라도 형사소송법 제315조 제3호에 의하여 당연히 그 증거능력이 인정된다(대판 2004.1.16. 2003도5693).
② 【O】 제312조 제6항
③ 【O】 제316조 제1항
④ 【O】 제244조의2 제1항, 제221조 제1항

정답 ①

110 전문법칙에 대한 설명으로 옳은 것만을 모두 고른 것은? (다툼이 있는 경우 판례에 의함)

16. 국가직

㉠ 사인(私人)인 제3자가 절취한 업무일지를 소송사기의 피해자가 대가를 지급하고 취득한 경우, 그 업무일지는 사기죄에 대한 증거로 사용될 수 있다.
㉡ 상업장부·항해일지·사인(私人)인 의사의 진단서와 같이 기타 업무상 필요로 작성한 문서는 형사소송법 제315조에 의하여 당연히 증거능력이 인정된다.
㉢ 사법경찰리 작성의 피해자에 대한 진술조서가 피해자의 화상으로 인한 서명불능을 이유로 입회하고 있던 피해자의 동생에게 대신 읽어 주고 그 동생으로 하여금 서명·날인하게 하는 방법으로 작성된 경우 형사소송법 제313조 제1항에 의하여 증거능력이 인정된다.
㉣ 피고인 甲이 공판정에서 공범 乙에 대한 사법경찰관 작성의 피의자신문조서의 내용을 부인하면 乙이 법정에서 그 조서의 내용을 인정하더라도 그 조서를 피고인 甲의 공소사실에 대한 증거로 사용할 수 없다.

① ㉠, ㉡   ② ㉠, ㉣   ③ ㉡, ㉢   ④ ㉢, ㉣

[해설]

㉠ 【O】 대판 2008.6.26. 2008도1584
㉡ 【X】 상업장부와 항해일지는 제315조 제2호에 의하여 당연히 증거능력이 인정되지만, 사인인 의사가 작성한 진단서는 당연히 증거능력이 있는 서류가 아니므로 제313조 제1항에 의하여 증거능력이 인정되어야 한다(대판 1969.3.31. 69도179).
㉢ 【X】 사법경찰리 작성의 피해자에 대한 진술조서가 피해자의 화상으로 인한 서명불능을 이유로 입회하고 있던 피해자의 동생에게 대신 읽어 주고 그 동생으로 하여금 서명·날인하게 하는 방법으로 작성된 경우, 이는 형사소송법 제313조 제1항 소정의 형식적 요건을 결여한 서류로서 증거로 사용할 수 없다(대판 1997.4.11. 96도2865).
㉣ 【O】 대판 2010.2.25. 2009도14409

정답 ②

111 증거능력에 대한 설명으로 옳지 않은 것은? (다툼이 있는 경우 판례에 의함)

16. 국가직

① 제척사유가 있는 통역인이 통역한 증인의 증인신문조서는 유죄인정의 증거로 사용할 수 없다.
② 압수된 디지털 저장매체로부터 출력한 문건을 진술증거로 사용하는 경우에 그 기재 내용의 진실성에 관하여는 전문법칙이 적용된다.
③ 어떤 진술이 기재된 서류가 그 진술의 진실성과 관계없는 간접사실에 대한 정황증거로 사용될 경우 반드시 전문증거가 되는 것은 아니다.
④ 체포·구속인접견부는 특히 신용할 만한 정황에 의하여 작성된 문서로서 형사소송법 제315조 제2호, 제3호에 규정된 '당연히 증거능력이 있는 서류'에 해당된다.

[해설]

① 【O】 대판 2011.4.14. 2010도13583
② 【O】 대판 2013.6.13. 2012도16001
③ 【O】 대판 2014.12.24. 2014도10199
④ 【X】 체포·구속인접견부는 유치된 피의자가 죄증을 인멸하거나 도주를 기도하는 등 유치장의 안전과 질서를 위태롭게 하는 것을 방지하기 위한 목적으로 작성되는 서류로 보일 뿐이어서 형사소송법 제315조 제2, 3호에 규정된 당연히 증거능력이 있는 서류로 볼 수는 없다(대판 2012.10.25. 2011도5459).

정답 ④

112 전문증거에 관한 설명 중 가장 적절하지 않은 것은? (다툼이 있는 경우 판례에 의함) 20. 경찰승진

① 조서말미에 피고인의 서명만이 있고, 그 날인(무인 포함)이나 간인이 없는 검사 작성의 피고인에 대한 피의자신문조서는 피고인이 법정에서 그 피의자신문조서의 임의성을 인정하였다고 하여도 증거능력이 없다.
② 사법경찰리 작성의 피해자에 대한 진술조서가 피해자의 화상으로 인한 서명불능이라는 이유로 입회하고 있던 동생에게 대신 읽어 주고 그 동생으로 하여금 서명·날인하게 한 서류인 경우, 그 진술조서는 형식적 요건을 결여한 서류로서 증거로 사용할 수 없다.
③ 정보통신망을 통하여 공포심이나 불안감을 유발하는 글을 반복적으로 상대방에게 도달하게 하는 행위를 하였다는 공소사실에 대하여 휴대전화기에 저장된 피고인이 보낸 문자정보는 피고인의 진술을 갈음하는 대체물로 형사소송법 제310조의2가 적용되는 전문증거에 해당한다.
④ 재전문진술이나 재전문진술을 기재한 조서는 형사소송법상 그 증거능력을 인정하는 규정을 두고 있지 아니하므로, 피고인이 증거로 하는데 동의하지 아니하는 한 형사소송법 제310조의2의 규정에 의하여 이를 증거로 할 수 없다.

해 설

① 【 O 】 대판 1999.4.13. 99도237
② 【 O 】 대판 1997.4.11. 96도2865
③ 【 X 】 정보통신망을 통하여 공포심이나 불안감을 유발하는 글을 반복적으로 상대방에게 도달하게 하는 행위를 하였다는 공소사실에 대하여 휴대전화기에 저장된 피고인이 보낸 문자정보가 그 증거가 되는 경우, 그 문자정보는 범행의 직접적인 수단이고 경험자의 진술에 갈음하는 대체물에 해당하지 않으므로, 형사소송법 제310조의2에서 정한 전문법칙이 적용되지 않는다(대판 2008.11.13. 2006도2556).
④ 【 O 】 대판 2000.3.10. 2000도159

정답 ③

113 전문진술에 관한 설명 중 가장 적절하지 않은 것은? (다툼이 있는 경우 판례에 의함) 20. 경찰승진

① 피고인을 피의자로 조사하였던 자는 공판기일에서 피고인의 진술을 그 내용으로 하는 진술을 할 수 있고 피고인의 원진술이 특히 신빙할 수 있는 상태하에서 행하여졌음이 증명된 경우에는 증거능력이 있다.
② 피고인 아닌 자의 공판기일에서의 진술이 피고인의 진술을 그 내용으로 하는 것인 때에는 형사소송법 제316조 제1항이 적용되므로, 피고인 아닌 자의 공판기일에서의 진술이 공동피고인의 진술을 그 내용으로 하는 것인 때에도 공동피고인 역시 피고인의 지위인 이상 형사소송법 제316조 제1항이 적용된다.
③ 형사소송법 제316조 제2항의 피고인 아닌 자에는 공소제기 전에 피고인 아닌 타인을 조사하였던 자도 포함되지만 원진술자가 법정에 출석하여 수사기관에서의 진술을 부인하는 이상 원진술자의 진술을 내용으로 하는 조사자의 증언은 증거능력이 없다.
④ 전문의 진술을 증거로 함에 있어서는 전문진술자가 원진술자로부터 진술을 들을 당시 원진술자가 증언능력에 준하는 능력을 갖춘 상태에 있어야 한다.

해설

① 【 O 】 제316조 제1항
② 【 X 】 형사소송법 제316조 제2항에 의하면 피고인 아닌 자의 공판준비 또는 공판기일에서의 진술이 피고인 아닌 타인의 진술을 그 내용으로 하는 것인 때에는 원진술자가 사망, 질병 기타 사유로 인하여 진술할 수 없고 그 진술이 특히 신빙할 수 있는 상태 하에서 행하여진 때에 한하여 이를 증거로 할 수 있다고 규정하고 있는데, 여기서 말하는 피고인 아닌 자라고 함은 제3자는 말할 것도 없고 공동피고인이나 공범자를 모두 포함한다고 해석된다(대판 2007.2.23. 2004도8654).
③ 【 O 】 대판 2008.9.25. 2008도6985
④ 【 O 】 대판 2006.4.14. 2005도9561

정답 ②

114. 특신상태에 관한 설명으로 가장 적절하지 않은 것은? (다툼이 있는 경우 판례에 의함) 25. 경찰승진

① 「형사소송법」 제313조 제1항 및 제316조 제1항의 특신상태는 증거능력의 요건에 해당하므로 검사가 그 존재에 대하여 구체적으로 주장·입증해야 한다.
② 「형사소송법」 제314조 및 제316조 제1항의 특신상태 증명은 단지 그러할 개연성이 있다는 정도로는 부족하고 합리적인 의심의 여지를 배제할 정도에 이르러야 한다.
③ 「형사소송법」 제314조의 특신상태와 관련된 법리는 원진술자의 소재불명 등을 전제로 하고 있는 동법 제316조 제2항의 특신상태에 관한 해석에는 그대로 적용되지 않는다.
④ 「형사소송법」 제312조 제4항 및 제314조의 특신상태는 그 진술의 내용이나 조서 또는 서류의 작성에 허위 개입의 여지가 거의 없고 그 진술 내용의 신빙성이나 임의성을 담보할 구체적이고 외부적인 정황이 증명된 때에 한하여 예외적으로 증거능력을 인정하고자 하는 취지이다.

해설

① 【 O 】 피고인의 자필로 작성된 진술서의 경우에는 서류의 작성자가 동시에 진술자이므로 진정하게 성립된 것으로 인정되어 형사소송법 제313조 단서에 의하여 그 진술이 특히 신빙할 수 있는 상태 하에서 행하여진 때에는 증거능력이 있고, 이러한 특신상태는 증거능력의 요건에 해당하므로 검사가 그 존재에 대하여 구체적으로 주장·입증하여야 하는 것이지만, 이는 소송상의 사실에 관한 것이므로, 엄격한 증명을 요하지 아니하고 자유로운 증명으로 족하다(대판 2001.9.4. 2000도1743).
② 【 O 】 형사소송법 제314조가 참고인의 소재불명 등의 경우에 그 참고인이 진술하거나 작성한 진술조서나 진술서에 대하여 증거능력을 인정하는 것은, 형사소송법이 제312조 또는 제313조에서 참고인 진술조서 등 서면증거에 대하여 피고인 또는 변호인의 반대신문권이 보장되는 등 엄격한 요건이 충족될 경우에 한하여 증거능력을 인정할 수 있도록 함으로써 직접심리주의 등 기본원칙에 대한 예외를 인정한 데 대하여 다시 중대한 예외를 인정하여 원진술자 등에 대한 반대신문의 기회조차 없이 증거능력을 부여할 수 있도록 한 것이므로, 그 경우 참고인의 진술 또는 작성이 '특히 신빙할 수 있는 상태하에서 행하여졌음에 대한 증명'은 단지 그러할 개연성이 있다는 정도로는 부족하고 합리적인 의심의 여지를 배제할 정도에 이르러야 한다(대판 2014.4.30. 2012도725).
③ 【 X 】 형사소송법 제314조의 '특신상태'와 관련된 법리는 마찬가지로 원진술자의 소재불명 등을 전제로 하고 있는 형사소송법 제316조 제2항의 '특신상태'에 관한 해석에도 그대로 적용된다(대판 2014.4.30. 2012도725).
④ 【 O 】 진술 또는 조서 작성이 특히 신빙할 수 있는 상태에서 행하여진 때라 함은 그 진술내용이나 조서 또는 서류의 작성에 허위 개입의 여지가 거의 없고 그 진술내용의 신용성이나 임의성을 담보할 구체적이고 외부적인 정황이 있는 경우를 가리킨다고 할 것이다(대판 1999.4.23. 98도1923).

정답 ③

115 증거능력에 관한 설명으로 가장 적절한 것은? (다툼이 있는 경우 판례에 의함)

25. 경찰승진

① 폭력행위 등 처벌에 관한 법률 위반(야간·공동상해)죄에서 공소외인의 상해부위를 촬영한 사진은 전문법칙이 적용된다.
② 검사 또는 사법경찰관이 피고인이 아닌 자를 조사하는 과정에서 「형사소송법」 제221조 제1항에 따라 제작한 영상녹화물은 특별한 사정이 있더라도 공소사실을 직접 증명할 수 있는 독립적인 증거로 사용할 수 없다.
③ 정보저장매체에 기억된 문자정보의 내용의 진실성이 아닌 그와 같은 내용의 문자정보의 존재 자체는 전문법칙이 적용된다.
④ 피고인과 피해자(녹음테이프의 작성자) 사이의 대화내용에 관한 녹취서가 증거로 제출되어 녹음테이프의 녹음 내용과의 동일성 여부를 법원이 검증한 경우, 검증조서의 기재 중 피고인이 그에 대한 증거동의를 하지 않는 피고인의 진술내용을 증거로 사용하기 위해서는 「형사소송법」 제313조 제1항 단서가 충족되고, 인위적 개작 없이 원본의 내용 그대로 복사된 사본임이 입증되어야 한다.

해설

① 【X】 '상해부위를 촬영한 사진'은 비진술증거로서 전문법칙이 적용되지 않는다(대판 2007.7.26. 2007도3906).
② 【X】 2007.6.1. 법률 제8496호로 개정되기 전의 형사소송법에는 없던 수사기관에 의한 피의자 아닌 자(이하 '참고인'이라 한다) 진술의 영상녹화를 새로 정하면서 그 용도를 참고인에 대한 진술조서의 실질적 진정성립을 증명하거나 참고인의 기억을 환기시키기 위한 것으로 한정하고 있는 현행 형사소송법의 규정 내용을 영상물에 수록된 성범죄 피해자의 진술에 대하여 독립적인 증거능력을 인정하고 있는 성폭력범죄의 처벌 등에 관한 특례법 제30조 제6항 또는 아동·청소년의 성보호에 관한 법률 제26조 제6항의 규정과 대비하여 보면, 수사기관이 참고인을 조사하는 과정에서 형사소송법 제221조 제1항에 따라 작성한 영상녹화물은, 다른 법률에서 달리 규정하고 있는 등의 특별한 사정이 없는 한, 공소사실을 직접 증명할 수 있는 독립적인 증거로 사용될 수는 없다고 해석함이 타당하다(대판 2014.7.10. 2012도5041).
③ 【X】 피고인 또는 피고인 아닌 사람이 컴퓨터용디스크 그 밖에 이와 비슷한 정보저장매체에 입력하여 기억된 문자정보 또는 그 출력물을 증거로 사용하는 경우, 이는 실질에 있어서 피고인 또는 피고인 아닌 사람이 작성한 진술서나 그 진술을 기재한 서류와 크게 다를 바 없고, 압수 후의 보관 및 출력과정에 조작의 가능성이 있으며, 기본적으로 반대신문의 기회가 보장되지 않는 점 등에 비추어 그 내용의 진실성에 관하여는 전문법칙이 적용되고, 따라서 원칙적으로 형사소송법 제313조 제1항에 의하여 작성자 또는 진술자의 진술에 의하여 성립의 진정함이 증명된 때에 한하여 이를 증거로 사용할 수 있다. 다만 정보저장매체에 기억된 문자정보의 내용의 진실성이 아닌 그와 같은 내용의 문자정보의 존재 자체가 직접 증거로 되는 경우에는 전문법칙이 적용되지 아니한다(대판 2013.2.15. 2010도3504).
④ 【O】 피고인과 상대방 사이의 대화 내용에 관한 녹취서가 공소사실의 증거로 제출되어 녹취서의 기재 내용과 녹음테이프의 녹음 내용이 동일한지에 대하여 법원이 검증을 실시한 경우에, 증거자료가 되는 것은 녹음테이프에 녹음된 대화 내용 자체이고, 그 중 피고인의 진술 내용은 실질적으로 형사소송법 제311조, 제312조의 규정 이외에 피고인의 진술을 기재한 서류와 다름없어, 피고인이 녹음테이프를 증거로 할 수 있음에 동의하지 않은 이상 녹음테이프에 녹음된 피고인의 진술 내용을 증거로 사용하기 위해서는 형사소송법 제313조 제1항 단서에 따라 공판준비 또는 공판기일에서 작성자인 상대방의 진술에 의하여 녹음테이프에 녹음된 피고인의 진술 내용이 피고인이 진술한 대로 녹음된 것임이 증명되고 나아가 그 진술이 특히 신빙할 수 있는 상태하에서 행하여진 것임이 인정되어야 한다. 또한 대화 내용을 녹음한 파일 등 전자매체는 성질상 작성자나 진술자의 서명 또는 날인이 없을 뿐만 아니라, 녹음자의 의도나 특정한 기술에 의하여 내용이 편집·조작될 위험성이 있음을 고려하여, 대화 내용을 녹음한 원본이거나 원본으로부터 복사한 사본일 경우에는 복사과정에서 편집되는 등의 인위적 개작없이 원본의 내용 그대로 복사된 사본임이 증명되어야 한다(대판 2012.9.13. 2012도7461).

정답 ④

116 특수한 증거방법의 증거능력에 대한 설명으로 옳지 않은 것은? (다툼이 있는 경우 판례에 의함)   16. 국가직

① 사인(私人)이 녹음한 녹음테이프의 검증조서 기재 중 피고인의 진술내용을 증거로 하기 위해서는 피고인이 내용을 인정하여야 한다.
② 디지털 녹음기에 녹음된 내용을 전자적 방법으로 테이프에 전사한 사본인 녹음테이프를 대상으로 법원이 검증절차를 진행하여, 녹음된 내용이 녹취록의 기재와 일치하고 그 음성이 진술자의 음성임을 확인하였더라도, 그것만으로 녹음테이프의 증거능력을 인정할 수 없다.
③ 무인장비에 의한 속도위반차량 단속은 제한속도를 위반하여 차량을 주행하는 범죄가 현재 행하여지고 있고, 긴급하게 증거보전을 할 필요가 있는 상태에서 일반적으로 허용되는 한도를 넘지 않는 상당한 방법에 의한 것이므로 차량번호 등을 촬영한 사진은 증거능력이 인정된다.
④ 피고인이 범행 후 피해자에게 전화를 걸어오자 피해자가 증거를 수집하려고 그 전화내용을 녹음한 경우 그 것이 피고인 모르게 녹음된 것이라 하여 이를 위법하게 수집된 증거라고 할 수 없다.

해설

① 【 X 】 피고인과 피해자 사이의 대화내용에 관한 녹취서가 공소사실의 증거로 제출되어 그 녹취서의 기재내용과 녹음테이프의 녹음내용이 동일한지 여부에 관하여 법원이 검증을 실시한 경우에 증거자료가 되는 것은 녹음테이프에 녹음된 대화내용 그 자체이고, 그 중 피고인의 진술내용은 실질적으로 형사소송법 제311조, 제312조의 규정 이외에 피고인의 진술을 기재한 서류와 다름없어 피고인이 그 녹음테이프를 증거로 할 수 있음에 동의하지 않은 이상 그 녹음테이프 검증조서의 기재 중 피고인의 진술내용을 증거로 사용하기 위해서는 형사소송법 제313조 제1항 단서에 따라 공판준비 또는 공판기일에서 그 작성자인 피해자의 진술에 의하여 녹음테이프에 녹음된 피고인의 진술내용이 피고인이 진술한 대로 녹음된 것임이 증명되고 나아가 그 진술이 특히 신빙할 수 있는 상태 하에서 행하여진 것임이 인정되어야 할 것이고, 녹음테이프는 그 성질상 작성자나 진술자의 서명 혹은 날인이 없을 뿐만 아니라, 녹음자의 의도나 특정한 기술에 의하여 그 내용이 편집, 조작될 위험성이 있음을 고려하여, 그 대화내용을 녹음한 원본이거나 혹은 원본으로부터 복사한 사본일 경우에는 복사과정에서 편집되는 등의 인위적 개작 없이 원본의 내용 그대로 복사된 사본임이 입증되어야만 하고, 그러한 입증이 없는 경우에는 쉽게 그 증거능력을 인정할 수 없다(대판 2005.12.23. 2005도2945).
② 【 O 】 대판 2008.12.24. 2008도9414
③ 【 O 】 대판 1999.12.7. 98도3329
④ 【 O 】 대판 1997.3.28. 97도240

정답 ①

117 전문증거의 증거능력에 관한 설명 중 옳지 않은 것은? (다툼이 있는 경우 판례에 의함)

20. 변호사시험

① 정보통신망을 통하여 공포심이나 불안감을 유발하는 글을 반복적으로 상대방에게 도달하게 하는 행위를 하였다는 공소사실에 대하여 휴대전화기에 저장된 문자정보가 그 증거가 되는 경우, 그 문자정보는 범행의 직접적인 수단이고 경험자의 진술에 갈음하는 대체물에 해당하지 않으므로 전문법칙이 적용되지 않는다.
② 성폭력 피해아동이 어머니에게 진술한 내용을 어머니가 상담원에게 전한 후, 상담원이 그 내용을 검사 면전에서 진술하여 작성된 진술조서는 이른바 '재전문진술을 기재한 조서'로서, 피고인이 동의하지 않는 한 증거능력이 인정되지 아니한다.
③ A가 특정범죄 가중처벌 등에 관한 법률 위반(알선수재)죄로 기소된 피고인으로부터 건축허가를 받으려면 담당공무원에게 사례비를 주어야 한다는 말을 들었다는 취지의 법정진술을 한 경우, 원진술의 존재 자체가 알선수재죄에서의 요증사실이므로 A의 진술은 전문증거가 아니라 본래증거에 해당한다.
④ 수사기관이 참고인을 조사하는 과정에서 촬영한 영상녹화물은, 다른 법률에서 달리 규정하고 있는 등의 특별한 사정이 없는 한, 공소사실을 직접 증명할 수 있는 독립적인 증거로 사용할 수 없다.
⑤ 보험사기 사건에서 건강보험심사평가원이 수사기관의 의뢰에 따라 그 보내온 자료를 토대로 입원진료의 적정성에 대한 의견을 제시하는 내용의 '건강보험심사평가원의 입원진료 적정성 여부 등 검토의뢰에 대한 회신'은 「형사소송법」 제315조 제3호의 '기타 특히 신용할 만한 정황에 의하여 작성된 문서'에 해당한다.

해설

① 【O】 대판 2008.11.13. 2006도2556
② 【O】 형사소송법은 전문진술에 대하여 제316조에서 실질상 단순한 전문의 형태를 취하는 경우에 한하여 예외적으로 그 증거능력을 인정하는 규정을 두고 있을 뿐, 재전문진술이나 재전문진술을 기재한 조서에 대하여는 달리 그 증거능력을 인정하는 규정을 두고 있지 아니하고 있으므로, 피고인이 증거로 하는 데 동의하지 않는 한 형사소송법 제310조의2의 규정(전문법칙)에 의하여 이를 증거로 할 수 없다(대판 2000.3.10. 2000도159).
③ 【O】 공소외 2는 전화를 통하여 피고인으로부터 2005.8.경 건축허가 담당 공무원이 외국연수를 가므로 사례비를 주어야 한다는 말과 2006.2.경 건축허가 담당 공무원이 4,000만 원을 요구하는데 사례로 2,000만 원을 주어야 한다는 말을 들었다는 취지로 수사기관, 제1심 및 원심 법정에서 진술하였음을 알 수 있는데, 피고인의 위와 같은 원진술의 존재 자체가 이 사건 알선수재죄에 있어서의 요증사실이므로, 이를 직접 경험한 공소외 2가 피고인으로부터 위와 같은 말들을 들었다고 하는 진술들은 전문증거가 아니라 본래증거에 해당된다(대판 2008.11.13. 2008도8007).
④ 【O】 수사기관이 참고인을 조사하는 과정에서 형사소송법 제221조 제1항에 따라 작성한 영상녹화물은, 다른 법률에서 달리 규정하고 있는 등의 특별한 사정이 없는 한, 공소사실을 직접 증명할 수 있는 독립적인 증거로 사용될 수는 없다고 해석함이 타당하다(대판 2014.7.10. 2012도5041).
⑤ 【X】 사무처리 내역을 계속적, 기계적으로 기재한 문서가 아니라 범죄사실의 인정 여부와 관련 있는 어떠한 의견을 제시하는 내용을 담고 있는 문서는 형사소송법 제315조 제3호에서 규정하는 당연히 증거능력이 있는 서류에 해당한다고 볼 수 없으므로, 이른바 보험사기 사건에서 건강보험심사평가원이 수사기관의 의뢰에 따라 그 보내온 자료를 토대로 입원진료의 적정성에 대한 의견을 제시하는 내용의 '건강보험심사평가원의 입원진료 적정성 여부 등 검토의뢰에 대한 회신'은 형사소송법 제315조 제3호의 '기타 특히 신용할 만한 정황에 의하여 작성된 문서'에 해당하지 않는다(대판 2017.12.5. 2017도12671).

정답 ⑤

118 녹음테이프의 증거능력에 대한 설명으로 옳지 않은 것은? (다툼이 있는 경우 판례에 의함)

16. 국가직

① 사인(私人)이 피고인 아닌 사람과의 대화내용을 녹음한 녹음테이프는 원본으로서 공판준비나 공판기일에서 원진술자의 진술에 의하여 녹음된 각자의 진술내용이 자신이 진술한 대로 녹음된 것이라는 점이 인정되더라도 피고인이 동의하지 않는다면 증거로 사용할 수 없다.
② 피고인이 A의 대화를 녹음한 녹취록에 관하여 피고인이 위 녹취록에 대하여 부동의한 사건에서, A가 위 대화를 자신이 녹음하였고 위 녹취록의 내용이 다 맞다고 1심 법정에서 진술하였을 뿐 그 이외에 위 녹취록에 그 작성자가 기재되어 있지 않을 뿐만 아니라 검사는 위 녹취록 작성의 토대가 된 위 대화내용을 녹음한 원본 녹음테이프 등을 증거로 제출하지도 아니하는 경우, 위 녹취록의 기재는 증거능력이 없이 이를 증거로 사용할 수 없다.
③ 사인(私人)이 피고인 아닌 사람과의 대화내용을 녹음한 녹음테이프에 대해 법원이 그 진술당시 진술자의 상태 등을 확인하기 위하여 작성한 검증조서는 법원의 검증 결과를 기재한 조서로서 형사소송법 제311조에 의하여 증거로 할 수 있다.
④ 피고인이 범행 후 피해자에게 전화를 걸어오자 피해자가 증거를 수집하려고 그 전화내용을 녹음한 경우 그 녹음테이프가 피고인 모르게 녹음된 것이라 하더라도 위법수집증거는 아니다.

해설

① 【X】 수사기관 아닌 사인(私人)이 피고인 아닌 사람과의 대화내용을 녹음한 녹음테이프는 형사소송법 제311조, 제312조 규정 이외의 피고인 아닌 자의 진술을 기재한 서류와 다를 바 없으므로, 피고인이 녹음테이프를 증거로 할 수 있음에 동의하지 아니하는 이상 그 증거능력을 부여하기 위해서는, 첫째 녹음테이프가 원본이거나 원본으로부터 복사한 사본일 경우 복사과정에서 편집되는 등의 인위적 개작 없이 원본 내용 그대로 복사된 사본일 것, 둘째 형사소송법 제313조 제1항에 따라 공판준비나 공판기일에서 원진술자의 진술에 의하여 녹음테이프에 녹음된 각자의 진술내용이 자신이 진술한 대로 녹음된 것이라는 점이 인정되어야 한다(대판 2011.9.8. 2010도7497).
② 【O】 대판 2010.3.11. 2009도14525
③ 【O】 대판 2008.7.10. 2007도10755
④ 【O】 대판 1997.3.28. 97도240

정답 ①

119 디지털 저장매체에 저장되어 있는 피고인 아닌 자가 작성한 문서를 출력하여 제출한 경우, 그 증거능력 인정요건에 대한 설명으로 옳지 않은 것은? (증거동의가 없음을 전제하고, 다툼이 있는 경우 판례에 의함) 19. 국가직

① 디지털 저장매체의 사용자 및 소유자, 로그기록 등 저장매체에 남은 흔적, 초안 문서의 존재, 작성자만의 암호 사용 여부, 전자서명의 유무 등 객관적 사정에 의하여 동일인이 작성하였다고 볼 수 있다면 그 작성자의 부인에도 불구하고 진정성립을 인정할 수 있다.
② 디지털 저장매체 원본에 저장된 내용과 출력 문건의 동일성이 인정되어야 하고, 이를 위해서는 정보저장매체 원본이 압수 시부터 문건 출력 시까지 변경되지 않았다는 무결성이 담보되어야 한다.
③ 작성자가 자기에게 맡겨진 사무를 처리한 내역을 그때그때 계속적·기계적으로 기재하여 저장해 놓은 문서로서 업무상 필요로 작성한 통상문서에 해당하면 증거능력이 인정된다.
④ 디지털 저장매체에 저장된 로그파일의 원본이 아니라 그 복사본의 일부 내용을 요약·정리하는 방식으로 새로운 문서파일이 작성된 경우, 새로 작성한 파일을 출력한 문서는 로그파일의 복사본과 원본의 동일성이 인정되더라도 로그파일 원본의 내용을 증명하는 증거로 사용할 수 없다.

[해설]

① **[O]** 피고인 아닌 자가 작성한 진술서가 증거능력이 인정되기 위해서는 자필이거나 날인 또는 서명이 있는 것으로서, <u>작성자인 피고인 아닌 자가 공판준비 또는 공판기일에 그 성립의 진정함을 인정하여야 한다</u>(제313조 제1항 본문). 제313조 제1항의 명문규정상 진정성립은 작성자의 공판정 진술에 의하여 이루어져야 함이 원칙이다. 그러나, 제313조 제1항 본문에도 불구하고 <u>진술서의 작성자가 공판준비나 공판기일에서 그 성립의 진정을 부인하는 경우에는 과학적 분석결과에 기초한 디지털포렌식 자료, 감정 등 객관적 방법으로 성립의 진정함이 증명되고, 피고인 또는 변호인이 공판준비 또는 공판기일에 그 기재 내용에 관하여 작성자를 신문할 수 있었을 때에는 증거로 할 수 있다</u>(제313조 제2항).
② **[O]** 대판 2013.7.26. 2013도2511
③ **[O]** 대판 2015.7.16. 2015도2625 전합
④ **[X]** 디지털 저장매체에 저장된 로그파일의 원본이 아니라 그 복사본의 일부 내용을 요약·정리하는 방식으로 새로운 문서파일이 작성된 경우 그 문서파일 또는 거기에서 출력한 문서를 로그파일 원본의 내용을 증명하는 증거로 사용하기 위하여는 피고인이 이를 증거로 하는 데 동의하지 아니하는 이상 그 문서파일의 기초가 된 로그파일 복사본과 로그파일 원본의 동일성도 인정되어야 한다(대판 2015.8.27. 2015도3467).

정답 ④

120 사진 및 영상녹화물의 증거능력에 대한 설명으로 가장 적절하지 않은 것은? (다툼이 있는 경우 판례에 의함)

19. 경찰채용 1차

① 「성폭력범죄의 처벌 등에 관한 특례법」 제30조에 의하면 성폭력범죄의 피해자가 19세 미만인 경우 피해자의 진술내용과 조사과정을 영상녹화하여야 하는데, 해당 영상물에 수록된 피해자의 진술은 공판준비기일 또는 공판기일에 피해자의 진술에 의하여 성립의 진정이 증명되면 증거능력이 인정된다.

② 사법경찰관이 작성한 검증조서에 피의자이던 피고인이 검사 이외의 수사기관 앞에서 자백한 범행내용을 현장에 따라 진술·재연한 내용이 기재되고 그 재연 과정을 촬영한 사진이 첨부되어 있다면, 그러한 사진은 피고인이 공판정에서 그 진술내용 및 범행재연의 상황을 모두 부인하는 이상 증거능력이 없다.

③ 「정보통신망 이용촉진 및 정보보호 등에 관한 법률」에 의하면 정보통신망을 통하여 공포심을 유발하는 글을 반복적으로 상대방에게 도달케 하는 행위를 처벌하고 있는데, 검사가 위 죄에 대한 증거로 휴대전화기에 저장된 문자정보를 촬영한 사진을 법원에 제출한 경우, 해당 증거에 대해서는 피고인이 성립 및 내용의 진정을 부인하면 증거능력이 부정된다.

④ 검사가 피의자와 그 사건에 관하여 대화하는 내용과 장면을 녹화한 비디오테이프에 대한 법원의 검증조서는 이러한 비디오테이프의 녹화내용이 피의자의 진술을 기재한 피의자신문조서와 실질적으로 같다고 볼 것이므로 피의자신문조서에 준하여 그 증거능력을 가려야 한다.

해설

① 【O】 성폭력범죄의 피해자가 19세 미만이거나 신체장애 또는 정신상의 장애로 사물을 변별하거나 의사를 결정할 능력이 미약한 때에는 피해자 또는 법정대리인이 이를 원하지 않는 경우가 아닌 한 피해자의 진술내용과 조사과정을 비디오녹화기 등 영상물 녹화장치에 의하여 촬영·보존하도록 강제하고 있다(성폭력범죄의 처벌 등에 관한 특례법 제30조 제1항). 촬영한 영상물에 수록된 피해자의 진술은 공판준비 또는 공판기일에서 피해자 또는 조사과정에 동석하였던 신뢰관계에 있는 자 또는 진술조력인의 진술에 의하여 그 성립의 진정함이 인정된 때에는 증거로 할 수 있다고 규정하고 있다(동법 제30조 제6항).

② 【O】 사법경찰관 작성의 검증조서에 대하여 피고인이 증거로 함에 동의만 하였을 뿐 공판정에서 검증조서에 기재된 진술내용 및 범행을 재연한 부분에 대하여 그 성립의 진정 및 내용을 인정한 흔적을 찾아볼 수 없고 오히려 이를 부인하고 있는 경우에는 그 증거능력을 인정할 수 없고, 위 검증조서 중 범행에 부합되는 피고인의 진술을 기재한 부분과 범행을 재연한 부분을 제외한 나머지 부분만을 증거로 채용하여야 한다(대판 1998.3.13. 98도159).

③ 【X】 형사소송법 제310조의2는 사실을 직접 경험한 사람의 진술이 법정에 직접 제출되어야 하고 이에 갈음하는 대체물인 진술 또는 서류가 제출되어서는 안 된다는 이른바 전문법칙을 선언한 것이다. 그런데 정보통신망을 통하여 공포심이나 불안감을 유발하는 글을 반복적으로 상대방에게 도달하게 하는 행위를 하였다는 공소사실에 대하여 휴대전화기에 저장된 문자정보가 그 증거가 되는 경우, 그 문자정보는 범행의 직접적인 수단이고 경험자의 진술에 갈음하는 대체물에 해당하지 않으므로, 형사소송법 제310조의2에서 정한 전문법칙이 적용되지 않는다(대판 2008.11.13. 2006도12556).

④ 【O】 대판 1992.6.23. 92도682

정답 ③

121 다음 설명 중 가장 옳지 않은 것은? (다툼이 있는 경우 판례에 의함) 20. 법원직

① 압수물인 디지털 저장매체로부터 출력한 문건을 증거로 사용하기 위해서는 디지털 저장매체 원본에 저장된 내용과 출력한 문건의 동일성이 인정되어야 하고, 이를 위해서는 디지털 저장매체 원본이 압수시부터 문건 출력시까지 변경되지 않았음이 담보되어야 한다.

② 수사기관이 법원으로부터 영장 또는 감정처분허가장을 발부받지 아니한 채 피의자의 동의 없이 피의자의 신체로부터 혈액을 채취하고 사후적으로도 지체 없이 영장을 발부받지 아니한 채 알콜농도에 관한 감정이 이루어졌다면, 이러한 감정결과보고서 등은 영장주의를 위반한 위법수집증거에 해당하고, 피고인이나 변호인의 증거동의가 있다고 하더라도 유죄의 증거로 사용할 수 없다.

③ 피고인이 범행 후 피해자에게 전화를 걸어오자 피해자가 증거를 수집하려고 그 전화내용을 녹음한 경우, 그 녹음테이프가 피고인 모르게 녹음되었다 하더라도 이를 위법하게 수집된 증거라고 할 수 없다.

④ 수사기관이 범죄 피해자를 참고인으로 조사하는 과정에서 형사소송법 제221조 제1항에 따라 그 참고인의 진술을 녹화한 영상녹화물은 피고인의 공소사실을 직접 증명할 수 있는 별개의 독립적인 증거로 사용될 수 있다.

해설

① 【 O 】 대판 2013.6.13. 2012도16001
② 【 O 】 대판 2011.4.27. 2009도2109
③ 【 O 】 대판 1997.3.28. 97도240
④ 【 X 】 2007.6.1. 법률 제8496호로 개정되기 전의 형사소송법에는 없던 수사기관에 의한 피의자 아닌 자(이하 '참고인'이라 한다) 진술의 영상녹화를 새로 정하면서 그 용도를 참고인에 대한 진술조서의 실질적 진정성립을 증명하거나 참고인의 기억을 환기시키기 위한 것으로 한정하고 있는 현행 형사소송법의 규정 내용을 영상물에 수록된 성범죄 피해자의 진술에 대하여 독립적인 증거능력을 인정하고 있는 성폭력범죄의 처벌 등에 관한 특례법 제30조 제6항 또는 아동·청소년의 성보호에 관한 법률 제26조 제6항의 규정과 대비하여 보면, 수사기관이 참고인을 조사하는 과정에서 형사소송법 제221조 제1항에 따라 작성한 영상녹화물은, 다른 법률에서 달리 규정하고 있는 등의 특별한 사정이 없는 한, 공소사실을 직접 증명할 수 있는 독립적인 증거로 사용될 수는 없다고 해석함이 타당하다(대판 2014.7.10. 2012도5041).

정답 ④

122 다음 사례에 대한 설명으로 옳지 않은 것은? (다툼이 있는 경우 판례에 의함)

16. 국가직

> 평상시 남편의 가정폭력으로 이혼을 결심한 A는 남편 甲과의 이혼소송에 대비하여, 甲과의 대화 도중 甲 모르게 대화내용을 스마트폰으로 녹음하였다. 이에는 甲이 격분하여 "3년 전에 내가 X도 죽였는데 너는 못 죽이겠냐. 내 말 안 듣고 이혼을 요구하면 죽여 버린다."라며 협박한 내용과 X를 살해한 사실을 자백하는 내용이 포함되어 있었다.

① 대화 일방 당사자인 A의 녹음은 위법수집증거에 해당되지 않는다.
② 甲의 협박죄 사건의 공판정에서 "내 말 안 듣고 이혼을 요구하면 죽여 버린다."라고 甲이 말하였다고 A가 증언하였다면 이는 전문증거이다.
③ X의 사망사건 수사에 관하여 검사가 작성한 A의 진술조서에 甲이 "내가 X도 죽였다."고 말했다는 취지의 부분이 기재되어 있다면 전문진술이 기재된 조서로 재전문서류에 해당한다.
④ 대화 내용을 녹음한 파일 등 저장매체는 대화 내용을 녹음한 원본이거나 원본으로부터 복사한 사본일 경우 복사과정에서 편집되는 등의 인위적 개작 없이 원본의 내용 그대로 복사된 사본임이 증명되어야 한다.

[해설]

① 【 O 】 대화당사자간 1인이 상대방 몰래 비밀녹음을 한 경우 통신비밀보호법의 적용을 받아 증거능력을 부정하여야 하는지에 대해 견해의 대립이 있다. 이에 대해 판례는 대화 당사자 사이의 녹음은 타인간의 대화를 녹음한 것이 아니어서 통신비밀보호법 제14조의 적용을 받지 않는다고 보아 대화당사자 중 일방의 비밀녹음은 증거사용이 가능하다고 보았다(대판 2001.10.9. 2001도3106).
② 【 X 】 진술의 의미내용이 아니라 그 존재자체가 문제될 때에는 본래증거이지 전문증거가 아니다(대판 2008.9.25. 2008도5347). 따라서 협박죄에서 협박성 발언을 한 것은 존재자체가 문제되기 때문에 본래증거가 된다.
③ 【 O 】 X에 대한 사망사건(살인)과 관련한 甲의 발언은 진술의 의미내용이 문제되므로 전문증거에 해당한다. 따라서 검사가 작성한 A에 대한 진술조서에 甲의 진술이 기재된 경우 이는 전문진술이 기재된 조서로서 제312조 제4항과 제316조 제1항의 요건을 모두 갖추면 甲의 피고사건에 증거능력이 인정된다.
④ 【 O 】 대판 2014.8.26. 2011도6035

정답 ②

123 甲은 휴대전화기를 이용하여 A에게 공포심을 유발하는 글을 반복적으로 도달하게 한 혐의로 정보통신망 이용촉진 및 정보보호 등에 관한 법률 위반죄로 기소되었다. 검사는 乙이 甲의 부탁을 받고 甲의 휴대전화기를 보관하고 있다는 사실을 알고 乙에게 부탁하여 甲의 휴대전화기를 임의제출 받았다. 한편 A는 B의 휴대전화기에 "甲으로부터 수차례 협박 문자메시지를 받았다"는 내용의 문자메시지를 발송하였다. 이에 대한 설명으로 옳은 것은? (다툼이 있는 경우 판례에 의함) 17. 국가직

① 甲의 휴대전화기는 甲의 승낙이나 영장 없이 위법하게 수집된 증거로서 증거능력이 부정된다.
② 甲의 휴대전화기 자체가 아니라 甲의 휴대전화기 화면에 표시된 문자메시지를 촬영한 사진이 증거로 제출된 경우 甲이 그 성립 및 내용의 진정을 부인하는 때에는 이를 증거로 사용할 수 없다.
③ 甲의 휴대전화기 화면을 촬영한 사진을 증거로 사용하려면 甲의 휴대전화기를 법정에 제출할 수 없거나 그 제출이 곤란한 사정이 있고, 그 사진의 영상이 甲의 휴대전화기 화면에 표시된 문자정보와 정확하게 같다는 사실이 증명되어야 한다.
④ B의 휴대전화기에 저장된 문자메시지는 본래증거로서 형사소송법 제310조의2가 정한 전문법칙이 적용될 여지가 없다.

[해설]

① 【X】 비록 甲의 동의나 승낙이 없었다고 하여도 乙은 보관자의 지위에 있기 때문에 乙이 임의로 제출한 휴대전화기는 적법한 압수로서 증거능력이 부여된다(대판 2008.5.15. 2008도1097).
② 【X】 정보통신망을 통하여 공포심이나 불안감을 유발하는 글을 반복적으로 상대방에게 도달하게 하는 행위를 하였다는 공소사실에 대하여 휴대전화기에 저장된 문자정보가 그 증거가 되는 경우, 그 문자정보는 범행의 직접적인 수단이고 경험자의 진술에 갈음하는 대체물에 해당하지 않으므로, 형사소송법 제310조의2에서 정한 전문법칙이 적용되지 않는다(대판 2008.11.13. 2006도2556).
③ 【O】 대판 2008.11.13. 2006도2556
④ 【X】 B의 휴대전화기에 저장된 문자메시지는 전문증거로서 피해자의 진술서에 준하는 것이다. 따라서 문자메시지의 내용에 관하여는 전문법칙이 적용되어야 한다. 판례도 유사한 사례에서 "피해자가 피고인으로부터 당한 공갈 등 피해 내용을 담아 남동생에게 보낸 문자메시지를 촬영한 사진은 형사소송법 제313조에 규정된 '피해자의 진술서'에 준하는 것인데, 제반 사정에 비추어 그 진정성립이 인정되어 증거로 할 수 있다(대판 2010.11.25. 2010도8735)"고 하여 전문증거라고 판시한 바 있다.

정답 ③

124 증거능력에 대한 설명이다. 아래 ㉠부터 ㉣까지의 설명 중 옳고 그름의 표시(○, ×)가 바르게 된 것은? (다툼이 있는 경우 판례에 의함)

19. 경찰승진

> ㉠ 디지털 녹음기에 녹음된 내용을 전자적 방법으로 테이프에 전사한 사본인 녹음테이프를 대상으로 법원이 검증절차를 진행하여, 녹음된 내용이 녹취록의 기재와 일치하고 그 음성이 진술자의 음성임을 확인하였다면 그것만으로 녹음테이프의 증거능력을 인정할 수 있다.
> ㉡ 법정에 출석한 증인이 「형사소송법」 제148조, 제149조 등에서 정한 바에 따라 정당하게 증언거부권을 행사하여 증언을 거부한 경우는 「형사소송법」 제314조의 '그 밖에 이에 준하는 사유로 인하여 진술할 수 없는 때'에 해당하지 아니한다.
> ㉢ 수사기관이 피의자를 신문함에 있어서 피의자에게 미리 진술거부권을 고지하지 않은 때에는 그 피의자의 진술은 위법하게 수집된 증거이나, 진술의 임의성이 인정되는 경우에는 증거능력이 인정된다.
> ㉣ 검사 작성의 피의자신문조서에 대한 실질적 진정성립을 증명할 수 있는 수단으로서 「형사소송법」 제312조 제2항에 규정된 '영상녹화물이나 그 밖의 객관적인 방법'이란 조사관 또는 조사 과정에 참여한 통역인 등의 증언도 이에 해당한다.

① ㉠ ○   ㉡ ○   ㉢ ×   ㉣ ×
② ㉠ ×   ㉡ ×   ㉢ ○   ㉣ ○
③ ㉠ ×   ㉡ ○   ㉢ ×   ㉣ ×
④ ㉠ ○   ㉡ ×   ㉢ ○   ㉣ ○

해설

㉠ 【 × 】 디지털 녹음기에 녹음된 내용을 전자적 방법으로 테이프에 전사한 사본인 녹음테이프를 대상으로 법원이 검증절차를 진행하여, 녹음된 내용이 녹취록의 기재와 일치하고 그 음성이 진술자의 음성임을 확인하였더라도, 그것만으로 녹음테이프의 증거능력을 인정할 수 없다고 한 사례(대판 2008.12.24. 2008도9414).

㉡ 【 ○ 】 대판 2012.5.17. 2009도6788

㉢ 【 × 】 형사소송법 제200조 제2항은 검사 또는 사법경찰관이 출석한 피의자의 진술을 들을 때에는 미리 피의자에 대하여 진술을 거부할 수 있음을 알려야 한다고 규정하고 있는바, 이러한 피의자의 진술거부권은 헌법이 보장하는 형사상 자기에 불리한 진술을 강요당하지 않는 자기부죄거부의 권리에 터잡은 것이므로 수사기관이 피의자를 신문함에 있어서 피의자에게 미리 진술거부권을 고지하지 않은 때에는 그 피의자의 진술은 위법하게 수집된 증거로서 진술의 임의성이 인정되는 경우라도 증거능력이 부인되어야 한다(대판 1992.6.23. 92도682).

㉣ 【 × 】 실질적 진정성립을 증명할 수 있는 방법으로서 형사소송법 제312조 제2항에 예시되어 있는 영상녹화물의 경우 형사소송법 및 형사소송규칙에 의하여 영상녹화의 과정, 방식 및 절차 등이 엄격하게 규정되어 있는데다(형사소송법 제244조의2, 형사소송규칙 제134조의2 제3항, 제4항, 제5항 등) 피의자의 진술을 비롯하여 검사의 신문 방식 및 피의자의 답변 태도 등 조사의 전 과정이 모두 담겨 있어 피고인이 된 피의자의 진술 내용 및 취지를 과학적·기계적으로 재현해 낼 수 있으므로 조서의 내용과 검사 앞에서의 진술 내용을 대조할 수 있는 수단으로서의 객관성이 보장되어 있다고 볼 수 있으나, 피고인을 피의자로 조사하였거나 조사에 참여하였던 자들의 증언은 오로지 증언자의 주관적 기억 능력에 의존할 수밖에 없어 객관성이 보장되어 있다고 보기 어렵다. 결국 검사 작성의 피의자신문조서에 대한 실질적 진정성립을 증명할 수 있는 수단으로서 형사소송법 제312조 제2항에 규정된 '영상녹화물이나 그 밖의 객관적인 방법'이란 형사소송법 및 형사소송규칙에 규정된 방식과 절차에 따라 제작된 영상녹화물 또는 그러한 영상녹화물에 준할 정도로 피고인의 진술을 과학적·기계적·객관적으로 재현해 낼 수 있는 방법만을 의미하고, 그 외에 조사관 또는 조사 과정에 참여한 통역인 등의 증언은 이에 해당한다고 볼 수 없다(대판 2016.2.18. 2015도16586).

정답 ③

125 증거능력과 증명력에 대한 설명으로 옳지 않은 것은?

23. 국가직 7급

① 거짓말탐지기 검사결과는 항상 진실에 부합한다고 단정할 수 없다 하더라도 검사를 받는 사람의 진술의 신빙성을 가늠하는 정황증거로서 기능을 하므로, 그 검사결과만으로 범행 당시의 상황이나 범행 이후 정황에 부합하는 진술의 신빙성을 부정할 수 있다.
② 수사기관에서 진술한 참고인이 법정에서 증언을 거부하여 피고인이 반대신문을 하지 못한 경우에는 정당하게 증언거부권을 행사한 것이 아니라도, 피고인이 증인의 증언거부 상황을 초래하였다는 등의 특별한 사정이 없는 한 「형사소송법」 제314조의 '그 밖에 이에 준하는 사유로 인하여 진술할 수 없는 때'에 해당하지 않는다.
③ 검사가 공판기일에 증인으로 신청하여 신문할 사람을 특별한 사정없이 미리 수사기관에 소환하여 면담하는 절차를 거친 후에 그 사람이 증인으로 소환되어 법정에서 피고인에게 불리한 내용의 진술을 한 경우, 검사가 증인신문 전 면담과정에서 증인에 대한 회유나 압박, 답변유도나 암시 등으로 증인의 법정진술에 영향을 미치지 않았다는 점이 담보되어야 증인의 법정진술을 신빙할 수 있다.
④ 전문진술이 기재된 조서는 「형사소송법」 제312조 또는 제314조에 따라 증거능력이 인정될 수 있는 경우에 해당하여야 하며, 원진술자가 사망, 질병, 외국거주, 소재불명 그 밖에 이에 준하는 사유로 인하여 진술할 수 없고, 그 진술이 특히 신빙할 수 있는 상태하에서 행하여졌음이 증명된 때에 한하여 예외적으로 이를 증거로 할 수 있다.

해설

① 【 X 】 거짓말탐지기의 검사는 그 기구의 성능, 조작기술 등에 있어 신뢰도가 극히 높다고 인정되고 그 검사자가 적격자이며, 검사를 받는 사람이 검사를 받음에 동의하였으며, 검사서가 검사자 자신이 실시한 검사의 방법, 경과 및 그 결과를 충실하게 기재하였다는 등의 전제조건이 증거에 의하여 확인되었을 경우에만 형사소송법 제313조 제2항에 의하여 이를 증거로 할 수 있는 것이고, 위와 같은 조건이 모두 충족되어 증거능력이 있는 경우에도 그 검사결과는 검사를 받는 사람의 진술의 신빙성을 가늠하는 정황증거로서의 기능을 하는데 그치는 것인 바, 이 사건에 있어서 위의 거짓말탐지기 검사결과는 그 정확성을 보장할 수 있는 전제조건들을 구비하였다고 단정하기도 어려울 뿐만 아니라 설사 그러한 조건을 구비하였다 하더라도 수사기관이래 원심법정에 이르기 까지의 피고인의 일관된 변소내용에 비추어 볼 때 위 거짓말탐지기 검사결과에 나타난 반응을 그대로 받아들일 수는 없으며 그밖에 공소사실을 인정할 만한 다른 증거가 없다(대판 1987.7.21. 87도968).
② 【 O 】 수사기관에서 진술한 참고인이 법정에서 증언을 거부하여 피고인이 반대신문을 하지 못한 경우에는 정당하게 증언거부권을 행사한 것이 아니라도, 피고인이 증인의 증언거부 상황을 초래하였다는 등의 특별한 사정이 없는 한 형사소송법 제314조의 '그 밖에 이에 준하는 사유로 인하여 진술할 수 없는 때'에 해당하지 않는다고 보아야 한다. 따라서 증인이 정당하게 증언거부권을 행사하여 증언을 거부한 경우와 마찬가지로 수사기관에서 그 증인의 진술을 기재한 서류는 증거능력이 없다(대법원 2019.11.21. 선고 2018도13945).
③ 【 O 】 검사가 공판기일에 증인으로 신청하여 신문할 사람을 특별한 사정 없이 미리 수사기관에 소환하여 면담하는 절차를 거친 후 증인이 법정에서 피고인에게 불리한 내용의 진술을 한 경우, 검사가 증인신문 전 면담 과정에서 증인에 대한 회유나 압박, 답변유도나 암시 등으로 증인의 법정진술에 영향을 미치지 않았다는 점이 담보되어야 증인의 법정진술을 신빙할 수 있다고 할 것이다(대판 2021.6.10. 2020도15891).
④ 【 O 】 형사소송법 제314조(증거능력에 대한 예외) 제312조 또는 제313조의 경우에 공판준비 또는 공판기일에 진술을 요하는 자가 사망·질병·외국거주·소재불명 그 밖에 이에 준하는 사유로 인하여 진술할 수 없는 때에는 그 조서 및 그 밖의 서류(피고인 또는 피고인 아닌 자가 작성하였거나 진술한 내용이 포함된 문자·사진·영상 등의 정보로서 컴퓨터용디스크, 그 밖에 이와 비슷한 정보 저장매체에 저장된 것을 포함한다)를 증거로 할 수 있다. 다만, 그 진술 또는 작성이 특히 신빙할 수 있는 상태하에서 행하여졌음이 증명된 때에 한한다.

정답 ①

126 다음 사례에 대한 〈보기〉의 설명으로 옳은 것만을 모두 고르면? (다툼이 있는 경우 판례에 의함) 19. 검찰 7급

─〈사례〉─
2018.5.7. 21:00경 乙은 자신의 집에서 甲에게 금품을 강취당하면서 甲이 "돈을 안 주면 죽이겠다."라고 말하는 것을 자신의 휴대폰으로 녹음하였다. 한편, 사정을 모르는 乙의 친구 A가 전화를 걸자, 乙은 甲의 지시에 따라 평상시와 같이 A의 전화를 받고 통화를 마쳤으나 전화가 미처 끊기기 전에 A는 '악' 하는 乙의 비명소리와 '우당탕' 하는 소리를 듣게 되었다. 검사는 甲을 강도죄로 기소하고, 乙의 휴대폰에 저장된 甲의 협박이 담긴 녹음파일의 사본을 증거로 제출하였다. 또한, A는 수사기관의 참고인 조사에서 乙과의 통화 도중 들은 것에 대하여 진술하였다. 한편, 甲은 녹음파일의 사본과 A의 진술을 증거로 하는 것에 동의하지 않았다.

─
㉠ 乙의 녹음파일 사본에 대한 증거능력이 인정되기 위해서는, 해당 사본이 복사과정에서 편집되는 등 인위적 개작 없이 원본 내용 그대로 복사된 것임이 증명되어야 한다.
㉡ 녹음파일에 있는 甲의 진술을 증거로 함에 있어서는 공판준비 또는 공판기일에서 乙의 진술에 의하여 녹음파일에 있는 진술 내용이 甲이 진술한 대로 녹음된 것임이 증명되고, 그 진술이 특히 신빙할 수 있는 상태하에서 행하여진 것임이 인정되어야 한다.
㉢ 乙의 '악' 하는 비명소리는 「통신비밀보호법」에서 보호하는 타인 간의 '대화'에 해당하여 증거로 할 수 없지만, '우당탕' 하는 소리는 음향으로서 「통신비밀보호법」에서 보호하는 타인 간의 '대화'에 해당하지 않아 甲의 폭행사실에 대한 증거로 사용할 수 있다.

① ㉠, ㉡   ② ㉠, ㉢   ③ ㉡, ㉢   ④ ㉠, ㉡, ㉢

[해설]
㉠【○】대판 2018.2.8. 2017도13263
㉡【○】위 녹음파일은 피고인 아닌 乙이 피고인 甲의 진술을 녹음한 것으로서, 피고인 아닌 자가 작성한 피고인의 진술을 기재한 서류에 준하여(제313조 제1항 단서), 공판준비 또는 공판기일에서 작성자인 乙의 진술에 의하여 성립의 진정이 인정되고, 甲의 진술이 특히 신빙할 만한 상태에서 행하여졌음이 증명된 경우에 한하여 증거로 할 수 있다.
㉢【X】사람의 육성이 아닌 사물에서 발생하는 음향은 타인 간의 '대화'에 해당하지 않는다. 또한 사람의 목소리라고 하더라도 상대방에게 의사를 전달하는 말이 아닌 단순한 비명소리나 탄식 등은 타인과 의사소통을 하기 위한 것이 아니라면 특별한 사정이 없는 한 타인 간의 '대화'에 해당한다고 볼 수 없다(대판 2017.3.15. 2016도19843). 즉, 사물에서 나는 소리인 "우당탕"이라는 소리뿐만 아니라 "악"이라는 비명소리도 통신비밀보호법의 적용을 받지 아니한다.

정답 ①

127 다음 설명 중 옳은 것만을 모두 고르면? (다툼이 있는 경우 판례에 의함)

19. 검찰 7급

㉠ 수사기관이, 정보저장매체에 기억된 정보 중에서 키워드 또는 확장자 검색 등을 통해 범죄 혐의사실과 관련 있는 정보를 선별한 다음, 정보저장매체와 동일하게 비트열 방식으로 복제하여 생성한 파일을 제출받아 압수한 경우, 수사기관이 수사기관 사무실에서 위와 같이 압수된 이미지 파일을 탐색·복제·출력하는 과정에서도 피의자 등에게 참여의 기회를 보장하여야 하는 것은 아니다.
㉡ 수사기관이 범죄 증거를 수집할 목적으로 피의자의 동의 없이 피의자의 소변을 채취하는 경우, 법원으로부터 감정허가장 또는 감정유치장을 받아야 하고, 압수·수색의 방법으로는 할 수 없다.
㉢ 「통신비밀보호법」상 '전기통신의 감청'은 전기통신이 이루어지고 있는 상황에서 실시간으로 전기통신의 내용을 지득·채록하는 경우, 통신의 송·수신을 직접적으로 방해하는 경우, 이미 수신이 완료된 전기통신에 관하여 남아 있는 기록이나 내용을 열어보는 경우 등을 의미한다.
㉣ 피고인이 아닌 자가 수사과정에서 진술서를 작성하였지만 수사기관이 그에 대한 조사과정을 기록하지 아니하여 「형사소송법」 제244조의4 제3항 및 제1항에서 정한 절차를 위반한 경우, 특별한 사정이 없는 한 '적법한 절차와 방식'에 따라 수사과정에서 진술서가 작성되었다 할 수 없으므로 증거능력을 인정할 수 없다.

① ㉠, ㉡   ② ㉠, ㉣   ③ ㉡, ㉢   ④ ㉢, ㉣

해설

㉠ 【 O 】 대판 2018.2.8. 2017도13263
㉡ 【 X 】 수사기관이 범죄 증거를 수집할 목적으로 피의자의 동의 없이 피의자의 혈액을 취득·보관하는 행위는 법원으로부터 감정처분허가장을 받아 형사소송법 제221조의4 제1항, 제173조 제1항에 의한 '감정에 필요한 처분'으로도 할 수 있지만, 형사소송법 제219조, 제106조 제1항에 정한 압수의 방법으로도 할 수 있고, 압수의 방법에 의하는 경우 혈액의 취득을 위하여 피의자의 신체로부터 혈액을 채취하는 행위는 혈액의 압수를 위한 것으로서 형사소송법 제219조, 제120조 제1항에 정한 '압수영장의 집행에 있어 필요한 처분'에 해당한다(대판 2012.11.15. 2011도15258).
㉢ 【 X 】 통신비밀보호법상 '감청'이란, 현재 송신 중이거나 수신 중인 전기통신을 지득하는 행위만을 의미하고, 이미 수신이 완료된 전기통신의 내용을 지득하는 행위는 포함되지 않는다(대판 2012.10.25. 2012도4644).
㉣ 【 O 】 피고인이 아닌 자가 수사과정에서 진술서를 작성하였지만 수사기관이 그에 대한 조사과정을 기록하지 아니하여 형사소송법 제244조의4 제3항, 제1항에서 정한 절차를 위반한 경우에는, 특별한 사정이 없는 한 '적법한 절차와 방식'에 따라 수사과정에서 진술서가 작성되었다 할 수 없으므로 증거능력을 인정할 수 없다(대판 2015.4.23. 2013도3790).

정답 ②

128 형사절차에 대한 설명 중 옳은 것을 모두 고른 것은? (다툼이 있는 경우 판례에 의함)

19. 법학경채

> ⊙ 불심검문의 대상이 되는 자에게 반드시 「형사소송법」상 체포나 구속에 이를 정도의 범죄혐의가 있을 것을 요하는 것은 아니다.
> ⓒ 수사기관이 압수·수색영장의 집행을 종료하였더라도 그 압수·수색영장의 유효기간이 아직 남아 있다면 그 영장을 제시하고 다시 압수·수색을 할 수 있다.
> ⓒ 수사기관에 의한 위법한 임의동행 도중 피의자가 도주한 경우 형법상 도주죄가 성립한다.
> ② 범죄사실의 존재에 대하여 검사에게 증명책임이 있는 이상 알리바이의 부존재에 대하여도 검사에게 증명책임이 있다.
> ⓜ 피고인이 경찰에서 조사받을 때 조사를 담당하였던 경찰관이 법정에서 피고인의 경찰수사시의 진술내용을 증언한 경우에는 그 피고인의 원진술이 특히 신빙할 수 있는 상태하에서 행하여졌음이 증명된 때에 한하여 유죄 인정의 증거로 쓸 수 있다.

① ⊙, ⓒ, ⓒ ② ⓒ, ⓒ, ② ③ ⊙, ②, ⓜ ④ ⊙, ⓒ, ⓜ

해설

⊙ 【 O 】 대판 2014.2.27. 2011도13999
ⓒ 【 X 】 형사소송법 제215조에 의한 압수·수색영장은 수사기관의 압수·수색에 대한 허가장으로서 거기에 기재되는 유효기간은 집행에 착수할 수 있는 종기를 의미하는 것일 뿐이므로, 수사기관이 압수·수색영장을 제시하고 집행에 착수하여 압수·수색을 실시하고 그 집행을 종료하였다면 이미 그 영장은 목적을 달성하여 효력이 상실되는 것이고, 동일한 장소 또는 목적물에 대하여 다시 압수·수색할 필요가 있는 경우라면 그 필요성을 소명하여 법원으로부터 새로운 압수·수색영장을 발부 받아야 하는 것이지, 앞서 발부 받은 압수·수색영장의 유효기간이 남아있다고 하여 이를 제시하고 다시 압수·수색을 할 수는 없다(대결 1999.12.1. 99모161).
ⓒ 【 X 】 임의동행이 위법한 경우, 피고인은 불법체포된 자로서 형법 제145조 제1항 소정의 법률에 의하여 체포 또는 구금된 자가 아니어서 도주죄의 주체가 될 수 없다(대판 2006.7.6. 2005도6810).
② 【 O 】 공소사실에 대한 거증책임은 검사에게 있으므로, 알리바이의 부존재에 대하여도 검사에게 증명책임이 있다.
ⓜ 【 O 】 제316조 제1항

정답 ③

129 증거동의에 관한 다음 설명 중 가장 옳지 않은 것은? (다툼이 있는 경우 판례에 의함)

16. 법원직

① 수사기관이 영장주의에 위반하여 수집하였거나 불법감청으로 수집한 증거물은 비록 피고인이나 변호인이 이를 증거로 함에 동의하였다 하더라도 이를 유죄 인정의 증거로 쓸 수 없다는 것이 판례이다.
② 피고인의 출정 없이 증거조사를 할 수 있는 경우에 피고인 및 그 대리인이나 변호인이 모두 출정하지 아니한 때에는 동의가 있는 것으로 간주한다.
③ 피고인과 변호인이 재판장의 허가 없이 퇴정한 경우 피고인의 진의와 관계없이 동의가 있는 것으로 간주한다.
④ 피고인이 공시송달의 방법에 의한 공판기일의 소환을 2회 이상 받고도 출석하지 않아 소송촉진 등에 관한 특례법에 따라 피고인의 출정 없이 증거조사를 하는 경우에는, 증거동의를 간주할 수 없다.

[해설]
① 【 O 】 판례는 반대신문권을 침해한 증인신문조서 등 일정한 경우에는 예외적으로 위법수집증거도 증거동의의 대상이 된다고 보나, 영장주의 위반, 불법감청 등의 결과물과 같은 위법수집증거에 대해서는 증거동의를 허용한 사례가 없다(대판 2009.12.24. 2009도11401 참조).
② 【 O 】 제318조 제2항
③ 【 O 】 필요적 변호사건이라 하여도 피고인이 재판거부의 의사를 표시하고 재판장의 허가 없이 퇴정하고 변호인마저 이에 동조하여 퇴정하여 버린 것은 모두 피고인측의 방어권 남용 내지 변호권의 포기로 볼 수밖에 없는 것이므로 수소법원으로서는 형사소송법 제330조에 의하여 피고인이나 변호인의 재정 없이도 심리판결할 수 있다. 위와 같이 피고인과 변호인이 출석하지 않은 상태에서 증거조사를 할 수밖에 없는 경우에는 형사소송법 제318조 제2항의 규정상 피고인의 진의와는 관계없이 형사소송법 제318조 제1항의 동의가 있는 것으로 간주하게 되어 있다(대판 1991.6.28. 91도865).
④ 【 X 】 약식명령에 대한 정식재판청구사건에 관하여는 형사소송법 제458조 제2항이 항소심에서의 피고인 불출석 재판에 관한 같은 법 제365조를 준용하고 있는데, 위 제365조는 피고인이 적법한 소환을 받고도 정당한 사유 없이 2회 이상 불출석하면 피고인의 진술 없이 판결을 할 수 있다고 정한다. 이와 같이 피고인의 진술없이 증거조사할 수 있는 이상 제318조 제2항에 따라 증거동의가 의제된다(대판 2013.3.28. 2012도12843).

정답 ④

130 증거동의에 관한 설명 중 가장 적절하지 않은 것은? (다툼이 있으면 판례에 의함)

16. 경찰승진

① 피고인은 증거로 할 수 있음에 동의하는 의사표시를 하였더라도 증거조사가 완료되기 전까지 그 의사를 철회할 수 있다.
② 긴급체포를 할 당시 물건을 압수하였는데 그 후 압수수색영장을 발부받지 않았음에도 즉시 반환하지 않은 경우 피고인이나 변호인이 이를 증거로 함에 동의하더라도 증거능력은 인정되지 않는다.
③ 검사와 피고인이 증거로 할 수 있음을 동의한 서류 또는 물건은 진정한 것으로 인정한 때에는 증거로 할 수 있다.
④ 소유자, 소지자 또는 보관자가 아닌 자로부터 제출받은 물건을 영장 없이 압수한 경우 그 '압수물' 및 '압수물을 찍은 사진'은 이를 유죄 인정의 증거로 사용할 수 없는 것이지만, 피고인이나 변호인이 이를 증거로 함에 동의하였다면 유죄 인정의 증거로 사용할 수 있다.

[해설]
① 【 O 】 대판 1996.12.10. 1096도2507
② 【 O 】 대판 2009.12.24. 2009도11401
③ 【 O 】 제318조 제1항
④ 【 X 】 형사소송법 제218조의 규정에 위반하여 소유자, 소지자 또는 보관자가 아닌 자로부터 제출받은 물건을 영장 없이 압수한 경우 그 압수물 및 압수물을 찍은 사진은 이를 유죄 인정의 증거로 사용할 수 없는 것이고, 피고인이나 변호인이 이를 증거로 함에 동의하였다고 하더라도 달리 볼 것은 아니다(대판 2010.1.28. 2009도10092).

정답 ④

131 증거동의에 대한 설명으로 옳지 않은 것은? (다툼이 있는 경우 판례에 의함) 16. 검찰 7급

① 증거동의의 의사표시는 증거조사가 완료되기 전까지 취소 또는 철회할 수 있으나, 일단 증거조사가 완료된 뒤에는 취소 또는 철회가 인정되지 아니한다.
② 증거동의는 명시적으로 하여야 하므로 피고인이 신청한 증인의 전문진술에 대하여 피고인이 별 의견이 없다고 진술한 것만으로는 그 증언을 증거로 함에 동의한 것으로 볼 수 없다.
③ 피고인의 증거동의 의사표시가 하나하나의 증거에 대하여 형사소송법상의 증거조사방식을 거쳐 이루어진 것이 아니라 검사가 제시한 모든 증거에 대하여 증거로 함에 동의한다는 방식으로 이루어졌더라도 증거동의의 효력이 있다.
④ 필요적 변호사건이라 하여도 피고인이 재판거부의 의사를 표시하고 재판장의 허가 없이 퇴정하고 변호인마저 이에 동조하여 퇴정해 버렸다면, 법원은 피고인이나 변호인의 재정 없이도 심리·판결할 수 있고 이 경우 피고인의 진의와는 관계없이 증거동의가 있는 것으로 간주된다.

[해설]
① 【 O 】 대판 2015.8.27. 2015도3467
② 【 X 】 피고인이 신청한 증인의 증언이 피고인 아닌 타인의 진술을 그 내용으로 하는 전문진술이라고 하더라도 피고인이 그 증언에 대하여 별 의견이 없다고 진술하였다면 그 증언을 증거로 함에 동의한 것으로 볼 수 있으므로 이는 증거능력 있다(대판 1983.9.27. 83도516).
③ 【 O 】 대판 1983.3.8. 82도2873
④ 【 O 】 대판 1991.6.28. 91도865

정답 ②

132 당사자의 동의와 증거능력에 대한 설명으로 가장 적절한 것은? (다툼이 있으면 판례에 의함) 16. 경찰채용 2차

① 피고인의 변호인은 피고인의 명시한 의사에 반하지 아니하는 한 피고인을 대리하여 증거동의를 할 수 있으나 피고인이 증거조사 완료 후에 변호인의 증거동의에 관해 이의를 제기하였다면 법원은 해당증거의 증거능력을 인정하여서는 아니 된다.
② 검사 작성의 피고인 아닌 자에 대한 진술조서에 관하여 피고인이 공판정진술과 배치되는 부분은 부동의 한다고 진술한 것은 조사 내용의 특정부분에 관하여 증거로 함에 동의한다는 특별한 사정이 있는 때와는 달리 그 조서를 증거로 함에 동의하지 아니한다는 취지로 해석하여야 한다.
③ 피고인이 사법경찰관 작성의 피해자진술조서를 증거로 동의함에 있어서 그 동의가 법률적으로 어떠한 효과가 있는지를 모르고 한 것이었다고 주장한다면 설령 변호인이 그 동의 시 공판정에 재정하고 있었고 피고인이 하는 동의에 대하여 아무런 이의나 취소를 제기 한 사실이 없다 하더라도 그 동의에는 법률상 하자가 존재한다고 볼 수밖에 없다.
④ 긴급체포를 하며 압수한 물건에 관하여 「형사소송법」 제217조 제2항, 제3항에 위반하여 압수수색영장을 청구하여 이를 받부받지 아니하고도 즉시 반환하지 아니한 압수물은 이를 유죄 인정이 증거로 사용할 수 없으나 피고인이 이를 증거로 함에 동의하였다면 유죄인정의 증거로 사용할 수 있다.

해설

① 【 X 】 증거로 함에 대한 동의의 주체는 소송주체인 당사자라 할 것이지만 변호인은 피고인의 명시한 의사에 반하지 아니하는 한 피고인을 대리하여 이를 할 수 있음은 물론이므로 피고인이 증거로 함에 동의하지 아니한다고 명시적인 의사표시를 한 경우 이외에는 변호인은 서류나 물건에 대하여 증거로 함에 동의할 수 있고 이 경우 변호인의 동의에 대하여 피고인이 즉시 이의하지 아니하는 경우에는 변호인의 동의로 증거능력이 인정되고 증거조사 완료 전까지 앞서의 동의가 취소 또는 철회하지 아니한 이상 일단 부여된 증거능력은 그대로 존속한다(대판 1999.8.20. 99도2029).
② 【 O 】 대판 1984.10.10. 84도1552
③ 【 X 】 피고인이 사법경찰관작성의 피해자진술조서를 증거로 동의함에 있어서 그 동의가 법률적으로 어떠한 효과가 있는지를 모르고 한 것이었다고 주장하더라도 변호인이 그 동의시 공판정에 재정하고 있으면서 피고인이 하는 동의에 대하여 아무런 이의나 취소를 한 사실이 없다면 그 동의에 무슨 하자가 있다고 할 수 없다(대판 1983.6.28. 83도1019).
④ 【 X 】 형사소송법 제217조 제2항, 제3항에 위반하여 압수수색영장을 청구하여 이를 발부받지 아니하고도 즉시 반환하지 아니한 압수물은 이를 유죄 인정의 증거로 사용할 수 없는 것이고, 헌법과 형사소송법이 선언한 영장주의의 중요성에 비추어 볼 때 피고인이나 변호인이 이를 증거로 함에 동의하였다고 하더라도 달리 볼 것은 아니다(대판 2009.12.24. 2009도11401).

정답 ②

133 증거동의에 대한 설명으로 가장 적절하지 않은 것은? (다툼이 있는 경우 판례에 의함)

17. 경찰채용 2차

① 필요적 변호사건이라 하여도 피고인이 재판거부의 의사를 표시하고 재판장의 허가 없이 퇴정하고 변호인마저 이에 동조하여 퇴정해 버렸다면, 법원은 피고인이나 변호인의 재정 없이도 심리 판결 할 수 있고 이 경우 피고인의 진의와는 관계없이 증거동의가 있는 것으로 간주된다.
② 개개의 증거에 대하여 개별적인 증거조사방식을 거치지 아니하고 검사가 제시한 모든 증거에 대하여 피고인이 증거로 함에 동의한다는 방식의 증거동의도 효력이 있다.
③ 약식명령에 불복하여 정식재판을 청구한 피고인이 정식재판 절차의 제1심에서 2회 불출정하여 「형사소송법」 제318조 제2항에 따른 증거동의가 간주된 후 증거조사를 완료하였더라도 피고인이 항소심에 출석하여 간주된 증거동의를 철회 또는 취소한다는 의사표시를 하면 제1심에서 부여된 증거의 증거능력은 상실된다.
④ 피고인이 신청한 증인의 증언이 피고인 아닌 타인의 진술을 그 내용으로 하는 전문진술이라고 하더라도 피고인이 그 증언에 대하여 별 의견이 없다고 진술하였다면 그 증언을 증거로 함에 동의한 것으로 볼 수 있으므로 이는 증거능력이 있다.

해설

① 【 O 】 대판 1991.6.28. 91도865
② 【 O 】 대판 1983.3.8. 82도2873
③ 【 X 】 약식명령에 불복하여 정식재판을 청구한 피고인이 정식재판절차의 제1심에서 2회 불출정하여 형사소송법 제318조 제2항에 따른 증거동의가 간주된 후 증거조사를 완료한 이상, 간주의 대상인 증거동의는 증거조사가 완료되기 전까지 철회 또는 취소할 수 있으나 일단 증거조사를 완료한 뒤에는 취소 또는 철회가 인정되지 아니하는 점, 증거동의 간주가 피고인의 진의와는 관계없이 이루어지는 점 등에 비추어, 비록 피고인이 항소심에 출석하여 공소사실을 부인하면서 간주된 증거동의를 철회 또는 취소한다는 의사표시를 하더라도 그로 인하여 적법하게 부여된 증거능력이 상실되는 것이 아니다(대판 2010.7.15. 2007도5776).
④ 【 O 】 대판 1983.9.27. 83도516

정답 ③

134 증거동의에 관한 다음 설명 중 가장 옳지 않은 것은? (다툼이 있는 경우 판례에 의함)

18. 법원직

① 증거동의는 공판절차의 갱신이 있거나, 심급을 달리하는 경우에도 미친다. 따라서 제1심에서 한 증거동의는 항소심에서도 그 효력이 있다.
② 약식명령에 불복하여 정식재판을 청구한 피고인이 정식재판절차에서 2회 불출석하여 법원이 피고인의 출석 없이 증거조사를 하는 경우에 증거동의가 간주된다.
③ 증거동의는 구두변론 종결시까지 철회할 수 있다.
④ 피고인의 명시적 의사에 반하지 않는 한 변호인은 피고인을 대리하여 증거동의를 할 수 있다.

[해설]

① 【 O 】 대판 1990.2.13. 89도2366
② 【 O 】 대판 2010.7.15. 2007도5776
③ 【 X 】 형사소송법 제318조에 규정된 증거동의의 의사표시는 증거조사가 완료되기 전까지 취소 또는 철회할 수 있다(대판 1996.12.10. 96도2507).
④ 【 O 】 대판 1988.11.8. 88도1628

[정답] ③

135 증거동의에 대한 설명으로 가장 적절하지 않은 것은? (다툼이 있는 경우 판례에 의함)

18. 경찰채용 3차

① 검사와 피고인이 증거로 할 수 있음을 동의한 서류 또는 물건은 진정한 것으로 인정한 때에는 증거로 할 수 있다.
② 일단 증거조사가 종료된 후에 증거동의의 의사표시를 취소 또는 철회하더라도 취소 또는 철회 이전에 이미 취득한 증거능력은 상실되지 않는다.
③ 피고인이 증거로 함에 동의하지 아니한다고 명시적인 의사표시를 한 경우가 아니라면 변호인도 증거동의할 수 있다.
④ 개개의 증거에 대하여 개별적인 증거조사방식을 거치지 아니하고 검사가 제시한 모든 증거에 대하여 피고인이 증거로 함에 동의한다는 방식은 증거동의로서의 효력이 없다.

[해설]

① 【 O 】 제318조 제1항
② 【 O 】 대판 1996.12.10. 96도2507
③ 【 O 】 대판 1988.11.8. 88도1628
④ 【 X 】 개개의 증거에 대하여 개별적인 증거조사방식을 거치지 아니하고 검사가 제시한 모든 증거에 대하여 피고인이 증거로 함에 동의한다는 방식으로 이루어진 것이라 하여도 증거동의로서의 효력을 부정할 이유가 되지 못한다(대판 1983.3.8. 82도2873).

[정답] ④

136 증거동의에 대한 설명으로 옳은 것만을 모두 고르면? (다툼이 있는 경우 판례에 의함)

18. 검찰 7급

㉠ 형사소송법 제318조 제1항은 "검사와 피고인이 증거로 할 수 있음을 동의한 서류 또는 물건은 진정한 것으로 인정한 때에는 증거로 할 수 있다."라고 규정하고 있을 뿐 진정한 것으로 인정하는 방법을 제한하고 있지 아니하므로, 증거동의가 있는 서류 또는 물건은 법원이 제반 사정을 참작하여 진정한 것으로 인정하면 증거로 할 수 있다.

㉡ 변호인의 증거동의에 대하여 피고인이 즉시 이의하지 아니하는 경우에는 변호인의 동의로 증거능력이 인정되어 증거조사 완료 전까지 그 동의가 취소 또는 철회되지 아니한 이상 일단 부여된 증거능력은 그대로 존속한다.

㉢ 제1회 공판기일에서 피고인과 변호인이 함께 출석하여 검사가 제출한 일부 증거에 대하여 증거로 함에 부동의한다는 의견이 진술된 경우, 그 후 피고인이 출석하지 아니한 제2회 공판기일에 변호인만이 출석하여 종전 의견을 번복하여 이들 증거에 대하여 증거로 함에 동의하였다 하더라도 이는 특별한 사정이 없는 한 효력이 없다.

㉣ 변호인이 검사가 공판기일에 제출한 증거 중 뇌물공여자가 작성한 고발장에 대하여는 증거 부동의 의견을 밝히고, 같은 고발장을 첨부문서로 포함하고 있는 검찰주사보 작성의 수사보고에 대하여는 증거에 동의하여 증거조사가 행하여진 경우, 수사보고에 대한 증거동의의 효력은 첨부된 고발장에도 당연히 미친다.

① ㉠, ㉣   ② ㉡, ㉢   ③ ㉠, ㉡, ㉢   ④ ㉠, ㉡, ㉢, ㉣

해설

㉠ 【O】 대판 2015.8.27. 2015도3467
㉡ 【O】 대판 1988.11.8. 88도1628
㉢ 【O】 대판 2013.3.28. 2013도3
㉣ 【X】 검찰관이 공판기일에 제출한 증거 중 뇌물공여자 갑이 작성한 고발장에 대하여 피고인의 변호인이 증거 부동의 의견을 밝히고, 같은 고발장을 첨부문서로 포함하고 있는 검찰수사보 작성의 수사보고에 대하여는 증거에 동의하여 증거조사가 행하여졌는데, 원심법원이 수사보고에 대한 증거동의의 효력이 첨부된 고발장에도 당연히 미친다고 본 사안에서, 위 고발장을 유죄의 증거로 삼을 수 없다고 한 사례(대판 2011.7.14. 2011도3809).

정답 ③

137 증거동의에 관한 설명 중 옳지 않은 것은? (다툼이 있는 경우 판례에 의함)   20. 변호사시험

① 증거동의는 검사가 제시한 모든 증거에 대하여 피고인이 증거로 함에 동의한다는 방식으로 하여도 효력이 있다.
② 변호인은 피고인의 명시한 의사에 반하여 증거로 함에 동의할 수 있다.
③ 간이공판절차에서는 검사, 피고인 또는 변호인이 증거로 함에 이의가 없는 한 전문증거에 대하여 동의가 있는 것으로 간주한다.
④ 제1심 공판절차에서 피고인이 공시송달의 방법에 의한 공판기일 소환을 2회 이상 받고도 출석하지 아니하여 「소송촉진 등에 관한 특례법」 제23조 본문에 따라 피고인의 출정 없이 증거조사를 하는 때에는, 「형사소송법」 제318조 제2항에 따른 증거동의가 간주된다.
⑤ 필요적 변호사건에서 피고인과 변호인이 재판거부의 의사를 표시하고 재판장의 허가 없이 퇴정한 경우, 「형사소송법」 제318조 제2항에 따라 증거동의가 간주된다.

해설

① 【O】 개개의 증거에 대하여 개별적인 증거조사방식을 거치지 아니하고 검사가 제시한 모든 증거에 대하여 피고인이 증거로 함에 동의한다는 방식으로 이루어진 것이라 하여도 증거동의로서의 효력을 부정할 이유가 되지 못한다(대판 1983.3.8. 82도2873).
② 【X】 형사소송법 제318조에 규정된 증거동의의 주체는 소송 주체인 검사와 피고인이고, 변호인은 피고인을 대리하여 증거동의에 관한 의견을 낼 수 있을 뿐이므로 피고인의 명시한 의사에 반하여 증거로 함에 동의할 수는 없다(대판 2013.3.28. 2013도3).
③ 【O】 형사소송법 제318조의3
④ 【O】 피고인이 공시송달의 방법에 의한 공판기일의 소환을 2회 이상 받고도 출석하지 아니하여 법원이 피고인의 출정 없이 증거조사를 하는 경우에는 형사소송법 제318조 제2항에 따른 피고인의 증거동의가 있는 것으로 간주된다고 할 것이다(대판 2011.3.10. 2010도15977).
⑤ 【O】 대법원은 피고인과 변호인이 임의퇴정해 버린 것은 피고인 측의 방어권남용 내지 변호권의 포기로서 법 제330조에 의하여 피고인이나 변호인의 재정없이도 심리·판결할 수 있고 제318조 제2항의 규정상 제318조 제1항의 증거동의의제도 가능하다고 판시한바 있다(대판 1991.6.28. 91도865).

정답 ②

138 증거동의에 대한 설명으로 옳지 않은 것은? (다툼이 있는 경우 판례에 의함)   19. 국가직

① 피고인이 제1심에서 사법경찰관 작성 조서에 대해 증거로 함에 동의하고 증거조사를 마쳤다면, 그 후 항소심에서 범행인정 여부를 다투고 있다 하여도 이미 한 증거동의의 효과에 아무런 영향이 없다.
② 피고인의 증거동의가 있으면 별도로 변호인의 동의는 필요 없지만, 변호인은 피고인의 명시한 의사에 반하지 않는 한 피고인을 대리하여 증거동의를 할 수 있다.
③ 피고인의 유죄증거에 대한 반대증거로 제출된 서류는 그것이 유죄사실을 인정하는 증거가 되지 않는 이상 증거동의가 없더라도 증거판단의 자료로 삼을 수 있다.
④ 피고인이 참고인의 진술조서에 대하여 이견이 없다고 진술하고 공판정에서도 그 진술조서의 기재내용과 부합되는 진술을 하였다 하더라도 증거동의에 대한 명시적 의사표시가 없는 한, 그 진술조서를 증거로 채용하는 데 동의한 것으로 볼 수 없다.

해설

① 【 O 】 대판 1990.2.13. 89도2366
② 【 O 】 대판 1988.11.8. 88도1628
③ 【 O 】 대판 1974.8.30. 74도1687
④ 【 X 】 피고인이 신청한 증인의 증언이 피고인 아닌 타인의 진술을 그 내용으로 하는 전문진술이라고 하더라도 피고인이 그 증언에 대하여 별 의견이 없다고 진술하였다면 그 증언을 증거로 함에 동의한 것으로 볼 수 있으므로 이는 증거능력 있다(대판 1983.9.27. 83도516).

정답 ④

139 당사자의 동의와 증거능력에 관한 다음 설명 중 가장 옳지 않은 것은? (다툼이 있는 경우 판례에 의함)

19. 법원직

① 약식명령에 불복하여 정식재판을 청구한 피고인이 정식재판절차의 제1심에서 2회 불출정하여 증거동의로 간주되어 증거조사를 완료한 경우에 피고인이 항소심에 출석하여 공소사실을 부인하면서 간주된 증거동의를 철회 또는 취소하면 제1심에서 부여된 증거능력은 상실된다.
② 임의성이 인정되지 아니하여 증거능력이 없는 진술증거는 피고인이 증거로 함에 동의하더라도 증거로 삼을 수 없다.
③ 피고인의 출정 없이 증거조사를 할 수 있는 경우에 피고인이 출정하지 아니한 때에는 피고인의 증거동의가 있는 것으로 간주한다. 단, 대리인 또는 변호인이 출정한 때에는 예외로 한다.
④ 피고인이 출석한 공판기일에서 증거로 함에 부동의 한다는 의견이 진술된 경우에는 그 후 피고인이 출석하지 아니한 공판기일에 변호인만이 출석하여 종전 의견을 번복하여 증거로 함에 동의하였다 하더라도 이는 특별한 사정이 없는 한 효력이 없다.

해설

① 【 X 】 약식명령에 불복하여 정식재판을 청구한 피고인이 정식재판절차의 제1심에서 2회 불출정하여 형사소송법 제318조 제2항에 따른 증거동의가 간주된 후 증거조사를 완료한 이상, 간주의 대상인 증거동의는 증거조사가 완료되기 전까지 철회 또는 취소할 수 있으나 일단 증거조사를 완료한 뒤에는 취소 또는 철회가 인정되지 아니하는 점, 증거동의 간주가 피고인의 진의와는 관계없이 이루어지는 점 등에 비추어, 비록 피고인이 항소심에 출석하여 공소사실을 부인하면서 간주된 증거동의를 철회 또는 취소한다는 의사표시를 하더라도 그로 인하여 적법하게 부여된 증거능력이 상실되는 것이 아니다(대판 2010.7.15. 2007도5776).
② 【 O 】 대판 2006.11.23. 2004도7900
③ 【 O 】 제318조 제2항
④ 【 O 】 대판 2013.3.28. 2013도3

정답 ①

140 다음 증거 중 피고인이 증거로 함에 동의한 경우 증거능력이 인정될 수 있는 것은? (다툼이 있는 경우 판례에 의함)

19. 경찰승진

① 수사기관이 법원으로부터 영장 또는 감정처분허가장을 발부받지 아니한 채 피의자의 동의 없이 피의자의 신체로부터 혈액을 채취하고 사후적으로도 지체 없이 이에 대한 영장을 발부받지 아니하고서 강제 채혈한 피의자의 혈액 중 알코올농도에 관한 감정이 이루어진 경우 '감정결과보고서'
② 사법경찰관이 피의자 소유의 쇠파이프를 피의자 주거지 앞 마당에서 발견하였으면서도 그 소유자, 소지자, 또는 보관자가 아닌 피해자로부터 임의로 제출받는 형식으로 압수한 '쇠파이프'
③ 강압수사로 인한 정신적 강압상태가 계속된 상태에서 작성된 것으로 의심되어 그 임의성을 의심할 만한 사정이 있는데도 검사가 그 임의성의 의문점을 없애는 증명을 하지 못하고, 법원의 직권조사 결과 임의성이 인정되지 아니하여 증거능력이 없는 참고인에 대한 '검찰진술조서'
④ 공판기일에서 피고인에게 유리한 증언을 한 증인을 검사가 소환한 후 피고인에게 유리한 그 증언내용을 추궁하여 이를 일방적으로 번복시키는 방식으로 작성한 '참고인 진술조서'

해설

① 【증거동의×】 대판 2011.4.27. 2009도2109
② 【증거동의×】 대판 2010.1.28. 2009도10092
③ 【증거동의×】 대판 2006.11.23. 2004도7900
④ 【증거동의○】 대판 2000.6.15. 99도1108 전합

정답 ④

141 증거동의에 관한 설명 중 가장 적절한 것은? (다툼이 있는 경우 판례에 의함)

20. 경찰승진

① 수사기관이 긴급체포 시 압수한 물건에 관하여 형사소송법 제217조 제2항, 제3항의 규정에 의한 압수수색영장을 발부받지 않고 즉시 반환도 하지 않은 경우라도 피고인이나 변호인이 이를 증거로 함에 동의하였다면 위법성이 치유되므로 유죄의 증거로 사용할 수 있다.
② 공판기일에서 피고인에게 유리한 증언을 한 증인을 검사가 소환한 후 그 증언 내용을 추궁하여 이를 일방적으로 번복시키는 방식으로 작성한 조서는 공판중심주의를 형해화하는 것이므로 증거 동의의 대상이 될 수 없다.
③ 피고인이나 그 변호인이 검사 작성의 당해 피고인에 대한 피의자 신문조서의 성립의 진정함을 인정하는 진술을 하였다 하더라도, 그 피의자신문조서에 대하여 증거조사가 완료되기 전에는 최초의 진술을 번복함으로써 그 피의자신문조서를 유죄인정의 자료로 사용할 수 없도록 할 수 있다.
④ 약식명령에 불복하여 정식재판을 청구한 피고인이 정식재판절차에서 2회 불출석하여 법원이 피고인의 출정 없이 증거조사를 하는 경우라도 피고인의 명시적인 동의 의사가 없는 이상 증거 동의가 간주될 수 없다.

해설

① 【 X 】 형사소송법 제216조 제1항 제2호, 제217조 제2항, 제3항은 사법경찰관은 형사소송법 제200조의3(긴급체포)의 규정에 의하여 피의자를 체포하는 경우에 필요한 때에는 영장 없이 체포현장에서 압수·수색을 할 수 있고, 압수한 물건을 계속 압수할 필요가 있는 경우에는 지체 없이 압수수색영장을 청구하여야 하며, 청구한 압수수색영장을 발부받지 못한 때에는 압수한 물건을 즉시 반환하여야 한다고 규정하고 있는바, 형사소송법 제217조 제2항, 제3항에 위반하여 압수수색영장을 청구하여 이를 발부받지 아니하고도 즉시 반환하지 아니한 압수물은 이를 유죄 인정의 증거로 사용할 수 없는 것이고, 헌법과 형사소송법이 선언한 영장주의의 중요성에 비추어 볼 때 피고인이나 변호인이 이를 증거로 함에 동의하였다고 하더라도 달리 볼 것은 아니다(대판 2009.12.24. 2009도11401).
② 【 X 】 공판준비 또는 공판기일에서 이미 증언을 마친 증인을 검사가 소환한 후 증언내용을 일방적으로 번복시키는 방식으로 작성한 진술조서는 피고인이 증거로 할 수 있음에 동의하지 아니하는 한 증거능력이 없다(대판 2000.6.15. 99도1108 전합).
③ 【 O 】 대판 2008.7.10. 2007도7760
④ 【 X 】 약식명령에 불복하여 정식재판을 청구한 피고인이 정식재판절차의 제1심에서 2회 불출정하여 형사소송법 제318조 제2항에 따른 증거동의가 간주된 후 증거조사를 완료한 이상, 간주의 대상인 증거동의는 증거조사가 완료되기 전까지 철회 또는 취소할 수 있으나 일단 증거조사를 완료한 뒤에는 취소 또는 철회가 인정되지 아니하는 점, 증거동의의 간주가 피고인의 진의와는 관계없이 이루어지는 점 등에 비추어, 비록 피고인이 항소심에 출석하여 공소사실을 부인하면서 간주된 증거동의를 철회 또는 취소한다는 의사표시를 하더라도 그로 인하여 적법하게 부여된 증거능력이 상실되는 것이 아니다(대판 2010.7.15. 2007도5776).

정답 ③

142 증거동의에 대한 설명 중 가장 적절하지 않은 것은? (다툼이 있는 경우 판례에 의함)

20. 경찰채용 1차

① 개개의 증거에 대하여 개별적인 증거조사방식을 거치지 아니하고 검사가 제시한 모든 증거에 대하여 피고인이 증거로 함에 동의한다는 방식은 증거동의로서의 효력을 가질 수 없다.
② 피고인과 변호인이 재판장의 허가 없이 퇴정한 상태에서 증거조사를 할 수밖에 없는 경우에는 피고인의 진의와는 관계없이 피고인의 증거동의가 있는 것으로 간주된다.
③ 사법경찰관 A는 살인죄 혐의로 B를 긴급체포하면서 흉기를 긴급히 압수할 필요가 있다고 판단하여 압수·수색 영장 없이 압수하였음에도 영장을 발부받지 못하였다면, 이후 공판절차에서 B가 그 흉기를 증거로 사용함에 동의하였더라도 그 압수물의 증거능력은 인정할 수 없다.
④ 증거동의의 주체는 검사와 피고인이지만 피고인이 증거로 함에 동의하지 아니한다고 명시적인 의사표시를 한 경우 외에는 변호인은 서류나 물건에 대하여 증거로 함에 동의할 수 있고 이에 대해 피고인이 즉시 이의하지 아니하는 경우에는 증거능력이 인정된다.

해설

① 【 X 】 개개의 증거에 대하여 개별적인 증거조사방식을 거치지 아니하고 검사가 제시한 모든 증거에 대하여 피고인이 증거로 함에 동의한다는 방식으로 이루어진 것이라 하여도 증거동의로서의 효력을 부정할 이유가 되지 못한다(대판 1983.3.8. 82도2873).
② 【 O 】 대판 1991.6.28. 91도865
③ 【 O 】 대판 2009.12.24. 2009도11401
④ 【 O 】 대판 2013.3.28. 2013도3

정답 ①

143 증거동의에 대한 설명으로 가장 적절하지 않은 것은? (다툼이 있는 경우 판례에 의함)

① 검사와 피고인이 증거로 할 수 있음을 동의한 서류 또는 물건은 법원이 진정한 것으로 인정한 때에는 증거로 할 수 있다.
② 공판준비 또는 공판기일에서 피고인에게 유리한 증언을 한 증인을 수사기관이 법정 외에서 다시 참고인으로 조사하면서 그 증언을 번복하게 하여 작성한 참고인진술조서는 피고인이 동의하더라도 증거로 사용할 수 없다.
③ 피고인의 출정 없이 증거조사를 할 수 있는 경우에 피고인이 출정하지 아니한 때에는 피고인의 대리인 또는 변호인이 출정한 때를 제외하고 피고인이 증거로 함에 동의한 것으로 간주한다.
④ 경찰의 검증조서 중 일부에 대한 증거동의는 가능하다.

[해설]

① 【O】 제318조 제1항
② 【X】 [다수의견] 공판준비 또는 공판기일에서 이미 증언을 마친 증인을 검사가 소환한 후 피고인에게 유리한 그 증언 내용을 추궁하여 이를 일방적으로 번복시키는 방식으로 작성한 진술조서를 유죄의 증거로 삼는 것은 당사자주의·공판중심주의·직접주의를 지향하는 현행 형사소송법의 소송구조에 어긋나는 것일 뿐만 아니라, 헌법 제27조가 보장하는 기본권, 즉 법관의 면전에서 모든 증거자료가 조사·진술되고 이에 대하여 피고인이 공격·방어할 수 있는 기회가 실질적으로 부여되는 재판을 받을 권리를 침해하는 것이므로, 이러한 진술조서는 피고인이 증거로 할 수 있음에 동의하지 아니하는 한 그 증거능력이 없다고 하여야 할 것이고, 그 후 원진술자인 종전 증인이 다시 법정에 출석하여 증언을 하면서 그 진술조서의 성립의 진정함을 인정하고 피고인측에 반대신문의 기회가 부여되었다고 하더라도 그 증언 자체를 유죄의 증거로 할 수 있음은 별론으로 하고 위와 같은 진술조서의 증거능력이 없다는 결론은 달리할 것이 아니다(대판 2000.6.15. 99도1108 전합).
③ 【O】 제318조 제2항
④ 【O】 피고인들이 제1심 법정에서 경찰의 검증조서 가운데 범행부분만 부동의하고 현장상황 부분에 대해서는 모두 증거로 함에 동의하였다면, 위 검증조서 중 범행상황 부분만을 증거로 채용한 제1심판결에 잘못이 없다(대판 1990.7.24. 90도1303).

정답 ②

144 증거동의에 관한 설명으로 옳은 것은 모두 몇 개인가? (다툼이 있는 경우 판례에 의함)

21. 경찰채용 2차

> ㉠ 소유자, 소지자 또는 보관자가 아닌 자로부터 제출받은 물건을 영장 없이 압수한 경우 그 압수물 및 압수물을 찍은 사진은 유죄의 증거로 사용할 수 없고, 피고인이나 변호인이 이를 증거로 함에 동의하였다고 하더라도 달리 볼 것은 아니다.
> ㉡ 긴급체포현장에서 영장 없이 압수한 물건에 대하여 압수·수색영장을 청구하여 이를 발부받지 아니하고도 즉시 반환하지 아니한 경우 그 압수물은 유죄의 증거로 사용할 수 없고, 피고인이나 변호인이 이를 증거로 함에 동의하였다고 하더라도 달리 볼 것은 아니다.
> ㉢ 수사기관이 법원으로부터 영장 또는 감정처분허가장을 발부받지 아니한 채 피의자의 동의 없이 피의자의 신체로부터 혈액을 채취하고 사후적으로도 지체 없이 그에 대한 영장을 발부받지도 아니한 채 피의자의 혈액 중 알콜농도에 관한 감정이 이루어졌다면, 그 감정결과보고서는 영장주의 원칙을 위반하여 수집한 증거로서 피고인이나 변호인의 증거동의가 있다고 하더라도 유죄의 증거로 사용할 수 없다.
> ㉣ 수사기관이 마약사범 수사에 협조해 온 공소외인으로부터 피고인의 필로폰 판매 범행에 대한 진술을 들은 다음, 추가증거를 확보할 목적으로 필로폰 투약혐의로 구속수감되어 있는 공소외인에게 압수된 그의 휴대전화기를 제공하여 그로 하여금 피고인과 통화하고 범행에 관한 통화내용을 몰래 녹음하게 한 행위는 불법감청에 해당하고, 그 녹취내용은 피고인의 증거동의에 상관없이 증거능력이 없다.

① 1개 ② 2개 ③ 3개 ④ 4개

해설

모두 타당한 설명이다.
㉠ 【 O 】 대판 2010.1.28. 2009도10092
㉡ 【 O 】 대판 2009.12.24. 2009도11401
㉢ 【 O 】 대판 2011.4.27. 2009도2109
㉣ 【 O 】 대판 2010.10.14. 2010도9016

정답 ④

145 甲은 A를 살해하려다 미수에 그친 사건으로 수사를 받게 되었다. 甲이 변호사 L로부터 도움을 받으려고 하는 경우에 관한 설명 중 옳은 것을 모두 고른 것은? (다툼이 있는 경우 판례에 의함) 21. 변호사시험

> ㉠ L이 변호인이 되려는 의사를 표시하였고 객관적으로 변호인이 될 가능성이 있다고 인정되는 경우에는 「형사소송법」 제34조 "변호인이 되려는 자"의 지위를 갖는다.
> ㉡ 甲이 피내사자로서 임의동행 형식으로 연행된 경우에도 甲에게 변호인으로 선임된 L과 접견교통권이 인정된다.
> ㉢ 변호인으로 선임된 L이 피의자신문 절차에서 인정신문을 시작하기 전에 검사에게 피의자 甲의 수갑을 해제하여 달라고 계속 요구하였으나 검사가 도주, 자해, 다른 사람에 대한 위해 등의 위험이 없음에도 L의 요구를 거부한 경우, 검사의 거부 조치에 대해서 L은 「형사소송법」 제417조의 준항고를 제기할 수 있다.
> ㉣ 甲이 피고인으로 출석한 공판기일에서 증거로 함에 부동의한다는 의견이 진술된 경우, 그 후 甲이 출석하지 아니한 공판기일에 변호인으로 선임된 L만이 출석하여 甲의 종전 의견을 번복하여 증거로 함에 동의하였더라도 특별한 사정이 없는 한 증거동의 효력이 인정되지 않는다.
> ㉤ 피고인 甲과 변호인으로 선임된 L에게 최종의견 진술의 기회를 주지 않고 변론을 종결하고 판결을 선고하는 것은 소송절차의 법령위반에 해당한다.

① ㉠, ㉢, ㉣
② ㉠, ㉡, ㉢, ㉤
③ ㉠, ㉡, ㉣, ㉤
④ ㉡, ㉢, ㉣, ㉤
⑤ ㉠, ㉡, ㉢, ㉣, ㉤

해설

㉠ 【O】 헌재결 2019.2.28. 2015헌마1204
㉡ 【O】 대결 1996.6.3. 96모18
㉢ 【O】 검사 또는 사법경찰관이 구금된 피의자를 신문할 때 피의자 또는 변호인으로부터 보호장비를 해제해 달라는 요구를 받고도 거부한 조치는 형사소송법 제417조 제1항에서 정한 '구금에 관한 처분'에 해당한다고 보아야 한다(대결 2020.3.17. 2015모2357).
㉣ 【O】 형사소송법 제318조에 규정된 증거동의의 주체는 소송 주체인 검사와 피고인이고, 변호인은 피고인을 대리하여 증거동의에 관한 의견을 낼 수 있을 뿐이므로 피고인의 명시한 의사에 반하여 증거로 함에 동의할 수는 없다. 따라서 피고인이 출석한 공판기일에서 증거로 함에 부동의한다는 의견이 진술된 경우에는 그 후 피고인이 출석하지 아니한 공판기일에 변호인만이 출석하여 종전 의견을 번복하여 증거로 함에 동의하였다 하더라도 이는 특별한 사정이 없는 한 효력이 없다고 보아야 한다(대판 2013.3.28. 2013도3).
㉤ 【O】 형사소송법 제303조는 "재판장은 검사의 의견을 들은 후 피고인과 변호인에게 최종의 의견을 진술할 기회를 주어야 한다."라고 정하고 있으므로, 최종의견 진술의 기회는 피고인과 변호인 모두에게 주어져야 한다. 이러한 최종의견 진술의 기회는 피고인과 변호인의 소송법상 권리로서 피고인과 변호인이 사실관계의 다툼이나 유리한 양형사유를 주장할 수 있는 마지막 기회이므로, 피고인이나 변호인에게 최종의견 진술의 기회를 주지 아니한 채 변론을 종결하고 판결을 선고하는 것은 소송절차의 법령위반에 해당한다(대판 2018.3.29. 2018도327).

정답 ⑤

146 증거동의에 대한 설명으로 옳지 않은 것은? (다툼이 있는 경우 판례에 의함)
21. 국가직 7급

① 경찰의 검증조서 가운데 범행부분은 부동의하고 현장상황부분에 대해서만 동의하는 것도 가능하고, 그 효력은 동의한 부분에 한하여 발생한다.
② 재전문진술을 기재한 조서도 동의의 대상이 된다.
③ 검사가 제시한 모든 증거에 대하여 동의한다는 포괄적 방식은 효력이 없다.
④ 증거신청시 그 입증취지를 명시하여 개별적으로 하지 않았음에도 증거동의를 거쳐 법원이 증거로 채택하는 결정을 하였다면 그 결정이 취소되지 않는 이상 단순히 입증취지를 명시하여 개별적으로 신청하지 않았다는 이유만을 내세워 그 증거에 대한 조사가 위법하다고 할 수 없다.

[해설]
① 【O】 대판 1998.3.13. 98도159
② 【O】 대판 2000.3.10. 2000도159
③ 【X】 판례는 개개의 증거에 대하여 개별적인 증거조사방식을 거치지 아니하고 "검사가 제시한 모든 증거에 대하여 피고인이 증거로 함에 동의한다"는 방식으로 이루어진 것이라 하여도 증거동의로서의 효력이 인정된다고 보아(대판 1983.3.8. 82도2873) 포괄적 증거동의도 허용하는 취지로 판시한 바 있다.
④ 【O】 대판 2009.10.29. 2009도5945

정답 ③

147 탄핵증거에 관한 다음 설명 중 가장 적절하지 않은 것은? (다툼이 있는 경우 판례에 의함)
16. 경찰채용 1차

① 검사가 유죄의 자료로 제출한 사법경찰리 작성의 피고인에 대한 피의자신문조서는 피고인이 그 내용을 부인하는 이상 증거능력이 없으나, 그것이 임의로 작성된 것이 아니라고 의심할 만한 사정이 없는 한 피고인의 법정에서의 진술을 탄핵하기 위한 반대증거로 사용할 수 있다.
② 탄핵증거는 범죄사실을 인정하는 증거가 아니므로 엄격한 증거조사를 거쳐야 할 필요가 없음은 형사소송법 제318조의2의 규정에 따라 명백하고 법정에서 이에 대한 탄핵증거로서의 증거조사도 필요 없다.
③ 탄핵증거의 제출에 있어서도 상대방에게 이에 대한 공격방어의 수단을 강구할 기회를 사전에 부여하여야 한다는 점에서 그 증거와 증명하고자 하는 사실과의 관계 및 입증취지 등을 미리 구체적으로 명시하여야 할 것이므로, 증명력을 다투고자 하는 증거의 어느 부분에 의하여 진술의 어느 부분을 다투려고 한다는 것을 사전에 상대방에게 알려야 한다.
④ 형사소송법 제318조의2에 규정된 이른바 탄핵증거는 범죄사실을 인정하는 증거가 아니어서 엄격한 증거능력을 요하지 아니하는 것이다.

[해설]
① 【O】 대판 2005.8.19. 2005도2617
② 【X】 탄핵증거는 범죄사실을 인정하는 증거가 아니므로 엄격한 증거조사를 거쳐야 할 필요가 없음은 형사소송법 제318조의2의 규정에 따라 명백하나 법정에서 이에 대한 탄핵증거로서의 증거조사는 필요한 것이다(대판 2005.8.19. 2005도2617).
③ 【O】 대판 2005.8.19. 2005도2617
④ 【O】 대판 2005.8.19. 2005도2617

정답 ②

148 탄핵증거에 관한 다음 설명 중 옳은 것(○)과 옳지 않은 것(×)을 올바르게 조합한 것은? (다툼이 있는 경우 판례에 의함)

16. 법원직

> ㉠ 탄핵증거는 유죄증거에 관한 소송법상의 엄격한 증거능력을 요하지 아니한다.
> ㉡ 사법경찰리 작성의 피고인에 대한 피의자신문조서와 피고인이 작성한 자술서들은 모두 검사가 유죄의 자료로 제출한 증거들로서 피고인이 각 그 내용을 부인하는 이상 증거능력이 없으나 그러한 증거라 하더라도 그것이 임의로 작성된 것이 아니라고 의심할 만한 사정이 없는 한 피고인의 법정에서의 진술을 탄핵하기 위한 반대증거로 사용할 수 있다.
> ㉢ 검사가 피고인의 부인진술을 탄핵하기 위해 신청한 체포·구속인접견부 사본은 피고인의 진술의 증명력을 다투기 위한 탄핵증거가 될 수 있다.

① ㉠ ○ ㉡ × ㉢ ○
② ㉠ × ㉡ ○ ㉢ ×
③ ㉠ ○ ㉡ ○ ㉢ ×
④ ㉠ ○ ㉡ ○ ㉢ ○

해설

㉠ 【 ○ 】 제312조에서 제316조에 따라 증거능력없는 서류 또는 진술이라도 탄핵증거로 사용될 수 있으므로(제318조의2 제1항), 탄핵증거는 엄격한 증거능력을 요하지 않는다. 이러한 의미에서 탄핵증거는 자유로운 증명으로 충분하다고 설명한다.

㉡ 【 ○ 】 사법경찰리 작성의 피고인에 대한 피의자신문조서와 피고인이 작성한 자술서들은 모두 검사가 유죄의 자료로 제출한 증거들로서 피고인이 각 그 내용을 부인하는 이상 증거능력이 없으나 그러한 증거라 하더라도 그것이 임의로 작성된 것이 아니라고 의심할 만한 사정이 없는 한 피고인의 법정에서의 진술을 탄핵하기 위한 반대증거로 사용할 수 있다(대판 1998.2.27. 97도1770).

㉢ 【 × 】 범죄사실의 인정은 합리적인 의심이 없는 정도의 증명에 이르러야 하나(형사소송법 제307조 제2항), 사실인정의 전제로 행하여지는 증거의 취사선택 및 증명력에 대한 판단은 자유심증주의의 한계를 벗어나지 않는 한 사실심 법원의 재량에 속한다(형사소송법 제308조). 그리고 탄핵증거는 진술의 증명력을 감쇄하기 위하여 인정되는 것이고 범죄사실 또는 그 간접사실의 인정의 증거로서는 허용되지 않는다. 원심은 검사가 탄핵증거로 신청한 체포·구속인접견부 사본은 피고인의 부인진술을 탄핵한다는 것이므로 결국 검사에게 입증책임이 있는 공소사실 자체를 입증하기 위한 것에 불과하므로 형사소송법 제318조의2 제1항 소정의 피고인의 진술의 증명력을 다투기 위한 탄핵증거로 볼 수 없다는 이유로 그 증거신청을 기각하였다. 관련 법리와 기록에 비추어 살펴보면 원심의 이 부분 판단은 정당한 것으로 수긍이 가고, 거기에 탄핵증거에 관한 법리를 오해하거나 채증법칙을 위반한 위법이 없다(대판 2012.10.25. 2011도5459).

정답 ③

149 증명력에 대한 설명으로 옳지 않은 것은? (다툼이 있는 경우 판례에 의함)

16. 검찰 7급

① 탄핵증거는 진술의 증명력을 감쇄하기 위한 증거로서 뿐만 아니라 범죄사실 또는 그 간접사실을 인정하기 위한 증거로도 사용될 수 있다.
② 피고인이 변호인과 함께 출석한 공판기일의 공판조서에 검사가 제출한 증거에 대하여 동의한다는 기재가 되어 있다면 이는 피고인이 증거동의를 한 것으로 보아야 하고, 그 기재는 절대적인 증명력을 가진다.
③ 자백의 임의성에 다툼이 있을 때에는 검사가 그 임의성의 의문점을 없애는 증명을 하여야 하고, 그 임의성의 의문점을 없애는 증명을 하지 못한 경우에는 그 진술증거는 증거능력이 부정된다.
④ 범죄사실의 인정은 법관으로 하여금 합리적인 의심을 할 여지가 없을 정도의 확신을 가지게 하는 증명력이 있는 엄격한 증거에 의하여야 하고, 법관은 검사의 증명이 위와 같은 확신을 가지게 하는 정도에 이르지 못한 경우에는 피고인의 이익으로 판단하여야 한다.

[해설]

① 【 X 】 탄핵증거는 진술의 증명력을 다투기 위한 것으로서 그 증거를 범죄사실 또는 간접사실을 인정하기 위해서는 사용할 수 없다. 판례도 마찬가지이다(대판 2006.12.8. 2006도6356).
② 【 O 】 대판 2012.5.10. 2012도2496
③ 【 O 】 대판 2015.9.10. 2012도9879
④ 【 O 】 대판 1996.4.12. 94도3309

정답 ①

150 탄핵증거에 대한 설명으로 옳은 것은? (다툼이 있는 경우 판례에 의함)

17. 국가직

① 탄핵증거로 사용될 수 있는 전문증거에는 전문서류만이 포함되며 전문진술은 제외된다.
② 탄핵증거로 사용되기 위해서는 상대방이 증거로 함에 동의함을 요한다.
③ 탄핵증거는 진술의 증명력을 감쇄하기 위해서 뿐만 아니라 범죄사실 또는 그 간접사실의 인정증거로서도 허용된다.
④ 탄핵증거의 제출에 있어서는 증명력을 다투고자 하는 증거의 어느 부분에 의하여 진술의 어느 부분을 다투려고 한다는 것을 사전에 상대방에게 알려야 한다.

[해설]

① 【 X 】 탄핵증거로 사용될 수 있는 전문증거에는 전문서류뿐만 아니라 전문진술도 포함된다(제318조의2 제1항).
② 【 X 】 유죄의 자료가 되는 것으로 제출된 증거의 반대증거서류에 대하여는 그것이 유죄사실을 인정하는 증거가 되는 것이 아닌 이상 반드시 그 진정성립이 증명되지 아니하거나 이를 증거로 함에 있어 상대방의 동의가 없다고 하더라도 증거판단의 자료로 할 수 있다(대판 1974.8.30. 74도1687).
③ 【 X 】 탄핵증거는 진술의 증명력을 다투기 위한 것으로서 그 증거를 범죄사실 또는 간접사실을 인정하기 위해서는 사용할 수 없다.
④ 【 O 】 대판 2005.8.19. 2005도2617

정답 ④

151 다음 설명 중 옳지 않은 것은? (다툼이 있는 경우 판례에 의함)

16. 검찰 7급

① 임의동행의 적법성은 오로지 피의자의 자발적인 의사에 의하여 수사관서 등에의 동행이 이루어졌음이 객관적인 사정에 의하여 명백하게 입증된 경우에 한하여 인정될 수 있다.
② 경찰이 피의자의 집에서 20m 떨어진 곳에서 피고인을 체포하여 수갑을 채운 후 피고인의 집으로 가서 집안을 수색하여 칼과 합의서를 압수하였고 적법한 시간 내에 압수·수색영장을 청구하여 발부받지도 않았다면, 사후에 경찰이 피의자로부터 칼과 합의서에 대한 임의제출동의서를 받았다고 하더라도 증거능력이 인정되지 아니한다.
③ 검사 작성의 피의자신문조서에 작성자인 검사의 서명·날인이 되어 있지 아니하더라도 그 피의자신문조서에 진술자인 피고인의 서명·날인이 되어 있거나 피고인이 법정에서 그 피의자신문조서에 대하여 진정성립과 임의성을 인정하였다면 증거로 할 수 있다.
④ 검사가 유죄의 자료로 제출한 사법경찰관 작성의 피고인에 대한 피의자신문조서는 피고인이 그 내용을 부인하는 이상 증거능력이 없으나, 그것이 임의로 작성된 것이 아니라고 의심할 만한 사정이 없는 한 피고인의 법정에서의 진술을 탄핵하기 위한 반대증거로 사용할 수 있다.

해설

① 【O】 대판 2006.7.6. 2005도6810
② 【O】 대판 2010.7.22. 2009도14376
③ 【X】 형사소송법 제57조 제1항은 공무원이 작성하는 서류에는 법률에 다른 규정이 없는 때에는 작성년월일과 소속공무소를 기재하고 서명·날인하여야 한다고 규정하고 있는바, 그 서명·날인은 공무원이 작성하는 서류에 관하여 그 기재 내용의 정확성과 완전성을 담보하는 것이므로 검사 작성의 피의자신문조서에 작성자인 검사의 서명·날인이 되어 있지 아니한 경우 그 피의자신문조서는 공무원이 작성하는 서류로서의 요건을 갖추지 못한 것으로서 위 법규정에 위반되어 무효이고 따라서 이에 대하여 증거능력을 인정할 수 없다고 보아야 할 것이며, 그 피의자신문조서에 진술자인 피고인의 서명·날인이 되어 있다거나, 피고인이 법정에서 그 피의자신문조서에 대하여 진정성립과 임의성을 인정하였다고 하여 달리 볼 것은 아니다(대판 2001.9.28. 2001도4091).
④ 【O】 대판 2005.8.19. 2005도2617

정답 ③

152 탄핵증거에 대한 설명으로 가장 적절하지 않은 것은? (다툼이 있는 경우 판례에 의함)

18. 경찰채용 1차

① 탄핵증거는 진술의 증명력을 감쇄하기 위하여 인정되는 것이고 범죄사실 또는 그 간접사실의 인정의 증거로서는 허용되지 않는다.
② 피고인의 진술을 내용으로 하는 영상녹화물은 공판준비 또는 공판기일에 피고인 진술의 증명력을 다투기 위한 증거로 사용할 수 없다.
③ 탄핵증거의 제출에 있어서도 상대방에게 이에 대한 공격방어의 수단을 강구할 기회를 사전에 부여하여야 한다는 점에서 그 증거와 증명하고자 하는 사실과의 관계 및 입증취지 등을 미리 구체적으로 명시하여야 할 것이므로, 증명력을 다투고자 하는 증거의 어느 부분에 의하여 진술의 어느 부분을 다투려고 한다는 것을 사전에 상대방에게 알려야 한다.
④ 탄핵증거는 범죄사실을 인정하는 증거가 아니므로 엄격한 증거조사를 거쳐야 할 필요가 없으며, 법정에서 이에 대한 탄핵증거로서의 증거조사도 필요하지 않다.

해설
① 【 O 】 대판 2012.10.25. 2011도5459
② 【 O 】 영상녹화물은 탄핵증거로 사용할 수 없고 실질적 성립의 진정을 증명하는 자료로 사용하거나 기억환기용으로만 사용할 수 있다(제318조의2 제2항).
③ 【 O 】 대판 2005.8.19. 2005도2617
④ 【 X 】 탄핵증거는 범죄사실을 인정하는 증거가 아니므로 엄격한 증거조사를 거쳐야 할 필요가 없음은 형사소송법 제318조의2의 규정에 따라 명백하다고 할 것이나, 법정에서 이에 대한 탄핵증거로서의 증거조사는 필요하다(대판 1998.2.27. 97도1770).

정답 ④

153 증거에 대한 설명으로 가장 적절하지 않은 것은? (판례에 의함)

18. 경찰채용 3차

① 피해자가 피고인으로부터 당한 공갈 등 피해 내용을 담아 자신의 남동생에게 보낸 문자메시지의 내용을 촬영한 사진은 증거서류 중 피해자의 진술서에 준하는 것으로 보아야 한다.
② 「형사소송법」 제318조의2 제1항에 규정된 이른바 탄핵증거는 범죄사실을 인정하는 증거가 아니어서 엄격한 증거능력을 요하지 않으므로, 이를 유죄 증거의 증명력을 다투기 위한 반대증거로 사용할 수 있다.
③ 공모공동정범에서 공모나 모의는 '범죄될 사실'이므로, 이를 인정하기 위하여는 엄격한 증명에 의해야 하고 그 증거는 판결에 표시되어야 한다.
④ 피고인의 검찰 진술의 임의성의 유무가 다투어지는 경우에는 법원은 법률이 자격을 인정한 증거에 의하여 법률이 규정한 증거조사방식에 따라 증명하여야 한다는 엄격한 증명의 방법으로 그 임의성 유무를 판단하여야 한다.

해설
① 【 O 】 대판 2010.11.25. 2010도8735
② 【 O 】 대판 1996.1.26. 95도1333
③ 【 O 】 대판 1988.9.13. 88도1114
④ 【 X 】 피고인이 그 진술을 임의로 한 것이 아니라고 다투는 경우에는 법원은 구체적인 사건에 따라 당해 조서의 형식과 내용, 피고인의 학력, 경력, 직업, 사회적 지위, 지능정도 등 제반 사정을 참작하여 자유로운 심증으로 피고인이 그 진술을 임의로 한 것인지이 여부를 판단하면 된다(대판 1994.11.4. 94도129).

정답 ④

154 탄핵증거에 대한 설명으로 가장 적절하지 않은 것은? (다툼이 있는 경우 판례에 의함) 19. 경찰승진

① 탄핵증거는 진술의 증명력을 감쇄하기 위하여 인정되는 것이고 범죄사실 또는 그 간접사실 인정의 증거로서는 허용되지 않는다.
② 검사가 탄핵증거로 신청한 체포·구속인접견부 사본은 피고인의 부인진술을 탄핵한다는 것이므로 결국 검사에게 입증책임이 있는 공소사실 자체를 입증하기 위한 것에 불과하므로 탄핵증거로 볼 수 없다.
③ 탄핵증거는 엄격한 증거조사를 거쳐야 할 필요가 없지만 법정에서 이에 대한 탄핵증거로서의 증거조사는 필요하다.
④ 탄핵증거의 제출에 있어서도 상대방에게 이에 대한 공격방어의 수단을 강구할 기회를 사전에 부여하여야 하지만, 증명력을 다투고자 하는 증거의 어느 부분에 의하여 진술의 어느 부분을 다투려고 한다는 것인지를 사전에 상대방에게 알려야 할 필요는 없다.

[해설]

① 【 O 】 대판 1996.9.6. 95도2945
② 【 O 】 대판 2012.10.25. 2011도5459
③ 【 O 】 대판 2005.8.19. 2005도2617
④ 【 X 】 증거신청의 방식에 관하여 규정한 형사소송규칙 제132조 제1항의 취지에 비추어 보면 탄핵증거의 제출에 있어서도 상대방에게 이에 대한 공격방어의 수단을 강구할 기회를 사전에 부여하여야 한다는 점에서 그 증거와 증명하고자 하는 사실과의 관계 및 입증취지 등을 미리 구체적으로 명시하여야 할 것이므로, 증명력을 다투고자 하는 증거의 어느 부분에 의하여 진술의 어느 부분을 다투려고 한다는 것을 사전에 상대방에게 알려야 한다(대판 2005.8.19. 2005도2617).

정답 ④

155 탄핵증거에 대한 설명 중 가장 적절한 것은? (다툼이 있는 경우 판례에 의함) 20. 경찰채용 1차

① 사법경찰리 작성의 피고인에 대한 피의자신문조서와 피고인이 작성한 자술서들은 모두 검사가 유죄의 자료로 제출한 증거들로서 피고인이 각 그 내용을 부인하는 이상 증거능력이 없으므로 그것이 임의로 작성된 것이 아니라고 의심할 만한 사정이 없더라도 피고인의 법정에서의 진술을 탄핵하기 위한 반대증거로도 사용할 수 없다.
② 탄핵증거의 제출에 있어서도 상대방에게 이에 대한 공격방어의 수단을 강구할 기회를 사전에 부여하여야 할 것이지만, 증명력을 다투고자 하는 증거의 어느 부분에 의하여 진술의 어느 부분을 다투려고 한다는 것을 사전에 상대방에게 알려야 할 필요는 없다.
③ 탄핵증거는 진술의 증명력을 감쇄하기 위하여 인정되는 것이지만, 범죄사실 또는 간접사실의 인정의 증거로도 허용된다.
④ 검사가 탄핵증거로 신청한 체포·구속인접견부 사본은 피고인의 부인진술을 탄핵한다는 것이므로 결국 검사에게 입증책임이 있는 공소사실 자체를 입증하기 위한 것에 불과하므로 「형사소송법」 제318조의2 제1항 소정의 피고인의 진술의 증명력을 다투기 위한 탄핵증거로 볼 수 없다.

해설

① 【 X 】 사법경찰리 작성의 피고인에 대한 피의자신문조서와 피고인이 작성한 자술서들은 모두 검사가 유죄의 자료로 제출한 증거들로서 피고인이 각 그 내용을 부인하는 이상 증거능력이 없으나 그러한 증거라 하더라도 그것이 임의로 작성된 것이 아니라고 의심할 만한 사정이 없는 한 피고인의 법정에서의 진술을 탄핵하기 위한 반대증거로 사용할 수 있다(대판 1998.2.27. 97도1770).

② 【 X 】 검사가 유죄의 자료로 제출한 사법경찰리 작성의 피고인에 대한 피의자신문조서는 피고인이 그 내용을 부인하는 이상 증거능력이 없으나, 그것이 임의로 작성된 것이 아니라고 의심할 만한 사정이 없는 한 피고인의 법정에서의 진술을 탄핵하기 위한 반대증거로 사용할 수 있으며, 또한 탄핵증거는 범죄사실을 인정하는 증거가 아니므로 엄격한 증거조사를 거쳐야 할 필요가 없음은 형사소송법 제318조의2의 규정에 따라 명백하나 법정에서 이에 대한 탄핵증거로서의 증거조사는 필요한 것이고, 한편 증거신청의 방식에 관하여 규정한 형사소송규칙 제132조 제1항의 취지에 비추어 보면 탄핵증거의 제출에 있어서도 상대방에게 이에 대한 공격방어의 수단을 강구할 기회를 사전에 부여하여야 한다는 점에서 그 증거와 증명하고자 하는 사실과의 관계 및 입증취지 등을 미리 구체적으로 명시하여야 할 것이므로, 증명력을 다투고자 하는 증거의 어느 부분에 의하여 진술의 어느 부분을 다투려고 한다는 것을 사전에 상대방에게 알려야 한다(대판 2005.8.19. 2005도2617).

③ 【 X 】 탄핵증거는 진술의 증명력을 감쇄하기 위하여 인정되는 것이고 범죄사실 또는 그 간접사실의 인정의 증거로서는 허용되지 않는다(대판 2012.10.25. 2011도5459).

④ 【 O 】 대판 2012.10.25. 2011도5459

정답 ④

156 탄핵증거에 대한 설명으로 옳지 않은 것은? (다툼이 있는 경우 판례에 의함) 20. 국가직

① 탄핵증거는 엄격한 증거조사 없이 증거로 사용할 수 있으므로, 탄핵증거를 제출하는 자는 어느 부분에 의하여 진술의 어느 부분을 다투려고 한다는 점을 사전에 상대방에게 알릴 필요가 없다.
② 탄핵증거는 진술의 증명력을 감쇄하기 위하여 인정되는 것이고, 범죄사실 또는 그 간접사실을 인정하는 증거로는 허용되지 않는다.
③ 피고인의 공판정 외의 자백에 관하여 피고인이 그 내용을 부인하더라도 그것이 임의로 작성된 것이 아니라고 의심할 만한 사정이 없는 한, 그 자백은 피고인의 공판정에서의 진술의 증명력을 다투기 위한 탄핵증거로 사용할 수 있다.
④ 진술자의 서명·날인이 없어 성립의 진정이 인정되지 아니한 증거도 탄핵증거가 될 수 있다.

해설

① 【 X 】 증거신청의 방식에 관하여 규정한 형사소송규칙 제132조 제1항의 취지에 비추어 보면 탄핵증거의 제출에 있어서도 상대방에게 이에 대한 공격방어의 수단을 강구할 기회를 사전에 부여하여야 한다는 점에서 그 증거와 증명하고자 하는 사실과의 관계 및 입증취지 등을 미리 구체적으로 명시하여야 할 것이므로, 증명력을 다투고자 하는 증거의 어느 부분에 의하여 진술의 어느 부분을 다투려고 한다는 것을 사전에 상대방에게 알려야 한다(대판 2005.8.19. 2005도2617).

② 【 O 】 대판 2012.10.25. 2011도5459
③ 【 O 】 대판 2005.8.19. 2005도2617
④ 【 O 】 대판 1994.11.11. 94도1159

정답 ①

157 탄핵증거에 대한 설명으로 가장 적절하지 않은 것은? (다툼이 있는 경우 판례에 의함)   21. 경찰승진

① 탄핵증거의 제출에 있어서도 상대방에게 이에 대한 공격방어의 수단을 강구할 기회를 사전에 부여하여야 한다.
② 탄핵증거에 대해서는 유죄증거에 관한 소송법상의 엄격한 증거능력을 요하지 아니한다.
③ 검사가 유죄의 자료로 제출한 사법경찰관 작성의 피고인에 대한 피의자신문조서는 피고인이 그 내용을 부인하는 이상 증거능력이 없고, 그것이 임의로 작성된 것이라도 피고인의 법정에서의 진술을 탄핵하기 위한 반대증거로도 사용할 수 없다.
④ 탄핵증거는 진술의 증명력을 감쇄하기 위하여 인정되는 것이고 범죄사실 또는 그 간접사실의 인정의 증거로서는 허용되지 않는다.

[해설]
① 【 O 】 대판 2005.8.19. 2005도2617
② 【 O 】 대판 1996.1.26. 95도1333
③ 【 X 】 사법경찰리 작성의 피고인에 대한 피의자신문조서와 피고인이 작성한 자술서들은 모두 검사가 유죄의 자료로 제출한 증거들로서 피고인이 각 그 내용을 부인하는 이상 증거능력이 없으나 그러한 증거라 하더라도 그것이 임의로 작성된 것이 아니라고 의심할 만한 사정이 없는 한 피고인의 법정에서의 진술을 탄핵하기 위한 반대증거로 사용할 수 있다(대판 1998.2.27. 97도1770).
④ 【 O 】 대판 1996.9.6. 95도2945

정답 ③

158 탄핵증거에 대한 설명으로 가장 적절하지 않은 것은? (다툼이 있는 경우 판례에 의함)   21. 경찰채용 1차

① 탄핵증거는 범죄사실을 인정하는 증거가 아니어서 엄격한 증거능력을 요하지 아니한다.
② 법정에서 증거로 제출된 바가 없어 전혀 증거조사가 이루어지지 아니한 채 수사기록에만 편철되어 있는 증거를 피고인의 진술을 탄핵하는 증거로 사용할 수는 없다.
③ 검사가 유죄의 자료로 제출한 사법경찰리 작성의 피고인에 대한 피의자신문조서는 피고인이 그 내용을 부인하는 이상 증거능력이 없지만, 그것이 임의로 작성된 것이 아니라고 하더라도 피고인의 법정에서의 진술을 탄핵하기 위한 반대증거로는 사용할 수 있다.
④ 비록 증거목록에 기재되지 않았고 증거결정이 있지 아니하였다 하더라도 공판과정에서 그 입증취지가 구체적으로 명시되고 제시까지 된 이상, 그 제시된 증거에 대하여 탄핵증거로서의 증거조사는 이루어졌다고 보아야 할 것이다.

[해설]
① 【 O 】 대판 1996.1.26. 95도1333
② 【 O 】 법정에서 증거로 제출된 바가 없어 전혀 증거조사가 이루어지지 아니한 채 수사기록에만 편철되어 있는 소득세징수액집계표(수사기록)를 피고인 및 그 사무실 직원 공소외 1 등의 진술을 탄핵하는 증거로 사용하였는바, 이러한 원심의 조치에는 탄핵증거의 조사방법에 관한 법리오해의 위법이 있다 할 것이다(대판 1998.2.27. 97도1770).
③ 【 X 】 사법경찰리 작성의 피고인에 대한 피의자신문조서와 피고인이 작성한 자술서들은 모두 검사가 유죄의 자료로 제출한 증거들로서 피고인이 각 그 내용을 부인하는 이상 증거능력이 없으나 그러한 증거라 하더라도 그것이 임의로 작성된 것이 아니라고 의심할 만한 사정이 없는 한 피고인의 법정에서의 진술을 탄핵하기 위한 반대증거로 사용할 수 있다(대판 1998.2.27. 97도1770).
④ 【 O 】 대판 2006.5.26. 2005도6271

정답 ③

159 증거에 대한 설명 중 옳은 것만을 모두 고르면? (다툼이 있는 경우 판례에 의함) 　20. 검찰 7급

㉠ 탄핵증거의 제출에 있어서는 증명력을 다투고자 하는 증거의 어느 부분에 의하여 진술의 어느 부분을 다투려고 한다는 것을 사전에 상대방에게 알려야 한다.
㉡ 수사기관이 구속수감된 甲으로부터 피고인의 범행에 대한 진술을 들은 다음 추가적인 증거를 확보할 목적으로 甲에게 그의 압수된 휴대전화를 제공하여, 이와 같은 사정을 모르는 피고인과 통화하게 하고 그 범행에 관한 통화내용을 녹음하게 한 경우, 그 녹취록은 피고인이 증거로 함에 동의하면 증거능력이 있다.
㉢ 피고인이 도로교통법위반(음주운전)으로 기소된 사안에서, 피고인이 음주측정을 위해 경찰서에 동행할 것을 요구받고 자발적인 의사로 경찰차에 탑승하였고, 경찰서로 이동 중 하차를 요구하였으나 그 직후 수사과정에 관한 설명을 듣고 빨리 가자고 요구하였다면, 피고인에 대한 임의동행은 적법하고 그 후 이루어진 음주측정 결과는 증거능력이 있다.
㉣ 제1심법원에서 이미 증거능력이 있었던 증거는 항소심에서도 증거능력이 그대로 유지되어 심판의 기초가 될 수 있고, 다시 증거조사를 할 필요가 없다.

① ㉠, ㉡　　② ㉠, ㉢　　③ ㉠, ㉢, ㉣　　④ ㉡, ㉢, ㉣

해설

㉠【 O 】 대판 2005.8.19. 2005도2617
㉡【 X 】 수사기관이 갑으로부터 피고인의 마약류관리에 관한 법률 위반(향정) 범행에 대한 진술을 듣고 추가적인 증거를 확보할 목적으로, 구속수감되어 있던 갑에게 그의 압수된 휴대전화를 제공하여 피고인과 통화하고 위 범행에 관한 통화내용을 녹음하게 한 행위는 불법감청에 해당하므로, 그 녹음 자체는 물론 이를 근거로 작성된 녹취록 첨부 수사보고는 피고인의 증거동의에 상관없이 그 증거능력이 없다(대판 2010.10.14. 2010도9016).
㉢【 O 】 대판 2016.9.28. 2015도2798
㉣【 O 】 대판 1998.2.27. 97도3421

정답 ③

160 자백의 보강증거에 관한 설명 중 가장 적절하지 않은 것은? (다툼이 있으면 판례에 의함) 　16. 경찰승진

① 자백에 대한 보강증거는 직접증거가 아닌 간접증거나 정황증거도 보강증거가 될 수 있다.
② 피고인이 업무추진 과정에서 지출한 자금내역을 기입한 수첩의 기재내용은 피고인의 자백에 대한 보강증거가 될 수 없다.
③ 공범인 공동피고인들의 각 진술은 상호간에 서로 보강증거가 될 수 있다.
④ 실체적 경합범은 실질적으로 수죄이므로 각 범죄사실에 관하여 자백에 대한 보강증거가 있어야 한다.

해설

① 【 O 】 대판 2002.1.8. 2001도1897
② 【 X 】 피고인이 업무추진 과정에서 지출한 자금내역을 기입한 수첩의 기재내용은 피고인의 자백에 대한 보강증거가 될 수 있다(대판 1996.10.17. 94도2865 전합).
③ 【 O 】 대판 1990.10.30. 90도1939
④ 【 O 】 대판 2008.2.14. 2007도10937

정답 ②

161 보기의 사례에 관한 다음 설명 중 가장 적절하지 않은 것은? (다툼이 있는 경우 판례에 의함) 16. 경찰채용 1차

> 甲과 乙은 공동으로 공원에서 술에 취하여 잠을 자고 있는 피해자 丙의 손목시계를 절취하였다는 공소사실로 기소되어 공동피고인으로 재판을 받고 있다. 공판정에서 甲은 공소사실을 자백하고 있으나, 乙은 공소사실을 부인하고 있다.

① 형사소송법 제310조의 피고인의 자백에는 공범인 공동피고인의 진술은 포함되지 않는다.
② 乙의 진술은 甲에 대한 범죄사실을 인정하는데 있어서 증거로 쓸 수 있다.
③ 위 ②항의 경우 그에 대한 보강증거의 요부는 법관의 자유심증에 맡긴다.
④ 甲이 범행을 자백하는 것을 들었다는 丁의 진술내용은 형사소송법 제310조의 피고인의 자백에는 포함되지 아니하나 이는 피고인의 자백의 보강증거로는 될 수 있다.

[해설]
①②③【O】대판 1990.10.30. 90도1939
④【X】피고인이 범행을 자인하는 것을 들었다는 피고인 아닌 자의 진술내용은 형사소송법 제310조의 피고인의 자백에는 포함되지 아니하나 이는 피고인의 자백의 보강증거로 될 수 없다(대판 2008.2.14. 2007도10937).

정답 ④

162 자백의 보강증거에 대한 설명으로 옳은 것만을 모두 고른 것은? (다툼이 있는 경우 판례에 의함) 16. 국가직

> ㉠ 피고인 甲이 업무수행에 필요한 자금을 지출하면서, 스스로 그 지출한 자금내역을 자료로 남겨두기 위해 뇌물자금과 기타자금을 구별하지 아니하고 그 지출내역을 그때그때 계속적·기계적으로 수첩에 직접 기재한 기재내용은 뇌물 공여사실에 대한 보강증거가 될 수 있다.
> ㉡ 형사소송법 제310조 소정의 '피고인의 자백'에 공범인 공동피고인의 진술은 포함되지 아니하므로 공범인 공동피고인의 진술은 다른 공동피고인에 대한 범죄사실을 인정하는 증거로 할 수 있을 뿐만 아니라 공범인 공동피고인들의 각 진술은 상호 간에 서로 보강증거가 될 수 있다.
> ㉢ 피고인 甲이 乙로부터 필로폰을 매수하면서 그 대금을 乙이 지정하는 은행계좌로 송금한 사실에 대한 압수·수색·검증영장 집행보고는 피고인 甲의 필로폰 매수행위와 실체적 경합범 관계에 있는 필로폰 투약행위에 대한 보강증거가 될 수 있다.
> ㉣ 자백에 대한 보강증거는 범죄사실 전부나 그 중요부분의 전부에 일일이 그 보강증거를 필요로 하는 것은 아니며, 간접증거 내지 정황증거는 보강증거가 될 수 없다.

① ㉠, ㉡   ② ㉡, ㉢   ③ ㉢, ㉣   ④ ㉠, ㉡, ㉣

[해설]

㉠ 【 O 】 대판 1996.10.17. 94도2865 전합
㉡ 【 O 】 대판 1990.10.30. 90도1939
㉢ 【 X 】 실체적 경합범은 실질적으로 수죄이므로 각 범죄사실에 관하여 자백에 대한 보강증거가 있어야 한다. 필로폰 매수 대금을 송금한 사실에 대한 증거가 필로폰 매수죄와 실체적 경합범 관계에 있는 필로폰 투약행위에 대한 보강증거가 될 수 없다(대판 2008.2.14. 2007도10937).
㉣ 【 X 】 자백에 대한 보강증거는 범죄사실의 전부 또는 중요 부분을 인정할 수 있는 정도가 되지 아니하더라도 피고인의 자백이 가공적인 것이 아닌 진실한 것임을 인정할 수 있는 정도만 되면 족할 뿐만 아니라 직접증거가 아닌 간접증거나 정황증거도 보강증거가 될 수 있다(대판 1998.3.13. 98도159).

[정답] ①

163 자백과 보강증거에 대한 설명으로 옳은 것(○)과 옳지 않은 것(×)을 바르게 표시한 것은? (다툼이 있는 경우 판례에 의함)

16. 검찰 7급

㉠ 피고인이 범행을 자인하는 것을 들었다는 피고인 외의 제3자의 진술이 기재된 검찰 진술조서는 피고인의 자백에 대한 보강증거로 사용할 수 없다.
㉡ 자백에 대한 보강증거는 범죄사실의 전부 또는 중요 부분을 인정할 수 있는 정도이어야 하고, 자백과 보강 증거가 서로 어울려서 전체로서 범죄사실을 인정할 수 있어야 한다.
㉢ 일정한 증거가 발견되면 자백하겠다고 한 피의자의 약속이 검사의 강요나 위계에 의하여 이루어진 것이 아니라 경한 죄의 소추 등 이익과 교환조건으로 이루어진 경우, 그 약속에 의한 자백은 임의성 없는 자백이라 할 수 없다.
㉣ 피고인이 피해자의 재물을 절취하려다가 미수에 그쳤다는 내용의 공소사실을 자백한 경우, 피고인을 현행범인으로 체포한 피해자가 수사기관에서 한 진술 또는 현장사진이 첨부된 수사보고서는 피고인 자백의 진실성을 담보하기에 충분한 보강증거가 될 수 있다.

① ㉠ ○ ㉡ × ㉢ × ㉣ ○
② ㉠ ○ ㉡ ○ ㉢ × ㉣ ×
③ ㉠ × ㉡ ○ ㉢ ○ ㉣ ×
④ ㉠ ○ ㉡ × ㉢ ○ ㉣ ○

[해설]

㉠ 【 O 】 대판 2008.2.14. 2007도10937
㉡ 【 X 】 자백에 대한 보강증거는 범죄사실의 전부 또는 중요부분을 인정할 수 있는 정도가 되지 아니하더라도 피고인의 자백이 가공적인 것이 아닌 진실한 것임을 인정할 수 있는 정도만 되면 족할 뿐만 아니라 직접증거가 아닌 간접증거나 정황증거도 보강증거가 될 수 있으며, 또한 자백과 보강증거가 서로 어울려서 전체로서 범죄사실을 인정할 수 있으면 유죄의 증거로 충분하다(대판 2008.11.27. 2008도7883).
㉢ 【 X 】 일정한 증거가 발견되면 피의자가 자백하겠다고 한 약속이 검사의 강요나 위계에 의하여 이루어졌다던가 또는 불기소나 경한 죄의 소추 등 이익과 교환조건으로 된 것으로 인정되지 않는다면 위와 같은 자백의 약속하에 된 자백이라 하여 곧 임의성 없는 자백이라고 단정할 수는 없다(대판 1983.9.13. 83도712).
㉣ 【 O 】 피고인이 갑과 합동하여 을의 재물을 절취하려다가 미수에 그쳤다는 내용의 공소사실을 자백한 사안에서, 피고인을 현행범으로 체포한 을의 수사기관에서의 진술과 현장사진이 첨부된 수사보고서가 피고인 자백의 진실성을 담보하기에 충분한 보강증거가 되는데도, 이와 달리 본 원심판결에 법리오해의 위법이 있다(대판 2011.9.29. 2011도8015).

[정답] ①

164 자백에 대한 보강증거에 관한 설명으로 가장 적절하지 않은 것은? (다툼이 있으면 판례에 의함)

16. 경찰채용 2차

① 자백에 대한 보강증거는 피고인의 임의적인 자백사실이 가공적인 것이 아니고 진실하다고 인정될 정도의 증거이면 직접증거이거나 간접증거이거나 보강증거 능력이 있다 할 것이나 적어도 그 증거만으로 객관적 구성요건에 해당하는 사실을 인정할 수 있는 정도는 되어야 한다.
② 「형사소송법」제310조 소정의 "피고인의 자백"에 공범인 공동피고인의 진술은 포함되지 아니하므로 공범인 공동피고인의 진술은 다른 공동피고인에 대한 범죄사실을 인정하는 증거로 할 수 있는 것일 뿐만 아니라 공범인 공동피고인들의 각 진술은 상호간에 서로 보강증거가 될 수 있다.
③ 자동차등록증에 차량의 소유자가 피고인으로 등록·기재된 것이 피고인이 그 차량을 운전하였다는 사실의 자백 부분에 대한 보강증거가 될 수 있고 결과적으로 피고인의 무면허운전이라는 전체 범죄사실의 보강증거로 충분하다.
④ 뇌물공여의 상대방인 공무원이 뇌물을 수수한 사실을 부인하면서도 그 일시 경에 뇌물공여자를 만났던 사실 및 공무에 관한 청탁을 받기도 한 사실 자체는 시인하였다면, 이는 뇌물을 공여하였다는 뇌물공여자의 자백에 대한 보강증거가 될 수 있다.

[해설]
① 【X】 자백에 대한 보강증거는 범죄사실의 전부 또는 중요부분을 인정할 수 있는 정도가 되지 아니하더라도 피고인의 자백이 가공적인 것이 아닌 진실한 것임을 인정할 수 있는 정도만 되면 족할 뿐만 아니라 직접증거가 아닌 간접증거나 정황증거도 보강증거가 될 수 있으며, 또한 자백과 보강증거가 서로 어울려서 전체로서 범죄사실을 인정할 수 있으면 유죄의 증거로 충분하다(대판 2008.11.27. 2008도7883).
② 【O】 대판 1990.10.30. 90도1939
③ 【O】 대판 2000.9.26. 2000도2365
④ 【O】 대판 1995.6.30. 94도993

정답 ①

---

165 자백보강법칙에 대한 설명 중 가장 적절하지 않은 것은? (다툼이 있는 경우 판례에 의함)

17. 여경

① 「형사소송법」제310조의 피고인의 자백에는 공범인 공동피고인의 진술은 포함되지 않는다.
② 피고인이 업무추진 과정에서 그 업무수행에 필요한 자금을 지출하면서, 스스로 지출한 자금내역을 자료로 남겨두기 위하여 뇌물자금과 기타 자금을 구별하지 아니하고 그 지출 일시, 금액, 상대방 등의 내역을 계속적, 기계적으로 기입한 수첩의 기재내용은 피고인의 자백에 대한 보강증거가 될 수 없다.
③ 피고인이 범행을 자인하는 것을 들었다는 피고인 아닌 자의 진술내용은 피고인의 자백에 대한 보강증거가 될 수 없다.
④ 피고인의 습벽을 범죄구성요건으로 하는 포괄일죄인 상습범에 있어서도 이를 구성하는 각 행위에 관하여 개별적으로 보강증거를 요구한다.

해설

① 【 O 】 대판 1990.10.30. 90도1939
② 【 X 】 피고인이 뇌물공여 혐의를 받기 전에 이와는 관계없이 준설공사에 필요한 각종 인·허가 등의 업무를 위임받아 이를 추진하는 과정에서 그 업무수행에 필요한 자금을 지출하면서, 스스로 그 지출한 자금내역을 자료로 남겨두기 위하여 뇌물자금과 기타 자금을 구별하지 아니하고 그 지출 일시, 금액, 상대방 등 내역을 그때그때 계속적, 기계적으로 기입한 수첩의 기재 내용은, 피고인이 자신의 범죄사실을 시인하는 자백이라고 볼 수 없으므로, 증거능력이 있는 한 피고인의 금전출납을 증명할 수 있는 별개의 증거라고 할 것인즉, 피고인의 검찰에서의 자백에 대한 보강증거가 될 수 있다(대판 1996.10.17. 94도2865 전합).
③ 【 O 】 대판 2008.2.14. 2007도10937
④ 【 O 】 대판 1996.2.13. 95도1794

정답 ②

166 자백의 보강법칙에 대한 설명으로 가장 적절하지 않은 것은? (다툼이 있는 경우 판례에 의함) 17. 경찰채용 2차

① 뇌물수수자가 무자격자인 뇌물공여자로 하여금 건축공사를 하도급 받도록 알선하고 그 하도급계약을 승인받을 수 있도록 하였으며, 공사와 관련된 각종의 편의를 제공한 사실을 인정할 수 있는 증거들은 뇌물공여자의 자백에 대한 보강증거가 될 수 있다.
② 2010.2.18. 01:35경 자동차를 타고 온 피고인으로부터 필로폰을 건네받은 후 피고인이 위 차량을 운전해 갔다고 한 甲의 진술과 2010.2.20. 피고인으로부터 채취한 소변에서 나온 필로폰 양성 반응은, 피고인이 2010.2.18. 02:00경의 필로폰 투약으로 정상적으로 운전하지 못할 우려가 있는 상태에 있었다는 도로교통법위반 공소사실 부분에 대한 자백을 보강하는 증거가 되기에 충분하다.
③ 피고인이 자신이 거주하던 다세대주택의 여러 세대에서 7건의 절도행위를 한 것으로 기소되었는데 그 중 4건은 범행장소인 구체적 호수가 특정되지 않은 사안에서, 위 4건에 관한 피고인의 범행 관련 진술이 매우 사실적·구체적·합리적이고 진술의 신빙성을 의심할 만한 사유도 없어 자백의 진실성이 인정되므로, 피고인의 집에서 해당 피해품을 압수한 압수조서와 압수물 사진은 위 자백에 대한 보강증거가 된다.
④ 피고인이 甲과 합동하여 乙의 재물을 절취하려다가 미수에 그쳤다는 내용의 공소사실을 자백한 사안에서, 피고인을 현행범으로 체포한 乙의 수사기관에서의 진술과 현장사진이 첨부된 수사보고서가 피고인 자백에 대한 보강증거가 될 수 없다.

해설

① 【 O 】 대판 1998.12.22. 98도2890
② 【 O 】 대판 2010.12.23. 2010도11272
③ 【 O 】 대판 2008.5.29. 2008도2343
④ 【 X 】 피고인이 甲과 합동하여 乙의 재물을 절취하려다가 미수에 그쳤다는 내용의 공소사실을 자백한 사안에서, 피고인을 현행범으로 체포한 乙의 수사기관에서의 진술과 현장사진이 첨부된 수사보고서가 피고인 자백의 진실성을 담보하기에 충분한 보강증거가 되는데도, 이와 달리 본 원심판결에 법리오해의 위법이 있다고 한 사례(대판 2011.9.29. 2011도8015).

정답 ④

167 자백에 대한 보강증거에 대한 설명으로 가장 적절한 것은? (다툼이 있는 경우 판례에 의함)   18. 경찰승진

① 자백에 대한 보강증거는 범죄사실의 전부 또는 중요부분을 인정할 수 있는 정도가 되지 아니하더라도 피고인의 자백이 가공적인 것이 아닌 진실한 것임을 인정할 수 있는 정도만 되면 족하다.
② 피고인의 범행을 자인하는 것을 들었다는 피고인 아닌 자의 진술내용은 「형사소송법」 제310조의 피고인의 자백에 포함되지 아니하므로 피고인의 자백의 보강증거가 될 수 있다.
③ 자백보강법칙은 일반형사사건은 물론이고 간이공판절차와 약식명령절차 및 즉결심판절차에서도 적용된다.
④ 공범인 공동피고인의 진술은 다른 공동피고인에 대한 범죄사실을 인정하는 증거로 할 수 없다.

[해설]
① 【O】 대판 1998.3.13. 98도159
② 【X】 피고인이 범행을 자인하는 것을 들었다는 피고인 아닌 자의 진술내용은 형사소송법 제310조의 피고인의 자백에는 포함되지 아니하나 이는 피고인의 자백의 보강증거로 될 수 없다(대판 2008.2.14. 2007도10937).
③ 【X】 보강법칙은 정식재판, 즉 일반 형사소송절차에서 적용되므로 즉결심판과 소년보호사건에서는 보강법칙이 적용되지 않는다. 그러나 형사사건인 이상 간이공판절차와 약식명령절차에 있어서도 보강법칙이 적용된다.
④ 【X】 형사소송법 제310조 소정의 "피고인의 자백"에 공범인 공동피고인의 진술은 포함되지 아니하므로 공범인 공동피고인의 진술은 다른 공동피고인에 대한 범죄사실을 인정하는 증거로 할 수 있는 것일 뿐만 아니라 공범인 공동피고인들의 각 진술은 상호간에 서로 보강증거가 될 수 있다(대판 1990.10.30. 90도1939).

[정답] ①

168 자백보강법칙에 대한 설명으로 옳은 것(○)과 옳지 않은 것(×)을 바르게 연결한 것은? (다툼이 있는 경우 판례에 의함)   18. 국가직

㉠ 피고인이 위조신분증을 제시·행사한 사실을 자백하고 있는 때에는 그 신분증의 현존은 자백을 보강하는 간접증거가 된다.
㉡ 피고인이 범행을 자인하는 것을 들었다는 피고인 아닌 자의 진술은 피고인의 자백의 보강증거가 될 수 있다.
㉢ 즉결심판이나 소년보호사건에서는 피고인의 자백만을 증거로 범죄사실을 인정할 수 있다.

① ㉠ ○　㉡ ×　㉢ ○
② ㉠ ×　㉡ ○　㉢ ×
③ ㉠ ×　㉡ ○　㉢ ○
④ ㉠ ○　㉡ ×　㉢ ×

[해설]
㉠ 【O】 대판 1983.2.22. 82도3107
㉡ 【X】 피고인이 범행을 자인하는 것을 들었다는 피고인 아닌 자의 진술내용은 형사소송법 제310조의 피고인의 자백에는 포함되지 아니하나 이는 피고인의 자백의 보강증거로 될 수 없다(대판 2008.2.14. 2007도10937).
㉢ 【O】 보강법칙은 정식재판, 즉 일반 형사소송절차에서 적용되므로 즉결심판과 소년보호사건에서는 보강법칙이 적용되지 않는다. 그러나 형사사건인 이상 간이공판절차와 약식명령절차에 있어서도 보강법칙은 적용된다.

[정답] ①

169 자백에 대한 설명으로 옳지 않은 것은? (다툼이 있는 경우 판례에 의함) 18. 검찰 7급

① 피고인이 경찰에서 임의성 없는 자백을 한 후 검찰이나 심지어 법정에서도 임의성 없는 심리상태가 계속되어 동일한 내용의 자백을 한 경우 각 자백의 임의성은 인정되지 아니한다.
② 자백의 임의성에 다툼이 있는 때에는 검사가 그 임의성의 의문점을 없애는 증명을 하여야 하고, 검사가 그 임의성의 의문점을 없애는 증명을 하지 못한 경우, 그 진술증거는 증거능력이 부정된다.
③ 피고인이 우연히 작성한 항해일지의 내용 중 공소사실에 일부 부합되는 사실의 기재가 있는 경우, 이 항해일지는 피고인이 범죄사실을 자백하는 문서라고 볼 수 있다.
④ 직접증거가 아닌 간접증거나 정황증거도 자백의 보강증거가 될 수 있고, 자백과 보강증거가 서로 어울려서 전체로서 범죄사실을 인정할 수 있으면 유죄의 증거로 충분하다.

[해설]

①② 【 O 】 대판 2012.11.29. 2010도3029
③ 【 X 】 상법장부나 항해일지, 진료일지 또는 이와 유사한 금전출납부 등과 같이 범죄사실의 인정 여부와는 관계없이 자기에게 맡겨진 사무를 처리한 사무 내역을 그때그때 계속적, 기계적으로 기재한 문서 등의 경우는 사무처리 내역을 증명하기 위하여 존재하는 문서로서 그 존재 자체 및 기재가 그러한 내용의 사무가 처리되었음의 여부를 판단할 수 있는 별개의 독립된 증거자료이고, 설사 그 문서가 우연히 피고인이 작성하였고 그 문서의 내용 중 피고인의 범죄사실의 존재를 추론해 낼 수 있는, 즉 공소사실에 일부 부합되는 사실의 기재가 있다고 하더라도, 이를 일컬어 피고인이 범죄사실을 자백하는 문서라고 볼 수는 없다(대판 1996.10.17. 94도2865 전합).
④ 【 O 】 대판 2008.11.27. 2008도7883

정답 ③

170 자백의 보강법칙에 대한 설명으로 가장 적절한 것은? (다툼이 있는 경우 판례에 의함) 18. 경찰채용 2차

① 피고인이 범행을 자인하는 것을 들었다는 피고인 아닌 자의 진술내용은「형사소송법」제310조의 피고인의 자백에 포함되지 아니하므로 피고인의 자백에 대한 보강증거가 될 수 있다.
② 즉결심판절차에는 자백의 보강법칙이 적용된다.
③ 자백에 대한 보강증거는 범죄사실의 전부 또는 중요 부분을 인정할 수 있는 정도가 되어야 하고, 피고인의 자백이 가공적인 것이 아닌 진실한 것임을 인정할 수 있는 정도만 되면 충분하다.
④ 금전출납부 등과 같이 자기에게 맡겨진 사무를 처리한 사무내역을 그때그때 계속적, 기계적으로 기재한 문서의 경우는 그 존재 자체 및 기재가 그러한 내용의 사무가 처리되었음의 여부를 판단할 수 있는 별개의 독립된 증거자료이므로, 피고인이 우연히 작성한 그 문서의 내용 중 공소사실에 일부 부합되는 사실의 기재가 있다면 피고인의 자백에 대한 보강증거가 될 수 있다.

[해설]

① 【 X 】 피고인이 범행을 자인하는 것을 들었다는 제3자의 진술은 피고인의 자백의 보강증거로 될 수 없다(대판 2008.2.14. 2007도10937).
② 【 X 】 자백의 보강법칙은 정식재판, 즉 일반 형사소송절차에서 적용되므로 즉결심판과 소년보호사건에서는 보강법칙이 적용되지 않는다.
③ 【 X 】 자백에 대한 보강증거는 범죄사실의 전부 또는 중요 부분을 인정할 수 있는 정도가 되지 아니하더라도 피고인의 자백이 가공적인 것이 아닌 진실한 것임을 인정할 수 있는 정도만 되면 족하다(대판 2008.11.27. 2008도7883).
④ 【 O 】 대판 1996.10.17. 94도2865 전합

정답 ④

171 자백의 보강증거에 대한 설명으로 가장 적절하지 않은 것은? (다툼이 있는 경우 판례에 의함) 〔19. 경찰승진〕

① 자백에 대한 보강증거는 범죄사실의 전부 또는 중요 부분을 인정할 수 있는 정도가 되지 아니하더라도 피고인의 자백이 가공적인 것이 아닌 진실한 것임을 인정할 수 있는 정도만 되면 족할 뿐만 아니라 직접증거가 아닌 간접증거나 정황증거도 보강증거가 될 수 있다.
② 피고인이 범행을 자인하는 것을 들었다는 피고인 아닌 자의 진술내용은 피고인의 자백에 대한 보강증거가 될 수 없다.
③ '피고인이 필로폰을 매수하면서 그 대금을 은행계좌로 송금한 사실'에 대한 압수수색검증영장 집행보고는 필로폰 매수행위와 실체적 경합범 관계에 있는 필로폰 투약행위에 대해서도 보강증거가 될 수 있다.
④ 피고인이 피해자의 재물을 절취하려다가 미수에 그쳤다는 내용의 공소사실을 자백한 경우 피고인을 현행범으로 체포한 피해자의 수사기관에서 한 진술과 현장사진이 첨부된 수사보고서는 피고인 자백의 진실성을 담보하기에 충분한 보강증거가 될 수 있다.

[해설]
① 【 O 】 대판 2008.11.27. 2008도7883
② 【 O 】 대판 2008.2.14. 2007도10937
③ 【 X 】 실체적 경합범은 실질적으로 수죄이므로 각 범죄사실에 관하여 자백에 대한 보강증거가 있어야 한다(대판 2008.11.27. 2008도7883).
④ 【 O 】 대판 2011.9.29. 2011도8015

정답 ③

172 자백의 보강법칙에 관한 다음 설명 중 가장 옳지 않은 것은? (다툼이 있는 경우 판례에 의함) 〔19. 법원직〕

① 필로폰 매수 대금을 송금한 사실에 대한 증거는 필로폰 매수죄와 실체적 경합범 관계에 있는 필로폰 투약행위의 자백에 대한 보강증거가 될 수 있다.
② 2010.2.18. 01:35경 자동차를 타고 온 피고인으로부터 필로폰을 건네받은 후 피고인이 위 차량을 운전해 갔다고 한 甲의 진술과 2010.2.20. 피고인으로부터 채취한 소변에서 나온 필로폰 양성 반응은, 피고인이 2010.2.18. 02:00경의 필로폰 투약으로 정상적으로 운전하지 못할 우려가 있는 상태에 있었다는 공소사실 부분에 대한 자백을 보강하는 증거가 되기에 충분하다.
③ 피고인이 자신이 거주하던 다세대주택의 여러 세대에서 7건의 절도행위를 한 것으로 기소되었는데 그 중 4건은 범행장소인 구체적 호수가 특정되지 않은 사안에서, 위 4건에 관한 피고인의 범행 관련 진술이 매우 사실적·구체적·합리적이고 진술의 신빙성을 의심할 만한 사유도 없어 자백의 진실성이 인정되므로, 피고인의 집에서 해당 피해품을 압수한 압수조서와 압수물 사진은 위 자백에 대한 보강증거가 된다.
④ 자동차등록증에 차량의 소유자가 피고인으로 등록·기재된 것이 피고인이 그 차량을 운전하였다는 사실의 자백 부분에 대한 보강증거가 될 수 있고, 결과적으로 피고인의 무면허운전이라는 전체 범죄사실의 보강증거로 충분하다.

해설

① 【 X 】 필로폰 매수 대금을 송금한 사실에 대한 증거가 필로폰 매수죄와 실체적 경합범 관계에 있는 필로폰 투약행위에 대한 보강증거가 될 수 없다(대판 2008.2.14. 2007도10937).
② 【 O 】 대판 2010.12.23. 2010도11272
③ 【 O 】 대판 2008.5.29. 2008도2343
④ 【 O 】 대판 2000.9.26. 2000도2365

정답 ①

173 자백에 대한 설명으로 가장 적절하지 않은 것은? (다툼이 있는 경우 판례에 의함)

19. 경찰채용 1차

① 「형사소송법」 제310조 소정의 '피고인의 자백'에 공범인 공동피고인의 진술은 포함되지 아니하므로 공범인 공동피고인들의 각 진술은 상호간에 서로 보강증거가 될 수 있다.
② 검찰에서의 피고인의 자백이 법정진술과 다르다는 사유만으로는 그 자백의 신빙성이 의심스럽다고 볼 수 없다.
③ 일정한 증거가 발견되면 피의자가 자백하겠다고 한 약속이 검사의 강요나 위계에 의하여 이루어졌다든가 경한 죄의 소추 등 이익과 교환조건으로 된 것으로 인정되지 않는 한, 위와 같은 약속하에 된 자백이라 하여 곧 임의성 없는 자백이라고 단정할 수는 없다.
④ 피고인의 자백에 임의성이 없다고 의심할 만한 사유가 있다면, 임의성이 없다고 의심하게 된 사유와 피고인의 자백과의 사이에 인과관계 여부를 불문하고 그 자백의 증거능력은 부정된다.

해설

① 【 O 】 형사소송법 제310조 소정의 "피고인의 자백"에 공범인 공동피고인의 진술은 포함되지 아니하므로 공범인 공동피고인의 진술은 다른 공동피고인에 대한 범죄사실을 인정하는 증거로 할 수 있는 것일 뿐만 아니라 공범인 공동피고인들의 각 진술은 상호간에 서로 보강증거가 될 수 있다(대판 1990.10.30. 90도1939).
② 【 O 】 검찰에서의 피고인의 자백 등이 법정진술과 다르다는 사유만으로 그 자백의 신빙성이 의심스럽다고 할 사유로 삼아야 한다고 볼 수 없다(대판 1985.7.9. 85도826).
③ 【 O 】 일정한 증거가 발견되면 피의자가 자백하겠다고 한 약속이 검사의 강요나 위계에 의하여 이루어졌다던가 또는 불기소나 경한 죄의 소추등 이익과 교환조건으로 된 것으로 인정되지 않는다면 위와 같은 자백의 약속하에 된 자백이라 하여 곧 임의성 없는 자백이라고 단정할 수는 없다(대판 1983.9.13. 83도712).
④ 【 X 】 피고인의 자백이 임의성이 없다고 의심할 만한 사유가 있는 때에 해당한다 할지라도 그 임의성이 없다고 의심하게 된 사유들과 피고인의 자백과의 사이에 인과관계가 존재하지 않은 것이 명백한 때에는 그 자백은 임의성이 있는 것으로 인정된다(대판 1984.11.27. 84도2252).

정답 ④

174 자백보강법칙에 대한 설명으로 옳은 것은? (다툼이 있는 경우 판례에 의함)

19. 검찰 7급

① 자백보강법칙은 「즉결심판에 관한 절차법」에 따른 즉결심판절차에 적용된다.
② 피고인의 습벽을 범죄구성요건으로 하는 포괄일죄로서의 상습범에 있어서는 이를 구성하는 각 행위에 관하여 개별적으로 보강증거를 필요로 하지 않는다.
③ 피고인이 범행을 인정하는 것을 들었다는 참고인의 검찰 진술조서의 진술기재는 피고인의 자백에 대한 보강증거가 될 수 있다.
④ 자동차등록증에 차량의 소유자가 피고인으로 등록·기재된 사실은 피고인이 그 차량을 운전하였다는 사실의 자백 부분에 대한 보강증거가 될 수 있고, 결과적으로 피고인의 무면허운전이라는 전체 범죄사실의 보강증거가 될 수 있다.

[해설]

① 【 X 】 자백의 보강법칙은 정식재판, 즉 일반 형사소송절차에서 적용되므로 즉결심판에는 적용되지 않는다(즉결심판에 관한 절차법 제10조).
② 【 X 】 포괄일죄인 상습범과 관련하여 개별행위별로 보강증거를 요한다(대판 1996.2.23. 95도1794).
③ 【 X 】 피고인이 범행을 자인하는 것을 들었다는 제3자의 진술은 피고인의 자백의 보강증거로 될 수 없다(대판 2008.2.14. 2007도10937).
④ 【 O 】 대판 2000.9.26. 2000도2365

정답 ④

175 자백보강법칙에 대한 설명 중 가장 적절하지 않은 것은? (다툼이 있는 경우 판례에 의함)

19. 법학경채

① 자백보강법칙은 자백을 유일한 증거로 하여 처벌하지 못하고 독립한 보강증거를 요하는 법리로서 헌법에 명문의 규정을 두고 있다.
② 자백보강법칙은 증명력의 판단에 관한 법관의 자유심증주의가 제한되는 경우이다.
③ 피고인이 범행을 자인하는 것을 들었다는 피고인 아닌 자의 진술내용은 피고인의 자백을 보강하는 증거로 될 수 없다.
④ 피고인에게 20만 원 이하의 벌금, 구류 또는 과료에 처할 경미한 범죄사건을 신속하게 심판하기 위한 즉결심판절차에서도 자백보강법칙은 적용된다.

[해설]

① 【 O 】 헌법 제12조 제7항
② 【 O 】 자백에 대한 보강증거가 없을 때에는 자백에 의하여 유죄의 심증을 얻는 경우에도 유죄를 선고할 수 없다는 점에서 자백의 보강법칙은 자유심증주의의 예외가 된다.
③ 【 O 】 대판 2008.2.14. 2007도10937
④ 【 X 】 즉결심판절차에 있어서는 형사소송법 제310조(자백의 보강법칙)의 규정은 적용하지 아니한다(즉결심판에 관한 절차법 제10조).

정답 ④

176 자백에 대한 설명 중 가장 적절하지 않은 것은? (다툼이 있는 경우 판례에 의함) 20. 경찰채용 1차

① 「형사소송법」 제309조의 자백배제법칙을 인정하는 것은 자백취득과정에서의 위법성 때문에 그 증거능력을 부정하는 것이므로 만약 자백에서 임의성을 의심할만한 사유가 있으면 그 사유와 자백간의 인과관계가 명백히 없더라도 자백의 증거능력을 부정한다.

② 「형사소송법」 제309조에서 피고인의 진술이 임의로 한 것이 아니라고 특히 의심할 사유의 입증은 자유로운 증명으로 족하다.

③ 피고인이 위조신분증을 제시 행사한 사실을 자백하고 있고 위 제시 행사한 신분증이 현존한다면 그 자백이 임의성이 없는 것이 아닌 한 위 신분증은 피고인의 위 자백사실의 진실성을 인정할 간접증거가 된다.

④ 자백에 대한 보강증거는 범죄사실의 전부 또는 중요부분을 인정할 수 있는 정도가 되지 아니하더라도 피고인의 자백이 가공적인 것이 아닌 진실한 것임을 인정할 수 있는 정도만 되면 족할 뿐만 아니라 직접증거가 아닌 간접증거나 정황증거도 보강증거가 될 수 있으며 또한 자백과 보강증거가 서로 어울려서 전체로서 범죄사실을 인정할 수 있으면 유죄의 증거로 충분하다.

[해설]

① 【X】 피고인의 자백이 임의성이 없다고 의심할 만한 사유가 있는 때에 해당한다 할지라도 그 임의성이 없다고 의심하게 된 사유들과 피고인의 자백과의 사이에 인과관계가 존재하지 않은 것이 명백한 때에는 그 자백은 임의성이 있는 것으로 인정된다(대판 1984.11.27. 84도2252).
② 【O】 대판 1994.11.4. 94도129
③ 【O】 대판 1983.2.22. 82도3107
④ 【O】 대판 2008.11.27. 2008도7883

정답 ①

177 자백의 보강증거에 관한 설명 중 가장 적절하지 않은 것은? (다툼이 있는 경우 판례에 의함) 20. 경찰승진

① 공동피고인의 자백은 원칙적으로 피고인의 자백에 대한 보강증거가 될 수 있으나 피고인들 간에 이해관계가 상반되는 경우에는 그 진실성을 담보할 수 없으므로 공동피고인의 자백이 피고인의 자백에 대한 보강증거가 될 수 없다.

② 뇌물공여의 상대방이 뇌물을 수수한 사실을 부인하면서도 그 일시경에 뇌물공여자를 만났던 사실 및 공무에 관한 청탁을 받기도 한 사실 자체는 시인하였다면, 이는 뇌물을 공여하였다는 뇌물공여자의 자백에 대한 보강증거가 될 수 있다.

③ 피고인의 자백을 내용으로 하는 피고인 아닌 자의 진술은 피고인의 자백에 대한 보강증거가 될 수 없다.

④ 전과에 관한 사실은 엄격한 의미에서의 범죄사실과는 구별되는 것으로서 피고인의 자백만으로서도 이를 인정할 수 있다.

[해설]

① 【X】 본조에서 말하는 피고인의 자백이란 함은 문리해석상으로도 다른 공동피고인(공범인 경우이건 아니건 가리지 않는다)의 자백을 포함한다 하는 취지로 되어 있지 않을 뿐 아니라 실제 문제로서도 이 공동피고인의 자백에 대하여는 반대신문권도 충분히 보장되어 있는 것이므로 증인으로 신문한 경우나 다를 바가 없으므로 이러한 의미에서 공동피고인의 자백도 증거능력이 있다 할 것이다(대판 1963.7.25. 63도185).
② 【O】 대판 1995.6.30. 94도993
③ 【O】 대판 2008.2.14. 2007도10937
④ 【O】 대판 1979.8.21. 79도1528

정답 ①

178 증거에 대한 설명으로 옳지 않은 것은? (다툼이 있는 경우 판례에 의함) 20. 검찰 7급

① 피고인의 증거동의의 의사표시가 검사가 제시한 모든 증거에 대하여 증거로 함에 동의한다는 방식으로 이루어진 것이라도 증거동의의 효력이 인정된다.
② 피고인이 범행을 자인하는 것을 들었다는 피고인 아닌 자의 진술내용은 피고인의 자백에 포함되지 않으므로 피고인의 자백의 보강증거가 될 수 있다.
③ 수사기관에서 진술한 참고인이 법정에서 증언을 거부하여 피고인이 반대신문을 하지 못한 경우, 정당하게 증언거부권을 행사한 것이 아니라도 피고인이 증인의 증언거부 상황을 초래하였다는 등의 특별한 사정이 없는 한 「형사소송법」 제314조의 '그 밖에 이에 준하는 사유로 인하여 진술할 수 없는 때'에 해당하지 않으므로 수사기관에서 그 증인의 진술을 기재한 서류는 증거능력이 없다.
④ 실체적 경합범은 실질적으로 수죄이기 때문에 각 범죄사실에 관한 자백에 대하여는 각각 보강증거가 있어야 한다.

해설

① 【O】 대판 1983.3.8. 82도2873
② 【X】 피고인이 범행을 자인하는 것을 들었다는 피고인 아닌 자의 진술내용은 형사소송법 제310조의 피고인의 자백에는 포함되지 아니하나 이는 피고인의 자백의 보강증거로 될 수 없다(대판 2008.2.14. 2007도10937).
③ 【O】 [다수의견] 수사기관에서 진술한 참고인이 법정에서 증언을 거부하여 피고인이 반대신문을 하지 못한 경우에는 정당하게 증언거부권을 행사한 것이 아니라도, 피고인이 증인의 증언거부상황을 초래하였다는 등의 특별한 사정이 없는 한 형사소송법 제314조의 '그 밖에 이에 준하는 사유로 인하여 진술할 수 없는 때'에 해당하지 않는다고 보아야 한다. 따라서 증인이 정당하게 증언거부권을 행사하여 증언을 거부한 경우와 마찬가지로 수사기관에서 그 증인의 진술을 기재한 서류는 증거능력이 없다.
다만 피고인이 증인의 증언거부상황을 초래하였다는 등의 특별한 사정이 있는 경우에는 형사소송법 제314조의 적용을 배제할 이유가 없다. 이러한 경우까지 형사소송법 제314조의 '그 밖에 이에 준하는 사유로 인하여 진술할 수 없는 때'에 해당하지 않는다고 보면 사건의 실체에 대한 심증 형성은 법관의 면전에서 본래증거에 대한 반대신문이 보장된 증거조사를 통하여 이루어져야 한다는 실질적 직접심리주의와 전문법칙에 대하여 예외를 정한 형사소송법 제314조의 취지에 반하고 정의의 관념에도 맞지 않기 때문이다 (대판 2019.11.21. 2018도13945).
④ 【O】 대판 2008.2.14. 2007도10937

정답 ②

179 자백보강법칙에 관한 다음 설명 중 가장 옳은 것은? (다툼이 있는 경우 판례에 의함) 21. 법원직

① 자백에 대한 보강증거는 피고인의 자백이 가공적인 것이 아닌 진실한 것임을 인정할 수 있는 정도로는 부족하고 범죄사실의 전부 또는 중요부분을 인정할 수 있는 정도가 되어야 한다.
② 형사소송법 제310조 소정의 피고인의 자백에 공범인 공동피고인의 진술은 포함되지 아니하므로 공범인 공동피고인의 진술은 다른 공동피고인에 대한 범죄사실을 인정하는 증거로 할 수 있는 것일 뿐만 아니라 공범인 공동피고인들의 각 진술은 상호간에 서로 보강증거가 될 수 있다.
③ 피고인이 범행을 자인하는 것을 들었다는 피고인 아닌 자의 진술내용은 형사소송법 제310조의 피고인의 자백에는 포함되지 아니하므로 피고인의 자백의 보강증거로 될 수 있다.
④ 자백에 대한 보강증거는 자백과 보강증거가 서로 어울려서 전체로서 범죄사실을 인정할 수 있으면 유죄의 증거로 충분하나 직접증거가 아닌 간접증거나 정황증거는 자백에 대한 보강증거가 될 수 없다.

해설

① 【 X 】 자백에 대한 보강증거는 범죄사실의 전부 또는 중요부분을 인정할 수 있는 정도가 되지 아니하더라도 피고인의 자백이 가공적인 것이 아닌 진실한 것임을 인정할 수 있는 정도만 되면 족할 뿐만 아니라 직접증거가 아닌 간접증거나 정황증거도 보강증거가 될 수 있으며, 또한 자백과 보강증거가 서로 어울려서 전체로서 범죄사실을 인정할 수 있으면 유죄의 증거로 충분하다(대판 2008.11.27. 2008도7883).
② 【 O 】 대판 1998.3.13. 98도159
③ 【 X 】 피고인이 범행을 자인하는 것을 들었다는 피고인 아닌 자의 진술내용은 형사소송법 제310조의 피고인의 자백에는 포함되지 아니하나 이는 피고인의 자백의 보강증거로 될 수 없다(대판 2008.2.14. 2007도10937).
④ 【 X 】 자백에 대한 보강증거는 범죄사실의 전부 또는 중요부분을 인정할 수 있는 정도가 되지 아니하더라도 피고인의 자백이 가공적인 것이 아닌 진실한 것임을 인정할 수 있는 정도만 되면 족할 뿐만 아니라 직접증거가 아닌 간접증거나 정황증거도 보강증거가 될 수 있으며, 또한 자백과 보강증거가 서로 어울려서 전체로서 범죄사실을 인정할 수 있으면 유죄의 증거로 충분하다(대판 2008.11.27. 2008도7883).

정답 ②

180 다음 사례에 대한 설명으로 옳은 것은? (다툼이 있는 경우 판례에 의함)

18. 검찰 7급

민원인 甲이 건축허가 담당공무원 乙에게 건축허가를 신청하자 乙이 건축허가와 관련하여 뇌물을 요구하였고, 이에 甲은 뇌물을 제공하였다. 이후 검사는 뇌물죄에 대한 혐의로 甲과 乙을 공동피고인으로 기소하였다.

① 甲과 乙이 서로 뇌물을 주고받은 사실이 없다고 주장하며 다투는 경우, 이들은 소송절차가 분리되어 피고인의 지위에서 벗어나더라도 다른 공동피고인에 대한 공소사실에 관하여 증인이 될 수 없다.
② 甲이 공판정에서 "乙로부터 '해외여행을 가려고 하는데 여행사에 대금을 대신 내주면 잘 봐 주겠다'라는 말을 들었다."는 취지의 진술을 한 경우, 甲의 진술로 증명하고자 하는 사실이 '乙이 위와 같은 내용의 말을 하였다'는 것이라면 甲이 乙로부터 위와 같은 말을 들었다고 하는 진술은 전문증거가 아니라 본래증거에 해당한다.
③ 만약 甲만이 검거되어 검사가 甲을 증뢰죄로 기소하였다면, 그로 인한 공소시효 정지의 효력은 乙의 수뢰죄에 대하여도 미친다.
④ 공판정에서 甲은 범행을 자백하였으나 乙이 범행을 부인하고 있는 경우, 甲의 자백이 乙에게 불이익한 유일한 증거라면 법원은 甲의 자백을 乙의 범죄사실을 인정하는데 있어서 증거로 쓸 수 없다.

해설

① 【 X 】 피고인의 지위에 있는 공동피고인은 다른 공동피고인에 대한 공소사실에 관하여 증인이 될 수 없으나, 소송절차가 분리되어 피고인의 지위에서 벗어나게 되면 다른 공동피고인에 대한 공소사실에 관하여 증인이 될 수 있고, 이는 대향범인 공동피고인의 경우에도 다르지 않다(대판 2012.3.29. 2009도11249).
② 【 O 】 어떤 증거가 전문증거인지 여부는 요증사실과의 관계에서 정하여지는바, 원진술의 내용인 사실이 요증사실인 경우에는 전문증거이나, 원진술의 존재자체가 요증사실인 경우는 본래증거이지 전문증거가 아니다(2008.9.25. 2008도5347).
③ 【 X 】 형사소송법 제253조 제2항(공범에 대한 공소시효의 정지)에서 말하는 '공범'에는 뇌물공여죄와 뇌물수수죄 사이와 같은 대향범 관계에 있는 자는 포함되지 않는다(대판 2015.2.12. 2012도4842).
④ 【 X 】 형사소송법 제310조 소정의 "피고인의 자백"에 공범인 공동피고인의 진술은 포함되지 아니하므로 공범인 공동피고인의 진술은 다른 공동피고인에 대한 범죄사실을 인정하는 증거로 할 수 있는 것일 뿐만 아니라 공범인 공동피고인들의 각 진술은 상호간에 서로 보강증거가 될 수 있다(대판 1990.10.30. 90도1939).

정답 ②

181 공동피고인에 대한 설명으로 옳지 않은 것은? (다툼이 있는 경우 판례에 의함) 17. 검찰 7급

① 피고인을 위하여 원심판결을 파기하는 경우 파기의 이유가 상소한 공동피고인에게 공통된다면 그 공동피고인에 대하여도 원심판결을 파기하여야 한다.
② 공범관계에 있는 피고인들 중 일부가 국민참여재판을 원하지 않아 국민참여재판의 진행에 어려움이 있다고 인정되는 경우 법원은 결정으로 국민참여재판을 하지 않을 수 있다.
③ 공범인 공동피고인의 공판정에서의 자백은 이에 대한 피고인의 반대신문권이 보장되어 있어 증인으로 신문한 경우와 다를 바 없으므로 피고인들 간에 이해관계가 상반되는 경우를 제외하고는 독립한 증거능력이 있다.
④ 피고인이 공동피고인과 공범관계에 있다고 하더라도 검사는 수사단계에서 피고인에 대한 증거를 미리 보전하기 위하여 필요한 경우라면 판사에게 공동피고인을 증인으로 신문할 것을 청구할 수 있다.

해설

① 【 O 】 제364조의2, 제392조
② 【 O 】 국민의 형사재판 참여에 관한 법률 제9조 제1항 제2호
③ 【 X 】 본조에서 말하는 피고인의 자백이란 함은 문리해석상으로도 다른 공동피고인(공범인 경우이건 아니건 가리지 않는다)의 자백을 포함한다 하는 취지로 되어 있지 않을 뿐 아니라 실지문제로서도 이 공동피고인의 자백에 대하여는 반대신문권도 충분히 보장되어 있는 것이므로 증인으로 신문한 경우나 다를 바가 없으므로 이러한 의미에서 공동피고인의 자백도 증거능력이 있다 할 것이다(대판 1963.7.25. 63도185).
④ 【 O 】 대판 1988.11.8. 86도1646

정답 ③

182 甲과 乙은 "공모하여 마약류취급자가 아니면서 2017년 1월에서 3월 사이 일자불상 03 : 00경 S시 소재 상호불상의 모텔에서 청소년 A에게 메스암페타민(일명 필로폰)을 투약하였다"는 공소사실로 기소되었다. 경찰수사 과정에서 甲은 "乙과 함께 A에게 필로폰을 투약하였다"고 자백하였으나, 乙은 "甲과 범행을 공모한 적은 없고 단지 甲이 누군가에게 투약한다고 하면서 필로폰을 구해달라고 부탁하기에 필로폰을 구해주었을 뿐이다"라고 진술하였다. 이에 대한 설명으로 옳지 않은 것은? (다툼이 있는 경우 판례에 의함) 17. 국가직

① 공소사실의 일시나 장소가 다소 개괄적으로 기재되었더라도 그 기재가 다른 사실과 식별이 곤란하다거나 피고인의 방어권 행사에 지장을 초래할 정도라고 보기 어렵다면 공소사실은 특정되었다고 보아야 한다.
② 乙에 대해 사법경찰관이 작성한 피의자신문조서는 甲이 공판기일에 그 내용을 부인하면 증거로 할 수 없다.
③ 甲이 乙에 대한 사법경찰관작성 피의자신문조서의 내용을 부인하더라도 乙이 법정에서 "경찰수사를 받던 중에 피의자신문조서에 기재된 것과 같은 내용으로 진술하였다"는 취지로 증언하였다면 그 증언은 甲의 유죄 인정의 증거로 할 수 있다.
④ 만약 甲과 乙이 모두 공소사실을 인정하는 자백을 하였다면 자백 이외에 다른 증거가 없더라도 법원은 甲과 乙에게 유죄를 선고할 수 있다.

해설

① 【 O 】 대판 2014.10.30. 2014도6107
② 【 O 】 대판 2009.7.9. 2009도2865
③ 【 X 】 형사소송법 제312조 제3항은 검사 이외의 수사기관이 작성한 당해 피고인에 대한 피의자신문조서를 유죄의 증거로 하는 경우뿐만 아니라, 검사 이외의 수사기관이 작성한 당해 피고인과 공범관계에 있는 다른 피고인이나 피의자에 대한 피의자신문조서를 당해 피고인에 대한 유죄의 증거로 채택할 경우에도 적용된다. 따라서 당해 피고인과 공범관계에 있는 공동피고인에 대해 검사 이외의 수사기관이 작성한 피의자신문조서는 그 공동피고인의 법정진술에 의하여 성립의 진정이 인정되더라도 당해 피고인이 공판기일에서 그 조서의 내용을 부인하면 증거능력이 부정된다. 그리고 이러한 경우 그 공동피고인이 법정에서 경찰수사 도중 피의자신문조서에 기재된 것과 같은 내용으로 진술하였다는 취지로 증언하였다고 하더라도, 이러한 증언은 원진술자인 공동피고인이 그 자신에 대한 경찰 작성의 피의자신문조서의 진정성립을 인정하는 취지에 불과하여 위 조서와 분리하여 독자적인 증거가치를 인정할 것은 아니므로, 앞서 본 바와 같은 이유로 위 조서의 증거능력이 부정되는 이상 위와 같은 증언 역시 이를 유죄 인정의 증거로 쓸 수 없다(대판 2009.10.15. 2009도1889).
④ 【 O 】 대판 1990.10.30. 90도1939

정답 ③

183 공동피고인의 소송관계에 대한 설명으로 가장 적절하지 않은 것은? (다툼이 있는 경우 판례에 의함)

18. 경찰채용 3차

① 피고인 甲과 공범관계에 있는 공동피고인 乙에 대해 검사 이외의 수사기관이 작성한 피의자신문조서는, 乙의 법정진술에 의하여 그 성립의 진정이 인정되는 등 「형사소송법」 제312조 제4항의 요건을 갖춘 경우라고 하더라도 甲이 공판기일에서 그 조서의 내용을 부인한 이상 이를 甲의 공소사실에 대한 유죄 인정의 증거로 사용할 수 없다.
② 「형사소송법」 제310조의 피고인의 자백에는 공범인 공동피고인의 진술은 포함되지 않으며, 이러한 공동피고인의 진술에 대하여는 피고인의 반대신문권이 보장되어 있어 독립한 증거능력이 있다.
③ 공범인 공동피고인은 당해 소송절차에서는 피고인의 지위에 있으므로 다른 공동피고인에 대한 공소사실에 관하여 증인이 될 수 없으나, 소송절차가 분리되어 피고인의 지위에서 벗어나게 되면 다른 공동피고인에 대한 공소사실에 관하여 증인이 될 수 있다.
④ 절도범과 장물범이 공동피고인으로 재판을 받는 경우 절도범과 장물범은 공범인 공동피고인의 관계에 있으므로 법정에서 장물범이 행한 자백은 절도범이 증거로 함에 부동의해도 절도범의 범죄사실을 인정하는 증거로 사용할 수 있다.

해설

① 【 O 】 대판 2009.7.9. 2009도2865
② 【 O 】 대판 1990.10.30. 90도1939
③ 【 O 】 대판 2008.6.26. 2008도3300
④ 【 X 】 절도범과 장물범은 공범 아닌 자로서 이들이 함께 기소되면 이른바 공범 아닌 공동피고인에 해당한다. 판례는 공범 아닌 공동피고인은 제3자로서 증인이 된다는 입장을 취하고 있는바, 선서없이 한 공동피고인의 법정진술은 피고인의 공소 범죄사실을 인정하는 증거로 할 수 없다(대판 1982.9.14. 82도1000). 따라서 장물이 행한 선서없는 법정자백은 다른 공동피고인 절도범에게 증거로 사용할 수 없다.

정답 ④

184 甲과 乙은 합동하여 평소 알고 지내던 A의 집에서 현금 1,000만 원을 절취하였다는 사실로 특수절도로 공소가 제기되어 함께 재판을 받고 있다. 이에 관한 설명 중 옳은 것을 모두 고른 것은? (다툼이 있는 경우 판례에 의함)

21. 변호사시험

> ㉠ 乙이 피고인으로서 공판정에서 자백진술을 하면 그 진술은 甲에 대한 유죄의 증거로 사용할 수 있다.
> ㉡ 甲과 乙의 소송절차가 분리되면 甲은 乙에 대한 공소사실에 관하여 증인이 될 수 있다.
> ㉢ 경찰과 검찰에서 甲은 범행을 모두 부인하였고, 乙은 범행을 모두 자백하였는데, 사법경찰관 작성의 乙에 대한 피의자신문조서는 甲이 그 내용을 부인하면 甲에 대한 유죄의 증거로 사용할 수 없다.
> ㉣ 사법경찰관 작성의 검증조서에 甲이 A의 거실에서 현금을 가지고 나오면서 "빨리 도망가자"라고 말한 진술기재 부분과 범행을 재연하는 사진이 첨부되어 있는 경우, 甲이 법정에서 검증조서에 대해서만 증거로 활용함에 동의하고 진술기재 부분과 재연사진에 대해서는 그 성립의 진정 및 내용을 부인하였다면, 위 진술기재 부분과 재연사진은 유죄의 증거로 사용할 수 없다.
> ㉤ 검사가 유죄의 자료로 제출한 사법경찰관 작성의 甲에 대한 피의자신문조서는 甲이 그 내용을 부인하는 이상 증거능력이 없으나, 그것이 임의로 작성된 것이 아니라고 의심할 만한 사정이 없는 한 甲의 법정에서의 진술을 탄핵하기 위한 반대증거로 사용할 수 있다.

① ㉠, ㉡, ㉣
② ㉠, ㉡, ㉢, ㉤
③ ㉠, ㉢, ㉣, ㉤
④ ㉡, ㉢, ㉣, ㉤
⑤ ㉠, ㉡, ㉢, ㉣, ㉤

해설

㉠ 【 O 】 보강이 필요한 제310조의 자백은 공판정의 자백이나 공판정 외의 자백을 불문한다. 따라서 피고인이 공판정에서 자백하였다 하더라도 보강증거가 없으면 피고인에게 유죄판결을 할 수 없다(대판 1960.6.22. 4292형상1043).

㉡ 【 O 】 甲과 乙은 특수절도죄의 공범으로서, 사법경찰관 작성 공범乙에 대한 피의자신문조서는 형사소송법 제312조 제3항에 따라 증거능력이 판단된다(대판 2009.7.9. 2009도2865). 따라서 사경작성 乙에 대한 피의자신문조서는 당해피고인 甲이 내용을 부인한 이상 甲의 피고사건에서는 증거능력이 없다.

㉢ 【 O 】 甲의 증거동의 효과는 검증부분에만 미치고, 검증조서에 기재된 甲의 진술부분과 범행재연사진부분은 검증조서와 분리되어 독립된 조서로 평가된다. 따라서 사법경찰관 작성 피의자신문조서에 준하여(형사소송법 제312조 제3항) 당해 피고인 甲이 내용을 부인한 이상 甲의 진술부분과 범행재연부분은 증거능력이 없다(형사소송법 제310조의2). 판례도 같은 취지이다(대판 1998.3.13. 98도159).

㉣ 【 O 】 사법경찰관 작성의 검증조서에 대하여 피고인이 증거로 함에 동의만 하였을 뿐 공판정에서 검증조서에 기재된 진술내용 및 범행을 재연한 부분에 대하여 그 성립의 진정 및 내용을 인정한 흔적을 찾아 볼 수 없고 오히려 이를 부인하고 있는 경우에는 그 증거능력을 인정할 수 없고, 위 검증조서 중 범행에 부합되는 피고인의 진술을 기재한 부분과 범행을 재연한 부분을 제외한 나머지 부분만을 증거로 채용하여야 한다(대판 1998.3.13. 98도159).

㉤ 【 O 】 사법경찰리 작성의 피고인에 대한 피의자신문조서와 피고인이 작성한 자술서들은 모두 검사가 유죄의 자료로 제출한 증거들로서 피고인이 각 그 내용을 부인하는 이상 증거능력이 없으나 그러한 증거라 하더라도 그것이 임의로 작성된 것이 아니라고 의심할 만한 사정이 없는 한 피고인의 법정에서의 진술을 탄핵하기 위한 반대증거로 사용할 수 있다(대판 1998.2.27. 97도1770).

정답 ⑤

185 공판조서에 대한 설명 중 가장 적절하지 않은 것은? (다툼이 있는 경우 판례에 의함) 18. 경찰승진

① 피고인의 공판조서에 대한 열람 또는 등사청구에 법원이 불응하여 피고인의 열람 또는 등사청구권이 침해된 경우에는 그 공판조서를 유죄의 증거로 할 수 없으나, 공판조서에 기재된 증인의 진술은 증거로 할 수 있다.
② 공판조서의 기재가 명백한 오기인 경우를 제외하고는 공판기일의 소송절차로서 공판조서에 기재된 것은 조서만으로써 증명하여야 하고, 그 증명력은 공판조서 이외의 자료에 의한 반증이 허용되지 않는 절대적인 것이다.
③ 공판기일의 소송절차에 관하여는 참여한 법원사무관등이 공판조서를 작성하여야 한다.
④ 검사 제출의 증거에 관하여 동의 또는 진정성립 여부 등에 관한 피고인의 의견이 증거목록에 기재된 경우에는 그 증거목록의 기재는 공판조서의 일부로서 명백한 오기가 아닌 이상 절대적인 증명력을 가지게 된다.

[해설]
① 【 X 】 형사소송법 제55조 제1항이 피고인에게 공판조서의 열람 또는 등사청구권을 부여한 이유는 공판조서의 열람 또는 등사를 통하여 피고인으로 하여금 진술자의 진술내용과 그 기재된 조서의 기재내용의 일치 여부를 확인할 수 있도록 기회를 줌으로써 그 조서의 정확성을 담보함과 아울러 피고인의 방어권을 충실하게 보장하려는 데 있으므로 피고인의 공판조서에 대한 열람 또는 등사청구에 법원이 불응하여 피고인의 열람 또는 등사청구권이 침해된 경우에는 그 공판조서를 유죄의 증거로 할 수 없을 뿐만 아니라, 공판조서에 기재된 당해 피고인이나 증인의 진술도 증거로 할 수 없다(대판 2003.10.10. 2003도3282).
②④ 【 O 】 대판 2012.6.14. 2011도12571
③ 【 O 】 제51조 제1항

[정답] ①

186 공판조서 등 소송 관련 서류에 관한 다음 설명 중 가장 옳지 않은 것은? (다툼이 있는 경우 판례에 의함) 18. 법원직

① 공판기일의 소송절차로서 공판조서에 기재된 것은 조서만으로 증명하여야 하고 그 증명력은 공판조서 이외의 자료에 의한 반증이 허용되지 않는 절대적인 것이다.
② 증거목록도 공판조서의 일부인 이상 검사 제출의 증거에 관한 피고인의 동의 또는 진정성립 여부 등에 관한 의견이 증거목록에 기재된 경우에는 명백한 오기가 아닌 이상 그 기재 내용도 절대적인 증명력을 갖는다.
③ 당해 공판기일에 열석하지 아니한 판사가 재판장으로서 서명·날인한 공판조서는 적식의 공판조서라고 할 수 없어 소송법상 무효이므로, 공판기일에 있어서의 소송절차를 증명할 공판조서로서의 증명력은 인정될 수 없다.
④ 피고인이 자신의 진술 내용을 확인하기 위해 공판조서에 대한 열람·등사 청구를 하였으나 법원이 이에 불응하여 열람·등사청구권이 침해된 경우에도 공판조서의 기재 내용 자체에는 영향이 없으므로 위 공판조서에 기재된 당해 피고인의 진술은 유죄의 증거로 할 수 있다.

[해설]
① 【 O 】 대판 2003.10.10. 2003도3282
② 【 O 】 대판 1998.12.22. 98도2890
③ 【 O 】 대판 1983.2.8. 82도2940
④ 【 X 】 형사소송법 제55조 제1항이 피고인에게 공판조서의 열람 또는 등사청구권을 부여한 이유는 공판조서의 열람 또는 등사를 통하여 피고인으로 하여금 진술자의 진술내용과 그 기재된 조서의 기재내용의 일치 여부를 확인할 수 있도록 기회를 줌으로써 그 조서의 정확성을 담보함과 아울러 피고인의 방어권을 충실하게 보장하려는 데 있으므로 피고인의 공판조서에 대한 열람 또는 등사청구에 법원이 불응하여 피고인의 열람 또는 등사청구권이 침해된 경우에는 그 공판조서를 유죄의 증거로 할 수 없을 뿐만 아니라, 공판조서에 기재된 당해 피고인이나 증인의 진술도 증거로 할 수 없다(대판 2003.10.10. 2003도3282).

[정답] ④

187 공판조서에 관한 다음 설명 중 가장 옳지 않은 것은? (다툼이 있는 경우 판례에 의함)

19. 법원직

① 결심공판에 검사가 출석하여 의견을 진술하였다고 하더라도 결심공판에 관한 공판조서에 검사의 의견진술이 누락되어 있다면 검사의 의견진술이 없는 것으로 보아야 하므로 판결에 영향을 미친 잘못이 있다.
② 공판조서에 그 공판에 관여한 법관의 성명이 기재되어 있지 않다면 공판절차가 법령에 위반되어 판결에 영향을 미친 위법이 있다.
③ 공판조서에 재판장이 판결서에 의하여 판결을 선고하였음이 기재되어 있다면 동 판결선고 절차는 적법하게 이루어졌음이 증명되었다고 할 것이고 여기에는 다른 자료에 의한 반증은 허용되지 않는다.
④ 공판조서의 기재가 명백한 오기인 경우에는 공판조서의 기재에도 불구하고 공판조서에 기재된 내용과 다른 사실을 인정할 수 있다.

[해설]

① 【X】 결심공판에 출석한 검사가 사실과 법률적용에 관하여 의견을 진술하지 않더라도 공판절차가 무효로 되는 것은 아니며 위 공판조서에 검사의 의견진술이 누락되어 있다 하여도 이로써 판결에 영향을 미친 법률위반이 있는 경우에 해당한다고는 볼 수 없다 (대판 1977.5.10. 74도3293).
② 【O】 대판 1970.9.22. 70도1312
③ 【O】 대판 1983.10.25. 82도571
④ 【O】 대판 1995.4.14. 95도110

정답 ①

188 공판조서의 증명력에 대한 설명 중 옳은 것만을 모두 고르면? (다툼이 있는 경우 판례에 의함) 20. 검찰 7급

㉠ 공판기일에 검사가 제출한 증거에 관하여 동의 또는 진정성립 여부 등에 관한 피고인의 의견이 증거목록에 기재된 경우에 그 증거목록의 기재는 공판조서의 일부로서 명백한 오기가 아닌 이상 절대적인 증명력을 가진다.
㉡ 동일한 사항에 관하여 두 개의 서로 다른 내용이 기재된 공판조서가 병존하는 경우에 그 중 어느 쪽이 진실한 것으로 볼 것인지는 법관의 자유로운 심증에 따를 수밖에 없다.
㉢ 피고인이 변호인과 함께 출석한 공판기일의 공판조서에 검사가 제출한 증거에 대하여 동의한다는 기재가 되어 있다면 이는 피고인이 증거동의를 한 것으로 보아야 하고, 그 기재는 절대적인 증명력을 가진다.
㉣ 공판조서에 재판장이 판결서에 의하여 판결을 선고하였음이 기재되어 있다면 검찰서기의 판결서 없이 판결선고되었다는 내용의 보고서가 있더라도 공판조서의 기재내용이 허위라고 판정할 수 없다.

① ㉠, ㉣   ② ㉡, ㉢   ③ ㉡, ㉢, ㉣   ④ ㉠, ㉡, ㉢, ㉣

[해설]

㉠ 【O】 대판 2012.6.14. 2011도12571
㉡ 【O】 대판 1988.11.8. 86도1646
㉢ 【O】 대판 2016.3.10. 2015도19139
㉣ 【O】 대판 1983.10.25. 82도571

정답 ④

189 증거에 대한 설명으로 가장 적절하지 않은 것은? (다툼이 있는 경우 판례에 의함)

19. 경찰채용 2차

① 자백에 대한 보강증거는 피고인의 자백이 가공적인 것이 아닌 진실한 것임을 인정할 수 있는 정도만 되면 충분하고, 직접증거가 아닌 간접증거나 정황증거도 보강증거가 될 수 있다.

② 피고인이 수표를 발행하였으나 예금부족 또는 거래정지처분으로 지급되지 아니하게 하였다는 부정수표단속법위반의 공소사실을 증명하기 위하여 제출되는 수표는 증거물인 서면에 해당하므로 그 증거능력은 증거물의 예에 의하여 판단하여야 한다.

③ 피고인이 변호인과 함께 출석한 공판기일의 공판조서에 검사가 제출한 증거에 대하여 동의한다는 기재가 되어 있다면 피고인이 증거동의를 한 것으로 보아야 하고, 그 기재는 절대적인 증명력을 가진다.

④ 보험사기 사건에서 건강보험심사평가원이 수사기관의 의뢰에 따라 보내온 자료를 토대로 입원진료의 적정성에 대한 의견을 제시하는 내용의 건강보험심사평가원의 입원진료 적정성 여부 등 검토의뢰에 대한 회신은 「형사소송법」제315조 제3호의 '기타 특히 신용할 만한 정황에 의하여 작성된 문서'에 해당한다.

해설

① 【O】 대판 1998.3.13. 98도159
② 【O】 대판 2015.4.23. 2015도2275
③ 【O】 대판 2008.4.24. 2007도10058
④ 【X】 사무처리 내역을 계속적, 기계적으로 기재한 문서가 아니라 범죄사실의 인정 여부와 관련 있는 어떠한 의견을 제시하는 내용을 담고 있는 문서는 형사소송법 제315조 제3호에서 규정하는 당연히 증거능력이 있는 서류에 해당한다고 볼 수 없으므로, 이른바 보험사기 사건에서 건강보험심사평가원이 수사기관의 의뢰에 따라 그 보내온 자료를 토대로 입원진료의 적정성에 대한 의견을 제시하는 내용의 '건강보험심사평가원의 입원진료 적정성 여부 등 검토의뢰에 대한 회신'은 형사소송법 제315조 제3호의 '기타 특히 신용할 만한 정황에 의하여 작성된 문서'에 해당하지 않는다(대판 2017.12.5. 2017도12671).

정답 ④

Chapter 04 재판

01 형사소송법의 내용으로 옳지 않은 것만을 모두 고르면? 21. 국가직

㉠ 사법경찰관이 작성한 피의자신문조서는 적법한 절차와 방식에 따라 작성된 것으로서 공판준비 또는 공판기일에 그 피의자였던 피고인 또는 변호인이 그 내용을 인정할 때에 한하여 증거능력이 있다.
㉡ 공판기일에 검사는 공소장에 의하여 공소사실·죄명 및 적용법조를 낭독하여야 한다. 다만 재판장은 필요하다고 인정하는 때에는 검사에게 공소장의 낭독 또는 공소요지의 진술을 생략하도록 할 수 있다.
㉢ 형을 선고하는 경우 재판장은 상소할 기간뿐만 아니라 상소할 법원을 피고인에게 고지해야 한다.
㉣ 공판준비기일의 지정 신청에 관한 법원의 결정에 대해서는 항고할 수 있다.
㉤ 법원은 소송관계를 분명하게 하기 위해 직권 또는 검사, 피고인 또는 변호인의 신청으로 전문심리위원을 지정하여 소송절차에 참여하게 할 수 있으며, 이러한 전문심리위원은 재판장의 허가를 받으면 피고인, 변호인, 증인 등 소송관계인에게 필요한 사항에 관하여 직접 질문할 수 있다.

① ㉠, ㉢
② ㉡, ㉣
③ ㉡, ㉢, ㉤
④ ㉡, ㉣, ㉤

해설

㉠ 【 O 】 제312조 제3항
㉡ 【 X 】 검사의 모두진술은 필수적 절차이므로 검사는 반드시 모두진술을 하여야 한다. 다만, 재판장이 필요하다고 인정하는 때에는 검사에게 공소의 요지를 진술하게 할 수 있다(제285조). 즉, 공소의 요지를 진술하게 할 수는 있지만 생략은 할 수 없다.
㉢ 【 O 】 제324조
㉣ 【 X 】 검사, 피고인 또는 변호인은 법원에 대하여 공판준비기일의 지정을 신청할 수 있다. 이 경우 당해 신청에 관한 법원의 결정에 대하여는 불복할 수 없다(제266조의7 제2항).
㉤ 【 O 】 제279조의2 제1항, 제2항

정답 ②

02 판결서의 작성에 대한 설명으로 옳은 것만을 모두 고르면? (다툼이 있는 경우 판례에 의함) 21. 국가직 7급

> ㉠ 변론을 종결한 기일에 판결을 선고하는 경우에는 판결의 선고 후에 판결서를 작성할 수 있다.
> ㉡ 유죄판결의 판결이유에는 범죄사실, 증거의 요지와 법령의 적용을 명시하여야 하고, 유죄판결을 선고하면서 판결이유에 그중 어느 하나를 전부 누락한 경우에는 「형사소송법」 제383조 제1호에 정한 판결에 영향을 미친 법률위반으로서 파기사유가 된다.
> ㉢ 무죄판결의 경우, 공소사실에 부합하는 증거를 배척하는 취지를 합리적 범위 내에서 판결이유에 기재하여야 하고, 만일 주문에서 무죄를 선고하고도 그 판결이유에는 이에 관한 아무런 판단도 기재하지 않았다면 항소 또는 상고이유가 될 수 있다.
> ㉣ 사실인정에 배치되는 증거에 대한 판단은 반드시 판결이유에 기재하여야 하므로 이를 기재하지 않은 때에는 항소 또는 상고이유가 될 수 있다.

① ㉠, ㉢
② ㉡, ㉣
③ ㉠, ㉡, ㉢
④ ㉠, ㉡, ㉣

해설

㉠ 【 O 】 제318조의4 제2항
㉡ 【 O 】 대판 2012.6.28. 2012도4701
㉢ 【 O 】 대판 2014.11.13. 2014도6341
㉣ 【 X 】 공소사실에 부합하는 증거 또는 범죄사실에 배치되는 증거들에 관하여 이를 배척하는 경우에도 배척한다는 취지의 판단이나 이유를 설시할 필요는 없다(대판 1987.10.13. 87도1240).

정답 ③

03 재판서에 관한 다음 설명 중 옳지 않은 것은 모두 몇 개인가? (다툼이 있는 경우 판례에 의함) 21. 법원직

> ㉠ 판결서에는 기소한 검사의 관직, 성명과 변호인의 성명을 기재하여야 하나, 공판에 관여한 검사의 관직과 성명은 기재할 필요가 없다.
> ㉡ 형사소송법 제38조의 규정에 의하면 재판은 법관이 작성한 재판서에 의하여야 하고, 같은 법 제41조의 규정에 의하면 재판서에는 재판한 법관이 서명·날인을 하여야 하나, 재판장이 서명·날인할 수 없는 때에는 다른 법관이 서명·날인하지 않더라도 형사소송법 제383조 제1호 소정의 판결에 영향을 미친 법률위반에 해당하지 않는다.
> ㉢ 재판의 선고 또는 고지는 주심 판사가 하고, 판결을 선고함에는 이유의 요지를 설명하고 주문을 낭독하여야 한다.
> ㉣ 재판은 법관이 작성한 재판서에 의하여야 하나, 결정 또는 명령을 고지하는 경우에는 재판서를 작성하지 아니하고 조서에만 기재하여 할 수 있다.

① 1개　② 2개　③ 3개　④ 4개

[해설]

㉠ 【X】 판결서에는 기소한 검사와 공판에 관여한 검사의 관직, 성명과 변호인의 성명을 기재하여야 한다(제40조 제3항).
㉡ 【X】 형사소송법 제38조의 규정에 의하면, 재판은 법관이 작성한 재판서에 의하여야 하고, 같은 법 제41조의 규정에 의하면 재판서에는 재판한 법관이 서명·날인을 하여야 하며 재판장이 서명·날인 할 수 없는 때에는 다른 법관이 그 사유를 부기하고 서명·날인 하도록 되어 있으므로, 이러한 법관의 서명·날인이 없는 재판서에 의한 판결은 같은 법 제383조 제1호 소정의 판결에 영향을 미친 법률위반으로서 파기사유가 된다(대판 1990.2.27. 90도145).
㉢ 【X】 재판의 선고 또는 고지는 재판장이 한다. 판결을 선고함에는 주문을 낭독하고 이유의 요지를 설명하여야 한다(제43조).
㉣ 【O】 제38조

정답 ③

04 유죄판결에 명시될 이유에 관한 다음 설명 중 가장 옳은 것은? (다툼이 있는 경우 판례에 의함) 18. 법원직

① 유죄판결을 선고하면서 판결이유에 범죄사실, 증거의 요지, 법령의 적용 중 어느 하나를 전부 누락한 경우에는 판결에 영향을 미친 법률 위반으로 파기사유가 된다.
② 유죄판결 이유에서 그에 대한 판단을 명시하여야 할 '형의 감면의 이유되는 사실'에는 형의 필요적 감면사유뿐만 아니라 임의적 감면사유도 이에 포함된다.
③ 피고인이 자수감경에 관한 주장을 하였음에도 판결 이유에서 이에 대하여 판단하지 아니한 것은 위법하다.
④ 판결에 범죄사실에 대한 증거를 설시함에 있어 어느 증거의 어느 부분에 의하여 어느 범죄사실을 인정한다고 구체적으로 설시하지 아니하였다 하더라도 그 적시한 증거들에 의하여 범죄사실을 인정할 수 있으면 이를 위법한 증거설시라고 할 수 없으므로, 항소심판결이 '피고인의 법정 진술과 적법하게 채택되어 조사된 증거들'로만 기재된 제1심판결의 증거의 요지를 그대로 인용하였다고 하여 위법하다고 할 수 없다.

해설

① 【 O 】 대판 2012.6.28. 2012도4701
② 【 X 】 자수는 형의 필요적 감경 또는 면제사유가 아니므로 자수사실에 대한 주장은 형의 양정에 영향을 미치는 사유에 지나지 아니하여 유죄판결에 명시할 이유에 해당한다고 할 수 없다(대판 1991.11.12. 91도2241).
③ 【 X 】 피고인이 자수하였다 하더라도 자수한 자에 대하여는 법원이 임의로 형을 감경할 수 있음에 불과한 것으로서 원심이 자수감경을 하지 아니하였다거나 자수감경 주장에 대하여 판단을 하지 아니하였다 하여 위법하다고 할 수 없다(대판 2001.4.24. 2001도872).
④ 【 X 】 형사소송법 제323조 제1항은 형의 선고를 하는 때에는 판결이유에 범죄될 사실, 증거의 요지와 법령의 적용을 명시하여야 한다고 규정하고 있는바, 여기에서 '증거의 요지'는 어느 증거의 어느 부분에 의하여 범죄사실을 인정하였냐 하는 이유 설명까지 할 필요는 없지만 적어도 어떤 증거에 의하여 어떤 범죄사실을 인정하였는가를 알아볼 정도로 증거의 중요부분을 표시하여야 하고, 피고인의 자백이 그 피고인에게 불이익한 유일의 증거인 때에는 이를 유죄의 증거로 하지 못하는 것이므로, "피고인의 법정 진술과 적법하게 채택되어 조사된 증거들"로만 기재된 제1심판결의 증거의 요지를 그대로 인용한 항소심판결은 증거 없이 그 범죄사실을 인정하였거나 형사소송법 제323조 제1항을 위반한 위법을 저지른 것이라고 아니할 수 없다(대판 2000.3.10. 99도5312).

정답 ①

05 무죄판결에 대한 설명으로 가장 적절하지 않은 것은? (다툼이 있는 경우 판례에 의함)
19. 경찰승진

① 피고사건이 범죄로 되지 아니하거나 범죄사실의 증명이 없는 때에는 판결로써 무죄를 선고하여야 한다.
② 헌법재판소의 위헌결정으로 인하여 형벌에 관한 법률 또는 법률조항이 소급하여 그 효력을 상실한 경우에는 당해 법조를 적용하여 기소한 사건은 범죄로 되지 아니하는 때에 해당하므로, 공소사실은 무죄라 할 것이다.
③ 무죄판결이 선고된 때에는 구속영장은 효력을 잃는다.
④ 국가는 무죄판결이 확정된 경우에도 당해 사건의 피고인이었던 자에 대하여 그 재판에 소요된 비용을 보상할 의무는 없다.

해설

① 【 O 】 제325조
② 【 O 】 대판 1992.5.8. 91도2825
③ 【 O 】 제331조
④ 【 X 】 국가는 무죄판결이 확정된 경우에도 당해 사건의 피고인이었던 자에 대하여 그 재판에 소요된 비용을 보상하여야 한다(제194조의2 제1항).

정답 ④

06 무죄판결에 대한 설명으로 가장 적절하지 않은 것은? (다툼이 있는 경우 판례에 의함) 21. 경찰채용 1차

① 포괄일죄의 관계에 있는 공소사실에 대하여는 그 일부가 무죄로 판단되는 경우에도 이를 판결 주문에 따로 표시할 필요가 없으므로, 이를 판결 주문에 표시한 경우에는 판결에 영향을 미친 위법사유에 해당한다.
② 포괄일죄의 일부에 대하여는 유죄의 증거가 없고 나머지 부분에 대하여 공소시효가 완성된 경우, 피고인에게 유리한 무죄를 주문에 표시하고 면소부분은 이유에서만 설시하면 족하다.
③ 「헌법재판소법」 제47조 제3항 본문에 따라 형벌에 관한 법률조항에 대하여 위헌결정이 선고된 경우 그 조항은 소급하여 효력을 상실하므로, 법원은 당해 조항이 적용되어 공소가 제기된 피고사건에 대하여 「형사소송법」 제325조 전단에 따라 무죄를 선고하여야 한다.
④ 피고인에게 가장 유리한 판결인 무죄판결에 대한 피고인의 상고는 부적법하다.

【해설】
① 【 X 】 포괄일죄의 관계에 있는 공소사실에 대하여는 그 일부가 무죄로 판단되는 경우에도 이를 판결 주문에 따로 표시할 필요가 없으나 이를 판결 주문에 표시하였다 하더라도 판결에 영향을 미친 위법사유가 되는 것은 아니다(대판 1993.10.12. 93도1512).
② 【 O 】 대판 2016.12.29. 2016도11324
③ 【 O 】 대판 2020.5.28. 2017도8610
④ 【 O 】 대판 2012.12.27. 2012도11200

정답 ①

07 재판에 관한 다음 설명 중 가장 옳지 않은 것은? (다툼이 있는 경우 판례에 의함) 16. 법원직

① 면소판결의 사유인 사면이 있을 때란 일반사면이 있을 때를 말하는 것이므로, 특별사면 이전에 저지른 것으로 공소제기된 공소사실은 면소판결의 대상에 해당하지 아니한다.
② 소년법에 따라 보호처분을 받은 사건과 동일한 사건에 대하여 다시 공소제기가 되었다면 공소기각의 결정을 하여야 한다.
③ 기소된 공소사실에 대한 적용법조가 헌법재판소의 위헌결정으로 소급하여 실효된 경우, 법원은 당해 법조를 적용하여 기소한 피고 사건에 대하여 무죄를 선고하여야 한다.
④ 제1심판결 선고 전에 공범에 의하여 부도수표가 회수된 경우 공소기각의 판결을 하여야 한다.

【해설】
① 【 O 】 면소판결 사유인 형사소송법 제326조 제2호의 '사면이 있는 때'에서 말하는 '사면'이란 일반사면을 의미할 뿐, 형을 선고받아 확정된 자를 상대로 이루어지는 특별사면은 여기에 해당하지 않는다(대판 2015.5.21. 2011도1932 전합).
② 【 X 】 소년법 제30조의 보호처분을 받은 사건과 동일한 사건에 대하여 다시 공소제기가 되었다면 동조의 보호처분은 확정판결이 아니고 따라서 기판력도 없으므로 이에 대하여 면소판결을 할 것이 아니라 공소제기절차가 동법 제47조의 규정에 위배하여 무효인 때에 해당한 경우이므로 공소기각의 판결을 하여야 한다(대판 1985.5.28. 85도21).
③ 【 O 】 헌법재판소법 제47조 제2항 단서는 형벌에 관한 법률조항에 대하여 위헌결정이 선고된 경우 그 조항이 소급하여 효력을 상실한다고 규정하고 있으므로, 형벌에 관한 법률조항이 소급하여 효력을 상실한 경우에 당해 조항을 적용하여 공소가 제기된 피고사건은 범죄로 되지 아니한 때에 해당하고, 법원은 이에 대하여 형사소송법 제325조 전단에 따라 무죄를 선고하여야 한다(대판 2011.6.23. 2008도7562 전합).
④ 【 O 】 부정수표단속법 제2조 제4항에서 부정수표가 회수된 경우 공소를 제기할 수 없도록 하는 취지는 부정수표가 회수된 경우에는 수표소지인이 부정수표 발행자 또는 작성자의 처벌을 희망하지 아니하는 것과 마찬가지로 보아 같은 조 제2항 및 제3항의 죄를 이른바 반의사불벌죄로 규정한 취지로서 부도수표 회수나 수표소지인의 처벌을 희망하지 아니하는 의사의 표시가 제1심판결 선고 이전까지 이루어지는 경우에는 공소기각의 판결을 선고하여야 할 것이고, 이는 부정수표가 공범에 의하여 회수된 경우에도 마찬가지이다(대판 2009.12.10. 2009도9939).

정답 ②

08 다음 중 공소기각판결을 해야 하는 경우는 모두 몇 개인가? (다툼이 있는 경우 판례에 의함) 17. 국가직

> ㉠ 공소장 기재사실 자체에 대한 판단으로 그 사실 자체가 죄가 되지 아니함이 명백한 경우
> ㉡ 친고죄에서 공범 중 일부에 대하여만 처벌을 구하고 나머지에 대하여는 처벌을 원하지 않는 내용의 고소를 하였다가 공소제기 전에 고소를 취소한 경우
> ㉢ 공소장변경절차에 의하여 변경된 공소사실에 대한 법정형을 기준으로 공소제기 당시 이미 공소시효가 완성된 경우
> ㉣ 수표발행자가 수표발행 후 예금부족으로 인하여 제시기일에 지급되지 아니하게 하였으나 제1심 판결 선고 전에 부도수표가 회수된 경우
> ㉤ 공소제기 이후 피고인이 사망하거나 피고인인 법인이 존속하지 아니하게 된 경우

① 1개   ② 2개   ③ 3개   ④ 4개

[해설]
㉠ 【 X 】 공소기각결정(대판 2014.5.16. 2012도12867)
㉡ 【 O 】 공소기각판결(대판 2009.1.30. 2008도7462)
㉢ 【 X 】 면소판결(대판 2001.8.24. 2001도2902)
㉣ 【 O 】 공소기각판결(대판 2005.10.7. 2005도4435)
㉤ 【 X 】 공소기각결정(제328조 제1항 제2호)

정답 ②

09 다음 중 공소기각판결을 해야 하는 경우는? (다툼이 있는 경우 판례에 의함) 19. 경찰채용 2차

① 공소장에 기재된 사실이 진실하다 하더라도 범죄가 될 만한 사실이 포함되지 아니하는 경우
② 「가정폭력범죄의 처벌 등에 관한 특례법」에 따른 보호처분을 받은 사건과 동일한 사건에 대하여 다시 공소제기가 된 경우
③ 형벌에 관한 법령이 폐지되었다 하더라도 그 폐지가 당초부터 헌법에 위배되어 효력이 없는 법령에 대한 것인 경우
④ 범죄 후 법률이념의 변천에 따라 과거에 범죄로 본 행위에 관하여 현재의 평가가 달라짐에 따라 이를 처벌대상으로 삼는 것이 부당하다는 반성적 고려에서 그 행위를 처벌하는 조항이 삭제된 경우

[해설]
① 공소기각결정(제328조 제1항 제4호)
② 공소기각판결(대판 2017.8.23. 2016도5423)
③ 무죄판결(대결 2013.4.18. 2011초기689 전합)
④ 면소판결(대판 2011.7.14. 2011도1303), 판례는 단순히 형이 폐지된 것으로 족하지 않고 이른바 동기설에 따라 법률이념이 변천된 경우에 한하여 면소판결사유가 된다고 본다.

정답 ②

10 공소기각의 재판에 관한 다음 설명 중 가장 옳지 않은 것은? (다툼이 있는 경우 판례에 의함) 18. 법원직

① 공소가 제기된 사건에 대하여 피고인이 사망하거나 피고인인 법인이 존속하지 아니하게 되었을 때에는 결정으로 공소를 기각한다.
② 공소장 기재 사실 및 적용법조에 대한 판단만으로도 공소시효가 완성된 것이 명백한 때에는 공소기각 결정으로 사건을 종결시킬 수 있다.
③ 검사가 공소를 취소한 경우에는 공소기각 결정을 하여야 하고, 공소기각 결정이 확정된 후 그 범죄사실에 대해 다른 중요한 증거가 발견되지 않았음에도 다시 공소가 제기된 때에는 공소기각 판결을 하여야 한다.
④ 검사의 공소제기가 소추재량을 현저히 일탈하였다고 판단되는 경우에는 공소기각 판결을 할 수 있다.

해설

① 【 O 】 제328조 제1항 제2호
② 【 X 】 공소의 시효가 완성되었을 때에는 면소판결을 선고하여야 한다(제326조 제3호).
③ 【 O 】 제328조 제1항 제1호, 제327조 제4호
④ 【 O 】 대판 2001.9.7. 2001도3206

정답 ②

11 공소기각 판결에 관한 설명 중 가장 적절하지 않은 것은? (다툼이 있는 경우 판례에 의함) 20. 경찰승진

① 소년법 제32조의 보호처분을 받은 사건과 동일한 사건에 대하여 다시 공소제기가 되었다면 이는 공소제기 절차가 법률의 규정에 위반하여 무효인 때에 해당한다.
② 피해자의 명시한 의사에 반하여 죄를 논할 수 없는 사건에 대하여 처벌을 희망하지 아니하는 의사표시가 있거나 처벌을 희망하는 의사표시가 철회되었을 때는 공소기각 판결 사유에 해당한다.
③ 사기죄에서 피고인의 딸과 피해자의 아들이 혼인 관계에 있음에도 고소권자의 적법한 고소가 없다면 이는 공소기각 판결 사유에 해당한다.
④ 공소가 제기된 사건에 대하여 다시 공소가 제기되었을 때는 공소기각 판결 사유에 해당한다.

해설

① 【 O 】 대판 1985.5.28. 85도21
② 【 O 】 제327조 제6호
③ 【 X 】 피고인이 백화점 내 점포에 입점시켜 주겠다고 속여 피해자로부터 입점비 명목으로 돈을 편취하였다며 사기로 기소된 사안에서, 피고인의 딸과 피해자의 아들이 혼인하여 피고인과 피해자가 사돈지간이라고 하더라도 민법상 친족으로 볼 수 없는데도, 2촌의 인척인 친족이라는 이유로 위 범죄를 친족상도례가 적용되는 친고죄라고 판단한 후 피해자의 고소가 고소기간을 경과하여 부적법하다고 보아 공소를 기각한 원심판결 및 제1심판결에 친족의 범위에 관한 법리오해의 위법이 있다(대판 2011.4.28. 2011도2170).
④ 【 O 】 제327조 제3호

정답 ③

12 법원이 甲에 대하여 공소기각의 재판을 해야 하는 경우는? (다툼이 있는 경우 판례에 의함) 17. 국가직(유사)

① 甲이 반의사불벌죄로 기소되어 제1심에서 유죄판결을 받았으나 항소심에서 피해자가 처벌희망의 의사표시를 철회한 경우
② 구 정치자금에 관한 법률위반으로 기소된 甲이 재판과정에서 자신과 동일한 범죄구성요건에 해당하는 행위를 한 사람이 다수 존재함에도 불구하고 오로지 자신만이 공소제기 되어서 평등권 침해에 의한 공소권 남용에 해당한다고 주장하는 경우
③ 甲과 乙이 공모하여 공동으로 A의 명예를 훼손하는 발언을 하였고, A가 甲과 乙을 명예훼손으로 고소하여 공소제기 되었으나, A가 곧 乙에 대하여는 처벌을 희망한다는 의사표시를 철회한 경우
④ 乙이 수사과정에서 甲의 성명을 모용하여 甲에게 약식명령이 송달되자 甲이 정식재판을 청구하였고, 그 정식재판의 심리과정에서 乙이 甲의 성명을 모용하였음이 밝혀진 경우

[해설]
① 【X】 반의사불벌죄에서 제1심 판결 후에 처벌의사가 철회되었으므로 실체판결(대판 1986.10.14. 86도1603)
② 【X】 공소권 남용에 해당하지 않으므로 실체판결(대판 2006.12.22. 2006도1623)
③ 【X】 반의사불벌죄에 관하여는 주관적 불가분의 원칙이 적용되지 않으므로 甲에 대해서는 실체판결(대판 1995.5.9. 93도1689)
④ 【O】 대판 1993.1.19. 92도2554

정답 ④

13 공소기각의 재판에 관한 다음 설명 중 가장 옳지 않은 것은? (다툼이 있는 경우 판례에 의함) 21. 법원직

① 피고인이 사망한 경우 결정으로 공소를 기각하여야 한다.
② 공소장일본주의에 위배된 공소제기라고 인정되는 때에는, 피고인 측의 이의 여부, 공판절차의 진행 정도 등과 무관하게 그 하자의 치유는 인정되지 않으므로, 공소기각의 판결을 선고하여야 한다.
③ 공소사실이 특정되지 아니한 부분이 있다면, 법원은 검사에게 석명을 구하여 특정을 요구하여야 하고, 그럼에도 검사가 이를 특정하지 않는다면 그 부분에 대해서는 공소를 기각할 수밖에 없다.
④ 공소기각 또는 관할위반의 재판이 법률에 위반됨을 이유로 원심판결을 파기하는 때에는 판결로써 사건을 원심법원에 환송하여야 한다.

[해설]
① 【O】 제328조 제1항 제2호
② 【X】 공소장일본주의에 위배된 공소제기라고 인정되는 때에는 그 절차가 법률의 규정을 위반하여 무효인 때에 해당하는 것으로 보아 공소기각의 판결을 선고하는 것이 원칙이다. 그러나 공소장 기재의 방식에 관하여 피고인측으로부터 아무런 이의가 제기되지 아니하였고 법원 역시 범죄사실의 실체를 파악하는 데 지장이 없다고 판단하여 그대로 공판절차를 진행한 결과 증거조사절차가 마무리되어 법관의 심증형성이 이루어진 단계에서는 소송절차의 동적 안정성 및 소송경제의 이념 등에 비추어 볼 때 이제는 더 이상 공소장일본주의 위배를 주장하여 이미 진행된 소송절차의 효력을 다툴 수는 없다고 보아야 한다(대판 2009.10.22. 2009도7436 전합).
③ 【O】 대판 2019.12.24. 2019도10086
④ 【O】 제366조

정답 ②

14 공소기각의 재판에 대한 설명으로 옳지 않은 것은? 23. 국가직

① 공소장에 검사의 간인이 없다면, 그 공소장의 형식과 내용이 연속된 것으로 일체성이 인정되고 동일한 검사가 작성하였다고 인정되더라도 공소기각의 판결을 하여야 한다.
② 공소장에 기재된 사실이 진실하다 하더라도 범죄가 될 만한 사실이 포함되지 아니한 때에는 공소기각의 결정을 하여야 한다.
③ 피고인에 대하여 재판권이 없을 때에는 공소기각의 판결을 하여야 한다.
④ 동일사건이 사물관할을 달리하는 여러 개의 법원에 계속된 경우에 사건을 심판하지 못하게 된 법원은 당해 사건에 대해 공소기각의 결정을 하여야 한다.

[해설]
① 【 X 】 공소장에 검사의 간인이 없더라도 그 공소장의 형식과 내용이 연속된 것으로 일체성이 인정되고 동일한 검사가 작성하였다고 인정되는 한 그 공소장을 형사소송법 제57조 제2항에 위반되어 효력이 없는 서류라고 할 수 없다. 이러한 공소장 제출에 의한 공소제기는 그 절차가 법률의 규정에 위반하여 무효일 때(형사소송법 제327조 제2호)에 해당한다고 할 수 없다(대판 2021.12.30. 2019도16259).
② 【 O 】 대판 2014.5.16. 2012도12867
③ 【 O 】 형사소송법 제327조 제1호 참고
④ 【 O 】 형사소송법 제328조 제3호 참고

정답 ①

15 기소와 재판에 대한 설명으로 옳지 않은 것은? (다툼이 있는 경우 판례에 의함) 20. 국가직

① 공소기각의 판결은 피고인에게 불이익한 재판이라고 할 수 없으므로 이에 대하여 피고인은 상소권이 없다.
② 공소사실의 동일성이 인정되지 아니하고 실체적 경합관계에 있는 수 개의 공소사실의 전부 또는 일부를 철회하는 공소취소에 따라 공소기각의 결정이 확정된 때와 마찬가지로, 포괄일죄로 기소된 공소사실 중 일부에 대하여 공소장변경의 방식으로 이루어진 공소사실의 일부 철회가 있는 경우에 그 범죄사실에 대하여도 다른 중요한 증거가 발견되지 않는 한 재기소할 수 없다.
③ 무죄의 제1심판결에 대하여 검사가 채증법칙 위배 등을 들어 항소하였으나 공소기각의 사유가 있다고 인정될 경우, 항소심법원은 직권으로 판단하여 제1심판결을 파기하고 피고인에 대한 공소사실에 관하여 유·무죄의 판단을 하기에 앞서 공소기각의 판결을 선고하여야 한다.
④ 위법한 함정수사에 기한 공소제기는 그 절차가 법률의 규정에 위반하여 무효인 때에 해당하여 공소기각의 판결을 하여야 한다.

[해설]
① 【 O 】 대판 1988.11.8. 85도1675
② 【 X 】 공소사실의 동일성이 인정되지 아니하고 실체적 경합관계에 있는 수 개의 공소사실의 전부 또는 일부를 철회하는 공소취소의 경우 그에 따라 공소기각의 결정이 확정된 때에는 그 범죄사실에 대하여는 형사소송법 제329조의 규정에 의하여 다른 중요한 증거가 발견되지 않는 한 재기소가 허용되지 아니하지만, 이와 달리 포괄일죄로 기소된 공소사실 중 일부에 대하여 형사소송법 제298조 소정의 공소장변경의 방식으로 이루어지는 공소사실의 일부 철회의 경우에는 그러한 제한이 적용되지 아니한다(대판 2004.9.23. 2004도3203).
③ 【 O 】 대판 1994.10.14. 94도1818
④ 【 O 】 대판 2005.10.28. 2005도1247

정답 ②

16 재판에 대한 설명으로 옳지 않은 것은? (다툼이 있는 경우 판례에 의함)　　　21. 국가직

① 공소가 취소된 경우 법원은 결정으로 공소를 기각하여야 한다.
② 항고의 제기가 법률상의 방식에 위반하거나 항고권 소멸 후인 것이 명백한 때에는 원심법원은 결정으로 항고를 기각하여야 한다.
③ 판결선고 전 미결구금일수는 그 전부가 법률상 당연히 본형에 산입되므로 판결에서 별도로 미결구금일수 산입에 관한 사항을 판단할 필요가 없다.
④ 상습범으로서 포괄적 일죄의 관계에 있는 여러 개의 범죄사실 중 일부에 대하여 유죄판결이 확정된 경우에, 그 확정판결의 사실심판결 선고 전에 저질러진 나머지 범죄에 대하여 새로이 공소가 제기되었다면 판결로 공소를 기각하여야 한다.

[해설]
① 【 O 】 제328조 제1항 제1호
② 【 O 】 제407조 제1항
③ 【 O 】 대판 2009.12.10. 2009도11448
④ 【 X 】 상습범으로서 포괄적 일죄의 관계에 있는 여러 개의 범죄사실 중 일부에 대하여 유죄판결이 확정된 경우에, 그 확정판결의 사실심판결 선고 전에 저질러진 나머지 범죄에 대하여 새로이 공소가 제기되었다면 그 새로운 공소는 확정판결이 있었던 사건과 동일한 사건에 대하여 다시 제기된 데 해당하므로 이에 대하여는 판결로써 면소의 선고를 하여야 하는 것이다(대판 2004.9.16. 2001도3206 전합).

정답 ④

17 다음 중 면소판결에 대한 사유로 가장 적절한 것은? (다툼이 있는 경우 판례에 의함)　　　18. 경찰승진

① 고소가 있어야 죄를 논할 사건에 대하여 고소의 취소가 있은 때
② 공소가 제기된 사건에 대하여 다시 공소가 제기되었을 때
③ 공소제기의 절차가 법률의 규정에 위반하여 무효인 때
④ 범죄 후의 법령개폐로 형이 폐지되었을 때

[해설]
① 【 X 】 공소기각판결(제327조 제5호)
② 【 X 】 공소기각판결(제327조 제3호)
③ 【 X 】 공소기각판결(제327조 제2호)
④ 【 O 】 제326조 제4호

정답 ④

18 면소판결을 할 수 있는 것은? (다툼이 있는 경우 판례에 의함) 20. 국가직

① 피고인이 유죄판결에 대하여 상고하였는데, 그 후에 헌법재판소가 처벌의 근거가 된 법률조항에 대해 헌법불합치결정을 선고하면서 개정시한을 정하여 입법개선을 촉구하였는데도 위 시한까지 법률 개정이 이루어지지 아니한 경우
② 유죄판결 확정 후 피고인에 대하여 형 선고의 효력을 상실케 하는 특별사면이 있었는데, 이후 재심개시결정이 확정되어 재심심판절차를 진행하게 된 경우
③ 피고인이 외국에서 유죄판결을 받고 판결이 확정된 후 우리나라에서 같은 행위로 다시 기소된 경우
④ 구 「형법」상 혼인빙자간음죄(제304조)로 기소되었는데, 그 후 해당 조문의 혼인빙자간음죄 부분이 헌법재판소의 결정에 의하여 위헌으로 판단되었고, 이를 삭제하는 「형법」 개정을 하면서 부칙 등에서 그 시행 전 행위에 대한 벌칙의 적용에 관하여 아무런 경과규정을 두지 아니한 경우

[해설]
① 【 X 】 무죄판결(대판 2011.6.23. 2008도7562 전합)
② 【 X 】 실체판결(대판 2015.5.21. 2011도1932 전합)
③ 【 X 】 실체판결(대판 1983.10.25. 83도2366)
④ 【 O 】 면소판결(대판 2014.4.24. 2012도14253)

정답 ④

19 면소판결에 대한 설명으로 옳지 않은 것만을 모두 고르면? (다툼이 있는 경우 판례에 의함) 19. 국가직

㉠ 일반사면과 특별사면을 불문하고 사면이 있는 경우에는 법원은 별도의 실체적 심리를 진행함이 없이 면소판결을 하여야 한다.
㉡ 여러 개의 범죄사실 중 일부에 대하여 상습범이 아닌 기본범죄로 유죄판결이 확정되었더라도, 판결이 확정된 범죄사실과 판결 선고 전에 저질러진 나머지 범죄사실이 상습범으로서 포괄일죄의 관계가 있다면, 새로이 공소 제기된 그 나머지 범죄사실에 대해 법원은 면소판결을 하여야 한다.
㉢ 피고인이 사물변별능력 또는 의사능력이 없는 상태에 있는 경우에는 당해 사건에 대한 면소판결이 명백히 예견되더라도 공판절차를 정지하여야 할 것이고 피고인의 출정 없이 재판할 수 없다.
㉣ 몰수나 추징이 공소사실과 관련이 있다 하더라도 그 공소사실에 관하여 이미 공소시효가 완성되어 면소판결의 사유에 해당하는 경우에는 몰수나 추징도 할 수 없다.
㉤ 면소판결은 유죄 확정판결이라 할 수 없으므로 면소판결을 대상으로 한 재심청구는 부적법하다.

① ㉠, ㉡, ㉢
② ㉠, ㉡, ㉤
③ ㉡, ㉢, ㉣
④ ㉢, ㉣, ㉤

해설

㉠ 【 X 】 면소판결 사유인 형사소송법 제326조 제2호의 '사면이 있는 때'에서 말하는 '사면'이란 일반사면을 의미할 뿐, 형을 선고받아 확정된 자를 상대로 이루어지는 특별사면은 여기에 해당하지 않는다(대판 2015.5.21. 2011도1932 전합).

㉡ 【 X 】 상습범으로서 포괄적 일죄의 관계에 있는 여러 개의 범죄사실 중 일부에 대하여 상습범 아닌 기본 구성요건의 범죄로 처단되는 데 그친 경우에는, 가사 뒤에 기소된 사건에서 비로소 드러났거나 새로 저질러진 범죄사실과 전의 판결에서 이미 유죄로 확정된 범죄사실 등을 종합하여 비로소 그 모두가 상습범으로서의 포괄적 일죄에 해당하는 것으로 판단된다 하더라도 뒤늦게 앞서의 확정판결을 상습범의 일부에 대한 확정판결이라고 보아 그 기판력이 그 사실심판결 선고 전의 나머지 범죄에 미친다고 보아서는 아니 된다(대판 2004.9.16. 2001도3206 전합).

㉢ 【 X 】 면소판결을 할 것이 명백한 때에는 피고인이 심신상실상태에 있거나 질병으로 인하여 출정할 수 없는 때에도 공판절차를 정지하지 않고 피고인의 출정없이 재판할 수 있다(제306조 제4항).

㉣ 【 O 】 면소판결을 유죄판결이 아니기 때문에 몰수나 추징을 할 수 없다.

㉤ 【 O 】 대결 2018.5.2. 2015모3243

정답 ①

20 다음 각각의 경우에 법원이 어떤 재판을 하여야 하는지 옳은 것으로만 연결된 것은? (다툼이 있는 경우 판례에 의함)

18. 국가직

㉠ 「소년법」상 보호처분이 확정된 사건에 대해 다시 공소가 제기된 경우
㉡ 공소제기된 범죄사실에 대한 적용법조가 헌법재판소의 위헌결정으로 효력을 상실한 경우
㉢ 공소취소로 공소기각이 확정된 후 그 범죄사실에 대한 다른 중요한 증거가 발견되지 않았음에도 다시 공소를 제기한 경우

	㉠	㉡	㉢
①	면소판결	면소판결	공소기각판결
②	공소기각판결	면소판결	공소기각결정
③	면소판결	무죄판결	공소기각결정
④	공소기각판결	무죄판결	공소기각판결

해설

㉠ 공소기각판결(대판 1985.5.28. 85도21)
㉡ 무죄판결(대판 2011.6.23. 2008도7562 전합).
㉢ 공소기각판결(제327조 제4호).

정답 ④

21 면소판결에 관한 다음 설명 중 가장 옳지 않은 것은? (다툼이 있는 경우 판례에 의함)

18. 법원직

① 피고인은 면소판결에 대하여 무죄의 실체판결을 구하는 상소를 할 수 없는 것이 원칙이다.
② 소년법상의 보호처분을 받은 사건과 동일한 사건에 대하여 다시 공소가 제기가 되었다면 면소판결을 하여야 한다.
③ 판결의 확정 없이 공소제기 후 25년이 경과하면 면소판결을 선고하여야 한다.
④ 면소판결을 하는 경우 몰수형도 선고할 수 없다.

해설

① 【O】 대판 1986.12.9. 86도1976
② 【X】 소년법 제30조의 보호처분을 받은 사건과 동일한 사건에 대하여 다시 공소제기가 되었다면 동조의 보호처분은 확정판결이 아니고 따라서 기판력도 없으므로 이에 대하여 면소판결을 할 것이 아니라 공소제기절차가 동법 제47조의 규정에 위배하여 무효인 때에 해당한 경우이므로 공소기각의 판결을 하여야 한다(대판 1985.5.28. 85도21).
③ 【O】 제249조 제2항
④ 【O】 형법 제49조 단서는 행위자에게 유죄의 재판을 하지 아니할 때에도 몰수의 요건이 있는 때에는 몰수만을 선고할 수 있다고 규정하고 있으나, 우리 법제상 공소의 제기 없이 별도로 몰수만을 선고할 수 있는 제도가 마련되어 있지 아니하므로 실체판단에 들어가 공소사실을 인정하는 경우가 아닌 면소의 경우에는 원칙적으로 몰수도 할 수 없다(대판 2007.7.26. 2007도4556).

정답 ②

22 면소판결에 대한 설명으로 옳지 않은 것은?

23. 국가직 7급

① 재심대상판결이 확정된 후에 형 선고의 효력을 상실케 하는 특별사면이 있었던 사건에 대하여 재심개시결정이 확정되어 재심심판절차를 진행하는 법원은 면소판결이 아니라 실체에 관한 유·무죄 등의 판단을 해야 한다.
② 법원은 범죄 후 법령의 개폐로 그 형이 폐지되었을 경우 실체적 재판에 앞서 면소판결을 선고하여야 하며, 이에 관하여 무죄로서의 실체적 재판을 하는 것은 위법이다.
③ 면소판결은 유죄의 확정판결이라고 할 수 없으므로 면소판결을 대상으로 한 재심청구는 부적법하다.
④ 공소제기 당시의 공소사실에 대한 법정형을 기준으로 하면 공소시효가 완성되지 않았던 경우, 법원은 공소장변경에 의하여 변경된 공소사실에 대하여 그 법정형을 기준으로 하면 공소제기 당시 이미 공소시효가 완성된 경우에도 공소시효의 완성을 이유로 면소판결을 선고할 수 없다.

해설

① 【O】 면소판결 사유인 형사소송법 제326조 제2호의 '사면이 있는 때'에서 말하는 '사면'이란 일반사면을 의미할 뿐, 형을 선고받아 확정된 자를 상대로 이루어지는 특별사면은 여기에 해당하지 않으므로, 재심대상판결 확정 후에 형 선고의 효력을 상실케 하는 특별사면이 있었다고 하더라도, 재심개시결정이 확정되어 재심심판절차를 진행하는 법원은 그 심급에 따라 다시 심판하여 실체에 관한 유·무죄 등의 판단을 해야지, 특별사면이 있음을 들어 면소판결을 하여서는 아니 된다(대판 2015.5.21. 2011도1932).
② 【O】 범죄 후 법령의 개폐로 그 형이 폐지되었을 경우 면소판결을 선고하여야 함에도 이에 관하여 무죄로서의 실체적 재판을 하는 것은 위법하다(대판 2010.7.15. 2007도7523).
③ 【O】 형사재판에서 재심은 형사소송법 제420조, 제421조 제1항의 규정에 의하여 유죄 확정판결 및 유죄판결에 대한 항소 또는 상고를 기각한 확정판결에 대하여만 허용된다. 면소판결은 유죄 확정판결이라 할 수 없으므로 면소판결을 대상으로 한 재심청구는 부적법하다(대결 2018.5.2. 2015모3243).
④ 【X】 공소제기 당시의 공소사실에 대한 법정형을 기준으로 하면 공소제기 당시 아직 공소시효가 완성되지 않았으나 변경된 공소사실에 대한 법정형을 기준으로 하면 공소제기 당시 이미 공소시효가 완성된 경우에는 공소시효의 완성을 이유로 면소판결을 선고하여야 한다(대판 2001.8.24. 2001도2902).

정답 ④

23 다음 중 사례와 판결의 종류가 바르게 연결된 것은? (다툼이 있으면 판례에 의함) 19. 경찰채용 1차

① 공판심리 중 위헌결정으로 인하여 형벌에 관한 법률조항이 소급하여 효력을 상실한 경우: 무죄판결
② 「소년법」 제32조의 보호처분을 받은 사건과 동일한 사건에 대하여 다시 공소가 제기된 경우: 면소판결
③ 본래 범의를 가지지 아니한 자에 대하여 수사기관이 사술이나 계략을 써서 범의를 유발케 하여 범죄인으로 검거하고, 이러한 함정수사에 기해 검사가 공소를 제기한 경우: 공소기각결정
④ 공소제기 이후 피고인이 사망하거나 피고인인 법인이 존속하지 아니하게 된 경우: 공소기각판결

[해설]

① 【 O 】 대판 1992.5.8. 91도2825
② 【 X 】 소년법 제32조의 보호처분을 받은 사건과 동일한 사건에 대하여 다시 공소제기가 되었다면 동조의 보호처분은 확정판결이 아니고 따라서 기판력도 없으므로 이에 대하여 면소판결을 할 것이 아니라 공소제기절차가 동법 제53조의 규정에 위배하여 무효인 때에 해당한 경우이므로 공소기각의 판결을 하여야 한다(대판 1985.5.28. 85도21).
③ 【 X 】 범의를 가진 자에 대하여 단순히 범행의 기회를 제공하거나 범행을 용이하게 하는 것에 불과한 수사방법이 경우에 따라 허용될 수 있음은 별론으로 하고, 본래 범의를 가지지 아니한 자에 대하여 수사기관이 사술이나 계략 등을 써서 범의를 유발케 하여 범죄인을 검거하는 함정수사는 위법함을 면할 수 없고, 이러한 함정수사에 기한 공소제기는 그 절차가 법률의 규정에 위반하여 무효인 때에 해당한다(대판 2005.10.28. 2005도1247).
④ 【 X 】 공소제기 이후 피고인이 사망하거나 피고인인 법인이 존속하지 아니하게 된 경우는 공소기각결정사유에 해당한다(제328조 제1항 제2호).

[정답] ①

24 다음 설명 중 옳지 않은 것은? (다툼이 있는 경우 판례에 의함) 18. 검찰 7급

① 서면인 공소장의 제출 없이 공소를 제기한 경우에는 이를 허용하는 특별한 규정이 없는 한 소송행위로서의 공소제기가 성립되었다고 볼 수 없다.
② 필요적 변호사건의 공판절차가 사선변호인과 국선변호인이 모두 불출석한 채 개정되어 국선변호인 선정취소결정이 고지된 후 변호인 없이 피해자에 대한 증인신문 등 심리가 이루어진 경우, 당해 공판절차에서 이루어진 피해자에 대한 증인신문 등 일체의 소송행위는 모두 무효이다.
③ 유죄판결 확정 후에 형선고의 효력을 상실케 하는 특별사면이 있었던 경우, 당해 사건에 대하여 재심개시결정이 확정되어 재심심판절차를 진행하는 법원은 면소판결을 해야 한다.
④ 당해 공판기일에 열석하지 아니한 판사가 재판장으로서 서명·날인한 공판조서는 소송법상 무효이므로 공판기일에 있어서의 소송절차를 증명할 공판조서로서의 증명력이 없다.

[해설]

① 【 O 】 대판 2016.12.15. 2015도3682
② 【 O 】 대판 1999.4.23. 99도915
③ 【 X 】 면소판결 사유인 형사소송법 제326조 제2호의 '사면이 있는 때'에서 말하는 '사면'이란 일반사면을 의미할 뿐, 형을 선고받아 확정된 자를 상대로 이루어지는 특별사면은 여기에 해당하지 않으므로, 재심대상판결 확정 후에 형선고의 효력을 상실케 하는 특별사면이 있었다고 하더라도, 재심개시결정이 확정되어 재심심판절차를 진행하는 법원은 그 심급에 따라 다시 심판하여 실체에 관한 유·무죄 등의 판단을 해야지, 특별사면이 있음을 들어 면소판결을 하여서는 아니 된다(대판 2015.5.21. 2011도1932 전합).
④ 【 O 】 대판 1983.2.8. 82도2940

[정답] ③

25 재판에 대한 설명으로 옳지 않은 것은? (다툼이 있는 경우 판례에 의함)

21. 국가직 7급

① 특별사면으로 형 선고의 효력이 상실된 유죄확정판결에 대하여 재심개시결정이 이루어진 경우, 재심심판절차에서 그 심급에 따라 다시 심판하여 실체에 관한 유·무죄 등의 판단을 하여야 하지, 특별사면이 있음을 들어 면소판결을 하여서는 아니 된다.
② 법령의 적용은 유죄판결 이유에 명시하여야 할 사항이지만 공동정범을 인정하면서 「형법」제30조를 명시하지 않았더라도 판결 이유설시 자체에 비추어 실행의 분담을 한 공동정범을 인정함이 명백하다면 판결에 영향을 미친 위법이 있다고 할 수 없다.
③ 국회의원의 면책특권에 속하는 행위에 대한 공소제기가 있는 경우, 피고인에 대한 재판권이 없는 경우에 해당하므로 공소기각판결을 하여야 한다.
④ 「경범죄처벌법」상 범칙금 통고를 받고 범칙금을 납부하였다면, 이는 확정판결에 준하는 효력이 있는 경우로 동일사건에 대하여 다시 공소가 제기된 때에는 면소판결을 하여야 한다.

해설

① 【 O 】 대판 2015.5.21. 2011도1932 전합
② 【 O 】 대판 1983.10.12. 83도1942
③ 【 X 】 국회의원의 면책특권에 속하는 행위에 대하여는 공소를 제기할 수 없으며 이에 반하여 공소가 제기된 것은 결국 공소권이 없음에도 공소가 제기된 것이 되어 형사소송법 제327조 제2호의 "공소제기의 절차가 법률의 규정에 위반하여 무효인 때"에 해당되므로 공소를 기각하여야 한다(대판 1992.9.22. 91도3317).
④ 【 O 】 대판 2012.6.14. 2011도6858 외 다수

정답 ③

26 재판에 대한 설명으로 옳지 않은 것은? (다툼이 있는 경우 판례에 의함)

17. 국가직

① 유죄판결을 함에 있어서 형의 가중 또는 감면의 이유되는 사실의 진술이 있는 때에는 이에 대한 판단을 명시해야 하므로, 임의적 감경사유인 자수의 주장에 대하여 판단을 하지 아니하는 것은 위법하다.
② 상습범으로서 포괄일죄의 관계에 있는 여러 개의 범죄사실 중 일부에 대하여 유죄판결이 확정되어 상습범으로 처단된 후 그 확정판결의 사실심선고 전에 저질러진 나머지 범행에 대해 공소가 제기된 때에는 면소판결을 선고하여야 한다.
③ 포괄일죄의 일부에 대하여는 유죄의 증거가 없고 나머지 부분에 대하여 공소시효가 완성된 경우에는 주문에 무죄를 표시하고 면소부분은 판결이유에서 설명하면 된다.
④ 공소사실에 대해서 모두 공소시효가 완성되었다는 이유로 면소판결이 선고된 경우 피고인은 범죄혐의가 없음을 이유로 무죄판결을 구하는 상소를 제기할 수 없다.

해설

① 【 X 】 피고인이 자수하였다 하더라도 자수한 자에 대하여는 법원이 임의로 형을 감경할 수 있음에 불과한 것으로서 원심이 자수감경을 하지 아니하였다거나 자수감경 주장에 대하여 판단을 하지 아니하였다 하여 위법하다고 할 수 없다(대판 2001.4.24. 2001도872).
② 【 O 】 대판 2004.9.16. 2001도3206 전합
③ 【 O 】 대판 1995.3.24. 94도1112
④ 【 O 】 대판 2005.9.29. 2005도4738

정답 ①

27 재판에 대한 설명으로 옳지 않은 것은? 23. 국가직

① 대한민국헌법 제13조 제1항에서 규정하고 있는 이중처벌금지의 원칙에서 '처벌'은 원칙적으로 범죄에 대한 형벌 부과를 의미하고, 국가가 행하는 일체의 제재나 불이익처분이 모두 여기에 포함되는 것은 아니다.
② 항소심이 제1심의 재판서에 대한 경정 결정을 하면서 제1심이 선고한 판결의 내용을 실질적으로 변경하는 것은 허용되지 않는다.
③ 공소제기 후 판결의 확정이 없이 공소를 제기한 때로부터 25년이 경과한 때에는 면소판결을 하여야 한다.
④ 간통사건에 대한 유죄판결이 간통죄에 대한 헌법재판소의 종전 합헌결정 이전에 확정된 경우, 이 판결에 대한 재심개시결정이 간통죄에 대한 헌법재판소의 위헌결정일 이후에 확정되었다면 재심심판법원은 무죄판결을 하여야 한다.

[해설]

① 【O】 헌재결 1994.6.30. 92헌바38
② 【O】 대판 2017.4.26. 2016도21439
③ 【O】 형사소송법 제249조 제2항
④ 【X】 개정된 헌법재판소법 제47조 제3항 단서는 형벌에 관한 해당 법률 또는 법률의 조항에 대하여 종전에 합헌으로 결정한 사건이 있는 경우에는 그 결정이 있는 날의 다음 날로 소급하여 효력을 상실한다고 정하여 소급효를 제한하고 있고, 한편 형사소송법 제326조 제4호는 '범죄 후의 법령개폐로 형이 폐지되었을 때'를 면소판결을 선고하여야 하는 경우로 정하고 있으므로, 종전 합헌결정일 이전의 범죄행위에 대하여 재심개시결정이 확정되었는데 그 범죄행위에 적용될 법률 또는 법률의 조항이 위헌결정으로 헌법재판소법 제47조 제3항 단서에 의하여 종전 합헌결정일의 다음 날로 소급하여 효력을 상실하였다면 범죄행위 당시 유효한 법률 또는 법률의 조항이 그 이후 폐지된 경우와 마찬가지이므로 법원은 형사소송법 제326조 제4호에 해당하는 것으로 보아 면소판결을 선고하여야 한다(대판 2019.12.24. 2019도15167).

[정답] ④

28 재판의 효력에 관한 다음 설명 중 가장 적절하지 않은 것은? (다툼이 있으면 판례에 의함) 16. 경찰채용 1차

① 범칙행위와 같은 시간과 장소에서 이루어진 행위라 하더라도 범칙행위의 동일성을 벗어난 형사범죄행위에 대하여는 범칙금의 납부에 따라 확정판결에 준하는 일사부재리의 효력이 미치지 아니한다.
② 피고인이 동일한 행위에 관하여 외국에서 형사처벌을 과하는 확정판결을 받았다 하더라도 이런 외국판결은 우리나라에서는 기판력이 없으므로 여기에 일사부재리의 원칙이 적용될 수 없다.
③ 검사의 불기소처분에는 확정재판에 있어서의 확정력과 같은 효력이 없어 일단 불기소처분을 한 후에도 공소시효가 완성되기 전이면 언제라도 공소를 제기할 수 있다.
④ 구(舊) 행형법상의 징벌은 형법 법령에 위반한 행위에 대한 형사책임과 그 목적, 성격을 달리하는 것이 아니므로, 징벌을 받은 뒤에 형사처벌을 하는 것은 일사부재리의 원칙에 반하는 것이다.

[해설]

① 【O】 대판 2012.9.13. 2012도6612
② 【O】 대판 1983.10.25. 83도2366
③ 【O】 대판 1966.11.29. 66도1416
④ 【X】 피고인이 행형법에 의한 징벌을 받아 그 집행을 종료하였다고 하더라도 행형법상의 징벌은 수형자의 교도소 내의 준수사항 위반에 대하여 과하는 행정상의 질서벌의 일종으로서 형법 법령에 위반한 행위에 대한 형사책임과는 그 목적, 성격을 달리하는 것이므로 징벌을 받은 뒤에 형사처벌을 한다고 하여 일사부재리의 원칙에 반하는 것은 아니다(대판 2000.10.27. 2000도3874).

[정답] ④

29 기판력에 대한 설명 중 가장 적절하지 않은 것은? (다툼이 있는 경우 판례에 의함)

18. 경찰승진

① 피고인이 동일한 행위에 관하여 외국에서 형사처벌을 과하는 확정판결을 받았다 하더라도 이런 외국판결은 우리나라에서는 기판력이 없다.
② 상상적 경합 관계에 있는 1죄에 대한 확정판결의 기판력은 다른 죄에 미치지 아니한다.
③ 포괄일죄의 관계에 있는 범행의 일부에 대하여 약식명령이 확정된 경우에는 그 약식명령의 발령 시를 기준으로 하여 그 이전에 이루어진 범행에 대하여는 면소의 판결을 선고하여야 한다.
④ 행형법상의 징벌은 수형자의 교도소내의 준수사항 위반에 대하여 과하는 행정상의 질서벌의 일종으로서 사회일반의 형벌법령에 위반한 행위에 대한 형사책임과는 그 목적, 성격을 달리하는 것이므로 징벌을 받은 뒤에 형사처벌을 한다하여 일사부재리의 원칙에 반하는 것은 아니다.

해설

① 【 O 】 대판 1983.10.25. 83도2366
② 【 X 】 형법 제40조 소정의 상상적 경합 관계의 경우에는 그 중 1죄에 대한 확정판결의 기판력은 다른 죄에 대하여도 미치는 것이다 (대판 2007.2.23. 2005도10233).
③ 【 O 】 대판 1994.8.9. 94도1318
④ 【 O 】 대판 2000.10.27. 2000도3874

정답 ②

30 기판력에 대한 설명으로 옳은 것만을 모두 고르면?

23. 국가직 7급

㉠ 종전의 확정판결에서 조세범처벌법위반죄로 처단되는 데 그친 사건의 범죄사실이 뒤에 공소가 제기된 사건과 종합하여 특정범죄 가중처벌 등에 관한 법률 위반의 포괄일죄에 해당하는 것으로 판단된다면, 조세범처벌법위반에 대한 확정판결의 기판력이 그 사실심판결 선고 전의 특정범죄 가중처벌 등에 관한 법률 위반 범죄사실에 미친다.
㉡ 「경범죄 처벌법」상 '음주소란' 범칙행위로 범칙금 통고처분을 받아 이를 납부한 피고인이 이와 근접한 일시·장소에서 위험한 물건인 과도를 들고 피해자를 쫓아가며 "죽여 버린다"라고 소리쳐 협박하였다는 내용의 폭력행위 등 처벌에 관한 법률 위반으로 기소된 경우, 위 범칙금 납부의 효력은 공소사실에 미치지 않는다.
㉢ 약식명령의 기판력의 시적 범위는 약식명령의 송달시를 기준으로 한다.
㉣ 회사의 대표이사가 회사자금을 빼돌려 횡령한 다음 그 중 일부를 배임증재에 공여한 경우, 횡령의 점에 대해 확정된 약식명령의 기판력은 배임증재의 점에는 미치지 않는다.

① ㉠, ㉡   ② ㉠, ㉢   ③ ㉡, ㉣   ④ ㉢, ㉣

해설

㉠ 【 X 】 확정판결의 기판력이 미치는 범위는 확정된 사건 자체의 범죄사실과 죄명을 기준으로 정하는 것이 원칙이므로, 그 전의 확정판결에서 조세범 처벌법 제10조 제3항 각 호의 위반죄로 처단되는 데 그친 경우에는, 확정된 사건 자체의 범죄사실이 뒤에 공소가 제기된 사건과 종합하여 특정범죄 가중처벌 등에 관한 법률 제8조의2 제1항(이하 '법률조항'이라 한다) 위반의 포괄일죄에 해당하는 것으로 판단된다 하더라도, 뒤늦게 앞서의 확정판결을 포괄일죄의 일부에 대한 확정판결이라고 보아 기판력이 사실심판결 선고 전의 법률조항 위반 범죄사실에 미친다고 볼 수 없다(대판 2015.6.23. 2015도2207).

㉡ 【 O 】 피고인이 경범죄처벌법상 '음주소란' 범칙행위로 범칙금 통고처분을 받아 이를 납부하였는데, 이와 근접한 일시·장소에서 위험한 물건인 과도(果刀)를 들고 피해자를 쫓아가며 "죽여 버린다."고 소리쳐 협박하였다는 내용의 폭력행위 등 처벌에 관한 법률 위반으로 기소된 사안에서, 피고인에게 적용된 경범죄처벌법 제1조 제25호(음주소란등)의 범칙행위와 폭력행위 등 처벌에 관한 법률 위반 공소사실인 흉기휴대협박행위는, 범행 장소와 일시가 근접하고 모두 피고인과 피해자의 시비에서 발단이 된 것으로 보이는 점에서 일부 중복되는 면이 있으나, 범죄사실의 내용이나 행위의 수단 및 태양, 각 행위에 따른 피해법익이 다르고, 죄질에도 현저한 차이가 있으며, 범칙행위의 내용이나 수단 및 태양 등에 비추어 그 행위과정에서나 이로 인한 결과에 통상적으로 흉기휴대협박행위까지 포함된다거나 이를 예상할 수 있다고 볼 수 없으므로 기본적 사실관계가 동일한 것으로 평가할 수 없다는 이유로, 범칙행위에 대한 범칙금 납부의 효력이 공소사실에 미치지 않는다고 한 사례(대판 2012.9.13. 2012도6612).

㉢ 【 X 】 유죄의 확정판결의 기판력의 시적범위 즉 어느 때까지의 범죄사실에 관하여 기판력이 미치느냐의 기준시점은 사실심리의 가능성이 있는 최후의 시점인 판결선고시를 기준으로 하여 가리게 되고, 판결절차 아닌 약식명령은 그 고지를 검사와 피고인에 대한 재판서 송달로써 하고 따로 선고하지 않으므로 약식명령에 관하여는 그 기판력의 시적범위를 약식명령의 송달시를 기준으로 할 것인가 또는 그 발령시를 기준으로 할 것인지 이론의 여지가 있으나 그 기판력의 시적 범위를 판결절차와 달리 하여야 할 이유가 없으므로 그 발령시를 기준으로 하여야 한다(대판 1984.7.24. 84도1129).

㉣ 【 O 】 회사의 대표이사가 업무상 보관하던 회사 자금을 빼돌려 횡령한 다음 그 중 일부를 더 많은 장비 납품 등의 계약을 체결할 수 있도록 해달라는 취지의 묵시적 청탁과 함께 배임증재에 공여한 경우, 위 횡령의 범행과 배임증재의 범행은 서로 범의 및 행위의 태양과 보호법익을 달리하는 별개의 행위라고 보아, 위 횡령의 점에 대하여 약식명령이 확정되었다고 하더라도 그 기판력이 배임증재의 점에는 미치지 아니한다(대판 2010.5.13. 2009도13463).

정답 ③

31 기판력 또는 일사부재리의 효력에 대한 설명으로 옳지 않은 것은? (다툼이 있는 경우 판례에 의함)

18. 국가직

① 과태료를 납부한 후에 다시 형사처벌을 하는 것은 일사부재리의 원칙에 반하는 것이 아니다.
② 피고인이 성명을 모용한 경우 기판력은 피모용자에게 미치지 않는다.
③ 면소판결이 확정된 경우에는 일사부재리의 효력이 인정된다.
④ 약식명령에 대한 기판력의 시간적 범위는 약식명령의 도달시를 기준으로 한다.

해설

① 【 O 】 대판 1996.4.12. 96도158
② 【 O 】 기판력은 공소가 제기된 피고인에 대해서만 발생한다. 따라서 성명모용의 경우에도 모용자가 피고인이 되기 때문에 피모용자에게는 기판력이 미치지 않게 된다.
③ 【 O 】 면소판결은 형식재판이지만, 그 특수성으로 인하여 기판력이 발생한다.
④ 【 X 】 포괄일죄의 관계에 있는 범행일부에 관하여 약식명령이 확정된 경우, 약식명령의 발령시를 기준으로 하여 그 전의 범행에 대하여는 면소의 판결을 하여야 하고, 그 이후의 범행에 대하여서만 일개의 범죄로 처벌하여야 한다(대판 1994.8.9. 94도1318).

정답 ④

32 재판의 효력에 대한 설명으로 가장 적절하지 않은 것은? (다툼이 있는 경우 판례에 의함) 18. 경찰채용 3차

① 포괄일죄의 관계에 있는 범행일부에 관하여 약식명령이 확정된 경우, 약식명령의 발령시를 기준으로 하여 그 전의 범행에 대하여는 면소의 판결을 하여야 한다.
② 「소년법」 제32조의 보호처분을 받은 사건과 동일한 사건에 대하여 다시 공소제기가 되었다면 동조의 보호처분은 기판력이 있으므로 이에 대하여 면소판결을 해야 하는 것이지 공소제기절차가 동법 제53조의 규정에 위배하여 무효인 때로 판단하여 공소기각의 판결을 해야 할 것은 아니다.
③ 판결의 기판력의 기준시점은 사실심리의 가능성이 있는 최후의 시점인 판결선고시이므로, 항소된 경우 그 시점은 항소심 판결선고시이다.
④ 원래 실체법상 상습사기의 일죄로 포괄될 수 있는 관계에 있는 일련의 사기 범행의 중간에 동종의 죄에 관한 확정판결이 있는 경우에는 그 확정판결에 의하여 원래 일죄로 포괄될 수 있었던 일련의 범행은 그 확정판결의 전후로 분리된다.

[해설]
① 【O】 대판 1994.8.9. 94도1318
② 【X】 소년법 제32조의 보호처분을 받은 사건과 동일한 사건에 대하여 다시 공소제기가 되었다면 동조의 보호처분은 확정판결이 아니고 따라서 기판력도 없으므로 이에 대하여 면소판결을 할 것이 아니라 공소제기절차가 동법 제47조의 규정에 위배하여 무효인 때에 해당하는 경우이므로 공소기각의 판결을 하여야 한다(대판 1985.5.28. 85도21).
③ 【O】 대판 1983.4.26. 82도2829
④ 【O】 대판 2000.2.11. 99도4797

정답 ②

33 일사부재리 효력 또는 기판력에 대한 설명으로 가장 적절하지 않은 것은? (다툼이 있는 경우 판례에 의함) 19. 경찰승진

① 범칙행위와 같은 시간과 장소에서 이루어진 행위라 하더라도 범칙행위의 동일성을 벗어난 형사범죄행위에 대하여는 범칙금의 납부에 따라 확정판결에 준하는 일사부재리의 효력이 미치지 아니한다.
② 검사의 불기소처분에는 확정재판에 있어서의 확정력과 같은 효력이 없어 일단 불기소처분을 한 후에도 공소시효가 완성되기 전이면 언제라도 공소를 제기할 수 있다.
③ 포괄일죄의 관계에 있는 범행일부에 관하여 약식명령이 확정되었다면 그 약식명령의 발령시를 기준으로 하여 그 전의 범행에 대하여는 면소의 판결을 해야 한다.
④ 상상적 경합 관계의 경우에 그중 1죄에 대한 확정판결의 기판력은 다른 죄에 대하여 미치지 아니한다.

[해설]
① 【O】 대판 2012.9.13. 2012도6612
② 【O】 대판 2009.10.29. 2009도6614
③ 【O】 대판 1994.8.9. 94도1318
④ 【X】 형법 제40조 소정의 상상적 경합 관계의 경우에는 그 중 1죄에 대한 확정판결의 기판력은 다른 죄에 대하여도 미치는 것이다(대판 2007.2.23. 2005도10233).

정답 ④

34 재판확정의 효력에 관한 설명 중 가장 적절하지 않은 것은? (다툼이 있는 경우 판례에 의함) 20. 경찰승진

① 상습범의 범죄사실들 사이에 동일한 습벽에 의한 상습범의 확정판결이 있는 경우, 확정판결 전후의 범행은 일죄성이 분단되므로 검사는 공소장 변경절차에 의하여 확정판결 후의 범죄사실을 공소사실로 추가할 수 없고 별개의 독립된 범죄로 공소를 제기하여야 한다.
② 포괄일죄는 그 중간에 별종의 범죄에 대한 확정판결이 끼어 있어도 그 때문에 포괄적 범죄가 둘로 나뉘는 것은 아니다.
③ 피고인이 항소하였으나 법정기간 내에 항소이유서를 제출하지 아니하여 결정으로 항소가 기각된 경우에 판결의 확정력이 미치는 시간적 한계는 항소기각 결정시이다.
④ 상습범으로서 포괄적 일죄의 관계에 있는 여러 개의 범죄사실 중 일부에 대하여 유죄판결이 확정된 경우라면 상습범이 아닌 기본 구성요건의 범죄로 처단되는 데 그쳤더라도 그 확정판결의 기판력이 사실심판결 선고 전의 나머지 범죄에 미친다.

해설

① 【O】 대판 2000.2.11. 99도4797
② 【O】 대판 2002.7.12. 2002도2029
③ 【O】 대판 1993.5.25. 93도836
④ 【X】 상습범으로서 포괄적 일죄의 관계에 있는 여러 개의 범죄사실 중 일부에 대하여 유죄판결이 확정된 경우에, 그 확정판결의 사실심판결 선고 전에 저질러진 나머지 범죄에 대하여 새로이 공소가 제기되었다면 그 새로운 공소는 확정판결이 있었던 사건과 동일한 사건에 대하여 다시 제기된 데 해당하므로 이에 대하여는 판결로써 면소의 선고를 하여야 하는 것인바, 다만 이러한 법리가 적용되기 위해서는 전의 확정판결에서 당해 피고인이 상습범으로 기소되어 처단되었을 것을 필요로 하는 것이고, 상습범 아닌 기본 구성요건의 범죄로 처단되는데 그친 경우에는, 가사 뒤에 기소된 사건에서 비로소 드러났거나 새로 저질러진 범죄사실과 전의 판결에서 이미 유죄로 확정된 범죄사실 등을 종합하여 비로소 그 모두가 상습범으로서의 포괄적 일죄에 해당하는 것으로 판단된다 하더라도 뒤늦게 앞서의 확정판결을 상습범의 일부에 대한 확정판결이라고 보아 그 기판력이 그 사실심판결 선고 전의 나머지 범죄에 미친다고 보아서는 아니 된다(대판 2004.9.16. 2001도3206 전합).

정답 ④

35 재판의 집행에 대한 설명으로 옳지 않은 것은?

23. 국가직 7급

① 재판은 확정한 후에 집행하는 것이 원칙이므로 법원이 징역형의 집행유예를 함에 있어 그 집행유예기간의 시기(始期)는 집행유예를 선고한 판결확정일로 하여야 하고, 법원이 판결확정일 이후의 시점을 임의로 선택할 수는 없다.
② 구금되지 아니한 당사자에 대하여 검사는 그 형의 집행을 위하여 당사자를 소환할 수 있고, 당사자가 소환에 응하지 아니한 때에는 형집행장을 발부하여 구인할 수 있는데, 형집행장의 집행에 관하여는 「형사소송법」상 구속의 사유(제70조)나 구속이유의 고지(제72조)에 관한 규정이 준용되지 않는다.
③ 2개 이상의 형을 집행하는 경우에 자격상실, 자격정지, 벌금, 과료와 몰수 외에는 무거운 형을 먼저 집행하여야 하지만, 검사는 법원의 허가를 얻어 무거운 형의 집행을 정지하고 다른 형의 집행을 할 수 있다.
④ 검사가 형을 집행함에 있어 무죄로 확정된 사건에서의 미결구금일수를 유죄가 확정된 다른 사건의 형기에 산입하지 않는다고 하더라도 헌법상의 행복추구권이나 평등권을 침해하였다고 볼 수 없다.

해설

① 【O】 우리 형법이 집행유예기간의 시기(始期)에 관하여 명문의 규정을 두고 있지는 않지만 형사소송법 제459조가 "재판은 이 법률에 특별한 규정이 없으면 확정한 후에 집행한다."고 규정한 취지나 집행유예 제도의 본질 등에 비추어 보면 집행유예를 함에 있어 그 집행유예기간의 시기는 집행유예를 선고한 판결 확정일로 하여야 하고 법원이 판결 확정일 이후의 시점을 임의로 선택할 수는 없다(대판 2002.2.26. 2000도4637).
② 【O】 벌금형에 따르는 노역장유치는 실질적으로 자유형과 동일한 것으로서 그 집행에 대하여는 자유형의 집행에 관한 규정이 준용된다(형사소송법 제492조). 구금되지 아니한 당사자에 대하여 형의 집행기관인 검사는 그 형의 집행을 위하여 당사자를 소환할 수 있고, 당사자가 소환에 응하지 아니한 때에는 형집행장을 발부하여 구인할 수 있다(형사소송법 제473조). 형사소송법 제475조는 이 경우 형집행장의 집행에 관하여 형사소송법 제1편 제9장에서 정하는 피고인의 구속에 관한 규정을 준용한다고 규정하고 있고, 여기서 '피고인의 구속에 관한 규정'은 '피고인의 구속영장의 집행에 관한 규정'을 의미한다고 할 것이므로, 형집행장의 집행에 관하여는 구속의 사유에 관한 형사소송법 제70조나 구속이유의 고지에 관한 형사소송법 제72조가 준용되지 아니한다(대판 2013.9.12. 2012도2349).
③ 【X】 제462조(형 집행의 순서) 2이상의 형을 집행하는 경우에 자격상실, 자격정지, 벌금, 과료와 몰수 외에는 무거운 형을 먼저 집행한다. 다만, 검사는 소속 장관의 허가를 얻어 무거운 형의 집행을 정지하고 다른 형의 집행을 할 수 있다.
④ 【O】 검사가 형을 집행함에 있어 판결에서 산입을 명한 당해 사건의 미결구금일수나 그 사건에서 상소와 관련하여 형사소송법 제482조에 의하여 당연히 산입되는 미결구금일수를 제외하고는 다른 사건에서의 미결구금일수는 법률상 산입할 근거도 없고, 또한 구속은 원칙적으로 구속영장이 발부된 범죄사실에 대한 것이어서 그로 인한 미결구금도 당해 사건의 형의 집행과 실질적으로 동일하다고 보아 그 미결구금일수를 형에 산입하려는 것이므로, 그와 같은 제도의 취지에 비추어 보면 확정된 형을 집행함에 있어 무죄로 확정된 다른 사건에서의 미결구금일수를 산입하지 않는다고 하여 헌법상의 행복추구권이나 평등권을 침해하였다고 볼 수도 없다(대결 1997.12.29. 97모112).

정답 ③

36 다음 설명 중 가장 옳지 않은 것은? (다툼이 있는 경우 판례에 의함)

20. 법원직

① 일사부재리의 효력이 미치는 객관적 범위는 법원의 현실적 심판의 대상인 공소사실은 물론이고, 그 공소사실과 단일하고 동일한 관계에 있는 사실 전부에 미친다.
② 상습범의 범죄사실에 대한 공판심리 중에 그 범죄사실과 동일한 습벽의 발현에 의한 것으로 인정되는 범죄사실이 추가로 발견된 경우에는 검사는 공소장변경절차에 의하여 그 범죄사실을 공소사실로 추가할 수 있다.
③ 공소제기된 사건에 적용된 법령이 헌법재판소의 위헌결정으로 효력이 소급하여 상실될 경우 '범죄 후의 법령개폐로 형이 폐지되었을 때'에 해당하므로 법원은 면소판결을 선고하여야 한다.
④ 형법 제40조 소정의 상상적 경합 관계의 경우에는 그 중 1죄에 대한 확정판결의 기판력은 다른 죄에 대하여도 미치는 것이고, 여기서 1개의 행위라 함은 법적 평가를 떠나 사회 관념상 행위가 사물자연의 상태로서 1개로 평가되는 것을 의미한다. 따라서 일죄에 대한 판결이 확정되었다면 다른 일죄에 대하여도 기판력이 미친다.

해설

① 【 O 】 기판력은 법원의 현실적 심판대상인 공소장에 기재된 공소사실뿐만 아니라 그 공소사실과 단일하고 동일성이 미치는 전체 범죄사실에 미친다.
② 【 O 】 대판 2000.3.10. 99도2744
③ 【 X 】 위헌결정으로 인하여 형벌에 관한 법률 또는 법률조항이 소급하여 그 효력을 상실한 경우에는 당해 법조를 적용하여 기소한 피고사건이 범죄로 되지 아니한 때에 해당한다고 할 것이고, 범죄 후의 법령의 개폐로 형이 폐지 되었을때에 해당한다거나, 혹은 공소장에 기재된 사실이 진실하다 하더라도 범죄가 될 만한 사실이 포함되지 아니하는 때에 해당한다고는 할 수 없다(대판 1992.5.8. 91도2825).
④ 【 O 】 대판 2007.2.23. 2005도10233

정답 ③

37 다음 설명 중 가장 옳지 않은 것은? (다툼이 있는 경우 판례에 의함)

20. 법원직

① 판결 주문에서 무죄가 선고된 경우뿐만 아니라 판결 이유에서 무죄로 판단된 경우에도 미결구금 가운데 무죄로 판단된 부분의 수사와 심리에 필요하였다고 인정된 부분에 관하여는 보상을 청구할 수 있고, 다만 형사보상법 제4조 제3호를 유추적용하여 법원의 재량으로 보상청구의 전부 또는 일부를 기각할 수 있다.

② 형법은 제264조에서 상습으로 제258조의2의 죄를 범한 때에는 그 죄에 정한 형의 2분의 1까지 가중한다고 규정하고, 제258조의2 제1항에서 위험한 물건을 휴대하여 상해죄를 범한 때에는 1년 이상 10년 이하의 징역에 처한다고 규정하고 있으므로, 형법 제264조는 상습특수상해죄를 범한 때에 형법 제258조의2 제1항에서 정한 법정형의 단기와 장기를 모두 가중하여 1년 6개월 이상 15년 이하의 징역에 처한다는 의미이다.

③ 가정폭력범죄의 처벌 등에 관한 특례법 제37조 제1항 제1호의 불처분결정이 확정된 후에 검사가 동일한 범죄사실에 대하여 다시 공소를 제기하였다거나 법원이 이에 대하여 유죄판결을 선고하였더라도 이중처벌금지의 원칙 내지 일사부재리의 원칙에 위배된다고 할 수 없다.

④ 구치소에 재감 중인 재항고인이 제1심판결에 대하여 항소하였는데, 항소심법원이 구치소로 소송기록접수통지서를 송달하면서 송달받을 사람을 구치소의 장이 아닌 재항고인으로 하였다고 하더라도 구치소 서무계원이 이를 수령하였다면 소송기록접수의 통지는 유효하다.

해설

① 【 O 】 대결 2019.7.5. 2018모906
② 【 O 】 대판 2017.6.29. 2016도18194
③ 【 O 】 대판 2017.8.23. 2016도5423
④ 【 X 】 구치소에 재감 중인 재항고인이 제1심판결에 대하여 항소하였는데, 항소심법원이 구치소로 소송기록접수통지서를 송달하면서 송달받을 사람을 구치소의 장이 아닌 재항고인으로 하였고 구치소 서무계원이 이를 수령한 사안에서, 송달받을 사람을 재항고인으로 한 송달은 효력이 없고, 달리 재항고인에게 소송기록접수의 통지가 도달하였다는 등의 사정을 발견할 수 없으므로, 소송기록접수의 통지는 효력이 없다고 한 사례(대결 2017.9.22. 2017모1680).

정답 ④

PART 06

상소 및 기타절차

Chapter 01	상소
Chapter 02	비상구제절차
Chapter 03	특별형사절차
Chapter 04	재판의 집행 및 형사보상제도

Chapter 01 상소

01 상소제기에 관한 설명 중 가장 적절하지 않은 것은? (다툼이 있는 경우 판례에 의함) 20. 경찰승진

① 상소의 제기기간은 판결등본이 송달된 날부터 진행되며 항소와 상고의 제기기간은 7일이다.
② 교도소 또는 구치소에 있는 피고인이 상소의 제기기간 내에 상소장을 교도소장 또는 구치소장 또는 그 직무를 대리하는 자에게 제출한 때에는 상소의 제기기간 내에 상소한 것으로 간주한다.
③ 상소의 제기기간은 기간계산의 일반원칙에 따라 초일을 산입하지 아니하고, 기간의 말일이 공휴일 또는 토요일에 해당하는 날은 기간에 산입하지 아니한다.
④ 피고인의 배우자, 직계친족, 형제자매 또는 원심의 대리인이나 변호인은 피고인을 위하여 상소할 수 있으나 피고인의 명시한 의사에 반하여 하지 못한다.

[해설]

① 【 X 】 상소의 제기기간은 재판을 선고 또는 고지한 날로부터 진행하며(제343조 제2항), 항소와 상고의 제기기간은 7일이다(제358조, 제374조).
② 【 O 】 제344조 제1항
③ 【 O 】 제66조 제1항
④ 【 O 】 제341조 제1항, 제2항

정답 ①

02 상소에 대한 설명으로 옳지 않은 것은? (다툼이 있는 경우 판례에 의함) 21. 국가직

① 즉시항고의 제기기간은 7일로 한다.
② 항소를 함에는 항소장을 원심법원에 제출하여야 한다.
③ 형사소송에서는 판결등본이 당사자에게 송달되는 여부에 관계없이 공판정에서 판결이 선고된 날부터 상소기간이 기산되며, 이는 피고인이 불출석한 상태에서 재판을 하는 경우에도 마찬가지이다.
④ 항고는 즉시항고 외에는 재판의 집행을 정지하는 효력이 없으므로 원심법원 또는 항고법원이 결정으로 항고에 대한 결정이 있을 때까지 집행을 정지할 수 없다.

[해설]

① 【 O 】 제405조
② 【 O 】 제359조
③ 【 O 】 형사소송법 제343조 제2항에서는, "상소의 제기기간은 재판을 선고 또는 고지한 날로부터 진행한다."고 규정하고 있으므로, 형사소송에 있어서는 판결등본이 당사자에게 송달되는 여부에 관계없이 공판정에서 판결이 선고된 날로부터 상소기간이 기산되며, 이는 피고인이 불출석한 상태에서 재판을 하는 경우에도 마찬가지이다(대결 2002.9.27. 2002모6).
④ 【 X 】 항고는 즉시항고 외에는 재판의 집행을 정지하는 효력이 없다. 단, 원심법원 또는 항고법원은 결정으로 항고에 대한 결정이 있을 때까지 집행을 정지할 수 있다(제409조).

정답 ④

03 상소심에 대한 설명으로 옳은 것만을 모두 고르면? (다툼이 있는 경우 판례에 의함)

21. 국가직 7급

> ㉠ 형사사건에 있어 항소법원의 소송계속은 제1심판결에 대한 항소에 의하여 사건이 이심된 때로부터 그 법원의 판결에 대하여 상고가 제기되거나 그 판결이 확정되는 때까지 유지된다 할 것이니, 항소법원은 항소피고사건의 심리 중 또는 판결선고 후 상고제기 또는 판결확정에 이르기까지 수소법원으로서 「형사소송법」 제70조 제1항 각 호의 사유 있는 불구속피고인을 구속할 수 있다.
> ㉡ 제1심법원이 법관의 면전에서 사실을 검토하고 법령을 적용하여 판결한 사유에 대해 피고인이 항소하지 않거나 양형부당만을 항소이유로 주장하여 항소함으로써 죄의 성부에 관한 판단 내용을 인정하는 태도를 보였다면 그에 관한 판단 내용이 잘못되었다고 주장하면서 상고하는 것은 허용될 수 없다.
> ㉢ 상소의 제기·포기·취하는 서면으로 하며 공판정에서 구술로써 할 수 없다.
> ㉣ 검사와 피고인 양쪽이 상소를 제기한 경우, 어느 일방의 상소는 이유 없으나 다른 일방의 상소가 이유 있어 원판결을 파기하고 다시 판결하는 때에는 이유 없는 상소에 대해서도 판결이유 중에서 그 이유가 없다는 점을 적는 것만으로는 부족하고 주문에서 그 상소를 기각해야 한다.

① ㉠, ㉡   ② ㉡, ㉢
③ ㉢, ㉣   ④ ㉠, ㉡, ㉣

해 설

㉠【 O 】 대결 2007.7.10. 2007모460
㉡【 O 】 대판 2005.9.30. 2005도3345
㉢【 X 】 상소제기는 반드시 서면으로 하여야 한다(제359조, 제375조). 그러나 상소의 포기·취하는 서면으로 하되, 공판정에서는 구술로도 할 수 있다(제352조 제1항).
㉣【 X 】 검사와 피고인 양쪽이 상소를 제기한 경우, 어느 일방의 상소는 이유 없으나 다른 일방의 상소가 이유 있어 원판결을 파기하고 다시 판결하는 때에는 이유 없는 상소에 대해서는 판결이유 중에서 그 이유가 없다는 점을 적으면 충분하고 주문에서 그 상소를 기각해야 하는 것은 아니다(대판 2020.6.25. 2019도17995).

정답 ①

04 상소심에 대한 설명으로 옳지 않은 것은?

23. 국가직 7급

① 피고인이 공소기각의 판결에 대하여 무죄를 주장하며 상소하는 것은 상소이익이 없으므로 허용되지 않는다.
② 상고심판결의 파기이유가 된 사실상의 판단은 당해 사건의 하급심에 대하여 기속력을 가지며, 이 경우에 파기판결의 기속력은 파기의 직접 이유가 된 원심판결에 대한 소극적인 부정판단에 한하여 생긴다.
③ 피고인이 제1심판결에 대하여 양형부당만을 항소이유로 내세워 항소하였다가 기각된 경우, 피고인은 그 항소심판결에 대하여 사실오인 또는 법리오해의 위법이 있다는 것을 상고이유로 삼을 수 없다.
④ 법률의 해석·적용을 그르친 나머지 피고인을 유죄로 잘못 인정한 항소심판결에 대하여 검사만이 다른 사유를 들어 상고를 제기하였고 검사의 상고가 피고인의 이익을 위하여 제기된 것이 아님이 명백한 경우라면, 상고법원은 직권으로 심판하여 무죄의 취지로 항소심판결을 파기할 수 없다.

[해설]

① 【 O 】 피고인을 위한 상소는 피고인에게 불이익한 재판을 시정하여 이익된 재판을 청구함을 그 본질로 하는 것이므로 피고인은 재판이 자기에게 불이익하지 아니하면 이에 대한 상소권이 없다. 공소기각의 재판이 있으면 피고인은 유죄판결의 위험으로부터 벗어나는 것이므로 그 재판은 피고인에게 불이익한 재판이라고 할 수 없어서 이에 대하여 피고인은 상소권이 없다(대판 2008.5.15. 2007도6793).
② 【 O 】 법원조직법 제8조는 "상급법원의 재판에 있어서의 판단은 당해 사건에 관하여 하급심을 기속한다."고 규정하고, 민사소송법 제436조 제2항 후문도 상고법원이 파기의 이유로 삼은 사실상 및 법률상의 판단은 하급심을 기속한다는 취지를 규정하고 있으며, 형사소송법에서는 이에 상응하는 명문의 규정은 없지만, 법률심을 원칙으로 하는 상고심도 형사소송법 제383조 또는 제384조에 의하여 사실인정에 관한 원심판결의 당부에 관하여 제한적으로 개입할 수 있는 것이므로 조리상 상고심판결의 파기이유가 된 사실상의 판단도 기속력을 가지는 것이며, 이 경우에 파기판결의 기속력은 파기의 직접 이유가 된 원심판결에 대한 소극적 부정 판단에 한하여 생긴다(대판 2004.4.9. 2004도340).
③ 【 O 】 제1심판결에 대하여 양형부당만을 항소이유로 내세워 항소하였다가 항소기각된 경우, 항소심판결에 대하여 법리오해나 사실오인의 위법이 있다는 것을 상고이유로 삼을 수는 없다(대판 1999.6.25. 98도3927).
④ 【 X 】 상고법원은 판결에 영향을 미친 법률의 위반이 있는 경우에는 상고이유서에 포함되지 아니한 때에도 직권으로 심판할 수 있는바, 이는 법률의 해석·적용을 그르친 나머지 피고인을 유죄로 잘못 인정한 원심판결에 대하여 피고인은 상고를 제기하지 아니하고 검사만이 다른 사유를 들어 상고를 제기하였고, 검사의 상고가 피고인의 이익을 위하여 제기된 것이 아님이 명백한 경우라 하더라도 마찬가지이다(대판 2002.3.15. 2001도6730).

정답 ④

05 변호인에 관한 다음 설명 중 가장 옳지 않은 것은? (다툼이 있는 경우 판례에 의함)

16. 법원직

① 변호인은 피고인의 동의를 얻어 상소를 취하할 수 있으므로, 변호인의 상소취하에 피고인의 동의가 없다면 상소취하의 효력은 발생하지 아니한다.
② 변호인의 상소취하에 대한 피고인의 동의는 공판정에서는 구술로써 할 수 있지만, 피고인의 구술 동의는 명시적으로 이루어져야만 한다.
③ 구속영장실질심사를 위하여 심문할 피의자에게 변호인이 없는 때에는 지방법원판사는 직권으로 변호인을 선정하여야 한다. 이 경우 변호인의 선정은 피의자에 대한 구속영장 청구가 기각된 경우에도 제1심까지 효력이 있다.
④ 환송 전 원심에서의 변호인 선임은 파기환송 후에도 효력이 있다.

해설

① 【 O 】 변호인은 피고인의 동의를 얻어 상소를 취하할 수 있다(제351조). 따라서 피고인의 동의가 없이 변호인이 상소를 취하하면 상소취하의 효력은 발생하지 않는다(대판 2015.9.10. 2015도7821).
② 【 O 】 변호인이 상소취하를 할 때 원칙적으로 피고인은 이에 동의하는 취지의 서면을 제출하여야 하나(규칙 제153조 제2항), 피고인은 공판정에서 구술로써 상소취하를 할 수 있으므로(제352조 제1항 단서), 변호인의 상소취하에 대한 피고인의 동의도 공판정에서 구술로써 할 수 있다. 다만 상소를 취하하거나 상소의 취하에 동의한 자는 다시 상소를 하지 못하는 제한을 받게 되므로(제354조), 상소취하에 대한 피고인의 구술 동의는 명시적으로 이루어져야만 한다(대판 2015.9.10. 2015도7821).
③ 【 X 】 구속영장실질심사를 위하여 심문할 피의자에게 변호인이 없는 때에는 지방법원판사는 직권으로 변호인을 선정하여야 한다. 이 경우 변호인의 선정은 피의자에 대한 구속영장 청구가 기각된 경우를 제외하고 제1심까지 효력이 있다(제201조의2 제8항).
④ 【 O 】 원심법원에서의 변호인선임은 항소심법원이 사건을 원심법원에 파기환송하거나 관할법원에 이송한 후의 형사절차에서도 효력이 있다(규칙 제158조). 이는 심급대리의 원칙을 확인하는 조문이라 할 수 있다.

정답 ③

06 상소에 대한 설명 중 가장 적절하지 않은 것은? (다툼이 있는 경우 판례에 의함) 17. 여경

① 공소기각의 재판이 있으면 피고인은 유죄판결의 위험으로부터 벗어나는 것이므로 그 재판은 피고인에게 불이익한 재판이라고 할 수 없어서 이에 대하여 피고인은 상소권이 없다.
② 상소의 제기는 그 기간 내에 서면 또는 구술로 할 수 있다.
③ 피고인의 법정대리인은 피고인의 동의를 얻어 상소를 취하할 수 있다.
④ 피고인이 소송이 계속 중인 사실을 알면서도 법원에 거주지 변경 신고를 하지 않았다 하더라도, 잘못된 공시송달에 터잡아 피고인의 진술 없이 공판이 진행되고 피고인이 출석하지 않은 기일에 판결이 선고된 이상, 피고인은 자기 또는 대리인이 책임질 수 없는 사유로 상소제기기간 내에 상소를 하지 못한 것으로 봄이 타당하다.

해설

① 【 O 】 대판 1988.11.8. 85도1675
② 【 X 】 상소의 제기는 그 기간 내에 서면으로 하여야 한다(제343조 제1항).
③ 【 O 】 제351조
④ 【 O 】 대결 2014.10.16. 2014모1557

정답 ②

07 상소에 대한 설명으로 옳은 것은? (다툼이 있는 경우 판례에 의함) 18. 국가직

① 피고사건에 대한 판결 중 몰수 또는 추징에 관한 부분만을 불복대상으로 삼아 상소가 제기된 경우 상소의 효력은 그 몰수 또는 추징의 부분에 한정된다.
② 적법한 공소기각판결 또는 면소판결에 대해 피고인은 무죄를 주장하며 상소할 수 있다.
③ 경합범관계에 있는 수 개의 공소사실에 대하여 일부는 유죄, 다른 일부는 무죄의 판결이 선고된 경우 검사만이 무죄부분에 대해 항소를 하였더라도 항소심은 피고인을 위하여 피고인이 항소하지 아니한 유죄부분을 심판할 수 있다.
④ 상고법원은 필요한 경우 특정사항에 관하여 변론을 열고 참고인의 진술을 들을 수 있다.

[해설]

① 【 X 】 피고사건의 재판 가운데 몰수 또는 추징에 관한 부분만을 불복대상으로 삼아 상소가 제기되었다 하더라도, 상소심으로서는 이를 적법한 상소제기로 다루어야 하고, 그 부분에 대한 상소의 효력은 그 부분과 불가분의 관계에 있는 본안에 관한 판단 부분에까지 미쳐 그 전부가 상소심으로 이심된다(대판 2008.11.20. 2008도5596 전합).
② 【 X 】 공소기각판결 또는 면소판결 등과 같은 형식재판에 대하여 피고인이 무죄를 주장하며 상소를 제기할 수 있는지에 대해 판례는 소극설을 취하는데, 그 근거와 관련하여서는 공소기각판결에 대해서는 상소의 이익이 결여되어 있다는 점을 이유로 들고 있는 반면(대판 1988.11.8. 85도1675), 면소판결에 대해서는 실체판결 청구권이 결여되어 있다는 점을 근거로 제시하고 있다(대판 1986.12.9. 86도1976).
③ 【 X 】 경합범으로 동시에 기소된 사건에 대하여 일부 유죄, 일부 무죄를 선고하는 등 판결주문이 수 개일 때에는 그 1개의 주문에 포함된 부분을 다른 부분과 분리하여 일부상소를 할 수 있고 당사자 쌍방이 상소하지 아니한 부분은 분리 확정되므로, 경합범 중 일부에 대하여 무죄, 일부에 대하여 유죄를 선고한 제1심판결에 대하여 검사만이 무죄 부분에 대하여 항소를 한 경우, 피고인과 검사가 항소하지 아니한 유죄판결 부분은 항소기간이 지남으로써 확정되어 항소심에 계속된 사건은 무죄판결 부분에 대한 공소뿐이며, 그에 따라 항소심에서 이를 파기할 때에는 무죄부분만을 파기하여야 한다(대판 2010.11.25. 2010도10985).
④ 【 O 】 제390조 제2항

정답 ④

08 상소권회복청구에 관한 다음 설명 중 가장 옳지 않은 것은? (다툼이 있는 경우 판례에 의함) 18. 법원직

① 상소권회복의 청구는 사유가 종지한 날로부터 상소의 제기기간에 상당한 기간 내에 서면으로 상소권회복청구를 함과 동시에 상소를 제기하여야 한다.
② 상소권회복청구에서 상소권자 또는 그 대리인이 단순히 질병으로 입원하였었기에 상소하지 못하였다는 것은 상소권회복의 사유에 해당하지 아니한다.
③ 제1심이 공시송달의 방법으로 진행되어 피고인이 공소제기 사실이나 판결 선고 사실을 전혀 몰랐다면, 피고인이 제1심판결에 대한 항소를 법정기간 내에 제기하지 못한 것은 피고인이 책임질 수 없는 사유로 인한 때에 해당한다.
④ 제1심 재판 또는 항소심 재판이 소송촉진 등에 관한 특례법이나 형사소송법 등에 따라 피고인이 출석하지 않은 가운데 불출석 재판으로 진행되었다면, 제1심판결에 대하여 검사의 항소에 의한 항소심판결이 선고되었더라도 피고인은 제1심판결에 대하여 적법하게 항소권회복청구를 할 수 있다.

해설

① 【 O 】 제346조 제1항
② 【 O 】 대결 1986.9.17. 86모46
③ 【 O 】 대결 1985.2.23. 83모37
④ 【 X 】 제1심판결에 대하여 피고인 또는 검사가 항소하여 항소법원이 판결을 선고한 후에는 상고법원으로부터 사건이 환송 또는 이송되는 경우 등을 제외하고는 항소법원이 다시 항소심 소송절차를 진행하여 판결을 선고할 수 없다. 따라서 항소심판결이 선고되면 제1심판결에 대한 항소권이 소멸되어 제1심판결에 대한 항소권 회복청구와 항소는 적법하다고 볼 수 없다. 이는 제1심 재판 또는 항소심 재판이 소송촉진 등에 관한 특례법이나 형사소송법 등에 따라 피고인이 출석하지 않은 가운데 불출석 재판으로 진행된 경우에도 마찬가지이다. 따라서 제1심판결에 대하여 검사의 항소에 의한 항소심판결이 선고된 후 피고인이 동일한 제1심판결에 대하여 항소권 회복청구를 하는 경우 이는 적법하다고 볼 수 없어 형사소송법 제347조 제1항에 따라 결정으로 이를 기각하여야 한다(대결 2017.3.30. 2016모2874).

정답 ④

09 형사소송법 제345조에서 상소권회복의 청구요건으로 규정하고 있는 '자기 또는 대리인이 책임질 수 없는 사유'에 해당하는 경우가 아닌 것은? (다툼이 있는 경우 판례에 의함) 18. 검찰 7급

① 피고인이 당해 사건의 공동피고인의 기망에 의하여 항소권을 포기하였음을 항소제기 기간이 도과한 뒤에야 비로소 알게 된 경우
② 교도소장이 형집행유예취소결정정본을 송달받고 1주일이 지난 뒤에 그 사실을 구속된 피고인에게 알렸기 때문에 피고인이나 그 배우자가 항고제기 기간 내에 항고장을 제출할 수 없게 된 경우
③ 공시송달로 피고인을 소환하였으나 피고인이 불출석한 가운데 공판절차가 진행되고 제1심판결이 선고되었지만, 피고인으로서는 공소장부본 등을 송달받지 못한 관계로 공소가 제기된 사실은 물론이고 판결선고 사실에 대하여 알지 못한 나머지 항소제기 기간 내에 항소를 제기하지 못한 경우
④ 피고인이 출석한 가운데 제1심 형사재판이 변론종결되어 판결선고기일이 고지되었지만 그 선고기일에 피고인이 불출석하자, 소송촉진 등에 관한 특례법에 의하여 공시송달로 피고인을 소환한 최초의 공판기일에 곧바로 피고인의 불출석 상태에서 판결을 선고하였으나 피고인이 그 선고 사실을 알지 못하여 항소제기 기간을 도과한 경우

해설

① 【 X 】 상소권 포기가 비록 기망에 의한 것이라도 형사소송법 제354조에 의하여 다시 상소를 할 수 없으며, 상소권 회복은 자기가 책임질 수 없는 사유로 인하여 상소제기 기간 내에 상소를 하지 못한 사람이 이를 청구하는 것이므로 재항고인이 상피고인의 기망에 의하여 항소권을 포기하였음을 항소제기 기간이 도과한 뒤에야 비로소 알게 되었다 하더라도 이러한 사정은 재항고인이 책임질 수 없는 사유에 해당한다고 볼 수 없다(대결 1984.7.11. 84모40).
② 【 O 】 대결 1991.5.6. 91모32
③ 【 O 】 대결 1984.9.28. 83모55
④ 【 O 】 대결 1991.12.17. 91모23

정답 ①

10 상소권회복에 대한 설명으로 옳은 것만을 모두 고르면? (다툼이 있는 경우 판례에 의함)   21. 국가직 7급

> ㉠ 피고인이 상피고인의 기망에 의하여 항소권을 포기하였음을 항소제기 기간 도과 이후 비로소 알게 된 경우 이러한 사정은 「형사소송법」 제345조의 '책임질 수 없는 사유'에 해당한다.
> ㉡ 제1심판결에 대하여 검사의 항소에 의한 항소심판결이 선고된 후, 피고인이 동일한 제1심판결에 대하여 항소권회복청구를 하는 경우, 이는 적법하다고 볼 수 없어 법원은 「형사소송법」 제347조 제1항에 따라 결정으로 이를 기각하여야 한다.
> ㉢ 상소권을 포기한 자가 상소제기기간이 도과한 다음에 상소포기의 효력을 다투는 한편, 자기 또는 대리인이 책임질 수 없는 사유로 인하여 상소제기기간 내에 상소를 하지 못하였다고 주장하는 경우, 상소를 제기함과 동시에 상소권회복청구를 할 수 있다.
> ㉣ 피고인이 소송이 계속 중인 사실을 알면서 법원에 거주지 변경 신고를 하지 아니하였더라도, 공시송달을 명하기에 앞서 피고인이 송달받을 수 있는 장소를 찾아보는 조치들을 다하지 아니한 채 공소장 기재의 주거나 주민등록부의 주소로 우송한 공판기일소환장 등이 이사불명·폐문부재 등의 이유로 송달불능되었다는 것만으로 공시송달을 하고, 이에 터 잡아 피고인의 진술 없이 공판을 진행하여 피고인이 출석하지 않은 기일에 판결을 선고하였다면 이를 「형사소송법」 제345조의 '책임질 수 없는 사유'로 볼 수 있다.

① ㉠, ㉢   ② ㉡, ㉢   ③ ㉡, ㉣   ④ ㉡, ㉢, ㉣

해설

㉠ 【X】 교도관이 항소포기장을 항소장이라 속여 교부해 주는 등 기망에 의하여 항소권을 포기하였다는 것을 항소제기기간 도과 후에 알게 된 경우에는 항소권회복청구를 할 수 없다(대결 1984.7.11. 84모40).
㉡ 【O】 대결 2017.3.30. 2016모2874
㉢ 【O】 상소제기 기간이 경과하기 전에는 상소권회복청구를 할 수 없다(대결 1999.5.18. 99모40). 그러나 상소기간 도과후에는 상소권회복청구가 가능하다(제345조).
㉣ 【O】 대결 2014.10.16. 2014모1557

정답 ④

11 상소권의 회복에 관한 다음 설명 중 가장 옳지 않은 것은? (다툼이 있는 경우 판례에 의함)   21. 법원직

① 형사소송법 제345조에 의한 상소권회복은 피고인 등이 책임질 수 없는 사유로 상소제기기간을 준수하지 못하여 소멸한 상소권을 회복하기 위한 것일 뿐, 상소의 포기로 인하여 소멸한 상소권까지 회복하는 것이라고 볼 수는 없다.
② 형사소송법 제345조의 '책임질 수 없는 사유'란 상소제기기간 내에 상소하지 않은 것에 상소권자 또는 대리인의 고의 또는 과실이 없는 경우를 말한다.
③ 피고인이 소송 계속 중인 사실을 알면서도 법원에 거주지 변경 신고를 하지 않은 경우에는, 잘못된 공시송달에 터 잡아 피고인의 진술 없이 공판이 진행되고 피고인이 출석하지 않은 기일에 판결이 선고되었더라도, 피고인이 자기 또는 대리인이 책임질 수 없는 사유로 상소제기기간을 준수하지 못한 것으로 볼 수 없다.
④ 형사소송법 제345조의 대리인이란 피고인을 대신하여 상소에 필요한 행위를 할 수 있는 지위에 있는 자를 말하는 것이고 교도소장은 피고인을 대리하여 결정정본을 수령할 수 있을 뿐이고 상소권행사를 돕거나 대신할 수 있는 자가 아니므로 이에 포함되지 않는다.

해설

① 【 O 】 대결 2002.7.23. 2002모180
② 【 O 】 대결 1986.9.17. 86모46
③ 【 X 】 피고인이 소송이 계속 중인 사실을 알면서도 법원에 거주지 변경 신고를 하지 않았다 하더라도, 잘못된 공시송달에 터 잡아 피고인의 진술 없이 공판이 진행되고 피고인이 출석하지 않은 기일에 판결이 선고된 이상, 피고인은 자기 또는 대리인이 책임질 수 없는 사유로 상소제기기간 내에 상소를 하지 못한 것으로 봄이 타당하다(대결 2014.10.16. 2014모1557).
④ 【 O 】 대결 1991.5.6. 91모32

정답 ③

12 다음 설명 중 옳지 않은 것은? (다툼이 있는 경우 판례에 의함) 18. 검찰 7급

① 공판절차에서 피고인이나 변호인에게 최종의견 진술의 기회를 주지 아니한 채 변론을 종결하고 판결을 선고하는 것은 소송절차의 법령위반에 해당한다.
② 공소장변경신청서 부본을 피고인과 변호인 중 어느 한 쪽에 대해서만 송달하였다고 하여 절차상 잘못이 있다고 할 수 없다.
③ 재항고인이 제1심에서만 변호인 선임신고서를 제출하였고, 항고심과 재항고심에서는 법정기간 내에 별도의 변호인 선임신고서를 제출하지 않은 상태에서 변호인이 변호인 명의로 재항고장을 제출한 경우, 그 재항고장은 재항고로서의 효력이 없다.
④ 변호인의 상소취하에 대한 피고인의 동의는 공판정에서 구술로써 할 수 있으며, 이때의 구술 동의는 묵시적으로도 가능하다.

해설

① 【 O 】 대판 2018.3.29. 2018도327
② 【 O 】 대판 2013.7.12. 2013도5165
③ 【 O 】 대판 2017.7.27. 2017모1377
④ 【 X 】 변호인은 피고인의 동의를 얻어 상소를 취하할 수 있으므로(제351조, 제341조), 변호인의 상소취하에 피고인의 동의가 없다면 상소취하의 효력은 발생하지 아니한다. 한편 변호인이 상소취하를 할 때 원칙적으로 피고인은 이에 동의하는 취지의 서면을 제출하여야 하나(규칙 제153조 제2항), 피고인은 공판정에서 구술로써 상소취하를 할 수 있으므로(제352조 제1항 단서), 변호인의 상소취하에 대한 피고인의 동의도 공판정에서 구술로써 할 수 있다. 다만 상소를 취하하거나 상소의 취하에 동의한 자는 다시 상소를 하지 못하는 제한을 받게 되므로(제354조), 상소취하에 대한 피고인의 구술 동의는 명시적으로 이루어져야만 한다(대판 2015.9.10. 2015도7821).

정답 ④

13 상소제도에 대한 다음의 설명(㉠~㉣) 중 옳고 그름의 표시(○, ×)가 바르게 된 것은? (다툼이 있는 경우 판례에 의함)

20. 경찰채용 1차

> ㉠ 변호인의 상소취하에 대한 피고인의 동의는 공판정에서 구술로써 가능하고, 이 경우 피고인의 구술 동의는 명시적으로 이루어질 필요는 없다.
> ㉡ 상소의 포기는 원심법원에, 상소의 취하는 상소법원에 하여야 한다. 단, 소송기록이 상소법원에 송부되지 아니한 때에는 상소의 취하를 원심법원에 제출할 수 있다.
> ㉢ 피고인이 몰수 또는 추징에 관한 부분만을 불복대상으로 삼아 상소를 제기해도 상소심으로서는 이를 적법한 상소제기로 다루어야 하므로 상소의 효력은 그 불복범위인 몰수 또는 추징에 관한 부분에 한정된다.
> ㉣ 항소이유서의 제출을 받은 항소법원은 지체 없이 그 부본 또는 등본을 상대방에게 송달하여야 하며, 상대방은 이를 송달받은 날로부터 7일 이내에 답변서를 항소법원에 제출해야 한다.

① ㉠ × ㉡ × ㉢ ○ ㉣ ×
② ㉠ × ㉡ ○ ㉢ × ㉣ ×
③ ㉠ ○ ㉡ × ㉢ × ㉣ ○
④ ㉠ ○ ㉡ × ㉢ ○ ㉣ ×

[해설]

㉠ 【 × 】 변호인의 상소취하에 대한 피고인의 동의도 공판정에서 구술로써 할 수 있다. 다만 상소를 취하하거나 상소의 취하에 동의한 자는 다시 상소를 하지 못하는 제한을 받게 되므로(형사소송법 제354조), 상소취하에 대한 피고인의 구술 동의는 명시적으로 이루어져야만 한다(대판 2015.9.10. 2015도7821).

㉡ 【 ○ 】 제353조

㉢ 【 × 】 마약류관리에 관한 법률 제67조는 이른바 필수적 몰수 또는 추징 조항으로서 그 요건에 해당하는 한 법원은 반드시 몰수를 선고하거나 추징을 명하여야 한다. 따라서 피고사건의 재판 가운데 몰수 또는 추징에 관한 부분만을 불복대상으로 삼아 상소가 제기되었다 하더라도, 상소심으로서는 이를 적법한 상소제기로 다루어야 하고, 그 부분에 대한 상소의 효력은 그 부분과 불가분의 관계에 있는 본안에 관한 판단 부분에까지 미쳐 그 전부가 상소심으로 이심된다(대판 2008.11.20. 2008도5596 전합).

㉣ 【 × 】 상대방은 이를 송달받은 날로부터 10일 이내에 답변서를 항소법원에 제출하여야 한다(제361조의3 제3항).

정답 ②

14 상소에 대한 설명으로 옳은 것은? (다툼이 있는 경우 판례에 의함)

① 검사는 법령의 정당한 적용을 청구할 임무를 가지므로 재판의 이유만을 다투기 위하여 상소할 수 있다.
② 소송비용부담의 재판에 대하여는 본안의 재판에 관하여 상소하지 않는 경우에도 불복할 수 있다.
③ 필요적 몰수를 요하는 범죄사건에서 몰수 또는 추징에 관한 부분만을 불복대상으로 삼아 상소가 제기되었더라도 상소심으로서는 이를 적법한 상소제기로 다루어야 하고, 그 부분에 대한 상소의 효력은 그 부분과 불가분의 관계에 있는 본안에 관한 판단 부분에까지 미쳐 그 전부가 상소심으로 이심된다.
④ 변호인의 상소취하에 대한 피고인의 동의는 공판정에서 구술로써 할 수 있으며, 피고인의 구술동의는 묵시적 동의로도 충분하다.

[해설]

① 【X】 검사는 공익의 대표자로서 법령의 정당한 적용을 청구할 임무를 가지므로 이의신청을 기각하는 등 반대당사자에게 불이익한 재판에 대하여도 그것이 위법일 때에는 위법을 시정하기 위하여 상소로써 불복할 수 있지만 불복은 재판의 주문에 관한 것이어야 하고 재판의 이유만을 다투기 위하여 상소하는 것은 허용되지 않는다(대결 1993.3.4. 92모21).
② 【X】 소송비용부담의 재판은 본안의 재판에 종속한다. 따라서 소송비용부담의 재판에 대하여는 본안의 재판에 관하여 상소하는 경우에 한하여 불복할 수 있고(형사소송법 제191조 제2항), 소송비용부담의 재판에 대한 불복은 본안의 재판에 대한 상소의 전부 또는 일부가 이유 있는 경우에 한하여 받아들여질 수 있다(대판 2016.11.10. 2016도12437).
③ 【O】 대판 2008.11.20. 2008도5596 전합
④ 【X】 변호인은 피고인의 동의를 얻어 상소를 취하할 수 있으므로(형사소송법 제351조, 제341조), 변호인의 상소취하에 피고인의 동의가 없다면 상소취하의 효력은 발생하지 아니한다. 한편 변호인이 상소취하를 할 때 원칙적으로 피고인은 이에 동의하는 취지의 서면을 제출하여야 하나(형사소송규칙 제153조 제2항), 피고인은 공판정에서 구술로써 상소취하를 할 수 있으므로(형사소송법 제352조 제1항 단서), 변호인의 상소취하에 대한 피고인의 동의도 공판정에서 구술로써 할 수 있다. 다만 상소를 취하하거나 상소의 취하에 동의한 자는 다시 상소를 하지 못하는 제한을 받게 되므로(형사소송법 제354조), 상소취하에 대한 피고인의 구술 동의는 명시적으로 이루어져야만 한다(대판 2015.9.10. 2015도7821).

정답 ③

15 상소에 대한 설명으로 가장 적절하지 않은 것은? (다툼이 있는 경우 판례에 의함)   18. 경찰채용 3차

① 상소권회복청구서면은 소송기록이 어디에 있든 상소법원에 제출하여야 한다.
② 상소권의 회복을 청구한 자는 그 청구와 동시에 상소를 제기하여야 한다.
③ 일부에 대한 상소의 효력은 그 일부와 불가분의 관계에 있는 부분에 대하여도 미친다.
④ 공소기각의 판결은 피고인에게 불이익한 재판이라 할 수 없으므로 이에 대한 피고인의 상소권은 인정되지 않는다.

[해설]

① 【X】 상소권회복의 청구는 사유가 종지한 날로부터 상소의 제기기간에 상당한 기간 내에 서면으로 원심법원에 제출하여야 한다(제346조 제1항).
② 【O】 제346조 제3항
③ 【O】 제342조 제2항
④ 【O】 대판 1988.11.8. 85도1675

정답 ①

16 형사재판에서의 상소에 관한 다음 설명 중 가장 옳지 않은 것은? (다툼이 있는 경우 판례에 의함) 16. 법원직

① 피고인은 자기에게 불리한 재판에 대하여만 상소할 수 있으나, 검사는 피고인의 이익을 위하여도 상소할 수 있다.
② 변호인, 대리인은 고유의 상소권이 인정되지 않으므로 피고인의 상소권이 소멸된 후에는 상소를 제기할 수 없다.
③ 상소의 제기는 서면에 의하여야 하고, 구술에 의한 상소는 허용되지 않는다.
④ 사형, 무기징역, 무기금고 등 중형을 선고한 판결이라 하더라도 피고인 측은 상소를 포기할 수 있다.

해설

① 【 O 】 검사는 공익의 대표자로서 법령의 정당한 적용을 청구할 임무를 가지므로 이의신청을 기각하는 등 반대당사자에게 불이익한 재판에 대하여도 그것이 위법일 때에는 위법을 시정하기 위하여 상소로써 불복할 수 있지만 불복은 재판의 주문에 관한 것이어야 하고 재판의 이유만을 다투기 위하여 상소하는 것은 허용되지 않는다(대결 1993.3.4. 92모21).
② 【 O 】 변호인 등은 독립한 상소권자가 아니고 피고인의 상소권에 기초한 독립대리권으로서 피고인의 특별한 수권이 없어도 상소할 수 있으나, 피고인의 상소권이 소멸된 후에는 변호인 등은 상소할 수 없다(대판 1998.3.27. 98도253).
③ 【 O 】 상소를 함에는 상소장을 원심법원에 제출하여야 한다(서면주의, 제359조, 제375조). 따라서 구술에 의한 상소는 허용되지 않는다.
④ 【 X 】 피고인과 상소대리권자는 사형·무기징역·무기금고가 선고된 판결에 대하여는 상소포기를 할 수 없다(제349조 단서).

정답 ④

17 상소에 대한 설명으로 옳지 않은 것을 모두 고른 것은? (다툼이 있는 경우 판례에 의함) 19. 경찰승진

㉠ 변호인은 피고인의 상소권이 소멸된 후에는 상소를 제기할 수 없는 것이고, 상소를 포기한 자는 「형사소송법」 제354조에 의하여 그 사건에 대하여 다시 상소를 할 수 없다.
㉡ 법정대리인이 있는 피고인이 상소의 포기 또는 취하를 함에는 법정대리인의 동의를 얻어야 한다. 단, 법정대리인의 사망 기타 사유로 인하여 그 동의를 얻을 수 없는 때에는 예외로 한다.
㉢ 변호인의 상소취하에 대한 피고인의 동의도 공판정에서 구술로써 할 수 있지만, 상소취하에 대한 피고인의 구술 동의가 명시적으로 이루어질 필요는 없다.
㉣ 피고인은 사형 또는 무기징역이나 무기금고가 선고된 판결에 대하여도 상소의 포기를 할 수 있다.
㉤ 검사는 공익의 대표자로서 법령의 정당한 적용을 청구할 임무를 가지므로 이의신청을 기각하는 등 반대당사자에게 불이익한 재판에 대하여도 그것이 위법일 때에는 위법을 시정하기 위하여 상소로써 불복할 수 있고, 재판의 이유만을 다투기 위하여도 상소할 수 있다.

① ㉠, ㉡, ㉢ ② ㉡, ㉢, ㉣ ③ ㉢, ㉣, ㉤ ④ ㉠, ㉡, ㉤

해설

㉠ 【 O 】 대판 1998.3.27. 98도253
㉡ 【 O 】 제350조
㉢ 【 X 】 변호인은 피고인의 동의를 얻어 상소를 취하할 수 있으므로(제351조, 제341조), 변호인의 상소취하에 피고인의 동의가 없다면 상소취하의 효력은 발생하지 아니한다. 한편 변호인이 상소취하를 할 때 원칙적으로 피고인은 이에 동의하는 취지의 서면을 제출하여야 하나(규칙 제153조 제2항), 피고인은 공판정에서 구술로써 상소취하를 할 수 있으므로(제352조 제1항 단서), 변호인의 상소취하에 대한 피고인의 동의도 공판정에서 구술로써 할 수 있다. 다만 상소를 취하하거나 상소의 취하에 동의한 자는 다시 상소를 하지 못하는 제한을 받게 되므로(제354조), 상소취하에 대한 피고인의 구술 동의는 명시적으로 이루어져야만 한다(대판 2015.9.10. 2015도7821).
㉣ 【 X 】 피고인 또는 제341조에 규정된 자(상소대리권자)는 사형 또는 무기징역이나 무기금고가 선고된 판결에 대하여는 상소를 포기할 수 없다(제349조 단서).
㉤ 【 X 】 검사는 공익의 대표자로서 법령의 정당한 적용을 청구할 임무를 가지므로 이의신청을 기각하는 등 반대당사자에게 불이익한 재판에 대하여도 그것이 위법일 때에는 위법을 시정하기 위하여 상소로써 불복할 수 있지만 불복은 재판의 주문에 관한 것이어야 하고 재판의 이유만을 다투기 위하여 상소하는 것은 허용되지 않는다(대결 1993.3.4. 92모21).

정답 ③

18 상소의 취하 및 포기에 관한 다음 설명 중 가장 옳지 않은 것은? (다툼이 있는 경우 판례에 의함) 19. 법원직

① 상소의 취하는 상소법원에 하여야 하지만 소송기록이 상소법원에 송부되지 아니한 때에는 상소취하서를 원심법원에 제출할 수 있다.
② 구금된 피고인이 교도관이 내어 주는 상소권포기서를 항소장으로 잘못 믿고 이를 확인해 보지도 않은 채 자신의 서명무인을 하여 교도관을 통해 법원에 제출하였더라도 이는 항소포기로서 유효하다.
③ 피고인의 동의 없이 이루어진 변호인의 상소취하는 효력이 발생하지 않는데 이때 피고인의 동의는 서면으로 하여야 한다.
④ 상소권을 포기한 후에 상소기간이 도과된 상태에서 상소포기의 효력을 다투려는 사람은 상소권회복청구를 할 수 있다.

해설

① 【 O 】 제353조 단서
② 【 O 】 대결 1995.8.17. 95모49
③ 【 X 】 변호인은 피고인의 동의를 얻어 상소를 취하할 수 있으므로(제351조, 제341조), 변호인의 상소취하에 피고인의 동의가 없다면 상소취하의 효력은 발생하지 아니한다. 한편 변호인이 상소취하를 할 때 원칙적으로 피고인은 이에 동의하는 취지의 서면을 제출하여야 하나(규칙 제153조 제2항), 피고인은 공판정에서 구술로써 상소취하를 할 수 있으므로(제352조 제1항 단서), 변호인의 상소취하에 대한 피고인의 동의도 공판정에서 구술로써 할 수 있다. 다만 상소를 취하하거나 상소의 취하에 동의한 자는 다시 상소를 하지 못하는 제한을 받게 되므로(제354조), 상소취하에 대한 피고인의 구술 동의는 명시적으로 이루어져야만 한다(대판 2015.9.10. 2015도7821).
④ 【 O 】 상소권회복은 자기 또는 대리인이 책임질 수 없는 사유로 인하여 상소제기기간 내에 상소를 하지 못한 사람이 이를 청구하는 것이므로, 상소권을 포기한 후 상소제기기간이 도과하기 전에 상소포기의 효력을 다투면서 상소를 제기한 자는 원심 또는 상소심에서 그 상소의 적법 여부에 대한 판단을 받으면 되고, 별도로 상소권회복청구를 할 여지는 없다고 할 것이나, 상소권을 포기한 후 상소제기기간이 도과한 다음에 상소포기의 효력을 다투는 한편, 자기 또는 대리인이 책임질 수 없는 사유로 인하여 상소제기기간 내에 상소를 하지 못하였다고 주장하는 사람은 상소를 제기함과 동시에 상소권회복청구를 할 수 있고, 그 경우 상소포기가 부존재 또는 무효라고 인정되지 아니하거나 자기 또는 대리인이 책임질 수 없는 사유로 인하여 상소제기기간을 준수하지 못하였다고 인정되지 아니한다면 상소권회복청구를 받은 원심으로서는 상소권회복청구를 기각함과 동시에 상소기각결정을 하여야 한다(대결 2004.1.13. 2003모451).

정답 ③

19 상소의 포기 또는 취하에 대한 설명으로 옳지 않은 것은? (다툼이 있는 경우 판례에 의함) 20. 국가직

① 피고인이 상소를 포기한 후 그 포기의 무효를 주장하기 위해서는 상소제기 기간이 경과하기 전이라도 상소권회복청구를 하여야 한다.
② 피고인은 사형 또는 무기징역이나 무기금고가 선고된 판결에 대하여는 상소의 포기를 할 수 없다.
③ 변호인의 상소취하에 피고인의 동의가 없다면 상소취하의 효력은 발생하지 아니한다.
④ 피고인의 상소취하가 착오에 기인한 경우, 그 착오에 관하여 피고인에게 과실이 있으면 피고인이 착오를 일으키게 된 과정에 교도관의 과실이 개입되었더라도 상소취하는 무효로 되지 않는다.

〔해설〕
① 【 X 】 상소권회복은 자기 또는 대리인이 책임질 수 없는 사유로 인하여 상소제기기간 내에 상소를 하지 못한 사람이 이를 청구하는 것이고, 상고를 포기한 후 그 포기가 무효라고 주장하는 경우 상고제기기간이 경과하기 전에는 상고포기의 효력을 다투면서 상고를 제기하여 그 상고의 적법 여부에 대한 판단을 받으면 되고, 별도로 상소권회복청구를 할 여지는 없다(대결 1999.5.18. 99모40).
② 【 O 】 제349조 단서
③ 【 O 】 제351조
④ 【 O 】 대결 1992.3.13. 92모1

〔정답〕 ①

20 다음 설명 중 가장 옳지 않은 것은? (다툼이 있는 경우 판례에 의함) 20. 법원직

① 미성년자인 피고인이 항소취하서를 제출하였고, 피고인의 법정대리인 중 어머니가 항소취하 동의서를 제출하였어도 아버지가 항소취하 동의서를 제출하지 않았다면 피고인의 항소취하는 효력이 없다.
② 변호인은 피고인의 동의를 얻어 상소를 취하할 수 있으므로, 변호인의 상소취하에 피고인의 동의가 없다면 상소취하의 효력은 발생하지 아니한다.
③ 음주운전과 관련한 도로교통법 위반죄의 범죄수사를 위하여 미성년자인 피의자의 혈액채취가 필요한 경우에 피의자에게 의사능력이 있다면 피의자 본인만이 혈액채취에 관한 유효한 동의를 할 수 있으나, 피의자에게 의사능력이 없는 경우에는 법정대리인이 피의자를 대리하여 동의할 수 있다.
④ 피고인 또는 피의자가 법인인 때에는 그 대표자가 소송행위를 대표한다. 수인이 공동하여 법인을 대표하는 경우에도 소송행위에 관하여는 각자가 대표한다.

〔해설〕
① 【 O 】 대판 2019.7.10. 2019도4221
② 【 O 】 대판 2015.9.10. 2015도7821
③ 【 X 】 형사소송법상 소송능력이란 소송당사자가 유효하게 소송행위를 할 수 있는 능력, 즉 피고인 또는 피의자가 자기의 소송상의 지위와 이해관계를 이해하고 이에 따라 방어행위를 할 수 있는 의사능력을 의미하는데, 피의자에게 의사능력이 있으면 직접 소송행위를 하는 것이 원칙이고, 피의자에게 의사능력이 없는 경우에는 형법 제9조 내지 제11조의 규정의 적용을 받지 아니하는 범죄사건에 한하여 예외적으로 법정대리인이 소송행위를 대리할 수 있다(형사소송법 제26조). 따라서 음주운전과 관련한 도로교통법 위반죄의 범죄수사를 위하여 미성년자인 피의자의 혈액채취가 필요한 경우에도 피의자에게 의사능력이 있다면 피의자 본인만이 혈액채취에 관한 유효한 동의를 할 수 있고, 피의자에게 의사능력이 없는 경우에도 명문의 규정이 없는 이상 법정대리인이 피의자를 대리하여 동의할 수는 없다(대판 2014.11.13. 2013도1228).
④ 【 O 】 제27조 제1항, 제2항

〔정답〕 ③

21 강도상해 혐의로 체포된 甲은 수사과정에서 피해자와 원만히 합의하였음에도 불구하고 강도상해죄로 구속기소되어 2016.4.11. 제1심 법원에서 징역 1년 6월을 선고받고 항소하고자 한다. 이에 대한 설명으로 옳지 않은 것은? (다툼이 있는 경우 판례에 의함)

16. 검찰 7급

① 甲은 항소장을 원심법원에 2016.4.18.까지 제출하여야 한다.
② 甲뿐만 아니라 검사도 형의 양정이 부당하다는 이유로 항소할 수 있다.
③ 甲이 제출한 항소이유서에 "위 사건에 대한 원심판결은 도저히 납득할 수 없는 억울한 판결이므로 항소를 한 것입니다."라고만 기재되어 있다면, 항소심이 이를 제1심판결에 사실오인 또는 양형부당의 위법이 있다는 항소이유를 기재한 것으로 선해하여 그에 대해 심리하는 것은 허용되지 않는다.
④ 甲이 제1심판결에 대하여 양형부당만을 이유로 항소하였다가 그 항소가 기각된 경우, 甲은 항소심판결에 대하여 법령위반 또는 사실오인이 있다는 것을 이유로 삼아 상고할 수 없다.

해 설

① 【O】 항소는 제1심 판결을 선고한 날로부터 7일 이내에 제기하여야 한다(제358조). 항소제기기간의 기산일은 판결선고일이지만, 기간계산에 있어서 초일은 산입되지 않는다(제66조). 또한 항소장은 원심법원에 제출하여야 한다(제359조). 따라서 甲은 항소장을 원심법원에 2016.4.18.까지 제출하여야 한다.
② 【O】 검사는 고유의 상소권자로서 양형부당을 이유로 상소할 수 있다.
③ 【X】 형사소송법은 상고이유를 엄격히 제한함과 동시에 상고이유서에는 소송기록과 원심법원의 증거조사에 표현된 사실을 인용하여 그 이유를 명시하도록 규정하고 있음에 반하여 항소이유서에 대하여는 그와 같은 규정을 두고 있지 아니할 뿐 아니라, 상고심은 원칙적으로 법률심으로서 사후심인 데 반하여, 항소심은 사후심적 성격이 가미된 속심인 점에 비추어 항소인들이 항소이유서에 '위 사건에 대한 원심판결은 도저히 납득할 수 없는 억울한 판결이므로 항소를 한 것입니다'라고 기재하였다고 하더라도 항소심으로서는 이를 제1심판결에 사실의 오인이 있거나 양형부당의 위법이 있다는 항소이유를 기재한 것으로 선해하여 그 항소이유에 대하여 심리를 하여야 한다(대결 2002.12.3. 2002모265).
④ 【O】 제1심판결에 대하여 검사만이 양형부당을 이유로 항소하였을 뿐 피고인은 항소하지 아니한 경우에는, 피고인으로서는 항소심판결에 대하여 사실오인, 채증법칙 위반, 심리미진 또는 법령위반 등의 사유를 들어 상고이유로 삼을 수 없다(대판 2009.5.28. 2009도579).

정답 ③

22. 상소에 대한 설명 중 옳은 것만을 모두 고르면? (다툼이 있는 경우 판례에 의함)

20. 검찰 7급

㉠ 수 개의 공소사실이 금고 이상의 형에 처한 확정판결 전후의 것이어서 확정판결 전의 공소사실과 확정판결 후의 공소사실에 대하여 따로 유죄를 선고하여 두 개의 형을 정한 제1심판결에 대하여 피고인만이 확정판결 전의 유죄판결 부분에 대하여 항소한 경우, 항소심에 계속된 사건은 확정판결 전의 유죄판결 부분뿐이므로 항소심이 심리·판단하여야 할 범위는 확정판결 전의 유죄판결 부분에 한정된다.
㉡ 1죄의 관계에 있는 공소사실 중 일부 유죄, 나머지 무죄의 판결에 대하여 검사만 무죄부분에 대하여 상고를 하고 피고인은 상고하지 아니하였더라도 유죄부분은 상고심에 이전되어 심판대상이 된다.
㉢ 검사는 반대당사자에게 불이익한 재판이 위법일 때에는 그 위법을 시정하기 위하여 재판의 주문에 관한 것이 아니더라도 재판의 이유만을 다투기 위하여 상소할 수 있다.
㉣ 변호인의 상소취하에 피고인의 동의가 없다면 상소취하의 효력은 발생하지 아니한다.

① ㉠, ㉡ ② ㉠, ㉡, ㉣ ③ ㉡, ㉢, ㉣ ④ ㉠, ㉡, ㉢, ㉣

해설

㉠ 【O】 대판 2018.3.29. 2016도18553
㉡ 【O】 대판 1985.11.12. 85도1998
㉢ 【X】 검사는 공익의 대표자로서 법령의 정당한 적용을 청구할 임무를 가지므로 이의신청을 기각하는 등 반대당사자에게 불이익한 재판에 대하여도 그것이 위법일 때에는 위법을 시정하기 위하여 상소로써 불복할 수 있지만 불복은 재판의 주문에 관한 것이어야 하고 재판의 이유만을 다투기 위하여 상소하는 것은 허용되지 않는다(대결 1993.3.4. 92모21).
㉣ 【O】 대판 2015.9.10. 2015도7821

정답 ②

23. 상소심의 양형판단과 상소이유에 대한 설명으로 옳은 것은?

23. 국가직 7급

① 항소법원이 피고인에게 공소가 제기된 범행을 기준으로 「형법」 제51조가 정한 양형조건으로 포섭되지 않는 별도의 범죄사실에 해당하는 사정에 관하여, 그것이 합리적인 의심을 배제할 정도의 증명력을 갖춘 증거에 의하여 증명되지 않았음에도 핵심적인 형벌가중적 양형조건으로 삼아 형의 양정을 함으로써 피고인에 대하여 사실상 공소가 제기되지 않은 범행을 추가로 처벌한 것과 같은 실질에 이른 경우, 그 부당성을 다투는 피고인의 주장은 적법한 상고이유가 된다.
② 항소심이 양형부당을 이유로 제1심판결을 파기하는 경우, 항소심의 판단에 근거가 된 양형자료와 그에 관한 판단내용이 모순없이 설시되어 있더라도 양형의 조건이 되는 사유에 관하여 일일이 명시하지 않았다면 법령위반에 해당한다.
③ 검사가 일부 유죄, 일부 무죄로 판단한 제1심판결 전부에 대하여 항소하면서 항소장이나 항소이유서에 구체적인 이유를 기재하지 않고 단순히 '양형부당'이라는 문구만 기재한 경우에도 항소심은 제1심판결의 양형의 부당 여부에 관하여 심리·판단할 수 있고, 따라서 제1심판결의 유죄부분의 형이 너무 가볍다는 이유로 파기하고 그보다 무거운 형을 선고할 수 있다.
④ 사형·무기 또는 10년 이상의 징역이나 금고가 선고된 사건이 아닌 경우에는 양형부당을 이유로 상고할 수 없지만 항소심이 양형의 기초사실에 관하여 사실을 오인하였다거나 범행의 동기 및 수법 등 양형의 조건이 되는 제반 정상에 관하여 심리를 제대로 하지 않았음을 이유로 상고할 수 있다.

해설

① 【 O 】 사실심법원이 피고인에게 공소가 제기된 범행을 기준으로 그 범행의 동기나 결과, 범행 후의 정황 등의 형법 제51조가 정한 양형조건으로 포섭되지 않는 별도의 범죄사실에 해당하는 사정에 관하여 그것이 합리적인 의심을 배제할 정도의 증명력을 갖춘 증거에 의하여 증명되지 않았음에도 핵심적인 형벌가중적 양형조건으로 삼아 형의 양정을 함으로써 피고인에 대하여 사실상 공소가 제기되지 않은 범행을 추가로 처벌한 것과 같은 실질에 이른 경우에는 단순한 양형판단의 부당성을 넘어 위와 같은 죄형균형의 원칙 내지 책임주의 원칙의 본질적 내용을 침해한 것이 되므로, 그 부당성을 다투는 피고인의 주장은 이러한 사실심법원의 양형심리 및 양형판단 방법의 위법성을 지적하는 취지로 보아 적법한 상고이유로 평가될 수 있다(대판 2008.5.29. 2008도1816).

② 【 X 】 항소심은 제1심에 대한 사후심적 성격이 가미된 속심으로서 제1심과 구분되는 고유의 양형재량을 가지고 있으므로, 항소심이 자신의 양형판단과 일치하지 아니한다고 하여 양형부당을 이유로 제1심판결을 파기하는 것이 바람직하지 아니한 점이 있다고 하더라도 이를 두고 양형심리 및 양형판단 방법이 위법하다고까지 할 수는 없다. 그리고 원심의 판단에 근거가 된 양형자료와 그에 관한 판단 내용이 모순 없이 설시되어 있는 경우에는 양형의 조건이 되는 사유에 관하여 일일이 명시하지 아니하여도 위법하다고 할 수 없다(대판 2015.7.23. 2015도3260 전합).

③ 【 X 】 형사소송법 제361조의5는 제15호에서 '형의 양정이 부당하다고 인정할 사유가 있는 때'를 항소이유로 할 수 있는 사유로 규정하고, 형사소송규칙 제155조는 항소이유서에 항소이유를 구체적으로 간결하게 명시하도록 규정한다. 위 규정에 의하면, 검사가 제1심 유죄판결 또는 일부 유죄, 일부 무죄로 판단한 제1심판결 전부에 대하여 항소하면서, 항소장이나 항소이유서에 단순히 '양형부당'이라는 문구만 기재하였을 뿐 구체적인 이유를 기재하지 않았다면, 이는 적법한 항소이유의 기재라고 볼 수 없다. 한편 검사가 항소한 경우 양형부당의 사유는 직권조사사유나 직권심판사항에 해당하지도 않는다. 그러므로 위와 같은 경우 항소심은 검사의 항소에 의해서든 직권에 의해서든 제1심판결의 양형이 부당한지 여부에 관하여 심리 · 판단할 수 없고, 따라서 제1심판결의 유죄 부분의 형이 너무 가볍다는 이유로 파기하고 그보다 무거운 형을 선고하는 것은 허용되지 않는다(대법원 2020.8.27. 선고 2020도8615).

④ 【 X 】 형사소송법 제383조의 규정에 의하면 양형에 관한 사실오인의 주장은 적법한 상고이유로 내세울 수 없다(대법원 1988.1.19. 선고 87도1410).

참고

> **형사소송법 제383조(상고이유)** 다음 사유가 있을 경우에는 원심판결에 대한 상고이유로 할 수 있다.
> 1. 판결에 영향을 미친 헌법·법률·명령 또는 규칙의 위반이 있는 때
> 2. 판결후 형의 폐지나 변경 또는 사면이 있는 때
> 3. 재심청구의 사유가 있는 때
> 4. 사형, 무기 또는 10년 이상의 징역이나 금고가 선고된 사건에 있어서 중대한 사실의 오인이 있어 판결에 영향을 미친 때 또는 형의 양정이 심히 부당하다고 인정할 현저한 사유가 있는 때

정답 ①

24. 상소에 관한 설명으로 가장 적절하지 않은 것은? (다툼이 있는 경우 판례에 의함)

25. 경찰승진

① 검사는 공익의 대표자로서 법령의 정당한 적용을 청구할 임무를 가지므로 이의신청을 기각하는 등 반대당사자에게 불이익한 재판에 대하여도 그것이 위법일 때에는 위법을 시정하기 위하여 상소로써 불복할 수 있으므로 불복은 재판의 주문에 관한 것 이외에 재판의 이유만을 다투기 위하여 상소하는 것도 허용된다.
② 법정대리인이 있는 피고인이 상소의 포기 또는 취하를 함에는 법정대리인의 동의를 얻어야 하나 법정대리인의 사망 기타 사유로 인하여 그 동의를 얻을 수 없는 때에는 예외로 한다.
③ 항소이유서를 제출한 자는 항소심의 공판기일에 항소이유서에 기재된 항소이유의 일부를 철회할 수 있으나 항소이유를 철회하면 이를 다시 상고이유로 삼을 수 없게 되는 제한을 받을 수도 있으므로, 항소이유의 철회는 명백히 이루어져야만 그 효력이 있다.
④ 상고심이 예비적 공소사실에 대한 원심판결이 잘못되었다는 이유로 원심판결을 전부 파기환송한다면, 환송 후 원심은 예비적 공소사실은 물론 이와 동일체 관계에 있는 주위적 공소사실에 대하여도 이를 심리·판단하여야 한다.

[해설]

① 【X】 검사는 공익의 대표자로서 법령의 정당한 적용을 청구할 임무를 가지므로 이의신청을 기각하는 등 반대당사자에게 불이익한 재판에 대하여도 그것이 위법일 때에는 위법을 시정하기 위하여 상소로써 불복할 수 있지만 불복은 재판의 주문에 관한 것이어야 하고 재판의 이유만을 다투기 위하여 상소하는 것은 허용되지 않는다(대결 1993.3.4. 92모21).
② 【O】 형사소송법 제350조
③ 【O】 항소이유서를 제출한 자는 항소심의 공판기일에 항소이유서에 기재된 항소이유의 일부를 철회할 수 있으나 항소이유를 철회하면 이를 다시 상고이유로 삼을 수 없게 되는 제한을 받을 수도 있으므로, 항소이유의 철회는 명백히 이루어져야만 그 효력이 있다(대판 2003.2.26. 2002도6834).
④ 【O】 원래 주위적·예비적 공소사실의 일부에 대한 상고제기의 효력은 나머지 공소사실 부분에 대하여도 미치는 것이고, 동일한 사실관계에 대하여 서로 양립할 수 없는 적용법조의 적용을 주위적·예비적으로 구하는 경우에는 예비적 공소사실만 유죄로 인정되고 그 부분에 대하여 피고인만 상고하였다고 하더라도 주위적 공소사실까지 함께 상고심의 심판대상에 포함된다. 이때 상고심이 예비적 공소사실에 대한 원심판결이 잘못되었다는 이유로 원심판결을 전부 파기환송한다면, 환송 후 원심은 예비적 공소사실은 물론 이와 동일체 관계에 있는 주위적 공소사실에 대하여도 이를 심리·판단하여야 한다(대판 2023.12.28. 2023도10718).

정답 ①

25 일부상소에 대한 설명으로 옳지 않은 것은? (다툼이 있는 경우 판례에 의함)

16. 국가직

① 경합범 중 일부에 대하여 무죄, 일부에 대하여 유죄를 선고한 제1심판결에 대하여 검사만이 무죄 부분에 대하여 항소를 한 경우, 피고인과 검사가 항소하지 아니한 유죄판결 부분은 항소기간이 지남으로써 확정되므로, 항소심에서 이를 파기할 때에는 유죄부분만을 파기하여야 한다.
② 수 개의 범죄사실에 대하여 항소심이 일부는 유죄, 일부는 무죄의 판결을 하고, 그 판결에 대하여 피고인 및 검사 쌍방이 상고를 제기하였으나, 유죄부분에 대한 피고인의 상고는 이유 없고 무죄부분에 대한 검사의 상고만 이유 있는 경우, 항소심이 유죄로 인정한 죄와 무죄로 인정한 죄가 형법 제37조 전단의 경합범 관계에 있다면 항소심판결의 유죄부분도 무죄부분과 함께 파기되어야 한다.
③ 제1심이 단순일죄의 관계에 있는 공소사실의 일부에 대하여만 유죄로 인정한 경우에 피고인만이 항소하여도 그 항소는 그 일죄의 전부에 미쳐서 항소심은 무죄부분에 대하여도 심판할 수 있다.
④ 형법 제37조 전단의 경합범 관계에 있는 죄에 대하여 일부는 유죄, 일부는 무죄를 선고한 원심판결에 대하여 피고인은 상소하지 아니하고, 검사만이 무죄부분에 한정하지 아니하고 전체에 대하여 상소한 경우에 무죄부분에 대한 검사의 상소만 이유 있는 때에도 원심판결의 유죄부분은 무죄부분과 함께 파기되어야 하므로 상소심으로서는 원심판결 전부를 파기하여야 한다.

해설

① 【 X 】 경합범으로 동시에 기소된 사건에 대하여 일부 유죄, 일부 무죄를 선고하는 등 판결주문이 수 개일 때에는 그 1개의 주문에 포함된 부분을 다른 부분과 분리하여 일부상소를 할 수 있고 당사자 쌍방이 상소하지 아니한 부분은 분리 확정되므로, 경합범 중 일부에 대하여 무죄, 일부에 대하여 유죄를 선고한 제1심판결에 대하여 검사만이 무죄 부분에 대하여 항소를 한 경우, 피고인과 검사가 항소하지 아니한 유죄판결 부분은 항소기간이 지남으로써 확정되어 항소심에 계속된 사건은 무죄판결 부분에 대한 공소뿐이며, 그에 따라 항소심에서 이를 파기할 때에는 무죄 부분만을 파기하여야 한다(대판 2010.11.25. 2010도10985).
② 【 O 】 대판 2011.2.24. 2010도15989
③ 【 O 】 대판 2001.2.9. 2000도5000
④ 【 O 】 대판 2012.6.14. 2011도12571

정답 ①

26. 일부상소에 대한 설명으로 옳은 것(○)과 옳지 않은 것(×)을 바르게 연결한 것은? (다툼이 있는 경우 판례에 의함)

18. 검찰 7급

⊙ 확정판결 전의 공소사실과 확정판결 후의 공소사실에 대하여 따로 유죄를 선고하여 두 개의 형을 정한 제1심 판결에 대하여 피고인만이 확정판결 전의 유죄판결 부분에 대하여 항소한 경우, 항소심에 계속된 사건은 확정판결 전의 유죄판결 부분뿐이므로 항소심이 심리·판단하여야 할 범위는 확정판결 전의 유죄판결 부분에 한정된다.

⊙ 형법 제37조 전단 경합범관계에 있는 공소사실 중 일부에 대하여 유죄, 나머지 부분에 대하여 무죄를 선고한 제1심판결에 대하여 검사만이 항소하면서 무죄부분에 대하여는 항소이유를 기재하고 유죄부분에 대하여는 이를 기재하지 않았으나 항소범위는 '전부'로 표시한 경우, 항소심이 제1심판결의 무죄부분을 유죄로 인정하는 때에는 제1심판결 전부를 파기하고 경합범 관계에 있는 공소사실 전부에 대하여 하나의 형을 선고하여야 한다.

⊙ 환송 전 항소심판결에서 경합범관계에 있는 A죄에 대해서는 무죄를 선고하고 B죄에 대해서는 유죄로 인정하여 형을 선고하였는데, 검사만 무죄로 선고된 A죄에 대하여 상고를 하자 대법원이 원심판결 중 A죄에 대해서만 파기하고 이를 원심법원에 환송한 경우, 환송 후의 원심에는 파기환송된 A죄 부분만이 계속된 것이므로 환송 후의 원심으로서는 이 부분만을 심리하여야 한다.

⊙ 환송 전 원심에서 상상적 경합관계에 있는 수죄에 대하여 모두 무죄가 선고되었고, 이에 검사가 무죄부분 전부에 대하여 상고하였으나 그 중 일부 무죄부분에 대하여는 이를 상고이유로 삼지 않은 경우, 상고이유로 삼지 아니한 무죄부분도 상고심에 이심되므로 상고심은 그 무죄부분까지 판단할 수 있다.

① ⊙ × ⊙ × ⊙ ○ ⊙ ○ ② ⊙ ○ ⊙ × ⊙ ○ ⊙ ○
③ ⊙ ○ ⊙ ○ ⊙ × ⊙ × ④ ⊙ ○ ⊙ ○ ⊙ ○ ⊙ ×

해설

⊙ 【 ○ 】 대판 2018.3.29. 2016도18553
⊙ 【 ○ 】 대판 2014.3.27. 2014도342
⊙ 【 ○ 】 대판 1974.10.8. 74도1301
⊙ 【 × 】 환송 전 원심에서 상상적 경합 관계에 있는 수죄에 대하여 모두 무죄가 선고되었고, 이에 검사가 무죄 부분 전부에 대하여 상고하였으나 그 중 일부 무죄 부분(A)에 대하여는 이를 상고이유로 삼지 않은 경우, 비록 상고이유로 삼지 아니한 무죄 부분(A)도 상고심에 이심되지만 그 부분은 이미 당사자 간의 공격방어의 대상으로부터 벗어나 사실상 심판대상에서 이탈하게 되므로, 상고심으로서도 그 무죄 부분에까지 나아가 판단할 수 없다(대판 2008.12.11. 2008도8922).

정답 ④

27 일부상소에 대한 설명으로 가장 적절하지 않은 것은? (다툼이 있는 경우 판례에 의함) 18. 경찰채용 3차

① 종국판결에 대한 상고없이 추징의 선고부분에 한하여 독립상고는 할 수 없다.
② 1개의 형이 선고된 경합범에서 일부의 죄에 대한 상소의 효력은 상소불가분의 원칙상 피고사건 전부에 미쳐 그 전부가 상소심에 이심된다.
③ 원심이 두개의 죄를 경합범으로 보고 한 죄는 유죄, 다른 한 죄는 무죄를 각 선고하자 검사가 무죄부분만에 대하여 불복상고 하였다면, 설령 위 두죄가 상상적 경합관계에 있다 하더라도 유죄부분은 상고심의 심판대상이 되지 않는다.
④ 포괄일죄의 일부만이 유죄로 인정된 경우 그 유죄부분에 대하여 피고인만이 상고하였을 뿐 무죄로 판단된 부분에 대하여 검사가 상고를 하지 않았다면, 무죄부분도 상고심에 이심되기는 하나 그 부분은 상고심으로서도 판단할 수 없다.

해설

① 【O】 대판 1984.12.11. 84도1502. 그러나 이 판례는 대판 2008.11.20. 2008도5596 전합 판결에 의하여 변경되었다. 그 내용은 과거에는 일부상소의 요건을 못 갖추었을 경우에는 그 상소를 기각하여야 한다는 내용이었지만, 변경된 판례에 의하면 전부상소로 취급된다는 의미이다. 따라서 국가시험의 신뢰성 차원에서, 전원합의체 판결로 폐기된 이상 이 지문도 타당하지 않은 지문으로 처리하는 것이 바람직한 것으로 보인다.
② 【O】 대판 2008.11.20. 2008도5596 전합
③ 【X】 원심이 두개의 죄를 경합범으로 보고 한 죄는 유죄, 다른 한죄는 무죄를 각 선고하자 검사가 무죄부분만에 대하여 불복상고 하였다고 하더라도 위 두죄가 상상적 경합관계에 있다면 유죄부분도 상고심의 심판대상이 된다(대판 1980.12.9. 80도384).
④ 【O】 환송 전 항소심에서 포괄일죄의 일부만이 유죄로 인정된 경우 그 유죄부분에 대하여 피고인만이 상고하였을 뿐 무죄부분에 대하여 검사가 상고를 하지 않았다면 상소불가분의 원칙에 의하여 무죄부분도 상고심에 이심되기는 하나 그 부분은 이미 당사자간의 공격방어의 대상으로부터 벗어나 사실상 심판대상에서부터도 벗어나게 되어 상고심으로서도 그 무죄부분에까지 나아가 판단할 수 없는 것이고, 따라서 상고심으로부터 위 유죄부분에 대한 항소심판결이 잘못되었다는 이유로 사건을 파기환송받은 항소심은 그 무죄부분에 대하여 다시 심리판단하여 유죄를 선고할 수 없다(대판 1991.3.12. 90도2820).

정답 ③

28 일부상소에 관한 다음 설명 중 가장 옳지 않은 것은? (다툼이 있는 경우 판례에 의함)

20. 법원직

① 제1심이 단순일죄의 관계에 있는 공소사실의 일부에 대하여만 유죄로 인정한 경우에 피고인만이 항소하여도 그 항소는 그 일죄의 전부에 미쳐서 항소심은 무죄부분에 대하여도 심판할 수 있다.
② 포괄일죄의 일부만이 유죄로 인정된 경우 그 유죄 부분에 대하여 피고인만이 상고하였을 뿐 무죄나 공소기각으로 판단된 부분에 대하여 검사가 상고를 하지 않았다면, 상소불가분의 원칙에 의해 유죄 이외의 부분도 상고심에 이심되기는 하나 사실상 심판대상에서 이탈하게 되므로 상고심으로서도 무죄나 공소기각 부분에 대하여 판단할 수는 없다.
③ 필수적 몰수 또는 추징 요건에 해당하는 사건에서 몰수 또는 추징에 관한 부분만을 불복대상으로 삼아 상소가 제기되었다 하더라도, 상소심으로서는 이를 적법한 상소제기로 다루어야 하나, 상소의 효력은 그 불복대상인 몰수 또는 추징에 관한 부분에 한정된다.
④ 포괄일죄의 관계에 있는 공소사실의 일부에 대하여만 유죄로 인정하고 나머지는 무죄가 선고되어 검사는 위 무죄부분에 대하여 불복상고하고 피고인은 유죄부분에 대하여 상고하지 않은 경우, 원심에서 유죄로 인정된 부분도 상고심에 이심되어 심판의 대상이 된다.

[해설]

① 【O】 대판 2001.2.9. 2000도5000
② 【O】 대판 2010.1.14. 2009도12934
③ 【X】 마약류관리에 관한 법률 제67조는 이른바 필수적 몰수 또는 추징 조항으로서 그 요건에 해당하는 한 법원은 반드시 몰수를 선고하거나 추징을 명하여야 한다. 위와 같은 몰수 또는 추징은 범죄행위로 인한 이득의 박탈을 목적으로 하는 것이 아니라 징벌적인 성질을 가지는 처분으로 부가형으로서의 성격을 띠고 있다. 이는 피고사건 본안에 관한 판단에 따른 주형 등에 부가하여 한 번에 선고되고 이와 일체를 이루어 동시에 확정되어야 하고 본안에 관한 주형 등과 분리되어 이심되어서는 아니 되는 것이 원칙이므로, 피고사건의 주위적 주문과 몰수 또는 추징에 관한 주문은 상호 불가분적 관계에 있어 상소불가분의 원칙이 적용되는 경우에 해당한다. 따라서 피고사건의 재판 가운데 몰수 또는 추징에 관한 부분만을 불복대상으로 삼아 상소가 제기되었다 하더라도, 상소심으로서는 이를 적법한 상소제기로 다루어야 하고, 그 부분에 대한 상소의 효력은 그 부분과 불가분의 관계에 있는 본안에 관한 판단 부분에까지 미쳐 그 전부가 상소심으로 이심된다(대판 2008.11.20. 2008도5596 전합).
④ 【O】 대판 1989.4.11. 86도1629

정답 ③

29 불이익변경금지의 원칙에 대한 설명으로 옳은 것은? (다툼이 있는 경우 판례에 의함)

16. 국가직

① 제1심판결에 대하여 피고인만이 항소한 사건에서 항소심이 검사의 공소장변경신청을 받아들여 그 변경된 적용 법률에 따라 판결을 선고한 경우에는 그 선고된 항소심의 형이 제1심의 그것보다 무겁다고 하더라도 불이익변경금지의 원칙에 위배되지 아니한다.
② 피고인만이 항소한 사건에서 항소심법원이 제1심판결을 파기하고 새로운 형을 선고함에 있어 피고인에 대한 주형에서 그 형기를 감축하고 제1심판결이 선고하지 아니한 압수장물을 피해자에게 환부하는 선고를 추가하였더라도 그것만으로는 피고인에 대한 형이 제1심판결보다 불이익하게 변경되었다고 할 수 없다.
③ 제1심의 징역형의 선고유예의 판결에 대하여 피고인만이 항소한 경우에 제2심이 벌금형을 선고한 것은 불이익변경금지의 원칙에 위배되지 아니한다.
④ 형벌인 몰수에는 불이익변경금지의 원칙이 적용되지만 몰수에 대신하는 처분인 추징에 대해서는 불이익변경금지의 원칙이 적용되지 아니한다.

해설

① 【 X 】 불이익변경금지의 원칙은 피고인의 또는 피고인을 위한 상소사건에 있어서 원심의 형, 즉 판결주문의 형보다 중한 형을 선고할 수 없다는 것에 불과하므로, 제1심판결에 대하여 피고인들만이 항소한 경우, 항소심이 검사의 공소장변경신청을 허가하고 그 변경된 적용법률에 의하여 판결을 선고하였다 하더라도, 선고된 항소심의 형이 제1심의 그것보다 가벼운 이상 불이익변경금지의 원칙에 위배된다고 할 수 없다(대판 1999.10.8. 99도3225). 따라서 항소심의 형이 제1심보다 무겁다면 당연히 불이익변경금지원칙에 반하게 된다.
② 【 O 】 대판 1990.4.10. 90도16
③ 【 X 】 제1심의 징역형의 선고유예의 판결에 대하여 피고인만이 항소한 경우에 제2심이 벌금형을 선고한 것은 제1심판결의 형보다 중한 형을 선고한 것에 해당된다(대판 1999.11.26. 99도3776).
④ 【 X 】 추징도 몰수에 대신하는 처분으로서 몰수와 마찬가지로 형에 준하여 평가하여야 할 것이므로 그에 관하여도 형사소송법 제368조의 불이익변경금지의 원칙이 적용된다(대판 2006.11.9. 2006도4888).

정답 ②

30 불이익변경금지원칙에 대한 설명으로 가장 적절하지 않은 것은? (다툼이 있으면 판례에 의함) 16. 경찰채용 2차

① 피고인이 항소한 사건과 피고인을 위하여 항소한 사건에 대하여는 원심판결의 형보다 중한 형을 선고하지 못한다는 원칙을 의미한다.
② 불이익변경금지의 원칙은 피고인만이 상소한 사건에 있어서 원심의 형보다 중한 형을 선고할 수 없다는 것에 불과하고, 그 형이 같은 이상 원심이 인정한 죄보다 중한 죄를 인정하였다 하더라도 불이익변경금지의 원칙에 위배되지 아니한다.
③ 집행유예의 판결은 소정 유예기간을 특별한 사유 없이 경과한 때에는 그 형의 선고의 효력이 상실되나 형의 집행면제는 그 형의 집행만을 면제하는 데 불과하므로 집행유예의 판결이 형 집행면제보다 피고인에게 불리한 것이라 할 수 없다.
④ 피고인과 검사 쌍방이 상소한 결과 검사의 상소가 받아들여져 원심판결 전부가 파기됨으로써 피고인에 대한 형량 전체를 다시 정해야 하는 경우에는 불이익변경금지의 원칙이 적용되지 않지만 사건이 경합범에 해당하는 경우에는 개개 범죄별로 불이익변경의 여부를 판단하여야 한다.

[해설]
① 【 O 】 제368조
② 【 O 】 대판 1984.4.24. 83도3211
③ 【 O 】 대판 1985.9.24. 84도2972 전합
④ 【 X 】 불이익변경금지의 원칙은, 피고인의 상소권을 보장하기 위하여 피고인이 상소한 사건과 피고인을 위하여 상소한 사건에 있어서는 원심판결의 형보다 중한 형을 선고하지 못한다는 것이므로, 피고인과 검사 쌍방이 상소한 결과 검사의 상소가 받아들여져 원심판결 전부가 파기됨으로써 피고인에 대한 형량 전체를 다시 정해야 하는 경우에는 적용되지 아니하는 것이며, 사건이 경합범에 해당한다고 하여 개개 범죄별로 불이익변경의 여부를 판단할 것은 아니다(대판 2007.6.28. 2005도7473).

[정답] ④

31 불이익변경금지의 원칙에 대한 설명으로 옳지 않은 것은? (다툼이 있는 경우 판례에 의함) 17. 국가직

① 두 개의 벌금형을 선고한 환송 전 원심판결에 대하여 피고인만이 상고하여 파기 환송되었는데, 환송 후 원심이 징역형의 집행유예와 사회봉사명령을 선고한 것은 불이익변경의 원칙에 위배된다.
② 피고인이 약식명령에 대하여 정식재판을 청구한 사건과 다른 사건이 병합된 경우, 심리 결과 하나의 벌금형으로 처단하면서 약식명령의 형보다 중한 벌금형을 선고한 것은 불이익변경금지의 원칙에 위배된다.
③ 제1심에서 징역형의 집행유예를 선고한 데 대하여 피고인만이 항소한 경우 제2심이 징역형의 형기를 단축하여 실형을 선고하는 것은 불이익변경금지의 원칙에 위배된다.
④ 피고인만이 항소한 사건에서 항소심이 제1심 판결을 직권으로 파기하고 다른 형은 동일하게 선고하면서 위치추적 전자장치 부착명령의 기간만을 제1심 판결보다 장기의 기간으로 부과한 것은 불이익변경금지의 원칙에 위배된다.

[해설]
① 【 O 】 대판 2006.5.26. 2005도8607
② 【 X 】 피고인이 약식명령에 대하여 정식재판을 청구한 사건과 공소가 제기된 다른 사건을 병합하여 심리한 결과 형법 제37조 전단의 경합범 관계에 있어 하나의 벌금형으로 처단하는 경우에는 약식명령에서 정한 벌금형보다 중한 벌금형을 선고하더라도 형사소송법 제457조의2에 정하여진 불이익변경금지의 원칙에 어긋나는 것이 아니다(대판 2016.5.12. 2016도2136).
③ 【 O 】 대판 2016.3.24. 2016도1131
④ 【 O 】 대판 2014.3.27. 2013도9666, 2013전도199

[정답] ②

32. 불이익변경금지원칙에 대한 설명 중 옳고 그름의 표시(○, ×)가 바르게 된 것은? (다툼이 있는 경우 판례에 의함)

18. 경찰채용 1차

㉠ 제1심에서 징역형의 집행유예를 선고한 데 대하여 제2심이 그 징역형의 형기를 단축하여 실형을 선고하는 것도 불이익변경금지 원칙에 위배된다.

㉡ 아동·청소년 대상 성폭력범죄의 피고인에게 '징역 15년 및 5년 동안의 위치추적 전자장치 부착명령'을 선고한 제1심판결을 파기한 후 '징역 9년, 5년 동안의 공개명령 및 6년 동안의 위치추적 전자장치 부착명령'을 선고한 원심의 조치는 불이익변경금지 원칙에 위배된다.

㉢ 피고인만이 항소한 사건에서 항소심법원이 제1심판결을 파기하고 새로운 형을 선고함에 있어 피고인에 대한 주형에서 그 형기를 감축하고 제1심판결이 선고하지 아니한 압수장물을 피해자에게 환부하는 선고를 추가하였더라도 그것만으로는 불이익변경금지 원칙에 위배되지 않는다.

㉣ 원심이 유기징역형을 선택한 1심보다 중하게 무기징역형을 선택한 경우에는 결과적으로 선고형이 중하게 변경되지 않았더라도 불이익변경금지 원칙에 위배된다.

① ㉠ ○　㉡ ×　㉢ ○　㉣ ○
② ㉠ ○　㉡ ×　㉢ ○　㉣ ×
③ ㉠ ×　㉡ ○　㉢ ×　㉣ ×
④ ㉠ ○　㉡ ○　㉢ ○　㉣ ○

[해설]

㉠【O】대판 1965.12.10. 65도826 전합
㉡【X】아동·청소년 대상 성폭력범죄의 피고인에게 '징역 15년 및 5년 동안의 위치추적 전자장치 부착명령'을 선고한 제1심판결을 파기한 후 '징역 9년, 5년 동안의 공개명령 및 6년 동안의 위치추적 전자장치 부착명령'을 선고한 원심의 조치가 불이익변경금지원칙에 위배되지 않는다고 한 사례(대판 2011.4.14. 2010도16939).
㉢【O】대판 1990.4.10. 90도16
㉣【X】형사소송법 제368조에 의하여 불이익변경이 금지되는 것은 형의 선고에 한하므로, 살인죄에 대하여 원심이 유기징역형을 선택한 1심보다 중하게 무기징역형을 선택하였다 하더라도 결과적으로 선고한 형이 중하게 변경되지 아니한 이상 위 조문에서 말하는 중한 형을 선고하였다고 할 수 없다(대판 1999.2.5. 98도4534).

[정답] ②

33 불이익변경금지의 원칙에 대한 설명으로 옳지 않은 것은? (다툼이 있는 경우 판례에 의함) 18. 국가직

① 피고인만 상고한 상고심에서 항소심판결을 파기하고 사건을 항소심에 환송한 경우에 그 항소심에서는 파기된 항소심판결보다 중한 형을 선고할 수 없다.
② 피고인만 항소한 항소심판결에 대해 검사만 상고한 경우 상고심에서도 불이익변경금지의 원칙이 적용된다.
③ 제1심에서 사문서위조죄로 벌금형의 선고를 받은 피고인만 항소한 항소심에서 동일한 공소사실에 대해 법정형에 벌금형이 없는 사서명위조죄가 인정되었다면 항소심법원은 불이익변경금지의 원칙에도 불구하고 벌금형을 선고할 수는 없다.
④ 징역형의 집행유예가 확정된 사건에 대한 재심에서 원판결보다 주형을 경하게 하면서 집행유예를 없앤 경우에는 불이익변경금지의 원칙에 위배된다.

[해설]
① 【O】 대판 1992.12.8. 92도2020
② 【O】 대판 1957.10.4. 4290형비상1
③ 【X】 약식명령에 대하여 피고인만이 정식재판을 청구한 이 사건에서 피고인에 대하여 사서명위조와 위조사서명행사의 범죄사실이 인정되는 경우에는 비록 사서명위조죄와 위조사서명행사죄의 법정형에 유기징역형만 있다 하더라도 형사소송법 제457조의2에서 규정한 불이익변경금지의 원칙이 적용되어 벌금형을 선고할 수 있다(대판 2013.2.28. 2011도14986).
④ 【O】 대판 2016.3.24. 2016도1131

[정답] ③

34 불이익변경금지원칙에 대한 설명으로 가장 적절하지 않은 것은? (다툼이 있는 경우 판례에 의함) 19. 경찰승진

① 추징도 몰수에 대신하는 처분으로서 몰수와 마찬가지로 형에 준하여 평가하여야 할 것이므로 그에 관하여도 「형사소송법」제368조의 불이익변경금지의 원칙이 적용된다.
② 법원이 유죄판결을 선고하면서 신상정보 제출의무 등의 고지를 누락한 경우, 상급심 법원에서 신상정보 제출의무 등을 새로 고지하는 것은 형을 피고인에게 불리하게 변경하는 경우에 해당한다.
③ 피고인만의 상고에 의하여 상고심에서 원심판결을 파기하고 사건을 항소심에 환송한 경우에 그 항소심에서는 환송 전 원심판결과의 관계에서도 불이익변경금지의 원칙이 적용되어 그 파기된 항소심판결보다 중한 형을 선고할 수 없다.
④ 원심이 다른 형은 동일하게 선고하면서 위치추적 전자장치의 부착명령기간만을 제1심판결보다 장기의 기간으로 부과한 것은 부착명령 청구사건에 관하여 제1심판결의 형을 피고인에게 불이익하게 변경한 것이다.

[해설]
① 【O】 대판 2006.11.9. 2006도4888
② 【X】 등록대상자의 신상정보 제출의무는 법원이 별도로 부과하는 것이 아니라 등록대상 성범죄로 유죄판결이 확정되면 성폭력처벌법의 규정에 따라 당연히 발생하는 것이므로, 유죄판결을 선고하는 법원이 하는 신상정보 제출의무 등의 고지는 등록대상자에게 신상정보 제출의무가 있음을 알려 주는 것에 의미가 있을 뿐이다. 따라서 설령 법원이 유죄판결을 선고하면서 고지를 누락한 잘못이 있더라도 그 법원은 적법한 내용으로 다시 신상정보 제출의무를 고지할 수 있고, 상급심 법원도 그 사유로 판결을 파기할 필요 없이 적법한 내용의 신상정보 제출의무 등을 새로 고지함으로써 잘못을 바로잡을 수 있으며, 나아가 상급심 법원에서 이와 같이 신상정보 제출의무 등을 새로 고지하더라도 형을 피고인에게 불리하게 변경하는 경우에 해당되지 아니한다(대판 2014.12.24. 2014도13529).
③ 【O】 대판 1992.12.8. 92도2020
④ 【O】 대판 2015.9.15. 2015도11362

[정답] ②

35 불이익변경금지 원칙에 대한 다음 설명 중 가장 옳지 않은 것은? (다툼이 있는 경우 판례에 의함) 19. 법원직

① 판결을 선고한 법원이 판결서의 경정을 통하여 당해 판결서의 명백한 오류를 시정하는 것도 피고인에게 유리 또는 불리한 결과를 발생시키거나 피고인의 상소권 행사에 영향을 미칠 수 있으므로 불이익변경금지 원칙이 적용된다.
② 소송비용의 부담은 형이 아니고 실질적인 의미에서 형에 준하여 평가되어야 할 것도 아니므로 불이익변경금지원칙의 적용이 없다.
③ 불이익변경금지 원칙은 이익변경까지 금하는 것은 아니므로 검사만이 양형부당을 이유로 항소한 경우에도 항소심법원은 직권으로 심판하여 제1심의 양형보다 가벼운 형을 선고할 수 있다.
④ 불이익변경금지 원칙은 피고인의 상고로 항소심판결이 상고심에서 파기되어 환송한 경우에서도 적용되므로 파기환송 후의 항소심에서 공소장변경에 의해 새로운 범죄사실이 추가됨으로써 피고인의 책임이 무거워졌더라도 파기된 항소심판결에 비하여 중한 형을 선고할 수는 없다.

[해 설]

① 【 X 】 불이익변경금지원칙은 피고인이 안심하고 상소권을 행사하도록 하려는 정책적 고려에서 나온 제도로서 피고인만이 상소한 사건의 상소심에서 원심보다 피고인에게 불리하게 미결구금일수의 산입을 감축하는 등의 경우에는 불이익변경금지원칙의 적용 여부를 살펴보아야 하나, 위와 같이 판결을 선고한 법원에서 당해 판결서의 명백한 오류에 대하여 판결서의 경정을 통하여 그 오류를 시정하는 것은 피고인에게 유리 또는 불리한 결과를 발생시키거나 피고인의 상소권 행사에 영향을 미치는 것이 아니므로, 여기에 불이익변경금지원칙이 적용될 여지는 없다(대판 2007.7.13. 2007도3448).
② 【 O 】 대판 2008.3.14. 2008도488; 대판 2001.4.24. 2001도872
③ 【 O 】 대판 2010.12.13. 2008도1092
④ 【 O 】 대판 1980.3.25. 79도2105

정답 ①

36 불이익변경금지원칙에 대한 설명으로 가장 적절한 것은? (다툼이 있는 경우 판례에 의함)

19. 경찰채용 1차

① 피고인만이 상고한 상고심에서 원심판결을 파기하고 사건을 항소심에 환송한 경우 환송 후 원심판결은 환송 전 원심판결과의 관계에서 불이익변경금지의 원칙이 적용되지 않으므로, 환송 후 원심판결이 환송 전 원심판결에서 선고하지 아니한 몰수를 새로이 선고하는 것은 불이익변경금지원칙에 위배되지 아니한다.
② 피고인에 대한 벌금형이 제1심보다 감경되었더라도 그 벌금형에 대한 노역장유치기간이 제1심보다 길어졌다면, 전체적으로 보아 형이 불이익하게 변경되었다고 할 수 있다.
③ 「형사소송법」 제186조 제1항의 피고인의 소송비용 부담은 형은 아니지만 실질적인 의미에서 형에 준하여 평가할 수 있는 것이어서 불이익변경금지원칙이 적용된다.
④ 징역 10월에 집행유예 2년을 선고한 제1심 판결을 파기하고 벌금 일천만 원을 선고한 항소심 판결은 불이익변경금지원칙에 위반되지 아니한다.

해설

① 【 X 】 만일 파기환송 후의 항소심이 그 파기된 판결과의 관계에 있어서 불이익변경금지의 원칙이 적용되지 않는다고 하여 파기된 환송 전 판결의 형보다 중한 형을 선고할 수 있다고 하면 피고인측은 원판결보다 유리한 판결을 받아 상고를 하고 상고심 또한 피고인의 이익을 위하여 원판결을 파기하고 원심에 환송하였음에도 불구하고 오히려 항소심에서 재차 심의를 하기 때문에 불이익한 결과를 받는 것은 불이익변경금지원칙의 근본이념에 배치될 뿐만 아니라 상고심이 원판결을 파기하고 자판하는 경우에는 반드시 불이익변경금지원칙이 적용되어야 하는 것과의 균형도 맞지 아니하는 불합리한 결과라 할 것이다(대판 1964.9.17. 64도298).
② 【 X 】 피고인에 대한 벌금형이 제1심보다 감경되었다면 비록 그 벌금형에 대한 노역장유치기간이 제1심보다 더 길어졌다고 하더라도 전체적으로 보아 형이 불이익하게 변경되었다고 할 수는 없다 할 것이고, 피고인에 대한 벌금형이 제1심보다 감경되었을 뿐만 아니라 그 벌금형에 대한 노역장유치기간도 줄어든 경우라면 노역장유치 환산의 기준 금액이 제1심의 그것보다 낮아졌다 하여도 형이 불이익하게 변경되었다고 할 수는 없다(대판 2000.11.24. 2000도3945). 벌금액이 감경되면서 노역장 유치기간이 증가된 경우라면 불이익변경으로 볼 수 없다는 것이 판례의 태도이다
③ 【 X 】 형사소송법 제186조 제1항 본문은 "형의 선고를 하는 때에는 피고인에게 소송비용의 전부 또는 일부를 부담하게 하여야 한다."고 규정하고 있고, 같은 법 제191조 제1항은 "재판으로 소송절차가 종료되는 경우에 피고인에게 소송비용을 부담하게 하는 때에는 직권으로 재판하여야 한다."고 규정하고 있는바, 소송비용의 부담은 형이 아니고 실질적인 의미에서 형에 준하여 평가되어야 할 것도 아니므로 불이익변경금지원칙의 적용이 없다 할 것이어서, 제1심 및 환송 전 원심이 소송비용의 부담을 명하는 재판을 하지 않은 이 사건에서 환송 후 원심이 위 법규정에 따라 피고인에게 제1심 및 원심 소송비용 중 각 1/2의 부담을 명한 조치는 정당한 것으로 수긍할 수 있고, 거기에 불이익변경금지의 원칙에 위배되었거나 파기환송 후 원심의 심판범위를 벗어나는 등의 위법이 없다(대판 2008.3.14. 2008도488).
④ 【 O 】 자유형에 집행유예를 붙인 원심재판을 벌금형으로 변경하는 것도 불이익변경에 해당하지 않는다(대판 1990.9.25. 90도1534).

정답 ④

37 불이익변경금지의 원칙에 대한 설명 중 옳은 것을 모두 고른 것은? (다툼이 있는 경우 판례에 의함)

19. 법학경채

⊙ 선고형이 중하게 변경되지 않는 한, 사실인정이나 법령적용 및 죄명선택 등이 중하게 변경되더라도 불이익변경금지원칙에 반하는 것은 아니다.
ⓒ 검사만 항소한 경우에 항소법원은 직권으로 양형부당 여부를 심판할 수 없고, 제1심보다 가벼운 형을 선고할 수 없다.
ⓒ 피고인만 상고한 사건에서 원심판결을 파기하고 사건을 항소심에 환송한 경우, 환송 전 원심판결과의 관계에서는 불이익변경금지의 원칙이 적용되지 않는다.
② 피고인만이 정식재판을 청구한 사건에서 약식명령의 형보다 중한 종류의 형을 선고하지 못할 뿐이므로, 약식명령의 벌금형보다 중한 벌금형을 선고하는 것은 허용된다.
ⓜ 검사가 재심을 청구한 경우라도 재심절차에서는 원판결의 형보다 중한 형을 선고하지 못한다.

① ⊙, ⓒ, ⓒ   ② ⊙, ②, ⓜ   ③ ⓒ, ⓒ, ②   ④ ⓒ, ②, ⓜ

해설

⊙ 【O】 대판 1999.10.8. 99도3225
ⓒ 【X】 항소법원은 항소이유에 포함된 사유에 관하여 심판하여야 하고, 다만 판결에 영향을 미친 사유에 관하여는 항소이유서에 포함되지 아니한 경우에도 직권으로 심판할 수 있다(형사소송법 제364조 제1항, 제2항). 한편 항소이유에는 '형의 양정이 부당하다고 인정할 사유가 있는 때'가 포함되고(같은 법 제361조의5 제15호), 위와 같이 판결에 영향을 미치는 사유는 항소이유서에 포함되지 아니한 것이라도 항소심의 심판의 대상이 될 뿐만 아니라, 검사만이 항소한 경우 항소심이 제1심의 양형보다 피고인에게 유리한 형량을 정할 수 없다는 제한이 있는 것도 아니다. 따라서 항소법원은 제1심의 형량이 너무 가벼워서 부당하다는 검사의 항소이유에 대한 판단에 앞서 직권으로 제1심판결에 양형이 부당하다고 인정할 사유가 있는지 여부를 심판할 수 있고, 그러한 사유가 있는 때에는 제1심판결을 파기하고 제1심의 양형보다 가벼운 형을 정하여 선고할 수 있다(대판 2010.12.9. 2008도1092).
ⓒ 【X】 상고심이 원심판결을 파기환부한 경우에 항소심은 그 파기된 원판결과의 관계에 있어서 불이익변경금지원칙을 적용을 받는다(대판 1964.9.17. 64도298 전합).
② 【O】 제457조의2
ⓜ 【O】 제439조

정답 ②

38 불이익변경금지에 관한 설명 중 가장 적절하지 않은 것은? (다툼이 있는 경우 판례에 의함)   20. 경찰승진

① 판결을 선고한 법원에서 당해 판결서의 명백한 오류를 판결서의 경정을 통하여 시정하는 것은 피고인에게 불리한 결과를 발생시키거나 상소권 행사에 영향을 미치는 것이 아니므로 불이익 변경금지원칙이 적용되지 아니한다.
② 검사만이 양형부당을 이유로 항소한 경우, 항소법원이 직권으로 심판하여 제1심의 양형보다 가벼운 형을 선고하는 것은 항소한 검사에게 불이익한 변경이므로 허용되지 아니한다.
③ 약식명령에 대하여 피고인이 정식재판을 청구한 경우 제1심 법원은 약식명령의 형보다 중한 형을 선고할 수 있다.
④ 재심의 경우에도 불이익변경의 금지가 적용되어 원판결의 형보다 중한 형을 선고하지 못한다.

[해설]

① 【 O 】 대판 2007.7.13. 2007도3448
② 【 X 】 불이익변경금지 원칙은 이익변경까지 금하는 것은 아니므로 검사만이 양형부당을 이유로 항소한 경우에도 항소심법원은 직권으로 심판하여 제1심의 양형보다 가벼운 형을 선고할 수 있다(대판 2010.12.13. 2008도1092).
③ 【 O 】 제457조의2 제1항, 제2항
④ 【 O 】 제439조

[정답] ②

39 불이익변경금지 원칙에 관한 다음 설명 중 가장 옳지 않은 것은? (다툼이 있는 경우 판례에 의함)   20. 법원직

① 피고인만 상고한 사건에서 원심판결을 파기하고 사건을 항소심에 환송한 경우, 환송 후 공소장이 변경되어 새로운 범죄사실이 유죄로 인정되면 환송 전 원심보다 중한 형이 선고되더라도 위법하지 않다.
② 제1심에서 징역형의 집행유예를 선고하였고 피고인만 항소한 경우, 항소심이 징역형의 형기를 단축하여 실형을 선고하는 것은 위법하다.
③ 제1심에서 징역 1년에 처하되 형의 집행을 면제한다는 판결을 선고한 데에 대하여 피고인만이 항소한 경우, 항소심이 피고인에 대하여 징역 8월에 집행유예 2년을 선고하였더라도 이는 위법하지 않다.
④ 징역형의 선고유예를 변경하여 벌금형을 선고하는 것은 피고인에게 불이익하게 변경된 것이어서 허용되지 않는다.

[해설]

① 【 X 】 피고인의 상고에 의하여 상고심에서 원심판결을 파기하고 사건을 항소심에 환송한 경우에 그 항소심에서는 환송 전 원심판결과의 관계에서도 불이익변경금지의 원칙이 적용되어 그 파기된 항소심판결보다 중한 형을 선고할 수 없다. 그리고 이러한 법리는 환송 후의 원심에서 적법한 공소장변경이 있어 이에 따라 그 항소심이 새로운 범죄사실을 유죄로 인정하는 경우에도 마찬가지이다(대판 2014.8.20. 2014도6472).
② 【 O 】 대판 1965.12.10. 65도826 전합
③ 【 O 】 대판 1985.9.24. 84도2972 전합
④ 【 O 】 대판 1990.11.26. 99도3776

[정답] ①

40 불이익변경금지원칙에 대한 설명으로 옳지 않은 것은? (다툼이 있는 경우 판례에 의함) 21. 경찰채용 1차

① 피고인만이 항소한 사건에서 항소심이 제1심과 동일한 형을 선고하면서 제1심에서 정한 취업제한기간보다 더 긴 취업제한명령을 부가한 것은 불이익변경금지원칙에 반한다.
② 원판결이 선고한 집행유예가 실효 또는 취소됨이 없이 그 유예기간이 지난 후에 새로운 형을 정한 재심판결이 선고되었다면 비록 그 재심판결의 형이 원판결의 형보다 중하지 않더라도 불이익변경금지원칙에 반한다.
③ 피고인만이 약식명령에 대하여 정식재판을 청구한 사건과 공소가 제기된 다른 사건을 병합하여 심리한 결과 「형법」 제37조 전단의 경합범 관계에 있어 하나의 벌금형으로 처단하는 경우, 약식명령에서 정한 벌금형보다 중한 벌금형을 선고하더라도 불이익변경금지원칙에 반하지 않는다.
④ 피고인만이 상고하여 상고심에서 원심판결을 파기하고 사건을 항소심에 환송한 경우, 항소심에서는 파기된 항소심판결보다 중한 형을 선고할 수 없다.

[해설]
① 【 O 】 대판 2019.10.17. 2019도11540
② 【 X 】 원판결이 선고한 집행유예가 실효 또는 취소됨이 없이 유예기간이 지난 후에 새로운 형을 정한 재심판결이 선고되는 경우에도, 그 유예기간 경과로 인하여 원판결의 형 선고 효력이 상실되는 것은 원판결이 선고한 집행유예 자체의 법률적 효과로서 재심판결이 확정되면 당연히 실효될 원판결 본래의 효력일 뿐이므로, 이를 형의 집행과 같이 볼 수는 없고, 재심판결의 확정에 따라 원판결이 효력을 잃게 되는 결과 그 집행유예의 법률적 효과까지 없어진다 하더라도 재심판결의 형이 원판결의 형보다 중하지 않다면 불이익변경금지의 원칙이나 이익재심의 원칙에 반한다고 볼 수 없다(대판 2018.2.28. 2015도15782).
③ 【 O 】 대판 2004.8.20. 2003도4732
④ 【 O 】 대판 2014.8.20. 2014도6472

정답 ②

41 불이익변경금지의 원칙에 대한 설명으로 가장 적절하지 않은 것은? (다툼이 있는 경우 판례에 의함)

21. 경찰채용 1차

① 피고인만이 항소한 항소심이 제1심판결에서 정한 형과 동일한 형을 선고하면서 제1심에서 정한 취업제한기간보다 더 긴 취업제한명령을 부가하는 것은 허용되지 않는다.
② 피고인의 상고에 의하여 상고심에서 원심판결을 파기하고 사건을 항소심에 환송한 경우에 그 항소심에서는 환송 전 원심판결과의 관계에서도 불이익변경금지의 원칙이 적용되지만, 환송 후의 원심에서 이루어진 공소장변경에 따라 그 항소심이 새로운 범죄사실을 유죄로 인정하는 경우에는 그러하지 아니한다.
③ 소송비용의 부담은 불이익변경금지의 원칙이 적용되지 않는다.
④ 재심판결의 확정에 따라 원판결이 효력을 잃게 되는 결과, 원판결에서 선고된 집행유예의 법률적 효과까지 없어진다 하더라도 재심판결의 형이 원판결의 형보다 중하지 않다면 불이익변경금지의 원칙에 반한다고 볼 수 없다.

[해설]
① 【 O 】 대판 2019.10.17. 2019도11540
② 【 X 】 피고인의 상고에 의하여 상고심에서 원심판결을 파기하고 사건을 항소심에 환송한 경우에 그 항소심에서는 환송전 원심판결과의 관계에서도 불이익변경금지의 원칙이 적용되어 그 파기된 항소심판결보다 중한 형을 선고할 수 없다. 그리고 이러한 법리는 환송후의 원심에서 적법한 공소장변경이 있어 이에 따라 그 항소심이 새로운 범죄사실을 유죄로 인정하는 경우에도 마찬가지이다 (대판 2014.8.20. 2014도6472).
③ 【 O 】 대판 2008.3.14. 2008도488
④ 【 O 】 대판 2018.10.25. 2018도13150

정답 ②

42 불이익변경금지원칙에 대한 설명으로 옳지 않은 것은? (다툼이 있는 경우 판례에 의함)

21. 국가직

① 피고인만 항소한 경우 제1심법원이 소송비용의 부담을 명하는 재판을 하지 않았음에도 항소심법원이 제1심의 소송비용에 관하여 피고인에게 부담하도록 재판을 하였다면 불이익변경금지원칙에 위배된다.
② 경합범 관계에 있는 수 개의 범죄사실을 유죄로 인정하여 한 개의 형을 선고한 불가분의 확정판결에서 그 중 일부의 범죄사실에 대하여만 재심청구의 이유가 있는 것으로 인정되었으나 그 판결 전부에 대하여 재심개시의 결정을 한 경우, 불이익변경금지원칙이 적용되어 원판결의 형보다 중한 형을 선고하지 못한다.
③ 피고인이 항소심 선고 이전에 19세에 도달하여 제1심에서 선고한 부정기형을 파기하고 정기형을 선고함에 있어 불이익변경금지원칙 위반 여부를 판단하는 기준은 부정기형의 장기와 단기의 중간형이 되어야 한다.
④ 벌금형의 환형유치기간이 징역형의 기간을 초과한다고 하더라도, 벌금형이 징역형보다 경한 형이라고 보아야 한다.

[해설]
① 【 X 】 제1심법원이 소송비용의 부담을 명하는 재판을 하지 않았음에도 항소심법원이 제1심의 소송비용에 관하여 피고인에게 부담하도록 재판을 한 경우, 불이익변경금지원칙에 위배되지 않는다(대판 2001.4.24. 2001도872).
② 【 O 】 대판 2014.11.13. 2014도10193
③ 【 O 】 대판 2020.10.22. 2020도4140 전합
④ 【 O 】 대판 2000.11.24. 2000도3945

정답 ①

43 불이익변경금지에 관한 다음 설명 중 가장 옳지 않은 것은? (다툼이 있는 경우 판례에 의함) 21. 법원직

① 제1심이 뇌물수수죄를 인정하여 피고인에게 징역 1년 6월 및 추징 26,150,000원을 선고한 데 대해 피고인만이 항소하였는데, 항소심이 제1심이 누락한 필요적 벌금형 병과규정을 적용하여 피고인에게 징역 1년 6월에 집행유예 3년, 추징 26,150,000원 및 벌금 50,000,000원(미납시 1일 50,000원으로 환산한 기간 노역장 유치)을 선고한 것은 피고인에게 불이익하게 변경한 것이 아니다.

② 성폭력범죄의 처벌 등에 관한 특례법에 따라 병과하는 수강명령 또는 이수명령은 이른바 범죄인에 대한 사회내 처우의 한 유형으로서 형벌 자체가 아니라 보안처분의 성격을 가지는 것이지만, 실질적으로는 신체적 자유를 제한하는 것이 되므로, 항소심이 제1심판결에서 정한 형과 동일한 형을 선고하면서 새로 수강명령 또는 이수명령을 병과하는 것은 피고인에게 불이익하게 변경한 것이다.

③ 피고인만의 상고에 의하여 상고심에서 원심판결을 파기하고 사건을 항소심에 환송한 경우에는 환송전 원심판결과의 관계에서도 불이익변경금지의 원칙이 적용되어 그 파기된 항소심판결보다 중한 형을 선고할 수 없으므로, 환송후 원심판결이 환송전 원심판결에서 선고하지 아니한 몰수를 새로이 선고하는 것은 불이익변경금지의 원칙에 위배된다.

④ 재심대상사건에서 징역형의 집행유예를 선고하였음에도 재심사건에서 원판결보다 주형을 경하게 하고 집행유예를 없앤 경우, 불이익변경금지원칙에 위배된다.

해설

① 【 X 】 제1심이 뇌물수수죄를 인정하여 피고인에게 징역 1년 6월 및 추징 26,150,000원을 선고한 데 대해 피고인만이 항소하였는데, 원심이 제1심이 누락한 필요적 벌금형 병과규정인 특정범죄 가중처벌 등에 관한 법률(2008.12.26. 법률 제9169호로 개정된 것) 제2조 제2항을 적용하여 피고인에게 징역 1년 6월에 집행유예 3년, 추징 26,150,000원 및 벌금 50,000,000원을 선고한 사안에서, 집행유예의 실효나 취소가능성, 벌금 미납 시 노역장 유치 가능성과 그 기간 등을 전체적·실질적으로 고찰할 때 원심이 선고한 형은 제1심이 선고한 형보다 무거워 피고인에게 불이익하다고 한 사례(대판 2013.12.12. 2012도7198).

② 【 O 】 대판 2018.10.4. 2016도15961
③ 【 O 】 대판 1992.12.8. 92도2020
④ 【 O 】 대판 2016.3.24. 2016도1131

정답 ①

44 몰수·추징에 대한 설명으로 옳지 않은 것은? (다툼이 있는 경우 판례에 의함) 21. 국가직 7급

① 몰수는 반드시 압수되어 있는 물건에 대하여만 하는 것이 아니므로 몰수대상 물건이 압수되어 있는가 하는 점 및 적법한 절차에 의하여 압수되었는가 하는 점은 몰수의 요건이 아니다.
② 몰수는 범죄에 의한 이득을 박탈하는 데 그 취지가 있고, 추징도 이러한 몰수의 취지를 관철하기 위한 것인 점 등에 비추어 볼 때, 몰수할 수 없는 때에 추징하여야 할 가액은 범인이 그 물건을 보유하고 있다가 몰수의 선고를 받았더라면 잃었을 이득 상당액을 의미한다고 보아야 하므로, 다른 특별한 사정이 없는 한 그 가액산정은 재판선고 시의 가격을 기준으로 하여야 한다.
③ 징역 8월에 집행유예 2년이 선고된 당초의 원심판결에 대해 피고인만이 상고한 결과 상고심에서 파기환송하였다면, 환송 후 원심이 피고인에 대하여 징역 8월에 집행유예 2년 및 판시 압수물의 몰수를 선고하였더라도 불이익변경금지 원칙에 위배되지 않는다.
④ 몰수나 추징을 선고하기 위해서는 몰수나 추징의 요건이 공소가 제기된 공소사실과 관련되어 있어야 하고, 공소가 제기되지 아니한 별개의 범죄사실을 법원이 인정하여 그에 관하여 몰수나 추징을 선고하는 것은 불고불리의 원칙에 위반되어 허용되지 않는다.

해설

① 【 O 】 대판 2014.9.4. 2014도3263
② 【 O 】 대판 2008.10.9. 2008도6944
③ 【 X 】 징역 8월에 집행유예 2년이 선고된 당초의 원심판결에 대하여 피고인만이 상고한 결과 상고심에서 원심판결을 파기하고 사건을 항소심에 환송한다는 판결이 선고되었는데 환송 후 원심은 피고인에 대하여 징역 8월에 집행유예 2년 및 그 판시 압수물의 몰수를 선고하였음을 알 수 있는 바, 이와같이 환송 후 원심판결이 환송 전 원심판결에서 선고하지 아니한 몰수를 새로이 선고한 것은 불이익변경금지의 원칙에 위배하여 판결결과에 영향을 미쳤다고 하지 않을 수 없다(대판 1992.12.8. 92도2020).
④ 【 O 】 대판 1992.7.28. 92도700

정답 ③

45 상소에 대한 설명으로 옳지 않은 것은? (다툼이 있는 경우 판례에 의함) 19. 국가직

① 공소기각의 재판이 있으면 피고인은 유죄판결의 위험으로부터 벗어나는 것이므로 그 재판은 피고인에게 불이익한 재판이라고 할 수 없어서 이에 대하여 피고인은 상소권이 없다.
② 공판기일에 출석한 피고인이 변호인의 상소취하에 대한 동의 여부를 묻는 재판장의 질문에 특별히 의사를 표시하지 않았다면 상소취하에 동의한 것으로 볼 수 있다.
③ 「형법」 제37조 전단의 경합범 관계에 있는 죄에 대하여 일부는 유죄, 일부는 무죄를 선고한 원심판결 전체에 대하여 검사만이 상소한 경우, 무죄 부분에만 상소이유가 있더라도 상소심은 원심판결 전부를 파기하여야 한다.
④ 검사와 피고인 쌍방이 항소하였으나 검사가 항소이유서를 제출하지 아니하여 검사의 항소를 기각하여야 하는 경우에는 불이익변경금지의 원칙이 적용된다.

[해설]
① 【 O 】 대판 1983.5.10. 83도632
② 【 X 】 변호인은 피고인의 동의를 얻어 상소를 취하할 수 있으므로(제351조, 제341조), 변호인의 상소취하에 피고인의 동의가 없다면 상소취하의 효력은 발생하지 아니한다. 한편 변호인이 상소취하를 할 때 원칙적으로 피고인은 이에 동의하는 취지의 서면을 제출하여야 하나(규칙 제153조 제2항), 피고인은 공판정에서 구술로써 상소취하를 할 수 있으므로(제352조 제1항 단서), 변호인의 상소취하에 대한 피고인의 동의도 공판정에서 구술로써 할 수 있다. 다만 상소를 취하하거나 상소의 취하에 동의한 자는 다시 상소를 하지 못하는 제한을 받게 되므로(제354조), 상소취하에 대한 피고인의 구술 동의는 명시적으로 이루어져야만 한다(대판 2015.9.10. 2015도7821).
③ 【 O 】 대판 2012.6.14. 2011도12571
④ 【 O 】 대판 1998.9.25. 98도2111

【 정답 】 ②

46 상소에 대한 설명으로 가장 적절하지 않은 것은? (다툼이 있는 경우 판례에 의함)

19. 경찰채용 2차

① 형사소송절차에서 소송비용의 재판에 대한 불복은 본안의 재판에 대한 상소의 전부 또는 일부가 이유 있는 경우에 한하여 허용되고, 본안의 상소가 이유 없는 경우에는 허용되지 아니한다.
② 제1심판결에 대하여 검사의 항소에 의한 항소심판결이 선고된 후 피고인이 동일한 제1심판결에 대하여 항소권 회복청구를 한 경우 법원은 결정으로 이를 기각하여야 한다.
③ 변호인은 피고인의 동의를 얻어 상소를 취하할 수 있는데 변호인의 상소취하에 대한 피고인의 동의는 공판정에서 구술로써 할 수 있으며, 피고인의 구술 동의는 반드시 명시적으로 이루어질 것을 요하지 않는다.
④ 피고인과 검사 쌍방이 항소하였으나 검사가 항소 부분에 대한 항소이유서를 제출하지 아니하여 결정으로 항소를 기각하여야 하는 경우 항소심은 불이익변경금지의 원칙에 따라 제1심판결의 형보다 중한 형을 선고하지 못한다.

[해설]
① 【 O 】 소송비용의 재판에 대한 불복은 본안의 재판에 대한 상소의 전부 또는 일부가 이유 있는 경우에 한하여 허용되고, 본안의 상소가 이유 없는 경우에는 허용되지 아니하며, 이러한 법리는 형사소송절차에서 소송비용의 재판에 대한 불복이 있는 경우에도 마찬가지로 적용된다(대판 2016.5.24. 2014도6428).
② 【 O 】 대결 2017.3.30. 2016모2874
③ 【 X 】 변호인은 피고인의 동의를 얻어 상소를 취하할 수 있으므로(형사소송법 제351조, 제341조), 변호인의 상소취하에 피고인의 동의가 없다면 상소취하의 효력은 발생하지 아니한다. 한편 변호인이 상소취하를 할 때 원칙적으로 피고인은 이에 동의하는 취지의 서면을 제출하여야 하나(형사소송규칙 제153조 제2항), 피고인은 공판정에서 구술로써 상소취하를 할 수 있으므로(형사소송법 제352조 제1항 단서), 변호인의 상소취하에 대한 피고인의 동의도 공판정에서 구술로써 할 수 있다. 다만 상소를 취하하거나 상소의 취하에 동의한 자는 다시 상소를 하지 못하는 제한을 받게 되므로(형사소송법 제354조), 상소취하에 대한 피고인의 구술 동의는 명시적으로 이루어져야만 한다(대판 2015.9.10. 2015도7821).
④ 【 O 】 대판 1998.9.25. 98도2111

【 정답 】 ③

47 다음 설명 중 옳지 않은 것은? (다툼이 있는 경우 판례에 의함)   17. 국가직

① 검사의 항소이유가 실질적으로 구두변론을 거쳐 심리되지 않았다고 평가될 경우 항소심법원이 검사의 항소이유 주장을 받아들여 피고인에게 불리하게 제1심 판결을 변경하는 것은 허용되지 않는다.
② 검사가 공소제기 후 수소법원 이외의 지방법원판사에게 청구하여 발부받은 영장에 의하여 압수·수색을 하였다면, 그와 같이 수집된 증거는 적법한 절차에 따르지 않은 것으로서 원칙적으로 유죄의 증거로 삼을 수 없다.
③ 헌법은 "누구든지 체포 또는 구속을 당한 때에는 즉시 변호인의 조력을 받을 권리를 가진다"라고 규정하고 있으므로 집행유예가 선고된 제1심 판결에 대해 검사만이 양형부당을 이유로 항소하고 항소심에서 형을 선고하는 경우에는 공판심리 단계에서 국선변호인을 선정하는 것보다 판결 선고 후 피고인을 법정구속한 뒤에 국선변호인을 선정하는 것이 바람직하다.
④ 검사는 성폭력범죄의 처벌 등에 관한 특례법 상 성폭력범죄의 피해자에게 변호사가 없는 경우 국선변호사를 선정하여 형사절차에서 피해자의 권익을 보호할 수 있다.

[해설]

① 【 O 】 대판 2015.12.10. 2015도11696
② 【 O 】 대판 2011.4.28. 2009도10412
③ 【 X 】 피고인에 대하여 제1심법원이 집행유예를 선고하였으나 검사만이 양형부당을 이유로 항소한 사안에서 항소심이 변호인이 선임되지 않은 피고인에 대하여 검사의 양형부당 항소를 받아들여 형을 선고하는 경우에는 판결 선고 후 피고인을 법정구속한 뒤에 비로소 국선변호인을 선정하는 것보다는, 피고인의 권리보호를 위해 판결 선고 전 공판심리 단계에서부터 형사소송법 제33조 제3항에 따라 피고인의 명시적 의사에 반하지 아니하는 범위 안에서 국선변호인을 선정해 주는 것이 바람직하다(대판 2016.11.10. 2016도7622).
④ 【 O 】 성폭력범죄의 처벌 등에 관한 특례법 제27조 제6항

[정답] ③

48 항소심절차에 대한 설명으로 가장 적절하지 않은 것은? (다툼이 있는 경우 판례에 의함)   18. 경찰채용 3차

① 피고인이 제1심판결 선고 당시 「소년법」상 소년이어서 부정기형이 선고되었으나 그 후 항소심판결 선고일에 피고인이 성년이 되었다 하더라도 항소심은 부정기형을 선고한 제1심 판결을 유지하여야 한다.
② 교도소 또는 구치소에 있는 피고인이 항소이유서의 제출기간 내에 항소이유서를 교도소장 또는 구치소장 또는 그 직무를 대리하는 자에게 제출한 때에는 항소이유서의 제출기간 내에 제출한 것으로 간주한다.
③ 현행법상 형사항소심의 구조가 오로지 사후심으로서의 성격만을 가지고 있는 것은 아니므로 항소심에서도 공소장의 변경을 할 수 있다.
④ 일부 유죄, 일부 무죄가 선고된 제1심판결 전부에 대하여 검사가 항소하였더라도 검사가 유죄 부분에 대하여는 아무런 항소이유도 주장하지 아니하였다면, 유죄 부분에 대하여는 법정기간 내에 항소이유서를 제출하지 아니한 경우에 해당한다.

해설

① 【 X 】 항소심판결 선고당시 성년이 되었음에도 불구하고 정기형을 선고함이 없이 부정기형을 선고한 제1심판결을 인용하여 항소를 기각한 것은 위법하다(대판 1990.4.24. 90도539).
② 【 O 】 제361조의3 제1항, 제344조
③ 【 O 】 대판 1995.2.17. 94도3297
④ 【 O 】 대판 2008.1.31. 2007도8117

정답 ①

49 소송기록접수통지 및 항소이유서와 관련한 다음 설명 중 가장 옳지 않은 것은? (다툼이 있는 경우 판례에 의함)

19. 법원직

① 항소이유서 제출기간 내에 변론이 종결되었는데 그 후 위 제출기간 내에 항소이유서가 제출되었다면, 특별한 사정이 없는 한 항소심법원으로서는 변론을 재개하여 항소이유의 주장에 대해서도 심리를 해 보아야 한다.
② 필요적 변호사건이 아니고 형사소송법 제33조 제3항에 의하여 국선변호인을 선정하여야 하는 경우도 아닌 사건에 있어서 피고인이 항소이유서 제출기간이 도과한 후에야 비로소 형사소송법 제33조 제2항의 규정에 따른 국선변호인 선정청구를 하고 법원이 국선변호인 선정결정을 한 경우에는 그 국선변호인에게 소송기록접수통지를 할 필요가 없다.
③ 기록을 송부받은 항소법원은 항소이유서 제출기간이 도과하기 전에 이루어진 형사소송법 제33조 제2항의 국선변호인 선정청구에 따라 변호인을 선정한 경우 그 변호인에게 소송기록 접수통지를 하여야 한다.
④ 피고인의 항소대리권자인 배우자가 피고인을 위하여 항소한 경우에는 소송기록접수통지는 피고인뿐만 아니라 항소대리권자인 배우자에게도 하여야 하므로, 배우자가 적법하게 소송기록접수통지서를 받지 못하였다면 항소이유서 제출기간은 진행되지 않고, 피고인이 적법하게 소송기록접수통지를 받았다고 하더라도 그 날로부터 20일 이내에 항소이유서가 제출되지 않았다는 이유로 항소기각결정을 할 수 없다.

해설

① 【 O 】 대판 2015.4.9. 2015도1466
② 【 O 】 대판 2013.6.27. 2013도4114
③ 【 O 】 대판 2011.2.10. 2008도4558
④ 【 X 】 형사소송법 제361조의4, 제361조의3, 제361조의2에 따르면, 항소인이나 변호인이 항소법원으로부터 소송기록접수통지를 받은 날로부터 20일 이내에 항소이유서를 제출하지 않고 항소장에도 항소이유의 기재가 없는 경우에는 결정으로 항소를 기각할 수 있도록 정하고 있다. 그러나 항소이유서 부제출을 이유로 항소기각의 결정을 하기 위해서는 항소인이 적법한 소송기록접수통지서를 받고서도 정당한 이유 없이 20일 이내에 항소이유서를 제출하지 않았어야 한다. 피고인의 항소대리권자인 배우자가 피고인을 위하여 항소한 경우(제341조)에도 소송기록접수통지는 항소인인 피고인에게 하여야 하는데(제361조의2), 피고인이 적법하게 소송기록접수통지서를 받지 못하였다면 항소이유서 제출기간이 지났다는 이유로 항소기각결정을 하는 것은 위법하다(대판 2018.3.29. 2018모642).

정답 ④

50 항소심 재판에 관한 다음 설명 중 가장 옳지 않은 것은? (다툼이 있는 경우 판례에 의함)   20. 법원직

① 피고인이 항소이유서를 제출하지 않았다고 하더라도 항소장에 '양형부당'이라고 기재되어 있는 경우에는, 항소심법원은 항소이유서 미제출을 이유로 항소기각결정을 할 수 없다.
② 당사자의 재판받을 권리는 보장되어야 하므로, 항소이유 없음이 명백하다고 하더라도 변론 없이 판결로써 항소를 기각할 수 없다.
③ 항소이유가 있다고 인정한 때에는 원심판결을 파기하고 다시 판결을 하여야 한다.
④ 형사소송법 제364조의2는 '피고인을 위하여 원심판결을 파기하는 경우에 파기의 이유가 항소한 공동피고인에게 공통되는 때에는 그 공동피고인에게 대하여도 원심판결을 파기하여야 한다.'라고 규정하고 있는데, 위 규정은 공동피고인 사이에서 파기의 이유가 공통되는 해당 범죄사실이 동일한 소송절차에서 병합심리된 경우에만 적용되어야 한다.

해설

① 【O】 대결 2002.12.3. 2002모265
② 【X】 항소가 이유 없음이 명백한 때에는 변론없이 판결로써 항소를 기각할 수 있다(제364조 제5항).
③ 【O】 제364조 제6항
④ 【O】 형사소송법 제364조의2는 "피고인을 위하여 원심판결을 파기하는 경우에 파기의 이유가 항소한 공동피고인에게 공통되는 때에는 그 공동피고인에 대하여도 원심판결을 파기하여야 한다."라고 정하고 있고, 이는 공동피고인 상호 간의 재판의 공평을 도모하려는 취지이다. 위와 같은 형사소송법 제364조의2의 규정 내용과 입법 목적을 고려하면, 위 규정은 공동피고인 사이에서 파기의 이유가 공통되는 해당 범죄사실이 동일한 소송절차에서 병합심리된 경우에만 적용된다고 보는 것이 타당하다(대판 2019.8.29. 2018도14303 전합).

정답 ②

51 공동피고인에 대한 설명으로 옳지 않은 것은? (다툼이 있는 경우 판례에 의함)   20. 검찰 7급

① 공동피고인 중 1인이 다른 공동피고인들과 공동하여 범행을 하였다고 자백한 경우, 법원은 자유심증주의의 원칙상 자백한 피고인 자신의 범행에 관한 부분만을 취신하고 다른 공동피고인들이 범행에 관여하였다는 부분은 배척할 수 있다.
② 이해가 상반되는 공동피고인 甲과 乙 중 甲이 A법무법인을 변호인으로 선임하고 A법무법인이 담당변호사로 B를 지정하였는데, 법원이 B를 乙의 국선변호인으로 선정하였다면 이는 乙의 국선변호인의 조력을 받을 권리를 침해하는 것이다.
③ 공범인 공동피고인은 당해 소송절차에서 분리되어 피고인의 지위에서 벗어나게 되면 다른 공동피고인에 대한 공소사실에 관하여 증인이 될 수 있지만 대향범인 공동피고인의 경우에는 증인이 될 수 없다.
④ 「형사소송법」 제364조의2(피고인을 위하여 원심판결을 파기하는 경우에 파기의 이유가 항소한 공동피고인에게 공통되는 때에는 그 공동피고인에 대하여도 원심판결을 파기하여야 한다)의 규정은 공동피고인 사이에서 파기의 이유가 공통되는 해당 범죄사실이 동일한 소송절차에서 병합심리된 경우에만 적용된다.

해설

① 【 O 】 대판 1995.12.8. 95도2043
② 【 O 】 대판 2015.12.23. 2015도9951
③ 【 X 】 피고인의 지위에 있는 공동피고인은 다른 공동피고인에 대한 공소사실에 관하여 증인이 될 수 없으나, 소송절차가 분리되어 피고인의 지위에서 벗어나게 되면 다른 공동피고인에 대한 공소사실에 관하여 증인이 될 수 있고, 이는 대향범인 공동피고인의 경우에도 다르지 않다(대판 2012.3.29. 2009도11249).
④ 【 O 】 대판 2019.8.29. 2018도14303 전합

정답 ③

52 필요적 변호사건에 대한 설명으로 옳은 것만을 모두 고르면? (다툼이 있는 경우 판례에 의함) 20. 국가직

㉠ 필요적 변호사건과 다른 사건을 병합하여 심리하는 경우에 변호인의 관여 없이 공판절차를 진행한 위법은 필요적 변호사건이 아닌 다른 사건 부분에는 미치지 않는다.
㉡ 필요적 변호사건에서 항소법원이 국선변호인을 선정하고 피고인과 그 변호인에게 소송기록접수통지를 한 다음 피고인이 새로이 사선변호인을 선임함에 따라 국선변호인의 선정을 취소한 경우, 항소법원은 사선변호인에게 소송기록접수통지를 다시 하여야 한다.
㉢ 필요적 변호사건의 항소심에서는, 원심법원이 피고인 본인의 항소이유서 제출기간 경과 후 국선변호인을 선정하고 그에게 소송기록접수통지를 하였으나 국선변호인이 법정기간 내에 항소이유서를 제출하지 아니한 경우, 국선변호인의 항소이유서 불제출에 대하여 피고인의 귀책사유가 밝혀지지 아니한 이상 피고인의 항소를 기각할 것이 아니라 국선변호인의 선정을 취소하고 새로운 국선변호인을 선정하는 조치를 취하여야 한다.
㉣ 필요적 변호사건이라 하여도 피고인이 재판거부의사를 표시하고 재판장의 허가 없이 퇴정한 후 변호인마저 이에 동조하여 퇴정해 버린 경우, 피고인과 변호인이 출석하지 않은 상태에서 증거조사를 할 수밖에 없는 때에는 피고인의 증거동의가 있는 것으로 간주한다.

① ㉠, ㉡   ② ㉡, ㉢   ③ ㉢, ㉣   ④ ㉠, ㉢, ㉣

해설

㉠ 【 X 】 필요적 변호사건과 다른 사건을 병합하여 심리하는 경우에 변호인의 관여 없이 공판절차를 진행한 위법은 필요적 변호사건이 아닌 다른 사건 부분에도 미친다(대판 2011.4.28. 2011도2279).
㉡ 【 X 】 [다수의견] 형사소송법은 항소법원이 항소인인 피고인에게 소송기록접수통지를 하기 전에 변호인의 선임이 있는 때에는 변호인에게도 소송기록접수통지를 하도록 정하고 있으므로(제361조의2 제2항), 피고인에게 소송기록접수통지를 한 다음에 변호인이 선임된 경우에는 변호인에게 다시 같은 통지를 할 필요가 없다. 이는 필요적 변호사건에서 항소법원이 국선변호인을 선정하고 피고인과 그 변호인에게 소송기록접수통지를 한 다음 피고인이 사선변호인을 선임함에 따라 항소법원이 국선변호인의 선정을 취소한 경우에도 마찬가지이다. 이러한 경우 항소이유서 제출기간은 국선변호인 또는 피고인이 소송기록접수통지를 받은 날부터 계산하여야 한다(대결 2018.11.22. 2015도10651).
㉢ 【 O 】 대결 2012.2.16. 2009모1044 전합
㉣ 【 O 】 대판 1991.6.28. 91도865

정답 ③

53 소송절차에 관한 설명으로 가장 적절한 것은? (다툼이 있는 경우 판례에 의함)

21. 경찰채용 2차

① 검사 또는 변호인이 항소심에서 피고인신문을 실시하는 경우 재판장은 제1심의 피고인신문과 중복되거나 항소이유의 당부를 판단하는 데 필요 없다고 인정하는 때에는 그 신문의 전부 또는 일부를 제한할 수 있으므로, 변호인이 피고인을 신문하겠다는 의사를 표시하였음에도 변호인에게 일체의 피고인신문을 허용하지 않았다고 하여 소송절차의 법령위반이 있다고 할 수 없다.

② 증인채택 결정을 취소하는 것은 법원의 재량이므로 제보자가 특정범죄신고자 등 보호법에 따라 보호되는 범죄신고자 등에 해당한다는 이유로 제보자에 대한 소재탐지나 구인장 발부 없이 제보자에 대한 증인채택 결정을 취소한 것은 위법하다고 할 수 없다.

③ 제1심법원에서 증거로 할 수 있었던 증거는 항소법원에서도 증거로 할 수 있으므로 제1심법원에서 이미 증거능력이 있었던 증거는 항소심에서도 증거능력이 그대로 유지되나, 항소심에서 피고인이 범행을 부인하는 경우 그것을 심판의 기초로 하기 위해서는 다시 증거조사를 하여야 한다.

④ 상고심은 항소심까지의 소송자료만을 기초로 하여 항소심판결 선고시를 기준으로 그 당부를 판단하여야 하므로, 직권조사 기타 법령에 특정한 경우를 제외하고는 새로운 증거조사를 할 수 없을 뿐만 아니라 항소심 판결 후에 나타난 사실이나 증거는 비록 그것이 상고이유서 등에 첨부되어 있다 하더라도 사용할 수 없다.

해설

① 【X】 형사소송법 제370조, 제296조의2 제1항 본문은 "검사 또는 변호인은 증거조사 종료 후에 순차로 피고인에게 공소사실 및 정상에 관하여 필요한 사항을 신문할 수 있다."라고 규정하고 있으므로, 변호인의 피고인신문권은 변호인의 소송법상 권리이다. 한편 재판장은 검사 또는 변호인이 항소심에서 피고인신문을 실시하는 경우 제1심의 피고인신문과 중복되거나 항소이유의 당부를 판단하는 데 필요 없다고 인정하는 때에는 그 신문의 전부 또는 일부를 제한할 수 있으나(형사소송규칙 제156조의6 제2항) 변호인의 본질적 권리를 해할 수는 없다(형사소송법 제370조, 제299조 참조). 따라서 재판장은 변호인이 피고인을 신문하겠다는 의사를 표시한 때에는 피고인을 신문할 수 있도록 조치하여야 하고, 변호인이 피고인을 신문하겠다는 의사를 표시하였음에도 변호인에게 일체의 피고인신문을 허용하지 않은 것은 변호인의 피고인신문권에 관한 본질적 권리를 해하는 것으로서 소송절차의 법령위반에 해당한다(대판 2020.12.24. 2020도10778).

② 【X】 모든 국민은 법정에 출석하여 증언할 의무를 부담한다. 법원은 소환장을 송달받은 증인이 정당한 사유 없이 출석하지 아니한 경우에 당해 불출석으로 인한 소송비용을 증인이 부담하도록 명하고, 500만 원 이하의 과태료를 부과할 수 있으며(형사소송법 제151조 제1항 전문), 정당한 사유 없이 소환에 응하지 아니하는 경우에는 구인할 수 있다(형사소송법 제152조). 또한 법원은 증인소환장이 송달되지 아니한 경우에는 공무소 등에 대한 조회의 방법으로 직권 또는 검사, 피고인, 변호인의 신청에 따라 소재탐지를 할 수도 있다(형사소송법 제272조 제1항 참조). 이는 '특정범죄신고자 등 보호법'이 직접 적용되거나 준용되는 사건에 대해서도 마찬가지이다. 형사소송법이 증인의 법정 출석을 강제할 수 있는 권한을 법원에 부여한 취지는, 다른 증거나 증인의 진술에 비추어 굳이 추가 증인신문을 할 필요가 없다는 등 특별한 사정이 없는 한 사건의 실체를 규명하는 데 가장 직접적이고 핵심적인 증인으로 하여금 공개된 법정에 출석하여 선서 후 증언하도록 하고, 법원은 출석한 증인의 진술을 토대로 형성된 유죄·무죄의 심증에 따라 사건의 실체를 규명하도록 하기 위함이다. 따라서 다른 증거나 증인의 진술에 비추어 굳이 추가 증거조사를 할 필요가 없다는 등 특별한 사정이 없고, 소재탐지나 구인장 발부가 불가능한 것이 아님에도 불구하고, 불출석한 핵심 증인에 대하여 소재탐지나 구인장 발부 없이 증인채택 결정을 취소하는 것은 법원의 재량을 벗어나는 것으로서 위법하다(대판 2020.12.10. 2020도2623).

③ 【X】 피고인이 제1심법원에서 공소사실에 대하여 자백하여 제1심법원이 이에 대하여 간이공판절차에 의하여 심판할 것을 결정하고, 이에 따라 제1심법원이 제1심판결 명시의 증거들을 증거로 함에 피고인 또는 변호인의 이의가 없어 형사소송법 제318조의3의 규정에 따라 증거능력이 있다고 보고, 상당하다고 인정하는 방법으로 증거조사를 한 이상, 가사 항소심에 이르러 범행을 부인하였다고 하더라도 제1심법원에서 증거로 할 수 있었던 증거는 항소법원에서도 증거로 할 수 있는 것이므로 제1심법원에서 이미 증거능력이 있었던 증거는 항소심에서도 증거능력이 그대로 유지되어 심판의 기초가 될 수 있고 다시 증거조사를 할 필요가 없다(대판 1998.2.27. 97도3421).

④ 【O】 대판 2019.3.21. 2017도16593 전합

정답 ④

54 상고심에 관한 다음 설명 중 가장 옳지 않은 것은? (다툼이 있는 경우 판례에 의함)   16. 법원직

① 상고심은 항소법원판결에 대한 사후심이므로 항소심에서 심판대상이 되지 않은 사항은 상고심의 심판범위에 들지 않는다.
② 항소심판결 선고 당시 미성년이었던 피고인이 상고 이후에 성년이 되었다고 하여 항소심의 부정기형의 선고가 위법이 되는 것은 아니다.
③ 상상적 경합관계에 있는 두 죄에 대하여 한 죄는 무죄, 한 죄는 유죄가 선고되어 검사만이 무죄 부분에 대하여 상고하였다 하여도 유죄 부분도 상고심의 심판대상이 된다.
④ 항소심이 몰수나 추징을 선고하지 아니하였음을 이유로 파기하는 경우 항소심판결의 유죄부분 전부를 파기하는 것이 아니라 그 부분만 특정하여 파기하여야 한다.

[해설]

① 【O】 상고심은 사후심으로서 원칙적으로 사실심리를 하지 않는다. 따라서 항소심에서 심판대상이 되지 않은 사항은 상고심의 심판범위에 들지 않는다.
② 【O】 판례는 항소심 판결선고시를 사실심리의 최후의 기준시점으로 본다. 따라서 피고인이 항소심에서 미성년이었던 이상, 상고심에서 성인이 되더라도 법원은 부정기형을 선고하여야 하고 당연히 항소심에서의 부정기형 선고가 위법이 되는 것은 아니다.
③ 【O】 포괄적 일죄의 관계에 있는 공소사실 중 일부 유죄, 나머지 무죄의 판결에 대하여 검사만이 무죄부분에 대한 상고를 하고 피고인은 무죄부분에 대하여 상고하지 아니하더라도 상소불가분의 원칙상 검사의 상고는 그 판결의 유죄부분과 무죄부분 전부에 미치는 것이므로 유죄부분도 상고심에 이전되어 그 심판대상이 된다(대판 1989.4.11. 86도1629).
④ 【X】 마약류 관리에 관한 법률 제67조의 몰수·추징은 필요적 몰수·추징으로 주형과 분리되어 이심되어서는 안 되는 것이 원칙이므로, 몰수 또는 추징에 관한 부분만을 불복대상으로 삼아 상소를 제기한 경우 그 부분과 불가분의 관계에 있는 본안에 관한 부분까지 그 전부가 상소심으로 이심된다(대판 2008.11.20. 2008도5596 전합).

정답 ④

---

55 상고심 절차에 대한 다음 설명 중 가장 옳지 않은 것은? (다툼이 있는 경우 판례에 의함)   19. 법원직

① 형사소송법상 상고대상인 판결은 제2심판결이지만 제1심판결에 대하여도 항소를 제기하지 않고 바로 상고할 수 있는 경우가 있다.
② 형사소송법상 상고이유서에는 소송기록과 원심법원의 증거조사에 표현된 사실을 인용하여 그 이유를 명시하여야 하므로 원심에서 제출하였던 변론요지서를 그대로 원용한 방식의 상고이유는 부적법하다.
③ 형사소송법상 항소심판결에 중대한 사실의 오인이 있어 판결에 영향을 미쳤고 현저히 정의에 반하는 때에는 그러한 내용이 상고이유서에 포함되어 있지 않더라도 상고심이 이를 직권으로 심판할 수 있도록 되어 있다.
④ 상고장 및 상고이유서에 기재된 상고이유의 주장이 형사소송법 제383조 각호에 열거된 상고이유 중 어느 하나에 해당하지 아니함이 명백한 경우에는 결정으로 상고를 기각하여야 한다.

[해설]

① 【O】 비약적 상고(제372조)
② 【O】 대판 1987.11.10. 87도1408
③ 【X】 상고법원은 상고이유서에 포함된 사유에 관하여 심판하여야 한다. 그러나 판결에 영향을 미친 헌법·법률·명령 또는 규칙의 위반이 있을 때, 판결 후 형의 폐지나 변경 또는 사면이 있는 때, 재심청구의 사유가 있는 때의 경우에는 상고이유서에 포함되지 아니한 때에도 직권으로 심판할 수 있다(제384조).
④ 【O】 제380조 제2항

정답 ③

56 상고이유에 관한 다음 설명 중 가장 옳지 않은 것은? (다툼이 있는 경우 판례에 의함)

18. 법원직

① 사형, 무기 또는 10년 이상의 징역이나 금고가 선고된 사건에서만 피고인의 양형부당을 이유로 한 상고가 허용된다.
② 검사는 항소심의 형의 양정이 가볍다는 사유를 상고이유로 주장할 수 없다.
③ 제1심판결에 대하여 검사만이 양형부당을 이유로 항소하였을 뿐 피고인은 항소하지 아니한 경우에도 항소심이 검사의 항소를 받아들여 피고인에 대하여 제1심보다 무거운 형을 선고하였다면 피고인으로서는 항소심판결에 대하여 사실오인, 채증법칙 위반, 심리미진 또는 법령위반 등의 사유를 들어 상고이유로 삼을 수 있다.
④ 피고인이 제1심판결에 대하여 양형부당만을 항소이유로 내세운 경우, 이를 일부 인용한 항소심판결에 대하여 피고인은 법리오해나 사실오인의 점을 상고이유로 삼을 수 없다.

해설

①② 【 O 】 대판 1994.8.12. 94도1705
③ 【 X 】 상고심은 항소법원 판결에 대한 사후심이므로 항소심에서 심판대상이 되지 않은 사항은 상고심의 심판범위에 들지 않는 것이어서 피고인이 항소심에서 항소이유로 주장하지 아니하거나 항소심이 직권으로 심판대상으로 삼은 사항 이외의 사유에 대하여 이를 상고이유로 삼을 수는 없다(대판 2013.4.11. 2013도1079).
④ 【 O 】 대판 2005.9.30. 2005도3345

정답 ③

57 상고심에 대한 설명으로 옳지 않은 것은? (다툼이 있는 경우 판례에 의함)

19. 검찰 7급

① 항소인이 항소이유로 주장하거나 항소심이 직권으로 심판대상으로 삼아 판단한 사항 이외의 사유는 상고이유로 삼을 수 없고, 이를 상고심의 심판범위에 포함시키는 것은 상고심의 사후심 구조에 반한다.
② 상고심으로부터 사건을 환송받은 법원은 그 사건을 재판함에 있어서 상고법원이 파기이유로 한 법률상의 판단에는 기속되지만, 사실상의 판단에는 기속되지 않는다.
③ 사형·무기 또는 10년 이상의 징역이나 금고가 선고된 사건에서는 검사가 양형부당을 이유로 피고인에게 불이익한 상고를 제기하는 것이 허용되지 않는다.
④ 항소법원이 판결을 할 당시 피고인이 소년이었기 때문에 부정기형이 선고되었다면, 그 후 상고심에서 성년이 되었다고 하더라도 부정기형을 선고한 항소심 판결을 파기할 사유가 되지 않는다.

해설

① 【 O 】 대판 2019.3.21. 2017도16593-1 전합
② 【 X 】 법령해석의 통일이라는 관점에서 상급법원의 법령의 해석·적용에 대한 판단(법률판단)은 당연히 하급법원을 구속한다. 또한 사실오인을 상소이유로 하고 있는 현행법상 상급법원의 사실판단에 대해서도 파기판결의 기속력이 미친다(대판 1996.12.10. 95도830).
③ 【 O 】 피고인에 대하여 사형, 무기 또는 10년 이상의 징역이나 금고의 형이 선고된 경우에 있어서도 형사소송법 제383조 제4호의 해석상 검사는 그 형이 심히 가볍다는 이유로는 상고할 수 없다(대판 1994.8.12. 94도1705).
④ 【 O 】 상고심은 사후심이므로 항소심 판결선고 당시 미성년자로서 부정기형을 선고받은 자가 상고심 계속 중 성년(19세)이 되었다 할지라도 상고심은 항소심이 선고한 부정기형을 정기형으로 고칠 수 없다(대판 1990.9.28. 90도1772).

정답 ②

58 상고심에 대한 설명 중 가장 적절하지 않은 것은? (다툼이 있는 경우 판례에 의함) 〔19. 법학경채〕

① 상고는 제2심판결에 대하여 허용될 뿐 제1심판결에 대하여 상고가 허용되는 경우는 없다.
② 상고심의 구조는 원심에 나타난 자료에 따라 원심판결선고시를 기준으로 하여 원판결의 당부를 사후적으로 심사하는 사후심이다.
③ 상고심에는 변호사 아닌 자를 변호인으로 선임하지 못하며, 변호인이 아니면 피고인을 위하여 변론하지 못한다.
④ 상고심의 공판기일에는 피고인을 소환할 필요가 없으며, 따라서 공판기일을 지정하는 경우에도 피고인의 이감을 요하지 않는다.

[해설]
① 【 X 】 비약적 상고의 경우 제1심 판결에 대하여 항소를 제기하지 아니하고 상고를 할 수 있다(제372조).
② 【 O 】 대판 2019.3.21. 2017도16593-1 전합
③ 【 O 】 제386조, 제387조
④ 【 O 】 제389조의2

정답 ①

---

59 다음 설명 중 가장 옳지 않은 것은? (다툼이 있는 경우 판례에 의함) 〔21. 법원직〕

① 상고의 제기가 법률상의 방식에 위반하거나 상고권 소멸 후인 것이 명백해 원심법원이 결정으로 상고를 기각한 경우 원심법원은 상고장을 받은 날부터 14일 이내에 소송기록과 증거물을 상고법원에 송부하여야 한다.
② 상고법원이 소송기록의 송부를 받은 때에는 즉시 상고인과 상대방에 대하여 그 사유를 통지하여야 하고, 통지 전에 변호인의 선임이 있는 때에는 변호인에 대하여도 전항의 통지를 하여야 한다.
③ 필요적 변호사건에서 항소법원이 국선변호인을 선정하고 피고인과 국선변호인에게 소송기록접수통지를 한 다음 피고인이 사선변호인을 선임함에 따라 국선변호인의 선정을 취소한 경우 항소법원은 사선변호인에게 다시 소송기록접수통지를 할 의무가 없다.
④ 제1심판결에 대한 상고는 그 사건에 대한 항소가 제기된 때에는 그 효력을 잃는다.

[해설]
① 【 X 】 상고의 제기가 법률상의 방식에 위반하거나 상고권 소멸 후인 것이 명백하여 원심법원이 결정으로 상고를 기각한 경우를 제외하고는 원심법원은 상고장을 받은 날부터 14일 이내에 소송기록과 증거물을 상고법원에 송부하여야 한다(제377조).
② 【 O 】 제378조 제1항, 제2항
③ 【 O 】 대판 2018.11.22. 2015도10651
④ 【 O 】 제373조 본문

정답 ①

60 항고에 대한 설명으로 옳은 것은? (다툼이 있는 경우 판례에 의함)

16. 검찰 7급

① 소송비용부담의 결정과 보석허가결정에 대해서는 즉시항고 할 수 없다.
② 공소장변경허가결정과 국선변호인선임청구 기각결정에 대해서는 보통항고 할 수 있다.
③ 변호인과의 접견교통권의 침해와 구금장소의 임의변경에 대해서는 준항고가 허용된다.
④ 상소기각결정과 법원 또는 지방법원판사의 구속집행정지 결정에 대해서는 즉시항고 할 수 있다.

[해설]

① 【 X 】 소송비용부담 결정에 대해서는 즉시항고할 수 있다(제193조). 하지만 보석허가결정에 대해서는 즉시항고할 수 없다(헌재결 1993.12.23. 93헌가2).
② 【 X 】 공소장변경허가결정과 국선변호인선임청구 기각결정에 대해서는 항고할 수 없다.
③ 【 O 】 대결 1996.5.14. 96모14
④ 【 X 】 상소기각결정에 대해서는 즉시항고할 수 있는 경우가 있으며, 구속집행정지 결정에 대해서는 즉시항고할 수 없다(헌재결 2012.6.27. 2011헌가36).

정답 ③

61 항고에 대한 설명으로 옳지 않은 것은? (다툼이 있는 경우 판례에 의함)

19. 검찰 7급

① 즉시항고에 있어서는 다른 특별한 규정이 없는 한, 즉시항고의 제기기간 내와 그 제기가 있는 때에는 재판의 집행이 정지된다.
② 형사피고사건에 대한 법원의 소년부송치 결정은 판결 전의 소송절차에 관한 결정이므로, 이 결정에 대하여 불복이 있을 때에는 항고를 할 수 없다.
③ 검사가 압수·수색영장의 청구 등 강제처분을 위한 조치를 취하지 않은 것에 대해 고소인은 준항고로 불복할 수 없다.
④ 「형사소송법」 제33조의 국선변호인 선임청구를 기각한 결정은 판결 전의 소송절차에 관한 결정이므로, 그 결정에 대하여 즉시항고를 할 수 있는 근거가 없는 이상 항고도 할 수 없다.

[해설]

① 【 O 】 제410조
② 【 X 】 형사피고사건에 대한 법원의 소년부송치 결정은 형사소송법 제403조가 규정하는 판결전의 소송절차에 관한 결정에 해당하는 것이 아니므로, 이 결정에 대하여 불복이 있을 때에는 같은 법 제402조에 의한 항고를 할 수 있다고 보아야 할 것이다(대결 1986.7.25. 86모9).
③ 【 O 】 범죄피해자인 고소·고발인은 검사가 수사과정에서 증거수집을 위한 압수·수색영장의 청구 등 강제처분을 위한 조치를 취하지 아니하고 그로 인하여 증거를 확보하지 못하고 불기소처분에 이르렀다면, 그 불기소처분에 대하여 형사소송법상의 재정신청이나 검찰청법상의 항고·재항고 등으로써 불복하는 것은 별론으로 하고, 검사가 압수·수색영장의 청구 등 강제처분을 위한 조치를 취하지 아니한 것 그 자체를 형사소송법 제417조 소정의 '압수에 관한 처분'으로 보아 이에 대해 준항고로써 불복할 수는 없다. 검사의 불기소처분에 대하여 검찰청법의 규정에 따른 항고 또는 재항고의 결과 고등검찰청검사장 등이 하는 이른바 재기수사명령은 검찰 내부에서의 지휘권의 행사에 지나지 아니하므로 그 재기수사명령에서 증거물의 압수·수색이 필요하다는 등의 지적이 있었다고 하여 달리 볼 것은 아니다(대결 2007.5.25. 2007모82).
④ 【 O 】 국선변호인선임청구를 기각한 결정은 판결 전의 소송절차이므로, 그 결정에 대하여 즉시항고를 할 수 있는 근거가 없는 이상 그 결정에 대하여는 재항고도 할 수 없다(대결 1993.12.3. 92모49).

정답 ②

62 항고에 관한 다음 설명 중 가장 옳지 않은 것은? (다툼이 있는 경우 판례에 의함) 20. 법원직

① 법원이 사건을 국민참여재판으로 진행하기로 하는 결정 또는 배제하기로 하는 결정에 대하여는 즉시항고를 할 수 있다.
② 검사의 체포영장 또는 구속영장 청구에 대한 지방법원판사의 재판은 항고나 준항고의 대상이 되지 않는다.
③ 재정신청에 관한 법원의 공소제기결정에 대하여 재항고가 허용되지 않으므로, 공소제기결정에 대하여 재항고가 제기되면 결정으로 이를 기각하여야 한다.
④ 국선변호인선임청구 기각결정에 대하여는 보통항고를 할 수 없다.

[해설]
① 【 X 】 법원이 국민참여재판을 하지 아니하기로 하는 결정(배제결정)에 대하여는 즉시항고를 할 수 있다(국민의 형사재판 참여에 관한 법률 제9조 제3항). 하지만 국민참여재판 개시결정에 대하여는 항고할 수 없다(대결 2009.10.23. 2009모1032).
② 【 O 】 대결 2006.12.18. 2006모646
③ 【 O 】 대결 2012.10.29. 2012모1090
④ 【 O 】 대결 1993.12.3. 92모49

정답 ①

63 항고에 대한 설명으로 옳은 것만을 모두 고르면? (다툼이 있는 경우 판례에 의함) 20. 국가직

㉠ 판사가 증거보전청구(「형사소송법」 제184조)를 기각한 결정에 대해서는 항고할 수 없다.
㉡ 압수물에 대하여 몰수의 선고가 없어 압수가 해제된 것으로 간주되었음(「형사소송법」 제332조)에도 불구하고 검사가 그 해제된 압수물의 인도를 거부하는 조치에 대해서는 준항고로 불복할 수 없다.
㉢ 약식명령에 대한 정식재판청구를 기각하는 결정에 대해서는 즉시항고할 수 있다.
㉣ 「국민의 형사재판 참여에 관한 법률」에 따라 사건을 국민참여재판으로 진행 또는 배제하기로 하는 법원의 결정에 대해서는 즉시항고 할 수 있다.

① ㉠, ㉡   ② ㉡, ㉢   ③ ㉡, ㉣   ④ ㉠, ㉢, ㉣

[해설]
㉠ 【 X 】 판사가 증거보전청구를 기각하는 결정에 대하여는 3일 이내에 항고할 수 있다(제184조 제4항).
㉡ 【 O 】 대결 1984.2.6. 84모3
㉢ 【 O 】 제455조 제2항
㉣ 【 X 】 국민참여재판으로 진행하기로 하는 결정에 대해서는 항고할 수 없지만(대결 2009.10.23. 2009모1032), 배제하는 결정에 대해서는 즉시항고 할 수 있다(국민의 형사재판참여에 관한 법률 제9조 제3항).

정답 ②

64 형사소송법상 항고와 즉시항고에 대한 설명으로 옳은 것만을 모두 고르면?　　23. 국가직 7급

> ㉠ 제184조 제1항의 증거보전청구를 기각하는 결정에 대하여는 항고가 허용되지 않는다.
> ㉡ 제433조에 따라 재심의 청구가 법률상의 방식에 위반하거나 청구권의 소멸 후인 것이 명백하여 이를 기각하는 결정에 대하여는 즉시항고가 허용되지 않는다.
> ㉢ 제266조의4에 따라 법원이 검사에게 수사서류 등의 열람·등사 또는 서면의 교부를 허용할 것을 명한 결정에 대하여는 항고가 허용되지 않는다.
> ㉣ 제192조 제1항에 따라 재판으로 소송절차가 종료되는 경우에 피고인 아닌 자에게 소송비용을 부담하게 하는 결정에 대하여는 즉시항고를 할 수 있다.

① ㉠, ㉡　　② ㉠, ㉣　　③ ㉡, ㉢　　④ ㉢, ㉣

[해설]

㉠ 【X】 형사소송법 제184조(증거보전의 청구와 그 절차) ④ 제1항의 청구를 기각하는 결정에 대하여는 3일 이내에 항고할 수 있다.

㉡ 【X】 형사소송법 제433조(청구기각 결정) 재심의 청구가 법률상의 방식에 위반하거나 청구권의 소멸 후인 것이 명백한 때에는 결정으로 기각하여야 한다. 제437조(즉시항고) 제433조, 제434조 제1항, 제435조 제1항과 전조 제1항의 결정에 대하여는 즉시항고를 할 수 있다.

㉢ 【O】 형사소송법 제402조는 "법원의 결정에 대하여 불복이 있으면 항고를 할 수 있다. 단, 이 법률에 특별한 규정이 있는 경우에는 예외로 한다."고 규정하고, 제403조 제1항은 "법원의 관할 또는 판결 전의 소송절차에 관한 결정에 대하여는 특히 즉시항고를 할 수 있는 경우 외에는 항고하지 못한다."고 규정하고 있다. 그런데 형사소송법 제266조의4에 따라 법원이 검사에게 수사서류 등의 열람·등사 또는 서면의 교부를 허용할 것을 명한 결정은 피고사건 소송절차에서의 증거개시(開示)와 관련된 것으로서 제403조에서 말하는 '판결 전의 소송절차에 관한 결정'에 해당한다 할 것인데, 위 결정에 대하여는 형사소송법에서 별도로 즉시항고에 관한 규정을 두고 있지 않으므로 제402조에 의한 항고의 방법으로 불복할 수 없다고 보아야 한다(대결 2013.1.24. 2012모1393).

㉣ 【O】 형사소송법 제192조(제삼자부담의 재판) ① 재판으로 소송절차가 종료되는 경우에 피고인 아닌 자에게 소송비용을 부담하게 하는 때에는 직권으로 결정을 하여야 한다.
② 전항의 결정에 대하여는 즉시항고를 할 수 있다.

[정답] ④

65 다음 설명 중 가장 적절하지 않은 것은? (다툼이 있는 경우 판례에 의함) 21. 경찰채용 2차

① 형사소송법은 피고인에게 증거신청권과 증거보전청구권, 증거조사에 대한 의견진술권과 증거조사에 대한 이의신청권 등을 보장하고 있는데, 이는 형사소송절차에서 피고인에게 당사자로서의 지위를 인정하고 국가의 형벌권 행사에 대하여 적절하게 방어할 수 있는 수단과 기회를 제공함으로써 공정한 재판을 받을 권리를 실질적으로 보장하기 위한 것이다.

② 당사자의 증거신청에 대한 법원의 채택여부의 결정은 판결 전의 소송절차에 관한 결정으로서 이의신청을 하는 외에는 달리 불복할 수 있는 방법이 없고, 그로 말미암아 사실을 오인하여 판결에 영향을 미치기에 이른 경우에도 이를 이유로 상소를 할 수 없다.

③ 수사기관의 압수물의 환부에 관한 처분의 취소를 구하는 준항고는 통상의 항고소송에서와 마찬가지로 그 이익이 있어야 하고, 소송계속 중 준항고로써 달성하고자 하는 목적이 이미 이루어졌거나 시일의 경과 또는 그 밖의 사정으로 인하여 그 이익이 상실된 경우에는 준항고가 부적법하게 된다.

④ 검사가 수사과정에서 압수·수색영장의 청구 등 강제처분을 위한 조치를 취하지 아니함으로써 증거를 확보하지 못하고 불기소처분을 하였다면, 고소인이나 고발인은 그 불기소처분에 대하여 재정신청이나 검찰항고로써 불복할 수 있으나 압수·수색영장의 청구 등 강제처분을 위한 조치를 취하지 아니한 것 그 자체를 '압수에 관한 처분'으로 보아 준항고를 할 수는 없다.

해설

① 【O】 대판 2000.6.15. 99도1108 전합
② 【X】 당사자의 증거신청에 대한 법원의 채택여부의 결정은 판결 전의 소송절차에 관한 결정으로서 이의신청을 하는 외에는 달리 불복할 수 있는 방법이 없고, 다만 그로 말미암아 사실을 오인하여 판결에 영향을 미치기에 이른 경우에만 이를 상소의 이유로 삼을 수 있을 뿐이다(대판 1990.6.8. 90도646).
③ 【O】 대결 2015.10.15. 2013모1970
④ 【O】 대결 2007.5.25. 2007모82

정답 ②

66 공판 및 상소절차에 대한 설명으로 옳은 것은? (다툼이 있는 경우 판례에 의함) 19. 국가직

① 재판장은 여러 공판기일을 일괄하여 지정할 수 없다.
② 간이공판절차로 진행된 제1심에서 「형사소송법」제318조의3에 의하여 증거동의가 의제되어 증거능력이 인정된 증거라도 피고인이 항소심에서 진술을 번복하여 범행을 부인한다면 그 증거능력은 그대로 유지될 수 없다.
③ 제1심이 위법한 공시송달결정에 터 잡아 피고인의 진술 없이 심리·판단하였다면, 항소심은 검사만이 양형부당을 이유로 항소한 경우라도 직권으로 제1심의 위법을 시정하는 조치를 취하여야 한다.
④ 준항고의 청구는 재판의 고지 있는 날로부터 5일 이내에 하여야 한다.

해설

① 【X】 재판장은 여러 공판기일을 일괄하여 지정할 수 있다(제267조의2 제3항).
② 【X】 피고인이 제1심법원에서 공소사실에 대하여 자백하여 제1심법원이 이에 대하여 간이공판절차에 의하여 심판할 것을 결정하고, 이에 따라 제1심법원이 제1심판결 명시의 증거들을 증거로 함에 피고인 또는 변호인의 이의가 없어 형사소송법 제318조의3의 규정에 따라 증거능력이 있다고 보고, 상당하다고 인정하는 방법으로 증거조사를 한 이상, 가사 항소심에 이르러 범행을 부인하였다고 하더라도 제1심법원에서 증거로 할 수 있었던 증거는 항소법원에서도 증거로 할 수 있는 것이므로 제1심법원에서 이미 증거능력이 있었던 증거는 항소심에서도 증거능력이 그대로 유지되어 심판의 기초가 될 수 있고 다시 증거조사를 할 필요가 없다(대판 1998.2.27. 97도3421).
③ 【O】 대판 2003.11.14. 2003도4983
④ 【X】 준항고의 청구는 재판의 고지있는 날로부터 7일 이내에 하여야 한다(제416조 제3항).

정답 ③

67 준항고에 대한 설명으로 옳지 않은 것은? (다툼이 있는 경우 판례에 의함) 21. 국가직 7급

① 준항고는 그 대상이 되는 재판의 고지나 수사기관의 처분이 있는 날로부터 7일 이내에 하도록 「형사소송법」에 명기하고 있다.
② 「형사소송법」제416조, 제417조의 준항고에 관한 결정에 대하여는 재판에 영향을 미친 헌법, 법률, 명령, 규칙의 위반이 있음을 이유로 하는 때에 한하여 대법원에 즉시항고할 수 있는바, 이는 동법 제419조, 제415조에 의한 재항고에 해당한다.
③ 수사기관의 압수물의 환부에 관한 처분의 취소를 구하는 준항고는 일종의 항고소송이므로, 통상의 항고소송에서와 마찬가지로 그 이익이 있어야 하고, 소송계속 중 준항고로써 달성하고자 하는 목적이 이미 이루어졌거나 시일의 경과 또는 그 밖의 사정으로 인하여 그 이익이 상실된 경우에는 준항고는 그 이익이 없어 부적법하게 된다.
④ 수소법원을 구성하는 재판장 또는 수명법관의 재판에 대한 준항고만이 허용되고 검사의 청구에 의하여 영장을 발부하는 지방법원판사가 한 영장발부의 재판에 대하여는 준항고가 허용되지 않는다.

해설

① 【X】 재판장 또는 수명법관의 재판에 대한 준항고는 7일 이내에 제기할 수 있다(제416조 제3항). 그러나 수사기관의 처분에 대한 준항고는 제기기간에 제한이 없다.
② 【O】 대결 1983.5.12. 83모12
③ 【O】 대결 2015.10.15. 2013모1970
④ 【O】 대결 2007.5.25. 2007모82

정답 ①

68 형사소송법상 즉시항고가 허용되는 결정을 모두 고른 것은?

18. 경찰채용 3차

㉠ 공소기각결정
㉡ 원심법원에서의 상고기각결정
㉢ 재정신청인에 대한 비용부담결정
㉣ 구속집행정지결정

① ㉠, ㉣
② ㉢, ㉣
③ ㉠, ㉡, ㉢
④ ㉠, ㉡, ㉢, ㉣

[해설]

㉠ 【 O 】 제328조 제2항
㉡ 【 O 】 제376조 제2항
㉢ 【 O 】 제262조의3 제3항
㉣ 【 X 】 헌법재판소는 구속의 집행정지결정에 대해 즉시항고를 허용하는 것에 대해 위헌이라고 판시하였다. 이에 입법자는 즉시항고를 허용하는 규정이 삭제되었다.

정답 ③

69 불복기간이 3일인 것은 모두 몇 개인가?

18. 경찰채용 1차 변형

㉠ 「형사보상 및 명예회복에 관한 법률」 제20조의 형사보상결정에 대한 즉시항고
㉡ 「즉결심판에 관한 절차법」 제14조의 즉결심판에 대한 정식재판청구
㉢ 「형사소송법」 제23조의 기피신청기각결정에 대한 즉시항고
㉣ 「소년법」 제43조의 보호처분결정에 대한 항고
㉤ 「형사소송법」 제184조의 증거보전청구기각결정에 대한 항고

① 1개
② 2개
③ 3개
④ 4개

[해설]

㉠ 【 X 】 1주일(형사보상 및 명예회복에 관한 법률 제20조 제1항)
㉡ 【 X 】 7일(즉결심판에 관한 절차법 제14조)
㉢ 【 X 】 7일(형사소송법 제23조 제1항)
㉣ 【 X 】 7일(소년법 제43조 제2항)
㉤ 【 O 】 3일(형사소송법 제184조 제4항)

정답 ①

70 다음 설명 중 옳지 않은 것은? (다툼이 있는 경우 판례에 의함)
17. 국가직

① 수사기관의 압수물환부에 관한 처분의 취소를 구하는 준항고에서는 통상의 항고소송과 마찬가지로 그 이익이 있을 것을 요한다.
② 법원이 사건을 국민참여재판으로 진행하기로 하는 결정 또는 배제하기로 하는 결정에 대해서는 즉시항고를 할 수 있다.
③ 검사의 체포영장 또는 구속영장 청구에 대한 지방법원판사의 재판은 항고나 준항고의 대상이 되지 않는다.
④ 재정신청사건에서 고등법원의 공소제기결정에 대하여는 재항고가 허용되지 아니하므로, 공소제기결정에 대하여 재항고가 제기된 경우에는 고등법원이 결정으로 이를 기각하여야 한다.

해설

① 【 O 】 대결 2015.10.15. 2013모1970
② 【 X 】 국민참여재판으로 진행하기로 하는 결정에 대해서는 항고할 수 없으며(대결 2009.10.23. 2009모1032), 국민참여재판을 하지 아니하기로 하는 결정에 대해서는 즉시항고할 수 있다(국민의 형사재판 참여에 관한 법률 제9조 제3항).
③ 【 O 】 대결 2006.12.18. 2006모646
④ 【 O 】 대결 2012.10.29. 2012모1090

정답 ②

71 재판의 불복에 대한 설명으로 옳은 것만을 모두 고른 것은?
17. 검찰 7급

㉠ 지방법원이 재판장 또는 수명법관의 압수물환부에 관한 재판의 취소를 청구받은 때에는 합의부에서 결정하여야 한다.
㉡ 약식명령은 재심의 대상이 되지 않는다.
㉢ 증거보전청구 기각결정에 대한 항고는 3일 이내에 할 수 있다.
㉣ 항소의 제기가 법률상의 방식에 위반하거나 항소권 소멸 후인 것이 명백한 때에는 원심법원은 즉시 소송기록과 증거물을 항소법원으로 송부하고 항소법원은 결정으로 항소를 기각하여야 한다.

① ㉠, ㉢ ② ㉠, ㉣ ③ ㉡, ㉢ ④ ㉡, ㉣

해설

㉠ 【 O 】 제416조 제1항, 제2항
㉡ 【 X 】 약식명령은 정식재판의 청구기간이 경과하거나 그 청구의 취하 또는 청구기각의 결정이 확정된 때에는 확정판결과 동일한 효력이 있다(제457조). 따라서 확정된 약식명령에 대해서도 유죄의 확정판결의 효력이 부여되는 이상 재심의 대상이 된다.
㉢ 【 O 】 제184조 제4항
㉣ 【 X 】 항소의 제기가 법률상의 방식에 위반하거나 항소권 소멸 후인 것이 명백한 때에는 원심법원은 결정으로 항소를 기각하여야 한다(제360조 제1항).

정답 ①

Chapter 02 비상구제절차

01 형사소송절차의 재심에 관한 다음 설명 중 가장 옳지 않은 것은? (다툼이 있는 경우 판례에 의함) 16. 법원직

① 재심청구는 피고인이었던 자의 사망 후에도 할 수 있다.
② 재심절차에서는 공소취소가 불가능하다.
③ 재심에서도 원판결의 형보다 중한 형을 선고하지 못한다.
④ 약식명령에 대한 정식재판절차에서 유죄판결이 선고되어 확정된 경우라도 그 약식명령은 재심청구의 대상이 된다.

[해설]

① 【O】 형사소송법 제438조 제2항 제1호는 사망자를 위하여 재심을 청구한 경우라도 공소기각결정을 하여서는 아니 된다고 규정하고 있는바, 이는 이미 사망한 자를 위하여도 재심청구가 가능함을 전제로 한 규정으로 볼 수 있다.
② 【O】 제1심판결이 선고된 이상 동 판결이 확정되어 이에 대한 재심소송절차가 진행 중에 있다 하여 공소취소를 할 수 없다(대판 1976.12.28. 76도3203).
③ 【O】 재심공판절차에서는 원판결의 형보다 중한 형을 선고하지 못한다(제439조). 불이익변경금지의 원칙은 검사가 재심을 청구한 경우에도 마찬가지로 적용된다.
④ 【X】 약식명령에 대하여 정식재판 청구가 이루어지고 그 후 진행된 정식재판 절차에서 유죄판결이 선고되어 확정된 경우, 재심사유가 존재한다고 주장하는 피고인 등은 효력을 잃은 약식명령이 아니라 유죄의 확정판결을 대상으로 재심을 청구하여야 한다(대판 2013.4.11. 2011도10626).

정답 ④

02 재심에 관한 다음 설명 중 옳은 것은 모두 몇 개인가? (다툼이 있으면 판례에 의함)

16. 경찰채용 1차

㉠ 특별사면으로 형 선고의 효력이 상실된 유죄의 확정판결도 형사소송법 제420조의 '유죄의 확정판결'에 해당하여 재심청구의 대상이 될 수 있다.

㉡ 특별사면으로 형 선고의 효력이 상실된 유죄의 확정판결에 대하여 재심개시결정이 이루어져 재심심판법원이 심급에 따라 다시 심판한 결과 무죄로 인정되는 경우라면 무죄를 선고하여야 하겠지만, 그와 달리 유죄로 인정되는 경우에는, 재심심판법원으로서는 '피고인에 대하여 다시 형을 선고한다'는 주문을 선고할 수밖에 없다.

㉢ 형사소송법 제420조 제7호의 재심사유 해당 여부를 판단함에 있어 사법경찰관 등이 범한 직무에 관한 죄가 사건의 실체관계에 관계된 것인지 여부나 당해 사법경찰관이 직접 피의자에 대한 조사를 담당하였는지 여부는 고려할 사정이 아니다.

㉣ 재심청구인이 재심의 청구를 한 후 청구에 대한 결정이 확정되기 전에 사망한 경우라도 재심청구절차는 재심청구인의 사망으로 당연히 종료하게 되는 것은 아니다.

① 1개 ② 2개 ③ 3개 ④ 4개

[해설]

㉠ 【O】 대판 2015.5.21. 2011도1932 전합
㉡ 【X】 특별사면으로 형 선고의 효력이 상실된 유죄의 확정판결에 대하여 재심개시결정이 이루어져 재심심판법원이 심급에 따라 다시 심판한 결과 무죄로 인정되는 경우라면 무죄를 선고하여야 하겠지만, 그와 달리 유죄로 인정되는 경우에는, 피고인에 대하여 다시 형을 선고하거나 피고인의 항소를 기각하여 제1심판결을 유지시키는 것은 이미 형 선고의 효력을 상실하게 하는 특별사면을 받은 피고인의 법적 지위를 해치는 결과가 되어 이익재심과 불이익변경금지의 원칙에 반하게 되므로, 재심심판법원으로서는 '피고인에 대하여 형을 선고하지 아니한다'는 주문을 선고할 수밖에 없다(대판 2015.10.29. 2012도2938).
㉢ 【O】 대결 2006.5.11. 2004모16
㉣ 【X】 형사소송법이나 형사소송규칙에는 재심청구인이 재심의 청구를 한 후 청구에 대한 결정이 확정되기 전에 사망한 경우에 재심청구인의 배우자나 친족 등에 의한 재심청구인 지위의 승계를 인정하거나 형사소송법 제438조와 같이 재심청구인이 사망한 경우에도 절차를 속행할 수 있는 규정이 없으므로, 재심청구절차는 재심청구인의 사망으로 당연히 종료하게 된다(대결 2014.5.30. 2014모739).

정답 ②

03 재심에 대한 설명으로 옳은 것은? (다툼이 있는 경우 판례에 의함)

16. 국가직

① '무죄 등을 인정할 명백한 증거'에 해당하는지 여부는 새로 발견된 증거만을 독자적·고립적으로 고찰하여 그 증거가치만으로 판단하여야 한다.
② 약식명령에 대하여 정식재판청구가 이루어지고 그 후 진행된 정식재판 절차에서 유죄판결이 선고되어 확정된 경우, 재심사유가 존재한다고 주장하는 피고인은 약식명령을 대상으로 재심을 청구하여야 한다.
③ 자신에 대한 유죄판결이 확정된 증인이 공범에 대한 피고사건에서 증언할 당시 앞으로 재심을 청구할 예정이라면, 이를 이유로 증인에게 형사소송법 제148조에 의한 증언거부권이 인정된다.
④ 재심이 개시된 사건에서 형벌에 관한 법령이 재심판결 당시 폐지되었다 하더라도 그 폐지가 당초부터 헌법에 위배되어 효력이 없는 법령에 대한 것이었다면 형사소송법 제325조 전단이 규정하는 '범죄로 되지 아니한 때'의 무죄사유에 해당한다.

해설

① 【 X 】 형사소송법 제420조 제5호에 정한 '무죄 등을 인정할 명백한 증거'에 해당하는지 여부를 판단할 때에는 법원으로서는 새로 발견된 증거만을 독립적·고립적으로 고찰하여 그 증거가치만으로 재심의 개시 여부를 판단할 것이 아니라, 재심대상이 되는 확정판결을 선고한 법원이 사실인정의 기초로 삼은 증거들 가운데 새로 발견된 증거와 유기적으로 밀접하게 관련되고 모순되는 것들은 함께 고려하여 평가하여야 하고, 그 결과 단순히 재심대상이 되는 유죄의 확정판결에 대하여 그 정당성이 의심되는 수준을 넘어 그 판결을 그대로 유지할 수 없을 정도로 고도의 개연성이 인정되는 경우라면 그 새로운 증거는 위 조항의 '명백한 증거'에 해당한다. 만일 법원이 새로 발견된 증거만을 독립적·고립적으로 고찰하여 명백성 여부를 평가·판단하여야 한다면, 그 자체만으로 무죄 등을 인정할 수 있는 명백한 증거가치를 가지는 경우에만 재심 개시가 허용되어 재심사유가 지나치게 제한되는데, 이는 새로운 증거에 의하여 이전과 달라진 증거관계 아래에서 다시 살펴 실체적 진실을 모색하도록 하기 위해 '무죄 등을 인정할 명백한 증거가 새로 발견된 때'를 재심사유의 하나로 정한 재심제도의 취지에 반하기 때문이다(대결 2009.7.16. 2005모472 전합).

② 【 X 】 형사소송법 제420조 본문은 재심은 유죄의 확정판결에 대하여 그 선고를 받은 자의 이익을 위하여 청구할 수 있도록 하고, 같은 법 제456조는 약식명령은 정식재판의 청구에 의한 판결이 있는 때에는 그 효력을 잃도록 규정하고 있다. 위 각 규정에 의하면, 약식명령에 대하여 정식재판 청구가 이루어지고 그 후 진행된 정식재판 절차에서 유죄판결이 선고되어 확정된 경우, 재심사유가 존재한다고 주장하는 피고인 등은 효력을 잃은 약식명령이 아니라 유죄의 확정판결을 대상으로 재심을 청구하여야 한다. 그런데도 피고인 등이 약식명령에 대하여 재심의 청구를 한 경우, 법원으로서는 재심의 청구에 기재된 재심을 개시할 대상의 표시 이외에도 재심청구의 이유에 기재된 주장 내용을 살펴보고 재심을 청구한 피고인 등의 의사를 참작하여 재심청구의 대상을 무엇으로 보아야 하는지 심리·판단할 필요가 있다. 그러나 법원이 심리한 결과 재심청구의 대상이 약식명령이라고 판단하여 그 약식명령을 대상으로 재심개시결정을 한 후 이에 대하여 검사나 피고인 등이 모두 불복하지 아니함으로써 그 결정이 확정된 때에는, 그 재심개시결정에 의하여 재심이 개시된 대상은 약식명령으로 확정되고, 그 재심개시결정에 따라 재심절차를 진행하는 법원이 재심이 개시된 대상을 유죄의 확정판결로 변경할 수는 없다. 이 경우 그 재심개시결정은 이미 효력을 상실하여 재심을 개시할 수 없는 약식명령을 대상으로 한 것이므로, 그 재심개시결정에 따라 재심절차를 진행하는 법원으로서는 심판의 대상이 없어 아무런 재판을 할 수 없다(대판 2013.4.11. 2011도10626).

③ 【 X 】 형사소송법 제148조의 증언거부권은 헌법 제12조 제2항에 정한 불이익 진술의 강요금지 원칙을 구체화한 자기부죄거부특권에 관한 것인데, 이미 유죄의 확정판결을 받은 경우에는 헌법 제13조 제1항에 정한 일사부재리의 원칙에 의해 다시 처벌받지 아니하므로 자신에 대한 유죄판결이 확정된 증인은 공범에 대한 사건에서 증언을 거부할 수 없고, 설령 증인이 자신에 대한 형사사건에서 시종일관 범행을 부인하였더라도 그러한 사정만으로 증인이 진실대로 진술할 것을 기대할 수 있는 가능성이 없는 경우에 해당한다고 할 수 없으므로 허위의 진술에 대하여 위증죄 성립을 부정할 수 없다. 한편 자신에 대한 유죄판결이 확정된 증인이 재심을 청구한다 하더라도, 이미 유죄의 확정판결이 있는 사실에 대해서는 일사부재리의 원칙에 의하여 거듭 처벌받지 않는다는 점에 변함이 없고, 형사소송법상 피고인의 불이익을 위한 재심청구는 허용되지 아니하며(제420조), 재심사건에는 불이익변경 금지 원칙이 적용되어 원판결의 형보다 중한 형을 선고하지 못하므로(제439조), 자신의 유죄 확정판결에 대하여 재심을 청구한 증인에게 증언의무를 부과하는 것이 형사소추 또는 공소제기를 당하거나 유죄판결을 받을 사실이 발로될 염려 있는 증언을 강제하는 것이라고 볼 수는 없다. 따라서 자신에 대한 유죄판결이 확정된 증인이 공범에 대한 피고사건에서 증언할 당시 앞으로 재심을 청구할 예정이라고 하여도, 이를 이유로 증인에게 형사소송법 제148조에 의한 증언거부권이 인정되지는 않는다(대판 2011.11.24. 2011도11994).

④ 【 O 】 대판 2013.5.16. 2011도2631 전합

정답 ④

04 재심사유로서 '유죄의 선고를 받은 자에 대하여 무죄 또는 면소를 인정할 명백한 증거가 새로 발견된 때(형사소송법 제420조 제5호)'에 대한 설명으로 옳지 않은 것은? (다툼이 있는 경우 판례에 의함)   16. 검찰 7급

① '증거가 새로 발견된 때'란 재심대상이 되는 확정판결의 소송절차에서 발견되지 못하였거나 또는 발견되었다 하더라도 제출할 수 없었던 증거를 새로 발견하였거나 비로소 제출할 수 있게 된 때를 말한다.
② 피고인이 재심을 청구한 경우, 재심대상이 되는 확정판결의 소송절차 중에 그러한 증거를 제출하지 못한 데 과실이 있다면 그 증거는 '증거가 새로 발견된 때'에서 제외된다.
③ '명백한 증거'에 해당하기 위해서는 새로 발견한 증거를 독립적으로 고찰하여 그 증거가치만으로 재심대상이 되는 확정판결을 그대로 유지할 수 없을 정도로 고도의 개연성이 인정되어야 한다.
④ 공범자 중 일부에 대하여는 무죄, 다른 일부에 대하여는 유죄의 확정판결이 있는 경우, 무죄확정 판결의 증거자료를 자기의 증거자료로 하지 못하였고 또 새로 발견된 것이 아닌 한 무죄확정판결 자체만으로는 새로운 증거에 해당하지 않는다.

해설

①② 【 O 】 대결 200.7.16. 2005모472 전합
③ 【 X 】 형사소송법 제420조 제5호에 정한 '무죄 등을 인정할 명백한 증거'에 해당하는지 여부를 판단할 때에는 법원으로서는 새로 발견된 증거만을 독립적·고립적으로 고찰하여 그 증거가치만으로 재심의 개시 여부를 판단할 것이 아니라, 재심대상이 되는 확정판결을 선고한 법원이 사실인정의 기초로 삼은 증거들 가운데 새로 발견된 증거와 유기적으로 밀접하게 관련되고 모순되는 것들은 함께 고려하여 평가하여야 하고, 그 결과 단순히 재심대상이 되는 유죄의 확정판결에 대하여 그 정당성이 의심되는 수준을 넘어 그 판결을 그대로 유지할 수 없을 정도로 고도의 개연성이 인정되는 경우라면 그 새로운 증거는 위 조항의 '명백한 증거'에 해당한다(대결 200.7.16. 2005모472 전합).
④ 【 O 】 형사소송법 제420조 제5호의 명백한 증거가 새로 발견되었을 때라 함은 신증거의 존재가 본안판결의 전후를 불문하고 판결법원에 현출되지 아니한 당해 사건의 증거자료로서 증거가치가 다른 증거에 비하여 객관적으로 우월성이 인정될 근거가 있는 것을 말하며, 당해 사건의 증거가 아니고 공범자 중 1인에 대하여는 무죄, 다른 1인에 대하여는 유죄의 확정판결이 있는 경우에 무죄확정 판결의 증거자료를 자기의 증거자료로 하지 못하였고 또 새로 발견된 것이 아닌 한 무죄확정판결 자체만으로는 유죄확정판결에 대한 새로운 증거로서의 재심사유에 해당한다고 할 수 없다(대결 1984.4.13. 84모14).

정답 ③

05 아래 ㉠부터 ㉣까지의 설명 중 옳은 것(○)과 옳지 않은 것(×)을 바르게 연결한 것은? (다툼이 있으면 판례에 의함)

16. 경찰채용 2차

㉠ 공소장에 기재된 사실이 진실하다 하더라도 범죄가 될 만한 사실이 포함되지 아니하는 때는 공소기각 판결 사유에 해당한다.
㉡ 재심이 개시된 사건에서 범죄사실에 대하여 적용하여야 할 법령은 재심판결 당시의 법령이므로, 법원은 재심대상판결 당시의 법령이 변경된 경우에는 그 범죄사실에 대하여 재심판결 당시의 법령을 적용하여야 하고, 폐지된 경우에는「형사소송법」제326조 제4호를 적용하여 그 범죄사실에 대하여 면소를 선고하는 것이 원칙이다.
㉢ 포괄일죄의 관계에 있는 범행일부에 관하여 약식명령이 확정된 경우, 약식명령의 송달시를 기준으로 하여 그 전의 범행에 대하여는 면소의 판결을 하여야 하고, 그 이후의 범행에 대하여서만 일개의 범죄로 처벌하여야 한다.
㉣ 특별사면으로 형 선고의 효력이 상실된 유죄의 확정판결에 대하여 재심개시결정이 이루어져 다시 심판한 결과 유죄로 인정되는 경우, 재심심판법원으로서는 '피고인에 대하여 형을 선고하지 아니 한다'는 주문을 선고할 수밖에 없다.

① ㉠ ○   ㉡ ×   ㉢ ○   ㉣ ×
② ㉠ ○   ㉡ ×   ㉢ ×   ㉣ ○
③ ㉠ ×   ㉡ ○   ㉢ ×   ㉣ ○
④ ㉠ ×   ㉡ ○   ㉢ ○   ㉣ ×

[해설]

옳은 것은 ㉡㉣이며, 옳지 않은 것은 ㉠㉢이다.
㉠【X】공소장에 기재된 사실이 진실하다 하더라도 범죄가 될 만한 사실이 포함되지 아니하는 때에는 공소기각결정 사유에 해당한다(제328조 제1항 제4호).
㉡【O】대판 2010.12.16. 2010도5986 전합
㉢【X】포괄일죄의 관계에 있는 범행일부에 관하여 약식명령이 확정된 경우, 약식명령의 발령시를 기준으로 하여 그 전의 범행에 대하여는 면소의 판결을 하여야 하고, 그 이후의 범행에 대하여서만 일개의 범죄로 처벌하여야 한다(대판 1994.8.9. 94도1318).
㉣【O】대판 2015.10.29. 2012도2938

[정답] ③

06 재심에 대한 설명으로 옳은 것만을 모두 고른 것은? (다툼이 있는 경우 판례에 의함)

17. 국가직

㉠ 항소심의 유죄판결에 대하여 상고가 제기되어 상고심 재판이 계속되던 중 피고인이 사망하여 공소기각 결정이 확정된 경우는 재심절차의 전제가 되는 유죄의 확정판결이 존재하는 경우에 해당하지 않는다.
㉡ 재심청구의 대상이 된 원판결의 심리에 관여한 법관이 재심청구사건을 심판하더라도 제척 또는 기피사유에 해당하지 않는다.
㉢ 경합범 관계에 있는 수 개의 범죄사실을 유죄로 인정하여 한 개의 형을 선고한 불가분의 확정판결에서 그 중 일부의 범죄사실에 대해서만 재심청구의 이유가 있는 것으로 인정된 경우에는 그 일부에 대해서만 재심개시의 결정을 하여야 하고 양형을 위해 필요한 범위에 한하여 나머지 범죄사실을 심리할 수 있다.
㉣ 특별사면으로 형선고의 효력이 상실된 유죄의 확정판결에 대하여 재심개시결정이 이루어져 재심심판법원이 심급에 따라 다시 심판한 결과 무죄로 인정되는 경우에는 면소판결을 선고하여야 한다.

① ㉠, ㉡ ② ㉡, ㉢ ③ ㉢, ㉣ ④ ㉠, ㉡, ㉢

해설

㉠ 【 O 】 대판 2013.6.27. 2011도7931
㉡ 【 O 】 대결 1982.11.15. 82모11
㉢ 【 X 】 경합범 관계에 있는 수 개의 범죄사실을 유죄로 인정하여 한 개의 형을 선고한 불가분의 확정판결에서 그중 일부의 범죄사실에 대하여만 재심청구의 이유가 있는 것으로 인정된 경우에는 형식적으로는 1개의 형이 선고된 판결에 대한 것이어서 그 판결 전부에 대하여 재심개시의 결정을 할 수밖에 없지만, 비상구제수단인 재심제도의 본질상 재심사유가 없는 범죄사실에 대하여는 재심개시결정의 효력이 그 부분을 형식적으로 심판의 대상에 포함시키는 데 그치므로 재심법원은 그 부분에 대하여는 이를 다시 심리하여 유죄인정을 파기할 수 없고 다만 그 부분에 관하여 새로이 양형을 하여야 하므로 양형을 위하여 필요한 범위에 한하여만 심리를 할 수 있을 뿐이라고 할 것이다(대판 2016.3.24. 2016도1131).
㉣ 【 X 】 면소판결 사유인 형사소송법 제326조 제2호의 '사면이 있는 때'에서 말하는 '사면'이란 일반사면을 의미할 뿐, 형을 선고받아 확정된 자를 상대로 이루어지는 특별사면은 여기에 해당하지 않으므로, 재심대상판결 확정 후에 형 선고의 효력을 상실케 하는 특별사면이 있었다고 하더라도, 재심개시결정이 확정되어 재심심판절차를 진행하는 법원은 그 심급에 따라 다시 심판하여 실체에 관한 유·무죄 등의 판단을 해야지, 특별사면이 있음을 들어 면소판결을 하여서는 아니 된다(대판 2015.5.21. 2011도1932 전합).

정답 ①

07 재심절차에 대한 설명 중 가장 적절하지 않은 것은? (다툼이 있는 경우 판례에 의함) 17. 여경

① 재심을 청구한 피고인이 재심대상이 되는 확정판결의 소송절차 중에 그러한 증거를 제출하지 못한 데 과실이 있는 경우에는 그 증거는 재심사유에서의 '증거가 새로 발견된 때'에서 제외된다.
② 재심절차에서는 공소취소가 불가능하다.
③ 약식명령에 대한 정식재판절차에서 유죄판결이 선고되어 확정된 경우라도 그 약식명령은 재심청구의 대상이 된다.
④ 특별사면으로 형 선고의 효력이 상실된 유죄의 확정판결도 「형사소송법」 제420조의 '유죄의 확정판결'에 해당하여 재심청구의 대상이 될 수 있다.

[해설]

① 【O】 대결 2009.7.16. 2005모472 전합
② 【O】 대판 1976.12.28. 76도3203
③ 【X】 약식명령에 대하여 정식재판 청구가 이루어지고 그 후 진행된 정식재판 절차에서 유죄판결이 선고되어 확정된 경우, 재심사유가 존재한다고 주장하는 피고인 등은 효력을 잃은 약식명령이 아니라 유죄의 확정판결을 대상으로 재심을 청구하여야 한다(대판 2013.4.11. 2011도10626).
④ 【O】 대판 2015.5.21. 2011도1932 전합

정답 ③

---

08 재심제도에 대한 설명으로 옳지 않은 것은? (다툼이 있는 경우 판례에 의함) 17. 검찰 7급

① 군사법원이 재판권이 없음에도 재심개시결정을 한 후에 비로소 사건을 일반법원으로 이송하였다면 사건을 이송받은 일반법원은 재심개시절차를 처음부터 다시 진행하여야 한다.
② 경합범 관계에 있는 A죄와 B죄의 범죄사실을 유죄로 인정하여 한 개의 형이 확정된 판결에서 A죄에 대하여만 재심청구의 이유가 있는 것으로 인정된 경우에는 그 판결 전부에 대하여 재심개시의 결정을 하여야 하지만 B죄 부분을 다시 심리하여 유죄인정을 파기할 수는 없다.
③ 피고인이 원판결 이후에 형선고의 효력을 상실하게 하는 특별사면을 받은 경우라면, 재심절차에서 형을 다시 선고함으로써 특별사면에 따른 피고인의 법적 지위를 상실하게 하여서는 안 된다.
④ 재심청구인이 재심청구를 한 후 청구에 대한 결정이 확정되기 전에 사망한 경우에는 배우자나 친족 등이 재심청구인의 지위를 승계할 수 없으므로 재심청구절차는 종료된다.

[해설]

① 【X】 재심심판절차는 물론 재심사유의 존부를 심사하여 다시 심판할 것인지를 결정하는 재심개시절차 역시 재판권 없이는 심리와 재판을 할 수 없는 것이므로, 재심청구를 받은 군사법원으로서는 먼저 재판권 유무를 심사하여 군사법원에 재판권이 없다고 판단되면 재심개시절차로 나아가지 말고 곧바로 사건을 군사법원법 제2조 제3항에 따라 같은 심급의 일반법원으로 이송하여야 한다. 이와 달리 군사법원이 재판권이 없음에도 재심개시결정을 한 후에 비로소 사건을 일반법원으로 이송한다면 이는 위법한 재판권의 행사이다. 다만 군사법원법 제2조 제3항 후문이 "이 경우 이송 전에 한 소송행위는 이송 후에도 그 효력에 영향이 없다."고 규정하고 있으므로, 사건을 이송받은 일반법원으로서는 다시 처음부터 재심개시절차를 진행할 필요는 없고 군사법원의 재심개시결정을 유효한 것으로 보아 후속 절차를 진행할 수 있다(대판 2015.5.21. 2011도1932 전합).
② 【O】 대판 2001.7.13. 2001도1239
③ 【O】 대판 2105.10.29. 2012도2938
④ 【O】 대결 2014.5.30. 2014모739

정답 ①

09 재심사유로서 '유죄의 선고를 받은 자에 대하여 무죄 또는 면소 등을 인정할 명백한 증거가 새로 발견된 때(제420조 제5호)'에 대한 설명으로 가장 적절하지 않은 것은? (다툼이 있는 경우 판례에 의함)   17. 경찰채용 2차

① '증거가 새로 발견된 때'란 재심대상이 되는 확정판결의 소송 절차에서 발견되지 못하였거나 또는 발견되었다 하더라도 제출할 수 없었던 증거를 새로 발견하였거나 비로소 제출할 수 있게 된 때를 말한다.
② 피고인이 재심을 청구한 경우, 재심대상이 되는 확정판결의 소송절차 중에 그러한 증거를 제출하지 못한 데 과실이 있다면 그 증거는 '증거가 새로 발견된 때'에서 제외된다.
③ '무죄 등을 인정할 명백한 증거'에 해당하는지 여부를 판단할 때에는 법원으로서는 새로 발견된 증거만을 독립적·고립적으로 고찰하여 그 증거가치만으로 재심의 개시 여부를 판단하여야 한다.
④ 당해 사건의 증거가 아니고 공범자 중 1인에 대하여는 무죄, 다른 1인에 대하여는 유죄의 확정판결이 있는 경우에 무죄확정 판결의 증거자료를 자기의 증거자료로 하지 못하였고 또 새로 발견된 것이 아닌 한 무죄확정판결 자체만으로는 유죄확정판결에 대한 새로운 증거로서의 재심사유에 해당한다고 할 수 없다.

해설

①② 【O】 대결 2009.7.16. 2005모472 전합
③ 【X】 형사소송법 제420조 제5호에 정한 '무죄 등을 인정할 명백한 증거'에 해당하는지 여부를 판단할 때에는 법원으로서는 새로 발견된 증거만을 독립적·고립적으로 고찰하여 그 증거가치만으로 재심의 개시 여부를 판단할 것이 아니라, 재심대상이 되는 확정판결을 선고한 법원이 사실인정의 기초로 삼은 증거들 가운데 새로 발견된 증거와 유기적으로 밀접하게 관련되고 모순되는 것들은 함께 고려하여 평가하여야 하고, 그 결과 단순히 재심대상이 되는 유죄의 확정판결에 대하여 그 정당성이 의심되는 수준을 넘어 그 판결을 그대로 유지할 수 없을 정도로 고도의 개연성이 인정되는 경우라면 그 새로운 증거는 위 조항의 '명백한 증거'에 해당한다(대결 2009.7.16. 2005모472 전합).
④ 【O】 대결 1984.4.13. 84모14

정답 ③

10 재심에 대한 설명 중 가장 적절한 것은? (다툼이 있는 경우 판례에 의함)   18. 경찰승진

① 항소심에서 파기되어버린 제1심판결에 대해서도 재심을 청구할 수 있다.
② 「형사소송법」 제420조 제5호에 정한 재심사유인 무죄 등을 인정할 '증거가 새로 발견된 때'란 재심대상이 되는 확정판결의 소송절차에서 발견되지 못하였거나 또는 발견되었다 하더라도 제출할 수 없었던 증거로서 이를 새로 발견하였거나 비로소 제출할 수 있게 된 때를 말한다.
③ 「형사소송법」 제420조 제5호에 정한 '무죄 등을 인정할 명백한 증거'에 해당하는지 여부를 판단할 때에는 법원으로서는 새로 발견된 증거만을 독립적·고립적으로 고찰하여 그 증거가치만으로 재심의 개시 여부를 판단하여야 한다.
④ 약식명령에 대하여 정식재판 청구가 이루어지고 그 후 진행된 정식재판 절차에서 유죄판결이 선고되어 확정된 경우, 재심사유가 존재한다고 주장하는 피고인은 약식명령을 대상으로 재심을 청구하여야 한다.

해설

① 【 X 】 형사소송법 제420조, 제421조가 유죄의 확정판결 또는 유죄 판결에 대한 항소 또는 상고의 기각판결에 대하여만 재심을 청구할 수 있도록 규정하고 있는 이상, 항소심에서 파기되어버린 제1심판결에 대해서는 재심을 청구할 수 없는 것이므로, 위 제1심 판결을 대상으로 하는 재심청구는 법률상의 방식에 위반하는 것으로 보지 않을 수 없다(대결 2004.2.13. 2003모464).
② 【 O 】 대결 2013.4.18. 2010모363
③ 【 X 】 형사소송법 제420조 제5호에 정한 '무죄 등을 인정할 명백한 증거'에 해당하는지 여부를 판단할 때에는 법원으로서는 새로 발견된 증거만을 독립적·고립적으로 고찰하여 그 증거가치만으로 재심의 개시 여부를 판단할 것이 아니라, 재심대상이 되는 확정판결을 선고한 법원이 사실인정의 기초로 삼은 증거들 가운데 새로 발견된 증거와 유기적으로 밀접하게 관련되고 모순되는 것들은 함께 고려하여 평가하여야 하고, 그 결과 단순히 재심대상이 되는 유죄의 확정판결에 대하여 그 정당성이 의심되는 수준을 넘어 그 판결을 그대로 유지할 수 없을 정도로 고도의 개연성이 인정되는 경우라면 그 새로운 증거는 위 조항의 '명백한 증거'에 해당한다(대결 2009.7.16. 2005모472 전합).
④ 【 X 】 형사소송법 제420조 본문은 재심은 유죄의 확정판결에 대하여 그 선고를 받은 자의 이익을 위하여 청구할 수 있도록 하고, 같은 법 제456조는 약식명령은 정식재판의 청구에 의한 판결이 있는 때에는 그 효력을 잃도록 규정하고 있다. 위 각 규정에 의하면, 약식명령에 대하여 정식재판 청구가 이루어지고 그 후 진행된 정식재판 절차에서 유죄판결이 선고되어 확정된 경우, 재심사유가 존재한다고 주장하는 피고인 등은 효력을 잃은 약식명령이 아니라 유죄의 확정판결을 대상으로 재심을 청구하여야 한다. 그런데도 피고인 등이 약식명령에 대하여 재심의 청구를 한 경우, 법원으로서는 재심의 청구에 기재된 재심을 개시할 대상의 표시 이외에도 재심청구의 이유에 기재된 주장 내용을 살펴보고 재심을 청구한 피고인 등의 의사를 참작하여 재심청구의 대상을 무엇으로 보아야 하는지 심리·판단할 필요가 있다. 그러나 법원이 심리한 결과 재심청구의 대상이 약식명령이라고 판단하여 그 약식명령을 대상으로 재심개시결정을 한 후 이에 대하여 검사나 피고인 등이 모두 불복하지 아니함으로써 그 결정이 확정된 때에는, 그 재심개시결정에 의하여 재심이 개시된 대상은 약식명령으로 확정되고, 그 재심개시결정에 따라 재심절차를 진행하는 법원이 재심이 개시된 대상을 유죄의 확정판결로 변경할 수는 없다. 이 경우 그 재심개시결정은 이미 효력을 상실하여 재심을 개시할 수 없는 약식명령을 대상으로 한 것이므로, 그 재심개시결정에 따라 재심절차를 진행하는 법원으로서는 심판의 대상이 없어 아무런 재판을 할 수 없다(대판 2013.4.11. 2011도10626).

정답 ②

11 재심에 관한 다음 설명 중 가장 옳지 않은 것은? (다툼이 있는 경우 판례에 의함) 18. 법원직

① 형벌에 관한 법령이 당초부터 헌법에 위배되어 법원에서 위헌·무효라고 선언한 경우도 형사소송법 제420조 제5호의 재심사유인 '무죄 등을 인정할 증거가 새로 발견된 때'에 해당한다.
② 유죄의 확정판결 후 형선고의 효력을 상실케 하는 특별사면이 있었다면 이미 재심청구의 대상이 존재하지 않아 그러한 판결을 대상으로 하는 재심청구는 부적법하다.
③ 항소심의 유죄판결에 대한 상고심 재판 계속 중 피고인이 사망하여 공소기각 결정이 확정되었다면 형사소송법상 재심절차의 전제가 되는 '유죄의 확정판결'이 존재하는 경우에 해당한다고 할 수 없다.
④ 재심청구인이 재심 청구를 한 후 청구에 대한 결정이 확정되기 전에 사망한 경우 재심청구절차는 재심청구인의 사망으로 당연히 종료하게 된다.

해설

① 【 O 】 대결 2013.4.18. 2010모363
② 【 X 】 특별사면으로 형 선고의 효력이 상실된 유죄의 확정판결도 형사소송법 제420조의 '유죄의 확정판결'에 해당하여 재심청구의 대상이 될 수 있다(대판 2015.5.21. 2011도1932 전합).
③ 【 O 】 대판 2013.6.27. 2011도7931
④ 【 O 】 대결 2014.5.30. 2014모739

정답 ②

12 형사소송법상 재심에 대한 설명으로 가장 적절하지 않은 것은? (다툼이 있는 경우 판례에 의함)

18. 경찰채용 3차

① 유죄 확정판결 및 유죄판결에 대한 항소 또는 상고를 기각한 확정판결에 대하여는 재심을 청구할 수 있으나, 면소판결을 대상으로 한 재심청구는 부적법하다.
② 경합범 관계에 있는 수 개의 범죄사실을 유죄로 인정하여 한 개의 형을 선고한 불가분의 확정판결에서 그 일부의 범죄사실에 대하여만 재심청구의 이유가 있는 것으로 인정된 경우에는 재심법원은 수 개의 범죄사실 모두를 다시 심리하여 유죄인정을 파기해야 한다.
③ 재심대상판결 확정 후에 형선고의 효력을 상실케 하는 특별사면이 있었다고 하더라도 재심개시결정이 확정되어 재심심판절차를 진행하는 법원은 그 심급에 따라 다시 심판하여 실체에 관한 유·무죄 등의 판단을 해야지, 특별사면이 있음을 들어 면소판결을 하여서는 아니 된다.
④ 유죄의 확정판결에 대하여 재심개시결정이 확정되어 법원이 그 사건에 대하여 다시 심판을 한 후 재심의 판결을 선고하고 그 재심판결이 확정된 때에는 종전의 확정판결은 당연히 효력을 상실한다.

[해설]
① 【O】 대결 2018.5.2. 2015모3243
② 【X】 경합범 관계에 있는 수 개의 범죄사실을 유죄로 인정하여 한 개의 형을 선고한 불가분의 확정판결에서 그중 일부의 범죄사실에 대하여만 재심청구의 이유가 있는 것으로 인정된 경우에는 형식적으로는 1개의 형이 선고된 판결에 대한 것이어서 그 판결 전부에 대하여 재심개시의 결정을 할 수밖에 없지만, 비상구제수단인 재심제도의 본질상 재심사유가 없는 범죄사실에 대하여는 재심개시결정의 효력이 그 부분을 형식적으로 심판의 대상에 포함시키는데 그치므로 재심법원은 그 부분에 대하여는 이를 다시 심리하여 유죄인정을 파기할 수 없고, 다만 그 부분에 관하여 새로이 양형을 하여야 하므로 양형을 위하여 필요한 범위에 한하여만 심리를 할 수 있을 뿐이다(대판 2001.7.13. 2001도1239).
③ 【O】 대판 2015.5.21. 2011도1932 전합
④ 【O】 대판 2017.9.21. 2017도4019

정답 ②

13 재심에 대한 설명으로 가장 적절하지 않은 것은? (다툼이 있는 경우 판례에 의함)

19. 경찰승진

① 유죄 확정판결 및 유죄판결에 대한 항소 또는 상고를 기각한 확정판결에 대하여는 재심을 청구할 수 있으나, 면소판결을 대상으로 한 재심청구는 부적법하다.
② 수사기관이 영장주의를 배제하는 위헌적 법령에 따라 영장 없는 체포·구금을 한 경우에도 불법체포·감금의 직무범죄가 인정되는 경우에 준하는 것으로 보아 「형사소송법」 제420조 제7호의 재심사유가 있다고 보아야 한다.
③ 제1심 확정판결에 대한 재심청구사건의 판결이 있은 후에는 항소기각 판결에 대하여 다시 재심을 청구하지 못한다.
④ 재심청구인이 재심의 청구를 한 후 청구에 대한 결정이 확정되기 전에 사망한 경우라도 재심청구절차는 재심청구인의 사망으로 당연히 종료하게 되는 것은 아니다.

해설

①② 【 O 】 대결 2018.5.2. 2015모3243
③ 【 O 】 제421조 제2항
④ 【 X 】 형사소송법이나 형사소송규칙에는 재심청구인이 재심의 청구를 한 후 청구에 대한 결정이 확정되기 전에 사망한 경우에 재심청구인의 배우자나 친족 등에 의한 재심청구인 지위의 승계를 인정하거나 형사소송법 제438조와 같이 재심청구인이 사망한 경우에도 절차를 속행할 수 있는 규정이 없으므로, 재심청구절차는 재심청구인의 사망으로 당연히 종료하게 된다(대결 2014.5.30. 2014모739).

정답 ④

14 재심에 관한 다음 설명 중 가장 옳지 않은 것은? (다툼이 있는 경우 판례에 의함)

19. 법원직

① 유죄판결 확정 후에 형선고의 효력을 상실케 하는 특별사면이 있는 경우 특별사면으로 형선고의 효력이 상실된 위 유죄의 확정판결도 재심청구의 대상이 된다.
② 재심청구를 받은 군사법원이 재판권이 없음에도 재심개시결정을 한 후에 비로소 사건을 일반법원으로 이송한 경우, 이는 위법한 재판권의 행사이나 사건을 이송받은 일반법원은 다시 처음부터 재심개시절차를 진행할 필요는 없다.
③ 형사소송법 제420조 제5호는 형의 선고를 받은 자에 대하여 형의 면제를 인정할 명백한 증거가 새로 발견된 때를 재심사유로 들고 있는바, 여기에서 형의 면제라 함은 형의 필요적 면제의 경우만을 말하고 임의적인 면제는 이에 해당하지 않는다.
④ 재심개시절차에서는 형사소송법에서 규정하고 있는 재심사유가 있는지 여부와 함께 재심사유가 재심대상판결에 영향을 미칠 가능성이 있는가의 실체적 사유도 고려하여야 한다.

해설

①② 【 O 】 대판 2015.5.21. 2011도1932 전합
③ 【 O 】 대결 1984.5.30. 84모32
④ 【 X 】 형사소송법상 재심절차는 재심개시절차와 재심심판절차로 구별되는 것이므로, 재심개시절차에서는 형사소송법을 규정하고 있는 재심사유가 있는지 여부만을 판단하여야 하고, 나아가 재심사유가 재심대상판결에 영향을 미칠 가능성이 있는가의 실체적 사유는 고려하여서는 아니 된다(대결 2008.4.24. 2008모77).

정답 ④

15 재심에 관한 다음 설명 중 가장 옳지 않은 것은? (다툼이 있는 경우 판례에 의함) 　20. 법원직

① 재심청구인이 재심 청구를 한 후 청구에 대한 결정이 확정되기 전에 사망한 경우 재심청구절차가 종료한다.
② 조세심판원이 재조사결정을 하고 그에 따라 과세관청이 후속처분으로 당초 부과처분을 취소하였다면 부과처분은 처분 시에 소급하여 효력을 잃게 되어 원칙적으로 그에 따른 납세의무도 없어지므로, 형사소송법 제420조 제5호에 정한 재심사유에 해당한다.
③ 위헌으로 결정된 법률 또는 법률의 조항이 종전의 합헌결정이 있는 날의 다음 날로 소급하여 효력을 상실하는 경우, 합헌결정이 있는 날의 다음 날 이후에 유죄판결이 선고되어 확정되었다고 하더라도 범죄행위가 그 이전에 행하여졌다면 재심을 청구할 수 없다.
④ 유죄의 확정판결에 대하여 재심개시결정이 확정되어 법원이 그 사건에 대하여 다시 심판을 한 후 재심의 판결을 선고하고 그 재심판결이 확정된 때에는 종전의 확정판결은 당연히 효력을 상실한다.

해 설

① 【 O 】 대결 2014.5.30. 2014모739
② 【 O 】 대판 2015.10.29. 2013도14716
③ 【 X 】 헌법재판소법 제47조 제4항에 따라 재심을 청구할 수 있는 '위헌으로 결정된 법률 또는 법률의 조항에 근거한 유죄의 확정판결'이란 헌법재판소의 위헌결정으로 인하여 같은 조 제3항의 규정에 의하여 소급하여 효력을 상실하는 법률 또는 법률의 조항을 적용한 유죄의 확정판결을 의미한다. 따라서 위헌으로 결정된 법률 또는 법률의 조항이 같은 조 제3항단서에 의하여 종전의 합헌결정이 있는 날의 다음 날로 소급하여 효력을 상실하는 경우 합헌결정이 있는 날의 다음 날 이후에 유죄판결이 선고되어 확정되었다면, 비록 범죄행위가 그 이전에 행하여졌더라도 그 판결은 위헌결정으로 인하여 소급하여 효력을 상실한 법률 또는 법률의 조항을 적용한 것으로서 '위헌으로 결정된 법률 또는 법률의 조항에 근거한 유죄의 확정판결'에 해당하므로 이에 대하여 재심을 청구할 수 있다(대결 2016.11.10. 2015모1475).
④ 【 O 】 대판 2019.6.20. 2018도20698 전합

정답 ③

---

16 재심에 관한 설명 중 가장 적절하지 않은 것은? (다툼이 있는 경우 판례에 의함) 　20. 경찰승진

① 유죄의 확정판결에 대하여 재심개시결정이 확정되어 법원이 그 사건에 대하여 다시 심판을 한 후 재심의 판결을 선고하고 그 재심판결이 확정된 때에는 종전의 확정판결은 당연히 효력을 상실한다.
② 유죄의 선고를 받은 자에 대하여 무죄 또는 면소를, 형의 선고를 받은 자에 대하여 형의 면제 또는 원판결이 인정한 죄보다 경한 죄를 인정할 명백한 증거가 새로 발견된 때는 재심의 이유가 된다.
③ 경합범 관계에 있는 수 개의 범죄사실을 유죄로 인정하여 한 개의 형을 선고한 불가분의 확정판결에서 그 중 일부의 범죄사실에 대하여만 재심청구의 이유가 있는 것으로 인정된 경우라도 재심법원은 재심사유가 없는 범죄사실에 대하여 다시 심리하여 유죄 인정을 파기할 수 있다.
④ 피고인이 재심을 청구한 경우 재심의 대상이 되는 판결확정 전 소송절차에서 제출할 수 있던 증거를 과실로 제출하지 못한 경우에 그 증거는 형사소송법 제420조 제5호의 '증거가 새로 발견된 때'에 해당하지 아니한다.

[해설]

① 【 O 】 대판 2017.9.21. 2017도4019
② 【 O 】 제420조 제5호
③ 【 X 】 경합범 관계에 있는 수 개의 범죄사실을 유죄로 인정하여 한 개의 형을 선고한 불가분의 확정판결에서 그 중 일부의 범죄사실에 대하여만 재심청구의 이유가 있는 것으로 인정된 경우에는 형식적으로는 1개의 형이 선고된 판결에 대한 것이어서 그 판결 전부에 대하여 재심개시의 결정을 할 수밖에 없지만, 비상구제수단인 재심제도의 본질상 재심사유가 없는 범죄사실에 대하여는 재심개시결정의 효력이 그 부분을 형식적으로 심판의 대상에 포함시키는데 그치므로 재심법원은 그 부분에 대하여는 이를 다시 심리하여 유죄인정을 파기할 수 없고 다만 그 부분에 관하여 새로이 양형을 하여야 하므로 양형을 위하여 필요한 범위에 한하여만 심리를 할 수 있을 뿐이다(대판 2001.7.13. 2001도1239).
④ 【 O 】 대결 2009.7.16. 2005모472

[정답] ③

17. 재심에 대한 설명으로 옳지 않은 것은? (다툼이 있는 경우 판례에 의함)

20. 국가직

① 재심심판절차에서 재심의 판결을 선고하고 그 재심판결이 확정된 때에 종전의 유죄의 확정판결은 효력을 상실한다.
② 재심심판절차에서는 특별한 사정이 없는 한 재심사건에 다른 사건의 공소사실을 추가하는 공소장변경을 하거나 다른 일반 사건을 병합하여 함께 심판하는 것이 허용되지 않는다.
③ 원판결의 증거가 된 증언이 나중에 확정판결에 의하여 허위임이 증명되더라도 허위증언 부분을 제외하고 다른 증거에 의하여 그 범죄사실이 유죄로 인정될 개연성이 있으면 재심사유는 인정되지 않는다.
④ 재심이 개시된 사건에 적용되어야 할 형벌에 관한 법령이 헌법재판소의 위헌결정으로 소급하여 그 효력을 상실하였다면 재심사건에 대하여 무죄를 선고하여야 한다.

[해설]

① 【 O 】 대판 2017.9.21. 2017도4019
② 【 O 】 대판 2019.6.20. 2018도20698 전합
③ 【 X 】 형사소송법 제420조 제2호의 재심사유에 해당하기 위해서는 원판결의 증거된 증언이 확정판결에 의하여 허위인 것이 증명되어야 하는데, 여기에서 말하는 '원판결의 증거된 증언'이란 원판결의 이유 중에서 증거로 채택되어 죄로 되는 사실(범죄사실)을 인정하는 데 인용된 증언을 뜻하므로, 원판결의 이유에서 증거로 인용된 증언이 '죄로 되는 사실'과 직접 혹은 간접적으로 관련된 내용이라면 위 법조에서 정한 '원판결의 증거된 증언'에 해당하고, 그 증언이 나중에 확정판결에 의하여 허위인 것이 증명된 이상 허위증언 부분을 제외하고도 다른 증거에 의하여 '죄로 되는 사실'이 유죄로 인정될 것인지에 관계없이 형사소송법 제420조 제2호의 재심사유가 있다고 보아야 한다(대판 2012.4.13. 2011도8529).
④ 【 O 】 대판 2010.12.16. 2010도5986 전합

[정답] ③

18 재심에 대한 설명으로 옳지 않은 것은? (다툼이 있는 경우 판례에 의함) 20. 검찰 7급

① 「형사소송법」상 재심청구는 형의 집행을 정지하는 효력이 없지만, 관할법원에 대응한 검찰청 검사는 재심청구에 대한 재판이 있을 때까지 형의 집행을 정지할 수 있다.
② 경합범 관계에 있는 수 개의 범죄사실을 유죄로 인정하여 1개의 형을 선고한 불가분의 확정판결에서 그 중 일부의 범죄사실에 대하여만 재심청구의 이유가 있는 것으로 인정된 경우, 그 판결 전부에 대하여 재심개시결정을 할 수밖에 없지만 재심사유가 없는 범죄사실에 대하여는 이를 다시 심리하여 유죄인정을 파기할 수 없고, 그 부분에 관하여는 양형을 위하여 필요한 범위에 한하여만 심리할 수 있을 뿐이다.
③ 특별사면으로 형 선고의 효력이 상실된 유죄의 확정판결은 「형사소송법」 제420조의 '유죄의 확정판결'에 해당하므로 재심청구의 대상이 될 수 있다.
④ 재심청구인이 재심청구를 한 후 그 청구에 대한 결정이 확정되기 전에 사망하더라도 재심청구절차가 재심청구인의 사망으로 종료하지 않는다.

[해 설]

① 【 O 】 제428조
② 【 O 】 대판 2001.7.13. 2001도1239
③ 【 O 】 대판 2015.5.21. 2011도1932 전합
④ 【 X 】 형사소송법이나 형사소송규칙에는 재심청구인이 재심의 청구를 한 후 청구에 대한 결정이 확정되기 전에 사망한 경우에 재심청구인의 배우자나 친족 등에 의한 재심청구인 지위의 승계를 인정하거나 형사소송법 제438조와 같이 재심청구인이 사망한 경우에도 절차를 속행할 수 있는 규정이 없으므로, 재심청구절차는 재심청구인의 사망으로 당연히 종료하게 된다(대결 2014.5.30. 2014모739).

정답 ④

19 재심에 대한 설명으로 옳지 않은 것은? (다툼이 있는 경우 판례에 의함) 21. 국가직 7급

① 당사자가 재심청구의 이유에 관한 사실조사신청을 한 경우 법원은 이 신청에 대해서 판단을 하여야 하고, 신청을 배척하는 경우에는 당사자에게 이를 고지하여야 한다.
② '원판결의 증거된 증언이 확정판결에 의하여 허위인 것이 증명된 때'라 함은 그 증인이 위증을 하여 그 죄에 의하여 처벌되어 그 판결이 확정된 경우를 말하는 것이고, 원판결의 증거된 증언을 한 자가 그 재판 과정에서 자신의 증언과 반대되는 취지의 증언을 한 다른 증인을 위증죄로 고소하였다가 그 고소가 허위임이 밝혀져 무고죄로 유죄의 확정판결을 받은 경우는 이 재심사유에 포함되지 아니한다.
③ 군사법원의 판결이 확정된 후 피고인에 대한 재판권이 더 이상 군사법원에 없게 된 경우, 군사법원의 판결에 대한 재심사건의 관할은 원판결을 한 군사법원과 같은 심급의 일반법원에 있다.
④ 피고인이 재심을 청구한 경우에 재심대상이 되는 확정판결의 소송절차 중에 증거를 제출하지 못한 데 과실이 있는 경우에는 그 증거는 '증거가 새로 발견된 때'에서 제외된다.

[해 설]

① 【 X 】 재심의 청구를 받은 법원은 필요하다고 인정한 때에는 형사소송법 제431조에 의하여 직권으로 재심청구의 이유에 대한 사실조사를 할 수 있으나, 소송당사자에게 사실조사신청권이 있는 것이 아니다. 그러므로 당사자가 재심청구의 이유에 관한 사실조사신청을 한 경우에도 이는 단지 법원의 직권발동을 촉구하는 의미밖에 없는 것이므로, 법원은 이 신청에 대하여는 재판을 할 필요가 없고 설령 법원이 이 신청을 배척하였다고 하여 당사자에게 이를 고지할 필요가 없다(대결 2021.3.12. 2019모3554).
② 【 O 】 대판 2005.4.14. 2003도1080
③ 【 O 】 대판 1985.9.24. 84도2972
④ 【 O 】 대결 2009.7.16. 2005모472 전합

정답 ①

20 형사소송법 제420조 제5호에서 정한 재심사유인 무죄 등을 인정할 '명백한 증거가 새로 발견된 때'에 대한 설명으로 가장 적절하지 않은 것은? (다툼이 있는 경우 판례에 의함)

21. 경찰채용 1차

① 친고죄에서 담당공무원이 고소취소장을 접수받은 후 기록에 첨부하지 않는 바람에 유죄의 판결이 선고되고 그 판결이 확정되었다는 사실이 뒤늦게 확인되었다면, 공소기각을 인정할 명백한 증거가 새로 발견된 것으로서 재심사유가 된다.
② 형벌에 관한 법령이 당초부터 헌법에 위배되어 법원에서 위헌·무효라고 선언한 때에는 무죄 등을 인정할 명백한 증거가 새로 발견된 때에 해당한다.
③ 당해 사건의 증거가 아니고 공범자 중 1인에 대하여 무죄, 다른 1인에 대하여 유죄의 확정판결이 있는 경우에 무죄확정판결 자체만으로는 무죄확정판결의 증거자료를 자기의 증거로 하지 못하였고 또 새로 발견된 것이 아닌 한 유죄확정판결에 대한 새로운 증거로서의 재심사유에 해당한다고 할 수 없다.
④ 조세의 부과처분을 취소하는 행정판결이 확정된 경우, 부과처분의 효력은 처분 시에 소급하여 효력을 잃게 되어 그에 따른 납세의무가 없으므로, 확정된 행정판결은 조세포탈에 대한 무죄 내지 원심판결이 인정한 죄보다 경한 죄를 인정할 명백한 증거에 해당한다.

해설

① 【X】 형사소송법 제420조 제5호는 유죄의 선고를 받은 자에 대하여 무죄 또는 면소를, 형의 선고를 받은 자에 대하여 형의 면제 또는 원판결이 인정한 죄보다 경한 죄를 인정할 명백한 증거가 발견된 때에는 재심을 청구할 수 있다고 규정하고 있고, 위 법조 소정의 '원판결이 인정한 죄보다 경한 죄'라 함은 원판결이 인정한 죄와는 별개의 죄로서 그 법정형이 가벼운 죄를 말하는 것이므로, 동일한 죄에 대하여 공소기각을 선고받을 수 있는 경우는 여기에서의 경한 죄에 해당하지 않는다고 할 것이다. 소론이 주장하는 바와 같이 재항고인에 대한 간통죄의 고소가 취소되었다 하더라도 이는 법원으로부터 공소기각을 선고받을 수 있는 사유에 지나지 아니하므로, 가사 소론 주장처럼 담당공무원이 위 고소취소장을 접수받아 기록에 첨부하지 아니하는 바람에 재항고인에 대하여 유죄의 판결이 선고되고 그 판결이 확정되었다고 하더라도 그와 같은 사유는 형사소송법 제420조 제5호 소정의 재심사유에 해당하지 않는다고 할 것이다(대결 1997.1.13. 96모51).
② 【O】 대판 2019.1.31. 2018도6185
③ 【O】 대결 1984.4.13. 84모14
④ 【O】 대판 2015.10.29. 2013도14716

정답 ①

21. 재심에 관한 다음 설명 중 가장 옳지 않은 것은? (다툼이 있는 경우 판례에 의함)

① 유죄의 확정판결과 달리 항소 또는 상고의 기각판결은 재심의 대상이 될 수 없다.
② 형사소송법 제420조 제5호에서 정한 재심사유인 무죄 등을 인정할 '증거가 새로 발견된 때'라 함은 재심대상이 되는 확정판결의 소송절차에서 발견되지 못하였거나 또는 발견되었다 하더라도 제출할 수 없었던 증거로서 이를 새로 발견하였거나 비로소 제출할 수 있게 된 때를 말한다.
③ 재심판결이 확정됨에 따라 원판결이나 그 부수처분의 법률적 효과가 상실되고 형 선고가 있었다는 기왕의 사실 자체의 효과가 소멸하는 것은 재심의 본질상 당연한 것으로서, 원판결의 효력 상실 그 자체로 인하여 피고인이 어떠한 불이익을 입는다 하더라도 이를 두고 재심에서 보호되어야 할 피고인의 법적 지위를 해치는 것이라고 볼 것은 아니다.
④ 면소판결을 대상으로 한 재심청구는 부적법하다.

해설

① 【X】 재심의 대상은 유죄의 확정판결과 항소 또는 상고의 기각판결이다(제420조, 제421조 제1항).
② 【O】 대결 2009.7.16. 2005모472 전합
③ 【O】 대판 2019.2.28. 2018도13382
④ 【O】 대결 2018.5.2. 2015모3243

정답 ①

22. 재심에 대한 설명으로 옳은 것은?

① 재심사유 중 '무죄 등을 인정할 명백한 증거'에 해당하는지 여부는 새로 발견된 증거만을 독립적·고립적으로 고찰하여 그 증거가치만으로 판단하여야 한다.
② 재심심판절차에서는 특별한 사정이 없는 한 재심대상사건과 별개의 공소사실을 추가하는 내용의 공소장변경을 하거나 일반절차로 진행 중인 별개의 형사사건을 병합하여 심리할 수 없다.
③ 특별사면으로 형 선고의 효력이 상실된 유죄확정판결에 대하여 재심개시결정이 확정된 경우, 재심심판절차에서는 그 심급에 따라 다시 심판하여 특별사면을 이유로 면소판결을 하여야 한다.
④ 경합범 관계에 있는 수 개의 범죄사실을 유죄로 인정하여 1개의 형을 선고한 불가분의 확정판결에서 그 중 일부의 범죄사실에 대하여만 재심청구의 이유가 인정되는 경우, 그 부분에 대해서만 재심개시결정을 하여야 한다.

해설

① 【X】 형사소송법 제420조 제5호에 정한 '무죄 등을 인정할 명백한 증거'에 해당하는지 여부를 판단할 때에는 법원으로서는 새로 발견된 증거만을 독립적·고립적으로 고찰하여 그 증거가치만으로 재심의 개시 여부를 판단할 것이 아니라, 재심대상이 되는 확정판결을 선고한 법원이 사실인정의 기초로 삼은 증거들 가운데 새로 발견된 증거와 유기적으로 밀접하게 관련되고 모순되는 것들은 함께 고려하여 평가하여야 하고, 그 결과 단순히 재심대상이 되는 유죄의 확정판결에 대하여 그 정당성이 의심되는 수준을 넘어 그 판결을 그대로 유지할 수 없을 정도로 고도의 개연성이 인정되는 경우라면 그 새로운 증거는 위 조항의 '명백한 증거'에 해당한다(대결 2009.7.16. 2005모472 전합).
② 【O】 재심의 취지와 특성, 형사소송법의 이익재심 원칙과 재심심판절차에 관한 특칙 등에 비추어 보면, 재심심판절차에서는 특별한 사정이 없는 한 검사가 재심대상사건과 별개의 공소사실을 추가하는 내용으로 공소장을 변경하는 것은 허용되지 않고, 재심대상사건에 일반 절차로 진행 중인 별개의 형사사건을 병합하여 심리하는 것도 허용되지 않는다(대판 2019.6.20. 2018도20698 전합).

③ 【 X 】 특별사면으로 형 선고의 효력이 상실된 유죄의 확정판결도 형사소송법 제420조의 '유죄의 확정판결'에 해당하여 재심청구의 대상이 되고, 한편 면소판결 사유인 형사소송법 제326조 제2호의 '사면'이란 일반사면을 의미할 뿐 형을 선고받아 확정된 자를 상대로 이루어지는 특별사면은 이에 해당하지 아니한다. 따라서 특별사면으로 형 선고의 효력이 상실된 유죄의 확정판결을 대상으로 재심이 청구되어 재심개시결정이 확정된 경우에, 재심심판절차를 진행하는 법원으로서는 특별사면이 있음을 들어 면소판결을 할 것이 아니고 그 심급에 따라 다시 심판하여 실체에 관한 유·무죄 등의 판단을 하여야 한다(대판 2015.10.29. 2012도2938).

④ 【 X 】 경합범 관계에 있는 수 개의 범죄사실을 유죄로 인정하여 한 개의 형을 선고한 불가분의 확정판결에서 그 중 일부의 범죄사실에 대하여만 재심청구의 이유가 있는 것으로 인정된 경우에는 형식적으로는 1개의 형이 선고된 판결에 대한 것이어서 그 판결 전부에 대하여 재심개시의 결정을 할 수밖에 없지만, 비상구제수단인 재심제도의 본질상 재심사유가 없는 범죄사실에 대하여는 재심개시결정의 효력이 그 부분을 형식적으로 심판의 대상에 포함시키는데 그치므로 재심법원은 그 부분에 대하여는 이를 다시 심리하여 유죄인정을 파기할 수 없고 다만 그 부분에 관하여 새로이 양형을 하여야 하므로 양형을 위하여 필요한 범위에 한하여만 심리를 할 수 있을 뿐이다(대판 1996.6.14. 96도477).

정답 ②

23 재심에 관한 설명으로 가장 적절하지 않은 것은? (다툼이 있는 경우 판례에 의함)
25. 경찰승진

① 유죄의 확정판결에 대하여 재심개시결정이 확정되어 법원이 그 사건에 대하여 다시 심판을 한 후 재심의 판결을 선고하고 그 재심판결이 확정된 때에는 종전의 확정판결은 당연히 효력을 상실한다.

② 형의 선고를 받은 자에 대하여 원판결이 인정한 죄보다 가벼운 죄를 인정할 명백한 증거가 새로 발견된 때에도 재심이 유가 되고 여기에서 '원판결이 인정한 죄보다 경한 죄를 인정할 경우'에는 원판결에서 인정한 죄 자체에는 변함이 없고, 양형상의 자료에 변동을 가져올 사유도 이에 해당된다.

③ 재심의 취지와 특성, 「형사소송법」의 이익재심 원칙과 재심심판절차에 관한 특칙 등에 비추어 보면, 재심심판절차에서는 특별한 사정이 없는 한 검사가 재심대상사건과 별개의 공소사실을 추가하는 내용으로 공소장을 변경하는 것은 허용되지 않고, 재심대상사건에 일반 절차로 진행 중인 별개의 형사사건을 병합하여 심리하는 것도 허용되지 않는다.

④ 당사자가 재심청구의 이유에 관한 사실조사신청을 한 경우에 이는 단지 법원의 직권발동을 촉구하는 의미밖에 없는 것이므로, 법원은 이 신청에 대하여 재판을 할 필요가 없고, 설령 법원이 이 신청을 배척하였다고 하여도 당사자에게 이를 고지할 필요가 없다.

① 【 O 】 유죄의 확정판결 등에 대해 재심개시결정이 확정된 후 재심심판절차가 진행 중이라는 것만으로는 확정판결의 존재 내지 효력을 부정할 수 없고, 재심개시결정이 확정되어 법원이 그 사건에 대해 다시 심리를 한 후 재심의 판결을 선고하고 그 재심판결이 확정된 때에 종전의 확정판결이 효력을 상실한다(대판 2019.6.20. 2018도20698 전합).

② 【 X 】 형사소송법 제420조 제5호에서 말하는 원판결이 인정한 죄보다 경한 죄를 인정할 경우라 함은 원판결에서 인정한 죄와는 별개의 죄로서 그보다 경한 죄를 말한다 할 것이고 원판결에서 인정한 죄 자체에는 변함이 없고 다만 양형상의 자료에 변동을 가져올 사유에 불과한 것은 여기에 해당하지 않는다(대결 1987.7.14. 87모33).

③ 【 O 】 재심의 취지와 특성, 형사소송법의 이익재심 원칙과 재심심판절차에 관한 특칙 등에 비추어 보면, 재심심판절차에서는 특별한 사정이 없는 한 검사가 재심대상사건과 별개의 공소사실을 추가하는 내용으로 공소장을 변경하는 것은 허용되지 않고, 재심대상사건에 일반 절차로 진행 중인 별개의 형사사건을 병합하여 심리하는 것도 허용되지 않는다(대판 2019.6.20. 2018도20698 전합).

④ 【 O 】 재심의 청구를 받은 법원은 필요하다고 인정한 때에는 형사소송법 제431조에 의하여 직권으로 재심청구의 이유에 대한 사실조사를 할 수 있으나, 소송당사자에게 사실조사신청권이 있는 것이 아니다. 그러므로 당사자가 재심청구의 이유에 관한 사실조사신청을 한 경우에도 이는 단지 법원의 직권발동을 촉구하는 의미밖에 없는 것이므로, 법원은 이 신청에 대하여는 재판을 할 필요가 없고, 설령 법원이 이 신청을 배척하였다고 하여도 당사자에게 이를 고지할 필요가 없다(대결 2021.3.12. 2019모3554).

정답 ②

24 형사절차에 대한 설명으로 옳지 않은 것은? (다툼이 있는 경우 판례에 의함)
19. 국가직

① 법원이 판결의 선고 전에 피고인이 이미 사망한 사실을 알지 못하여 공소기각의 결정을 하지 않고 실체판결에 나아감으로써 법령위반의 결과를 초래한 경우, 이에 대한 검찰총장의 비상상고는 적법하다.
② 피고인이 정식재판을 청구한 사건에 대하여는 약식명령의 형보다 중한 종류의 형을 선고하지 못하고, 약식명령의 형보다 중한 형을 선고하는 경우에는 판결서에 양형의 이유를 적어야 한다.
③ 피의자는 미리 증거를 보전하지 아니하면 그 증거를 사용하기 곤란한 사정이 있는 때에는 제1회 공판기일 전이라도 판사에게 증인신문을 청구할 수 있는데, 판사가 이를 기각하는 결정에 대하여는 3일 이내에 항고할 수 있다.
④ 甲이 수사기관에서 조사를 받을 때 乙의 성명, 주소, 본적 등 인적 사항을 모용하였기 때문에 검사가 이를 오인하여 乙의 표시로 공소를 제기한 경우, 검사가 공소제기 후 피고인표시정정을 함으로써 그 모용관계가 바로 잡혔다고 볼만한 사정이 없는 이상 이 공소는 「형사소송법」 제254조의 공소제기의 방식에 관한 규정에 위반하여 무효로 된다.

【해설】

① 【 X 】 형사소송법 제441조는 "검찰총장은 판결이 확정한 후 그 사건의 심판이 법령에 위반한 것을 발견한 때에는 대법원에 비상상고를 할 수 있다."고 규정하고 있는바, 이러한 비상상고 제도는 법령 적용의 오류를 시정함으로써 법령의 해석·적용의 통일을 도모하려는 데에 주된 목적이 있는 것이므로, '그 사건의 심판이 법령에 위반한 것'이라고 함은 확정판결에서 인정한 사실을 변경하지 아니하고 이를 전제로 한 실체법의 적용에 관한 위법 또는 그 사건에 있어서의 절차법상의 위배가 있음을 뜻하는 것이므로, 단순히 그 법령 적용의 전제사실을 오인함에 따라 법령위반의 결과를 초래한 것과 같은 경우는 법령의 해석적용을 통일한다는 목적에 유용하지 않으므로 '그 사건의 심판이 법령에 위반한 것'에 해당하지 않는다고 해석함이 상당하다. 법원이 원판결의 선고 전에 피고인이 이미 사망한 사실을 알지 못하여 공소기각의 결정을 하지 않고 실체판결에 나아감으로써 법령위반의 결과를 초래하였다고 하더라도, 이는 형사소송법 제441조에 정한 '그 심판이 법령에 위반한 것'에 해당한다고 볼 수 없다(대판 2005.3.11. 2004오2).
② 【 O 】 제457조의2 제1항, 제2항
③ 【 O 】 제184조 제1항, 제4항
④ 【 O 】 대판 1993.1.19. 92도2554

정답 ①

Chapter 03 특별형사절차

01 다음 설명 중 가장 옳지 않은 것은? (다툼이 있는 경우 판례에 의함) 16. 법원직

① 약식명령으로 과할 수 있는 형은 벌금·과료·몰수에 한정된다.
② 관할위반·공소기각·면소·무죄를 선고하는 것은 약식명령으로 할 수 없다.
③ 약식명령에 대한 정식재판의 청구는 제1심판결 선고 전까지 취하할 수 있다.
④ 약식명령이 확정된 경우 그 기판력의 시간적 범위는 약식명령을 발령한 때가 아니라, 피고인이 약식명령을 고지받은 때라는 것이 판례이다.

[해설]

① 【 O 】 제448조 제1항
② 【 O 】 약식명령은 재산형 유죄를 선고할 경우에 한한다. 따라서 형식재판이나 무죄를 선고하는 경우에는 약식명령으로 할 수 없다.
③ 【 O 】 검사와 피고인 또는 기타 정식재판청구권자는 정식재판청구를 취하할 수 있다(제458조, 제349조). 이때 정식재판청구의 취하는 제1심판결선고 전까지 할 수 있다(제454조).
④ 【 X 】 유죄의 확정판결의 기판력의 시적범위 즉 어느 때까지의 범죄사실에 관하여 기판력이 미치느냐의 기준시점은 사실심리의 가능성이 있는 최후의 시점인 판결선고시를 기준으로 하여 가리게 되고, 판결절차 아닌 약식명령은 그 고지를 검사와 피고인에 대한 재판서 송달로써 하고 따로 선고하지 않으므로 약식명령에 관하여는 그 기판력의 시적범위를 약식명령의 송달시를 기준으로 할 것인가 또는 그 발령시를 기준으로 할 것인지 이론의 여지가 있으나 그 기판력의 시적 범위를 판결절차와 달리 하여야 할 이유가 없으므로 그 발령시를 기준으로 하여야 한다(대판 1984.7.24. 84도1129).

정답 ④

02 약식명령에 대한 설명으로 옳은 것(○)과 옳지 않은 것(×)을 바르게 표시한 것은? (다툼이 있는 경우 판례에 의함)

16. 검찰 7급 변형

> ㉠ 약식명령의 청구가 있는 경우에 그 사건이 약식명령으로 할 수 없거나 약식명령으로 하는 것이 적당하지 아니하다고 인정한 때에는 청구를 기각하여야 한다.
> ㉡ 검사는 약식명령의 청구와 동시에 약식명령을 하는데 필요한 증거서류 및 증거물을 법원에 제출하여야 하고, 법원은 그 청구가 있은 날로부터 14일 이내에 약식명령을 하여야 한다.
> ㉢ 검사 또는 피고인은 약식명령의 고지를 받은 날로부터 7일 이내에 정식재판의 청구를 할 수 있으며, 피고인은 그 기간 내에 정식재판의 청구를 포기할 수 있다.
> ㉣ 약식명령에 대해 피고인만 정식재판을 청구한 경우, 법원은 약식명령의 형보다 중한 형을 선고하지 못한다.

① ㉠ × ㉡ × ㉢ × ㉣ ×
② ㉠ ○ ㉡ × ㉢ ○ ㉣ ○
③ ㉠ × ㉡ ○ ㉢ × ㉣ ×
④ ㉠ ○ ㉡ ○ ㉢ ○ ㉣ ○

해설

㉠【 X 】약식명령의 청구가 있는 경우에 그 사건이 약식명령으로 할 수 없거나 약식명령으로 하는 것이 적당하지 아니하다고 인정한 때에는 공판절차에 의하여 심판하여야 한다(제450조). 즉, 약식명령의 청구를 기각하는 것이 아니라 공판절차에 의하여 심판하도록 되어 있다.
㉡【 O 】규칙 제170조, 제171조
㉢【 X 】검사 또는 피고인은 약식명령의 고지를 받은 날로부터 7일 이내에 정식재판의 청구를 할 수 있다. 단, 피고인은 정식재판의 청구를 포기할 수 없다(제453조 제1항).
㉣【 X 】약식명령에 대한 정식재판청구시에는 형종상향지의 원칙이 적용될 뿐 불이익변경금지원칙은 적용되지 않는다(제457조의2). 즉, 중한 종류의 형을 선고하지 못할 뿐 중한 형의 선고는 가능하다.

정답 ③

03 약식명령에 대한 설명 중 가장 적절하지 않은 것은? (다툼이 있는 경우 판례에 의함)

18. 경찰승진

① 약식명령의 청구가 있는 경우에 그 사건이 약식명령으로 할 수 없거나 약식명령으로 하는 것이 적당하지 아니하다고 인정한 때에는 청구를 기각하여야 한다.
② 검사는 약식명령의 청구와 동시에 약식명령을 하는데 필요한 증거서류 및 증거물을 법원에 제출하여야 하고, 약식명령은 그 청구가 있은 날로부터 14일 내에 이를 하여야 한다.
③ 검사 또는 피고인은 약식명령의 고지를 받은 날로부터 7일 이내에 정식재판의 청구를 할 수 있다. 단, 피고인은 정식재판의 청구를 포기할 수 없다.
④ 정식재판의 청구가 법령상의 방식에 위반하거나 청구권의 소멸 후인 것이 명백한 때에는 결정으로 기각하여야 하고, 그 결정에 대하여는 즉시항고를 할 수 있다.

[해설]
① 【 X 】 약식명령의 청구가 있는 경우에 그 사건이 약식명령으로 할 수 없거나 약식명령으로 하는 것이 적당하지 아니하다고 인정한 때에는 공판절차에 의하여 심판하여야 한다(제450조).
② 【 O 】 규칙 제170조, 제171조
③ 【 O 】 제453조 제1항
④ 【 O 】 제455조 제1항, 제2항

[정답] ①

04 약식명령과 그에 대한 정식재판에 관한 설명 중 가장 옳지 않은 것은? (다툼이 있는 경우 판례에 의함)

18. 법원직

① 약식명령의 고지는 검사와 피고인에 대한 재판서의 송달에 의하여 하고, 피고인에게 변호인이 있는 경우에도 변호인에게 약식명령 등본을 송달해야 하는 것은 아니다.
② 피고인은 정식재판의 청구를 포기할 수 없다.
③ 피고인이 정식재판을 청구한 사건에 대하여는 약식명령의 형보다 중한 형을 선고하지 못한다.
④ 약식명령은 정식재판의 청구에 의한 판결이 있는 때에는 그 효력을 잃는다.

[해설]
① 【 O 】 대결 2017.7.27. 2017모1557
② 【 O 】 제453조 제1항 단서
③ 【 X 】 피고인이 정식재판을 청구한 사건에 대하여는 약식명령의 형보다 중한 종류의 형을 선고하지 못한다. 피고인이 정식재판을 청구한 사건에 대하여 약식명령의 형보다 중한 형을 선고하는 경우에는 판결서에 양형의 이유를 적어야 한다(제457조의2).
④ 【 O 】 제456조

[정답] ③

05 약식절차에 대한 설명으로 가장 적절한 것은? (다툼이 있는 경우 판례에 의함)   18. 경찰채용 1차

① 지방법원은 그 관할에 속한 사건에 대하여 검사의 청구가 있는 때에는 공판절차없이 약식명령으로 피고인을 벌금, 구류, 과료 또는 몰수에 처할 수 있다.
② 변호인이 약식명령에 대해 정식재판청구서를 제출할 것으로 믿고 피고인이 스스로 적법한 정식재판의 청구기간 내에 정식재판청구서를 제출하지 못하였다면 그것은 피고인 또는 대리인이 책임질 수 없는 사유로 인하여 정식재판의 청구기간 내에 정식재판을 청구하지 못한 때에 해당한다.
③ 약식명령의 고지는 검사와 피고인에 대한 재판서의 송달에 의하도록 규정하고 있으므로 약식명령은 그 재판서를 피고인에게 송달함으로써 효력이 발생하고, 변호인이 있는 경우에는 반드시 변호인에게 약식명령 등본을 송달해야 한다.
④ 피고인이 정식재판을 청구한 사건에 대하여는 약식명령의 형보다 중한 종류의 형을 선고하지 못한다. 피고인이 정식재판을 청구한 사건에 대하여 약식명령의 형보다 중한 형을 선고하는 경우에는 판결서에 양형의 이유를 적어야 한다.

[해설]

① 【 X 】 지방법원은 그 관할에 속한 사건에 대하여 검사의 청구가 있는 때에는 공판절차 없이 약식명령으로 피고인을 벌금, 과료 또는 몰수에 처할 수 있다(제448조 제1항).
② 【 X 】 변호인이 정식재판청구서를 제출할 것으로 믿고 피고인이 스스로 적법한 정식재판의 청구기간 내에 정식재판청구서를 제출하지 못하였더라도 그것이 피고인 또는 대리인이 책임질 수 없는 사유로 인하여 정식재판의 청구기간 내에 정식재판을 청구하지 못한 때에 해당하지 않는다(대결 2017.7.27. 2017모1557).
③ 【 X 】 형사소송법 제452조에서 약식명령의 고지는 검사와 피고인에 대한 재판서의 송달에 의하도록 규정하고 있으므로, 약식명령은 그 재판서를 피고인에게 송달함으로써 효력이 발생하고, 변호인이 있는 경우라도 반드시 변호인에게 약식명령 등본을 송달해야 하는 것은 아니다(대결 2017.7.27. 2017모1557).
④ 【 O 】 제457조의2

[정답] ④

06 약식절차에 대한 설명으로 옳은 것은? (다툼이 있는 경우 판례에 의함)   18. 국가직

① 법원은 검사의 청구가 있는 때에는 공판절차 없이 약식명령으로 피고인을 벌금, 구류 또는 과료에 처할 수 있다.
② 약식절차에서 자백배제법칙은 적용되지만 자백보강법칙과 전문법칙은 적용되지 않는다.
③ 벌금형이 고지된 약식명령에 대해 피고인만이 정식재판을 청구한 경우 법원은 벌금액을 상향하여 선고할 수 있다.
④ 약식명령에 대한 정식재판청구가 있으면 약식명령은 효력을 상실한다.

[해설]

① 【 X 】 지방법원은 그 관할에 속한 사건에 대하여 검사의 청구가 있는 때에는 공판절차 없이 약식명령으로 피고인을 벌금, 과료 또는 몰수에 처할 수 있다(제448조 제1항).
② 【 X 】 약식절차에서는 자백배제법칙과 자백보강법칙은 적용된다. 하지만 전문법칙은 적용되지 않는다.
③ 【 O 】 제457조의2
④ 【 X 】 약식명령은 정식재판의 청구에 의한 판결이 있는 때에는 그 효력을 잃는다(제456조).

[정답] ③

07 약식명령에 대한 설명으로 옳지 않은 것은? (다툼이 있는 경우 판례에 의함)
18. 검찰 7급

① 약식명령은 그 재판서를 피고인에게 송달함으로써 효력이 발생하고, 변호인이 있는 경우라도 반드시 변호인에게 약식명령 등본을 송달해야 하는 것은 아니다.
② 변호인이 정식재판청구서를 제출할 것으로 믿고 피고인이 스스로 적법한 정식재판의 청구기간 내에 정식재판청구서를 제출하지 못하였더라도, 그것이 피고인 또는 대리인이 책임질 수 없는 사유로 인하여 정식재판의 청구기간 내에 정식재판을 청구하지 못한 때에 해당하지 않는다.
③ 검사가 사기죄에 대하여 약식명령의 청구를 한 다음, 피고인이 약식명령의 고지를 받고 정식재판의 청구를 하여 그 사건이 제1심법원에 계속 중일 때, 사기죄의 수단의 일부로 범한 사문서위조 및 동행사죄에 대하여 추가로 공소를 제기하였다면, 일사부재리의 원칙에 위반되므로 공소제기의 절차가 법률의 규정에 위반하여 무효인 때에 해당한다.
④ 약식명령에 대한 정식재판청구가 제기되었음에도 법원이 증거서류 및 증거물을 검사에게 반환하지 않고 보관하고 있다고 하여 그 이전에 이미 적법하게 제기된 공소제기의 절차가 위법하게 되는 것은 아니다.

[해설]

①② 【 O 】 대결 2017.7.27. 2017모1557
③ 【 X 】 검사가 사기죄에 대하여 약식명령의 청구를 한 다음, 피고인이 약식명령의 고지를 받고 정식재판의 청구를 하여 그 사건이 제1심법원에 계속 중일 때, 사기죄의 수단의 일부로 범한 사문서위조 및 동행사죄에 대하여 추가로 공소를 제기하였더라도, 일사부재리의 원칙에 위반되거나, 공소권을 남용한 것으로서 공소제기의 절차가 법률의 규정에 위반하여 무효인 때에 해당한다고 볼 수 없다(대판 1990.2.23. 89도2102).
④ 【 O 】 대판 2007.7.26. 2007도3906

정답 ③

08 약식절차에 대한 설명으로 가장 적절한 것은? (다툼이 있는 경우 판례에 의함)
19. 경찰채용 1차

① 약식명령에 대한 정식재판 청구기간은 피고인에 대한 약식명령 고지일을 기준으로 기산한다.
② 포괄일죄의 관계에 있는 범행 일부에 관하여 약식명령이 확정된 경우, 피고인에 대한 약식명령 고지일을 기준으로 하여 그 전의 범행에 대하여는 면소판결하여야 한다.
③ 「형사소송법」 제453조에 의하면 피고인은 재판의 신속을 위해 정식재판의 청구를 포기할 수 있다.
④ 법원은 피고인이 정식재판을 청구한 사건에 대하여 약식명령에서 발령한 벌금보다 중한 벌금을 선고할 수 없다.

[해설]

① 【 O 】 약식명령에 대한 정식재판의 청구기간은 약식명령의 고지를 받은 날로부터 7일이다(제453조 제1항).
② 【 X 】 포괄일죄의 관계에 있는 범행일부에 관하여 약식명령이 확정된 경우, 약식명령의 발령시를 기준으로 하여 그 전의 범행에 대하여는 면소의 판결을 하여야 하고, 그 이후의 범행에 대하여서만 일개의 범죄로 처벌하여야 한다(대판 1994.8.9. 94도1318).
③ 【 X 】 피고인은 정식재판의 청구를 포기할 수 없다(제453조 제1항 단서).
④ 【 X 】 피고인이 정식재판을 청구한 사건에 대하여는 약식명령의 형보다 중한 종류의 형을 선고하지 못한다(제457조의2 제1항). 따라서 같은 종류인 벌금형보다 중한 벌금형을 선고하는 것은 무방하다. 다만, 약식명령의 형보다 중한 형을 선고하는 경우에는 판결서에 양형의 이유를 적어야 한다(제457조의2 제2항).

정답 ①

09 약식절차에 관한 설명 중 가장 적절하지 않은 것은? (다툼이 있는 경우 판례에 의함)
20. 경찰승진

① 지방법원은 그 관할에 속한 사건에 대하여 검사의 청구가 있는 때에는 공판절차 없이 약식명령으로 피고인을 벌금, 과료 또는 몰수에 처할 수 있다.
② 검사는 약식명령을 청구하는 경우에 공소장일본주의상 공소장 등 약식명령 청구에 필요한 서류 외에 법관에게 예단을 생기게 할 수 있는 증거서류 및 증거물을 제출하여서는 아니 된다.
③ 약식명령의 청구가 있는 경우에 그 사건이 약식명령으로 할 수 없거나 약식명령으로 하는 것이 적당하지 아니하다고 인정한 때에는 공판절차에 의하여 심판하여야 한다.
④ 약식명령은 정식재판의 청구기간이 경과하거나 그 청구의 취하 또는 청구기각의 결정이 확정한 때에는 확정판결과 동일한 효력이 있다.

해설

① 【 O 】 제448조 제1항
② 【 X 】 검사는 약식명령의 청구와 동시에 약식명령을 하는데 필요한 증거서류 및 증거물을 법원에 제출하여야 한다(규칙 제170조).
③ 【 O 】 제450조
④ 【 O 】 제457조

정답 ②

10 약식절차에 대한 설명 중 가장 적절한 것은? (다툼이 있는 경우 판례에 의함)
20. 경찰채용 1차

① 지방법원은 그 관할에 속한 사건에 대하여 검사의 청구가 있는 때에는 공판절차 없이 약식명령으로 피고인을 벌금, 구류, 과료 또는 몰수에 처할 수 있으며, 이 경우에는 추징 기타 부수의 처분을 할 수 있다.
② 변호인이 약식명령에 대해 정식재판청구서를 제출할 것으로 믿고 피고인이 스스로 적법한 정식재판의 청구기간 내에 정식재판청구서를 제출하지 못하였다면 그것은 피고인 또는 대리인이 책임질 수 없는 사유로 인하여 정식재판의 청구기간 내에 정식재판을 청구하지 못한 때에 해당한다.
③ 약식명령의 고지는 검사와 피고인에 대한 재판서의 송달에 의하도록 규정하고 있으므로 약식명령은 그 재판서를 피고인에게 송달함으로써 효력이 발생하고, 변호인이 있는 경우라도 반드시 변호인에게 약식명령 등본을 송달해야 하는 것은 아니다.
④ 피고인이 정식재판을 청구한 사건에 대하여는 약식명령의 형보다 중한 형을 선고하지 못한다.

해설

① 【 X 】 지방법원은 그 관할에 속한 사건에 대하여 검사의 청구가 있는 때에는 공판절차 없이 약식명령으로 피고인을 벌금, 과료 또는 몰수에 처할 수 있으며, 이 경우에는 추징 기타 부수의 처분을 할 수 있다(제448조 제1항, 제2항).
② 【 X 】 변호인이 정식재판청구서를 제출할 것으로 믿고 피고인이 스스로 적법한 정식재판의 청구기간 내에 정식재판청구서를 제출하지 못하였더라도 그것이 피고인 또는 대리인이 책임질 수 없는 사유로 인하여 정식재판의 청구기간 내에 정식재판을 청구하지 못한 때에 해당하지 않는다(대결 2017.7.27. 2017모1557).
③ 【 O 】 대결 2017.7.27. 2017모1557
④ 【 X 】 피고인이 정식재판을 청구한 사건에 대하여 약식명령의 형보다 중한 종류의 형을 선고하지 못한다(제457조의2 제1항).

정답 ③

11 약식절차에 대한 설명으로 가장 적절하지 않은 것은? (다툼이 있는 경우 판례에 의함) 21. 경찰승진

① 약식명령으로 과할 수 있는 형은 벌금, 과료, 몰수에 한정된다.
② 약식명령의 청구는 공소의 제기와 동시에 서면으로 하여야 한다.
③ 약식명령에 대한 정식재판의 청구는 제1심판결이 확정되기 전까지 취하할 수 있다.
④ 약식명령에 대한 정식재판의 청구기간은 피고인에 대한 약식명령 고지일을 기준으로 하여 기산하여야 한다.

[해설]

① 【 O 】 제448조 제1항
② 【 O 】 제449조
③ 【 X 】 정식재판의 청구는 제1심판결선고 전까지 취하할 수 있다(제454조).
④ 【 O 】 제453조 제1항

정답 ③

12 약식명령에 관한 설명으로 옳은 것을 모두 고른 것은? (다툼이 있는 경우 판례에 의함) 21. 경찰채용 2차

㉠ 지방법원은 그 관할에 속한 사건에 대하여 검사의 청구가 있는 때에는 공판절차없이 약식명령으로 피고인을 벌금, 과료 또는 몰수에 처할 수 있으나, 그 사건이 약식명령으로 할 수 없거나 약식명령으로 하는 것이 적당하지 아니하다고 인정할 때에는 검사의 청구를 기각하여야 한다.

㉡ 검사가 약식명령을 청구함에 있어서는 공소장부본을 첨부할 것을 요하지 아니하나, 법원이 약식명령청구사건을 공판절차에 의하여 심판하기로 하고 그 취지를 검사에게 통지한 때에는 5일 이내에 피고인수에 상응한 공소장부본을 법원에 제출하여야 한다.

㉢ 약식명령의 고지는 검사와 피고인에 대한 재판서의 송달에 의하여야 하고 변호인이 있는 경우라도 반드시 변호인에게 약식명령 등본을 송달해야 하는 것은 아니며, 변호인이 있는 피고인의 정식재판 청구기간은 피고인에 대한 약식명령 고지일을 기준으로 하여 기산하여야 한다.

㉣ 피고인이 절도죄 등으로 벌금 300만 원의 약식명령을 발령받은 후 정식재판을 청구하였는데, 제1심법원이 정식재판청구사건을 통상절차에 의해 공소가 제기된 다른 점유이탈물횡령 등 사건들과 병합한 후 각 죄에 대해 모두 징역형을 선택한 다음 경합범으로 처단하여 징역 1년 2월을 선고하는 것은 형종 상향금지의 원칙을 위반하는 것이라고 할 수 없다.

① ㉠, ㉢ ② ㉡, ㉢ ③ ㉡, ㉣ ④ ㉢, ㉣

해설

㉠ 【 X 】 약식명령의 청구가 있는 경우에 그 사건이 약식명령으로 할 수 없거나 약식명령으로 하는 것이 적당하지 아니하다고 인정한 때에는 공판절차에 의하여 심판하여야 한다(제450조).
㉡ 【 O 】 규칙 제172조
㉢ 【 O 】 대결 2017.7.27. 2017모1557
㉣ 【 X 】 피고인이 절도죄 등으로 벌금 300만 원의 약식명령을 발령받은 후 정식재판을 청구하였는데, 제1심법원이 위 정식재판청구 사건을 통상절차에 의해 공소가 제기된 다른 점유이탈물횡령 등 사건들과 병합한 후 각 죄에 대해 모두 징역형을 선택한 다음 경합범으로 처단하여 징역 1년 2월을 선고하자, 피고인과 검사가 각 양형부당을 이유로 항소한 사안에서, 형사소송법 제457조의2 제1항은 "피고인이 정식재판을 청구한 사건에 대하여는 약식명령의 형보다 중한 종류의 형을 선고하지 못한다."라고 규정하여 정식재판청구 사건에서의 형종 상향 금지의 원칙을 정하고 있는데, 제1심판결 중 위 정식재판청구 사건 부분은 피고인만이 정식재판을 청구한 사건인데도 약식명령의 벌금형보다 중한 종류의 형인 징역형을 선택하여 형을 선고하였으므로 여기에 형사소송법 제457조의2 제1항에서 정한 형종 상향 금지의 원칙을 위반한 잘못이 있고, 제1심판결에 대한 피고인과 검사의 항소를 모두 기각함으로써 이를 그대로 유지한 원심판결에도 형사소송법 제457조의2 제1항을 위반한 잘못이 있다고 한 사례(대판 2020.1.9. 2019도15700).

정답 ②

13 약식명령에 대한 설명으로 옳은 것은?

21. 국가직 7급

① 법원은 약식명령으로 추징을 할 수 없다.
② 약식명령은 법원의 명령에 해당하므로 이에 대한 불복은 이의신청과 준항고에 의한다.
③ 법원사무관등은 약식명령청구가 있는 사건을 「형사소송법」제450조의 규정에 따라 공판절차에 의하여 심판하기로 한 때에는 즉시 그 취지를 검사, 피고인, 변호인에게 통지하여야 한다.
④ 즉결심판의 경우와 달리 약식명령에 의하여는 무죄, 면소, 공소기각을 할 수 없다.

해설

① 【 X 】 약식명령을 발령함에는 추징 기타 부수처분을 할 수 있다(제448조 제2항).
② 【 X 】 약식명령에 대한 불복은 정식재판청구에 의한다(제453조 제1항).
③ 【 X 】 법원은 약식명령청구사건을 공판절차에 의하여 심판하기로 한 때에는 즉시 그 취지를 검사에게 통지하여야 한다. 통지를 받은 검사는 즉시 피고인 수에 상응한 공소장부본을 법원에 제출하여야 하고, 법원은 공소장부본을 지체 없이 피고인·변호인에게 송달하여야 한다(규칙 제172조).
④ 【 O 】 약식명령에 의하여 과할 수 있는 형은 벌금·과료·몰수에 한한다(제448조). 따라서 무죄·면소·공소기각·관할위반의 재판은 약식명령에 의하여 할 수 없다.

정답 ④

14 약식절차에 관한 다음 설명 중 가장 옳은 것은? (다툼이 있는 경우 판례에 의함) 21. 법원직

① 지방법원은 그 관할에 속한 사건에 대하여 검사의 청구가 있는 때에는 공판절차없이 약식명령으로 피고인을 벌금, 과료 또는 몰수에 처할 수 있으나, 이 경우 추징 기타 부수의 처분을 할 수 없다.
② 피고인이 정식재판을 청구한 사건에 대하여는 약식명령의 형보다 중한 형을 선고하지 못한다.
③ 약식절차에서는 공소장변경이 허용되지 아니하므로, 포괄일죄에 해당하는 각각 따로 청구된 약식명령의 범죄사실이 포괄일죄의 관계에 있다고 하더라도, 나중에 제기된 약식명령 청구에 전후로 기소된 각 범죄사실 전부를 포괄일죄로 처벌하여 줄 것을 신청하는 공소장변경의 취지가 포함되어 있다고 볼 수 없다.
④ 정식재판의 청구는 항소심 판결선고 전까지 취하할 수 있다.

해설

① 【 X 】 지방법원은 그 관할에 속한 사건에 대하여 검사의 청구가 있는 때에는 공판절차없이 약식명령으로 피고인을 벌금, 과료 또는 몰수에 처할 수 있으며, 이 경우 추징 기타 부수의 처분을 할 수 있다(제448조 제1항, 제2항).
② 【 X 】 피고인이 정식재판을 청구한 사건에 대하여는 약식명령의 형보다 중한 종류의 형을 선고하지 못한다(제457조의2 제1항).
③ 【 O 】 약식절차는 서면심리에 의한 절차이므로 공소장변경이 허용되지 않는다(통설). 한편 판례는 "제1사건과 제2사건이 포괄일죄의 관계에 있는 경우, 제2사건에 대하여는 검사가 제1사건의 약식명령 청구일과 같은 날에 따로 약식명령을 청구함으로써 중복하여 공소를 제기하였다면, 이와 같은 약식명령으로 각 따로 청구된 사건에 대하여 전후에 기소된 각 범죄사실 전부를 포괄일죄로 처벌할 것을 신청하는 취지가 포함되어 있다고 단정할 수는 없는 것"이라고 판시한 바 있다(대판 2009.2.26 2008도7334). 따라서 타당한 지문이다.
④ 【 X 】 정식재판의 청구는 제1심 판결선고 전까지 취하할 수 있다(제454조).

정답 ③

---

15 다음 설명 중 가장 옳지 않은 것은? (다툼이 있는 경우 판례에 의함) 20. 법원직

① 약식명령청구의 대상이 되려면 법정형에 벌금, 과료, 몰수가 선택적으로 규정되어 있으면 족하고, 여기에 해당하는 이상 지방법원 합의부의 사물관할에 속하더라도 약식명령을 청구할 수 있다.
② 즉결심판이 확정된 때에는 확정판결과 동일한 효력이 생긴다. 따라서 재판의 확정력과 일사부재리의 효력이 부여된다.
③ 약식명령에 불복하여 정식재판을 청구한 피고인이 정식재판절차에서 2회 불출석하여 법원이 피고인의 출석 없이 증거조사를 하는 경우 피고인의 증거동의가 간주된다.
④ 즉결심판절차에서는 별도의 규정이 마련되어 있지 않은 한 공판절차에 관한 규정이 준용되므로, 사법경찰관이 작성한 피의자신문조서에 대하여 피고인이 그 내용을 인정하지 아니하였다면 이는 유죄의 증거로 사용할 수 없다.

해설

① 【 O 】 제448조 제1항
② 【 O 】 즉결심판에 관한 절차법 제16조
③ 【 O 】 제458조 제2항, 제365조
④ 【 X 】 즉결심판절차에 있어서는 형사소송법 제312조 제3항(사법경찰관 작성 피의자신문조서의 증거능력) 및 제313조 제1항(진술서)의 규정은 적용하지 아니한다(즉결심판에 관한 절차법 제10조). 따라서 즉결심판절차에서는 내용이 부인된 사경작성 피의자신문조서라도 유죄의 증거로 사용될 수 있다.

정답 ④

16 즉결심판절차에 관한 설명 중 가장 적절하지 않은 것은? 16. 경찰승진

① 즉결심판이 확정된 때에는 확정판결과 동일한 효력이 생긴다.
② 즉결심판절차에서 피고인은 정식재판의 청구를 포기할 수 있다.
③ 즉결심판에 있어서는 자백배제법칙은 적용되나 자백보강법칙은 적용되지 아니한다.
④ 즉결심판절차에 의한 심리와 재판의 선고는 비공개된 법정에서 행한다.

해설

① 【 O 】 즉결심판에 관한 절차법 제16조
② 【 O 】 즉결심판에 관한 절차법 제14조 제4항
③ 【 O 】 타당한 설명이다.
④ 【 X 】 즉결심판절차에 의한 심리와 재판의 선고는 공개된 법정에서 행하되, 그 법정은 경찰관서외의 장소에 설치되어야 한다(즉결심판에 관한 절차법 제7조 제1항).

정답 ④

17 즉결심판절차에 대한 설명으로 옳지 않은 것은? (다툼이 있는 경우 판례에 의함) 16. 국가직

① 즉결심판절차에서는 형사소송법 제310조의 자백의 보강법칙이 적용되지 않는다.
② 판사는 피고인에게 피고사건의 내용과 형사소송법 제283조의2에 규정된 진술거부권이 있음을 알리고 변명할 기회를 주어야 한다.
③ 정식재판을 청구하고자 하는 피고인은 즉결심판의 선고·고지를 받은 날부터 7일 이내에 정식재판청구서를 경찰서장에게 제출하여야 한다.
④ 즉결심판을 받은 피고인이 정식재판청구를 함으로써 공판절차가 개시된 경우에는 통상의 공판절차와 달리 국선변호인의 선정에 관한 형사소송법 제283조의 규정이 적용되지 않는다.

해설

① 【 O 】 자백의 보강법칙은 정식재판, 즉 일반 형사소송절차에서 적용되므로 즉결심판에서는 보강법칙이 적용되지 않는다.
② 【 O 】 즉결심판에 관한 절차법 제9조 제1항
③ 【 O 】 즉결심판에 관한 절차법 제14조 제1항 전단
④ 【 X 】 즉결심판에관한절차법 제14조 제4항은 형사소송법 제455조의 규정은 정식재판의 청구에 이를 준용한다고 규정하고 있고, 형사소송법 제455조 제3항은 "정식재판의 청구가 적법한 때에는 공판절차에 의하여 심판하여야 한다."고 규정하고 있는바, 위 각 규정 내용에 비추어 보면 즉결심판을 받은 피고인이 정식재판청구를 함으로써 공판절차가 개시된 경우에는 통상의 공판절차와 마찬가지로 국선변호인의 선정에 관한 형사소송법 제283조의 규정이 적용된다(대판 1997.2.14. 96도3059).

정답 ④

18 즉결심판절차에 대한 설명으로 가장 적절하지 않은 것은? (다툼이 있으면 판례에 의함) 16. 경찰채용 2차

① 지방법원 또는 그 지원의 판사는 소속지방법원장의 명령을 받아 소속법원의 관할사무와 관계없이 즉결심판청구사건을 심판할 수 있다.
② 판사는 상당한 이유가 있는 경우 개정 없이 피고인의 진술서와 경찰서장이 제출한 서류 또는 증거물에 의하여 심판할 수 있으나 피고인을 구류에 처할 경우에는 개정해야 한다.
③ 판사가 피고인에게 과료를 선고하는 경우에는 피고인이 출석하지 아니하더라도 심판할 수 있으나 벌금을 선고하기 위해서는 피고인이 출석한 상태에서 심판해야 한다.
④ 정식재판을 청구하고자 하는 피고인은 즉결심판의 선고·고지를 받은 날부터 7일 이내에 정식재판청구서를 경찰서장에게 제출하여야 한다.

[해설]
① 【 O 】 즉결심판에 관한 절차법 제3조의2
② 【 O 】 즉결심판에 관한 절차법 제7조 제3항
③ 【 X 】 벌금 또는 과료를 선고하는 경우에는 피고인이 출석하지 아니하더라도 심판할 수 있다(즉결심판에 관한 절차법 제8조의2 제1항).
④ 【 O 】 즉결심판에 관한 절차법 제14조 제1항

정답 ③

19 즉결심판에 관한 절차법에 대한 설명 중 가장 적절하지 않은 것은? 17. 여경

① 즉결심판에 대하여 경찰서장과 피고인 모두 정식재판을 청구할 수 있고, 피고인은 정식재판의 청구를 포기할 수 없다.
② 즉결심판에 있어서는 자백배제법칙은 적용되나 자백보강법칙은 적용되지 아니한다.
③ 즉결심판절차에 의한 심리와 재판의 선고는 공개된 법정에서 행하되, 그 법정은 경찰관서(해양경찰관서 포함) 외의 장소에 설치되어야 한다.
④ 판사는 즉결심판이 청구된 사건이 무죄·면소 또는 공소기각을 함이 명백하다고 인정할 때에는 이를 선고할 수 있다.

[해설]
① 【 X 】 즉결심판에 대하여 피고인은 정식재판의 청구를 포기할 수 있다(즉결심판에 관한 절차법 제14조 제4항).
② 【 O 】 즉결심판절차에서 자백의 보강법칙은 적용되지 아니하므로 보강증거가 없는 경우에도 피고인의 자백에 의하여 유죄를 선고할 수도 있다. 또한 자백배제법칙은 모든 형사사건에 대해 적용이 된다.
③ 【 O 】 즉결심판에 관한 절차법 제7조 제1항
④ 【 O 】 즉결심판에 관한 절차법 제11조 제5항

정답 ①

20. 즉결심판절차법에 대한 설명 중 옳고 그름의 표시(○, ×)가 바르게 된 것은?

17. 경찰채용 2차

㉠ 판사가 사건이 즉결심판을 할 수 없다고 인정하여 즉결심판청구를 기각하는 결정을 내린 경우에 경찰서장은 검사의 승인을 얻어 정식재판을 청구할 수 있다.
㉡ 판사는 구류의 선고를 받은 피고인이 일정한 주소가 없거나 또는 도망할 염려가 있을 때에는 7일을 초과하지 아니하는 기간을 경찰서유치장(지방해양경찰서의 유치장을 포함한다)에 유치할 것을 명령할 수 있다. 다만, 이 기간은 선고기간을 초과할 수 없다.
㉢ 판사는 상당한 이유가 있는 경우 개정없이 피고인의 진술서와 동법 제4조(경찰서장은 즉결심판의 청구와 동시에 즉결심판을 함에 필요한 서류 또는 증거물을 판사에게 제출하여야 한다)의 서류 또는 증거물에 의하여 심판할 수 있다. 다만, 구류에 처하는 경우에는 그러하지 아니하다.
㉣ 판사는 필요하다고 인정할 때에는 적당한 방법에 의하여 재정하는 증거에 한하여 조사할 수 있고, 사법경찰관이 작성한 피의자신문조서에 대하여 피고인이 내용을 인정하지 않더라도 증거로 사용할 수 있다.
㉤ 즉결심판에 있어서는 자백배제법칙은 적용되나 자백보강법칙은 적용되지 아니한다.

① ㉠ × ㉡ × ㉢ × ㉣ ○ ㉤ ○
② ㉠ ○ ㉡ × ㉢ ○ ㉣ ○ ㉤ ×
③ ㉠ × ㉡ × ㉢ ○ ㉣ ○ ㉤ ○
④ ㉠ ○ ㉡ ○ ㉢ ○ ㉣ × ㉤ ○

[해설]

㉠ **[×]** 판사는 사건이 즉결심판을 할 수 없거나 즉결심판절차에 의하여 심판함이 적당하지 아니하다고 인정할 때에는 결정으로 즉결심판의 청구를 기각하여야 한다. 기각결정이 있는 때에는 경찰서장은 지체 없이 사건을 관할지방검찰청 또는 지청의 장에게 송치하여야 한다(즉결심판에 관한 절차법 제5조 제1항, 제2항).
㉡ **[×]** 판사는 구류의 선고를 받은 피고인이항일정한 주소가 없거나 또는 도망할 염려가 있을 때에는 5일을 초과하지 아니하는 기간 경찰서유치장(지방해양경찰관서의 유치장을 포함한다. 이하 같다)에 유치할 것을 명령할 수 있다. 다만, 이 기간은 선고기간을 초과할 수 없다(즉결심판에 관한 절차법 제17조 제1항).
㉢ **[○]** 즉결심판에 관한 절차법 제7조 제3항
㉣ **[○]** 즉결심판에 관한 절차법 제9조 제2항, 제10조
㉤ **[○]** 즉결심판에 관한 절차법 제10조

정답 ③

21. 즉결심판절차에 대한 설명 중 가장 적절한 것은? (다툼이 있는 경우 판례에 의함)

18. 경찰승진

① 지방법원 또는 그 지원의 판사는 소속 지방법원장의 명령을 받아 소속법원의 관할사무와 관계없이 즉결심판청구사건을 심판할 수 있다.
② 즉결심판의 판결이 확정된 때에는 즉결심판서 및 관계서류와 증거는 관할 지방검찰청에서 이를 보존한다.
③ 법원이 경찰서장의 즉결심판 청구를 기각하여 경찰서장이 사건을 관할 지방검찰청으로 송치하였으나 검사가 이를 즉결심판에 대한 피고인의 정식재판청구가 있은 사건으로 오인하여 그 사건기록을 법원에 송부한 경우, 검사에 의한 공소장의 제출이 없더라도 기록을 법원에 송부한 사실만으로 공소제기가 성립되었다고 볼 수 있다.
④ 벌금 또는 구류를 선고하는 경우에는 피고인이 출석하지 아니하더라도 심판할 수 있다.

해설

① 【 O 】 즉결심판에 관한 절차법 제3조의2
② 【 X 】 즉결심판의 판결이 확정된 때에는 즉결심판서 및 관계서류와 증거는 관할경찰서 또는 지방해양경찰관서가 이를 보존한다(즉결심판에 관한 절차법 제13조).
③ 【 X 】 법원이 경찰서장의 즉결심판 청구를 기각하여 경찰서장이 사건을 관할 지방검찰청으로 송치하였으나 검사가 이를 즉결심판에 대한 피고인의 정식재판청구가 있은 사건으로 오인하여 그 사건기록을 법원에 송부한 경우, 공소제기의 본질적 요소라고 할 수 있는 검사에 의한 공소장의 제출이 없는 이상 기록을 법원에 송부한 사실만으로 공소제기가 성립되었다고 볼 수 없다(대판 2003.11.14. 2003도2735).
④ 【 X 】 벌금 또는 과료를 선고하는 경우에는 피고인이 출석하지 아니하더라도 심판할 수 있다(즉결심판에 관한 절차법 제8조의2 제1항).

정답 ①

22 즉결심판에 대한 설명으로 가장 적절하지 않은 것은?

19. 경찰승진

① 판사는 사건이 즉결심판을 할 수 없거나 즉결심판절차에 의하여 심판함이 적당하지 아니하다고 인정할 때에는 결정으로 즉결심판의 청구를 기각하여야 한다.
② 즉결심판절차에 의한 심리와 재판의 선고는 공개된 법정에서 행하되, 그 법정은 경찰관서(해양경찰관서를 포함한다)에 설치되어야 한다.
③ 판사는 즉결심판이 청구된 사건이 무죄·면소 또는 공소기각을 함이 명백하다고 인정할 때에는 이를 선고·고지할 수 있다.
④ 즉결심판으로 유죄를 선고할 때에는 형, 범죄사실과 적용법조를 명시하고 피고인은 7일 이내에 정식재판을 청구할 수 있다는 것을 고지하여야 한다.

해설

① 【 O 】 즉결심판에 관한 절차법 제5조 제1항
② 【 X 】 즉결심판절차에 의한 심리와 재판의 항고는 공개된 법정에서 행하되, 그 법정은 경찰관서(해양경찰관서를 포함한다)외의 장소에 설치되어야 한다(즉심법 제7조 제1항).
③ 【 O 】 즉결심판에 관한 절차법 제11조 제5항
④ 【 O 】 즉결심판에 관한 절차법 제11조 제1항

정답 ②

23 즉결심판에 대한 설명으로 가장 적절하지 않은 것은? (다툼이 있는 경우 판례에 의함)

21. 경찰승진

① 즉결심판은 관할경찰서장이 관할법원에 이를 청구한다.
② 즉결심판청구서에는 피고인의 성명 기타 피고인을 특정할 수 있는 사항, 죄명, 범죄사실과 적용법조를 기재하여야 한다.
③ 즉결심판의 판결이 확정된 때에는 지체 없이 즉결심판서 및 관계서류와 증거를 관할 지방검찰청의 장에게 송치해야 한다.
④ 즉결심판에 있어서는 자백배제법칙은 적용되나 자백보강법칙은 적용되지 아니한다.

해설

① 【 O 】 즉결심판에 관한 절차법 제3조 제1항
② 【 O 】 즉결심판에 관한 절차법 제3조 제2항
③ 【 X 】 즉결심판의 판결이 확정된 때에는 즉결심판서 및 관계서류와 증거는 관할경찰서 또는 지방해양경찰관서가 이를 보존한다(즉결심판에 관한 절차법 제13조).
④ 【 O 】 즉결심판에 관한 절차법 제10조

정답 ③

24 즉결심판에 관한 설명 중 가장 적절하지 않은 것은? (다툼이 있는 경우 판례에 의함) 21. 경찰채용 2차

① 즉결심판에 대하여 피고인의 정식재판 청구가 있었음에도 검사가 정식재판이 청구된 즉결심판 사건에 대하여 법원에 사건기록과 증거물을 송부하지 아니하고 그와 동일성 있는 범죄사실에 대하여 약식명령을 청구하였다고 하여, 공소제기의 절차가 법률의 규정에 위반하여 무효인 때에 해당하거나 공소가 제기된 사건에 대하여 다시 공소가 제기되었다고 할 수 없다.

② 법원이 경찰서장의 즉결심판 청구를 기각하여 경찰서장이 사건을 관할 지방검찰청으로 송치하였으나 검사가 이를 즉결심판에 대한 피고인의 정식재판청구가 있은 사건으로 오인하여 그 사건기록을 법원에 송부하였다면 적법한 공소제기가 있다고 볼 수 없다.

③ 피고인이 경범죄처벌법위반으로 즉결심판에 회부되었다가 정식재판을 청구한 경우, 정식재판청구로 제1회 공판기일 전에 사건기록 및 증거물이 관할 법원에 송부된다고 하여 그 이전에 이미 적법하게 제기된 경찰서장의 즉결심판청구의 절차가 위법하게 된다고 볼 수 없다.

④ 경범죄처벌법위반죄의 범죄사실과 폭력행위 등 처벌에 관한 법률 위반죄의 공소사실이 모두 범행장소가 동일하고 범행일시도 같으며 모두 피해자와의 시비에서 발단한 일련의 행위인 경우, 양 사실은 그 기본적 사실관계가 동일하므로 이미 확정된 경범죄처벌법위반죄에 대한 즉결심판의 기판력은 폭력행위 등 처벌에 관한 법률 위반죄의 공소사실에도 미친다.

해설

① 【 X 】 즉결심판에 관한 절차법 제14조 제1항, 제3항, 제4항 및 형사소송법 제455조 제3항에 의하면, 경찰서장의 청구에 의해 즉결심판을 받은 피고인으로부터 적법한 정식재판의 청구가 있는 경우 경찰서장의 즉결심판청구는 공소제기와 동일한 소송행위이므로 공판절차에 의하여 심판하여야 한다.
원심판결 이유에 의하면, 원심은 그 판시와 같은 사실을 인정한 다음, 즉결심판에 대하여 피고인의 정식재판청구가 있는 경우 경찰서는 검찰청으로, 검찰청은 법원으로 정식재판청구서를 첨부한 사건기록과 증거물을 그대로 송부하여야 하고 검사의 별도의 공소제기는 필요하지 아니한데도 검사가 정식재판을 청구한 즉결심판사건에 대하여 법원에 사건기록과 증거물을 그대로 송부하지 아니하고 즉결심판이 청구된 위반 내용과 동일성 있는 범죄사실에 대하여 약식명령을 청구하였다는 이유로, 이 사건 공소제기 절차는 법률의 규정에 위반하여 무효인 때에 해당하거나 공소가 제기된 사건에 대하여 다시 공소가 제기되었을 때에 해당한다고 판단하여 이 사건 공소를 기각하였다. 원심판결 이유를 앞서 본 법리에 비추어 살펴보면, 위와 같은 원심의 판단은 정당하고, 거기에 상고이유 주장과 같이 즉결심판에 대한 정식재판청구 후의 사건기록 송부 및 소송행위 하자의 치유에 관한 법리를 오해한 잘못이 없다(대판 2017.10.12. 2017도10368).

② 【 O 】 대판 2003.11.14. 2003도2735
③ 【 O 】 대판 2011.1.27. 2008도7375
④ 【 O 】 대판 1996.6.28. 95도1270

정답 ①

25 즉결심판과 약식명령에 대한 설명으로 가장 적절하지 않은 것은? (다툼이 있는 경우 판례에 의함)

19. 경찰채용 2차

① 경찰서장의 청구에 의해 즉결심판을 받은 피고인으로부터 적법한 정식재판의 청구가 있는 경우 경찰서장의 즉결심판청구는 공소제기와 동일한 소송행위이므로 공판절차에 의하여 심판하여야 한다.

② 피고인이 정식재판을 청구한 즉결심판 사건에 대하여 검사가 법원에 사건기록과 증거물을 그대로 송부하지 아니하고 즉결심판이 청구된 위반 내용과 동일성 있는 범죄사실에 대하여 약식명령을 청구하였다면, 이는 공소제기 절차가 법률의 규정에 위반하여 무효인 때 또는 공소가 제기된 사건에 대하여 다시 공소가 제기되었을 때에 해당한다.

③ 약식명령은 그 재판서를 피고인에게 송달함으로써 효력이 발생하고, 변호인이 있는 경우라도 반드시 변호인에게 약식명령 등본을 송달해야 하는 것은 아니다.

④ 약식명령에 대하여 정식재판절차에서 유죄판결이 선고되어 확정된 경우 피고인 등은 약식명령이 아니라 유죄의 확정판결을 대상으로 재심을 청구하여야 하나, 피고인 등이 약식명령에 대하여 재심을 청구하여 재심개시결정이 확정되었다면 재심절차를 진행하는 법원은 재심이 개시된 대상을 유죄의 확정판결로 변경할 수 있다.

해설

①② 【O】 즉결심판에 관한 절차법 제14조 제1항, 제3항, 제4항 및 형사소송법 제455조 제3항에 의하면, 경찰서장의 청구에 의해 즉결심판을 받은 피고인으로부터 적법한 정식재판의 청구가 있는 경우 경찰서장의 즉결심판청구는 공소제기와 동일한 소송행위이므로 공판절차에 의하여 심판하여야 한다(대법원 2012.3.29. 선고 2011도8503 판결 참조). 원심판결 이유에 의하면, 원심은 그 판시와 같은 사실을 인정한 다음, 즉결심판에 대하여 피고인의 정식재판 청구가 있는 경우 경찰서는 검찰청으로, 검찰청은 법원으로 정식재판청구서를 첨부한 사건기록과 증거물을 그대로 송부하여야 하고 검사의 별도의 공소제기는 필요하지 아니한데도 검사가 정식재판을 청구한 즉결심판 사건에 대하여 법원에 사건기록과 증거물을 그대로 송부하지 아니하고 즉결심판이 청구된 위반 내용과 동일성 있는 범죄사실에 대하여 약식명령을 청구하였다는 이유로, 이 사건 공소제기 절차는 법률의 규정에 위반하여 무효인 때에 해당하거나 공소가 제기된 사건에 대하여 다시 공소가 제기되었을 때에 해당한다고 판단하여 이 사건 공소를 기각하였다. 원심판결 이유를 앞서 본 법리에 비추어 살펴보면, 위와 같은 원심의 판단은 정당하고, 거기에 상고이유 주장과 같이 즉결심판에 대한 정식재판청구 후의 사건기록 송부 및 소송행위 하자의 치유에 관한 법리를 오해한 잘못이 없다(대판 2017.10.12. 2017도10368).

③ 【O】 대결 2017.7.27. 2017모1557

④ 【X】 형사소송법 제420조 본문은 재심은 유죄의 확정판결에 대하여 그 선고를 받은 자의 이익을 위하여 청구할 수 있도록 하고, 같은 법 제456조는 약식명령은 정식재판의 청구에 의한 판결이 있는 때에는 그 효력을 잃도록 규정하고 있다. 위 각 규정에 의하면, 약식명령에 대하여 정식재판 청구가 이루어지고 그 후 진행된 정식재판 절차에서 유죄판결이 선고되어 확정된 경우, 재심사유가 존재한다고 주장하는 피고인 등은 효력을 잃은 약식명령이 아니라 유죄의 확정판결을 대상으로 재심을 청구하여야 한다. 그런데도 피고인 등이 약식명령에 대하여 재심의 청구를 한 경우, 법원으로서는 재심의 청구에 기재된 재심을 개시할 대상의 표시 이외에도 재심청구의 이유에 기재된 주장 내용을 살펴보고 재심을 청구한 피고인 등의 의사를 참작하여 재심청구의 대상을 무엇으로 보아야 하는지 심리·판단할 필요가 있다. 그러나 법원이 심리한 결과 재심청구의 대상이 약식명령이라고 판단하여 그 약식명령을 대상으로 재심개시결정을 한 후 이에 대하여 검사나 피고인 등이 모두 불복하지 아니함으로써 그 결정이 확정된 때에는, 그 재심개시결정에 의하여 재심이 개시된 대상은 약식명령으로 확정되고, 그 재심개시결정에 따라 재심절차를 진행하는 법원이 재심이 개시된 대상을 유죄의 확정판결로 변경할 수는 없다. 이 경우 그 재심개시결정은 이미 효력을 상실하여 재심을 개시할 수 없는 약식명령을 대상으로 한 것이므로, 그 재심개시결정에 따라 재심절차를 진행하는 법원으로서는 심판의 대상이 없어 아무런 재판을 할 수 없다(대판 2013.4.11. 2011도10626).

정답 ④

26 소년법상 소년범에 대한 형사절차 내용으로 가장 적절한 것은? (다툼이 있는 경우 판례에 의함)

17. 경찰채용 2차

① 18세 미만의 소년피고인에 대해서도 원칙적으로 벌금형의 환형유치는 허용된다.
② 소년피고인에 대하여는 형의 집행유예가 허용되지 않는다.
③ 항소심판결 당시 피고인이 미성년이었으나 상고심 계속 중에 성년이 된 경우 항소심의 부정기형 선고는 위법이 된다.
④ 형벌법령에 저촉되는 행위를 한 10세 이상 14세 미만의 소년이 있는 때 경찰서장은 직접 관할 소년부에 송치하여야 한다.

해설

① 【 X 】 18세 미만인 소년에 대하여 벌금 또는 과료를 선고하는 경우에는 벌금액 또는 과료액의 미납에 대비한 노역장유치의 선고를 하지 못한다(소년법 제62조 본문).
② 【 X 】 소년형사사건도 일반형사절차와 동일하게 진행되기 때문에 집행유예를 불허할 이유가 없다.
③ 【 X 】 상고심에서의 심판대상은 항소심 판결 당시를 기준으로 하여 그 당부를 심사하는 데에 있는 것이므로 항소심판결 선고 당시 미성년이었던 피고인이 상고 이후에 성년이 되었다고 하여 항소심의 부정기형의 선고가 위법이 되는 것은 아니다(대판 1998.2.27. 97도3421).
④ 【 O 】 소년법 제4조 제2항

정답 ④

27 소년사건에 대한 설명으로 가장 적절한 것은? (다툼이 있는 경우 판례에 의함)

20. 경찰채용 2차

① 소년법 제60조 제2항의 적용대상인 '소년'인지 여부는 범죄행위시를 기준으로 판단한다.
② 검사는 소년과 소년의 친권자 후견인 등 법정대리인의 동의가 없더라도 피의자에 대하여 범죄예방자원봉사위원의 선도, 소년의 선도 교육과 관련된 단체 시설에서의 상담 교육 활동 등에 해당 하는 선도 등을 받게 하고, 피의사건에 대한 공소를 제기하지 아니할 수 있다.
③ 소년법 제18조 제1항 제3호에 따른 소년분류심사원에 위탁하는 임시조치에 따른 위탁기간은 형법 제57조 제1항의 판결 선고 전 구금일수에 포함되지 않는다.
④ 징역 또는 금고를 선고받은 소년에 대하여는 특별히 설치된 교도소 또는 일반 교도소 안에 특별히 분리된 장소에서 그 형을 집행한다. 다만, 소년이 형의 집행 중에 23세가 되면 일반 교도소에서 집행할 수 있다.

해설

① 【 X 】 소년법 제60조 제2항의 소년인지의 여부의 판단은 원칙적으로 심판시 즉 사실심 판결 선고시를 기준으로 하여야 한다(대판 2000.8.18. 2000도2704).
② 【 X 】 검사는 피의자에 대하여 범죄예방자원봉사위원의 선도, 소년의 선도·교육과 관련된 단체·시설에서의 상담·교육·활동 등에 해당하는 선도 등을 받게 하고, 피의사건에 대한 공소를 제기하지 아니할 수 있다. 이 경우 소년과 소년의 친권자·후견인 등 법정대리인의 동의를 받아야 한다(소년법 제49조의3).
③ 【 X 】 제18조 제1항 제3호(소년분류심사원에 위탁)의 조치가 있었을 때에는 그 위탁기간은 「형법」 제57조 제1항의 판결선고 전 구금일수(구금일수)로 본다(소년법 제61조).
④ 【 O 】 소년법 제63조

정답 ④

28 소년사건에 관한 설명 중 옳고 그름의 표시(○, ×)가 바르게 된 것은? (다툼이 있는 경우 판례에 의함)

25. 경찰승진

> ㉠ 소년에 대한 부정기형을 집행하는 기관의 장은 형의 단기가 지난 소년범의 행형(行刑) 성적이 양호하고 교정의 목적을 달성하였다고 인정되는 경우에는 관할 법원 판사의 지휘에 따라 그 형의 집행을 종료시킬 수 있다.
> ㉡ 징역 또는 금고를 선고받은 소년에 대하여는 특별히 설치된 교도소 또는 일반 교도소 안에 특별히 분리된 장소에서 그 형을 집행하나 소년이 형의 집행 중에 23세가 되면 일반 교도소에서 집행할 수 있다.
> ㉢ 18세 미만인 소년에게는 벌금 또는 과료를 선고하는 경우에 그 미납액에 대한 노역장 유치를 선고하지 못하며, 소년인지 여부의 판단은 범죄 행위시를 기준으로 한다.
> ㉣ 징역 또는 금고를 선고받은 소년에 대하여는 무기형의 경우 5년, 15년 유기형의 경우 3년, 부정기형의 경우에는 단기의 3분의 1의 기간이 지나면 가석방을 허가할 수 있다.

① ㉠ ○   ㉡ ×   ㉢ ○   ㉣ ○
② ㉠ ○   ㉡ ×   ㉢ ○   ㉣ ×
③ ㉠ ×   ㉡ ○   ㉢ ×   ㉣ ○
④ ㉠ ×   ㉡ ○   ㉢ ×   ㉣ ×

㉠【X】 소년에 대한 부정기형을 집행하는 기관의 장은 형의 단기가 지난 소년범의 행형(行刑) 성적이 양호하고 교정의 목적을 달성하였다고 인정되는 경우에는 관할 검찰청 검사의 지휘에 따라 그 형의 집행을 종료시킬 수 있다(소년법 제60조 제4항).
㉡【O】 소년법 제63조
㉢【X】 18세 미만인 소년에게는 벌금 또는 과료를 선고하는 경우에 그 미납액에 대한 노역장 유치를 선고하지 못하며(소년법 제62조 본문), 소년인지 여부의 판단은 사실심판결선고시를 기준으로 한다.
㉣【O】 소년법 제65조

정답 ③

29 다음 설명 중 옳지 않은 것은? (다툼이 있는 경우 판례에 의함)

16. 검찰 7급

① 즉결심판청구를 받은 지방법원 또는 그 지원의 판사는 사건이 즉결심판을 할 수 없거나 즉결심판절차에 의하여 심판함이 적당하지 아니하다고 인정할 때에는 공판절차에 의하여 심판하여야 한다.
② 「조세범처벌법」에 의한 고발은 범죄사실에 대한 소추를 요구하는 의사표시로서 그 효력은 고발장에 기재된 범죄사실과 동일성이 인정되는 사실 모두에 미친다.
③ 「소년법」에 의해 보호처분을 받은 사건과 동일(상습죄 등 포괄일죄 포함)한 사건에 관하여 다시 공소제기가 되었다면, 이는 공소제기 절차가 법률의 규정에 위배하여 무효인 때에 해당하므로 공소기각의 판결을 하여야 한다.
④ 상고심은 항소심 판결 당시를 기준으로 하여 그 당부를 심사해야 하므로 항소심 판결 선고 당시 미성년이었던 피고인이 상고 이후에 성년이 되었다고 하여 항소심의 부정기형의 선고가 위법이 되는 것은 아니다.

[해설]

① 【 X 】 판사는 사건이 즉결심판을 할 수 없거나 즉결심판절차에 의하여 심판함이 적당하지 아니하다고 인정할 때에는 결정으로 즉결심판의 청구를 기각하여야 한다(즉결심판에 관한 절차법 제5조 제1항).
② 【 O 】 대판 2014.10.15. 2013도5650
③ 【 O 】 대판 1985.5.28. 85도21
④ 【 O 】 대판 1990.9.28. 90도1722

정답 ①

30 배상명령에 관한 다음 설명 중 가장 옳지 않은 것은?

16. 법원직

① 배상명령은 법원이 직권으로 할 수도 있다.
② 무죄·면소 또는 공소기각의 재판을 할 때에도 배상명령을 할 수 있다.
③ 피해자가 증인으로 법정에 출석한 경우에는 말로써 배상을 신청할 수 있다.
④ 배상신청기간은 제1심 또는 제2심 공판의 변론이 종결될 때까지이다.

[해설]

① 【 O 】 법원은 직권으로 배상명령을 할 수 있다(소송촉진 등에 관한 특례법 제25조 제1항).
② 【 X 】 배상명령은 피고사건에 대하여 유죄판결을 선고할 경우에만 가능하다(동법 제25조 제1항). 따라서 피고사건에 대하여 무죄·면소·공소기각의 재판을 할 경우에는 배상명령을 할 수 없다.
③ 【 O 】 동법 제26조 제6항
④ 【 O 】 동법 제26조 제1항

정답 ②

31 소송촉진 등에 관한 특례법에 규정된 배상명령 제도에 대한 설명 중 가장 적절하지 않은 것은? 19. 법학경채

① 법원은 직권에 의하여 또는 피해자나 그 상속인의 신청에 의하여 배상명령을 할 수 있다.
② 법원은 범죄행위로 인하여 발생한 직접적인 물적 피해, 치료비 손해 및 위자료의 배상을 명할 수 있다.
③ 배상명령의 신청인 및 그 대리인은 공판절차를 현저히 지연시키지 아니하는 범위에서 재판장의 허가를 받아 소송기록을 열람할 수 있고 필요한 증거를 제출할 수 있으나, 공판기일에 피고인이나 증인을 신문할 수는 없다.
④ 피고인은 유죄판결에 대하여 상소를 제기하지 아니하고 배상명령에 대하여만 상소 제기기간에 「형사소송법」에 따른 즉시항고를 할 수 있다.

해설

①② 【 O 】 소송촉진 등에 관한 특례법 제25조 제1항
③ 【 X 】 신청인 및 그 대리인은 공판절차를 현저히 지연시키지 아니하는 범위에서 재판장의 허가를 받아 소송기록을 열람할 수 있고, 공판기일에 피고인이나 증인을 신문할 수 있으며, 그 밖에 필요한 증거를 제출할 수 있다(소송촉진 등에 관한 특례법 제30조 제1항).
④ 【 O 】 소송촉진 등에 관한 특례법 제33조 제5항

정답 ③

32 배상명령제도에 대한 설명으로 가장 적절하지 않은 것은? (다툼이 있는 경우 판례에 의함) 20. 경찰채용 2차

① 상소심에서 원심의 유죄판결을 파기하고 피고사건에 대하여 무죄, 면소 또는 공소기각의 재판을 할 때에는 원심의 배상명령을 취소하여야 한다.
② 배상신청을 각하하거나 그 일부를 인용한 재판에 대하여 신청인은 동일한 배상신청은 할 수 없으나, 불복신청은 할 수 있다.
③ 피고인이 재판과정에서 배상신청인과 민사적으로 합의하였다는 내용의 합의서를 제출하였을지라도 그 합의서 내용만으로는 피고인의 민사책임에 관한 구체적인 합의 내용을 알 수 없다면 사실심법원은 배상신청인이 처음 신청한 금액을 바로 인용할 수 없다.
④ 확정된 배상명령 또는 가집행선고가 있는 배상명령이 기재된 유죄판결서의 정본은 민사집행법에 따른 강제집행에 관하여는 집행력 있는 민사판결 정본과 동일한 효력이 있다.

해설

① 【 O 】 소송촉진 등에 관한 특례법 제33조 제2항 본문
② 【 X 】 배상신청을 각하하거나 그 일부를 인용한 재판에 대하여 신청인은 불복을 신청하지 못하며, 다시 동일한 배상신청을 할 수 없다(소송촉진 등에 관한 특례법 제32조 제4항).
③ 【 O 】 대판 2013.10.11. 2013도9616
④ 【 O 】 소송촉진 등에 관한 특례법 제34조 제1항

정답 ②

33 배상명령에 관한 다음 설명 중 가장 옳지 않은 것은? (다툼이 있는 경우 판례에 의함)   21. 법원직

① 소송촉진 등에 관한 특례법 제25조 제1항에 따른 배상명령은 피고사건의 범죄행위로 발생한 직접적인 물적 피해, 치료비 손해와 위자료에 대하여 피고인에게 배상을 명함으로써 간편하고 신속하게 피해자의 피해회복을 도모하고자 하는 제도이다.
② 배상명령은 일정한 범죄에 관하여 유죄판결을 선고하는 경우에만 가능하므로, 무죄뿐만 아니라 면소 또는 공소기각의 재판을 하는 경우에는 배상명령을 할 수 없다.
③ 법원은 직권으로도 피고인에 대하여 배상명령을 할 수 있다.
④ 피고인의 배상책임 유무 또는 그 범위가 명백하지 아니한 때에는 배상명령을 하여서는 아니 되고, 그와 같은 경우에는 소송촉진 등에 관한 특례법 제32조 제1항에 따라 배상명령신청을 기각하여야 한다.

[해설]
①②③【O】소송촉진 등에 관한 특례법 제25조 제1항
④【X】피고인의 배상책임 유무 또는 그 범위가 명백하지 아니한 때에는 배상명령을 하여서는 아니 되고, 그와 같은 경우에는 소송촉진 등에 관한 특례법 제32조 제1항에 따라 배상명령신청을 각하하여야 한다(소송촉진 등에 관한 특례법 제32조 제1항).

[정답] ④

34 배상명령에 관한 설명으로 가장 적절하지 않은 것은?   25. 경찰승진

① 법원은 배상명령을 하는 것이 타당하지 아니하다고 인정되는 경우에는 결정으로 배상신청을 각하하여야 한다.
② 법원은 서면에 의한 배상신청이 있을 때에는 지체 없이 그 신청서 부본을 피고인에게 송달하여야 하며, 이 경우 법원은 직권 또는 신청인의 요청에 따라 신청서 부본 상의 신청인 성명과 주소 등 신청인의 신원을 알 수 있는 사항의 전부 또는 일부를 가리고 송달할 수 있다.
③ 피해자는 법원의 허가를 받아 그의 배우자, 직계혈족 또는 형제자매에게 배상신청에 관하여 소송행위를 대리하게 할 수 있으며, 피고인의 변호인은 배상신청에 관하여 피고인의 대리인으로서 소송행위를 할 수 있다.
④ 유죄판결에 대한 상소가 제기된 경우에는 배상명령은 피고사건과 함께 상소심으로 이심되며, 상소심에서 원심판결을 유지하는 경우에는 원심의 배상명령을 취소하거나 변경할 수 없다.

①【O】소송촉진 등에 관한 특례법 제32조 제1항 제3호
②【O】소송촉진 등에 관한 특례법 제28조
③【O】소송촉진 등에 관한 특례법 제27조 제1항, 제2항
④【X】유죄판결에 대한 상소가 제기된 경우에는 배상명령은 피고사건과 함께 상소심(上訴審)으로 이심(移審)된다(소송촉진 등에 관한 특례법 제33조 제1항). 상소심에서 원심판결을 유지하는 경우에도 원심의 배상명령을 취소하거나 변경할 수 있다(소송촉진 등에 관한 특례법 제33조 제4항).

[정답] ④

35 배상명령에 대한 설명으로 옳지 않은 것은?

23. 국가직 7급

① 법원은 배상명령으로 인하여 공판절차가 현저히 지연될 우려가 있다고 인정되는 경우에는 배상명령을 하여서는 아니 된다.
② 범죄행위로 인하여 재산상 이익을 침해당한 피해자가 이미 그 재산상 피해의 회복에 관한 채무명의를 가지고 있는 경우에도 이와 별도로 배상명령을 신청할 이익이 있다.
③ 피고인은 유죄판결에 대하여 상소를 제기하지 아니하고 배상명령에 대하여만 상소제기기간에 「형사소송법」에 따른 즉시항고를 할 수 있고, 즉시항고 제기 후 상소권자의 적법한 상소가 있는 경우에는 즉시항고는 취하된 것으로 본다.
④ 확정된 배상명령 또는 가집행선고가 있는 배상명령이 기재된 유죄판결서의 정본은 「민사집행법」에 따른 강제집행에 관하여 집행력 있는 민사판결 정본과 동일한 효력이 있다.

[해설]

① 【 O 】 소송촉진 등에 관한 특례법 제25조(배상명령) ③ 법원은 다음 각 호의 어느 하나에 해당하는 경우에는 배상명령을 하여서는 아니 된다.
  1. 피해자의 성명·주소가 분명하지 아니한 경우
  2. 피해 금액이 특정되지 아니한 경우
  3. 피고인의 배상책임의 유무 또는 그 범위가 명백하지 아니한 경우
  4. 배상명령으로 인하여 공판절차가 현저히 지연될 우려가 있거나 형사소송 절차에서 배상명령을 하는 것이 타당하지 아니하다고 인정되는 경우
② 【 X 】 배상명령제도는 범죄행위로 인하여 재산상 이익을 침해당한 피해자로 하여금 당해 형사소송절차내에서 신속히 그 피해를 회복하게 하려는데 그 주된 목적이 있으므로 피해자가 이미 그 재산상 피해의 회복에 관한 채무명의를 가지고 있는 경우에는 이와 별도로 배상명령 신청을 할 이익이 없다(대판 1982.7.27. 82도1217).
③ 【 O 】 소송촉진 등에 관한 특례법 제33조(불복) ① 유죄판결에 대한 상소가 제기된 경우에는 배상명령은 피고사건과 함께 상소심(上訴審)으로 이심(移審)된다.
  ② 상소심에서 원심(原審)의 유죄판결을 파기하고 피고사건에 대하여 무죄, 면소(免訴) 또는 공소기각(公訴棄却)의 재판을 할 때에는 원심의 배상명령을 취소하여야 한다. 이 경우 상소심에서 원심의 배상명령을 취소하지 아니한 경우에는 그 배상명령을 취소한 것으로 본다.
  ③ 원심에서 제25조 제2항에 따라 배상명령을 하였을 때에는 제2항을 적용하지 아니한다.
  ④ 상소심에서 원심판결을 유지하는 경우에도 원심의 배상명령을 취소하거나 변경할 수 있다.
  ⑤ 피고인은 유죄판결에 대하여 상소를 제기하지 아니하고 배상명령에 대하여만 상소 제기기간에 「형사소송법」에 따른 즉시항고(卽時抗告)를 할 수 있다. 다만, 즉시항고 제기 후 상소권자의 적법한 상소가 있는 경우에는 즉시항고는 취하된 것으로 본다.
④ 【 O 】 소송촉진 등에 관한 특례법 제34조(배상명령의 효력과 강제집행) ① 확정된 배상명령 또는 가집행선고가 있는 배상명령이 기재된 유죄판결서의 정본은 「민사집행법」에 따른 강제집행에 관하여는 집행력 있는 민사판결 정본과 동일한 효력이 있다.

정답 ②

Chapter 04 재판의 집행 및 형사보상제도

01 다음 설명 중 옳은 것은? (다툼이 있는 경우 판례에 의함) 20. 국가직

① 형의 선고를 받은 자가 집행에 관하여 재판의 해석에 대한 의의(疑義)가 있는 때에는 형을 집행하는 검사에게 의의신청을 할 수 있다.
② 현행범 체포 당시 임의제출 방식으로 압수된 피고인 소유 휴대전화기에 대한 압수조서 중 '압수경위'란에 기재된 내용에 피고인이 범행을 저지르는 현장을 직접 목격한 사람의 진술이 포함되어 있다면, 그 내용은 휴대전화기에 대한 임의제출 절차가 적법하였는지에 영향을 받지 않는 별개의 독립적인 증거에 해당한다.
③ 구속전 피의자 심문에서 피의자에게 변호인이 없는 경우 지방법원판사는 직권으로 변호인을 선정하여야 하고, 영장의 청구가 기각되더라도 변호인 선정의 효력은 제1심까지 지속된다.
④ 피의자를 긴급체포하면서 영장 없이 압수한 후에 사후 압수·수색영장을 발부받지 않고 즉시 반환하지 않은 압수물이라도 피고인이나 변호인이 공판정에서 증거동의를 하면 증거능력이 인정된다.

[해설]

① 【 X 】 형의 선고를 받은 자는 집행에 관하여 재판의 해석에 대한 의의가 있는 때에는 재판을 선고한 법원에 의의신청을 할 수 있다(제488조).
② 【 O 】 대판 2019.11.14. 2019도13290
③ 【 X 】 심문할 피의자에게 변호인이 없는 때에는 지방법원판사는 직권으로 변호인을 선정하여야 한다. 이 경우 변호인의 선정은 피의자에 대한 구속영장 청구가 기각되어 효력이 소멸한 경우를 제외하고는 제1심까지 효력이 있다(제201조의2 제8항).
④ 【 X 】 형사소송법 제217조 제2항, 제3항에 위반하여 압수수색영장을 청구하여 이를 발부받지 아니하고도 즉시 반환하지 아니한 압수물은 이를 유죄 인정의 증거로 사용할 수 없는 것이고, 헌법과 형사소송법이 선언한 영장주의의 중요성에 비추어 볼 때 피고인이나 변호인이 이를 증거로 함에 동의하였다고 하더라도 달리 볼 것은 아니다(대판 2009.12. 24. 2009도11401).

[정답] ②

02 미결구금일수의 산입에 대한 설명으로 옳은 것은? (다툼이 있는 경우 판례에 의함) 17. 국가직

① 정식재판청구기간을 도과한 약식명령에 기하여 피고인을 노역장에 유치한 후 정식재판청구권회복결정에 따라 사건을 공판절차에 의하여 심리하는 경우, 법원은 노역장 유치기간을 미결구금일수로 보아 이를 본형에 산입할 수 있다.
② 판결선고 후 판결확정 전 구금일수는 판결선고 당일의 구금일수를 포함하여 전부를 본형에 산입한다.
③ 기피신청에 의하여 소송진행이 정지된 기간은 미결구금일수에 산입되지 않는다.
④ 피고인에 대한 감정유치기간은 미결구금일수에 산입되지 않는다.

[해설]

① 【 X 】 정식재판청구기간을 도과한 약식명령에 기하여 피고인을 노역장에 유치하는 것은 형의 집행이므로 그 유치기간은 형법 제57조가 규정한 미결구금일수에 해당하지 아니한다. 따라서 비록 정식재판청구권회복결정에 의하여 사건을 공판절차에 의하여 심리하는 경우라 하더라도 법원은 노역장 유치기간을 미결구금일수로 보아 이를 본형에 산입할 수는 없고, 그 유치기간은 나중에 본형의 집행단계에서 그에 상응하는 벌금형이 집행된 것으로 간주될 뿐이다(대판 2007.5.10. 2007도2517).

② 【 O 】 제482조 제1항
③ 【 X 】 기피신청에 의하여 소송진행이 정지된 기간은 구속기간에는 산입되지 않지만, 미결구금일수 산입에 있어서는 전부산입한다.
④ 【 X 】 피고인에 대한 감정유치는 미결구금일수의 산입에 있어서는 이를 구속으로 간주하여 전부 산입한다(제172조 제8항).

정답 ②

03 벌금형의 집행에 관한 다음 설명 중 가장 옳지 않은 것은? (다툼이 있는 경우 판례에 의함) 18. 법원직

① 벌금형이 확정된 사람이 납부명령이나 납부독촉을 받고도 일정한 기간 내에 벌금을 완납하지 아니할 경우 검사는 민사집행법에 의한 강제집행 또는 국세징수법에 의한 체납처분 절차를 진행하여 벌금액을 강제로 징수할 수 있다.
② 사법경찰관리가 벌금형을 받은 사람에 대한 노역장 유치의 집행을 위하여 구인하려면 검사로부터 발부받은 형집행장을 상대방에게 제시하여야 한다.
③ 500만 원 이하의 벌금형이 확정된 벌금 미납자로서 경제적 능력이 없는 사람은 검사의 납부명령일부터 30일 이내에 노역장 유치를 대체하는 사회봉사를 신청할 수 있는 제도가 마련되어 있다.
④ 18세 미만의 소년에 대해서는 벌금형을 선고할 때 노역장유치의 선고를 하지 못하므로 이를 간과하여 18세 미만의 소년에 대해 노역장유치의 선고를 한 판결이 확정되었다고 하더라도 집행할 수는 없다.

[해설]

① 【 O 】 제477조 제1항, 제3항, 제4항
② 【 O 】 대판 2010.10.14. 2010도8591
③ 【 X 】 대통령령으로 정한 금액 범위 내의 벌금형이 확정된 벌금 미납자는 검사의 납부명령일부터 30일 이내에 주거지를 관할하는 지방검찰청(지방검찰청지청을 포함한다. 이하 같다)의 검사에게 사회봉사를 신청할 수 있다(벌금 미납자의 사회봉사 집행에 관한 특례법 제4조 제1항). 즉, 대통령령으로 정한 금액 범위 내의 벌금형으로만 규정되어 있을 뿐 구체적인 액수는 특정되어 있지 않다.
④ 【 O 】 소년법 제62조

정답 ③

04 형사보상 및 명예회복에 관한 법률에 따른 형사보상에 대한 설명으로 옳지 않은 것은? 21. 국가직

① 미결구금을 당하여 이 법에 따라 보상을 청구할 수 있는 자가 그 청구를 하지 아니하고 사망한 경우, 그 상속인이 이를 청구할 수 있다.
② 1개의 재판으로 경합범의 일부에 대하여 무죄재판을 받고 다른 부분에 대하여 유죄재판을 받았던 경우에는 법원은 재량으로 보상청구의 전부 또는 일부를 기각할 수 있다.
③ 형사보상을 받을 자가 다른 법률에 따라 손해배상을 청구하는 것은 금지된다.
④ 보상청구가 이유있을 때에는 보상결정을 하여야 하며, 이러한 보상결정에 대하여는 1주일 이내에 즉시항고 할 수 있다.

[해설]

① 【 O 】 형사보상 및 명예회복에 관한 법률 제3조 제1항
② 【 O 】 형사보상 및 명예회복에 관한 법률 제4조 제3호
③ 【 X 】 이 법은 보상을 받을 자가 다른 법률에 따라 손해배상을 청구하는 것을 금지하지 아니한다(형사보상 및 명예회복에 관한 법률 제6조 제1항).
④ 【 O 】 형사보상 및 명예회복에 관한 법률 제20조 제1항

정답 ③

최정훈

주요 약력

고려대학교 대학원(석사)
現) 세종사이버대학교 겸임교수
　　경찰공제회 형법, 형사소송법 전임교수
　　박문각 경찰, 공무원 형법, 형사소송법 전임교수
前) 해커스 공무원 형법 전임교수
　　에듀윌 형법 전임
　　백석대학교 경찰행정학과 강사

주요 저서

2025 박문각 공무원 최정훈 형사소송법 기본 이론서
2025 박문각 공무원 최정훈 형법총론 기본 이론서
2025 박문각 공무원 최정훈 형법각론 기본 이론서
최신판 박문각 공무원 최정훈 형법총론 단원별 기출문제집
최신판 박문각 공무원 최정훈 형법각론 단원별 기출문제집
최신판 박문각 공무원 최정훈 형사소송법 단원별 기출문제집
최신판 박문각 경찰 최정훈 형사소송법(수사와 증거) 기출문제집
박문각 공무원 최정훈 퍼펙트 형법총론 핵심노트
박문각 공무원 최정훈 퍼펙트 형법각론 핵심노트

최정훈 형사소송법
단원별 기출문제집

초판 인쇄 | 2025. 11. 20.　**초판 발행** | 2025. 11. 25.　**편저자** | 최정훈
발행인 | 박 용　**발행처** | (주)박문각출판　**등록** | 2015년 4월 29일 제2019-000137호
주소 | 06654 서울시 서초구 효령로 283 서경 B/D 4층　**팩스** | (02)584-2927
전화 | 교재 문의 (02)6466-7202

저자와의
협의하에
인지생략

이 책의 무단 전재 또는 복제 행위를 금합니다.

정가 41,000원
ISBN 979-11-7519-416-8